中共北京市委社会工作委员会
北京市社会建设工作办公室 编

北京社会建设年鉴 2010

北京出版集团公司
北京出版社

图书在版编目（CIP）数据

北京社会建设年鉴.2010／中共北京市委社会工作委员会，北京市社会建设工作办公室编. — 北京：北京出版社，2010.12

ISBN 978-7-200-08561-7

Ⅰ. ①北… Ⅱ. ①中… ②北… Ⅲ. ①社会发展—北京市—2010—年鉴 Ⅳ. ①D671-54

中国版本图书馆CIP数据核字(2010)第252267号

北京社会建设年鉴 2010

BEIJING SHEHUI JIANSHE NIANJIAN 2010

中共北京市委社会工作委员会
北京市社会建设工作办公室 编

*

北京出版集团公司
北京出版社 出版

（北京北三环中路6号）

邮政编码:100120

网　址：www.bph.com.cn

北京出版集团公司总发行

北京彩虹伟业印刷有限公司印刷

*

787×1092　16开本　38印张　44页彩插　947千字

2010年12月第1版　2010年12月第1次印刷

ISBN 978-7-200-08561-7

D·533　定价:120.00元

质量监督电话：010-58572393

不断完善体制机制
努力推动实践创新

★ 2009年3月4日，北京市志愿者工作大会召开

★ 市社会办牵头承担全市甲型H1N1流感社会防控督查工作

★ 2009年4月3日，北京市社会建设工作会议召开

★ 市委社会工委、市社会办圆满完成国庆60周年群众游行第四分指挥部各项工作任务

领导调研
LING DAO DIAO YAN

不断完善体制机制 努力推动实践创新

★ 2009年4月13日，市委书记刘淇到朝阳区调研社会建设工作

★ 2009年12月14日，市长郭金龙到西城区调研社区党委深入开展学习实践科学发展观活动

★ 2009年4月20日，市委副书记王安顺到东城区鸿安国际商务大厦调研商务楼宇党建工作

★ 2009年11月27日，市委常委梁伟到宣武区调研社区建设工作

★ 2009年3月10日，副市长丁向阳到朝阳区调研社区建设工作

不断完善体制机制 努力推动实践创新

★ 2009年10月23日，市委社会工委、市社会办举办社区公共服务高层论坛

★ 东城区社会工作人才“双基地”建设合作签约仪式

★ 西城区召开促进社会建设与发展专家座谈会

★ 崇文区委社会工委与北京工业大学共建实践教学基地

★ 宣武区委社会工委与中国青年政治学院共建社区人才“双基地”

★ 丰台区委社会工委与首都经贸大学和北京城市学院签订社区建设人才培养合作协议

社区建设

SHE QU JIAN SHE

不断完善体制机制
努力推动实践创新

★ 北京市、区（县）投资11亿元新建、改造350个社区办公和服务用房

★ 面对金融危机，举办“与您同心——社区主任走国企”活动

★ 东城区举行民意征集暨开放空间讨论会

★ 社区服务站组织主题服务活动

★ 各社区积极参与魅力社区评选活动

★ 社区居民庆祝新中国成立60周年

社会组织建设

SHE HUI ZU ZHI JIAN SHE

不断完善体制机制 努力推动实践创新

★ 2009年3月27日，召开行业协会应对金融危机座谈会

★ 2009年4月8日，社会组织设立“一站式”服务大厅挂牌

★ 举办社会组织建设专题培训班

★ 2009年4月17日，市级“枢纽型”社会组织工作座谈会召开

★ 积极培育扶持社会组织建设发展

★ 北京中关村高新技术企业协会组织开展创新中关村“I+N”系列活动

不断完善体制机制
努力推动实践创新

★ 北京市志愿服务公益实践项目“春芽计划”启动

★ 国庆志愿者开展特色志愿服务工作

★ 花博会志愿者为观众服务

★ 社会工作事务所开展青少年暑期亲子班小组活动

★ 社区志愿者治安巡逻

社会领域党建工作

SHE HUI LING YU DANG JIAN GONG ZUO

不断完善体制机制 努力推动实践创新

★ 2009年4月20日，社会领域党建工作调研座谈会召开

★ 2009年10月31日，西城区举行第一届社会领域党员运动会

★ 街道社会工作党委为企业定制流动报箱

★ 中关村高科技园区石景山园开展纪念"七一"主题活动

★ 北京典当行业协会党支部成立

★ 社区党员志愿服务队开展服务活动

机关建设

JI GUAN JIAN SHE

不断完善体制机制
努力推动实践创新

★ 2009年2月23日，召开学习实践科学发展观活动总结测评大会

★ 2009年4月7日，组织机关干部参观反腐倡廉警示教育基地

★ 2009年1月19日，举行迎新春联欢会

★ 团员青年开展“读书会”活动

★ 2009年9月8日，北京社会建设网试运行

★ 市委社会工委与房山区西潞街道签订对口帮扶共建协议书

《北京社会建设年鉴2010》编纂委员会

《北京社会建设年鉴2010》编辑部

编 辑 说 明

一、《北京社会建设年鉴》（以下简称《年鉴》），是一部反映北京社会建设领域工作的大型资料工具书和史料文献。在《年鉴》编纂委员会领导下，由《年鉴》编辑部组织编辑。

二、本《年鉴》以邓小平理论和“三个代表”重要思想为指导，深入贯彻落实科学发展观，按照“人文北京、科技北京、绿色北京”的战略要求，坚持实事求是的原则，在编纂中力求科学性、客观性。

三、本《年鉴》从2008年开始逐年编纂出版。当年出版的年鉴，力求全面记载上一年度北京社会建设发展的基本情况，真实记录北京在社会建设领域改革创新的历史进程，系统反映北京市社会各界参与社会建设事业的新情况、新特点、新进展、新成就，以服务社会、存史资政。

四、本《年鉴》采用文章和条目两种体裁。设有特载、文件、专文、重大事件、综述、大事记、理论文章与调研考察报告7个基本栏目及附录。

五、本《年鉴》收录的文章和条目，均通过相关各单位确定专人负责撰写或提供，并经单位主要负责人审核。

六、本《年鉴》收录的材料，以材料文体分别归属一级目录。

七、本《年鉴》反映2009年1月1日至12月31日期间情况（部分内容依据实际情况时限略有前后延伸），凡2009年事项，均直书月、日，不再写年份。

本《年鉴》在资料收集、整理过程中，得到了相关单位、部门的大力支持和配合，在此一并表示衷心感谢！

《北京社会建设年鉴》编辑部

2010年11月

目　录

·特　载·

·文　件·

·专 文·

·重大事件·

·综 述·

·大事记·

·理论文章与调研考察报告·

·附　　录·

● 特　　载 ●

加快推进社会保障体系建设
实现社会保障事业可持续发展

——在中共中央政治局第十三次集体学习会上

胡锦涛

（2009 年 5 月 22 日）

加快建立覆盖城乡居民的社会保障体系，要坚持广覆盖、保基本、多层次、可持续方针，以社会保险、社会救助、社会福利为基础，以基本养老、基本医疗、最低生活保障制度为重点，以慈善事业、商业保险为补充，统筹协调做好各项工作，实现社会保障事业可持续发展。

社会保障与人民幸福安康息息相关，社会保障工作事关改革开放和社会主义现代化事业全局。党的十七大提出，要加快建立覆盖城乡居民的社会保障体系。这是坚持立党为公、执政为民的具体体现，是推动科学发展、促进社会和谐的重要工作，是保增长、保民生、保稳定的重要任务。各级党委和政府要深刻认识加快完善社会保障体系、做好社会保障工作的重要性和紧迫性，把加快完善社会保障体系作为实现好、维护好、发展好最广大人民根本利益的重要工作扎实推进，努力使全体人民学有所教、劳有所得、病有所医、老有所养、住有所居，不断促进社会和谐。

要加快健全社会保障制度体系，把人人享有基本生活保障作为优先目标，坚持效率与公平、统一性与灵活性相结合，立足当前、着眼长远，统筹城乡、整体设计，分步实施、配套推进，积极而为、量力而行，逐步将各类人员纳入社会保障覆盖范围，实现城乡统筹和应保尽保。对城镇职工基本养老保险、基本医疗保险、新型农村合作医疗、城乡最低生活保障、医疗救助以及失业、工伤、生育保险等已有的各项保障制度，要不断完善政策，扩大覆盖面。特别是要适应统筹城乡发展新形势的要求，抓住社会保障制度薄弱环节加以推进，开展新型农村养老保险制度试点，制定实施适合农民工收入低、流动性强特点的参加养老保险办法，加快解决关闭破产和困难企业职工和退休人员医疗保障问题，切实落实被征地农民社会保障政策，逐步扩大最低生活保障制度和医疗救助制度保障范围。要完善失业保险制度，保障失业人员基本生活，发挥失业保险基金预防失业、促进就业作用。要完善城乡社会救助制度，逐步提高城乡低保、农村五保、医疗救助等待遇水平，切实保障农村贫困家庭、城镇困难家庭、离退休职工、在校贫困大学生基本生活。

要加强统筹协调和政策衔接，推进各类社会保障制度整合，抓紧制定实施全国统一的各种社会保险关系转续办法，完善社会保障公共服务管理平台。要根据经济发展水平和各方面承受能力，加大公共财政对社会保障体系建设的投入，提高社会保障程度，继续提高企业退休人员基本养老金水平，增加对城镇居民基本医疗保险、新型农村合作医疗的财政补助，逐步提高城乡最低生活保障和失业、工伤保险待遇，不断充实和壮大全国社会保障基金。要加快制定和完善社会保障法律法规，增强社会保障的强制性、规范性、稳定性，切实维护人民群众社会保障权益。

各级党委和政府要把社会保障工作纳入重要议事日程，加强领导、明确责任，统筹协调、抓好落实。要紧密结合实际，加强社会保障理论和实践研究，深刻把握社会保障特点和规律，增强社会保障工作系统性。要充分调动社会各方面的积极性，大力弘扬集体主义精神和中华民族尊老爱幼、扶危济困的优良传统，形成全社会共同参与社会保障事业、全体人民共享改革发展成果的良好局面。

（原载《人民日报》2009 年 5 月 24 日）

政府工作报告（摘录）

——在第十一届全国人民代表大会第三次会议上

温家宝

（2010 年 3 月 5 日）

着力改善民生　加快发展社会事业

着力改善民生，加快发展社会事业。在应对国际金融危机的困难情况下，我们更加注重保障和改善民生，切实解决人民群众最关心、最直接、最现实的利益问题。

实施更加积极的就业政策。强化政府促进就业的责任。中央财政安排就业专项资金 426 亿元，比上年增长 59%。实施困难企业缓缴社会保险费或降低部分费率、再就业税收减免及提供相关补贴等政策，鼓励企业稳定和增加就业。开展系列就业服务活动，多渠道开辟公益性就业岗位，促进高校毕业生到基层就业、应征入伍和到企事业单位就业见习。全年组织 2100 万城乡劳动者参加职业培训。这些措施促进了就业的基本稳定。

加快完善社会保障体系。普遍建立养老保险省级统筹制度，出台包括农民工在内的城镇企业职工养老保险关系转移接续办法。在 320 个县开展新型农村社会养老保险试点，推动我国社会保障制度建设迈出历史性步伐。中央财政安排社会保障资金 2 906 亿元，比上年增长 16.6%。企业退休人员基本养老金连续 5 年增加，去年又人均提高 10%。农村五保户供养水平、优抚对象抚恤补助标准、城乡低保对象保障水平都有新的提高。中央财政安排保障性安居工程补助资金 551 亿元，比上年增长 2 倍。新建、改扩建各类保障性住房 200 万套，棚户区改造解决住房 130 万套。全国社会保障基金积累 6 927 亿元，比上年增长 44.2%。社会保障体系得到加强。

进一步促进教育公平。大幅度增加全国教育支出，其中中央财政支出 1 981 亿元，比上年增长 23.6%。全面落实城乡义务教育政策，中央下达农村义务教育经费 666 亿元，提前一年实现农村中小学生人均公用经费 500 元和 300 元的目标。实行义务教育阶段教师绩效工资制度。中等职业学校农村家庭经济困难学生和涉农专业学生免学费政策开始实施。国家助学制度不断完善，资助学生 2 871 万人，基本保障了困难家庭的孩子不因贫困而失学。

稳步推进医药卫生事业改革发展。组织实施医药卫生体制改革。中央财政医疗卫生支出 1 277 亿元，比上年增长 49.5%。城镇职工和城镇居民基本医疗保险参保4.01亿人，新型农村合作医疗制度覆盖8.3亿人。中央财政安排429亿元，解决关闭破产国有企业退休人员医疗保险问题。基本药物制度在30%的基层医疗卫生机构实施。中央财政支持建设了一批县级医院、乡镇中心卫生院和社区卫生服务中心。启动实施扩大乙肝疫苗接种等重大公共卫生服务专项。加强食品、药品安全专项整治。面对突如其来的甲型H1N1流感疫情，我们依法科学有序地开展防控工作，有效保障了人民群众生命安全，维护了社会正常秩序。

（原载《人民日报》2010年3月6日）

积极转化奥运志愿成果　建立志愿工作长效机制

刘　淇

今天，我们召开全市志愿者工作大会，目的就是在北京全市大力推动志愿服务事业。刚才，梁伟同志作了工作报告，对做好志愿者工作作了部署，大家要认真贯彻落实。几位同志的发言，听了很受启发。在此，我代表市委、市政府，向获得北京十大志愿者荣誉称号的志愿者表示热烈祝贺！向全市广大志愿者致以诚挚问候！向关心支持北京志愿服务事业的各界人士表示衷心感谢！

下面，我讲几点意见。

一、大力弘扬北京奥运的志愿服务精神

开展志愿者活动，奉献自己、帮助他人、服务社会是中华民族的优良传统，也是社会文明进步的重要标志。党中央高度重视志愿服务事业，党的十七大从贯彻落实科学发展观、全面建设小康社会的高度，对深入开展志愿服务活动提出了明确要求。近年来，北京志愿者工作不断推进，特别是在举世瞩目的2008年奥运会、残奥会期间，170万志愿者顶烈日、冒酷暑，尽职尽责、耐心细致地投入奥运志愿服务，以自己的实际行动弘扬了奥林匹克精神，展示了中华民族讲文明、重礼仪、团结友善、热情好客的良好风尚，展示了中国人民包容、开放、自信的时代风采。志愿者默默的付出、真诚的微笑和热情周到的服务感动了中国，感动了世界，赢得了国际社会的广泛赞誉。在奥运会、残奥会闭幕式上，国际奥委会、国际残奥委会首次增加了向志愿者代表献花的仪式，感谢志愿者为奥运会、残奥会作出的突出贡献。联合国秘书长潘基文专门写信高度赞扬服务于北京奥运会的全体志愿者，联合国还授予北京志愿者协会“联合国卓越志愿服务组织奖”。志愿服务为北京奥运会、残奥会的成功举办作出了重要贡献，志愿者的微笑成为了北京最好的名片。胡锦涛总书记在北京奥运会、残奥会总结表彰大会上指出：“要认真总结和发扬北京奥运会、残奥会志愿服务方面的宝贵经验，完善社会志愿服务体系，深入开展城乡社会志愿服务，不断发挥志愿服务在促进社会和谐方面的重要作用。”我们一定要认真落实胡锦涛总书记的重要指示精神，倍加珍惜奥运志愿服务留下的宝贵财富，高度重视、大力支持、全力做好志愿者工作。

一是要通过大力推进志愿者工作，为建设“人文北京、科技北京、绿色北京”增添新的动力。活跃的志愿者工作是人文北京的重要内容，是城市文明程度和市民文明素质的重要标志。建设人文北京，就要大力推动

志愿者工作。要充分发挥志愿服务能够广泛融合社会资源、动员社会参与的巨大优势，将志愿服务作为新形势下的社会动员形式，作为联系群众、宣传群众、组织群众、服务群众、动员群众的有效载体，切实增强志愿服务的吸引力、凝聚力、号召力，千方百计激发人们参与志愿服务的热情，满足不同层次人们关爱他人、服务社会、展示特长的愿望，团结和带动广大群众为推动首都科学发展，建设“人文北京、科技北京、绿色北京”贡献力量。

二是要通过大力推进志愿者工作，促进首都社会和谐。志愿服务具有领域宽、渠道广、联系广泛、反应敏捷、形式多样的优势，能够适应当前广大人民群众对公共服务的个性化、多元化需求日益增多的新特点，可以弥补政府服务和市场服务的不足，提高首都社会管理与服务的整体水平。要充分发挥志愿服务的作用，创新公共服务提供方式，培育公共治理多元主体，坚持从办得到、群众又迫切需要的事情做起，深入开展助老扶弱、扶贫济困、环境保护等志愿活动，不断拓展志愿服务覆盖范围，通过内容丰富的志愿服务，为政府分忧、为百姓解难，在全社会形成团结互助、平等友爱、共同进步的社会氛围和人际关系，努力增加和谐因素，促进公平正义，维护首都社会的和谐稳定。

三是要通过大力推进志愿者工作，进一步提升首都市民文明素质，把建设社会主义核心价值体系的任务落到实处。志愿服务及其蕴涵的精神，既与中华民族扶贫济困、助人为乐的传统美德一脉相承，又适应了社会主义市场经济条件下人们追求主体自觉的道德要求，具有鲜明的时代特征。广泛开展志愿服务，大力弘扬志愿精神，对于提高市民综合素质、培育城市精神、提升城市品质具有重要作用。要把开展志愿服务作为群众参与精神文明创建的有效途径和重要抓手，大大培育市民的社会责任意识和公益精神，把服务他人、服务社会与实现个人价值有机结合起来，引导人们在做好事、献爱心的过程中陶冶情操、净化心灵、提升境界。要充分发挥志愿服务的示范导向作用，大力倡导爱国、敬业、诚信、友善等基本道德规范，全面提升市民的思想道德素质，促进社会主义核心价值体系建设。

二、建立健全志愿者工作长效机制

推动首都志愿者工作持续健康发展，关键是要建立健全长效机制，使志愿服务走上科学化、规范化、制度化的轨道。

一是要健全组织。要在继承奥运志愿者组织体系的基础上，着力构建在党委政府领导下，社会建设工作领导小组办公室综合协调、志愿者联合组织具体实施、相关单位密切配合的志愿者工作机制，加强对志愿服务组织建设的统筹规划和指导协调。要加快建立“枢纽型”志愿者组织，密切联合各部门、各系统、各领域志愿者组织，共同推动首都志愿服务活动蓬勃开展。要着力完善基层志愿服务体系，积极培育基层志愿者组织，加强街乡、社区、高校、企事业单位等基层志愿服务组织建设，形成覆盖全市的志愿服务组织网络。

二是要壮大队伍。要以北京奥运会、残奥会志愿者队伍为骨干力量，在此基础上建成一支精神昂扬、数量充足、素质优良、结构合理的首都志愿者队伍。要挖掘首都志愿服务的资源优势，积极培育壮大各类志愿服务队伍，特别是大力加强志愿服务专家队伍、管理人才队伍和骨干人才队伍建设，形成强大的首都志愿服务人力资源库。要发挥体制优势、专业特长，整合专业人才资源，建立专业志愿者队伍，培育志愿服务示范团队，打造优质志愿服务品牌，扩大志愿服务活动的影响力。

三是要规范管理。要围绕志愿者的招募、注册、管理、培训、评价、激励等环节，建立健全相关制度，提高志愿者工作的规范化、制度化水平，为志愿服务事业的长远发展提供良好的机制环境。要建立经常性和应急性招募机制，全面推行志愿者注册制度，完善注册志愿者信息管理系统和志愿服务信息平台，加强对志愿者队伍的动态信息化管理。要加大对志愿活动的扶持力度，完善志愿服务的社会保险制度，切实维护好志愿者的正当权益，完善志愿服务管理和绩效评估机制，建立志愿服务评价体系，逐步形成有利于发挥志愿者积极性的激励机制，充分调动和激发广大群众参与志愿活动的积极性。要研究制定北京志愿服务规范，推出志愿服务形象识别系统，形成志愿服务标准，推动首都志愿者工作科学发展。

四是要搭建平台。要积极搭建志愿服务项目平台，转承奥运志愿服务相关项目，创新工作载体，拓展服务领域，紧密结合社会发展、群众需求和精神文明创建的需要，在深入开展助老扶弱、扶贫济困、环境保护、医疗卫生等传统服务项目的基础上，围绕农村经济社会发展、应急救助、社区服务、就业创业等领域创设新项目，构建与政府服务、市场服务相衔接的社会志愿服务体系。要着力强化志愿服务交流合作平台，加强与北京各类社会组织及国际国内志愿者组织的交流，深化在大型赛事、重大活动、关爱服务、应急救助、环境保护等方面的合作，拓宽首都志愿服务事业的发展视野。要创新项目组织方式和运行模式，积极尝试志愿服务项目委托、授权、认领等运作方式，认真借鉴国内外项目管理的先进经验，在志愿组织中开展扁平化管理、风险管理、过程控制等试点工作，探索适合首都特色的志愿项目管理机制，提高各级各类志愿者团队自我管理、自我服务的水平。

三、形成人人参与志愿服务的良好氛围

志愿者工作的生命力在于群众的广泛参与。要积极倡导，适当动员，在首都形成人人参与志愿服务的氛围，让志愿者的微笑永远成为北京最好的名片。

一是要大力弘扬志愿精神。北京奥运志愿者以出色的工作赢得了广泛认可。宣传部门要充分发挥各类大众传媒作用，将北京奥运会“我参与、我奉献、我快乐”的宣传口号转化为全市社会志愿服务口号，深入宣传首都志愿者的优秀典型和感人事迹，展现志愿者群体的良好风貌和高尚情操，在全社会掀起关心、支持和参与志愿服务的热潮。

二是要深入普及志愿理念。强化对志愿服务理念的教育普及，广泛传播志愿服务知识，宣传志愿服务活动先进经验，将普及志愿理念纳入学校教育和社会实践，贯穿到志愿者工作规划、实施的各个环节，提升群众特别是青少年对志愿服务的认知水平和参与能力，使参与志愿服务真正融入日常生活，成为群众的自觉行动。

三是要加强对志愿者的表彰激励。为社会作出贡献的优秀志愿者应当获得相应表彰和奖励。开展志愿服务活动既要坚持志愿服务与实现个人发展相统一，在为他人送温暖、为社会作贡献的过程中经受锻炼、增长才干，又要注意把群众参与志愿服务的积极性保护好、引导好、发挥好，使志愿者在为社会作出贡献的同时，能够得到社会的承认。

四是要扩大志愿服务的覆盖面和影响力。着力解决志愿者工作社会参与度不够高、参与面不够广、参与便利性不够强等问题，大力推动志愿服务进机关、进学校、进工厂、进社区。鼓励不同年龄、阶层、职业和文化背景的各界群众积极参与志愿服务，广泛开展形式多样的志愿活动，让群众乐于参与、便于参与，真正实现“志愿服务人人可为、时时可为、处处可为”，不断提升志愿服务的影响力、感召力和吸引力。

四、切实加强对志愿者工作的领导

志愿者工作涉及方方面面，既需要全社会共同参与，又必须切实加强领导，推动资源整合，完善保障措施。

一是要加强组织领导。各级党委政府要从贯彻落实科学发展观、建设“人文北京、

科技北京、绿色北京”的高度，充分认识加强和改进志愿服务工作的重大意义。要把组织开展志愿服务工作纳入政府经济社会发展的规划，作为社会建设和精神文明建设的重要内容摆上重要议事日程，切实抓紧抓好。要健全工作机制，加强沟通协调，做好督促检查，确保各项任务落到实处。要及时掌握志愿者工作进展情况，帮助解决推进志愿服务工作中遇到的实际困难和问题，促进志愿服务工作健康发展。今年要以开展深入学习实践科学发展观活动和作风建设年活动为契机，引导广大共产党员、共青团员和党政机关工作人员充分发挥先锋模范作用，带头参与、率先垂范，争做志愿服务的排头兵。

二是要加强资源整合。要加强部门之间的联系协调，整合各部门力量，发挥各部门优势，分工负责、团结协作，形成推动志愿服务的强大合力。要整合社会资源，积极争取社会各界的支持，增强志愿服务事业发展的物质保障。要整合各级志愿者组织的力量，实现优势互补、资源共享、上下联动、整体推进。要整合志愿服务项目，按照“党政所急、群众所需、志愿者能为”的原则，抓重点、解难点、创亮点，切实推进全市志愿服务工作发展。当前，要根据受国际金融危机影响，部分企业和群众出现生产生活困难的实际，积极组织好相关的志愿帮扶活动，为困难群众及时提供帮助，送去温暖。

三是要强化服务支撑。要充分发挥政府投入的导向作用，将志愿者工作经费纳入财政预算，保证志愿者队伍建设和志愿服务事业发展有稳定的经费支持。认真总结《北京市志愿服务促进条例》立法经验，加快首都志愿服务制度化、法制化进程，推进建立相对完备的志愿服务法规保障体系。积极搭建信息支撑平台，将奥运会的网络信息技术系统进行有效转化，为首都志愿服务工作提供信息支撑。

同志们、志愿者朋友们，让我们认真总结奥运会志愿服务工作的经验，在科学发展观的指导下，推动首都志愿服务不断迈上新台阶，为建设“人文北京、科技北京、绿色北京”贡献出我们的爱心和力量，让志愿者的微笑成为北京最好的名片！

（此文为中共北京市委书记刘淇2009年3月4日在全市志愿者工作大会上的讲话，标题为编者所加）

政府工作报告（摘录）

——在北京市第十三届人民代表大会第三次会议上

郭金龙

（2010年1月25日）

下大力气解决关系群众切身利益的实际问题

加强就业和社会保障工作。出台促进高校毕业生就业的15条政策，实施大学生村官和社工计划，增设1万多个基层社会管理、公共服务和教学科研岗位，高校毕业生就业率达到96.4%。建立城乡平等的就业制度，帮扶10.8万名就业困难人员实现就业、10.2

万名农村劳动力转移就业，零就业家庭实现动态脱零。建立企业裁员报告制度和调解联动机制，劳动关系保持和谐稳定。启动“社会保障卡”发放工作，192家定点医疗机构实现就医实时结算。建立城乡居民养老保险制度，率先实现养老保障制度城乡一体化。实施11项老年优待政策，新增养老床位1.58万张。出台居家养老、助残服务“九养政策”。加快实施保障性安居工程，累计配租廉租房1.9万户，修缮旧城居民房屋2.45万户，完成城镇危房解危1 052户，搬迁三区三片棚户区居民8 000多户。翻建维修6 500户农村特困和优抚家庭住房。新开工和收购政策性住房937.9万平方米，竣工229.5万平方米。

加快发展社会事业。完成200所小学标准化建设，修缮300所农村中小学教师集体宿舍，启动中小学校舍安全工程。稳步实施义务教育学校教师绩效工资改革。出台加强农村教师队伍建设意见，引导优质教育资源向农村辐射。制定实施“健康北京人”十年行动规划。新农合人均筹资标准提高到420元，参合率达到95.7%。规范医疗机构管理，启动公费医疗人员基本医疗保险改革试点，推动医疗便民服务，在49家三级医院实施预约挂号。大力实施文化惠民工程，文化活动中心、数字电影厅实现行政村全覆盖，新建1 020个农家书屋，有线数字电视覆盖15个区县230万户居民家庭。完成第三次文物普查实地调查，公布第三批市级非物质文化遗产名录。深入开展群众体育活动，成功举办了15项国际体育赛事。

不断提升城市建设管理水平。地铁4号线顺利开通，轨道交通运营里程达到228公里、在建里程280.2公里。六环路、京承高速全线贯通，高速公路总里程达到884公里。优化公交线网和换乘环境，公共交通年客运量达到65.9亿人次，公交出行比例提高到38.9%。认真落实大气污染控制措施，市区空气质量二级以上天数达到78.1%。全面推进生活垃圾处理工作，市区生活垃圾年产生量首次下降，全市生活垃圾无害化处理率达到95.8%。稳步推进北运河水系综合治理，加快污水处理厂升级改造，市区、郊区污水处理率分别达到94%和51%，利用再生水6.5亿立方米。开展生态区县、环境优美乡镇和生态村创建活动，建成19处郊野公园，推进京津风沙源治理、三北防护林建设、太行山绿化工程，全市林木绿化率达到52.6%，人均公园绿地面积达到14.5平方米。积极推动城市建设管理方式转变，城市服务管理的数字化、精细化水平进一步提高。

把握重点　强化落实　全力推进北京市社会建设工作

梁　伟

这次社会建设工作会议，是在全市上下认真贯彻市委十届五次全会和市人大十三届二次会议精神，按照市委、市政府今年工作部署，全力以赴抓好保增长、保民生、保稳定各项工作落实，努力以优异成绩迎接新中国成立60周年的形势下，继去年全市社会建设大会和前不久全市志愿者工作大会之后，召开的又一次重要会议。刚才贵伦同志作了一个很好的工作报告，总结了去年全市社会建设情况，安排了今年全市社会建设工作，我完全同意，希望认真抓好落实。一会儿向阳同志还要结合今年工作的贯彻提出要求，下面，我讲几点意见。

一、围绕保增长、保民生、保稳定新任务，进一步加强社会建设

2008年是首都发展史上具有特殊重要意义的一年。过去一年，全市上下深入贯彻落实科学发展观，按照推动科学发展，建设“人文北京、科技北京、绿色北京”的战略要求，在加快推进经济、政治、文化建设的同时，始终坚持把社会建设放在突出位置，紧紧围绕办好一届有特色、高水平的奥运会这件大事，以体制机制创新作为突破口，着力保障和改善民生，加快社会事业发展，公共服务体系建设取得新进展，社会建设基础工作取得新成效，社会动员能力有了新提高，社会管理体制改革取得新成果，社会领域党的建设取得新发展，社会建设工作取得了历史性的新突破，为成功举办有特色、高水平的奥运会、残奥会作出了重要贡献，得到了市委、市政府的充分肯定，赢得了社会各界的一致好评。

今年是新中国成立60周年，是成功举办奥运会后首都进入新的发展阶段的第一年，继承奥运财富，转化奥运成果，健全可持续发展的长效机制，推进社会建设，维护和谐稳定的任务十分艰巨。面对全面建设“人文北京、科技北京、绿色北京”的新任务、人民群众的新期待以及中央对社会建设的新要求，迫切需要继续保障和改善民生，进一步破解制约首都发展的人口、就业、环境、交通、城乡二元结构、区域差异等瓶颈，进一步推动城乡发展一体化和基本公共服务均等化。面对国际金融危机对首都经济造成冲击的严峻形势，如何积极主动打好应对危机与挑战这场硬仗，保持经济平稳较快发展和社会建设加快发展，是我们今年的首要任务，也是新的重大考验。因此，今年社会建设的标准更高，要求更严，工作更加繁重，任务更加艰巨。

在正视严峻挑战和重大考验的同时，我们也要看到首都社会发展还具有很多很好的有利条件和新的机遇：我国发展仍处于重要战略机遇期，中央出台的一系列扩大内需、促进发展的政策措施，首都经济结构的优化调整，为我们克服国际金融危机的冲击和影响提供了重要保障；奥运会成功举办，注入了新的发展活力，首都发展环境明显改善，“五无”目标基本实现，公共服务供给持续提升，社会保障体系更加健全，为改善民生夯实了基础、创造了条件，为加快发展提供了新的动力和优势；在多年探索实践积累了一系列宝贵经验的基础上，全市社会建设大会的召开和“1+4”系列文件的出台，为当前和今后一个时期社会建设指明了前进方向，明确了工作目标和主要任务。一年来，市委、市政府对社会建设不断加大力度，着力推动科学发展、促进社会和谐，着力推动“人文北京、科技北京、绿色北京”战略的实施，率先形成城乡经济社会发展一体化新格局意见的出台，都为我们推进社会建设创造了难得契机。我们必须抓住契机，乘势而上，充分发挥首都优势，变压力为动力，化挑战为机遇，统一思想，振奋精神，坚定信心，更加扎实做好各项工作，进一步开创首都社会建设新局面。

市委十届五次全会和市人大十三届二次会议已对今年工作作了全面部署，强调坚持科学发展观，建设“人文北京、科技北京、绿色北京”，努力做到“六个着力”、推进“十大工程”，以优异成绩迎接新中国成立60周年。按照上述要求，今年首都社会建设工作总的要求是：紧紧围绕保发展、保民生、保稳定，深入贯彻落实科学发展观，大力转化和提升奥运成果，以推进和谐社会为目标，以改革创新为动力，以政策配套为牵引，以

规范化试点为抓手，以统筹协调为手段，全面落实“1+4”文件及其配套政策，突出抓好社区服务站、“枢纽型”社会组织、社区工作者和社会工作党组织建设，推动经济平稳较快发展与社会建设加快发展，推进建设“人文北京、科技北京、绿色北京”，为建设繁荣、文明、和谐、宜居的首善之区贡献力量。

二、突出重点，深化改革，推动社会建设取得新突破

当前，全市人均地区生产总值已突破9 000美元，首都改革开放和现代化建设步入新的发展时期，社会建设也从明确思路、总体规划、搭建平台，迈进完善政策、推动落实、重点突破的新的发展阶段。今年，我们工作的重点是抓政策配套，抓规范试点，抓操作落实，紧紧围绕社区、社会组织、社会工作队伍、社会领域党建等重点领域改革实现新突破，办成办好几件让社会关注，让群众受益，让市委、市政府满意的大事实事，进一步推进社会建设科学发展。

一是着力改善民生，在推进公共服务上实现新突破。改善民生是社会建设的重点，公共服务是改善民生的保障。特别是在全球金融危机、经济发展困难、就业形势严峻情况下，着力改善民生，推进公共服务，具有更加重要的现实意义。社会建设方面在应对金融危机影响这件事上是可以有所作为的。要把改善民生作为社会建设的出发点与落脚点，作为扩大内需、促进增长的重点，把扩大就业、完善社会保障作为改善民生、推动发展的关键点，把社区服务、社会工作作为改善民生、扩大就业的新增长点，把保障困难群众生活、拓宽就业渠道与支持社会组织、非公企业发展相结合，让广大群众和各个阶层共享改革发展成果，得到更多、更好和更大的实惠。当前，要继续实施好“五无”目标，最大限度地减少金融危机给群众生活带来的不利影响，使民生工作继续走在全国前列。当前，市委、市政府出台了一系列重要政策，对度过金融危机将会起到重要的作用，社会建设工作要紧密地加以配合，来落实这些政策。要不断加大公共服务投入，加强公共服务体系建设，把社区服务设施建设纳入城乡基础设施规划，从政策、资金和项目等方面加大对社会组织的支持扶持力度，从社区、“枢纽型”社会组织入手，扩大购买公共服务试点，建立健全购买公共服务相关政策，加快政府购买公共服务步伐，加大公共服务进社区力度，满足广大群众对公共服务的新需求。要充分发挥市场机制和社会组织作用，把市场和社会能做愿做，而政府又做不好做不了的公共服务交给市场和社会，实现公共服务提供多样化。要统筹推进城乡社区建设，进一步推动城乡发展一体化，推进基本公共服务均等化。

二是着力深化改革，在完善政策支持上实现新突破。改革创新是推动社会建设的根本动力，其中制度创新更带有根本性。去年出台的“1+4”文件构建起首都社会建设的总体框架，各区县也结合各自特点出台了配套实施文件。要进一步推进社会建设，必须完善配套文件，把相关政策细化、具体化和规范化，这样才能实现社会建设的重点突破、整体推进、全面提高。因此，结合学习实践活动，近期市里开始着手“1+4+X”配套文件研究制定工作。这次大会前后印发的8个规范性文件，就是其中的一部分。这8个文件围绕解决当前制约社会建设发展的突出问题，对“1+4”文件进行政策配套完善和细化、具体化，进一步明确志愿者服务、社会工作者和社区规范化建设、构建“枢纽型”社会组织、社会领域党建等方面政策措施，建立志愿服务长效机制，探索社区管理新模式，加强和改进社会组织管理，加强和规范社会工作队伍建设，加强和改进社会领

域党建工作，选聘首都高校毕业生到社区工作，健全社会建设工作协调机制，从完善相关政策支持的层面上实现新突破，推动重点领域改革，推进社会建设整体向前发展。这些文件有的已经印发，有的正在修改，力求更符合实际，更具有可操作性，来支持今年各项重点工作。社会发展无止境，社会管理改革无止境，制度创新也无止境。今后我们还要继续推进政策配套工作，针对社会建设重点领域急需解决的突出问题，进一步解放思想、开拓创新，加快制定配套政策措施，充实完善“1+4+X”系列文件，使社会建设政策制度不断走向规范化、系统化、配套化，推进重点领域改革不断深入。

三是着力健全机制，在激发社会活力上实现新突破。制度关乎生机，机制决定活力。按照构建社会建设“五大体系”目标要求，着力健全机制，继续推进重点领域改革，进一步激发社会活力。以社会工作党组织建设试点为切入点，完善社会工作机构体系与工作机制，围绕“加强两个改进、提高两个能力”，即适应形势任务变化，遵循社会建设自身发展规律，不断加强改进思想方法和工作方法，不断提高综合协调能力与合作共赢能力，激发社会工作机构活力。以社区规范化建设试点为切入点，认真组织社区“两委”换届工作，按照“一分、三定、两目标”的工作目标，进一步健全社区治理模式，理顺社区各类主体的关系，健全基层群众自治机制，进一步激发社区建设与管理活力。以构建“枢纽型”社会组织工作体系为切入点，创新社会组织管理模式，改进社会组织服务管理，优化社会组织发育环境，进一步激发社会组织活力。以社会工作者队伍制度建设为切入点，完善社会工作者注册登记、教育培训、岗位设置等制度，组织社会工作者职业考试和社区服务站公开招考，搞好2 000名大学生到社区的选聘工作，并不断总结经验，加快推进社会工作者队伍知识化、专业化和职业化进程，进一步激发社会工作者队伍活力。今年城八区招聘社区专职工作者工作进展很顺利，报名非常踊跃，大致要招2 233名社会工作者进入社区工作，加上准备招录的2 000名大学生，共同构成了我们加强社区建设的新鲜血液。这对于社会工作者队伍的年轻化、知识化和专业化进程也有很大的推动作用。以奥运志愿服务成果转化为切入点，贯彻落实全市志愿者工作大会和市委、市政府文件精神，完善社会组织动员机制，推进志愿服务工作，形成志愿服务长效机制，进一步激发志愿服务活力。以开展社会领域党建试点为切入点，加快推进社会领域党建工作步伐，健全社会领域党建工作体系，推进社会领域党的组织和工作全覆盖，进一步激发“两新”组织和社会领域党的建设活力。

四是着力合作共赢，在加强统筹协调上实现新突破。社会建设涉及方方面面，必须坚持统筹兼顾和统筹协调，不断增强利益关系协调能力与合作双赢能力。社会建设不是一家能干好的，需要大家共同努力。要进一步完善社会建设领导小组及其办公室工作机制，健全部门间协调配合机制，加强沟通协调，强化政策集成，在全市资源整合上充分发挥职能作用，确保形成整体合力，实现合作共赢。现在市、区两级都建立社会建设工作的领导小组，一般都是由市、区主要领导挂帅。领导小组设办公室，办公室就是一个平台，一定要组织各部门形成合力，共同工作。要充分发挥领导小组的领导作用和领导小组办公室的统筹协调作用。坚持和完善区县社会工作机构联席会议制度，加强区县间沟通联系，形成市与区县工作协调机制，努力构建上下联动、区县互动、共同推动的工作格局。进一步健全和完善社会建设工作责任制，分解细化任务，明确责任主体，形成分工负责，确保各项工作全面落实。建立健全社会建设指标体系，加强督导检查和考评，形成统筹协调推动工作落实的长效机制。充分发挥首都智力资源优势，加强专家顾问团和共建基地建设，通过决策咨询、课题合作、共办论坛等方式，搭建合作平台，形成合作机制，推动科学决策和理论创新，确保决策科学化和改革不断深化。深入研究和科学把握各种重大关系和各方利益诉求，统筹兼顾地找准决策、政策和工作的平衡点，凝聚各方智慧与力量，发挥各方积极性与创造性，形成统筹兼顾、优势互补、互利共赢、共同发展的良好局面。

三、围绕加强作风建设新要求，抓好各项工作落实

社会建设作为首都工作的重要组成部分，在推进首都全面发展中承担着重要责任。今年是全市领导干部作风建设年。因此，要紧紧围绕市委、市政府的工作重点，以深入学习实践科学发展观为根本要求，以弘扬北京奥运精神为主题，以加强领导干部作风建设为抓手，引导各级领导干部牢记职责使命，以更加昂扬的精神状态投入到社会建设中去，按照加强作风建设新要求抓好各项工作落实，按照这次会议精神抓好贯彻落实。

一是抓落实，重在改革创新。实践无止境，改革创新无止境。解放思想、改革创新是实践的永恒主题和不竭动力，社会建设作为一个新事物尤为如此。首都社会建设之所以能不断取得新发展、新突破，最根本的就是始终坚持改革创新。今后要进一步推进社会建设，还必须继续深化改革、不断探索创新。为此，我们要坚持把改革创新作为抓工作的出发点和落脚点，不论抓政策配套、规范试点，还是抓具体操作、推动落实，都始终自觉坚持科学发展观的立场观点和方法要求，进一步解放思想，更新观念，深化改革，大胆创新，以新的视角审视形势，以新的思路破解难题，以新的举措推动工作，努力实现思想观念不断更新、政策措施推陈出新、体制机制完善创新、工作面貌焕然一新，在解放思想中开创社会建设新局面，在深化改革中推进社会建设新发展，在开拓创新中实现社会建设新突破。

二是抓落实，重在发挥合力。社会建设是一项复杂的系统工程，涉及诸多方面。加强社会建设不单单是哪个部门、哪个单位的事，需要全市上下、各级各界的共同参与、协调配合，群策群力、形成合力。过去一年首都社会建设之所以取得巨大成绩，得益于全市上下整体合力的有效形成与充分发挥。今后继续推进社会建设，抓好各项工作落实，还必须充分调动各方力量、切实形成和真正发挥整体合力。因此，要充分发挥全市社会建设领导小组的统筹、协调、组织、引导的作用，善于统筹形成合力，积极协调各方力量，科学整合资源，形成整体优势；善于沟通扩大合力，积极主动加强横向、纵向沟通联系，努力争取各级、各部门的大力支持，达成统一共识；善于发动凝聚合力，充分调动社会力量，积极动员社会各界参与支持，形成共建共享局面；善于合作发挥全力，不断强化合作共赢、利益共享，努力形成齐心协力、齐抓共管、合作共事、共同推动的良好工作格局。

三是抓落实，重在真抓实干。当前首都社会建设已进入完善政策、推动落实的新的发展阶段。不论是贯彻这次会议精神、落实已经下发和将要下发的规范性文件，还是抓规范试点、进一步完善政策配套，都需要我们脚踏实地狠抓落实，扑下身子真抓实干。因此，要统一思想，切实把思想统一到市委、市政府的决策部署上来，统一到这次会议精神上来，认真贯彻落实会议精神和有关的规范性文件，切实加强组织领导、分类指导、典型引导和检查督导，扎实有效地抓好各项工作落实。要转变作风，大兴求真务实、调查研究、联系群众之风，广泛深入开展调研，

积极主动问政于民、问需于民、问计于民，确保政策决策切合实际、符合群众愿望。要增强责任心和紧迫感，按照这次会议要求，明确工作责任制，确保工作有计划、有部署、有抓手、有落实、有检查和有考评，确保各项工作高标准、高质量和高效率。要敢于正视社会建设面临的突出矛盾，始终保持迎难而上、奋发有为的精神状态，满怀信心地带领广大群众攻坚克难，锐意进取，创造性地开展工作，实现社会建设的新突破。

同志们！在新的起点上，面对新的形势与挑战，保持经济社会平稳较快发展，加快建设“人文北京、科技北京、绿色北京”，全面推进首都社会建设，任务更加繁重，责任更加重大。让我们在中央和市委、市政府的正确领导下，深入贯彻落实科学发展观，坚定信心，解放思想，迎难而上，团结奋进，共克时艰，以饱满的精神状态、严谨的工作作风、更高的工作标准，全力以赴做好社会建设的各项工作，以建设繁荣、文明、和谐、宜居的首善之区的优异成绩，迎接新中国成立60周年！

（此文为中共北京市委常委梁伟2009年4月3日在全市社会建设工作会议上的讲话，标题为编者所加）

从“城乡覆盖”到“城乡统筹”开创北京社会保障新局面

丁向阳

科学发展观的第一要义是发展，核心是以人为本。社会保障关系基本民生，是实现社会公平的“调节器”、维护社会稳定的“减震器”和经济社会发展的“推进器”，做好社会保障工作对于北京实现科学发展具有重要意义。奥运筹办以来，特别是科学发展观提出以来，北京市一直把社会保障体系建设作为贯彻落实科学发展观、实践“人文奥运”理念的重要工作，按照“广覆盖、保基本、多层次、可持续”的原则，重点加强农村社会保障制度建设，着力填补制度空缺，率先实现了社会养老、医疗等保障制度“覆盖城乡”的目标，各项社会保障覆盖率均处于全国领先水平。但是，与科学发展观对于统筹城乡发展的总体要求相比，与“人文北京、科技北京、绿色北京”发展新理念和群众对于社会保障水平的新期待相比，目前多类别、多层次、碎片化的社会保障制度还存在不少问题，迫切需要在新的起点上进一步整合优化，实现从“城乡覆盖”到“城乡统筹”发展的跨越。

一、北京已经具备了率先形成社会保障城乡统筹发展新格局的良好基础

（一）养老保障制度基本覆盖了城乡全体居民，初步实现了人人“老有所养”的目标

1. 创立新型农村社会养老保险制度，农民社会养老保障水平实现质的飞跃。

提高农村社会养老保障水平，是实现社会养老保障科学发展的重点和难点。由于历史原因，长期以来农民主要依靠“土地养老”和家庭养老，在社会保障体系中处于弱势地位。在没有企业缴费、集体经济较弱而农民收入水平又不高的情况下，如何做到既保障参保农民老年基本生活，又把个人缴费控制在农民可承受范围之内，是积年未解的

难题。

为了解决农民的养老保障问题，2005年北京市出台了《农村社会养老保险制度建设指导意见》，实行个人缴费、集体补助与政府财政补贴相结合的农村社会养老保险制度模式。由于仍然以个人账户积累为主，财政补贴有限，个人缴费标准较高，享受待遇较低，农民参保积极性仍然较低。为了让农民公平享受到社会养老保障权利，2008年1月，北京市创立了“个人账户+基础养老金”的新型农村社会养老保险制度模式，其突出创新之处在于：一是落实了政府责任。在财政补贴、基金管理、经办服务等各个环节都明确了政府社会保障职责，加大了政府支持力度，尤其是由财政直接发放的每月280元的基础养老金为参保农民老年生活提供了有效保障。二是实行弹性缴费标准。最低缴费标准为本区县上年农民人均纯收入的10%，大大降低了缴费门槛，最低标准以上部分则由农民根据自身经济条件自愿选择。三是建立了城乡衔接机制。农民转成城镇居民后参加城镇基本养老保险时，农保个人缴费可按规定标准折算为城镇基本养老保险的缴费年限；参加了城镇基本养老保险的农民工，可以将其一次性养老金划转到相应农保经办机构，按农保标准享受养老待遇。

新农保制度激发了农民的参保热情，在短短的9个月内，全市“新农保”新增参保人数为58.4万人，累计参保106.5万人，参保覆盖率大幅跃升到80.06%，农村社会养老保障发展实现了实质性的跨越。

2. 创立城乡统一的福利性养老保障制度，无社会保障老年居民养老保障实现重大突破。

针对全市有10多万城镇老年人没有社会养老保障，40多万农村老年人因超过了参保年龄而不能享受农村社会养老保障待遇的情况，2008年1月，北京市出台了城乡无社会保障老年居民养老保障办法，将本市60岁以上无社会保障老年居民纳入社会养老保障体系，统一由财政出资为每人每月发放200元的福利性养老补贴，以保障这部分老年人的基本生活，让他们共享改革发展成果。截至2008年9月底，全市累计发放福利养老金10.22亿元，有55.84万城乡老年人领取了福利养老金，其中农村户籍老年人为42.15万，占75%。

城乡统一的福利性养老保障的建立体现了科学发展观的本质要求，因为它在制度上消除了城乡二元差距，在全国首次实现了农村与城市居民平等地享受同一标准的福利养老待遇，是北京在统筹城乡社会保障方面作出的重要探索。

3. 扩大基本养老保险制度覆盖范围，城镇职工养老保险待遇水平位居全国前列。

经过20多年的改革发展，北京市城镇基本养老保险制度不断完善，覆盖范围由城镇国有和集体企业职工，逐步扩大到全部城镇企业及其职工，包括外商投资企业、城镇私营企业及其职工，个体工商户及其雇工，灵活就业人员以及农民工，等等。截止到2008年9月底，基本养老保险参保人员达到738.6万人，其中，在职职工559.85万人，离退休人员178.75万人。按照基本养老金调整机制，离退休人员基本养老金水平逐年提高，月平均养老金水平已从1994年的270元提高到了目前的1 630元，居全国前列。

（二）医疗保险制度体系日趋健全，人人“病有所医”的目标提前实现

1. 建立“新农合”筹资增长机制，城乡居民医疗保障水平差距大幅缩小。

2003年北京市建立新型农村合作医疗制度以来，虽然市、区两级财政为参保农民给予一定的财政补助，但直到2006年人均筹资水平也仅130元。由于只能保大病，报付率又比较低，农民参合积极性不高，因病致贫、因病返贫的现象时有发生。为缓解“农民看不起病”的问题，政府决定加大投入力度，于2007年8月建立了“新农合”筹资增长机制，即从2007年起到2010年，财政为参合农民每人每年增加补贴100元，到2010年达到520元。截至2008年9月底农民参合率已

达到92%。筹资增长机制使“新农合”的受益面和报付水平不断提高，城乡医疗保障差距进一步缩小。

2. 推行“一老一小”大病医疗保险制度，医疗保险制度向覆盖全体居民迈出重要步伐。

老年人的医疗需求和支出比较高，如果没有社会性的医疗保险，对家庭将是很大负担。同样，虽然孩子生病的几率小，可一旦得了大病，家庭也难以承受。为了解决这两个群体的医疗保障问题，2007 年 6 月，北京市率先推出了“一老一小”大病医疗保险，将男性年满 60 周岁、女性年满 50 周岁的城镇老人和在校学生、婴幼儿纳入大病医疗保险制度覆盖范围，并针对他们的特点，设计了与城镇职工不同的筹资标准和保障水平，以加大保障力度。老年人大病医疗保险的年筹资标准为 1 400 元，其中，财政负担 1 100 元，个人缴纳 300 元；起付标准为 1 300 元，起付标准以上超额部分可报销 60%，一个年度内最高可报销 7 万元。在校学生和婴幼儿大病医疗保险的年筹资标准为 100 元，其中由家庭和财政各承担 50 元；起付标准为 650 元，超额部分可报销 70%，一个年度内最高可报销 17 万元。截至 2008 年 9 月底，“一老”参保人数为 17.41 万人，“一小”参保人数为 130 万人。

3. 建立无业居民大病医疗保险制度，实现了医疗保险制度全覆盖。

无业居民是最需要社会保障的群体之一。为解决近 47 万城镇劳动年龄内无业居民没有医疗保障的问题，2008 年 7 月，北京市专门为其建立了大病医疗保险制度。城镇无业居民大病医疗保险筹资标准按无业居民和残疾人员分别确定，无业居民大病医疗保险筹资标准为每人每年 700 元，其中个人缴纳 600 元，财政补助 100 元；残疾人员筹资标准为每人每年 1 400 元，其中个人缴纳 300 元，财政补助 1 100 元。城镇无业居民大病医疗保险主要解决住院大病的医疗费用，报销的起付标准统一定为 1 300 元，超过起付标准以上部分按 60% 的比例报销，每年累计最高报销限额为 7 万元。截至 2008 年 9 月底，劳动年龄内无业居民参保人数为 5.2 万人。无业居民大病医疗保险制度的建立，标志着北京市医疗保险制度实现了全覆盖。

4. 基本医疗保险制度日趋完善，城镇职工医疗保障水平不断提高。

自 2001 年建立面向城镇职工的基本医疗保险制度以来，经过几年的改革，北京市初步形成了以基本医疗保险、大额医疗互助、退休人员统一补充医疗保险和企业补充医疗保险、职工医疗社会救助为主要内容的多层次城镇职工基本医疗保险体系，医疗保险的保障功能从制度建立之初的保大病、保基本，逐步向尽可能满足群众医疗保障需求、努力减轻群众医疗负担转变。经过五次政策调整，参保人员的医疗保障待遇水平有了明显提高，参保率也不断提高。截至 2008 年 9 月底，参加城镇职工基本医疗保险的为 852 万人。

总之，在过去的几年里，北京市将科学发展观应用于社会保障发展实践，不断完善各项制度。目前，覆盖城乡的社会养老保障制度已经基本确立，“广大人民群众都能享有医疗保障”的目标提前两年实现，工伤、失业、生育保险制度日趋健全，以最低生活保障制度为基础，专项救助制度相配套，临时救助和社会互助为补充的城乡社会救助体系基本建成。社会保障制度不断健全，覆盖范围稳步扩展，保障作用日益增强，城乡差距逐渐缩小，为下一步推动北京社会保障的城乡统筹发展奠定了坚实基础。

二、北京率先形成社会保障城乡统筹发展的新格局以及面临的机遇和挑战

（一）内外多方面的有利条件，为北京率先形成社会保障城乡统筹发展新格局提供了难得机遇

第一，中央关于统筹城乡社会保障的总体思路为北京指明了方向。党的十七大把统筹城乡发展摆在实践科学发展观的突出重要

位置，把推进农村社会保障制度建设作为完善社会保障体系的重要内容，明确指出要“加快建立覆盖城乡居民的社会保障体系”。近年来，中央选择了部分地区开展社会保障城乡统筹发展试点，并鼓励有条件的地区积极探索建立城乡统筹的社会保障制度。北京是首都，中央对北京民生发展、社会和谐寄予厚望。北京在事关基本民生的社会保障方面率先形成城乡统筹发展新格局，符合中央的要求和期待。

第二，北京市经济社会发展水平已基本达到社会保障城乡统筹发展的条件。北京市经济连续9年保持两位数的高速增长，2007年，地方财政收入达到1 492.6亿元；GDP总量达到9 353亿元，人均GDP达到7 654美元；农业产值比重下降到1.1%，农业劳动力比重下降到6.5%，经济社会发展水平已经接近日本、韩国和一些西方发达国家消融城乡社会保障差距时期的状况。特别是随着奥运会、残奥会的成功举办，“新北京、新奥运”战略构想、“新三步走”战略第一步目标全面实现，首都发展站在了新的起点上。打破社会保障城乡二元分割、促进城乡统筹的物质条件已经具备。

第三，促进社会保障城乡统筹发展既是上下共识，又是众望所归。推进社会保障的城乡统筹发展，是贯彻落实以人为本的科学发展观的内在要求，是促进城乡全面协调可持续发展、构建和谐社会首善之区的重要内容，也是完善社会主义市场经济体制、推进城市化和农业现代化进程、推动首都经济又好又快发展的重要保障。全市各级党委、政府高度重视民生，重视社会保障事业发展，对于改革不符合科学发展观要求的城乡二元社会保障制度已经形成共识；基层组织、用人单位和企业职工、城乡居民社会保障意识有了新的提高，社会各界对于缩小城乡社会保障差距有了新的要求和期待，加快社会保障城乡统筹步伐顺乎民心，合乎民愿。

（二）现实存在的种种问题，需要通过建立城乡统筹的社会保障制度予以解决

第一，现行社会保障制度难以跟上北京经济社会发展步伐。按照科学发展观的要求，社会保障制度建设应当与经济社会发展阶段相适应，在这方面，现行制度面临多方面的挑战。比如，人口流动规模不断扩大，越来越多的农村富余劳动力转移到城市，与城镇职工同一岗位同等待遇的合理保障需求在现行保障制度框架下难以得到满足；就业方式日趋多样化，在劳动关系、就业岗位、工资收入等都不稳定的情况下，相关人员如何获得有效保障是一个现实问题；收入分配不平衡的状况持续发展，城乡收入差距近年来持续扩大，如何发挥社会保障的再分配效应，通过社会保障转移性收入提高参保农民保障待遇，缩小城乡居民生活差距，现行社会保障制度也很难有效解决。

第二，现行社会保障制度呈现碎片化状态。由于社会保障制度是在不同时期分阶段发展起来的，不同地域、不同人群往往被纳入不同的制度覆盖范围。比如，医疗保险制度就分为针对城镇职工的基本医疗保险制度、针对行政事业单位人员的公费医疗制度、针对农村居民的新型农村合作医疗制度和针对城镇居民的大病医疗保险制度，相互之间彼此隔离，转移和接续存在障碍。社会保障制度的多种类带来了待遇水平的多层次，突出表现为新型农村合作医疗与城镇基本医疗保险之间待遇水平明显失衡、城乡之间失业保险制度待遇差距悬殊。农民工养老保险只能享受一次性待遇，不能和城镇职工一样按月领取养老金等问题也相当突出。多类别、多层次的制度设计曾经发挥了积极的保障作用，但随着经济社会发展，待遇不公、衔接不畅等弊端日益呈现，需要整合与完善，改革势在必然。

第三，现行社会保障制度覆盖范围存在空隙。在养老保险方面，现有养老保险制度仍然没有覆盖到所有人群。一是一部分城镇特别是小城镇人员没有能力参加城镇基本养老保

险；二是城镇51—59岁、农村56—59岁的女性人员既不能参加新农保，也不能享受老年保障的福利养老金。在医疗保险方面，针对城镇“一老一小”和无业居民医疗保险参保人员的门诊医疗制度尚未建立，城镇职工中个体存档人员门诊报销问题尚未解决。在失业保险方面，现行失业保险制度仅覆盖了城镇职工和在城镇企事业单位工作的农民工，而迫切需要保障的乡镇企业农民工、农村转移就业劳动力等处于制度覆盖范围之外。

第四，现行社会保险经办模式、手段落后，个别险种管理体制仍不顺畅。比如，职工基本医疗保险和新型农村合作医疗的医疗费用报销都由手工完成，造成医疗费报销周期长、环节多，参保、参合人员资金垫付负担重等问题。另外，城镇职工基本医疗保险、城镇居民大病医疗保险均属劳动保障部门管理，但新型农村合作医疗却属于卫生部门管理，多头分散管理体制影响了相关政策的一致性，加大了统筹规划的难度，这也在一定程度上制约了城乡医疗保险制度的有效衔接。

总体上看，北京已经进入以工促农、以城带乡、城乡统筹发展的新阶段，进入由城乡分割走向城乡协调发展的关键时期。社会保障领域的种种有利条件和现实矛盾，要求我们进一步解放思想，改革创新，开创社会保障制度建设城乡统筹发展的新局面。

三、关于北京率先形成社会保障城乡统筹发展新格局的思路与对策

（一）社会保障城乡统筹发展的工作思路和目标

建设城乡统筹的社会保障制度体系，需要把解决现实问题与建立长效机制紧密结合起来，要努力实现从拾遗补漏向整体设计转变，从单一突破向全面推进转变，从政策调整向法律规范转变。在推进过程中要找准时机，把握力度，既要尽力而为，又要量力而行。

实现北京社会保障发展目标的工作思路是：在以人为本的科学发展观指导下，遵循“人文北京、科技北京、绿色北京”发展理念，以维护城乡居民平等的社会保障权利为目标，以建立城乡统一的居民基本社会保障制度为重点，创新体制机制，强化政府责任，加强社会保障服务体系建设，稳步提高保障水平，率先形成社会保障城乡统筹发展新格局，为最终形成城乡统一的社会保障体系奠定基础。

北京市社会保障制度建设的长期目标是“基本保障，城乡统一”，即社会养老、医疗保障和最低生活保障等基本社会保障制度城乡全覆盖，制度模式统一，参保人员按同等标准缴费，享受同等保障待遇；近期目标是“基本保障，城乡统筹”，具体可以概括为“三项制度，双轮运行”，即社会养老、医疗保障制度和最低生活保障制度等三项基本社会保障制度城乡全覆盖，制度模式统一，只根据企业职工和居民的不同，并行设立两套不同层次的缴费标准和待遇水平方案。

（二）促进社会保障城乡统筹发展的近期工作任务

按照学习实践科学发展观活动“能解决的要率先解决”的要求，当前一段时期，要重点抓好群众迫切需要、条件基本具备的实事，努力在解决群众反映强烈、影响和制约社会保障事业科学发展的突出问题上取得新的突破。三项基本社会保障制度中，制度统一、标准有别、覆盖城乡所有居民的社会救助制度在北京市已经建立，当前最迫切的任务是完善医疗保险制度和养老保险制度。

医疗保险制度方面。首先，加快“社会保障卡”工程建设进度，力争在2009年年底前实现全市职工医疗保险参保人员持卡就医，为建立城乡统一的医疗保险体系奠定技术基础。其次，研究将城镇“一老一小”和无业居民医疗保险制度整合为城镇居民基本医疗保险制度问题。前两项制度模式本身是一致的，区别主要体现在筹资标准和保障水平。由于不同年龄段的群体大病几率和医疗费用支出存在差异，所以筹资标准有别有其合理

性，但为了体现公平，两个群体的待遇水平应该相同。再次，改革新型农村合作医疗制度，在其筹资和保障水平不断提高，与居民大病医疗保险制度基本一致时，可以将其并入居民基本医疗保险制度，相应管理责任统一到劳动和社会保障部门，逐步实现全市统筹。最后，要抓紧建立无医疗保障老年人和灵活就业人员门诊医疗制度，尽快组织实施。

养老保险制度方面。首先，要在完善新农保制度的基础上建立城乡统一的居民养老保险制度，实现养老保险制度全覆盖；同时，制定相应措施，一次性解决56—59岁女性人员养老保障待遇问题。其次，研究制定适合本市农民工特点的养老保险政策，为将其最终纳入城镇基本养老保险或居民社会养老保险制度覆盖范围设计具体方案。居民社会养老保险制度建成后，将与城镇基本养老保险制度并立运行，共同支撑起全市社会养老保障体系。

此外，就业是民生之本，是社会保障的基础。在某种意义上，就业与社会保障是互促与互制的关系。因此，统筹城乡社会保障应当与统筹城乡的就业政策相协调。近期，最重要的就是推进城乡统筹的失业登记、失业保险政策，做到制度、待遇、政策“三个统一”。一是在现有城镇登记失业率的基础上，建立城乡统一的就业失业登记管理制度。二是实现城乡劳动者失业保障待遇水平的“四个一样”，即参加失业保险缴费一样，享受失业保险金和医疗补助标准一样，享受促进就业优惠政策一样，领取失业保险金和享受优惠政策的渠道一样。三是实现促进城乡劳动者就业政策的统一。研究制定农村零转移就业家庭就业援助政策，把城镇鼓励用人单位招用的社会保险和工资性岗位补贴政策、税费减免政策，帮助就业困难人员的再就业援助政策、职业培训补贴政策等一系列促进就业优惠政策延伸到农村。扩大农村就业困难人员的就业渠道，研究制定鼓励农村劳动力自谋职业、自主创业的减免行政事业性收费政策和鼓励农村劳动力跨地区流动就业政策，调整完善小额担保贷款政策，为城乡劳动者创造平等的就业政策环境。

推动社会保障城乡统筹发展，是一项复杂的系统工程，除了加强制度建设以外，还需要在财政投入、基金监管、管理服务等多个方面协同推进。在推进过程中难免会遇到这样那样的新情况和新问题，这就要求我们始终贯彻落实以人为本的科学发展观要求，始终把实现好、维护好、发展好最广大人民的根本利益作为工作的出发点和落脚点，不断解放思想、开拓创新，推动社会保障事业不断向前发展。

（此文作者为北京市副市长）

·文　　件·

关于进一步加强和改进志愿者工作的意见

为全面贯彻落实党的十七大、十七届三中全会和市十次党代会精神，按照中央文明委《关于深入开展志愿服务活动的意见》和《北京市加强社会建设实施纲要》的要求，积极转化北京奥运会、残奥会志愿服务成果，完善本市社会志愿服务体系，健全志愿服务长效机制，现就进一步加强和改进志愿者工作，提出如下意见。

一、抓住有利契机，积极转化北京奥运志愿者工作成果

（一）北京奥运会、残奥会成功举办之后，及时转化奥运志愿者工作成果、加强和改进志愿者工作任务非常迫切

举世瞩目的北京奥运会、残奥会上，志愿者的服务充分展示了中华民族的文明风尚和时代风采。北京奥运会、残奥会志愿者工作取得的积极成果，充分体现了志愿服务在整合社会资源、动员社会参与方面的巨大优势。北京奥运志愿服务行动大大提高了人们对志愿服务的认识，使全社会更加深刻地感受到了志愿服务的重要作用。抓住有利契机，切实继承北京奥运志愿者工作的宝贵遗产，加强和改进志愿者工作，建立健全志愿服务长效机制，意义深远。

（二）科学发展观为转化北京奥运志愿者工作成果、加强和改进志愿者工作指明了方向

科学发展观，核心是以人为本，强调促进经济社会全面协调可持续发展。深入学习实践科学发展观，进一步加强和改进志愿者工作，积极转化北京奥运志愿者工作成果，大力倡导“奉献、友爱、互助、进步”的志愿服务精神，最广泛、最充分地动员社会力量，深入开展社会志愿服务，为百姓排忧解难，对在全社会形成团结互助、平等友好、共同进步的社会氛围和人际关系，推动科学发展，促进社会和谐，意义重大。

（三）建设“人文北京、科技北京、绿色北京”，为转化奥运志愿者工作成果、加强和改进志愿者工作提供了广泛的实践基础

“人文北京、科技北京、绿色北京”，是“绿色奥运、科技奥运、人文奥运”理念的继承和发展，是新时期首都现代化建设的伟大实践。志愿服务体现着公民的社会责任意识和公益精神，是公民文明素质和社会文明程度的重要标志。加强和改进志愿者工作，积极转化奥运志愿者工作成果，充分发挥群众在志愿服务中的主体作用，激发群众参与志愿服务的热情，共建共享社会文明成果，有利于弘扬社会主义核心价值观，满足不同层次人们关爱他人、服务社会、展示特长的愿望，有利于动员广大人民群众积极投身建设“人文北京、科技北京、绿色北京”的伟大实践。

二、明确工作目标，建立健全志愿服务长效机制

（四）加强和改进志愿者工作的指导思想

以邓小平理论和“三个代表”重要思想为指导，深入贯彻落实科学发展观，按照建设“人文北京、科技北京、绿色北京”的总体要求，以转化奥运志愿者工作成果为基础，以动员社会广泛参与为目标，以创新志愿者工作体制机制为着力点，以建设志愿者队伍为重点，积极宣传志愿理念，大力弘扬志愿

精神，广泛开展志愿服务，进一步构建具有时代特征、体现中国特色、彰显首都特点的志愿者工作体系框架，努力加强志愿者管理体系、运行体系、队伍体系、项目体系、保障体系建设，为把北京建设成为繁荣、文明、和谐、宜居的首善之区贡献力量。

（五）加强和改进志愿者工作的基本原则

1. 坚持以人为本、服务社会。

始终把公益性放在首位，把满足公众需求作为出发点和落脚点，把服务他人、服务社会与实现个人价值有机结合起来，使社会公众在投身志愿服务活动中实现自身的发展。

2. 坚持统筹协调、整合资源。

加强党委政府对志愿者工作的领导与组织协调力度，推动志愿服务与政府服务和市场服务有机衔接，积极整合各类志愿服务资源，不断增强志愿者工作的整体合力。

3. 坚持优化结构、分类指导。

把优化队伍结构摆在突出位置，根据不同领域、不同类型志愿者工作的实际情况，结合志愿服务的特点和规律，加强分类指导，积极引导志愿服务资源合理配置。

4. 坚持积极倡导、自愿参与。

既尊重人们的服务意愿、鼓励人们自主参与，又强化公民的社会责任，努力扩大志愿服务活动的覆盖面，增强志愿服务活动的影响力和吸引力，实现自愿参与与社会倡导的有机结合和良性互动。

（六）加强和改进志愿者工作的目标

通过认真做好奥运志愿者工作成果转化，不断完善志愿服务体系，积极创新志愿者工作体制，努力形成志愿者工作长效机制。以通用志愿者为基础、专业志愿者为骨干，建立起一支规模宏大、门类齐全、组织严密、高效有序的志愿者队伍，不断满足经常性志愿服务、重大活动志愿服务和应急性志愿服务的需求；力争经过3—5年的努力，全市公众志愿服务参与率达到20%以上，注册志愿者总数不少于200万人，志愿者每人每年提供志愿服务时间超过50小时；努力实现志愿服务经常化储备、规范化管理、常态化服务、品牌化培育、项目化配置、信息化支撑、社会化运作，使志愿者工作体制不断完善、志愿者组织不断壮大、志愿者队伍结构不断优化、志愿服务项目不断丰富、志愿服务理念深入人心、志愿服务成果广泛共享。

三、加强统筹协调，进一步建立健全志愿者工作管理体系

（七）健全志愿者工作领导协调机制

总结北京奥运志愿者工作的成功经验，适应新形势的需要，不断创新工作机制，构建在党委政府领导下，社会建设工作领导小组办公室综合协调、志愿者联合组织具体实施、相关单位密切配合的志愿者工作机制。市社会建设工作领导小组办公室要认真研究提出全市志愿者工作的总体方案和重要政策建议，协调解决全市志愿者工作的突出问题，认真督促检查各区县、各部门志愿服务工作开展情况，不断总结推广先进经验。市志愿者联合组织要充分发挥“枢纽型”社会组织作用，联合各类志愿者组织广泛开展志愿服务。市社会建设工作领导小组各成员单位要结合工作实际，发挥自身优势，分工负责、团结协作，积极推进志愿者工作全面开展。

（八）构建“枢纽型”志愿者组织

将依托共青团组织构建的北京志愿者协会，改造提升为北京市志愿者联合会，使之成为联合各部门、各系统、各领域志愿者组织的“枢纽型”社会组织。在政治上，充分发挥党委政府与各类志愿者组织之间的桥梁纽带作用；在业务上，充分发挥龙头和联合作用，为各类志愿者组织开展活动和广大志愿者发展提供平台；在管理上，按照章程和政府授权，做好各类志愿者组织的日常管理和服务协调工作。其主要职责包括：通过吸纳团体会员等方式对全市各类志愿者组织提供管理和服务，承担志愿者组织的规范、自律职能；依据《北京市志愿服务促进条例》

和《北京市志愿者联合会章程》，做好志愿者宣传发动、招募和注册登记工作；研发、评估志愿服务项目；组织开展志愿服务调查研究，提出有关工作意见和建议；组织开展日常志愿服务活动；维护志愿者和志愿者组织的合法权益；完成党委政府有关部门委托或交办的相关事项等。

四、积极培育扶持，进一步建立健全志愿者工作运行体系

（九）积极培育扶持志愿者组织发展

从满足广大人民群众日益增长的志愿服务需求出发，加强政策扶持和业务指导，优化发展环境，积极培育各级各类志愿者组织发展，支持其自我管理、自主发展，大力支持其开展多种志愿服务活动。志愿者组织要以法律为依据，以章程为核心，以治理结构完善、筹资渠道稳定、制约机制健全、管理运行规范为目标，建立健全内部管理制度和工作机制，逐步实现工作规范化、制度化。志愿者组织要不断加强自身能力建设以及自律和诚信建设。

（十）规范志愿者的招募和注册

总结北京奥运会、残奥会志愿者招募工作经验，重点对开展招募的志愿者组织资质、招募信息发布、招募工作流程、审核录用工作等方面进行规范。坚持普遍号召与重点发动相结合，组织招募和社会招募并举，不断丰富完善经常性招募和应急性招募的方式和手段。鼓励依法登记或备案的志愿者组织自主开展志愿者招募工作。全面推行志愿者注册登记制度，制定出台志愿者注册管理办法。充分利用和有效整合现有的注册服务资源，实现各领域注册系统的有机衔接。依托北京市志愿者联合会，建立全市综合性的志愿者注册管理系统。鼓励积极从事志愿服务的各方面人士按照程序登记成为注册志愿者。积极采取网络注册登记、电话注册登记、服务站点注册登记等多种方式，为社会公众提供便捷的登记注册渠道。

（十一）加强志愿者的管理和培训

加紧研究制定志愿者队伍管理办法，健全志愿者日常管理制度。建立规范的志愿者档案和志愿服务记录手册。对志愿服务行为、志愿者标志及其使用进行规范。建立健全覆盖全面、师资完备、教材规范、分级分类的志愿者培训体系。将志愿者培训纳入社会工作培训规划。根据志愿服务项目的要求，依托行业协会、专门学会和基层宣传教育阵地，对志愿者进行相关知识和技能培训，提高服务意识、服务能力和服务水平。鼓励各级各类志愿者组织结合志愿服务需求，制定具体培训计划，并采取灵活多样的形式，有针对性地开展培训，力争使每个志愿者都有机会接受专业化培训。跟踪掌握志愿者接受培训、参与服务的情况，合理安排服务时间和服务任务，实现志愿者、服务对象和活动项目的有效衔接。

（十二）完善志愿服务评价和激励机制

完善志愿服务的绩效考评制度。制定科学规范的量化评价标准和考评办法，以日常服务记录和组织评价、服务对象评价为依据，对志愿者工作绩效进行客观评价。加强对志愿者组织和志愿服务项目的评估。培育组建志愿服务评估监督的中介机构。健全志愿服务项目设立、实施的督导制度。建立以服务时间和服务质量为主要内容的志愿者星级认定制度和奖章制。探索构建志愿服务工作情况的统计指标体系。完善以精神激励为主、物质奖励为辅的志愿者表彰激励机制。继续开展“北京十大志愿者”等优秀志愿者评选活动。鼓励机关、企事业单位等在同等条件下优先录用、聘用优秀志愿者。支持各级各类学校结合实际，研究制定引导学生参与志愿服务活动的激励措施。

五、充分整合资源，进一步建立健全志愿者队伍建设体系

（十三）整体转化奥运志愿服务队伍

总体保留北京奥运会、残奥会志愿者队

伍。按照项目留人、机制留人和感情留人相结合的原则，分类别、有重点地做好10万赛会志愿者、40万城市志愿者以及近百万社会志愿者的保留转化工作。将北京奥运会、残奥会各类场馆，城市志愿服务站点的志愿服务队伍转化为社会志愿服务的重要力量。依托“志愿北京”信息平台，整理各类奥运志愿者的信息资料，制作发放志愿者卡，实现对志愿者个体的有效服务和规范管理，为推动形成政府号召、社会发动、公众参与的新型社会动员机制创造条件。

（十四）着力培育壮大各类志愿服务队伍

充分挖掘社会志愿服务资源，广泛发动社会各界和广大市民积极投身志愿服务活动，建立来源广泛、数量充足、贴近需求的通用志愿服务队伍。发挥体制优势、专业特长，整合党政机关、人民团体、事业单位、“两新”组织等方面的专业人才资源，围绕国际交流、语言服务、科技推广、文化宣传、心理咨询、禁毒普法、教育矫治、帮教安置、社会救助、权益维护、医疗救护、健康促进、计划生育、就业指导等不同领域，建立门类齐全的专业志愿者队伍。依托共青团组织，发挥其政治优势、组织优势，建设一支综合素质高、服务意识强、充满热情、富有社会责任感的青年志愿者队伍。

认真总结广大机关干部和共产党员参加“平安奥运”志愿服务活动的成功经验，鼓励、支持和引导机关干部和共产党员率先垂范，积极加入各类志愿者队伍，以实际行动支持首都志愿服务事业发展。建立和完善学生志愿服务长效机制，引导学生积极参与志愿服务。巩固发展多年来形成的青年志愿者、大学生志愿者、社区志愿者、职工志愿者、巾帼志愿者、精神文明志愿者、治安志愿者、科普志愿者、扶残助残志愿者、老年志愿者、家庭志愿者、红十字志愿者等各类志愿者队伍建设经验，着力培育树立先进典型，打造优秀品牌，推动志愿者工作健康发展。

（十五）注重志愿服务骨干的培养和使用

长期参加志愿服务的管理型志愿者和专业型志愿者骨干，是志愿服务的核心力量。要选拔具备一定组织协调能力、有相应时间和精力的志愿者，承担组织管理工作，不断提高志愿者工作的组织管理水平。要动员一批具有一技之长的市民和热心公益事业的专业人士发挥专长，参与志愿服务或志愿者培训工作，提高志愿服务的专业化水平和实际效果。要大力推进社会工作者与志愿者的有机结合，充分发挥社会工作者在组建团队、规范服务、拓展项目、培训策划等方面的专业优势，建立社会工作者、志愿者联动互促机制，形成社会工作者引领志愿者改善服务、志愿者协助社会工作者拓展服务的工作格局。对有从事社会工作职业意愿且符合相关条件的优秀志愿者，在其通过社会工作者职业水平考试并经过登记后，优先录用为职业社会工作者。

六、不断改革创新，进一步建立健全志愿服务项目体系

（十六）保留转化奥运志愿服务相关项目

认真做好北京奥运志愿服务项目的承接工作。保留500个城市志愿服务站点、1 000多个市级公益实践项目和10 000多个基层公益实践项目。保留转化由“赛会志愿者、城市志愿者、社会志愿者、‘迎奥运’志愿服务、奥组委前期志愿者、奥运会志愿者工作成果转化”等六个工作项目和“微笑北京”主题活动组成的奥运志愿者工作成果。围绕举办重要会议、重大庆典、大型论坛、大型赛事、大型文艺演出等大型社会活动，动员志愿者参加接待、咨询、联络、秩序维护等方面的工作。鼓励机关、学校、企事业单位、社会团体等组织机构，立足本地区、本单位实际，根据社会公众的服务需求，保留转化

各类奥运志愿服务项目，方便有服务意愿和服务时间的志愿者就近、就便参加志愿服务。

（十七）加快开发新的志愿服务项目

拓展志愿服务的领域，丰富志愿服务的内涵，着力开发重点项目和特色项目，逐步形成覆盖全市、符合社会需求的项目体系。进一步加强志愿服务项目的调研、设计、论证、实施和成效评估等工作，在继承转化奥运志愿者工作成果的同时，坚持不断创新、与时俱进，努力在群众急需、志愿者能为的结合点上寻找新的突破口，不断推出既有较大社会影响的长远性重大项目，又有行业特点、领域特点的特色项目、短期项目。当前重点要在四个方面大力推进项目建设。

一是围绕讲文明树新风开发志愿服务项目。开发普及文明风尚的志愿服务项目，传播文明理念，倡导团结互助精神，引导人们知礼仪、重礼节、讲道德。开发科技、文体、法律、卫生志愿服务项目，普及科学知识、传播先进文化、倡导文明新风、开展法律援助、提供健康服务。开发社会治安志愿服务项目，普及法律知识，加强治安防范，完善群防群治网络。开发窗口行业志愿服务项目，引导窗口行业干部职工通过开展志愿服务，延伸公共服务和便民服务成果。开发维护公共秩序志愿服务活动，动员志愿者到公共交通、赛会场馆等公共活动场所和重点活动部位，宣传文明行为规范，劝导不文明言行。开发保护生态环境志愿服务项目，宣传生态文明观念和环境保护知识，推动城乡绿化美化、清理脏乱、整治污染等行动，维护首都良好的人居环境和生态环境。

二是围绕扶危济困开发志愿服务项目。坚持从群众急需、能办到的事情做起，把服务困难群体作为首要任务，积极开发送温暖、献爱心和心理抚慰等方面的志愿服务项目，组织志愿者为孤寡老人、空巢老人、残疾人提供生活救助和照料服务，努力为困难群众排忧解难。

三是围绕社区服务开发志愿服务项目。将各类志愿服务工作与社区志愿服务相对接，坚持以社区便民服务、社区卫生服务、社区文化服务、社区治安服务、社区矫正服务、社区帮教安置服务、邻里纠纷调解等为重点，开发各类贴近城乡居民需求的社区志愿服务项目。通过开展“一帮一”、“多帮一”、“邻里互助”等多种形式的社区志愿服务活动，实现社区志愿服务的经常化、有效性，构建参与广泛、形式多样、活动经常、成效明显的社区常态化志愿服务体系。

四是围绕应急救援开发志愿服务项目。组织开发应急救援类志愿服务项目，动员志愿者参与防灾避险、疏散安置、急救技能等公共安全与突发事件应对知识的宣教和普及，随时准备参与重大自然灾害和突发事件的抢险救援、卫生防疫、群众安置、设施抢修和心理安抚等工作，提高社会和公民的公共安全意识与应急处置能力。要把应急救援志愿服务纳入本市应急管理体系，依托有关职能部门、行业协会和专门学会，组织有相关知识、经验和资质的志愿者成立专业救援服务队，提高应急救援的志愿服务专业化水平。

（十八）创新志愿服务项目的培育载体

提高志愿服务项目与公众需求、公众参与的对接效率，探索建立统一的志愿服务项目发布平台。在方便公众参与的同时，有效提高项目的辐射力和影响力。鼓励支持博物馆、文化馆、图书馆、会展中心、旅游景点、车站等公共服务场所和医院、养老院、福利院、残疾人康复中心等公益事业单位创建一批志愿服务活动基地。

七、加强组织领导，进一步建立健全志愿者工作保障体系

（十九）切实加强组织领导

各级党委政府要从贯彻落实科学发展观、构建社会主义和谐社会首善之区和建设“人文北京、科技北京、绿色北京”的高度，重视加强和改进志愿者工作。要将加强和改进志愿者工作纳入经济社会发展总体规划，列入党委和政府工作的重要议事日程，切实推

动志愿服务机制化、常态化。要把组织开展志愿服务工作情况作为精神文明建设的重要内容，列入创建文明城区、文明社区、文明单位等各级各类文明创建活动的评比条件。要及时掌握志愿者工作进展情况，有针对性地开展调研，帮助解决志愿服务工作中遇到的实际困难和问题，促进志愿者工作健康发展。

（二十）加大资金保障力度

充分发挥政府投入的引导作用，按照政府承担的相应职责，将志愿者工作经费纳入公共财政预算保障范围，并通过政府购买服务等方式，为大型志愿服务活动和重点志愿服务项目提供必要的资金支持。积极鼓励企事业单位、公募性基金会和公民个人对志愿服务活动进行资助，形成多渠道、社会化的筹资机制。立足北京志愿服务基金，吸纳社会各界捐赠，用于志愿服务项目研发、志愿公益活动推广等必需的经费投入。与此同时，要加强对志愿服务活动经费使用的监督和审计。

（二十一）营造广泛参与氛围

要巩固发展“迎奥运、讲文明、树新风”活动的成果，将奥运志愿服务理念转化为社会志愿服务的理念，将北京奥运会“我参与、我奉献、我快乐”的宣传口号转化为全市社会志愿服务口号。进一步营造志愿服务人人可为、时时可为、处处可为的浓厚氛围。要切实加大志愿服务的宣传力度，充分发挥报刊、广播、电视、互联网、户外广告、手机短信等大众传媒的作用，宣传志愿服务活动的先进经验和志愿者的感人事迹。要通过生动感人的文艺作品和丰富多彩的文化活动，塑造志愿者的良好形象，展现志愿者的良好风貌和高尚情操，形成有利于志愿服务的良好文化环境。加强志愿服务精神和理念的宣传普及，建立志愿服务教育培训基地，将志愿服务精神的培养、志愿服务知识的培训纳入国民教育体系。要重视志愿者工作经验总结、理论研究和对外交流，不断提高志愿者工作的科学化、规范化、国际化水平。

（二十二）提供政策法规支持

认真总结《北京市志愿服务促进条例》的实施经验，加快首都志愿服务制度化、法制化进程，推进建立比较完备的志愿服务法规保障体系。在制定实施各项经济、社会政策时，充分体现志愿服务的要求，提倡和鼓励志愿服务行为，保护志愿者的积极性。维护志愿者的正当权益，依法向遭受侵权的志愿者提供必要的法律援助支持。适时把志愿服务成功经验转化为市民文明行为规范，使志愿服务精神充分体现于市民公约、乡规民约、学生守则、职业规范等各个方面，推动志愿服务逐步成为人们的自觉行动和生活方式。

（二十三）搭建信息支撑平台

将“志愿北京”网络信息技术系统转化为北京志愿服务信息平台，建立以志愿北京网站、公益实践项目管理信息系统、志愿者卡管理系统、志愿者指挥协调系统、志愿者沟通互动平台等为主体的综合信息支持平台，提高志愿者队伍建设工作效能。发挥志愿者博客、论坛等互联网新媒体的作用，建设青少年和公众学习志愿服务知识、交流志愿服务心得、获取志愿服务机会的网上窗口，促进志愿服务信息资源整合与共享。优化管理系统功能，科学设置志愿者招募、注册、培训、考勤等工作程序，实现项目策划上网、培训教材上网、工作流程上网等，打造首都志愿者网上服务平台。

（二十四）各地区、各部门、各单位可根据具体工作实际，按照本意见精神，制定具体实施办法。

（此文件2009年3月24日由中共北京市委、北京市人民政府印发）

中共北京市委社会工作委员会　北京市社会建设工作办公室主要职责、内设机构和人员编制规定

一、职责调整

（一）增加的职责

1. 拟订本市社会公共服务体制机制建设相关政策和统筹协调有关工作。

2. 拟订本市社会领域社会动员体制机制建设相关政策和组织协调有关工作。

3. 统筹协调与指导本市志愿者工作。

（二）转变的职责

强化培育扶持社会组织的职责，加强对“枢纽型”社会组织工作的指导协调。

二、主要职责

根据中共中央、国务院批准的北京市人民政府机构改革方案和《北京市人民政府关于机构设置的通知》（京政发〔2009〕2号），设立北京市社会建设工作办公室（简称“市社会办”）。北京市社会建设工作办公室与中共北京市委社会工作委员会（简称“市委社会工委”）合署办公。市委社会工委是负责本市社会建设工作的市委派出机构。市社会办是负责本市社会建设工作的市政府组成部门。

（一）市委社会工委主要职责

1. 贯彻执行党的路线、方针、政策和市委关于加强本市社会建设的决议、决定，研究提出工作意见并组织实施。

2. 研究提出本市社会建设的总体规划、重大方案和重要政策，为市委宏观决策服务。

3. 宏观指导、统筹协调和督促检查本市社会建设重点任务的落实。

4. 拟订并组织实施本市社会管理体制改革和社会领域社会动员体制机制建设的规划和政策措施。

5. 负责综合研究和统筹协调本市街道管理体制改革相关工作。

6. 负责本市社会领域党建工作，拟订并组织实施社会领域党建工作的规划和政策措施，协调指导各区县、各有关单位开展社区党建、社会组织党建和新经济组织党建工作。

7. 协调指导本市社会工作人才队伍建设工作，拟订并组织实施社会工作人才队伍建设的规划和政策措施，建立健全以培养、评价、使用、激励为主要内容的制度和机制。

8. 综合协调本市志愿者工作，拟订并组织实施志愿者工作的规划和政策措施。

9. 负责对各区县社会建设工作进行指导和督促检查。

10. 承办市委交办的其他事项。

（二）市社会办主要职责

1. 贯彻执行国家关于社会建设方面的法律、法规、规章和政策，提出加强本市社会建设的意见和建议。

2. 拟订并组织实施本市社会建设的总体规划、改革方案和宏观政策，组织协调相关部门起草社区、社会组织、社会工作人才队伍、志愿者等方面的地方性法规草案、政府规章草案。

3. 组织拟订本市社会公共服务体制机制建设的规划和政策措施，协调推进社会公共服务体系建设。

4. 统筹推进本市社区建设，拟订并组织实施社区建设的规划和政策措施，综合协调解决社区建设中的重点、难点问题。

5. 宏观指导本市社会组织建设与发展，拟订并组织实施社会组织建设的规划和政策

措施，协调推进社会组织改革和发展工作。

6. 对各区县、各部门的社会建设工作落实情况进行指导和督促检查。

7. 承办市政府交办的其他事项。

三、内设机构

根据上述职责，市委社会工委和市社会办设7个职能机构。

（一）办公室（人事处）

负责机关政务工作；负责文电、会务、机要、档案等机关日常运转工作；承担信息、政府信息公开、信访、建议、议案、提案、安全保密、保卫、财务、统计、资产管理、内部审计、人事、机构编制、离退休和外事等工作；承担重要事项的组织和督察工作。

（二）研究室（政策法规处）

负责起草本市社会建设方面的重要文稿；研究社会建设方面的重大理论和现实问题；组织社会建设方面的重点课题调研；组织拟订社会建设方面的发展政策、改革方案、中长期规划和年度计划；起草社会建设方面的地方性法规草案、政府规章草案；承担行政复议、应诉的有关工作；承担机关行政规范性文件的合法性审核和有关备案工作；综合研究和统筹协调街道管理体制改革；会同相关部门开展城乡社会建设一体化研究。

（三）综合处（宣传处）

督促检查本市社会建设重点工作；联系、协调、指导各区县的社会建设工作；拟订社会领域社会动员体制机制建设规划、政策和改革方案，提出加强社会领域社会动员体制机制建设的意见和建议，拟订并参与实施相关工作预案；会同相关部门组织社区、社会组织、新经济组织等社会力量参与重大任务、重大活动和应对突发事件；负责社会建设方面的宣传口径制订和对外新闻发布工作；联系新闻媒体加强社会建设工作舆论宣传；宣传推广社会建设方面的先进经验和先进典型；负责社会领域思想政治工作和精神文明建设工作。

（四）党建工作处

拟订本市社会领域党建工作规划和政策措施，提出加强社会领域党建工作的意见和建议；指导社区、社会组织、新经济组织等社会领域党的基层组织建设和党员队伍建设；指导街道社会工作党组织和“枢纽型”社会组织社会工作党组织；按照分工，管理部分“枢纽型”社会组织和部分较大规模新经济组织的党组（党委）；负责社会领域党建工作情况的考核评价工作。

（五）社会工作队伍建设处

拟订本市社会工作人才队伍建设规划、政策和改革方案，提出加强社会工作人才队伍建设的意见和建议；组织各有关部门制定社会工作人才培养、评价、使用、激励等方面的相关配套政策；会同相关部门制定社会工作从业人员职业规范；综合协调社会工作者职业水平评价工作；指导社会工作人才队伍的日常管理工作；研究提出志愿者工作的总体方案和重要政策建议，开展志愿者管理、运行、队伍、项目、保障等体系建设的相关工作；协调解决志愿者工作的突出问题；督促检查各区县、各部门志愿服务工作开展情况。

（六）社区建设处

拟订本市社区建设规划、政策和改革方案，提出加强社区建设的意见和建议；统筹协调社区管理体制改革的各项工作；统筹协调社区管理和社区服务的相关工作；会同相关部门加强社区工作者队伍建设；总结推广社区建设的先进典型经验；指导全市性社区重要活动。

（七）社会组织工作处

拟订本市社会组织建设规划、政策和改革方案，提出加强社会组织建设的意见和建议；统筹协调社会组织管理体制改革的各项工作；指导“枢纽型”社会组织；统筹协调社会组织设立审查工作；会同相关部门开展社会组织考核评价工作；拟订社会公共服务体制机制建设规划、政策和改革方案，提出完善社会公共服务体系的意见和建议，协调推进体系建设的相关工作；会同相关部门制定并实施政府购买社会公共服务的政策措施；会同相关部门制定并实施向新经济组织、新社会组织提供社会服务的政策措施。

机关党委（工会）

负责机关及所属单位的党群工作。

四、人员编制

市委社会工委和市社会办机关行政编制58名。其中：市委社会工委（市社会办）书记（主任）1名，市委社会工委副书记2名，市社会办副主任3名；处级领导职数8正（含机关党委专职副书记1名）11副。

（此文件2009年8月11日由中共北京市委办公厅、北京市人民政府办公厅印发）

关于构建北京市市级“枢纽型”社会组织工作体系的暂行办法

第一章　总　则

第一条　根据《北京市加强社会建设实施纲要》（京发〔2008〕17号）和《关于加快推进社会组织改革与发展的意见》（京办发〔2008〕18号）精神，为创新社会组织管理体制，构建“枢纽型”社会组织工作体系，进一步加强社会组织建设、管理和服务，制定本办法。

第二条　本办法所指的“枢纽型”社会组织，是指由市社会建设工作领导小组认定，在对同类别、同性质、同领域社会组织的发展、服务、管理工作中，在政治上发挥桥梁纽带作用、在业务上处于龙头地位、在管理上经市政府授权承担业务主管职能的市级联合性社会组织。

第三条　构建“枢纽型”社会组织工作体系，是创新我市社会组织管理体制和工作机制的一项重要措施，旨在将性质相同、业务相近的社会组织联合起来，进一步形成合力，促进共同发展。“枢纽型”社会组织在市社会建设工作领导小组及其办公室的统筹协调下，主要通过联席会议等形式协调有关工作。

第二章　认定条件

第四条　“枢纽型”社会组织应当符合以下条件：

（一）领导班子政治立场坚定，指导协调能力强，联系群众广泛，能够团结同类别、同性质、同领域社会组织及其联系的各界群众一道开展工作；

（二）在业务发展中处于龙头地位，能够带领同类别、同性质、同领域社会组织共同发展；

（三）有健全的党组织，能够在所服务和管理的社会组织中推进和加强党的建设；

（四）具有独立法人地位和健全的管理制度，能够充分发挥业务主管职能，对同类别、同性质、同领域社会组织进行有效管理、提供良好服务。

第五条　“枢纽型”社会组织，原则上首先从现有符合条件的人民团体中选择认定；也可以根据实际工作需要，在符合条件的其他社会组织中确认。

第三章　认定程序

第六条　“枢纽型”社会组织认定程序：

（一）拟作为“枢纽型”社会组织的有关团体或组织，根据认定条件和自身情况，向市社会建设工作领导小组办公室提出书面申请；

（二）市社会建设工作领导小组办公室研究提出初步审核意见后报领导小组；

（三）市社会建设工作领导小组研究同意后正式予以认定。

第七条　对“枢纽型”社会组织实行动态管理。因条件变化，不再适合作为“枢纽型”社会组织或不能有效履行“枢纽型”社会组织职责的，经市社会建设工作领导小组办公室提议，市社会建设工作领导小组研究批准，可以进行必要调整。

第四章　主要职责

第八条　“枢纽型”社会组织主要职责：

（一）按照市委要求，承担有关社会组织的政治领导责任，主要包括：

1. 团结带领有关社会组织认真贯彻执行党的路线方针政策和国家法律法规，建立有效的社会动员机制，突出特色、发挥优势，为推动科学发展、促进社会和谐服务；

2. 按照业务建设和党建工作一起抓的要求，负责在所管理和联系的社会组织中开展党建工作，逐步推进党组织和党的工作的广泛覆盖；

3. 积极反映各方利益诉求，做好思想政治工作，加强精神文明建设，化解社会矛盾，维护社会稳定。

（二）按照市政府授权，承担国家有关法规规定的业务主管单位职责，主要包括：

1. 负责有关社会组织成立、变更、注销登记前的审查工作；

2. 负责有关社会组织的日常管理工作，指导、监督社会组织依照法律和章程开展活动；

3. 负责有关社会组织年度检查的初审；

4. 协助有关部门查处相关社会组织的违法行为。

（三）按照市社会建设工作领导小组及其办公室要求，积极为相关社会组织发展、管理提供服务，主要包括：

1. 加强业务指导，为相关社会组织开展工作提供指导和支持；

2. 搭建服务平台，在业务发展、服务社会、教育培训、对外宣传、信息交流和人力资源开发等方面创新工作方式，拓展服务渠道，整合有效资源，发挥整体合力，优化发展环境；

3. 扩大工作交流，协调相关社会组织围绕全市经济社会建设和社会组织自身发展中的重点和难点问题，加强沟通、交流与合作，研究提出意见和建议。

第九条　“枢纽型”社会组织领导班子要重视并加强对相关社会组织发展、管理、服务工作的领导，明确主管领导、工作部门和工作人员，认真履行本办法规定的各项职责。

第十条　市社会建设工作领导小组及其办公室要对“枢纽型”社会组织开展相关工作加强指导和组织协调。

第五章　工作机制

第十一条　建立“枢纽型”社会组织联席会议制度。联席会议由市社会建设工作领导小组及其办公室召集，“枢纽型”社会组织有关负责人参加，通报有关工作情况，研究、协调、部署社会组织建设、管理、服务的重要事项。

第十二条　建立重要事项通报制度。市社会建设部门应及时将全市社会组织发展的规划、政策、动态等向“枢纽型”社会组织通报。“枢纽型”社会组织要将有关重要事项及时向有关社会组织通报、向市社会建设工作领导小组报告。

第十三条 建立信息沟通和工作联系机制。市社会建设和民政部门适时通报有关信息，“枢纽型”社会组织及时报送本领域社会组织开展工作的信息动态，畅通信息沟通和交流渠道。

第六章 支持政策与措施

第十四条 为充分发挥“枢纽型”社会组织在社会组织管理、发展、服务中的重要作用，对其承担政府授权的有关管理和服务工作，通过“政府购买管理服务”等方式，结合部门预算，由公共财政给予一定资金支持。

第十五条 积极支持“枢纽型”社会组织围绕服务社会、构建和谐、促进发展等主题，组织、动员本领域社会组织开展公益活动、提供公共服务、参与社会建设。属于政府授权的公共事务事项，可结合部门预算，由公共财政给予一定资金支持。

第十六条 按照职业化、专业化管理的要求，创新“枢纽型”社会组织人才引进和使用机制，通过多种途径，为“枢纽型”社会组织提供人才支撑和智力支持。

第十七条 设立社会建设专项资金，搭建社会组织服务平台，建立工作考评机制，加大对社会组织管理、发展、服务的支持力度，促进“枢纽型”社会组织及其所联系的各类社会组织积极发挥作用，更好更快地发展。

第十八条 将“枢纽型”等社会组织建设和发展纳入全市社会建设总体规划，市社会建设工作领导小组及其办公室要统筹协调有关部门，切实解决“枢纽型”社会组织运行中的有关问题，积极研究落实支持社会组织发展的具体措施。

第七章 附 则

第十九条 各区（县）可结合工作实际，参照本办法研究制定本区（县）“枢纽型”社会组织工作的相关政策和实施办法。

第二十条 本办法由市社会建设工作领导小组办公室负责解释。

（此文件2009年3月20日由市社会建设工作领导小组印发）

关于认定第一批北京市市级“枢纽型”社会组织的通知

市社会建设工作领导小组成员单位，各区、县社会建设工作领导小组，各市级人民团体：

为贯彻落实《北京市加强社会建设实施纲要》（京发〔2008〕17号）和《关于加快推进社会组织改革与发展的意见》（京办发〔2008〕18号）精神，创新社会组织管理体制，努力探索具有时代特征、中国特色、首都特点的社会组织管理模式，根据《关于构建市级“枢纽型”社会组织工作体系的暂行办法》，现就认定第一批市级“枢纽型”社会组织的相关事宜通知如下。

一、经研究，认定以下10家人民团体作为第一批市级“枢纽型”社会组织：

北京市总工会、中国共产主义青年团北京市委员会、北京市妇女联合会、北京市科学技术协会、北京市残疾人联合会、北京市归国华侨联合会、北京市文学艺术界联合会、北京市社会科学界联合会、北京市红十字会、北京市法学会。

二、按照分类管理原则，以上认定的各“枢纽型”社会组织要对相关工作领域内的社会组织进行联系、服务和管理，具体为：

市总工会主要负责职工类社会组织的联系、服务和管理；团市委主要负责青少年类社会组织的联系、服务和管理；市妇联主要负责妇女儿童类社会组织的联系、服务和管理；市科协主要负责科学技术类社会组织的联系、服务和管理；市残联主要负责残障服务类社会组织的联系、服务和管理；市侨联主要负责涉侨类社会组织的联系、服务和管理；市文联主要负责文学艺术类社会组织的联系、服务和管理；市社科联主要负责社会科学类社会组织的联系、服务和管理；市红十字会主要负责医疗救助类社会组织的联系、服务和管理；市法学会主要负责法学类社会组织的联系、服务和管理。

三、以上“枢纽型”社会组织应按照《关于构建市级“枢纽型”社会组织工作体系的暂行办法》的规定，认真履行职责，并在市社会建设工作领导小组及其办公室的统筹协调下，加强对同类别、同性质、同领域社会组织的服务、引导和管理，充分发挥桥梁纽带作用，共同促进我市社会组织健康有序发展。

（此文件2009年3月20日由市社会建设工作领导小组印发）

关于加强和改进北京市市级社会组织设立工作的实施办法（试行）

为贯彻落实《北京市加强社会建设实施纲要》（京发〔2008〕17号）、《关于加快推进社会组织改革与发展的意见》（京办发〔2008〕18号）精神，进一步加强和改进市级社会组织设立工作，制定本办法。

一、认真履行职责，依法加强对社会组织设立工作的管理

按照国家现行有关法规规定和政策要求，我国社会组织实行业务主管单位和社团登记管理机关“双重”管理体制，社会组织设立要经过业务审查、登记注册两个主要环节。业务主管单位和登记管理机关要认真履行职责，依法加强对社会组织设立工作的管理。

二、完善服务措施，不断改进社会组织设立工作

按照市委、市政府加强社会建设有关文件要求，要进一步加强社会组织设立工作的统筹协调和规划指导，不断改进工作方法、提高工作效率、完善服务措施、优化发展环境，促进社会组织健康有序发展。作为全市社会建设综合协调部门，市社会建设工作办公室要加强规划指导，帮助确定业务主管单位并做好业务审查协调工作；作为业务主管单位，市人民团体等“枢纽型”社会组织要认真履行职责，做好社会组织业务审查和日常管理、服务工作；作为社会组织登记管理机关，市民政局要依法做好登记注册和日常监管；作为政府行业管理部门，有关行政机构要加强业务指导，提供政策支持和服务保障。

三、坚持改革创新，构建“枢纽型”社会组织工作体系

按照有关政策规定和市委、市政府关于加强社会建设有关文件要求，社会组织管理将逐步实现政社分开、管办分离，大部分行政部门只行使行业指导职责，原则上不再作为社会组织业务主管单位，逐步实现与社会组织在人、财、物等方面彻底分开；而授权人民团体等“枢纽型”社会组织作为业务主管单位，对同性质、同类别、同领域的社会组织进行分类管理，不断促进社会组织自我管理、自主发展。目前，市社会建设工作领导小组已确认十个人民团体作为首批市级“枢纽型”社会组织。今后，将根据工作需要，按照“成熟一个、确认一个”的原则，新建、提升和改造一些新的“枢纽型”社会组织，并授权作为相关社会组织业务主管单位；除少部分有特殊职能的部门外，大部分行政部门原则上不再接收新的社会组织设立申请，其主管的社会组织也将逐步脱钩，并交由相关市级“枢纽型”社会组织管理。

四、规范工作流程，提高社会组织设立工作效率

按照“依法办事、便捷高效”的原则，市社会建设工作办公室、市民政局与市级“枢纽型”社会组织等业务主管单位将建立“一站式”服务、联合审查、定期回复的工作机制，为新申请设立的市级社会组织提供良好服务。具体工作流程如下：

（一）接收材料：申请者可以向市社会建设工作办公室提交申请设立材料，经初审符合要求的，予以接收。

（二）联合审查：市社会建设工作办公室根据拟申请设立社会组织的具体情况，会同市民政局、有关市级“枢纽型”社会组织等相关单位进行联合审查。

（三）回复意见：市社会建设工作办公室自接收申请材料之日起20个工作日内，根据联合审查结果作出决定，并向申请人书面回复意见。对经审查符合条件的，帮助明确业务主管单位，并由业务主管单位依法出具批准文件；对不符合条件的，及时作出说明。

（四）依法登记：申请人根据联合审查意见，持业务主管单位的批准文件等材料，到市民政局依法办理登记注册事宜。

（五）国家法律、法规、规章对社会组织的业务主管单位作出了特别规定的，在有关程序上仍按相关规定办理。

（六）本实施办法由市社会建设工作办公室、市民政局负责解释。

（七）本实施办法自印发之日起试行。

（八）各区县可根据本办法精神，结合实际，参照执行。

（此文件2009年3月20日由市社会建设工作领导小组办公室转发）

“迎接国庆、服务社会、构建和谐、促进发展”系列活动方案

2009年是新中国成立60周年，也是成功举办奥运会、残奥会之后北京经济社会发展进入新阶段的第一年。为了广泛动员社会力量积极参与迎接国庆的各项活动，激发全市广大群众、广大社会工作者和志愿者积极投身“人文北京、科技北京、绿色北京”建

设的热情，克服全球金融危机带来的困难，坚持“平安北京重于泰山，北京平安人人有责”的要求，推动科学发展，促进社会和谐，按照中央和市委确定的活动主题和总体要求，结合开展领导干部作风建设年活动，市社会建设工作领导小组各成员单位会同有关单位在全市开展“迎接国庆、服务社会、构建和谐、促进发展”系列活动。活动方案如下。

一、指导思想

全面贯彻党的十七大、十七届三中全会、中央经济工作会和市委十届五次全会精神，认真学习贯彻胡锦涛总书记在纪念党的十一届三中全会召开30周年大会上重要讲话精神，深入贯彻落实科学发展观，认真总结北京奥运会的成功经验，精心组织、加强统筹、创新方式、形成合力，全面展示首都社会建设的巨大成就，展示首都各界群众蓬勃向上、开拓奋进、共克时艰、再创佳绩的精神风貌，努力营造热烈喜庆、欢乐祥和的社会氛围，以优异成绩迎接新中国成立60周年！

二、活动主题

迎接国庆、服务社会、构建和谐、促进发展。

三、活动安排

（一）精心组织“建设和谐社区、喜迎新中国成立60周年”系列活动

1. 组织开展北京市第三届“和谐杯”乒乓球比赛活动。以乒乓球比赛活动为载体，组织动员广大市民积极参与全民健身运动。

时间：3—6月

主办单位：市体育局、市社会办

2. 组织开展“三进两促”活动。按照市委开展领导干部作风建设年活动和市直机关工委“三进两促”活动总体要求，建立健全基层联系点的长效机制，进城乡社区、进社会组织、进新经济组织，促进发展、促进和谐。

时间：3—12月

主办单位：市委社会工委、市社会办

3. 开展“迎国庆和谐社区文化节”系列活动。举办北京和谐社区文化节，汇集社区居民文化作品，印制社区文化原创作品系列丛书，进行全市社区文化会演，为社区居民奉献文化大餐。

时间：5—8月

主办单位：市民政局

4. 组织开展“迎国庆周末社区大讲堂”。邀请专家、学者走进社区开展专题讲座，广泛宣传党的方针政策、文明礼仪、传统文化等，丰富社区居民的精神生活。

时间：4—10月

主办单位：市委宣传部、市委社会工委、市社会办、市社科联

5. 开展百场社区大课堂活动。通过开辟社区大课堂专用教室，依托96156社区公共服务平台，组织动员志愿者参与，在社区免费为市民讲授民俗文化、健康知识、电脑培训等知识。

时间：3—12月

主办单位：市民政局

6. 组织开展北京市第四届（2009年度）魅力社区评选活动。以“魅力小屋聚爱心，志愿服务在社区”为主题，广泛倡导志愿服务人人可为、时时可为、处处可为的理念，动员居民从身边做起、从小事做起，为他人送温暖、为社会作贡献。

时间：4—11月

主办单位：北京城市服务管理广播

指导单位：市委社会工委、市社会办

7. 组织开展“艺术de生活·艺术走进社区”活动。在社区举办歌剧欣赏讲座、京剧票友大赛等活动，进一步繁荣社区文化。

时间：4—10月

主办单位：市委社会工委、市社会办，国家大剧院等

8. 开展和谐社区建设评比表彰活动。评

比表彰和谐社区。

时间：4—6月

主办单位：市委社会工委、市社会办，市民政局

9. 组织开展“穿越时空——纪念‘五四’运动90周年文化名人展览进社区”活动。宣传宋庆龄、李大钊、鲁迅、郭沫若、矛盾、老舍、徐悲鸿、梅兰芳等“五四”文化名人事迹，弘扬“五四”文化精神，传播现代文化知识，进行革命传统教育。

时间：4—10月

主办单位：市委社会工委、八家名人故居

10. 组织社区健身项目推广和比赛活动。通过“社区之间”趣味健身竞赛、社区健康与社区建设等相关知识竞答、社区特色节目表演等形式，充分展示首都社区的活力和风采，培育社区居民的社区意识和参与意识，增强社区凝聚力。

时间：7—10月

主办单位：市委社会工委、市社会办，北京电视台等

11. 开展社区建设史料征集活动。广泛宣传动员社会各界和居民参与，收集和保存一批具有史料价值和现实意义的珍贵资料，全面、系统地反映新中国成立以来首都社区建设、社区居委会建设的发展历程和发展业绩，向国庆60周年献礼。

时间：3—6月

主办单位：市民政局

12. 举办迎国庆社区建设摄影展活动。积极动员全市社区居民广泛参与，对比社区今昔发展，汇集社区美好形象，宣传社区建设理念，展示社区建设成果。

时间：8—9月

主办单位：市民政局、市委宣传部、北京摄影家协会

13. 开展拥军优抚工作表彰活动。为庆祝建军82周年，迎接新中国成立60周年，在八一建军节前夕，召开北京市“军地双向支援、双向服务、共创和谐”先进事迹报告会，并表彰基层双拥工作先进单位和个人。

时间：8月

主办单位：市民政局

14. 开展老年音乐会活动。以歌唱祖国为主题，面向全市及国家部委、部队、各大专院校的老年合唱团队，举办“喜迎建国60周年——我和我的祖国·北京市第四届老年合唱大赛”，并推荐获奖优秀团队参加全国歌唱祖国老年合唱大赛。举办“庆祝建国60周年——老艺术家独唱、重唱音乐会”，表达老一代艺术家对伟大祖国的无限眷恋、充满深情的炽热情怀。

时间：4月

主办单位：市民政局、市老龄协会、北京市老年艺术协会、中国音乐家协会合唱联盟

15. 开展“打造百项社区服务特色项目”活动。加强调研，重视宣传，推出居家养老、居家助残、婚姻介绍、民政业务咨询、法律和心理咨询等特色服务项目，形成首都社区服务品牌。

时间：3—6月

主办单位：市民政局

16. 动员社区居民积极参与全市推进生活垃圾处理工作。倡导社区生活垃圾分类从我做起，积极配合全面推进生活垃圾处理工作。

时间：3—12月

主办单位：市市政市容管理委员会、市社会办

（二）深入开展社会组织“立足本职促发展、迎接国庆作奉献”系列活动

17. 动员各级各类社会组织开展“立足本职促发展、迎接国庆作奉献”主题活动。倡导各级各类社会组织根据自身实际，发挥自身优势，积极为战胜经济困难、迎接新中国成立60周年立足本职作奉献。

时间：3—10月

主办单位：市委社会工委、市社会办，各“枢纽型”社会组织

18. 参与举办新中国成立60周年专题展

览。宣传、展示我市社会建设成果。

时间：9 月

主办单位：市委社会工委、市社会办

19. 开展“社会组织进社区志愿行动”。组织、动员各级各类社会组织深入社区，开展医疗、养老、助残、维权等便民活动。

时间：8—12 月

主办单位：市委社会工委、市社会办，各“枢纽型”社会组织

20. 开展丰富多彩的社会组织迎国庆活动。积极组织全市各社会组织，通过举行社会组织文艺会演，开展“迎国庆全市社会组织书画展”，举办“全市万家社会组织公益活动日”活动和“迎国庆基层社会组织经验交流活动”等形式，庆祝国庆 60 周年。

时间：3—9 月

主办单位：市民政局、北京文化发展基金会

21. 举办北京社会建设论坛。充分发挥共建研究基地作用，邀请国内外知名专家学者、部委领导，研讨交流新形势下加快推进社会建设的创新思路、举措、路径等。

时间：5—6 月

主办单位：市委社会工委、市社会办，各共建研究基地

四、工作要求

（一）高度重视，精心组织

各部门要充分认识迎接国庆开展系列活动的重要意义，切实增强紧迫感和责任感，把活动组织实施和迎接国庆的各项工作有机结合，高度重视、认真谋划和指导好系列活动。

（二）突出主题，分项实施

各主办部门要紧紧围绕系列活动的主题，结合实际情况，各自制定切实可行的实施方案，根据不同地区、不同活动的特点作出具体安排部署，增强活动的针对性和实效性，把主题活动不断引向深入。

（三）充分发动，广泛参与

要以市民为主体，依托社区、社会组织，广泛动员各界群众、各民族、各层次人士、进京务工人员等各类人群以及中央驻京单位、部队、院校等机构参与到系列活动中来。

（四）加强宣传，扩大影响

各部门要把宣传教育作为提高首都市民文明素质的重要途径，深入宣传活动主题。要充分利用报纸、电视、广播、网络等各种媒体，及时宣传报道主题活动的进展情况，总结推广好经验、好做法，营造氛围、扩大影响、形成声势，引导首都市民积极行动，自觉参与，形成良好导向。各区县、各单位要在开展活动的同时，积极做好本区县、系统的新闻宣传工作。

（五）统筹协调，通力配合

各部门和重点活动主办单位要与相关部门统筹协调，相互配合，搞好各方面的工作衔接。活动主办单位要确定联系人，系列活动中的重要情况要及时报市委社会工委、市社会办汇总。

（此文件 2009 年 3 月 26 日由市社会建设工作领导小组办公室印发）

关于推进社区规范化建设试点工作的实施方案

为贯彻落实《北京市加强社会建设实施纲要》和《北京市社区管理办法（试行）》、《北京市社区工作者管理办法（试行）》等文件精神，进一步完善社区治理模式，夯实社

会建设基础，经研究决定，在全市开展社区规范化建设试点工作。现制订实施方案如下。

一、指导思想

以邓小平理论和“三个代表”重要思想为指导，深入贯彻落实科学发展观，以提高社区公共服务水平、满足群众公共服务需求为出发点和落脚点，以规范社区服务站建设为重点，以推动社区居委会和社区服务站职能分开为切入点，在加强队伍建设、完善服务设施、健全运行机制、整合社区资源、加大经费投入等方面积极探索，大胆创新，着力规范提高，加强分类指导，通过试点工作，努力建设一批服务功能完善、居住环境舒适、治安秩序良好、文化生活丰富、管理手段科学、人际关系和谐、公众参与广泛的社会主义新型社区，为全面推进我市社区规范化建设、提升社区管理和服务水平进一步探索和积累经验。

二、任务目标

按照规范社区管理、完善社区服务、加强社区自治的基本目标和试点先行、点面结合、循序渐进、逐步延伸的基本原则，2009年在全市选择朝阳、海淀2个城区20个街道600个社区（含朝阳、海淀和20个街道的有关社区）进行社区规范化建设试点工作。试点的主要任务目标如下。

（一）规范社区服务站建设

1. 政府在社区层面设立的综合性服务平台，统一命名为“社区服务站”。除法律、法规明确规定需在社区独立设置的工作平台外，将社区其他各类工作站、活动站、服务站等逐步纳入社区服务站，统筹承担相关工作任务，实行综合管理、一站多能服务。

2. 规范社区服务站的工作关系，按照《北京市社区管理办法（试行）》的新要求，社区服务站在街道办事处的领导和政府职能部门的业务指导下开展工作，同时接受社区党组织的领导、社区居委会的监督和居民群众的评议。

3. 社区服务站与街道各科室、职能站所、“一站式”办公大厅和社区服务中心实现工作的有机衔接，明确社区服务站各个岗位与街道相关部门的对应关系和各自职责，将96156社区公共服务平台及街道其他相关信息化办公系统延伸到社区服务站，将与居民群众切身利益密切相关的各类公共服务落实到社区。

4. 建立健全社区服务站一口受理制度、首问责任制度、分办落实制度、组织协调制度、投诉处理制度等规范的业务管理制度，制订规范的服务流程示意图和工作台账，对受理事项、办理过程、办理时间、办复结果进行动态跟踪，全程监控，保证受理事项及时办理和反馈。

（二）规范社区工作职能

5. 按照“职责明确、分工合理、优势互补、协调联动”的原则，对社区目前承担的各项工作进行全面梳理，合理划分社区党组织、社区居委会和社区服务站的职责任务，进一步细化各自的具体工作或服务项目。

6. 社区党组织作为党在社区的基层组织，要充分发挥推动发展、服务群众、凝聚人心、促进和谐的作用，以服务群众为重点，加强政治、思想和组织领导，统筹协调各方利益关系，组织动员社区内各方面力量共同推进社区建设，不断提高党组织在基层的执政能力。（其主要职责见附件1）

7. 社区居委会作为基层群众性自治组织，侧重于组织居民开展民主自治，以维护居民合法权益和社区共同利益为核心，增强社区自治功能，实现政府行政管理与基层群众自治有效衔接和良性互动，不断提高社区居民依法直接行使民主权利、管理社区公共事务和公益事业的能力。（其主要职责见附件2）

8. 社区服务站作为政府在社区设立的综合服务平台，侧重于发挥专业化、职业化优势，推动促进就业服务、社会保障服务、劳动维权服务、文化教育体育服务等公共服务覆盖到社区，组织开展多种形式的公益服务和便民利民服务，不断满足社区居民的服务需求。（其主要职责见附件3）

（三）规范社区运行机制

9. 明确和理顺社区党组织、社区居委会和社区服务站之间的关系。社区党组织是包括社区居委会和社区服务站在内的社区各类组织和各项工作的领导核心，支持、保证社区居委会和社区服务站依照各自职责开展工作；社区居委会在社区党组织领导下，依据《中华人民共和国城市居民委员会组织法》履行职能；社区服务站定期向街道办事处、社区党组织汇报工作，向社区居委会通报工作。

10. 建立在社区党组织领导下，社区居委会和社区服务站紧密对接、协调联动的工作机制，完善社区党组织牵头、社区居委会和社区服务站参加的联席会或例会制度，社区党组织定期组织并主持召开联席会或例会，研究讨论社区建设、管理、服务中的重要问题和重大事项，协调沟通有关工作。

11. 充分发挥社区居民会议的作用，涉及社区居民利益的重大事项、社区建设发展规划、经费筹集、财务收支、公益事业专项补助资金的使用、重大活动方案等都需经过社区居民会议讨论决定。

12. 规范完善社区党组织工作制度、社区居委会工作制度、社区服务站工作制度、社区社会组织培育和参与制度、社区事务听证会制度、楼门院管理制度、业主委员会工作制度等各项规章制度，实现社区管理规范化、制度化、科学化。

（四）规范社区志愿服务

13. 按照“社区所需、志愿者所能”的原则，以社区老年人、未成年人、来京务工人员、下岗失业人员、优抚对象、残疾人和低收入家庭为重点服务对象，开发就业援助、慈善公益、优抚助残、敬老扶幼、治安巡逻、环境保护、民间调解、社区教育等项目，每个试点社区要形成1个以上特色鲜明、效果明显、影响广泛的志愿服务品牌。

14. 整合社区志愿服务资源。鼓励和动员社区党员、身体健康的离退休人员、有一技之长的居民，积极参加社区志愿服务活动；根据在职党员、国家公务员的职业特点和个人专长，适宜、适时、适度地组织他们参加社区志愿活动；协调社区内各种组织和志愿者有序开展活动，并力所能及地给予支持和帮助；为社会上的各种组织和人士到社区从事志愿服务搭建平台。

15. 完善社区志愿者招募管理制度。志愿者人数较少的，可依托社区服务站组织管理；人数较多的，指导成立社区志愿者组织，并依法进行登记或备案。健全培训制度，对已招募的社区志愿者，要进行服务态度、权利义务、服务技能等方面的培训，推动社区志愿者不断改进服务态度，增强服务技能，提高服务质量，促进社区志愿服务队伍向专业化方向发展。

（五）规范社区工作者管理

16. 以2009年社区党组织、社区居委会换届选举为契机，充实试点社区的工作力量。社区党组织至少配备专职党建工作者1名，社区党组织书记、社区居委会主任“一肩挑”的社区，设1名专职副书记或专职党建工作者；党员人数100名以上（含100名）的社区，根据需要可适当增设专职党建工作者。社区居委会由主任1人、副主任1—2人、委员若干人共5—9人组成，1 000户以下的设置5人，1 000—2 000户的设置7人，2 000户以上的设置9人。社区服务站按照社区实有户数配备工作人员，原则上按每500户1人配备（1 500户以下的配备3人）。社区服务站一般设站长、副站长各1名，原则上专设，也可由社区党组织或社区居委会负责人兼任；社区党组织、社区居委会相关人员与社区服务站工作人员可视情况适度交叉任职。政府购买的社区社工岗位纳入社区服务站。

17. 社区服务站工作人员实行公开招录，招录对象年龄一般在40岁以下，学历大专以上。社区工作者实行全员培训，平均每年培训时间不少于40学时。鼓励和引导各类社区工作者参加国家社会工作者职业水平考试，取得社会工作师、助理社会工作师等职业水平资格证书。

18. 落实社区工作队伍建设“1+1”计划。通过政府购买服务的方式，为每个试点社区至少配备1名取得国家社会工作者职业水平资格证书的人员或具有本科以上社会工作专业（或相关专业）学历的大学生，开展社会工作专业服务。

19. 按照规范化、专业化、职业化要求，通过在岗培训、转岗安排等方式，逐步将符合条件的各类社区协管员、社区事务助理纳入社区工作者规范化管理。

（六）规范社区基础设施配置

20. 采取新建、改扩建、购买以及落实配建指标、资源整合利用等多种方式，使试点社区的办公和服务用房面积达到350平方米左右。其中，社区服务站工作和服务用房相对独立使用，“一门式”服务用房面积不低于50平方米，其所在地应交通便利，居民居住相对集中，服务半径合理，便于服务开展和居民办事。

21. 社区办公和服务用房外部环境整洁、形象良好，逐步实现统一标志，内部区域清晰、安全方便、舒适美观，具备水、电、暖、卫、通信、信息网络等正常使用功能，配备能够满足工作需要的电脑、打印机、电话、传真机、复印机等办公设备。

22. 完善社区公共服务设施，建设具有医疗保健、体育健身、教育培训、为老服务等功能的其他公共服务设施和室内外文化活动场所，打造商业、生活、文体娱乐等方面的“一刻钟社区服务圈”，使社区居民多层次、多样化、个性化需求基本得到满足。

（七）规范社区经费投入

23. 将社区服务设施配套纳入城市基础设施建设规划，区县政府承担社区办公和服务用房项目建设主体责任。按照市、区两级共同负担的原则，投入必要的资金，对符合市政府固定资产投资支持范围项目，原则上给予一定的市级资金补助，以促进实现试点社区办公和服务用房面积达标。社区办公和服务用房建设达标后，由区县政府按照全市社区服务设施设备配置统一要求，根据本区县资金资产管理实际情况及相关经费标准，结合实际需要购置或调配相关必要设备。

24. 加大对试点社区举办公益事业的支持力度，适当提高试点社区公益事业专项补助资金拨付标准，2 000户以下的社区由每年8万元增加到每年15万元；2 000户以上的社区，在每年15万元的基础上，每增加1户增加40元。补助资金应主要用于试点社区按照试点工作要求，通过项目购买、项目补贴、项目奖励等形式，大力开展社区困难群体帮扶、助老、助托、助残等居民急需的服务项目；积极培育发展社区社会组织，以及全面开展社区公益事业活动所需要的活动场地、活动器械、活动宣传、活动奖品、活动劳务等费用。

规范和完善社区公益事业专项补助资金的使用管理。各区县可根据本区县社区公益事业开展实际情况，在遵守有关财务会计管理制度的情况下，设计符合本地区经济社会特点的资金管理流程。

25. 试点社区的办公经费按照不少于每户50元的标准核定，各区县应结合本地区实际，研究制定合理的办公经费使用办法，明确经费使用主体，确保社区党组织、社区居委会、社区服务站的会议费、办公用品购置费、学习培训费、水电气暖费、电话费、报刊订阅费等日常经费支出有可靠的资金保障。

26. 社区工作者的工资、福利待遇，社区信息网络建设及管理、运营、维护等经费全部纳入区县政府年度财政预算管理，并足额拨付。社区协助完成上级行政部门有关工作事项所需经费，按照“费随事转”原则，由相关部门转移拨付。

三、实施步骤

今年北京市社区规范化建设试点工作分三个阶段进行。

（一）宣传启动阶段（2009年3—4月）

通过召开工作部署会、举办培训班等形式，广泛宣传社区规范化建设试点工作的重要意义、目标任务和工作要求。各区县按照本方案有关要求，结合实际情况研究制定本地区社区规范化建设试点实施方案，并将方案上报市社会建设工作领导小组办公室。申请市政府固定资产投资补助支持的试点项目，应按照建设项目管理程序和要求，并取得规划、土地、环保等相关部门手续，于5月20日前上报申请和项目试点实施方案。

（二）组织实施阶段（5—10月）

各试点单位按计划有序推进试点工作，认真梳理社区建设的难点、热点问题，在加强硬件设施建设、理顺社区各方主体关系、创新社区管理体制和运行机制、解决社区建设中的突出问题等方面取得突破，创造出一些成功经验，形成相关的政策措施。

（三）总结验收阶段（11—12月）

由市社会建设工作领导小组办公室组织对社区规范化建设试点工作情况进行集中检查，对社区办公和服务用房建设情况进行验收，组织召开试点工作现场会，总结推广经验，不断深化完善，确保试点工作取得阶段性成果。

四、工作要求

（一）高度重视，加强领导

各区县要把社区规范化建设试点工作作为贯彻落实市社会建设大会精神、推进社区综合配套改革、夯实社会建设基础的一件大事，摆上重要议事日程，抓好抓细抓实。要落实专门工作力量，健全工作责任制，组织协调相关部门和单位，及时解决试点过程中的困难和问题，在人员、经费、设施建设等方面给予有力支持。

（二）部门协作，形成合力

社区规范化建设试点工作由市、区县社会建设工作领导小组办公室负责统筹协调，办公室成员单位（组织部、社会工委、社会办、发改、民政、财政、人事、劳动保障、共青团）及规划、建设等相关部门按照自身职责，积极参与、配合试点工作，提供机制、政策和财力等方面的配套措施，形成工作合力，有效推动工作开展。

（三）细化方案，分步实施

各区县要按照本方案确定的任务目标和方法步骤，在调查研究、充分论证的基础上，制定阶段性工作目标，细化试点操作方案。要区分轻重缓急，先易后难，以点带面，有计划、有步骤地推进。既要抓工作基础好的社区，又要抓基础薄弱的社区；既要对照任务，严格要求，又要区别情况，加强指导。对于试点工作进展情况以及工作中出现的新情况和新问题，要及时向市社会建设工作领导小组办公室报送、沟通和反馈。

（四）突出特色，务求实效

各区县要在努力达到全市试点任务目标要求的基础上，结合实际，抓住重点、突出特点、打造亮点，扎实推进。要以深入学习实践科学发展观活动为契机，以群众满意不满意作为检验试点成效的根本标准，不断丰富试点内容，创新工作思路方式，创造性推动试点工作，促进社区建设的科学发展，以实实在在的效果取信于民，使之真正成为一项惠民工程。

附件：1. 北京市社区党组织主要职责（试行）

2. 北京市社区居委会主要职责（试行）

3. 北京市社区服务站主要职责（试行）

（此文件2009年4月28日由市社会建设工作领导小组办公室转发）

附件1：

北京市社区党组织主要职责（试行）

一、加强宣传引导工作

1. 宣传和执行党的路线方针政策，宣传和执行党中央、上级党组织和本组织的决议。

2. 围绕本社区的中心工作，开展多种形式的宣传活动。

3. 维护与管理社区党建工作阵地。

4. 采取多种方式，团结、组织干部群众努力完成社区各项任务。

二、领导社区各类组织

5. 负责组织召开社区党组织、社区居委会、社区服务站等参加的社区联席会议，讨论本社区建设、管理和服务中的重要问题、重大事项，研究提出初步方案，提交社区居民会议讨论决定，并协调落实。

6. 领导社区居民自治组织，支持和保证其依法充分行使职权，完善公开办事制度，推进社区居民自治。

7. 领导社区服务站和各类社区服务组织开展社区服务工作，创新社区服务机制，提高社区服务水平。

8. 领导社区群众组织，支持和保证其依照各自的章程开展工作。

三、凝聚群众力量

9. 深入群众，开展调查研究，了解居民群众的需求和期望，做好经常性的思想政治工作，发现问题及时解决。

10. 畅通民意诉求渠道，反映群众的意见和要求。

11. 定期走访慰问社区内老弱病残和困难群众，帮助他们排忧解难。

12. 开展社区精神文明建设，坚持对居民群众进行爱国主义、社会主义和集体主义教育，凝聚群众力量参与和谐社区建设、共同创造幸福生活。

13. 开展社区老干部工作、社区统战和侨联工作。

14. 负责联系人大代表与选民、政协委员进社区工作。

15. 建立社会预警机制，及时掌握社会动态，做好社区内社会治安综合治理工作，化解社会矛盾，维护社会稳定。

四、加强社区党建协调工作

16. 负责社区党建协调委员会日常工作。

17. 指导社区社会组织党组织、新经济组织党组织开展党建工作。

18. 组织、协调驻社区单位党组织开展区域性党建工作，广泛发动驻社区单位党组织参与社区建设的积极性，充分挖掘社区资源，促进资源共享。

五、加强党员教育、管理和服务

19. 严格按照“三会一课”制度要求，定期组织好党组织会议（支部党员大会、支部委员会、党小组会）、民主生活会和党课。

20. 组织社区党员开展各类主题活动。

21. 走访、慰问、帮扶社区内困难党员。

22. 做好社区自管党员的教育管理、党

员发展、出具接转党组织关系证明、收取自管党员党费等工作，充分发挥党员的先锋模范作用。

23. 与有关部门搞好社区流动党员的教育、管理和服务工作。

六、加强民主监督工作

24. 社区党务公开工作。

25. 廉政文化进社区工作。

26. 社区党组织党内监督工作。

27. 协助街道党工委查处社区内违纪行为。

28. 对社区居委会、社区服务站工作人员进行监督评议。

七、其他工作

29. 积极完成上级党组织交办的其他工作任务。

附件2：

北京市社区居委会主要职责（试行）

一、做好宣传动员教育引导工作，开展精神文明建设活动

1. 宣传宪法、法律、法规和国家的政策，教育引导居民履行依法应尽的义务。

2. 教育引导居民遵守《居民自治章程》和《居民公约》，执行社区居民会议的有关决定。

3. 负责开办社区市民学校，组织开展科学普及、国防、环保、健康和未成年人思想道德教育等方面的教育培训活动。

4. 负责组织开展社区文化、科普、环保和体育等多种形式的社会主义精神文明建设活动，动员社区成员广泛参与爱国卫生运动，引导居民争做文明市民，提高居民对社区的认同感和归属感。

二、依法实行民主选举、民主决策、民主管理和民主监督

5. 根据《中华人民共和国城市居民委员会组织法》规定，开展以户民主选举、民主决策、民主管理和民主监督为主要内容的居民自治。

6. 加强社区居委会班子建设，完善居委会各项工作制度和工作程序，明确社区居委会下属委员会的职责任务和工作机制，领导下属委员会开展工作，积极发挥各委员会作用。

7. 依法组织补选社区居委会成员、居民代表和居民小组长工作。

8. 召集和主持社区居民会议，讨论决定本社区重要事项和涉及本社区居民重大利益的事项。

9. 定期向社区居民会议报告工作，执行社区居民会议的决定，完成社区居民会议提出的各项任务。

10. 建立完善社区事务听证会、议事协商会等会议制度，召集社区各方代表参与研究社区内共同关注的问题，协调处理涉及社区成员利益的重大事项。

11. 负责管理和维护本社区居委会财产，管理社区居委会办公用房，参与管理社区各类文化活动场所和服务设施。

12. 实行居务公开，通过居务公开栏、

公示牌以及召开会议等多种形式，让社区居民及时了解社区各项事务，并接受社区居民质询和监督。

13. 经居民会议讨论决定兴办本居住地区的公益事业，可根据自愿原则向居民和本居住地区的受益单位筹集本社区公益事业资金，定期公开收支账目，并完善资金使用和监督机制。

14. 在社区党组织领导下，组织居民有序开展民主监督和民主评议活动，参与对本市各级政府、街道办事处、社区服务站相关工作的民主监督和民主评议。

15. 指导、监督业主大会、业主委员会和物业管理工作。

16. 对社区社会组织进行备案、管理和监督。

三、维护社区居民的合法权益，创造和谐稳定的良好环境

17. 依法维护社区居民合法权益，按照法律法规和政策的有关规定，为社区居民办理涉及切身利益的有关事项和需要盖章的有关手续。

18. 根据本社区的实际情况，创新居民工作方法，广泛收集社区居民的意见建议和利益诉求。

19. 了解掌握和关心困难群体和弱势群体，及时为居民群众排忧解难。

20. 组织动员楼（门、院）长、居民组长、居民代表、社区志愿者充分发挥骨干作用，引导居民群众以理性、合法的形式表达个人意愿。

21. 负责协调民间纠纷，及时化解社会矛盾。

22. 制定社区突发公共事件应急反应工作制度，协调社区各方力量，加强社区综合应急队伍建设。

23. 及时向政府或其派出机构反映居民的意见、要求和提出建议。

四、扶持和发展社区各方力量，积极推动社区的共驻共建

24. 组织动员驻社区单位参与社区建设，同时为驻社区单位创造良好的社区环境，促进驻社区单位事业的发展。

25. 组织动员社区居民开展救灾、救济、募捐等公益性活动和社区志愿活动，及时向社区居民公开有关款物管理情况和去向，培育发展社区志愿者队伍。

26. 在广泛征求社区居民意见的基础上，经居民会议决定，与驻社区单位签订有关协议，积极引导社区内或周边机关、团体、企事业单位将内部设施向社区居民开放，开展共驻共建。

27. 动员社区成员广泛参与爱国卫生运动，督促本居住区的社会单位做好“门前三包”，督促保洁单位搞好环境卫生。

28. 支持妇联、团组织、工会、老年人协会、残疾人协会、红十字会等社会组织在社区开展活动。

29. 培育扶持具有自治性质的社区社会组织，引导其发挥扩大参与、提供服务、反映诉求和规范行为等方面的积极作用。

五、协助政府做好有关工作，提高社区服务水平

30. 协助做好与居民利益有关的公共卫生、计划生育、优抚救济、青少年教育等项工作。

31. 协助办理本社区居民的公共事务和公益事业，为社区居民提供便利的服务。

32. 协助政府或其派出机构维护社会治安，协助做好社区帮教工作，发动社区居民参与社区群防群治。

六、其他工作

33. 结合本社区实际，完成其他工作任务。

附件3：

北京市社区服务站主要职责（试行）

一、开展社区劳动就业、社会保障和社会事务管理工作

1. 开展失业人员动态管理和就业服务工作，协助做好就业困难人员、“零就业家庭”劳动力就业再就业援助工作，开展创建充分就业社区工作。

2. 协助有关部门为社区低保对象、残疾人、离退休人员、失业人员、老年人、优抚对象、困难群众等群体提供政策咨询、社会救助和相关服务。

3. 开展企业离退休人员社会化管理服务工作，加强对退休人员自管组织的管理。

4. 开展社会保险政策咨询及相关服务。

5. 协助处理劳动保障信访、监察、维权、统计等工作，维护劳动者合法权益。

6. 协助做好征兵工作。

二、参与社区治安维护工作

7. 落实各类安全防范措施，参与群防群治，维护社区治安。

8. 支持和配合社区居委会开展维护社区和谐稳定工作。

9. 协助有关部门做好社区流动人口和出租房屋管理工作。

10. 协助开展对刑满释放、解除劳教人员、监外执行人员和有不良行为青少年的帮助、教育和转化工作，消除不稳定因素。

三、提供社区法律服务

11. 组织开展法律咨询。

12. 为有经济困难、无力支付法律服务费用的居民以及残疾人、老年人等特殊人群联系法律援助。

13. 协助开展维护消费者权益工作。

14. 协助开展老年人、妇女、儿童及残疾人等弱势群体的法律维权工作。

四、协助开展社区健康管理与服务工作

15. 宣传卫生保健知识，开展社区健康知识普及工作。

16. 协助有关部门开展健康调查，建立社区家庭健康档案。

五、做好社区计划生育服务

17. 准确了解社区育龄人群的情况，做好社区居民计划生育管理与服务工作。

18. 指导落实避孕节育措施，发放避孕药具。

19. 协助做好独生子女父母各类奖励和服务工作。

六、配合开展社区教育和文化体育活动

20. 配合有关部门开展科学普及、国防、环保和未成年人思想道德教育等方面的教育培训活动。

21. 配合有关部门组织开展形式多样的文化体育活动，加强社区精神文明建设。

七、组织开展社区公益服务

22. 配合社区居委会，组织社区居民开展救灾、救济、募捐等公益性活动，代收爱心捐赠款、物。

23. 进行社区志愿者培训和志愿服务登记，配合社区居委会组织安排志愿者开展面向社区居民的各种公益性服务。

八、组织开展社区便民服务

24. 充分利用社区资源，动员社会力量，开展家政服务、为老服务等形式多样的便民利民服务，不断满足社区居民的生活需求，方便居民生活。

九、培育和壮大社区社会组织

25. 培育和壮大具有公益性质、服务居民的社区志愿服务类、慈善公益类、生活服务类、社区事务类、文体活动类社会组织。

26. 支持和引导社区社会组织在法律允许范围内，按照各自章程，自主开展活动，发挥积极作用。

十、畅通民意诉求渠道

27. 通过各种渠道，及时了解和反映社区居民的意见和建议，并协助有关部门解决相关问题。

28. 为社区居民向政府部门咨询政策、办理手续。

十一、协助开展社区基础管理工作

29. 协助做好社区人口、单位、设施等各类信息的采集、管理和维护。

30. 协助开展社区统计工作。

31. 参与建设和管理社区基础设施。

32. 组织开展相关社区创建评比活动。

十二、其他工作

33. 积极支持和配合社区居委会依法开展社区民主自治工作。

34. 承办街道办事处交办的、与其工作手段相适应的其他工作任务。

35. 定期向街道办事处、社区党组织汇报工作，向社区居委会通报工作，接受社区居委会的监督和居民群众的评议。

关于做好2009年北京市社区党组织换届选举工作的意见

2008年底2009年初，全市社区党组织陆续任期届满，根据《中国共产党章程》、《中国共产党基层组织选举工作暂行条例》和市委有关精神，要进行换届选举。这是全市社区党员群众政治生活中的一件大事，也是全面推进社会主义和谐社会、和谐社区建设，加强城市基层民主政治建设的一项重要工作。现就做好2009年全市社区党组织换届选举工作提出如下意见。

一、充分认识做好全市社区党组织换届选举工作的重要性

社区党组织，是党在社区全部工作和战斗力的基础，是社区各种组织和各项工作的领导核心。随着经济和社会的发展，社会管理职能重心下移，越来越多的社会性、群众性、公益性事务需要社区党组织动员各方力量落实。做好社区党组织换届选举工作，有利于进一步优化社区党组织的组织结构，提高社区党组织的创造力、凝聚力和战斗力，不断巩固和扩大党在城市基层的执政基础和群众基础；有利于推动建立党领导下的社会参与机制，进一步把握群众的需求和群众关心的热点、难点问题，通过服务群众凝聚人心，密切社区党组织与群众的联系；有利于健全社区党组织领导的充满活力的社区居民自治机制，扩大城市基层群众自治范围，完善社区民主管理制度，为做好全市第七届社区居民委员会换届选举和完善以社区党组织为核心的社区管理体制提供有力的组织保证；有利于维护城乡地区改革发展稳定的大局，推动社会主义和谐社会、和谐社区建设，把城乡社区建设成为管理有序、服务完善、文明祥和的社会生活共同体。

二、全市社区党组织换届选举工作的指导思想和目标要求

指导思想：以邓小平理论和“三个代表”重要思想为指导，深入贯彻落实科学发展观，紧密结合城乡社区建设的实际，以党的执政能力建设和先进性建设为主线，以服务群众为重点，以凝聚人心、促进和谐为目标，认真做好社区党组织换届选举工作，把社区党组织换届选举工作作为深入学习实践科学发展观实际成效的有力检验，巩固和扩大党执政的群众基础和社会基础，进一步增强社区党组织的创造力、凝聚力和战斗力，为促进社区和谐稳定，构建社会主义和谐社会首善之区提供坚强保证。

目标要求：

班子结构进一步优化。社区党组织领导班子进一步年轻化、知识化，整体素质进一步提高。新当选的党组织书记年龄一般在55岁以下，具备大专以上学历的占到新当选党组织书记的一半以上。

工作能力进一步增强。社区党组织领导班子的领导水平和工作能力进一步增强，推动发展、服务群众、凝聚人心、促进和谐的作用进一步发挥。

群众基础进一步扩大。社区党组织同社区党员群众和社区内各种组织、各个单位的联系更加紧密，在社区各种组织和各项工作中的领导核心地位进一步巩固，影响力、凝聚力进一步增强。

基层民主建设进一步加强。社区党内基层民主进一步完善，党内民主带动人民民主，

社区党组织领导的充满活力的居民自治机制进一步健全，社区民主管理制度进一步完善。

社区进一步和谐稳定。社区党员群众的知情权、参与权、选择权、监督权得到切实落实，民主诉求渠道进一步畅通，影响社区稳定的矛盾得到有效化解，文明祥和的社会生活共同体进一步形成。

三、把握关键环节，认真开展社区党组织换届选举工作

全市社区党组织换届选举要先于社区居委会换届选举，从2009年2月开始到4月中旬结束。按照市委关于社区党组织换届选举工作的总体要求，结合各区（县）工作实际，各级党组织要切实抓好以下几项工作。

（一）做好矛盾化解工作

社区党组织换届选举工作开始前，各区（县）委组织部、社会工委要会同各街道党工委、有关乡镇党委深入社区搞好调研，摸清社区党员的思想状况、党员队伍状况和党组织设置等情况，做到底数清、情况明，特别是针对新建小区、城乡接合部地区和重点难点社区存在的突出问题，采取有力措施，制定工作预案，将选举工作中有可能出现的问题估计充分，考虑到位，提前化解矛盾，最大限度地消除不稳定因素。

（二）坚持从实际出发制定选举方案和选举办法

要结合本地区的实际，根据不同社区的具体情况，研究制定既符合社区党组织换届选举有关规定，又切实可行、受党员群众拥护的选举方案和选举办法，并对每一步工作要求作出明确规定，形成比较规范的工作流程。

（三）认真做好试点工作

要按照积极稳妥、精心组织、慎重开展的原则，选取党组织基础好、班子威信高、社区民主氛围浓、具备直接选举条件的社区开展党组织负责人直接选举试点工作，扩大党组织班子成员的民意基础，为全面推进社区党组织换届选举工作积累经验。

（四）广泛宣传发动

要结合开展深入学习实践科学发展观活动和纪念新中国成立60周年，把社区党组织换届选举工作作为学习和纪念活动的一部分，组织党员学习党章和基层党组织选举工作的有关规定，使广大党员明确社区党组织换届选举的目的意义、选举形式和方法步骤，引导广大党员以主人翁的姿态和高度的政治热情参与换届选举，增强自觉性和责任感。要利用广播、电视、报刊、网络、标语、板报等多种方式，对社区党组织换届选举进行大力宣传，做好社区居民和驻社区单位党员群众的思想发动工作，充分调动他们关心和参与社区党组织换届选举工作的积极性，努力扩大社区党组织的群众基础。

（五）做好候选人的推荐提名工作

要推广社区党组织领导班子成员由党员和群众公开推荐与上级党组织推荐相结合，社区党员大会（党员代表大会）选举的“三推一选”方式。社区党组织要在充分发扬民主的基础上，教育引导党员群众出以公心，客观公正地进行推荐提名。同时，要注意发挥党员的骨干作用，在党内提高认识，统一思想，把党组织的意图贯彻到推荐提名工作中去。要扩大候选人提名范围，将驻社区单位党员代表纳入推荐提名范围，创新候选人提名方式，改进候选人产生过程和介绍方式，探索扩大党内基层民主多种实现形式。

（六）认真组织好选举大会的各项工作

要完善社区党组织领导班子差额选举制度，并结合实际，扩大候选人差额比例，在总结试点工作的基础上，扩大社区党组织领导班子直接选举范围。要坚持依法办事，严格按照规定的程序组织选举工作，做到规定动作完整，自选动作到位，依据法规不走样，落实程序不变通，具体细节不马虎，努力使每一个步骤、每一个环节都有依据、不出问题。

四、切实加强领导，确保全市社区党组织换届选举工作平稳顺利进行

明确责任。各级党组织要从提高党的执政能力、保持党的先进性的战略高度出发，把社区党组织换届选举工作摆上重要议事日程。各区（县）委、街道党工委、有关乡镇党委要成立社区党组织换届选举工作领导小组和专门工作机构，明确各级党组织的职责，加强统一领导。各区（县）委组织部、社会工委要在区（县）换届选举工作领导小组的统一领导下，加强对换届选举工作的具体指导，对换届选举中出现的带有倾向性的问题提出对策和解决办法。各街道党工委、有关乡镇党委要在区（县）换届选举工作领导小组的统一领导和区（县）委组织部、社会工委的指导下，采取有效措施，精心组织实施，确保本辖区内的社区党组织换届选举工作顺利完成。各级党组织要高度重视社区党组织换届选举过程中党员群众提出的意见和建议，从满足党员群众对社区建设的需要和愿望出发，做好理顺情绪、化解矛盾的工作，努力解决党员群众提出的实际问题。要注意做好落选的上届社区党组织领导班子成员的思想工作，鼓励他们继续为社区建设发挥作用，使他们能够正确对待选举结果，搞好社区党组织工作的衔接。要紧紧抓住这次换届选举的有利契机，对辖区内的社区党组织工作情况进行一次全面了解，注意发现带有普遍性的问题，以改革创新精神提出加强和改进的措施。

统筹考虑。要统筹考虑社区党组织和社区居委会换届选举工作，特别是要在社区“两委”班子成员的人选上通盘考虑，将优秀的社区居委会主任人选推荐为社区党组织书记人选，为进一步推进社区党组织和社区居委会、社区服务站成员“双向进入、交叉任职”，社区党组织书记、社区居委会主任“一肩挑”，以及社区工作者专业化、职业化打好基础。在具体工作中要注意选配好社区党组织专职副书记和专职党建工作者。书记、主任“一肩挑”的社区，须设1名专职副书记或专职党建工作者；党员人数100名以上（含100名）的社区根据需要可适当增设专职党建工作者。

搞好总结。要做好社区党组织换届选举工作总结，梳理经验，查找问题和不足。要指导社区党组织对换届选举的统计报表、选票等有关资料进行归档保存。各区（县）社区党组织换届选举工作总结要形成书面材料，于2009年5月20日前分别报市委组织部和市委社会工委。

加强培训。社区党组织换届选举工作结束后，各区（县）委组织部、社会工委要采取集中学习、专题辅导、经验交流等形式，及时对本区（县）社区党组织领导班子成员特别是党组织书记进行培训，努力提高他们的综合素质和工作能力。

附件：北京市社区党组织换届选举工作领导小组组成人员名单

（此文件2009年2月12日由市委组织部、市委社会工委印发）

附件：

北京市社区党组织换届选举工作领导小组组成人员名单

组　　　长：王安顺　市委副书记
副　组　长：吕锡文　市委常委、组织部部长
梁　伟　市委常委
丁向阳　副市长
成　　　员：王　翔　市委副秘书长
侯玉兰　市政府副秘书长
崔　鹏　市政府副秘书长、办公厅常务副主任
张厚崑　市纪委副书记、市监察局局长
吕和顺　市委组织部副部长
陈启刚　市委宣传部常务副部长
王孝东　市委农工委书记、市农委主任
宋贵伦　市委社会工委书记、市社会办主任
于泓源　市公安局党委副书记、副局长
吴世民　市民政局局长
吴玉华　市司法局局长
张志伟　市委组织部副部长、市人事局局长
张欣庆　市劳动和社会保障局局长
周继东　市政府法制办主任
薄　钢　市信访办主任
尹玲珍　市妇联副主席
办公室主任：宋贵伦（兼）
办公室副主任：吕和顺（兼）
陈建领　市委社会工委委员、市社会办副主任
聂志达　市民政局副局长

关于开展社会领域党建试点工作的意见

为进一步贯彻全市社会建设大会和社会建设“1+4”文件精神，落实《中共北京市委关于进一步加强和改进社会领域党建工作的意见》，努力构建北京市社会领域党建工作管理体制和工作体系，不断扩大党组织和党的工作覆盖面，增强党在社会领域的凝聚力和战斗力，不断巩固和扩大党的社会基础和群众基础，特制定本意见。

一、总体要求和工作原则

（一）总体要求

以试点为基础，全面加强和改进社会领域党建工作，努力形成比较健全的社会领域党建工作管理体制，比较完善的党建工作体系和比较规范的工作机制。通过开展街道社会工作党组织建设试点工作，探索建立健全基层社会领域党组织工作体系；通过开展“枢纽型”社会组织社会工作党组织建设试点工作，探索构建社会组织党建工作体系；通过开展商务楼宇社会工作站和社会工作党组织建设试点工作，探索构建商务楼宇公共服务体系和党建工作体系；通过开展非公企业党建“五个好”示范点建设，探索非公有制企业党组织发挥作用的有效途径和办法。努力以党建工作责任全覆盖实现党组织和党的工作全覆盖，实现党组织和党员在推动发展、服务群众、凝聚人心、促进和谐方面，能力明显提高，作用明显发挥，成效明显增强，并培育一批“领导班子好、党员队伍好、工作机制好、发挥作用好、各方反映好”的社会领域党建工作示范点。

（二）工作原则

1. 坚持从实际出发、促进发展。从不断适应社会建设的新形势出发，从不断满足广大群众的实际需求出发，从推动科学发展、促进社会和谐出发，积极探索、大胆创新，认真开展社会领域党建试点工作，充分发挥党组织的优势，凝聚力量、整合资源，以试点工作示范、引领、推动社会领域党建工作发展。

2. 坚持从服务入手、维护利益。把服务作为开展试点工作的基本手段，以提供符合群众共同利益的公共服务，营造良好的发展环境，切实尊重、维护、保障和发展社会领域各种组织和人民群众的利益，团结带领各种组织和人民群众共同推进经济社会发展、促进社会和谐。

3. 坚持不断探索、循序渐进。适应社会领域党建工作的新形势、新任务、新要求，既要大胆实践、积极探索、勇于创新，又要因地制宜、分类指导，稳步推进社会领域党建试点工作。

4. 坚持规范管理、创新机制。各区县委、“枢纽型”社会组织党组织要根据基层党组织所承担的职责任务，结合不同领域、不同组织的特点，采取先试点、再推开的办法，研究制定考核评价体系。

5. 坚持示范引领、以点带面。要注重边试点边总结，努力把试点单位建成示范点，以点上的经验推动面上的工作，促进全市社会领域党建工作整体水平的提升。

二、工作项目

（一）街道社会工作党组织建设试点

1. 目标任务。

先行试点，总结经验，稳步推进，经过1—2年的努力，基本完成全市街道建立社会工作党组织的任务，推进党组织和党的工作全覆盖。其中，城八区于2009年6月底前，每个区完成2—3个街道社会工作党组织建设试点工作，2009年年底前，在所有街道全面推开。郊区县于2009年年底前在30%街道开展社会工作党组织建设试点工作，于2010年年底前完成所有街道（乡镇）社会工作党组织建设工作。

街道社会工作党组织是基层社会工作党组织，在区县委组织部、社会工委指导下，在街道工委领导下开展工作。

2. 方法与步骤。

（1）宣传发动，营造氛围。区县委组织部、社会工委要广泛宣传北京市社会建设大会和社会建设"1+4"文件精神，进一步把党员、干部的思想统一到党的十七大精神上来，统一到科学发展上来，统一到市委文件上来，充分调动街道党工委的积极性，营造积极开展建立街道社会工作党组织的良好氛围。

（2）确定试点单位，制定实施方案。区县委组织部、社会工委要选择基础好、基本条件成熟的街道（乡镇）作为街道社会工作党组织建设试点单位，制定好试点工作方案，明确试点内容、试点要求，落实措施和责任主体，并向党员和群众公示承诺完成时限。

（3）明确责任，落实任务。根据试点工作的目标要求，明确区县委社会工委是街道社会工作党组织建设试点工作的第一责任单位，区县委社会工委书记是第一责任人，确保试点工作高质量高标准完成，并在试点经验基础上，以点带面，加快推进区县街道（乡镇）社会工作党组织的建设工作，完成街道社会工作党组织建设任务。

（4）健全工作职责，规范运行机制。在试点工作过程中，结合实际，逐步健全街道社会工作党组织的工作职责，完善管理机制，发挥街道社会工作党组织作用，统领辖区内社会领域党建工作。

（二）"枢纽型"社会组织社会工作党组织建设试点

1. 目标任务。

按照党建与业务一起抓的要求，在构建"枢纽型"社会组织的同时，以抓好"枢纽型"社会组织社会工作党组织建设试点工作为突破口，推进党的建设工作。经过2—3年，努力构建起"枢纽型"社会组织党建工作体系。2009年6月底前，在首批确认的10家"枢纽型"社会组织和新建或改造提升的"枢纽型"社会组织中，选择2—3家党建工作基础好的"枢纽型"社会组织，开展社会工作党组织建设试点工作；2009年年底前完成10家社会工作党组织建设工作；2010年6月底前，完成所有"枢纽型"社会组织社会工作党组织建设工作。

社会工作党组织是基层社会工作党组织，在市委组织部、市委社会工委指导下，在本"枢纽型"社会组织党组领导下开展工作。

2. 方法与步骤。

（1）选定试点单位，逐步开展工作。在调查研究和充分协商的基础上，市委组织部、市委社会工委从首批确认的"枢纽型"社会组织中选择2—3家"枢纽型"社会组织开展社会工作党组织建设试点工作。"枢纽型"社会组织社会工作党组织负责在所管理和联系的社会组织中开展党建和思想政治工作。

（2）深入开展调研，研究解决突出问题。要深入"枢纽型"社会组织进行专题调查研究，掌握第一手资料，研究解决"枢纽型"社会组织社会工作党组织建设过程中出现的实际困难和突出问题。

（3）建立联系制度，加强分类指导。要加强对试点单位的指导、培育和支持，引导和指导"枢纽型"社会组织党组织围绕业务搭建党建工作平台，创新活动方式。建立"枢纽型"社会组织社会工作党组织试点工作联系点，经常到联系点开展调查研究，具体指导工作，努力把联系点建设成为示范点。

（4）围绕促进发展，创新工作机制。加强对"枢纽型"社会组织开展社会工作党组织试点建设工作的指导，促进社会工作党组织围绕推动事业发展、协调利益、化解矛盾、规范服务来加强社会组织党的建设。研究规范社会工作党组织的职责任务，创新工作机制和工作方式。

（三）商务楼宇社会工作党组织（社会工作站，以下简称“站”）建设试点

1. 目标任务。

针对商务楼宇内单位多、情况复杂、员工流动性强的特点，探索建立健全商务楼宇党建工作长效机制，并整合党、工、团、妇等方面力量，在商务楼宇开展建立社会工作党组织和社会工作站试点，在商务楼宇形成稳固的楼宇基层党建基地，建立满足商务楼宇内各种组织和员工发展需求的综合服务平台。

以商务楼宇社会工作党组织（站）建设试点工作为突破口，经过1—2年，努力构建起商务楼宇社会工作党组织工作体系和商务楼宇社会工作服务体系，逐步实现商务楼宇党组织和社会服务的全覆盖。2009年6月底前，城八区每个区要在20%商务楼宇开展社会工作党组织（站）建设试点，2009年年底前要达到60%，2010年年底前实现全覆盖。郊区县于2009年6月底前完成1—2家商务楼宇社会工作党组织（站）建设试点工作，2010年年底前完成商务楼宇社会工作党组织（站）的建设任务。

2. 方法与步骤。

（1）深入调查，摸清需求。围绕满足商务楼宇内企业和各类社会组织的需求来有效提供服务是建立商务楼宇社会工作党组织（站）的基础和前提。区县委社会工委、街道党工委（乡镇党委）要深入商务楼宇内的商户、社会组织和员工中调查了解情况，通过深入摸底调查，切实掌握企业、社会组织、广大员工的真实需求。

（2）选择确定试点商务楼宇。选择基础条件好或党建基础好、党员数量多、影响力和辐射力大的1—2家商务楼宇，作为社会工作党组织（站）试点单位。区县委组织部、社会工委要会同街道（乡镇）党组织认真研究制定试点工作方案，结合区县实际，提供必要的财政支持，创造性地开展试点工作。

（3）明确职责，规范完善工作机制、体系。按照责任全覆盖实现工作任务全覆盖的要求，将试点任务和全面推进任务分解到街道（乡镇）党组织，确保商务楼宇社会工作党组织（站）试点及全面推进工作落到实处。要加强对已建商务楼宇社会工作党组织（站）的跟踪、调研和指导，不断总结、完善和推广试点工作经验。要明确和规范商务楼宇社会工作党组织（站）的职责，规范工作流程和工作制度，推进商务楼宇党建工作和社会服务工作制度化、规范化。要通过商务楼宇党建工作体系和社会工作服务平台，进一步规范和完善服务促发展、服务促和谐、服务聚人心的工作机制和工作体系。

（4）加强协调，整合资源，形成合力。整合党工团力量，加强与建委、国资委、税务、工商、统计等部门的沟通协调，建立联席会议机制，围绕促进商务楼宇内企业和社会组织的健康发展、协调各方利益、维护员工合法权益及构建和谐楼宇等方面积极开展工作，形成商务楼宇党建工作合力，构建商务楼宇综合服务平台。要整合已有资源，因地制宜地开展商务楼宇党建工作和社会服务工作，依托国资委所属企业产权楼宇、建委所管理的物业管理机构、工会服务站及其服务网络等现有资源，来推进商务楼宇社会工作党组织（站）的建设工作。

（5）同步推进，优势互补。商务楼宇社会工作党组织与社会工作站的建立工作要统一规划和研究，同部署、同推进、同落实，做到资源共享、优势互补、相互促进。

（四）非公企业党建“五个好”示范点建设

1. 目标任务。

围绕促进非公企业健康发展，选择一批基础较好的党组织进行规范化建设试点，建设培育一批非公企业党建工作“五个好”示范点，引领、示范、带动全市非公企业党建工作。2009年6月底前做好试点启动工作，2009年年底前全市规模以上非公企业示范点建设至少达到80家，其中，城八区和市委经济技术开发区各不少于7家，郊区县每区县

不少于3家。全市2010年年底前示范点建设不少于200家。

2. 方法与步骤。

（1）宣传发动。区县委组织部、社会工委和市委经济技术开发区工委要积极组织发动非公有制企业，按照“五个好”示范点建设标准的要求，争创党建“五个好”示范点。

（2）确定培育对象。区县委组织部、社会工委和市委经济技术开发区工委要遴选一批党建基础好的非公企业党组织作为示范点培育对象。

（3）开展分类指导。区县委组织部、社会工委和市委经济技术开发区工委有关领导，要深入“五个好”示范点建设企业开展联系指导工作，要根据企业的不同特点，开展分类指导，共同研究解决示范点建设遇到的困难和问题，推动示范点建设。

三、加强组织领导

（一）强化责任意识，精心组织实施

全市组织部门、社会建设部门要充分认识开展社会领域党建试点工作的重要意义，高度重视试点工作，将其列入重要议事日程；建立社会领域党建试点工作联系点制度，注重从实际出发，因地制宜，做好分类指导；着力抓好试点工作信息平台建设，建立试点单位党建工作台账和信息数据库，为建立全市社会领域党建网络平台打好基础；试点单位党组织要从实际出发开展试点，制定试点工作具体实施方案，试点单位党组织负责人要切实履行具体领导责任，抓好工作落实。

（二）加大对试点工作的投入

对市级“枢纽型”社会组织开展建立社会工作党组织试点工作，要以原有经费来源渠道增加专项列支，保证试点工作开展；对街道社会工作党组织建设试点、商务楼宇社会工作站和党组织建设试点，区县财政应给予保障，要建立社会领域党建试点工作专项资金，用于试点和示范点建设。对商务楼宇社会工作站和党组织建设试点工作，通过购买工作岗位方式，配置1—2名社会工作者。

（三）加强考核评价

探索科学有效的党组织工作制度和工作方式，努力把试点工作具体经验系统化、规范化和制度化，从试点经验中总结出科学合理的社会工作党组织建设标准，科学评价社会工作党组织建设水平。区县委组织部、社会工委要按照工作目标要求，定期对试点工作进行检查、指导，针对试点工作中出现的新情况和新问题，认真研究解决。

（四）要适时总结试点工作经验，发挥示范引领作用

积极培育树立先进典型，适时召开经验交流会。充分运用各种新闻媒体，加大对试点工作的宣传力度，充分发挥典型的示范、引领、带动作用，全面加强和改进全市社会领域党建工作。

（此文件2009年2月20日由市委组织部、市委社会工委印发）

北京市社会建设2009年工作要点

2009年，是新中国成立60周年；是成功举办奥运会、残奥会之后，北京经济社会发展进入新阶段的第一年；也是全市社会建设大会召开和“1+4”文件印发后，北京社会建设工作站在新的起点上的第一年。以迎接国庆、服务社会、推动发展、促进和谐为

主题，做好2009年全市社会建设、管理和服务工作，非常重要。

2009年加强我市社会建设的指导思想和基本思路是：高举中国特色社会主义伟大旗帜，以邓小平理论和“三个代表”重要思想为指导，深入贯彻落实科学发展观，坚持“以人为本、关注民生、构建和谐、服务社会”的工作宗旨，不断提高综合协调和动员社会的能力，不断提高体制创新和管理社会的能力，不断提高求真务实和服务社会的能力，努力构建公共服务、社区管理、社会组织管理、社会运行和社会领域党建工作五大体系，切实把全市社会建设大会精神和“1+4+X”文件落到实处并不断取得新成效，为迎接新中国成立60周年，实现全市保增长、保民生、保稳定的目标，建设“人文北京、科技北京、绿色北京”，建设繁荣、文明、和谐、宜居的首善之区作出新的更大贡献！

2009年全市社会建设的主要任务有以下七个方面。

一、以推动政府购买公共服务为切入点，建立健全社会建设公共服务体系

市委、市政府决定建立北京市社会建设专项资金，重点用于支持我市社区规范化建设试点、社会领域党建试点、志愿者工作，扶持社会组织发展，向“枢纽型”社会组织“购买管理”以及选聘高校毕业生到社区工作等。研究制订《关于建立健全政府购买社会公共服务体制机制的实施意见》，进一步健全公共服务体系。在实践中，要积极探索政府购买社区公共服务经验，完善扶持社区社会组织发展政策，开展政府向行业协会“购买服务”试点工作。

二、以开展社区规范化建设试点为突破口，建立健全社区管理和服务体系

按照市有关部门近日制订的《关于推进社区规范化建设试点工作的实施方案》提出的明确要求，在全市两个城区的20个街道和200个社区，围绕社区服务站建设、社区工作职能、社区运行机制、社区志愿服务、社区工作者管理、社区基础设施配置、社区经费投入等七个方面26项内容，认真开展规范化建设试点工作，并不断总结和推广经验。

与此同时，要进一步推进社区工作者公开招录和社会工作师资格考试工作，确保落实工资待遇、落实服务协议制度，建立完善的考核评议、教育培训、档案管理等制度，进一步规范对社区工作者的管理。当前，特别是要搞好选聘高校毕业生到社区工作，加快推进社区工作者专业化、职业化进程。要以社区党组织、社区居委会换届选举工作为契机，引导社区党组织、社区居委会、社区服务站转变工作方式，明确工作职责，进一步加强和改进党的领导，进一步提高社区管理、社区自治、社区服务水平，建设“管理有序、服务完善、文明祥和”的新型社区。

三、以构建“枢纽型”社会组织工作体系为核心，建立健全社会组织管理和服务体系

按照“1+4”文件和市社会建设工作领导小组新近印发的《关于构建市级“枢纽型”社会组织工作体系的暂行办法》的要求，进一步完善“枢纽型”社会组织管理体系和工作机制。在确认10个市级人民团体作为第一批市级“枢纽型”社会组织和完成改造提升北京市志愿者联合会为“枢纽型”社会组织的基础上，再提升、改造、新建几个“枢纽型”社会组织。按照“先全部挂钩、再逐步脱钩”的工作思路，推进“枢纽型”社会组织与同性质、同类别、同领域的社会组织建立工作联系并有效开展工作，与此同时，逐步实现政社分开。各“枢纽型”社会组织要充分发挥党和政府联系社会各界的桥梁纽带作用，充分发挥业务发展龙头作用，并认真搞好相关社会组织日常管理和服务工作。各区县要结合各自区情县情，逐步做好

区县级“枢纽型”社会组织工作体系构建工作。

按照市社会办、市民政局新近印发的《关于加强和改进市级社会组织设立工作的实施办法（试行）》的要求，从2009年4月1日开始，实行“一站式”服务、协调联合审查、20个工作日予以回复的工作制度，为新申请设立的社会组织提供高效、规范、便捷的服务。

四、以完善社会工作者和志愿者队伍管理机制为重点，建立健全社会工作运行体系

按照“1+4”文件和即将出台的《北京市社会工作师注册、培养、使用、评价工作实施办法》的要求，切实搞好社区工作者招录和管理工作，切实做好已经通过全国社会工作者职业水平资格考试，获得社会工作师、助理社会工作师证书人员的注册登记、人员资源库建设工作；明确社会工作岗位设置办法和岗位职责，在条件相对成熟的社区、公益性社会组织等，开展社会工作岗位设置试点工作，规范社会工作者的职业行为；围绕提高社会工作者队伍专业素质，有计划分层次地开展教育培训工作，全面提高社会工作者队伍专业化、职业化水平。

按照全市志愿者工作大会的部署和市委、市政府《关于进一步加强和改进志愿者工作的意见》的要求，积极推进奥运志愿者成果转化工作，并建立健全志愿者工作长效机制，进一步建立健全志愿者工作管理体系、志愿者工作运行体系、志愿者队伍建设体系、志愿服务项目体系、志愿者工作保障体系。以重大活动为载体，开展志愿服务，扩大志愿者工作影响力；以社区经常性志愿服务为基础，实现各类志愿服务与社区服务有效对接、良性互动，积极推进志愿服务常态化、规范化；以应对突发事件志愿服务为载体，提高社会动员能力和志愿服务专业化、针对性水平。

五、以社会工作党组织建设试点工作为先导，建立健全社会领域党建工作体系

按照“1+4”文件和市委组织部、市委社会工委印发的《关于开展社会领域党建试点工作的意见》要求，通过开展一系列社会工作党组织建设试点，全面推进社会领域党建工作。通过在街道开展建立社会工作党组织试点工作，两年内逐步实现党组织和党的工作在社区的全覆盖；通过在“枢纽型”社会组织开展建立社会工作党组织试点工作，两年内逐步实现“枢纽型”社会组织业务、党建一起抓、社会组织党组织和党的工作全覆盖；通过在商务楼宇开展建立社会工作党组织和社会工作站试点工作，通过创建新经济组织党建工作“五个好”示范点，进一步加强新经济组织党建工作，为新经济组织提供良好的社会服务，两年内完成商务楼宇党组织和社会服务工作全覆盖。通过这一系列试点工作，经过2—3年的努力，力争形成比较健全的社会领域党建工作管理体制和社会服务工作机制。

六、以提高统筹协调和合作共赢能力为着力点，不断完善工作体制机制

要进一步坚持和完善党委领导、政府负责、社会协同、公众参与的社会管理格局；进一步形成在党委、政府统一领导下，社会建设工作领导小组及其办公室统筹协调、各成员单位分工协作、动员社会领域广泛参与的工作运行机制。要按照《关于建立健全全市社会建设工作统筹协调机制的实施意见（试行）》的要求，不断加强统筹协调，进一步形成全市社会建设的工作合力。进一步建立健全市社会建设工作领导小组办公室主任例会制度，在完善政策、健全体制、统筹协调、督促检查方面发挥更大作用；进一步建立健全区县社会工委书记（社会办主任）联

席会议制度，在加强指导、提供支持、沟通交流、推广经验方面发挥更大作用；进一步建立健全“枢纽型”社会组织协调会议制度，在加强管理、提供服务、促进发展、推动合作方面发挥更大作用；进一步加强与首都高校、科研单位的沟通合作，通过共建基地、举办论坛、研究课题等形式，发挥首都优势，加强对社会建设重大理论问题和现实问题的深入研究，努力产生一批新成果；进一步加强与首都新闻媒体的合作，通过合办栏目、专栏等形式，加强对社会建设工作的宣传，通过建立北京社会建设信息中心平台和发挥基层社会建设信息直报点作用，及时了解反映社情民意，努力构建社会和谐。

要进一步加强社会工作长效机制建设，在健全五大沟通协调机制基础上，研究制订《加强北京市社会建设指标体系》。市社会建设工作领导小组办公室会同市委办公厅、市政府办公厅继续认真搞好北京市社会建设重点工作督察并形成督察报告，把社会建设工作落到实处，抓出实效。

七、以开展迎接新中国成立60周年系列活动为载体，营造保增长、保民生、保稳定的良好社会环境

按照市委、市政府关于“学习实践科学发展观、弘扬奥运精神、开展领导干部作风建设年”活动的要求，会同有关部门广泛开展“迎接国庆、服务社会、构建和谐、促进发展”主题活动。一是精心组织“三进两促”活动，结合开展社区规范化建设试点、社会领域党建试点工作，坚持进城乡社区、进社会组织、进新经济组织，促进科学发展、促进社会和谐；二是精心组织“建设和谐社区、喜迎新中国成立60周年”系列活动，发动广大居民，创建和谐社区、平安社区，共建美好家园；三是深入开展社会组织“立足本职促发展、迎接国庆做奉献”系列活动，进一步激发社会组织活力，充分发挥社会组织在首都经济社会发展中的重要作用，动员社会组织特别是行业协会引导企业增强信心，战胜经济困难；四是积极开展“共克时艰创佳绩，我为发展作贡献”系列活动，充分发挥新经济组织党组织战斗堡垒和共产党员先锋队作用，团结带领新经济组织广大职工为保增长、保民生、保稳定作贡献；五是广泛开展“服务社会展风采，迎接国庆作贡献”系列活动，号召全市广大社会工作者和志愿者为保障和改善民生、服务社会、构建和谐作出新贡献。通过这一系列活动，全面展示首都社会建设的巨大成就，展示首都社会各界群众蓬勃向上、开拓奋进、共克时艰、再创佳绩的精神风貌，努力营造热烈喜庆、欢乐祥和、和谐稳定的社会氛围。

做好2009年社会建设工作任务繁重。在市委、市政府正确领导下，要继续以改革创新的精神，求真务实的态度，认真做好全市社会建设大会和“1+4+X”文件的贯彻落实工作，不断完善新机制，不断取得新突破，不断取得新成效，以优异的成绩迎接新中国成立60周年！

（此文件2009年3月3日由市委社会工委、市社会办印发）

2009年上半年北京市社会建设工作总结和下半年工作重点

上半年工作总结

2009年全市社会建设工作，由明确思路、健全机制、构建体系进入到了完善政策、寻求突破、取得实效的新阶段。按照年初全市社会建设工作会议要求，上半年重点工作取得了明显成效。

一、出台八个政策性配套文件，初步形成了加强北京市社会建设“1+4+X”的政策体系框架

去年底今年初，结合开展深入学习实践科学发展观活动，在深入调查研究的基础上，起草了一系列政策性配套文件，全市社会建设会议后陆续出台：一是印发了《关于进一步加强和改进志愿者工作的意见》，明确了转化奥运志愿者工作成果、建立健全志愿服务长效机制的基本要求；二是印发了《关于推进社区规范化建设试点工作的实施方案》，从七个方面26个指标提出了社区规范化建设的标准，并进行了部署；三是印发了《关于2009年度选聘高校毕业生到社区工作的实施方案》，作出了实施大学生社工计划，加快推进社区工作者专业化、职业化进程的战略部署；四是印发了《关于构建市级“枢纽型”社会组织工作体系的暂行办法》，明确了市级“枢纽型”社会组织认定条件、认定程序、主要职责、工作机制、支持政策等要求；五是印发了《关于认定第一批市级“枢纽型”社会组织的通知》，确认10个市级人民团体为首批市级“枢纽型”社会组织；六是印发了《关于加强和改进市级社会组织设立工作的实施办法（试行）》，提出了实行“一站式”服务、协调联合审查和20个工作日予以回复的措施；七是印发了《关于开展社会领域党建试点工作的意见》，对在街道、“枢纽型”社会组织、商务楼宇开展党建试点工作进行了安排部署；八是印发了《关于建立健全全市社会建设工作统筹协调机制的实施意见（试行）》，明确了建立健全全市社会建设工作领导小组办公室、区县社会工委（社会办）、“枢纽型”社会组织的协调机制和搭建全市社会建设宣传信息平台、共建北京社会建设研究基地的工作机制。从而，初步形成了加强北京市社会建设“1+4+X”的政策体系框架。

二、明确七个方面的重点工作突破口，初步取得加强全市社会建设的新成效

（一）社会公共服务体系建设取得新突破

一是北京社会建设专项资金机制已经建立，重点用于支持社会组织发展、社区规范化建设试点工作、社会领域党建试点工作、选聘高校毕业生到社区工作和志愿服务工作；二是关于政府购买公共服务的体制机制性文件正在起草中。

（二）社区规范化建设工作扎实推进

全市选择600个社区，按照“一分、三定、两目标”要求，围绕基础设施建设、社区工作者队伍建设、工作规范建设等七个方面26项指标正扎实开展试点工作。与此同时，在基本设施建设方面，力度也比较大，除办公用房和服务用房已达到350平方米的

594个社区外，今年在市发改委计划立项622个社区，力争到年底，全市共有1 200多个社区在硬件和软件方面可以基本达到社区工作规范化标准。

（三）“枢纽型”社会组织工作体系初步建立

一是确定市总工会、团市委、市妇联、市科协、市残联、市侨联、市文联、市社科联、市红十字会、市法学会10个市级人民团体为首批“枢纽型”社会组织，有序开展试点工作；二是从4月1日开始，社会组织设立审批“一站式”服务机制启动。

（四）“大学生社工计划”全面启动

一是把今年大学生就业困难当做加快推进社区工作者专业化、职业化进程的机遇，计划连续三年共选聘5 000名高校应届毕业生到社区工作。今年选聘工作即将结束，1 984名大学本科以上学历毕业生和492名“村官”即将到社区上岗。中央领导对我市实施“大学生社工计划”给予充分肯定和高度评价。二是按照“1+4”文件要求，以今年社区居委会、社区党组织换届为契机，今年初，八城区面向社会招录了2 233名具有大专以上学历的社区工作者。“两委”换届后近半数为新成员，其中社区党组织成员中54.2%具有大专及以上学历，比上届提高了一倍多，社区居委会换届工作8月底结束。三是继去年全市近3 000人获得全国社会工作者职业水平资格证书之后，今年又组织近万名社会工作者参加考试，考试结果将于8月中旬公布。四是举办了全市区县局级领导干部社会建设专题培训班、全市各街道工委书记培训班、全市街道办事处主任培训班、全市部分“两新”组织党组织负责人培训班。从而，使全市社会工作者队伍建设、思想建设、业务建设迈出了较大步伐。

（五）志愿者工作奠定坚实基础

一是召开全市志愿者工作会议；二是出台《关于进一步加强和改进志愿者工作的意见》；三是明确将北京志愿者协会改造提升为北京志愿者联合会。从而，为转化奥运志愿者工作成果，建立健全志愿服务长效机制奠定了坚实的基础。

（六）社会领域党建工作取得较大进展

一是全市社区党组织换届工作圆满结束，全市2 591个社区中2 371个社区届满换届，其中，2 280个社区党组织实行了“三推一选”，396个社区党组织负责人实行了直选，176个社区实行了差额直选，新华社《国内动态清样》（第376期）刊发有关情况后，中央和市委领导作出重要批示、给予充分肯定；二是在街道建立社会工作党组织工作成效明显，全市138个街道已有71个街道建立了社会工作党组织，其中，海淀、朝阳、西城、宣武四个区已实现了全覆盖；三是在商务楼宇建立社会工作党组织（社会工作服务站）工作成效明显，目前已在全市1 237座商务楼宇中建立了304个社会工作服务站（社会工作党组织），其中，朝阳区已在367座商务楼宇中的150座建立；四是在“枢纽型”社会组织建立社会组织党委工作正在有序推进中；五是全市非公企业党建“五个好”示范点创建工作已全面启动。从而，使全市社会领域党组织和党的工作全覆盖工作迈出了较大步伐。

（七）工作机制进一步健全

按照深入开展学习实践科学发展观活动中提出的整改措施，在健全机制、改进方法、加强协调、实现共赢方面进一步加大了工作力度。一是建立并启动了全市社会建设工作领导小组办公室例会制度，加强市级单位的综合协调；二是建立并启动了区县社会工委书记（社会办主任）例会制度，加强对区县工作的宏观指导；三是建立并启动了“枢纽型”社会组织协调机制，加强对社会组织工作的协调指导；四是加强与首都新闻媒体合作的力度，上半年仅市委社会工委、市社会办在首都新闻媒体就刊发稿件2 948篇次；五是加强与清华大学、中国人民大学、北京师范大学、中国青年政治学院、首都师范大学、北京市社会科学院等单位的合作，进一步加强研究基地的建设、研究课题的联合攻坚，其中，委托清华大学承担的“宜居北京”课题已确定为全国社科规划“十一五”重大项目。

三、广泛开展“迎接国庆、服务社会、构建和谐、促进发展”系列活动

以迎接新中国成立60周年、领导干部作风建设年活动和“保增长、保民生、保稳定”工作为契机，深入广泛地开展系列教育活动。一是精心组织“三进两促”活动，与开展社区规范化建设试点、社会领域党建工作试点、构建“枢纽型”社会组织等重点工作密切结合，进社区、进社会组织、进新经济组织，促社会和谐、促科学发展、抓工作落实。二是在社区广泛开展“建设和谐社区、喜迎新中国成立60周年”活动，创建和谐社区、共建平安家园。三是在社会组织中广泛开展“立足本职促发展、迎接国庆作奉献”系列活动，动员社会组织为迎国庆、抓“三保”作贡献。四是在新经济组织中积极开展“共克时艰创佳绩、我为发展作贡献”系列活动，动员新经济组织党组织和共产党员，充分发挥战斗堡垒和先锋模范作用，团结带领广大职工战胜困难、共渡难关。五是广泛开展“服务社会展风采、迎接国庆作贡献”活动，动员广大社会工作者、志愿者在关注民生、服务社会、构建和谐、促进发展方面作出新贡献。

总之，上半年全市社会建设工作，在市委、市政府领导下，取得了明显成效。但由于社会建设工作刚刚起步，没有现成的经验可以借鉴，许多工作成效还是初步的，许多工作思路还是探索性的，需要在实践中不断完善、不断改进。

下半年工作重点

下半年，我们将迎来新中国成立60周年，营造“保增长、保民生、保稳定”的社会环境的任务也依然艰巨。在落实党中央、国务院和市委、市政府一系列重要指示，搞好庆祝新中国成立60周年活动，预防甲型H1N1流感等重点工作的同时，按照年初全市社会建设工作会议部署，抓好全年工作的落实，任务非常繁重。要按照“组织起来一起做、扑下身子抓落实”的要求，认真把下半年各项工作抓紧、抓实、抓好。

一、社会公共服务体系建设工作要取得新进展

一是正式启动社会建设专项资金机制，把今年专项资金用好；二是按照市委、市政府要求，完成《关于建立健全政府购买公共服务机制的意见》（暂名）的制定和实施工作。

二、社区规范化建设试点工作要取得新成效

按照“一分、三定、两目标”要求，加快推进社区规范化建设试点工作。年底前，要将硬件已达标的594个社区和今年即将达标的622个社区，均建成软件、硬件规范化达标的社区，为明、后两年全部实现社区建设规范化奠定坚实的基础。

三、“枢纽型”社会组织构建要取得新突破

一是要切实解决首批10个“枢纽型”社会组织在体制机制建设中的实际问题；二是加快推进北京市志愿者联合会等“枢纽型”社会组织的改造、提升工作；三是进一步搞好社会组织设立“一站式”服务工作，切实为新社会组织设立提供优质、高效、便捷的服务；四是按照“先挂钩、后脱钩”的工作思路，将行政部门主管的大部分社会组织与“枢纽型”社会组织“挂钩”，并在条件成熟的情况下，逐步实现社会组织与行政部门在“人、财、物”方面“脱钩”；五是深入调查

研究，摸清全市“草根组织”底数，为使符合条件的合法化、对不符合条件的进行取缔奠定基础；六是加快推进向社会组织购买公共服务工作，在一些项目上实现突破性进展。

四、巩固发展社会工作者队伍建设的新成果

一是搞好社区“两委”换届后工作人员的业务培训和2 500名大学生社工的岗前培训等工作；二是出台《北京市社会工作师注册、培养、使用、评价工作实施办法》，切实做好已经和将要通过全国社会工作者职业水平资格考试人员的注册登记、人才库建设、培养使用等工作，加强社会工作人才队伍规范化建设。

五、切实健全志愿服务长效机制

一是正式成立北京市志愿者联合会，并确定为“枢纽型”社会组织，切实加大对全市志愿者工作组织实施工作的力度；二是以社区志愿服务为突破口，探索志愿者管理、工作运行、队伍建设、项目实施和工作保障的新机制、新办法。

六、进一步扩大社会领域党建工作的新成果

一是社区居委会换届完成后，适时总结社区“两委”换届工作经验；二是进一步扩大在街道建立社会工作党组织试点工作成果，力争年底基本实现全市138个街道社会工作党组织和党的工作全覆盖；三是进一步扩大在商务楼宇建立社会工作服务站（社会工作党组织）试点工作成果，力争年底使全市1 237座商务楼宇有60%建立社会工作服务站（社会工作党组织）；四是在首批“枢纽型”社会组织中选一两个单位进行试点，实现社会组织党组织建设的新突破；五是创建和表彰一批非公企业党建工作“五个好”示范单位。

七、进一步健全协调机制

实现全市社会建设工作领导小组办公室例会制度、区县社会工委书记（社会办主任）例会制度、“枢纽型”社会组织例会制度有效运转、规范运作，促进与新闻媒体和社会建设研究基地的有效合作、良性互动。

八、切实搞好迎国庆和“三进两促”活动

一是出色完成国庆群众游行活动的相关组织任务；二是认真搞好预防甲型H1N1流感防控相关工作；三是掀起“迎接国庆、服务社会、构建和谐、促进发展”系列活动和“三进两促”活动的新高潮；四是按照市委要求，认真搞好第三批深入学习实践科学发展观活动的相关工作；五是按照市委、市政府要求，认真搞好机构改革“三定”方案的落实和机关思想建设、队伍建设、组织建设日常工作，进一步促进全市社会建设工作上水平、上台阶。

（此文件2009年7月28日由市委社会工委、市社会办印发）

北京市社会建设2009年工作总结

2009年，在市委、市政府领导下，全市社会建设工作以庆祝新中国成立60周年为契机，紧紧围绕保增长、保民生、保稳定和开展学习实践科学发展观活动等重点工作，不断加大工作力度，社会建设工作取得明显成效，呈现出良好态势。

一、着力保障和改善民生，公共服务水平有了新提高

市发展改革委、财政局、教委、民政局、人力社保局、卫生局、住建委等部门认真贯彻落实市委、市政府应对金融危机的一系列政策措施，推动公共服务体系加快发展。市财政投入125.9亿元，全面落实了57件为民办实事项目。投入83亿元，扎实推进了农村五项基础设施建设和“三起来”建设工程。新农合参合率达到95.7%，实现了100%行政村的全覆盖。全市新增教育经费的70.25%投向农村地区学校和薄弱学校，推动了城乡教育一体化发展。加快推进农村公共文化设施建设，实现对全市3 938个行政村数字电影放映工作100%全覆盖。优先发展公共交通，公交出行比例由2008年的36.8%提高到38.9%。市、区县投入20.6亿元对燃煤、燃气、燃油等供热单位进行财政补贴，惠及400多万户居民。完成1 500个法律服务室建设任务，为群众提供法律咨询3.5万人次。实施了11项老年人优待政策，出台了《居家养老（助残）服务（“九养”）办法》，全年养老机构新增床位1.5万张，提前一年超额完成了“十一五”计划。市统计局、市发展改革委等部门制定了《北京市社会发展水平综合评价指标体系》，并发布了综合评价结果。各部门、各区县积极创新公共服务方式，东城区和西城区分别投入500万元和1 000万元，建立了政府购买服务的项目化运作体系。一个覆盖城乡、水平不断提高的公共服务体系正在逐步形成。

二、着力抓好规范化建设试点，社区管理和服务水平有了新提升

按照“一分、三定、两目标”的要求，在全市选择600多个社区进行7个方面、26项指标的规范化建设试点。市社会建设工作领导小组成员单位根据职责分工，认真落实各项任务。市发展改革委、市规划委等部门审核批复了350个社区用房规范化建设试点项目，市、区（县）政府总投资达11亿元，目前，全市已有944个社区办公用房和服务用房达到350平方米标准，占35.8%。其中，朝阳区率先在全市开展规范化建设试点工作，形成了制度化、规范化工作体系。崇文区在全市率先完成了社区办公和服务用房达标的建设任务。顺义区采取改造废弃锅炉房、购买等形式提高社区的办公和服务用房标准，13个规范化试点社区服务用房面积达到640平方米。

社区“两委”换届工作顺利完成。全市2 280个社区党组织实行了“三推一选”，崇文区84个社区党组织全部实行“公推直选”的经验，受到中央领导和有关部门的充分肯定。通过换届和公开招聘，社区“两委”具有大专以上学历的工作人员近60%，社区党委书记、社区居委会主任、社区服务站站长具有大专以上学历的占70%以上，平均年龄下降到40岁。新一届社区“两委”班子的整体素质明显提升。

三、着力完善“枢纽型”社会组织工作体系，社会组织建设迈出新步伐

确定了市总工会、团市委、市妇联、市科协、市残联、市侨联、市文联、市社科联、市红十字会、市法学会10个市级人民团体为首批市级“枢纽型”社会组织。建立了“枢纽型”社会组织联席会议制度。各区县也先后认定了一批区县“枢纽型”社会组织。启动了社会组织设立审批“一站式”服务机制。各“枢纽型”社会组织认真履行工作职责，充分发挥作用。市总工会着力推动“服务型工会”建设，建立19个区县职工服务（帮扶）中心，建立了532家工会服务站，覆盖近400万工会会员。团市委带动辐射和协调指导全市各级各类青年社团组织5 000多家，巩固和加强了以团组织为核心、广泛联系青年的组织网络。市妇联将现有61个女性社会组织、2 194个城乡各类妇女组织纳入工作视野，在全市建立了292个“姐妹驿站”。市残联开展了残疾人社会组织的调研摸底，对180家民办残疾人服务机构给予扶持。市科协先后组织各学会开展了97项重点学术活动。市社科联持续开展“北京周末社区大讲堂”，举办社科普及讲座346场次，直接受众10万余人次。市侨联、市文联、市红十字会、市法学会等也结合各自实际积极开展工作，取得良好成效。

全市各类社会组织充分发挥自身优势，积极为迎接国庆、构建和谐和应对国际金融危机作贡献。北京市汽车行业协会组织150多家会员企业，组建了应对危机的会员服务平台，会同市商务委、北汽福田、北京现代等制定了出口企业扶持办法，形成了长效机制。北京服装纺织行业协会采取“抱团取暖”的方式，加强企业合作，打造大产业，并积极组织20多家会员企业参与国庆60周年群众游行和表演队伍着装的打样和制作全过程，生产了20万件专用服装。北京健康保障协会向近10万参训学生进行了防暑、运动挫伤治疗等应急救护培训。北京车友会发放10万个国庆车贴和发起10项文明行车承诺，积极营造喜庆、和谐的社会氛围。各城区230多个社区社会组织，积极参与了社区巡逻、治安维护工作，为平安国庆工作发挥了积极的作用。

四、着力健全志愿服务长效机制，社会动员能力有了新加强

全市上下紧紧围绕庆祝新中国成立60周年，广泛动员社会力量，出色完成了各项任务。首都文明办、团市委、市志愿者协会组织动员了95万名志愿者参加国庆期间的各项志愿服务，为疏导交通、整治环境、维护治安秩序作出了重要贡献。市综治办等部门组织动员了140万名治安志愿者参与群防群治，确保了“平安国庆”目标的圆满实现。市信访办等部门认真开展“信访积案化解年”活动，实现了信访总量和集体上访次数“双下降”。市委社会工委、市社会办会同市委宣传部、市体育局等部门广泛开展了“迎接国庆、服务社会、构建和谐、促进发展”系列活动，有300多万人参加了为新中国成立和建设作出突出贡献的“双百”英雄模范人物的评选活动，70万人参加了“爱祖国、爱北京、爱家乡”参观体验活动，176万人参与了第三届“和谐杯”乒乓球比赛活动，市民公共行为文明指数持续提升，达到82.91。

市委、市政府召开了全市志愿者工作大会，印发了《关于进一步加强和改进志愿者工作的意见》，及时转化奥运筹办的成功经验，明确了首都志愿服务工作的指导思想、总体目标、重点任务和保障措施，不断健全志愿服务的长效机制。

五、着力加强专业化、职业化建设，社会工作队伍建设取得新成效

市委组织部、市委社会工委、市人力社保局、市民政局、市教委、市财政局等部门

密切配合，实施“大学生社工计划”，通过面向高校、大学生“村官”和社会公开招录，选聘了4 000多名大学生到社区工作。全市有1 281人通过了第二次社工职业水平考试，报考人数和通过率居全国前列。制定印发了《社会工作者职业水平证书登记办法》的实施意见，进一步完善了社会工作队伍培养、评价、使用、激励机制。东城区、西城区在全市率先成立了社工事务所和社会工作者联合会。朝阳区率先在全市成立了社会工作师协会。

社区工作者培训工作进一步加强。全市各区县采取集中授课、实务训练、外出考察等多种方式，培训了5 800人次。市委社会工委会同市委组织部、市委党校举办了高级社工人才境外专题培训班和一系列社会建设培训班。各区县也不断加大社工专业化建设力度。海淀、东城、宣武、门头沟等区还分别与高等院校共建了实习和培训“双基地”，不断创新社工人才教育培养方式。

六、着力创新工作方式，社会领域党建工作实现新突破

认真学习贯彻党的十七届四中全会精神，以第三批学习实践科学发展观活动为契机，市委社会工委会同市委组织部制定了《关于开展社会领域党建试点工作的意见》，大力推进街道社会工作党组织建设、“枢纽型”社会组织社会工作党组织建设、商务楼宇社会工作党组织（社会工作站）建设三项试点工作，党的基层组织覆盖面和影响力明显提升。目前，在全市138个街道全部建立了社会工作党委，基本形成了街道区域社会工作党组织全覆盖。全市商务楼宇中新建工作站748个，培育非公企业党建“五个好”示范点105个。在学习实践活动中，社会领域新建党组织821个，找到流动党员937名，新发展党员1831名。社会组织党组织覆盖率达到42.3%。朝阳区、东城区、大兴区在全市率先实现了全区商务楼宇党组织和工作的全覆盖。密云县成立商管协会党组织，以“两新”组织管理的全覆盖推进党建工作全覆盖，丰台、石景山、通州、房山、平谷、延庆等区县制定完善了考评体系，有力地提升了社会领域党建科学化水平。

与此同时，社会建设工作体系进一步完善。出台了加强社会建设的8个政策性配套文件。设立了社会建设专项资金。充分发挥清华大学、北京市社科院等7个共建研究基地的作用，形成了一批重要研究成果。全市18个区县完成了社会建设工作机构组建，有16个区县召开了社会建设大会，出台了加强区县社会建设的系列文件，明确了工作目标、任务。一个符合首都经济社会发展特点的、适应北京社会建设工作需要的、可以更大范围覆盖全社会的工作网络和运作机制正在形成。

一年来的实践充分说明，市委、市政府在社会建设上的一系列决策是正确的，措施是得力的，效果是显著的。一年来的实践充分说明，在新的形势下推进首都社会建设，必须坚持围绕中心、服务大局，在推动首都经济科学发展、社会和谐稳定方面有所作为、贡献力量；必须坚持改革体制、创新机制，着力搭建工作平台、完善工作网络、健全工作体系；必须坚持从实际出发，不断化解社会领域中的难点、热点问题，扎实推进工作开展；必须坚持综合协调、合作共赢，加强政策集成，整合社会资源，形成社会建设整体合力。

一年来，工作中也存在一些不足。主要是，在综合协调方面需要进一步加强，要进一步形成共识、形成合力；在扩大工作覆盖面方面需要进一步加大力度，特别是在加强商务楼宇、流动人口、城乡接合部社会管理和服务上还要做大量工作；公共服务提供方式需要进一步创新，在探索政府购买社会服务，加强政府、市场、社会资源整合上还要作艰苦努力；社会动员体系需要进一步完善，在健全体制框架、政策配套、制度保障上还要投入更大精力；新形势下社会建设内在规

律需要进一步探索和把握，在创新运作模式、工作方法和活动方式上还要进一步深入推进。这些问题，需要在今后的工作中和制订实施“十二五”社会建设工作规划的过程中，不断加以研究和解决。

（此文件2009年6月7日由市委社会工委、市社会办印发）

2009年北京市社会建设工作进展情况

2009年，市委、市政府以庆祝新中国成立60周年为契机，紧紧围绕建设“人文北京、科技北京、绿色北京”战略目标，紧密结合保增长、保民生、保稳定和开展学习实践科学发展观活动等重点工作，不断加大工作力度，全市社会建设工作取得明显成效，呈现出良好态势。

一、主要工作成效

1. 着力保障和改善民生，公共服务水平进一步提高。市发展改革、财政、教育、民政、交通、卫生、住建委等部门认真落实市委、市政府应对金融危机的一系列政策措施，全力保障和改善民生，推动公共服务体系建设全面发展。市财政投入125.9亿元，全面落实了57件为民办实事项目。投入97.3亿元，在全国率先实现养老保障制度的城乡一体化。投资83亿元，扎实推进了农村五项基础设施建设和“三起来”建设工程。甲流防控工作高效开展，新农合参合率达到95.7%，实现了100%行政村的全覆盖。全市新增教育经费的70.25%投向农村地区学校和薄弱学校，推动了城乡教育一体化发展。优先发展公共交通，公交出行比例由2008年的36.8%提高到38.9%。全年政策性住房完成投资298.6亿元，在建规模达到2 393万平方米。市、区县投入20.6亿元对燃煤、燃气、燃油等供热单位进行财政补贴，惠及400多万户居民。完成1 500个法律服务室建设任务，为群众提供法律咨询3.5万人次。实施了11项老年人优待政策，出台了《居家养老（助残）服务（“九养”）办法》，全年养老机构新增床位1.5万张，提前一年超额完成了“十一五”计划。市统计、发展改革等部门制定了《北京市社会发展水平综合评价指标体系》，并发布了综合评价结果。各部门、各区县积极创新公共服务方式，东城区和西城区分别投入500万元和1 000万元，建立了政府购买服务的项目化运作体系。一个覆盖城乡、水平不断提高的公共服务体系正在逐步形成。

2. 着力推进规范化建设试点，社区管理和服务水平进一步提升。按照“一分、三定、两目标”的要求，在全市选择600个社区进行社区规范化建设试点，围绕规范社区服务站建设、规范社区工作职能、规范社区运行机制、规范社区志愿服务、规范社区工作者管理、规范社区基础设施配置、规范社区经费投入7个方面26项指标，进行试点建设。市社会建设工作领导小组成员单位根据职责分工，认真落实各项任务，加强分类指导，推动社区建设工作全面发展。2009年，市发改委共审核批复350个社区用房规范化建设试点项目，市、区（县）政府总投资11亿元，社区公共服务设施建设得到了切实改善。其中，崇文区在全市率先完成了所有70个社区办公和服务用房达到350平方米标准的建设任务；顺义区采取改造废弃锅炉房、购买等形式提高社区的办公和服务用房面积，13个规范化试点社区服务用房面积达到640平方米。

社区“两委”换届工作顺利完成。全市2 280个社区党组织实行了“三推一选”，有267个社区采取了户代表以上的选举方式，是历次选举中比例最高的一次。崇文区84个社区党组织全部实行“公推直选”的经验，受到中央领导和有关部门的充分肯定。通过换届，社区“两委”具有大专以上学历的工作人员近60%，社区党委书记、社区居委会主任、社区服务站站长具有大专以上学历的占70%以上。新一届社区“两委”班子的整体素质和战斗力明显提升。

3. 着力加强专业化、职业化建设，社会工作者队伍结构进一步改善。在市委组织部的指导下，市社会办、市人力社保局、市教委、市财政等部门密切配合，通过实施“大学生社工计划”和社区公开招录，全年共有4 000多名大专以上学历的社区工作者进入社区工作。全市具有大专以上学历社区工作者总数达到了1.1万人，比2008年提高了35%。制定印发了《社会工作者职业水平证书登记办法》的实施意见，进一步完善了社会工作队伍培养、评级、使用、激励机制。全市有1281人通过了第二次社工职业水平考试，报考人数和通过率居全国前列。西城区在全市率先成立了社会工作者联合会。

社区工作者培训工作进一步加强。全市有16个区县采取集中授课、实务训练、外出考察等多种方式，培训了5 800人次。会同市委组织部举办高级社工人才境外培训班。海淀区与中国青年政治学院、东城区与北京青年政治学院还通过建立培训基地、实习基地等形式加强“双基地”建设，不断创新社工人才培养方式。

4. 着力构建“枢纽型”工作体系，社会组织作用进一步发挥。确定了市总工会、团市委、市妇联、市科协、市残联、市侨联、市文联、市社科联、市红十字会、市法学会10个市级人民团体为首批“枢纽型”社会组织。建立了“枢纽型”社会组织联席会议制度。启动了社会组织设立审批“一站式”服务机制，探索“一口审批、分类规范、政府监管、扶持发展”的运作机制。各“枢纽型”社会组织认真履行工作职责，充分发挥作用。市总工会着力推动“服务型工会”建设，建立了532家工会服务站，覆盖480万工会会员。团市委带动辐射和协调指导全市各级各类青年社团组织5 000多家，巩固和加强了以团组织为核心、广泛联系青年的组织网络。市妇联将现有61个市级女性社会组织、2 194个城乡各类妇女组织纳入工作视野，在全市建立了292个“姐妹驿站”。市残联有效整合资源，成立了市残疾人事业福利基金会，新建温馨家园150个，为14万多名残疾人提供了康复训练与服务。市科协先后组织各学会开展了97项重点学术活动。市社科联持续开展“北京周末社区大讲堂”，举办社科普及讲座346场次，直接受众10万余人次。市侨联、市文联、市红十字会、市法学会等也结合各自实际积极开展工作，取得良好成效。

全市各类社会组织充分发挥自身优势，积极为迎接国庆、构建和谐和应对国际金融危机作贡献。北京市汽车行业协会组织150多家会员企业，组建了应对危机的会员服务平台，会同市商业局、工促局、北汽福田、北京现代等制定了出口企业扶持办法，形成了长效机制。北京服装纺织行业协会采取“抱团取暖”的方式，加强企业合作，打造大产业，并积极组织20多家会员企业参与国庆60周年群众游行和表演队伍着装的打样和制作全过程，生产了20万件专用服装。北京健康保障协会向近10万参训学生进行了防暑、运动挫伤治疗等应急救护培训。北京车友会发放10万个国庆车贴和发起10项文明行车承诺，积极营造喜庆、和谐的城市国庆氛围。东城、西城、崇文、宣武等230多个社区社会组织，共11 700余人次参与了社区巡逻、治安维护工作，为平安国庆工作发挥了积极的作用。

5. 着力健全长效机制，社会动员能力进一步增强。全市上下紧紧围绕庆祝新中国成立60周年，广泛动员社会力量，出色完成了各项任务。首都文明办、团市委、市志愿者协会组织动员了95万人参加国庆期间的各项志愿服务，为疏导交通、整治环境、维护治安秩序作出了重要贡献。市委政法委、市公安局、市综治办等部门组织动员了140万群防群治力量的社会面安保大军，确保了“平安国庆”目标的圆满实现。市司法、信访等部门认真开展“信访积案化解年”活动，实现了信访总量和集体访次数“双下降”。市委宣传部、市社会办、市民政局、市体育局等部门广泛开展了“迎接国庆、服务社会、构建和谐、促进发展”系列活动，有300多万人参加了“双百”评选活动，70万人参加了“爱祖国、爱北京、爱家乡”参观体验活动，176万人参与了第三届“和谐杯”乒乓球比赛，市民公共行为文明指数持续提升，达到82.91。

市委、市政府召开了全市志愿者工作大会，下发了《关于进一步加强和改进志愿者工作的意见》，及时转化奥运筹办的成功经验，明确了首都志愿服务工作的指导思想、总体目标、重点任务和保障措施，不断健全志愿服务的长效机制。

6. 着力创新工作方式，社会领域党建工作新格局初步形成。认真学习贯彻党的十七届四中全会精神，以第三批科学发展观学习实践活动为契机，市委组织部、市委社会工委会同有关部门制定了《关于开展社会领域党建试点工作的意见》，大力推进了街道社会工作党组织建设、“枢纽型”社会组织社会工作党组织建设、商务楼宇社会工作党组织（社会工作站）建设三项试点工作，党的基层组织覆盖面和影响力明显提升。目前，全市141个街道中已有112个完成了街道社会工作党组织组建工作。全市1 237座商务楼宇中新建工作站748个，培育非公企业党建“五个好”示范点105个，在“两新”组织中新成立基层党组织821个。朝阳区、大兴区在全市率先实现了全区商务楼宇党组织和工作的全覆盖。宣武、海淀、丰台、石景山、通州、房山、平谷等区县制定完善了考评体系，有力地提升了社会领域党建科学化水平。

与此同时，社会工作体系进一步完善。出台了加强首都社会建设的8个系列政策性配套文件，设立了社会建设专项资金。充分发挥清华大学、北京师范大学、北京社科院等7个共建研究基地的作用，形成了一批重要研究成果。全市18个区县完成了社会建设工作机构组建，有16个区县召开了社会建设大会，出台了加强区县社会建设的系列文件，明确了工作目标、任务。全市社会建设工作正在深入发展。

二、工作体会及存在问题

一年来的实践充分说明，市委、市政府在社会建设上的一系列决策是正确的，措施是得力的，效果是显著的。在新的形势下推进首都社会建设，必须坚持围绕中心、服务大局，在推动首都经济科学发展、社会和谐稳定方面有所作为、贡献力量；必须坚持改革体制、创新机制，着力搭建工作平台、完善工作网络、健全工作体系；必须坚持创新实践、注重实效，从解决实际问题出发，不断化解社会领域中的难点、热点问题，扎实推进工作开展；必须坚持综合协调、合作共赢，加强政策集成，整合社会资源，形成社会建设整体合力。

一年来工作中的不足和问题，主要是在综合协调方面需要进一步加强，要进一步形成共识、形成合力；在扩大工作覆盖面方面需要进一步加大力度，特别是在加强商务楼宇、流动人口、城乡接合部社会管理和服务上还要做大量工作；公共服务提供方式需要进一步创新，在推进政府购买公共服务，加强政府、市场、社会资源整合上还要作艰苦努力；社会动员体系需要进一步完善，在健全体制框架、政策配套、制度保障上还要投入更大精力；新形势下社会建设内在规律需要进一步探索和把握，在创新运作模式、工作方法和活动方式上还要进一步深入推进。

三、下一步工作建议

2010年我市社会建设工作的总体思路是：深入贯彻落实科学发展观，站在建设世界城市的高度，紧紧围绕建设“人文北京、科技北京、绿色北京”战略任务，以完善工作体系为基础，以制度创新为动力，以扩大社会工作载体为着力点，以提升综合服务能力为重点，努力为推进首都科学发展创造良好的社会环境和条件，为建设“繁荣、文明、和谐、宜居”首善之区贡献力量。

1. 抓网络完善，在加强社会管理上充分发挥作用。坚持从提高社会组织化程度入手，进一步完善具有时代特征、中国特色、首都特点的社会管理网络。继续推进社区规范化建设试点工作，理顺职责，完善制度，切实加强社区管理和服务。进一步完善“枢纽型”社会组织运作模式，加强对各类社会组织的管理和服务。加快推进商务楼宇社会工作站（党建工作站）建设，实现管理服务全覆盖。加大城乡接合部地区的社会建设与管理，加强对流动人口及各类群体的管理服务，做好网络虚拟社会管理工作。

2. 抓政策集成，在扩大公共服务上充分发挥作用。加大政府购买公共服务力度，实现政府、市场、社会资源有机整合，不断创新公共服务提供方式。制定社区服务设施指导目录，按照“缺什么补什么”的原则逐步完善。推广社区“一刻钟便民生活服务圈”和“新居民服务站”试点，在社区服务站搭载更多服务。坚持以社会需求为导向，打造社会组织公益服务品牌项目。组建“市志愿者联合会”，研究建立北京志愿服务基金，积极吸引社会资金，做好志愿服务经费保障工作。

3. 抓制度创新，在增强社会活力上充分发挥作用。按照建立机制、整合资源的原则，充分发挥社会建设专项资金的引导作用，通过项目运作方式，扶持和发展公益性社会组织。建立“社会组织孵化器”，为社会组织提供公共服务产品推介、信息发布、政策咨询、培训交流等服务。坚持从服务入手，加强与国际性、国家级社会组织的联系沟通，支持或合作举办大型会议、会展、商贸交流活动。加快推进社工队伍专业化、职业化建设，继续选聘大学毕业生到社区工作，开展购买社工岗位试点工作。

4. 抓工作覆盖，在加强基层党组织建设上充分发挥作用。认真做好第三批学习实践科学发展观活动，以扩大覆盖面为重点，加快在符合条件的新经济组织、社会组织建立党组织的步伐。从总结推广经验入手，加强分类指导，巩固和发展街道社会工作党组织建设的成果，建立健全工作机制；贯彻落实街道社区党的建设工作经验交流会精神，以“三有一化”为重点推进街道社区党建工作。积极推进在“枢纽型”社会组织建立社会工作党组织试点，实现社会组织业务主管与党建指导相统一。加强对社会领域党组织工作人员的培训，不断创新工作方式和活动方式。

5. 抓统筹协调，在社会建设整体合力上充分发挥作用。进一步完善市社会建设工作领导小组及其办公室制度，建立健全社会建设工作协调机制。加强对社会建设指标体系的研究，认真落实社会建设工作责任制。加大业务培训力度，提高社会建设工作队伍的整体素质和能力。发挥首都人才智力优势，加强理论研究。强化信息交流，加强沟通协调，建立多部门联手开展工作的机制，在形成全市整体合力上发挥职能作用。

（此件原载于2010年3月4日《北京督查》第10期）

关于社会领域党组织和党员结合开展学习实践活动深入学习贯彻党的十七届四中全会精神的通知

各区县委社会工委、各“枢纽型”社会组织党组织、市委经济技术开发区工委党群工作部、市投资促进局党委、市人才服务中心党委、市注册会计师协会党委：

认真学习贯彻党的十七届四中全会精神，是当前和今后一个时期全党的重大政治任务。根据中央和市委的部署，结合北京市实际，现就社会领域党组织和党员结合开展学习实践活动深入学习贯彻党的十七届四中全会精神通知如下。

一、充分认识学习贯彻十七届四中全会精神的重大意义

党的十七届四中全会，是在新中国成立60周年之际，国际形势继续发生深刻变化，我国处在进一步发展的重要战略机遇期召开的一次重要会议。全会听取和讨论了胡锦涛总书记所作的工作报告，审议通过了《中共中央关于加强和改进新形势下党的建设若干重大问题的决定》。在党成立88年、执政60年、领导改革开放30年来的历史条件下，党的十七届四中全会专题研究部署加强和改进新形势下党的建设问题，非常关键、十分重要。贯彻落实好这次全会精神，对于全面贯彻党的十七大精神，深入贯彻落实科学发展观，有效应对国际金融危机冲击，保持经济平稳较快发展，夺取全面建设小康社会新胜利，开创中国特色社会主义事业新局面，具有重大而深远的意义。

全市社会领域各级党组织和党员一定要以强烈的政治责任感和历史使命感，结合开展学习实践活动，认真学习贯彻全会精神，切实把思想和行动统一到中央和市委的部署要求上来，全面推进党的思想建设、组织建设、作风建设、制度建设和反腐倡廉建设，努力提高党的建设科学化水平，为实现经济社会又好又快发展提供坚强的组织保证。

二、紧密联系实际学习贯彻党的十七届四中全会精神

学习贯彻十七届四中全会精神，是当前和今后一个时期的一项重要政治任务。全市社会领域各级党组织要从全局和战略的高度，认真抓好十七届四中全会精神的学习贯彻工作，确保取得实效。

一要把学习贯彻党的十七届四中全会精神与做好第三批学习实践活动各项工作紧密结合起来。要以学习贯彻党的十七届四中全会精神为契机，深刻理解、准确把握中央和市委关于开展学习实践活动的总体要求，以强烈的政治责任感和历史使命感切实抓好第三批学习实践活动。要把四中全会精神落实到活动的关键环节上，落实到活动的分类指导上，落实到巩固扩大成果上。

二要把学习贯彻党的十七届四中全会精神与推进社会领域党建试点工作紧密结合起来。积极探索，大胆创新，扎实开展好街道社会工作党组织、“枢纽型”社会组织党组织、商务楼宇党组织和社会工作站建设以及非公企业党建“五个好”示范点建设等工作，以试点为基础，全面加强和改进社会领域党建工作，努力形成比较健全的社会领域

党建工作管理体制，比较完善的党建工作体系和比较规范的工作机制。

三要把学习贯彻党的十七届四中全会精神与扩大社会领域党组织和党的工作覆盖面紧密结合起来。全面推进社会领域党的基层组织建设，坚持一手抓组建，一手抓创新，进一步创新党组织设置形式，创新党组织管理模式和运行机制，创新党员教育管理方式，以全神贯注、锲而不舍、毫不放松的精神状态和工作劲头不断扩大党组织和党的工作覆盖面，逐步实现党组织和党的工作在社会领域的全覆盖。

四要把学习贯彻党的十七届四中全会精神与改善民生、构建社会和谐紧密结合起来。要在努力发展经济的基础上，坚持以人为本，密切联系群众，更加关注民生，着力解决就业再就业、义务教育、社会保障、医疗、帮扶救助等人民群众最关心、最直接、最现实的利益问题和群众反映的热点难点问题，加快推进城市社区建设和新农村建设，提高城乡统筹一体化发展水平，让改革发展的成果惠及全体人民。

五要把学习贯彻党的十七届四中全会精神与充分调动发挥社会领域党组织和党员的积极性紧密结合起来。坚持围绕中心、服务大局，不断拓宽工作领域，改进工作方式方法，充分调动社会领域党组织和党员的积极性，切实发挥先锋模范作用，开拓创新，团结奋进，扎实开展好察民情、听民意、集民智、解民困、暖民心、促民生的实践惠民活动，在完成好保增长、保民生、保稳定的目标，推进全市经济实现平稳较快增长的实践中贡献力量。

三、切实加强对学习贯彻十七届四中全会精神的组织领导

社会领域各级党组织要把学习贯彻党的十七届四中全会精神，作为当前的重要政治任务，加强组织领导，采取有效措施，迅速掀起学习宣传贯彻的热潮。参加第三批学习实践活动的各单位，要把学习贯彻党的十七届四中全会精神作为学习实践活动的重要内容，统筹安排，精心组织，要以认真学习贯彻全会精神为强大动力，更加深入扎实地推进学习实践活动，以进一步增强党员党性、改进党员干部作风、推动科学发展的实际成效，向广大人民群众交一份满意的答卷。

要联系实际，精心谋划。各单位要结合实际，制定具体的学习贯彻意见，明确任务，严格要求，确保学习时间、人员、内容的落实。要采取集中学习培训、举办报告会等多种形式，联系实际，分专题组织广大党员干部学习研讨，提高学习的深度、广度和高度。

要突出重点，突破难点。推动社会领域党建重点工作不断有新加强，党建难点工作不断有新突破，努力提高社会领域党建工作科学化水平。对社会领域党的建设中存在的突出问题和群众反映的热点难点问题，要给予高度重视，认真抓紧解决。

要注重创新，讲求实效。要深刻领会世情、国情、党情的深刻变化对党的建设提出的新要求，从社会领域党建工作实际出发，坚持党建工作与业务工作一起抓，紧紧围绕推动发展、服务群众、促进和谐、党组织自身建设和党员素质提高这五个方面创新党组织活动方式，不断增强党建工作生机与活力，推动我市社会领域党的建设创新发展。

要广泛宣传，营造氛围。充分发挥报刊、广播、电视、互联网等舆论阵地的作用，开辟专栏、专题，大力宣传十七届四中全会精神，及时反映各单位学习贯彻全会精神情况，注重发现、培育、总结、宣传和推广先进典型，把学习贯彻不断引向深入。

（此文件2009年11月23日由市委社会工委印发）

关于建立健全北京市社会建设统筹协调机制的实施意见（试行）

市社会建设工作领导小组办公室各成员单位，各市级“枢纽型”社会组织，各区、县委社会工委，各区、县社会办：

坚持统筹协调是贯彻落实科学发展观的重要要求，是我们党治国理政的重要经验和根本方法，也是加强社会建设的基本途径。加强社会建设工作的统筹协调，是社会建设规律的内在要求，有利于科学配置公共资源和社会资源，有利于协调和处理好各种社会关系，有利于形成“党委领导、政府负责、社会协同、公众参与”的工作格局。

根据《北京市加强社会建设实施纲要》的要求，建立健全北京市社会建设工作统筹协调机制，主要是加强制度建设，构建北京市社会建设工作领导小组及其办公室成员单位，“枢纽型”社会组织，区县社会工委、社会办，社会建设研究基地以及新闻媒体沟通、交流和工作的平台。现将《北京市社会建设工作领导小组办公室工作规则》、《市级“枢纽型”社会组织联席会议工作规则》、《北京市区县社会工委、社会办工作例会制度》、《社会建设研究基地工作制度（试行)》、《北京市社会建设新闻宣传工作制度（试行)》等五个文件印发给你们。请各单位根据实际情况和在市社会建设工作领导小组内的工作职责，积极履行职能，为加强全市社会建设工作的统筹协调，为首都社会建设作出应有的贡献。

附件：

1. 北京市社会建设工作领导小组办公室工作规则
2. 市级“枢纽型”社会组织联席会议工作规则
3. 北京市区县社会工委、社会办工作例会制度
4. 社会建设研究基地工作制度（试行)
5. 北京市社会建设新闻宣传工作制度（试行)

（此文件2009年3月20日由市社会建设工作领导小组办公室印发）

附件 1：

北京市社会建设工作领导小组办公室工作规则

根据市委常委会关于成立北京市社会建设工作领导小组（以下简称“领导小组”）的决定和市委办公厅、市政府办公厅《关于成立北京市社会建设工作领导小组的通知》精神，为保证领导小组正常、有效地开展工作，特就领导小组办公室的组成和运行制定如下规则。

一、领导小组办公室组成

1. 领导小组办公室设在市委社会工委，市委社会工委书记、市社会办主任任办公室主任。

2. 市委组织部、市委社会工委、市发展改革委、市民政局、市财政局、市人事局、市劳动保障局、市社会办、团市委等领导小组成员单位的主管领导任办公室副主任。

3. 领导小组办公室下设秘书处，设在市委社会工委综合处，具体负责办公室的日常组织、协调、公文、会务等工作。

二、领导小组办公室职责

1. 研究提出加强社会建设的政策建议。

2. 协调社会建设的相关工作。

3. 督促检查领导小组决定事项的贯彻落实。

4. 总结推广社会建设工作典型经验。

5. 承办领导小组日常工作。

三、会议制度

1. 领导小组办公室主任会议是领导小组办公室开展工作的重要形式，由主任、副主任参加。

2. 主任会议研究需要领导小组办公室协调和处理的问题，或是需要以领导小组办公室名义提出的工作建议、方案、计划等；议题由领导小组办公室秘书处商各有关成员单位提出，报经办公室主任同意后确定。

3. 主任会议由领导小组办公室主任或受主任委托的副主任召集，根据工作需要不定期召开。

4. 秘书处负责会务组织工作。会议通知和材料一般应提前三天送达参会人员。会议议定事项以会议纪要形式及时通报各成员单位和其他相关部门，并报领导小组。

四、公文制度

1. 领导小组办公室公文处理由秘书处负责，印鉴由秘书处管理。

2. 领导小组办公室文件一般由主任签发。

3. 各成员单位落实领导小组办公室议定事项的情况，应及时书面向办公室反馈。

附件2：

北京市市级“枢纽型”社会组织联席会议工作规则

根据市委、市政府《关于加快推进社会组织改革与发展的意见》（京办发〔2008〕18号）和《关于构建“枢纽型”社会组织工作体系的暂行办法》，为加强对全市社会组织工作的总体指导和统筹协调，规范“枢纽型”社会组织联席会议的工作运行机制，制定本规则。

一、联席会议的主要职责

1. 贯彻落实中央和市委、市政府关于社会组织工作的有关方针政策和工作部署。

2. 总结交流北京市社会组织工作的经验做法，及时通报工作开展情况，研究提出全市社会组织改革发展的政策建议。

3. 研究协调跨部门、跨行业、跨领域的社会组织相关工作，加强资源共享、形成工作合力。

4. 研究部署北京市社会组织领域党建工作，并督促落实。

5. 统筹协调市级社会组织设立工作，对有关重大或疑难问题提出解决意见和措施。

6. 完成市委、市政府、市社会建设工作领导小组及其办公室交办的其他工作。

二、组织形式

联席会议成员单位包括市委社会工委、市社会办、市民政局以及各“枢纽型”社会组织。市委社会工委、市社会办为联席会议牵头单位，负责会议的召集、组织及相关工作。联席会议牵头人由市委社会工委、市社会办主要领导担任，各成员单位有关负责同志为联席会议成员。联席会议成员因工作变动需要调整的，由所在单位提出，联席会议研究确定。

联席会议下设办公室，承担会议的组织、协调、联络工作。办公室设在市委社会工委、市社会办，主任由市委社会工委、市社会办主管领导兼任。各成员单位相关处室负责人（联席会议联络员）为办公室成员。

三、会议制度

1. 联席会议分为全体会议、专题会议、办公室主任会议。

2. 全体会议由联席会议全体成员参加，由牵头人主持。研究、通报、部署全市社会组织管理、服务、发展的总体性工作。全体会议至少每半年召开一次。

3. 专题会议由相关成员参加，由牵头人或委托办公室主任主持。研究社会组织管理、服务、发展的有关专项工作。根据工作需要，专题会议不定期召开，必要时可邀请有关部门人员列席。

4. 办公室主任会议由办公室成员参加，由办公室主任主持。研究讨论日常组织联络工作，根据工作需要，由办公室主任不定期召集。

5. 全体会议、专题会议议题在会前由联席会议办公室有关成员单位提出并协调确定。各成员单位有需要提请联席会议研究协调的事项，应提前向办公室提出。

6. 联席会议召开前，相关会议材料一般应提前三天送达参会人员。会议议定的主要事项应形成会议纪要，及时通报各成员单位和其他相关部门，并呈报市委、市政府有关领导。

四、工作要求

各成员单位要按照各自职责和工作领域，主动研究社会组织管理、服务、发展的有关问题，及时提出有关政策意见及建议，认真落实联席会议议定的工作事项，互通信息、相互配合、形成合力，共同推进我市社会组织全面、健康、有序发展。

附件3：

北京市区县社会工委　社会办工作例会制度

为加强对区县社会建设工作的指导，建立区县社会工作部门之间工作交流的平台，市委社会工委、市社会办决定定期召开区县社会工委、社会办工作例会。

一、会议内容

1. 及时传达中央和市委、市政府有关社会建设工作的方针、政策和指示精神。

2. 听取各区县社会建设工作的汇报，交流经验和做法。

3. 研讨区县社会建设工作中的相关问题。

4. 其他内容。

二、参加人员

1. 市委社会工委、市社会办领导班子成员。

2. 各区县社会工委书记、社会办主任。

3. 市委社会工委、市社会办各处室处长（主任）。

4. 视会议内容需要参加的其他人员。

三、会议组织

1. 例会原则上每季度召开一次。

2. 例会可采用座谈会、现场会、研讨、参观考察等多种形式。

3. 市委社会工委、市社会办综合处具体负责会议的组织和协调工作。

4. 会议情况以纪要形式报主管市领导或刊发信息。

附件4：

社会建设研究基地工作制度（试行）

第一条　为更好地发挥市委社会工委、市社会办与首都社会科学研究机构、相关院校共同建立的社会建设研究基地（以下简称“研究基地”）作用，制定此工作制度。

第二条 研究基地是市委社会工委、市社会办与首都社会科学研究机构、相关高等院校共同建立的社会建设理论研究机构，是发挥首都智力与人才优势的重要形式，是推动社会建设政策理论创新、促进决策科学化的有效手段，是推进首都社会和谐与科学发展的重要举措。

第三条 研究基地的主要职能是政策理论创新、提供理论支撑，调研咨询论证、决策支持服务，推动首都社会建设与管理。

第四条 本着优势互补、合作双赢，相互促进、共同发展的原则，市委社会工委、市社会办通过委托（合作）研究、决策咨询、共办论坛、提供调研和实践基地等方式，为研究基地提供必要的支持；研究基地充分发挥自身智力与人才优势，从理论创新、调研论证、决策支持等方面，为市委社会工委、市社会办提供服务。

第五条 项目规划制度。研究基地充分发挥自身优势，根据当前和今后一个时期本市社会建设总体目标与发展规划，确定重点研究方向与研究领域，编制今后3—5年的中期研究项目规划。在此基础上，结合本市社会建设与发展亟待解决的重大理论、重大政策和重大现实问题，科学制定年度课题研究计划，确定每年研究课题项目。

第六条 课题管理制度。研究基地结合自身实际建立健全课题研究管理制度，并按照制度规定和项目规划与计划组织课题研究。市委社会工委、市社会办对外合作与委托研究课题公开招标时，在同等条件下优先选择研究基地投标。具体招投标和课题研究办法，按市委社会工委、市社会办《社会建设研究课题项目管理办法》规定执行。

第七条 日常联系制度。市委社会工委、市社会办研究室（政策法规处）负责与研究基地的日常联系工作。为加强沟通联系，每个研究基地指定1名固定联系人，负责研究基地与市委社会工委、市社会办日常联络工作，每月至少联系一次，相互通报工作。

第八条 工作会议制度。每年初召开一次研究基地工作会议，总结去年工作，制定当年计划，加强相互交流，谋划科学发展。每半年召开一次研究基地秘书长联席会议，讨论重点研究课题，评估课题研究进展，总结阶段性研究成果，提供建设性意见和建议。每季度召开一次研究基地联系人协调会议，通报课题研究进展情况，沟通协调下一步工作。

第九条 咨询论证制度。市社会建设工作领导小组和市委社会工委、市社会办出台重大政策、重要决策，事先可通过适当方式征求研究基地相关研究领域专家的意见，必要时组织相关专家参与论证，进行决策咨询和政策评估，确保政策和决策的科学性。

第十条 调研考察制度。研究基地专家到本市或区县社会建设领域调研时，市委社会工委、市社会办帮助协调联系，为其开展调研提供方便。市委社会工委、市社会办的重大调研和考察活动，必要时邀请研究基地相关领域的专家参与，以提高调研或考察的科学性与全面性。

第十一条 建言献策制度。研究基地积极为首都社会建设建言献策，针对当前本市社会建设与管理中的重点、难点和热点问题特别是群众反映的突出问题，每年至少提出两条有见地、有决策参考价值的建设性意见和建议，并以书面材料形式报市委社会工委、市社会办。

第十二条 信息通报制度。研究基地及时为市委社会工委、市社会办提供其重点课题的研究进展及研究成果。市委社会工委、市社会办在召开专门会议、专题咨询论证等同时，其内部的社会建设信息、简报等印发各研究基地，社会建设重要文件和重大决策必要时提供给研究基地，以便其及时了解掌握本市社会建设工作动态。

第十三条 表彰激励制度。市委社会工委、市社会办适时对委托或合作研究的课题项目进行评审，及时把具有重要参考价值的研究成果和建议、意见报送市领导与本委办以及相关部门作决策参考，每年对研究基地工作进行评估，对合作或委托研究的优秀课题成果进行表彰奖励。

第十四条　本工作制度自公布之日起试行。

附件5：

北京市社会建设新闻宣传工作制度（试行）

新闻宣传工作是展示社会建设工作形象的重要窗口，也是构建社会动员机制的重要组成部分。为加强与新闻媒体的互动，建立强有力的新闻宣传工作平台，不断提高舆论引导能力，更好地为社会建设改革与发展服务，特制定本制度。

第一条　新闻宣传工作要以邓小平理论和“三个代表”重要思想为指导，深入贯彻落实科学发展观，贯彻落实中央和市委关于新闻宣传的方针政策，坚持以正面宣传为主，把握正确的舆论导向，弘扬主旋律；坚持统筹规划，密切配合，积极主动，确保新闻宣传内容的真实性和权威性，力求及时、准确，提高新闻宣传质量。

第二条　建立新闻发布人制度。市委社会工委、市社会办新闻发言人由指定委（办）领导担任，联络员由宣传处处长担任。宣传处承担新闻发布的具体工作。

第三条　建立新闻发布会制度。市委社会工委、市社会办的新闻发布，根据不同情况和要求采取召开新闻发布会、新闻通气会，新闻媒体报道等形式不定期发布新闻。

（一）新闻发布会。对具有较大影响的北京社会建设重大事项，配合北京市人民政府新闻办公室举行新闻发布会予以发布。

（二）新闻通气会。对全市召开的重要会议、举行的重要活动及有关重要事项，以市委社会工委、市社会办名义举行新闻通气会予以发布。

（三）新闻媒体报道。其他不需要通过新闻发布会或新闻通气会对外发布的事项，可采取邀请新闻媒体参加会议（活动）、给新闻媒体供稿和接受媒体采访等形式，通过新闻媒体予以发布。

第四条　建立新闻媒体定期联系制度。建立新闻媒体负责人季谈会、专题座谈会、新闻媒体跑口记者联席会等制度，加强与新闻媒体的联系沟通。

（一）季谈会。每季度邀请中央、市属新闻媒体主要负责人进行会谈，沟通交流工作情况，建立与新闻媒体信息互动共享机制。

（二）专题座谈会。遇有需要发布的重大举措，涉及全局的重大问题和广大群众普遍关心并需要正面回答的热点问题时，组织新闻媒体记者专题座谈会，通报最新的工作进展情况，并就媒体关心的问题沟通信息、回答提问。专题座谈会的内容原则不对外发布。

（三）跑口记者联席会。定期召开各有关新闻单位记者联席会。召集跑口记者与各部门座谈，加强工作的交流和沟通，使记者及时了解工作动态，各部门全面了解各媒体宣传方向，形成互动机制。

第五条　建立新闻信息沟通制度。通过建立简报制度、舆情分析制度、新闻宣传联络员制度，加强全市社会建设工作情况的沟通、协调、联系，形成社会建设新闻宣传的合力。

（一）简报制度。通过北京市社会建设工作领导小组办公室，及时通报中央和市委、市政府有关社会建设工作的要求、部署，反映工作的进展和存在的问题，介绍先进地区的经验和做法。向新闻媒体定期通报社会建设重点工作进展情况及新闻宣传工作要点，积极争取媒体对社会建设新闻宣传工作的支持与配合。

（二）舆情分析制度。通过各级社会工作机构、信息直报点、报刊、互联网等渠道，及时收集和分析社会各界有关社会建设和管理方面的意见和建议，掌握社会运行状况。

（三）新闻宣传联络员制度。各单位要指定合适人选担任新闻宣传联络员，负责及时报送本部门重要的新闻信息，以便及时组织宣传报道。

第六条 加强与新闻媒体的合作。协调有关部门和区县，积极办好在中央、市属新闻媒体有关社会建设工作的专版、专栏和专题节目。加强广播、电视、报刊、网络、手机等媒体的互动，建立阵地，丰富载体，占领渠道，引导舆论，不断扩大社会建设工作宣传的覆盖面和影响力。

第七条 严格新闻宣传纪律。增强政治意识、责任意识、法律意识和服务意识，认真贯彻党和国家新闻工作的方针政策，严格遵守新闻纪律，加强新闻宣传工作中重要问题的请示报告制度。

北京社会建设相关政策创新研究的若干思考

梁　伟

加强以改善民生为重点的社会建设是党中央提出的明确要求。在市委、市政府的直接领导下，我们大力开展社会建设领域的改革创新，出台了“1＋4”系列文件，在推进首都社会建设的总体思路上取得了新突破。为贯彻落实“1＋4”文件精神，推动社会建设取得实效，全市各区县开展了大量工作，进行了积极探索，积累了一些宝贵经验。在这个过程中，针对一些实际问题，大家集思广益，形成了一批具有指导意义、可行性较强的政策意见。现就几个主要问题和政策创新的考虑概述如下。

一、加快研究政府购买公共服务相关政策，进一步强化政府服务职能

保障和改善民生，增强公共服务供给能力，是强化政府公共服务职能的重要任务。近年来，全市公共服务水平得到一定提高，但是公共服务不到位，公共产品难以有效满足实际需求的状况未得到根本改变。同时，随着社会公共需求的日益增长和多元化，政府作为单一提供主体的传统模式已经无力满足多元、复杂的公共服务需求。这就要求政府职能由“划桨”向“掌舵”进行转变，将主要精力集中于决策和指导，通过购买公共服务的方式，有选择地将一些公共服务的生产委托给最有效率的生产单位。

当前，围绕北京市购买公共服务的有效推进还存在一些亟待解决的问题。一是对公共服务认识不清。不同层级、不同部门对于公共服务界定及其采购范围认识上还存在偏差，未形成统一的认识。二是对政府在公共服务中提供的角色缺乏明晰的定位。三是对确定公共服务项目的原则把握不清。四是公共服务的社会化程度还很低，社会组织发展缓慢，政府购买服务的竞争机制尚未形成。五是未形成完善的购买公共服务监管体系。这些问题的妥善解决与否，关系到购买公共服务的基础和效率，我们要不断加大工作力度，建立健全政府购买服务的体制机制，切实把政府购买公共服务抓紧抓好。

（一）要明确政府在购买公共服务中的主体地位

政府是为社会大众提供公共服务的责任主体，要为公众所获得的公共服务的充足性和质量承担最终责任。通过购买方式提供公共服务，只是将产品和服务的生产和递送环节从政府向社会进行了转移，政府的责任主体地位并没有改变，反而对政府提供公共服务的能力提出了更高的要求。具体来说，政府的购买服务责任主体职责应该包括：对公共服务进行界定和规划，明确公共服务的范围和项目；履行投资主体责任，通过直接财政拨款以及税收优惠等政策鼓励社会组织、企业等社会力量进入公共和社会服务领域；健全完善相关政策和法规，为培育规范公共服务体系创造良好的政策法律环境；对服务质量和效果进行监管和裁定。

（二）要把握好确定公共服务项目的三个原则，科学界定提供公共服务的范围

第一是兼顾原则。当前北京市提供的公共服务很大一部分是各部门为了履行各自职能需要而向公众提供的项目，对公众实际需求的关注度和针对性还不高。我们要认识到政府提供公共服务的根本目的是满足人民群

众的需求，在确定公共服务的范围和项目时要兼顾人民群众的需求和政府管理社会的行政管理需要，并以人民的需求为主，坚持需求导向。第二是基本性原则。随着经济社会的发展，人们对公共服务的需求日益增长。但是在现有的经济发展水平和公共财政能力下，政府只能提供最具广泛性、迫切性、基础性的公共服务以保障人民群众最基本的生存和发展需要，而将更高层次的需求通过市场化的方式加以提供。第三是及时调整原则。不同的社会发展阶段对公共服务的需求是不同的，随着经济发展和人民生活水平的提高，基本公共服务的范围会逐步扩展，水平也会逐步提高。这就要求我们要根据发展变化了的公共服务需求及时调整完善公共服务提供项目。

（三）要充分利用、整合社会资源，加快培育公共服务提供主体

对社会资源的有效整合以及对社会组织、企业等多元公共服务提供主体的培育是建立以政府为主导、各种社会主体共同参与的公共服务供给格局，实现公共服务供给主体的多元化和供给方式的多样化的前提。当前，尤其是要加快对社会组织的培育和发展，形成政府购买服务的竞争机制。要认真落实培育扶持社会组织的相关政策和措施，重点培育慈善公益类、生活服务类、社区管理类等基层社会组织，显著增强社会组织参与社会服务的功能，显著提升社会组织承接政府转移职能的能力。要充分发挥“枢纽型”社会组织的骨干和龙头作用，研究落实政府向行业协会、“枢纽型”社会组织购买管理服务试点，不断完善社会组织承接政府职能的管理制度，重点扶持一批具有示范导向作用的公益性社会组织，实现对政府公共职能的有效承接。

（四）要加强对购买公共服务的监管，提高公共服务提供水平

要通过制定实施监管规则与标准，约束公共服务提供方，从而确保公共服务的提供效率和水平。主要是要做好两方面的监管。第一是要做好对公共服务提供主体的准入监管，建立等级评估制度，完善承接公共服务项目的资质评审体系。既要提高标准，真正把效益高、服务好的公共服务提供主体选拔出来；又要防止准入歧视，仍把提供主体局限于体制内的事业单位。第二是要做好对公共服务提供质量的监管，将人民群众的满意度作为公共服务监管的首要标准，并兼顾服务提供的成本与效益。

二、深入推进社区规范化建设政策研究，加快构建现代社区治理结构

社区是社会生活共同体，加强社区管理对于满足群众需求、协调利益关系、化解社会矛盾、发展基层民主具有重要意义。当前社区普遍存在居委会行政负担过重、社区居委会和社区服务站职责分工不明确的问题，使得社区居委会的自治功能难以充分实现，影响了居民主体意识和参与意识的提高和社区管理服务职能的发挥。2008 年出台的《北京市社区管理办法（试行）》针对这些问题提出了“一分、三定、两目标”的社区规范化建设发展思路。核心内容就是加强社区服务站规范化建设，逐步实现社区居委会与社区服务站职能分开，从而全面促进社区管理加强、社区服务加强、社区自治加强。为落实这个文件精神，推动实际工作，2009 年出台了《关于推进社区规范化建设试点工作的实施方案》（以下简称《实施方案》），在很多具体问题上提出了更加明确的意见。

（一）规范社区服务站建设，把握住社区规范化建设核心

要求对全市社区服务站的名字、标志进行统一规范，并明确由社区服务站统筹社区服务资源，为社区居民提供优质高效的综合服务；规范社区服务站与其他社区治理主体之间的工作关系，做到职能定位准确，权利义务清楚，角色关系协调；要求将社区服务站与街道各科室、职能站所、“一站式”办

公大厅和社区服务中心实现工作的有机衔接，确保与居民群众切身利益密切相关的各类公共服务落实到社区；规范完善社区服务站的业务管理制度和工作流程，确保社区服务站实现高效运转。

（二）细化落实了“一分、三定”

明确提出要按照“职责明确、分工合理、优势互补、协调联动”的原则，对社区目前承担的各项工作进行全面梳理，合理划分社区党组织、社区居委会和社区服务站的职责任务，以实现“一分”。根据社区党组织、社区居委会和社区服务站的职责定位，提出了社区党组织共7个方面、29项主要职责、社区居委会共6个方面、33项主要职责和社区服务站共12个方面、35项主要职责，以实现“定事”。规范了社区工作者管理，明确了社区党组织、社区居委会和社区服务站的人员配备标准，以实现“定人”。从硬件设施建设经费、公益金使用、社区办公经费等方面规范了社区经费投入，以实现“定钱”。从而明确了社区党组织、社区居委会和社区服务站的工作任务、人员和经费，确保工作到位、人员到位、经费到位。

（三）理顺了社区运行机制

要求通过完善联席会和例会制度，建立起在社区党组织领导下，社区居委会和社区服务站紧密对接、协调联动的工作机制；进一步强调了社区居民会议的作用，明确了需要经过社区居民会议讨论决定的相关事项；对规范完善社区各主体的工作制度以及各项规章制度提出了明确要求，实现社区管理规范化、制度化、科学化。

《实施方案》是“一分、三定、两目标”基本思路的操作化、具体化，也是基层完善社区治理模式经验的系统化、规范化。在2009年两个城区、20个街道和600个社区的社区规范化建设试点工作中，各试点社区基本实现了“居站分开”，充实了社区服务站的人员配备，改善了社区服务站的办公和服务用房条件，提高了社区服务水平。下一步，我们还要深入研究进一步建立起规范、科学、高效的社区多元治理结构；进一步实现社区服务的专业化、社会化；进一步完善社区公共服务的机制、方式和途径；进一步发挥社区社会组织作用的问题。通过努力，不断研究制定系列配套政策措施，不断提升社区建设制度化水平。

三、进一步健全“枢纽型”社会组织工作体系相关政策，加快推进社会组织改革与发展

社会组织是现代社会的主体架构和重要载体，在提供服务、反映诉求、规范行为方面具有特殊作用。北京市社会组织近年来取得了较快的发展，但与建设公民社会的高要求相比，还有很大的差距。主要存在政社不分、管办不分、管理分散、自主发展能力弱的问题。2008年出台的《关于加快推进社会组织改革与发展的意见》提出了要构建“枢纽型”社会组织管理体系。这一概念的提出，使得在保持我国现行的双重管理体制条件下，通过认定一批“枢纽型”社会组织承担业务主管单位职能，按照分类管理原则，对同类别、同性质、同领域社会组织进行管理和服务，成为带领这些社会组织共同发展的“联合型”组织，从而实现政社分开、以民管民。

但是，围绕如何健全“枢纽型”社会组织管理体系还需要解决一系列的问题。一是“枢纽型”组织应当怎样构建，需要具备什么样的条件？二是“枢纽型”社会组织应该履行什么职能，发挥什么作用？三是如何推动原有社会组织与行政部门的脱钩，并找到合适的枢纽型社会组织进行挂钩？四是“枢纽型”社会组织应具备什么样的工作机制？五是如何支持枢纽型社会组织开展工作？

2009年出台的《关于构建“枢纽型”社会组织工作体系的暂行办法》（以下简称《暂行办法》）、《关于认定第一批市级“枢纽型”社会组织的通知》（以下简称《通知》）

及《关于加强和改进市级社会组织设立工作的实施办法（试行）》（以下简称《实施办法》）围绕上述几个问题作了进一步的明确和规定，完善了“枢纽型”社会组织政策体系。

（一）规定了“枢纽型”社会组织的认定程序及相关条件

《暂行办法》从领导班子、业务发展、党的建设、管理制度等方面对拟作为“枢纽型”社会组织的有关团体或组织提出了条件要求，并明确了认定程序。按照认定条件及程序，全市认定了10家人民团体作为第一批市级“枢纽型”社会组织，并下发了《通知》。人民团体是共产党领导下的群众组织，长期以来一直是党联系各界群众的桥梁和纽带，具有管理社会组织的实际经验，而且拥有承担“枢纽型”社会组织职能的强烈愿望。因此，认定人民团体作为“枢纽型”社会组织是适宜的，还能减少改革的阻力和不确定因素，下一步要继续做好“枢纽型”社会组织的认定和提升改造工作。

（二）明确了“枢纽型”社会组织的工作职责

《暂行办法》从三个层次界定了“枢纽型”社会组织的工作职责：政治上发挥桥梁纽带作用，受市委委托，承担有关社会组织的政治领导责任，并在所联系的社会领域内贯彻执行党的路线方针政策，开展党建工作，推动科学发展、维护社会稳定、促进社会和谐；业务上发挥“骨干”作用，受市政府委托，承担有关社会组织的业务主管单位职责，负责相关社会组织的业务指导、日常管理以及设立审查、年检初审等工作；在社会组织的发展和服务上发挥“龙头”作用，受市社会建设工作领导小组委托，为相关社会组织搭建平台、开展服务、扩大交流、形成合力，促进共同发展。

（三）明确了按照分类管理原则，推动社会组织的挂钩工作

《通知》明确了由10家“枢纽型”社会组织负责10类社会组织的联系、服务和管理工作，为“枢纽型”社会组织的分类管理提供了依据。按照“先全部挂钩、再逐步脱钩”的工作思路，全市已对近1 500家市级社会组织进行了分类梳理，列出了由10家“枢纽型”社会组织进行工作联系（挂钩）的社会组织名录，初步实现了“先全部挂钩”的工作目标。各“枢纽型”社会组织通过走访调研、召开座谈会、发展团体会员、共同开展活动等形式，加强了与本领域社会组织的工作联系，逐步将社会组织纳入“枢纽型”社会组织工作体系。

（四）明确了“枢纽型”社会组织认定后的工作机制

通过建立“枢纽型”社会组织联席会议制度、重要事项通报制度、信息沟通和工作联系机制，加强统筹协调，共同协商解决问题。

（五）提出了支持“枢纽型”社会组织工作开展的相关政策措施

“枢纽型”社会组织在开展相关管理、服务工作后会出现工作量增加、工作标准提高的实际情况。为解决其工作中的具体困难，《暂行办法》提出了对“枢纽型”社会组织的一些支持措施，包括：购买“枢纽型”社会组织管理服务，统一购买“社工”岗位解决其工作人员不足问题，按照其管理的社会组织数量以一定标准提供经费支持，以及对其协调本领域社会组织开展的有关活动提供“项目化”资金支持等。

（六）明确“枢纽型”社会组织在市级社会组织设立中的职责，解决社会组织登记成立难问题

社会组织难以找到业务主管单位，是影响北京市社会组织健康发展的重要问题。《实施办法》通过在社会组织设立环节建立“一站式”服务、联合审查、定期回复的工作机制，由市社会建设工作领导小组办公室协调登记管理机关和“枢纽型”社会组织集中开展社会组织设立环节的政策咨询、业务审查和登记审核等工作，方便了社会组织的申请设立，有效地缓解了社会组织设立过程中找

业务主管单位“难”的问题。目前经联合审查，已正式明确业务主管单位或正在进行业务审查的社会组织共计20家，有7家“枢纽型”社会组织作为业务主管单位开展了相关工作。

虽然“枢纽型”社会组织工作体系政策框架已经基本搭建起来了，但是这个体系的构建是个复杂的工作，还需要进一步完善健全相关政策。要完善对“枢纽型”社会组织的监督管理，研究制定考核评价办法，建立和完善“枢纽型”社会组织奖励和退出机制，促进其更好地履行职责；要进一步研究、落实通过“购买管理服务”、“购买岗位”等形式为“枢纽型”社会组织提供支持的具体措施和途径；要进一步研究社会组织和原行政主管单位脱钩的政策，彻底纳入“枢纽型”社会组织管理体系。

四、进一步研究社会工作队伍发展相关政策，推进职业化、专业化进程

社会工作人才是社会管理和公共服务的重要力量。近年来，首都社会工作人才的就业渠道和职业发展空间得到拓展，《社区工作者管理办法》的出台进一步明确了社区工作者的职业定位，提高了社区工作者的待遇标准。首都社会工作人才发展面临着良好的发展机遇。

2009年为进一步提升社区工作者专业化、职业化水平，吸纳更多高学历人才进入社区工作，出台实施了《关于选聘高校毕业生到社区工作的实施办法（试行）》，明确了扩大社区工作者队伍的四个途径：一是面向高校选聘本科及其以上学历应届毕业生到社区工作；二是面向社会招录具有大专以上学历者进入社区工作者队伍；三是选聘合同期满的大学生“村官”到社区工作；四是通过社区“两委”换届选举具有大专以上学历者进入“两委”班子。2009年共选聘应届高校毕业生1 984人，选聘“村官”492人，面向社会选聘2 233人，共计4 709名，其中研究生750多人，党员近1 500名。社区“两委”换届后，大专以上学历占54.2%，上升了26%。这些新鲜血液的注入极大地提升了社会工作队伍的素质水平，促进了首都的社会建设工作。

但是，在当前社会工作者队伍发展空间狭小、施展平台有限、薪酬待遇不高、社会认同度低的条件下，如何稳定住、建设好这支队伍需要开展更加扎实深入的工作，进一步健全社会工作者职业体系和制度。

（一）科学设置岗位，健全社会工作者职业发展通道

加快专业社会工作者岗位设置进程，逐步拓宽社工岗位领域。选择与人民群众切身利益最相关的儿童与青少年、老年、妇女、家庭、行为矫治、社会救助等领域先行开展岗位设置试点，逐步扩展和延伸，并合理设置岗位标准。

（二）健全机制，尽快完善社会工作者职业体系建设

通过两次社会工作者职业水平考试，全市已有4 235人考试合格，2009年也已着手开展了首次社会工作者职业水平证书登记工作。下一步要研究出台社会工作师登记注册、教育培训、职业水平评价和社会工作岗位设置等管理办法，进一步完善社会工作队伍培育、评价、使用、激励机制。

（三）加大投入，稳步改善社会工作者收入水平

当前，首都社会工作者的薪酬水平虽然较以往有了明显的增长，但是相对于首都的人均工资水平还不具备足够的吸引力，市、区财政要进一步加大投入力度，力争社会工作者的薪酬水平能达到全市职工的平均收入水平。同时，建立以岗定薪、以绩定奖、按劳取酬、与职称职级挂钩的薪酬体系，采取学历、资历、职级、业绩、岗位等多种指标相结合，最大限度地激发社工的能动性。

（四）加强培训力度，提高社会工作者的能力水平

建立健全市、区（县）、街道、社区四

级培养责任体系，依托首都教育资源优势，推动社会工作人才“双基地”工程建设。针对社区工作者的特点和社区实际工作的需要，分层分类展开教育培训。对于缺乏社区工作经验的大学生社工，注重上岗培训，加强社会工作实践，提升工作实践能力。对于缺乏社会工作专业技能的社区工作者注重开展继续教育，重点加强业务知识培训，提高专业素质和业务能力。

五、建立健全志愿服务长效机制相关政策，及时转化志愿服务成果

志愿服务的水平是反映现代社会文明程度的重要标志。四川抗震救灾、北京奥运会的成功举办为我们留下了志愿服务的宝贵成果与经验，充分体现了志愿服务在整合社会资源、动员社会参与方面的巨大优势。但是反观北京市志愿服务活动，还存在一些亟待解决的问题：志愿者工作统筹协调工作需要加强，志愿服务资源尚未得到有效整合；志愿服务长效机制尚未形成，重大活动志愿服务经验相对丰富，经常性和应急性志愿服务机制相对缺乏；制度建设不完善，志愿者的招募、注册、培训、管理、评价、激励等工作尚需进一步规范。这些问题对现行的志愿者工作体制提出了新要求，要求我们要抓住有利契机，推动首都志愿者工作再上新台阶。

本着转化志愿服务成果，建立健全志愿服务长效机制的目标，2009年出台的《关于进一步加强和改进志愿者工作的意见》（以下简称《意见》）在完善志愿服务政策方面作出了很多尝试和突破。

（一）以建立健全领导协调机制和构建“枢纽型”组织为突破口，创新志愿者工作管理体制机制

为了解决北京市志愿者工作统筹协调机制不健全，志愿者组织之间缺乏有效沟通，志愿服务资源不能得到有机整合的问题，《意见》从健全领导协调机制、构建北京市志愿者联合会这一“枢纽型”志愿者组织入手，构建起在党委政府领导下，社会建设工作领导小组办公室综合协调、志愿者联合组织具体实施、相关单位密切配合的志愿者工作机制，并进一步明确了北京市社会建设工作领导小组办公室、北京市志愿者联合组织、北京市社会建设工作领导小组成员单位各自的职责和关系。从而发挥各部门自身优势和积极性，形成统一协调、分工负责、团结协作的志愿者工作格局。

（二）以五大体系建设为基本框架，形成全市志愿者工作的新格局

《意见》提出，要建立健全志愿者工作管理体系、运行体系、队伍体系、项目体系、保障体系。转化志愿工作成果，建立健全志愿者工作长效机制，构建五大体系，总体勾勒了具有时代特征、体现中国特色、彰显首都特点的志愿者工作体系框架，是对北京市志愿者工作新格局的高度概括，也是志愿者工作的具体目标。具有系统性、科学性、前瞻性和可操作性的特点。

（三）以规范管理为主要手段，实现志愿工作成果向社会志愿服务长效机制转化

《意见》着重对志愿者的招募和注册、培训和管理、评价和激励等环节进行了重点规范，形成了系统的制度支撑体系；提出了加快推动奥运志愿者队伍、项目等成果转化的具体措施，明确了加快开发的新志愿服务项目，努力实现志愿服务经常化储备、规范化管理、常态化服务、品牌化培育、项目化配置、信息化支撑、社会化运作的工作目标。

《意见》下发实施以来，全市志愿服务水平得到了进一步的提高，100万志愿者参与国庆各类志愿服务，为隆重庆祝60周年国庆作出了突出贡献。下一步要继续深化五个体系的建设与配套政策研究，依托市志愿者联合会，分类开发志愿服务项目；进一步完善社区志愿服务体制机制，研究明确社区志愿服务项目的收集、公布、认领等一系列配套政策文件；健全完善志愿服务的社会保险制度、医疗和法律救助、鼓励机制、管理和绩效评估等机制，构建起较为完善的志愿服

务制度体系。

以上是自己对当前社会建设政策创新的一些研究和思考。随着社会建设实践的不断深入，还有很多新情况和新问题等待我们去研究解决。我们要牢固树立科学发展的理念，不断健全完善社会建设政策体系，推动首都社会建设再上新台阶。

（此文为市委常委梁伟2009年12月撰写的调研报告）

深入贯彻科学发展观　努力开创社会领域党建工作新局面

梁　伟

今天是党的生日。在这个特殊的日子，市委社会工委召开加强全市社会领域党建工作座谈会，隆重纪念中国共产党成立88周年，具有十分重要的意义。刚才，全市社会领域的新党员代表举行了庄严宣誓，我们一起重温了入党誓词；表彰了全市社会领域党建试点工作先进单位、先进基层党组织、优秀共产党员和优秀党务工作者；建领同志通报了全市社区党组织换届选举工作和前一阶段社会领域党建试点工作的进展情况；丰台区大红门街道党工委等5个单位结合工作实际，作了经验交流，讲得都很好。在此，我代表市委向受到表彰的单位和同志，以及社会领域的新党员表示热烈祝贺！向辛勤工作在社会领域各条战线的党员和积极分子致以节日问候！希望大家珍惜荣誉，再接再厉，锐意进取，开拓创新，为全市经济平稳较快发展和社会和谐稳定作出新的更大的贡献。借此机会，我讲三点意见。

一、深入学习实践科学发展观，努力改进思想和工作方法，进一步促进科学发展和社会和谐

科学发展观是马克思主义中国化的最新理论成果，是我国经济社会发展的重要指导方针，是发展中国特色社会主义必须坚持和贯彻的重大战略思想。改革开放30年特别是党的十六大以来，在科学发展观的指引下，面对复杂多变的国际国内环境，面对各种困难和风险，面对各种机遇和挑战，党带领全国各族人民坚定不移地推进改革开放，坚持不懈地开拓中国特色社会主义道路，我国经济社会和各项事业发展取得了巨大成就。实践证明，科学发展观作为中国特色社会主义理论体系的重要组成部分，越来越显示出强大的真理力量。中央决定在全党上下开展学习实践科学发展观活动，是全面贯彻党的十七大精神，用中国特色社会主义理论体系武装全党的重大举措，是推动经济社会又好又快发展的迫切需要，是提高党的执政能力、推进党的先进性建设的必然要求。

开展学习实践科学发展观活动，不仅是中央的部署和要求，也是地区经济社会实现科学发展的内在需求，是加强社会建设的难得机遇。对北京市而言，开展学习实践科学发展观活动的现实及长远意义更加突出。奥运会后，市委结合贯彻落实科学发展观，转化和提升奥运成果，提出了建设“人文北京、科技北京、绿色北京”的新战略，要求我们既要把握这难得的发展机遇，又要应对重大的改革考验，任务艰巨而繁重。市委书记刘淇同志要求，要把开展深入学习实践科学发展观活动作为在新形势下新起点上推动首都经济社会又好又快发展的重要契机，要把开展深入学习实践科学发展观活动作为

提高全市各级党组织领导水平、执政能力的重要战略任务，要确保深入学习实践科学发展观活动取得实效，要努力在对科学发展观的认识上取得新提高，在解决突出问题上取得新突破，在构建有利于科学发展的体制机制上取得新进展，在改进作风上取得新成效。

对于社会建设工作而言，学习实践科学发展观活动就是要坚持把发展作为第一要务，在加快经济发展的同时，加快社会事业发展，推进社会体制改革，解决好首都社会建设发展中的突出问题。以保障和改善民生为重点，实现“五无”目标，不断提高公共服务水平；以构建社会和谐为目标，抓好迎国庆活动，不断提高社会动员水平；以创新体制机制为着力点，努力构建五大体系，不断提高社会管理水平，为实现首都科学发展、社会和谐提供良好的社会环境和条件。

对于全市社会领域党建工作来讲，下半年一项重要的政治任务就是开展深入学习实践科学发展观活动。目前，已经在一些街道、社区和规模以上社会组织、新经济组织中开展了学习实践活动试点工作。社会领域各级党组织和广大党员要充分认识学习实践科学发展观活动的重要意义，进一步增强学习实践的责任感和紧迫感。要切实加强对学习实践活动的组织领导，把学习实践活动摆上重要议事日程，要将学习实践活动与“保增长、保民生、保稳定”紧密结合起来，要把学习实践活动同推动当前工作紧密结合起来，认真谋划，统筹安排，精心组织，确保成效。各级党员干部要带头深入学习，带头解放思想，带头整改落实，努力发挥模范带头作用。要通过学习实践活动，进一步明确改革方向，进一步明确工作理念，努力解决制约单位发展的难题和问题，推动企业科学发展和区域和谐，实现“党员干部受教育、科学发展上水平、人民群众得实惠”的目的。

二、全面落实社会建设“1+4”文件精神，不断扩大党的组织和党的工作覆盖面，进一步推进社会领域党建工作创新发展

社会领域党的建设，事关党的执政能力和先进性建设，事关党的执政基础、群众基础和社会基础。近年来，全市社会领域党建工作不断得到加强，发展势头良好，特别是2008年全市社会建设大会以来，按照“1+4”系列文件精神，全市已构建起社会领域党建工作体系基本框架。但是，随着各项改革的不断深入，大量的“单位人”变成“社会人”，流动人口和流动党员数量剧增，“两新”组织迅猛发展，党建工作难度加大而且仍然相对滞后，致使社会领域尤其是“两新”组织党建工作还存在一些空白点和薄弱环节，许多“口袋党员”、“隐形党员”游离于党组织之外，不少商务楼宇还没有建立党组织、党组织发挥作用还不够明显，等等。因此，加强和改进社会领域党建工作形势逼人、势在必行。把社会领域的党组织建立起来、党员组织起来、工作运转起来、活动开展起来、作用发挥出来，是我们党建工作的当务之急。特别是从思想上、组织上、制度上、作风上全面加强社会领域党建工作，不断提高党组织动员社会、管理社会、服务社会的能力，既是我们面临的一项重大而紧迫的现实任务，也是我们今后一项长期而艰巨的重大政治任务。必须充分认识加强社会领域党建工作的重要性、紧迫性和艰巨性，切实增强责任感、使命感和紧迫感，始终坚持改革创新精神，下大力加强和改进社会领域党的建设，坚定不移地开拓创新管理体制和工作机制，坚定不移地努力推进党的组织和党的工作广泛覆盖，坚定不移地探索改进党组织的工作方式和活动形式，不断提高社会领域党组织的凝聚力、战斗力和创造力，不断推动首都科学发展和社会和谐。

（一）抓好体系建设，创新社会领域党建体制机制

体制关乎生机，机制决定活力。社会领域党建体制机制，事关社会领域党的建设的兴衰成败。要解放思想，勇于探索，开拓创新，按照分类管理、分级负责的原则，推进构建社会领域党建管理体系和工作机制，努力形成党委统一领导、组织部门牵头指导、社会工委具体负责、有关部门密切配合的工作格局。要分级负责，实行层次管理，进一步明确市、区县、街道和社区社会领域党建工作责任制，一级抓一级，层层抓落实，形成责任明确、分工负责、隶属清晰、系统规范的社会领域党建管理体制和工作体系。要从实际出发，实施分类管理，着重构建商务楼宇党建工作体系、“枢纽型”社会组织党建工作体系、规模以上非公企业党建工作体系、规模以下非公企业和基层社会组织党建工作体系，以及街道社会领域和社区党建工作体系，努力形成比较健全的管理体制、比较完善的工作体系和比较规范的工作机制。要从基层抓起，从服务入手，从商务楼宇、基层社会组织、规模以下非公企业党建和流动党员管理入手，充分发挥社区党组织和街道社会工作党组织的作用，切实打牢社会领域党建管理体系和工作机制的基础。

（二）抓好试点工作，扩大党组织和党的工作覆盖面

试点先行、以点带面。抓好社会领域党建试点，是2009年推进社会领域党建工作的重点。按照市委的统一部署，2009年在街道、“枢纽型”社会组织开展建立社会工作党组织试点，在商务楼宇开展建立社会工作党组织和社会工作站试点，并一一明确了时限、任务和目标要求。现在全年时间过半，大部分试点工作进展顺利、效果明显，但也有一些试点工作还亟待加快推进。总体进展很好，但还不够平衡。这就要求市委主管部门和各区县、街道、社区高度重视，各相关部门密切配合，试点单位提高认识，切实增强责任感、紧迫感和全局意识，认真总结和推广前一阶段试点工作做法与经验，抓紧抓好抓实下半年试点工作，不断在抓试点、抓规范、抓提高、抓推广、抓落实上下工夫，全力以赴地圆满完成2010年的试点任务和目标，达到引导和扩大社会领域党的组织和党的工作覆盖面的目的。

（三）抓好示范点建设，创新工作方式和活动方式

在抓好试点工作的同时，按照加强领导、分类指导、重点培育、加大扶持的要求，认真抓好社会领域党建“五个好”示范点建设，创新党组织工作方式和活动形式，创建一批党建工作示范点，及时总结推广示范点经验，引领和推动全市社会领域党建工作向前发展。当前，创建党建工作示范点，要紧紧围绕推动发展创新工作、开展活动，主动为促进发展积极建言献策，帮助破解制约发展的突出问题，使广大党员始终站在推动科学发展的最前沿；要紧紧围绕服务群众创新工作、开展活动，拓展新形势下服务群众的途径和方法，努力实现、维护和发展好群众的根本利益；要紧紧围绕凝聚人心创新工作、开展活动，真正把群众团结起来，凝聚在党的周围，不断密切党同人民群众的血肉联系；要紧紧围绕促进和谐创新工作、开展活动，拓展沟通渠道，反映利益诉求，调处矛盾纠纷，促进社会和谐；要紧紧围绕加强自身建设创新工作、开展活动，坚持把思想、组织、作风和制度建设融入党组织各项活动之中，在加强自身建设、充分发挥作用中推动社会领域各项事业又好又快地发展。

三、严格按照党的先进性要求，切实加强党员队伍建设，进一步发挥好社会领域党员先锋模范作用

党的十七大报告指出：“先进性是马克思主义政党的生命所系、力量所在，要靠千千万万高素质党员来体现。要扎实抓好党员队伍建设这一基础工程，坚持不懈地提高党员素质。”党员是党的细胞、党组织的基础，党

的先进性要通过党员的先进性来体现。在改革开放和发展社会主义市场经济的条件下，党员要永葆党的先进性，一方面需要党组织加强教育管理；另一方面需要党员自身注重思想品德修养，使党的创新理论、方针政策和宗旨目标成为自己的思想和行动指南，始终自觉发挥出先锋模范作用。

（一）加强党务干部队伍建设，不断提升党组织建设和党的工作水平

加强党务干部队伍建设，对于推进社会领域党建工作尤为重要。要选优配强抓班子。采取内部选举产生、上级党组织推荐选派、公开招聘等形式，把那些政治素质好、组织能力强、懂经营管理、文化水平较高、熟悉党务工作、善于做思想政治工作的党员骨干，选配到社会领域基层党组织负责人岗位上来。上半年，全市社区党组织换届选举工作中，通过“三推一选”方式，使社区党组织班子成员结构得到了优化，一大批年纪轻、学历高的同志充实到社区党务工作者队伍中，提升了社区干部队伍的整体素质。今后要采取从党政机关和事业单位“派”，从大学毕业生和复员退伍军人中“选”，从年轻后备干部中“挑”，从退休干部中“配”等方式，精心选配社会领域党务工作者。要加大发展党员力度，努力把“两新”组织中的党员培养为业务骨干、把业务骨干培养为党员、把党员骨干分子培养成为党组织负责人。2009年各区县都相继招聘了社区工作者，市里已启动招聘应届高校毕业生进社区计划，3年拟招聘5 000名大学毕业生，既解决大学生就业问题，又充实了社区建设力量。我们要高度重视这些新生力量的培养，有意识地选拔和培养一批优秀党务干部，来加强社会领域党建工作。按照2009年全市干部培养规划，认真组织好即将举办的“两新”组织党组织负责人示范培训班、社区党组织书记示范培训班。通过培训，进一步解放思想，更新观念，提高他们的政策理论水平和党务工作能力，更好地担负起推进社会领域党建工作的重任。

（二）加强党员教育管理，努力增强党员责任感和归属感

教育管理是加强党员队伍建设的必备手段，是加强社会领域党建工作的重要任务。一方面要在教育上重视创新。要针对党员教育内容过于陈旧、教育形式单一的弊端，各级党组织在加大党员教育力度的同时，在教育内容和方式方法上要不断创新。要突出教育重点，既要开展传统的理想信念教育、党风党纪教育和党的基本理论教育，又要根据形势发展的需要，组织学习新知识、新技能、新理念，着力培养开拓进取精神和竞争意识，不断提高业务水平和管理能力。要改进教育方式方法，从社会领域党员队伍的实际出发，通过多种形式，充分利用现代教育手段和各种有效载体，增强教育活动的针对性、实用性和时效性。另一方面在管理上要求严格。要建立健全管理长效机制。要加强和改进流动党员管理，加强进城务工人员中党的工作，建立健全城乡一体的党员动态管理机制。要严格党员发展原则和标准，提高发展党员质量，优化党员队伍结构，确保党员队伍整体素质。

（三）加强党性观念，充分发挥党员的先锋模范作用

要不断强化党性观念和党员意识，使每名党员都能展示自身良好形象，使每名党员干部都能成为一面旗帜。特别是在当前应对国际金融危机和防控甲型H1N1流感的特殊情况下，不论是社区党员还是“两新”组织中的党员，都应自觉做到平时能被看出来、关键时刻能站出来，积极主动为普通群众做出好样子，充分发挥党员的先锋模范作用。要当好党的方针政策的宣传员，积极向身边群众宣传党的路线方针政策，发挥党员的思想引导作用。要当好单位建设发展的主力队员，努力做好本职工作，在完成工作任务中展示党员风采。要当好社会矛盾纠纷的调解员，利用自身优势，积极调解疏导，帮助群众妥善解决冲突纠纷。要当好维护社会稳定的信息员，时刻关注身边党员群众的思想动

态和情绪意见，及时向组织反映，将不稳定因素控制在萌芽状态，做好身边群众工作。

同志们，我们党在过去88年的光辉历程中带领人民战胜了无数艰难险阻，取得了一个又一个伟大胜利。在新的历史征程上，我们必须继续奋发努力，勇敢担负起新的历史重任和崇高使命。让我们更加紧密地团结在以胡锦涛同志为总书记的党中央周围，在市委的正确领导下，万众一心，开拓奋进，为建设“人文北京、科技北京、绿色北京”，建设繁荣、文明、和谐、宜居的首善之区继续努力奋斗，以加强社会建设和社会领域党建工作的优异成绩迎接新中国成立60周年！

（此文为市委常委梁伟在2009年7月1日全市社会领域纪念建党88周年座谈会上的讲话）

勇于创新　狠抓落实　推动北京市社会建设工作迈上新台阶

梁　伟

这次全市社会建设工作专题研讨班，是在全市深入开展学习实践科学发展观活动的重要时期，在迎接新中国成立60周年的重要时刻，根据中组部和北京市委关于开展新一轮大规模培训干部工作的有关要求，举办的第一个社会建设领域高层次的培训班，向阳同志开班时到班作了讲话。尽管时间很短，但我从大家的发言中可以感到，大家对举办这个研讨班给予了充分的肯定，在学习和研讨中取得了不少收获，研讨班实现了预期目标，取得了圆满的成功。在此，我向大家表示衷心的祝贺。我听说，这次参加社会建设研讨班的同志都是主动自愿报名参加的，对大家对社会建设的关心也表示感谢。

通过这次培训，大家一致反映，既统一了思想、明确了任务、丰富了知识、拓宽了视野，又交流了经验、增强了信心，进一步增强了做好首都社会建设工作的责任感、使命感和紧迫感。这次研讨班办得好，主要体现在以下三点。

一是主题鲜明，重点突出。这次研讨班以科学发展观为指导，以全面贯彻市委、市政府2009年对社会建设的要求为主要内容，紧紧围绕当前全球经济危机的大背景下，推动全国和首都社会建设中的若干重点和难点问题展开。培训内容既有理论高度，又贴近首都社会建设工作实际，对大家今后的工作很有启发。

二是内容丰富，思行合一。这次培训邀请的都是国内社会建设领域的一流专家，他们围绕首都社会建设的宏伟目标，从公共服务、社区管理、社会组织管理、社会工作运行、社会领域党建工作等五大领域建设入手，结合国内外丰富的理论探索和实践案例，给我们来了一次“头脑风暴”，大家都反映时间短但收获多。

三是组织科学，富有成效。尽管只有一周的时间，在安排了专家专题报告和领导讲话的同时，还安排了分组讨论，大家结合自己的工作实际，进行了广泛深入的交流，就贯彻落实全市社会建设大会和社会建设“1+4”文件精神，提出了许多建设性的意见和建议。充分展现了全体学员积极向上、求实创新的精神风貌。

希望大家回去后，一定要把专家教授的研究成果切实转化为谋划工作的思路，把这次学习培训的收获切实转变成推动工作的动力。积极沟通，加强联系，勤于思考，勇于实践，以这次研讨班为起点，推动首都社会建设各个领域的工作再上新的台阶。

借这个机会，我再讲几点意见，供同志们参考。

一、结合首都发展要求，不断深化对社会建设工作重要性的认识

2009 年是新中国成立 60 周年，也是市委、市政府推进“人文北京、科技北京、绿色北京”战略目标建设的开局之年。认真学习科学发展观，继承筹备和举办一届“高水平、有特色”的奥运会和残奥会的成功经验，从社会管理的体制机制改革入手，出实策、办实事、求实效，是完成中央“保增长、保民生、保稳定”中心任务的重要保障。我们应该站在全局的高度上充分重视首都的社会建设。

“社会建设”是个新词，在党的文件中最早出现于党的十六届四中全会的报告，党的十七大报告中专门有一章来较为系统地讲社会建设，这在我们党的历史上是第一次。我们党为什么要在新时期提出加强社会建设的战略目标呢？这是我国社会发展的内在要求，是中国特色社会主义制度自我完善的重要步骤。

2008 年是改革开放 30 周年，30 年来，我们的生活发生了巨大的变化，其中变化很大的是我们所处的社会。这里指的是与经济发展相对的大“社会”。伴随着我们的经济结构从计划经济向市场经济的转型，我们的社会结构也发生了巨大的变化。改革开放之前，我国社会的阶级阶层结构相对简单，主要可以分为农民阶级和工人阶级两大阶级加上一个知识分子阶层。1978 年，全民所有制与集体所有制劳动者合起来共占社会劳动者总数的 99.96%，城镇个体劳动者仅为社会劳动者的 0.04%，其他所有制类型的劳动者则几乎不存在。而 30 年后，我们劳动力结构和社会结构发生了显著的变化，出现了很多新职业、新群体和新阶层。一个以工人阶级为主体、多种新兴社会阶层并存的社会结构已经形成。根据国家统计局 2003 年的统计，全国城镇 2.478 亿就业人员中在国有单位中就业的人员总数仅占 28.9%。这些变化使过去以“单位”为基础的管理模式逐渐弱化甚至解体。越来越多的人游离出单位的管理框架成为了“社会人”，传统依赖单位进行社会管理的模式也越来越不能适应新的要求。

作为国家首都和超大型城市，加强社会建设对北京来说尤为重要。经过改革开放，北京的经济社会发展取得了显著的成就。2008 年北京的地区生产总值突破了 1 万亿元人民币大关，人均突破 9 000 美元，标志着北京已经进入了与中等发达国家等同的发展阶段。北京的产业结构也大大优于其他城市，2008 年第三产业比重达到 73%，远远高于 40% 的全国水平，居全国之首。北京在教育、医疗、住房、公共交通、环境保护等社会事业方面的水平也在全国名列前茅，每千人拥有医院床位数、每千人拥有执业医师和注册护士人数、居民生命健康寿命指标、城镇登记失业率等指标都已经接近世界发达国家的平均水平。北京奥运会的成功举办，也大大提高了首都的社会动员能力和市民整体素质。

但是，我们也应该看到，当前的首都社会建设还面临着诸多体制上和实践中的难题。比如，在社会管理方面，我们还缺乏一套覆盖全、效率高的社会管理体制，社会管理领域还有许多薄弱环节甚至是空白点。昌平区的天通苑社区号称亚洲最大社区，常住人口就达 22 万，和延庆县人口相仿，而管理力量却相去甚远，管理难度可想而知。

在公共服务方面，我们所习惯采取的政府包办方式所提供的公共服务，无论在数量上还是质量上，都与人民群众的需求有一定的距离。目前全市每个城市社区专职工作者平均要面对 800 余个社区居民，承接多至上百项的工作项目，在满足社区居民的日益增长的公共服务需要方面就显得力不从心。

面对民营经济的蓬勃发展，社会领域党建工作还有广阔的发展空间。截至目前，全

市1 237个商务楼宇中，已经建立楼宇党组织的只有44个，94.3%的私营商户中还没有建立党组织。

面对日益增多的社会利益诉求，我们的社会组织发育还比较稚嫩，截至2008年9月，北京共有各类新社会组织2.8万个，平均每600个常住人口中才有一个社会组织，而美国等非政府组织发达的国家平均每100人就有一个非政府组织。

所以，尽管我们已经取得了不少成绩，但与首都经济建设、政治建设、文化建设相比，北京的社会建设还是“短板”，广大群众反映最强烈的问题往往集中在这里，各级领导最头疼的事情也大都与此相关，社会建设的相对滞后直接影响到北京城市形象的改善和综合实力的提升。

因此，贯彻落实中央关于“加快推进以改善民生为重点的社会建设”的战略决策，在北京的任务之一是加快推进社会管理体制机制的改革，冲破束缚社会发展的种种障碍，持续推进从管理型政府向服务型政府的转型。首先是理念上的更新，政府从注重管理走向注重服务，以为市民提供良好的社会环境、最大限度增加社会福祉为最高目标；其次是职责上的调整，政府的主要职责从直接参与经济管理转向社会管理和公共服务；再次是主体上的丰富，从政府是以往社会管理的单一主体，逐渐发展为多元参与、协同合作型社会公共管理的新模式；最后是方式上的转变，公共管理的方式更加带有柔性化特点，更多地采取政策引导、合作协商、行业自律等柔性管理方式，取代以往的单纯依靠行政命令的刚性管制方式。最终实现十七大报告中提出的“党委领导、政府负责、社会协同、公众参与”的社会建设和管理新格局。

二、在推进首都社会建设中，要着重把握的几个原则

市委、市政府一直高度重视社会建设工作。2007年12月2日，我们在全国率先成立了社会建设工作机构。2008年奥运会之后，全市召开的第一个大会就是社会建设大会，发布了首都社会建设的“1+4”系列文件。在2009年4月24日结束的市委十届六次全会上，刘淇书记代表市委所作的报告中，再次对加强全市社会建设工作作出重要部署。

根据一年多的实践，借鉴其他省市的经验，我们在推进首都社会建设中要着重把握好以下几条基本原则。

（一）重在建设的原则

社会建设是一个中国特有的词汇，反映的是在中国共产党的领导下，在各级政府充分发挥社会管理和公共服务职能的基础上，以科学发展观为指导，以建设社会主义和谐社会为目标，通过社会协同和公众参与的方式，共同推进社会发展的历史进程。所以，我们的社会建设是一个全新的社会实践，既无法从老祖宗那里找到现成的方法，也不能照搬资本主义国家的既有经验，一切都有赖于我们充分发挥“摸着石头过河”的改革精神，积极探索。当前社会建设的关键是推进社会管理体制机制的改革，因为这更具有根本性，是推动社会建设可持续发展的基础和保障。社会建设“1+4”文件，主要解决的就是这个问题，“枢纽型”社会组织管理体制的设计、社区治理结构的规范、购买公共服务方式的选择等，都是在这方面的初步探索。力求在探索中把社会建设的蓝图描绘得更完整、更清晰。

（二）突出“以人为本”的原则

社会建设的核心是“人”，一句话，就是要通过社会建设，让老百姓踏踏实实地得实惠。为什么广大市民如此踊跃地参与奥运志愿活动，能为奥运会的成功举办“舍小家、顾大家”？除了爱国热情之外，关键是大家看到通过筹办奥运，首都的各项公共设施和环境建设有了质的飞跃，水更清、天更蓝、空气更清新、交通更便捷，各种利民、便民措施层出不穷，广大群众从这些实际的变化中切实受益。这才有10万赛会志愿者、40万城市志愿者、100万社会志愿者、20万拉拉

队志愿者组成的历史上最庞大的志愿者队伍。成功筹办奥运的经验启示我们，进一步推进社会建设，也必须认真听取人民群众的意见，不断加强群众利益的反映机制、沟通机制和协调机制建设，把维护群众的实际利益、切实解决群众的实际困难放在各项工作的首位，只有这样才能得到广大群众的真心拥护和积极响应。比如现在我们要整合、规范社区建设和管理。这项工作一定要让老百姓在社区中生活得更方便、更舒心、更幸福，而不是一种仅从完成任务出发的“干巴巴”的做法。

（三）改革创新的原则

创新是推动社会建设不断深入的力量源泉。当前，北京正处在人均地区生产总值向10 000美元迈进的关键时期，这是经济发展的腾飞期，也是社会转型的加速期，发展中的种种不确定因素很多，各种新情况、新问题层出不穷。如随着新的经济组织、社会组织大量涌现，对这些组织的有效管理和发展培育任务日渐突出，对在这些组织中如何实现从“建党”到“党建”的任务提出了新的要求；随着城市管理任务的不断下沉，广大居民对社区民主自治、社区公共服务要求的不断提高，对管理民主、分工明确的社区治理模式的探索提出了新的要求；随着越来越多的人通过社会工作职业资格考试，对社工岗位的开发和社工人才队伍的建设提出了新的要求；随着改革的不断深化引发的利益关系的不断调整，又对如何加强社会沟通和化解社会矛盾提出了新的要求，等等。这些问题都是我们过去不熟悉的领域和工作，迫切需要我们吸取国内外的理论成果和实践经验，创造性地开展工作。

（四）统筹协调的原则

社会建设是一项涉及诸多方面的系统工程。同样，社会建设的推进，也不能仅仅依靠个别部门，而要依靠各部门和社会各界的共同参与和积极协作。市委社会工委、市社会办的成立本身就是一个改革的产物，就是为了解决以往社会建设中“头疼医头、脚疼医脚”的部门分割管理模式，加强统筹性，增强协调性，扩大覆盖面。所以我们的社会建设领导小组有38个相关的委办局共同参加，市委书记刘淇和市长郭金龙亲自挂帅，就是为了加强统筹形成合力。现在，社会建设与经济、政治、文化建设的交叉点越来越多，任何一个社会建设领域改革措施的出台，都牵涉诸多的相关部门，只有依靠大家的团结合作、互利共赢，才能真正加以推进。所以说，社会建设工作是整个党委政府的工作，过去有人做的，应当加强统筹协调、形成合力，过去没人干的，要去积极覆盖、消灭空白点。这里关键是要有人去研究总体规划和政策，有一个平台可以进行统筹协调。总之，推进社会建设不能靠一个部门干，也不是各个部门单干，而是要组织起来大家一起干。

三、勇于创新、狠抓落实，推动全市社会建设工作迈上新台阶

2009年，首都社会建设的诸项改革都正在试点的基础上逐步推进，目前进展情况良好。全市大部分区县召开了社会建设大会，对2009年的工作进行了部署；全市的社区居委会和党组织的换届工作基本结束，不仅大大提高了社区工作人员的素质，还涌现出许多推进基层民主建设的新做法；社会领域党建工作稳步推进，全市133个街道中，已建立社会工作党组织44个；第一批10家“枢纽型”社会组织已经认定，以“一站式”服务、联合审查、及时回复为主要内容的社会组织成立联合审批制度开始实行。同时，我们的社区规范化建设、大学生社工计划等专项工作也已进入攻坚阶段。为了更好地推进工作，我们要结合2009年的领导干部作风年建设，加强党性锻炼，提高党性修养，扑下身子狠抓落实，为完成2009年社会建设的各项目标扎实努力。以下有几点思考想和大家共勉。

（一）加强学习

我本人从事这项工作以来，最大的体会就是每天都有新的东西需要学习。这是和这项工作的复合性与工作的创新性紧密联系的。学习才能出思路，学习才能开眼界，学习才能有办法。勤于学习、善于学习，是增强科学领导社会建设能力的根本途径。这次培训班就是一个很好的充电机会，但只是开了一个头。希望大家回去后，以此为起点，结合本职工作，树立终身学习理念，把学习作为一种生活方式，融入人生和事业之中，不断拓宽知识面，改善知识结构。不仅要自己带头学，还要为学习型机关的建设作出表率。

（二）勤于探索

社会本身就是一个非常复杂的系统，各地区、各单位的情况又千差万别，我们推进的社会建设领域的每一项改革，都是对原有利益格局的打破和调整，所以难免会遇到方方面面的阻力。但改革要推进，就必须解决这些难题，补上这一“短板”，这就要求我们不能因循守旧、不能患得患失，而要迎难而上，敢于用改革的办法破解难题。改革不能回避矛盾，越是有矛盾的地方，越是需要突破的地方。我们要坚持深入基层，善于发现和总结群众创造的新鲜经验，科学设计和精心组织实施改革方案，在攻坚克难、应对复杂局面中进一步提高领导社会建设的能力。

（三）狠抓落实

目标确定之后，操作和落实就是关键。2008 年我们出台了“1＋4”系列文件，2009 年我们又拿出了“X 系列”的配套文件，这些文件的基本思路是市委、市政府集体研究通过的，是推进首都社会管理体制改革的总体思路。如果说2008 年我们的主要目标是制定目标、明确思路，2009 年我们的主要目标就是通过我们的重点项目建设，检验这套思路的科学性和可行性。完成这些工作，不仅对于推动首都社会管理体制改革影响深远，也是完成 2009 年“保增长、保民生、保稳定”中心任务的关键举措。希望大家增强全局意识，对确定的各项改革项目逐项研究、分解细化、落实责任，抓住关键问题、关键环节，敢于攻坚，敢于碰硬，以高效的执行力推动 2009 年的首都社会建设取得实质性突破！

（此文为市委常委梁伟 2009 年 6 月 5 日在全市社会建设专题研讨班结业式上的讲话，标题为编者所加）

深入学习实践科学发展观　大力加强新经济组织和新社会组织党的建设

王　翔

这次全市“两新”组织党组织负责人示范培训班，是进一步贯彻北京市社会建设大会、落实社会建设系列文件精神、加强全市社会领域党建工作的重要步骤。刚才几位同志的发言，都讲得很好，很有特点，可以看出来，这次培训班办得很及时、很必要，虽然时间不长，但内容丰富、效果明显。据市委社会工委介绍，这次培训既有政策理论讲解，又有工作方法辅导，还有现场教学、经验介绍、分组讨论与交流。同志们通过学习，统一了思想，拓宽了视野，明确了任务，丰富了知识，交流了经验，增强了信心。希望大家把这次培训班作为一次加油和充电，回去后把这次学习培训成果切实转化为谋划工作的思路、推动工作的动力，积极与市委组织部、市委社会工委建立经常性的工作联系，共同研究和分析街道工作存在的主要问题，共同探索解决问题的方法途径，共同推进工作水平的不断提升。

下面我就扎实做好新经济组织和新社会组织党建工作，讲三点意见，供大家参考。

一、充分认识“两新”组织党建工作的重要意义，进一步增强责任感和紧迫感

中央和北京市委对“两新”组织党建工作高度重视。胡锦涛同志在十七大报告中强调，要落实党建工作责任制，全面推进农村、企业、城市社区和机关、学校、新社会组织等的基层组织建设，优化组织设置，扩大组织覆盖、创新活动方式，充分发挥基层党组织推动发展、服务群众、凝聚人心、促进和谐的作用。中组部部长李源潮在全国组织工作会议上指出，要进一步探索解决“两新”组织中党组织建立难、发挥作用难问题的有效途径，扩大党组织的覆盖面，增强党对“两新”组织的影响力和对员工的凝聚力。市委书记刘淇多次强调，要动员社会领域各级党组织和广大党员在“保增长、保民生、保稳定”中发挥战斗堡垒作用和先锋模范作用。

近年来，市委为加强社会建设和社会领域党建工作，专门成立了市委社会工委，在市委组织部的指导下，具体负责全市“两新”组织党建工作，加强了对“两新”组织党建工作的组织领导。先后出台了《关于加强非公有制经济组织党的建设》、《在规模以上非公有制企业中建立党员领导干部党建工作联系点》、《加强开发区非公有制企业党建工作》、《关于进一步加强和改进社会领域党建工作的意见》以及《关于推进社会领域党建试点工作的意见》等多份文件，加强了对“两新”组织党建工作的指导和规范。

我们要把思想统一到中央和市委的决策上来，充分认识加强“两新”组织党建工作的重要性，进一步增强做好“两新”组织党建工作的责任感和紧迫感。关于如何认识“两新”组织党建工作的重要性和必要性，如何理解我们所从事的工作的社会价值，再强调三点。

（一）加强“两新”组织党建工作，是巩固党的执政基础、加强党的执政能力建设、保持党的先进性的迫切需要

随着改革开放的不断深化、社会主义市场经济的不断发展，非公经济和各类组织发展迅速，数量逐渐增多，规模不断扩大，涉及的领域日益广泛，给人们生产和生活带来的影响越来越明显。有关统计表明，北京市注册的社会组织、新经济组织已达100余万个，吸纳就业人员已达420余万人，已占全市总就业人口的75%以上。其中，作为新经济组织主要构成的非公有制企业，年上缴地方税收已达300多亿元，超过全市地税总收入的35%，非公有制经济已经成为首都经济的重要组成部分。新社会组织和新经济组织已经成为各类人才的聚集处，能否把这些从业人员团结凝聚到党组织周围，事关党的群众基础和阶级基础的巩固，事关党的执政能力建设和先进性建设的加强。我们必须与时俱进，睁着眼睛看世界，主动适应“两新”组织迅速发展的新形势和社会阶层结构发生的新变化，及时把党的建设延伸到社会领域中去，把党的工作覆盖到各种“两新”组织中去。

（二）加强“两新”组织党建工作，是引导和促进全市“两新”组织为首都经济繁荣、人际和谐、社会稳定服务的迫切需要

“两新”组织具有非政府性、独立性、服务性、专业性、自愿参与和多样灵活等特点。这些特点，决定了确保“两新”组织沿着正确方向发展的重要性，而要做到这一点，就必须积极主动地在这一领域开展党的工作。从目前情况看，全市“两新”组织发展总体上是健康的。多数“两新”组织能够认真贯彻执行党的路线方针政策，积极为首都经济

社会发展作出了贡献，发挥了党和政府联系服务群众的桥梁纽带作用。但也存在一些不容忽视的问题。比如，有的自律性较弱、诚信度不高，有的服务意识不强，有的甚至受到一些不良社会思潮的影响，发展方向上受到干扰。尤其是当前应对国际金融危机，实现“保增长、保民生、保稳定”的任务，要切实加强“两新”组织党建工作，充分发挥党的政治优势、组织优势和密切联系群众的优势，凝聚广大党员和群众坚定信心、共同奋斗，帮助企业渡过难关，为“两新”组织健康发展，提供坚强的政治保证和组织保证。

（三）加强“两新”组织党建工作，是统筹推进全市各领域基层党建工作科学发展的迫切需要

各领域基层党建工作是一个有机整体，在“两新”组织蓬勃发展的今天，没有了“两新”组织的党建，我们的党建就是不全面的。近年来，经过各级党组织的积极探索和不懈努力，北京市“两新”组织党建工作取得了一定成绩。但从整体看，北京市“两新”组织党建工作起步时间还不长，相对滞后于机关、高校、国有企业等传统领域的党建工作，是基层党建工作的难点和薄弱环节，还存在党员数量少、党组织组建率偏低、党建工作还有空白点、党组织活动开展不够经常、发挥作用不够明显等问题。“两新”组织党建工作人手缺、经费少、无活动场所的问题仍比较突出。总之，各级党组织要与时俱进，在思想认识上，要有大局观，树立并强化“大党建”的意识；在工作上，要坚持“两手抓”，一手抓传统领域的党建，一手抓社会领域的党建，两手都要硬。切实把“两新”组织党建工作摆上重要位置，列入工作重点，与其他领域基层党建工作统筹规划，整体推进，认真查找和解决“两新”组织党建工作中存在的薄弱环节和突出问题，促进全市党的建设工作全面协调可持续发展。

二、深入贯彻科学发展观，突出工作重点，进一步推进“两新”组织党建工作持续发展

4 月 3 日，全市召开的社会建设工作会议对当前北京市社会领域党建工作进行了全面部署。市委印发的《关于进一步加强和改进社会领域党建工作的意见》及《关于加强社会领域党建试点工作的意见》，对当前和今后一个时期社会领域党建工作提出了明确目标和具体要求。

当前推动“两新”组织党建要着重做好以下几项工作。

（一）以学习实践科学发展观活动为契机，不断提高“两新”组织中党组织的建设水平

按照中央和市委的安排，新经济组织和新社会组织将参加第三批学习实践科学发展观活动，时间从2009 年 9 月份开始。关于深入学习实践科学发展观活动的具体安排，市里还要召开会议，下发文件进行专题部署。我认为在“两新”组织中开展学习实践活动，应注意研究和解决好“两新”组织自身如何科学发展，“两新”组织如何为首都的科学发展服务，还应注意研究和解决好“两新”组织中的党组织如何科学建设，如何科学发展，着重做好以下几个方面。一是要提高认识。要充分认识学习实践科学发展观活动不仅是中央和市委的部署和要求，也是“两新”组织实现科学发展的内在需求。要把学习实践活动摆上重要议事日程，组织专门力量，加强学习实践活动的组织领导。要深入进行思想动员，提高广大党员参加学习实践活动的积极性和主动性。二是要严格步骤。这次学习实践活动分学习调研、分析检查、整改落实等三个阶段进行。要通过深入调研，准确掌握基层党组织和党员情况，及时了解群众的需求和意见；要通过分析检查，查找存在的问题，增强党员意识，明确改进方向；要制定整改措施，明确分管领导和完

成时限，确保整改落到实处。三是要突出实践特色。要从实际出发，根据“两新”组织的特点和实际，积极争取业主的支持，采取多种方式，开展好学习实践活动。四是要确保成效。要把学习实践活动与应对国际金融危机、推动当前工作结合起来，与纪念新中国成立60周年的各项活动结合起来，与广泛深入开展的“创先争优”活动、推进基层组织建设结合起来，切实做到两手抓、两不误、两促进。要通过学习实践活动，进一步拓展发展思路，完善发展机制，将科学理论运用到具体实践，推动经济社会又好又快发展。

（二）以开展社会领域党建试点工作为重点，不断扩大党组织和党的工作覆盖面

落实全国组织工作会议提出的解决“两新”组织中党组织“建立难”的问题，是当前“两新”组织党建工作的重要任务。按照市委的要求和部署，开展社会领域党建试点工作，并通过试点工作的重点突破，经过3—5年的努力，实现社会领域党组织和党的工作全覆盖。通过在街道建立社会工作党组织，逐步建立健全社会领域基层党组织工作体系。按照属地管理原则，加强对规模以下“两新”组织党建工作的领导；通过在商务楼宇中建立社会工作党组织（包括党建工作站、社会工作站、工会服务站），构建商务楼宇党建和社会服务工作体系，加强楼宇党建工作，整合党工团力量，服务楼宇内企业和广大员工；通过在“枢纽型”社会组织建立社会工作党委，坚持行业分类管理原则，加强社会组织党建工作。现在，各项试点工作进展顺利，全市138个街道已经有71个建立了街道社会工作党组织，1 237座楼宇已经建立了覆盖304座楼宇的社会工作党组织。在这方面，我们可以借鉴东城区的党建工作站、社会工作站、工会服务站共建，形成“三站合一，各有侧重，互相衔接，互为补充”，党政工立体化进驻商务楼宇的模式，解放思想，拓宽思路。总之，我们要采取有效措施，克服困难，努力实现市委提出的3—5年实现党组织和党的工作全覆盖的工作目标，打牢全市“两新”组织党建的组织基础。

（三）以创建非公企业“五个好”示范点为途径，不断增强“两新”组织党建工作成效

建立党组织的目的是为了充分发挥党组织作用，增强党组织的影响力、凝聚力。“两新”组织面广量大，情况复杂，必须抓重点，抓关键，先易后难，有序推进。以规模较大、从业人员较多、管理规范的“两新”组织为突破口，先行探索，抓出成效，积累经验，逐步拓展延伸，扎实有效地推进。按照市委的部署和要求，从2009年起在全市非公企业中广泛开展“五个好”示范点建设活动。通过选择一批基础较好的党组织进行规范化建设试点，建设培育一批非公企业党建工作“五个好”示范点，带动全市非公有制企业党建工作。先做好试点启动工作，年底前全市规模以上非公企业示范点建设至少达到80家。要善于发现和总结典型，充分利用新闻媒体，加大宣传和推广力度，营造社会各界关心支持“两新”组织党建工作的良好氛围，推动整个工作水平的提高。

三、坚持开拓创新，进一步增强“两新”组织党建工作的创造力、凝聚力、战斗力

在“两新”组织党建工作中，我们的工作要逐步从主要抓“建党”向主要抓“党建”转变。要按照全国组织工作会议的要求，探索解决“两新”组织中党组织“发挥作用难”的有效途径。要解放思想，勇于创新，勇于实践，积极探索适应“两新”组织特点和规律的新路子，不断推动“两新”组织党建工作深入发展。

（一）加强组织领导，努力构建“两新”组织党建工作新格局

各级党组织要把“两新”组织党建工作纳入本地区、本部门党的建设总体部署之中，与其他领域的党建工作同规划、同研究、同部署、同指导、同检查、同考核。要明确并

落实责任主体，按照分类管理、分级负责的原则，构建社会领域党建管理体系和工作机制，努力形成党委统一领导、组织部门牵头指导、社会工委具体负责、有关部门密切配合的工作格局。要针对“两新”组织的不同情况，统筹兼顾，分类指导，突出重点，稳步推进。要加大督促检查力度，把抓“两新”组织党建工作的情况和成效，列入党委（党组）抓基层党建工作考核评价的重要内容，作为评比表彰先进的重要条件。各级党组织要把“两新”组织党建工作纳入区域化党建工作格局，统筹解决党组织活动场所问题，多渠道解决党组织活动经费问题，为党组织正常开展工作提供政策支持和物质保障。

（二）加强队伍建设，努力夯实“两新”组织党建工作基础

党员队伍建设是党组织建设的基础和关键，在“两新”组织党建工作中显得尤为重要。一是加强党务工作者队伍建设。采取内部选举产生、上级党组织推荐选派、公开招聘等形式，把那些政治素质好、组织能力强、懂经营管理、文化水平较高、熟悉党务工作、善于做思想政治工作的党员骨干，选配到“两新”组织党组织负责人岗位上来。要把“两新”组织党务工作者培训纳入党员干部教育总体规划，依托党校、高校等培训阵地，拓宽培训渠道，创新培训形式，丰富培训内容，提高综合素质和工作能力，更好地担负起“两新”组织党建工作的重任。“两新”组织党务工作者是做好基层党建工作的骨干力量，要真正重视，真情关怀，真心爱护他们，帮助他们解除后顾之忧，维护他们的合法权益，为他们放手工作创造良好环境。二是加强党员的教育管理。相对于党员比较集中的党政机关等体制内组织而言，在党员较少的“两新”组织中，共产党员的形象和模范作用则更为重要与实在。要建立健全教育管理制度，优化教育内容，创新教育手段，增强教育活动成效，使我们的教育真正能够入脑入心。要加强对党员的管理，特别是流动党员和进城务工党员的教育管理，确保每名党员都能参加组织活动，都能接受组织的教育、管理和监督。三是认真做好发展党员工作。严格党员发展原则和标准，努力把“两新”组织中的党员培养为业务骨干、把业务骨干培养为党员、把党员骨干分子培养成为党组织负责人，优化党员队伍结构，确保党员队伍整体素质。

（三）创新活动载体，突出服务功能，努力增强“两新”组织党建工作活力

我们应当看到，社会领域党建中有许多新问题需要我们去解决，有不同于传统领域党建的工作特点和规律，需要我们做实际工作的同志们去观察，去探索，去把握。我想特别提醒大家注意两点：一是不能把传统领域党建工作的思路、办法照搬照抄到社会领域党建工作中去；二是社会领域党建既要在扩大覆盖面上下工夫，更要在扩大影响力上下工夫，关键在于如何使“两新”组织中的党组织充满生机和活力，而不能止于建党，流于形式。此次培训班同学都去了叶青大厦，这里我想向大家推荐叶青大厦党委的做法。他们在实践中总结出“两新”组织党建必须做到三个“创新”，一是观念创新，二是制度创新，三是党建活动方式创新。“两新”组织党建要从需求出发，从服务入手，围绕“推动发展、服务群众、凝聚人心、促进和谐、党组织自身建设和党员素质提高”等六个方面，搭建活动平台，创新活动方式，丰富活动内容，增强活动成效。要紧紧围绕推动发展创新工作、开展活动，主动为促进发展建言献策，帮助破解制约发展的突出问题；要紧紧围绕服务群众创新工作、开展活动，拓展新形势下服务群众的途径和方法，努力实现、维护和发展好群众的根本利益；要紧紧围绕凝聚人心创新工作、开展活动，真正把群众团结起来，凝聚在党的周围，不断密切党同人民群众的血肉联系；要紧紧围绕促进和谐创新工作、开展活动，拓展沟通渠道，反映利益诉求，调处矛盾纠纷，促进社会和谐；要紧紧围绕加强自身建设创新工作、开展活动，坚持把思想、组织、作风和制度建

设融入党组织各项活动之中，在加强自身建设、充分发挥作用中推动社会领域各项事业又好又快地发展。

同志们，加强和改进“两新”组织党建工作，意义重大，任务艰巨，使命光荣。让我们以此次培训作为新的起点，在市委的正确领导下，深入学习实践落实科学发展观，切实增强做好“两新”组织党建工作的政治责任感和历史使命感，抓住机遇、乘势而上，勇于探索、锐意创新，努力使党的领导、党的工作、党的组织更加有效地覆盖到所有的新经济组织和新社会组织，不断提高“两新”组织党建工作的整体水平，努力实现“两新”组织党建工作的新突破，以完成“保增长、保民生、保稳定”，促进首都和谐发展的优异成绩迎接新中国成立60周年！

（此文为市委副秘书长王翔2009年7月8日在全市“两新”组织党组织负责人示范培训班结业式上的讲话）

创新社会管理体制　加强北京社会建设

宋贵伦

这次会议，是进一步贯彻北京市社会建设大会精神和落实加强北京市社会建设“1+4”系列文件的一次重要的工作会议。主要任务是：以科学发展观为指导，全面总结一年来北京市社会建设的主要工作，部署2009年重点工作，进一步推动全市社会建设迈出新的更大步伐。市委、市政府领导对这次会议十分重视，市委常委梁伟同志、副市长丁向阳同志出席会议，并作重要讲话。我们要认真学习领会，深入贯彻落实。按照梁伟、向阳同志的要求，下面我从三个方面向大家报告工作。

一、过去一年工作的简要回顾

2007年12月2日，市委社会工委、市社会办宣布成立。2008年，是新机构的起步之年，也是贯彻十七大精神，加强北京市社会建设工作的开局之年。一年来，在市委、市政府的正确领导下，全市社会建设工作者认真贯彻党的十七大精神，深入学习实践科学发展观，紧紧抓住举办奥运会、残奥会的重大契机，紧紧围绕保障和改善民生、构建和谐社会、创新社会管理体制工作重点，加快推进全市社会建设，取得了新成效，迈出了新步伐，以市委、市政府出台加强社会建设“1+4”文件和召开全市社会建设大会为主要标志，首都社会建设站在了新的起点上。

（一）深入调研、积极探索，初步形成了新的工作体系框架

按照市委、市政府要求，市委社会工委、市社会办成立后，会同有关部门以体制机制创新为着力点，以开创首都社会建设新局面为目标，在深入调研的基础上，形成了加强首都社会建设的“1+4”系列文件，筹备召开了全市社会建设大会，明确了基本工作目标和主要任务，在已有工作基础上，初步形成了新的工作体系框架。

市委、市政府印发的《北京市加强社会建设实施纲要》提出，要力争经过3—5年的努力，初步建立起具有时代特征、中国特色、首都特点的社会建设新格局的基本框架，即构建五大体系，包括：公共服务体系、社区管理体系、社会组织管理体系、社会工作运行体系和社会领域党建工作体系。提出，要按照整体规划、分步实施、突出重点、稳步

推进的原则，不断改革和创新社会管理体制，不断完善工作机制，进一步健全党委领导、政府负责、社会协同、公众参与的社会管理格局。这是今后3—5年加快首都社会建设的基本思路，是新形势下加强北京社会建设和管理体制改革的行动纲领和宏伟蓝图。

市委办公厅、市政府办公厅印发的《北京市社区管理办法（试行）》，进一步提出了构建社区管理体系的工作思路，也就是“一分、三定、两提高”的基本思路，即社区服务站与社区居委会职能分开，进一步明确社区党组织、社区居委会、社区服务站的工作任务、人员配备和经费保障，不断提高社区工作者专业化、职业化水平，不断提高现代化新型社区建设水平。市委办公厅、市政府办公厅印发的《北京市社区工作者管理办法（试行）》，从规范社区工作者的待遇、招录和管理入手，进一步提出了加强社区工作者专业化、职业化建设的一系列新举措。市委办公厅、市政府办公厅印发的《关于加快推进社会组织改革与发展的意见》，从充分发挥社会组织作用、加快推进政社分开、积极培育社会组织、加强社会组织自身建设几个方面提出了要求，并提出构建“枢纽型”社会组织工作体系的新思路。市委印发的《关于进一步加强和改进社会领域党建工作的意见》，不仅明确提出了“社会领域党建”的新概念，而且提出了社区党建工作以区域管理为主、社会组织党建以分类管理为主、新经济组织党建以分层管理为主的思路，还提出要紧紧围绕推动科学发展、促进社会和谐、服务广大群众、加强自身建设和提高党员素质五个方面不断创新工作方式和活动方式。

在成功举办奥运会、残奥会之际，北京市社会建设大会召开，并印发了这一系列文件，明确了加强北京市社会建设的主要目标和基本任务，初步形成了加强首都社会建设新的基本工作体系框架，为开创首都社会建设新局面指明了前进方向。

（二）健全机制、搭建平台，基本形成工作新格局

社会建设是一个系统工程，涉及许多部门。为了加强对全市社会建设工作的统筹协调，全市社会建设大会前夕，成立了以市委、市政府主要领导挂帅，市委、市政府38个单位负责人组成的北京市社会建设工作领导小组和由8个相关单位组成的领导小组办公室，并建立和启动了办公室主任例会制度，从而初步形成了市级层面的工作协调机制；各区县按照全市统一部署，也先后筹备组建了社会建设工作机构和领导小组及其办公室，到2008年底，18个区县全部获准成立社会工作机构，各区县社会工委书记（社会办主任）联席会制度也相应建立，从而初步形成了区县层面的工作协调机制；确认了10个市级人民团体为首批“枢纽型”社会组织，并建立了市级“枢纽型”社会组织协作会议制度，从而初步形成了社会组织工作的协调机制；先后与清华大学、中国人民大学、首都师范大学、北京市社会科学院、中国青年政治学院、北京师范大学共建了6个社会建设研究基地，并分别举办了论坛或研讨会，分别明确了研究课题，从而初步搭建了社会建设重大理论和重大现实问题研究平台；在全市社区、社会组织、新经济组织中，设立了90个信息直报点，与首都新闻媒体建立了广泛联系，从而初步搭建了信息交流和新闻宣传的平台。

通过这些工作，初步形成了以市社会建设工作领导小组及其办公室协调机制为核心，以区县社会工作机构和市级“枢纽型”社会组织协调机制为基本点，以共建研究基地和搭建宣传信息平台为双翼的全市社会建设工作五大协调机制，初步构建了首都社会建设和管理的新的工作网络体系。

（三）综合协调、整体推进，不断开创工作新局面

全市社会建设大会和“1+4”文件印发后，全市社会建设抓重点、抓协调、抓落实的工作成效明显增强，各系统、各单位、各

区县的工作力度明显加大。

公共服务体系建设取得新突破。2008 年全市直接关系民生的 59 件实事完成，年度“五无”目标全部实现，北京市在全国率先推出了覆盖城乡的一系列保障和改善民生的政策措施。

社区规范化建设迈出新步伐。全市社区党组织换届选举工作即将顺利完成，社区居委会换届工作已经全面启动。在扩大覆盖的基础上，全市已建成近 600 个规范化社区服务站，建立了 287 个标准化社区卫生服务中心，2 901 个社区卫生服务站，150 个残疾人温馨家园示范点。规范提高社区工作者工资待遇工作顺利推进，八城区已全部落实社区工作者待遇，远郊区县落实待遇方案正抓紧实施。社区工作者公开招考在八城区全面展开，共拟招录 2 233 名具有大专以上学历、40 岁以下专职工作人员，共有近 2 万人报名。社会工作师资格考试工作顺利进行，2008 年国家首次考试，北京市有上万人报名，2 954 人考试合格。报考数和合格率均居全国各省、市前列。

社会组织建设迈上新台阶。继完成首批 10 个市级“枢纽型”社会组织的认定工作后，又决定将北京市志愿者协会改造提升为北京市志愿者联合会。在研究构建“枢纽型”社会组织工作体系和学习实践科学发展观活动中，多次召开了市级人民团体负责人座谈会、研讨会；市妇联召开了首都妇女组织参与的社会建设座谈会；市总工会在全市建立了 269 个工会服务站，将工会服务延伸到街道和社区；市科协、市社科联等市级人民团体在构建“枢纽型”社会组织工作体系方面也作了许多有益探索。

社会动员能力有了新提高。在支援四川抗震救灾中，积极发动广大社区居民和社会组织、新经济组织为灾区捐款捐物。据不完全统计，全市共有 1 200 余家社会组织通过各种形式参与抗震救灾，累计捐款捐物 3. 2 亿元。紧紧抓住举办奥运会、残奥会的有利契机，在社区广泛开展了“建设和谐社区、喜迎奥运盛会”系列活动；在社会组织中广泛开展了“立足本职建和谐、迎接奥运做奉献”系列活动；组织社会领域 3 万多观众到奥运场馆观赛；市委组织部、市委宣传部、市直机关工委、市委社会工委在全市广泛开展了党员干部积极投身平安奥运社区志愿活动，全市共有近 23 万党员干部到社区登记报到，累计参加平安奥运志愿服务活动 160 万人次，为平安奥运的顺利实现作出了积极贡献。在认真总结奥运会志愿工作成功经验的基础上，不久前，市委、市政府召开了全市志愿者工作大会，印发了《关于进一步加强和改进志愿者工作的意见》，进一步推动全市志愿者工作走上长效化、规范化发展轨道。

社会领域党建工作取得新进展。在奥运期间开展的全市规范管理公寓及写字楼专项行动中，全市公安、工商和社会建设等部门仅用一个月的时间，就摸清了底数。在此基础上，东城、西城、崇文、海淀、丰台、石景山等区县先期启动了在商务楼宇建立社会工作站和开展党建试点工作，宣武区建立了商务楼宇党建联络员制度。朝阳、海淀等区县还先期启动了在街道建立社会工作党组织试点工作。

各区县工作力度明显加大。各区县委、政府高度重视社会建设工作，为社会建设机构配备了较强的领导班子和精干的队伍，从人力、物力、财力上给予了很大支持。到目前为止，东城、西城、崇文、宣武、朝阳、海淀、丰台、石景山、门头沟、平谷 10 个区已召开了社会建设大会，并分别出台了加强社会建设系列文件，推出了一系列重要措施，呈现了良好的发展势头。

总之，一年来，在市委、市政府领导下，首都社会建设既有整体推进，又有重点突破，取得了明显成效，得到了广泛认可，较好地实现了开好局、起好步的目标。

二、一年来的主要工作体会

认真回顾和总结一年来的工作，结合深

入开展学习实践科学发展观活动，有以下几点体会和认识。

（一）推动科学发展、促进社会和谐，是加强首都社会建设工作的出发点和落脚点

科学发展观是我国经济社会发展的重要指导方针，首都社会建设工作必须坚持和贯彻这一重大战略思想。社会建设作为建设中国特色社会主义“四位一体”格局的重要组成部分，必须服从和服务于推动科学发展、促进社会和谐这个工作大局，并当做重要的工作出发点和落脚点。这是我们坚定不移的努力方向。

（二）坚持统筹协调、创新体制机制，是加强首都社会建设工作的宝贵经验

社会建设工作是一项前无古人的崭新事业，是复杂的系统工程。我们只有在工作中把握社会建设的规律，掌握科学的方法和途径，才能达到事半功倍的效果。社会建设是你中有我、我中有你的工作，只有加强统筹协调，形成整体合力，实现合作共赢，社会建设工作才能不断推进。面对新形势、新任务，社会建设只有创新体制机制，完善政策保障体系，才能实现新突破；只有抓住空白点和薄弱环节，坚持循序渐进地推进工作，先点后面地攻坚克难，先立后破地实施改革，社会建设才能积极稳妥地推进。这是宝贵的工作经验。

（三）抓住有利契机、实现重点突破，是加强首都社会建设的基本途径

北京社会建设既应运而生，又乘势而上。如果说，党的十六届六中全会、党的十七大催生了北京市社会建设机构的建立，北京奥运会、残奥会和支援四川抗震救灾是社会动员的成功实践，那么，深入学习实践科学发展观活动就是加快推进首都社会建设的又一强大动力和有利契机。

从2008年10月到2009年2月，按照中央部署和市委安排，市委社会工委、市社会办首批开展了深入学习实践科学发展观活动。活动一开始，我们就明确提出，要把开展学习实践活动当做进一步加强北京市社会建设的有利契机和强大动力，要紧紧围绕“创新社会管理体制、构建五大体系”主题，紧紧围绕改进思想方法和工作方法，紧紧围绕提高统筹协调能力和合作共赢能力，努力做到活动与工作两手抓、两结合、两促进，在提高思想认识、解决突出问题、创新体制机制、促进社会建设工作上取得了新成效。特别是紧密结合贯彻落实全市社会建设大会和“1+4”文件精神，与有关部门研究起草了九个政策性（X）系列配套文件。即《关于进一步加强和改进志愿者工作的意见》、《关于推进社区规范化建设试点工作的实施方案》、《关于选聘高校毕业生到社区工作的实施意见》、《关于构建市级“枢纽型”社会组织工作体系的暂行办法》、《关于认定第一批市级“枢纽型”社会组织的通知》、《关于加强和改进市级社会组织设立工作的实施办法（试行）》、《北京市社会工作师注册、培养、使用、评价工作实施办法》、《关于开展社会领域党建试点工作的意见》、《关于建立健全全市社会建设工作统筹协调机制的实施意见（试行）》。通过这一系列文件的研究制订，进一步完善了政策、健全了机制、创新了体制，实现了工作突破。落实好这几个文件，是2009年工作的重点任务。

（四）领导高度重视、社会协同配合，是加强首都社会建设工作的重要前提

党的十七大提出要加强以改善民生为重点的社会建设，逐步形成“党委领导、政府负责、社会协同、公众参与”的社会管理格局。首都社会建设始终得到市委、市政府的高度重视，市人大、市政协的有力指导。市委、市政府在党的十七大召开之后，迅速成立了社会建设机构；在奥运会、残奥会筹办最紧张的时候，讨论通过了“1+4”系列文件；在奥运会、残奥会刚刚闭幕一周之际，召开了全市社会建设大会；在2009年市委全会报告、市委常委会工作要点、市政府工作报告中，在全市学习实践科学发展观活动中，都把社会建设工作当做一个重要方面进行安排部署。在最近的政府机构改革中，又将市

社会办列入政府组成部门。市人大常委会2008年组织全国人大北京团代表，视察了北京市社会建设工作，市政协把志愿者工作确定为2009年重点调研课题。与此同时，社会建设工作还得到了市委、市政府各相关单位的大力支持和各区县的积极配合。全市社会建设工作者在各自的领域和岗位上为首都社会建设工作做了大量积极主动而富有成效的工作。首都各新闻媒体给予了极大关注和重点宣传。许多高校和科研单位都主动给予配合，共同搭建研究平台。这一切是我们做好工作的重要前提和基本保证。借此机会，向一年来热情关心、大力支持、积极参与全市社会建设工作的各级领导、有关单位和同志们表示衷心的感谢！

在工作实践和学习实践科学发展观的活动中，我们也清醒地认识到，首都社会建设适应时代的新要求、形势的新变化，满足广大人民群众对于社会管理和公共服务的新期待，任务还十分艰巨，差距还很大。在当前国际金融危机的不利影响下，首都经济持续稳定增长的压力加大，更需要充分发挥首都社会建设在“四位一体”新格局中的重要作用，坚持不懈地做好工作。我们清醒地认识到，我们的工作才刚刚起步，社会建设工作还基本处于“摸着石头过河”的阶段，新事业、新机构、新队伍，需要探索、完善、提高的地方还很多。我们在完善政策、创新体制、加强统筹协调、实现合作共赢、努力狠抓落实方面还有很大差距。我们应当继续保持清醒的头脑，继续保持谦虚谨慎的态度，以更加务实的作风、更加创新的精神和不折不挠的劲头做好各项工作。

三、2009年的主要任务

2009年，是新中国成立60周年；是成功举办奥运会、残奥会之后，北京经济社会发展进入新阶段的第一年；也是全市社会建设大会召开和“1+4”文件印发后，北京社会建设工作站在新的起点上的第一年。可以说，既面临良好机遇，也面临严峻挑战。以迎接国庆、服务社会、推动发展、促进和谐为主题，做好2009年全市社会建设、管理和服务工作，非常重要。

2009年加强北京市社会建设的指导思想和基本思路是：高举中国特色社会主义伟大旗帜，以邓小平理论和“三个代表”重要思想为指导，深入贯彻落实科学发展观，坚持“以人为本、关注民生、构建和谐、服务社会”的工作宗旨，不断提高综合协调和动员社会的能力，不断提高体制创新和管理社会的能力，不断提高求真务实和服务社会的能力，努力构建公共服务、社区管理、社会组织管理、社会运行和社会领域党建工作五大体系，切实把全市社会建设大会精神和“1+4+X”文件落到实处并不断取得新成效，为迎接新中国成立60周年，实现全市保增长、保民生、保稳定的目标，建设“人文北京、科技北京、绿色北京”，建设繁荣、文明、和谐、宜居的首善之区作出新的更大贡献！

2009年全市社会建设的主要任务有以下七个方面。

（一）以推动政府购买公共服务为切入点，建立健全社会建设公共服务体系

当前，首都广大群众对公共服务的需求提出了越来越高的要求。加快政府购买公共服务步伐，以多元化的公共服务方式满足多元化的公共服务需求是我们的必然选择。在2009年的市委常委会工作要点和市政府工作报告中，明确提出要建立北京市社会建设专项资金，重点用于支持北京市社区规范化建设试点、社会领域党建试点、志愿者工作，扶持社会组织发展，向“枢纽型”社会组织“购买管理”以及选聘高校毕业生到社区工作等，为进一步构建公共服务体系，逐步满足广大群众公共服务需求探索经验。按照市委、市政府要求，2009年上半年，市社会办牵头制订《关于建立健全政府购买社会公共服务体制机制的实施意见》，进一步健全公共服务体系。在实践中，各区县要积极探索政府购买社区公共服务经验，要选择困难群体

帮扶、助老、助残等社区居民最急需的两三个服务项目进行试点推进。要完善扶持社区社会组织发展政策，重点培育慈善公益类、生活服务类、社区管理类等社区社会组织，通过奖励、补贴、购买服务、项目委托等形式，引导有资质、讲信誉的社区社会组织承接公益性、便民性服务项目。要开展政府向行业协会“购买服务”试点工作，积极研究落实向“枢纽型”社会组织购买“管理服务”以及对新建“枢纽型”社会组织提供具体支持的措施和办法。

当前，要首先搞好《关于选聘高校毕业生到社区工作的实施意见》的落实工作。2009 年，北京市要选聘 2 000 名首都高校应届毕业生到社区党组织、社区居委会、社区服务站、商务楼宇社会工作站工作。2010 年再选聘 2 000 名，2011 年选聘 1 000 名。化大学生就业困难之“危”为加快推进首都社区工作者专业化、职业化进程之“机”。近日，中央政治局常委、国家副主席习近平对此作出重要批示指出：“北京大学生社工计划与正在实施的大学生村官计划有异曲同工之用，是化危为机之举。请中组部与北京市继续探索完善这一举措。”中央政治局委员、中央书记处书记、中组部部长李源潮批示要求中组部有关部门，认真总结北京市大学生社工经验，认为这也是从基层培养干部的重要渠道。中央政治局委员、北京市委书记刘淇同志批示要求：“要认真落实习近平同志批示，在中组部指导下，把大学生社工计划实施好。”吕锡文、梁伟、丁向阳同志等市领导也作了重要批示。我们一定要按照中央和市领导要求，认真把这项工作做好。

（二）以开展社区规范化建设试点为突破口，建立健全社区管理和服务体系

市委、市政府 10 部门制订的《关于推进社区规范化建设试点工作的实施方案》，对北京市社区规范化建设提出了明确的要求。按照“1 +4”文件要求和社区建设“一分、三定、两提高”工作思路，2009 年要加快推进社区规范化建设步伐，决定在全市选择两个城区、20 个街道和 200 个社区作为试点，围绕社区服务站建设、社区工作职能、社区运行机制、社区志愿服务、社区工作者管理、社区基础设施配置、社区经费投入等 7 个方面、26 项内容开展规范化建设试点，进一步理顺社区各类主体的关系，探索建立社区管理新模式，进一步提升社区管理和服务水平。在社区规范化建设工作中，规范社区服务站建设是中心环节。结合社区规范化建设试点，在已有工作基础上，2009 年，市政府将投资新建 200 个城市社区规范化服务站，加快推进社区服务站规范化建设。

与此同时，要进一步推进社区工作者公开招录和社会工作师资格考试工作，确保落实工资待遇、落实服务协议制度，建立完善考核评议、教育培训、档案管理等制度，进一步规范社区工作者的管理。要以社区党组织、社区居委会换届选举工作为契机，引导社区党组织、社区居委会、社区服务站转变工作方式，明确工作职责，进一步加强和改进党的领导，进一步提高社区管理、社区自治、社区服务水平，建设“管理有序、服务完善、文明祥和”的新型社区。

（三）以构建“枢纽型”社会组织工作体系为核心，建立健全社会组织管理和服务体系

按照“1 +4”文件要求，近日，市社会建设工作领导小组印发了《关于构建市级“枢纽型”社会组织工作体系的暂行办法》，进一步完善了“枢纽型”社会组织管理体系和工作机制。2009 年，在确认 10 个市级人民团体作为第一批市级“枢纽型”社会组织和完成改造提升北京市志愿者联合会为“枢纽型”社会组织的基础上，再提升、改造、新建几个“枢纽型”社会组织。按照“先全部挂钩、再逐步脱钩”的工作思路，加快推进“枢纽型”社会组织与同性质、同类别、同领域的社会组织建立工作联系并有效开展工作，与此同时，逐步实现政社分开。各“枢纽型”社会组织要充分发挥党和政府联系社会各界的桥梁纽带作用，充分发挥业务

发展龙头作用，并认真搞好相关社会组织日常管理和服务工作。各区县要结合各自区情县情，逐步做好区县级“枢纽型”社会组织工作体系构建工作。按照市社会办、市民政局新近出台的《关于加强和改进市级社会组织设立工作的实施办法（试行）》的要求，从2009年4月1日开始，试行“一站式”服务、协调联合审查、20个工作日予以回复的工作制度，为新申请设立的社会组织提供高效、规范、便捷的服务。

（四）以完善社会工作者和志愿者队伍管理机制为重点，建立健全社会工作运行体系

推进首都社会建设工作需要一支强大的社会工作者队伍和庞大的志愿者队伍。在推进社会工作者队伍建设上，要按照“1＋4”文件和即将出台的《北京市社会工作师注册、培养、使用、评价工作实施办法》的要求，切实搞好社区工作者招录和管理工作，切实做好已经通过全国社会工作者职业水平资格考试，获得社会工作师、助理社会工作师证书人员的注册登记、人员资源库建设工作；明确社会工作岗位设置办法和岗位职责，在条件相对成熟的社区、公益性社会组织等，开展社会工作岗位设置试点工作，规范社会工作者的职业行为；围绕提高社会工作队伍专业素质，有计划分层次地开展教育培训工作，全面提高社会工作者队伍专业化、职业化水平。在加强志愿者队伍建设上，要按照全市志愿者工作大会的部署和《关于进一步加强和改进志愿者工作的意见》的要求，积极推进奥运志愿者成果转化工作，并建立健全志愿者长效机制，进一步建立健全志愿者工作管理体系、志愿者工作运行体系、志愿者队伍建设体系、志愿服务项目体系、志愿者工作保障体系。以重大活动为载体，开展志愿服务，扩大志愿者工作影响力；以社区经常性志愿服务为基础，实现各类志愿服务与社区服务有效对接、良性互动，积极推进志愿服务常态化、规范化；以应对突发事件志愿服务为载体，提高社会动员能力和志愿服务专业化、针对性水平。社会工作运行体系的建设，关键靠建设“两个平台”和“两支队伍”。两个平台，一是社区，二是社会组织；两支队伍，一是社会工作者，二是社会志愿者。在党和政府领导下，构建“社区＋社会组织”、“社会工作者＋社会志愿者”的科学有效的、互联互动的管理体制和工作机制还有大量工作要做，特别是要把社会工作者“枢纽型”组织和志愿者“枢纽型”组织工作体系构建好，这是2009年的重要工作任务。

（五）以社会工作党组织建设试点工作为先导，建立健全社会领域党建工作体系

按照“1＋4”文件要求，近日，市委组织部、市委社会工委印发了《关于开展社会领域党建试点工作的意见》，通过开展一系列社会工作党组织建设试点，全面推进社会领域党建工作。通过在街道开展建立社会工作党组织试点工作，两年内逐步实现党组织和党的工作在社区的全覆盖；通过在“枢纽型”社会组织开展建立社会工作党组织试点工作，两年内逐步实现“枢纽型”社会组织业务、党建一起抓、社会组织党组织和党的工作全覆盖；通过在商务楼宇开展建立社会工作党组织和社会工作站试点工作，通过创建新经济组织党建工作“五个好”示范点，进一步加强新经济组织党建工作、为新经济组织提供良好的社会服务，两年内完成商务楼宇党组织和社会服务工作全覆盖。通过这一系列试点工作，经过两三年的努力，力争形成比较健全的社会领域党建工作管理体制和社会服务工作机制。这是个艰巨的任务，是关系巩固党的执政地位、巩固党的阶级基础、扩大党的群众基础、增强党的社会影响力的大事，必须抓紧、抓实、抓好。

（六）以提高统筹协调和合作共赢能力为着力点，不断完善工作体制机制

在加快推进北京市社会建设的过程中，要进一步坚持和完善党委领导、政府负责、社会协同、公众参与的社会管理格局；进一步形成在党委、政府统一领导下，社会建设

工作领导小组及其办公室统筹协调、各成员单位分工协作、动员社会领域广泛参与的工作运行机制。要按照市社会建设工作领导小组办公室新近印发的《关于建立健全全市社会建设工作统筹协调机制的实施意见（试行)》的要求，不断加强统筹协调，进一步形成全市社会建设的工作合力。要进一步建立健全市社会建设工作领导小组办公室主任例会制度，在完善政策、健全体制、统筹协调、督促检查方面发挥更大作用；要进一步建立健全区县社会工委书记（社会办主任）联席会议制度，在加强指导、提供支持、沟通交流、推广经验方面发挥更大作用；进一步健全“枢纽型”社会组织协调会议制度，在加强管理、提供服务、促进发展、推动合作方面发挥更大作用；进一步加强与首都高校、科研单位的沟通合作，通过共建基地、举办论坛、合作课题等形式，发挥首都优势，加强对社会建设重大理论问题和现实问题的深入研究，努力产生一批新成果；进一步加强与首都新闻媒体的合作，通过合办栏目、专栏等形式，加强对社会建设工作的宣传；通过建立北京社会建设信息中心平台和发挥基层社会建设信息直报点作用，及时了解反映社情民意，努力构建社会和谐。

搞好社会建设工作，一是要在加强统筹协调基础上加强合作、形成合力；二是要在创新体制机制基础上务求实效、形成规范。2009 年要进一步加强社会工作长效机制建设，在健全五大沟通协调机制基础上，研究制订《加强北京市社会建设指标体系》。市社会建设工作领导小组办公室会同市委办公厅、市政府办公厅继续认真搞好北京市社会建设重点工作督察并形成督察报告，把社会建设工作落到实处，抓出实效。

（七）以开展迎接新中国成立60 周年系列活动为载体，营造保增长、保民生、保稳定的良好社会环境

按照市委、市政府关于“学习实践科学发展观、弘扬奥运精神、开展领导干部作风建设年”活动的要求，会同有关部门广泛开展“迎接国庆、服务社会、构建和谐、促进发展”主题活动。一是精心组织“三进两促”活动，与开展社区规范化建设试点、社会领域党建试点工作相结合，坚持进城乡社区、进社会组织、进新经济组织，促进科学发展、促进社会和谐；二是精心组织“建设和谐社区、喜迎新中国成立60周年”系列活动，发动广大居民，创建和谐社区、平安社区、共建美好家园；三是深入开展社会组织“立足本职促发展、迎接国庆作奉献”系列活动，进一步激发社会组织活力、充分发挥社会组织在首都经济社会发展中的重要作用，动员社会组织特别是行业协会引导企业增强信心，战胜经济困难；四是积极开展“共克时艰创佳绩，我为发展作贡献”系列活动，充分发挥新经济组织党组织战斗堡垒和共产党员先锋队作用，团结带领新经济组织广大职工为保增长、保民生、保稳定作贡献；五是广泛开展“服务社会展风采，迎接国庆作贡献”系列活动，号召全市广大社会工作者和志愿者为保障和改善民生、服务社会、构建和谐作出新贡献。通过这一系列活动，全面展示首都社会建设的巨大成就，展示首都社会各界群众蓬勃向上、开拓奋进、共克时艰、再创佳绩的精神风貌，努力营造热烈喜庆、欢乐祥和、和谐稳定的社会氛围。

各位领导，同志们，做好2009 年社会建设工作，机遇难得、任务繁重。让我们按照此次会议的要求，在市委、市政府领导下，继续以改革创新的精神，求真务实的态度，认真做好全市社会建设大会和“1 + 4 + X”文件的贯彻落实工作，认真落实2009 年社会建设的各项任务，不断完善新机制，不断取得新突破，不断取得新成效，以优异的成绩迎接新中国成立60 周年！

（此文为市委社会工委书记、市社会办主任宋贵伦2009 年4 月3 日在全市社会建设工作会议上的报告）

时代特征　中国特色　首都特点

——关于北京社会建设的理论思考和实践探索

宋贵伦

引　言

抓住三大机遇，北京社会建设实现了新跨越

"力争用3—5年的时间，初步建立起具有时代特征、中国特色、首都特点的社会建设新格局的基本框架"，这是2008年北京市社会建设大会和加强北京市社会建设"1+4"文件提出的奋斗目标。

党的十七大以来，在市委、市政府领导下，北京市社会建设紧抓历史机遇、大胆创新实践，取得了一系列新成效。

紧紧抓住学习贯彻党的十七大精神的历史性机遇，成立新机构、召开社会建设大会、出台"1+4"文件、提出构建"五大体系"。

紧紧抓住筹办奥运会、残奥会的历史性机遇，广泛动员社会参与，使筹办奥运会、残奥会成为社会建设的成功实践。

紧紧抓住在全党开展深入学习实践科学发展观活动的历史性机遇，努力改善民生，完善政策体系，创新体制机制，寻求重点突破，产生了社会建设的一系列实践成果。

理论探求

确立"四位一体"格局，标志我们党对社会建设的认识达到了新高度

党的十七大，从中国特色社会主义事业全局出发，作出了重大决策和战略部署，强调必须在经济发展的基础上，更加注重社会建设。以党的十七大为主要标志，我们党对社会建设的认识达到了新高度。

（一）标志我们党对中国特色社会主义本质的认识达到了新高度

曾几何时，我们搞过"穷过渡"；我们在民主问题上有过许多偏差；我们批判过"和为贵"，搞阶级斗争扩大化。党的十一届三中全会后，邓小平同志和党中央提出，贫穷不是社会主义，社会主义要消灭贫穷，要以经济建设为中心。这是对中国特色社会主义本质认识的根本上的拨乱反正。紧接着又提出，社会主义要建设精神文明，坚持"两个文明一起抓"；又提出，没有民主就没有社会主义现代化。到了十六届六中全会和党的十七大，党中央又明确提出"社会和谐是中国特色社会主义的本质属性"。从而，经济富强、政治民主、精神文明、社会和谐共同构成了中国特色社会主义的四大本质属性，使党对中国特色社会主义本质的认识达到了新高度。

（二）标志我们党对社会主义建设规律的认识达到了新高度

曾几何时，我们认为，可以通过大跃进、计划经济、阶级斗争建成社会主义。在建设社会主义的过程中走了不少弯路。党的十一届三中全会后，我们党提出，我国正处于并将长期处于社会主义初级阶段，要从这个最基本的国情出发。1992年，邓小平南方谈话和党的十四大提出，要建立和完善社会主义市场经济体制。党的十六届四中、六中全会和党的十七大，又进一步提出了构建社会主义和谐社会的重大战略思想。社会主义初级阶段论、社会主义市场经济论、社会主义和谐社会论，是中国共产党人对马克思主义新的大发展，标志着我们党对中国特色社会主义建设规律的认识达到了新高度。

（三）标志着我们党对社会建设地位的认识达到了新高度

长期以来，社会建设严重滞后于经济建设，这与我们对社会建设地位的认识不到位有关。党的十一届三中全会以后拨乱反正，从“两个文明一起抓”，到十五大提出建设物质文明、政治文明、精神文明“三大文明”，直到党的十七大提出了构建经济建设、政治建设、文化建设、社会建设“四位一体”格局，证明我们党对社会主义建设地位的认识是一个不断深化和完善的过程。

“社会建设”有大、中、小概念之分。大概念的“社会”是指“自然社会”中相对于自然界的人类社会的概念；中概念的“社会”是指“经济社会发展”中相对于经济的一切社会事业；小概念的“社会”，则是党的十七大报告中所说的相对于经济建设、政治建设、文化建设“四位一体”中的社会建设。以党的十六届四中、六中全会特别是党的十七大为标志，我们党对社会建设地位的认识达到了新高度。

（四）标志着我们党对社会建设任务的认识达到了新高度

长期以来，我们对社会建设任务的认识，往往局限于维护社会安定。党的十七大明确提出，社会建设有六大任务：①优先发展教育，建设人力资源强国；②实施扩大就业的发展战略，促进以创业带动就业；③优化收入分配制度改革，增加城乡居民收入；④加快建立覆盖城乡居民的社会保障体系，保障人民基本生活；⑤建立基本医疗卫生制度，提高全民健康水平；⑥完善社会管理，维护社会安定团结。

上述六大任务中，有五大任务是民生问题，而且十七大还把社会管理作为重要任务，特别强调“要健全党委领导、政府负责、社会协同、公众参与的社会管理格局，健全基层社会管理体制”。从而，我们不难看出，党的十七大围绕构建社会主义和谐社会目标，在强调维护社会安定团结的同时，更加强调以保障和改善民生为重点，更加强调以社会管理体制改革创新为动力。因而，十七大提出的六大任务还可以归纳为三个方面：一是加强社会服务，切实保障和改善民生；二是加强社会管理，创新体制机制；三是加强社会动员，构建社会和谐。也就是说，加强社会建设，应该加强社会服务、社会管理、社会动员。以党的十七大为标志，我们党对社会建设任务的认识达到了新高度。

（五）标志着我们党对社会建设方法的认识达到了新高度

应当说，长期以来党和政府是重视社会建设的，但更多的是用宣传教育的方法和社会治安治理的手段。党的十七大，不仅强调要重视宣传教育和社会治安防控的方法，还特别强调要在解决思想问题的同时，更加注重解决实际问题，特别是以人为本，切实保障和改善民生；在加强宣传教育的同时，更加注重健全政策体系，特别是加强体制机制建设。以党的十七大为标志，我们党对社会建设方法的认识达到了新高度。

（六）标志着我们党对社会建设目标的认识达到了新高度

社会建设不是权宜之计，而是长远目标和系统工程。党的十七大明确指出，社会建设要“着力保障和改善民生，推进社会体制改革，扩大公共服务，完善社会管理，促进社会公平正义，努力使全体人民学有所教、劳有所得、病有所医、老有所养、住有所居，推动建设和谐社会”。以党的十七大为标志，我们党对社会建设目标的认识达到了新高度。

思路探讨

构建“五大体系”，初步建立北京社会建设新格局的基本框架

（一）多年来，北京市社会建设取得了明显成效

从20世纪90年代以来，北京市结合大规模城市建设，不断加大城市管理的力度。我认为，至少有如下几项工作产生了广泛而深刻的影响：①以筹办1990年亚运会为契机，北京城市环境整治不断取得新成效；②1998—2005年，北京市委、市政府连续召开五次城管工作会议，不断推进城市管理工作；③2001年北京申奥成功以后，大力实施人文奥运行动计划，不断促进首都社会文明素质和城市文明形象大幅度提升；④2006年开始，在全市广泛开展创建和谐社区、和谐村镇活动，为北京社会建设奠定了坚实的基础。

（二）北京社会建设的出路和动力在改革创新

首都特点，决定了北京社会建设要站在搞好为中央机关服务、为国际交往服务、为科技教育文化发展服务、为全国人民服务的“四个服务”的新高度。国际城市、流动人口多，决定了北京社会建设要面对复杂多变的新情况。社会管理体制落后、政策不完善，决定了北京社会建设要不断研究解决新问题。建设首善之区的目标、不断满足广大人民群众日益增长的对幸福生活的新期待，决定了北京社会建设要有高标准、高要求，也要建首善、创一流。

北京社会建设面临的所有问题，不仅反映在认识问题上，而且集中反映在体制机制不适应和政策不完善上。诸如：社会公共服务政策不完善，社区管理和服务不规范，社会组织管理和服务亟待体制改革，社会工作队伍专业化、职业化程度不高，志愿服务长效机制不健全，社会领域党建工作覆盖面不够、活动方式有待创新等。如同解决经济建设、政治建设、文化建设的问题一样，解决北京社会建设问题的出路和动力也在改革创新。必须以体制机制创新为动力，加快推进北京社会建设。

（三）党的十七大后，北京市社会建设站在了新的历史起点上

报经中央批准，2007年12月2日，中共北京市委社会工作委员会、北京市社会建设工作办公室宣布成立。市委社会工委为市委直属部门，市社会办为市政府组成部门，合署办公。新机构的基本职能，一是研究提出本市社会建设总体规划、重大方案和重要政策；二是制订并组织实施本市社会管理体制改革、社会公共服务和社会领域社会动员体制机制建设的规划和改革措施；三是宏观指导、统筹协调和督促检查本市社会建设重点任务的落实，主要包括以下六个方面：社区建设、社会组织建设、社会工作队伍建设、志愿者工作、社会领域党建工作以及街道管理体制改革等相关工作。两项综合任务、六项具体工作，简称“2+6”职能。从体制改革和机制创新入手，北京社会建设站在了新的历史起点上。

（四）北京奥运会后，召开社会建设大会，出台“1+4”文件，明确提出构建“五大体系”框架

2008年9月25日，北京奥运会、残奥会刚刚闭幕一周，市委、市政府就及时召开了北京市社会建设大会，印发了加强北京市社会建设“1+4”文件，即《北京市加强社会建设实施纲要》和《关于进一步加强和改进社会领域党建工作的意见》、《关于加快推进

社会组织改革与发展的意见》、《北京市社区管理办法（试行)》、《北京市社区工作者管理办法（试行)》。

《北京市加强社会建设实施纲要》明确提出，在为人民群众提供更多更好的公共产品和公共服务的同时，力争用3—5年的时间，初步建立起具有时代特征、中国特色、首都特点的社会建设新格局的基本框架：①构建社会公共服务体系，进一步保障和改善民生；②构建社区管理体系，进一步夯实社会建设基础；③构建社会组织管理体系，进一步激发社会活力；④构建社会工作运行体系，进一步增强社会建设合力；⑤构建社会领域党建体系，进一步扩大党组织和党的工作覆盖面、影响力。

（五）“1+4”文件，还围绕社区建设、社会组织建设、社会工作队伍建设、志愿者工作、社会公共服务、社会领域党建工作，在管理体制改革、工作机制创新方面提出了一系列新思路

第一，社区建设按照“一分、三定、两目标”的思路深化管理和服务体制改革。“一分”，即将社区服务站与社区居委会职能分开，社区服务站主要承担政府公共服务职能，社区居委会主要承担居民自治职能；“三定”，即确定社区党组织、社区居委会、社区服务站的工作任务、工作人员和工作经费；“两目标”，即建设一支专业化、职业化的社区工作者队伍，建设现代化、规范化的新型社区，从而促进社区管理、社区服务、社区自治上水平、上台阶。

第二，社会组织建设按照构建“枢纽型”社会组织工作体系的思路，深化管理和服务体制改革。以人民团体等大型专业化社会组织为骨干，构建20个左右“枢纽型”社会组织，按业务性质进行分类管理，逐步实现政社分开、管办分离，逐步走上社会组织自我发展、自我管理的道路。一是授权“枢纽型”社会组织承担业务主管单位职责，对同类别、同性质的社会组织进行业务管理和日常服务；二是积极扶持“枢纽型”社会组织发挥业务龙头作用，联合同类别、同性质社会组织更大、更快、更好地发展业务；三是大力支持“枢纽型”社会组织成为党和政府联系社会各界的桥梁和纽带，在党组织正确领导、政府大力支持、社会各界协同、公众广泛参与下，共同推动科学发展、构建社会和谐。

第三，社区工作者队伍建设紧紧围绕专业化、职业化目标深化管理和服务体制改革。一是规范待遇，参照全额拨款事业单位标准，提高待遇，使社区工作者成为令人羡慕的职业；二是规范招录，社区服务站工作者按照公开、公平、公正的原则进行招录，社区党组织和社区居委会工作者依法进行选举，把具有大专以上学历、年轻有为、德才兼备的人才更多地吸引到社区工作者队伍中来；三是规范管理，纳入全市干部培养和人才管理规划，建立促进社会工作者培养、评价、使用、激励工作机制，使社会工作者成为既“留得住”，又“流得动”的职业。

第四，志愿者工作按照“转化奥运志愿者成果、建立健全志愿者服务有效机制”的思路深化改革。在继续搞好重大活动志愿者服务的同时，形成经常性志愿服务体制和应急性志愿服务机制。

第五，以不断扩大政府购买社会公共服务为目标，不断完善社会公共服务体系。

第六，以扩大党组织和党的工作覆盖面、改进创新工作方式为目标，进一步加强和改进社会领域党的建设。逐步形成党委领导、组织部门指导、社会工委具体负责、各部门相互配合的工作体制，逐步形成社区党建以区域管理为主、社会组织党建以分类管理为主、新经济组织党建以分层管理为主的工作格局，力争用3—5年的时间实现社会领域党组织和党的工作全覆盖。

实践探索

抓重点、抓协调、抓落实，北京社会建设实现了一系列新突破

（一）以实现“五无”目标为突破口，切实保障和改善民生

两年来，市委、市政府以实现“无零就业家庭、无城镇危房户、无重大重复上访户、无拖欠工资问题、无社会救助盲点”等“五无’目标为突破口，不断取得保障和改善民生的新成效，出台了一系列覆盖城乡的社会保障和利民惠民政策，产生了良好反响。

（二）以筹办奥运会、残奥会为契机，动员社会广泛参与社会建设实践

一是把筹办奥运会的过程，当做社会广泛动员的过程，使奥运会的成功举办成为社会建设的成功实践；二是把筹办奥运会的过程，当做构建社会和谐的过程，广泛开展“迎奥运、讲文明、树新风，我参与、我奉献、我快乐”活动，广泛动员社区、社会组织、新经济组织、社会工作者和志愿者积极参与“构建社会和谐、喜迎奥运盛会”系列活动和奥运志愿服务活动；三是把筹办奥运会的过程，当做建设新北京的过程，将筹办新奥运与建设新北京有机结合起来，将人文、科技、绿色的新奥运三大理念转化为新北京的三大理念，发展成为建设繁荣、文明、和谐、宜居的首善之区的主要工作思路。

（三）搭建“五大工作网络”，进一步形成体制机制建设新成果

一是成立北京市社会建设工作领导小组及其办公室。领导小组包括市委、市政府38个成员单位。办公室设在市委社会工委、市社会办，有8个成员单位。建立领导小组办公室主任工作例会制度，形成协调市级单位的工作机制。二是各区县成立社会工作机构，并建立健全区县社会工委书记、社会办主任例会制度，形成协调区县工作的机制。三是建立健全“枢纽型”社会组织负责人联席会议制度，形成协调社会组织的工作机制。四是建立社会建设信息中心，并与首都媒体进行互联互动，在社区、“两新”组织中确定90个信息直报点，搭建宣传报道和社会舆情分析平台。五是与清华大学、中国人民大学、北京师范大学、中国青年政治学院、北京工业大学、首都师范大学、北京市社科院共建7个北京社会建设研究基地，形成社会建设研究网络。

（四）陆续出台一系列配套文件，不断完善“1+4+X”政策配套体系

这主要包括：《关于推进社区规范化建设试点工作的实施方案》、《关于构建市级“枢纽型”社会组织工作体系的暂行办法》、《关于加强和改进市级社会组织设立工作的实施办法》、《关于选聘高校毕业生到社区工作的实施意见》、《关于加强和改进志愿者工作的意见》、《关于在全市开展社会领域党建试点工作的意见》和《关于建立健全全市社会建设工作协调机制的实施意见》等。另外，《北京市社会组织管理办法》、《北京市志愿者管理办法》、《北京市社会工作者培养、评价、使用、激励工作实施办法》、《北京市社会建设专项资金管理办法》、《北京市社会领域党建工作管理办法》等规范性、政策性文件也将陆续印发。

（五）抓住一系列关键问题不断取得重点突破

第一，以社区规范化建设试点工作为突破口，推进社区管理和服务体系建设。主要做了两项工作：一是圆满完成了全市社区党组织、社区居委会换届工作。在选出的22 000多名社区工作者中，48.3%为新人，其中大专以上学历者占54.2%，比上届上升了26%，党委书记、居委会主任大专以上学历占70%以上，比上届提高了16%，知识结构进一步优化，平均年龄也下降了2.5岁，直选比例也大大扩大。二是在全市600个社区进行了规范化建设试点，从7个方面26项内容100多个指标进行规范化试点，并投资

新建350个350平方米以上的社区居委会和社区服务站，改善办公用房和服务用房问题。今后两年将进一步扩大试点范围，用3年时间使全市近2 600个社区达到软件和硬件的规范化标准。

第二，以构建“枢纽型”社会组织工作体系为核心，推进社会组织管理和服务体系建设。主要做了两项工作：一是确认市总工会、团市委、市妇联、市科协、市残联、市侨办、市红十字会、市文联、市法学会、市社科联等10家人民团体为首批市级“枢纽型”社会组织。明后两年，再确认、新建或改造提升10个左右的市级“枢纽型”社会组织，基本完成“枢纽型”社会组织工作体系构架工作。二是从2009年4月份开始，启动社会组织审批“一站式”服务机制。不断完善“一口审批、分类规范、政府监管、扶持发展”的工作体制。

第三，以专业化、职业化为目标，加快推进社会工作者队伍建设。主要做了两项工作：一是加大培训力度，举办了区县局领导干部社会建设培训班，全市区县社工委书记、社会办主任培训班，全市街道工委书记培训班，全市街道办事处主任培训班，全市“两新”组织党委书记培训示范班等。二是选聘高校毕业生到社区工作，大力实施“大学生社工计划”。面向首都高校应届毕业生选聘1 984名，面向服务合同期满的“大学生村官”选聘了492名，面向社会选聘2 233名大专以上毕业生，共计4 709名。其中，硕士、博士研究生750多人，党员1 471名。明后两年，进一步加大工作力度，力争经过3—5年的努力，使全市社区工作者具有大专以上的工作人员达到90%左右，具有社会工作专业职称的达到50%以上，基本实现社区工作者专业化、职业化。

第四，以转化奥运志愿者工作成果、建立健全志愿者工作长效机制为目标，加强和改进志愿者工作。主要做了两项工作：一是召开了全市志愿者工作大会，出台了加强和改进志愿者工作的意见，对转化奥运志愿者成果、建立健全志愿者工作长效机制进行了全面部署。二是决定将北京志愿者协会改造提升为北京市志愿者联合会，确认为市级“枢纽型”社会组织。《北京市志愿者管理办法》出台后，将进一步推动志愿者工作长效机制建设。

第五，以建立社会建设专项资金制度为基础，进一步完善社会公共服务体系。重点加强体制机制创新，发挥财政资金引导作用，推进政府购买社会公共服务。今后将进一步加大工作力度。

第六，以三项试点工作为抓手，努力扩大社会领域党建工作覆盖面。一是开展了在街道层面建立社会工作党委试点工作，建立由街道工委和驻区单位、“两新”组织党组织负责人组成的街道社区党组织，逐步实现党组织和党的工作在街道社区的全覆盖。2009年初以来，全市138个街道已有98个街道建立了社会工作党委，年底前将全部建立。二是在商务楼宇（写字楼）开展建立社会工作党组织（社会工作服务站）试点工作。将党组织建在商务楼宇，将政府公共服务延伸到商务楼宇，将群团工作也引进商务楼宇，逐步实现党组织和党的工作、社会服务工作在商务楼宇的全覆盖。2009年以来，全市1 237座商务楼宇中，已建立了560个党建工作站（社会工作站），预计2010年底实现全覆盖。三是在“枢纽型”社会组织中开展建立社会组织党委试点工作。按照分类管理和党建业务一起抓的原则，由“枢纽型”社会组织将所属协会（学会、研究会）的业务工作和党的工作统筹协调起来，逐步实现党组织和党的工作在社会组织中的全覆盖。这项工作将在2010年底前完成。另外，结合开展第三批深入学习实践科学发展观活动，在全市新经济组织中开展党建工作“五个好”示范点创建活动也已启动，典型引路，以点带面，逐步扩大党组织和党的工作在新经济组织中的覆盖面。

结 语

北京社会建设还要继续“摸着石头过河”，力争2010年迈上新台阶

以上个人的认识还很粗浅。北京社会建设工作也刚刚起步，还要继续“摸着石头过河’。要进一步坚持以科学发展观为指导，努力探寻时代特征、中国特色、首都特点的社会建设规律，继续进行理论创新和实践探索，不断开创北京社会建设新局面，力争实现去年打基础、今年有突破、明年上台阶的目标，为实现“人文北京、科技北京、绿色北京”战略构想，建设繁荣、文明、和谐、宜居的首善之区作出新的更大贡献！

（此文作者为市委社会工委书记、市社会办主任，原载2009年4月18日《北京日报》）

关于国际行业组织在北京市入驻发展情况的调查报告

王力军

改革开放以来，尤其是我国加入WTO以后，国（境）外和我国香港地区行业组织进驻中国大陆的步伐加快。北京作为首都，在政治、经济、科技、文化等方面具有独特优势，近年来逐渐吸引和聚集了越来越多的国际行业组织。为进一步了解和掌握这类组织在北京市的有关情况，市委社会工委、市社会办近期协调市公安局、商务局、工商局、外办以及中关村管委会等部门和单位，开展了专题调研。现将有关情况报告如下。

一、国际行业组织对于推动一个地区的经济繁荣与发展具有重要意义

在经济全球化背景下，国际行业组织在推动世界经济交流、促进国际贸易发展等方面扮演着越来越重要的“角色”。作为跨国性的行业联合组织，这些机构在信息沟通、协调合作、资源整合、要素配置等方面具有明显优势，对于吸引国际投资、扩大贸易合作、促进经济发展等具有较强的引领、示范和助推作用。正因如此，世界上很多城市都将吸引这类组织入驻作为重要的经济发展措施，并将其入驻规模和质量作为一个城市国际化、现代化的重要标志之一。纽约、东京、巴黎和我国香港等地，已经会聚了一大批这类组织，呈现出较强的国际竞争力和发展活力。我国内地深圳、上海、广州等城市近年来也积极采取措施，致力于引进这类组织入驻发展，如上海在2006年以“半岛国际中心大厦”为载体，建立了全国首个“国际行业组织总部聚集区”，目前已有10多个国际行业组织及我国全国性行业协会总部进驻，聚集效应正逐步显现。

近年来，北京市大力发展“总部经济”，吸引了大批国际企业总部进驻，进一步推动了北京市的产业结构升级和城市功能提升。市委、市政府在《北京市国民经济和社会发展第十一个五年规划纲要》中明确指出：“要进一步完善政策环境，大力发展总部经济，积极吸引跨国公司在京设立地区总部，积极争取国际组织在京设立分支机构和总部，进一步提高北京的国际吸引力、影响力和竞

争力。”据此，北京市在大力引入国际企业总部的同时，也应该积极采取措施，为国际行业组织入驻创造宽松环境，这对于进一步丰富“总部经济”的内涵、全面提高北京市对外开放的质量和水平、建设现代化国际城市具有重要意义。

二、入驻北京市的国际行业组织基本情况

按照成员构成和活动范围划分，目前进驻北京市的国际行业组织大体可以分为以下三类：一是全球性行业组织，致力于在全球范围内开展活动，成员来自于世界不同国家和地区，如国际航空电信协会；二是区域性行业组织，成员主要来自某一特定的国际区域，如欧洲汽车工业协会；三是外国或我国港澳台地区的行业组织，成员仅限于某一国家或我国港澳台地区。

（一）数量分布情况

据初步统计，目前在北京市正式设立办事机构的国际行业组织共有227家。其中，全球性行业组织5家，分别是：国际竹藤组织、国际航空运输业协会、国际航空电信协会、国际唱片业协会和国际铜业协会；区域性行业组织1家：欧洲汽车工业协会；外国及我国港澳台地区行业组织221家。按照行业类别划分，这些国际组织包括了电子科技、商业流通、金融服务、工业生产等各个门类；按照工作性质划分，主要涵盖了贸易促进、能源开发、技术合作和知识产权保护等多个方面。221家境外行业组织共涉及34个国家和地区，其中数量较多的分别是：美国49家，中国香港32家，日本18家，韩国14家，英国14家，法国12家，德国6家，以上共计145家，占总数的65.6%。

（二）进驻北京市的主要形式

国际行业组织在一个国家、地区或城市开展活动，通常有两种形式：一是建立“总部”，如国际饲料工业联合会总部设在英国伦敦；二是设立代表机构（办事处），如国际航空运输业协会在北京设立办事处。其中，国际行业组织在考虑其总部所在地时，主要根据其事业宗旨、成员构成、活动范围、发展领域等各类因素综合确定，一般情况下，将总部设在发起国（地区）、主流业务所在地以及注册登记地的情况较多。美国、欧洲和我国香港等地凭借其在国际和区域经贸领域中的特殊地位，成为国际行业组织总部较为集中的国家和地区。北京在发展“总部经济”方面，各项政策的着力点主要集中在跨国企业方面，目前尚无国际行业组织总部进驻。

设立办事处，是目前国际行业组织进驻北京市的主要形式。办事处是一个组织在有关国家或地区设立的常驻代表机构，是该组织有关事务和职能的延伸，不具有独立法人地位，但要经所在国家或地区政府的批准或登记。目前，国际行业组织申请在北京设立办事处，一般要经北京市商务、科技、知识产权等有关行业主管部门批准，在工商部门注册登记（证券、银行等特殊领域的国际行业组织由国务院有关部门负责审批）。

（三）开展的主要活动

国际行业组织在核准登记的业务范围内开展工作。从进驻北京市的国际行业组织实际情况来看，大多希望借助北京作为首都的优势，进行有关联络、协调和服务，主要在以下几方面发挥作用：一是帮助会员开拓中国市场，如国际航空运输业协会北京办事处负责国际航运产品、服务在中国的推介，了解和分析中国有关政策动向和市场需求，促进这一领域的国际合作；二是协调与政府的关系、推广国际行业标准，如欧洲汽车工业协会北京代表处就汽车尾气排放及交通安全标准等问题与政府有关部门进行协调和合作，谋求共识；三是推进知识产权保护工作，如国际唱片业协会北京办事处就保护唱片著作权以及著作权贸易等事宜，与政府部

门及国内唱片企业进行协调、联络；四是提供咨询服务、搭建交流平台。此外，一些组织在推进经济技术项目合作、组织国际行业发展论坛、提供会展服务等方面也发挥了一定作用。

三、北京市在对国际行业组织进行管理和服务方面存在的主要问题

目前，在协调国际行业组织入驻发展方面，我们的管理经验总体上还较为缺乏，工作的法制化、制度化和规范化水平还不高，一定程度上影响和限制了国际行业组织健康、有序、规范地在京入驻发展。

（一）法律法规滞后

根据1980年国务院《关于管理外国企业常驻代表机构的暂行规定》，国际行业组织驻华机构作为“企业以外的其他经济组织”，在工商部门注册登记。国务院关于社会团体、民办非企业单位和基金会的三个《条例》仅适用于国内的各类社会组织。因此，与其他国际非政府组织一样，国际行业组织进驻大陆以后，在法律上不能获得“社会组织”的身份，而主要以“企业”的形式开展活动，法律地位尴尬，缺乏明确的规范和指导。

（二）监管体系不健全

目前，北京市负责国际行业组织有关事务的主要是国家安全、公安、外事、工商、商务、税务以及有关行业管理部门。这些部门的工作各有侧重，彼此间尚未建立起有效、规范的沟通协调和信息通报机制，力量比较分散。同时，工作中更多是以登记代替管理，日常监管薄弱，很难及时、全面、有效地掌握这类组织的有关日常情况。

（三）主动联系和服务的意识不到位、渠道不畅通

总体上，对国际行业组织在国际经济中的影响力和号召力认识不足，没有建立起必要的联系、协调、服务和合作机制。国际行业组织所具有的多方面功能没有充分发挥，还没有很好地融入北京市的经济建设及有关工作中来。

四、对促进国际行业组织在北京市入驻发展的思考和建议

随着对外开放的不断深入和经济实力的进一步增强，国际行业组织大量进入北京市的趋势会越来越明显。针对这一情况，我们认为，一方面，要积极应对，探索有效的工作方式，引导国际行业组织发挥积极作用，尤其是在扩大经贸交流、提升北京国际竞争力方面发挥重要作用；另一方面，要树立敏感意识，充分考虑我国的政治体制、转型时期的基本国情以及国际组织的复杂背景，服从和服务于国家的安全、外交等整体工作需要，妥善做好国际行业组织的管理工作。在国家尚未出台这方面法律法规的情况下，结合北京的工作实际，可以在以下几个方面做一些必要的探索。

（一）建立国际行业组织管理服务工作的统筹协调机制

建立由国家安全、公安、外事、税收、工商、商务、社会建设、民政以及有关经济职能部门参加的联席会议制度，进一步明确各部门的职责分工，定期沟通情况，研究相关政策，协同推进此项工作。

（二）统筹考虑引入国际行业组织总部工作

可以结合丽泽商务区、总部基地、CBD商务中心区、金融街、中关村科技园区等重点功能区的建设工作，规划设立北京国际行业组织“总部聚集区”，提供必要的优惠政策，吸引符合北京市产业发展方向、国际知名度高、影响力大、服务能力强的国际行业组织总部及其办事处进驻，进一步丰富“总部经济”的内涵。

（三）推进北京市行业组织与国际行业组织的合作与交流

通过论坛、会议、互访等形式，搭建双方学习交流的平台。学习借鉴国际行业组织的先进管理经验，提高北京市行业组织的管理水平和服务能力。鼓励北京市有条件的行业协会在国家政策允许的情况下加入有关国际行业组织，参与国际经济活动，逐步提高北京市有关行业和企业的国际话语权和国际竞争力。

（此文为时任市委社会工委副书记、市社会办副主任王力军2009年5月撰写的调研报告）

发挥首都人才智力优势　加快社会建设理论创新

——对北京社会建设研究基地发展建设的思考

张　坚

为解决社会建设重大理论与现实问题，推动首都社会建设科学发展，市委社会工委先后与清华大学、中国人民大学、首都师范大学、中国青年政治学院、北京社会科学院、北京工业大学、北京师范大学合作共建了7个社会建设研究基地。这是市委社会工委借助首都智力资源与人才优势，加强理论实践结合，加快政策理论创新，推动科学决策，推进科学发展的优化合作模式。

各研究基地成立以来，合作院校高度重视，给予必要的人力、物力和财力支持，分别以课题研究、学术报告和举办论坛、研讨会等多种形式，积极开展学术研究和交流活动，清华大学、中国青年政治学院研究基地分别举办“北京城市发展与社会建设论坛”、“首都社会工作人才发展论坛”，中国人民大学、清华大学研究基地分别与有关国家高校和科研机构共同举办“2008都市管理还是治理——中欧对话”国际研讨会、“中法城市发展的比较研究”学术研讨会；首都师范大学研究基地围绕新农村建设开展课题研究，编印《研究通讯》反映研究动态和成果；相关研究基地专家先后在北京市纪念改革开放30周年“北京社会建设与管理体制改革论坛”作专题演讲，为全市街道工委书记、主任培训班和局级领导干部社会建设专题研讨班作重点授课，为区县、街道和社区社会建设献计献策。

市委社会工委以研究室为基础专门成立办公室，具体负责研究基地日常协调工作，先后制定研究基地工作制度、项目管理办法等，规范基地建设与项目研究；把合作共建研究基地纳入全市社会建设“五大协调机制”，充分发挥其理论创新、决策服务等功能；积极探索合作双赢渠道，主动为研究基地建设创造条件，为其课题研究和学生实习提供调研、实践基地；专门与市社科规划办座谈交流，协调解决研究规划项目申请、资助等事宜；先后3次召开研究基地座谈会，研究基地发展建设，推进项目研究开展。

针对目前大部分研究基地存在研究经费严重不足、研究力量相对薄弱分散、合作模式和工作机制有待完善等主要问题，通过多次调研和座谈交流，初步形成今后研究基地建设的基本思路，以及合作目的与原则、研究重点方向和推进工作对策措施的初步意见。

一、关于合作目的与原则

本着发挥优势、突出重点、广泛合作、相互推动的要求，合作共建研究基地以品牌化建设、规范化管理，创新型研究、探索性实践，项目化运作、长效化支持，双赢式合作、互动式发展为总体思路，以理论创新、决策服务、人才培养、互惠双赢为合作目的，以研究基地共同建设、研究题目共同商定、研究过程共同参与、研究成果共同享有为合作原则，使合作成果记录首都社会建设工作轨迹，反映社会建设理论研究最新进展，汇集首都社会建设工作新鲜经验，提供国外相关研究前沿和实践动态。

二、关于研究方向和重点

根据合作高校和科研机构的学科优势和学术力量，经双方商定，清华大学北京城市发展与社会建设研究院重点研究方向是“宜居北京”；中国人民大学北京社会建设研究院重点研究方向是“人文北京”；首都师范大学首都新农村社会与文化建设研究中心重点研究方向是“绿色北京”；北京师范大学北京社会建设研究院重点研究方向是社会政策；北京工业大学北京社会建设研究院重点研究方向是“科技北京”；中国青年政治学院北京社会工作人才发展研究院重点研究方向是社工人才；北京社会科学院北京社会管理研究中心研究重点方向是社会管理。

各研究基地围绕重点研究方向，发挥自身学科优势和学术力量，紧密结合首都社会建设重大理论和现实问题，选准突破口，找准切入点，抓住社会建设实践中重点难点问题和群众普遍关注的热点焦点问题，深入调查研究，不断总结探讨，理论结合实际，积极建言献策，有效解决问题，推动改革创新，推进科学发展，促进社会和谐，为加快建设“人文北京、科技北京、绿色北京”，建设繁荣、文明、宜居、和谐的首善之区作出新的更大的贡献。

三、关于合作共建需要处理好的若干问题

为更好地推进双方合作共建，需要处理好以下10个方面关系。

一是处理好“点”与“面”的关系，研究基地既要突出重点、发挥自身优势，又要在共性研究领域有所建树；二是处理好“计划”与“市场”的关系，在有限项目计划的基础上，发挥市场优势调动各方积极性，广泛吸纳各高校、研究机构的优秀研究成果；三是处理好“资助”与“奖励”的关系，在市委社会工委和有关部门重点资助的研究项目基础上，发挥奖励机制激励研究基地多出优秀成果；四是处理好“结果”与“过程”的关系，既要重视年度研究报告的编写，又要把有利于科学决策的阶段性成果及时上报；五是处理好“成果”与“信息”的关系，在保证年度项目研究成果高质量的基础上，按照出精品、创品牌的要求办好社会建设研究信息，给市委、市政府乃至中央领导提供决策参考，并根据领导指示开展重点课题攻关；六是处理好“系列成果”与“重点课题”的关系，编撰综合报告展示全市社会建设水平的同时，依托各研究基地出版社会建设系列丛书，系统反映首都社会建设理论和实践成果；七是处理好“研究”和“交流”的关系，建立沟通交流机制，搭建信息交流平台，以论坛、会议、简报等形式促进研究基地相互交流；八是处理好“学术”与“决策”的关系，把理论研究与决策服务相结合，使理论研究成为教学参考，决策研究成为市委、市政府乃至中央决策参考；九是处理好“研究基地”与“实践基地”的关系，社会建设领域成为研究基地调研、实训基地，研究基地运用自身资源开展社会工作者培训，提升实践能力与专业化水平；十是处理好“实际部门”与“研究机构”的关系，市委社会工委各处室、各

区县等实践部门与研究基地之间加强联系，实现理论资源与实践资源的有机整合、相互促进与合作双赢。

四、关于推进工作的主要措施

（一）建立“管理规范+服务到位”的日常工作方式

搞好研究基地建设，首要的是做好服务管理。积极探索合作方式和共建模式，市委社会工委进一步完善研究基地工作办公室制度，加强与各研究基地的日常联系和具体协调工作；各研究基地进一步明确负责人、联系人，负责研究基地日常工作及与市委社会工委的日常联系和协调事宜。双方共同制定和完善《研究基地工作制度》、《研究基地工作办法》、《年度项目管理办法》等制度规范，推动研究基地建设与管理规范化发展。强化服务与合作意识，市委社会工委以各种方式为研究基地开展工作和项目研究提供方便、创造条件，研究基地以研究、咨询、建言等相关方式为首都社会建设服务，为市委、市政府决策服务。

（二）构建“研究基地+实践基地”的合作共建方式

合作共建的关键是双方作用发挥和优势互补。双方加大合作支持力度，突出各自优势发挥，注重资源整合共享，市委社会工委为研究基地提供研究支持，在社会建设领域建立专家调研、学生实训基地，各研究基地发挥自身优势开展社会建设研究，运用自身资源开展社会工作培训，使研究基地成为政策理论创新、专门人才培训基地，共同打造和提升“双基地”建设与品牌。

（三）完善“前瞻课题+现实急需”的选题立项方式

研究基地围绕各自优势和研究重点，坚持把理论研究与具体实践、前瞻性研究与解决现实问题有机结合起来，采取市委社会工委重点研究项目引导和“重大规划项目带子课题”方式进行选题立项，由市委社会工委组织专家评审后，统一打包向市社科规划办申报，立项为市级社会建设研究规划项目。

（四）实施“研究基地+实践部门”的课题研究方式

课题项目是研究基地发展的立足点和落脚点。为确保研究基地的课题项目贴近实际、研究成果切合实际，推动社会建设重点改革，推进现实问题解决，项目申报时必须选择北京市社会建设相关部门或区县、“枢纽型”社会组织等实践部门，作为项目合作单位，达到共同申报、共同研究、相互支持、相互推动的研究目的。

（五）探索“项目资助+成果奖励”的经费支持方式

经费支持是课题项目实施的重要保障。市委社会工委参照市社科规划办、市教委支持哲学社会科学研究基地的办法，帮助研究基地解决项目支持经费。为鼓励研究多出成果、成果多出精品，把项目支持经费分成资助资金和奖励资金，其中70%用于项目资助、30%用于优秀成果奖励，这样既能避免发生项目研究质量问题，又能形成竞争激励机制。

（六）运用“专家顾问+研究基地”的决策服务方式

整合力量、集成智慧是研究基地发展的加速器和倍增器。把市社会建设专家顾问团与研究基地有机结合开展工作，依靠专家顾问团指导基地建设和评估研究成果，科学整合与集成各方智力资源和优势，共同推动政策理论创新和现实问题解决，充分发挥专家顾问和研究基地的参谋咨询、建言献策、理论创新的作用，形成“专家顾问团+研究基地”的决策服务机制。

（七）发挥“高峰论坛+定期信息”的交流宣传方式

交流和宣传是打造品牌、提升影响力的重要手段。市委社会工委拟每一两年定期举办“北京社会建设高峰论坛”的同时，创办《社会建设研究》内刊，及时刊发研究基地阶段性研究成果，报送市领导、市社会建设工作领导小组成员单位和专家顾问团成员及各研究基地，供决策和研究参考。同时，市委社会工委“北京社会建设网”开设“北京社会建设研究基地”专栏，及时反映研究基地建设与研究动态。

（八）形成“专题报告＋综合报告”的成果展示方式

成果展示有效增加了社会认知度。各研究基地将年度研究成果编辑成书，以“专题报告”形式出版；市委社会工委每年编辑包括政策篇（包括重要文件和领导讲话）、理论篇（包括研究基地与市委社会工委的研究成果）、实践篇（包括市委社会工委和区县典型经验材料与调研报告）、借鉴篇（包括国内外社会建设最新理论观点）的“综合报告”，统一纳入《北京社会建设系列丛书》出版，形成“专题报告＋综合报告”成果展示品牌。

（此文为市委社会工委委员、市社会办副主任张坚2009年7月撰写的调研报告）

社区治理的新实践：社区规范化建设

吴群刚

推进社区建设，对于完善社会管理，增强社会服务功能，提高基层群众生活水平和生活质量，促进经济和社会协调发展等方面具有十分重要的意义。

一、社区规范化建设的理论基础：基于良治的分析

（一）社区与社区建设的基本概念

在现代社会学中，关于社区并无一个统一的概念。迄今为止，对社区概念的解释多达140多种。在这些定义中，社区被界定为群体、过程、社会系统、地理区划、归属感和生活方式，等等。根据民政部有关文件的界定，社区是指聚居在一定地域范围内的人们所组成的社会生活共同体。目前城市社区的范围，一般是指经过社区体制改革后作了规模调整的居民委员会辖区。社区建设是指在党和政府的领导下，依靠社区力量，利用社区资源，强化社区功能，解决社区问题，促进社区经济、政治、文化、环境协调和健康发展，不断提高社区成员的生活水平和生活质量的过程。

社区的基本要素有：一是有一定的地域；二是有一定的群体；三是有一定的组织形式、共同的价值观念、行为规范及相应的管理机构；四是有满足成员的物质和精神需求的各种生活服务设施。

随着我国经济社会的快速发展和改革的不断深化，城市社区已经由过去的单纯居民居住点，转变为各种社会群体的集聚点、各种利益的交会点、各种社会组织的落脚点、各种社会矛盾的聚集点、人与社会的交融点和社会生活的支撑点。作为社会的基本组成单元，社会的生活需求、利益关系、群体矛盾、阶层结构和运行逻辑，在社区都有对应的表现。加强社区建设已经成为党和政府联系人民群众的重要纽带，是构建和谐社会的重要基石。

（二）社区建设的发展历程

随着我国经济体制改革的不断深入，社区建设经历了一个复杂的变化过程。先是计划经济体制下的“单位制”的兴盛，后随着计划经济向市场经济体制的转型，社区建设

开始向社区制发展。这后一个阶段，又可以划分为启蒙期和探索期。

1. “单位制”的兴盛期。

中华人民共和国成立伊始，我国实行的是依靠计划控制手段配置经济资源、权力高度集中的计划经济体制，从1950年起，这种高度集权的计划体制开始从单纯的经济领域扩展至社会生活的各个领域，单位社区化①发展，社区处于边缘化的状态，以“单位”②为基本调控单位和资源分配单位的组织形式建立，发挥着超越社区的诸多功能。单位与个人之间属于支配与依赖的关系。这种单位制的社区建设形式从中华人民共和国成立之初开始起步，在20世纪的六七十年代进入全盛时期。

2. “社区制”的启蒙期。

20世纪70年代末，随着计划经济向市场经济体制的转轨，传统的很多“单位”成为自主经营、自负盈亏的市场主体，大量的社会职能从“单位”职能中分离出来，“街居”在社区管理中承担了越来越重要的角色，并由此推动了社区服务意识的产生和推广，“社区制”进入启蒙期。1985年，国家民政部门开始积极推动社区服务工作，并于1986年正式提出在城市开展社区服务的构想，第一次把社区的概念引入实际生活。在此后的10多年间，社区服务意识得以在全国普及和深化。由于在这一时期，对社区治理模式的实践性探索并没有真正展开，但社区服务的深入开展仍为社区治理模式的探索奠定了坚实的基础，因此，我们把这一阶段称为“社区制”的启蒙期。

3. “社区制”的探索期。

到20世纪90年代末期，我国的社区建设进入了前所未有的发展高峰，“社区建设热”兴起，特别是1999年民政部启动“全国社区建设试验区”试点工作，2000年中共中央办公厅、国务院办公厅转发《民政部关于在全国推进城市社区建设的意见》（中办发〔2000〕23号）之后，北京、深圳、上海、广州、沈阳等各大城市都在借鉴西方经验的基础上，探索不断解决社区管理问题的办法，陆续涌现出许多各具特色的社区治理模式，如上海卢湾模式、沈阳模式、深圳盐田模式、青岛模式、大连模式、江汉模式、鲁谷模式、福田模式等，这些模式为新时期完善我国社区治理提供了宝贵的实践经验。

北京是全国开展社区工作较早的城市之一。从社区服务与社区建设发展演变过程来看，可分为以下四个阶段。

第一阶段：社区服务起步阶段（1986—1994年）。以1986年北京市开始举办社区服务业为标志，将社区服务从专为民政对象等特殊困难群体提供纯福利性的无偿服务扩展为“立足民政，面向社会”的服务，社区服务开始步入依法发展的规范化轨道。

第二阶段：社区服务加快发展阶段（1995—2000年）。以1995年12月市政府办公厅印发的《关于加快发展社区服务事业的意见》为标志，社区服务事业得到很大发展，社区服务由福利性的服务转变为面向社区全体居民服务，初步形成以设施服务与社会互助服务有机结合为基本模式，立足社会，面向居民的全方位、综合性、多层次的服务格局，为全面推进社区建设奠定了良好的基础。

第三阶段：社区建设全面推进阶段（2001—2004年）。以2001年6月为贯彻落实《民政部关于在全国推进城市社区建设的意见》而召开的全市第三次城市管理工作会议为标志，社区自主权明显加大，自我管理能力有所提高，社区基础设施建设大大改善，社区建设全面推进，为社区建设向更深层次

① “单位社区化”有两层意思：一是单位和社区在城市地理空间上的重叠；二是通常所说的“单位办社会”，用单位的多元化功能取代了社区功能。

② “单位”是中国城镇居民对自己隶属于其中的国营、集体性质的社会组织——工厂、商店、学校、医院、党政机关等的统称。

发展奠定了基础。随着民政部《关于在全国推进城市社区建设的意见》的出台，全国范围内的“社区建设”取代了“社区服务”广泛开展起来，在政府的推动和社区居民的参与下，我国城市社区建设由试点进入到全面推进阶段，北京市的社区建设也同时进入到全面推进阶段。

第四阶段：社区建设纵深发展阶段（2005年以来）。以2005年8月市委、市政府下发的《关于建设和谐社区和谐村镇的若干意见》为标志，明确了建设和谐社区的总体要求、主要任务、体制机制保证等，社区各项事业蓬勃发展，在政策、财政等方面政府加大了倾斜和投入，社区建设向纵深发展。特别是以2007年12月成立全市社会工作机构和2008年9月召开的全市社会建设大会以及印发的社会建设“1+4”文件为标志，北京市社区建设工作进入了一个重在“规范提高”的新的发展阶段。

（三）社区治理的基本理念与特征

从我国社区建设的发展历程可以看出一个鲜明的特点，就是从强调社区的“管理”逐步向强调社区“治理”转变。现代社区管理实质上是社区治理。

所谓“社区治理”，是指在一定的地域范围内由党委、政府与社区自治组织、非营利组织、辖区单位以及社区居民共同管理社区公共事务、推进社区持续发展的活动。社区治理可以理解为是治理理论在社区层面上的运用。与我国过去的政府或准政府机构对城乡基层社会的统治或管理不同，社区治理的特征在于以下几个方面。

1.（主体多元化）就主体而言，由单一化转变为多元化。

我国过去在对基层社会的管理中，管理主体是单一的政府。而在社区治理中，主体的多元化是必然要求，除了国家（政府）主体之外，还有居民、社区自治组织、非营利组织、辖区单位等。因此，社区的公共事务需要多元主体的参与和决策，政府与社区之间要形成积极而有成效的合作信任关系，以善治为目标，实现社区公共利益的最大化。

2.（过程互动化）就过程而言，从强调行政控制到强调共同参与。

我国过去的基层社会管理，不论是单位体制，还是街居体制，行政功能都非常突出，命令式的上下级科层色彩浓厚。政府与单位之间、单位与职工之间都是服从与被服从的行政命令关系。市区政府、街道办事处和居委会之间的互动关系也都按照行政命令模式运行。而社区治理则强调共同参与，要求社区发展的各项规划、社区建设的实施以及社区事务的处理等都必须体现社区主体的广泛参与，与居民的要求相适应。居民不再依附于单位或街居组织，而是彼此形成平等互惠的关系。

3.（结构扁平化）就结构而言，由垂直科层结构转变为横向网络互动结构。

我国过去的街居体制结构是从上级政府到街道办事处到居委会再到居民，单位体制结构是从上级单位到下级单位再到居民，只有垂直的关系，没有横向的联系。而在社区治理结构中，社区主体多元化，街道与居委会之间、居民与政府之间的关系由单向运行转变为双向互动；大量社区中介组织的培育和发展，在居民和政府之间又是一道沟通和联系的桥梁，从而将社区中行政力量、自治力量和社会力量构筑成横向的网状结构。

（四）国外社区治理的典型模式及比较分析

社区发展在西方国家已有100多年的历史，特别是在英、美等发达国家，社区发展达到了相当高的水平，社区工作已成为城市管理工作中重要的一部分。由于各个国家的国情、历史背景不同，社区治理模式也各具特色，根据政府与社区关系不同，比较典型的有社区自治型、政府主导型和混合型三种模式（参见图1）。

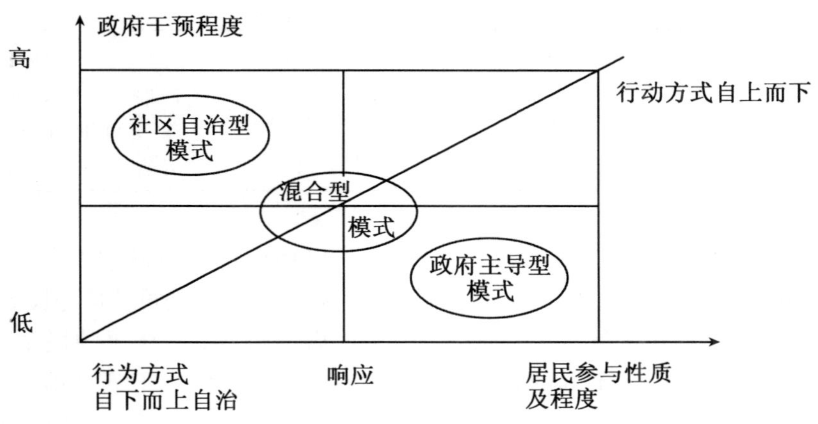

图1　根据政府与社会结合的紧密程度不同分为三种模式

1. 社区自治型模式。

社区自治型模式是社区主导、居民主动参与、由下而上实施的社区治理模式。在这种模式中，政府的角色定位是以间接介入为原则，政府通过制定各种法律法规来规范协调社区内的各种利益关系，为社区居民的参与活动提供制度规范。社区层面的组织及居民按照自主自治的原则，处理社区具体事务。美国是这种模式的典型代表。

2. 政府主导型模式。

政府主导型模式是政府主导、居民响应参与、自上而下推行的社区治理模式。在这种模式中，政府与社区行为紧密结合，政府对社区的干预较为直接和具体，并在社区中设立各种形式的派出机构，社区治理表现浓厚的行政色彩。比较有代表性的国家是新加坡。

3. 混合型模式。

混合型模式是政府—居民处于双重主导地位、自上而下及自下而上两种实施方式并行的社区治理模式。在这种模式中，政府对社区发展的干预较为宽松，政府的主要职能是规划、指导并提供经费支持，官方色彩与民间自治特点在社区发展的许多方面交织在一起。混合型模式的典型国家是日本。

国外三种典型社区管理模式的比较见表1。

表1　国外三种典型社区管理模式比较

模式	社区自治型	政府主导型	混合型
代表国家	美国	新加坡	日本
产生背景	具有法制和民主传统，市场经济健全，经济社会发展水平较高	经济社会发展中行政力量比较强大	经济社会发展过程中有明显的政府主导特点，同时民主化进程也在加快
政府角色	政府和社区相对分离，以间接介入为原则	政府社区不分，政府对社区的干预较为直接和具体	政府与社区相结合，政府对社区的干预较为间接
社区治理主体	政府、社区委员会、非营利组织各司其职	政府设置专门的社区管理机构，社区组织由政府自上而下管理，居民在政府指导下自治	“地域中心”与“住区协议会”相互制衡

续表

模式	社区自治型	政府主导型	混合型
运行机制	社区主导、居民主动参与、由下而上实施	政府主导、居民响应参与、自上而下推行	政府—居民双重主导、自上而下及自下而上两种实施方式并行

（五）国外社区治理经验的几点启示

启示一，三种模式产生于不同的文化传统和政治经济背景，并在社区管理上形成不同的政府—社区关系，产生了不同的运行机制，三种社区治理模式分别反映了不同的民主和自治制度，并体现出不同的发展水平。同时也要注意到，即使是行政色彩浓厚的新加坡，社区治理过程中也同样强调政府主导下的“公众参与”。因为民主和自治是人类社会历史发展的趋势，从这个意义上来看，社区自治型模式应该是另外两种模式的发展方向。但是，采用社区治理中的哪一种模式，是由各国具体国情所决定的。

启示二，理顺社区治理中各主体之间关系。社区治理的目标就是通过多元权力对社区公共事务的参与，在多元权力格局职责分明而又相互依赖的基础上整合社区资源，满足居民需求，推动社区发展。各社区治理的主体只有持续互动、协调合作，才能有效促进社区建设。不管是哪种模式，政府、社区组织、居民等社区治理主体都有明确的职责分工，并以法律法规的形式明确下来。这对于理顺北京市目前街道、居委会、业委会、物业公司等社区建设主体的关系具有重要的借鉴意义。

启示三，大力扶持与引导社区非营利组织发展。从美国等国家经验看，社区公共服务发展的趋势是将提供者与生产者分离，社区自治组织只是居民的代表机构，具体的社区服务和管理依赖各种提供专业服务的非营利机构操作实施。北京市的非营利组织尚处于起步阶段，很有必要借鉴国外非营利组织在社区建设方面的经验，为非营利组织创造良好的政策法律环境，优化其生存和发展空间，以替代社区行政组织的直接服务功能，同时这也有利于动员社区居民的参与意识。

启示四，扩大居民的民主参与。虽然程度有所不同，但是不管是哪种模式，政府都在努力增强居民的社区归属感和认同感，尤其是各种社区志愿者组织已经成为社区居民参与的重要方式。例如新加坡大力培育“义工”精神的做法就值得我们吸收借鉴。

启示五，社区建设要有系统的立法保障。国外一切社区行为都有法可依，社区管理与建设井然有序。目前北京市城市社区管理法制很不健全，必须尽快制定和完善有关社区管理的法律法规，使社区管理步入法治化、规范化的轨道。

二、社区规范化建设的实施背景：社区建设的现状与主要问题

（一）主要成绩

近年来特别是北京市社会工作机构成立以来，北京市社区建设工作按照“统筹规划、整体推进，突出重点、全面提高”的总体思路，以制订完善系列政策措施为突破口，积极创新社区管理体制机制，扎实开展社区系列活动，着眼改善民生，着力提升服务，加强规范管理，努力推动社区建设的科学发展，社区建设各项事业得到全面推进。

1. 社区管理体制改革取得新突破。

认真总结近年来北京市推进社区建设的实践经验，研究制定政策文件，完善社区管理体制机制，统筹推进社区建设。研究制订了《北京市社区管理办法（试行）》和《北京市社区工作者管理办法（试行）》，并于2008年9月颁布实施。两个文件作为全市社

会建设“1+4”文件的重要组成部分，明确了当前和今后一段时期首都社区建设的总体思路、工作目标和主要任务，提出了一系列重要政策和改革措施。

2. 社区治理机制迈出新步伐。

目前北京市18个区县共有132个街道办事处2 596个社区。社区规模一般在1 000—3 000户之间。初步构筑了以社区党组织为核心的社区组织体系，为服务居民、管理社区、增强社区凝聚力提供了组织保障。截至2008年10月，在2 596个社区中，有2 489个社区建立了社区党组织。社区社会组织发展进一步加快，目前全市共有各类社区社会组织1.5万余支，人数超过36万人，涵盖了文体活动、专业服务、志愿服务、社区管理等领域。志愿类社区社会组织近9 000支，为居民提供了大量无偿、快捷、便利服务。

3. 社区服务体系建设取得新进展。

全市共建成标准化社区卫生服务中心287个、社区卫生服务站2 901个，公共卫生体系基本完善。创建了示范残疾人温馨家园150个，使4.5万名残疾人就近就便得到康复、培训、照料、文化生活等服务。建设改造规范化社区菜市场45个；社区卫生服务机构零差率药品销售品种和品规，由原来的312种、913个品规，扩充至330种、1 045个品规；14万符合条件的北京老人已开始享受由政府提供的服务券形式补贴。不断创新社区服务的方式和方法。街道“一站式”和社区“一门式”服务模式初步形成。

4. 社区工作队伍得到新加强。

各区县按照《社区工作者管理办法》的有关规定出台了本区县社区工作者待遇调整和工资补发的实施方案，提高了社区工作者待遇。城八区共计划招录社区工作者2 233人，报名人数达两万人，录取比例达到9:1。从报名人员总体情况看，呈现出年轻化、高学历的特点，30岁以下人员比例占报名总数的65.9%；本科及以上学历的占42.2%（参见图2）。

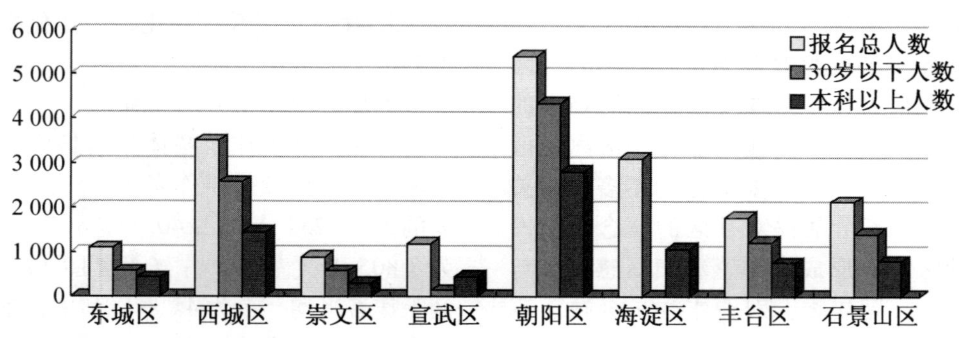

图2　城八区报名参加社区工作者公开招录考试人员图

全市共有12 282人报名参加首次社会工作者职业水平考试，10 331人参加考试，合格2 954人，合格率为28.59%，其中90%以上为社区工作者，为社区工作者队伍职业化、专业化建设储备了人才。

（二）突出问题

北京市社区建设在取得成绩的同时，还存在一些亟须研究和解决的问题。总体上看，社区居委会行政性负担没有明显减轻，社区社会组织的发展条件没有明显改善，居民参与社区管理的程度没有明显提升，行政管理主导、自治管理偏弱的社区管理格局没有根本改变，社区管理体制的深层次矛盾还没有得到有效解决。这些问题制约了社区建设和发展进程，难以适应新形势下社区居民的管理服务需求。具体体现在以下9个方面。

1. 政府与社区关系尚待理顺。

在街道办事处的改革过程中，由于政府

职能转变不到位，重心下移成了任务下移，街道办事处在进行管理的过程中“无限责任和有限权力”之间的矛盾也充分凸显，造成在实际中：一方面，政府越位包揽了许多不该管也难以管好的、本该由非营利组织承担的社区事务，如直接组织各种社区文化活动和公益型慈善活动等；另一方面，本该由政府直接承担的行政事务却交给居委会承担。街道在管理方式上，习惯于对居委会的政治领导和业务指挥，不会或不习惯于对居委会及其他居民组织的政策“指导”。

2. 社区居民参与社区自治严重不足。

突出表现在：一是居委会被作为街道办事处的延伸而承担着过重的行政负担，社区居委会的行政化趋势严重。据不完全统计，目前，社区居委会承担着160多项工作，150多项台账记录，面对20多个部门、近40个工作项目的检查或考核，要出具与居民事务相关的20多种证明，共承担各类工作任务高达200余项，其中有超过六成的任务是协助政府开展的工作。社区居委会台账材料多、调查报表多、会议活动多、组织牌子多、硬性指派任务多已成为普遍现象。过重的行政性负担，在很大程度上弱化了社区居委会的自治职能。二是许多新建商品房小区离社区居委会较远，成立业主委员会的不多，相关制度不完善，部分居民对社区的概念认识模糊，对社区没有形成认同感和归属感，参与意识不强，社区居委会对业主委员会缺乏有效的指导监督手段，等等。三是社区民间组织发育比较滞后，规模小，实力弱，不能有效承担实施政事分离、政社分离而转移出来的职能，推进社区自治的作用也有限。四是社区志愿服务处于起步阶段。居民参与志愿服务的热情有待提高。

3. 社区综合服务功能尚需加强。

尽管目前北京市的社区服务业有了初步发展，但是总体来看，大部分的社区服务都存在资金不足、社区服务项目单一、缺乏统一规划与管理引导、社区服务队伍人才缺乏等问题，现有服务的内容和质量已经难以满足居民日益增长的需求。

4. 社区管理和建设的筹资渠道尚需拓宽。

国外社区活动的经费来源除了政府拨款外，社会募捐是社区资金来源的一个重要渠道。从北京市的情况来看，目前城市社区建设资金主要由街道、居委会自筹，政府投资以项目为主，所占比重较低。以驻区企事业单位个人资助及社会福利募捐为主的社会性集资数量十分有限。

5. 社区工作者专业化、职业化水平有待提升。

突出表现在以下几方面。

一是社区工作者整体年龄偏大。调查数据显示，全市社区工作者中，年龄在41—50岁的为13 284人，占40.77%；51—60岁的为8 805人，占27.0%（参见图3）。全市社区工作者平均年龄为45岁，其中，社区党组织专职工作人员的平均年龄最高，为53岁。

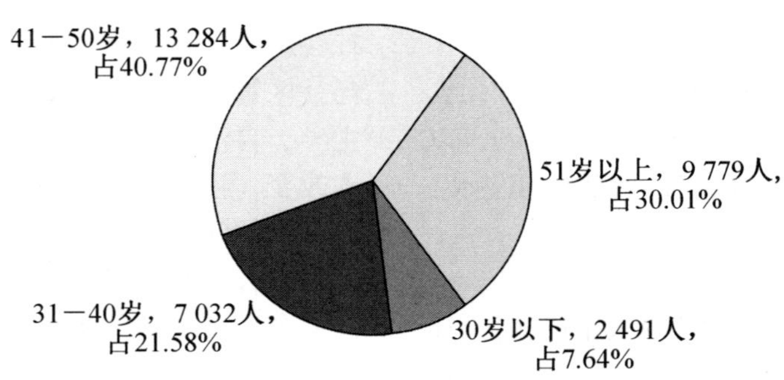

图3 北京市社区工作者年龄结构图

二是社区工作者学历水平有待提高。调查数据显示，在全市社区工作者中，高中（中专）及以下文化程度的工作人员为20 327人，占社区工作者总数的62.4%；具有研究生及以上学历的为44人，占0.1%（参见图4）。

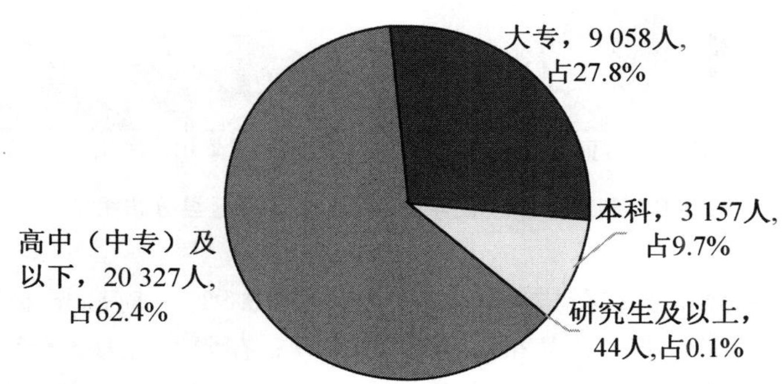

图4　北京市社区工作者文化程度比例图

三是社区工作者职业能力整体水平不高。调查数据显示，在全市社区工作者中，取得北京市社区专职工作者执业资格证书（有效期内）（以下简称“持证”）的人数为6 670人，占社区工作者总数的20.5%（参见图5）。

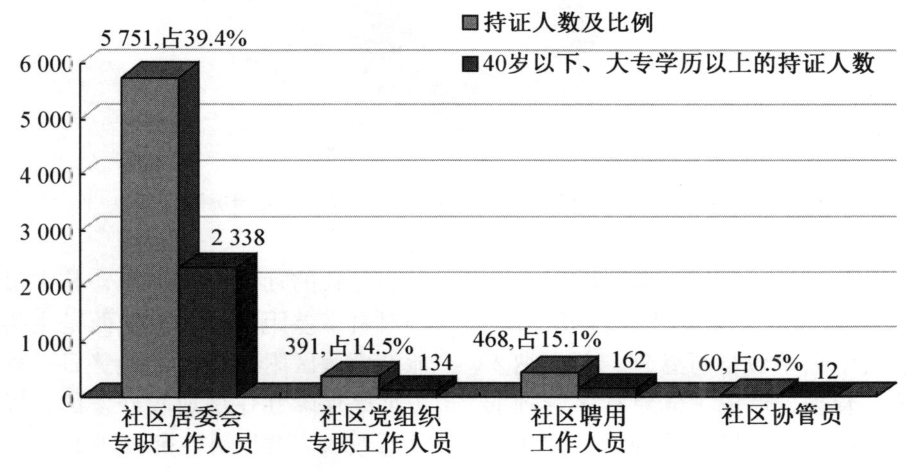

图5　北京市各类社区工作者职业能力情况图

四是社区服务站专职工作人员少。统计数据显示，在全市已经挂牌成立的社区服务站中，社区党组织、社区居委会成员以及社区协管员是工作人员的重要组成部分，专职工作人员的比例很小，仅占28%，且在各区县分布不均衡。全市聘任的2 615名社区服务站专职工作人员中，西城区1 032人，占专职工作人员总数的39.5%；朝阳区850人，占总数的32.5%（参见图6）。

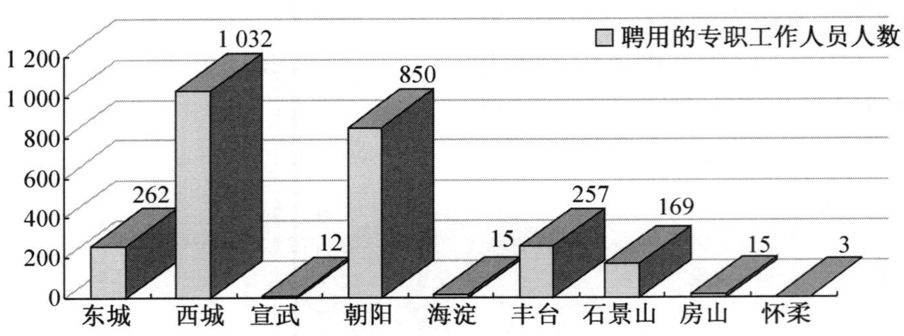

图6 北京市社区服务站专职工作人员区县分布图

五是社区工作者来源渠道有待进一步拓宽。在参加调查的社区工作者中，从事社区工作前为离退休人员的为7 842人，占社区工作者总数的24.1%；下岗待业人员为16 984人，占52.1%；复员退伍军人为300人，占0.9%；应届毕业学生为221人，占0.7%；在职人员为3 825人，占11.7%；其他人员（农转非人员、内退人员、随军家属等）3 414人，占10.5%（参见图7）。

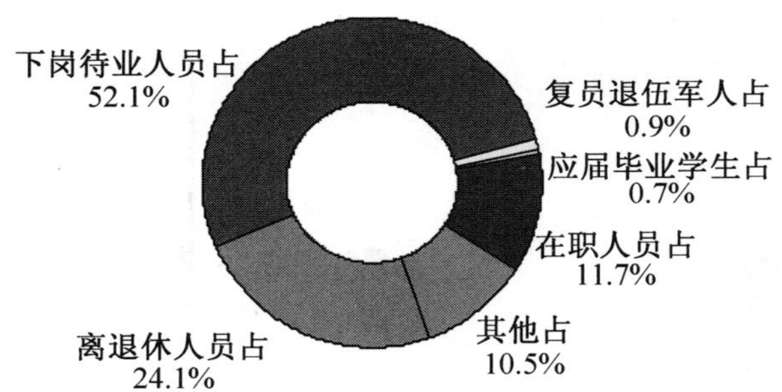

图7 北京市社区工作者从事社区工作前职业情况图

6. 中央单位的社区属地化亟待解决。

长期以来在京中央单位社区自成一体，一般情况下由中央单位自行管理，并未纳入到北京市统一管理，形成了北京社区管理的飞地。这既不利于北京城市管理的一体化全覆盖，也使得中央单位社区居民缺乏归属感，也影响了双方社会公共资源与服务的交流与共享。

7. 社区隔离现象逐渐明显。

随着经济体制改革与转型，北京社区隔离现象由原有的建立在国家单位制度基础上的，以职业类型为标准的社区空间分异，逐步转变为由社会阶层分化、贫富差距扩大、人口流动加剧、房地产项目开放、旧城改造等所导致的社区隔离现象，其中最主要的原因是贫富差距加剧，一方面是主要风景区和旅游度假区附近贵族化趋势日益增强；另一方面是保障性住房成片开发的建设模式，也使低收入人群加快集聚，到2007年，全市累计销售经济适用房1 826.6万平方米，大都分布在五环以外。据零点公司2006年4月针对北京、上海等20个城市2 553名18—60岁常住居民的入户调查结果：32.6%的城市居民认为，目前北京存在明显的“富人区”与“穷人区”的区隔。

8. 乡村社区管理尚处于起步阶段。

北京城乡社区差距巨大，农村社区建设整体水平较低且发展不均衡。主要体现在以下方面。一是乡村社区管理体制尚没有理顺，乡村社区存在村委会与居委会重叠交叉现象，此外，居住的分散化和宗族治理的观念等影响，都对乡村社区治理产生了一定的负面影响。二是城乡社区之间社会服务供给严重不均，主要集中在教育方面，优质资源主要集中在部分城市社区，郊区县乡村社区的基础教育设施不配套，办学质量不高；医疗卫生方面，城八区集中了全市2/3的医疗机构和床位，90%的三级医院主要分布在城八区，10个郊区县仅有6家，其所能覆盖的乡村社区面可想而知。三是城市与乡村社区社会保障呈现明显的二元结构，城镇职工养老、医疗保障筹资水平、保障水平均大大高于农村，城镇职工医疗保险报付率和人均筹资水平分别相当于农村的2.6倍和13倍。因此，乡村亟待建立起以乡村社区为基本组织单元的现代乡村管理体制。

9. 社区流动人口管理难度加剧。

2008年北京市常住人口1 695万人，其中，流动人口465万人，占27.4%；朝阳、丰台、昌平、大兴四个区县的流动人口已超过本区户籍人口。流动人口数量快速增长。1978—2006年，北京市的流动人口由21.8万人增长到383.4万人。特别是“十五”以来，流动人口呈现加速增长的态势。2000—2006年，北京市流动人口增加了127.3万人，年均增长21.22万人，比“十五”之前增长了近1倍。流动人口对全市的常住人口增长贡献率高达98%。据估计在将来一段时间，北京市流动人口规模仍将继续扩大，这对社会治安管理、城市公共资源供给等都提出了巨大挑战。

三、社区规范化建设的努力方向：多元治理的社区发展新格局

上述这些问题制约了和谐社区建设的发展进程，而这些问题的产生，都具有深层次的原因，都根源于现行的社区管理模式和体制机制已经不适应当前首都经济社会的快速发展的要求。同时，把社区建设成为以认同感为纽带、居民和谐共处的社会生活共同体，是构建和谐社会首善之区的重要内容。社区和谐是一种内生性的发展过程，不能仅靠外部力量强制推动，而需依托内源性的、多主体共同参与的协作治理结构。这都要求我们要从社区建设的体制机制创新入手，进一步完善社区治理模式，全面提高北京市社区建设工作水平。

在这样的背景下，按照党的十七大提出的“健全党委领导、政府负责、社会协同、公众参与的社会管理格局”的要求，2008年制定出台的《北京市社区管理办法（试行）》中就明确提出了要“建立健全多元治理机制，着眼提高社区运行效率，理顺和规范社区组织体系各主体之间的关系，推动形成以社区党组织为核心、以社区自治组织为基础、以社区服务站为依托、以社区社会组织为补充、驻社区单位密切配合、社区居民广泛参与的现代社区治理结构”。2008年9月召开的北京市社会建设大会也提出要在抓规范基础上抓创新，促进社区管理体制改革，在全市开展社区规范化建设。

由此可见，北京市开展社区规范化建设的核心目标是提高社区管理和服务水平，满足居民群众日益增长的服务需求，社区规范化建设的努力方向则是建立具有时代特征、中国特色、首都特点的多元参与的现代社区治理结构（社区治理模式）。

这种现代社区治理结构框架下的社区建设，在经济学属性上应是一种俱乐部物品的供给，其内涵既包括公共产品，又包括私人产品，还包括大量混合产品。在以往的计划经济时代，我们通常采取的是政府全包的社区建设模式。当前我们推进社区规范化建设的努力方向则是创建中国式的社区PPP模式，这一模式强调要在政府、市场与社会三者之间寻求更多的激励和相容机制，通过发挥其各自优势，互相补充，共同服务于社区居民整体利益的最大化。

PPP是英文“Public - Private Partnerships”的简写，中文直译为“公私合伙制”，简言之是指公共部门通过与私人部门建立伙伴关系提供公共产品或服务的一种方式。虽然私人部门参与提供公共产品或服务已有很长历史，但PPP术语的出现不过是近10年的事情，在此之前人们广为使用的术语是Concession、BOT、PFI等。PPP本身是一个意义非常宽泛的概念，世界各国对PPP的确切内涵也有不同认识。从各国和国际组织对PPP的理解来看，PPP有广义和狭义之分。广义的PPP泛指公共部门与私人部门为提供公共产品或服务而建立的各种合作关系，而狭义的PPP可以理解为一系列项目融资模式的总称，包含BOT、TOT、DBFO等多种模式。①

PPP方式的优点在于有利于转换政府职能，促进了投资主体的多元化，政府部门和民间部门可以取长补短，使项目参与各方整合组成战略联盟，风险分配合理，消除费用的超支，应用范围广泛。

从社区建设的体制机制创新角度出发，它至少包括了多元参与、合作互补、个体独立、治域开放、责任本位等五个方面的内容。

四、社区规范化建设的核心问题：社区服务平台设置模式

在调研中我们发现，在社区建设工作中出现上述主要问题的症结在于，社区党组织、社区居委会、社区服务站职能要进一步明确，特别是社区居委会与社区服务站职能不分，进而影响了各自功能的充分发挥，影响了工作效率的提高，影响了公共服务质量的提高，影响了专业化队伍建设和专业化素质的提高。因此，社区规范化建设的核心问题就是要规范社区服务站的设置模式。

2008年9月，在对社区基本情况进行调查时，我们重点针对社区服务平台设置情况进行了摸底，全市共2 519个社区参与了此次调查。从调查结果看，主要有以下几个问题：

1. 不同区域之间社区服务站成立情况差距较大。

总体上看，首都功能核心区和城市功能拓展区的设立比例高于城市发展新区和生态涵养发展区，近郊区县设立比例高于远郊区县。如东城、西城区全部社区都成立了社区服务站，平谷区还没有建立社区服务站。

2. 社区服务站配备专职工作人员数量少。

全市专职从事社区服务站工作的人员只有2 615人，平均每个社区服务站不到1.5人。而西城、朝阳两个区的专职工作人员就占72.0%（1 882人）。67.3%的社区服务站尚未聘用专职工作人员，一般采用与社区党组织和居委会成员交叉任职、整合各类社区协管员等形式，解决社区服务站工作人员问题。

3. 社区服务站工作和服务用房严重不足。

在全市1 797个社区服务站中，仅6.7%具有独立的工作和服务用房，63.9%与社区居委会混合办公，29.4%使用社区居委会办公用房，但相对独立。即使具有独立工作和服务用房的社区服务站，面积也普遍较小，平均面积仅49.8平方米，最小的6平方米（海淀区中关村街道西里社区服务站），只有个别面积较大，如海淀区华清园社区服务站面积最大，达880平方米。

4. 社区服务站管理模式亟须规范。

现有的社区服务站大多仍在沿用旧体制下社区服务站在社区居委会领导下开展工作的管理模式。82.4%的社区服务站设置了站长职位，其中仅12.0%（177人）为专职站长，56.2%的社区服务站站长由社区居委会主任、副主任兼任。

① 狭义的PPP更加强调合作过程中的风险分担机制和项目的衡工量值（Value For Money）原则。

5. 社区服务站专职工作人员管理制度尚不健全。

全市各区县在社区服务站专职工作人员的管理考评方式、工资待遇、签订聘用合同的主体、合同期限等方面不尽相同。有23.9%的社区服务站由社区居委会进行考核，26.7%的社区服务站尚未建立考核制度。

五、社区规范化建设的路径选择：建设新型社区服务站

（一）建设新型社区服务平台的必要性

北京市社区服务平台建设并不是从头开始的，而是需要整合现有的资源，在已有的工作基础上进行规范提升。按照组织发展的规律，组织发展需要经过创新、选择和推广三个阶段。创新阶段就是允许基层组织充分创新，不同方向的创新，一般来说，大量的基层组织独立的创新，更容易产生理想的模式。创新到一个阶段之后，就必须选择并加以推广。选择中最重要的问题有两个，一个是什么时候进行选择，一个是按照什么标准选择。选择的时机非常重要，选择得太早，没有经过一个充分的创新时期，可能更好的方案还没有涌现，可能当时的一些创新的潜在功能还没有显现，因此，创新必须有一定的时间作为保证。但是，创新的时间太长，选择的太晚，也有问题，就是造成资源浪费和重复创新、反复创新和"来回折腾"的局面。所以，创新的时机选择非常重要。

（二）新型社区服务站建设的制度设计

《北京市社区管理办法（试行）》对新型社区服务站的建设作出了明确规定。

1. 性质定位。社区服务站是政府在社区层面设立的公共服务平台，是政府加强基层社会管理的依托和为社区居民提供公共服务的场所，是社区承接政府社会管理和公共服务的载体，是为居民提供便利服务的窗口。主要承担社区居委会在实行群众性自治过程中剥离出来的本社区内各项行政性事务工作，提供面向基层、面向群众的公共服务。

2. 工作关系。社区服务平台在街道办事处和社区党组织的领导下，在政府职能部门的业务指导下，在社区居委会的监督、配合下开展工作。

3. 主要职责。社区服务平台的主要职责是承办政府职能部门在社区开展的工作，提供公共服务、开展社区公益服务等。具体内容包括：代理代办政府在社区的公共服务，组织开展社区公益服务和社区便民利民服务，培育和壮大社区公益性服务组织，及时了解反映社情民意。通过各种渠道，及时了解和反映社区居民意见和建议等。

4. 人员管理。根据社区规模和服务对象人数配备社区服务平台工作人员，原则上按每500户居民1人配备。工作人员由全市统一面向社会公开招考，由街道办事处录用和配备，并与其签订服务协议，纳入社区工作者管理。日常管理、使用和考核由街道办事处直接负责，并接受政府相关职能部门的业务指导和培训，其工作绩效接受社区居委会和居民群众的监督、评议。逐步将现有的各类社区协管员和社区事务助理纳入社区服务平台，实行统一管理和使用，符合条件的，逐步过渡为社区工作者。考虑当前社区的实际情况，社区党组织、社区居委会相关人员与社区服务平台工作人员也可以适度交叉兼职。

（三）新型社区服务站建设的重要意义

设立新型社区服务站，有利于解决社区工作力量不足问题，增强社区居委会协助政府做好社会管理和服务工作能力；有利于提高社区公共服务水平，更好地为居民群众服务；有利于畅通居民群众利益诉求表达渠道，促进社区和谐稳定；有利于更好组织居民开展社区民主自治活动，增强社区民主自治功能，对于构建社会主义和谐社会首善之区具有重要意义。

社区服务站建立后，在社区层面形成了"一个领导核心，两个服务体系"的新型社区治理结构。"一个领导核心"是指将社区

党组织建设成为坚强有力的领导核心，“两个服务体系”是指围绕社区居委会形成充满生机活力的自治性社区服务体系和围绕社区服务站形成精干高效的公共性社区服务体系（参见图8）。

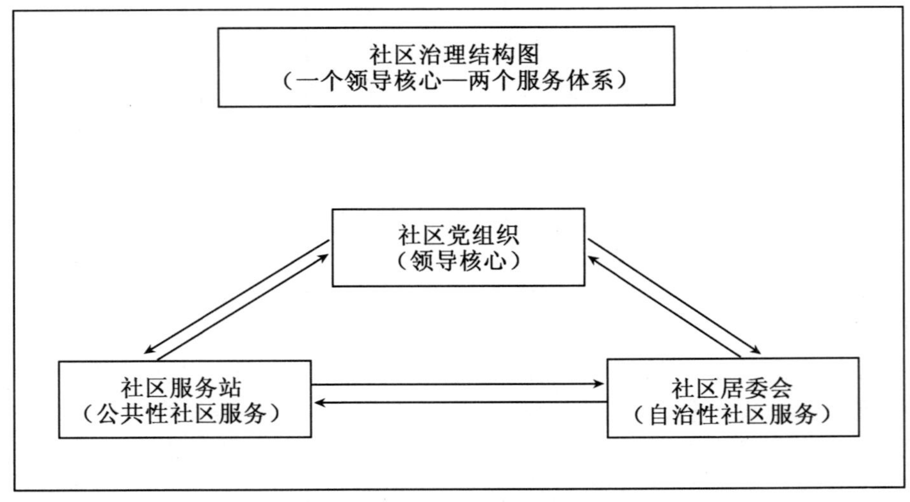

图8　新型社区治理结构图

六、社区规范化建设的推进措施：先行试点再推广

为了加强社区科学管理、民主自治和公共服务，深入推进北京市社区规范化建设工作，我们研究制定了《关于推进社区规范化建设试点工作的实施方案》（以下简称《实施方案》），明确提出要按照规范社区管理、完善社区服务、加强社区自治的基本目标和试点先行、点面结合、循序渐进、逐步延伸的基本原则，2009 年在全市选择两个城区、20 个街道和 200 个社区进行社区规范化建设试点工作。

（一）总体思路

试点工作要始终贯彻市委、市政府“一分、三定、两目标”的社区建设基本思路，“一分”，就是要逐步实现社区居委会与社区服务站职能分开。居委会作为基层民主自治组织，主要是依据居委会组织法行使职能；社区服务站主要是在街道办事处领导下和政府部门指导下提供公共服务。“三定”，就是明确社区居委会和社区服务站的人员、经费、任务，确保人员到位、经费到位、工作到位。“两目标”就是努力建设一支专业化、职业化的社区工作者队伍；努力建设一批具有中国特色的社会主义新型社区。

（二）指导思想

试点工作的指导思想是：以邓小平理论和“三个代表”重要思想为指导，深入贯彻落实科学发展观，以提高社区公共服务水平、满足群众公共服务需求为出发点和落脚点，以规范社区服务站建设为重点，以推动社区居委会和社区服务站职能分开为切入点，在加强队伍建设、完善服务设施、健全运行机制、整合社区资源、加大经费投入等方面积极探索，大胆创新，着力规范提高，加强分类指导，通过试点工作，努力建设一批服务功能完善、居住环境舒适、治安秩序良好、文化生活丰富、管理手段科学、人际关系和谐、公众参与广泛的社会主义新型社区，为全面推进北京市社区规范化建设、提升社区管理和服务水平进一步探索和积累经验。

（三）主要目标任务

《实施方案》主要围绕社区服务站规范化建设、社区工作职能、社区运行机制、社区志愿服务、社区工作者管理、社区基础设施配置、社区经费投入等7个方面、26项内容全面开展社区规范化建设试点，进一步理顺社区各类主体的关系，探索建立社区管理新模式，进一步提升社区管理和服务水平。

（此文为时任市委社会工委委员、市社会办副主任吴群刚同志2009年5月在全市街道办事处主任轮训班上的讲话）

以建设世界城市为目标推进社会建设

赵小卫

前不久召开的市委十届七次全会明确提出，要深入贯彻落实科学发展观，从建设世界城市的高度，加快实施“人文北京、科技北京、绿色北京”发展战略，以更高标准推动首都经济社会又好又快发展。我认为，这个目标任务的提出，是北京发展的新目标，是对首都工作规律的新认识，是对北京城市功能的新定位，标志着首都工作进入了全面建设现代化国际大都市的新阶段。我们要按照建设世界城市的要求，思考和谋划当前和今后一个时期社会建设的各项工作。

一、关于建设世界城市对社会建设工作提出的新要求

世界城市是国际城市的高端形态，是对全球经济、政治、文化等方面具有重要影响力的城市，是代表发展方向的中心城市。按照建设世界城市的要求推进社会建设工作，必须要搞清楚世界城市在社会建设方面的规律和特点，并结合我们工作实际，明确今后工作的方向和重点。

第一，世界城市是国际活动集中的城市。国际活动集中势必造成城市人流、物流、信息流的高度集中，这要求加强社会管理，特别是要健全基层社会管理体制。在这方面，我们通过建立楼宇工作站，在新经济组织、社会组织中建立党组织，创建“枢纽型”社会组织管理模式，在解决社会管理空白点和薄弱环节上已经有了一个很好的开端，但还需要做大量工作。比如，如何尽快在管理空白点和薄弱环节上实现全覆盖；比如，面对体制外新出现的群体和组织不断增多的新形势，如何实现制度创新，形成管理的长效机制；比如，如何在社区党委、居委会、服务站新格局下，进一步提高社区的管理水平，等等。只有把基层管理工作做扎实了，整个社会的管理水平才能适应建设世界城市的要求。

第二，世界城市是文化多元的城市。据了解，国际公认的世界城市纽约，移民占到总人口的26%。巴黎的外籍居民也占到总人口的20%以上。可以预见，北京的外籍人口和流动人口将越来越多。在文化多元、利益多元的背景下，如何建立起既有民族特色又能包容多样性的社会治理结构，是我们面临的一个重大课题。一方面，我们要充分借鉴举办奥运会和国庆60周年的成功经验，加强包括社会组织、志愿服务组织、社区组织在内的社会基层组织建设，充分发挥好我们体制的优势，加强社会动员工作。另一方面，要以提高社会的组织化程度为重点，把不同的职业群体、利益群体、兴趣爱好群体组织起来，运用不同的组织形式来整合力量，形

成多元参与、共建共享的新格局，进一步提升全市的社会动员能力。

第三，世界城市是宜居的城市。作为宜居城市，基本要求是具有完备的公共服务体系。应当说，这两年在这方面做了大量工作，就业、医疗、住房、交通方面的问题和矛盾逐步缓解，但从整体上看，供需矛盾依然突出，主要原因是公共服务供给方式不灵活，市场和社会的作用发挥不充分。这就要求我们加快推进政府购买公共服务。2008 年，我们在这方面做了一些工作，通过建立社会建设专项资金，解决了资金来源问题，这是一大突破。下一步，可以采取试点先行、小步快走的方式，先选择一批社会需求大的项目，由“枢纽型”社会组织运作起来，先蹚蹚路子，有了实践经验以后逐步推开，再解决体制机制问题。另外，经过规范化建设，社区在公共服务上可以发挥更大作用。我们应当趁势而上，把社区服务提高到一个新水平。

第四，世界城市是代表发展方向的中心城市。城市建设和管理各项工作，都应当着眼于国际化的要求，走上制度化、规范化、科学化的轨道。实现这样的要求，必须有一支专业化的队伍。具体到社会建设来说，就是要加快培育专业社工队伍。2008 年，我们招聘了 4 000 多名大专以上学历的年轻同志到社区工作，为培养社工人才打下了一个基础。但这对建立专业社工队伍的目标来说还有很大差距，比如社工岗位如何设立，社工职称系列如何解决，社工薪酬待遇如何确定，4 000 多名通过国家职业考试的同志的作用如何发挥，等等。这些问题，为我们工作提供了很大的空间和平台。一方面，要积极争取人事劳动、财政部门的支持，尽快研究制定社工的各项政策。另一方面，可以采取购买岗位的方式，安排取得证书的同志从事社工工作。同时，积极扶植新出现的“社工事务所”等组织。只有建立起专业化、职业化的社工队伍，我们工作上水平、求发展才能有可靠的保证。

第五，世界城市是学习型城市。学习型城市的本质，是与时俱进，富于创造力。这一点，对社会建设工作尤为重要。社会建设的提出，本身就是改革创新的产物。如果说我们在机构成立两年来取得了一些成绩，那么贯穿其中的主线，就是不断创新。因此，建设世界城市，对我们的创新意识、创新思维、创新能力提出了更高要求。我们要进一步解放思想，开拓视野，深入研究探索适应建设世界城市要求的方法和路径。这其中重要的一点，就是要善于学习借鉴国内外的先进经验和好的做法。应当看到，一些发达国家和我国香港、澳门地区在社会建设方面已经有了很好的做法和经验，我们应当善于“站在巨人的肩膀上”，认真学习借鉴。学习借鉴不是照搬照抄，而是一个“扬弃”的过程。就是顺应社会建设的内在规律，把先进的理论与国情市情有机结合起来，有效地解决我们在前进中的矛盾和问题。在创新上，我们更要警醒一些，现行法律法规还没有我们这一块，不改革创新，就没有我们生存发展的空间，社会建设工作很难开展。因此，我们必须把体制机制创新放在更加突出的位置抓紧抓好。对市委、市政府作出的改革决策，要毫不动摇、坚定不移地坚持下去。对于需要创新的体制机制，要加强调查研究，收集整理资料，认真做好准备。在推进工作中，要开动脑筋，着眼于发展，大胆探索，切实把工作落在实处。这样，社会建设工作就能不断适应建设世界城市的新要求，不断取得新成绩。

二、要在新的起点上推进社会建设工作

2009 年是在新的起点上全面推进“三个北京”建设的重要一年，也是社会建设工作“见成效”的一年。从自己分管的综合处工作来看，要重点抓好以下四个方面的工作。

第一，要更好地发挥领导小组的平台作用。一是要发挥领导小组的决策作用。对于年度工作计划、重要工作部署、出台的重要政策，都要提交领导小组研究讨论，把我们

部门的意见建议转化为领导小组的决策，把我们的工作，转化为领导小组成员单位共同的任务。二是要发挥领导小组的协调作用。要学习借鉴市新农村建设的工作经验，做好任务分解工作，继续探索建立工作责任制的方法途径。要组织成员单位参与年度工作督察和专项工作检查，充分发挥好这些部门的职能作用。要加强沟通联系和信息交流，与部门联手开展工作。三是要发挥领导小组的政策研究作用。一些重要政策，要组织相关成员单位共同研究，在领导小组这个框架内进行。要组织成员单位开展社会建设工作的考察活动，共同组织开展工作研讨。

发挥好领导小组的作用，关键是我们要树立统筹意识、资源意识、共赢意识，从服务入手，了解部门需求，在工作中找到共同点，求同存异，实现合作共赢。

第二，要进一步做好区县工作。2008 年 12 月 31 日，密云社会工作机构挂牌成立，标志着全市 18 个区县社会工作机构全部组建。2008 年，也有 16 个区县召开了社会建设大会。从这两年的情况看，区县社会建设工作在完成中心任务和推动创新等方面，都取得了很大的成绩，发挥了重要作用。18 个区县的工作，各有特色，队伍也是有战斗力的。但也要看到，目前区县工作发展还不平衡，有的对市委、市政府在社会建设工作决策认识上还不够自觉，在落实工作中还存在有利的就执行，没利的就推、就拖的现象。因此，2009 年要围绕着进一步提高区县工作的总体水平抓好以下几个方面的工作。

一是要加强重点工作的督察。对全市部署的重点工作，要实行目标管理，强化目标任务的督促检查，强化各项工作联系指导，做到各项工作都有部署、有要求、有检查、有落实，确保工作落实到位。

二是要强化区县工作的调查研究。对于区县机构推进体制机制创新、推进重大改革、推进重要工作创新等工作，要及时跟踪，加强调研，及时总结推广，要主动了解区县工作中的实际困难和问题，帮助破解一些重点、难点问题。

三是着力加强区县工作队伍建设。开展建设学习型团队活动，适时选择社会建设工作开展得较好，特别是基层社会建设工作特色明显的地区，组织各区县社会工委、社会办书记（主任）或领导班子其他成员，分批开展学习考察活动。继续组织区县同志外出考察学习。通过努力进一步拓宽区县队伍的眼界和视野，提高工作能力。

四是搭建交流平台，加大市、区（县）两级社会工作机构共同研究问题的力度。利用例会、片会等平台，鼓励区县社会工作机构对社会建设各项工作发表意见、建言献策。全市性有关社会建设工作的重要政策、措施出台前，充分征求区县和街道、社区的意见。鼓励支持区县和基层同志研究问题，提出合理化建议。

第三，要进一步创新社会动员工作体制机制。社会动员工作是市委社会工委新增的职能。在成功举办奥运会和国庆活动后，全市社会动员工作站在了一个很高的起点上。2009 年，应该抓住国庆后的重要机遇，及时转化奥运和国庆的成果，把体制内动员和体制外动员紧密结合起来，构建社会动员稳定而开放的工作体系。一方面，要进一步创新社会动员工作方式。要以推进政府购买社会公共服务为切入点，通过项目驱动，把枢纽型社会组织和各方面的社会组织动员起来。另一方面，要以志愿服务为核心，积极建立体制内的动员组织体系，在社会动员条件保障、经费支持、网络组建等方面为区县创造政策条件。

第四，要进一步加强新闻宣传工作。2008 年，市委社会工委新闻宣传工作围绕全委工作的中心，在大学生社工计划、社会领域党建工作等方面，推出了一些重头的报道，相关新闻报道总数达到 3 887 篇次，为全市社会建设工作营造了良好的舆论氛围。2009 年，新闻宣传工作，要进一步挖掘潜力，再上新台阶。特别是社会建设专项资金启动后，项目化的运作将是全年工作的主轴。新闻宣传工作要紧紧围绕这一主题，为提升项目的品牌和影响力服好务。要主动策划，善于抓住机遇，加强与媒体的联系，进一步深化媒体合作的项目，加强项目实施过程中的亮点、闪光点的宣传，不断扩大项目的社会影响力。另外，要注意加强基层宣传队伍的建设，及时把基层工作的经验汇集起来，形成全市社会建设新闻宣传的合力。

以上就是自己一些不成熟的想法。因为是务虚会，所以就讲出来与大家共同研究讨论，有不妥的地方，请领导和同志们批评指正。

（此文为市委社会工委委员、市社会办副主任赵小卫2010年1月15日在务虚会上的讲话）

香港与深圳业主自治比较研究及对社会建设的启示

周开让

物业管理与业主自治涉及社区居民切身利益，是当前城市管理和社会建设的难点问题。业主自治在物业管理中发挥着越来越重要的作用，有效引导和推动业主自治发展，是加强基层社会管理和建设的重要措施，是创新社会管理体制机制，构建和谐社会首善之区的重要途径。在政府推动业主自治方面，香港模式具有一定代表性，深圳在学习和借鉴香港做法上也有很多值得总结的经验。研究两地在物业管理和业主自治的异同，吸收和借鉴其发展经验，进一步完善业主自治管理体制，将有助于更好地落实新颁布的《北京市物业管理办法》，有效动员业主参与物业管理和社区建设，促进物业管理与和谐社区建设良性互动，推动北京市城市管理和社会建设的发展。

一、香港和深圳的物业管理与业主自治情况

（一）香港物业管理模式及业主自治组织的有关情况

香港的物业可分为公共屋村[①]、居屋苑[②]、私人楼宇、商业楼宇及临时房屋等，按其所有权属性分为三类：一是公营房屋，即由政府投资建设，出售或出租给中低收入家庭的房屋，这类房屋由香港房屋署直接负责管理，与内地的保障性住房相似；二是公私合营的房屋；三是私营房屋。香港对私人楼宇管理实行重业主自治、推动业主自主管理的原则。业主参与大厦管理的形式通常有三种：业主委员会、业主立案法团及居民互助委员会。

1. 业主委员会。业主委员会成立广泛，它是依据大厦公契而成立的非法人组织，没有起诉权，代表全体业主与物业公司沟通，监督物业公司的日常活动。其权利与责任来源于大厦公契，公契通常都列明了业主委员会的组成方法及运作程序。

2. 业主立案法团。业主立案法团是根据香港政府《建筑物管理条例》[③] 规定而成立的由全体业主组成的独立法人组织。它能够独立行使民事权利，承担民事义务，有单独的诉讼权利，代表全体业主管理公共地方，有权选聘或解聘物业管理公司。法团下设管

① 类似于内地的廉租房。

② 类似于内地的经济适用房。

③ 《建筑物管理条例》1993年通过，取代了1970年的《多层大厦管理条例》。

理委员会作为其常设机构，代表业主处理日常事务。与业主委员会相比，法团的权能要大得多，而且能更好地维护业主的利益。根据条例规定，业主委员会与业主立案法团不能同时存在。《建筑物管理条例》和《大厦公契》是业主立案法团的主要法律依据。条例在2000年修订时，香港政府又根据业主要求，进一步放宽了业主立案法团的成立条件。

3. 居民互助委员会。居民互助委员会是由大厦住客（包括业主与租客）组成的志愿组织，其基本目标是发扬各住户睦邻精神、改善大厦内的居住环境并执行部分楼宇管理工作。与业主立案法团相比，互助委员会对大厦管理的参与较少，更多的是组织各种休闲娱乐活动，联络居民感情及增加他们对屋村的归属感。

目前香港居屋以业主委员会和居民互助委员会管理为主，但在政府部门的协助下，越来越多的居屋在申请成立业主立案法团。全香港有4万多栋大厦，成立业主立案法团的大厦约为1.6万栋。

（二）香港民政事务署对业主立案法团的管理和深圳的“三级共管模式”

在香港，政府各部门在物业和业主自治的管理和服务方面的分工明确：房屋署负责公屋、屋苑、商场、工业大厦管理；民政事务署负责私人大厦的管理；土地注册处负责办理及批准业主法团的注册申请，并备存法团登记册供公众查阅；土地审裁处（司法机构）负责对立案法团发生的纠纷进行裁决。

在业主法团的成立和运作中，民政事务部门担当着主要指导和联络的角色：负责制订包括《建筑物管理条例》在内的全港大厦管理的政策，为业主提供在大厦管理上的意见和协助。建立了具有实践和专业能力的咨询、服务平台，制作了宣传短片、指导手册[①]，开辟了专门的互动网页，方便业主咨询。香港民政事务署制作的《优质大厦齐共创——业主立案法团运作》短片，[②] 通过一个个小故事，以轻松的手法介绍了法团运作的主要规定，通俗易懂，宣传效果很好。民政事务署牵头成立了一个跨政府部门和专业团（律师会、会计师公会、测量师学会等）的大厦管理资源中心，免费为业主和业主立案法团提供信息、咨询和意见，协调处理纷争。在地区层面，18区民政事务处也成立了地区大厦管理联络小组，为区内居民提供全面的大厦管理服务。[③]

深圳市于2008年1月1日实施的《深圳经济特区物业管理条例》建立了市、区、街道办事处三级共管模式。市政府物业行政主管部门负责物业管理的监督管理，负责指导、协调区政府物业管理行政主管部门以及其他相关行政管理部门、街道办事处、行业协会等依法开展物业管理工作职责。市、区政府其他有关部门按照各自职责，依法做好物业管理相关工作。街道办事处在区主管部门的指导下，负责组织、协调业主大会成立及业主委员会的选举工作，指导、监督业主大会和业主委员会开展工作。

深圳物业管理和业主自治的很多做法是从香港借鉴来的，如：深圳参照香港模式，1981年成立了全国第一个专业化的物业管理公司，1991年成立了全国第一个业主委员会，可以说是内地物业管理的发源地。但由

① 《建筑物管理条例指南》（第344章）、《怎样成立业主立案法团》、《建筑物管理条例常见问题》、《廉洁高效财务管理指南》、《供应品、货品及服务采购工作守则及大厦管理及维修工作守则》等。

② 内容包括简介篇、法团篇、管委会篇、法团会议篇、财务篇、采购篇、业主篇。

③ 联络小组的主要职责有：就成立法团的程序，向召集人和业主提供意见；向召集人发出豁免业权查册收费证明书，向土地注册处免费索取其大厦的业主记录，以开业主会议筹组法团；出席为成立法团而举行的业主会议，并就管理的程序向业主提供意见；为法团管理委员会成员，举办有关大厦管理的训练课程、研讨会、讲座；举办教育和宣传活动；制备册子，详列成立法团的程序，并拟备相关文件的范本和提供有关成立法团所需的表格等；协助业主、法团和管理公司调解纠纷，并在业主在筹组法团遇到法律问题时，为他们转介于香港房屋协会辖下的物业管理咨询中心，向当值义务律师征询初步的法律意见，业主也可直接前往咨询。

于两地社会背景不同，深圳没有完全照搬香港模式。一是从两地对业主自治组织管理的部门职责看：香港负责物业管理的部门有房屋署、民政事务署等，负责私人大厦和民政事务管理的民政事务署负责对业主法团的成立和运作进行指导；深圳的物业行政主管部门集保障性住房和商业住宅物业监管于一身，同时负责对业主委员会进行指导和监督。二是从两地基层对业主自治组织管理的部门看：深圳在基层具体负责组织和协调业主委员会的机构是街道办事处，这样的管理体制有利于物业管理与社区建设紧密结合，但也存在物业管理主管部门协调办事处的力量较弱的问题。香港民政事务署是地区事务的统筹部门，因此在指导业主法团的体制渠道上比深圳更为顺畅。三是从对业主团体管理制度体系看：香港1970年就颁布了《多层大厦管理条例》，1993年通过了《建筑物管理条例》等，建立了一套完善的制度体系。深圳市在1994年通过了《深圳经济特区住宅区物业管理条例》，这是我国第一个有关物业管理的地方性法规，2008年《深圳经济特区管理条例》颁布实施，但与香港相比，业主大会和业主委员会的规范管理和配套法律法规还很不完善。四是从政府在业主自治方面发挥的作用来看：香港业主立案法团的建设，已有近40年的历史，在政府的宣传引导下，业主自治意识较强，政府已建立了一套完善的物业管理的管理和服务平台；与之相比，深圳第一个业主委员会虽在1991年成立，而其真正发挥作用是在2003年7月我国第一部《物业管理条例》颁布以后，业主的维权意识、民主意识、房地产专业知识尚不够成熟，政府部门在组织、培训、引导业主方面的工作与香港相比还有很大差距。

（三）香港和深圳物业管理行业协会在物业管理和业主自治中发挥作用的情况

香港房屋协会和香港物业管理公司协会是香港两家规模较大的物业管理行业协会。香港房屋协会创立于1948年，是一个获政府赞助的非营利的民间组织。协会经常获政府委托，参与执行房屋政策，还参与政府市区重建，夹心阶层房屋建设，楼宇管理维修综合等计划。其下属的物业管理咨询中心，可为政府和业主提供大厦管理的专家意见。香港物业管理公司协会[①]成立于1990年，由香港各大物业管理公司组成。申请成为协会会员的公司必须经过严格评审。现在香港注册协会公司会员有80多家，管理香港超过80%的私人楼宇。此外，香港还有房屋经理注册管理局等诸多行业协会组织，在香港的物业管理和业主自治中发挥着重要作用。

深圳市物业管理协会成立于1993年，是全国第一个物业管理行业组织，2005年6月进行协会民间化改革，党政机关和事业单位工作人员全部和协会脱钩。2008年出台的《深圳经济特区物业管理条例》中，明确规定了深圳物业管理协会的职能和定位，其中还出台了一项重要的“业必归会”制度。“业必归会”是指一家企业成立并取得经营资质后需成为某一行业商会的成员，享受入会权利，履行相关义务。随着深圳物业管理行业法规的建立和执行，政府主管部门把很多行业管理工作交给协会。从2004年开始协会协助政府举办每年一届的“物业管理周”，宣传和推广物业管理政策法规和“人人关注物业管理”的理念，加强了政府与企业、业主的沟通和交流。深圳以非政府组织形式规范物业管理市场，强化了行业自律，在一定程度上弱化了政府对市场的直接干预。

从两地的物业行业协会发展来看，深圳物业管理协会虽然与政府部门脱钩，但是对政府的依赖性仍然很强，物业管理行业协会力量还比较薄弱、自律机制还不够健全、维权职能没有充分发挥。如在指导业主团体运作方面，香港的物业行业协会，协助政府为

① 协会的宗旨包括：向香港政府及有关团体组织提供物业管理方法的专业意见；制订监管会员的专业守则；向会员及有意从事物业管理的人员提供专业训练；代表各会员参与政府及其他相关团体在物业管理方面的咨询、讨论及研究等。

业主提供了大量专业咨询和服务，在指导法团运作方面发挥了重要作用。与之相比，深圳物业行业协会还仅限于行业自律和承担政府委托的研究任务等，行业的凝聚力和影响力还不够，在利用专业优势协助政府发挥社会管理和社会服务的功能上还需要进一步加强。

（四）深圳市社区工作站在业主自治中承担协助政府监管的职责

《深圳经济特区物业管理条例》（以下简称《条件》）规定“社区工作站协助街道办事处开展物业管理服务的相关工作。街道办事处可以委托社区工作站办理物业相关事务”。深圳市的社区工作站是政府在社区的服务平台，协助配合政府及其工作部门在社区开展工作，社区工作站接受街道党工委、办事处的领导，接受市、区民政部门及其他政府工作部门的业务指导。因此，由社区工作站协助街道办事处负责组织业主大会体现了政府监管的性质。社区居委会作为基层群众自治组织仍侧重发挥自治职能。而北京市目前的做法是由社区居委会作为代表社区公共利益的社区自治组织，协助政府对社区物业自治组织进行指导和监督。如《北京市社区管理办法（试行）》规定“指导、监督业主大会和业主委员会和物业管理工作是社区居委会的职责之一”。

经过与深圳有关部门同志了解，在制订该《条例》的过程中，社区工作站在业主大会成立和业主委员会监督方面承担了较多的职责，后经过充分听取基层意见，《条例》起草组对相关内容进行了修改：一是减轻了社区工作站的职责，将其职责仅限于本条例规定的推荐产生筹备组的业主代表、列席业主大会和业主委员会会议；二是物业管理权只下放到街道办事处层级，社区工作站为协助角色，并明确区主管部门的职责。

二、对加强北京市社会建设的几点启示

（一）进一步加强社区业主自治组织的建设和管理，是现阶段加强城市管理和社会建设的有效途径

研究中我们了解到，香港业主自治意识很强，业主通过参加各种业主组织参与物业管理。这些都源自香港政府多年来积极指导并协助业主成立法团，鼓励居民实现业主自治，并将其作为稳定社会、实施以人为本的管理，增强香港市民归属感的一种重要手段。在内地，随着住房商品化的发展，越来越多的社会成员成为业主，业主的维权活动也迅速发展，部分业主委员会甚至演绎成为一种“维权组织”。尽管由于作为新兴事物的业主组织因其所处的体制边缘的性质特质导致其法律地位和组织特征稍显模糊，但在和谐社会的建构过程中，业主自治组织的发展和健全能够为业主自治提供制度途径，能够有效增加居民对社区的认同和归属感，能够充分发挥居民的能动性和自主性，对于促进和谐社区建设和城市管理具有重要意义。社会建设部门要把社区业主自治组织的建设和管理作为首都社会建设的重要内容，协助主管部门加大指导和协调力度，可考虑将物业管理与社区建设结合机制纳入北京市“十二五”城市社区发展规划。

（二）学习香港的制度是完善业主自治组织的有益尝试，但要考虑制度借鉴的不同社会背景

如《北京市物业管理办法（草案）》（征求意见稿）曾规定试行立案法团制度，赋予业主大会法人地位。学习借鉴香港的经验试行立案法团制度，在一定程度上有利于确立业主大会作为实体组织的法律地位，促进业主积极参与共同管理事务，有利于政府部门的指导、监督和司法裁判。但是，内地与香港各自的社会、文化、法治、经济背景差别很大，内地的物业管理的法律体系还很不完

善，业主参与自治的意识还不强，业主委员会获得法人地位后的权能将有极大扩展，但其承担义务的能力，特别是法律法规关于其可支配财产方面的规定尚不明确。基于以上考虑，建议对香港的制度不能完全照搬，可考虑对其进一步深入研究，在充分论证的基础上，适当开展试点工作。新颁布的《北京市物业管理办法》删除了这一规定。

（三）应进一步明确指导、监督业主大会和业主委员会运作的政府各部门的职责和分工

在香港，负责业主立案法团管理的政府部门职责分工明确。就北京市而言，2009年6月出台的《北京市住宅区业主大会和业主委员会指导规则（试行）》虽然规定了建设房屋主管部门、街道办事处、乡镇政府在物业管理中的职责，但是对相互的关系没有作明确的规定。《北京市物业管理办法（草案）》（征求意见稿）规定："市房屋行政主管部门负责全市物业管理活动的监督管理工作。区、县房屋行政主管部门负责本行政区域内物业管理活动的监督管理工作。民政、社会建设部门应当加强对业主大会和业主委员会活动的监督管理。"以上规定了社会建设部门具有"加强对业主大会和业主委员会活动的监督管理"的职责，但同样对"社会建设部门"和"房屋行政主管部门"的职责定位和工作关系并未作出明确规定。业主大会和业主委员会活动既是业主自治活动，同时也是物业管理活动，由物业管理主管部门牵头对以上组织的活动进行监督管理，将有利于更好地发挥其专业职能，及时解决出现的问题和纠纷，有利于更好地整合和利用专业资源，推动工作开展。但是，物业问题不是单纯的物业管理问题，还是社会管理的问题，社会、民政、规划等相关部门应积极参与组织和协调，协助物业管理部门加强政策宣传、指导和监督，切实推动物业管理与社区建设的有机结合。新颁布的《北京市物业管理办法》在原来管理体制的基础上，强调了区县责任："区县人民政府应当做好辖区内物业管理以及和谐社区建设的相关工作。"在具体落实中，各区县社会建设部门应在区县的统一领导下，积极与建委、民政局、规划委等部门共同研究制定物业管理相关政策措施，研究解决业主大会和业主委员会管理工作中的难点问题，及时总结推广做好业主大会和业主委员会规范管理工作的好做法、好经验，共同探索建立长效工作机制。

（四）应进一步明确政府及其派出机构、基层群众自治组织在物业管理中的定位和职责

《北京市物业管理办法（草案）》（征求意见稿）曾规定首次业主大会会议筹备组由社区居委会负责召集。考虑对辖区内业主大会、业主委员会活动进行指导和监督，具有一定政府监管的性质，在社区居委会发挥基层群众自治组织自我管理作用的基础上，应进一步明确政府及其派出机构应承担的指导、协调和组织方面的职责，以实现街道和社区在实践中相互协助、相互配合。新颁布的《北京市物业管理办法》（以下简称《办法》）对以上内容给予了明确：依据新《办法》，在业主大会筹备阶段，街道办事处、乡镇政府应当自接到申请后60日内，指定代表担任筹备组组长。当业委会提供成立和选举报告后，街道和乡镇政府应当当场予以备案。在业主大会运行阶段，街道或乡镇政府负责监督指导，协调解决纠纷和矛盾。区县在具体落实中，还应进一步理顺和规范街道、社区党组织、社区居委会、社区服务站与物业服务企业之间的关系，探索建立新型社区组织体系和现代社区治理结构，在社区层面推动形成以社区党组织领导下的社区居委会、社区服务站、物业服务企业、业主委员会四方协商议事、资源共享、良性互动的物业管理运行机制，切实把物业管理矛盾纠纷化解在基层、解决在萌芽状态。

（五）进一步完善指导业主大会和业主委员会活动的服务体系

与香港较为完善的立案法团管理机构和服务体系相比，北京虽然目前实行了物业管

理的重心下移，但是对基层的培训力度和工作力量的配备和实际工作需求还有很大差距。在基层调研时，街道和社区普遍反映对法规政策不够了解、工作人员配备不足、缺乏专业指导等问题，影响了基层开展工作的积极性和主动性。针对这种情况，在新《办法》颁布后，各级政府部门更应花大力量开展日常性的宣传和培训；应考虑街道社区的实际情况，给予必要的经费和人员的支持；应整合社会资源，在各区建立咨询和服务平台，协助街道做好对业主大会和业主委员会的指导和监督。

（六）应加快社会组织改革，充分发挥行业协会在物业管理中的作用

目前，北京市正在进一步加快推进社会组织改革，建议应落实新《北京市物业管理办法》中关于“支持物业服务行业协会充分发挥服务、沟通和监督作用，完善物业行业自律制度，促进物业行业发展”的规定，进一步加强对行业协会成立和管理的引导，统筹研究制订全市行业协会的发展规划和促进发展的政策，进一步理顺政府行政监督管理与物业管理行业协会自律管理的关系，发挥行业协会服务、自律、协调和监督的作用。

总之，业主自治对于北京市社会建设工作来说是一项新事物，北京市已经进行了积极探索，但对这个问题的研究还需要进一步拓展和深化，立足北京市实际，借鉴其他地区的先进经验，摸索出具有时代特征、中国特色、首都特点，与北京市社会建设事业相适应的业主自治新模式。

（此文为市委社会工委委员、市社会办副主任周开让2009年12月撰写的调研报告）

北京市商务楼宇党建工作站（社会工作站）建设进展情况报告

陈建领

随着改革开放的逐步深入和社会主义市场经济的不断发展，我市商务楼宇大量兴建，各类人员在产业间转移和地区之间流动日益频繁，楼宇经济迅猛发展。全市现有商务楼宇1 249座，涉及商户62 090个（其中有非公企业58 268个，占楼宇内单位数量的93.8%），吸纳就业人员834 986名，楼宇内企业实现收入10 375.48亿元，企业纳税总额1 239.02亿元，平均每座商务楼宇创收8.31亿元、纳税0.992亿元。

为贯彻落实全市社会建设大会精神，进一步巩固平安奥运成果，建立商务楼宇管理和服务长效机制，扩大党建工作和政府公共服务的覆盖面，促进首都经济发展、社会和谐稳定，按照市委、市政府要求，于2008年底正式启动商务楼宇党建工作站（社会工作站）建设。2009年初，市委组织部和市委社会工委联合印发了《关于开展社会领域党建试点工作的意见》，全面推进了商务楼宇党建工作站（社会工作站）建设试点工作。

一年来，按照“总体规划、全面部署、重点突破、整体推进”的商务楼宇党建工作站（社会工作站）建设思路，各级党组织重视，行动迅速，措施扎实，进展顺利，全市商务楼宇党建工作站（社会工作站）建设取得明显成效。在全市1 249座商务楼宇中，已建立748个党建工作站（社会工作站），覆盖840座商务楼宇，覆盖率达67%。楼宇内

已成立党组织2 268个，覆盖非公有制经济组织11 719个，有32 815名党员（其中流动党员4 827名）参与党组织生活。

一、2009年工作做法和成效

（一）主要做法

1. 多措并举，努力建设楼宇工作阵地。各区县在没有专项经费保障下，克服困难，多方筹措，解决商务楼宇站点建设经费。在已建立的748个工作站中，通过区、街道两级党建活动经费租赁和物业公司提供等方式，解决办公和活动场所面积共31 958平方米（其中办公面积14 509平方米，活动场所面积17 449平方米），平均每站办公面积达到了19.4平方米。朝阳区投入经费2 053万元，加强商务楼宇党建工作站（社会工作站）建设。石景山区为每个工作站拨付1万元启动经费和每年5千元的活动经费。丰台区委社会工委为国润商务大厦一个党建工作站试点建设就给予11万元经费支持。东城区和海淀区对全区所有站牌统一设计、统一制作、统一标志。宣武区各个街道想方设法解决工作站办公用房，全区36个站办公总面积达1 195.2平方米，平均每站33.2平方米。

2. 调查研究，全面摸清企业底数和需求。各个商务楼宇在建站之初，首先抽调专门人员深入楼宇企业调查研究。采取召开座谈会、个别访谈、发放问卷调查、信息登记表等形式，摸清楼宇企业数量、生产经营性质、员工数量、党组织和党员状况，建立了相应数据台账，基本做到了台账细、数据明、底数清。宣武区在开展商务楼宇党建工作站（社会工作站）建设试点工作以前，广泛开展了楼宇党建百日宣传活动，实行“一楼一员、一楼一本”，摸清了楼宇底数，掌握了企业和员工需求，为开展楼宇党建工作奠定了基础。崇文区、石景山区为楼宇企业员工发放《致党团员的一封信》、《致非公有制企业业主和员工的一封信》，引导楼宇企业和员工配合摸底调查，协助做好各类信息台账的建立，为开展商务楼宇社会工作和党建工作积累了第一手资料。

3. 选派结合，不断加强楼宇工作者队伍建设。通过社会招聘、街道、社区和楼宇物业部门选派，专兼职相结合的方式，配备了1 541名党建工作站（社会工作站）工作人员，基本做到了每个楼宇有2名以上社会工作者和党建指导员。石景山区从社区置换出优秀社区党委书记担任工作站站长，在现有22名站长中，8名具有研究生学历，9名具有大学本科学历。东城区商务楼宇“三站”工作人员绝大多数从去年公开招考的应届大学本科毕业的社区工作者中选派，30%以上的工作者具有硕士研究生学历。2009年3月，西城区面向社会公开招考了38名楼宇党建专职工作者，平均年龄35岁，绝大多数为大学本科学历，全部为中共党员。

4. 完善机制，逐步规范商务楼宇工作模式。每个工作站都健全了工作制度和活动流程图，均能做到制度上墙，多数站点印制了楼宇党建工作的宣传手册和社会工作服务指南。朝阳区制定了商务楼宇党建工作站（社会工作站）“8515”建设标准，即：八有（有规划、有人员、有设施、有制度、有服务、有平台、有经费、有考核），五公开（公开组织体系、公开人员情况、公开工作职责、公开服务项目、公开交流方式），开展十五项服务（开展学习培训、网络宣传、咨询服务、接转关系、工团建设、妇女保护、劳动用工、法律援助、公共安全、公共卫生、文化体育、计生服务、公益慈善、志愿服务、联谊互动服务）。石景山区建立健全了工作例会、教育培训、服务需求、收集反馈、工青妇共建、表彰激励等楼宇工作制度。宣武区制定了创新楼宇社会（党建）工作项目管理、达标创优评比和星级楼宇考评机制，加强了工作站规范化建设。

5. 整合资源，党建与群团组织建设整体推进。按照“党建引领是方向，共同发展是趋势，凝聚人心是实力，共建共享是目标”的工作原则，积极开展党建带工建、团建等群团组织建设，党、工、团等多部门、多组织合力共建氛围在商务楼宇得到了较好体现。东城区探索出了社会工作站、党建工作站和工会服务站等“三站”合一工作模式，把楼宇党建与社会工作、工会建设同研究、同部署，工作人员交叉任职。石景山区古城街道领秀大厦建立了党建工作站、工会服务站、劳动社保服务站、计划生育服务站、招商引资服务站等“五站”合一的综合服务平台。多数楼宇党组织组织党员开展文体活动、举办联谊会，主动邀请楼宇企业工会和共青团成员共同组织参与，强化了党组织对工会、共青团工作的引领和带动作用。据不完全统计，一年来，全市商务楼宇党建工作站（社会工作站）组织楼宇企业和员工开展各类活动4 580余次，有115 000余人参与。

（二）主要成效

通过在商务楼宇建立社会工作站（党建工作站），开辟了基层党组织在商务楼宇中的活动新阵地，搭建了满足楼宇内各种组织和员工发展需求的新平台，畅通了企业与政府、党员群众与党组织的沟通渠道，填补了商务楼宇中党员教育管理空白，增强了党在商务楼宇各类组织中的凝聚力和影响力。

1. 党组织和党的工作覆盖面明显扩大。据统计，2008年8月底，全市商务楼宇内共建立党组织1 432个，共有党员26 639名；2010年底，党组织已发展到2 268个，共有党员32 815名。在一年多的时间内，新建党组织836个，找回流动党员4 827名，内部发展党员135名，有2 380余人次递交了入党申请书，共培养入党积极分子420余人。朝阳区为做好国庆60周年的安保工作，于2009年8月底建立了312个党建工作站（社会工作站），在城八区率先实现了党建、公共服务工作在商务楼宇全覆盖。石景山区共有商务楼宇35家，有党员的企业419个，党员2 200余名，已建立楼宇党建工作站（社会工作站）25个，新成立党委2个，党总支6个，党支部120个，有1 500余名党员参加楼宇党组织生活，覆盖率为66.7%。丰台区国润商务大厦自2008年12月成立楼宇社会工作党委以来，已经有134名党员主动亮明身份，党员人数由最初的65名发展到现在的264名，楼宇党组织由最初的2个发展到21个，有党员的企业由最初的27家，发展到54家。商务楼宇已成为北京市加强非公有制经济组织党建工作的重要领域，商务楼宇党建工作站（社会工作站）的建立，增强了党的执政基础和群众基础。

2. 加强流动党员教育和流动人口管理、维护社会稳定功能进一步凸显。商务楼宇党建工作站（社会工作站）建设的一项重要职能就是加强楼宇企业服务、消除城市管理的空白点。一年来，我们通过建立工作站，初步构建了商务楼宇党建工作网络体系，建立了信息反馈机制。通过调研，基本摸清了楼宇企业底数。在2009年社会敏感期、国庆安保期和“七五”事件后，商务楼宇党建工作站（社会工作站）工作人员，广泛开展社情民意调查摸底，及时收集和掌握楼宇舆情，把握企业现状和员工思想动态，确保楼宇安全稳定。通过开展党组织找党员、党员责任区、党员先锋岗等活动，许多“口袋”党员、流动党员找到了党组织，截至2010年1月，有4 827名流动党员向所在商务楼宇党建工作站登记，参加相关组织生活。帮助流动党员办理组织关系接转、党员转正等3 980余次。各工作站依托街道社会工作党委积极协调公安、计生、劳动保障等部门，帮助28 500余名外来务工人员解决就业、暂住证、就医卡、劳动纠纷、追讨工资、计生保健等实际困难。商务楼宇党建工作站（社会工作站）已成为党和政府服务楼宇企业和员工的平台、流动党员的家园、流动人口管理的窗口，成为党和政府联系、服务、管理商务楼宇内非公有制经济组织和社会组织的桥梁和纽带。

3. 服务首都经济发展的作用初步显现。2008年底，全球金融危机逐渐影响到我国的实体经济，楼宇企业也受到了不同程度影响。商务楼宇党建工作站（社会工作站）建立后，紧紧围绕中央和市委“保增长、保民生、保稳定”的工作方针，在边调研、边摸底的同时，采取有力措施，积极协助楼宇企业共渡难关。海淀区中关村科技园区商务楼宇党组织面对金融危机的严峻形势，组织楼宇党员开展为企业献计献策活动，广大楼宇党员带头节能减耗、节约管理成本、自主创新研发，主动为企业分担责任，为企业发展作贡献。朝阳区叶青大厦党委印发《关于在当前经济形势下发挥党组织和党员坚强作用的决定》，要求所属10个党支部围绕企业长远发展、企业现实利益、企业员工士气、企业社会宣传等四个方面做文章，带动驻厦130多家企业积极行动，收到了较好效果。据不完全统计，全市商务楼宇党建工作站（社会工作站）建立后，为企业发放各类政策、金融书籍2万余册，提合理化建议3500余条，协调工商、税务、银行等部门，举办政策咨询、协助办理工商执照、减免税收、申请小额贷款等业务1 200余次，商务楼宇党建工作站（社会工作站）的建立，使政府的公共服务延伸到了商务楼宇，满足了楼宇企业需求，促进了楼宇经济发展。

二、主要问题

全市商务楼宇党建工作站（社会工作站）建设虽然取得了一定成绩，但随着试点工作的深入开展，工作范围的逐步扩展，存在的困难和问题也逐步凸现出来。

一是商务楼宇专职工作者队伍严重不足。全市1 249座商务楼宇，已建立748座工作站，仅有专职工作人员477人，多数为街道机关人员、社区党组织成员和物业工作人员兼任。要完成楼宇内6万余家企业、82万余名员工、3.2万余名党员的服务、教育和管理工作，按照平均每站3名工作人员的标准，还缺3 270名工作人员。因此，充实工作站工作人员队伍尤为紧迫和关键，建议结合大学生进社区、楼宇计划，加大招聘补充力度。另外，商务楼宇工作人员待遇参差不齐，普遍待遇不高，建议与社区工作者通盘考虑、同等对待，合理确定楼宇工作者报酬，解决好楼宇工作者养老、医疗等社会保障问题，为这批队伍更好工作创造条件。

二是商务楼宇党组织组建率还有待提高。经过近一年的建设，商务楼宇党建工作站（社会工作站）建设试点，虽然取得了一定进展，党组织和党的工作在商务楼宇内企业的覆盖面逐步扩大。但非公有制经济组织独立建立党组织的比例还不够高，空白点还较多，一些应建未建的非公有制经济组织要在街道社会工作党委和楼宇党组织领导下，尽快完成党组织组建。要通过建立楼层联合党支部、派遣党建指导员等形式，实现对楼宇所有非公企业全覆盖。

三是商务楼宇办公活动经费难以得到保障。通过对商务楼宇党建工作站（社会工作站）工作经费来源情况的调查，已建工作站的经费主要由所在区县、街道和科技园区提供，采用调拨、协调相关部门工作经费支持商务楼宇工作站建设。这种做法既给街道、园区财政带来了很大压力，又带有极大不稳定性，很难满足楼宇工作站建设的长期运转经费需求。部分楼宇工作站，由于所在街道财政紧张，经费严重短缺，维持党员日常活动都很困难，发展壮大党组织力量更是无能为力。另外，商务楼宇作为一个追求赢利的经济体，其楼宇内资源通常是有偿使用，坐落在繁华地段的商务楼宇，很难找到一间租价低廉的办公用房，相当部分与物业公司合署办公，且一房多用，这种情况极大地制约了专职人员的配备和相关活动的开展，应建立商务楼宇工作经费保障长效机制，确保楼宇工作站正常运转，发挥其应有功效。

四是商务楼宇党建工作基础较为薄弱。商务楼宇工作对象为楼宇内非公有制经济组织和新社会组织，这些“两新”组织是伴随经济日益发展、社会日益多元化而产生的，绝大多数缺乏上级行政主管单位，组织内党的力量极为薄弱，党员影响力很小。通过对丰台区商务楼宇“两新”组织的调查访问，其负责人来源大致可划分为三种：既有从传统机关、企事业单位转型人员，也有长期从事个体私营的经济人员，还有外商、台港澳投资创业人员。这些不同类型的“两新”组织负责人的共同特点是对党组织缺乏了解或存在疑虑。过去长期在传统机关、企事业单位工作的负责人，由于不了解楼宇党建和传统党建的区别，因而担心建立党组织影响自身对企业的控制力；而个体私营经济经营者和其他类型的负责人由于长期与党组织脱钩，对党建工作十分陌生，认为成立党组织没有必要，反而可能影响企业的正常生产经营活动。且商务楼宇从业人员具有流动性大、政治关注度低的特点，很多人存在不愿意暴露党员身份、不愿意参加组织活动的情况。这些现实问题导致商务楼宇党建工作缺乏稳固的思想基础和广泛的群众基础，使楼宇党建工作站（社会工作站）建设和开展活动过程中经常出现“门难进、脸难看、话难说”的三难现象，这种情况的改善还需要一个长期过程，还需要各级高度重视，加大宣传和服务力度，得到各方面的理解和支持。

三、2010 年工作思路与举措

2010 年是我市推进商务楼宇党建工作站（社会工作站）建设的第二年，是实现党组织和党的工作在商务楼宇全覆盖的关键之年。全市商务楼宇党建工作站（社会工作站）建设要按照“一手抓组建，实现全覆盖；一手抓规范，提升服务功能”的工作思路，以促进企业发展、维护员工权益、构建楼宇和谐为工作出发点和落脚点，以实现党组织和党的工作全覆盖为基本目标，以提供政府公共服务、服务企业员工为工作途径和手段，以党建带群团建设，整合区域资源，拓宽服务领域，提升服务水平，为建设世界城市、推动首都经济发展、构建和谐社会首善之区提供强有力保证。

（一）加大组建力度，努力实现商务楼宇党建工作站（社会工作站）建设全覆盖目标

一是召开社会领域党建工作年度会议，明确工作任务。总结 2009 年商务楼宇党建工作站（社会工作站）建设总体情况，通报年初检查验收评比结果，部署 2010 年工作任务，明确各区县完成的具体指标和工作措施，努力完成上半年 500 个左右的建站目标，实现全市 1249 座商务楼宇全覆盖的工作目标。

二是深入重点区县，加强调研指导。按照区县楼宇数量和 2009 年完成的情况，重点深入海淀区、丰台区和远郊区县调研，召开专题座谈会，共同研究存在的突出问题和推进措施，具体指导基层推动楼宇建站工作，力争重点区县建设取得重大突破，促进全市商务楼宇党建工作站（社会工作站）建设均衡发展。

三是加大组建力度，努力扩大基层党组织覆盖面。商务楼宇在建立社会工作站后，要尽快组建楼宇党组织，加强对楼宇企业党组织和党员的组织领导，努力构建以街道社会工作党委为核心、楼宇党组织为基础、楼宇企业党组织参与的楼宇非公有制经济组织党建工作体系。要摸清楼宇企业党建工作现状，对应建未建党组织的，要积极推动，抓紧组建；对暂时没有党员或尚不具备组建条件的，要通过楼宇联合组建或派驻党建指导员等形式，积极开展党的工作。要注重党员发展工作，努力消除发展党员空白点，确保党组织在楼宇企业全覆盖。

（二）按照“三有一化”标准，加强商务楼宇党建工作站（社会工作站）基础建设

一是建立商务楼宇党建工作站（社会工作站）建设长效保障机制。根据商务楼宇党建工作站（社会工作站）建设运行情况，研究站点办公用房、基础设施建设、工作人员待遇、办公和活动经费等实际问题，研究制定相关的配套文件，建立经费长效保障机制，加大对商务楼宇站点建设的财政投入，确保商务楼宇党建工作站（社会工作站）工作的

日常运行。要按照区县商务楼宇总数、建站数量和检查验收结果，及时划拨商务楼宇党建工作站（社会工作站）建设专项经费，调动区县积极因素，全面推进商务楼宇党建工作站（社会工作站）建设。

二是加强商务楼宇党建工作站（社会工作站）基础设施建设。要借鉴社区服务站建设的做法和经验，争取市总工会、团市委等部门的大力支持，加大对商务楼宇党建工作站（社会工作站）基础设施建设的投入，确保工作站正常运转所必需的办公用房和基础设施。要整合街道区域资源，坚持集约利用、资源共享，做到商务楼宇党建活动场所设施共建共用。要加强商务楼宇党建工作站（社会工作站）网络化建设，建立楼宇企业动态管理和党员信息库，将商务楼宇基层党组织负责人手机号码加入全市基层党组织负责人手机信息系统，建立商务楼宇党员电化教育播放试点工作，探索开展商务楼宇现代远程教育，增强商务楼宇党建工作成效。

三是加强商务楼宇党务工作和社会工作者队伍建设。采取社会招聘、街道社区选派和楼宇物业公司支持等多种渠道，建立商务楼宇社会工作者专兼职队伍。今年结合大学生进社区计划，安排一定数量的应届大学毕业生充实到商务楼宇党建工作站（社会工作站）工作。下半年举办一期商务楼宇社会工作站站长、党组织负责人示范培训班，提升商务楼宇社会工作者和党务工作者队伍整体素质。

（三）规范服务项目，提升商务楼宇党建工作站（社会工作站）服务功能

一是制定下发商务楼宇党建工作站（社会工作站）服务指南。总结区县商务楼宇党建工作站（社会工作站）建设成功做法和典型经验，梳理社会工作站服务项目内容，研究制定全市商务楼宇党建工作站（社会工作站）服务指南，对政府公共服务项目和内容进行统一规范，对各站点特色服务项目和内容进行总结推广，大力推进商务楼宇党建工作站（社会工作站）规范化建设。

二是搭建商务楼宇党建工作站（社会工作站）共建平台。各级要加大对商务楼宇站点建设的支持和指导力度。街道社会工作党组织要在街道党工委的领导下，整合辖区工商、税务、公安、计生、司法等部门，形成工作合力，主动为商务楼宇企业和员工提供政府的公共服务。要整合辖区资源，搭建社区与商务楼宇企业共建联谊平台，广泛开展共建互助活动，促进区域经济发展和社会和谐稳定。

三是加大商务楼宇站点建设的宣传力度。楼宇党建工作起步晚，内容新，党建工作基础相对薄弱，要扩大宣传、加强教育、促进交流。要及时总结商务楼宇党建工作站（社会工作站）建设的成功做法和典型经验，借助中央和市委党报党刊、党建工作网站及工委信息简报、网站等新闻媒体，加大对商务楼宇党建工作站（社会工作站）建设的宣传报道力度，营造良好工作氛围，扩大商务楼宇党建工作站（社会工作站）工作影响力，促进首都科学发展与社会和谐稳定。

（此文为市委社会工委委员、市社会办副主任陈建领2009年12月撰写的调研报告）

创新社会工作人才队伍行业管理体制研究

王丽竹

社会工作作为一种专门职业，19世纪末至20世纪初诞生于西方社会，至今有100多年的历史。国际经验表明，当人均GDP达到1 000—3 000美元时，即进入了矛盾凸显期，这个时期必须高度重视防范和化解各种社会矛盾。当前，我国已进入改革关键时期，在经济获得飞速发展的同时，也带来一些新的社会问题，迫切需要专业社会工作者协助政府做好化解矛盾、解决问题的工作。

北京是我国的政治、文化中心。作为首都，北京必须把社会稳定放在重要位置，改革和创新社会管理体制，发展社会工作人才队伍，以满足建设繁荣、文明、和谐、宜居首善之区的需要。鉴于上述背景，我们结合学习实践科学发展观的具体要求和统一部署，进行了系统调研和认真分析研究，形成了本调研报告。报告在深入分析首都地区社会工作者行业管理现状、存在问题的基础上，对组建社会工作者行业管理组织进行了必要性分析和可行性论证，并提出了具体意见和建议，这对加强首都地区社会建设，创新社会管理体制，构建社会主义和谐首善之区具有重要的现实意义。

一、首都社会工作人才队伍管理体制现状

（一）首都社会工作人才队伍管理体制的探索和实践

目前，首都地区社会工作人员总量为30余万人，分布在社会福利、社会救助、社区建设、慈善事业、减灾救灾、司法矫正、就业服务、医疗卫生等领域，具有跨部门、跨行业、跨所有制和高度分散的特点。总体上看，首都社会工作人才队伍建设仍处于起步阶段，处于行政性、“非专业化”或“半专业化”状态，管理体制尚不健全，缺乏相关制度保障。

近年来，市委、市政府高度重视社会建设事业，特别是在社会工作人才队伍管理体制建设方面，从市级部门到社区层面，均结合自身实际进行了有益探索，为首都社会工作发展提供了有益的实践经验。

一是出台相关制度文件。2007年12月，市委、市政府下发《关于加强社会工作人才队伍建设的意见》，要求大力培养、科学评价、合理使用、有效激励社会工作人才，对完善社会工作专业教育培养体系、实施社会工作者职业水平评价制度、建立社会工作人才使用机制、发挥社会工作人才激励机制作用等制度体制性问题提出了明确要求。2008年9月，市委、市政府先后出台了《北京市加强社会建设实施纲要》、《关于加快推进社会组织改革与发展的意见》等“1+4”系列文件，对推进北京社会建设体制创新，构建北京社会建设新格局指明了方向。

二是成立社会工作行政管理部门。为创新社会工作管理体制，加快政府职能转变，增强社会工作发展的整体合力，北京市在全国率先成立市、区两级社会工作部门，作为协调和推进社会工作的行政管理主体，并赋予其对社会工作人才队伍建设的统筹规划、综合协调和指导监督职能。与此同时，将社会工作人才队伍建设纳入市人才工作领导小组的统一领导，作为新增成员单位，进一步加大了对全市社会工作人才队伍建设的协调

推进力度。

三是组织开展社会工作试点。近年来，全市共有东城、西城、崇文等 6 个区县和市第一社会福利院、市第五社会福利院、市儿童福利院等 8 个民政服务类事业单位被民政部列为试点单位，开展社会工作人才队伍建设试点，专业社会工作开始在基层社区、福利机构积极实践，对建立社会工作人才的培养、使用机制进行了积极探索。中关村街道华清园社区与中国青年政治学院社会工作学院合作，依托街道组建社会工作者协会，并采取项目购买、项目补贴等方式，向社会工作者协会购买社会工作专业服务，在创新社会工作项目管理和队伍建设方面积累了一定经验。

二、目前社会工作人才队伍管理体制存在的主要问题

（一）管理体制尚不健全，缺乏统一的专业性行业组织

近年来，市委、市政府高度重视社会建设事业，特别是在社会工作人才队伍管理体制建设方面，从市级部门到社区层面，均结合自身实际进行了有益探索，为首都社会工作发展提供了有益的实践经验。但在一定程度上还缺乏规范化的服务制度、专业化的服务手段、职业化的服务队伍。目前，全市尚未建立统一的社会工作者行业管理组织。

（二）行政化色彩浓厚，社会化程度不高

目前，由于对社会组织在社会工作人才队伍建设中的意义和作用缺乏清晰的认识，在运行机制方面，虽然随着社会管理体制改革的推进，政府职能转变迈出重大步伐，市场资源配置的基础性作用明显增强，社会管理和公共服务得到加强，政府包办社会事务的状况在逐步改进。但是，面对全面建设小康社会新的历史起点和加速本市城市化、市场化、国际化和现代化建设的新形势新任务，现行的社会管理体制仍存在一些不相适应的方面。扶持社会组织发展的政策还不完善，民办非营利性社会服务组织还不够发达，独立的民办社工组织数量不多，规模不大，能够吸纳专业社会工作的岗位有限，缺乏社会工作人才社会化发展的平台，在社会管理和社会服务领域中习惯用计划经济的方式思考和解决问题，习惯了政府的大包大揽，忽视了社会组织和社会力量在社会工作人才队伍建设中的作用。这些问题在一定程度上制约了首都经济社会发展。积极推进社会工作社会化势在必行。

（三）缺乏政策制度支持，工作运行机制欠缺

大力推进社会工作人才队伍建设是中央的重大决策，是社会建设部门的重大课题，是一个崭新的系统工程。目前，对社会工作的概念、内涵、理论、作用等的认识，还没有完全统一；社会工作的发展，还面临着制度、政策和社会环境等众多方面的问题；社会工作自身的基础还比较薄弱。目前，社会工作人才的评价、培养、使用、激励制度欠缺，既没有建立完整系统的社会工作岗位开发与设置制度，同时在从业规范、职业资格证书、职业水平认证、注册管理、教育培训、薪酬标准等关键环节也缺少相应的制度设计，社会工作政策、法律体系，以及实务督导、服务评估、项目设计等配套制度亟待建立和完善，导致缺乏职业化的岗位体系，社会工作人才缺少足够的发展空间。

三、创新社会工作人才队伍行业管理体制的可行性

（一）符合与国内外先进管理模式接轨的发展方向

建立统一的社会工作者管理部门，是被国际经验所证明的成功做法。国外的经验表明，社会组织是社会工作的主要承担者。社会工作比较发达的国家逐步形成了以政府为主导、以非政府社会工作机构为主体、以社会工作者为核心，并由社会志愿者广泛参与

的社会工作良性运行和发展机制。在不少国家和地区，社会组织是社会工作者就业的主要渠道之一。许多国家规定，除了法定的核心社会服务由政府直接提供外，绝大部分社会服务由社会组织提供。在社会工作比较发达的欧美国家，社会福利服务组织的绝大部分资金都来自于政府的财政预算，其通常的工作模式是：以政府立项、公开招标（或委托）、民间操作、政府评估的流程，通过政府购买民间社会工作服务组织的专业服务项目这样一种规范化的运作方式来进行。而一个服务项目中有70%以上的资金其实都是用在购买社会工作者的人力资源成本上的。

（二）适应北京市社会工作管理体制改革的现实需要

随着“人文北京、科技北京、绿色北京”发展理念的不断深入，政府的社会管理与公共服务职能更加凸显，政府调控机制和社会协调机制互联、政府行政功能和社会自治功能互补、政府管理力量和社会调节力量互动的社会运行网络将逐步完善。为适应经济社会发展需要，创新社会工作管理体制，加强社会工作者行业管理，既符合社会工作的发展方向，也有利于推进社会工作专业化发展进程。同时，组建社会工作者行业管理组织，有利于凝聚社会力量，整合社会资源，创新服务方式，降低社会管理成本，提高社会管理效率；有利于培育发展社会组织，为社会成员提供政府不便和市场不愿或不能提供的公共服务；有利于强化政府的公共服务职能，进一步完善政府和社会有效协调的社会工作运行网络。

（三）香港和台湾探索出了一套符合社会需要的社会工作体系和运作模式

香港的社会工作起步较早。初期曾参照英国模式，随后在实践中结合香港社会的特点，探索出了一套符合社会需要的社会工作体系和运作模式。香港的各项社会工作不是由政府直接管辖，而是由社会团体来承担。在1.2万多人注册社工里，在社会组织工作的7 614人，占61.6%，在政府部门工作的1 828人，占14.8%，在其他方面工作的2 912人，占23.6%。政府和民间社会工作机构在开展社会服务过程中建立起一种合作伙伴关系，形成了以政府为主导，以民间社会工作机构为主体的社会工作运作和发展机制。香港借助社会服务联合会、社会工作者协会为社会工作者或社工团体提供服务，承担管理协调职能。台湾自1997年以来，分别成立了社会工作人员专业协会、社会工作师公会及医务社会工作者协会，初步形成了行政管理、行业自律和社工服务的社会工作管理体制。

（四）我国内地在探索政府购买民间社会工作服务组织专业服务方面已进行了有益尝试

近年来，我国内地许多地区在探索政府购买民间社会工作服务组织专业服务的过程中，已经作了许多有益的尝试，积累了较多的经验。率先开展社会工作的上海市，社会工作人才也主要供职在几个大型的民办社会工作机构，也正是在其中工作的1 400多名社工以及他们直接面向社会公众提供专业服务，产生了良好的社会效益，对社会工作普及和发展产生了深远的影响。深圳民政局在民政系统内第一批开发了37个岗位，面向社工组织购买，购买按照每名社工每年6万元的价格把钱支付给社工服务机构。其中包含了社工薪酬及社工机构培训、管理、运作等成本。签约社工上岗后，主要分布在司法、残联、民政、教育等领域工作。在服务项目上，荔湾区民政局向广州市大同社会工作服务中心购买了“扶志与扶贫，救济与就业”项目和村转居社区居民就业服务；南京市鼓楼区通过政府购买养老服务的方式解决全区独居老人和部分空巢老人的日间照料和养老系列服务；其他政府购买的服务项目还包括社区矫正、预防青少年犯罪、禁毒工作、社区医疗卫生服务、民间组织管理与服务、青少年保护社会工作、婚姻家庭社会工作等。

（五）北京市在探索实践政府购买民间社会工作服务组织专业服务方面已取得初步成效

朝阳区在区一级建立社区社会组织联合会、街道建立社区社会组织协会、社区建立社区社会组织分会三级社会组织平台，重点培育规范社区文体协会、社区互助协会、社会经济协会、社会工作者协会和社区服务小行业协会五个方面协会组织等。确定了社区绿化养护、清扫保洁、文体活动、互助救济、居家养老、就业培训等六类公共服务项目，作为首批交由社会组织运作的项目，以招标、委托或政府购买服务等方式，逐步从街道转移给社会组织。海淀区中关村街道华清园社区服务站作为民政部社会工作人才队伍建设试点单位和全市社区服务管理体制改革试点社区，与中国青年政治学院社会工作学院合作，依托街道组建社会工作者协会，并采取项目购买、项目补贴等方式，向社会工作者协会购买社会工作专业服务，在创新社会工作项目管理和队伍建设方面积累了一定经验。经过一年的实践，实施了众多便民助民措施，为社区居民提供了大量与生活息息相关的服务项目，群众满意率达90%，参与率达70%，居民认同感、公民意识和社会责任意识进一步增强，社区氛围愈加和谐。

四、建立行业管理组织，创新体制机制的对策建议

社会工作人才队伍建设是一项崭新的社会工作，为了用专业社会工作理念和方式推进北京市社会工作人才队伍专业化、职业化建设，探索政府购买专业社工服务形式，探索政府与社会协同工作机制，加速社会工作社会化进程，拟参照国际通行做法，组建社会工作者行业管理服务组织。

（一）组建社会工作者行业管理组织名称与性质

名称建议为北京市社会工作者联合会，性质为民办非企业单位，作为全市社会工作者行业管理和服务社会组织的“枢纽型”组织，负责对全市各级社会工作联合会和各类社会工作者专业分会进行业务指导和监督管理。同时，还可以将社工联作为本市有社会工作专业在校生开展社会实践活动的实习基地和培养骨干专业社工的实践基地。

随着社会建设、社会工作的不断发展，区县、街道逐步探索建立社会工作者联合会，各系统、各行业也可成立社会工作者专业分会，并接受北京市社会工作者联合会的指导与服务，建立统筹管理、分类指导、分层负责的管理模式。

（二）明确北京市社会工作者联合会职责

社会工作者联合会的主要任务：一是在市社会建设工作领导小组及办公室和市社会建设办的指导下，负责推动全市社会工作者人才队伍和社会工作专业化、职业化建设工作；二是负责全市社会工作师、助理社会工作师的注册登记和管理工作；三是负责运用社会工作理念、方法和市场运作方式对全市社会工作者进行行业管理；四是负责对全市现有在岗社会工作者专业培训的组织实施工作；五是负责按照政府购买服务要求，为政府及相关组织提供专业社工派遣和项目服务，并对派驻社工进行经常性、及时性工作指导、管理和评估；六是根据全市社会工作和社会工作人才队伍建设的需要，负责北京市社会工作者联合会区县、街道（乡镇）、社区分会和各类社会工作专业委员会的培育和发展工作；七是负责研究制定社会工作者从业标准和自律规范；八是负责反映会员要求，协调会员关系，维护其合法权益；九是负责利用社会资源，开展以社会福利服务、社会公益活动为主要内容的专业性的社会服务，加速社会工作社会化的进程；十是负责围绕全市社会工作和社会工作人才队伍建设中出现的新情况、新问题开展理论研究、实践研究、发展趋势研究、决策咨询研究、经验总结推广和对外交流工作，定期向有关部门提供有决策价值的建议和意见；十一是负责及时了

解社情民意，并定期向有关部门反映居民关心的热点和难点问题；十二是经政府主管部门同意和授权进行行业统计，收集、分析、发布行业信息；十三是负责倡导社会工作理念，向有需求的个人及组织提供高质量、专业化的社会服务。

（三）关于北京市社会工作者联合会内部组织体系和人员配备

“社工联”设会长1名、副会长2名，秘书长1名。根据工作需要，可设顾问或名誉会长若干名。目前，“社工联”内部机构暂设6个部：秘书部、事业发展部、教育培训部、登记注册部、权益维护部、对外交流部。

关于人员选择途径。考虑到北京市社会工作者联合会所承担的主要任务专业性和政策性强等特点，建议“社工联”领导班子成员特别是主要领导从高校具有社会工作专业背景，专业职称，熟悉社会工作，有较强的社会活动能力、组织能力和统筹协调能力，热爱社会工作，有奉献精神，有爱心的退休人员中选择。其他人选问题，由“社工联”领导班子根据工作需要自行决定，但必须具备上述条件。同时，还可以聘请著名专家学者担任顾问。

（四）明确北京市社会工作者联合会与各有关部门的关系

“社工联”要处理好与各相关部门的关系：一是要切实处理好与市社会工作机构以及与社会工作者相关部门的关系，要突破传统体制的束缚，将两者定位于委托与合作，而不应是隶属关系，这样才能真正体现制度创新、组织创新和体制创新。“社工联”要根据相关部门要求，创造性地完成所委托项目任务。二是要按照与服务对象签订的服务协议提供优质专业服务，与服务对象之间形成不同的权利义务关系。三是要积极加强与国际社会工作者联合会和国内外著名社会工作专业机构联系，积极开展对外交流与合作。四是要处理好与相关社会组织的关系，充分发挥自身优势，整合利用社会资源推进本会的建设和发展。

（五）建立政府购买社会组织专业服务机制

北京市社会工作者联合会的性质为公益性的非营利性社会组织，由社会力量出资组建，政府提供支持，面向社会招聘专业社会工作人才，采取社会化运作方式，吸纳有正式登记的社会工作者或有社会工作背景的人员参加。“社工联”的发展目标应当是：打造优秀专业团队、建立便捷服务体系、提供优质专业服务、创建特色服务品牌。考虑到该会所承担任务的特殊性，建议在“社工联”成立的前两年，采取政府购买专业社工服务的方式，按照每人每年5万元标准（匡算）为“社工联”配置一定数量的各类准专业社会工作者，5万元包括机构运转经费。首批可考虑通过社会公开招聘为该会配置50名社会工作专业高校毕业生，分别派遣到社区服务站、医院和学校，从事社区服务、调整医患纠纷、辅导服务和心理咨询。今后，每年根据经济社会发展需要，不断扩大“社工联”准专业社工和专业社工配置数量，逐渐把“社工联”真正办成全市专门提供专业社工和全社会普遍认可的权威组织，逐步在全市形成只要社会上有专业社工的需要，就能首先想到找北京市社会工作者联合会的良好社会氛围。通过这种形式将这批人员逐渐培养成为北京市首批准专业社工骨干队伍。政府对联合会所派遣专业社工实行契约式管理。由联合会负责从政府购买其服务的经费中解决派遣人员薪酬待遇，具体标准参照《北京市社区工作者管理办法（试行）》中相关标准执行，人员管理由联合会负责，联合会与所招聘人员签服务协议。购买服务的单位派遣专业社工使用单位，通过使用认为优秀的人员，在本单位公开招聘工作人员时，同等条件优先录取。同时，通过这种方式为积极探索适合北京市实际的社会工作者聘任与录用制度积累经验。同时，根据北京市社会工作者联合会的发展情况，政府扩大购买其服务的范围。

（六）建立政府购买服务项目的合同管理和评估机制

对北京市社会工作者联合会的服务质量，委托第三方社会组织按照双方确定的服务对象、服务内容、服务要求等，建立事前评定、事中监督、事后评估的综合绩效评价体系。根据评估情况，在次年相应增加或减少购买服务项目，连续两年评估不合格的，政府有权终止部分或全部合同内容。

（七）关于北京市社会工作者联合会经费和办公场所问题

北京市社会工作者联合会作为北京市社会管理体制创新的有益探索，政府应在办公场所、活动场所、开办费用、人员工作经费等方面给予必要支持。社会工作者联合会所需工作人员，采取面向社会招聘的方式吸收社会工作人才，通过政府购买服务的方式，提供社会工作联合会的人员经费。

（八）建立北京市社会工作者联合会标识

为了树立北京市社会工作者联合会在社会工作者行业管理领域和社会上的形象、地位，打造出符合首都实际、具有北京特色的品牌，开拓市场，服务社会，北京市社会工作者联合会要设计自己的会标。

（此文为市委社会工委委员、市社会办副巡视员王丽竹2009年12月撰写的调研报告）

北京市社会组织现状与发展研究

刘 轩

一、北京市社会组织的发展现状

改革开放30年来，在国家经济体制和政治体制改革不断深化、首都经济社会发展进程不断加快的新形势下，北京市社会组织得到了迅速发展，数量显著增加、质量不断提高、实力明显增强。

（一）北京市各级各类社会组织的基本情况

1. 社会团体。

社会团体是指中国公民自愿组成，为实现会员共同意愿，按照其章程开展活动的非营利性社会组织，包括各类学会、协会、研究会、促进会、联谊会、联合会、商会等。截至2007年底，北京市在市级登记注册的社会团体共有1 096家（参见表1）。

表1 北京市市级社会团体数量比例统计表

序号	类型	数量	所占比例（%）
1	行业协会	168	66.40
2	商会	11	4.35
3	联合会	8	3.16
4	联谊会、学会、研究会等其他类型协会	66	26.09
总计	协会总数	253	100.00

2. 民办非企业单位。

民办非企业单位是指企业事业单位、社会团体和其他社会力量以及公民个人利用非国有资产举办的，从事非营利性社会服务活动的社会组织。按民办非企业单位的特征外延可分为教育单位、科研单位、文艺单位、医疗卫生单位、体育单位、出版单位、福利单位、法律单位、经济单位、信息调查单位、中介服务单位共11类。

在市委、市政府的重视和支持下，2000

年以来民办非企业单位获得迅猛发展。据统计，2001 年底全市成立登记民办非企业单位 840 个，2003 年底为 1 607 个，增长 91%，连续两年递增 40% 以上；到 2005 年 3 月底，全市民办非企业单位共有 2 139 个，比 2003 年底增长 33%。截至 2007 年底，全市民办非企业单位共有 3 080 个，平均每年增长 40% 强。

3. 基金会。

基金会是指利用自然人、法人或者其他组织捐赠的财产，以从事公益事业为目的，按照《基金会管理条例》的规定成立的非营利性法人。基金会分为面向公众募捐的基金会和不得面向公众募捐的基金会。1988 年《基金会管理办法》颁布后，民政部门开始依法对基金会进行登记。到 2007 年底，北京市在民政部门正式登记的基金会有 87 家（参见表 2）。

表 2　北京市基金会数量统计表

单位	数量	单位	数量
教委	14 家	科协	13 家
文化局	8 家	民政局	7 家
社科联	6 家	卫生局	4 家
侨联	3 家	社科院	3 家
文联	4 家	台办	2 家
体育局	2 家	广电局	2 家
侨办	1 家	首绿办	1 家
司法局	1 家	通信局	1 家
统战部	1 家	团市委	1 家
文明办	1 家	文物局	1 家
宣传部	1 家	环保局	1 家
总工会	1 家	发改委	2 家
妇联	1 家	海淀区政府	1 家
东城区政府	1 家	怀柔区政府	1 家
朝阳区委	1 家	机关工委	1 家

4. 市场中介组织。

市场中介机构是指依法通过专业知识、信息和技术服务，向委托人提供公正性、代理性、信息技术服务性等中介服务的机构。市场中介机构具有发展迅速、涉及面广、流动性大等特点。按照业务类型分类，市场中介机构主要可以分为公正性、代理性和信息技术服务性三类。截至 2007 年底，在北京市有关部门注册登记的市场中介机构共有 22 556家，总体情况如图 1 所示。

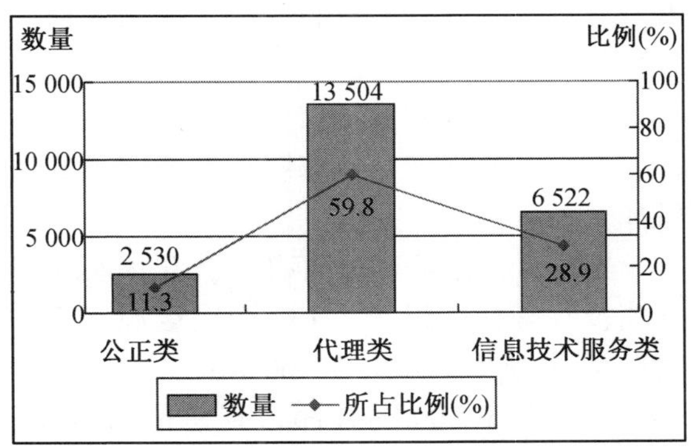

图 1　北京市市场中介组织数量、比例统计图

5. 社区社会组织。

社区社会组织是指以社区居民为主体，以社区地域为主要活动范围，以满足社区居民需求为目的，由居民自发成立的各类社会组织。近年来，北京市社区社会组织发展迅速，已成为服务社区、服务居民的重要力量和社区工作的重要载体。

截至目前，全市共有社区社会组织 11 683家。其中，社团类组织为 10 832 家，占总数的 92. 7%；民办实体机构 851 家，占 7. 3%。按照活动领域划分，慈善公益类组织 959 家，占 8. 2%；文体活动类组织 6 313 家，占 54%；生活服务类组织 1 194 家，占 10. 2%；社区事务类组织 2 678 家，占 22. 9%；志愿服务类组织 539 家，占 4. 7%（参见图 2）。

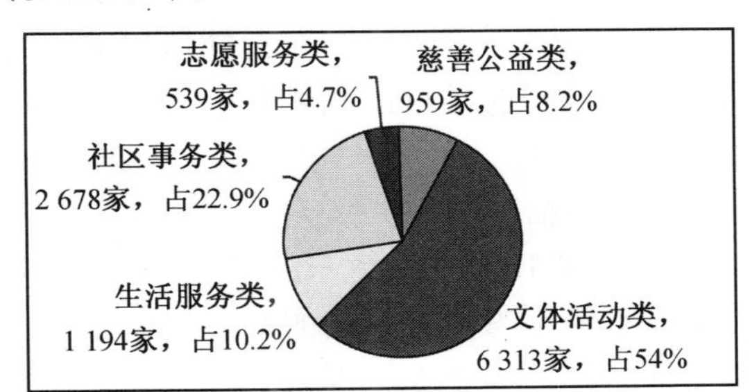

图 2　社区社会组织按活动领域分类图

2009年以来，社团类组织累计开展各类活动441 335次，平均每个社团开展活动40.7次；民办实体机构累计服务居民95万多人次，平均每个机构服务1 124.8人次。

6. 高校学生社团组织。

高校学生社团是学生自发组织的，以自我教育、自我管理、自我服务为宗旨的群众性团体。高校学生社团一般可分为以下三种类型：一是科技类社团，二是人文社科类社团，三是诸如围棋、足球协会等统称“其他社团”。

据统计，截至2008年年底，北京地区64所高校共有社团组织3 198个（参见表3），每年活动涉及总人次为266 010人次。每年参加人次小于500的社团占到总体的60%；5.3%的社团年影响面超过3 000人次。

表3 北京市高校学生社团组织一览表

类别	高校数	社团数	覆盖人次
教育部直属	24（37.5%）	1 482（46.3%）	152 374（57.3%）
其他部委所属	10（15.6%）	396（12.4%）	25 874（9.7%）
市属高校	24（37.5%）	1 077（33.7%）	73 663（27.7%）
民办高校	6（9.4%）	243（7.6%）	14 099（5.3%）
总计	64	3 198	266 010

7. “草根”社会组织。

目前，我国对社会组织采取双重管理体制，社会组织除在民政部门登记外，还要有行政部门作为业务主管单位。大量由民间力量发起成立的社会组织难以找到业务主管单位，因此无法在民政部门登记注册以获得合法身份。对于这类组织的数量与规模，目前尚无权威统计。

主要包括以下组织。

（1）在工商部门登记注册的公益组织。大量找不到业务主管单位的社会组织选择在工商部门注册为企业，据调查，北京市仅名称中带有“科、教、文、卫”字头的企业就有8000多家。社会组织在工商注册具有一定的优点，如：注册程序简便快捷、有独立的法人身份和独立的机构账户、运作上有很大的独立性。

（2）以二级单位身份存在的组织。国内一些民办社会组织采用成为已有社会组织的分支机构（二级单位）的方式，来获得合法身份。有的组织作为二级社团存在，有的组织选择作为较大公募基金会下面的专项基金会。

（3）网络组织。通过网络上或开放或封闭的论坛进行联系和活动，从注册方式上看，一类是公开的、开放的，即任何人都有权利浏览到所有的信息；另外一类是封闭的、需要注册的，仅注册后的成员能浏览到所有的信息，并享受到下载或者信息服务。

（4）境外社会组织在华办事处。目前，在中国大陆活动的境外社会组织以公益组织为主，比较有影响力的超过200家，其来中国的目的有如下四类：宗教信仰、谋求组织的发展、推动中国公民社会的发展、政治民主诉求。

（二）北京市社会组织的发展特点

1. 社会组织的发展速度。

进入“十一五”以来，社会组织维持了迅猛增长的势头。截至2009年8月底，全市在民政部门登记的社会组织共6 749个（参见表4），其中：社会团体3 147个，民办非企业单位3 490个，基金会112个。

表4 北京市各级各类社会组织数量一览表

（单位：个）

类别	市级	区县	合计
社会团体	1 156	1 991	3 147
民办非企业单位	225	3 265	3 490
基金会	112	—	112
总计	1 493	5 256	6 749

2. 社会组织的经济贡献。

北京市社会组织已经发展成为首都一支重要的经济力量。据统计，2007年北京市社会团体增加值达到2.13亿元，占全国社团增加值的6.6%，平均每个社团的增加值达到7.4万元，居全国第一位，远高于全国平均水平1.7万；全市民办非企业单位增加值达到3.74亿元，平均每个民办非企业单位的增加值达到12.9万元，高于全国平均水平；2007年全市58家基金会资产总额达到3.9亿元。

社会组织还提供了大量的就业机会。据统计，北京市目前已登记注册的6 749个社会组织共有工作人员109 030人。其中：社会团体有工作人员19 063人，占17%；民办非企业单位吸纳的工作人员最多，为89 141人，占82%；基金会有工作人员826人，占1%。

3. 社会组织活动领域。

北京市各级各类社会组织涉及经济、政治、文化和社会发展等各个领域，基本形成了门类齐全、层次不同、覆盖广泛的社会组织体系，其活动领域相当广泛。

对于社会团体来讲，其活动领域包括：农业及农村发展、宗教、工商业服务、法律、体育、文化、社会服务、卫生、教育、生态环境、科技研究等，具体分布如图3所示。

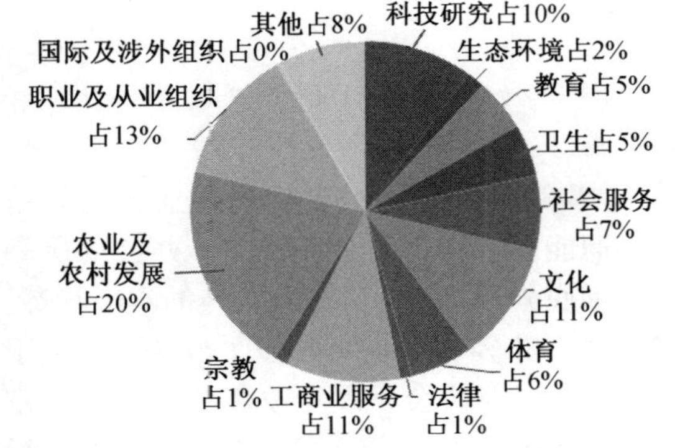

图3　2007年北京市社团活动领域分布图

对于民办非企业单位来讲，教育类民办非企业单位占到总数的68%，卫生、社会服务和文体类的民办非企业单位有较快增长。

基金会的分布较为集中在教育、文化和科研领域，三个领域共有基金会56家，占到总数的68.3%。

4. 社会组织的管理体制。

北京市社会组织管理体制改革日趋深化，政府培育和管理社会组织的能力正在逐步增强。市委、市政府高度重视社会组织管理体制改革工作，社会组织的发展管理工作被纳入北京市国民经济和社会发展“九五”、“十五”计划及“2010”、“2015”年远景目标纲要。2007年末成立的市委社会工委、市社会办为加快首都社会组织的改革与发展提供了坚实保障。

5. 社会组织发展的新变化。

与北京市深化改革的需求相适应，社会组织在发展态势上也出现了一些新变化。如：行业协会已由主要分布在第一产业、第二产业逐渐向第三产业转化，新兴行业的行业协会逐渐建立；随着北京市对民办非企业单位的重视和扶持，民办非企业单位发展势头强劲，已连续数年保持两位数的增长态势；按照“小政府、大社会”的发展目标，大力发展基金会尤其是慈善公益类基金会已成为社会各界的共识。

二、北京市社会组织发展存在的主要问题

北京市社会组织在过去几年取得了长足发展，但与首都经济社会建设的实际需求相比仍有一定的差距，主要存在以下四个方面的问题。

（一）法律法规不健全，管理体制与社会组织发展不相适应

目前，我国有关社会组织的法律法规主要集中在登记管理，对如何改善社团治理与监督，缺乏高层次的法律和政策保障。现有业务主管单位与登记管理机关双重管理体制是20世纪80年代由部门管理向统一管理过渡而设计的，随着经济社会的发展，双重管理体制开始表现出诸多弊端：一是不利于政社分开，业务主管单位担负了社会组织的业务指导与日常监督的职责，严格控制社会组织人事、财务和活动；二是政府部门为了减

少麻烦，会尽量避免成为民间自发组织的业务主管单位，同时，由于现有法规规定的登记门槛较高，近年来出现了大量的“草根组织”难以取得合法身份。

（二）政府与社会对社会组织认识不足，彼此之间缺乏深度了解和信任

一方面，一些政府部门对社会组织持怀疑态度，认为社会组织的发展会削弱政府权威，影响社会稳定；有些组织和个人由于受到个别官办社会组织滥用政府权威强制入会以及乱摊派、乱收费的不良影响，对社会组织发展持悲观态度。调查显示，尚有67%的被访者不知道什么是民办非企业单位，47%的被访者认为民办非企业单位就是个体工商户。另一方面，有的社会组织由于无法登记注册，或者受到业务主管单位等政府部门过多行政干预，对政府采取敬而远之的态度。很多单位对社会组织的发展规律认识不足，对社会组织在经济社会发展中的地位与作用重视不够，没有将一些应该由社会组织承担的事项转移给社会组织，导致社会组织发展空间狭窄。

（三）社会组织的监督管理体制不完善，管理分散、疏于管理

北京市社会组织现有管理体制在登记注册环节“重预防”，在日常管理环节“轻管理”，在监督环节“难处罚”，执法政策和手段不配套，社会组织的惩戒机制和退出机制也不健全。对于北京市社团登记机关来讲，主要监督手段是年检，由于年检缺乏激励机制，而管理机关又受到人员编制限制，年检基本上流于形式。对于业务主管单位来讲，管理分散、疏于管理现象较突出。以在市级登记注册的社会组织为例，130多家业务主管单位管理着1 400余家社会组织，平均每家管理6—8家，有的社会组织与主管单位在业务上完全没有联系。

（四）社会组织整体发展水平不高，自身能力不足

在发展水平上，北京市社会组织能力普遍偏弱，资源汲取能力较弱，资金来源渠道单一。有的社会组织为了生存，完全采取市场化运作，无法发挥社会组织独特的组织优势与社会功能；有的社会组织行政依赖强，在机构、人员、经费、编制等各方面带有浓重行政色彩，不能做到自我管理和自主发展。

在人才队伍上，社会组织缺乏专业管理人才，由于待遇、户籍和人事制度等限制，社会组织更难留住人才，组织的管理能力、活动能力、创新能力、拓展能力和可持续发展能力很难得到改善。

在内部治理上，大多数社会组织内部治理不完善，会员代表大会、理事会和常务理事会形同虚设，秘书长“一言堂”现象严重。有的社会组织由政府部门发起成立，独立性不强，人事由主管部门说了算；有的社会组织由领导人发起成立，领导个人影响大，组织内部治理缺乏民主。

在党建工作上，很多社会组织中没有建立党的组织，即使建立了党组织，工作开展也不平衡，党建工作与业务开展没有很好地结合，党建薄弱，党组织作用发挥不充分。

三、促进北京市社会组织发展的政策建议

（一）加快推进社会组织政社分开、管办分离

“政社分开”指社会组织与业务主管单位在职能、机构、人员、财务、办公场所等方面彻底分开，回归其法人主体的本来状态。2006年，市委、市政府办公厅印发了《关于促进我市行业协会发展与改革的意见》（京办发〔2006〕22号文），核心内容是促进行业协会脱钩改制。2007年9月，市委组织部、市发改委、市民政局、市人事局根据22号文的要求，联合下发了《关于党政机关领导干部不得兼任行业协会领导职务的通知》，提出各级党政机关的副处级以上领导干部不得在行业协会兼任实职。

目前，要按照社会化、专业化的要求，推进全市各级各类社会组织与主管行政部门

在机构、职能、人员、资产、财务等方面彻底分开，除暂时保留少部分有特殊职能的部门继续作为有关社会组织的业务主管单位外，行政部门原则上不再作为业务主管单位。不仅要卡住增量，由“枢纽型”社会组织进行分类管理，还要规范存量，由党政部门所管理的社会组织根据条件成熟度逐步“脱钩”。

（二）构建“枢纽型”社会组织工作体系，实行分类分级管理

按照北京市社会组织改革与发展的实际需要，以人民团体为主，通过新建及提升改造等形式，建立“枢纽型”社会组织工作体系，在政社分开后承接原行政部门担负的业务主管单位职责，并发挥龙头和枢纽作用，管理和服务同类别的社会组织。

目前，可以授权北京市人民团体作为“枢纽型”社会组织，按性质或类别，对相关社会组织进行管理。对人民团体覆盖不到的领域，通过改造、提升慈善协会、社会工作协会、新建行业协会联合会等作为“枢纽型”社会组织。同时，考虑社会组织情况比较复杂，按照分类指导、区别对待、循序渐进的原则，暂时保留有特殊职能的少数行政部门，继续作为相关社会组织的业务主管单位。

（三）改进、完善社会组织设立程序

在不违背行政许可法、不增加审批环节的前提下，本着“方便、快捷、高效”的原则，对在市一级新申请设立的社会组织，建立“统一受理、业务审核、依法登记”的设立程序，即申办者将有关申请材料报送社会建设部门，社会建设部门根据社会组织发展规划，会同相关业务主管单位进行业务审核同意后，由民政部门依法登记注册，并在社会建设部门备案。

具体工作流程见图4：

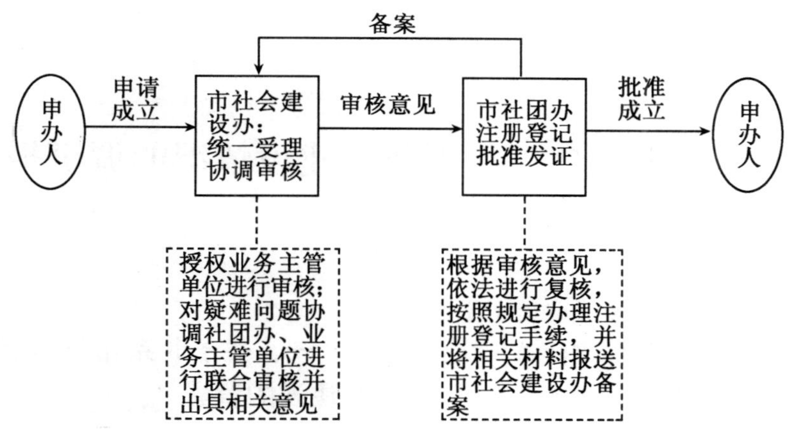

图4　社会组织设立工作流程图

（四）培育扶持社会组织健康发展

针对北京市社会组织发展过程中存在的突出问题和薄弱环节，着眼于进一步优化社会组织发展环境，主要从以下几个方面进行培育扶持：一是要加大政府投入力度，设立社会组织发展专项资金，通过“购买公共服务”、“项目化”运作等形式建立公共财政对社会组织的资助、引导和奖励机制；二是要建立社会组织服务平台，为社会组织提供公共服务产品推介、信息发布、政策咨询、培训交流等集约式服务；三是要加强人才队伍建设，按照职业化、专业化管理的要求，加大人才引进和培训力度，创新社会组织人才引进和使用机制；四是要加大对社会组织的宣传、推介力度，扩大社会影响力，提高社会声誉；五是要开展社会组织立法课题研究，

积极协调各有关部门落实企业公益性捐赠、社会组织减免税等优惠政策，建立健全社会组织政策法规体系；六是要建设理论研究基地，联合高等院校、科研院所专家教授，对社会组织相关领域开展科学研究，积累理论成果并用于实践。

（五）加强党建工作，实现党建与业务工作一起抓

加强社会组织党建工作，促进党的建设与业务工作“一起抓”，对促进社会组织建设具有重要意义。对于符合条件的社会组织，要积极建立党的基层组织。在市民政部门登记注册的社会组织的党组织，由承担业务主管单位职能的“枢纽型”社会组织党组织管理；在区县民政部门登记注册的社会组织的党组织，由各区县社会工委及街道党工委或社区党组织管理。对于“枢纽型”社会组织，要建立党组（党委），并按照分类管理原则，负责在所管理的社会组织中建立党组织、开展党的工作。

（六）加强日常监督和管理，形成有效的考核评价和退出机制

要加强对社会组织的规范管理，切实改变“重登记、轻管理”的倾向，逐步由重入口登记向兼重准入和日常管理转变，改进和加强以年检为主要内容的依法管理，健全以规范行为为重心的相关管理制度。在依法监管的基础上，引入社会监督，建立社会组织考核评价体系，研究制订考核评价标准和工作办法，充分发挥评价的导向、激励和约束作用，加强社会组织管理的规范化、制度化、法制化建设。另外，尤其需要建立行之有效的退出机制，对那些由于各种原因办不下去或违章违规的社会组织进行及时注销，优化社会组织结构，提高社会组织整体水平。

（此文为市委社会工委委员、市社会办副巡视员刘轩2009年7月撰写的调研报告）

关于北京市社会工作事务所建设情况的调研报告

王智玲

近年来，首都经济社会发展取得了举世瞩目的成就，随着经济体制深刻变革，社会结构深刻变动，利益格局深刻调整，思想观念深刻变化，首都社会建设出现一些新问题，社会建设工作面临新挑战。为有效解决社会建设领域出现的新情况、新问题，北京市各区县在探索构建专业社会工作机构方面进行了积极探索和尝试。本文通过实地调研与理论分析相结合的形式，对北京市社会工作事务所的建设和运作情况进行了研究，分析其建设背景、性质定位、组建基础、服务机制和功能定位，梳理归纳存在的问题及困难，并在此基础上提出了进一步推进北京市社会工作事务所建设的政策建议。

一、关于北京市推进社会工作事务所建设的背景

2009年，北京市人均GDP突破了10 000美元，经济社会进入了加速转型期，市民个性化、多样化的社会需求不断增强，各类社会问题日益增多，如何科学解决各种社会问题，实现经济社会协调发展，是当前首都社会建设工作面临的重大课题。一方面，从政府职责定位而言，解决社会问题是政府责无旁贷的责任，但随着社会管理体制改革的推进，各类社会组织的不断涌现，积极借助社会力量参与社会管理和服务成为加强社会建

设的新途径。另一方面，由于政府资源的有限性和市场的逐利性，二者在解决社会问题时均有先天不足。所以，对于一些政府“管不了”或“管不好”，而市场又不愿意管的社会问题，迫切需要培育专业社会工作服务机构，通过专业社会工作方法加以解决。

（一）社会需求日益多元化

随着经济社会的发展，首都社会生活中出现了一些新情况、新问题，社会需求日益呈现出多元化、专业化、个性化的趋势，仅靠传统的行政手段和方式，难以满足日益复杂的社会服务需求，因此，迫切需要培育具有社会属性的专业社会工作服务机构，广泛吸纳专业社会工作人才，综合运用社会工作专业知识、方法和技能，开展困难救助、矛盾调处、权益维护、心理疏导、行为矫治、关系调适等服务工作，为社会单位、组织和居民个人提供全方位的、更具专业性和针对性的社会工作服务，不断提高服务质量和水平。

（二）社会组织管理体制创新进程不断加快

近年来，北京市大力加强社会组织管理体系和社会工作运行体系建设，不断推动健全党委领导、政府负责、社会协同、公众参与的社会管理格局，首都社会管理体制改革和创新步伐明显加快。在这一背景下，将行政机关、事业单位做不了或做不好而老百姓又急需的社会服务以项目形式委托给具备资质的社会工作事务所承担，是完善社会工作体系、推进社会管理体制改革的现实需要和重要途径。

（三）社会工作人才队伍不断壮大

目前首都地区社会工作相关从业人员已超过30万人，广泛分布在民政、劳动、卫生、司法、工会等社会管理和社会服务各领域，占常住人口的2%左右（见表1）。2009年北京实施“大学生社工计划”，选聘首都高校应届毕业生1 984名和服务合同期满的“大学生村官”492名到社区工作，为首都社工队伍建设注入了新生力量。同时，经过2008年、2009年全国社会工作者职业水平考试，全市已有4 235人获得了社会工作师、助理社会工作师职业资格证书。首都社会工作人才队伍的不断壮大，为社会工作事务所的建设提供了强大的人力资源保障，同时，大力培育扶持社会工作事务所，也将为社会工作人才发挥作用提供更加广阔的空间和平台。

表1　首都地区社会工作从业人员数量分布

所属组织或机构	人员数量
民政系统	153 453
劳动和社会保障系统	7 773
工会系统	8 466
共青团系统	10 353
妇联系统	6 856
残联系统	1 254
红十字会系统	74
卫生系统	1 487
教育系统	18 000
司法系统	48 024
流管办系统	11 576
计生系统	9 458
居委会	16 134
村委会	12 700
合计	305 608

（四）首都专业社会工作实践的积极尝试

当前，首都有近20所高校开展社会工作或社会学专业教育，每年培养毕业生近千人。为实现高校教育资源和北京社会建设实践的有效对接，北京市开展了社会工作人才实习基地和培训基地的“双基地”建设。东城区与北京大学、中国人民大学、中国青年政治学院、北京青年政治学院四所高校合作，在10个街道115个社区建立了校外社会工作实践基地。西城区与中国青年政治学院、北京青年政治学院和北京建工学院合作，在6个街道建立了30余个社会工作专业大学生社区见习实践基地示范点。宣武区、海淀区与中国青年政治学院合作，建立了社会工作人才队伍“双基地”。以“双基地”为载体开展社区工作者教育培训和大学生校外实践，有效整合了高校和社区资源，提高了社会工作者队伍的专业水平和职业技能。

二、关于北京市社会工作事务所建设的基本情况

2009年6月东城区在全市率先成立了北京市首家社会工作事务所——助人社会工作事务所，事务所由理事会、监事会、执行主任、项目部、督导室、义工团队组成（参见图1）。其中监事会聘请4家单位作为成员，分别是东城区社会办、东城区民政局、交道口街道办事处、北京青年政治学院。项目部由10名专业社工组成，具体承担各项专业社会工作的策划、设计、实施和评价。督导室设常任专业社会工作督导师2名，均为实践经验丰富的社会工作师，负责专业社工和志愿者的督导工作。义工团队由专家，教授，教师，社会工作及相关专业的大学生、研究生，社区工作者等组成，采用“社工+义工”的工作模式。

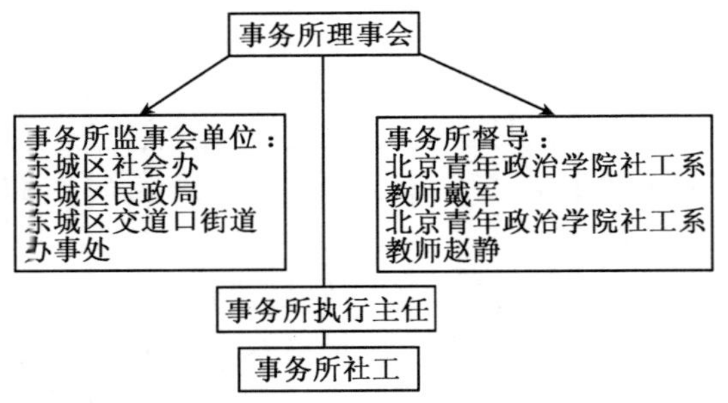

图1 北京市东城区助人社会工作事务所组织结构图

西城区于2008年7月成立了全市首家区级社会工作者联合会，并于2009年成立了悦群、仁助和睦友三个社会工作事务所，社会工作事务所的架构如图2所示。社工事务所在养老、助残、社区建设和学校社会工作四个领域承担着9个项目的社会服务工作。人员数量由初建时6名从业人员发展到当前的15名助理社会工作师，这15名助理社会工作师来自6所院校，均具有社会工作专业专科以上学历，其中硕士1人、学士10人。

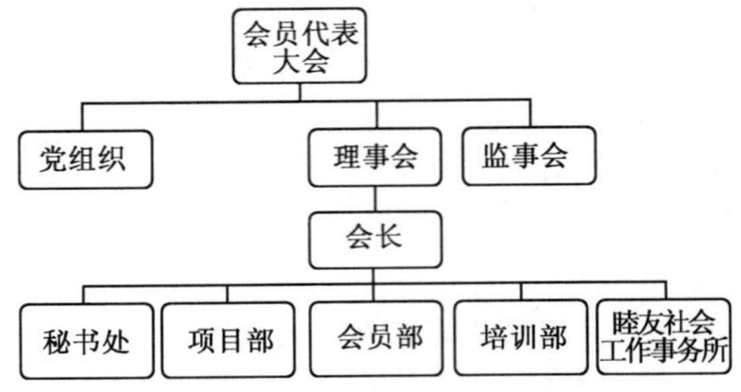

图2 西城区社会工作事务所组织架构图

已组建4家社会工作事务所在性质定位、组建基础、服务方式等方面基本相同，在事务所的功能定位方面各有特色。

（一）性质定位：民办非企业机构

四所社会工作事务所均为在民政部门注册的非营利性的民办非企业机构。这种定位主要基于三方面考虑。一是符合国际发展方向。从发达国家经验来看，大多数专业社会工作机构都是非营利性组织。二是符合政府职能转变的发展要求。将主要从事社会服务的社会工作事务所定性为民办非企业机构而不是行政机关或事业单位，符合“政社分开”的要求。三是符合社会工作基本价值理念。社会工作事务所社会化的性质定位，有利于更好地体现其“助人自助”的基本价值理念。

（二）组建基础：依托高校资源

四所事务所的组建都充分依托了高校的教育资源优势。其中，助人、仁助依托北京青年政治学院，睦友依托中国青年政治学院，悦群依托北京建筑工程学院的社会工作学院、社会工作系组建而成。高校在社会工作事务所建设方面主要提供了三方面支持。一是专业技术支持。为事务所在社工督导、项目设计和评估等方面提供了专业支持。二是专业人才支持。为事务所提供了一批具有社会工作专业知识和工作热情的社会工作专业人才，同时带动了一支由在校社会工作专业大学生组成的、有一定规模的专业义工队伍。三是硬件资源支持。为事务所提供了社会工作专业设备和设施，有效保障了事务所专业社会

工作服务的开展。

区校合作建设社会工作事务所，可以为高校教学科研、学生就业等提供广阔的发展空间；同时，也可以为社会建设实践提供智力支持和人才保障，最终使居民获得专业的、高质量的社工服务，从而达到“多赢”的效果。

（三）服务机制：项目化运作

四所社会工作事务所在服务提供上都采取了项目化运作、政府购买服务的方式。东城区区委社会工委、区社会办、区民政局等政府部门从培育扶持的角度出发，为事务所提供部分适合承接的项目。社会工作事务所以合同的方式，承接政府、相关机构委托的社会工作服务项目，向有关部门或机构派遣社工。西城区区委社会工委、区社会办通过西城区社会建设专项资金，以购买服务项目的方式，向三个社工事务所投入近 110 万元项目资金，为事务所的成立和发展提供了重要的资金保障。依托西城区社会工作者联合会，加强对三个事务所的项目管理，并出台了《西城区社会工作者联合会项目管理办法》，对项目的申请、管理、评估及资金使用等方面作出了具体规定。

（四）功能定位：综合型与专业型

按照服务提供的范围和领域来看，东城区和西城区的社会工作事务所属于两种不同的类型：综合型与专业型。

1. 综合型。

东城区助人社会工作事务所提供的服务领域和范围相对较广，属于综合型专业社会工作服务机构。事务所主要围绕三个方面开展工作。一是交道口街道社区建设项目。事务所结合交道口街道各社区实际工作，制定了特色的服务项目，满足居民需求，促进社区建设。如：为南锣鼓巷周边居民制作防打扰贴、开展社区老年人小组活动、参与南锣鼓巷社区魅力社区评选等。此外，还组织社区工作者减压、鼓楼苑社区重阳节庆祝活动、福祥社区空巢老年人小组、府学社区厨艺大赛、大兴社区九月初九重阳节大型活动、大兴社区法制宣传。二是东城区政府购买服务项目。如居家养老现状调查，设计北京市东城区助老人员手册，参与东城区社区居委会、社区服务站满意度测评等。三是其他项目活动。包括为天安门武警减压、开展暑期青少年小组活动、派遣心理咨询人员进驻社区服务中心，等等。

2. 专业型。

西城区三个事务所结合所依托院校的专业优势，主要围绕某一领域开展专业社会工作服务。如，睦友重点关注老年社会工作服务，目前，已基本形成养老机构、医疗机构、社区三位一体的老年社会工作服务网络。悦群主要服务方向为高危人群支持服务，开展了“帮助社区高危人群建立社会支持系统”项目，针对“高危人群”开展个案咨询及小组活动。至今已在三个社区开展开放式居民活动小组 10 余次，开展个案咨询 20 余次，大型社区活动 3 次。仁助主要开展中学驻校社工服务和青少年发展服务，协助学生解决个人、家庭、人际关系及学业问题，加强学生、家庭、学校及社区之间的关系。

三、社会工作事务所建设中存在的主要问题

通过调研发现，在推进社会工作事务所建设过程中还存在着一些困难和问题，主要表现在以下方面。

（一）政策保障体系不健全

目前，社会工作事务所在北京市尚属新生事物，关于社会工作事务所的建设、运行、评估、服务购买等相关配套政策体系还不健全，全市尚未出台关于社会工作事务所建设规范性文件，政府购买公共服务等相关政策保障文件也尚未出台，社会工作事务所的建设缺乏完善的政策保障与支持。

（二）规范的评估指标体系尚未建立

规范科学的评估指标体系，是评价社会工作事务所发展情况和服务提供质量的重要条件。通过政府、服务对象及第三方评估机

构对专业社会工作机构进行评估，是当前国际通行的评估方式。由于目前社会工作事务所建设刚刚起步，社会工作事务所的评估指标体系尚未建立，对社工事务所的评估主要采取政府评估、专家评估等单一评估方式，第三方评估尚未有效开展。

（三）社会力量参与不足

社会工作事务所的运转资金几乎全部来源于政府，存在着筹资渠道单一、社会资源整合不足等问题，各类社会资源尚未有效参与到社会工作事务所建设中来。社会工作事务所的社会化发展程度较低，社会力量参与不足。

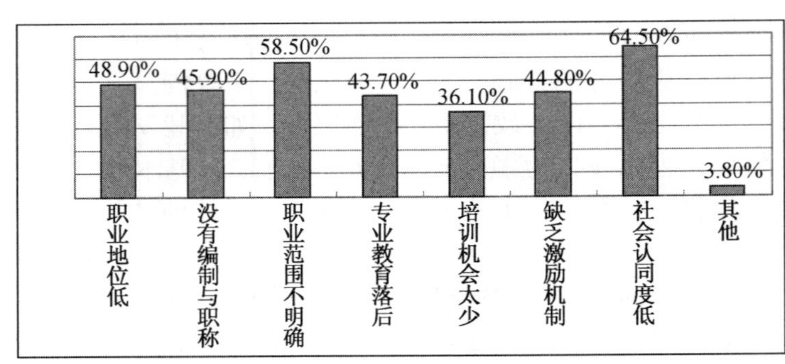

图3 影响社会工作发展的因素

（四）社工事务所自我发展能力较弱

目前北京市社会工作事务所发展尚处于初步阶段，专业社会工作机构发展的社会环境不够成熟，社工事务所对政府的依赖性还比较大，自我发展能力较弱，内部管理、项目运作和专业服务等方面的能力还有待加强。

调研还发现，影响社会工作发展的因素是多方面的，其中社会认同度低、职责范围不明确、职业地位低、没有编制与职称是影响社会工作发展的重要因素（参见图3）。

四、关于进一步推动社会工作事务所建设的政策建议

社会工作事务所建设是一项全新的工作。作为全面推进社会工作制度创新的新生力量，社会工作事务所的建设和发展值得我们研究与探索。

（一）加快推进政府购买专业社会工作机构服务

尽快制定出台关于政府购买公共服务的政策文件，科学界定购买服务范围，以项目招标、委托等多种方式，购买社会工作事务所的专业服务，加快从“养人办事”向购买服务转变。

（二）建立多元的筹资机制

根据国外和我国港台地区的经验，社会工作服务机构70%的项目资金来源于政府。因此，建议在全市社会建设资金中设立购买专业社会工作机构服务的项目，并指导区县建立稳定的投入机制。同时，积极争取相关基金会及各种社会力量的支持，为社会工作事务所的建设和发展提供稳定的、多元的保障。

（三）建立健全第三方评估机制

充分依托社会工作专家对社会工作事务所进行专业评估。同时，鼓励建立独立的社会工作专业评估机构，组织社会工作专业技术力量，对社会工作事务所进行评估。通过发挥专家和专业评估机构的专业技术优势，增强社会工作事务所评估的透明度，保证评估的客观性、公正性和专业性。建立科学、合理的评价指标体系，确保评估的全面性和完整性（参见图4）。

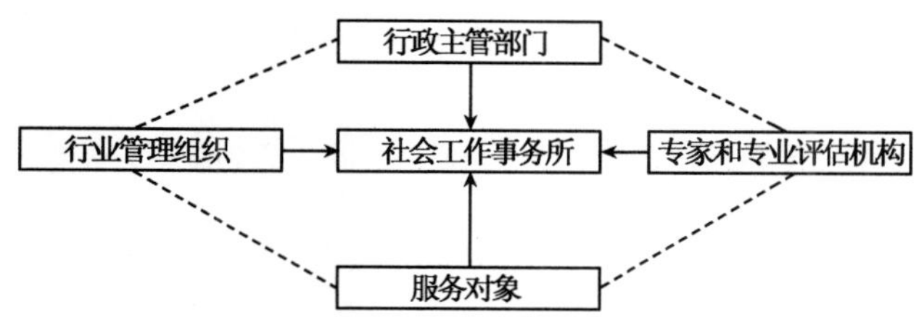

图4　社会工作事务所评价主体构成示意图

（四）着力加强社会工作事务所自身能力建设

要引入竞争机制，促进各社会工作事务所之间的有序竞争。同时，不断完善社会工作继续教育制度和体系，为社会工作事务所工作人员提供接受继续教育的机会，鼓励和引导社会工作事务所积极改进自身管理方式、创新服务项目和方式，加强其争取社会资源、提供专业服务的努力，实现社会工作事务所自身的可持续发展。同时，应加强事务所的社会筹资能力，增强自身竞争能力，积极开拓市场，切实在提供专业服务的过程中增强自身的“造血”功能，从而取得持续发展。

（此文为市委社会工委委员、市社会办副巡视员王智玲2009年12月撰写的调研报告）

·重大事件·

同心协力　共铸辉煌

——首都国庆60周年群众游行指挥部第四分指挥部工作总结

按照首都国庆60周年群众游行指挥部的要求，市委社会工委、市社会办主责承担了第四分指挥部（以下简称“四分指”）任务，负责“辉煌成就”部分第24—34方阵的具体组织和协调工作。在群众游行指挥部的领导和各参与单位的大力支持下，在所有参与人员的共同努力下，四分指所属11个方阵平时训练工作认真，集中演练表现优异。10月1日，在雄伟的天安门广场，出色地完成了任务，向祖国和人民交出了一份圆满的答卷。

从6月15日四分指正式成立至10月1日参加国庆群众游行，历时109天。在109个日夜里，从制定方案到组织人员，从基础训练到块移动，从方阵合练到良乡机场、沙河机场分指合练，从天安门广场核心区演练到正式游行，25 000多名参训人员和数以千计的工作人员，夜以继日，顶烈日抗风雨，流汗流泪甚至流血，克服了种种困难，取得了最后的成功。四分指的工作得到了市领导和群众游行指挥部的充分肯定。

109个日夜令人终生难忘，109个日夜令人回味无穷，有许多经验，有许多收获。

一、训练工作紧张、有序、高效

四分指群众游行训练工作主要分为三个阶段，即准备阶段、方阵训练阶段和演练及整改复训阶段。

（一）前期准备充分

在准备阶段，市委社会工委、市社会办抽调16名机关干部，从所属11个方阵主责单位选调13位工作人员，同时从市交通战备办公室和市民兵高炮指挥训练中心聘请4位教练，共同组建了四分指精干的工作班子。及时制定了会议制度、情况日报制度、信息简报制度和其他内部工作制度，建立了工作责任制。以处级干部为主，建立了联络员制度，分别联络11个方阵15个主责单位，确保了沟通顺畅。

根据指挥部和分指挥部的要求，各方阵总队也迅速组建了工作机构，制定了工作制度，落实人员选拔工作，积极研究完善方阵点阵图，制定方阵总队训练工作方案。“体育发展”、“人口卫生”、“和谐家园”方阵根据自身实际，提出了优化方阵设计的创新性建议，得到了分指挥部和指挥部的肯定与重视。

（二）基础训练扎实

在方阵训练阶段，分指挥部根据训练手册要求，重点督促各方阵加强标兵训练、横排面训练和踏乐行进训练；根据任务书的要求，积极沟通各有关部门，协助各方阵落实航天科技工作者、奥运火炬手、海外华侨华人和外籍人士等方阵代表性群体。

各方阵总队根据各自特点采取了灵活多样的方式，认真抓好基础训练工作。有的与学生军训相结合，有的侧重加强体能训练，有的采用高强度集中化训练，取得较好的训练效果。“科技发展”、“教育发展”方阵紧抓标兵训练，使标兵和骨干队员的作用得到充分发挥；“神舟飞天”、“我的中国心”方阵结合学生军训，训练工作启动早，方法灵活多样；“体育发展”、“人口卫生”、“和谐家园”、“众志成城”方阵训练工作投入大，学生训练刻苦，成效显著；“文化繁荣”方阵不断创新阵容阵形；“北京奥运”、“同一个世界”方阵严格训练，步幅步速都取得了良好的效果。据不完全统计，在基础训练阶段，四分指所属11个方阵总队共完成训练2 949小时。

（三）整改复训高效

从8月7日—9月18日，四分指和指挥部共组织了6次合练、演练。在合练、演练中，四分指所属11个方阵队员表现出良好的精神状态，实现了整体块移动标准，手持物动作到位，人车配合协调，展示出优异的训练成果，受到市领导和指挥部的充分肯定和高度评价。“科技发展”、“神舟飞天”、“北京奥运”、“人口卫生”、“和谐家园”、“众志成城”、“同一个世界”等方阵行进时间控制准确，尤其是“和谐家园”方阵两次走出了零误差的优异成绩。“教育发展”、“文化繁荣”、“体育发展”、“我的中国心”方阵横排面整齐，走出了较好的整体队形。

依据每次合练、演练后指挥部的整改复训意见和分指挥部的研究分析，分指挥部及时制定下发了《整改复训意见》，指导各方阵总队的进一步训练工作。先后对“科技发展”、“教育发展”、“文化繁荣”、“众志成城”、“同一个世界”的道具和手持物动作进行了优化设计，突出了“北京奥运”、“和谐家园”、“我的中国心”和“同一个世界”方阵的火炬手、残疾人、华侨华人、外籍人士等代表性群体，使方阵整体效果更加明显。其中，市外办、市侨办在组织代表性人物参加演练活动过程中，领导重视，工作认真细致，方阵的主题和寓意得到很好诠释；在指挥部对方阵行进音乐进行大幅改动后，分指挥部及时落实新版音乐的下发工作，帮助各方阵强化训练，在较短的时间内适应了新的音乐。

针对合练、演练中存在的问题，各方阵不等不靠，积极主动加强训练，整改落实。组织相关人员观看演练录像，主动查找本方阵存在的突出问题，研究制定训练方案和整改措施。利用早晚时间，坚持适当强度的持续训练，保持参训人员的紧张状态。涉及音乐、道具和动作变化的方阵，自觉加强新动作训练，不断创新，保证了方阵通过表演受阅区时的最佳效果。

（四）彩车展演和保障工作圆满顺利

根据安排，分指挥部和各方阵总队负责彩车相关人员的组织和演练、游行期间的彩车组织指挥工作。四分指协调各方阵，先后选拔了车长、副车长、推车人员，协调组织了包括正副驾驶员、保障人员在内的彩车相关人员的训练和参与演练、游行工作。建立了四分指与各方阵彩车工作人员之间通连和指挥体系，制定了每次演练、游行的工作方案，根据演练中存在的问题及时改进彩车相关工作并加强训练，顺利完成了10月1日彩车展演人员，特别是特殊展演人员的集结、疏散。游行结束后，10月2—11日，组织本分指的11辆彩车在天安门广场展示，安排相关的值班、安保工作和现场管理与运行保障，并完成了11日夜间从天安门向朝体中心的彩车深夜转场工作。

各方阵彩车车长、副车长认真负责，承担了本方阵彩车的具体组织协调工作。由于彩车工作的特殊性和保密需要，分指工作人员和正副车长、驾驶员经常深夜组织训练、转场，经常连续几天吃住在工作场地。在指挥部和分指挥部的指导下，各方阵具体设计确定了展演人员站位、队形排列、姿势动作编排等以及着装要求，确保展演人员以最佳的表演接受检阅。

经过艰苦、扎实、有效的训练，在10月1日国庆庆典群众游行活动中，四分指所属11个方阵不负众望，较好地实现了方阵行进等间距、整体块移动，横排面整齐划一，手持物动作活泼有序，人车配合协调，踏乐而行、随乐而动，以饱满的精神面貌、良好的表演动作、精彩的互动效果，接受了中央领导和全国、全世界人民的检阅，高标准、高质量地完成了国庆群众游行任务。11个方阵表现非常出色，实现了最高水平的展示，成为群众游行中最亮丽、最引人入胜的组成部分。

二、服务保障工作扎实到位

在群众游行指挥部的统一指挥下，以安全、顺利完成游行任务为目标，分指挥部和各方阵总队、各单位在集结疏散、交通、安保、医疗卫生、后勤、宣传等方面做好服务保障工作。

（一）集结疏散强化实地勘察

分指挥部和各总队集结疏散工作人员多次到良乡机场、沙河机场、天安门广场以及各方阵集合安检地实地勘察，详细掌握了包括集结具体位置、厕所方位、入场路线、疏散路线、指挥站点、停车位置等在内的各种信息，为做好集结疏散工作奠定了坚实的基础。建立了联络畅通的分指与方阵通连体系和报告制度，随时了解掌握方阵集结疏散的动态，处理突发事件。每次演练、游行前，四分指都制定了详细的集结疏散方案，模拟成一个完整的集结疏散过程。根据几类特殊人群的需要，四分指积极协调指挥部，按照就近、方便的原则安排特殊人群的集结疏散地点和路线，并提供必要的后勤保障。

（二）安保落实方案预案

分指与市公安局文保处紧密配合，制定工作方案和应急预案，明确主管领导和负责人，选配责任民警，形成了分指指导、党委领导、方阵主责、专群结合的安保工作体系。向上级部门申请了25 579名集体入场人员和339名工作人员在天安门核心区演练及10月1日的入场证、工作证、腕带等。指导各方阵做好安保应急方案的演练和安全员的培训，协调落实了“体育发展”、“人口卫生”、“众志成城”方阵的远端安检安排，协助各方阵做好远端安检工作。

（三）交通加强协调沟通

建立了四分指与各方阵的交通工作指挥体系，按照“一图、一表、一说明”的要求，制定了科学、详细的交通工作方案和指挥报告制度。分指独立协调、指挥的良乡机场合练交通工作，秩序非常良好，得到了领导的肯定和表扬。协调解决了“我的中国心”方阵、“和谐家园”方阵沙河机场合练验收车辆保障问题；协调改善了第24、26、27、29、30、31、33等7个方阵天安门演练车辆保障；协调解决了“体育发展”方阵燕山向阳小学、“和谐家园”方阵特殊人群的用车和疏散上车地点问题；协调解决了“教育发展”、“同一个世界”方阵通过马路的安全保障问题；联系落实了四分指良乡机场、沙河机场合练和第28、30方阵历次密云机场整改复训高速路快速通行保障问题。

各总队、各单位按照要求加强交通协调，明确负责人，每次演练、游行事先现场了解行车路线，按照规定的时间出发、规定线路和速度行进、规定地点下车和停车，及时报告，确保了交通安全。

（四）防控甲流落实责任

以防控为重点，加强组织领导，建立了一系列制度和工作体系。在抓好整体防控的同时，重点抓好四分指合练、学生返校、突发事件应急处理等环节的防控工作。在整个筹备过程中，四分指所属11个方阵共发生3起4例甲流确诊病例，在四分指和各单位领导的高度重视下，都按照规定得到了妥善处理，没有引发群体爆发。

（五）后勤保障服务到位

千方百计做好服装道具保障和餐饮保障等工作。在时间紧、任务重、要求高、经费有限的条件下，积极组织服装道具的招标谈判，签订采购合同；召开服装道具样品评审会，加强生产的督促检查；按要求组织验收、发放各方阵服装道具并成立技术保障组，对损伤服装道具及时进行调整、维修；根据优化设计的要求，积极协调生产厂家完成服装道具调整和优化工作，保证整体演练效果和艺术表现力。建立四分指各方阵餐饮保障联络协调机制，落实配餐数量、配送地点、保障措施等事宜，确保食品安全工作万无一失。

各方阵、各单位承担了后勤保障的主要任务，制作训练服装、道具，安排训练期间的餐饮、洗浴，等等，有力地保证了训练、演练工作的顺利进行。

（六）宣传激励以人为本

前期以内部宣传为主，分指积极协调指挥部刊物登载所属各方阵的相关报道和先进事迹；后期，积极协调相关媒体对各方阵进行采访和报道，主动提供各方阵的新闻线索。据不完全统计，截至10月10日，各媒体共刊发、播报四分指所属各方阵有关群众游行的消息近千条（次），网络媒体转载约4 000条（次）。新华社、《人民日报》、中央电视台、中央人民广播电台、《北京日报》、北京电视台、北京人民广播电台等中央、市属主要媒体对“科技发展”、“体育发展”、“北京奥运”、“和谐家园”、“我的中国心”、“同一个世界”等方阵进行了专题报道。

根据指挥部的安排，分批向所有参与游行活动的人员发放了群众游行纪念徽章以及纪念封、感谢信等，同时下发了部分市筹委会纪念徽章。四分指为所有参与人员精心设计、制作了纪念盘和名册，为四分指及所属11个方阵所有参与人员留下永久的纪念。

三、取得许多收获、留下许多共识

100多个日夜，虽然时间不长，但参加具有重大历史意义的国庆60周年群众游行，四分指和各方阵总队、各单位都收获颇丰、体会颇深。总结整个工作过程，四分指有如下几点主要体会和共识。

（一）领导重视是前提

参加国庆60周年群众游行，既是重大的历史任务，又是难得的政治荣誉，四分指和各方阵总队、各单位的领导高度重视，亲自安排、亲自部署、亲自检查。

四分指指挥、市委社会工委书记、市社会办主任宋贵伦，四分指执行指挥、市委社会工委副书记、市社会办副主任王力军亲自参加所属11个方阵誓师动员大会、整体合练等重要活动共计40余次，慰问、激励参演人员，推动训练效果进一步提升。各方阵主要领导高度关注和大力支持方阵日常训练、分指合练、总指验收以及实地演练等各项工作，多次现场观摩和指导方阵训练，并深入方阵和学生中开展谈心活动，了解和掌握队员的思想动态，设身处地地解决实际困难。通州、石景山区委常委会多次研究方阵总队工作，市卫生局、市体育局领导班子成员和各高校党委书记、校长等参加了各自方阵总队的动员会、誓师会、汇报表演，到军训基地、训练场地和演练现场慰问参训队员。各单位分管领导不仅亲自领导、参与方阵总队的组织工作，还作为方阵队员参与训练和演练。10月1日，许多方阵总队的常务副总队长、副总队长与其他队员一起，走过了天安门广场，接受祖国、人民的检阅。

领导的重视与支持，是群众游行工作取得成功的前提条件。

（二）组织完善是基础

四分指所属11个方阵涉及方阵队员及工作人员26 000多人，组织了四分指以上合练、演练6次，方阵总队内部的训练、合练更是不计其数。如此大规模、复杂的组织工作，没有完善的组织体系是不可能完成的。分指挥部抽调专门人员建立了规范的工作机构，各方阵总队、各单位也对应设置了专门工作机构，配备了富有经验、熟悉工作的专门人员。游行人员内部也都建立了组织体系，自上而下完备有序。

根据人员组织工作的需要，四分指和各方阵自上而下设立了临时党组织、团组织并切实发挥了作用。首都医科大学因甲流而隔离的密切接触者成立了临时党支部，在党支部领导下，隔离人员自觉坚持训练，并主动向学校党委请战，表示要继续参与游行工作。

完善而有效的组织体系，是群众游行工作取得成功的重要基础和保证。

（三）以人为本是核心

四分指和各方阵直接面对的是25 000多名参与游行的人员，组织工作好坏，直接体现在以人为本精神落实得如何。

在整个筹备过程和训练工作中，四分指、总队始终把参训人员放在首位，充分考虑他们的愿望、要求和条件。

1. 想方设法解决参训人员的实际问题。

训练之初，许多学生已经放假回家或安排了暑期社会实践，还有部分学生面临退票等困难。四分指充分考虑各方阵的实际情况，积极向指挥部请示并与有关单位协调，最终决定将基础训练完成时间由原定的7月20日调整为7月25日、分指合练时间由7月25、28日调整为8月11日、15日。需要退票的同学最终全额退票。这些调整看似微小，但却解决了参演人员的后顾之忧，帮助各方阵迅速稳定了队伍，确保基础训练工作顺利进行。9月19日，四分指10个方阵1 134名学生报名参加计算机、司法、注册会计师等全国性考试，为避免因参加9月18日晚进行的游行演练而影响考试水平的发挥，四分指及时向指挥部反映情况，并会同方阵提前妥善解决了演练与考试的矛盾，有效稳定了参演人员的思想情绪。

2. 将参与游行与学生军训、学习安排有机结合。

如北京大学等高校决定由原本需参加暑期军训的2008级本科生，作为群众游行方阵的主要队员，既方便了组织工作，又保证了训练效果。北大还将方阵训练专门设置为2学分的特别暑期课程；北师大、人大、北邮、北航、北语、矿大等高校，也将训练纳入学时、学分管理，从而有效提升了学生的参训积极性。清华大学等高校，精心优化训练日程，在保质保量完成训练任务的同时，尽量减少对参训师生日常工作和学习的影响。对参训学生所缺课程采取后补、替换或减免等相关措施予以解决。

3. 注重加强激励保障。

为保持和增强参训人员的积极性，四分指利用自身工作优势，发出慰问倡议，得到了市社科联、市残联、市科协、市侨联、市红十字会、市法学会等“枢纽型”社会组织和市对外友协、首都文明办、市社科院、前线杂志社、中国人民抗日战争纪念馆等单位的积极响应。各单位领导分别到11个方阵开展慰问活动，收到了很好的激励效果。各方阵根据训练工作不同阶段的需求，分别提供相应的保障，并积极利用校园丰富多彩的学术文化活动充实参演人员的生活，从而更好地保持大家的参训热情。部分高校还专门设置了医疗保障岗、后勤联络岗等共同组成后勤支持保障系统，及时调整学校的洗浴时间、购买或制作训练服装等，有力地保障了训练工作的正常运转。

4. 人性化处理特殊群体问题。

考虑到“和谐家园”方阵残疾人、老人、小孩等特殊群体的情况，四分指协调指挥部将该方阵的集结地点安排在靠近表演区的地方，并为残疾人安排了专门休息区，在最近的停车场安排该方阵疏散上车。考虑到“体育发展”方阵小学生轮滑队员的体力和道具的特殊性，多次协调指挥部为60多名小队员专门安排疏散车辆和停车地点。考虑到外籍人士的特殊性，与市外办一起特别设计了外籍人士的集结疏散时间、地点和路线。

以人为本精神的贯彻落实，是群众游行工作取得成功的重要因素和动力。

（四）齐心协力是关键

国庆群众游行是一项特大型重要活动，既要有统一的指挥和领导，又要有各单位的主动努力和全力配合。四分指在工作过程中不断增强服务意识，十分强调上下密切配合，构建了和谐、默契的工作氛围。

对于指挥部的要求和部署，四分指认真分析、领会后，坚决贯彻落实。四分指的工作决策和部署，一般都要征求各方阵、总队的意见，取得各单位的认同，通过召开指挥办公会议、联络员会议、合练演练动员部署会议等贯彻落实。在基础训练和整改复训阶段，分指对11个方阵组织了四轮集中巡查，督促加强训练，提出指导意见，保证方阵训练效果。根据指挥部的安排，分指还在各方阵开展了训练工作百日竞赛和“八比八看”评比验收活动，有效地鼓舞了士气，营造了争优创先的氛围。

各方阵总队怀着“祖国荣誉高于一切”

的信念，自觉增强大局意识，克服自身的困难，主动配合指挥部和分指挥部的工作。凡是分指决定和布置的工作，各方阵总队都不折不扣地完成；凡是能够自己解决的问题，各方阵总队绝不上交分指挥部；凡是需要协调配合的事项，各方阵总队自觉沟通、主动配合。

指挥部、分指挥部和方阵总队的密切配合，方阵总队的主动积极工作，是群众游行取得成功的关键因素。

以10月1日圆满完成任务为主要标志，四分指和所属11个方阵总队国庆60周年群众游行工作已经告一段落。在群众游行筹备过程中体现和升华的对祖国的热爱和对民族的自豪之情，将是我们所有参与游行工作人员的宝贵精神财富，终身受用。在筹备工作中积累的工作经验和形成的工作作风，值得认真总结、珍惜和发扬，将更好地推动我们各行各业的工作。

让我们四分指的所有游行参与人员牢记中共中央总书记胡锦涛的重要讲话精神，把在国庆活动中激发出来的爱国热情和伟大民族精神，进一步引导到建设中国特色社会主义伟大事业上来，继续解放思想、坚持改革开放、推动科学发展、促进社会和谐，为全面建设小康社会、实现中华民族伟大复兴而不懈奋斗！

迎难而上　创新机制　科学督查　努力确保
甲型H1N1流感防控措施落实到位

——北京市甲型H1N1流感社会防控督查工作总结

北京市突发公共卫生事件应急指挥部社会防控督查组

2009年4月底以来，墨西哥、美国等国相继出现甲型H1N1流感疫情，并在全球迅速蔓延。为加强疫情防控，保障广大人民群众的身体健康和生命安全，北京市高度重视，迅速反应，启动了突发公共卫生事件应急机制。根据郭金龙、吉林、丁向阳和晓宏同志的指示要求，6月下旬在市突发公共卫生事件应急指挥部体制下设立了社会防控督查组，由市委社会工委委员、市社会办副主任吴群刚任组长，市卫生局副局长于鲁明、市民政局副局长谢延智、市教委委员叶茂林任副组长，抽调市委社会工委、市政府督查室等10个部门同志参与工作，具体承担督促属地、部门、社会单位履行甲型H1N1流感防控责任，确保市委、市政府各项防控措施落实到位的职责。在市委、市政府、市应急委和市突发公共卫生事件应急指挥部的领导下，社会防控督查组按照“分类管理，全面覆盖”的原则和“把紧一个关口、强化三个重点、落实四方责任、确保五个到位”的防控工作要求，突出重点节点，创新机制方式，切实严督细查，有效地推动了市委、市政府关于甲型H1N1流感重要决策部署的全面落实。

一、社会防控督查工作总体情况

2009年正值首都筹备中华人民共和国成立60周年庆祝活动的特殊时期，特别是7—9月又面临暑期、秋季开学、季节变换等重要阶段，全市甲型H1N1流感防控形势十分严峻，防控督查工作的任务重、时间紧、要求高、涉及面广。社会防控督查组围绕“保国庆、保开学”的阶段目标，统筹督办落实，主要做了以下几项工作。

（一）全力抓好现场督查

一是市领导带队督查。由崔鹏等市领导带队，先后对武警总医院、解放军301医院、石景山区、国庆60周年群众游行指挥部、海淀区永定路街道办事处防控工作进行督查，并实地察看了海淀区二街坊社区卫生服务站、石景山区鲁谷社区卫生服务中心等基层站点的甲型H1N1流感防控工作。二是开展面上督查。按照督查组的内部分工，由组长、副组长分别带队，兵分三路，对属地、部门、医疗机构甲型H1N1流感防控工作进行督促检查，重点了解防控工作“五个到位”情况（防控机构和人员是否到位，防控制度和措施是否到位，防控宣传和教育培训是否到位，防控经费和物资是否到位，防控自查和整改是否到位）。截至9月30日，社会防控督查组共实地督查77次，包括全市18个区县和北京经济技术开发区；市总工会、市教委、市住房城乡建设委、市商务委、市交通委、市国资委、市经济信息化委、市民政局、市文化局、市体育局、市民防局等17个重点部门和相关行业；六里桥长途汽车站、复兴门地铁站、家乐福超市双井店等30余处人员密集场所。

（二）及时开展专项督导

对发生的甲型H1N1流感聚集性疫情，按照市领导的指示要求和指挥部的工作部署，社会防控督查组迅速行动，会同相关部门，采取现场督导、书面督导等不同方式，先后对出现10人以上（含10人）的27起聚集性疫情进行了专项督查，认真查找问题，分析深层次原因，并及时形成专项督查报告。

（三）有序开展暗访检查

结合督查时发现的突出问题和薄弱环节，精心选择地点，以旅游人员、参会人员、就餐人员、住宿人员等身份，进行实地暗访、探问。截至9月30日，共暗访25次。

（四）适时加强宣传引导

一是加强相关防控政策文件的宣传贯彻。及时制定下发了《关于迅速落实甲型H1N1流感预防控制工作有关文件精神的通知》，要求各相关单位将《北京市人民政府关于进一步明确责任突出重点加强甲型H1N1流感预防控制工作的通知》（京政发〔2009〕18号）和《北京市突发公共卫生事件应急指挥部北京市卫生局关于落实社会单位防控甲型H1N1流感管理责任的通告》（京卫急字〔2009〕16号）迅速转发到本辖区内各级党政机关、社区（村）、学校、医疗机构、企事业单位、社会团体和社会组织，便于全市各级各类单位对防控工作文件的学习、宣传和贯彻。在现场督查时重点了解两个文件的发放和落实情况，宣讲市委、市政府对防控工作的措施和要求，警示各单位进一步提高对防控工作的重要性、长期性和复杂性的认识，引导其切实落实“四方责任”。二是编发《督查专报》。截至9月30日，共编印《督查专报》普刊、特刊合计88期，及时、准确、全面地反映了各区县、各系统、各行业防控督查工作动态，揭示问题，交流经验，提出建议，提升了督查工作的成效。

（五）积极加强内部建设

一是及时制订了督查方案和计划。起草了《甲型H1N1流感社会防控工作督查方案》，明确了防控督查的目的、时间、对象、重点、内容、方式和要求，为督促检查全市社会面强化防控工作提供了重要依据。属地组、行业组、专业组在此基础上，研究提出各自的具体督查计划，并坚持按计划有序推进相关督查工作。二是明确了内部工作流程和职责分工。根据工作需要，社会防控督查组下设综合协调小组、信息简报小组、专业防控小组、宣传报道小组4个工作小组，各工作小组均明确了组长以及各位成员的职责分工，规范工作流程。三是加强了内部制度建设。建立了会议、公文办理、信息报送、应急值班等工作制度，积极推动各项日常工作的规范化、制度化建设，确保工作的高效协调运转。

二、取得的主要成效

通过认真履行职责，多措并举，全力推动，督查工作取得了阶段性成果。主要包括以下成效。

（一）有效推动了防控措施的全面落实

通过分阶段、有重点的督导检查，强化相关政策文件宣讲、面对面交流和现场指导，各单位加强防控工作的政治意识、大局意识、责任意识明显增强，属地、部门、单位、个人“四方责任”有效落实，达到了预期效果；积极推动各单位认真履职，防控预案、组织体系、宣教培训、经费保障和物资储备等各项防控措施和工作要求切实落实，市民公共卫生意识和防控能力进一步提高，全市防控工作整体水平明显提升，初步形成了属地、部门、社会单位（包括驻京单位）和个人联防联控、严防严控、群防群控的防控工作新局面；总结推广了东城、西城、朝阳区和地坛医院开展防控工作的成功经验，以及对外经济贸易大学处置疫情的典型做法，引导全市各级各类单位借鉴经验，健全机制，科学应对，进一步做深、做实、做细各项防控工作。值得指出的是，在社会防控督查组7月1日督查南湖中园小学聚集性疫情、提出改进建议和要求后，朝阳区认真查找薄弱环节，细化防控网络，完善相关防控措施，创建了具有特色的“一二三四五六”工作模式（一个领导小组，两套运行体系，三组工作团队，四片督导片区，五项储备重点，六类重点场所），防控工作取得明显成效。自7月到目前为止，该区尚未出现一起病例10人以上的聚集性疫情，在暑期、秋季开学，国庆节前等关键时期，总体疫情也保持平稳。

（二）有力保障了国庆筹备和庆典活动的顺利进行

通过多次对国庆60周年群众游行指挥部、联欢晚会指挥部以及各分指、相关学校的检查，督促相关单位严格落实防控工作要求，做到防控工作与国庆筹备活动同部署、同安排、同落实、同检查；督促其发现疫情后立即采取相应防控措施。截至9月30日，全市仅有个别参训单位发生零星甲型H1N1流感聚集性疫情并很快得到控制，没有发生给国庆训练、合练和彩排等活动带来重大负面影响的疫情，为国庆庆典活动的顺利举行提供了重要保障。

（三）积极促进了突出问题的及时整改

通过督促检查，及时提醒和预警，及时发现防控工作中存在的突出问题和明显漏洞，现场提出整改意见或改进建议，督促其采取有效措施，完善薄弱环节。特别是通过专项督查，找准问题，查明原因，明确改进要求，提出具体处置意见，并对其工作整改情况进行跟踪、了解和督办，为切实做好全市特别是暑期夏令营活动、涉外大型活动、各类生产经营单位等单位和活动的防控工作发挥了重要作用。同时，结合督查中了解到学校防控工作中存在病例报告的标准不适应防控新形势要求、医疗机构的病例诊疗规定不适应疫情发展变化的防控要求、发热学生病愈复课的相关规定和要求没有得到严格执行等共性问题，提出了工作建议，引起了市领导的高度重视，要求相关部门尽快研究并修改完善。通过严督细查，为最大限度延缓疫情在本市的扩散速度和流行强度提供有力的支撑。本市迄今没有出现重症病人和因甲型H1N1流感致死的病例，综合防控效果明显好于许多兄弟省市。

（四）探索积累了突发公共卫生事件防控督查的有益经验

在较短的时间内，建立了市、区县（行业系统、部门）两级社会防控督查体系，建立健全了督查形势分析会、督查专报、应急值班等制度，探索采取集中督查、重点督查、专项督查、实地暗访等多种有效的督查方式和措施，积极发挥专家的现场专业指导优势和作用，初步形成了一系列长效工作机制，为今后全市做好突发公共卫生事件防控督查工作积累了新经验，探索了新路子。

在甲型H1N1流感防控督查过程中，社

会防控督查系统积极发挥了重点监控、综合反馈、推动落实作用，得到了中央领导和市领导的充分肯定。刘淇、刘延东、郭金龙、丁向阳等领导同志在有关督查材料上共作出了50多条重要批示。丁向阳同志多次批示："督查组工作做得及时、到位"；"甲流督查工作做得很好！要继续这样抓下去"。在市突发公共卫生事件应急指挥部召开的甲型H1N1流感防控工作会商会上，有关单位和区县认为社会防控督查工作及时到位，很有必要，为切实加强社会面防控工作发挥了积极作用。

三、几点体会

通过前一阶段的甲型H1N1流感防控督查工作，我们感到，确保各项督查任务的全面、稳妥、高效落实，以下四个因素至为关键。

（一）各级领导高度重视是做好防控督查工作的重要前提

甲型H1N1流感防控督查工作涉及面广，社会影响大，离不开各级领导的理解、关注和支持。市委、市政府对防控督查工作高度重视，丁向阳、鲁勇、崔鹏等市领导多次提出明确要求，崔鹏同志还多次主持召开督查形势分析会议，亲自带队到相关单位开展督查工作。市委社会工委、市监察局、市民政局、市教委、市卫生局、市应急办、市政府督查室、市政府联络办、市卫生监督所、市疾控中心等10个单位给予了大力支持，共抽调了20多名素质高、能力强、作风正的优秀人才到社会防控督查组工作，为做好本市防控督查工作提供了坚强的人才保障。各区县政府、行业系统、各类单位积极配合，主动参与，有效地保障了各项防控督查工作的顺利开展。

（二）加强督查形势分析是做好防控督查工作的基本依托

防控督查形势受防控工作整体形势的影响，处于不断的变化之中。通过不定期召开督查形势分析会，及时通报国内外疫情防控动态以及本市疫情特点和发展态势，深入分析社会防控督查工作面临的形势和任务，进一步明确下一阶段督查重点和方式。实践证明，对防控工作的阶段性要求和疫情特点规律把握越清楚，对督查形势研判越准确，社会防控督查工作就越有力，也愈有效。

（三）完善督查机制方式是做好防控督查工作的关键环节

与一般督查工作相比，甲型H1N1流感防控督查工作具有一定的特殊性、复杂性和持久性，必须打破常规，在督查机制和方式等方面进行探索创新。在督查机制上，建立沟通会商、督查反馈、责任追究等制度；在督查方式上，采取集中督查、重点督查、专项督查、实地暗访、单位自查等多种方式，并结合工作需要及时进行调整完善；在督查工作中，切实做到"五个结合"，即依法依规和讲究策略相结合，务实与务虚相结合，统分结合，点面结合，劳逸结合；在现场督查时，既听取相关部门汇报，查阅防控文件和工作记录，又详细询问，实地查看，提出改进建议或处置意见，全面了解相关防控工作情况。正是由于上述一系列行之有效的督查机制方式，才使督查工作作用发挥比较充分。

（四）把好督查重点节点是做好防控督查工作的根本保证

随着甲型H1N1流感疫情的发展变化，防控督查工作也呈现出明显的阶段性特点，必须紧紧把好时间节点和重点，分阶段、有针对性地做好社会面防控督查工作。在6月下旬督查组刚刚组建时，就明确了公共交通场站、学校、医疗机构、人员密集场所、社区、国庆筹备活动等九类督查重点；在暑假期间，将校外辅导机构、涉外交流活动、夏令营活动、建筑工地、生产经营单位等作为督查重点；在秋季开学时，将各级各类学校特别是中小学校、军训基地等作为督查重点；在国庆节前，将国庆筹备活动及相关参与单位、学校等作为督查重点。通过加强对不同时间节点上的重要场所、重点人群的严密监控，把市委、市政府相关防控要求和措施真正落到了实处。

虽然前一阶段甲型 H1N1 流感防控督查工作取得了积极成效，但与市领导的要求还有一定差距。社会防控督查工作要适应新形势下全市防控重心下移的要求和防控工作的需要，在认真总结前一阶段督查工作经验的基础上，继续完善督查机制措施，进一步强化属地督查、专业检查、市级指导，持续深入地做好社会防控常态督查工作，为打赢抗击甲型 H1N1 流感这场硬仗，保障人民群众的身体健康和生命安全，维护首都的和谐稳定作出新的更大贡献！

·   ·

2009年北京市社会建设

2009年，全市社会建设工作以庆祝新中国成立60周年和开展深入学习实践科学发展观活动为契机，紧紧围绕保增长、保民生、保稳定和建设“人文北京、科技北京、绿色北京”等中心任务，不断加大工作力度，不断取得明显成效，社会服务明显改善，社会动员更加广泛，社会管理新框架初步形成，总体呈现良好发展态势。

着力保障改善民生，公共服务水平有了新提高。认真贯彻落实市委、市政府应对金融危机的一系列政策措施，切实保障和改善民生。市财政投入125.9亿元，全面落实了57件为民办实事项目。投入83亿元，扎实推进了农村五项基础设施建设和“三起来”建设工程。新农合参合率达到95.7%，实现了100%行政村的全覆盖。全市新增教育经费的70.25%投向农村地区学校和薄弱学校，推动了城乡教育一体化发展。加快推进农村公共文化设施建设，实现对全市3 938个行政村数字电影放映工作100%全覆盖。优先发展公共交通，公交出行比例由2008年的36.8%提高到38.9%。市、区县投入20.6亿元对燃煤、燃气、燃油等供热单位进行财政补贴，惠及400多万户居民。完成1 500个法律服务室建设任务，为群众提供法律咨询3.5万人次。实施了11项老年人优待政策，出台了《居家养老（助残）服务（“九养”）办法》，全年养老机构新增床位1.5万张，提前一年超额完成了“十一五”计划。市统计局、市发展改革委等部门制定了《北京市社会发展水平综合评价指标体系》，并发布了综合评价结果。各部门、各区县积极创新公共服务方式，东城区和西城区分别投入500万元和1 000万元，建立了政府购买服务的项目化运作体系。一个覆盖城乡、水平不断提高的公共服务体系正在逐步形成。

完善政策、健全机制，社会管理工作网络基本形成。一是基本政策体系构架初步形成。为贯彻“1+4”文件，制定并印发了市委、市政府《关于进一步加强和改进志愿者工作的意见》，市委办公厅、市政府办公厅《关于选聘高校毕业生到社区工作的实施意见》，市社会建设工作领导小组《关于构建市级“枢纽型”社会组织工作体系的暂行办法》等8个政策性配套文件，初步形成了加强北京社会建设“1+4+X”政策体系框架。二是基本工作体制初步形成。在新一轮政府机构改革中，进一步明确了市委社会工委、市社会办和各区县社会工作机构工作职能，市社会办被确定为市政府组成部门。到2009年年底，全市18个区县全部成立社会建设领导小组，设立了社会建设工作机构，16个区县召开了社会建设大会，进一步明确了工作目标、管理体制和工作机制。在党委和政府领导下，各有关部门配合下，社会工委、社会办综合协调社会建设工作的工作体制初步建立。三是工作机制基本健全。社会建设工作领导小组办公室协调机制，区县社会工委、社会办协调机制，“枢纽型”社会组织协调机制以及社会建设研究基地合作机制、首都新闻媒体沟通机制等五大协调机制基本建立健全。市社会建设信息中心成立，并开通网站，进一步完善了社会建设信息网络。与首都重点高等院校和研究机构共建的7个北京社会建设研究基地，举办了一系列论坛，产生了一系列阶段性成果，合作承担了8个市级重点规划项目和9个市级一般规划项目。积极组织研究基地开展“新中国60年与北京社会建设创新”主题征文活动，发动专家学者为社会建设献计献策，挑选其中8篇优秀理论文章在《北京日报》以理论周刊专版形式刊发。全年新闻报道总量3 800多篇（次），为全市社会建设营造了良好的舆论氛围。

紧抓五大体系构建，重点工作取得新突破。促进政府购买社会公共服务机制建设，启动社会建设专项资金制度。推进基层民主建设，圆满完成社区“两委”换届工作，换届后社区“两委”具有大专以上学历的工作人员超过60%。在全市600个社区开展规范化建设试点工作，改善350个社区办公和服务用房条件。全市138个街道全部建立社会工作党委，基本形成街道区域社会工作党组织全覆盖。全市商务楼宇中新建工作站748个，培育非公企业党建“五个好”示范点105个。在学习实践活动中，社会领域新建党组织821个，找到流动党员937名，新发展党员1 831名。社会组织党组织覆盖率达到42.3%。实施“大学生社工计划”，通过面向高校、大学生“村官”和社会公开招录，选聘了4 000多名大学生到社区工作。全市有1 281人通过了第二次社工职业水平考试，报考人数和通过率居全国前列，首都社会工作人才队伍规范化、职业化建设步伐加快。制定印发《社会工作者职业水平证书登记办法》的实施意见，进一步完善社会工作队伍培养、评价、使用、激励机制。确定首批10个市级“枢纽型”社会组织，积极构建“枢纽型”社会组织工作体系。实行社会组织审批“一站式”服务，社会组织管理和服务工作不断改进。积极推进奥运志愿者工作成果转化，在搞好中华人民共和国成立60周年重大庆典志愿服务活动的同时，探索建立志愿服务长效机制。

围绕中心、服务大局，社会动员取得新成果。全市上下紧紧围绕庆祝新中国成立60周年，广泛动员社会力量，出色完成了各项任务。首都文明办、团市委、市志愿者协会组织动员95万人参加国庆期间的各项志愿服务，为疏导交通、整治环境、维护治安秩序作出了重要贡献。市综治办等部门组织动员各区县140万治安志愿者参与群防群治，确保了“平安国庆”目标的圆满实现。市信访等部门认真开展“信访积案化解年”活动，实现了信访总量和集体访次数“双下降”。市委社会工委、市社会办会同市委宣传部、市体育局等部门广泛开展了“迎接国庆、服务社会、构建和谐、促进发展”系列活动，有300多万人参加了为新中国成立和建设作出突出贡献的“双百”英雄模范人物评选活动，70万人参加了“爱祖国、爱北京、爱家乡”参观体验活动，176万人参与了第三届“和谐杯”乒乓球比赛，市民公共行为文明指数持续提升，达到82.91，北京奥运社会动员成果得到了巩固和发展。此外，为应对金融危机，市直机关党委等单位组织“三进两促”活动，市委社会工委等单位组织“社区主任走国企”、“非公经济组织谋发展”、“社会组织促和谐”系列活动，积极动员全社会广泛参与“保增长、保民生、保稳定”工作。

（李筱婧）

综合工作

【市领导调研社会建设工作】 9月14日，市委书记刘淇到朝阳区和东城区调研社会建设工作，实地察看了叶青大厦党委、呼家楼街道SOHO尚都商务楼宇党建服务站和大成律师事务所。市委副书记王安顺，市委常委、组织部部长吕锡文，市委常委、市委秘书长李士祥，市委常委梁伟参加调研。市委副秘书长王翔、张建明，市政府副秘书长侯玉兰及市委、市政府有关部门负责同志，朝阳区和东城区主要领导等陪同调研。刘淇强调，要加强社区、新社会组织、新经济组织等社会领域党的建设，进一步夯实党执政的社会基础和群众基础，不断提高党的执政能力。要以改革创新的精神加强基层基础工作，坚定不移地推进党组织和党的工作的广泛覆盖，不断提高社会建设领域党组织的创造力、凝聚力和战斗力。刘淇强调，要从推动科学发展、促进社会和谐出发，积极探索、大胆创新，在“两新”组织，特别是行业协会和“枢纽型”社会组织中建立和发展党组织，通过发挥党组织的作用，凝聚力量，引领“两新”组织的健康发展，为构建社会主义和谐社会和经济发展作出更大贡献。要坚持从服务入手，以提供符合群众共同利益的公共服务，营造良好的发展环境，团结带领各种组织和人民群众共同推进经济发展，建设和谐社会。要进一步创新社会领域党组织活动方式，形成社会领域党建工作长效机制，为建设“人文北京、科技北京、绿色北京”提供坚强保障。

（李明洪）

【市领导调研社区工作者队伍建设】 4月13日，市委书记刘淇就完善大学生“村官”管理长效机制和“社工”管理长效机制，到朝阳区进行专题调研，市领导王安顺、李士祥、梁伟、牛有成、赵凤桐、丁向阳陪同。

（黄婉婷）

【2009年北京市社会建设工作会议召开】 4月3日，2009年北京市社会建设工作会议召开。市委常委梁伟、副市长丁向阳出席会议并讲话。会议总结了2008年全市社会建设工作，对2009年全市社会建设工作进行部署。

（黄婉婷）

【市领导到崇文区调研社会建设】 2月11日，市委常委梁伟到崇文区调研社会建设，了解社会建设规划实施、各项事业发展及社区党组织换届“公推直选”情况。梁伟指出，本区克服地域小、经济总量少等困难，在“保增长、促发展”中发挥了积极作用。今后要在改善民生、加强社会管理、建立健全统筹协调机制上多下工夫，在推进基层民主建设进程上大胆探索，走出一条适合崇文区特点的社会发展之路。

（孙晓飞）

【市领导到朝阳区调研社区规范化建设工作】 3月10日，副市长丁向阳到朝阳建外街道南郎家园社区、团结湖街道一二条社区、香河园街道柳芳北里社区就社区规范化建设工作进行调研。丁向阳听取了朝阳区关于社区规范化建设试点工作情况的汇报，并与街道干部、社区工作者代表和社区志愿者代表进行了座谈，详细了解社区党组织、居民委员会和社区服务站的职责任务划分、工作机制、人员配备、待遇落实以及社区志愿者队伍建设等情况。丁向阳对朝阳区社区规范化建设工作给予充分肯定，并强调指出，要按照加强社会建设“1+4”系列文件要求和全市提出的社区建设“一分、三定、两目标”基本思路，不断创新体制机制，努力探索适应首都经济社会发展需要的社区管理模式。要按照《北京市“十一五”时期城市社区发展规划》的要求和标准，解决社区工作和服务用房问题。

（邱　鹏）

【宋贵伦参加《市民对话一把手》节目】 3月23日，市委社会工委书记、市社会办主任宋贵伦参加北京城市服务管理广播《市民对话一把手》节目，解答了市民普遍关心的购买社工岗位、社区服务站建设、社会组织管理等问题，并详细介绍了市委社会工委、市社会办2009年重点工作。

（康岳魏）

【河北省委政法委、省综治办到北京市考察社会建设工作】 4月2日，河北省委政法委副书记、省综治办主任王会平率5人考察团到北京市委社会工委、市社会办考察社会建设工作。市委社会工委书记、市社会办主任宋贵伦介绍了市委社会工委、市社会办的成立背景、机构组成、基本职能以及一年多来围绕五大体系建设开展的主要工作。双方围绕社区管理体制、“枢纽型”社会组织建设、社会建设工作领导小组工作职责及政府购买社区社工岗位等具体问题进行了深入交流和探讨。考察团表示，北京市在全国率先成立专门的社会工作机构，在政策制定和体制机制创新方面取得了许多重要成果，非常值得学习和借鉴，希望今后加强沟通和交流，共同推进社会建设工作向前发展。市委社会工委委员、市社会办副主任赵小卫，市流管办常务副主任苗林陪同考察团座谈。

（康岳魏）

【北京社会建设研究基地座谈会举行】 4月29日，市委社会工委、市社会办召开北京社会建设研究基地座谈会。市委社会工委书记、市社会办主任宋贵伦，市社科规划办主任陈之昌和市社科联党组书记、副主席张兆民出席会议并讲话。市委社会工委委员、市社会办副主任张坚主持会议。市委社会工委委员、市社会办班子成员吴群刚、陈建领、王丽竹、刘轩，清华大学、中国人民大学、首都师范大学、北京社会科学院、中国青年政治学院、北京师范大学、北京工业大学等社会建设研究基地主要负责同志和市委党校相关负责同志参加会议。

（李筱婧）

【“中法城市发展的比较研究”学术研讨会成功举办】 5月9日至12日，市委社会工委、市社会办与清华大学合作共建的北京城市发展与社会建设研究院，与清华大学社会学系、建筑与城市规划系和法国文化与交流部等共同举办“中法城市发展的比较研究”学术研讨会。会议围绕居民与社区、移民与社会融入、城市发展与遗产保护、灾后重建与城市发展等四个方面的主题展开，从居民生活角度出发，比较分析了中国、法国和加拿大魁北克在城市化进程中的经验与做法。清华大学、中国社会科学院、北京城市规划设计研究院、中法社会科学中心，法国文化与交流部、法国建筑学会、第一大学、第七大学，巴黎市和加拿大魁北克市等院校、科研机构的相关领域专家学者和政府部门的代表30余人出席会议，并分别作专题发言。

（李筱婧）

【“宜居北京”课题列为全国社科规划办“十一五”重大委托项目】 经报市委书记刘淇、市长郭金龙批示同意，由市委常委梁伟担任课题组组长，市委社会工委书记、市社会办主任宋贵伦与清华大学副校长谢维和担任课题组副组长的“宜居北京”课题，6月获批为全国社科规划办“十一五”重大委托项目。该项目将主要依托市委社会工委、市社会办与清华大学共建的“城市发展与社会建设研究院”开展相关研究，充分利用和发挥清华大学多学科的综合优势和国际交流平台。

（李筱婧）

【市委学习实践科学发展观活动指导检查组考察东城区党建工作】 7月8日，市委学习实践科学发展观活动指导检查组组长韩恩慈一行对全区楼宇党建工作进行实地考察。市委社会工委委员、市社会办副主任赵小卫陪同，区领导梁军参加。指导检查组听取了区委社会工委关于全区商务楼宇党建工作情况以及鸿安国际商务大厦党支部关于“党建工作站、社会工作站和工会服务站”建设和运行情况的汇报，并参观了“三站”办公室和党员活动场所。

（彭喜乐）

【“社会组织‘5·12’行动论坛暨公益项目交流展示会”在北京举行】 8月12日，由中国扶贫基金会、南都公益基金会和中国社会组织促进会联合发起，中国青少年发展基金会、中国红十字基金会等21家知名社会组织共同主办的“社会组织‘5·12’行动论坛暨公益项目交流展示会”在北京开幕。来自全国各地的126家公益服务组织、80余家企业、50余位专家学者和10余家国际机构负责人参会。

（李筱婧）

【“十二五”规划社会建设与管理专题座谈会召开】 9月16日，市委社会工委委员、市社会办副主任张坚在北京工业大学人文社会学院主持召开“十二五”规划社会建设与管理专题座谈会。国务院研究室朱幼棣司长，中国社会科学院荣誉学部委员、北京工业大学人文社会学院院长陆学艺研究员，中国人民大学人文社会学院院长、人口学研究中心主任翟振武教授，原中国劳动关系学院院长冯同庆教授，北京工业大学人文社会学院教授钱伟量、唐军和张荆等应邀出席。与会专家围绕“十二五”期间社会发展重大问题、社会结构调整、人口养老问题、劳动关系等方面展开讨论并提出建议。

（李筱婧）

【发展中国家预防腐败机构官员考察海淀廉政文化】 10月23日，来自约旦等18个国家的34位发展中国家预防腐败机构官员到海淀区学院路街道社区服务中心参观考察廉政文化进社区工作。市委社会工委委员、市社会办副主任赵小卫向考察团成员介绍了北京市社区廉政文化建设情况，并就如何做好今后的廉政文化建设工作与考察团成员进行了深入交流。

（康岳魏）

【北京师范大学北京社会建设研究院正式成立】 12月26日，北京师范大学北京社会建设研究院举行成立仪式。这是市委社会工委与首都高校和科研单位合作共建的第6家社会建设研究基地，重点研究方向是社会政策。全国政协副主席、农工党中央常务副主席陈宗兴，市委常委梁伟，民政部副部长窦玉沛，市委社会工委书记、市社会办主任宋贵伦，北京师范大学党委书记刘川生等出席成立仪式，先后致辞祝贺，并对研究院发展建设提出殷切希望和明确要求。成立仪式后，北京社会建设研究院举办了“三个北京”与首都社会建设研讨会。来自中国科学院科技政策与管理科学研究所、中国人民大学、北京师范大学、北京工业大学、首都师范大学、北京科学技术研究院等单位的9位专家学者，先后围绕“人文北京、科技北京、绿色北京”与社会建设作了专题发言，并和与会的专家学者进行讨论交流。市委社会工委委员、市社会办副主任张坚出席研讨会。

（李筱婧）

【市领导到宣武区调研社会建设工作】 11月27日，市委常委梁伟到宣武区调研社会建设工作，实地察看了乐凯大厦商务楼宇党建工作情况、广外街道红莲中里社区和牛街街道春风社区社区规范化建设情况。

（黄婉婷）

【18个区县社会工作机构组建工作基本完成】

2008年12月31日，市编办批复门头沟区、房山区、通州区、昌平区、大兴区、平谷区、密云县、延庆县8个区县社会工作机构组建方案。其中，房山区、通州区、大兴区委社会工委（区社会办）核定行政编制15名；平谷区委社会工委（区社会办）核定行政编制13名；门头沟区、昌平区委社会工委（区社会办）核定行政编制12名；密云县、延庆县委社会工委（县社会办）核定行政编制10名。这标志着全市社会工作机构组建工作基本完成。

（康岳魏）

【全国“两会”期间媒体广泛关注北京社会建设】 包括新华社、中央电视台、《人民日报》、《光明日报》、《经济日报》、《北京日报》、《北京晚报》、《法制晚报》、《北京青年报》、人民网、中国政府网、千龙网在内的各主要媒体刊发新闻报道217篇次，为落实民生问题营造舆论氛围，产生了良好的社会影响。政府购买5 000个社区工作者岗位，面向相关专业的大学毕业生提供就业机会，成为“两会”中新闻媒体关注的焦点。3月6日，北京电视台“北京新闻”刊播了5 000社区岗位欢迎高校毕业生的新闻报道；《北京日报》、北京电视台、《北京晚报》、《北京青年晚报》、《北京晨报》、《法制晚报》、《信报》、《竞报》、千龙网、首都之窗等刊发了该新闻报道；3月9日，《北京青年报》在头版头条位置刊发了《社区岗位月底开招大学生》的报道，并被新浪、网易、中国政府网等22家进行了转载。中央新闻媒体对北京市千方百计改善民生的做法给予了高度关注，3月11日的《经济日报》第7版刊发了全国人大代表、北京市委社会工委书记、市社会办主任宋贵伦的专访，人民网、新华网等21家媒体予以及时转发。3月12日中央电视台“焦点访谈”栏目、3月14日中央人民广播电台也分别采访了宋贵伦同志，产生了良好反响。

（康岳魏）

【全市社会系统30余万人积极参与“双百”评选活动】 2009年内，根据全市开展“100位为新中国成立作出突出贡献的英雄模范人物和100位新中国成立以来感动中国人物”（简称“双百”评选）评选活动的总体部署，市委社会工委及时研究制定了工作方案，积极组织各社区、社会组织和新经济组织参与推选“双百”人物。全市社会系统采取举办展览、党团日主题活动、社区宣讲等丰富多彩的形式，积极动员社会各界群众参与“双百”评选。截至6月18日，全市社会系统共30余万人参与了评选活动，使评选活动成为一次生动的爱国主义教育实践活动。

（康岳魏）

【召开区县社会工委书记、社会办主任工作例会】 会议要求各区县全面抓好第三批学习实践科学发展活动，扎实推进各项工作，努力完成新突破、实现新业绩，为首都社会建设工作贡献力量。市委社会工委领导班子和各区县社会工委书记参会。市委社会工委书记、市社会办主任宋贵伦在讲话中指出，当前是落实全年工作任务的关键时期，要把握学习贯彻科学发展观的重要契机，抓好各项工作的落实，做好全年工作总结，精心谋划明年的工作。市委社会工委委员、市社会办副主任吴群刚对社区规范化建设试点工作进行了系统总结和全面部署，市委社会工委委员、市社会办副主任赵小卫通报了实施大学生社工计划的工作进展情况，各区县社会工委、社会办负责人分别汇报了社区规范化试点进展情况及大学生社工工作情况。

（康岳魏）

【区县社会建设工作体制机制不断完善】 年内，全市18个区县完成了社会建设工作机构组建，并相继成立了社会建设工作领导小组及其办公室，健全了区县社会建设领导体系，加强了工作统筹，增强了社会建设工作的合力。为全面贯彻落实社会建设大会和“1＋4＋X”系列文件的精神，全年共有16个区县召开了社会建设大会，出台了加强区县社会建设的系列文件，明确了工作目标、任务。

（康岳魏）

【服务国庆和“三保”中心工作取得显著成绩】 年内，各区县按照市委、市政府的工作部署，广泛动员社会工作者和志愿者为国庆60周年庆典和“三保”工作作贡献。海淀、东城、西城、崇文、宣武、石景山、大兴、昌平等区县社会工作机构，在承担国庆60周年群众游行、联欢、游园、游行花车等工作任务中，始终坚持工作的高标准、高要求，精心组织，周密安排，出色完成了各项庆典任务。顺义区动员社区5万多人投入社区迎花博、迎国庆活动，为花博会的成功举办作出了贡献。朝阳区积极组织街道系统为“三保”工作服好务，截至10月底，全区街道系统完成区级财政收入113.8亿元，比上年同期增长了8.47%。东城区设立500万元大学生社区实习专项补助资金，资助本区低保家庭、残疾人员家庭和零就业家庭中有就业意愿但尚未就业的应届大学生到社区实习。门头沟区全面加强为民办实事工程建设，全年完成社区裸露地面硬化1.2万平方米，社区绿化美化6 573平方米。怀柔区探索农村社区化管理模式，在实现城乡公共服务均等化、促进城乡统筹上迈出了新步伐。

（康岳魏）

【圆满完成国庆60周年群众游行第四分指挥部各项工作任务】　组织11个方阵25 000余人参加国庆60周年群众游行，圆满完成组织训练、服装道具、安保检查、集结疏散等各项工作任务。市委社会工委、市社会办获得优秀组织单位奖。

（黄婉婷）

【圆满完成全市甲型H1N1流感社会防控督察工作】　6月，成立全市甲型H1N1流感社会防控督察组。督察组按照“分类管理，全面覆盖”的原则和“把紧一个关口、强化三个重点、落实四方责任、确保五个到位”的防控工作要求，突出了重点节点，切实严督细查，圆满完成了各项工作任务。

（黄婉婷）

【组织社会建设专题培训】　年内，市委组织部、市委社会工委、市委党校共同举办了6期社会建设专题培训班，对60名区县局级领导、125名街道工委书记、119名街道办事处主任、50名“两新”组织党组织负责人、138名社区党委书记居委会主任、60名社会组织负责人进行社会建设专题培训，对下一步做好全市社会建设工作产生了积极作用，受到广泛好评。

（黄婉婷）

社区建设

【概况】　年内，全市社区建设工作按照市委、市政府关于社区建设“一分、三定、两目标”的总体思路，坚持“试点引路、重点突破，强化管理、逐步规范”的工作思路，以社区规范化建设试点工作为突破口，着力加强社区公共服务平台建设，着力加强社区用房达标建设，着力提高社区工作者专业化、职业化水平，着力开展社区迎接新中国成立60周年系列活动，努力推动社区建设的科学发展。全市社区建设工作进入了全面规范、纵深发展的新阶段。

（一）社区规范化建设试点工作全面启动，“三位一体”社区管理新格局初步建立

为贯彻落实《北京市加强社会建设实施纲要》等“1+4”文件精神，进一步规范社区建设，加强社区科学管理、民主自治和公共服务，市委社会工委、市社会办会同8个相关部门研究出台了《关于推进社区规范化建设试点工作的实施方案》（以下简称《实施方案》），在全市600个社区启动了社区规范化建设试点工作。目前全市共有600多个社区实现了规范化建设。

社区服务站建设逐步规范。全部试点社区基本上按照《实施方案》中确定的新型工作关系建立了社区服务站，进一步明确了职责任务，梳理了工作流程，配备了专职工作人员，规范了岗位设置，完善了规章制度，对服务站受理事项、办理条件、办理程序、办理时限等方面进行规范。以直接关系广大群众切身利益的社区人力资源和社会保障工作为切入点，深入基层调研，加强政策研究，进一步规范和细化社区服务站人力资源和社会保障工作职责，社区公共服务平台作用初步显现。

社区工作职能进一步明晰。各试点单位按照“职责明确、分工合理、优势互补、协调联动”的原则，在对社区目前承担的各项工作进行全面梳理的基础上，根据社区党组织、居委会和服务站的不同性质和功能定位，对其各自承担的职责任务进行了合理划分和归纳调整，各自的具体工作或服务项目得到进一步细化和明确，社区组织职责不清、居委会行政性负担过重等问题得到较大程度的改善。

社区运行机制得到理顺。各试点单位通过建立健全联席会议或例会制度、发挥社区居民会议的作用、加强社区制度体系建设等方式，探索建立在社区党组织领导下，居委会和服务站紧密对接、协调联动的工作机制，优化了社区组织的工作关系，基本实现了社区“工作无漏洞、对接无缝隙、责任无盲区”，促进了社区各项工作高效运转。

（二）社区治理结构进一步规范，新型社区组织体系初步形成

加强社区党组织建设。圆满完成第七届社区党组织换届选举工作，全市共建立社区党组织2 469个（其中党委1 124个、党总支342个、党支部1 003个），共选出社区党组织班子成员11 319人，其中大专及以上学历占54.2%，知识和年龄结构更趋合理，来源渠道不断拓宽。探索社区党建新的组织形式，“两新”组织党建工作进一步加强，基本实现了党建工作在社区的全覆盖。

完善社区居民自治。圆满完成第七届社区居委会换届选举工作，全市2 633个社区居委会中有2 538个社区参加了换届选举，共选出社区居委会成员16 961名，其中党员占45.8%，大专及以上学历占62%，文化程度和专业化水平进一步提高。各区县以推进社区规范化建设试点工作为契机，通过多种方式增强社区自治功能，社区居民依法行使民主权利、管理社区公共事务和公益事业的能力不断提升。

规范业主大会和业主委员会的管理。印发了《北京市住宅区业主大会和业主委员会指导规则（试行）》，对社区居委会、物业服务企业、业主委员会等组织之间的关系作出了规定，初步理顺了相互关系。将物业管理纳入社区建设，加强了对业主自治组织的指导和监督。

培育社区社会组织。创新社区社会组织培育机制，积极培育发展社区志愿者组织、老年人组织、残疾人组织、群众性文体教育组织等。目前全市共有各类社区社会组织1.5万余支，人数超过36万人。进一步规范社区志愿者管理，完善志愿服务组织，初步形成了市、区、街、社区四级社区志愿服务网络，社区志愿者队伍已达1.5万支，人数已超过30万人，为居民提供了大量无偿、快捷、便利服务，也为国庆安保工作作出了重要贡献。

动员引导驻社区单位积极参与社区建设。各试点社区积极整合辖区的政府职能部门、企业、文化教育、社会单位等各方资源，带动社区（村）的全面发展。

（三）社区基础设施得到明显改善，社区公共服务水平进一步提升

社区用房建设取得突破性进展。在2009年政府固定资产投资资金比较紧张的情况下，市社会建设、发改、国土、规划、民政、环保等部门将社区办公和服务用房建设纳入城市基础设施建设规划，按照“统筹规划、试点推进、区县主责、市级支持”的工作原则，克服时间紧、任务重、情况复杂等困难，共同推进社区用房达标建设立项、评估、审核等各环节工作。市委社会工委、市社会办专门成立了市社区规范化建设试点工作调研组，深入区县了解社区办公和服务用房建设情况，并结合部分区县在推进中的难点问题，多次协调市发改委相关工作人员现场指导，及时

解决，使立项工作取得实质性突破。年内，全市共审核批复350个社区用房规范化建设试点项目，建筑面积12.2万平方米，总投资11亿元（市政府固定资产投资支持资金4.7亿元，区县投资6.3亿元）。这批社区用房建设项目完成后，全市将有1 000个社区的办公和服务用房面积达到350平方米左右。

社区服务体系不断健全。围绕社区居民的服务需求，各区县、各部门积极拓宽服务领域，丰富服务内容，普遍建立了各具特色的社区服务模式，小社区大服务格局进一步形成。年内，社区卫生服务网络实现了城乡全覆盖，15—30分钟服务圈基本形成。全市已建立2 642个社区卫生服务团队，社区卫生服务机构的门诊量明显增加。在全市社区、学校、机关、企业、乡镇启动慢性病管理和初级保健工作。完成300个老旧小区整治任务，全市老旧小区整治累计超过1 000个。2009年全市启动182个乡镇文化体育活动中心达标建设，配建了专项球类场地设施30个，更新了1 200个全民健身工程，建成农家书屋1 900余个，建设送书下基层服务点1 718个，在企业集中的街乡社区、开发区建成各类工会服务站314个，新建示范温馨家园150个，累计达到300个，完成残疾人家庭无障碍设施改造工程累计达到2万户。

社区公共服务的理论研究不断深入。举办了“社区公共服务高层论坛”，来自高校、部分省市的30余位专家学者和工作者就加强社区公共服务进行了深入研讨和交流，为促进社区公共服务的改革与发展提供了前瞻的理论指引和丰富的实践经验。

（四）社区工作力量进一步加强，社区工作者职业化、专业化水平明显提升

全市社会建设系统以社区党组织和社区居委会换届选举、社区工作者公开招录、组织参加社会工作者职业水平考试为重要契机，进一步优化了社区工作者队伍结构，有力提升了社区工作者的综合素质和服务能力。通过社区两委换届选举，一大批素质高、能力强、作风正、愿意为群众服务的居民走上社区工作岗位。

社区工作者公开招录工作取得明显成效。启动“大学生社工计划”，首次选聘2 100名高校毕业生和服务期满的大学生“村官”到社区工作；城八区面向社会选聘了2 233人到社区工作，为社区工作注入了新鲜的血液，有力推动了社区工作者队伍的知识化、年轻化进程。

社区工作者职业化建设步伐不断加快。自2008年全国举办首次社会工作者职业水平考试以来，北京市共有22 189人报名，18 360人参加考试，共有4 235人考试合格，其中九成以上是社区工作者，为社区工作队伍职业化、专业化建设储备了人才。举办了一系列社会建设培训班、研讨班，对全市街道党工委书记、办事处主任和部分社区党组织书记、居委会主任和服务站站长进行了专题培训。

社区工作者薪酬保障机制逐步完善。针对社区工作者工资待遇整体水平仍然偏低的现状，研究提出进一步规范社区工作者工资待遇的相关政策，力争在提高整体工资待遇水平的基础上，建立健全社区工作者薪酬保障机制。

社区工作者管理制度形成体系。各区县研究制定了包括《社区工作者行为守则》、《社区工作者考勤管理及休假制度》、《社区工作者首问责任制度》等在内的10余项管理细则，大大提高了社区工作者管理的制度化、规范化水平。

（五）社区系列活动深入开展，社区服务中华人民共和国成立60周年庆典的社会效果日益彰显

全市社区以迎接新中国成立60周年、“保增长、保民生、保稳定”等工作为契机，围绕中心，服务大局，不断探索社区居民参与社区建设的新途径。

开展社区迎国庆系列活动。以社区活动为重要载体，以迎接和庆祝中华人民共和国成立60周年为主题，精心策划，周密组织，在全市广泛开展“建设和谐社区、喜迎新中

国成立 60 周年”系列活动，发动广大居民积极参与，营造了浓厚氛围，在全社会产生了良好反响。先后组织开展了全市和谐杯乒乓球比赛活动、“魅力社区”评选、周末社区大讲堂、“社区主任走国企”、第二届和谐社区艺术大赛、“五四”文化名人事迹展览、歌剧进社区等 10 余项社区重大活动，广大市民积极响应，直接参与人数近 300 万，有力推动了市民文明素质和城市文明程度的提升。动员全市所有社区积极参与国庆安保工作，并组织 20 多万社区治安志愿者上街，有力地维护社会安全稳定。

全力做好社区甲型 H1N1 流感防控工作。全市社区按照市、区、街道工作部署，进一步落实属地防控责任，配合有关部门，采取有效措施，做了大量组织协调、宣传资料发放、居家隔离生活服务、社情民意反馈等工作，为防止疫情在社区大面积传播作出了积极贡献。

（六）和谐社区、和谐村镇建设全面开展，城乡社区一体化建设迈出新步伐

加快农村地区社区建设。以海淀、通州、密云 3 个全国农村社区建设实验区为重点，全市 13 个有农村地区的区县积极推进农村社区建设。农村社区服务站试点工作有序推进，已建成 205 个农村社区服务站试点。

全面开展和谐社区示范单位创建活动。按照民政部的总体要求和全市总体部署，充分调动社区居民的积极参与，广泛开展和谐社区示范创建活动。通过评选，6 个区县被评为全国和谐社区示范区县、7 个街道被评为全国和谐社区示范街道、16 个社区被评为全国和谐社区示范社区，有效推动了本市城乡和谐社区建设工作。

深入开展安全社区创建工作。西城区展览路街道，朝阳区八里庄、安贞、小关街道成为国际安全社区网络成员。海淀区学院路街道，朝阳区左家庄、香河园、三里屯、潘家园、大屯等街道获得了“全国安全社区”称号。

【召开业主大会和业主委员会指导规则贯彻动员会】 1 月 8 日，市社会办与市建委、市民政局、市规划委共同召开贯彻落实《北京市住宅区业主大会和业主委员会指导规则（试行）》动员会议。市委社会工委书记、市社会办主任宋贵伦，市建委主任隋振江，市委社会工委委员、市社会办副巡视员王丽竹，市民政局副巡视员冯昌领，市规划委委员曹跃进出席会议并讲话。会议由市建委副主任苗乐如主持。

（邱　鹏）

【举办十大感动社区人物颁奖典礼暨社区年会】 1 月 20 日，由市委社会工委、市社会办指导，新京报社主办的“北京 2008 年度十大感动社区人物”评选活动揭晓。市委社会工委委员、市社会办副主任吴群刚出席并为获奖人员颁奖。

（邱　鹏）

【召开残疾人温馨家园队伍建设研讨会】 2 月 16 日，市委社会工委、市社会办组织召开工作研讨会，与市残联就社区工作者担任示范残疾人温馨家园负责人等问题进行研究。会议由市委社会工委委员、市社会办副巡视员王丽竹主持。市残联组联部和市委社会工委、市社会办社区建设处相关工作人员参会。

（邱　鹏）

【举办北京市第三届“和谐杯”乒乓球比赛】 3 月 1 日，比赛动员大会暨启动仪式在北京大学乒乓球馆隆重举行。市委社会工委书记、市社会办主任宋贵伦主持会议，市体育局局长孙康林全面部署了乒乓球赛的赛事安排和实施步骤，市委常委梁伟对比赛进行了动员，市人大常委会主任杜德印宣布比赛开始，并为比赛开球。市委社会工委委员、市社会办副主任吴群刚，市委社会工委委员、市社会办副巡视员王丽竹出席启动仪式。此次比赛是全市“迎接国庆、服务社会、构建和谐、促进发展”社区系列活动的重点活动，

在全市129个街道的2523个社区，以及119个乡镇的3 597个行政村和各行业、系统等单位内连续进行，直接参赛人员80余万，参与活动人数超过176万。比赛也吸引了众多名人参与，全国人大教科文卫委员会副主任、原国家体育总局党组书记李志坚，著名前乒乓球世界冠军张燮林、林志刚、许绍发、陆元盛，前射击世界冠军许海峰、前击剑世界冠军王海滨等都参加了比赛。6月20日，由市体育局、市委宣传部、首都精神文明办、市教委、市社会办等10家单位共同主办的北京市第七届全民健身体育节开幕式暨“和谐杯”千台万人乒乓球展示活动宣布第七届健身体育节开幕，也为本次比赛画上了圆满的句号。

（邱　鹏）

【社区工作者参加三八节文艺会演】　3月8日，市委社会工委、市社会办组织社区工作者代表参加首都各界妇女迎国庆、庆三八文艺演出。演出由北京市妇联、北京电视台策划录制，目的是庆祝三八妇女节，喜迎中华人民共和国60华诞。社区工作者代表们用深情、优美的歌声向首都各界妇女致以节日的问候，向中华人民共和国60岁生日献礼，展现了社区工作者的精神风貌和对祖国的热爱。市委社会工委委员、市社会办副主任赵小卫出席活动。

（邱　鹏）

【举办歌剧讲座进社区活动】　“让艺术走近每一个人——国家大剧院歌剧节·2009百场歌剧讲座”之走进社区活动由市委社会工委、市社会办、国家大剧院联合举办。活动目的是为了促进高雅文化进社区，丰富居民业余文化生活，提高社区居民文化艺术修养和推动社区文化繁荣。活动于3月启动，6月底结束，在全市18个区县面向社区居民共举办了24场歌剧普及讲座，吸引了5 000余名居民参与。讲座内容包括“从零开始——如何欣赏歌剧”、“歌剧《洪湖赤卫队》赏析”等，由中央音乐学院、中国音乐学院、解放军艺术学院等专业院校团体的教授及专家现场讲解。活动还为现场观众提供国家大剧院艺术教育活动观摩票若干张，使观众能够近距离地感受高雅艺术的魅力。

（邱　鹏）

【召开工会服务站建设研讨会】　3月26日，市委社会工委、市社会办与市总工会就关于加强工会服务站建设问题召开研讨会。市总工会副主席曾繁新出席会议，并与市委社会工委、市社会办有关处室负责人就下一步加强工会服务站建设问题进行研究。

（邱　鹏）

【完成城八区社区工作者工资补发工作】　《北京市社区工作者管理办法（试行）》对社区工作者工资待遇进行了规范提高，并规定从2008年1月1日起调整。文件颁布后，各区县积极开展社区工作者工资的核算调整工作，并及时协调落实财政资金。截至3月底，城八区社会工作者工资补发工资已经落实到位，涉及15 100余人，资金7 000余万元。其余区县社区工作者工资调整和补发工作也于年内陆续完成。

（邱　鹏）

【举办周末社区大讲堂活动】　“2009·北京周末社区大讲堂”活动由市委宣传部、市委社会工委、市社科联共同举办，主题为“以人为本，传承文明，构建和谐，科学发展”。活动于4月12日启动，10月底结束。4月12日，市政协副主席、市社科联主席满运来，市社科联党组书记史秋秋，市委社会工委委员、市社会办副巡视员王丽竹出席了启动仪式。周末社区大讲堂活动邀请专家、学者走进社区开展专题讲座，围绕建设“人文北京、科技北京、绿色北京”，向广大社区居民广泛宣传党的方针政策、讲授社科知识、传播人文思想、弘扬文明新风、倡导科学方法，为迎接中华人民共和国成立60周年营造良好社会氛围。

（邱　鹏）

【召开规范化建设试点工作会】　4月22日，副市长丁向阳主持召开会议，研究社区规范化建设试点工作。市委社会工委书记、市社会办主任宋贵伦，市委社会工委委员、市社会办副主任吴群刚，市委社会工委委员、市社会办副巡视员王丽竹，市民政局党委副书记郭旭升参加了会议。会议研讨了《关于推进社区规范化建设试点工作实施方案（草案）》，提出了相关的修改意见和建议。会议要求，会后应根据会议精神，对《实施方案（草案）》进行进一步的修改完善；对社区工作者、社区经费投入、办公设备基本需求等情况进行测算和调研；做好《实施方案》下发和试点单位名单确定等事项的准备工作；指导各区县制定、上报本地区社区规范化建设试点实施方案；指导各区县协调有关部门，按照建设项目管理程序和要求，及时上报市政府固定资产投资补助支持项目申请，推动社区办公和服务用房建设资金的落实。

（邱　鹏）

【举办文化名人事迹展览进社区活动】“穿越时空——五四文化名人事迹展览进社区”活动由市委社会工委、首都精神文明办主办，宋庆龄故居、李大钊故居、鲁迅博物馆等八家名人故居、纪念馆承办。活动自5月4日启动，12月底结束。4月9日，市委社会工委书记、市社会办主任宋贵伦，市委社会工委委员、市社会办副主任吴群刚，首都文明办主任舒小峰等，与宋庆龄故居、李大钊故居、鲁迅博物馆等名人故居管理负责人就开展五四文化名人事迹展览进社区活动进行了座谈，研究议定了活动方案。5月4日，活动启动仪式在西城区金融街社区教育学校举行，宋贵伦、舒小峰以及首都精神文明建设委员会办公室副主任马润海，市委社会工委委员、市社会办副巡视员王丽竹，西城区委常委、宣传部部长傅华，西城区副区长陈蓓参加了启动仪式。活动围绕宋庆龄、李大钊、鲁迅、郭沫若、茅盾、老舍、徐悲鸿、梅兰芳8位世纪名人的生平事迹，精心制作了图文并茂的宣传展板，在全市18个区县广大社区进行了巡展，让社区居民直观了解五四运动以来，宋庆龄等8位20世纪的文化名人的生平事迹，从他们身上深刻感受中华民族共同的理想追求、文化观念和价值取向。此次活动是市委社会工委、首都文明办等部门充分发挥首都文化资源优势，丰富活跃群众生活，增强社区凝聚力，促进和谐社区建设的一次重要尝试，取得了良好的社会反响。

（邱　鹏）

【召开促进社区志愿者服务专题工作会】　5月6日，市政府副秘书长侯玉兰主持召开会议，专题研究加强和促进社区志愿服务工作。市民政局局长吴世民，市委社会工委委员、市社会办副主任吴群刚，团市委副书记邓亚萍出席会议。会上，市民政局介绍了《北京市社区志愿服务促进办法》（简称《办法》）的起草和修改情况，团市委、市社会办等部门围绕《办法》的有关内容和社区志愿服务工作进行了深入的研究和讨论。会议提出要在市委、市政府关于志愿者工作总体安排和部署的整体框架内，进一步修改完善《办法》，并就下一步推进工作提出了明确要求。

（邱　鹏）

【全面启动社区规范化建设试点工作】　5月8日，市委社会工委、市社会办召开区县社会工委书记（扩大）例会，专题部署社区规范化建设试点工作。会议提出，要充分认识社区规范化建设工作的重要意义，《关于推进社区规范化建设试点工作的实施方案》（以下简称《实施方案》）是加强社会建设“1+4”系列文件的深化、细化，是构建新型社区治理结构基本思路的操作化、具体化，也是基层完善社区管理模式经验的系统化、规范化；开展社区规范化建设是构建新型社区管理体系的重要措施，是现阶段推进北京市社区建设工作的主要抓手和指导基层开展社区建设的有效手段，必须高度重视，认真抓实抓好。

（邱　鹏）

【举办第四届魅力社区评选活动】　北京第四届（2009年度）魅力社区评选以社区志愿服务为主题，采用项目评比的模式，推动居民以社区志愿服务形式积极参与社区事务。活动从5月24日开始，10月31日结束，分为项目申报、项目实施与展示、评选、交流四个阶段。厂洼社区、华清园社区等10个社区成为第四届“北京魅力社区”，另有10个社区荣获“魅力社区共建和谐奖”，40个社区荣获“魅力社区风采奖”。

（邱　鹏）

【香港社会服务联会考察团来北京考察社区服务工作】　6月19日，市委社会工委、市社会办陪同香港社会服务联会考察团一行19人赴朝阳区考察亚运村街道社区活动中心和社区服务站。考察团听取了有关社区服务项目和活动开展情况的介绍，进行了实地参观，对北京市的社区服务工作成就和政府的推动作用给予了较高的评价，并希望继续与北京市社会建设部门保持密切联系，加强相互学习和交流。

（张　婷）

【举办第二届和谐社区艺术大赛活动】　由市委宣传部、市委社会工委、北京日报报业集团共同举办的“京报集团第二届和谐社区艺术大赛”顺利举办。大赛于6月初启动，得到全市社区居民的广泛关注和热情参与。来自18个区县的数千名文艺爱好者通过社区选报，进入了复赛。在8月29日开始的复赛中，入围社区居民在独唱、组合、合唱、独奏以及重奏等五个项目展开角逐。9月底决赛举行，获奖项目于国庆后进行了社区巡演。

（邱　鹏）

【召开志愿服务促进办法研讨会】　6月25日，市委社会工委、市社会办与市民政局召开研讨会，专题研究《社区志愿服务促进办法》制定修改工作。市委社会工委委员、市社会办副主任吴群刚，市民政局副局长谢延智出席会议。会议认真、详细地对与办法相关的修改意见进行了逐条解释，并就有关问题进行了充分讨论和沟通，全面交换了意见。

（邱　鹏）

【市科学发展观指导检查组检查社区建设】　7月8日，市科学发展观指导检查组到崇文区检查社区规范化建设试点工作。检查组在东花市街道枣苑社区听取了该社区规范化建设进展情况和崇文区社区规范化建设试点工作的整体情况汇报，并进行了实地参观。市委社会工委委员、市社会办副主任赵小卫参加了检查。

（邱　鹏）

【举行社区主任走国企活动】　7月23日，第四届北京影响力“与您同心”——社区主任走国企活动启动。活动由市委社会工委、市国资委、北京电视台等单位共同举办。来自海淀、朝阳、东城、崇文、宣武、丰台、石景山、通州、昌平、大兴、顺义等12个区县的近400名社区党组织书记、社区居委会主任和社区服务站站长，以及10余家市属主流媒体记者先后走访了北京电力公司、首钢总公司、北京金隅集团、北京排水集团、北京粮食集团、北京二商集团、北京市邮政公司、北京同仁堂集团、北京燃气集团、北汽控股公司、首都农业集团和北京一轻控股公司等12家与百姓生活密切相关的大型国有企业。

（邱　鹏）

【举行参与式社区治理与社区服务研讨会】　7月28日，由北京大兴区清源街道办事处主办，北京社区参与行动服务中心协办的参与式社区治理与社区服务研讨会在国家行政教育学院召开。市委社会工委委员、市社会办副主任吴群刚出席并致辞。会议探讨了参与式社区治理与社区服务新模式。会议介绍，北京大兴区清源街道与北京社区参与行动服务中心开展了三年的服务合作，采用社区参与式治理的相关理念、方法与技巧，开展社区服务项目化管理。会议指出，这种新模式实质是通过政府提供资金支持和其他资源，鼓励社区居民参与社区事务，联合社会组织共同开展社区服务，促进社区建设多元主体的和谐发展。与会者普遍认为，清源街道的探索和实践符合北京市社区规范化建设的要求和努力方向，为全市社区规范化建设提供了新的样本，具有很强的启发意义。大兴区区委常委郭宝东、大兴区副区长常红岩出席研讨会。

（邱　鹏）

【国家行政学院调研北京市社区建设】　8月13日，国家行政学院到市委社会工委、市社会办调研社区管理体制改革相关工作，详细了解了北京市推进社区规范化建设试点工作的进展情况。市委社会工委委员、市社会办副主任赵小卫，国家行政学院社会和文化教研部主任龚维斌参加调研活动。

（邱　鹏）

【举办祖国在我心中诗歌朗诵会社区巡演活动】　在市委社会工委支持下，由中国诗歌研究中心主办的“祖国在我心中”诗歌朗诵会公益巡演活动顺利举办。8月16日，首场巡演在丰台区右安门街道举行。16个社区的近千名社区居民观看了演出，社区居民代表还积极参与演出，与艺术家们同台献艺。本次巡演活动是全市“建设和谐社区，喜迎建国60周年”系列活动之一，旨在通过社区居民喜闻乐见的艺术形式，弘扬爱国主义精神，激发爱国热情，增强社区凝聚力，为迎接建国60周年营造良好社会氛围。8—12月，艺术家们先后在50个街道进行了巡演。

（邱　鹏）

【召开城乡社区居民自治调研工作会议】　8月25日，市人大常委会内务司法办公室召开城乡社区居民自治调研工作会议。市人大常委会副主任柳纪纲，市委社会工委委员、市社会办副主任吴群刚，市民政局副局长谢延智出席会议。市人大内司委主任委员李小娟通报了开展调研工作的安排意见，市民政局负责人通报了全市城乡开展居、村民自治工作的总体情况，与会同志对推进城乡社区居民自治工作提出了意见和建议。

（邱　鹏）

【举行北京节拍社会志愿者社区工作者专场活动】　8月29日，“北京节拍——为奥运奉献者而歌”社会志愿者和社区工作者专场活动举行，市委社会工委委员、市社会办副主任吴群刚出席并致辞。专场活动以“为奥运奉献者而歌”为主题，目的是继承奥运遗产，弘扬奥运精神，答谢社会志愿者、社区工作者们在北京奥运会期间，以丰富的社区活动为载体，发动广大社区居民积极投身到服务奥运、奉献奥运的实践中来，为成功举办有特色、高水平的奥运会、残奥会作出了贡献，营造了良好的社会氛围。同时呼吁全社会关注和关爱志愿者群体，推动志愿服务事业的长远发展，促进首都和谐社会建设。

（邱　鹏）

【召开进一步规范社区工作者工资待遇工作会】　9月3日，市委社会工委、市社会办与市人力资源和社会保障局召开工作研讨会，专题研究进一步规范社区工作者工资待遇相关政策问题。市委社会工委委员、市社会办副主任吴群刚出席会议。

（邱　鹏）

【召开居家养老助残政策专题会】　9月17日，副市长丁向阳召开专题会，研究居家养老助残相关政策。市民政局局长吴世民，市残联党组书记、理事长齐静，市委社会工委委员、市社会办副主任吴群刚，市发改委委员蒋力歌，市老龄协会会长李建国，东城区副区长章冬梅参加会议。

（邱　鹏）

【北京市第七届社区居委会选举工作基本完成】　北京市第七届社区居委会选举工作从2月启动，经过选举准备、选举实施、总结验收三个阶段，至9月基本完成。全市2 633个社区中，除有95个社区因拆迁、选举不满一年或新成立社区选举条件不成熟等原因，经各区县政府批准未参加选举外，其余2 538个社区全部参加了换届选举，共选出社区居委会成员16 961名。这次社区选举具备三个典型特点：一是社区规模设置更趋合理。根据社区建设实际，选举前期各区县对社区规模进行了适当调整，按照1 000户以下每15—50户、1 000户以上每30—100户的标准，重新划分居民小组57 377个。二是社区居委会成员结构更加优化。表现为：成员文化程度进一步提高，高中、中专以上学历的16 261人，占96%，比上届提高15%，其中大专学历6 685人，本科学历3 765人，研究生学历90人。平均年龄有所降低，成员平均年龄为42岁，比上一届降低3岁。专业化水平进一步提高，社会工作专业人员占7.3%，其中，通过国家社会工作师水平考试的134人，助理社会工作师1 111人。成员来源结构趋向多元化，通过北京市社区工作者考试的5 246人，占31%；退休人员4 024人，占24%；在职人员1 645人，占10%；与原单位保持劳动关系的333人；应届毕业生185人；本市农业户口人员155人；处级以上退休干部83人（其中，局级、师级以上干部30人）。三是基层民主进一步扩大。一方面，居民参与程度提高，表现为：选民登记数增多，全市选民登记602万人，比上届高2%。直接选举和户代表选举方式的比例提高，全市采用直接选举和户代表选举的社区共282个，占参选社区的11%，比上届提高了近4个百分点。投票率提高，直接选举的投票率为96.56%，户代表选举的为93.45%，居民小组代表选举的为97.63%，分别比上一届提高2—3个百分点。另一方面，基层干部群众的民主法制意识明显增强。表现为：居民对选举工作更加关注，由以往只关注选举结果，转为积极关注选举全过程，对推选选举委员会成员、选民登记、提名候选人、正式投票、选举居民代表等阶段尤为关注，并能积极依法参加。选举的竞争性增强，有1 005个社区共提出另选他人1 500名，有815人由另选他人当选为居委会成员。很多区县还出现了多人竞选选委会成员、多人竞选居民代表、多人竞选一个成员职位的情况。社区居民选举委员会组织选举的能力明显提高，对于选举组织和程序操作中出现的问题，能充分尊重居民群众意愿，积极组织居民会议研究解决。

（邱　鹏）

【北京和谐社区创建活动取得丰硕成果】经过区县级、市级和国家级和谐社区示范单位的三轮评比，按照优中选优的原则，民政部于10月12日作出了《关于命名表彰全国和谐社区建设示范单位的决定》，北京共有6个区县被评为全国和谐社区示范区县，7个街道被评为全国和谐社区示范街道，16个社区被评为全国和谐社区示范社区。北京市和谐社区建设示范单位创建活动始于2006年。按照民政部《关于开展“建设和谐社区示范单位”创建活动的通知》（民函〔2006〕222号）和《关于切实做好全国和谐社区示范单位命名表彰工作的通知》（民发〔2008〕142号）要求，北京市各有关部门、各区县委政府以创建为契机，全面推进和谐社区建设，针对各社区的实际情况，从社区便民服务，社区环境治理，社区安全等方面入手，认真解决居民最直接、最关心、最现实的利益问题，让居民充分感受到建设和谐社区带来的实惠，提高居民对社区的认同感、参与率和满意率，努力把城乡社区建设成为管理有序、服务完善、文明祥和的社会生活共同体。

（邱　鹏）

【北京市安全社区创建工作取得明显成效】 在10月18日全国安全社区工作会议上，北京市海淀区学院路街道，朝阳区左家庄、香河园、三里屯、潘家园、大屯等6个街道获得“全国安全社区”称号，北京市安全社区创建工作取得明显成效。秉承“共同参与、共享安全”的核心文化理念，北京市各级相关部门不断整合资源、建立机制、优化项目、完善体系，初步形成了以社区为基础，以高风险人员、高风险环境以及弱势群体为重点，以多元参与和多种项目为支撑的安全促进体系。各创建社区还把安全社区工作纳入和谐社区建设体系中，把它作为和谐社区建设的重要内容和切入点，统筹考虑，整体规划，联动建设，深入推进。充分利用已有的安全教育基地、社区学校等资源，提高利用率和居民参与率，加大居民安全意识和安全素养教育，逐步扩大安全社区覆盖面和受益人群，形成无缝隙的安全网络，提高居民的安全感和社区的和谐度。在安全社区工作中，引入社会组织和社区居民的评价机制，推动安全社区工作的长期良好发展。年内，西城区展览路街道，朝阳区八里庄、安贞、小关街道还通过了世界卫生组织认证，成为国际安全社区网络成员。

（邱　鹏）

【社区公共服务高层论坛举办】 10月23日，市委社会工委、市社会办与北京社科院、北京社区研究基地共同主办了“社区公共服务高层论坛”。来自中央编译局、清华大学、北京大学、中国人民大学、中国社科院等20多所科研院校的专家学者，和来自南京、宁波、杭州等省市的社区建设主管部门领导等，部分企业、社会组织、媒体代表，以及北京市相关政府部门、区县社会建设部门、街道和社区代表，共计130余人参加了论坛。市委社会工委书记、市社会办主任宋贵伦作了主题报告，著名社会学家、中国人民大学郑杭生教授，著名学者、国家行政学院丁元竹教授分别就社区复合治理、社区公共服务体系建设等问题进行了专题发言。30多位专家学者和实际工作者就公共服务的内涵和发展、社区公共服务机制建设等问题展开了深入研讨和交流。与会专家对北京市开展社区规范化建设、积极推进社区公共服务发展的政策措施给予了积极评价，提出了许多具有启发意义的思路和建议，为推进和谐社区建设、促进社区公共服务改革与发展提供了丰富的理论指导和实践经验。北京社科院院长刘牧雨，市委社会工委委员、市社会办副主任张坚，市委社会工委委员、市社会办副主任吴群刚，北京市哲学社会科学规划办公室主任王祥武，市委研究室副主任王强，市委社会工委委员、市社会办副巡视员王丽竹出席了论坛。

（邱　鹏）

【召开社区建设专题会】 11月5日，副市长丁向阳主持召开会议，研究社区服务站标志系统设计工作和社区志愿者管理办法起草修订等工作。市委社会工委、市社会办领导宋贵伦、王力军、张坚、吴群刚、赵小卫、陈建领、王丽竹参加会议。会议听取了多家设计单位关于社区服务站标志系统的设计方案汇报，经研究讨论，决定使用清华大学美术学院的设计方案，同时提出了修改意见和建议，要求尽快完成设计方案修改稿。会议充分肯定了起草完成的《社区志愿者管理办法》，建议将其调整修改为《北京市志愿者管理办法》，并对具体条款进行相应完善。

（邱　鹏）

【市领导实地调研社区规范化建设工作】 11月27日，市委常委梁伟到宣武区广外街道红莲中里社区和牛街街道春风社区实地调研社区规范化建设试点工作和社区办公、服务用房建设情况。

（邱　鹏）

社会组织建设

【概况】　2009年社会组织工作处按照市委社会工委、市社会办总体工作部署，以贯彻落实社会建设“1+4”系列文件为中心，以创新社会组织管理体制为重点，以促进社会组织健康发展为目标，积极推进各项工作开展。

年内，北京市社会组织建设主要开展以下几项工作。

一是积极构建并逐步完善“枢纽型”社会组织管理体系和工作机制。在深入调查和广泛征求意见基础上，研究制定了《关于构建“枢纽型”社会组织工作体系的暂行办法》，明确了“枢纽型”社会组织的职能定位、认定条件、认定程序、工作职责、工作机制等有关内容。该暂行办法于4月3日由市社会建设工作领导小组正式印发。同时，市社会建设工作领导小组办公室印发了《关于认定第一批市级“枢纽型”社会组织的通知》，正式认定市总工会、团市委、市妇联、市科协、市残联、市侨联、市文联、市社科联、市红十字会、市法学会等10家人民团体为第一批市级“枢纽型”社会组织。11月18日，市委常委会在研究加强工、青、妇工作时指出：“群团建设是社会建设的重要组成部分，工会、共青团、妇联组织要充分发挥作为‘枢纽型’组织的优势，联合各类团体组织，不断拓展服务平台，不断扩大组织的影响力和服务的覆盖面。”市委书记刘淇、市长郭金龙在市委十届七次全会的工作报告中都提到“枢纽型”社会组织建设问题，并要求进一步加以完善。这项工作在全国范围内也具有一定的示范效应和引领作用，国家有关部委对此项工作给予了肯定，上海等省市最近也都提出要“探索枢纽式管理模式，发挥工、青、妇等人民团体和群众组织的骨干作用”。

二是建立了社会组织设立“一站式”服务大厅，开展了社会组织设立的“联合审查”工作。市社会建设工作领导小组办公室下发了《关于加强和改进市级社会组织设立工作的实施办法（试行）》，与市民政局联合启动了“一站式”服务、联合审查、限时回复的工作机制。根据该《暂行办法》的规定和市领导指示精神，4月8日，社会组织设立“一站式”服务大厅正式挂牌。“一站式”服务大厅全年累计接待来人、来电咨询500余人次，意向申办社会组织共80余家，通过联合审查，为20家拟申请设立的社会组织协调明确了业务主管单位。

三是在全市范围内开展了多层次、多领域的社会组织调查摸底工作。在重点推进相关工作的同时，根据有关领导指示和实际工作需要，积极通过有关部门和区县社会建设机构，对全市正式登记注册的社会组织、在街道或社区备案的社会组织、在京开展活动的国际行业组织、高校社团组织进行了摸底调查和统计分析。截至8月底，全市在民政部门注册登记的社会组织共有6 749个，其中，社会团体3 147个（市级社会团体1 156个），民办非企业单位3 490个（主要集中在区县一级，共3 265个），基金会112个；全市（不包括密云和延庆）共有社区社会组织12 683家；北京地区64所高校中共有学生社团3 198个。截至5月底，在北京市正式设立办事机构的国际行业组织初步统计共有227家。以上各种数据加在一起，全市总计应该有近3万家各类社会组织。在摸清组织数量的同时，还对相关组织的专职工作人员数、党员数、党组织数、开展活动情况以及发展中存在的有关问题等进行了统计分析，提出了有关工作建议。

四是稳步推进社会组织“脱钩”工作。按照“先全部挂钩、再逐步脱钩”的工作思路，6月上旬，会同市民政部门对近1 500家市级社会组织进行了分类梳理，列出了拟由10家“枢纽型”社会组织进行工作联系（挂钩）的社会组织名录，并提供给各“枢纽型”社会组织作为工作依据。下半年以来，各“枢纽型”社会组织按照市委、市政府的工作部署和要求，通过走访调研、召开座谈会、发展团体会员、共同开展活动等形式，加强了与本领域社会组织的工作联系。

五是通过社会组织开展了较为广泛的社会动员工作。3月，召开了“重点行业协会应对国际金融危机工作座谈会”，邀请有关行业协会负责人，共同分析经济形势、交流经验做法、探讨对策建议，并以情况专报的形式向相关方面反映了情况。国庆前后，在社会组织中集中开展了“立足本职促和谐、迎接国庆作贡献”主题活动，号召各领域社会组织发挥优势、改善服务、树立形象，为国庆营造良好氛围。在防控甲型H1N1流感工作中，通知、倡议社会组织及其所联系的有关人群，配合政府部门做好流感防控工作。总体来看，在过去一年国内一些重大事件或大型活动中，通过广大社会组织，党和政府的社会动员能力有了较大提升，动员对象的范围也有了很大拓展，社会组织已经成为社会建设的重要载体。

六是积极研究社区社会组织及各类“草根”组织的规范发展工作。为进一步促进社区社会组织规范发展，开展了全市社区社会组织的摸底调查，初步掌握了其数量分布、人员构成和活动开展情况，分析了发展中存在的主要问题。此外，根据有关市领导的批示要求，通过召开座谈会、发放调查表等形式，先后对国际行业组织驻京机构以及首都各高校内部社团的情况进行了调查摸底，掌握了基本情况，形成了调研报告，提出了工作建议。

（王晓娟）

【加强和改进市级社会组织设立工作】 年内，研究起草了《关于加强和改进市级社会组织设立工作的实施办法（试行）》，并由市社会建设工作领导小组办公室转发。该办法明确了各相关部门的具体职责：作为全市社会建设综合协调部门，市社会办要加强规划指导，帮助确定业务主管单位并做好业务审查协调工作；作为业务主管单位，市人民团体等“枢纽型”社会组织要认真履行职责，做好社会组织业务审查和日常管理、服务工作；作为社会组织登记管理机关，市民政局要依法做好登记注册和日常监管；作为政府行业管理部门，有关行政机构要加强业务指导，提供政策支持和服务保障。该办法规定，要按照“依法办事、便捷高效”的原则，市社会办、市民政局与市级“枢纽型”社会组织等业务主管单位建立“一站式”服务、联合审查、定期回复的工作机制，为新申请设立的市级社会组织提供良好服务。

（王晓娟）

【召开区县社会组织工作座谈会】 2月12日，组织召开区县社会组织工作座谈会，城八区及顺义、怀柔共10个区县社会工委、社会办主管社会组织工作的领导和有关科室负责人参加会议，市委社会工委委员、市社会办副巡视员刘轩出席会议并讲话。会议通报了全市2009年社会组织工作要点，总结交流了各区县社会组织工作开展情况，并研究部署了区县社会组织统计等工作。会上，各区县社会工委、社会办同志在回顾总结2008年工作的基础上，着重结合2009年实际情况，提出了本区县开展社会组织工作的新探索、新办法、新思路。

（王晓娟）

【召开行业协会应对金融危机座谈会】 3月27日，市委社会工委、市社会办召开全市重点行业协会应对金融危机座谈会，邀请工业、商贸、建筑、外资、金融等领域的部分行业协会负责人，共同分析当前形势、交流经验做法、探讨对策建议。座谈中，与会人员就前一阶段本协会在应对金融危机中所做的主要工作及成效进行了交流发言。大家一致认为，在当前经济困难时期，行业协会应该积极主动地发挥优势和作用，创造性地开展工作，为企业排忧解难，帮助企业渡过难关。

（王晓娟）

【构建“枢纽型”社会组织工作体系】 年内，在深入调查和广泛征求意见的基础上，研究制定了《关于构建“枢纽型”社会组织工作体系的暂行办法》，并于4月3日由市社会建设工作领导小组正式印发，明确了“枢纽型”社会组织的职能定位、认定条件、认定程序、工作职责、工作机制等有关内容。同时，市社会建设工作领导小组办公室印发了《关于认定第一批市级“枢纽型”社会组织的通知》，正式认定市总工会、团市委、市妇联、市科协、市残联、市侨联、市文联、市社科联、市红十字会、市法学会等10家人民团体为第一批市级“枢纽型”社会组织。

（王晓娟）

【社会组织设立“一站式”服务大厅挂牌】 4月8日，北京市社会组织设立“一站式”服务大厅正式挂牌，每天派驻工作人员到大厅现场办公，为社会组织申办方提供政策咨询、协调确定业务主管单位等服务。“一站式”服务大厅全年累计接待来人、来电咨询400余人次，意向申办社会组织共60余家，通过联合审查，为20家拟申请设立的社会组织协调明确了业务主管单位。

（王晓娟）

【制定社会组织设立有关文件】 年内，结合社会组织“一站式”服务、“联合审查”工作的开展，研究制定了《对新申请设立的社会组织开展联合审查的暂行规定》、《完善社会组织设立程序的有关工作流程》、《社会组织业务审查暂行办法》、《北京市社会组织发展方向指引图表》等有关操作性文件，并明确了对新申请设立的社会组织开展工作的流程、文件资料及操作办法。

（王晓娟）

【召开市级“枢纽型”社会组织工作座谈会】 4月17日及9月11日，召开市级“枢纽型”社会组织工作座谈会，市总工会、团市委、市妇联、市科协、市残联、市侨联、市文联、市社科联、市红十字会、市法学会等10家第一批市级“枢纽型”社会组织业务部门的负责人及工作人员参加会议。会议传达贯彻了《关于构建“枢纽型”社会组织工作体系的暂行办法》等有关文件精神，通报了“枢纽型”社会组织联席会议工作规则及对新申请设立的社会组织开展“一站式”服务的有关工作安排，认真听取了各“枢纽型”社会组织提出的相关工作建议和意见。本次会议对进一步贯彻落实市社会建设工作领导小组及其办公室印发的有关文件精神、推进“枢纽型”社会组织工作开展具有重要的指导作用。

（王晓娟）

【开展国际行业组织驻京机构调查】 5月，根据市领导的批示要求，通过召开座谈会、发放调查表等形式，对国际行业组织驻京机构的情况进行了调查摸底，掌握了基本情况，形成了调研报告。据初步统计，目前在北京市正式设立办事机构的国际行业组织共有227家。其中，全球性行业组织5家，区域性行业组织1家，外国及我国港澳台地区行业组织221家。按照行业类别划分，这些国际组织包括了电子科技、商业流通、金融服务、工业生产等各个门类；按照工作性质划分，主要涵盖了贸易促进、能源开发、技术合作和知识产权保护等多个方面。221家境外行业组织共涉及34个国家和地区，其中数量较多的分别是：美国49家，中国香港32家，日本18家，韩国14家，英国14家，法国12家，德国6家，以上共计145家，占总数的65.6%。进驻北京市的国际行业组织主要在以下几方面发挥作用：一是帮助会员开拓中国市场；二是协调与政府的关系、推广国际行业标准；三是推进知识产权保护工作；四是提供咨询服务、搭建交流平台。此外，一些组织在推进经济技术项目合作、组织国际行业发展论坛、提供会展服务等方面也发挥了一定作用。

（王晓娟）

【社会组织开展迎国庆活动】 5—10 月，广泛发动全市社会组织开展以“迎国庆、展风采、建和谐、促发展”为主题的迎国庆 60 周年活动。数百家社会组织立足本职，结合实际，开展了一系列形式多样、主题鲜明的迎国庆活动，并以此为契机，加强自身建设，更好地发挥服务社会、协调利益、规范行为、化解矛盾、促进发展等方面的积极作用，为建设“人文北京、科技北京、绿色北京”作出新的贡献。

（王晓娟）

【推进社会组织“脱钩”工作】 6 月上旬，按照“先全部挂钩、再逐步脱钩”的工作思路，会同市民政部门对近 1 500 家市级社会组织进行了分类梳理，列出了拟由 10 家“枢纽型”社会组织进行工作联系（挂钩）的社会组织名录，并提供给各“枢纽型”社会组织作为工作依据。下半年，各“枢纽型”社会组织按照市委、市政府的工作部署和要求，通过走访调研、召开座谈会、发展团体会员、共同开展活动等形式，加强了与本领域社会组织的工作联系，初步实现了“先全部挂钩”的工作目标。

（王晓娟）

【“枢纽型”社会组织喜迎国庆】 8—10 月，市级“枢纽型”社会组织积极贯彻落实中央和市委、市政府工作部署，结合实际、注重实效，深入开展了“立足本职促发展，迎接国庆做奉献”主题活动，为喜迎新中国成立 60 周年作出了积极贡献。北京市科协组织广大科技工作者围绕中宣部、文化部遴选的“庆祝新中国成立 60 周年 100 首优秀歌曲”，开展了“爱国歌曲大家唱”活动和北京学术交流月活动；北京市文联与北京文化发展基金会共同主办了以“公益文化进社区、喜迎国庆 60 年”为主题的“2009 北京欢乐社区行”活动；共青团北京市委组织动员了 100 万名志愿者“重上街头”，活跃在治安、交通、庆典、游园、文化活动中；北京市侨联组织北京市涉侨类社团开展《我和祖国》专题征文活动，共收集征文 46 篇，举办座谈会 3 次，集中反映了北京市侨胞、侨属爱国爱乡的精神风貌；北京市法学会发挥法律类学会优势，组织律师和法律工作者定期到位于莲花池公园的“普法茶亭”，就群众关心的法律问题进行专题义务咨询、讲解。

（王晓娟）

【组织慰问国庆游行队伍】 8 月 25—28 日，组织市残联、市侨联、市社科联、市科协、市红十字会、市法学会等市级“枢纽型”社会组织及部分单位，采取多种形式对国庆 60 周年群众游行队伍第四分指 11 个“方阵”进行了“一对一”式的慰问，鼓舞了士气、增进了友谊、加深了感情，同时也表达了首都社会各界对参与游行演练人员的关心和爱护。

（王晓娟）

【开展社区社会组织调查】 8 月，在全市范围内开展了社区社会组织的摸底调查，调查的主要内容有：人员构成情况、经费来源情况、党员数量、活动场所来源情况、开展活动次数及服务人员数等。调查工作初步掌握了其数量分布、人员构成和活动开展情况，分析了发展中存在的主要问题，并形成了《关于全市社区社会组织调查统计情况的汇总报告》。据统计，截至 8 月，全市共有社区社会组织 11 683家，牵头人 22 638 人，会员总数为 423 085人，社区社会组织所联系的志愿者人数为196 248人；2009 年以来，社团类组织累计开展各类活动 441 335 次，平均每个社团开展活动 40.7 次；民办实体机构累计服务居民

95万多人次，平均每个机构服务1 124.8人次。

（王晓娟）

【举办全市社会组织建设专题培训班】 12月14—20日，市委社会工委、市社会办与市委组织部、市委党校共同举办了全市社会组织建设专题培训班，来自10个市级“枢纽型”社会组织，18个区县社会工委、社会办以及中关村科技园区管委会、市经济技术开发区管委会负责社会组织工作的有关领导和工作人员共64人参加了培训。市委常委梁伟、副市长丁向阳同志对这次培训班非常重视，提出了明确要求，市委社会工委书记、社会办主任宋贵伦讲了开班第一课并在结业式上作总结讲话，市委党校副校长刘阳主持开班及结业仪式，市委社会工委委员、市社会办副巡视员刘轩作开班动员。在为期1周的培训中，重点安排了以下几个方面的学习内容：第一，全市社会建设工作总体形势和目标任务；第二，北京市社会组织改革与发展的政策措施和工作要求；第三，社会组织基础理论和相关知识；第四，组织学员赴上海、深圳等地进行工作交流和学习考察。

（王晓娟）

社会工作队伍建设

【概况】 2009年，社会工作人才队伍建设深入贯彻落实科学发展观，以贯彻落实全市社会建设大会和“1+4+X”系列文件精神为中心，推动社会工作者队伍专业化、职业化建设，积极探索培育社会工作者行业管理机构和专业社会工作组织，推动全市社会工作队伍建设工作不断取得新突破。

围绕社会工作队伍专业化、职业化建设，着力提高社会工作者队伍管理和服务水平。积极协调组织社会工作者职业水平考试和注册登记工作。继2008年全市有2 954人通过全国社会工作者职业水平考试之后，2009年又有1 281人玫得社会工作师或助理社会工作师资格。各区县也不断加大社工队伍专业化建设力度。东城区在全市建立了首个社会工作事务所。西城区在全市率先成立了区级社会工作者联合会，培育了睦友、悦群、仁助三个社会工作事务所，创建了社会工作“一会三所”的运行模式，并通过购买社工岗位和社会工作项目的方式，在西城区银龄老年公寓、三里河第三小学等单位积极推进专业社会工作服务。专业社会工作组织的组建，为社会工作者提供了开展专业社工服务的载体，有力促进了社会工作者专业水平和职业技能的提升。

围绕社会工作者行业规范化建设，建立健全社会工作者行业管理体制。积极筹建市级社会工作者行业管理“枢纽型”社会组织。指导区县建立社会工作者行业管理“枢纽型”社会组织。按照整体规划、分布推进、试点先行、稳步推进的原则，在条件成熟的区县先行发展社会工作者行业管理“枢纽型”社会组织，在推进社会工作者行业规范化建设方面进行了有益探索。指导西城区成立了全市首家区级社会工作者联合会，积极开展社工派驻、注册服务、教育培训、项目购买等工作。朝阳区成立全市首家农村地区社会工作协会，首批吸纳会员230人，会员来自朝阳区农村地区的155个村和140个社区。社会工作者行业管理组织的建立，加强了对社会工作者队伍的规范化管理，进一步完善了社会工作者行业管理体制。

围绕提升社会工作人才职业技能和专业水平，有计划分层次开展教育培训工作。筹各举办高级社会工作人才境外培训班。积极组织筹备首届党政机关领导干部高级社会工作人才境外培训班，以增强党政机关高级社会工作人才对社会工作的认识和理解，提高其管理水平和综合能力。各区县积极探索社会工作人才培训工作的新路子，创新培训新模式，为全市社会工作人才培训工作积累经验。东城区与北京青年政治学院合作，在10个街道建立了校外社会工作实践基地。西城区与中国青年政治学院、北京青年政治学院和北京建工学院合作，在6个街道建立了30余个社会工作专业大学生社区见习实践基地示范点，将高校社会工作专业大学生引入社区开展实习，利用社会工作项目的合理设计解决社区中存在的各种问题，并促进社区工作者在与大学生设计、实施项目的过程中提升自身专业水平，宣武区、海淀区与中国青年政治学院合作，建立了社会工作人才队伍“双基地”。以“双基地”为载体开展社区工作者教育培训和大学生校外实践，有利于整合高校和社区资源，提高社会工作者队伍的专业水平和职业技能。

围绕营造良好社会氛围，广泛开展宣传动员和研讨交流。围绕世界社工日开展宣传动员活动。以2009年世界社工日为契机，在全市开展了慰问基层社会工作者活动，到宣武区西便门东里社区、广外街道红莲中里社区和车站西街15号院社区，看望慰问基层社会工作者，极大激发了全区社会工作者积极投身社会建设的热情。各区县围绕世界社工日也开展了交流、慰问和座谈活动。积极参加中国社会工作协会主办的灾后重建中的社会工作论坛，与会专家学者就中国社会工作和北京社会建设、社会工作队伍建设等问题进行了专题研讨。参加市人才工作领导小组组织的全市人才工作者专题培训班，积极与全市各有关方面围绕社会工作队伍建设工作进行研讨和交流。通过研讨交流，进一步扩大了社会工作队伍建设工作的影响力。

围绕夯实首都社会工作队伍建设理论和实践基础，积极开展理论研究和实地调研。按照市人才工作领导小组统一部署，承担了《首都社会工作人才评价机制研究》课题。积极开展区县社会工作队伍建设调研，围绕社会工作队伍建设情况深入了解了区县社会建设工作的新做法、新情况、新经验，为进一步加强社会工作队伍建设工作奠定了坚实基础。认真做好《社会工作队伍建设参阅资讯》编发工作。充分发挥参阅资讯的平台作用，以网络信息、区县工作动态、调研报告、理论前沿等为信息来源，集理论研究、经验交流于一体。参阅资讯的编发，为各系统、各部门、各区县交流经验、沟通信息提供了有效载体，成为领导及时了解掌握全市社会工作队伍建设动态的重要途径。

（张　婷）

【市人才工作检查调研组检查社工人才队伍建设工作】　1月19日，市人才工作检查调研组到市委社会工委检查社会工作人才队伍建设工作。市委组织部副巡视员、人才工作处处长、市人才工作领导小组办公室副主任张幼林等领导出席了检查调研会。市委社会工委副书记、市社会办副主任王力军主持会议，市委社会工委委员、市社会办副主任吴群刚，市委社会工委委员、市社会办副巡视员王丽竹参加会议。按照市人才工作检查调研组的要求，吴群刚对社会工作人才队伍建设2008年亮点工作、2009年重点工作以及需要市人才工作领导小组给予支持和帮助的难点工作进行了汇报。会上，张幼林对市委社会工委工作给予了充分肯定和高度评价，认为市委社会工委工作起步好，落实力度大，并分析了当前社会工作人才队伍建设面临的形势，介绍了2009年全市人才工作的要点，对市委社会工委的工作提出了具体建议和要求，指出下一步应继续研究完善社会工作人才队伍建设规划，提升社会工作人才素质，拓宽社会工作人才来源，加强社会工作理念宣传，抓紧各项文件的落实，加强深层次问题的研究，更加注重协调作用的发挥。

（张　婷）

【市委副秘书长王翔在世界社工日慰问基层社会工作者】 3 月 17 日是第三个世界社工日。市委副秘书长王翔，市委社会工委书记、市社会办主任宋贵伦，市委社会工委委员、市社会办副主任张坚，市委社会工委委员、市社会办副巡视员王丽竹，中国社会工作协会副秘书长南燕到宣武区广内街道西便门东里社区、广外街道红莲中里社区和车站西街 15 号院社区，看望慰问基层社会工作者，并听取了宣武区有关社区工作者招聘、社区服务站规范化建设、志愿者工作等情况的汇报。王翔向广大基层社会工作者致以节日的祝贺和亲切问候，对广大基层社会工作者在社区建设工作中作出的贡献表示衷心感谢。社区是党和政府联系群众的桥梁纽带，基层社会工作者是社区建设和社会建设的一支重要力量，社会工作者越来越受到社会的尊重，社会工作者越来越热爱自己的职业，通过广大基层社区工作者的工作让广大人民群众感受到党和政府的关心，通过广大基层社会工作者的工作不断满足广大人民群众日益增长的公共服务需求，通过广大基层社会工作者的工作把改革的成果让广大人民群众共享，通过广大基层社会工作者的工作不断提高社区居民的幸福指数。

（张　婷）

【组织 2009 年社会工作者职业水平考试】 年内，根据全国统一部署，市委社会工委积极协调市人力资源和社会保障局、市民政局，做好 2009 年度社会工作者职业资格考试工作，制定下发《关于进一步做好 2009 年度社会工作者职业水平考试组织动员工作的通知》，广泛动员全市各系统、各领域、各区县社会工作从业人员积极报名参加社会工作者职业资格考试。全国助理社会工作师、社会工作师职业水平考试于 6 月 13—14 日举行。北京市共有 9 907 人报考，其中助理社会工作师报考人数 5 481 人，社会工作师报考 4 426人。14 日上午，民政部、人力资源和社会保障部有关领导到北京联合大学考点进行了考试巡视，市委副秘书长王翔，市委社会工委书记、市社会办主任宋贵伦，市民政局局长吴世民，市人力资源和社会保障局副局长张祖德等一同参加巡视。此次考试共有以下特点：一是参与广泛，北京地区考生人数约占全国的 13%，参与考试人数占总人口的比例居于全国前列；二是组织严密，严格各项考试考务的组织工作，社会建设、人力资源和社会保障、民政等部门密切协作，确保了考试安全；三是措施周全，针对甲型 H1N1 流感防控问题，采取了体温检测、设置备用考场等方式，严密防范，保证了考试和防疫两不误。

（张　婷）

【向市人才工作领导小组办公室汇报社工队伍建设重点工作】 6 月 26 日，市人才工作领导小组召开工作例会，听取有关单位 2009 年重点工作进展情况汇报。市委社会工委委员、市社会办副主任赵小卫出席，围绕大力加强社会工作人才载体建设、提升社会工作人才培养制度规范、发展壮大基层社会工作者队伍、组织社会工作者职业水平考试、创新社会工作人才培养模式等方面进行了汇报，并从实现行业管理体制重点突破、实现社会工作队伍制度体系重点突破、实现社会工作人才管理和建设模式重点突破、大力加强社工人才培训培养工作、探索建立政府购买社工服务机制等方面提出了下一步工作设想，同时就需要市人才工作领导小组及办公室进一步加强支持和指导的有关事项提出了意见和建议。

（张　婷）

【全市首家区级社会工作者联合会挂牌成立】 7 月 10 日，全市首家区级社会工作者联合会——西城区社会工作者联合会举行成立大会。该联合会以“助人自助、奉献社会”为宗旨，承担 10 项功能，即弘扬社工文化，倡导社工理念，开展社会工作宣传；制定会员守则和行业公约，加强行业监管，促进行业自律；组织开展社会工作教育培训，提升社会工作者专业素质；搭建社会工作者交流研讨平台，总结推广社会工作先进经验；支持培育专业社工服务机构；开展社会工作专业督导；推动社会工作服务项目研发，深化社会工作服务领域；组织社会工作疑难案例解析，开展社会工作理论研究，推动社会工作理论体系建设；推动建立“社会工作者＋志愿者”联动机制；维护社会工作者合法权益。

（张　婷）

【2009 年社会工作者职业水平考试成绩发布】　8 月，2009 年助理社会工作师、社会工作师职业水平考试成绩发布，此次考试共有 1 281 人考试合格，合格率为 15.95%。其中，实际参加助理社会工作师职业水平考试的有 4 592 人，788 人考试合格，合格率为 17.16%；参加社会工作师职业水平考试的有 3 437 人，493 人考试合格，合格率为 14.34%。自 2008 年组织开展社会工作者职业水平考试以来，北京市取得社会工作师或助理社会工作师职业水平证书的社会工作者人数累计已达 4 235 人。专业化的社会工作在北京市社区服务、困难帮扶、心理康复、学校、医院等领域和机构不断引入并成功实践，全市社会工作人才队伍的职业化、专业化进程明显提速。

（张　婷）

【启动助理社会工作师、社会工作师注册登记工作】　根据民政部《社会工作者职业水平证书登记办法》，市委社会工委协调市民政部门启动了助理社会工作师、社会工作师注册登记工作。8 月 3 日全市正式启动北京地区社会工作者职业水平证书登记工作。截至 9 月 15 日 16 时，北京地区共有 2 685 人申请登记，其中本市 2 674 人，占 99.6%，外地 11 人，占 0.4%；助理社会工作师 2 306 人，占 86%，登记率为 90%；社会工作师 379 人，占 14%，登记率为 94.5%；平均登记率达 92.2%，这标志着全市社会工作者首次注册登记工作取得了圆满成功。

（张　婷）

【参加“灾后重建中的社会工作论坛暨《中国社会发展报告》蓝皮书发行仪式”论坛】　5 月 19 日，由中国社会工作协会和中国社会工作教育协会主办的“灾后重建中的社会工作论坛暨《中国社会工作发展报告》蓝皮书发行仪式”在北京大学英杰交流中心开幕。市委社会工委书记、市社会办主任宋贵伦出席论坛并作主题发言，同与会专家学者就中国社会工作和北京社会建设、社会工作队伍建设等问题进行了专题研讨。

（张　婷）

【开展社会工作人才评价机制研究】　2009 年内，按照市人才工作领导小组统一部署，市委社会工委承担《首都社会工作人才评价机制研究》课题。为组织好课题研究，市委社会工委积极编制研究方案、精心开展调研工作，通过文献研究、个案分析、实地走访等方式，历时 3 个月完成课题研究。课题研究针对首都社会工作人才评价现状，深入剖析了重点难点问题，积极借鉴当前人才评价理论研究的最新成果，认真探索研究社会工作人才评价规律，提出了建立健全社会工作人才评价机制的对策措施和意见建议。《首都社会工作人才评价机制研究报告》为北京市完善社会工作人才评价机制、建立系统科学的评价指标、开展社会工作人才评价工作奠定了坚实的理论基础。

（张　婷）

【推进社会工作人才队伍“双基地”建设】　年内，为提高首都社会工作专业化、职业化水平，全市在总结东城区开展“双基地”建设试点工作基础上，先后在西城、海淀、宣武三个区探索建立了社会工作人才队伍建设“双基地”。东城区与北京青年政治学院合作，在 10 个街道建立了校外社会工作实践基地。西城区与中国青年政治学院、北京青年政治学院和北京建工学院合作，在6个街道建立了30余个社会工作专业大学生社区见习实践基地示范点，将高校社会工作专业大学生引入社区开展实习，利用社会工作项目的合理设计解决社区中存在的各种问题，并促进社区工作者在与大学生设计、实施项目的过程中提升自身社会工作专业水平，宣武区、海淀区与中国青年政治学院合作，建立了社会工作人才队伍“双基地”。以“双基地”为载体开展社区工作者教育培训和大学生校外实践，有利于整合高校和社区资源，提高社会工作者队伍的专业水平和职业技能。

（张　婷）

【市委社会工委承担市人才工作领导小组第16项重点工作任务】　年内，按照《北京市人才工作领导小组2009年重点工作安排》，市委社会工委牵头承担第16项重点工作，具体任务是：“加快社会工作人才队伍建设，构建社会工作者行业管理‘枢纽型’社会组织，启动社会工作者注册登记工作，组织开展职业水平考试，推进实习基地和培训基地建设，开展选聘高校毕业生担任社区助理工作。”市委社会工委与市民政局、市人力资源和社会保障局等相关单位认真研究落实，按照既定目标，积极推进社会工作者行业管理“枢纽型”社会组织的筹建工作，组织全市开展社会工作者职业水平考试，启动北京地区社会工作者职业水平证书登记工作，积极推进社会工作者实习基地和培训基地建设工作，实施“大学生社工计划”，选聘2 476名本科及以上学历应届高校毕业生和合同期满的大学生“村官”到社区工作，进一步推进了首都社会工作人才队伍专业化、职业化发展。

（张　婷）

志愿者工作

【概况】　2009年，首都志愿者工作以贯彻落实全市志愿者工作大会和《关于进一步加强和改进志愿者工作的意见》为中心，围绕志愿者工作常态化、制度化建设，完善体制、创新机制，继承转化北京奥运和国庆60周年志愿者工作成果，进一步健全首都志愿服务长效机制。

召开全市志愿者工作大会，出台政策性文件，全面推进奥运志愿者工作成果转化。为继承转化北京奥运会、残奥会志愿者工作成果，加强首都志愿者工作常态化建设，按照市委、市政府要求，筹备召开了全市志愿者工作大会，研究出台《关于进一步加强和改进志愿者工作的意见》，明确了首都志愿者工作的总体目标、重点任务和保障措施，提出要以转化奥运志愿者工作成果为基础，以动员社会广泛参与为目标，以创新志愿者工作体制机制为着力点，以建设志愿者队伍为重点，积极宣传志愿理念，大力弘扬志愿精神，广泛开展志愿服务，建立健全志愿者工作管理体系、运行体系、队伍体系、项目体系、保障体系，进一步构建具有时代特征、体现中国特色、彰显首都特点的志愿者工作体系框架。

推动志愿者工作统筹协调机制建设，进一步建立健全志愿者工作管理体系。按照全市志愿者工作大会和《关于进一步加强和改进志愿者工作的意见》要求，发挥市委社会工委、市社会办在志愿者工作方面的综合协调职能，积极与市委教育工委、首都文明办、团市委、市民防局、市城管执法局、市知识产权局、市应急办等有关部门沟通协调，共同研究推进志愿者相关工作。加快对北京志愿者协会的提升改造步伐，充分发挥其“枢纽型”社会组织的作用，广泛吸纳各部门、各系统、各领域志愿者组织积极参与全市志愿者工作。全市初步形成了党委政府领导、社会建设工作领导小组办公室综合协调、志愿者联合组织具体实施、相关单位密切配合的工作机制。各区县认真贯彻落实全市志愿者工作大会和《关于进一步加强和改进志愿者工作的意见》精神，加快推进本地区志愿者工作统筹协调机制建设。海淀区成立了海淀区义工联合会。西城区成立了志愿者联合会，承担区级“枢纽型”志愿者组织功能。崇文区建立了志愿者工作联席会议制度，通过建立定期会议制度、部门协调制度、调查研究制度和信息交流制度，统筹全区志愿者工作。石景山区组建了石景山区志愿者联合会，全面整合了涉及3万人的14支志愿者工作队伍，实现了日常工作和重大活动志愿服务的结合，体制内志愿服务和体制外志愿服务工作的结合。

加大志愿者培训和激励表彰力度，进一步建立健全志愿者工作运行体系。加强志愿者培训工作。指导市志愿者联合会（筹）积极做好骨干志愿者培训工作，在全市开展了北京市志愿服务公益项目“春芽计划”培训，通过面向公益实践项目负责人，团体会员负责人以及骨干志愿者培训，探索形成有国际经验，符合北京实际的管理型志愿者培训教材、师资队伍和教学方法。国庆60周年庆祝活动期间，首都国庆60周年北京市筹委会印发了《首都国庆60周年志愿者基本行为规范》、《首都国庆60周年志愿者工作手册》，对志愿者培训工作提出了明确要求。相关单位根据国庆志愿服务实际需要，结合本单位自身特点，编写了志愿服务培训教材，开展了志愿者通用知识培训和岗位知识培训，有效提升了志愿服务水平。进一步完善志愿者激励表彰体系。为增强志愿者认同感，激发广大志愿者积极投身志愿服务的热情，全市建立了多层次、多形式的志愿服务表彰激励体系。民政系统建立了社区注册志愿者年度星级评定制度，在全市开展了“北京市社区志愿服务杰出贡献奖”和“北京市社区志愿服务终身荣誉奖”等评选表彰工作。教育系统建立了志愿者荣誉表彰体系，把志愿服务作为培养入党积极分子实践环节，把学生参加志愿服务情况作为自主招生、推荐研究生的必要参考。市志愿者联合会（筹）开展了“北京十大志愿者”的评选工作，在全社会产生了积极影响。

积极培育各级各类志愿者组织，进一步建立健全志愿者队伍建设体系。大力培育和发展各级各类志愿者组织。为建立健全志愿者组织网络体系，按照“统一规划、分类指导、自主发展”的原则，不断加大各级各类通用志愿者组织培育力度。民政、司法、文化、卫生、工会、共青团、妇联等系统，结合本系统实际，分别建立了社区志愿者、职工志愿者、青年志愿者、巾帼志愿者、扶老助老志愿者等各具特色、形式多样的志愿者组织。目前，全市各级各类志愿者组织覆盖人数已超过200万，参与各类志愿服务活动的人数占常住人口的12.4%。截至12月底，市志愿者联合会（筹）团体会员已由2008年底的302家发展到了382家，涵盖了党政机关、企事业单位、人民团体、社会组织等各个方面。

加快开发志愿服务项目，进一步建立健全志愿服务项目体系。形成了一批志愿服务特色品牌项目。奥运会结束后，各系统、各行业、各区县积极落实公益实践项目的承继转化工作，市级公益实践示范项目数已由全市社会建设大会时的970个增加到1 021个。拓展志愿服务项目培育载体。积极拓展志愿服务活动场所，大力培育和开发志愿服务项目。国庆期间，首都机场，北京站、北京西站、北京南站、北京北站4个火车站，10个省际长途客运站和11个“9”字头线路长途汽车站成为开展志愿服务活动的重要场所。

加强制度保障和资金支持，进一步建立健全志愿者工作保障体系。各系统、各部门积极探索建立健全志愿服务配套制度。按照《关于进一步加强和改进志愿者工作的意见》

要求，全市各系统认真研究制定志愿者工作配套政策。市教育系统出台了《关于进一步弘扬奥运志愿精神，建立和完善学生志愿服务长效机制的意见》和《关于在中小学开展志愿精神教育，建立志愿服务活动长效机制的实施方案》，市民政系统制定出台了《北京市社区志愿服务促进办法》，市应急系统出台了《关于落实北京市2009年拟办重要实事中建立应急志愿者队伍工作的实施方案》，为推进全市志愿者队伍建设工作提供了政策支持。加大财政支持力度。首都国庆60周年庆祝活动期间，市、区两级财政将志愿服务工作作为一项重点工作，积极调整资金支出结构，优先予以保障，为国庆60周年志愿服务工作提供了强有力的财政支持。为拓展志愿服务筹资渠道，加大志愿服务资金支持力度，以北京青少年发展基金为基础，成立北京志愿服务基金会，在志愿服务项目资助、优秀志愿者个人与团体表彰、遇到特殊困难志愿者救助等方面加大支持力度，促进北京市志愿服务事业的进一步发展。

扩大社会传播力度，大力营造志愿服务事业发展的良好社会氛围。积极开展系列主题活动，以国庆60周年为契机，大力开展国庆志愿服务活动。国庆期间，全市共动员8大类95万志愿者，积极投身于群众游行、联欢晚会、国庆游园等重大活动的服务保障之中。80万治安志愿者从国庆演练到黄金周结束，一直坚守在治安巡逻第一线，成为群防群治的标志性力量。在奥运会城市志愿服务的基础上，科学设置了227个国庆城市志愿服务站点，为游客和市民提供了热情周到的服务，营造了首都志愿服务事业发展的良好社会氛围。

（张　婷）

【召开志愿者工作研讨会】　1月22日市委社会工委与团市委、北京志愿者协会召开志愿者工作研讨会。市委社会工委委员、市社会办副主任吴群刚主持会议，团市委副书记、北京志愿者协会副会长方力出席会议。会议就《关于进一步加强和改进志愿者工作的意见》、志愿者工作大会和提升改造北京志愿者协会等重点问题与团市委、北京志愿者协会进行了研讨，进一步明确了2009年志愿者工作重点，为出台志愿者文件、召开志愿者工作大会和北京志愿者协会的改造提升工作打下了基础。

（张　婷）

【市委社会工委参加市政协志愿服务工作情况通报会】　2月4日，市政协召开志愿服务工作情况通报会，市委社会工委、市社会办、北京志愿者协会、首都文明办、市总工会、市财政局、市民政局等10多个部门就志愿服务工作情况进行了汇报，并结合自身职能对志愿服务常态化、规范化建设进行了研讨交流。市委社会工委委员、市社会办副巡视员王丽竹代表市委社会工委参加会议，并向会议通报了市委社会工委在志愿者工作方面的主要职责、2008年志愿服务工作情况和2009年志愿服务工作思路、进一步推进志愿者工作的相关建议等情况。市政协副主席赵文芝出席会议并讲话指出，目前首都志愿服务工作呈现出“政府有要求、百姓有需求、推动有组织、执行有队伍、工作有经验、发展有氛围”的特点，北京市应提出类似奥运会“我参与、我奉献、我快乐”叫得响的动员全民广泛参与和推动志愿服务常态化的志愿服务口号，在发行范围较大的新闻媒体开设专栏或专版，加大志愿服务宣传力度，在全社会广泛普及志愿服务理念，大力弘扬志愿服务精神。

（张　婷）

【与团市委、北京志愿者协会举行志愿者工作座谈会】　2月26日，市委社会工委与团市委、北京志愿者协会就全市志愿者工作大会的筹备工作举行座谈会。市委社会工委书记、市社会办主任宋贵伦，市委社会工委委员、市社会办副主任吴群刚，团市委副书记、北京志愿者协会副会长方力出席会议。会议明确了“大力弘扬志愿精神，广泛开展志愿服务”的大会主题，并确定了大会的时间、地点、议程、会议发言、会议材料等具体事项。双方还明确了下一步工作安排和责任分工，为全市志愿者工作大会的顺利召开提供保障。

（张 婷）

【召开北京市志愿者工作大会】 3月4日，市委、市政府召开全市志愿者工作大会，进一步分析首都志愿者工作面临的新形势、新特点和新要求，研究部署在新的历史起点上加强和改进首都志愿者工作。中共中央政治局委员、市委书记刘淇出席会议并作重要讲话。市委副书记、市长郭金龙主持会议。市委常委梁伟作了“转化奥运成果健全长效机制，大力加强和改进首都志愿者工作”的报告。副市长丁向阳宣读了2008年北京十大志愿者评选结果。市委常委、组织部部长吕锡文，市委常委、市教育工委书记赵凤桐，市人大常委会副主任柳纪纲，市政协副主席赵文芝，市委副秘书长王翔，市委社会工委书记、市社会办主任宋贵伦，团市委书记刘剑出席会议。会议提出，要大力弘扬北京奥运的志愿服务精神，认真贯彻落实胡锦涛总书记在北京奥运会、残奥会总结表彰大会上的重要指示精神，倍加珍惜奥运志愿者工作留下的宝贵财富，高度重视，大力支持，全力做好志愿者工作。要建立健全志愿者工作长效机制，使志愿服务走上科学化、规范化、制度化的轨道。要积极倡导，适当动员，大力弘扬志愿精神，形成人人参与志愿服务的良好氛围。要大力弘扬志愿精神，深入普及志愿理念，加强对志愿者的表彰激励，扩大志愿服务的覆盖面和影响力。要切实加强对志愿者工作的领导，加强组织领导，健全工作机制，加强资源整合，强化服务支撑，为首都志愿者工作提供保障。会议总结了近年来北京市志愿者工作的主要成效，分析了北京市志愿者工作面临的新形势、新要求，提出了当前推进志愿者工作要抓好的任务。会上，团市委、首都文明办、志愿者组织代表、优秀志愿者代表分别从不同侧面作了典型发言。参加会议的还有市委、市政府各部门、各人民团体主要负责人，各区县委、政府主要领导、主管领导，各高校主管领导，各区县社会工委、文明办负责人，各区县、各系统共青团组织负责人，志愿者代表，部分社区以及“两新”组织代表。全市志愿者工作大会召开后，各区县、各系统积极贯彻落实会议精神，以大会精神为指导，科学谋划下一步工作，进一步推动首都志愿者工作发展。

（张 婷）

【北京志愿者协会启动“春芽计划”】 3月5日，北京市志愿服务公益实践项目“春芽计划”启动仪式暨第一期培训班在北京国际会议中心举行。第一批来自全市各区县的100名市级志愿服务公益实践项目管理人员参加了培训。“春芽计划”坚持“边培训，边实践，边探索，边积累”的原则，将长期面向项目管理人员和骨干志愿者开展。首轮培训以市级志愿服务公益实践项目管理人员为对象。“春芽计划”的实施分为项目启动、开展培训、总结调试三个阶段。整个培训于3月5日启动，12月5日结束，每月举办一期，每期培训100人，分期分批完成市级公益实践项目负责人的轮训。“春芽计划”通过知识培训、具体实践、国际交流、示范项目培育等多个环节，探索建立公益实践项目管理运行的“北京模式”。该计划将引入联合国志愿人员组织的国际先进经验，力求提高公益实践项目负责人的管理水平，使全市志愿服务项目管理更加规范化，逐步培育形成示范项目，发挥引领示范作用，进而推动北京志愿者工作发展。

（张 婷）

【市委、市政府出台《关于进一步加强和改进志愿者工作的意见》】 3月24日，市委、市政府出台了《关于进一步加强和改进志愿者工作的意见》（京发〔2009〕7号）。该意见明确了首都志愿者工作的总体目标、重点任务和保障措施，提出要以转化奥运志愿者工作成果为基础，以动员社会广泛参与为目标，以创新志愿者工作体制机制为着力点，以建设志愿者队伍为重点，积极宣传志愿理念，大力弘扬志愿精神，广泛开展志愿服务，建立健全志愿者工作管理体系、运行体系、队伍体系、项目体系、保障体系，进一步构建具有时代特征、体现中国特色、彰显首都特点的志愿者工作体系框架。该意见是近年来北京市志愿者工作特别是奥运志愿者工作宝贵经验的总结，也是新形势下加强和改进北京市志愿者工作的纲领性文件，为首都志愿服务事业发展提供了政策保障。

（张　婷）

【召开大学生社区志愿服务基地建设专题研讨会】 4月15日，市委社会工委与市委教育工委联合召开关于推进大学生社区志愿服务基地建设专题研讨会，部分区县社会工委及高校参加了研讨会。会议听取了区县社会工委及各高校对志愿服务基地建设及大学生志愿服务长效机制建设工作的意见及建议，为推进大学生社区志愿服务基地建设，开展社区志愿服务工作打下了基础。

（张　婷）

【北京市成立首家区级志愿者联合会】 5月4日，海淀区召开志愿者联合会成立大会，这标志着北京市首家区级志愿者联合会正式成立。海淀区委、区人大、区政府、区政协主要领导及有关区级领导出席大会。市委社会工委委员、市社会办副主任吴群刚，团市委副书记邓亚萍出席大会并为海淀区志愿者联合会揭牌。海淀区志愿者联合会成立后，将积极搭建平台，通过吸收团体会员等方式，整合区内各级各类志愿服务资源，协调开展有关志愿服务活动。

（张　婷）

【与团市委研讨推进北京市志愿者联合会筹建工作】 5月7日，市委社会工委与团市委就加快北京市志愿者联合会筹建工作和本市志愿者注册管理工作进行座谈研讨。市委社会工委委员、市社会办副主任吴群刚，团市委副书记邓亚萍出席会议。座谈会讨论了北京市志愿者联合会筹建工作进展及志愿者注册登记文件的起草情况，并就联合会的组织架构、人员安排、功能设计、章程内容和志愿者注册管理的目标等问题进行了研究，进一步推进了北京市志愿者联合会的筹建工作。

（张　婷）

【与市城管综合行政执法局就城管志愿服务工作座谈】 7月22日，市委社会工委与市城管综合行政执法局就城管志愿服务工作进行座谈。市委社会工委委员、市社会办副主任吴群刚，市城管综合行政执法局局长车克欣、副局长王连峰及相关处室负责人参加座谈会。会议讨论了城管志愿者工作下一步思路，并就开展假日文明行动之“城市文明加油站”活动、组建城管志愿者协会、《关于巩固假日文明行动成果推进公众参与城管执法工作的指导意见》的完善及出台、城管进社区等工作进行了讨论。

（张　婷）

【北京市志愿者联合会（筹）举行新一批团体会员集体入会仪式】 8月14日，北京市志愿者联合会（筹）团体会员集体入会仪式在联合会（筹）第一会议室举行，来自企事业单位和民间组织等领域的12家志愿者组织正式成为北京市志愿者联合会（筹）团体会员。

（张　婷）

【首都国庆60周年志愿者工作圆满完成任务】 国庆期间，首都95万名志愿者全部按计划上岗，活跃在首都重要的交通枢纽、商业网点、旅游景点、文化活动等场所，成为首都最亮丽的一道风景。首都国庆60周年志愿者按照工作职责细化为8大类，分别为治安服务志愿者80万人、交通服务志愿者29 000人、游行外围保障服务志愿者10 000人、游园活动志愿者5 000人、文化活动志愿者3 500人、庆典特殊岗位志愿者2 200人、城市志愿者35 000人、市志愿者联合会（筹）团体会员志愿者47 000人。在奥运会城市志愿服务的基础上，科学设置了227个国庆城市志愿服务站点，为游客和市民提供了热情周到的服务。在国庆活动中，志愿者发挥了不可替代的重要作用。一是在群众游行、联欢晚会、国庆游园等重要活动中发挥了服务保障的作用；二是成为群防群治的标志性力量；三是成为提高城市服务水平、彰显城市和谐形象的重要标志。首都国庆60周年志愿者服务工作获得了国内外的高度评价和广泛赞誉，实现了“为首都安全稳定提供保障、为国庆活动提供高水平服务、为长效机制建设打下坚实基础”的三大目标。首都国庆60周年志愿者工作圆满完成了任务，留下了宝贵的精神财富。

（张　婷）

【北京奥运会、残奥会志愿者工作成果转化研究报告发布】　12月4日，北京奥运会、残奥会志愿者工作成果转化研究报告发布仪式在国家体育场金色大厅举行。该活动由团市委、市志愿者联合会（筹）、中国国际经济技术交流中心、联合国开发计划署、联合国志愿人员组织共同举办。市委社会工委委员、市社会办副巡视员王丽竹出席仪式。北京奥运会、残奥会志愿者工作研究课题组于6月成立并开展调研工作，通过对原北京奥组委志愿者部管理人员、奥运场馆经理和观众服务经理代表、志愿者代表、北京市志愿者联合会团体会员及其他志愿者组织等进行深度访谈以及问卷调查分析，历时半年，撰写形成了《经济·价值·影响——2008北京奥运会、残奥会志愿者工作成果转化研究报告》。报告共五章，分为北京奥运会志愿者工作总体概况，北京奥运会志愿者工作的价值与影响，北京奥运会志愿者工作经验、结论和展望与建议。报告首次提出志愿服务的“北京模式”。“北京模式”主要包括四个方面的内涵：一是思想体系，即遵循国际惯例与坚持中国国情相结合，以科学发展观为指导，深入践行人文奥运理念；二是组织体系，即发挥体制优势，在市委、市政府、北京奥组委、共青团中央、北京奥运志愿者工作协调小组的领导推动下，广泛动员各方力量参与志愿者组织工作；三是运行体系，即创新运行机制，按照以竞赛为中心、以场馆为基础、以属地为保障的要求，建立了场馆、高校、区县联动的运行机制；四是活动体系，即坚持以人为本、大众参与，开展了赛会志愿者、城市志愿者、社会志愿者、“迎奥运”志愿服务、奥组委前期志愿者、奥运会志愿者工作成果转化等6个项目和“微笑北京”主题活动。

（张　婷）

【北京志愿服务基金会正式成立】　12月5日，北京志愿服务基金会正式成立并举行成立仪式。市委社会工委、市社会办、团市委、市志愿者联合会（筹）相关领导出席仪式。该基金会的成立，是深入推进志愿服务活动、加强社会志愿服务体系建设的一个重大举措，将成为北京市志愿者工作的一个新起点。北京志愿服务基金会是北京市范围内的公募基金会，基金会成立后，将通过社会募集、个人或团体自愿募捐等形式，大力募集志愿服务基金，进一步建立健全志愿者工作管理、工作运行、队伍建设、服务项目和工作保障等五大体系，对志愿者培训、志愿者对外交流、志愿服务理论研究等工作进行支持，加大力度资助志愿服务项目、表彰优秀志愿者个人与团体、救助遇到特殊困难的志愿者等，从而促进首都志愿服务事业的进一步发展。在基金会成立仪式上，200余位市志愿者联合会（筹）各界团体会员代表还参与了以“分享快乐志愿共建人文北京”为主题的首场志愿者沙龙，来自北京红丹丹文化发展中心、北京操作者俱乐部等志愿者组织的志愿者代表展示了他们的服务项目，共同度过这个属于志愿者自己的节日。

（张 婷）

【市委社会工委积极开展首都“迎国庆、讲文明、树新风”活动】 年内，按照《首都深入开展“迎国庆、讲文明、树新风”活动实施方案》的要求，市委社会工委作为社会志愿服务活动项目主责单位之一，认真研究工作方案，确定重点活动项目，并协调相关单位积极落实各项活动安排，积极开展第四届魅力社区评选活动、2009 社区周末大讲堂活动、社会组织“立足本职促发展，迎接国庆做奉献”等丰富的社会志愿活动和社会文化活动，为庆祝中华人民共和国成立 60 周年营造了昂扬向上、热烈喜庆、文明和谐的社会环境。11 月 5 日首都“迎国庆、讲文明、树新风”活动表彰会召开，市委社会工委委员、市社会办副巡视员王丽竹参加会议。市委社会工委荣获首都“迎国庆、讲文明、树新风”活动优秀组织奖，社区建设处荣获先进单位奖，王丽竹荣获先进个人奖。

（张 婷）

【北京市志愿者联合会筹建工作启动】 为落实全市志愿者工作大会和《关于进一步加强和改进志愿者工作的意见》精神，市委社会工委积极推动将依托共青团组织构建的北京志愿者协会改造提升为北京市志愿者联合会，使之成为联合各部门、各系统、各领域志愿者组织的“枢纽型”社会组织。市委社会工委会同团市委认真制定工作方案和章程，积极做好办公场所选择、资金注册、法人代表确定、注册登记等前期准备工作。截至 12 月底，《北京市志愿者联合会筹建方案》、《北京市志愿者联合会章程》已起草完成，联合会筹建工作思路、组织架构和管理体制已经明确，市志愿者联合会筹备工作已基本完成。

（张 婷）

社会领域党建工作

【概况】 2009 年是全市社会领域党建工作取得新进展和新成效的一年。在市委的坚强领导和市委组织部的具体指导下，在各区县的大力支持和配合下，广大社会领域党务工作者认真贯彻党的十七届四中全会精神，深入学习实践科学发展观，紧紧围绕全市工作大局，抓覆盖、建阵地、强队伍、重服务、打基础，社会领域党建工作管理体系初步形成，社会领域党组织和党的工作覆盖面不断扩大，社会领域党建工作的凝聚力和影响力逐步增强，社会领域党建工作呈现出良好的发展态势。

社区党组织换届选举工作圆满完成。按照市委的要求和部署，全市社区党组织换届选举工作从 2 月份全面启动，截至 5 月底，全市社区党组织换届选举工作圆满结束，共有 2 371 个社区党组织参加本次换届选举，占全市社区党组织总数的 96% 。与上届相比，主要有以下四个特点。第一，知识结构进一步优化。全市社区党组织班子成员大专及以上学历成员达到 54. 2% ，与换届前比，上升了 26. 2% 。全市社区党组织书记大专及以上学历达到 70. 6% ，与换届前相比上升了 17. 5% 。平均年龄也下降了 2. 5 岁。第二，来源渠道进一步拓宽。全市共选举出 516 名驻区单位、“两新”组织和社区民警党员代表为新一届社区党组织班子成员。第三，新生力量大幅度增加。有 48. 5% 的新人首次被选入新一届社区党组织，726 名同志首次当选为社区党组织书记。第四，基层党内民主进一步推进。全市有2 280个社区实行了“三推一选”，396个社区进行了党组织负责人直选，176个社区实行了差额直选。这不仅扩大了基层民主，而且整合了资源，扩大了党在基层的工作覆盖面，使社区党建由单一的社区居民党建向区域型、社会化、辐射状的党建方向发展。全市社区党组织换届选举工作的圆满完成，为进一步加强和改进社区党建工作奠定了坚实基础。北京市“三推一选”、崇文区“公推直选”、东城区“差额直选”等经验受到了新华社、人民日报社的高度关注，得到了中组部的充分肯定。

社会领域党建各项试点工作进展顺利。“三试点一创建”活动是年内全市社会领域党建工作的一项重要任务，贯穿到全年工作始终。从2008年11月份召开工作部署会正式启动，到2009年初与市委组织部联合发文全面铺开，得到了各级党组织高度重视，各区县行动迅速，措施扎实，各项试点工作进展顺利。截至12月底，全市138个街道全部建立了社会工作党组织，基本形成了街道区域党组织全覆盖；已经在全市1 249座商务楼宇，建立748座商务楼宇社会工作站（党建工作站），覆盖840座商务楼宇，覆盖率达67%，朝阳区、东城区、大兴区率先实现了全覆盖；在市级“枢纽型”社会组织中开展建立社会组织党工委试点工作，市科协、市社科联先行一步，做了大量工作，进行了初步探索；非公有制经济组织党建工作“五个好”示范点创建活动已经在各区县全面展开。截至年底，各区县已经确定了105家非公有制经济组织为党建工作“五个好”示范点培育单位，正在密切跟踪指导，抓紧培育创建。通过“三试点一创建”这一有效活动载体，扩大了党组织和党的工作覆盖面，增强了社会领域党建工作活力和影响力。

学习实践科学发展观活动扎实有效。按照市委学习实践活动领导小组的安排，市委社会工委与市民政局联合成立了社区和“两新”组织学习实践活动指导小组，具体指导全市社区和“两新”组织开展学习实践科学发展观活动。2009年10—2010年2月，按照中央要求和市委部署，全市2 600多个社区、2 930个社会组织党组织、3 689个非公有制经济组织党组织、358 211名党员参加了学习实践活动。通过学习实践活动，加强了基层党组织建设，新建党组织821个，找回党员937名，新发展党员1 831名，党的工作覆盖面不断扩大；突出了实践特色，解决了一些实际问题，查找出需要改进的突出问题5万多个，推动解决2.2万个，为群众办实事好事2.3万个，基本实现了“科学发展上水平、广大党员受教育、人民群众得实惠”的预期目的。北京市社区和“两新”组织学习实践活动指导小组在中央非公有制经济组织党建工作研讨会上介绍了典型经验，被中央新社会组织指导组评为先进单位，学习实践活动取得了明显成效。

社会领域党建工作围绕中心、服务大局的作用发挥较为明显。年内，全市社会领域党组织以筹备新中国成立60周年庆祝活动、“三保”以及维护稳定等契机，不断探索和实践社会领域党组织和党员发挥作用的有效途径和方式方法，有效地扩大了党在社会领域的影响力和凝聚力。在筹备新中国成立60周年庆祝活动中，动员全市社会领域广大党员群众积极参与各项筹备活动，圆满完成了国庆60周年群众游行相关组织任务。在完成“三保”中心任务中，市委社会工委会同市委组织部组织召开北京市部分社会组织、新经济组织党组织负责人座谈会，提出了社会领域基层党组织和广大党员在“调结构、上水平、保增长、保民生、保稳定”中发挥作用的指导性意见，加强工作指导。广大非公有制经济组织党组织深入开展调查研究，提出合理化建议，帮助企业提振信心、共克时艰，促进了企业科学发展，维护了员工合法权益，得到了上下广泛认可。在“六四”敏感期间、新疆“7·5”事件发生后及国庆安保任务中，及时建立维稳信息反馈机制，深入社区、楼宇、非公有制经济组织和社会组织等基层党组织，主动了解社会领域各行业发展现状和各阶层的思想动态，及时整理信息报市委领导阅示。一年来，社会领域党建工作在完成重大任务、应对突发事件中发挥了明显作用，促进了首都经济发展、社会和谐。

（李明洪）

【召开新社会组织党建工作学习交流会】 1月14日，在东城区大成律师事务所召开了社会组织党建工作学习交流会。会上大成律师事务所党支部书记肖金泉首先介绍了该所开展党建工作的主要做法及成效，市总工会、妇联、工商联、人才服务中心、人才档案公共管理服务中心、部分行业协会党组织负责人等与会人员交流了本单位开展党建工作的情况，围绕如何推进社会组织党建工作进行了讨论交流，市委社会工委委员、市社会办副主任陈建领对与会单位和个人的工作支持表示感谢，简要总结了2008年社会领域党建工作，并与大家交流了2009年社会领域党建工作思路。

（李明洪）

【召开商务楼宇党建工作经验交流会】 1月15日，在朝阳区叶青大厦召开了商务楼宇党建工作经验交流会。全市首家商务楼宇党组织叶青大厦党委书记秦剑峰介绍了叶青大厦党委开展党建工作的典型经验，城八区主管党建工作的副书记或副主任汇报了前期开展商务楼宇党建工作的做法及下一步工作想法，6家规模以上商务楼宇党组织负责人交流了开展楼宇党建工作的体会及存在的主要问题，市委社会工委委员、市社会办副主任陈建领简要总结了2008年社会领域党建工作，对2009年社会领域党建工作任务进行了具体部署。

（李明洪）

【《加强和改进北京市社会领域党建工作研究》课题受到市党建研究会表彰】 年内，在市党建研究会五届四次理事会上，由市委社会工委书记、市社会办主任宋贵伦同志牵头，市委社会工委委员、市社会办副主任陈建领等同志负责完成的《加强和改进北京市社会领域党建工作研究》，被评选为北京市党的建设研究会2008年度调研课题优秀成果二等奖。全国党建研究会副会长、市党建研究会会长于均波在报告中指出，市委社会工委以调研报告为基础，形成市委《关于进一步加强和改进社会领域党建工作的意见》，在市委有关党建决策中较好地发挥了参谋咨询作用。

（李明洪）

【大成（台湾）律师事务所在台湾获批成立】 2月27日，中共北京市大成律师事务所委员会获批成立，成为中国律师界第一个单一律师事务所基层党组织获批的党委。大成（台湾）律师事务所在台湾获批成立，这是两岸律师界以独特的合作方式在台湾建立的法律服务机构，是大成律师事务所在两岸法律服务领域的创新，事务所将参照北京大成律师事务所分所的运行模式。同时，大成律师事务所与台湾中华工商企业联合会共同设立的两岸法律服务中心正式揭牌成立，该中心属于大成的内设机构，是大成与台湾工商、法律界人士共同构建两岸间桥梁和纽带的有益尝试。

（李明洪）

【市委、市政府部署全市社区党组织、社区居委会换届选举工作】 2月17日，市委、市政府召开全市社区党组织、社区居委会换届选举工作会议，研究部署年内全市社区党组织和社区居委会换届选举工作。市委常委梁伟主持会议，市委副书记王安顺、副市长丁向阳出席会议并讲话。市社区党组织、社区居委会换届选举工作领导小组成员，各区县主管社区“两委”换届选举工作的党政领导，区县委组织部部长、社会工委书记及区县民政局局长参加会议。会上，市委社会工委书记、市社会办主任宋贵伦作了关于社区党组织换届选举工作方案的说明，市民政局局长吴世民作了关于社区居委会换届选举工作方案的说明。副市长丁向阳就做好全市社区党组织、社区居委会换届选举工作提出了明确要求。王安顺在讲话中强调，做好社区党组织、社区居委会换届选举工作是当前摆在全市各级党委、政府面前的一项重大政治任务，必须高度重视，把这项工作摆上重要议事日程，切实加强组织领导，精心组织。要明确责任，搞好协调；加强宣传，营造氛围；化解矛盾，维护稳定；依法办事，严格程序；搞好培训，做好总结。按照本次会议要求和部署，全市社区党组织换届选举工作从2月开始，大致分选举准备、实施和总结三个阶段进行，于4月中旬结束。全市已建立党组织的2 489个社区中，有2 423个社区拟参加全市社区党组织换届选举，占建立党组织社区数的97.3%。会后，与市委组织部联合印发了《关于做好2009年全市社区党组织换届选举工作的意见》。

（李明洪）

【市委组织部、市委社会工委联合印发《关于开展社会领域党建试点工作的意见》】 为深入贯彻全市社会建设大会精神，全面落实市委关于加强和改进社会领域党建工作的意见要求，扎实推进全市社会领域党建工作，市委组织部、市委社会工委联合印发了《关于开展社会领域党建试点工作的意见》（京社委发〔2009〕2号），对街道社会工作党委、枢纽型社会组织建立社会工作党委、商务楼宇社会工作党组织（社会工作站）、非公企业党建示范点建设等4个方面开展试点工作，提出了具体的目标任务、方法步骤、工作措施。通过试点工作的重点突破来推动社会领域党建工作全面展开，稳步推进。

（李明洪）

【组织召开新经济组织党组织负责人联谊座谈会】 3月13日，组织召开了部分新经济组织党组织负责人联谊座谈会。会上，11家非公企业党组织负责人介绍了本企业在金融危机中所受的影响、企业党组织帮助企业应对危机所开展的主要工作，研讨了新经济组织党建工作急需解决的问题，并就成立新经济组织党组织负责人联谊会初步达成了共识。

（李明洪）

【组织召开社会领域党建工作联谊座谈会】 3月13日，在市委经济技术开发区工委的大力支持下，召开了部分社会领域党组织负责人联谊座谈会。市委经济技术开发区工委、市投资促进局，市人才服务中心，市外商投资服务公司，中关村科技园区海淀园，石景山园，律师行业协会、注册会计师协会等单位有关负责同志参加了会议，与会人员分别介绍了辖区企业受金融危机的影响状况，交流了本单位党组织协助企业应对金融危机的主要做法，分析和研究了社会领域党建工作的作用发挥问题。

（李明洪）

【赛特大厦建立“外企党员之家”和“外企员工之家”】 3月18日，这是北京市第一家在外资企业中挂牌的“外企党员之家”和“外企员工之家”，旨在完善党员群众教育管理网络，扩大党员职工活动阵地，切实解决新形势下外商投资企业基层党组织和工会组织存在的日常活动难集中、教育效果难保证、党群作用难发挥等问题，形成外资企业党的建设和工会组织建设可持续发展的长效机制，巩固党在外商投资企业的执政基础，推动外商投资企业和谐发展。“外企党员之家”和“外企员工之家”将力争成为全市社会领域党建的试验田，通过以点带面，促进社会领域党建工作持续发展。

（李明洪）

【市委常委梁伟调研观摩社区党组织换届选举工作】 3月20日，市委常委梁伟到海淀区学院路街道石油大院社区调研社区党组织换届选举工作。市委社会工委书记、市社会办主任宋贵伦，市委社会工委委员、市社会办副主任陈建领陪同调研。在现场观摩石油大院社区党组织换届选举过程后，组织召开了海淀区社区党组织换届选举工作座谈会。梁伟同志在听取海淀区委常委刘鸿关于海淀区社区党组织换届选举工作情况汇报后，对海淀区前一阶段的工作给予了充分肯定，通报了全市社区党组织换届选举工作的进展情况和好的做法。梁伟同志要求，要把这次换届选举当成贯彻落实“1+4”系列文件的重要契机，切实加强组织领导，统筹安排，通盘考虑“两委”换届选举工作。要通过本次选举，选出社区居民信赖的、适应社会建设需求的高素质社区干部，提升社区工作者队伍整体素质，推进全市社会建设。

（李明洪）

【召开远郊区县社区党组织换届选举工作片会】　3月26日，市委社会工委召开了远郊区县社区党组织换届选举工作片会，门头沟、通州、顺义、昌平、怀柔、延庆等6个区县委组织部、社会工委相关负责同志参加了会议。市委社会工委委员、市社会办副主任陈建领出席会议并讲话。与会同志交流了本区县社区党组织换届选举工作进展情况，对工作中存在的问题进行了探讨。

（李明洪）

【召开北京市社会领域党建工作会议】　4月10日，市委社会工委组织召开了全市社会领域党建工作会，对社会领域党建工作进行总结和部署。市委社会工委书记、市社会办主任宋贵伦出席会议并讲话，市委社会工委委员、市社会办副主任陈建领主持会议，各区县委社会工委副书记及党建科科长参加会议。会上部分区县交流了社会领域党建工作情况，对“我与社会建设——纪念改革开放30周年”征文活动11家优秀组织单位和85篇优秀征文进行了表彰奖励。会议指出，通过大家积极探索，重点突破，社会领域党建工作取得明显成效。要试点先行，扎实推进，进一步开创社会领域党建工作新局面。要加强领导，统筹协调，确保社会领域党建各项试点工作落到实处。

（李明洪）

【全市首家社会领域党建培训基地揭牌】　4月13日，由海淀区委组织部、区委社会工委和区委党校联合成立的海淀区社会领域党建培训基地正式揭牌，这是全市区县社会工委系统成立的首家社会领域党建培训基地。海淀区区委常委、区委办主任刘鸿宣读了《中共海淀区委关于成立海淀区社会领域党建培训基地的决定》，并与市委社会工委委员、市社会办副主任陈建领一起为基地揭牌。海淀区区委常委、组织部部长杨智慧在讲话中指出，建立海淀区社会领域党建培训基地，是贯彻市、区社会建设大会的重要举措，更是落实海淀区社会建设“1+6”文件的具体体现，为海淀区社会领域党建人才的培养提供了平台。海淀区成立社会领域党建培训基地是推进社会领域党建工作长效机制建设的积极探索和实际步骤。基地建设将主要采取项目运作的方式，发挥区委党校的人才和阵地优势，围绕社会建设和社会领域党建有关课题，开展社区、社会组织、新经济组织等社会领域党组织负责人专题培训，组织开展专项课题调研和各种交流研讨活动等，促进海淀区社会领域党建人才培养机制和储备机制的建立，推动海淀区社会领域党建工作深入有效地开展。揭牌仪式后，海淀区第一期社会建设专题培训班正式开班，来自全区街道、乡镇系统主管社会建设的党政副职领导将参加为期4天的专题培训。市委社会工委委员、市社会办副主任陈建领作题为《以科学发展观为指导，努力开创全市社会建设工作新局面》的第一场专题报告。

（李明洪）

【王安顺、梁伟到东城区、崇文区调研社会领域党建和社区党组织换届工作】　4月20日，市委副书记王安顺、市委常委梁伟实地考察了崇文区前东社区党组织换届情况、东城区朝阳门街道鸿安大厦社会工作党组织

(社会服务站)开展工作情况,并召开座谈会,听取了市委社会工委、东城区委、崇文区委有关工作的汇报。王安顺充分肯定了全市社会领域党建工作所取得的成绩。他指出,一年来,全市各级党组织和社会领域广大党员干部在建立社会领域党建工作管理体制、扩大社会领域党组织和党的工作覆盖面、创新社会领域党组织活动方式等方面迈出了新的步伐,创造了宝贵经验。全市社会领域党建工作思路清晰、各项工作稳步推进,社区党组织换届选举平稳有序,商务楼宇建立社会工作党组织(社会工作站)等试点进展顺利;社会领域党组织和党员在推动发展、服务群众、凝聚人心、促进和谐中发挥的作用越来越突出。全市社会领域党建工作为全面推进首都社会建设,加快建设"人文北京、科技北京、绿色北京"提供了有力的政治保障和组织保证。会议强调,以市委、市政府出台加强社会建设"1+4"系列文件和召开全市社会建设大会为主要标志,首都社会建设站在了新的起点上,全市社会领域党建工作面临着新的形势和任务。全市社会领域党建工作只能加强,绝不能削弱,只能不断改进,绝不能故步自封,在这个问题上一定要立场坚定,旗帜鲜明,下大力气,扎实推进,努力实现党组织和党的工作在首都经济社会发展中的全覆盖。

(李明洪)

【举办全市街道工委书记轮训班】 5月4—8日,市委组织部、市委社会工委、市委党校联合举办了全市街道工委书记轮训班,来自全市18个区县124名街道工委书记参加了培训。市委常委梁伟出席结业式并作了重要讲话,市委副秘书长王翔出席了结业仪式。市委社会工委、市社会办领导宋贵伦、吴群刚作了辅导报告。市委党校副校长殷庆言主持了开班式,陈建领作了开班动员。市委社会工委领导宋贵伦、张坚、吴群刚、赵小卫、陈建领、刘轩及有关处长参加了分组讨论及结业仪式。梁伟同志在结业仪式上首先对一周的培训成果给予了充分肯定,他指出举办全市街道党工委书记培训班,是深入学习实践科学发展观的重要举措,也是进一步贯彻北京市社会建设大会精神和落实加强北京市社会建设"1+4+X"系列文件的实际步骤。一是要充分认识街道党工委在区域内社会建设中的功能定位和作用。街道党工委作为区域内各种组织和各项工作的领导核心,要适应新的形势和任务,进一步明确功能定位,要不断强化街道党工委的领导功能、政治功能、组织功能、协调功能和服务功能。二是街道党工委在推动社会管理体制机制创新方面任务艰巨、责任重大。要着力保障和改善民生,构建社会公共服务体系。要夯实社会建设基础,构建社区管理体系。充分发挥社会组织在社会建设中的作用,构建社会组织管理体系。推动社会建设深入发展,构建社会工作运行体系。要充分发挥党组织的凝聚力和战斗力,构建社会领域党建工作体系。三是要切实加强社会领域党建工作,为社会建设提供坚强的组织保障。建立健全社会领域党建工作管理体制。不断扩大社会领域党组织和党的工作覆盖面。努力创新社会领域基层党组织活动方式。积极推进社会领域党建各项试点工作。四是要切实改进作风,不断提高领导区域内各项工作的能力。要不断加强学习,树立终身学习理念。要勤于调查研究,提高决策的科学化。要加强作风建设,塑造自身良好形象。要发挥表率作用,打造过硬干部队伍。

(李明洪)

【东城区首家社会领域党校在朝阳门街道挂牌成立】 5月14日,为贯彻市、区社会建设大会精神,扎实推进社会领域党建工作,东城区朝阳门街道积极探索,不断创新,在全市率先成立了社会领域党校。该党校具有以下几个特色。一是整体联动,组建党校校务委员会。党校常设机构为朝阳门地区社会领域党校校务委员会,设校长、副校长、主任、辅导员和临时辅导员若干人,主持党校日常事务。充分发挥辖区党建协调委员会的平台作用，协调辖区党组织的联席、共建职能。二是多方筹措，解决正常办学经费。党校采取“三个一点”的办法，即从街道财政出一点；辖区内单位资助一点；新经济组织业主赞助一点，筹措办学经费，保证党校的正常运转。三是专兼结合，组建一支稳定的教员队伍。从街道、社区党组织负责人中产生教员，直接承担起党员教育的授课任务。聘请优秀党员、杰出青年、劳动模范以及优秀毕业生等先进人物作为党校的临时辅导员。邀请地区外的相关人员担任特聘教员。党校成立后，拟邀请中央、市、区学校老师来党校举办政治理论、科技知识等方面的讲座和辅导。四是注重实效，探索社区党员教育新方法。在教学时间上，坚持时间相对固定和灵活安排相结合。针对“两新”组织、商务楼宇中党员难集中、教育时间难保证的问题，党校每年组织党员办班学习教育4次以上，至少保证每季度一次；在时间安排上，相对固定在每季度最后一个月的下旬，多利用晚上、节假日时间。在教学形式上，坚持理论与实践相结合，坚持集中授课与分层次施教、个别交流与开展活动相结合，采取专题讲座、参观、考察、调查、社会服务等多种形式，对辖区内社区干部、社会领域青年以及社会工作者进行培训、轮训。在教学内容上，以思想道德建设为中心，坚持政治理论教育与法律法规、科学常识、再就业技能等培训相结合。在教学效果上，坚持教育培训与排忧解难办实事相结合。

（李明洪）

【歌华大厦成立党建工作站、社会工作站、工会服务站】　5月26日，东城区社会领域党建工作观摩会暨歌华大厦“党建工作站、社会工作站、工会服务站”揭牌仪式举行。“党建工作站、社会工作站、工会服务站”的成立，搭建了商务楼宇党建、工建和社会服务工作平台，有利于充分发挥各种组织的优势、整合各种资源，实现商务楼宇内党、工、团组织职能融合、工作结合、力量整合，形成工作合力。会议强调，要完善模式、探索途径，建立健全商务楼宇党建、工建和社会服务工作长效机制；要在实践的基础上，搞好总结，及时推广经验。

（李明洪）

【认真做好敏感时期社会领域社情民意收集整理工作】　5月31日—6月5日，采取白天分组深入非公企业、商务楼宇、开发区、大学生创业园、街道社区调研，晚上加班撰写调研报告方式，一周内完成了14期“社情民意”专刊编写与报送任务；建立与信息直报点、区县社会工委的热线联系机制，收集部分新经济组织、社会组织等新社会阶层动态信息；建立区县社会工委敏感时期每天的零报告制度。配合综合处每天向主管部门汇报社会领域维稳情况。梁伟同志在市委社会工委呈报的“六四”敏感期维稳工作总结报告上批示：“很好。市区社会工作部门围绕全市中心工作和重点工作要发挥应有的作用，在工作中不断健全体制机制，不断提高社会动员能力和组织能力。”

（李明洪）

【中组部领导来北京调研全市新社会组织党建工作】　6月23—24日，中央组织部部务委员兼组织局局长傅思和率队来京调研全市新社会组织党建工作，先后召开了市、区级主管部门领导、部分新社会组织党组织负责人参加的座谈会，实地考察了慈铭健康体检管理集团有限公司知春路门诊部和北京城市学院。市委副秘书长张建明，市委组织部副部长吕和顺，市委社会工委书记、市社会办主任宋贵伦，市委社会工委委员、市社会办副主任陈建领等陪同调研。市委社会工委书记、市社会办主任宋贵伦在座谈中，汇报了北京市社会领域党建工作一年多来取得的新进展，介绍了当前正在开展的社会领域党建试点工作，汇报了关于推进全市社会组织党建工作的基本思路和做法。近半年来，北京市在街道建立社会工作党组织试点工作进展顺利，截至6月底，全市138个街道已经有71个街道建立了社会工作党组织；商务楼宇党建试点工作取得新突破，截止到6月底，全市1 237座商务楼宇，已经有304座楼宇建立了社会工作党组织（社会工作服务站）；“枢纽型”社会组织社会工作党组织建设各项准备工作正在积极进行之中；创建新经济组织党建工作“五个好”示范点工作已经启动。下一阶段，北京市将进一步以改革创新精神积极推进社会组织党建工作。一是创新工作机制，努力构建“枢纽型”社会组织业务工作和党建工作“两手抓”的管理体制；二是明确责任体系，努力实现社会组织党组织和党的工作全覆盖；三是以抓好“枢纽型”社会组织社会工作党组织建设试点工作为突破口，推进党的建设工作；四是适时启动社会组织党建示范点建设工作，以示范带动全局，努力开创全市社会组织党建工作新局面。傅思和在调研中对北京市新社会组织党建工作给予了高度评价。他指出，北京市在新社会组织党建工作方面做了大量工作，很有成效，对全国新社会组织党建工作很有启发和指导意义。傅思和强调，开展新社会组织党建工作第一要深入调研，把社会组织的底数搞清；第二要有专门的机构抓这项工作，北京市成立市委社会工委很有远见和借鉴意义，直辖市和省会城市都应成立社会工作党委，具体负责这项工作；第三是解决如何建立党组织的问题，要突出重点，分步实施；第四是已经建立党组织的，要注重作用发挥问题；第五是民营企业开展党的工作，要有党的坚强干部骨干，有热心从事党组织建设的负责人，党和政府要有意识地推荐和培养专职党务工作者；第六是加强新社会组织党建工作一定要从实际出发，绝对不能套用国营企事业办法，要创新管理体制机制和活动方式。参加座谈并汇报工作的单位有：市委统战部、市委社会工委、市教工委、市民政局、市总工会、朝阳区委组织部、海淀区委组织部、昌平区委组织部、北京城市学院党委、吉利大学党委、市人才服务中心党委、市私营个体经济协会、北京福建企业总商会党总支、丰台区卢沟桥街道工委、慈铭健康体检管理集团有限公司党委。

（李明洪）

【召开全市社会领域纪念建党88周年座谈会】 7月1日，市委社会工委召开全市社会领域纪念建党88周年座谈会。市委常委梁伟、市委副秘书长王翔出席会议并讲话，座谈会由委领导宋贵伦同志主持。市委社会工委领导王力军、张坚、陈建领、王丽竹、刘轩参加会议。市经济技术开发区、市投资促进局、市人才服务中心等部门负责同志，各区县委社会工委书记、副书记，市委社会工委全体干部，部分社会领域先进基层党组织、优秀党务工作者、优秀共产党员及新党员代表等共计180余人参加了会议。座谈会上，全市社会领域36名新党员代表进行了入党宣誓；表彰了50个先进基层党组织、50名优秀党务工作者、100名优秀共产党员及20个社会领域党建试点工作先进单位；通报了2009年全市社区党组织换届选举工作及上半年全市社会领域党建试点工作进展情况；丰台区大红门街道党工委等5个先进基层党组织作了党建工作经验交流。梁伟同志在讲话中要求，社会领域各级党组织和广大干部党员要深入学习实践科学发展观，努力改进思想和工作方法，进一步促进科学发展和社会和谐；要全面落实社会建设“1+4”文件精神，不断扩大党的组织和党的工作覆盖面，进一步推进社会领域党建工作创新发展；要严格按照党的先进性要求，切实加强党员队伍建设，进一步发挥好社会领域党员先锋模范作用。王翔同志就贯彻落实好梁伟同志讲话精神，讲了三点意见：一是要进一步在统一思想上下工夫，坚定不移地把党组织建设工作推进到社会领域工作中；二是要进一步在开拓创新上下工夫，使社会领域党建工作适应北京市社会建设发展需要；三是要在整合资源上下工夫，真正形成抓社会领域党建工作合力。

（李明洪）

【石景山区召开街道社会工作党委暨商务楼宇社会工作站成立揭牌仪式大会】 7月9日，石景山区召开了部分街道社会工作党委暨商务楼宇社会工作站成立揭牌仪式大会，该区鲁谷社区、老山街道、八角街道3个社会工作党委和10座商务楼宇社会工作站正式成立。市委副秘书长王翔出席大会并讲话，市委社会工委书记、市社会办主任宋贵伦，市委社工委委员、市社会办副主任陈建领及石景山区委主要领导参加揭牌仪式大会。

（李明洪）

【石景山区苹果园街道边府社区成立流动党员党支部】 7月21日，此举是石景山区适应边府社区流动人口快速增加、流动党员骤增的实际情况，加强社会领域党建工作的一个新亮点，也是加强流动党员教育管理的研究基地。苹果园街道边府社区地处城乡接合部，该地区经济发展比较迅速，一年多来，外来经商和务工人员由4 300多人增加到13 000人，超过当地社区居民的2倍，有部分流动党员陆续到社区党组织报到，要求参加组织生活。为便于加强流动党员教育管理，苹果园街道在摸清党员底数、经过精心筹划的基础上，成立了边府社区流动党员党支部。苹果园街道对该流动党员党支部的组建进行了具体指导和帮扶，指派了党建联络员，结合实际制定了教育管理规章制度，协调提供了活动场所及有关设施，设计了以提供服务为重点内容的活动载体，引领流动党员党支部和党员在促进地区经济发展、维护社会稳定、构建社区和谐方面充分发挥作用。

（李明洪）

【大兴区奥宇大厦、科技大厦建立社会工作站】 7月22日，大兴区委、区政府在区政府二层会议室组织召开奥宇大厦、科技大厦商务楼宇党建工作推进会。市委社会工委委员、市社会办副主任陈建领，大兴区区委副书记孟令华，区委常委、组织部部长王新，副区长常红岩等领导出席大会。大兴区委、区政府相关部门，各街道（地区）工委，部分社区、新经济组织、新社会组织党组织负责人及楼宇专职党建工作者代表，共计150余人参加了会议。会议指出，奥宇大厦、科技大厦社会工作站的成立，是大兴区委落实北京市社会建设大会精神和社会建设系列文件的重要步骤，也是深入开展社会领域党建试点工作，扎实推进全区社会领域党建工作的生动实践和具体成果。做好商务楼宇党建工作，要充分认识开展商务楼党建工作的必要性，注重增强服务意识，注重体制机制创新，注重整合各方资源，注重夯实群众基础，注重经费保障支持。

（李明洪）

【市委副秘书长、市委党建工作领导小组办公室主任张建民调研社会领域党建工作】 8月21日，市委副秘书长、市委党建工作领导小组办公室主任张建民率队到市委社会工委调研社会领域党建工作。市委社会工委委员陈建领介绍了工委的基本情况，并汇报了工委成立以来开展社会领域党建工作的情况。与会人员重点围绕社会领域党建工作存在的问题、课题研究及确定基层党建工作联系点等问题进行了座谈交流。张建民同志对工委党建工作给予了充分肯定，提出下一步要加强与工委的联系，大力支持工委工作，对社会领域党建工作多宣传、多总结、多推广。

（李明洪）

【东城区建国门街道举行商务楼宇“三站”揭牌仪式】 8月12日，东城区建国门街道举行商务楼宇“党建工作站、社会工作站、工会服务站”揭牌仪式。市委社会工委委员、社会办副主任陈建领，东城区区委常委、组织部部长梁军出席会议并讲话。区委组织部、区委社会工委、区总工会、区妇联、区团委及建国门地区23座商务楼宇物业负责人，地区职能部门负责人，楼宇党组织书记、工会主席、党员和职工代表，社区党委书记、副书记参加了揭牌仪式。

（李明洪）

【市委学习实践活动社区、“两新”组织指导组召开第一次工作会议】 10月14日，召开市委学习实践活动社区、“两新”组织指导组第一次例会，指导组组长、市委社会工委书记、市社会办主任宋贵伦出席会议并提出了具体要求，指导组组长、民政局局长吴世民主持会议，副组长、民政局副局长谢延智及有关成员参加了会议。会上首先传达学习了中央统战部在天津召开的非公有制经济组织开展学习实践科学发展观活动动员培训会、中共中央政治局委员、市委书记刘淇同志在第三批学习实践活动动员会上的讲话精神，研讨了非公有制经济组织学习实践活动指导工作意见，提出了修改完善意见。会议就下一步工作提出了要求：要当好“二传手”、助手；要及时发现问题，总结典型经验，加强分类指导，做好与当前工作有机结合，解决突出问题，力争有所作为；要加强统筹协调、用好调查研究方式、成立四个工作小组、每个阶段开好3次片会，做到上下满意。

（李明洪）

【全国非公有制经济组织学习实践活动巡回指导一组组长甘国屏来北京调研】 10月21日，全国非公有制经济组织学习实践活动巡回指导一组在组长、原国家工商总局副局长、个体工商业协会会长甘国屏同志的带领下，实地考察了朝外街道非公党总支、呼家楼街道SOHO尚都商务楼宇党建服务站和麦子店街道社会工作党委参与学习实践活动情况，组织召开了非公有制经济组织学习实践活动座谈会，市委社会工委书记、市社会办主任宋贵伦同志就北京市非公有制经济组织学习实践活动及社会建设情况作了简要汇报，市委社会工委委员、市社会办副巡视员刘轩陪同调研活动。甘国屏同志充分肯定了北京市非公有制经济组织学习实践活动工作成效。他指出，要准确把握非公有制经济组织开展学习实践活动的目标。要合理安排非公有制经济组织学习实践活动各阶段工作。要采取切实措施，确保非公有制经济组织学习实践活动取得实效。

（李明洪）

【全国非公有制经济组织学习实践活动指导组来北京调研非公有制经济组织开展科学发展观活动情况】 10月23日，全国非公有制经济组织学习实践活动指导组来北京调研北京市非公有制经济组织开展学习实践科学发展观活动情况，市委副秘书长王翔，市委社会工委、市社会办领导宋贵伦、赵小卫、刘轩等陪同调研。当日上午，指导组副组长、全国工商联党组副书记、副主席褚平实地考察了安邦财产保险公司、安利（北京）日用品有限公司等非公有制经济组织学习实践活动情况；当日下午，指导组组长、中央统战部副部长、全国工商联党组书记、第一副主席全哲洙在参观外资企业鼎桥通信有限公司后，在叶青大厦组织召开了部分非公有制经济组织学习实践活动座谈会。市委社会工委书记、市社会办主任宋贵伦作了专题汇报，7家非公有制经济组织党组织负责人汇报了学习实践活动情况，全哲洙同志对北京市非公有制经济组织开展学习实践活动给予了充分肯定，他强调一要调查研究；二要具体指导；三要注重实效。

（李明洪）

【全国非公有制经济组织学习实践科学发展观活动巡回指导组到大兴区、海淀区调研】 11月11—12日，全国非公有制经济组织学习实践活动巡回指导一组组长甘国屏分别到北京市大兴区、海淀区调研非公有制经济组织学习实践科学发展观活动情况，市委副秘书长王翔，市委社会工委书记、市社会办主任宋贵伦，市委社会工委委员、市社会办副主任陈建领等陪同调研。指导组一行先后实地考察了天普太阳能公司、北京人民电器厂公司、四方电器、汉王科技、启明星辰等5

家非公有制经济组织的生产经营和学习实践活动的情况，并召开了2次座谈会，听取了北京市社区、“两新”组织学习实践活动指导组、两个区及部分非公有制企业学习实践活动情况汇报。甘国屏同志在座谈中对北京市及大兴区、海淀区学习实践活动给予充分肯定。他指出，在今后的学习实践中要突出特色上水平、把握党建工作的覆盖面和党的工作覆盖面，抓好“三个结合”，即与十七届四中全会精神的学习贯彻结合起来，发挥好非公经济党组织的作用；与非公企业基本情况结合起来，促进企业生产、经营、管理和创新活动；与党员的实际状况结合起来，利用多种学习方式充分调动党员自觉学习的积极性。市委社会工委委员、市社会办主任宋贵伦在座谈中提出，下一步要以学习实践活动为契机，开展上门为“两新”组织服务的活动，从服务入手、抓调研，摸清“两新”组织底数，进行分类指导；区县委社会工委、街道社会工作党委、社区党组织、楼宇党组织、党建指导员要共同努力，采取多种形式扩大党组织覆盖面；要组织开展好非公企业“五个好”示范点创建活动，培养、总结、宣传、树立一批先进典型，利用学习实践活动，认真总结经验，更好地推进社会领域党建工作。

（李明洪）

【崇文区召开社会领域党建试点工作推进会】 11月13日，崇文区会议强调，各级党组织要健全机制，发挥作用，进一步提升社会领域党建试点工作的质量和辐射效应。要结合崇外、永外两个街道的试点经验，在“建”、“管”、“用”上下工夫。一是要着眼“建”，加快实现社会领域党建工作的全覆盖。二是要强化“管”，完善社会领域党建工作运行机制。要建立社会领域党建工作考核评价体系；要建立社会领域党建试点工作专项资金，街道要将社会领域党建工作经费纳入财政预算，用于试点和示范点建设；要构建社会领域党建网络化管理格局。三是要突出“用”，充分发挥社会领域党建试点工作的示范作用。

（李明洪）

【市领导到宣武区调研商务楼宇党建工作】 11月27日，市委常委梁伟到宣武区调研社会建设工作，实地察看了乐凯大厦商务楼宇党建工作情况。梁伟同志对宣武区商务楼宇党建工作给予充分肯定。他指出，抓好楼宇党建，促进商务楼宇经济，既有利于社会稳定，又有利于经济发展，希望宣武区能创造出更多更好的经验。宣武区区委书记王宁，市委社会工委委员、市社会办副主任张坚、吴群刚，市委社会工委委员、市社会办副巡视员王丽竹等领导陪同调研。

（李明洪）

【朝阳区和平街街道以活动搭平台，全面推进社会领域党建工作】 年内，和平街街道共有商务楼宇15座，“两新”组织2 000多家，为充分整合辖区内的社会资源，把社会领域党建工作与地区发展、服务百姓紧密联系起来，和平街街道成立了社会工作党委，全面推进社会领域党建工作，并于8月底前建立了15个商务楼宇党建服务站和社会工作站，实现了党的组织和工作在商务楼宇中的全覆盖。该街道社会工作党委按照“需求出发、服务入手、组织带动、活动凝聚”的原则，立足于服务，积极为楼宇企业和“两新”组织搭建交流展示平台，举办行业知识竞赛、技能大赛以及组织“两新”组织开展社区便民服务等多种形式的活动。以活动搭平台、展风采、促凝聚，让更多的“两新”组织充分参与到地区组织的活动中来，不仅展示了“两新”组织的风采、提高在社区居民中的知名度，更让社区百姓分享到了地区资源，得到了“两新”组织提供的多样化服务。和平街街道以活动平台搭建为切入点，积极推进社会领域党建工作，社会领域党建工作活力不断增强，社会领域党建的效果逐步显现，区域化党建新格局初步形成。

（李明洪）

【石景山区古城街道社会工作党委全部通过“三推一选”成立】 12 月 17 日，石景山区古城街道社会工作党委挂牌成立。至此，石景山区 9 个街道（鲁谷社区）社会工作党委全部通过“三推一选”成立，这标志着全区街道层面具有“大党建”优势的社会领域党建模式已经形成。石景山区区委社会工委吸纳鲁谷社区党工委 5 年实践经验，创建了通过“三推一选”产生街道社会工作党委新模式。一是组织构架具备“大党建”功能。二是职能定位促成“全覆盖”效应。三是选举方式构筑“公信度”基础。四是运行机制凸显“实体型”特征。

（李明洪）

社会领域信息化建设

【概况】 2009 年，按照全市社会建设工作的总体要求，创新社会建设工作方法，通过信息化、数字化、网络化手段，提高全市社会建设信息化水平。北京市社会建设信息中心重点工作是为推进全市社会建设工作提供信息支持，同时为市委社会工委、市社会办开展工作提供重要技术保障。

社会建设是一项复杂的综合性系统工程，需要调动各方面力量和资源，集中统一、步调一致地开展工作，才能取得好效果。而信息化是创新工作方式、提高工作效率的有效手段，对于统筹协调各方资源具有不可替代的优势。

经过多年的建设，目前，北京市社会建设领域信息化建设的总体框架比较健全，各部门基本都建有各自的信息系统，各部门分工负责，为本系统业务工作提供了重要支持和有力保障。但是，各方资源比较分散，缺少一个对全市社会建设信息化建设进行统筹规划、制定标准、提供综合信息分析的部门。启动建设北京市社会建设信息中心对于加强全市社会建设工作具有十分重要的意义。

根据北京市社会建设工作的实际和现状，紧密结合市委社会工委、市社会办职责任务，在建设北京市社会建设信息中心的过程中，遵循以下原则。一是按照宏观与微观相统一的原则。既统筹考虑全市社会建设信息化工作，又兼顾市委社会工委、市社会办的机关内部信息化建设。既从大处着眼、服务大局，又从小处着手、服务机关。二是按照当前与长远相统一的原则。目前，市级社会建设信息中心已经建立，区县社会建设信息中心建立工作正在市编办和市委社会工委、市社会办指导下抓紧进行。

（张　旭）

【北京社会建设网网站建设调研工作】 6 月，北京市社会建设信息中心结合电子政务发展现状，深入调研优秀网站建设情况。为尽快建立起与全市电子政务水平相适应的政务门户网站，更好地为全市社会建设工作服务，信息中心通过不同形式分别调研了中央政府、兄弟省市及北京市各委、办、局的政务门户网站，并积极与首都之窗和千龙网合作，紧密结合社会建设工作的特点、各有关部门电子政务建设经验以及发展趋势，认真对社会建设网站的建设思路、框架、功能设置等问题进行深入系统的分析、研究、比较、论证，在此基础上，研究提出北京社会建设网的建设方案，提请工委会议审议通过。

（张　旭）

【北京社会建设网网站建设方案征求意见工作】 年内，本着网站建设要服务群众、服务基层、服务决策的方针，北京市社会建设信息中心反复对北京社会建设网的栏目设置、版面设置、功能需求、设计风格等网站建设要素积极主动征求各处室意见，在充分吸纳各方意见后，形成《关于征求各处室对网站建设意见情况的汇报》。7 月，信息中心根据市委社会工委、市社会办领导和各处室意见再次对首页版面设计进行了若干次修改，形成了《北京社会建设网制作说明》。

（张　旭）

【制定北京社会建设网网站建设规划方案】 年内，北京社会建设信息中心在深入调研以及广泛征求意见后，与千龙网围绕网站第一期建设的主要功能、栏目设置、服务方式、成本预算 4 个方面进行了多次洽谈与讨论，制定了《北京社会建设网网站建设规划方案》，主要对网页设计要求、网络安全防护、应用系统功能设计、信息发布系统、留言系统、网上信箱、搜索系统、邮件系统、网站技术运维、推广草案、成本预算等进行了说明分析。一是网页设计要求。主要对页面形式、页面布局、页面层级、页面色彩等提出了要求。二是网络安全防护。主要对防护墙系统、入侵检测系统、防病毒系统进行了总体规划，以抵御网络上的黑客入侵、外部攻击、内部攻击、病毒及误操作等，并提供实时保护。三是应用系统功能设计。主要描述了内容管理系统、可视化 XML 编辑、可视化模板编辑、内容组织管理、专题制作、对象管理、统计功能、自动摘要、自动关键词等系统工具和特色功能。四是信息发布系统、留言系统、网上信箱、搜索系统、邮件系统分别对相应的功能和解决方案进行了说明。五是网站技术运维。主要包括系统运维、安全运维、网络运维、日常开发、美工设计、技术产品购买与维护、专业技术服务等。系统维护由服务器托管商具体负责，千龙网对系统维护服务进行监督；安全运维工作由千龙网承担或委托专业安全服务公司承担；网络运维工作由千龙网承担或委托其他专业 IDC（互联网数据中心）服务提供商承担；日常技术维护及开发工作由千龙网承担；美工设计由千龙网承担，或由千龙网提出分包建议并由市社会办决策，最终由分包商完成具体的美工设计工作；千龙网根据北京社会建设网的业务需求购买相关的技术产品，并由技术开发商负责运维；技术服务包括日志分析、信息采集、健康诊断等方面。六是网站建设运维费用的初步预算。

（张　旭）

【北京社会建设网域名申请和 ICP 备案工作】 8 月 11 日，北京社会建设信息中心在制定网站建设方案的同时，同步推进网站域名申请和 ICP 备案工作。向市经信委申请英文域名，向首都之窗申请域名解析；参加北京市政务和公益专用中文域名应用普及工作会议，填写北京市集中办理政务专用中文域名申请表，做好市委社会工委、市社会办网站专用中文域名申请工作；向国家工业和信息化部申请 ICP 备案，并顺利通过。

（张　旭）

【签订北京社会建设网建设协议书】 8 月 28 日，市社会办与千龙网具体就网站建设的内容、双方的权利义务、服务收费标准及付款方式、市社会办对网站的验收及其他事项共 10 项内容进行最后确定，并签署了正式的网站建设协议书。

（张　旭）

【北京社会建设网试开通试运行】 9 月 8 日，北京社会建设网基本建成，并录入了一定数量的测试信息，北京社会建设网试开通运行。网站主体分为政务区、服务区、互动区三大部分，共设有 21 个一级栏目，44 个二级栏目，5 个专题专栏。初步具备形象展示、信息发布管理、社会动员、政民互动等各项功能。自网站开通试运行至年末，信息中心征求市委社会工委、市社会办领导及各处室意见，做进一步修改工作，对网站进行了一系列的测试，如：网站服务器稳定性、安全性；各种插件、数据库、图像、链接等是否工作正常；在不同接入速率情况下的网页下载速度等。测试使用网站前台、后台各种功能及互动内容。初步搭建起宣传报道和社会舆情分析平台，在建设全市社会建设宣传信息网络方面有了新突破。

（张　旭）

【开展北京社会建设网安全测评】　年内，北京信息安全测评中心对北京社会建设网进行了一系列安全测评，并形成了安全测评报告。信息中心督促千龙网根据测评中心出具的报告进行了整改，并请测评中心对千龙网提交的整改报告进行了把关。同时，北京市社会建设信息中心全面深入开展栏目与子系统自查，对各栏目、各子系统进行了至少10次深度自查和测试，撰写了整改要求，并督促千龙网及时整改。

（张　旭）

【建立北京市社会建设信息中心规章制度】　建立了北京社会建设网试开通期间的信息发布机制，起草了《北京社会建设网试开通期间信息签发机制（试行）》、《北京社会建设网信息发布管理办法（试行）》、《北京社会建设网主任信箱管理办法》等规章制度。

（张　旭）

北京市区县工作

东城区

【概况】　根据北京市机构编制委员会办公室《关于同意成立中共北京市东城区委社会工作委员会、北京市东城区社会建设工作办公室的批复》（京编办行〔2008〕51号）和区委、区政府《关于成立中共北京市东城区委社会工作委员会和北京市东城区社会建设工作办公室的通知》（东文〔2008〕8号），组建中共北京市东城区委社会工作委员会（简称“区委社会工委”）和北京市东城区社会建设工作办公室（简称“区社会办”），并于2008年7月10日，举行正式揭牌仪式。区委社会工委为区委派出机构，列在区委机构序列；区社会办为区政府工作部门，与区委社会工委合署办公。

区委社会工委主要职责如下。一是贯彻执行党的路线、方针和政策，保证市委、区委社会建设和管理各项决定的落实。二是研究制定本区社会建设和管理的总体规划、重大改革方案和政策措施。三是对全区社会建设和管理工作进行综合协调，督促检查，保证各项工作的落实。统筹推进社会建设和管理各项任务的分解落实和督促检查。四是负责社区党建和“两新”组织党建工作，分析研究社区和“两新”组织的发展动态和趋势，研究制定加强社区党建和“两新”组织党建工作的相关规划和措施，并组织实施。五是指导各街道工委落实社区党建工作，协调“两新”组织的有关管理部门，做好“两新”组织的党建工作。六是负责社会工作者队伍建设的统筹协调和指导监督，研究制定本区社会工作者培养规划，落实市委社会工委和市社会办制定的以培养、评价、使用、激励为主要内容的政策措施和制度保障。七是负责社会志愿者队伍建设的统筹协调和指导监督，研究制定有关规划和方案，落实市委社会工委制定的有关政策措施和制度保障。八是负责对各街道、相关部门社会建设工作进行指导、协调和督促检查。九是完成市委社会工委、区委交办的其他工作。

区社会办主要职责：一是贯彻中央和北

京市关于加强社会建设和管理方面的方针政策，加强本区社会建设和管理工作的总体研究，有针对性地提出意见和建议，保证区委、区政府社会建设和管理各项决定的落实。二是研究提出本区社区建设、社会组织建设、社会工作者队伍建设等方面的相关意见，研究相关政策，制定改进工作的制度措施。三是统筹推进本区社区建设，综合协调有关部门在社区建设中的重点难点问题，按照区委、区政府的要求，指导监督社区建设各项方针政策的贯彻落实。四是负责本区社会组织建设、管理和服务工作的宏观指导，组织协调有关部门研究制定本区社会组织培育发展的总体规划和相关政策措施。五是负责指导协调街道在社会建设与公共服务方面的有关工作。对街道办事处在社会建设与公共服务方面遇到的问题进行调查研究，提出意见、建议。六是协调区政府各职能部门与街道工作的关系等相关事宜。七是完成市社会办、区政府交办的其他工作。

根据上述职责，区委社会工委和区社会办设 4 个职能科室：综合管理科、党建工作科、社区建设科、社会组织工作科。目前，区委社会工委（区社会办）行政编制 15 名，其中区委社会工委（区社会办）书记（主任）1 名，副书记（副主任）1 名，副主任 2 名。科级领导职数 5 名。综合管理科编制 4 名，其中科长 1 名，副科长 1 名；党建工作科编制 3 名，其中科长 1 名；社区建设科编制 2 名，其中科长 1 名；社会组织工作科编制 2 名，其中科长 1 名。

2009 年内，东城区委社会工委、区社会办，深入学习实践科学发展观，紧紧围绕年初确定的各项发展目标，全面落实“保增长、保民生、保稳定”各项任务，圆满完成 2009 年社会建设各项工作。

（彭喜乐）

【东城区社会建设工作领导小组第一次工作会议召开】 1 月 19 日，召开东城区社会建设工作领导小组第一次工作会议，区委书记王学勤同志主持，区领导杨艺文、冯熙、梁军、章冬梅出席，领导小组全体成员参加。会议讨论通过了《中共东城区委东城区人民政府关于贯彻〈北京市加强社会建设实施纲要〉的意见》以及 5 个配套文件：《中共东城区委关于进一步加强社会领域党建工作的意见》、《关于建立健全社区民主自治工作运行机制的意见》、《关于完善社区居委会、社区服务站工作运行机制的意见》、《关于培育发展公益服务类民间组织的意见》和《关于培育和发展社区民间组织的意见》。会议要求，要迅速组织召开全区社会建设大会，部署全区社会建设系列文件；要结合各自年度工作任务，扎实推进社会建设工作；要以崭新的面貌、良好的状态，为开创东城区社会建设新局面作出新的贡献。

（彭喜乐）

【召开社会建设大会】 2 月 4 日，召开东城区社会建设大会。市委常委梁伟，市委社会工委书记、市社会办主任宋贵伦，市委社会工委委员、市社会办副主任赵小卫，区委常委、区人大常委会主任、政协主席、副区长，全区各部、委、办、局，各人民团体及区属企事业单位负责人；街道党政主要、主管及有关部门负责人；社区以及新经济组织、社会组织代表约 500 人参加。会议部署了《中共东城区委东城区人民政府关于贯彻〈北京市加强社会建设实施纲要〉的意见》，以及《中共东城区委关于进一步加强社会领域党建工作的意见》、《关于建立健全社区民主自治工作运行机制的意见》、《关于完善社区居委会、社区服务站工作运行机制的意见》、《关于培育发展公益服务类民间组织的意见》、《关于培育和发展社区民间组织的意见》等系列配套文件。与会领导为 30 名荣获 2008 年度“东城区群众信得过的社区党组织书记”和“东城区群众信得过的社区居委会主任”颁发荣誉证书及每人 2 000 元奖金。朝阳门街道工委、东华门街道南池子社区、团区委、大成律师事务所分别进行了大会交流发言。梁伟同志指出，东城区近年来在社会建设方面进行了积极的探索并取得了一定成效，形成了一些成功的经验。希望抓住实施扩大内需促进发展的重要机遇，进一步加大工作力度，不断开创社会建设的新局面。梁伟同志强调，要认真贯彻落实市委、市政府的各项部署，全面落实全市社会建设大会提出的各项任务。

（彭喜乐）

【召开社会建设工作领导工作小组办公室工作会】 5月5日，召开社会建设工作领导小组办公室工作会，区委常委、组织部部长梁军及领导小组办公室全体成员单位参加。会议讨论通过了《关于在商务楼宇内建立“党建工作站、社会工作站、工会服务站”的意见》，传达了北京市《关于进一步加强和改进志愿者工作的意见》、《关于构建市级“枢纽型”社会组织工作体系的暂行办法》、《关于认定第一批市级“枢纽型”社会组织的通知》、《关于转发〈关于加强和改进市级社会组织设立工作的实施办法（试行）〉的通知》等有关文件精神。

（彭喜乐）

【开展学习实践科学发展观活动】 3月到8月，区委社会工委、区委社会办深入围绕“创新社会建设工作，服务东城科学发展”的主题，学习实践科学发展观活动，取得良好效果。

（彭喜乐）

【组织国庆群众游行】 6月20日，正式成立了由区委组织部、区委社会工委、社会办、团区委、区妇联、区总工会、区流管办和区卫生局等部门及来自北京化工大学和中国青年政治学院两所高校的2 924名学生组成“开天辟地”方阵。指挥部主要下设综合协调组、信息宣传组、保障联络组、组织训练组、彩车工作组、公共卫生组、安全保障组、集结疏散组、设备设施保障组等9个工作组。区委社会工委牵头抓总，其中综合协调和信息宣传两个组由社会工委、社会办、工作人员全程负责。方阵团结协作，奋力拼搏，克服重重困难，圆满完成了国庆庆祝活动的各项任务，“开天辟地”方阵也被先后评为首都国庆60周年群众游行最佳组织奖、首都国庆60周年群众游行彩车最佳组织单位、首都国庆60周年群众游行创新成果奖等荣誉称号。

（彭喜乐）

【社会公共服务体系建设综述】 年内，全区以提高社区居民幸福感和满意度为目标，着力改善民生，加强社区服务设施建设，健全社区服务网络，优化社区生活环境，推进文明城区建设，努力实现社区服务标准化、均等化、社会化、规范化，有效促进了社区服务事业的发展，开创了具有东城特色的社区服务工作新局面。

（彭喜乐）

【召开街道主任专题会暨服务经济发展座谈会】 5月20日，召开街道主任专题会暨服务经济发展座谈会，区领导杨艺文、章冬梅，相关部门及各街道负责人参加。各街道汇报了在发挥区域作用、服务经济发展工作中采取的工作举措、遇到的困难以及存在的问题，就加强条块联动提出意见建议。各职能部门作了专项工作汇报。

（彭喜乐）

【创新公共服务提供方式】 认真落实《东城区人民政府2009年服务经济发展、促进社会和谐的措施》（东政发〔2009〕1号），区政府设立《东城区社区服务设施建设专项补助资金》和《东城区公益文体活动专项补贴资金》各500万元，支持社区服务设施建设，鼓励驻区单位对社区居民开放内部文体设施，社会办会同民政局、卫生局、文委等单位，结合本部门实际工作和社区居民实际需求，科学合理设定建设项目。共确定1中心2所4站建设、社区居家养老服务、社区健康之家和社区心理咨询关爱工程项目、打造个便利生活服务圈、购买社会工作岗位、社会工作服务项目等6大建设项目。其目的是为进一步推进社区综合服务体系建设，完善社区服务设施网络，提升社区基本公共服务水平。

（彭喜乐）

【努力实现公共服务全覆盖】 落实《东城区社区服务发展规划》，面向社区、面向市民，以社区居民需求为导向，结合各职能部门工作职责，将各项工作进行了细化分解，制定了《东城区社区服务目标责任制（折子工程）》。折子工程主要围绕社区服务设施建设，社区商业设施建设，社区就业、社区教育、社区文体活动、社区居家养老等15个方面共涉及43项具体内容。

（彭喜乐）

【完善居民便利生活服务圈】 各单位、各街道因地制宜，结合实际开展了多项富有特色的社区服务项目。和平里街道实施了1 510个便利生活服务圈项目，社区居民步行15分钟之内就可以解决基本生活需求。建国门街道启动了“我的社区服务中心我做主”民意征集暨开放空间讨论活动，进一步创新了民意讨论与征集方式，真正实现了问政于民、问需于民、问计于民。北新桥街道成立了全区首家社区直销菜站——二条社区便民菜点，以购买服务的方式，免费提供场地设施，由新发地农产品批发市场直接运营，让老百姓享受到更加专业、方便、实惠的服务。

（彭喜乐）

【建立商务楼宇社会工作站】 年内，与区发改委、统计局合作，积极开展全区商务楼宇基础情况摸底调查。在推广鸿安大厦社会工作站成功经验的基础上，成立了歌华大厦社会工作站等19家社会工作站，涉及全区38个楼宇。其主要职责是为业主、企业与公共服务部门搭建联系平台，最大程度服务企业和业主，解决实际困难，提供个性化服务，为企业和业主正常开展经济活动提供了便利。

（彭喜乐）

【组织困难家庭大学生到社区实习】 全区第一批实习大学生，均来自本区享受最低生活保障待遇家庭、残疾人家庭和零就业家庭。实习期间将采取集中培训与社会实践相结合的方式，作为社区事务助理，参与社区居委会、服务站的日常工作。

（彭喜乐）

【社区建设与管理综述】 年内，根据《关于推进社区规范化建设试点工作的实施方案》（京社领办发〔2009〕6号）的有关要求，东城区深入开展社区规范化建设试点工作。特别是在构建新型社区治理结构、深化社区管理、创新居站运行机制、完善社区服务体系、加强社区工作队伍建设等方面进行了有益的探索，努力实现“一分、三定、二目标”的总要求。

（彭喜乐）

【进一步完善社区工作运行机制】 年内，顺利完成第七届社区居委会选举工作，出台了《关于完善社区居委会、社区服务站工作运行机制的意见》，合理划分社区居委会和社区服务站的职责任务，进一步明确了社区居委会是社区居民自我管理、自我服务、自我教育、自我监督的基层群众性自治组织，承担19项主要职责；社区服务站是政府公共服务延伸到社区的工作平台，承担政府公共服务职能，其具体职责任务涉及3大类16项。建立了在社区党组织领导下，社区居委会和社区服务站分工协作、有效衔接的工作运行机制和一系列协调机制、监督机制、考核机制和激励机制。

（彭喜乐）

【开展社区规范化建设试点】 年内，按照全市统一部署，启动了社区规范化建设试点工作，确定和平里街道、建国门街道、朝阳门街道、交道口街道以及58个社区作为试点，社区规范化建设取得实效。社区用房建设稳步推进，各街道采取新建、改扩建、购买以及租用、整合等方式，投入700余万元，对新建路、禄米仓社区等29个社区用房进行了改善，目前115个社区中77个社区已达到350平方米，占社区总数的67%。着力实施“1+5品牌项目工程”，按照项目化运作、精细化管理、人性化服务的原则，每个街道打造1个社区建设品牌项目，每个社区设计、培育、实施5个品牌项目，即社区共建共享项目、社区居民自治管理（业主委员会或院委会）项目、社区服务项目、社区志愿者服务项目和社区社会组织项目。通过实施“1+5品牌项目工程”，全区涌现出一批社会影响好、群众受益广、示范效果佳的社区品牌项目，促进了社区的居住环境舒适、治安秩序良好、文化生活丰富、管理手段科学、人际关系和谐、公众广泛参与，带动了社区建设的发展。深入社区集中调研，区社会办自7月份开始启动了“调研月”活动，走访街道、社区近百次，分类别有针对性地对试点社区进行调研，突出特色、总结经验、树立典型、收集问题，指导社区因地制宜地开展规范化建设各项工作。认真开展自查验收工作。社会办细化了各项社区规范化建设任务，制定了《东城区社区规范化建设评价标准》，内含一级指标9项、二级指标39项、三级评分指标72项，并于10月份组织各街道对试点社区开展自查，结果显示全区77个社区已基本达到规范化建设标准，实现了规范社区管理、完善社区服务、加强社区自治的基本目标。11月份，社会办召开了2009年社区规范化建设试点工作总结研讨会，民政、财政等有关部门和各街道的主管领导参加了会议，总结社区规范化建设工作，并对2010年社区用房建设、社区公益金使用等社区建设重点工作进行了研讨和部署。

（彭喜乐）

【规范社区公益事业专项补助资金使用管理】

年内，制定《关于进一步规范社区公益事业专项补助资金使用管理的通知》，进一步规范社区公益事业专项补助资金的使用管理，明确了公益金全部面向社区居民，取消街道统筹，由居民会议决策和监督，将公益金全部用于购买服务项目，培育发展社区社会组织，开展社区文体、社区教育、社区治安、社区精神文明建设等公益事业活动。

（彭喜乐）

【指导社区参加市第四届魅力社区评选活动】

年内，交道口街道南锣鼓巷社区、建国门街道外交部街社区、朝阳门街道朝西社区参加了评选区社会办深入社区指导策划，积极协调各方力量，并向区政府申请12 000元工作经费对入围社区予以奖励和支持。最终交道口街道南锣鼓巷社区凭借“月圆古巷放映队”社区志愿服务项目，获得北京市魅力社区称号。

（彭喜乐）

【社会组织管理综述】 在民政局登记的法人社会组织有360家，其中社团131家，主要分为联合性、行业性、学术性和专业性等；民办非企业单位229家。主要分为科学研究类、教育类、卫生类、社会服务类、文化类、体育类和法律类等。在街道或社区备案的社区社会组织共有1 707家，参加人数达6.3万人，覆盖10个街道和115个社区。年内，针对全区社会组织发展情况，以转变政府职能，提高社会组织参与社会管理、提供公共服务能力为目的，在不同现行法律抵触的情况下，以社会建设和服务为突破口，加大了社会组织管理体制和培育发展机制的改革和创新。①创新机制，优化环境。率先在全市成立第一家用于社会组织培育发展的实体机构——东城区社会组织指导服务中心。指导服务中心作为政府为社会组织提供发展服务的平台，在为社会组织宣传交流、反映合法诉求、整合社会资源、促进合作发展等方面提供全新的服务，为社会组织发展创造良好环境。②重点扶持，优化结构。设立社会组织培育发展专项资金，为公益服务类组织提供必要的资金支持；为社会组织免费提供活动场所，解决社会组织发展中普遍面临的活动场所不够的问题，并为公益服务类社会组织提供办公场所，公益服务类社会组织得到迅速发展，使全区社会组织结构进一步优化。③搭建平台，整合资源。搭建政府与社会组织之间、公民与社会组织之间以及社会组织之间交流的桥梁、纽带和平台。整合社会组织资源，吸引市民参与社会慈善、志愿服务等公益服务活动。同时根据社会组织需求开展培训，加强民间组织自身建设，直接促进社会组织的发展，间接提高社会组织提供公共服务和参与社会管理的能力，进一步适应社会发展，满足了公民日益多样化的需求。

通过这种“政府搭台，民间组织唱戏”的扶持办法使大量的社会组织成长起来，壮大了社会组织队伍，优化了社会组织结构。目前，全区注册的社会组织达330多家，公益服务类社会组织比例逐步提高，它们在社区的各个角落发挥着政府难以提供、不能很好提供的各种高质量的社区服务。同时有力促进了政府职能进一步转变，减少政府直接提供和参与公共服务，让公民享受到价低质优的公共服务，减少和避免政府错位、越位和缺位现象的发生。

（彭喜乐）

【召开社会组织指导服务工作座谈会】 3月14日，召开市民中心和社会组织指导服务中心工作座谈会，区长杨艺文、副区长章冬梅参加。会议就2009年市民中心和社会组织指导服务中心进一步发挥平台和纽带作用进行了座谈，并就中心的功能定位、充分发挥其职能作用提出要求：①加强与政府各职能单位的联系沟通，推进政务公开工作；②加紧制定政府购买服务等方面的政策措施，完善各项运行机制；③发挥社会组织指导服务中心的孵化和聚合作用，加大对公益服务类社会组织的培育扶持力度，促进社会组织之间的交流沟通，加快社会组织管理体制改革步伐；④继续搭建社会组织服务社会的平台，利用社会组织资源服务社会。

（彭喜乐）

【市民间组织国际交流协会调研社会组织建设工作】 3月18日，市民间组织国际交流协会会长黄承祥到东城区调研社会组织建设工作。参观了行政服务中心和市民中心，了解了市民中心和社会组织指导服务中心设立情况及功能职责，询问了社区志愿者协会、心理咨询服务中心等社会组织开展工作情况，就社会组织建设工作进行座谈。区长杨艺文同志介绍了全区创新社会组织建设的背景和思路。区委书记杨柳荫同志要求，继续发挥好“两个中心”职能作用，加快转变政府职能，推进政府购买服务等工作的实施，规范社会组织运行和管理机制，使社会组织切实成为政府和市民之间的桥梁和纽带。黄承祥同志指出：东城区社会组织建设工作方向准确，思路清晰，卓有成效，对社会组织管理体制的创新进行了有益的探索，取得了可喜的成绩。

（彭喜乐）

【开展社区社会组织发展状况调查】 4月、8月各组织开展一次社区社会组织发展状况调查，通过下发调查表的方式，调查在全区各街道社区登记备案的社区社会组织基本情况；并多次到街道、社区及社区社会组织中进行调研。主要目的是调查全区社区社会组织发展现状，并研究如何推进社区社会组织的发展，进一步扩大公民参与。

（彭喜乐）

【起草《关于构建区级“枢纽型”社会组织工作体系的暂行办法》等文件】 6月，起草了东城区《关于构建区级“枢纽型”社会组织工作体系的暂行办法》（征求意见稿）、《关于认定第一批区级“枢纽型”社会组织的通知》（征求意见稿），并向区民政局、区财政局、区工会、区团委、区妇联、区科协、区残联、区侨联、区文联、区红十字会等 10 家相关单位，征求修改意见。

（彭喜乐）

【制定下发《关于推进东城区行业协会改革的实施意见》】 12 月，区委社会工委、区社会办与区民政局联合制定下发《关于推进东城区行业协会改革的实施意见》，提出要按照社会化、专业化的要求，加快推进政社分开、管办分离，行业协会逐步与主管行政部门在机构、人员、资产、财务等方面彻底分开，实现自我管理、自主发展。

（彭喜乐）

【社会人才队伍建设综述】 年内，区委社会工委、区社会办进一步健全社区工作者的引进、培养、使用、评价、激励机制，把工作做实、做细，推进社区工作者的职业化、专业化水平，努力建设一支适合“国际化、现代化新东城”发展需要的社会工作人才队伍。

（彭喜乐）

【举办社区工作者主体培训班】 年内，与区委组织部、区委党校联合举办社区工作者主体培训班，58 名社区党组织书记、居委会主任和服务站站长参加。通过集中授课、实务训练、交流讨论等多种教学方式，使新一届社区工作者夯实了政策理论基础，提高了社会工作技巧，提升了社区服务和管理水平，同时加深了对全区社区规范化建设内涵的理解，促进了各社区“1 + 5 品牌项目工程”建设。

（彭喜乐）

【举办开放式社区讨论会主持人能力建设培训班】 年内，区委社会工委、区社会办与区民政局和“社区参与行动”服务中心共同举办，40 名街道和社区干部参加。培训使社区工作者进一步掌握了项目化工作方法，为更好地组织指导社区居民参与社区事务的讨论和决策，进一步推进基层民主自治建设掌握了更科学的工作方法。

（彭喜乐）

【选聘应届大学生社区工作者】 年内，录用高校毕业生 110 人到社区工作，并与区民政局共同组织了新选聘大学生进社区上岗培训班，帮助选聘的大学生尽快进入工作角色。

（彭喜乐）

【2009 年继续开展社会工作人才“双基地”建设】 年内，先后安排多批中国农业大学、北京青年政治学院社会工作专业的学生到社区实践，共计 100 余人，北京青年政治学院通过组织召开社区工作研讨会、督导培训和学术交流等形式，开展社区工作者培训，先后 100 多人次参加。12 月 18 日，举办了东城区社会工作人才“双基地”建设研讨会，与北京大学、中国人民大学、中国青年政治学院、北京青年政治学院等四所高校签订合作协议并颁发专家聘书。

（彭喜乐）

【成立全市首家社会工作事务所】 年内，成立东城区助人社会工作事务所，这是北京市第一家社会工作事务所。事务所发展目标是使社会上绝大多数人公平地享受到专业的社工服务，坚持以人为本，促进社会和谐。通过事务所的运作，快速稳健地建立起一套标准的具有北京特色的社会工作服务模式及标准。

（彭喜乐）

【志愿者队伍情况概述】 东城区志愿者协会成立于 2004 年 5 月 19 日，隶属于东城区精神文明建设委员会办公室。下属 10 个工作委员会，现有志愿者 86 101 人（注册志愿者 18 898 人），下设各种服务队 766 支。各志愿者工作委员会负责本类志愿者招募、培训、管理，并协调开展志愿者服务活动。东城区机关公务员志愿者工作委员会，现有公务员志愿者人数约2 000人，下设41支公务员志愿者服务队。东城区巾帼志愿者工作委员会，现有巾帼志愿者2 824人，下设126支巾帼志愿者服务队。东城区青年志愿者工作委员会，现有青年志愿者26 200人。东城区贴心人志愿者工作委员会，现有贴心人志愿者6 697人，下设455支贴心人服务队。东城区科普志愿者工作委员会，现有科普志愿者456人，全部为注册会员，下设8支科普志愿者服务队。东城区绿色志愿者工作委员会，没有固定的志愿者。东城区社区志愿者工作委员会，现有社区志愿者42 000人（注册会员3 000人），下设社区志愿者服务队126个。东城区文化志愿者工作委员会，现有文化志愿者144人，全部为注册会员，文化志愿团10个。东城区红丝带志愿者工作委员会，现有红丝带志愿者560人（正式注册会员78名）。东城区治安巡逻志愿者工作委员会，已注册治安巡逻志愿者15 220余人。

（彭喜乐）

【社会领域党的建设综述】 东城区共有社区党组织115个，党员22 104名。其中社区党委110个，社区党总支4个，社区党支部1个。区域内有非公有制经济组织12 561家，建立党委6个，党总支20个，独立党支部117个，联合党支部16个。规模以上非公有制经济组织257家，全部建立党组织。新社会组织367家，其中有党员的307家，已建立党组织2个。辖区内有商务楼宇162座，入驻商户总数6 000余家，楼宇内员工数5万余人，党员1 300余名，其中建立楼宇党组织50个，覆盖楼宇96座。2009年内，东城区社会领域各级党组织按照“建设国际化、现代化新东城”的发展目标，紧紧围绕全区工作大局，认真履行自身职责，团结带领人民群众共同奋斗，做了大量的工作，发挥了重要作用。在实践中，社会领域党建工作与社会领域各种组织快速发展的现状，与人民群众对社会领域党组织的新期待之间还存在不适应之处。主要是社会领域党建工作发展不平衡、各街道社会领域党建工作发展不平衡、工作体制和机制还没完全理顺、对社会领域党建工作的认识还没完全到位、楼宇党建工作物质保障还比较薄弱。东城区社会领域党建工作紧紧围绕“社区党建抓深化、非公经济组织和新社会组织党建抓覆盖、重点难点抓突破”的工作思路，在工作机制、党组织设置形式、党内基层民主实现形式和党员发挥作用等方面，进行了创新和尝试。

（彭喜乐）

【举办社区党组织换届选举工作培训班】 1月16日，区委社会工委举办全区2009年社区党组织换届选举工作培训班。10个街道的组织人事部部长和负责社区党组织换届选举的工作人员及部分社区党组织书记接受了培训。

（彭喜乐）

【朝阳门街道成立全区首个社会工作党委】 1月22日，朝阳门街道成立全区第一个社会工作党委。社会工作党委整合了街道党群工作办公室、妇联、团工委、工会、社会建设办公室等部门的职能，并吸纳辖区新经济组织、新社会组织党组织代表。

（彭喜乐）

【区领导梁军到大成律师事务所调研律师党建工作】 1月13日，区委常委、组织部部长梁军到大成律师事务所调研律师党建工作，区相关部门人员参加调研。

（彭喜乐）

【区领导梁军到社会工委调研】 3月16日，区委常委、组织部部长梁军到“深入学习实践科学发展观活动”联系点调研，听取了社会工委关于开展学习实践活动主题确定、活动方案制定以及具体安排的工作汇报，并就社会领域党建、社会组织、社会人才队伍建设、机关队伍建设等方面的工作，给予了具体指导。

（彭喜乐）

【圆满完成社区党组织换届选举工作】 全区 115 个社区党组织通过党员大会选举产生了新一届社区党组织班子。其中，社区党委 110 个，社区党总支 4 个，社区党支部 1 个。

（彭喜乐）

【举办社区党组织成员培训班】 7 月 22—24 日，社会工委对全区 115 个社区的社区党组织书记、社区党组织副书记及社区党建工作者共计 300 余人进行了社会领域党建、社区党务工作及社区统战工作等方面的培训。

（彭喜乐）

【深圳市委驻深工委学习考察东城区党建工作】 7 月 27 日，深圳市委驻深工委一行学习考察全区社会领域党建工作，市、区委组织部，市、区委社会工委有关人员参加。市委社会工委、区委社会工委负责人分别介绍了市、区社会领域党建工作开展情况，北新桥街道介绍了辖区“两新”组织党建工作情况。双方就如何在社区、新经济组织、社会组织等社会领域开展党建工作、扩大党组织和党的工作的覆盖面等问题进行了交流、探讨，并参观了北新桥辖区歌华大厦“党建工作站、社会工作站和工会服务站”。

（彭喜乐）

【召开社会领域党建工作会议】 10 月 28—29 日，东城区召开社会领域党建工作会议，10 个街道主管副书记、社会领域党建工作负责人参加。区委社会工委通报了 2009 年全区社会领域党建工作情况，并就下一步社会领域党建工作进行了讨论。

（彭喜乐）

【社区党建考评工作圆满结束】 11 月 19 日至 12 月 2 日，东城区委社会工委组成考评组，采取听取汇报、查阅资料、实地访谈等形式，对各街道社区党组织开展党建考评工作。最终确定北新桥九道湾社区等五星级社区党组织 18 个、和平里街道五区社区等四星级社区党组织 20 个。

（彭喜乐）

西城区

【概况】 中共北京市西城区委社会工作委员会（简称区委社会工委）为区委派出机构，列入区委序列；北京市西城区社会建设工作办公室（简称区社会办）为区政府工作部门，与西城区委社会工委合署办公，统筹全区社会建设工作。

区委社会工委主要职责是：贯彻执行党的路线、方针和政策，保证区委社会建设和管理各项决定的贯彻落实。研究提出区域社会建设和管理的规划、方案和指导意见，为区委社会建设宏观决策服务。按照区委、区政府要求和区社会建设工作领导小组安排，统筹推进各项任务的分解落实和督促检查。负责推进社区党建和“两新”组织党建工作，及时分析社区和“两新”组织的发展动态和趋势，研究拟订加强社区党建和“两新”组织党建工作的规划和指导意见，并组织实施。负责社会志愿者队伍和社会工作者队伍建设的统筹协调和指导监督，研究拟订社会工作人才队伍建设规划和方案，建立健全培养、评价、使用、激励为主要内容的工作机制和工作制度。对各街道和相关部门的社会建设和管理工作落实情况进行指导和督促检查。

区社会办主要职责是：加强区域社会建设和管理工作的总体研究，有针对性地提出意见和建议；研究拟订区社区建设、社会组织建设、社会工作队伍建设等方面的规划、改革方案、指导意见并组织实施；统筹推进社区建设，综合协调社区建设中的重大问题，指导监督社区建设各项方针政策的贯彻落实；

负责社会组织建设、管理和服务工作的宏观指导；对各街道、相关部门的社会建设和管理工作落实情况进行指导和督促检查；负责配合区考核领导小组做好对街道的日常考核，提出对街道年终考核的意见。

中共西城区委社会工委、西城区社会办下设综合科（研究室）、党建工作科、社区建设工作科、社会组织工作科、社会工作队伍建设科等5个科室。机关行政编制为22名。其中区委社会工委书记1名，副书记1名；区社会办主任1名（由区委社会工委书记兼任），副主任2名。科级领导职数8名。

2009年，区委社会工委、区社会办以深入学习实践科学发展观活动为契机，紧扣“促进社会建设，发挥统筹作用”这一主题，按照“以构建社会发展政策体系为主线，形成社会发展动力；以强化民生保障为主线，激发社会活力；以完善社会运行体系和机制为主线，增强社会建设合力”的工作思路，坚持以市、区社会建设大会和“1+4”文件精神落实为立足点，以惠民利民为出发点，以创新发展为着力点，加快推进全区社会建设工作。

切实加强社会领域党建工作，坚持“党建”和“建党”两手抓，不断扩大社会领域党建工作的覆盖面和影响力。完成了全区148个社区党组织换届工作。面向社会公开招考38名楼宇党建工作者，建立社会工作站和社会工作党组织，已覆盖133座商务楼宇，占全区160座商务楼宇的83%。成立街道社会工作委员会，社区党建、新经济组织党建、社会组织党建和驻区单位共驻共建实现整合。全面启动非公有制企业党组织五好示范点创建工作，开展社会领域党员“红色之旅”等活动，让社会领域党员切实感受到组织的关怀和温暖。

加强和谐社区创建力度，进一步夯实社会建设工作基础。积极推进社区规范化建设，不断创新社区工作体制和运行机制，公开招录社区工作者，选聘应届大学毕业生到社区工作。开展社区公共资源配置调研，推进社区公共设施体系规范化建设。深入推进安全社区建设工作，金融街、月坛、展览路三个街道获得世界卫生组织“国际安生社区”认证。以社区公共服务为抓手，着力完善社区警务建设、社区文化建设、社区教育、社区卫生、社区就业等10个方面的社区服务，通过多部门的参与和联动，为地区居民提供高效便捷服务。在全国和谐社区建设工作会议上，西城区被命名为“全国和谐社区建设示范城区（市）”。

用好社会建设专项资金，更好地促进经济、社会的协调发展。在全市率先建立规模为1 000万元的社会建设专项资金，主要以政府资助、政府投入、政府购买三种方式，推进全区在公共服务的提供、社会组织的培育、和谐社区的建设、社会工作人才队伍建设和民生问题的保障等方面的工作。根据项目的可行性、合理性和预期社会效益大小，年内共批准实施项目48个。专项资金支持的项目主要体现民生为本、重视试点、探索创新三个特点，通过一批便民惠民项目的实施，使老百姓直接受益；通过支持一批有示范效应的项目，总结经验，形成模式，由点及面；通过结合全区社会工作实际，在广泛调研的基础上，创新了载体和工作模式。

创新社会组织发展模式，打造社会组织孵化基地。成立西城区社会组织孵化中心，构建西城区社会组织培育发展体系，着力培育发展一批符合西城区区域经济社会发展需要的社会组织。通过向全社会公开招募、专家评定、审核等环节，西城区悦群、仁助社工事务所和绿色生活馆三家公益性社会组织成为西城区社会组织孵化中心孵化的第一批公益性社会组织。通过开展个案诊断咨询和普及性培训，为区内存量社会组织提供能力建设服务，全面提升西城区社会组织的综合服务发展能力，突出专业性特色，努力实现可持续发展和有效服务社会的目标。

创新“以会带所”社工发展模式，积极推进社会工作专业化和职业化进程。本着“社会队伍社会建，专业队伍专业建”的思路，探索建立了以西城区社会工作者联合会为枢纽、以专业社工事务所为发展平台的“以会带所”的专业社会工作队伍建设体系和工作模式。坚持以专业化和职业化为导向，优化社区工作者结构，支持建立西城区悦群、仁助和睦友三个社工事务所，在社区开展专业社工服务。与中国青年政治学院等高校合作，建立社会工作专业大学生社区实践基地示范点，将高校社会工作专业大学生引入社区开展实习，在社区建设工作中实现社会工作专业理念的引入。

创新社会管理机制，形成社会管理和服务统筹协调运行格局。针对社会建设的综合性、交融性、多面性特征，以及相关部门、相关工作相互联系、相互作用的特点，研究建立了舆情收集、分析机制，信息沟通机制，社会领域协同服务机制，社会建设项目运行机制，社区公共资源共享机制，社会组织管理和培育发展机制，社区治理工作机制，社会工作者培养使用机制，社会参与激励机制，社会政策专业咨询、评估等10项工作机制，使“党委领导、政府负责、社会协同、公众参与”的要求具体化，形成了操作性较强的工作措施。

搭建起区、街、居三级社会统筹管理运行体系。区级层面，发挥好区社会建设工作领导小组统筹全区社会建设工作的作用，尤其重视在统一思想、凝聚力量、解决困难等方面起到关键作用；街道层面，成立街道社会工委，进一步提高了街道统筹地区党建资源能力，扩大了驻区单位党组织之间的沟通交流渠道。社区层面，进一步完善社区治理模式，理顺社区运行机制，深入推进社区规范化建设工作。积极引导多元参与，探索社区、社会组织、社工联动，社区工作者、志愿者、楼门院长互动的“三社联动、两工一长互动”机制，引导业主委员会、物业、驻区单位等积极参与社区建设。

搭建“五联五会四中心”的社会服务体系，进一步激发社会活力。通过组建企业联合会、社会组织联合会、社会工作者联合会、党建协调委员会和志愿者联合会，建好社工服务中心、社会组织服务中心、党员服务中心和志愿者服务指导中心，建立起党和政府部门与社会各界力量的联合、联络、联系、连通、联动的工作方式，组织动员社会各界广泛参与社会建设，提高社会建设的协同效能，全区社会建设工作局面全面打开。

（栾德廷）

【面向社会公开招录社区工作者】 自2月份起，组织了近年来全区范围内最大的一次社区工作者社会性招录工作，组织3 498人参加笔试、1 528人参加面试，共录用367人，并完成服务协议的签订工作。

（冯晓辉）

【公开招考38名楼宇党建工作者】 从2月下旬开始，在全市率先公开向社会招录38名楼宇党建工作者，招录公告从网络、媒体、报刊、宣传栏等各种形式进行了广泛宣传。经过现场报名和资格审核，有174名符合条件的人员拿到了准考证。经过笔试、面试环节，确定拟招录人员，并进行了体检，5月份统一签订协议，并于5月26日，举办西城区楼宇党建工作者培训班。

（李福堂）

【召开西城区社会组织工作暨表彰大会】 2月26日，区委社会工委、区社会办与区民政局联合举办西城区社会组织工作暨表彰大会。会议总结了2008年社会组织发展工作，部署了2009年社会组织改革和发展思路及要点，对100家先进社会组织集体、6家第二批创建学习型社团先进单位和144名先进个人进行了表彰。会议提出要加强社会组织管理、服务、监管、文化和激励评价5大体系建设，搭建“双轮驱动、横向联合、纵向贯通”的社会组织工作格局。国家民间组织管理局副局长贾晓九、市民政局副局长谢延智等领导出席会议并讲话。

（师　帅）

【西城区社区党组织换届工作】　截至3月1日，全区148个社区，都通过选举产生了新一届党组织班子，其中共建立社区党委125个，社区党总支15个，社区党支部8个。有52个社区进行了书记、副书记直选，占社区总数的35.1%。共选出社区党组织成员942人，其中男257人，女685人。党组织成员平均年龄为54.2岁，55岁以下436人；大专以上学历的442人，中专及高中的415人。共选出书记148人，其中男47人，女101人。55岁以下122人，平均年龄48.5岁，其中30岁以下1人；大专以上学历的116人，中专及高中的29人。书记兼居委会主任的126人，占总数的85%。本次换届调整完善了党组织成员分工，增加了民生委员、服务群众委员、联络委员、社会工作委员等委员，为社区党组织发挥领导核心作用提供了制度和组织保障。

（李福堂）

【组织实施西城区社会领域党员讲坛】　3月21日，举行西城区社会领域党员讲坛启动仪式并开办第一期讲坛。该讲坛每月一期，围绕社会领域党员关心的难点、热点问题，就党建知识、劳动就业、法律服务、健康养生、文艺、国学等主题邀请有关专家学者进行讲解。

（李福堂）

【开展西城区社区党建专题调研】　3月下旬启动，成立了课题调研工作小组和专家组，共发放调查问卷500份，召开街道工委主管副书记、组织部部长、“两新”办主任、部分社区党组织书记、党员群众等参加的座谈会12次，个别访谈6人。最后形成《西城区社区党建调研报告》，对西城区社区党建的发展历程进行了回顾和总结，分析了当前社区党建面临的形势和任务以及存在的突出问题，在分析原因的基础上提出了今后一段时期社区党建的对策建议。

（李福堂）

【促进社会建设与发展专家座谈会】　3月31日，召开促进社会建设与发展专家座谈会。来自北京大学、中国人民大学、中国社会科学院等首都高等院校、科研院所的社会建设领域的18位专家学者逐一发言，从社会体制改革、社会组织发展、社会工作人才队伍建设、社会领域党建等方面对西城区的社会建设提出了具有针对性、实际操作性的建议，为促进西城区社会建设工作的发展，拓宽发展视野、提升发展理念、完善发展思路，努力破解经济社会发展中的矛盾和难题提供了有效的智力支持。会议由西城区委常委、组织部部长许樾真主持，西城区副区长陈蓓同志向专家介绍了西城区社会建设情况。

（栾德廷）

【依托高校资源开展专业社工“双基地”建设】　3月底，与中国青年政治学院、北京建工学院完成社会工作人才队伍建设、社会工作研究“双基地”合作协议的签订，在月坛、展览路、新街口等6个街道建立了30余个社会工作专业大学生社区见习实践基地示范点，将高校社会工作专业大学生引入社区开展实习，从而在社区建设工作中实现社会工作专业理念的引入、专业理论的应用和专业技能经验的整合。年内，该项工作已经完成了两批共70余名大学生的实习活动，已有20余个项目开始运行。

（冯晓辉）

【商务楼宇社会工作站建站率完成83%】　5月，研究制定《关于建立楼宇社会工作党组织（社会工作站）试点工作的意见》（以下简称《意见》），对楼宇社会工作党组织（社会工作站）的职责进行了明确，并提出了具体要求。按照《意见》精神积极推进实施。

截至2009年年底，共有133座商务楼宇单独建立社会工作站，占全区160座商务楼宇的83.13%。其中同时建立楼宇社会工作党组织40个。提前完成了北京市委社会工委要求的2009年年前完成全部楼宇60%的工作目标。

（李福堂）

【七个街道全部成立社会工委】 6月，制定下发《关于成立街道社会工作委员会的意见》（以下简称《意见》），对街道社会工委的机构设置、班子设置、工作职责等作出了明确具体规定。按照《意见》精神，年内全区7个街道全部成立了社会工作委员会。共有成员111人，其中街道干部56人，中央单位代表15人，市属单位代表11人，区属单位代表5人，社区党组织代表11人，“两新”组织代表9人，楼宇党建代表4人。

（李福堂）

【研究制定社区党组织成员民主评议办法】 6月，研究制定《西城区社区党组织书记、副书记民主考核评议办法》，对社区党组织书记、专职副书记等考核评议工作提出了指导性意见，进一步规范了社区党组织中专职党务工作者的管理。

（李福堂）

【举办全区社区党组织书记及社区居委会主任培训班】 6月17—19日，举办了西城区社区党组织书记及社区居委会主任培训班，全区148个社区党组织书记和居委会主任近200人参加了培训。

（李福堂）

【开展美好家庭进社区活动】 6月20日，区委社会工委发起、月坛街道办事处主办、西城区关爱家庭发展服务中心承办的“2009年月坛街道父亲节沙龙”活动，拉开了全区“美好家庭进社区活动”序幕。这种“政府搭台、民间组织唱戏、社区居民受益”的合作模式是西城区委社会工委对社会组织参与社会建设模式的一次探索和实践，即政府搭建平台，提供资金支持，借助地区社会组织的专业力量为辖区居民提供服务。

（师　帅）

【召开西城区商务楼宇党建工作推进会】 6月25日，召开了西城区楼宇党建工作推进会，市委社会工委委员、市社会办副主任陈建领，西城区委常委、组织部部长许樾真等参会并讲话。会议对全区楼宇党建工作进行了总结，对下一步楼宇党建工作进行了部署，并对第一批楼宇社会工作党组织和社会工作站进行了授牌。

（李福堂）

【西城区党员服务中心成立】 七一前，西城区党员服务中心挂牌成立。党员服务中心的功能是搭建“五个服务平台”的主要承载基地，党组织服务党员的温馨家园，“两新”组织建立党组织的孵化器，社区党组织的资源平台，党组织和党员服务群众的窗口。其基本服务项目主要包括：接转党员组织关系咨询、党内资料查询、党务工作咨询、求助热线服务、党员志愿者服务、为建立基层党组织提供协助服务、教育资料服务、党务干部推介、党员情况收集等。

（李福堂）

【组织开展西城区社会领域党员红色之旅活动】 7月份正式启动西城区社会领域党员红色之旅活动，组织全区社会领域党员每周末在北京市及周边参观革命传统教育基地及爱国主义教育基地，提高党员党性意识，提高社会领域党员素质，使西城区社会领域党员切实感受到组织的关怀、家的温暖，主动投身到建设文明西城、和谐西城的实践中，为西城区经济社会的全面发展作出自己的贡献。

（李福堂）

【西城区社会工作者联合会挂牌成立】 7月10日，西城区社会工作者联合会正式挂牌成立并顺利召开第一次会员代表大会。西城区社会工作者联合会是以区域内取得国家社会工作者职业水平资格证书和专业社会工作机构组织为主，自愿组成的公益性社会团体法人，是全市首家区级注册的社会工作者联合会。联合会的组织架构是按照决策层和执行层两个层级设置。联合会会员代表大会是联合会的最高决策机构。理事会在代表大会闭会期间依《章程》行使会员代表大会职责。为便于理事会开展工作，设常务理事会作为代表大会闭会期间的实质决策机构。会长以会长办公会的形式，根据理事会的决议研究组织开展工作。联合会设立党组织，组织体制外党员会员的组织活动。联合会的日常工作在常务副会长领导下，由秘书处、会员部、培训部和项目部协助开展。

（冯晓辉）

【西城区社会组织联合会挂牌成立】 7月14日，西城区社会组织联合会挂牌成立，确定了联合会的10项主要职能：一是宣传党和国家制定的社会组织建设工作的方针、政策和法令；二是开展社会组织发展的社会调查和研究工作，向政府和各有关部门提供咨询和服务；三是按照政府授权，承担国家有关法规规定的业务主管单位职责；四是负责为社会组织会员单位提供党员组织关系管理和服务；五是接受政府委托，对政府购买公共服务的项目组织评估；六是对拟定新设立的社会组织提供培育、孵化服务，为已有的社会组织提供能力建设、个案诊断服务；七是为社会组织的发展提供政策咨询、培训、宣传、项目策划、交流学习等服务；八是联系有关社会组织和各界群众，开展社会性和群众性的公益活动；九是指导街道分会开展本地区社会组织工作；十是承接政府职能转移出的工作任务。

（师　帅）

【西城区志愿者联合会成立】 7月17日，西城区志愿者联合会第一次会员代表大会隆重举行，驻区中央部委、金融机构、中央企业、医疗机构、高等院校及区属各单位志愿者组织负责人和优秀志愿者代表300余人参加了大会。团市委副书记邓亚萍，区领导林铎、张国玉、刘跃平、白云生、傅华、许樾真出席大会。邓亚萍、林铎共同为西城区志愿者联合会揭牌，副区长陈蓓主持会议。会议审议通过了《北京市西城区志愿者联合会章程（草案）》，选举产生了西城区志愿者联合会第一届理事会、监事会。在随后召开的区志愿者联合会第一届理事会、监事会上选举产生了第一届常务理事、主席、副主席、秘书长及第一届监事会主席。林铎同志在讲话中就进一步做好西城区志愿者工作，推动全区志愿服务事业科学长远发展提出四点要求：一是要深入贯彻北京市志愿者工作大会精神，进一步增强做好志愿者工作的责任感和使命感；二是以成立区志愿者联合会为契机，建立健全区域志愿服务工作组织体系；三是要立足区域发展现实需求，开发领域宽泛、层次丰富的志愿服务项目；四是切实加强对志愿者工作的领导，为推进西城志愿服务事业科学发展和谐发展率先发展提供根本保障。

（栾德廷）

【开展新经济组织党组织“五好”示范点创建活动】 8月，制定下发了《关于在全区非公有制企业党组织中开展“五好”示范点创建工作的实施意见》，经过自评、申报、检查考评等环节，确定51个非公有制企业为西城区非公有制企业党组织“五好”示范点创建单位。按照每个示范点5 000元的标准进行了资助和奖励，有力地推动了全区非公有制企业党建工作的开展。

（李福堂）

【西城区社会组织参加公益项目交流展示会】 8月12—14日，西城区社会组织代表30余人参加公益项目北京交流展示会，与5·12抗震救灾的公益机构和活跃在其他公益领域的优秀社会组织，作为资助方的国内外企业、基金会和慈善家，以及相关领域专家、志愿者及媒体进行了广泛交流，并畅谈了对公益合作的观点、担忧和展望，对公益合作及支持基层公益组织发展达成了共识。

（师　帅）

【西城区企业联合会成立】　8月14日，西城区企业联合会成立大会暨第一届会员代表大会召开。会议表决通过《北京市西城区企业联合会章程》，选举产生企业联合会第一届理事会会长、副会长、秘书长、监事长，市、区领导向其颁发证书，并为区企业联合会揭牌。西城区企业联合会是社会团体法人组织，是辖区企业和行业协会、社团企业的联合组织。首批加入西城区企业联合会的会员企业超过1.8万家，其中包括国有企业、民营企业、股份制企业、外商投资企业、个体私营企业等多种所有制企业类型。市委常委梁伟就进一步加快社会组织发展、发挥企业联合会作用发表重要讲话。区长张建东就加强资源整合、充分发挥企业联合会理事、监事了解企业、熟悉区情的作用，加强与其他社团组织、行业协会的联系，积极争取全区各部门和社会各界的支持，联合全区企业，凝聚社会资源，实现优势互补、共同发展提出要求。市委常委梁伟，市委社会工委书记、市社会办主任宋贵伦，区领导林铎、张建东、白云生出席成立大会。

（栾德廷）

【北京市百姓宣讲团西城社会组织专场】　8月17日，北京市百姓宣讲团西城社会组织专场在西城区举行。西城区50多家社会组织百余人参加了宣讲活动。

（师　帅）

【北京市首个“社工驻校服务基地”在西城区正式挂牌】　9月1日，由悦群社会工作事务所和西城区三里河第三小学合作建立的“社工驻校服务基地”正式挂牌。30名社工专业毕业的大学生将在此基地提供服务。他们运用社工的专业工作手法，通过在学校开展各种活动来促进学生的健康成长及教师的心理健康。“社工驻校服务基地”是青少年道德教育的社会支持系统的重要环节之一，已经纳入北京市“十一五”教育规划重点课题科研项目。承接此项目的悦群社会工作事务所是西城区社会组织孵化器孵化培育的社会组织，主要职能是为社会提供专业社工服务，同时为社会工作专业大学生提供实习基地。

（师　帅）

【西城区医学会建会30周年】　医学会成立于1979年10月，是西城区卫生行业公益性社会组织的一支重要力量。目前，有团体会员单位238个，专业学组25个，各级各类医务人员1.8万人。

（师　帅）

【创办《西城社会领域党建》专刊】　10月，《西城社会领域党建》专刊正式创刊。该专刊为双月刊，旨在大力宣传全区社会领域党组织和党员的典型事例，及时报道社会领域党建工作动态，为各级领导了解基层、研究问题、制定政策提供客观翔实的信息与决策参考，为社会领域广大基层党务干部提供工作指导、学习参考、党务信息和案例参考。争取把本刊办成西城区社会领域党建对外展示的窗口、交流的名片，办成社会领域党组织和党员交流的平台、学习的园地、工作的助手、提高的摇篮，办成党员党内组织生活平台、就业指导咨询平台、身心和谐发展平台、党员作用发挥平台和党员权利保障平台的重要基地。

（李福堂）

【深入推进和谐社区建设】　10月19日，西城区被国家民政部命名为“全国和谐社区建设示范城区（市）”，西城区金融街街道被命名为“全国和谐社区建设示范街道”，西城区月坛街道三里河一区社区被命名为“全国和谐社区建设示范社区”称号。

（焦　扬）

【举办西城区第一届社会领域党员运动会】 10月31日，举办西城区第一届社会领域党员运动会，7个街道以及区委教育工委、卫生工委、工商联非公有制企业党委、职介中心党工委、人才中心党工委、司法局机关党委等13个代表队、760余名运动员代表参加了比赛。运动会让社会领域党员找到了家的温暖，感受到了组织的关怀，同时增加了友谊，提高了党员的党性意识和党员观念，增强了社会领域党建的活力和影响力，得到了全区社会领域党组织和党员的广泛好评。

（李福堂）

【开展“双百专业培训计划”】 11月，西城区委社会工委与西城区人事局共同启动了“双百专业培训计划”，对西城区内具有大学本科以上、非社会工作专业学历的100个在岗的社会工作人员进行社会工作专业主干课程的培训。培训由中国青年政治学院社工学院提供师资支持，对11科主干课逐科进行辅导；对12科选学课程，由受训者根据工作需要进行选择性自学。从而使受训人员成为适应社会工作发展需要，具有社会工作的价值理念、社会工作基础理论知识、熟练的社会调查研究技能和较强的专业社会工作能力，能够从事专业性的社会政策研究、社会行政管理、社区发展与管理、社会服务评估与操作等工作的应用型、复合型专业人才。

（冯晓辉）

【深入推进社会建设工作研讨会】 11月26日，西城区召开全区深入推进社会建设工作研讨会。会上，月坛街道、恩派非营利社会组织发展中心等部门作了交流发言，首都社会建设领域专家学者出席会议并发言，市委社会工委书记宋贵伦，区委书记林铎等出席会议并作重要讲话。林铎对全区社会建设提出四点要求：一要深刻领会十七届四中全会精神，结合区情特点，抓好社会领域党建、民生保障等工作，推进形成社会建设新局面；二要牢牢把握重点，围绕群众满意度和安全感，切实落实社会建设各项指标，进一步提高公共服务能力和水平；三要加大资源整合力度，协调处理好各方面利益关系和诉求，建立形成社会管理和服务新格局；四要加强队伍建设，营造有利于社会工作者成长发展的社会环境，打造一支贴近群众需求、服务能力较强的社会工作者队伍，为社会建设提供基础保障。

（栾德廷）

【召开和谐社区建设工作推进会】 12月21日，召开西城区2009年和谐社区建设工作推进会，总结2009年和谐社区建设工作，表彰社区建设资源共享先进单位，研究部署2010年全区和谐社区建设工作任务。市委社会工委委员、市社会办副巡视员王丽竹，区委常委、组织部部长王力军，副区长陈蓓出席会议并讲话。

（焦　扬）

【积极开展社区规范化建设】 年内，深入贯彻市《关于推进社区规范化建设试点工作的实施方案》精神，出台《西城区关于推进社区规范化建设的意见》，确定了试点先行、分步实施、全面推行的总体思路，选定试点社区12个，同时在全区148个社区全面启动此项工程，从改造办公用房、配备专职人员、设计工作模式等方面，全面打造运转顺畅、服务良好的新型社区。通过一年的持续推进，全区已有46个社区达到社区规范化检查验收标准。

（焦　扬）

【全面推进安全社区建设】 年内，以创建国际安全社区为切入点，大力推进安全社区建设迈上新台阶。展览路街道通过“国际安全社区”评估验收，成为继金融街街道、月坛街道之后全区第三个通过认证的“国际安全社区”。

（焦　扬）

【推进社区办公用房达标改造】　年内，在加强对社区办公用房的动态管理上下工夫，对已经达标社区加强动态管理，对未达标社区加强督促。抓住契机，争取市资金的支持，共争取3 663万元资金，支持13个社区办公用房达标改造工作。采取多部门联动的方式，继续推进社区办公用房达标改造工作。2009年内，57个社区达到市规范化建设提出的350平方米的标准。

（焦　扬）

【完成街道公共服务科建制】　年内，经区编办批复，正式成立街道公共服务科，明确了编制和职数，确立行政地位，行政编制5名，科级领导职数2名。制定了例会制度、会商制度、信息通报等6项制度，进一步规范街道公共服务大厅建设。

（焦　扬）

【建立了社区资源共享奖励机制】　年内，出台了《西城区社区资源共享奖励办法（试行）》，评选出资源共享先进单位36个，资源共享先进个人10名，依托社会建设专项资金45万元项目经费，分别对其进行了表彰和奖励。其中，对于资源开放程度高、惠及百姓范围广且贡献突出的国家广电总局、中国建设银行、裕中中学、月坛中学和进步小学5个先进单位进行了特别奖励。通过开展此项目，进一步鼓励和调动了社区内的机关、团体、部队、企业、事业等单位和组织广泛参与社区建设，更好地实现社区资源的共享，形成共驻共建的良好氛围，并以此作为撬动全区社区资源共享的重要手段，探索形成社区资源共享的长效机制。

（焦　扬）

【加强大学生社区工作者队伍建设】　年内，根据新型服务站发展的需要，吸收市统招大学生社区工作者77名，在人保局的大力支持下，顺利办理了接转关系、委托存档、签订合同等手续，并针对大学生社区工作者发展中的特殊需求，建立了项目支持、培训、交流、培养和典型引路五项机制，促进社区新生队伍的较快成长。

（焦　扬）

【开展社区公共配置调研】　年内，针对西城区目前社区公共资源供给与需求存在的矛盾，资源配置统筹力度不足、各类资源的共享程度不够等问题开展调研。在对社区公共资源配置情况、作用发挥情况等进行调查的基础上，对国内外先进地区做法进行比较研究，结合西城区经济、社会发展水平，分析社区公共资源配置情况，完成了《西城区社区公共资源配置调查与研究》调研报告，并形成社区公共资源优化配置模型，社区公共资源信息整合机制和动态管理机制。

（焦　扬）

【开展社区服务站建设调研】　年内，研究在新的社区管理体制下，社区服务站的职能定位，与社区党组织、社区居委会之间的关系及运行机制等，完成了《关于加强新体制下社区服务站建设的研究》调研报告，探索形成符合西城区功能定位和社会建设水平要求的社区管理和运行模式。

（焦　扬）

【开展街道公共服务大厅与社区服务站信息化建设调研】　年内，会同民政局以及相关业务部门，全面梳理政府在社区的服务事项，对受理事项、办理条件、办理程序、办理时限四个方面进行规范，共梳理出可由窗口接待办理的72项服务事项。在此基础上，会同信息办开发社区服务站办公软件，启动社区服务站办公软件试点运行工作，与街道公共服务大厅和相关行政审批部门实现联网对接，确保政府公共服务在社区的代理代办，并实现所有办理事项在系统内有统计、有办理痕迹，便于规范管理和效能督察。

（焦　扬）

【组织街道开展各项活动】　年内，组织街道开展“七星同力，共铸和谐”街道系统歌咏比赛、魅力社区评选、国际民歌讲座、名人故居进社区、社区工作者专场慰问演出等。

（焦　扬）

【设立社会建设专项资金】　年内，设立了规模为1 000万元的社会建设专项资金，主要以政府资助、政府投入、政府购买三种方式，推进全区在公共服务的提供、社会组织的培育、和谐社区的建设、社会工作人才的培养和民生问题的保障等方面的工作，逐步建立起以政府购买服务为主要形式的财政投入机制，实现公共服务的社会化、专业化、市场化。年度社会建设专项资金共支持项目48个，其中组织培育类项目8个、社工培育类项目7个、社会领域党建类项目3个、社区建设类项目12个、公共服务类项目13个、行业自律类项目3个、课题研究类项目2个，涉及资金982.4578万元。首批社会建设专项资金项目体现了民生为本、重视试点和探索创新等特色，实施和推进取得了良好的社会效益。

（师　帅）

【召开西城区第一批“枢纽型”社会组织座谈会】　年内，依据北京市社会建设工作领导小组文件，结合西城区实际，召开区第一批“枢纽型”社会组织座谈会，听取相关单位意见，起草完成西城区第一批“枢纽型”社会组织认定的相关意见和办法，拟授权工、青、妇、残联等人民团体以及区社会组织联合会和区企业联合会作为全区“枢纽型”社会组织，承担社会组织业务主管单位职责，并发挥龙头和枢纽作用，对同类社会组织进行分类管理，积极构建全区“枢纽型”社会组织管理体系。

（师　帅）

【建立社会组织孵化器】　年内，为构建西城区社会组织培育发展体系，着力培育发展一批符合西城区区域经济社会发展需要的社会组织，根据西城区人民群众的实际需求和现有社会组织情况，与北京市恩派非营利组织发展研究中心合作建立西城区社会组织孵化器，为公益性社会组织提供场地设备、能力建设、注册协助和小额补贴等创业期最亟须的支持。年内，西城区悦群社会工作事务所、仁助社会工作事务所和绿色生活馆3家社会组织脱颖而出，成为西城区社会组织孵化器孵化的第一批公益性社会组织，成功进驻孵化器开始为期1年的孵化。

（师　帅）

【西城区3家专业社会工作服务机构成立】　年内，按照坚持社会工作队伍专业化、职业化建设的工作方向，发挥自身作为区域社会工作枢纽的作用，通过依托专业院校，以现有平台作为工作载体，规范活动开展方式，以购买专业社工服务项目为主要资金支持手段，培育、组建专业社会工作服务机构，搭建了“以会带所”的社会工作队伍建设体系，打造了培育发展社会工作服务机构，促进职业社会工作者成长的工作模式。建立了西城区悦群、仁助和睦友三个社工事务所。

（冯晓辉）

【完成全区国家社会工作者职业水平资格证书持证人员注册工作】　年内，完成了对全区获得2008年国家社会工作者职业水平资格证书的人员的注册工作，并颁发了资格证书。同时，对全区获得国家社会工作者职业水平资格证书并完成注册的社区工作者，发放职业资格补贴。其中获得北京市社区专职工作者执业资格证书，已享受每人每月200元执业补贴的社区工作者，自完成社会工作师或助理社会工作师登记注册当月起，每人每月加发职业水平补贴80元或50元；未获得北京市社区专职工作者执业资格证书的社区工作者，自完成社会工作师或助理社会工作师登记注册当月起，每人每月加发职业水平补贴280元或250元。共计约220万元。

（冯晓辉）

【开展社工师职业资格考试考前培训】 年内，邀请中国青年政治学院资深教师在西城经科大组织社工师职业资格考试考前辅导。考前辅导紧贴考试内容，分中、初级两个班次，历时一个半月，共完成34个单元、136课时的培训。

（冯晓辉）

【开展楼宇党建专题调研】 年内，召开了楼宇党组织负责人、街道“两新”党建的领导和工作人员等不同层面的座谈会，形成《西城区街道商务楼宇党建工作调研报告》，并进行了成果转化。

（李福堂）

【开展纪念建党88周年系列活动】 年内，研究并开展走访慰问优秀基层党组织和困难党员活动，共送去慰问金两万元。举办“两新”组织负责人迎七一座谈会等。

（李福堂）

崇文区

【概况】 中共崇文区委社会工作委员会（简称区委社会工委）是区委派出机构，列入区委序列；崇文区社会建设工作办公室（简称“区社会办”）是区政府工作部门，与区委社会工委合署办公。设办公室、党建工作科、社区建设科、社会工作科，机关行政编制为15名。

区委社会工委主要职责：贯彻执行党的路线、方针、政策和区委关于加强本区社会建设的决议、决定，研究提出工作意见并组织实施；研究提出本区社会建设和管理的总体规划、重大方案和宏观政策，为全区社会建设和民生发展宏观决策提供服务；宏观指导、统筹协调和督促检查本区社会建设重点任务的落实；负责拟订本区社会管理体制改革和社会领域社会动员体制机制建设的规划和政策措施，并组织实施；负责综合研究和统筹协调本区街道管理体制改革相关工作；负责本区社会领域党建工作，拟订并组织实施社会领域党建工作的规划和政策措施，协调指导各街道、各有关单位开展社区党建、社会组织党建和新经济组织党建工作；协调指导本区社会工作人才队伍建设工作，拟订并组织实施社会工作人才队伍建设的规划和政策措施，建立健全以培养、评价、使用、激励为主要内容的制度和机制；综合协调本区志愿者工作，拟订并组织实施志愿者工作的规划和政策措施；承办区委交办的其他事项。

区社会办主要职责：贯彻落实上级关于加强社会建设和管理等方面的方针政策，加强本区社会建设和管理的总体研究，提出建议和意见；研究拟订并组织实施本区社会建设总体规划、改革方案、宏观政策；组织拟订本区社会公共服务体制机制建设的规划和政策措施，协调推进社会公共服务体系建设；统筹推进本区社区建设，拟订并组织实施社区建设的规划和政策措施，综合协调社区建设中的重点、难点问题；组织协调有关部门拟订关于加强志愿者、社会工作人才队伍等方面的政策措施，指导加强制度建设；宏观指导本区社会组织建设与发展，拟订并组织实施社会组织建设的规划和政策措施，协调推进社会组织改革和发展工作；对各相关部门的社会建设工作落实情况进行指导和督促检查；承办区政府交办的其他工作。

在区委、区政府的领导下，崇文区委社会工委（区社会办）坚持以邓小平理论和“三个代表”重要思想为指导，深入学习实践科学发展观，认真贯彻党的十七大和十七届四中全会精神，紧紧围绕中华人民共和国成立60周年这一主题，紧紧围绕首都功能核心区定位，紧紧围绕“天坛文化圈”发展战略，按照“保增长、保民生、保稳定”的要求，加快推进全区社会建设，取得新成效，迈出新步伐。

（一）着眼制度建设，社会建设整体格局初步形成

一是建立了全区社会建设领导体系。成立区社会建设工作领导小组，设立办公室，明确了工作职责、工作制度和运行方式。二是创新和完善社会建设制度体系。制定并印发《崇文区社区换届选举实施意见》、《崇文区志愿者工作联席会议制度（试行）》等一系列文件。三是搭建社会建设舆论宣传、理论研究体系。组建了由区相关单位、街道、社区三级社会建设信息网络。与新闻媒体建立联系。和中国政法大学、北京工业大学共建社会工作实践教学基地，加强对全区社会建设的理论研究。

（二）以社区党组织换届为契机，党内基层政治建设取得新突破

在2009年上半年社区党组织换届选举中，全区7个街道、84个社区党组织全部实行“公推直选，多方进入”，即由社区居民、社区党员、社区党组织推荐和个人自荐产生党组织候选人，并且把辖地“两新”组织、流动人口、社区民警中的优秀党员纳入候选人提名人选，通过全体党员大会、一票差额直接选举出书记、副书记和委员。

崇文区大范围内成功完成基层党组织建设的创新实践，创造出了很多有益的经验。一是通过全面公推，创新了候选人产生方式，实现由党内提名向广泛的民主推荐转变。二是通过一票直选，创新党组织负责人选举方式，实现党组织负责人由间接选举向直接选举转变。三是通过多方进入，实现社区党组织由“居民性”向“社会性”转型，创新了班子组成方式，实现党组织班子由社区党员单一构成向社会化多元构成转变。“公推直选”的创新成果引起中组部、北京市委领导的高度重视。中共中央政治局委员、市委书记刘淇，中共中央政治局委员、中组部部长李源潮分别作了“要不断总结党内民主的做法，有序推动”和“了解情况，总结经验，完善办法，跟踪效果”的重要批示。4月20日，市委副书记王安顺、市委常委梁伟专门到前门街道前东社区调研社会领域党建和社区党组织换届工作。

（三）积极探索社会领域党建工作运行机制

一是在街道建立社会工作党委。总结推广崇外街道、永外街道试点经验。2009年内，全区7个街道全部建立社会工作党委。二是在商务楼宇建立社会工作党组织（社会工作站）。2009年内，在26座商务楼宇中建立21个社会工作党组织，占全区38座商务楼宇的68.42%；建立9个商务楼宇工作站。党组织和工作站已覆盖全部商务楼宇。三是建立非公企业党建“五个好”示范点。以“五个好”为工作目标，确定10家非公企业党组织作为“五个好”党建示范点，促进了全区非公企业党建工作。

（四）建立并试行社会领域党建工作管理考核机制，落实党建工作责任制

按照“五个好”的要求，制定并试行《关于在街道、社区中推行社会领域党建工作管理考核的意见》，对街道、社区社会领域党建工作进行考核。各街道结合自身实际，制定了具体的《实施方案》、《工作细则》和《考核标准》。

（五）以规范化建设和魅力社区评选为抓手，社区管理服务水平得到全面提升

一是加大投入，基本实现社区办公和服务用房达标。目前，崇文区已基本实现除拆迁区域外社区办公和服务用房全面达到北京市标准。二是整体布局，规范社区建设。2009年上半年，部署社区规范化建设试点工作，确定开展试点的东花市街道和34个社区。树立社区党组织、居委会和服务站“三位一体”的理念，梳理三者各自职责。协调相关单位，变社会办、民政局、行政服务中心3家建站为共同建站，做到资源共享、形成合力。崇文区的社区规范化建设走在了全市的前列，得到市委社会工委、市社会办的

充分肯定。市委常委梁伟，市委副秘书长王翔，市政府副秘书长侯玉兰，市委社会工委书记、市社会办主任宋贵伦先后两次到崇文区就社区规范化建设工作进行座谈调研。三是借助平台，提高社区管理服务水平。区政府高度重视魅力社区评选活动，把2009年魅力社区评选作为锻炼队伍、提高水平的极好平台。活动中，东花市街道广外南里、东花市南里、龙潭街道左安浦园3个社区荣获“北京市十大魅力社区”称号，本区荣获“北京市第四届魅力社区评选活动组织奖”。

（六）围绕中华人民共和国成立60周年这一主题，全区志愿服务工作大步迈进

一是推动全区志愿者工作体系建设。牵头建立《崇文区志愿者工作联席会议制度（试行）》，确定18个成员单位，明确了联席会议的主要职能、工作制度和要求。2009年12月，市委社会工委、市社会办专门到本区调研志愿者工作统筹协调机制建设，并发了专刊。二是做好中华人民共和国成立60周年庆典志愿服务保障工作。转化、招募城市志愿者在城市志愿服务站点开展服务；动员机关、企事业单位工作人员，广大社区群众和在校学生积极参加国庆各种志愿服务；协调区相关部门、各街道全力做好国庆期间维护社会稳定工作，加强群防群控。三是推动社区志愿服务有效开展。充分借助第四届“魅力社区”评选活动中各社区的志愿服务项目，进一步完善社区志愿服务的项目管理运作机制和方式。

（七）以队伍建设为重点，社会工作人才培养取得可喜成果

一是公开招聘，优化社区工作者队伍结构。7月，按照市里关于社区规范化建设的要求，招录101名应届毕业生。截至2009年10月，全区共有社区工作者985人。社区专职工作者由原来的每个社区不足2名提高至四五名。新一届社区班子成员比上届年龄结构大幅降低，文化程度大幅提高。二是加强培训，提高社区工作者整体素质。对新招的大学生及村官进行培训，并协调相关部门对社区专职工作者进行全面培训。三是科学规划，明确社会工作人才队伍建设方向。完成崇文区社会工作人才队伍建设研究报告，研究起草《崇文区社会工作人才队伍建设中长期发展规划纲要（2009—2020年）》。

（孙晓飞）

【《崇文社会建设信息》创刊】 2008年12月11日，崇文区社会建设刊物《崇文社会建设信息》正式创刊。刊物设置领导活动、重点工作、工作动态、民生民声等几个板块。2009年，在区社会建设领导小组成员单位的支持下，《崇文社会建设信息》共编发普刊42期，专刊2期，刊发信息327条，真实反映了崇文区社会建设领导小组成员单位进行社会建设事业取得的成就。

（孙晓飞）

【开展社区换届选举工作】 年内，首次将社区党组织、居委会和妇代会换届选举统筹考虑。1月中旬，召开区社区换届选举工作领导小组会和社区党组织换届选举工作研讨会，进行前期筹备。印发《崇文区社区换届选举工作实施意见》和《关于做好全区社区党组织换届选举工作的意见》。2月5日，召开社区换届选举工作领导小组第一次办公室会议。2月10日，全区社区党组织换届选举全面展开。2月20日，召开社区换届选举工作会议，对社区换届选举工作进行再动员再部署。6月底，换届选举顺利完成。换届选举后，全区共有社区党委73个，社区党总支9个，社区党支部2个。新一届社区党组织成员516名，平均年龄47.4岁，比上届下降了5.6岁；拥有大专以上学历的312人，占60.5%，比上届提高了131.1%；党员117人，占新当选人员的22.7%；专职社区党务工作者达到100名，比上届提高了72.4%。新一届社区居委会成员612人，平均年龄45.2岁，比上届下降了4.5岁；大专以上学历302人，占49.35%，比上届提高了22.4%；党员275人，占44.9%；社区党组

织书记、居委会主任一肩挑的 53 人，占 66%，比上届提高了 6%；公招人员 244 人，占 39.9%，比上届提高了 21.1%。新一届社区妇代会主席、副主席 137 人，平均年龄 43 人，比上届下降了 2.3 岁；大专以上学历 89 人，占 64.9%，比上届提高了 28.4%；党员 74 人，占 54%。

（孙晓飞）

【招聘高校毕业生社区工作者】 年内，面向社会招聘 184 名社区工作者。举办社区党建工作者培训会。招聘 95 名高校毕业生和 5 名村官到社区工作。市委社会工委、市社会办、区有关单位和街道等相关部门在基层党建、人民调解、民政事务、劳动保障、安全生产等方面对社区工作者培训 40 余次，为社区工作者尽快适应工作奠定基础。

（孙晓飞）

【加强志愿者工作】 2 月，在全区 16 个涉及志愿服务工作的单位开展调研，全区共有各类志愿者约 3 万人，志愿者队伍 545 支；2008 年，共 100 余万人次参加 3 602 批次志愿服务活动。针对调研中发现的全区志愿者管理制度不健全、资金保障不到位、项目管理不规范、志愿者数量少等问题，提出对策和建议。9 月 8 日，召开加强和改进志愿者工作研讨会，探讨整合本区志愿者资源、建立健全志愿者工作体系。

（孙晓飞）

【成立社会建设工作领导小组】 3 月，成立由区主要领导任组长、44 个成员单位、51 名同志组成的全区社会建设工作领导小组，统筹协调全区社会建设事业。

（孙晓飞）

【深入学习实践科学发展观】 3 月，崇文区委社会工委、区社会办正式启动深入学习实践科学发展观活动。成立学习实践活动领导小组和工作机构，制定活动实施方案，召开动员部署会，印发学习参考资料。学习调研阶段，党员干部通过集中学习、党课辅导、专题报告、个人自学，领会科学发展观的内涵、精神实质和根本要求；领导班子深入基层开展专题调研，形成《对建立街道社区社会领域党建工作管理考核机制的思考》调研报告；多种方式征求社会各界对领导班子及班子成员贯彻落实科学发展观意见建议 15 条；开展解放思想大讨论，全体干部为全区科学发展建言献策 12 条。分析检查阶段，深入一线了解基层情况，召开领导班子专题民主生活会和党员专题生活会，查找影响科学发展的矛盾和问题，形成分析检查报告，组织群众对分析检查报告、班子及班子成员个人进行评议，满意率达 100%。整改落实阶段，对照查找出的突出问题，制定整改方案，明确整改项目、目标要求、责任部门及整改时限；研究解决一批群众反映强烈、影响和制约科学发展的突出问题；建立和完善体制机制，为推动全区社会建设科学发展建立制度保障。回头看阶段，根据整改报告中查找出的问题，进行全面自查。在社会建设体制机制、社会领域党的建设、社区建设、社会组织工作机制方面均取得重大突破。

（孙晓飞）

【崇文区天坛街道举行第六届金鱼池社区节】 4 月 18 日，崇文区天坛街道第六届金鱼池社区节活动开幕。社区节以“欢天喜地迎华诞，携手共建新家园”为主题，共分为“铭记”、“感恩”、“开拓”三大篇章，组织了一系列重民生、促和谐的惠民、利民活动和民俗表演、歌舞表演活动。

（孙晓飞）

【中组部调研社区党组织“公推直选”】 6 月 4 日，中组部研究室副主任张景虎就社区党组织“公推直选”工作到崇文区调研。市委组织部副部长吕和顺主持调研座谈会。张景虎指出，基层党组织“公推直选”是党的组织制度的创新，全国试点的范围不断扩大，推进的力度不断加大，北京是突出的代表，特别是崇文区实现了全部公推直选，中组部部长李源潮给予高度关注并作批示："了解情况，总结经验，完善办法，跟踪效果。"张景虎指出，一是要研究实行"公推直选"需要街道、社区具备哪些条件，以保证改革的稳妥进行。二是要研究如何缩短周期、减少成本、提高效果，以保证改革的可持续推进。三是要研究如何加强对选出来的领导班子的监督，以保证改革效果的实现。四是要积极研究探索其运行机制和工作方式的转变，确保改革的意义得到充分体现。市委社会工委委员、市社会办副主任陈建领，区领导丁茂战、夏树军陪同调研。

（孙晓飞）

【推进社会领域党建工作】 年内，全区7个街道全部成立社会工作党委，共在26座商务楼宇中建立15个社会工作党组织、4个工作站，确定10家非公企业党建"五个好"示范点。

（孙晓飞）

【推进社区规范化建设】 年内，召开社区规范化建设工作研讨会，研究部署社区规范化建设试点工作，确定龙潭街道光明北里社区等34个社区为规范化试点社区，推进社会规范化建设。

（孙晓飞）

【崇文社会建设网站建成】 6月，崇文区社会建设网站建成运营。网站向社会发布崇文区社会领域党的建设、社区建设、社会组织、志愿服务等社会建设工作的进展动态情况，及时公布社会建设相关资讯，作为新兴媒体，成为宣传、反映崇文区社会建设事业的重要平台。

（孙晓飞）

【社会领域党组织纪念中国共产党成立88周年】 6月，崇文区社会领域党组织结合各自单位实际，制定了活动方案，广泛宣传在工作中涌现出的先进典型。深入开展主题纪念活动，召开座谈会、革命传统报告会，开展"共产党员献爱心"捐献活动，帮扶弱势群体，开展"一助一"结对子等各种帮扶，提高党组织、党员的宗旨意识和服务意识。

（孙晓飞）

【社会领域先进集体和个人受到表彰】 7月1日，在全市社会领域纪念建党88周年座谈会上，崇文区永外街道工委等2个社会领域党建试点工作先进单位、世纪天鼎商品交易市场有限公司党支部等2个社会领域先进基层党组织、赵秋洁等3名社会领域优秀党务工作者、李昌等5名社会领域优秀共产党员受到表彰。

（孙晓飞）

【召开社会建设信息宣传工作和社会建设信息年度总结会议】 7月2日，召开全区社会建设信息宣传工作会议，制定《加强崇文区社会建设信息工作的意见》。

（孙晓飞）

【制定社会工作人才发展中长期规划】 10月，制定完成社会工作人才发展中长期规划编制（2009—2020年）工作。规划明确了社会工作人才发展的指导思想、基本原则与目标，部署了社会工作人才发展的主要任务，提出社会工作人才发展的保障措施。该规划将作为今后一段时期指导全区推进社会工作人才队伍建设的纲领性文件，促进社会工作人才队伍建设的职业化、专业化、合理化发展提供政策保障。

（孙晓飞）

【指导区社区和新经济组织深入学习实践科学发展观活动】 年内，成立了区社会和"两新"组织深入学习实践科学发展观活动领导小组及办公室，启动区社区和"两新"组织深入学习实践科学发展观活动。起草指导方案，将社会领域党建、社区规范化建设工作作为衡量学习实践科学发展观活动成效的标准；征集有引导教育意义的党组织、党员的典型事迹，编写6万余字的实用教材；确定现场教学点；区委书记夏强、区委常委丁茂战多次到非公企业调研深入学习实践科学发展观活动。

（孙晓飞）

【侯玉兰调研社区规范化建设】 11月20日，市政府副秘书长侯玉兰，市委社会工委书记、市社会办主任宋贵伦到崇文区就社区规范化建设工作开展调研。侯玉兰提出：一是要把工作基础做扎实，充分、合理运用资金；二是要认真调查、梳理基层工作中遇到的现实问题，研究解决对策；三是要总结试点工作中的成功经验，特别是要积极探索体制机制、人员配备及职能划分等软件，使社区党组织、居委会、服务站发挥好各自作用，切实提高社区的服务水平，使居民群众满意，促进社会和谐。市委社会工委、市社会办、市发改委相关领导，区领导高桂强陪同调研。

（孙晓飞）

【发放受赠轮椅和助走器】 11月20日，举行上海增爱基金会和美国LDS慈善协会为崇文区残疾人捐赠300辆轮椅和100台助走器捐赠仪式。全区400名残疾人接受捐赠。

（孙晓飞）

【与北京工业大学共建教学实践基地】 12月16日，与北京工业大学人文社科学院共建教学实践基地。区委常委丁茂战、副区长高桂强出席仪式并揭牌。

（孙晓飞）

【开展社会工作人才队伍情况调查】 年内，在全区14个单位和84个社区中开展社会工作人才队伍情况调查。全区共有社会工作组织机构145个，各类社会工作相关从业人员2 668人，主要集中于卫生、社区、流管、残联、民政等系统。按性别组成划分，男性836人、女性1 832人，分别占31.33%和68.67%；按学历层次划分，大专及以上学历人员1 464人，占54.87%。

（孙晓飞）

【国庆游园志愿服务工作】 年内，区委社会工委、区社会办参与崇文区国庆筹备工作领导小组及国庆游园指挥部工作。在北京工业大学招募730名游园志愿者，共为游客提供安全、咨询、引导、语言等服务达到40 000余人次。在全区国庆庆典总结表彰大会上，崇文区委社会工委、区社会办获得“最佳服务保障奖”。

（孙晓飞）

宣武区

【概况】 根据《中共北京市宣武区委办公室、北京市宣武区人民政府办公室关于印发〈中共北京市宣武区委社会工作委员会、北京市宣武区社会建设工作办公室主要职责、内设机构和人员编制规定〉的通知》（宣办发〔2008〕19号），中共北京市宣武区委社会工作委员会（简称区委社会工委）主要职责：第一，贯彻执行党的路线、方针和政策，保证区委社会建设和管理各项决定的落实；第二，研究提出区域社会建设和管理的规划、方案和意见，为区委社会建设宏观决策服务。第三，按照区委、区政府的要求，统筹推进社会建设各项任务的分解落实和督促检查。第四，负责社区党建和“两新”组织党建工作，研究拟订加强社区党建和“两新”组织党建工作的规划和指导意见，并组织实施。第五，负责社会志愿者队伍和社会工作者队伍建设的统筹协调和指导监督，研究拟订有关规划和方案，建立健全以培养、评价、使用、激励为主要内容的工作机制和制度保障。第六，对各街道和相关部门的社会建设和管理工作落实情况进行指导和督促检查。第七，综合协调街道工委、街道办事处与区委、区政府各职能部门的工作关系。第八，完成区委、市委社会工委交办的其他工作。

北京市宣武区社会建设工作办公室（简称区社会办）主要职责：第一，根据中央和市委关于加强社会建设和管理方面的方针政策，加强宣武区社会建设和管理工作的总体研究，有针对性地提出意见和建议；第二，研究拟订宣武区社区建设、社会组织建设、社会工作队伍建设等方面的规划、方案、意见并组织实施；第三，统筹推进社区建设，综合协调社区建设中的重点难点问题，指导监督社区建设各项方针政策的贯彻落实；第四，负责社会组织建设、管理和服务工作的指导，组织协调有关部门研究拟订相关的指导意见；第五，对各街道和相关部门的社会建设和管理工作落实情况进行指导和督促检查；第六，完成区政府、市社会办交办的其他工作。

区委社会工委和区社会办设4个职能科室：办公室、党建工作科、社区建设科、社会组织科。区委社会工委、区社会办机关行政编制15名。其中书记（主任）1名，副书记、副主任3名；科级领导职数4名。

9月，根据《中共北京市宣武区委办公室、北京市宣武区人民政府办公室印发〈关于认真做好政府有关部门主要职责内设机构和人员编制规定的意见〉的通知》（宣办发〔2009〕25号）和市委社会工委、市社会办“三定”方案，研究修订了区委社会工委、区社会办“三定”方案。10月，报请区委、区政府审定。

2009年全区社会建设工作以深入学习实践科学发展观活动为契机，全面贯彻落实市社会建设大会精神，紧紧围绕“保增长、保民生、保稳定”的目标任务，构建体系、健全机制、突破重点，取得了可喜的成效。

深入调研、健全机制，进一步完善社会建设工作运行体系。以加强调研、健全机制、完善机构为重点，围绕楼宇党建、社区规范化建设试点工作和社会组织管理等重点工作，组织了商务楼宇经济和组织状况、社区治理模式、社区办公和服务用房情况及社会组织发展情况等多个调研。召开了宣武区社会建设大会，制定了宣武区加强社会建设“1+4”系列文件，明确了加强社会建设的主要目标和基本任务，形成了加强社会建设的基本工作框架。成立了宣武区社会建设工作领导小组，建立了宣武区社会建设工作领导小组办公室联席会议制度，就社会建设的重大问题加强与区级部门的沟通协调，进一步完善了街道工作例会制度，初步形成了区级单位层面的工作协调机制。

统筹协调、加强指导，圆满完成社区“两委”换届。区委、区政府成立了社区“两委”换届工作领导小组，统一部署、统筹协调、指导监督全区社区“两委”换届选举工作。各街道和相关单位认真落实《宣武区2009年社区党组织换届选举意见》和《宣武区第七届社区居委会换届选举工作意见》，坚持扩大基层民主，严格依法实施选举，圆满完成社区“两委”换届选举工作，全区社区党组织和社区居委会班子结构更加优化，社区专职工作者队伍的整体素质明显提高，为强化社会建设的基层基础工作奠定了坚实的基础。

明确任务、理清职责，扎实推进社区规范化建设。以牛街街道和大栅栏街道铁树斜街社区等36个社区作为试点，扎实推进社区规范化建设，多措并举加大社区办公和服务用房建设力度。以推动居站职能分开为切入点，初步构建了以社区党组织为核心、社区自治组织为基础、社区服务站为依托、社区社会组织为补充、驻社区单位密切配合、社区居民广泛参与的现代新型社区治理结构。和谐社区创建活动成效显著，宣武区荣获“全国和谐社区建设工作示范城区”，广外街道荣获“全国和谐社区建设工作示范街道”，椿树街道椿树园社区荣获“全国和谐社区建设工作示范社区”。广内街道荣获“全国群众体育先进单位”，天桥街道荣获“全国社区服务先进街道”，广内街道西便门东里社区荣获“全国社区服务先进社区”。天桥街道天桥小区在北京市第四届魅力社区评选中荣获“魅力风采奖”。

建设阵地、促进规范，巩固深化社会领域党建工作。在8个街道统一组建了社会工作党委，在商务楼宇建立了36个社会工作站，初步形成了“区—街—楼宇社会工作站”三级工作体系，实现了党的组织和党的工作在商务楼宇的全覆盖。在商务楼宇党组织中启动了为期3年的“五有五好”楼宇党建达标创优工作，进一步提升了楼宇党建工作水平。在社区和“两新”组织开展深入学习实践科学发展观活动，增强了社区和“两新”组织党组织的影响力、凝聚力和战斗力。

加强培训、落实待遇，不断提升社区工作者队伍素质。公开招考187名社区工作者，选聘97名应届毕业生、6名村官到社区工作。与中国青年政治学院合作建立区社会工作人才培训基地，选调40名社区工作者骨干参加为期两周的社区工作人才脱产培训。结合工作需要，开展了分层、分类、分专题的培训。建立完善了社区工作者年休假制度，在全市率先落实了社区工作者待遇。

强化服务、重点突破，逐步完善公共服务体系。积极探索推进公共服务体系和便民服务体系建设，以街巷保洁改革为突破口，完成了全区街巷保洁改革移交工作。启动了宣武区居民公共服务需求状况的调查和“宣武人”社区便民服务卡实施工作。全区100%社区建立了社区服务站。积极打造“15分钟便民服务圈”等多种便民服务模式，极大地方便和服务了群众生活。

整合力量、支持引导，加强社会组织建设。认真总结奥运会志愿者工作的成功经验，印发了《宣武区关于进一步加强和改进志愿者工作的实施意见》（宣发〔2009〕18号），积极筹备成立宣武区志愿者联合会，圆满完成全区国庆60周年志愿服务保障工作。注重支持和培育社会组织，确定了30个重点联系的社会组织，建立了社会组织工作联席会议制度，一批优秀的社会组织成为承接公共服务的重要载体。

（武　剑）

【调查研究工作】　年内，结合全年社会建设重点工作的推进，完成了《宣武区楼宇经济发展状况调查报告》、《宣武区商务楼宇组织建设调查报告》、《关于进一步加强楼宇党建工作的思考》、《关于促进宣武区实现现代社区治理模式的调查报告》、《关于宣武区社区办公和服务用房建设的调查报告》、《宣武区关于探索建立社会组织管理体系的思考》、《转化奥运成果弘扬志愿精神推动宣武区志愿服务事业又好又快发展》等多篇调研报告。

（宗　君）

【开展深入学习实践科学发展观活动】　年内，按照区学习实践活动领导小组的统一部署和要求，区委社会工委、区社会办组建领导机构、确定实践载体、制订实施方案。学习调研阶段，完成了宣武区商务楼宇经济调查、社会组织管理体系调研等调研报告，得到市区领导重要批示；分析检查阶段，积极开展谈心活动，召开了领导班子民主生活会；整改落实阶段，认真落实整改方案。

（宗　君）

【建立和完善宣武区街道工作例会制度】　年内，由区委社会工委、区社会办牵头，每季度组织召开一次由街道工委、办事处主要领导参加的街道工作例会，加大对街道社会建设的统筹力度。年内，共召开3次街道工作例会，区委、区政府主要领导、主管领导分别就“保增长、保民生、保稳定”、社区“两委”换届、基层党的建设、街道“三定”方案修订等重点工作听取汇报，并进行专题研究。

（宗　君）

【开展社会领域党建征文活动概述】 年内，共收到来自全区相关党工委、街道社会工作党委、社区党组织、“两新”组织党组织和广大社会领域党务工作者的征文74篇，评出优秀奖25个、纪念奖49个、优秀组织奖11个，编印了《宣武区2009年社会领域党建优秀征文选编》。

（王 成）

【社区建设与管理概述】 年内，按照全市“一分、三定、两目标”的要求，以社区服务站建设和推动居站职能分开为重点，着力规范社区工作职能、理顺社区工作运行机制、推进社区办公用房和服务用房建设、加强社区工作者队伍建设，社区建设取得了长足发展：社区“两委”换届圆满完成；社区党组织、社区居委会、社区服务站“三位一体”的组织体系全面建立；社区资源得到有效整合；社区工作职责梳理清晰，社区工作机制运行良好；社区工作者向年轻化、专业化、职业化方向发展；社区基础设施明显改善，社区办公和服务用房建设显著提高；居民民主意识和参与意识逐步增强，社区居民的满意度、幸福感均有较大提升。2009年宣武区被民政部授予“全国和谐社区建设示范城区”称号。

（贾冬梅）

【社区规范化建设试点工作】 年内，按照“规范社区管理、完善社区服务、加强社区自治’的工作目标和试点先行、点面结合、循序渐进、逐步延伸的基本原则，认真贯彻落实北京市推进社区规范化建设试点工作实施方案精神，研究制定了《宣武区关于推进社区规范化建设试点工作的实施方案》和《任务分解》。7—8月，全面梳理、统一规范社区工作职能，明确了社区党组织工作事项7类50项、社区居委会工作事项7类70项、社区服务站工作事项4类64项，并以宣武区社会建设工作领导小组办公室文件形式印发。建立了《宣武区社区联席会议制度（试行）》，形成了在社区党组织领导下，社区居委会和社区服务站紧密对接、协调联动机制。采取“六定”措施，即定责、定事、定岗、定人、定规、定钱，着力规范社区服务站建设，切实提高服务能力和服务水平。通过区、街、社区共同努力，社区规范化建设试点工作取得了显著成效：社区办公和服务用房建设得到明显推进，全区60%的社区办公和服务用房面积达到350平方米，比上年增长24.6%，建成了红莲中里、莲花河、法源寺、春风、清芷园、红土店、西便门东里、百顺等一批精品社区，打造了牛街街道春风社区“民生一条街”、广内街道槐柏树社区“5分钟便利服务圈”、天桥街道“两级志愿服务网络”、大栅栏街道铁树斜街社区“行走百米温馨服务圈”等多种便民服务模式。

（贾冬梅）

【社会工作人才队伍建设概述】 年内，以社区社会工作者队伍建设为重点，着力加强培训、规范管理，积极推进社区工作者队伍专业化、职业化建设。建立了社区工作人员基本情况数据库，全面掌握全区社区党组织、社区居委会、社区服务站的设置情况及各类人员的基本情况。完成了面向社会公开招考社区工作者工作，开展了选聘高校毕业生和村官到社区工作，为社区“两委”换届充实了人员力量，优化了社区工作者队伍结构。与区民政局联合印发《关于实行社区工作者带薪年休假制度的通知》，全面落实了社区工作者待遇和“五险一金”。积极做好社会工作者职业水平考试报名组织动员工作，对通过国家社会工作者职业水平考试，获得全国社会工作师或助理社会工作师职业水平证书的71名社区工作者发放了职业补贴（中级20人，初级51人）。加大社区工作者的培训力度，在中国青年政治学院建立了宣武区社会工作人才培训基地，举办了社区人才培训班，收到了良好的培训效果；同时还开展了新招社区工作者岗前培训、大学生进社区岗前培训、社区“两委”换届专题培训、社区党务工作者培训、社区规范化建设专题培训、楼宇党建特派员培训等，不断提高社区工作者的素质。

（王　辉）

【社区工作人员基本情况】 截至2009年年底，全区共有社区工作人员1 644人，其中历次公开招考及大学生社区工作者621人，退休人员623人，社区各类协管员400人，大专以上学历达到50%，党员比例达到43.9%，社区工作者队伍年龄结构、知识结构明显优化。

（王　辉）

【社会组织工作概述】 年内，着力推进社会组织建设与管理，重点做了以下几方面工作。一是加强统筹协调。按照代表性强、影响力大、运作规范的原则，确定了30家重点联系的社会组织，建立了重点社会组织联席会议制度，召开了第一次联席会议。加大了对重点社会组织的宣传力度。二是探索社区社会组织分级分类管理。各街道全部成立了公共服务协会或文体协会，积极探索社区社会组织管理模式，对分散在各社区的社会组织进行分类整合，实行统一登记备案管理。街道相关职能科室对社区社会组织的日常工作进行具体业务指导，并提供活动场所、设备、人员等方面的支持和服务，促进了社区社会组织健康、持续发展。三是发挥行业协会作用服务“三保”。各行业协会深入开展调查研究，及时了解本行业的经营动态，积极向政府有关部门建言献策，广泛宣传政府出台的扶持政策，带领会员单位围绕深化业内合作、拓展促销渠道、增强行业凝聚力、加强行业自律等，主动为会员单位提供服务，发挥行业龙头作用，为区域经济发展作出了积极贡献。四是拓宽社区服务领域。认真贯彻北京市“九养”政策，积极探索和尝试让老年人在社区或家中得到生活照料、体质康复和精神慰藉等居家养老服务模式。牛街社区服务中心开展了社区便民服务卡试点，努力推进社会公共服务均等化。五是开展中华人民共和国成立60周年活动。各社区社会组织、社会团体、民非企业结合实际，分别开展了各具特色的活动。

（孙学慧）

【社区社会组织调查】 年内，开展了社区社会组织调查，共有社区社会组织992家，其中文体活动类组织528家、社区事务类组织234家、生活服务类组织91家，分别占社区社会组织总数的53%、24%和9%；社团类组织会员总人数54 802人，其中党员14 307人。社区社会组织中有专职工作人员1121人，其中党员546人。全年社团类组织累计开展活动37 318次，民办实体机构服务居民124 161人。社区社会组织已成为丰富社区居民文体生活的一支重要力量，在健全社会动员机制、促进基层民主建设和维护社会安定团结等方面发挥了重要的作用。

（孙学慧）

【志愿者工作概述】 年内，认真贯彻落实《市委、市政府关于进一步加强和改进志愿者工作的意见》，积极转化奥运会志愿者工作成果，印发了《宣武区关于进一步加强和改进志愿者工作的实施意见》，进一步健全志愿者工作管理体系，建立志愿服务长效机制。一是健全志愿者工作领导协调机构。构建了在区委、区政府领导下，区社会建设工作领导小组办公室综合协调、志愿者联合组织具体实施、相关单位密切配合的志愿者工作协调机制。二是筹建宣武区志愿者联合会。进一步整合资源，依托团区委建立宣武区志愿者联合会，使之成为覆盖各部门、各系统、各领域的志愿者行业管理和服务的“枢纽型”社会组织。三是建立志愿者长效工作机制。建立了区—街—社区志愿者工作管理格局，大力开发志愿服务项目，打造宣武特色志愿服务品牌。以加强和谐社区建设为主线，从群众急需、能办到的事情做起，探索志愿服务和社区公益服务的有效对接。积极开发敬老扶幼、优抚助残、慈善公益、就业援助、治安巡逻、环境保护、人民调解、法律服务、社区教育等多方面的志愿服务项目，实现社区志愿服务的经常化。四是着力培育壮大志愿服务队伍。广泛发动社会各界和广大市民积极投身志愿服务，充分挖掘社会志愿服务资源，按照项目留人、机制留人和感情留人相结合的原则，建立了来源广泛、数量充足、贴近需求的各类志愿服务队伍，逐步形成了门类齐全、队伍精练、素质优良的专业志愿服务队伍。

（孙学慧）

【社会建设舆情概述】 年内，制定印发了《关于建立社会建设舆情信息分析制度的通知》，明确了社会建设舆情信息报送的重点，建立了社会建设舆情信息直报点，组建了社会建设舆情信息员队伍，开展了业务培训。1—4季度分别围绕金融危机、甲型H1N1流感防控、中华人民共和国成立60周年庆祝活动、学习实践科学发展观等热点问题进行了社会舆情分析。市委常委梁伟、区委书记王宁等领导对社会建设舆情报告作出重要批示。

（孙学慧）

【社会领域党的建设概述】 年内，以社区党组织换届为契机，以深化楼宇党建为重点，以构建体系、巩固基础、全面覆盖为工作目标，加强领导、统筹协调、规范管理、创新机制，稳步推进社会领域党建工作。通过统一组建社会街道社会工作党委，推进社会领域党建工作体系的建立健全；顺利完成社区党组织换届选举工作，为进一步发挥社区党组织的领导核心作用奠定了基础；逐步扩大商务楼宇党组织和党的工作的覆盖面，在楼宇党建工作上取得突破性进展；在社区和“两新”组织党组织中开展深入学习实践科学发展观活动，努力使党建工作更好地促进和推动区域经济社会的科学发展。

（王　成）

【社会领域党组织基本情况】 年内，宣武区共有107个社区党组织，其中社区党委99个、社区党总支7个、社区党支部1个，共有党员22 813名；共有新经济组织和社会组织党组织177个，其中党委6个、党总支3个、党支部168个，共有自管党员2 116名；辖区商务楼宇42座，入驻单位2 097家，从业人员23 837名，党组织115个，党员1 963名；年内新组建楼组党总支2个、楼宇党支部14个，建立36个楼宇社会工作站。

（王　成）

【商务楼宇党建概述】 年内，坚持“树起来的社区”的工作理念，按照“需求出发、服务入手、利益联结、活动凝聚、组织带动”的工作思路，努力实现两个全覆盖和打造三个一批的工作目标：一是按照党群共建的思路，区委组织部、区委社会工委和区总工会联合印发了《关于在商务楼宇建立社会工作站的实施意见》，共同推进楼宇社会工作站和楼宇党群组织建设，夯实楼宇党建工作基础，编印了《楼宇党建特派员风采录》，截至2009年年底，共建立36个楼宇社会工作站，新组建2个楼组党总支和14个楼宇党支部，为实现党组织和党的工作在商务楼宇的全覆盖创造了条件；二是印发了《宣武区开展楼宇党建达标创优工作的意见》，启动了为期3年的“五有五好”楼宇党建达标创优工作，为培育一批“五好”党支部、打造一批示范社会工作站奠定了基础；三是印发了《楼宇党建创新项目管理办法》，按照公平竞争、择优立项的原则，研究确定了“365党员服务站”等15个项目为区级立项项目，并给予资金支持，以项目管理的方式推动楼宇党建工作不断创新，创建一批精品服务项目。宣武区楼宇党建工作经验做法得到市领导和有关部门的充分肯定，市委常委梁伟先后两次对宣武区楼宇党建工作作出重要批示；北京电视台、《北京日报》等多家市级媒体对宣武区楼宇党建进行了宣传报道。

（王　成）

【完成面向社会招考社区工作者工作】 年内，会同区民政局、区劳动保障局联合印发《关于2009年社区工作者签订服务协议有关事项的通知》，对服务协议的内容、签订、变更等有关事项进行说明。举办新招录社区工作者上岗培训。187名面向社会公开招考的社区工作者与街道签订了服务协议。至此，全面完成社区工作者招考工作。

（王　辉）

【成立宣武区社会建设工作领导小组】 经十届区委常委会第58次会议和第75次区长办公会研究同意，3月正式成立了宣武区社会建设工作领导小组，为区委、区政府议事协调机构，同时撤销原宣武区社区建设和城市管理体制改革领导小组。区社会建设工作领导小组的主要职责是在区委、区政府领导下，综合研究、宏观规划、统筹协调全区社会建设和管理工作，推动宣武社会建设。宣武区社会建设工作领导小组由40个相关部门组成，区委书记王宁任组长，区委副书记、区长王刚任第一副组长，区委副书记杨素荣任常务副组长，区委常委、区委组织部部长赵林华，区委常委、副区长杜灵欣，副区长范宝任副组长。宣武区社会建设工作领导小组办公室设在区委社会工委、区社会办，主要职责是在领导小组的领导下，研究提出加强社会建设的政策措施，协调全区社会建设的相关工作，督促检查领导小组决定事项的贯彻落实，总结推广社会建设工作典型经验，承办领导小组日常工作。办公室主任由区委社会工委书记、区社会办主任王燕兼任。

（武　剑）

【社区党组织换届选举圆满完成】 通过编发社区党组织换届选举工作手册、组织专题培训、建立选举周报制度、明确专人接待信访等多种措施，加大对社区党组织换届选举的指导。区领导杨素荣、范宝多次深入8个街道调研社区“两委”换届工作。4月底，宣武区106个社区党组织的换届选举工作圆满完成，通过普遍公推、试点直选、代表选举的方式共选举产生新一届社区党委97个、社区党总支8个、社区党支部1个。选举产生的532名社区党组织班子成员中，男167人，女365人；平均年龄为49.2岁，与上届相比下降了3岁；大专以上学历319人（研究生1人），占60%，与上届相比提高了11.2%；社区党组织书记平均年龄48.9岁（其中有3名书记、副书记在30岁以下）；大专以上的147人，占书记、副书记总数的91.3%，比上届提高了25.5%；社区党组织书记和社区居委会主任“一肩挑”的社区增加到24个。106个社区共配备专职书记、副书记和专职党建工作者188名，比上届提高了72%，专职副书记55人，比上届提高了104%，基本实现了党员200人以上或者商务楼宇集中的社区配备1名专职副书记或者2名社区专职党建工作者的目标。

（王　成）

【召开宣武区社会建设大会】 3月11日，召开了宣武区社会建设大会，主要任务是贯彻落实北京市社会建设大会精神，总结部署宣武区社会建设工作。市委常委梁伟出席会议并讲话，区委书记王宁作社会建设工作报告，并对社区“两委”换届工作进行动员部署，区长王刚主持会议。市委社会工委委员、市社会办副主任张坚，区人大常委会主任王敏荣，区政协主席张文华，区委副书记杨素荣，区委常委、区委组织部部长赵林华，区委常委、副区长杜灵欣，副区长范宝出席会议。

（武　剑）

【指导“两新”组织党组织开展学习实践科学发展观活动】 4月，印发了《宣武区非公企业开展深入学习实践科学发展观活动试点工作实施方案》，指导北京丽晶皇城老妈饮食有限公司和北京海格国际酒店两家非公企业开展学习实践活动试点工作。通过加强组织领导、夯实试点基础、强化沟通指导、注重成果转化等各项工作措施至8月中旬，圆满完成了试点工作。10月，启动了第二批深入学习实践科学发展观活动，印发了《宣武区“两新”组织学习实践科学发展观活动工作意见》，全面指导社区和“两新”组织开展学习实践活动，进一步梳理了工作、查找了问题、总结了经验、健全了制度，形成了科学发展的共识，激发了科学发展的动力，创新了科学发展的举措，使全区社会领域党的建设在学习实践活动中得到了进一步加强和提升。

（王　成）

【召开宣武区社会建设工作领导小组（扩大）会议】 6月22日，召开了宣武区社会建设工作领导小组（扩大）会议暨社区规范化建设试点工作会，就社区规范化建设的7个方面和27项工作内容进行了部署，确定在牛街街道和大栅栏街道铁树斜街社区等36个试点社区率先开展社区规范化建设试点工作。

（赵　嵩）

【成立街道社会工作党委】 6月25日，举行街道社会工作党委成立揭牌仪式，市委副秘书长王翔，市委社会工委委员、市社会办副主任赵小卫，区委常委、区委办主任赵金花，区委常委、区委组织部部长赵林华等领导出席仪式，并与8个街道工委书记共同为街道社会工作党委揭牌。街道社会工作党委在区委社会工委的指导和街道工委的领导下开展工作，街道工委副书记兼任社会工作党委书记，委员包括街道工委、群团组织、科站队所、社会领域党组织的代表，下设办公室，配备了专职工作人员。街道社会工作党委主要承担整合资源、统筹推进街道社会领域党建工作的职责，具体负责辖区内社会组织、新经济组织和商务楼宇党建工作，指导社区党组织开展社区党建和流动党员管理工作。

（王　成）

【选聘高校毕业生和村官到社区工作】 7月，会同区人事局联合印发《关于做好2009年高校毕业生到社区工作有关管理问题的通知》，对大学生社区工作者协议、待遇等进行统一规范。与70名高校应届毕业生及4名村官签订了服务协议。8月18—19日，委托宣武红旗业余大学对选聘的高校毕业生和村官进行了岗前培训。

（王　辉）

【到外省市学习考察社会建设】 7月20—23日，副区长范宝带队，区社会办、区政府办、区民政局等部门领导和8个街道主要领导一行16人赴深圳市南山区、盐田区考察社区建设，详细了解了社区治理体制和运行机制、社区工作站建设、社区工作者队伍和志愿者队伍建设等方面的情况，撰写了《深圳市南山区、盐田区社区建设工作考察报告》。11月22—25日，区社会办、区民政局、街道主管领导和社区服务中心主任一行13人赴广州市荔湾区学习考察创新政府购买公共服务的经验做法，详细了解了荔湾区以社区服务为切入点，着重在为老服务、残障康复、再就业服务、青少年辅教等领域积极创新“政府推动、民间运作”的政府购买社工服务项目的模式，撰写了《积极扶持加快推进政府购买公共服务机制——赴广州市荔湾区学习考察报告》。

（贾冬梅、孙学慧）

【宣武区成立首个商务楼组党总支】 7月30日，椿树街道在海格国际酒店举行商务楼组党总支成立暨社会工作站、工会服务站揭牌仪式。市委社会工委委员、市社会办副主任陈建领，市总工会副主席王北平，区委常委、副区长杜灵欣等领导出席仪式，并为3个商务楼宇社会工作站、工会服务站揭牌。

（王　成）

【区领导专题调研商务楼宇党建工作】 8月21日，区委书记王宁先后到广内街道乐凯大厦社会工作站、椿树街道海格国际酒店社会工作站调研商务楼宇党建工作，详细了解了楼宇社会工作站的职能和运行情况，对楼宇党建工作给予充分肯定，并就进一步加强和改进楼宇党建工作提出了新的要求。

（宗　君）

【椿树街道成立全市首家社区工作者俱乐部】 8月28日，椿树街道心桥社区工作者俱乐部召开成立大会，心桥俱乐部旨在搭建心桥、连通友谊，为社区工作者创建一个心灵的驿站和港湾，通过知识交流学习、基本技能培训演练、文体活动愉悦身心，促进社区工作者服务能力的全面发展。

（蒋苏菲）

【召开社区规范化建设工作现场推进会】 9月17日，在广外街道红莲中里社区召开了宣武区社区规范化建设工作现场推进会，重点研究了社区办公和服务用房建设情况，社区党组织、居委会和服务站工作事项梳理情况，大学生进社区情况，部署了下一阶段社区规范化建设试点工作的重点任务。

（赵　嵩）

【举办社区工作者培训班】 社区“两委”换届后，区委组织部、区委社会工委、区社会办、区民政局共同举办了宣武区社区工作者培训班，区委常委、区委组织部部长赵林华作开班动员讲话，副区长范宝主持开班仪式。这次培训班是社区“两委”换届工作的一项重要内容，在培训形式上，采取集中培训与分类培训相结合，专家授课与学习研讨相结合；在培训内容上，针对全体社区工作者、社区党务工作者、社区居委会工作人员、社区服务站工作人员科学设置不同课程，力求内容充实、实用性强。9月2日，社区党组织书记、副书记，社区居委会主任、副主任，社区服务站站长、副站长以及部分新招考的社区工作者530余人参加了培训，培训的主要内容是区情、社会建设与社区建设。9月3—4日举行了社区党务工作者培训，培训内容涉及社会领域党建、社区党风廉政建设、基层党务基础知识、社区党建创新等方面，各街道主管领导，街道社会工作党委及办公室有关人员，社区党组织书记、专职副书记、专职党务工作者，楼宇党建特派员等近300人参加了培训。

（王　辉、王　成）

【“三爱”主题教育活动】 9月初至10月底，区委宣传部、区委社会工委共同在全区社会领域党员群众中组织开展了“爱祖国、爱北京、爱宣武”主题教育暨感受新宣武游览活动，300多名党员群众游览了“古韵宣南——宣南文化感受之旅”和“华彩新章——现代宣武体验之旅”两条特色线路。

（王　成）

【“两新”组织“五好”党组织创建】 10月，结合第二批科学发展观学习实践活动，区委组织部、区委社会工委在全区“两新”组织党组织中开展了创建“五好”（领导班子好、党员队伍好、工作机制好、发挥作用好、各方反映好）党组织工作，力争通过3—5年的创建工作，在全区“两新”组织中推出一批“五好”党组织示范点，增强党组织在“两新”组织中的影响力、凝聚力、战斗力。

（王　成）

【参加全国和谐社区建设工作会议】 10月19日，副区长范宝带队，区委社会工委（区社会办）、区民政局、椿树街道、广外街道等单位的领导参加了国家民政部在苏州召开的“全国和谐社区建设工作会议”。会上，宣武区被国家民政部授予“全国和谐社区建设示范城区”，广外街道荣获“全国和谐社区建设工作示范街道”，椿树街道椿树园社区荣获“全国和谐社区建设工作示范社区”。

（高　枫）

【市政协委员到宣武区视察社会建设工作】 10 月 22 日，市政协副主席赵文芝带队，市政协社会和法制委员会委员到牛街街道实地考察了春风社区服务站、卫生站、社区居家养老服务中心、民族敬老院，听取了宣武区公共服务及社区建设情况汇报，充分肯定了宣武区社区建设工作成效。区委书记王宁、区长王刚、副区长范宝、区政协副主席袁双梅陪同调研。

（贾冬梅）

【成立全国首家直辖市区县律师协会】 10 月 27 日，第一届北京市宣武区律师代表大会举行，审议通过了《宣武区律师协会章程》、《宣武区律师协会理事选举办法》，选举产生了第一届北京市宣武区律师协会，成为全国首家直辖市区县律师协会。

（蒋苏菲）

【社区办公和服务用房建设】 年内，会同区发改委研究制定了《关于社区规范化建设试点社区申请市政府固定资产投资补助支持的有关说明》，聘请专业公司联合开展社区规范化建设试点社区申请市政府固定资产投资补助支持立项工作。10 月 28 日，市发改委对宣武区上报的社区办公和服务用房项目进行了批复，支持 10 个社区办公和服务用房规范化试点建设，总建筑面积 2 590 平方米，项目总投资 3 913 万元，其中 8 个购置项目总建筑面积 1 878 平方米、总投资 3 799 万元，1 个新建和 1 个装修改造项目总建筑面积 712 平方米、总投资 114 万元，按照项目投资的1∶1比例安排市政府固定资产投资 1 957万元。

（赵　嵩）

【检查验收社区规范化建设试点工作】 11 月 17—18 日，区社会建设工作领导小组办公室各成员单位领导分两组对各街道社区规范化建设试点工作进行了检查验收，36 个试点社区全部完成了试点工作任务。

（贾冬梅）

【街巷保洁改革】 12 月 1 日，召开街巷保洁改革移交工作会，标志着全区街巷保洁改革移交工作正式启动。这次改革的主要内容是在大栅栏、椿树、牛街、广内 4 个街道街巷保洁工作交给专业保洁公司管理的基础上，将天桥、陶然亭、白纸坊、广外 4 个街道的街巷保洁、垃圾清运、垃圾容器清洗等保洁工作全部由街道移交给区环卫服务中心负责。进一步明确区环卫服务中心是街巷保洁工作的责任主体，区市政市容委是街巷保洁工作的监管主体，强化街道办事处监督考核评估责任。

（蒋苏菲）

【广外街道成立全市首家社区国学社】 12 月 3 日，广外街道成立全市首家社区国学社，聘请了 6 位专家、学者作为顾问。国学社面向社区、学校、单位，开展以“弘扬传统倡导国学”为主要内容的系列教育和文化活动，旨在普及和传承中国历史文化知识、文明礼仪、民俗习惯、风俗传统，充分发挥纯化民风、凝聚民心的作用，将国学社建设成为社区居民参与文化建设的新平台和和谐社区建设的新载体。

（张　宇）

【实施宣武人社区便民服务卡】 12 月 24 日，举行宣武人社区便民服务卡推广实施启动仪式，标志着宣武人社区便民服务卡将在全区推广使用，体现了政府公共服务模式的转变，既顺应了居民生活方式的转变，得到了居民群众的普遍认可，又反映了民生工作思路的转变，降低了公共服务成本。宣武人社区便民服务卡充分考虑到社区老年人、残疾人、儿童等多类人群的服务需求，居民可以足不出社区，就能缴纳水、电、气、通信等公共事业费用，享受便利的生活服务。

（孙学慧）

【成立全国首家区县级律师协会党委】 12月25日，召开宣武区律师协会党委成立大会，选举产生9名党委委员、1名书记、2名副书记，成为全国首家区县级律师协会党委。目前，全区共有律师事务所52家，执业律师600余人，律师党支部18个（其中独立支部12个，联合支部6个），党员律师107名。

（王　成）

朝阳区

【概况】 根据新修订的“三定”方案，朝阳区委社会工委、区社会办的工作职能主要包括七项：第一，制定规划。按照中央和市、区关于加强社会建设的方针政策，制定全区社会建设的宏观发展规划，研究重要政策。第二，协调工作，根据全区社会建设规划，统筹协调，宏观指导社会建设的各项工作。第三，负责社区和“两新”组织党建工作。第四，按照分工，负责社会工作人才队伍建设。第五，负责社区建设。第六，负责社会组织的培育发展、管理监督工作。第七，负责街道城市管理、区域经济社会发展相关工作。

目前，朝阳区委社会工委、区社会办共设置7个科室。①办公室；②政工科；③党建工作科；④社区建设科；⑤社会工作科；⑥城市管理科；⑦纪工委、监察科。新机构机关行政编制为30名。其中区委社工委书记1名，副书记2名（其中1名兼纪工委书记）；区社会办主任1名，副主任2名；科长7名，副科长5名。

2009年，是中华人民共和国成立60周年，也是经受考验、克难奋进的一年。在这不平凡的一年里，全区社会建设工作按照区委“解放思想、传承奥运、再创优势”的总要求，围绕“四个走在前列”和再创“三个新优势”的工作目标，以高度的使命感和责任感，迎难而上、团结奋战、埋头苦干，圆满完成了全年各项任务，社会建设工作水平进一步提升。

（李永纲）

【朝阳区社会建设大会召开】 2月13日，朝阳区社会建设大会在北京市国际会议中心举行，市委常委梁伟，市有关部门领导王翔、宋贵伦，区四套班子领导陈刚、程连元、王力军、辛燕琴等出席，区委副书记、区长程连元主持。

（李永纲）

【市领导与辖区藏族同胞共度藏历新年】 2月25日，市领导郭金龙、牛有成、赵凤桐、黄卫、程红以及教育部民族司司长阿布都、国家民委教育科技司司长俸兰、中央统战部七局副局长赵书钢等中央有关部门领导到位于小关街道的北京市西藏中学与师生共度藏历新年。

（李永纲）

【区领导调研街道工作】 3月21日，区委书记陈刚就加强作风建设，落实“保增长、保民生、保稳定”工作到街道系统调研，区领导张洋、宋连娣、谢莹、赵全保一同调研。

（李永纲）

【召开第二批学习实践科学发展观活动总结暨国庆筹备工作再动员大会】 8月28日，街道系统召开第二批学习实践科学发展观活动总结暨国庆筹备工作再动员大会。市委社会工委委员、市社会办副主任赵小卫，区委常委、组织部部长刘宇辉，区委常委、宣传部部长谢莹，区长助理、区委社会工委书记王智玲，街道系统第二批学习实践科学发展观活动领导小组成员，各街道工委书记、副书记、组织科科长、各调研指导组组长及第二批参学单位党组织负责人代表等，共计300余人参加了会议。

（李永纲）

【圆满完成中华人民共和国成立60周年服务保障工作】 年内，共组织1.5万余人次的社会面防控力量，参与国庆演练活动的安全保障工作，共出动机关干部3.5万余人次、社区工作者5.6万余人次、巡防队员4.7万余人次、社会单位保安24万余人次、治安志愿者54万余人次、民兵1.1万余人次，加强街面巡视、外围安保和社区安全三层防控。同时，积极发动群防群治力量，共动员组织300余名女青年参加女民兵方队，动员组织139人参加共和国同龄人方阵，动员组织1 400余人参加国庆联欢活动，动员组织10 000余人参加国庆游园活动，动员组织4 377人参加国庆庆祝活动重点点位和区域的社会面防控工作，发动6 398名群防群治力量，配合社会面防控，圆满完成国庆保障任务。共实施景观部位155处，摆放花坛343个、花卉115万盆；悬挂中国结4 941套、红灯笼19 788套、灯杆旗1 420套；放置彩旗37 740个、绿地刀旗8 120个；对施工工地围挡美化13 171平方米，同时在社区内悬挂国旗26 200面、横幅498条。共组织开展各类宣讲活动385场次，其中专家宣讲49场次，百姓宣讲237场次，聊天会、图片展等其他形式99场次，受众有机关干部、社区居民、在校学生、企业员工、外来务工人员、现役军人、“两新”组织人士、残疾人士等共计68 100人次。

（李永纲）

【干部队伍建设情况】 年内，创新街道领导班子考核评价机制，研究制定《朝阳区街道领导班子综合考核实施办法（试行）》，出台领导班子议事决策规定，推进廉政风险防范管理工作，加强街道领导班子干部选拔任用工作情况的监督检查。优化街道领导班子结构，调整处级干部114人，坚持党政正职例会制度，开展新任处级干部集体谈话。激发干部队伍活力，调整处级后备干部195人，完成65名城管队员交流转任工作，选调35名年轻干部挂职锻炼。通过社区党委书记联谊会、大学生社工座谈会、专题培训会等形式，加强社区工作者队伍建设。扎实有序推进第一批学习实践活动整改落实及“回头看”工作，在1 737个基层党组织、7万余名党员中顺利完成第二批学习实践活动。

（李永纲）

【税源建设情况】 1—12月，街道系统完成区级财政收入127.81亿元，占全年任务的105.39%，比上年同期增长了10%，增收116.22亿元。规范异地纳税企业的任务为460家，已回迁企业135家，承诺回迁364家，整体完成了任务总数的108%。

（李永纲）

【安全稳定基本情况】 年内，矛盾纠纷排处到位。共开展人民内部排查850次，排查出重大矛盾隐患385件；接待上访7 248人次，处理信件2 532件次，接待集体访264批次、8 353人次，调解矛盾纠纷6 731件次，预防越级访、集体访218件次；积极开展领导干部大接访活动，共接待来访510批次、1 267人次，解决问题461件次，领导下访1 122批次，解决问题706件次。应急防突体系完善。进一步健全街道人地事物组织各类台账，加强社会治安志愿者、巡防队等队伍建设，提高应急防突能力。新增专业巡防队员75人，封闭小区534个，安装门禁系统1 467套，新增监控探头174个、维修更换155个。安全生产监管得力。成立安全生产监察科，强化基层防火委员会建设，建立地区信息情报网及区社会办、街道和社区三级组织管理体系，加大安全生产检查力度，出动46 847人次，检查37 544家生产经营单位，发现隐患19 818处，下达整改通知书14 403份，签订责任书35 666份。

（李永纲）

【城市建设管理情况】　年内，完成79个老旧小区改造任务，新增停车位426个。完成85条街巷胡同、3处街心公园改造任务，整治秩序乱点21处、拆除违法建设47处，建成18条道路、10处绿地和25处自行车棚。启动望京、东湖地区形象建设和路侧停车规范管理试点工作，推进信息岛建设和垃圾分类工作。建立城区环境综合管理站，完善逐级负责的环境综合管理机制。推广团结湖流动人口管理模式，通过构建网络、规范流程，提高流动人口服务管理水平。严格执行环境秩序"三班倒"执法机制，加强跨界联合执法，深化城市"六位一体"工作模式，强化监督考核评比，动员社会参与。

（李永纲）

【社会公共服务体系建设概述】　年内，朝阳区统筹资源，全力解决关系群众利益的实际问题，社会公共服务事业取得新的成绩。就业保障工作扎实推进。成立就业促进中心，建立失业预警机制，制定实施一系列政策措施，千方百计促进就业，完善社会保障体系。全年开发就业岗位11.1万个，城镇登记失业率1.56%，零就业家庭数量实现动态归零。建成48家就业创业见习基地，促进高校毕业生就业。帮助6 598名劳动者追回工资2 278万元。19.8万名"一老一小"人员、7 589名无业居民参加大病医疗保险，城镇社会保险基金收缴率达到97%。加大养老基础设施建设力度，居家养老实现全覆盖，社区养老加快推进。加强社会救助，对106户危房进行改造，政策性住房开复工面积732万平方米，3 265户家庭得到配租配售。教育事业稳步发展。完成54所小学规范化建设，初中校主要指标达到市A级标准。新增3所公办幼儿园，适龄幼儿接受公办优质学前教育比例提高9个百分点。9万余名流动人口子女就学问题得到妥善解决。卫生保障能力明显提高。强化对重点人群和场所的甲型H1N1流感防控，免费接种流感疫苗68万人次，疫情防控取得阶段性胜利。完善社区卫生服务网络，建成7个标准化社区卫生服务机构、14个急救站点，与20家驻区医院建立双向转诊绿色通道，对2 000余名社区医护人员进行培训。坚持中西医并重，围绕居民需求，推广中医诊疗进社区，朝阳区成为全国中医药特色社区卫生服务示范区。文体事业更加繁荣。大力实施文化惠民工程，建成3个社区文化中心、100家农村数字影厅，新建、改建全民健身居家工程62套，符合条件的56所学校体育设施向社会开放。深入开展社区一家亲、全民健身日等群众文体活动，拨付专项资金支持1 215支文体队伍发展。

（李永纲）

【社区服务站建设概述】　截至12月31日，朝阳区建成社区服务站251个，其中街道系统211个，农村系统40个。

（李永纲）

【社区建设与管理概述】　年内，以落实"一分三定两目标"为重点，以4个街道为试点推进社区规范化建设，梳理出社区党组织、居委会、服务站各30、80、100项职责。制定了社区组织联席议事规则衔接制度，制作了社区组织结构图、工作体系图、工作流程图，修订完善了社区办公经费使用、印章管理等17个配套制度，公开招录489名社区工作者，选拔225名大学生进入社区。截至12月31日，已完成175个社区的规范化建设。进一步完善社区工作组织体系。在全市率先完成社区党委换届选举工作，全区参选的313个社区党组织在选举过程中，全部实行"三推一选"，提高了候选人差额比例。顺利完成第七届社区居委会的选举工作，全区应参选的328个社区共选举产生新一届社区居委会成员2 074名，其中主任328人、副主任389人、委员1 357人。进一步明确社区居委会内设六大委员会的职责，整合社区力量，提高社区管理和服务水平，建立2.6万人的和谐促进员队伍，充分发挥“五员”作用。统筹推进城乡社区一体化建设。坚持“一套机构、一个方案，统一部署、联动实施”，统筹做好城乡社区“两委”换届选举、社区规范化建设、社区工作者公开招考、大学生进社区等工作；开展城乡社区手拉手活动，将农村地区首批进行社区规范化建设的40个社区与城市社区进行“手拉手、结对子”。

（李永纲）

【副市长丁向阳调研社区建设工作】 3月10日，副市长丁向阳，市委社会工委书记市社会办主任宋贵伦，市委主办会工委委员副巡视员王丽竹、市民政局副局长谢延智、市发改委副主任杨开忠等调研朝阳区社区建设工作。区长程连元、副区长赵全保陪同。

（李永纲）

【第四届社区艺术节开幕】 6月19日，朝阳区第四届社区艺术节正式开幕。此次艺术节以提高居民综合素质和城市文明程度、维护社区群众文化权益为主旨，以增强全区文化软实力为目标，以开展形式多样、丰富多彩的社区文化活动为载体，丰富群众文化生活，繁荣社区文艺舞台，推进和谐社会建设。

（李永纲）

【城乡社区手拉手活动正式启动】 6月21日，朝阳区城乡社区手拉手活动启动仪式在北京国际会议中心召开，市社会办主任宋贵伦，市社会办副主任陈建领，区领导刘宇辉、刘希泉、赵全保，区长助理、区委社会工委书记王智玲出席会议，会议由区委常委、宣传部长谢莹主持，各街道、地区办事处的正职领导、社区工作主管领导、街道组织科科长、社区办主任及各社区正职等共计600余人参加了会议。

（李永纲）

【朝阳区获“全国和谐社区建设示范区”】 10月19日，国家民政部授予朝阳区为“全国和谐社区建设示范城区”，亚运村街道为“全国和谐社区建设示范街道”，和平街街道和平家园社区为“全国和谐社区建设示范社区”。

（李永纲）

【社会组织管理工作概述】 年内，朝阳区社会组织管理工作以贯彻落实市区社会建设大会文件和北京市关于加强社会组织建设和管理工作的若干文件精神为主线，坚持发展与管理并重的方针，完善管理体系，规范社会组织行为，充分发挥社会组织作用，有力地推动了和谐社会建设。积极培育社会组织。加大“枢纽型”社会组织的建设力度，完成区工会、团委、妇联、科协、文联、残联、侨联、红十字会等8家第一批“枢纽型”社会组织认定的准备工作。加强区社区社会组织联合会建设，招聘了专职工作人员，完成区社区社会组织联合会理事会和联合会党组织建设的筹备工作，进一步健全“3531”社会协同工作机制。在社会组织中开展“立足本职促发展、迎接国庆做奉献”系列活动，积极应对国际金融危机。

（李永纲）

【开展社会组织摸底调查工作】 3月，朝阳区在城乡社区开展社区社会组织工作调查工作。调查结果显示：全区共有各类社区社会组织1 480家，其中社团类组织1 388家，民办实体机构92家。主要包括文体活动、社区服务、慈善救助和各种志愿者组织等。

（李永纲）

【社会工作人才队伍建设概述】 年内，完善选聘任用机制。坚持“公开、平等、竞争、择优”，面向社会公开招录社区工作者489人选拔大学生346名。通过公开招考、签订服务协议，激发了社区工作者队伍的生机和活力。完善教育培训机制。制定《2009年社区工作者教育培训工作计划》和《社区工作者三年培训规划》，依托朝阳社区学院、大学生联谊会等平台，坚持分层分类培训，提高综合素质。完善目标考核机制。进一步深化社区“369”工作规范，建立以群众满意度和参与率为导向的社区建设评价体系，不断完善考核评议方式和标准，增强责任和效率意识。完善激励保障机制。将人员经费全部纳入区级财政预算管理，并建立合理的工资增长机制。开展“和谐社区带头人”的评选活动，对考核优秀、实绩突出、群众公认的社区工作者进行宣传、表彰。

（李永纲）

【加强社区工作者队伍建设】 3—6月，面向社会公开招录社区工作者，有5 416人报名，2 565人通过资格审查参加笔试，1 133人通过笔试进入面试，最终录取489人。完成大学生进社区选聘工作，共选拔大学生346名（含2006年合同期满的大学生村官28名），其中博士1名、硕士143名、本科196名。截至12月31日，朝阳区共有社区工作者4 076人（街道系统2 762人），平均每个社区约12人。包括社区党组织专职工作人员，共484人（街道系统：378人）；社区居委会成员，共1 941人（街道系统：1 264人）；社区服务站专职工作人员，共1 651人（街道系统：1 180人）。4 076人中原失业身份人员2 352人，占57.7%；退休身份人员1 291人，占31.7%；原企事业单位在职职工326人，占8%；农民身份人员78人，占1.9%；应届毕业生29人，占0.7%。

（李永纲）

【开展社区工作者集中培训】 5月26日，区委社会工委、区社会办举行街道系统新一届社区工作者集中培训，全区各街道工委主管社区党建副书记，街道办事处主管社区工作副主任，组织科科长、社区办主任以及各社区党委书记、专职副书记，社区居委会主任、副主任，社区服务站站长、副站长，共计1 100人参加了培训。

（李永纲）

【加强志愿者组织建设】 年内，以志愿者服务管理中心为依托，探索出“数字化管理、专业化培训、社会化运行”的工作模式，注册志愿者10.5万人。组织5 000人次治安志愿者完成重点时期天安门广场防控工作。组织300余名女青年参加女民兵方队、139人参加共和国同龄人方阵、1 400余人参加国庆联欢活动、1万余人参加国庆游园活动、4 377人参加国庆安保社会面防控工作。举办庆祝新中国成立60周年系列活动，动员志愿者广泛参与魅力社区评选等系列活动，调动社会各界参与社会建设的热情。

（李永纲）

【安全社区创建工作概述】 年内，朝阳区以安全社区先进理念为指导，努力创新工作理念，整合各类资源，形成在跨界组织体系的基础上，按照“PDCA”模式，即策划—实施—检查—改进四个步骤，以项目建设为重点开展安全社区创建工作。建立伤害监测和风险辨识体系，完善监测监督机制，实施周期性的社区安全健康诊断；根据社区诊断的情况，制订安全健康促进计划与实施方案；通过跨界组织，实施安全健康计划项目与方案；对实施情况进行检查与纠正、分析与评估，坚持持续改进。八里庄、安贞、小关街道成为国际安全社区网络成员。

（李永纲）

【朝阳区新增3个国际安全社区】 10月18日，世界卫生组织批准八里庄、安贞、小关3个街道成为国际第166—168个安全社区网络成员。左家庄、香河园、三里屯、潘家园、大屯5个街道被国家安全生产监督管理总局授予全国安全社区称号。

（李永纲）

【参加国际安全社区香港年会】 10月28—31日，区长助理、区安全社区创建推进委员会办公室主任王智玲率望京、麦子店、亚运村、建外、八里庄、安贞、小关街道主要领导赴香港参加第五届中国香港安全健康社区网络年会和西贡安全社区确认典礼。会上，全区七个国际安全社区与香港七个国际安全社区签订了友好合作备忘录。

（李永纲）

【社会领域党的建设概述】 年内，在全区23个街道成立社会工作党委，在“两新”组织中先后建立党组织93个，发展党员42名。坚持试点先行，典型引路的原则扎实推进商务楼宇党建工作，以京港城市大厦和SOHO尚都为试点，摸索出单独建、依托建、联合建、连片建、网络建等建站模式，制定“8515”商务楼宇党建工作建设规范。8月底，在全市率先实现了全区312座楼宇党的组织和工作的全覆盖，共建立商务楼宇党组织78个、社会工作站66个和党建服务站130个。完善党组织活动的载体和平台，43个街乡全部建成500平方米以上党员综合服务中心，截止到12月，城区共建有党建阵地514个、总面积7.4万平方米。发挥党建服务典型的引领和带动作用，培育社区服务品牌，涌现出“和谐社区带头人”、“劲松公益日”等党建工作品牌295个、社会领域党建“五个好”示范点86个。

（李永纲）

【社区党组织换届选举工作圆满成功】 2月，全区313个社区选举产生了新一届社区党组织领导班子，街道系统的200个社区、农村系统的113个社区均通过召开党员大会或党员代表大会，按照严格的组织程序，选出了社区党委班子成员，换届选举工作取得圆满成功。

（李永纲）

【成立社会工作党委】 4月，全区23个街道全部成立了社会工作党委，主抓商务楼宇党建、“两新”组织党建和流动党员教育管理工作。社会工作党委由街道工委副书记任党委书记，“两新”党组织负责人及街道相关部门人员为委员组成。并下设办公室，聘请了专职党务工作者。

（李永纲）

【召开“五个好”示范点暨第二批和谐社区带头人命名大会】 6月26日，朝阳区社会领域党的建设“五个好”示范点暨第二批和谐社区带头人命名大会召开。市委常委梁伟出席会议。在第一批培育命名113个典型的基础上，又推出86个典型，形成了树典型、学典型、当典型的良好氛围。

（李永纲）

【深入开展第二批学习实践科学发展观活动】 年内，积极组织441个单位1 737个基层党组织70 669名党员参加第二批学习实践活动，共有69 431名党员参与了学习培训活动，党员参学率98.25%，群众满意率达到92.14%，共采纳群众意见建议2 336条，制定出解决问题的具体措施2 750条，解决突出问题3 381个。

（李永纲）

【朝阳区在全市率先实现商务楼宇党建工作全覆盖】 以京港城市大厦和SOHO尚都为试点，摸索出单独建、依托建、联合建、连片建、网络建等建站模式，制定“8515”商务楼宇党建工作建设规范。8月底，在全市率先实现了全区312座楼宇党的组织和工作的全覆盖，共建立商务楼宇党组织78个、社会工作站66个和党建服务站130个。

（李永纲）

【社区党组织、新经济组织不断壮大】 截至12月31日，朝阳区共有社区党组织349个，其中社区党委297个，党总支25个，党支部27个，下设基层党支部1 997个；党员

84 463 名，其中60 岁以上党员52 704 人，占62. 3%；社区党委委员1 778 人（街道系统：共有社区党组织216 个，其中社区党委191 个，党总支14 个，党支部11 个，下设基层党支部1 263 个；党员67 612 名，其中60 岁以上党员44 727 人，占66. 2%；人户分离党员12 918 人，占19. 1%；因身体原因不能参加组织活动的党员17 151 人，占25. 4%；社区党委委员1 203 人）。共有社会组织和新经济组织157 946 个，其中社会组织946 个，新经济组织157 000 个；实现了838 个规模以上非公企业党的组织全覆盖；在社会组织和新经济组织中建立党组织1 513 个，在社会组织中建立党组织335 个，在新经济组织中建立党组织1 178 个。

（李永纲）

海淀区

【概况】 区委社会工委的主要职责：第一，贯彻执行党的路线、方针和政策，保证区委社会建设和管理各项决定的落实；第二，研究提出本区社会建设和管理的总体规划和重大方案，为区委社会建设宏观决策服务；第三，按照区委、区政府要求和区社会建设工作领导小组安排，统筹推进各项任务的分解落实和督促检查；第四，在区委组织部指导下，负责社区党建和“两新”组织党建工作，研究拟定加强社区党建和“两新”组织党建工作的总体规划和政策措施，并组织实施；第五，负责社会工作者队伍和社会志愿者队伍建设的统筹协调和指导监督，研究拟定有关总体规划和重大方案，建立健全以培养、评价、使用、激励为主要内容的政策措施和制度保障；第六，协助区委组织部抓好街道系统处级领导班子和干部队伍建设；第七，协助区纪委抓好街道系统党风廉政建设；第八，指导街道系统精神文明建设工作；第九，完成上级交办的其他工作。

区社会办的主要职责：第一，贯彻中央和北京市关于加强社会建设和管理方面的方针政策，加强本区社会建设和管理工作的总体研究，保证区委、区政府社会建设和管理各项决策的落实；第二，研究拟定本区社区建设、社会组织建设、社会工作者队伍建设等方面的总体规则、改革方案和制度措施，并组织实施；第三，统筹推进社区建设，综合协调本区社区建设中的重点难点问题，按照区委、区政府和区社会建设工作领导小组要求，指导监督社区建设各项方针政策的贯彻落实；第四，负责本区社会组织建设、管理和服务工作的宏观指导，保证相关政策措施的落实；第五，核定本区社区专职工作者工资待遇，统筹协调落实社区居民委员会办公用房、活动用房和有关社区服务用房；第六，负责本区街道系统的综合管理及街道系统目标管理责任制考核，统筹协调城市建设和管理相关工作；第七，调查研究本区街道办事处工作开展情况及遇到的问题，并提出对策建议，为区政府决策服务，综合协调区政府各职能部门和街道关系；第八，负责本区街道集体企业改制工作；第九，完成上级交办的其他工作。

区委社会工委、区社会办设五个职能科室：综合科、党建工作科、社区建设科、社会工作科、城市管理科。区委社会工委、区社会办机关行政编制25 名。其中区委社会工委书记1 名，副书记2 名（其中1 名兼纪工委书记）；区社会建设办主任1 名，副主任2 名；科级领导职数9 名。

为贯彻党的十七大提出的“要加强以改善民生为重点的社会建设”精神，市委、市政府高度重视北京市社会建设工作，于2007 年12 月成立了中共北京市委社会工作委员会、北京市社会建设工作办公室，围绕以保障和改善民生、构建和谐社会、创新社会管理体制为重点，积极推进全市社会建设。同时，为保证市社会建设工作的顺利开展和有序推进，市委、市政府出台了加强首都社会建设的“1 +4”系列文件，并动员召开了全市社会建设大会，使首都社会建设站在了新的历史起点上。

2009年是“后奥运时代”的开篇之年，也是中华人民共和国60年华诞，同时还是贯彻十七大精神，全面学习实践科学发展观，加强海淀区社会建设的重要一年。海淀区委、区政府全面贯彻落实党的十七大精神，以加强首都社会建设的“1+4”系列文件依托、以市社会建设大会的召开为契机，紧紧围绕“保增长、保民生、保稳定”这个中心工作，以五大体系建设为着力点，积极推进全区社会建设工作，取得了丰硕成果。

（一）海淀区社会建设大会

大会出台了“1+6”文件，即《北京市海淀区社会建设三年规划》、《中共海淀区委关于进一步加强和改进社会领域党建工作的意见》、《海淀区关于加强社会组织建设的意见》、《海淀区社区管理办法（试行）》、《海淀区社区工作者管理办法（试行）》、《中共海淀区委、海淀区人民政府关于进一步加强文明社区创建工作的意见》、《中共海淀区委、海淀区人民政府关于进一步加强和改进志愿者工作的意见》。大会就海淀区社会建设发展目标、工作步骤、责任任务及保障措施作出了总体部署，提出了以邓小平理论和“三个代表”重要思想为指导，认真贯彻落实党的十七大精神，坚持以科学发展观统领社会建设与发展全局，立足海淀实际，改善民生，推进和谐，紧紧抓住加强社会建设的历史机遇，着力推进社会建设体制机制创新，重点抓好社会公共服务、社区管理、社会组织管理、社会领域党建、特色社区创建和社会志愿者管理六大体系建设，努力构建社会建设新格局的工作方针。

（二）公共服务体系建设

随着社会经济的发展，人民生活水平的快速提高，海淀广大群众对公共服务的需求提出了越来越高的要求。加快政府购买公共服务步伐，以多元化的公共服务方式满足多元化的公共服务需求成为海淀区的必然选择。

海淀区召开了社会建设工作领导小组会议，就环境保护、社会保障、义务教育、就业、医疗等政策作出了部署，为社会公共服务提供了政策保障；为解决人民群众最关心、最直接、最现实的利益问题，实施了社区停车环境优化、社区居家养老服务、社区就业服务、社区治安防控技防建设、社区便民商业服务网点、社区服务站、社区安全应急柜、爱心家园、社区义工联合会、社会组织社区服务评价奖励10大和谐创建工程，40件为民办实事工程全面实现；全面贯彻实施再就业政策，累计城镇登记失业人员30 731人，实现就业17 870人；公共卫生服务体系进一步加强，全区已建成社区卫生服务中心49所、社区卫生服务站175所，实现小病不出社区；积极开展面向残疾人、贫困家庭、优抚对象等特殊群众的社会救助、社会福利和优抚服务，城乡低保救助实现了“应保尽保”和动态管理的目标；九年义务教育全面普及，政府办学与社会力量办学并举，优质教育资源不断扩大。

（三）社区管理体系建设

2009年，海淀区委、区政府积极贯彻落实市委、市政府10部门制订的《关于推进社区规范化建设试点工作的实施方案》，在加快推进社区规范化建设工作方面取得显著成效。

社区党组织换届选举工作顺利完成。此次换届选举工作，通过选举共产生新的社区党组织558个，其中新成立社区党委113个，社区党委班子整体年龄及学历构成较上届都有较大程度的优化。

社区居委会选举圆满结束。全区共有563个社区参加换届选举，562个社区完成选举任务。新当选社区居委会成员3 442人，一次选举成功率为98%。新当选社区居委会成员平均年龄较上届下降，学历水平较上届有一定提高，书记、主任“一肩挑”比例增加，人员整体素质得到提升。本届选举户代表选举比例明显提高。全区有1个社区采取直选方式，25个社区采取户代表选举方式，直选和户代表选举比例为5%，比上届户代表选举比例增长4倍，基层民主进一步扩大，海淀区基层民主自治水平迈上新台阶。

社区服务站建设成果显著。一是社区服务站标准化建设。华清园社区等22个社区服务站被评选命名为北京市社区服务站标准化建设示范单位，八里庄北里社区等85个社区服务站被确定为北京市社区服务站标准化建设试点单位。二是城乡社区服务站一体化建设。2009年，40个城市社区服务站和20个农村社区服务站的试点建设工作顺利完成。基本实现了社区服务站在城市社区的基本覆盖，改善了农村社区服务设施条件，有力地推进了城乡社区建设的统筹发展。

（四）社会组织管理体系建设

党的十七大提出要把社会组织建设作为社会建设的重要方面，“重视社会组织建设和管理”，“发挥社会组织在扩大群众参与，反映社会群众诉求方面的积极作用，增强社会组织的功能”。区委、区政府认真领会、贯彻落实党的十七大精神，积极努力，使海淀区社会组织建设上迈上了新台阶。

成立社会组织联合会，提高社会组织管理服务水平。2009年2月27日，北京市海淀社会组织联合会成立。自成立以来，联合会充分发挥枢纽型社会组织的角色地位，担负起协调服务、培育扶持、整合资源和受托管理四项职能，在全区社会组织管理、发展、服务中发挥了重要作用。

成立海淀区志愿者联合会，海淀志愿服务事业朝向规范化发展。为引导、动员广大团体会员联合协作，努力推进志愿者工作规范化、科学化发展，共青团海淀区委于5月4日成立北京市海淀志愿者联合会。志愿者联合会积极发挥枢纽型社会组织作用，为实现志愿服务经常化储备、规范化管理、常态化服务、品牌化培育、项目化配置、信息化支撑、社会化运作探索了一些工作经验，在促进志愿服务资源的统一调配、统一利用、统一管理方面，也取得了一定的进展。

同时，海淀区志愿者联合会、社会组织联合会成立时间尚短，工作处于起步阶段，社会各方面，各有关部门的思想认识还不够统一，传统观念的改变和新的工作机制的建立还需要一定的时间，在推进购买服务，培育扶持社会组织建设，整合社会组织资源，提升整体形象等工作还需要不断的探索总结和创新。

（五）社会工作运行体系建设

社区工作者队伍职业化、专业化管理走向规范化。推进社会建设，建设和谐社区离不开一支数量充足、结构合理、素质较高、乐于奉献、符合专业化、职业化发展趋势的社区工作者队伍。为此，海淀区委、区政府和区社会建设办高度重视，组织全区面向社会公开招考491名学历较高、年龄较低、能力较强的社区工作者充实到社区工作队伍，为社区工作队伍的专业化、职业化打下了良好基础。同时，为加快推进海淀区现代化新型社区建设，培育一支专业化、职业化的高素质社区工作者队伍，全区22个街道、乡镇招聘了506名高校毕业生到社区工作，为海淀区社区建设带来了新气象和新力量。

为提高社区工作者的思想素质、业务水平和工作能力，使社区工作者队伍逐步实现职业化、年轻化、知识化，逐步适应社区建设工作，海淀区人事局、各街乡镇和中国青年政治学院协同合作，探索运用各种形式，多渠道、有计划、分层次地对面向社会公开招考的491名社区工作者和选聘的506名高校毕业生进行了有关业务知识和工作技巧的培训。

成立社会工作人才培训基地。区委、区政府充分发挥海淀区数量庞大的志愿者队伍和区域内高校社会工作系或社会工作专业的优势，在中国青年政治学院成立了海淀区社会工作人才培训基地，为系统培养社会工作人才提供了丰富的资源。

筹建海淀区社会工作者协会。为落实2009年全市社会工作人才队伍建设工作会议要求，落实北京市社会建设大会《关于加强社会工作人才队伍建设的意见》（京发〔2007〕27号）要求，大力培养、科学评价、合理使用、有效激励社会工作人才，充分发挥海淀区特色，海淀区委、区政府批准成立了海淀区社会工作者协会。

（六）社会领域党建工作体系建设

2009年，海淀区委、区政府积极贯彻落实市委组织部、市委社会工委印发的《关于开展社会领域党建试点工作的意见》，通过开展一系列党组织建设试点，全面推进海淀区社会领域党建工作。

认真组织学习实践科学发展观活动。作为海淀区第一批开展学习实践科学发展观活动的单位，社工委、社会办通过精心组织、统筹安排，使全体党员干部在学习过程中全面把握科学发展观的内涵和精神实质，通过学习实践不断提高政治觉悟和工作水平，切实增强了全体党员贯彻落实科学发展观的自觉性和坚定性，提高领导科学发展、促进社会和谐的能力。

圆满完成2009年社区党组织换届选举。在区委的正确领导下，在全区各街道党工委、乡镇党委的高度重视和全体选举工作人员的共同努力下，全区546个社区党组织换届选举工作圆满完成。通过本次社区党组织换届选举发现，海淀区社区党组织呈现总体数量多、社区党员和党组织委员多、大院型社区多、对选举关注程度高、参与积极性高、要求标准高的“三多三高”特点。

社会领域党建突出问题得到妥善解决。全区22个街道的社会领域党建工作主要由各街道组织部承担。各街道根据工作实际，充分利用海淀区招聘应届高校毕业生和大学生村官到社区工作的有利契机，选择1—4名优秀党员、具有党务工作经验的优秀学生干部或入党积极分子到街道社工委，从事社会领域的党建工作。同时，海淀区于9月底前顺利完成了40个规范化建设试点社区的专职党建工作者配备问题。在每个社区党组织配备至少1名专职党建工作者从事社区党建工作。

商务楼宇党建工作站（社会工作站、工会服务站）建设取得可喜成绩。目前，已经完成90%的商务楼宇党建工作站建站任务，建百个商务楼宇党组织、设百座商务楼宇党建工作站、配百名商务楼宇党建联络员的“三个百”目标已经圆满完成。

海淀区社会领域党建培训基地挂牌成立。为适应海淀区社会领域党建工作新形势和新要求，努力培养造就一支“素质高、作风硬、能力强”的工作队伍，在区委组织部具体指导下，社工委与区委党校联合建立了社会领域党建培训基地。截至2009年年底，已经开办了两期培训班，分别对各街道、乡镇社会工委主管领导和新任社区党组织书记开展专题培训，取得了良好的效果。

2009年，海淀区社会建设工作取得了显著的成就，但也存在着一些困难和问题。主要体现在：①我区社会建设体制机制还有待进一步完善；②一些制约海淀区社会建设快速发展的因素（如社区居委会办公及服务用房问题、城乡接合部管理体制问题、社会组织服务管理问题等）还有待解决；③典型亮点的培育力度还不够；④社会建设总体发展还不够平衡。

（杨　菲）

【举办海淀区元旦志愿服务周活动】 1月1日，共青团海淀区委在当代商城、翠微大厦、超市发双榆树店、上地华联等地开展了“元旦服务周”城市志愿者活动。此次活动不同于之前的志愿活动，寒冬里的服务还将爱心传递给了四川地震灾区。志愿者手里的一封封贺卡，将留下普通市民对灾区孩子的关爱之情。在翠微大厦站点，志愿者与区物资回收公司合作，提供环保服务项目，在吸引市民积极参与体验新科技成果的同时，还能强化市民的环保意识。

（杨　菲）

【全国社区教育示范单位检查组到西三旗检查验收】 1月6日，来自全国多位教育系统的专家组成的考核组，对西三旗街道争创全国社区教育示范街道进行检查验收。西三旗街道多年来在地区广大群众中倡导“让社区教育随您一生”的社区教育理念，初步建立了发展社区教育，创建学习型地区的组织目标体系，探索出一个合乎实际的终身教育模式，先后获得了海淀区和北京市社区教育示范街道称号。

（杨 菲）

【举办2009年送温暖活动】 1月8日，海淀区2009年送温暖活动启动仪式在海淀工人文化宫举行。仪式上，区总工会领导向困难职工代表发放了慰问金和慰问品。2009年两节期间海淀区区级送温暖资金共有267 300元，慰问生活困难职工277人，每人一份粮油，其中187人每人500元补助。慰问因大病等造成临时困难的职工179人，根据困难程度给予600—2 000元不等的补助。

（杨 菲）

【全区2 000多低保家庭获得政府采暖补贴】 截至1月4日，区财政下拨的64万元救助资金全部发放到位，共有2 123户低保家庭获得政府采暖补贴。

（杨 菲）

【举办海淀区慈善爱心救助大行动】 1月14日，由八里庄街道主办、海淀慈善协会协办的“慈善爱心救助大行动”在恩济东街广场举行。这次爱心救助大行动共救助地区困难家庭519户1 300余人，其中包括大病患者、低保家庭等。街道还对困难大学生、困难老党员、特困低保家庭、残疾家庭进行了救助。

（杨 菲）

【举办全区居委会换届选举知识竞赛】 1月14日，海淀区民政局在社区服务中心举办了“社区居委会换届选举知识竞赛”活动。全区22个街道、7个乡镇的29支代表队参加了本次竞赛活动，经过激烈角逐，中关村街道获得第一名，八里庄街道、曙光街道等分获二、三名。全区街道（乡镇）居民科、社区居委会社区专职工作者均全部参加答题活动。通过举办“知识竞赛”活动，普及了社区居委会选举的法律、法规知识，为做好社区居委会换届选举工作奠定了基础。

（杨 菲）

【区垃圾分类处理体系基本建成】 截至1月，已经建成了比较完善的垃圾分类处理体系，分类投放、分类运输和分类处理，科学化掩埋等各方面工作取得了实质性的进展。从2003—2008年，海淀区组织各类垃圾分类宣传活动100余次，发放宣传折页18万余册，宣传海报5 000余张，指导手册6 000余册，其他各类宣传品4 000余份；电视台播放垃圾分类宣传片2部；召开区级动员、宣传、培训会议40余次，各街道、乡镇组织召开动员培训会200余次。

（杨 菲）

【提高农村低保对象分类救助标准】 年内，再次调整农村低保对象分类救助标准，低保救助范围比往年有所扩大，救助金也明显提高，整体上已经达到城乡一体化的目标。截至2009年1月底，海淀区农村享受低保救助的有773户，共计1 440人，低保救助金月支出488 200元。海淀区在农村已经形成了以低保救助、医疗救助、上学救助、孕妇救助、法律援助、危房改造等一系列救助措施为主的救助体系。

（杨 菲）

【召开海淀区社会组织管理工作会】 2月12日，召开2009年社会组织管理工作会。会上授予中关村国际孵化软件协会、海淀区饮食服务行业协会等44个社会组织为海淀区社会组织先进单位称号；海淀区户外广告行业协会、区商业联合会等7家单位荣获北京市社团系统先进集体。

（杨 菲）

【召开海淀区社区卫生暨公共卫生工作会】 2月25日，召开社区卫生暨公共卫生工作会。会上通报了海淀区人均期望寿命达到81.71岁；从社区卫生服务机构收支管理和社区常用药品零差率销售，社区卫生服务机构规划设置，完成奥运会、残奥会等11项重大活动卫生保障任务，新型农村合作医疗等方面总结了2008年海淀区公共卫生工作。

（杨　菲）

【召开海淀区理论学习中心组学习社会建设与改善民生会】 2月27日，区理论学习中心组举行第38次学习会，市社会工委书记、社会建设工作办公室主任宋贵伦应邀就“社会建设与民生问题”进行专题辅导讲座。宋贵伦围绕加快推进社会建设的背景和重大意义，北京市社会建设情况，社会建设与解决民生问题的密切关系等内容进行了深入讲解，并结合海淀区社会建设实际情况提出了相关建议。

（杨　菲）

【成立海淀社会组织联合会】 2月27日，海淀社会组织联合会成立，是由社会组织自愿发起、实行自我管理、自我约束的从事社会组织发展促进活动的公益性、非营利性社会团体。联合会集中承担协调服务、培育扶持、整合资源和受托管理四项职能。

（杨　菲）

【市政府副秘书长周正宇调研六里屯卫生填埋场】 3月2日，市政府副秘书长周正宇及市政管委、市环保局有关负责人调研了区六里屯卫生填埋场的环境提升改造情况，对如何从垃圾源头分类、建立分类收集网络、综合考虑多种处理手段等方面进行了研讨。

（杨　菲）

【启动海淀区志愿服务实践基地】 3月4日，海淀区“志愿真情，爱在海淀”主题活动暨志愿服务实践基地启动仪式在四季青镇敬老院举行。仪式上，首批志愿服务实践基地代表与北京城市学院志愿服务队签订了志愿服务协议，与会领导为志愿服务实践基地代表授牌。海淀区以探索建立志愿服务长效机制为契机，已在区内27个温馨家园、20个爱心家园、多家敬老院等建立117家志愿服务实践基地。

（杨　菲）

【举行海淀区社区工作者考试】 3月7日，报考海淀的3 120名社区工作者考生统一进行了笔试。在报考的3 120名考生中，本科以上学历考生1 077名，占34.5%；研究生以上学历34名，占1.1%；中共党员考生282名，占9%。此次社区工作者的录取人数为491人，录取比例为1∶6.35。

（杨　菲）

【召开海淀区社区“两委”换届选举动员大会】 3月9日，海淀区召开社区党组织和社区居委会换届选举动员大会。此次换届选举将通过交叉推荐候选人的方式，进一步推进社区党组织和社区居委会成员“双向进入、交叉任职”，社区党组织书记、社区居委会主任“一肩挑”，以及社区工作者专业化、职业化，实现党组织对社区各种组织和各项工作的有效领导。

（杨　菲）

【召开海淀区社会建设大会】 3月19日，海淀区召开社会建设大会，出台了加强海淀区社会建设“1+6”文件，即《海淀区社会建设三年规划》、《中共海淀区委关于进一步加强和改进社会领域党建工作的意见》、《海淀区关于加强社会组织建设的若干意见》、《海淀区社区管理办法（试行）》、《海淀区社区工作者管理办法（试行）》、《中共海淀区委、海淀区人民政府关于进一步加强文明社区创建工作的意见》、《中共海淀区委、海淀区人民政府关于进一步加强和改进志愿者工作的意见》。会议肯定了海淀区过去几年在社会建设工作方面取得的成绩，同时确立了下一阶段的工作目标是着力推进社会公共服务、社区管理、社会组织管理、社会领域党建、特色社区创建和社会志愿者管理六大体系建设。会上还举行了海淀社会组织联合会揭牌仪式。市委常委梁伟，市委社会工委书记、市社会办主任宋贵伦，海淀区领导谭维克、周来升、彭兴业等出席会议。

（杨　菲）

【海淀区副区长臧桂武调研居家养老工作】 4月1日，臧桂武到羊坊店街道有色设计院社区，就如何实践科学发展观，促进居家养老工作开展调研。

（杨　菲）

【海淀区考察团考察长三角社会建设工作】 4月12—17日，海淀区委副书记、区长林抚生，区人大常委会主任周来升率领海淀区考察团，赴长三角的上海、杭州、苏州、南京四个中心城市进行了为期一周的学习考察。考察团围绕“自主创新”和“社会建设管理”两个调研主题，采取现场参观、实地调研、集中座谈、个别交流等形式，深入、近距离地学习了长三角的成功经验，了解了长三角四地在经济发展、社会建设和城市管理等方面的创新思路、先进经验和成功做法。

（杨　菲）

【海淀区社会领域党建培训基地建成】 4月13日，海淀区社会建设专题培训班开班暨社会领域党建培训基地揭牌仪式举行。该培训基地是海淀区实施社会建设人才培养工程，引导社会建设工作人员深入学习社会建设的理论创新成果、提高自身综合素质和指导今后工作实践的重要举措。海淀区将通过社会领域党建培训基地创新干部培训方式和手段，坚持按需培训，科学设置培训班次，增强干部教育培训的针对性和实效性。

（杨　菲）

【召开全区农村基层组织建设工作会】 4月27日，海淀区农村基层组织建设工作会召开，会议主要对全区“五个好”乡镇党委、村党组织以及乡镇站所和涉农部门进行了表彰。会议要求，要认真组织开展深入学习实践科学发展观活动，着力促进农村稳定发展和农民持续增收。会议提出，要着力构建城乡统筹基层党建新格局，切实加强组织领导和工作指导，着力保证农村基层组织建设各项任务落到实处。

（杨　菲）

【成立海淀区志愿者联合会】 5月4日，海淀区志愿者联合会成立，主要由117个志愿实践基地组成，是海淀区志愿者行业管理和服务的“枢纽型”组织。海淀区志愿者联合会主要承担区域内各类志愿者组织的日常管理和服务协调工作，其主要职责包括：牵头拟定海淀区志愿者工作的总体方案和重要政策，研究决定海淀区志愿者工作的重大问题、重要事项和重点活动方案，督促检查各街乡、各部门开展志愿服务活动的情况，总结推广先进经验。

（杨　菲）

【副区长臧桂武调研青龙桥街道改善民生情况】 6月3日，臧桂武调研青龙桥街道改善民生情况。在街道对外公共服务大厅，查看了为地区居民设置的一站式服务窗口、文体活动中心及培训教室等，听取了街道相关负责人对一站式服务大厅建成后的情况汇报。随后，臧桂武又走访了军事科学院社区，了解社区工作站的运行状况，并听取社区居委会主任对社区服务站建成后开展的各项便民、惠民服务活动和社区换届选举的情况汇报。

（杨　菲）

【中共海淀区区委书记谭维克调研社区建设工作】 6月16日，谭维克到青龙桥街道调研社区建设工作。谭维克对青龙桥街道在奥运服务保障、廉政风险防范以及对驻区单位的服务保障等方面的工作成绩予以充分肯定，并提出要将工作重心放在社区，加强科学管理，不断改革创新，积极做好外来人口的服务管理工作，处理好发展过程中产生的问题，完成好当前正在进行的社区居委会换届选举工作，积极推进基层民主政治建设。

（杨　菲）

【召开海淀区保障性安居工程暨物业管理工作会】 6月17日，海淀区保障性安居工程暨物业管理工作会召开。会议提出，从2009年起，力争用3年时间基本解决全区6 000户低收入家庭住房困难，使廉租住房家庭实现应保尽保，低收入家庭基本解困，中等收入家庭住房条件明显改善。

（杨　菲）

【中关村街道空间社区居民直选居委会】 6月23日，中关村街道空间社区居委会换届选举大会在社区中心花园举行，顺利产生了5名新一届居委会成员。空间社区是海淀区第七届居委会选举过程中首家采取社区居民直接选举形式的社区，并成为继航勘社区之后，北京市第二家采用数字化选举系统的社区。

（杨　菲）

【召开海淀区社区居委会选举工作总结会】 6月26日，海淀区召开社区居委会选举总结阶段工作部署会。会上，学院路、海淀、北下关、燕园4个家未完成换届选举的街道分别汇报了选举工作进展情况。截至6月22日，海淀区563个参选社区中，已有558个社区完成选举投票工作，占99%，采取直选方式的有1个社区，户代表选举方式的有26个社区，本届选举海淀区户代表选举比例达到5%，比上届1%有了显著提高。

（杨　菲）

【海淀打造“一刻钟社区服务圈”】 7月，海淀区以中关村、学院路、八里庄、北下关等4个街道及华清园社区等40个社区为试点单位，立足“明确一个模式、建立一套机制、培养一支队伍、树立一个品牌、打造一批特色”的“五个一”工作目标，打造试点社区周边商业、生活、文体娱乐等方面的“一刻钟社区服务圈”，基本满足了社区居民多层次、多样化、个性化需求。

（杨　菲）

【召开海淀区推进社区规范化建设试点暨魅力社区创建工作动员会】 7月17日，海淀区召开推进社区规范化建设试点暨魅力社区创建工作动员会。会议提出，海淀区今后将以规范社区服务站建设为核心，以推动社区居委会和社区服务站职能分开为切入点，以加强队伍建设、完善服务设施、健全运行机制、整合社区资源、加大经费投入等方面的探索为重点，建设一批符合规范化建设标准和要求的新型社区。区委常委、区委办公室主任刘鸿，副区长臧桂武参加会议。

（杨　菲）

【举办海淀区巾帼志愿者大行动】 8月8日，海淀区妇联在曙光街道诚品建筑社区东广场举办“再现奥运一天”海淀区巾帼志愿者大行动，动员全区广大妇女群众再次拿出服务奥运的热情参与“迎国庆、讲文明、树新风”活动。动员全区29个街道、镇（乡）妇联根据区域实际情况，分别组织不同形式的志愿服务活动，表达广大巾帼志愿者为营造安定、祥和、文明的国庆环境贡献力量的决心和信念。

（杨　菲）

【召开海淀区社区工作者初任培训暨誓师大会】 8月13日，海淀区召开社会工作人才培训基地揭牌、社区工作者初任培训暨誓师大会，海淀区对社区工作者系统、集中的初任培训工作正式启动。中国青年政治学院成为海淀区第一个社会工作人才培训基地，培训基地旨在使近千名初任大学生社区工作者通过培训和教育，不断更新知识，熟练掌握社会工作、社区工作的基本技能，更快地了解社区工作的体制、机制，掌握社区工作实践经验和方法，适应和融入基层社区。

（杨　菲）

【召开中华人民共和国成立60周年海淀区志愿者工作动员会】 9月3日，中华人民共和国成立60周年海淀区志愿者工作动员部署会召开，团区委负责人围绕“国庆平安行动”主题，介绍了国庆期间志愿者工作任务和安排，并与参加会议的65个城市志愿服务站点单位就工作方案进行了讨论。

（杨　菲）

【举办农村妇女创业培训班】 9月7日，区妇联在区妇女儿童活动中心举办农村妇女创业培训班，培训为期10天。期间，邀请5位相关专家为来自温泉镇、西北旺镇、上庄镇的26位有创业意向和已经创业的农村妇女教授创业知识。培训结束经考试合格的学员，可获得由北京市创业指导中心核发的创业培训合格证书。

（杨　菲）

【召开海淀区天安门广场群众联欢工作协调会】 9月8日，海淀区召开“国庆60周年天安门广场群众联欢活动工作协调会”，讨论即将到来的带妆彩排演练和正式演出的交通、安检等内容。会议通报了国庆天安门广场群众联欢晚会筹备情况，以及参加演出活动的时间、彩排和正式演出活动的集结地点及行进路线等项内容。并逐个对每个责任单位的工作安排作了介绍和解释。

（杨　菲）

【区民政局为老人家庭安装“一按灵”】 截至9月8日，海淀区民政局为21个街道的900多户80岁以上老人家庭安装了紧急医疗救援呼叫器——“一按灵”。从2006—2009年，海淀区共为3 100多户80岁以上老人家庭安装了“一按灵”，方便了老年人的日常生活。

（杨　菲）

【启用海淀妇女儿童活动中心】 9月10日，正式启用海淀区妇女儿童活动中心。活动中心总建筑面积约6 000平方米，共5层，拥有各类功能教室35间。中心主要以“妇女、儿童和家庭”为服务对象，通过开展婴幼儿早期教育、儿童校外教育、妇女实用技能培训。

（杨　菲）

【完成海淀区13家公园无障碍设施改造工作】 截至9月11日，海淀区加大重点景区的无障碍设施的改造和建筑工程的各项工作基本完成。辖区内的圆明园、颐和园、北京市植物园等13家公园基本实现了对残疾人群体的无障碍服务和接待。

（杨　菲）

【召开海淀志愿者联合会第一次代表大会】 9月16日，海淀志愿者联合会第一次代表大会暨海淀区首都国庆60周年志愿者工作启动仪式举行。

（杨　菲）

【海淀区老干部社区“四就近”服务工作现场会召开】 9月20日，海淀区召开老干部社区“四就近”服务工作现场会，积极探索新形势下推进老干部社区“四就近”服务工作新途径，总结推广紫竹院街道老干部社区“四就近”服务工作的先进经验。会议提出，要让离休干部就近学习、就近活动、就近得到关心照顾、就近发挥作用，逐步建立和完善单位、街道、社区养老机构、家庭相结合的离休干部医疗保健、生活服务体系，为离休干部提供医疗服务、学习活动服务和精神慰藉服务。海淀区委常委、区委组织部长杨智慧参加会议。

（杨　菲）

【召开海淀区加强社会治安基层基础建设会】 11月10日，海淀区委副书记、区长林抚生主持召开第110次区委常委会议，听取关于加强综治基层基础建设的意见的汇报。会议提出，海淀区社会治安综合治理基层基础建设要按照“长期规划、分步实施、重点突破、整体推进”的原则，实现基层组织健全有力、队伍发展壮大、基层基础保障到位的建设目标，确保全区社会治安综合治理基层基础建设实现跨越式发展。为适应当前形势任务的需要，海淀区将把“治安志愿者”更名为“平安建设志愿者”，大力发展行业系统的志愿者队伍，在交通、商业、建筑等人员较多、安全保卫任务较重的系统建立志愿者组织。

（杨　菲）

【召开社区卫生服务机构运行情况报告会】 11月17日上午，海淀区人大常委会常务副主任王纪表主持召开区十四届人大常委会第37次主任会议，听取区政府关于社区卫生服务机构运行情况的报告。在绩效考核工作的引导与推动下，海淀区社区卫生机构的服务规范性逐步提升，机构内审自查体系日益完善，社会公众满意率从2006年的68%提升至2008年的83%，绩效管理成果初步显现。

（杨　菲）

【海淀老旧小区改造工作基本完成】 截至11月24日，海淀区老旧小区改造计划的52个小区的各项改造工作已基本完成。2009年海淀区老旧小区环境整治项目共计52个，涉及18个街乡镇，整治内容包括建筑物内外墙清洗或粉饰、人行步道修复、排水管线检修、绿化、自行车棚改造或新建、公共照明修护、围栏及防盗护栏油饰等。

（杨　菲）

【举办海淀区慈善公益日活动】 12月3日，海淀区举办了以“海淀·慈善——‘12·3’首都慈善公益日”为主题的宣传活动。慈善协会的工作人员现场解答了群众提出的慈善问题，并向群众发放了环保购物袋以及保健盒。同时，区慈善协会还通过设立展板介绍了海淀区的慈善筹募和救助情况。

（杨　菲）

【举办海淀医院特色志愿送健康活动】 12月5日，海淀医院举办了以“继承海医传统，争做和谐先锋”为主题的送健康活动，吸引了全院近百名青年志愿者的参加。会议总结了国庆60周年海淀城市志愿者活动，并进行了志愿者知识培训。

（杨　菲）

【海淀医院社区义诊活动举办】 12月5日，海淀医院在双榆树社区举行了以“和谐社区，健康同行”为主题的世界卫生日科普宣传活动。来自海淀医院心内科、老年科、普外科、神经内科、骨科等5个专业的专家现场为来自社区的近200居民进行了义诊咨询。同时，医疗志愿者现场发放科普宣传材料3 000份，向居民推广和普及健康知识。

（杨　菲）

【北京市2009“恒爱行动”在海淀区举办】 12月11日，“恒爱行动”北京市委孤残儿童编织爱心毛衣活动在海淀区拉开序幕。2009年是恒爱行动在北京实施的第五年，活动以“用我的手，温暖你的心”——为孤残儿童编织爱心毛衣为主题，主要在海淀区、宣武区、大兴区等六个区县开展。奥运冠军、歌手等多位文体明星也来到现场，呼吁更多的爱心人士特别是各界妇女投身到关爱孤残儿童的事业中来。

（杨　菲）

【发布社区工作者队伍建设三年规划】 12月14日，海淀区发布社区工作者队伍建设三年规划，提出全面探索社区工作队伍职业资格制度，力争用3—5年时间实现全区社区工作者招考比例达到100%，通过不断完善培训方式，使全部社区工作者具有国家社会工作者职业水平证书，持证上岗，加快实现社区工作队伍的专业化、职业化进程。

（杨　菲）

【举办海淀北部地区女性培训成果展示活动】 12月15日，“新农村新面貌，巧手创造新生活”北部地区女性培训成果展示在苏家坨镇北安河文化活动中心举行。此次活动展示有百余件作品，苏家坨镇姐妹精心刻制的纸雕“节日花篮”、上庄镇纸网花作品“孔雀开屏”及其他手工艺作品吸引了众多的参观者，参观者和作者热情洋溢地交流作品的设计、加工经验。

（杨　菲）

【市人大领导调研北坞村试点工作】 12月16日，市人大常委会副主任赵凤山来到北坞村调研试点工作及进展情况，调研组先后到北坞村原址和新建北坞嘉园进行实地考察，并进入建设的回迁楼中查看了施工情况。

（杨　菲）

【启动社区地图编制工作】 12月20日，海淀区启动社区地图编制工作。社区地图主要反映村委会、社区居委会服务界线和涉及民生的重要机构设施。通过社区地图，可以向社会展示社区资源分布情况，满足政府部门开展社区规划和社区服务工作需要，为群众提供生活便利。

（杨　菲）

【成立区信息服务业协会】 12月22日，海淀区信息服务业协会成立，主要由从事信息服务业的企事业单位及个人按照自愿平等的原则组成，发挥政府、社会和企事业单位之间的桥梁、纽带作用，在企业自主创新、拓展国际市场、挂牌上市等方面为会员服务，促进全区信息服务业产业的发展。

（杨　菲）

【举办居家养老服务助残券发放仪式】 12月30日，由海淀区民政局和残联共同举办的“居家养老（助残）服务券发放仪式”在万寿路街道举行。活动旨在以政府购买服务的方式，满足老年人和残疾人在生活照料、家政服务、康复护理等方面的基本生活服务需求，帮助他们解决居家生活困难。来自万寿路街道的50名80岁以上的老人和残疾人代表在家人的陪同下参加了本次活动。

（杨　菲）

【市委书记刘淇调研北坞村城乡一体化工作】 12月31日，刘淇就北坞村城乡一体化工作进行调研。在现场视察北坞嘉园建设情况并听取区、镇、村相关负责人汇报后，刘淇指出，要进一步提高认识，加强领导，强化统筹，突出重点，创造性地工作，加快城乡接合部改造，推动城乡一体化发展。截至12月14日，北坞旧村775个院落全部拆除，拆除宅基地面积15.4万平方米，旧村拆除任务全部完成。

（杨　菲）

【推出“九养”措施完善居家养老服务】 12月底，由海淀区民政局和区残联共同推出的《北京市市民居家养老（助残）服务“九养”办法》开始实施。此项举措主要从社会福利、就业、日间照料等6个方面完善居家养老服务体系，海淀区90%的老人得以享受这一待遇。

（杨　菲）

【投资1 450万元推动垃圾分类处理】 年内，海淀区投资1 450万元，为84 062户居民（主要是楼房居民）购买家庭居室垃圾分类收容器近17万个，以及预定口径与收容器匹配的垃圾袋上千万个，积极推进居民户居室垃圾脏乱味问题解决。

（杨　菲）

【建设城乡优抚无差别一体化服务网络】 12月，海淀在优抚政策上打破城乡“二元”结构，实行抚恤补助标准城乡一体化、医疗待遇实现城乡“双保险”、义务兵优待实现城乡统筹、优抚服务管理建立城乡一体的服务网络。

（杨　菲）

丰台区

【概况】　中共北京市丰台区委社会工作委员会、北京市丰台区社会建设工作办公室于2008年7月10日，正式挂牌成立。

丰台区委社会工委、区社会办的工作职能：第一，承担街道社区党建和“两新”组织党建工作的具体管理职能；第二，承担协调街道办事处工作的职能；第三，承担研究制定社区建设规划和政策并组织落实，宏观指导、统筹协调社区建设工作的职能；第四，承担支持、培育和发展社会组织的职能。

目前，丰台区委社会工委、区社会办共设置三个科室：①办公室；②党建组织科；③社会建设科。新机构机关行政编制为15名。其中书记（主任）1名，副书记1名，副主任2名；科级领导职数5名。

丰台区委社会工委、区社会办认真落实全市社会建设大会和加强社会建设“1+4”系列文件精神，积极履职，扎实工作，较好地完成了以下4个方面的工作。

社会领域党建工作开创了新局面。以街道社会工作党委建设为抓手，构建了全区社会领域党建工作的新格局。按照“试点先行、逐步推进”的原则，于2008年12月在大红门街道建立全区首家街道社会工作党委。截至2009年11月底，全区16个街道已全部成立了街道社会工作党委。以商务楼宇党建工作为突破，探索了社会领域党建工作的新途径。采取试点先行的方式，确定卢沟桥街道国润商务大厦和马家堡街道时代风帆大厦两家楼宇作为试点，探索出了一条“将党组织建立在楼宇上，把社会服务送到楼宇中”楼宇党建工作和楼宇经济发展互促双赢的新模式。卢沟桥街道国润商务大厦探索的楼宇党建工作“三贴近”、“六进楼宇”活动得到了中组部、北京市委的肯定，并先后在《全国基层组织建设工作情况通报》、《北京日报》等进行了报道。截至2009年年底，全区76座楼宇中已有31座楼宇建立了楼宇社会工作党组织（站）。以社区党组织换届为契机，为社区党建工作注入了新活力。按照“三推一选”的选举方式，严密组织，扎实工作。截止到2009年4月10日，全区266个社区党组织一次换届选举成功，成功率达100%。换届后的社区党组织书记平均年龄为48.2岁，大专以上文化程度的占72.7%，与往届相比，平均年龄下降了1.8岁，大专以上文化程度提高了6.6%。以打造示范工程为引领，实现社会领域党建工作水平的新跨越。一是抓基层党建示范点创建工作。在每个街道培养和树立一两个社区党组织典型，示范引领其他社区党组织建设。选取集美集团党委作为全区非公企业党建工作示范点建设试点，探索在全区非公企业范围内开展示范点创建工作。二是抓社会领域党务工作者的培训。举办了社区党委书记示范培训班、社会领域入党积极分子示范培训班，通过培训提高了党务工作者的综合素质和能力。三是抓先进典型培养。总结推广了大红门街道、国润商务大厦等单位社会领域党建工作先进经验。在2009年七一全市社会领域党建表彰大会上，全区有5个单位和8名同志受到了市委社会工委的表彰。

社区建设取得了新突破。按照市里的统一部署，丰台区于年初启动了65个社区规范化建设试点工作。经过上下的共同努力，已在5个方面取得了突破。管理体制上的突破。采取试点先行的办法，对社区“两委一站”工作职责进行梳理和明晰，通过规范化建设试点工作，社区党组织核心领导地位得到进一步加强，社区居委会领导居民自治功能进一步提升，社区服务站的服务水平进一步提高。社区“两委一站”基本实现了“职责明确、分工合理、优势互补、协调联动”目标。运行机制上的突破。围绕理顺四种关系，积极探索社区规范化建设的规律性、可行性。一是理顺了街道及社区党委对社区服务站领导关系，明确领导内容。二是理顺了相关委办局及街道职能科室对社区服务站的指导关系，明确指导方式。三是理顺了社区居委会对社区服务站的监督关系，明确落实重点。四是理顺了社区服务站的各种工作关系，强化服务功能。通过理顺四种关系，基本实现了社区“两委一站”“核心工作一起干，交叉工作协调干”的目标。服务方式上的突破。试点社区通过项目购买、项目补贴、项目奖励等形式，对已有的服务内容加以规范升级，创新服务理念、服务内容、服务形式、管理模式，拓展受惠人群，初步实现了“以需求定项目、以需求定发展”的新型服务方式。队伍建设上的突破。通过面向社会及高等院校公开招录社区工作者及社区两委换届等契机，大幅度地改善了社区专职工作者队伍的素质结构，并呈现三大特点。文化程度由低变高。与上一届社区工作者队伍相此，大专及大本以上学历各提高了24%和18%；年龄由高变低。新一届社区工作者平均年龄39.8岁，比上届降低4.2岁；专业化水平由弱变强。举办了社区专职工作者及新入职大学生社区工作者等系列培训活动，提高了社区工作者队伍的整体业务水平和综合素质。与首都经济贸易大学城市学院、北京城市学院签订了合作协议，探索共同培养社区建设人才的新路。服务设施上的突破。2009年，市发改委批复1 573万元，用于支持全区16个社区办公和服务用房建设项目。区政府除按1∶1的比例，给予1 572万元配套资金支持外，还拨付65个试点社区共307万元，用于改善办公条件，增添办公设备。此外，各街道共自筹资金718.4万元，用于改善社区办公条件。截至2009年年底，全区65个规范化建设试点社区服务站办公面积全部达到了50平方米以上。

社区社会组织培育取得新进展。丰台区现有社区社会组织1 274个。丰台区委社会工委（区社会办）重点从规范和引导两方面来加强对社区社会组织的管理和服务。同时，注重对社区社会组织的培育，为社区社会组织提供活动场地和资金支持。如今社区社会组织的活动场所和活动经费，主要依靠政府资助和社区内资源共享。

圆满完成区委、区政府临时交办的工作任务。按时完成区政府折子工程。2009年度，区政府折子工程涉及区委社会工委（区社会办）的共有两项。分别为第114条：落实社会建设纲要，进一步加强社会组织培育和社会人才队伍建设，开展社区服务站试点工作。第116条：进一步完善志愿服务体系和社会动员机制，推进志愿活动规范化、长效化。截至12月上旬，都已完成了全年工作目标。顺利办结区人大、政协的提案、议案。2009年度涉及区委社会工委、区社会办的人大提案、政协议案共为8件。截至10月底，已全部办结。代表、委员满意率为87.5%。认真开展城乡社会管理体制改革调研。按照区委、区政府的工作部署，牵头起草了《中共丰台区委关于推进城乡社会管理体制改革的意见（征求意见稿）》和《丰台区关于建成居住区和新建居住区纳入城乡社区管理的工作方案（征求意见稿）》。积极做好国庆60周年服务保障工作。与区委组织部等单位联合下发《关于组织在职党员、机关公务员国庆期间参加社会面防控工作的实施意见》；向全区76座楼宇中的广大党员、企业员工发出《立足本职促发展，迎接国庆作贡献》的倡议书，动员社会领域广大党员、企业员工积极投身国庆安保活动中。因成绩突出，被区委、区政府评为国庆60周年安保“最佳综合保障奖”。督导街道系统开展甲型流感防控工作。紧急下发了《关于认真做好甲型H1N1流感预防工作的通知》；组织发放了65万份预防甲型H1N1流感材料；负责街道系统甲型H1N1流感防控督导工作，积极深入街道社区进行检查督导。

（陆君喜）

【社区专职工作者报名工作结束】 截至2月8日，2009年丰台区社区专职工作者报名工作结束。据统计，共有1 772名报名者通过资格审查，获得参与全区64名社区专职工作者岗位的竞聘资格，录取比例达到近28∶1。

（陆君喜）

【召开丰台区社会建设大会】 2月17日，丰台区召开全区社会建设大会。会议由区长李超钢主持。市委常委梁伟在会上充分肯定了丰台区近几年来社会建设工作所取得的成绩，对全区如何做好下一步社会建设工作提出了四点希望。一是要坚持以人为本，着力解决好民生问题。二是善于动员全社会的力量。三是要着力创新体制机制。四是要讲究工作方法。副区长吕仕杰同志作会议总结，对全区近年来社会建设工作的进行了简要回顾，对全区下一步社会建设工作进行了部署。

（陆君喜）

【266个社区全部完成社区党组织换届选举】 截至4月10日，全区参加社区党组织换届的266个社区已全部顺利完成换届选举工作。自2009年3月3日，区委、区政府召开了丰台区2009年社区“两委”换届选举工作会议，全面部署社区“两委”换届选举工作以来，区社区“两委”换届选举工作巡视指导组迅速行动起来，落实工作职责，联系巡视指导单位，开展巡视指导工作。区委、区政府高度重视，指导有力。成立了丰台区社区党组织换届选举工作领导小组，并抽调16名有经验的人员，成立4个区社区“两委”换届选举工作巡视指导组，专门负责业务指导及检查督促。与此同时，各街道工委也迅速行动，加强组织领导，严格工作程序，规范工作流程，开展宣传教育，实施选举工作。

（陆君喜）

【京津两地市委党校学员到丰台调研】 4月1日，北京市委党校第61期学员班和天津市委党校第73期部分学员共27人驱车来到丰台区，就如何加快推进城乡统筹，加强城乡接合部管理工作进行调研。学员们首先参观了卢沟桥街道莲怡园社区“居村乐园”，听取了社区负责人有关社区与六里桥村共建“居村乐园”的情况介绍。随后，来到卢沟桥街道办事处京铁家园社区，参观了社区为民办事大厅和铁路博物馆。

（陆君喜）

【社区党组织书记培训班开班】 4月28—29日，丰台区委组织部、区委社会工委共同举办了“丰台区2009年社区党组织书记培训班”。丰台区16个街道工委组织部长及268名社区党组织书记岗位的同志近300人参加了培训。

（陆君喜）

【召开社会领域党建试点工作推进会】 6月16日，丰台区召开社会领域党建试点工作推进会，区委副书记王苏维出席了会议。会上，区委组织部副部长徐颖、区委社会工委副书记房书勇就街道社会工作党组织建设工作、楼宇党建试点工作进行了文件解读。大红门街道、卢沟桥街道、马家堡街道嘉园二里社区等三个试点单位就街道社会工作党委及楼宇党建试点工作进行了经验交流。王苏维副书记就社会领域党建工作提出了四点工作意见：一是要认清形势，充分认识开展社会领域党建试点工作的重要意义；二是要加强宣传，为社会领域党建工作营造良好氛围；三是要找准切入点，不断扩大社会领域党组织的影响力；四是加强组织领导，努力构建全区社会领域党建工作体系。

（陆君喜）

【选聘高校毕业生进社区工作】 6月24日，由区委社会工委、区社会办和区人事局联合组织的选聘高校毕业生到社区面试工作结束，

218 名应届高校毕业生及 10 名大学生村官通过笔试及面试，即将充实到该区社区一线工作。

（陆君喜）

【开展2009年社区工作者队伍情况专项课题调研】 年内，丰台区委社会工委、区社会办联合北京城市学院开展了“2009 年丰台区社区工作者队伍现状、问题和对策研究”专项课题调研。调研活动立足于对全区所有社区工作者基本现状及所遇典型问题的研究，收集全区截至 7 月底之前所有在职的 2 795 名社区工作者的资料，重点分析社区工作者的专业能力成长、素质养成及岗位适应性等现状，为进一步做好北京市社区工作者人才队伍建设工作提供决策参考。

（陆君喜）

【组织社区主任走访二商集团】 7 月 28 日，丰台区委社会工委组织了 30 名社区主任，来到二商集团出资企业二商大红门、二商希杰、宫颐府走访。进一步加强企业与社区的沟通联系，积极主动听取社区工作者对国企产品及服务的意见和建议。社区主任们每到一处，各单位负责人都向社区主任们详细介绍了企业经营管理，企业文化建设情况以及主要产品的生产工艺和特色。社区主任们认真观看了集团宣传片，对集团的整体实力、行业和社会影响力有了全面的了解。

（陆君喜）

【召开社会领域党建试点工作研讨会】 7 月 29 日，丰台区召开了社会领域党建试点工作研讨会。会上通报了 2009 年 1—7 月全区社会领域党建工作的进展情况，与会各单位分别介绍了上半年的工作进度、典型经验和下一步的工作计划。会议明确了下半年的工作目标。

（陆君喜）

【召开加强社区公共服务设施建设工作交流会】 8 月 26 日下午，丰台区召开加强社区公共服务设施建设工作交流会。与会领导首先参观了大红门街道文化体育休闲广场。随后，云岗街道、太平桥街道、大红门街道的领导分别介绍了各自街道大力发展社区公共服务设施建设的经验做法。最后，副区长吕仕杰作了讲话，强调各街道发展辖区公共服务设施建设，要因地制宜，不搞一刀切。他还对街道系统干部提出了三点希望：一是街道工作的艰苦性、复杂性，决定了街道系统干部必须具备想干事、愿干事的精神状态；二是街道作为区委、区政府的派出机构，其使命的特殊性，客观上就要求街道系统干部必须具备能干事、善干事的能力；三是街道肩负着地区百姓的期望，区委区、政府的重托，这就要求街道系统干部必须要有干成事的建树和为官一任、造福一方的追求。

（陆君喜）

【组织社区党委书记参观新农村建设】 8 月 27 日，区委宣传部、区委社会工委联合组织开展了“百名社区党委书记‘科学发展之旅’游览体验活动”。百名社区党委书记来到丰台区王佐镇南宫村，观看了反映南宫新农村建设历程的专题纪录片《南宫之路》，并参观了王佐镇南宫世界地热博览园及全市第一家村办公园——南宫苑，随后沿途依次参观了村办五星级酒店、南宫新苑小区、南宫体育公园、青龙湖公园，亲眼见证了“以人为本，科学发展”战略带给新农村人的富足、安定、优美的生活条件和环境。

（陆君喜）

【百姓宣讲团报告会举办社区专职工作者专场】 9 月 3 日，区委宣传部、社会工委联合举办了“北京市百姓宣讲团报告会”社区专职工作者专场，全区近 200 名社区专职工作者代表聆听了北京市百姓宣讲团第三分团的宣讲员们的演讲。

（陆君喜）

【社会领域入党积极分子示范培训班结业】 9月12日下午，来自全区社会组织、新经济组织的93名学员进行了结业考试，这标志着由区委社会工委和区委党校联合举办的、为期3天的丰台区2009年社会领域入党积极分子示范培训班顺利结业。本期培训班，是区委社会工委成立以来，第一次面对社会领域开办的入党积极分子示范培训班，也是对社会领域入党积极分子、党员、党务工作者系列培训班次之一，是新形势下加强社会领域党建工作的一次探索和尝试。

（陆君喜）

【向商务楼宇党员和企业员工发出倡议】 十一前夕，区委社会工委向全区广大商务楼宇党员职工发出一封以“立足本职促发展、迎接国庆作贡献”为主题的倡议书。倡议全区商务楼宇广大党员职工立足本职，立即行动起来，从自己做起，从点滴做起，只争朝夕，全力以赴，为迎接中华人民共和国成立60周年的生日贡献一份力量，用坚定的意志和不懈的努力，确保国庆盛典顺利完成。

（陆君喜）

【召开大学生社区工作者国庆中秋座谈会】 9月28日，区社会工委（区社会办）组织召开了大学生社区工作者国庆中秋座谈会。20余名当年新招进社区的大学生社区工作者参加了座谈会。

（陆君喜）

【市领导调研丰台区社区规范化建设及社会领域党建工作】 11月25日，市委常委梁伟到丰台区调研社区规范化建设、社会领域党建工作。梁伟一行首先来到丰台区卢沟桥街道长安新城社区，对社区规范化建设进行调研。他先后察看了社区服务站、社区居委会及社区活动中心。在社区服务站，他详细询问了社区服务站的人员配备、岗位设置、为居民服务等情况，并与服务站新分配的大学生进行亲切交谈，鼓励他们适应社区工作、发挥他们的优势，为社区建设贡献力量。随后，梁伟一行来到卢沟桥街道国润大厦，调研商务楼宇党建工作情况。国润商务大厦是丰台区第一个不依托非公企业而是依托整幢商务楼宇而组建的楼宇社会工作党委。国润商务大厦社会工作党委自2008年年底成立以来，积极探索构建以党建为龙头，楼宇党建阵地与楼宇社会服务相捆绑的党建工作模式，在工作实践中，楼宇党委坚持贴近楼宇特点、贴近员工需求、贴近企业发展需要，以“服务党员、服务员工、服务企业”为落脚点，整合区域资源，积极开展“法律服务进楼宇、群团组织进楼宇、企业服务进楼宇、人才保障进楼宇、廉政文化进楼宇、人文理念进楼宇”等“六进楼宇”活动，用服务规范企业发展，促进楼宇和谐。

（陆君喜）

【与两所高等院校签订合作协议】 11月30日，丰台区社会办与首都经济贸易大学城市学院、北京城市学院两所高等院校举行合作协议签字仪式。这标志着丰台区社会工作者从此有了专门的研修实践基地。丰台区委副书记王苏维、副区长吕仕杰出席了签约仪式。

（陆君喜）

【邀请区人大代表视察社会建设工作】 12月16日，丰台区委社会工委、区社会办主动邀请该区人大代表、政协委员、效能建设监督员共30余人视察社会建设工作。

（陆君喜）

【成立丰台区首家行业协会党委】 12月18日，丰台区召开北京市工商联水产业商会党委、工会、社会建设综合服务站成立大会。水产业商会党委是丰台区首家行业协会党委，也是丰台区深化社会领域党建的又一显著成果。

（陆君喜）

石景山区

【概况】　中共北京市石景山区委社会工作委员会（简称区委社会工委）和北京市石景山区社会建设工作办公室（简称区社会办）合署办公，在区委、区政府领导下开展工作。区委社会工委是负责本区社会建设工作的区委派出机构，区社会办是负责本区社会建设工作的区政府工作部门，内设办公室、党建工作科、社区建设科、社会工作科4个科室，编制17人。年内，全面贯彻党的十七大精神，以科学发展观为指导，紧紧围绕全区中心工作，根据区委、区政府总体工作部署，按照市、区社会建设大会精神和加强社会建设系列文件要求，全面推进社会建设和管理体制改革。改革创新，牢牢抓实社会领域党的建设。明确一个目标，即加强社会建设要紧紧围绕改善民生、构建和谐社会这个目标；加强两支队伍建设，就是要加强社会工作者队伍和社会志愿者队伍建设；理顺三个关系，就是在社会建设方面进一步理顺政府、市场和社会之间的关系，努力建立“党委领导、政府负责、社会协同、公众参与”的社会管理新格局；构建五个体系，就是构建社会公共服务体系、社区管理体系、社会组织管理体系、社会工作运行体系和社会领域党建工作体系，以改革创新的精神全面推进社会建设。

在全市率先开展街道社会工作党委试点工作。全区9个街道全部建立了具有“大党建”功能的街道社会工作党委。街道社会工作党委下设新经济组织党总支、社会组织党总支、流动党员党总支、商务楼宇党建工作组、社区党建工作组、社会单位党建工作组6个工作机构，并建有19项工作制度。创新商务楼宇党建工作体制。制定了《石景山区商务楼宇社会工作站工作职责（试点）》，明确了商务楼宇社会工作站的主要工作任务。相继完成京汉、万商、泽洋等20个党建服务站（社会工作站）的创建工作，实现对20个楼宇419家企业1 527名党员的覆盖，覆盖率达66.7%。启动党建“五好”工作。遴选出10个“非公有制企业党建‘五好’示范点”进行重点培育。

夯实基础，全面加强社区建设。制定了《石景山区关于建立街道和社区工作准入的实施意见（试行）》、《关于进一步加强社区工作者队伍建设的意见》等政策文件。积极推进38个社区规范化建设试点工作。积极争取市政府专项资金近2 000万元，重点解决了31个社区办公及服务用房面积不达标问题。加强社区经费保障机制建设，确保了每个社区2009年2万元日常办公经费和8万元公益事业经费到位。提高社区专职工作者工资待遇，为近千名社区工作者补发了2008年度工资793万元，并及时发放到位；出资10万元为全区社区工作者购买了米、油等生活用品，区四套班子领导专程到相关社区居委会进行了现场慰问。妥善解决了2000年公开招考的55名社区工作者事业编制身份问题。

育管并重，加快推进社会组织建设。研究制定《关于构建石景山区“枢纽型”社会组织工作体系的暂行办法》，并确认了区工会、区妇联、团区委、区科协、区侨联、区残联、区文联、区红十字会、区志愿者联合会等9家人民团体为全区首批枢纽型社会组织，初步搭建起全区“枢纽型”社会组织工作体系。以区志愿者联合会为支撑，圆满完成国庆期间各项志愿服务任务。研究制订《石景山区国庆60周年志愿者工作方案》，筹备召开了“国庆60周年志愿服务誓师大会暨石景山区志愿者联合会成立仪式”。国庆期间，全区6万余名志愿者参与各项志愿服务任务，累计服务30余万人次。

积聚人才，切实做好社会工作者队伍建设。1—7月初，完成社区党组织和第七届社区居委会换届选举工作。直选比例高。35个社区党组织采取“公推直选”选举方式，占参选社区党组织的27.56%；20个社区采取户代表选举方式，2个社区采取全民直选选举方式，占参选社区居委会的16.67%。党员、居民参与率高，社区党组织换届中，社区党员参选率在90%以上，居民代表参选率在80%以上；社区居委会换届中，户代表选举参选率达90%以上，居民代表选举参选率达到92%以上。人员素质高。本次换届，均实现了社区专职工作者文化程度要高，党员比例要高，年龄要降低的“两高一低”的目标。年内，共招录306名大学生到社区工作。306人均为大专以上学历，其中本科以上占到68.31%，30岁以下人员占76%。针对“两委”换届、公开招录社区工作者，举办了新招录社区工作者岗前培训班和全区社区党组织书记、居委会主任提高性培训班，共计500余人参加了培训。

统筹指导，扎实推进城市基层基础建设。全年，投资5 000万元，计划实施140项便民工程。以社区为主要阵地，严密部署甲型H1N1流感防控工作，确保社区防控做到了“四必知”、“四必报”、“四必控”。向社区居民发放宣传材料50余万份，向辖区各类团体、企业发放防控通知、通告5 000余份，力争做到全覆盖、不遗漏。积极开展“安商、富商”系列工作。重点帮扶万达广场、中国银行长安支行等企业。统筹指导街道、社区做好60年国庆筹备和国庆游园、安保等工作。国庆期间，圆满完成9个街道亮点公园游园工作。公园工作人员上岗1万余人次，游园观众达10万余人次，举办文化活动、展览展示百余场次，展板400余幅、横幅800余条、彩旗1万余面。2009年，石景山区被国家民政部评为首批“全国和谐社区建设示范城区”荣誉称号，被市委、市政府评为“首都国庆60周年志愿者工作优秀组织单位”。

（王　耿）

【开展社区党组织换届选举工作】　社区党组织换届选举工作从2月开始到4月中旬结束，顺利完成了全区新一届社区党组织班子的换届选举工作。在127个社区党组织中，72%的社区党组织采取了“三推一选”方式选举，28%采取了“公推直选”方式选举（比上届多25个），4个社区党组织采取了“1+X”的模式进行试点，46个社区配备了专职副书记。社区党组织书记平均年龄45.8岁，大专以上学历的占82%。社区党组织成员政治素质、文化素质提高，平均年龄降低。广大党员和群众共同参与选举，使社区党组织具有广泛的群众基础和公信度。

（王　耿）

【成立街道社会工作党委】　年内，以鲁谷社区和老山、八角街道为试点，创建了党建参与机制和社会参与机制相结合、整合社会领域党建资源和多种社会资源、充分体现党内民主和具有“大党建”功能的街道社会工作党委新模式。街道社会工作党委在区委社会工委的指导和街道党工委领导下开展工作，通过“三推一选”产生，任期3年，委员9—13人，书记由街道党工委兼任。下设便于实施分类管理、囊括各个社会领域党组织建设的非公有制经济组织党总支、新社会组织党总支、流动党员党总支和商务楼宇党建工作组、社区党建工作组、社会单位党建工作组。设有多个融入辖区各个领域党组织、辐射各个社会单位的党代表团，制定了19项工作制度，形成了系统的职责和工作制度体系。通过党代表履职、述职、联系群众等方式，充分整合辖区党建资源，扩大基层党内民主，发挥党代表作用，凝聚社会建设力量。全区9个街道（鲁谷社区）全部完成了社会工作党委建立工作。新成立的社会工作党委在平安国庆行动中，充分发挥组织功能，显示出强劲的“大党建”优势。

（王　耿）

【创建商务楼宇党建工作站】　年内，研究谋划出商务楼宇“铁打营盘流水兵”的“营盘”式的党建模式，构建出以党建为龙头，带动工建、团建、妇建等群团组织共同承担社会建设责任、将政府服务职能延伸到商务楼宇、整合社会资源促进企业发展和社会和谐的工作运行机制。明确了做好宣传动员和教育引导工作、建立商务楼宇综合服务平台、开展公益服务和便民服务活动、维护商务楼宇和谐稳定、培育和扶持各类社会组织、加强党组织和党员队伍建设以及其他工作等7个方面的职责，囊括了商务楼宇党建工作全部内容。在试点工作的基础上，完成了22个商务楼宇党建工作站（社会工作站）创建工作，建立了3个联合党组织，为每个社会工作站配备了1名专职党建指导员，实现了党的工作对25座商务楼宇、419家企业、1 530余名党员的覆盖。

（王　耿）

【推进社区组织建设】 年内，在全区38个社区开展了社区规范化建设试点工作，规范社区服务站技术平台，将社区原有的居民事务办理站、服务站纳入社区服务站，并与街道科室、职能站所、社区服务中心等有机衔接，实现综合管理，一站多能。按照“一分、三定、两目标”的要求，对社区目前承担的各项工作进行全面梳理，合理划分社区党组织、社区居委会、社区服务站相应的工作职责，制定相应制度，充分发挥好社区党组织的核心领导作用，社区居委会的民主自治作用，社区服务站的服务居民作用，确保“三驾马车”齐头并进。年内，从原社区工作者符合相关条件（40岁以下、大专以上）的人员中录用了229名服务站专职人员；面向社会公共招考了205名社区服务站专职人员；招考了94名大学生和合同期满大学生村官作为社区服务站工作人员。目前，全区共配备社区服务站人员552人，基本上在全区范围内达到了“每500户配备1人”的标准。

（董妍君）

【推进社区硬件建设】 年内，及时组织各街道进行项目申报，多次协调区发改委、建委、规划局、国土局、环保局等相关专业部门，对全区31个社区进行点对点实地考察，组织市发改委专家组进行项目评审。9月底，市发改委正式发文批复了石景山区的社区用房规范化试点建设项目的实施方案，支持全区31个社区用房规范化试点建设，总建筑面积9 938平方米，总投资4 634万元，其中由市政府投资1 762万元，区政府投资2 872万元。

（董妍君）

【开展社区居委会选举工作】 1—7月初，完成全区第七届社区居委会换届选举工作，并实现“三高”目标。直选比例高。20个社区采取户代表选举方式，2个社区采取全民直选选举方式，占参选社区居委会的16.67%。两项指标均位于全市前列。居民参与率高。社区居委会换届中，户代表选举参选率达90%以上，居民代表选举参选率达到92%以上。人员素质高。本次换届，均实现了“两高一低”（社区专职工作者文化程度要高，党员比例要高，年龄要降低）的目标要求。经换届选举，新一届社区居委会成员860人中，党团员430人，占50%；大专以上学历人员591人（其中本科248人、硕士研究生2人）占68.7%；平均年龄39.7岁，比上届降低了3岁；本届社区居委会860名成员中，有225人在社区党组织中任职，315人在社区服务站任职，470人为连选连任。同时，新一届居委会成员中，就业人员占78%以上，有14名应届大学生，有62人持有国家社工师、助理社工师资格证书。

（董妍君）

【推进社区民主自治】 年内，全区新成立3个社区居委会，合并了2个社区居委会。在全区各社区全面实施了社区居委会成员“分片包户制”，进一步畅通了社区居民的利益诉求渠道。古城街道十万平社区实行的“社区名誉主任”制度，居民选出52个代表，每人在居委会工作一周，体验社区工作，为社区出谋划策，有效地调动了居民参与社区工作的积极性。

（董妍君）

【开展社区专职工作者招录工作】 年内，共招录205名社会人员、11名村官和90名应届毕业大学生到社区工作。306人均为大专以上学历，其中本科以上占到68.31%，30岁以下人员占到76%，年轻化、知识化、职业化特点体现得十分充分。尤其是2009年新招录的大学生社区工作者，为社区基层组织注入了新鲜血液，为社区快速发展增添了新的活力。

（董妍君）

【开展社区工作者培训工作】 年内，积极做好全区社区工作者的培训工作，进行街道层面的全员培训，由各街道（鲁谷社区）组织对新当选“两委”成员、新招录社区工作者进行培训，及时适应社区工作岗位和环境。进行全区层面的培训，由社会工委组织，举办了新招录社区工作者岗前培训班和全区社区党组织书记、居委会主任提高性培训班，共计500余人参加了培训，内容涵盖了社区党建、社区工作实务、区情形势与教育、项目管理、职能部门相关专业知识等。

（董妍君）

【完成区街便民工程】 年内，投资5 000万元，实施162项便民工程。各街道严格按照工程立项规范化、建设施工透明化、资金来源多样化、解决问题经常化、贴近百姓精品化、建设效果人性化的“六化”原则，积极主动为居民群众解决出行难、活动难等问题，确保了便民工程真正贴近百姓需求。同时，根据区长办公会的有关要求，为进一步做好全区便民工程的管理，组织各街道与区发改委多次就便民工程的新的管理办法进行研讨，完成了全区便民工程建设单位库的建立。

（董妍君）

【开展甲型H1N1流感防控工作】 年内，指导全区街道、社区按照属地管理的原则，制定预案，部署力量，严防死守，确保社区防控做到了“四必知”、“四必报”、“四必控”。抓组织，指挥到位。各街道均建立有工作预案，并建立起社区防控分片包干责任制。抓队伍，反应到位。每个社区都设有专人，打造了一支覆盖面广、反应灵敏的社区信息报送员队伍，力争做到“早发现、早诊断、早报告、早隔离、早治疗”。抓服务，保障到位。及时帮助二代密接人员解决居家医学观察期间所产生的缺衣少食等各种难题，解除他们的后顾之忧。抓宣传，教育到位。向社区居民发放宣传材料50余万份，向辖区各类团体、企业发放防控通知、通告5 000余份，力争做到全覆盖、不遗漏。抓稳定，排查到位。及时发现群众中产生的不稳定因素，针对有“二接”隔离人员的楼门，挨家挨户做思想工作，及时发放消毒液，消除群众的恐慌心理，稳定群众情绪。

（董妍君）

【落实全区年度重点工作】 统筹指导街道、社区做好60年国庆筹备和国庆游园、安保等工作。国庆前夕，举办了迎国庆“石景山区第三届迎奥运和谐社区杯”乒乓球比赛、指导各街道积极做好国庆游园筹备工作等，为迎接60年国庆营造了和谐稳定的社会环境。节日期间，圆满完成9个街道亮点公园游园工作。公园工作人员上岗1万余人次，游园观众达10万余人次，举办文化活动、展览展示百余场次，展板400余幅、横幅800余条、彩旗1万余面，营造出一派欢乐、祥和、热烈的节日气氛，充分表达出全区人民欢庆中华人民共和国60年华诞的喜悦心情，展现出和谐石景山健康向上、蓬勃发展的精神风貌。

（董妍君）

【构建“枢纽型”社会组织】 年内，制定下发了《关于构建石景山区“枢纽型”社会组织工作体系的暂行办法》，并在全市率先确认了区工会、区妇联、团区委、区科协、区侨联、区残联、区文联、区红十字会、区志愿者联合会等9家单位，为全区首批枢纽型社会组织，初步构建了“枢纽型”社会组织工作体系。该9家枢纽型社会组织将逐步承担起本领域、本系统社会组织的业务主管单位职责，为加快推进全区社会组织的改革和发展奠定了坚实的基础。

（王建强）

【成立区志愿者联合会】 9月4日，成立石景山区志愿者联合会，秘书处设在社会工委、社会办社会工作科，全面整合了全区涉及3万余人的14个志愿者协会组织。联合会的主要职责为：在政治上，充分发挥党委、政府与各类志愿者组织之间的桥梁纽带作用；在业务上，充分发挥龙头和联合作用，为各类志愿者组织开展活动和广大志愿者发展提供平台；在管理上，按照章程和政府授权，做好各类志愿者组织的日常管理和服务协调工作。自联合会成立以来，充分发挥了统筹协调作用，初步搭建起全区志愿者工作新格局。经验总结材料《建立区级志愿者联合会，健全志愿服务体制机制》得到了市委常委梁伟的高度肯定，批示要求“积极总结推广”。

（王建强）

【开展国庆志愿服务工作】 年内，统筹协调国庆期间各项志愿服务工作。在筹备阶段，召开了“国庆60周年志愿服务誓师大会暨石景山区志愿者联合会成立仪式”，并研究制订了《石景山区国庆60周年志愿者工作方案》，成立了石景山区志愿服务百人形象团并举办了宣誓仪式。通过广泛动员，在国庆期间先后有5万余名志愿者走上国庆志愿服务岗位，累计服务50余万人次，石景山区委、区政府被评为“首都国庆60周年志愿者工作优秀组织单位”。

（王建强）

门头沟区

【概况】 3月20日，中共北京市门头沟区委社会工作委员会（简称“区委社会工委”）和北京市门头沟区社会建设工作办公室（简称“区社会办”）正式挂牌成立。区委社会工委为区委派出机构，列入区委机构序列；区社会办为区政府工作部门，与区委社会工委合署办公。其前身是1981年3月组建的中共门头沟区委街道工作委员会和门头沟区人民政府街道工作办公室，同时予以撤销。

区委社会工委主要职责：第一，贯彻执行党的路线、方针、政策，保证区委各项决议、决定的落实。第二，研究提出本区社会建设和管理的总体规划和重大方案，为区委社会建设宏观决策服务。第三，按照区委、区政府要求和区社会建设领导小组的安排，统筹推进各项任务的分解落实，并对各相关工作开展情况进行指导和督促检查。第四，负责社区和“两新”组织党建工作，及时分析社区和“两新”组织的发展动态和趋势，研究拟定加强社区和“两新”组织党建工作的总体规划和政策措施，并组织实施。第五，负责社会工作者队伍建设的统筹协调和指导监督，研究拟定有关总体规划和重大方案，建立健全以培养、评价、使用、激励为主要内容的政策措施和制度保障。第六，规划指导社区党组织、社区自治组织和社区服务组织的建设。第七，协助区委组织部做好街道系统干部教育、培养等工作。协助区纪委做好街道系统党风廉政建设。第八，完成区委和区社会建设工作领导小组交办的其他工作。

区社会办主要职责：第一，贯彻中央和北京市关于加强社会建设和管理的政策措施，保证区委、区政府各项决议、决定的落实；第二，负责本区社会建设和管理工作的总体研究，研究拟定本区社会建设、社会组织建设、社会工作队伍建设等方面的总体规划、改革方案和制度措施，并组织实施；第三，统筹推进社区建设、综合协调社区建设中的重点难点问题，指导监督社区建设各项方针政策的贯彻落实；第四，负责社会组织建设、管理和服务工作的宏观指导，保证相关政策措施的落实；第五，负责社区工作进行调查研究，综合协调区政府各职能部门和街道的关系，督促、检查街道办事处工作落实情况；第六，完成区政府和区社会建设工作领导小组交办的其他工作。

区委社会工委、区社会办职能、机构的调整，核定行政编制12名，其中书记（主任）1名，副书记1名，副主任2名；区委社会工委、区社会办科室未定。

区委社会工委、区社会办成立以来，2009年是全区社会工作起步之年，也是社会建设扎实开展的一年。一年来，我们认真贯彻北京市社会建设大会精神，全面落实市社会建设“1+4”系列文件精神，按照区委社会建设工作要求，扎实开展社会建设工作。社会建设工作取得了初步成效。

（一）成立区社会工作机构，加强对社会建设工作的组织领导

区委高度重视社会建设工作，按照全市统一部署，从机构设置入手，成立了中共门头沟区委社会工作委员会，门头沟区社会建设工作办公室，明确区委社会工委是区委工作部门，区社会办是政府组成部门。根据门头沟区社会建设工作任务，制定了“三定”方案，充实了工作人员，明确了工作职能。成立了由区委、区政府主要领导任组长，有关单位一把手参加的门头沟区社会建设工作领导小组，明确了各成员单位工作任务。一年来，领导小组各成员单位在区社会建设工作领导小组办公室的协调下，按照工作职责，紧紧围绕区委中心工作，在教育、卫生、文化、社会保障等方面开展了富有成效的工作，实现了全区经济平稳较快的发展，城乡基础设施和民生状况明显改善。

（二）圆满完成社区“两委”换届选举，推进基层民主自治建设

在社区“两委”换届选举工作中，始终坚持以党的执政能力建设和先进性建设为主线，以改善社区班子的整体结构为重点，以凝聚人心、促进和谐为目标，经过各街道、镇的精心组织和周密部署，顺利完成了社区“两委”班子的选举工作。社区党组织选举工作全部实行了“三推一选”，有15个社区推行了党组织书记直接选举。6 547名党员参加了投票。社区居委会选举工作顺利完成，99个社区除4个因故不能正常选举外，其他95个社区全部按照要求完成第七届居委会选举工作。有7个基础条件较好的社区进行了户代表直接选举。通过选举，社区“两委”干部结构进一步优化，新一届社区“两委”干部的综合素质明显提高，610名社区干部中，大专以上学历的占社区干部总数的37%以上。最大限度的推行社区“两委”成员双向进入交叉任职，交叉任职率达到70%以上，有76个社区实现了党组织书记与居委会主任一人兼任，“一肩挑”比率达到80%。

（三）以规范化建设为重点，稳步推进社区各项事业的深入开展

着力推进社区规范化建设。认真落实北京市社会建设工作领导小组办公室《关于推进社区规范化建设试点工作的实施方案》精神，坚持社区服务站硬件建设和软件建设一起抓，努力建设符合时代特征、时代特点的新型社区服务站。一是认真抓了社区服务用房试点工作，选择了6个社区作为建设试点，新建服务用房2 382平方米，总投资679万元。二是认真做好社区专职工作者的招录和使用工作。为了打造一支专业、职业化的社区工作者队伍，面向全区进行了公开招聘工作，通过笔试、面试等程序，从960名符合条件的报名者中公开招录了111名具有大专以上学历、年龄在40岁以下的社区专职工作者。认真做好市统招的37名大学生安置工作。148名社区工作者进入社区工作，极大地改善了社区工作者的知识结构和年龄结构。三是进一步规范社区服务站工作职能，按照社区规范化建设要求，进一步明确了社区党组织、居委会、服务站的关系，明确了服务站的工作职能，使社区服务站建设向规范化、专业化方向发展。

继续开展和谐社区和达标社区创建。坚持“八个好”评估标准，深入开展社区创建活动。一年来，各申报单位坚持创建标准，突出社区特色，围绕中华人民共和国成立60

周年庆祝活动，积极开展各种环境治理和精神文明创建活动，经验收，有23个社区达到区级和谐社区和达标社区标准。积极开展了学习型街道、学习型社区创建活动，有25个社区被评为区级学习型建设先进单位。在迎检工作中，全区学习型街道、学习型社区创建工作得到了北京市学习型城市专家组成员的充分肯定，为新一轮创建工作积累了经验。

（四）加强社会组织规范化管理，积极发挥各类社团组织的作用

随着改革的不断深入，全区社团工作得到健康发展。为了进一步规范社团管理，提升社团组织的社会影响，区委社会工委、区民政局在部分基础较好的社团中开展了资质评估活动。通过专家评估，6个社团组织被评为3A级社团组织，4个社团组织被评为2A级社团组织。为了准确掌握全区各类社会组织的基本情况，2008年上半年，对全区社会组织发展情况进行了专项调研，摸清了“两新”组织党组织基本情况，社区、村各类“草根社会组织”基本情况，为下一步开展工作提供了决策依据。

（五）加强干部队伍建设，为推进社会建设工作提供人才保障

一是加强区委社会工委、区社会办机关干部队伍建设。针对机构新、人员新的情况，区委社会工委、区社会办通过组织学习、深入调研、业务培训等方式加大了对机关干部的培训力度。二是加强了街道系统处级领导干部培训。举办了街道副处级以上领导干部十七届四中全会精神学习班和构建和谐社会专题讲座，提高了街道处级干部的政策理论水平。三是加强了社区干部的培训。对新一届社区“两委”成员进行了专题培训，分别办了社区“两委”正职培训班、社区服务站工作人员业务培训班、社区“两委”全员培训班。积极支持和鼓励符合条件的社区干部参加全国职业资格考试，目前，全区已有27人取得助理社会工作师资格，4人取得社会工作师资格。按照《门头沟区第七届社区工作者工资待遇意见》，落实了社区工作者工资福利待遇。设立了“社区退离老积极分子”专项资金。为了提高社区干部的理论水平，在社区“两委”正职中开展了以“庆祝中华人民共和国成立60周年，努力构建社会和谐”为内容的有奖征文活动。

（六）开展科学发展观教育活动，社会各项工作取得新成绩

在区委学习实践活动领导小组的正确领导下，各社区党组织、新经济领域党组织积极开展了科学发展观教育活动。在两批科学发展观教育活动中，共有76个社区党支部，48个非公经济党支部，10 300名党员参加了学习实践活动。在教育活动中各级党组织认真解决群众关心的热点和难点问题，使人民群众实实在在感受到教育成果，仅四个街道就完成23项区政府为民办实事工程，社区建设投资达894万元。

（七）以“两委”任期承诺为重点，全面推进社会领域党建工作

社区“两委”换届结束后，为了进一步巩固社区党组织的执政基础，提高社区干部的履职能力，在社区“两委”中开展了任期承诺工作。区委组织部、区委社会工委下发了《关于在社区“两委”中开展任期承诺工作意见》。各工委、党委高度重视，各社区党组织广泛动员，“两委”干部积极参与，通过自身提，班子定，上级审，群众监督等环节，各社区共向居民作出承诺1 100余条。承诺事项主要涉及社区环境、社区治安、社区文化等内容，并利用《京西时报》专刊将99个社区承诺事项向全区人民进行公示。承诺工作开展以来，社区“两委”主动接受群众监督，认真履行承诺，解决群众反映的问题，得到了居民的认可。为了进一步推进工作，区委召开了社区“两委”任期承诺工作推进会，市委社会工委领导对此项工作给予了充分肯定。按照“五个好”的创建标准，在社区继续开展了党员设岗定责和党员分层管理工作。为了进一步发挥社区党组织的作用，在大峪街道峪园社区成立了门头沟区首家社区党委。

加强了新经济组织党的建设工作，开展了新经济领域党建示范点建设，南丁格尔、精雕科技等新经济组织党建工作扎实开展。为了加强对新经济领域党建工作的领导，大峪街道成立了新经济组织党建工作联席会。

在区委、区政府的领导下，在区社会建设领导小组成员单位的努力下，在社区、新经济、新社会组织的共同参与下，全区社会建设工作初见成效。但我们也要看到，社会建设工作刚刚起步，影响社会建设深入开展的困难和问题依然存在，主要表现在：一是一些同志对社会建设工作还缺乏必要的认识；二是上下联动的社会建设运行体制和机制还需要进一步完善；三是新形势下如何加强社会组织的管理和服务需要认真研究；四是社会人才队伍相对薄弱，难以适应形势发展的需要；五是“两新”组织党的建设还需要加大工作力度。综合以上存在的困难和问题需要在今后工作中认真加以解决。

（兰德敏）

【召开创学习型社区现场会】 3月4日，区委街道工委在大峪街道峪园社区召开了创建学习型街道社区工作现场会。区教委、4个街道主管学习型社区创建的领导、工作人员及15个创建社区的主要领导参加了会议。

（兰德敏）

【召开和谐（达标）社区创建会】 3月17日，召开了创建工作的街道、镇居民科长会议，会上区社会办宣读了2009年区社会办创建和谐和达标社区工作实施方案，对2009年创建的23个社区进行确定，其中和谐社区14个、达标社区9个，预计总投资94万元。

（兰德敏）

【召开学习实践科学发展观动员会】 3月18日，区委街道工委召开了深入学习实践科学发展观动员会。区委街道工委全体党员干部、区学习实践科学发展观检查组成员参加了动员会。动员会上，传达了中共北京市门头沟区委《关于深入学习实践科学发展观，开展弘扬北京奥运精神、加强领导干部作风建设年活动的实施方案》、《关于在全区党员中开展深入学习实践科学发展观活动的实施意见》、《开展第一批深入学习实践科学发展观活动实施方案》三个文件，传达了区委书记伊欣欣在区学习实践科学发展观动员大会上的讲话精神，部署了本单位实施方案。区委街道工委书记、区街道办主任韩兴无作了“深入学习实践科学发展观，稳步推进社会建设”的动员报告。区检查指导组组长任全礼对区委社会工委学习活动给予了充分肯定。

（兰德敏）

【召开社区换届选举工作动员会】 3月20日，召开门头沟区2009年社区换届选举工作动员会。区社会建设领导小组成员单位、区社区换届选举工作领导小组成员单位、各街道办事处、有关镇领导及全区社区干部参加了会议。会议由区委常委、政法委书记韩生辉主持。会上，区民政局局长白连富宣读“关于命名2008年度和谐社区、达标社区的决定”，并进行了颁奖仪式。区委社会工委书记、区社会办主任韩兴无部署了2009年社区党组织和社区居委会换届选举工作。区委副书记郭光磊对于2009年社区换届选举工作提出了明确要求。

（兰德敏）

【举行区委社会工委、区社会办成立】 3月20日，举行区委社会工委、区社会办成立揭牌仪式。区社会建设领导小组成员单位、各街道办事处及镇有关合作领导、全区社区干部参加了会议。区委组织部副部长、区人事局局长、区编办主任杜斌英宣读了北京市编办“关于成立中共北京市门头沟区委社会工作委员会、北京市门头沟区社会建设工作办公室的函”，宣布了区委关于“中共北京市门头沟区委社会工作委员会和门头沟区社会建设工作办公室领导人员任命的决定”。

（兰德敏）

【进行学习实践科学发展封闭学习】　3月26—27日，区委社会工委全体党员干部，在西峰宾馆进行了为期两天的封闭式学习。学习了《毛泽东、邓小平、江泽民论科学发展观》、《科学发展观重要论述摘编》和《温家宝同志在全国省部级以上关于科学发展观的专题动员讲话》，区社会工委书记、区社会办主任韩兴无作了“以马克思主义哲学观点解读科学发展观”专题讲座。还学习了区纪委《关于在全区推进廉政风险防范管理工作的实施意见（试行）》和《北京市加强社会建设实施纲要》等文件精神。学习结束时，区委社会工委书记、区社会办主任韩兴无对学习情况进行了总结。

（兰德敏）

【部署廉政风险防范目标管理工作】　3月26日，区委社会工委组织全体党员学习了区纪委《关于在全区推进廉政风险防范管理工作的实施意见（试行）》等文件精神，结合2009年工作重点，研究制定了《区委社会工委廉政风险防范目标管理工作的实施方案》和考核办法及实施细则。《方案》对廉政风险防范工作进行了安排，分为全面启动、组织实施、总结验收三个阶段。时间从3月1日起到11月30日结束，历时9个月。《考核办法》分为7项17条。考核的原则是领导、群众参与原则；公开、公平、公正原则；过程、结果相结合原则；自查、重点抽查、年终检查相结合原则；注重实效原则。

（兰德敏）

【部署社区党组织选举工作】　3月31日，区委社会工委召开了各街道工委、有关镇党委主管社区党组织选举工作的领导及有关科室负责人会议，总结了前一阶段社区党组织选举工作进展情况，分析了选举工作中存在的困难和问题，就下一阶段工作进行了部署。会上，区委社会工委要求各单位要按照区委对社区党组织选举工作的各项要求，认真落实好每个环节，把工作抓紧、抓细、抓实，确保选举工作的顺利完成。

（兰德敏）

【进行社区选举试点】　4月2—3日，区社区选举工作领导小组在大峪街道桃园社区和城子街道城子大街社区进行社区换届选举试点工作。通过推举选举委员会、进行选民登记、选举居民代表、确定提名方式、选举方式和公开自荐报名等程序，桃园和城子大街社区分别召开了居民会议，组织13名有参选意愿的报名者进行自我展示。副区长贾文勤出席会议，区社区选举工作领导小组副组长、办公室主任韩兴无参加了展示会。

（兰德敏）

【召开社区党组织换届选举工作会议】　4月8日，区委社会工委召开社区党组织换届选举工作会议。按照市委工作部署，要求全区4街6镇96个社区党组织，在4月底前全部完成换届选举工作，将有11 900名党员参与选举工作。

（兰德敏）

【召开主办社区换届选举工作培训班】　4月14日，区委社会工委举办全区4街6镇副处级以上领导及包社区干部培训班，150余人参加了培训。区社会办副主任安淑芬依据《第七届社区居委会选举工作手册》，按照选举工作流程及时间安排，从宣传动员、组织培训、选举委员会的产生、选民登记、居民小组划分，小组长、居民代表的产生、提名产生候选人、投票选举等程序进行了详细的讲解，区委社会工委书记韩兴无从科学发展观角度就选举工作提出要求。

（兰德敏）

【检查社区党组织选举工作】　4月21日，区委书记伊欣欣在区委常委、政法委书记韩生辉和区委常委陈国才的陪同下，检查社区党组织换届选举工作；听取了区委社会工委书记韩兴无有关选举情况的介绍。详细询问了全区社区党组织换届选举工作的程序、选举方式及存在的问题等情况。并参加了大峪街道南路二社区党支部换届选举大会。

（兰德敏）

【召开规范化社区建设试点工作协调会】 5月6日，副区长贾文勤主持召开了规范化试点社区建设协调会。会议主要针对如何尽快解决京煤集团、区教委等4家单位的房屋产权等相关问题进行了深入探讨。

（兰德敏）

【开展“五四”精神进社区宣传教育活动】 5月15日，开展了“五四”精神进社区宣传教育活动，通过宣传展板向社区近千名居民展示了宋庆龄、李大钊等8位文化名人的生平事迹。区委常委、宣传部长陈志强以及区“四进社区”活动领导小组成员单位的相关领导参加了此项活动。

（兰德敏）

【召开社区选举工作汇报会】 5月21日，区委社会工委在区社区培训中心召开了社区选举工作汇报会。区委常委、政法委书记韩生辉及各街道、镇的有关领导参加了会议。区委社会工委书记韩兴无介绍了“两委”班子选举工作的总体进展情况。4街6镇的领导分别就各自社区选举工作的情况进行了汇报，针对选举工作中遇到的棚户区拆迁、班子成员年龄老化以及书记、主任“一肩挑”等问题进行了广泛的交流。

（兰德敏）

【召开学习实践科学发展观第二阶段动员会】 5月22日，根据区委关于学习实践科学发展观的总体要求，区委社会工委召开全体党员第二阶段学习动员会。就第一阶段的学习情况进行总结，布置第二阶段的学习流程、要求以及所要达到的目的。区委社会工委书记韩兴无在动员会上提出学习要求。

（兰德敏）

【区领导观摩指导社区居委会选举工作】 6月20日，门头沟区第七届社区选举投票日，区委书记伊欣欣、区长刘云广、人大常委会主任李慷云、政协主席高连广、区委副书记郭光磊分别带队到大峪街道峪园社区、增产路社区，永定镇永兴社区，城子街道蓝龙家园社区，龙泉镇龙泉务社区、峪新社区，东辛房街道矿建街西社区、矿建街社区，王平镇河北社区，大台街道黄土台社区，观摩了5个社区居民代表选举的全过程和5个社区的户代表选举工作。区领导陈志强、王二安、付兆庚、王智慧、张冰、韩生辉、陈国才、贾文勤参加了观摩指导。

（兰德敏）

【市招录社区工作者签订协议书】 7月8日，门头沟区社会办、区人事局组织用人单位在区社区服务中心与北京市统一招录的高校毕业生签订协议书。

（兰德敏）

【举办社区“两委”主要负责人培训班】 7月15—17日，区委组织部、区委社会工委举办了“社区‘两委’主要负责人培训班”。全区99个社区的党组织书记、居委会主任参加了培训。

（兰德敏）

【公招社区工作者报名】 7月19日上午，区委社会工委、区社会办和区人事局在门头沟社区服务中心联合举办了“2009年门头沟区公开招录社区服务站工作者现场会”。4个街道办事处、6个镇的有关工作人员参加了招录工作。共发放入场票946张，经审核，报名合格人员805人，计划招录99人，比例为1：8.1。

（兰德敏）

【召开学习实践科学发展观第三阶段动员会】 7月20日，根据区委关于学习实践科学发展观的总体要求，区委社会工委组织全体党员干部召开第三阶段学习动员会。会上就第二阶段的学习情况进行了认真总结，布置了第三阶段的学习任务。

（兰德敏）

【组织公招社区工作者考试】 7月26日上午，区社会办组织参加公开招录社区工作者考生在大峪中学进行笔试。共设考场27个，参考人数762人。

（兰德敏）

【组织公招社区工作者面试】 8月13日，区社会办与区人事局在大峪中学组织公开招录社区工作者面试工作。通过报名、资格审查、笔试等环节的考核筛选，有279人进入面试，共设考场7个。区委常委、政法委书记韩生辉与副区长贾文勤到面试现场进行了巡视，并看望了考场工作人员。

（兰德敏）

【组织群众歌咏比赛】 9月15日，区委社工委组织社区群众举办了“为祖国放歌”庆祝中华人民共和国成立60周年群众歌咏比赛，共有12支社区群众队伍参赛。

（兰德敏）

【举办学习十七届四中全会精神培训班】 10月10—11日，区委社会工委在区教委教师培训中心，组织大峪、城子、东辛房、大台四个街道办事处37名处级以上领导干部认真学习了《中共中央关于加强和改进新形势下党的建设若干重大问题的决定》和中共中央总书记胡锦涛在党的十七届四中全会上的重要讲话精神。培训班上邀请了市社会办副主任赵小卫就推进社会建设作了专题讲座。副区长贾文琴参加了培训会。

（兰德敏）

【举办公招社区工作者上岗培训】 10月14—16日，举办了市、区两次招录的148名社区工作者上岗培训班。

（兰德敏）

【首家社区党委成立】 10月26日，门头沟区首家社区党委在大峪街道峪园社区成立，各街道工委副书记、组织部部长、峪园社区全体党员参加了成立大会。

（兰德敏）

【社团工作】 11月13日，成立了由区民政局局长张翠萍为组长，副局长付萍丽、区委社会工委副书记高增龙为副组长，相关单位主管领导为成员的评估领导小组，制定了《门头沟区社会团体工作评估标准》。对社团组织评估工作进行了部署。

（兰德敏）

【评估验收和谐（达标）社区】 11月25日，副区长贾文勤到大峪街道办事处，参加了和谐（达标）社区评估验收工作。听取了大峪街道办事处一年来大峪街道办事处创建和谐（达标）社区的工作汇报，观看了大峪街道6个创建和谐（达标）社区的多媒体汇报。区委社会工委书记、区社会办主任韩兴无一同参加了此次评估验收工作。

（兰德敏）

【召开社区用房建设协调会】 11月30日，副区长贾文勤主持召开社区用房建设协调会。会议主要针对2009年全区6个社区用房规范化建设试点以及2010年全区社区办公用房规范化建设规划等工作情况进行通报与务虚探讨。区社会办对2009年社区规范化建设试点的办公用房标准、市区投资情况和具体工作进展情况进行汇报，并对2010年全区社区办公用房规范化建设的总体任务进行了介绍。会上，区发改委、区规划局、区建委等12家单位分别提出了各自的意见和建议。

（兰德敏）

房山区

【概况】 区委社会工委的主要职责：第一，贯彻执行党的路线、方针、政策和区委关于加强本区社会建设的决议、决定，研究提出工作意见并组织实施。第二，研究提出本区社会建设的总体规划、工作方案和相关政策，为区委宏观决策服务。第三，负责宏观指导、统筹协调和督促检查本区社会建设重点任务的落实，制订社会建设考核评价体系并组织实施。第四，拟订并组织实施本区社会管理体制改革和社会领域社会动员体制机制建设的规划和政策措施。第五，负责综合研究和统筹协调本区街道管理体制改革相关工作。第六，负责本区社会领域党建工作，拟订并组织实施全区社会领域党建工作规划，协调指导各乡镇（街道）、各有关单位开展社会领域党建工作。第七，协调指导本区社会工作人才队伍建设工作，拟订并组织实施社会工作者队伍建设规划、工作方案和配套政策；综合协调本区志愿者工作，拟订并组织实施志愿者工作的规划和配套政策。第八，完成市委社会工委、区委和区社会建设工作领导小组交办的其他工作。

区社会办的主要职责有以下方面。第一，贯彻执行有关社会建设的法律、法规、规章和政策，提出加强本区社会建设的意见建议；组织实施本区社会建设的总体规划和工作方案。第二，协调推进本区社会公共服务体系建设，落实相关政策。第三，统筹推进本区社区建设，拟订并组织实施社区建设的规划和政策措施，综合协调社区建设中的重点难点问题。第四，宏观指导本区社会组织建设与发展，拟订并组织实施社会组织建设规划，协调推进社会组织改革和发展工作。第五，对各乡镇（街道）、各部门的社会建设工作落实情况进行指导和督促检查。第六，完成市社会办、区政府和区社会建设工作领导小组交办的其他工作。

职能调整：第一，将区委组织部负责的社区党建和“两新”组织党建工作的具体管理职能划入区委社会工委、区社会办。第二，将区社区建设和城市管理体制改革领导小组调整为区社会建设工作领导小组，负责统一领导并组织协调本区社会建设和管理工作，领导小组办公室设在区委社会工委、区社会办，将区民政局承担的统筹协调与指导社区建设职能划入区委社会工委、区社会办。

与相关部门的关系：第一，与区委组织部的关系。区委社会工委在区委组织部的指导下，负责本区社会领域党建的规划、研究、管理和指导工作。第二，与区民政局的关系。在社区建设方面。区委社会工委、区社会办统筹推进本区社区建设，拟订并组织实施社区建设的规划和政策措施，综合协调社区建设中的重点难点问题。区民政局按照《中华人民共和国城市居民委员会组织法》指导城市基层政权建设和社区居委会民主选举工作。在社会组织建设方面。区委社会工委（区社会办）宏观指导本区社会组织建设与发展，拟订并组织实施社会组织建设规划，协调推进社会组织改革和发展工作。区民政局负责社会组织的成立、变更、注销登记及年度检查，负责社会组织违法行为及非法组织的查处工作。第三，与区委农工委（区农委）的关系。区委社会工委（区社会办）负责总体统筹、规划和推进全区社会建设和管理工作，现阶段侧重于城市化地区的社会建设和管理；区委农工委（区农委）负责农村地区社会建设和管理的有关工作。

2009 年房山区委社会工委、区社会办所做的重点工作有以下几个方面。

（一）形成社会建设管理体系

一是制定了《关于贯彻落实〈北京市加强社会建设实施纲要〉的意见》等“1 + 4 + x”系列文件，明确了今后 3—5 年社会建设的总体思路、工作目标和主要任务，提出了房山区社会建设一系列重要政策和改革措施，对有力推动全区的社会建设工作奠定了坚实的基础。二是成立了由区委、区政府主要领导参加、37个区直有关单位为成员的房山区社会建设工作领导小组，加大了对社会建设工作的统筹协调力度。三是成立了专门的社会建设工作机构。8月6日，区委社会工委、区社会办正式成立，并召开了房山区第一次社会建设大会，标志着全区社会建设工作迈出了新的步迈。

（二）完成了加强全区社会领域党建工作两个文件的修订完善工作

年初，为进一步落实好市委下发的《关于进一步加强和改进社会领域党建工作的意见》和《关于开展社会领域党建试点工作的意见》这两个文件，推进全区社会领域党建工作，在深入调研的基础上，一是修订完善了房山区委《关于进一步加强社会领域党建工作实施意见》，为加强全区社会领域党建工作提供了依据；二是修订完善了《关于开展社会领域党建试点工作实施方案》，明确了试点工作的指导思想、主要任务、着重解决的问题等五个方面的内容，为在乡镇、街道建立社会工作党委和在非公有制企业中开展“五个好”示范点建设活动提供了依据。

（三）认真抓了社区和“两新”组织系统学习实践科学发展观活动

根据市、区委学习实践科学发展观活动领导小组的统一安排，从2009年10月到2010年2月，在全区社区和“两新”组织系统开展了深入学习实践活动。区委社会工委把学习实践活动作为社会建设全面推进的有利契机；把理顺体制健全机制作为社区建设的首要任务；把解决实际问题为群众办实事作为学习实践活动的出发点和落脚点，本着“抓住契机、打开局面、解决问题”的思路，认真抓好各项工作的落实。针对“新、广、实、高”的特点，通过抓培训，确定现场教学点，召开调研座谈会，在全区社区开展“四个面向”、“六个家园”创建活动，认真落实了各个阶段的工作任务，得到市检查组的肯定。

（四）对全区社会领域党建情况展开了一系列调研活动

为进一步掌握全区社会领域党建工作情况，先后展开了系列调研活动。一是在区委社会工委领导的带领下，先后到西潞街道、拱辰街道、城关街道、燕山地区办事处等单位，深入30多个社区和“两新”组织，采取召开座谈会、问卷调查、听取汇报、现场答疑、实地查看、集体交流等方式，对社区居民群众最关心的热点、难点、重点问题，社区负责人的意见建议及开展学习实践活动面临的困难等进行了深入调研，为指导全区社区开展好学习实践活动提供了依据。二是副书记张丽红和副主任王雪梅带领党建科成员，先后到区国资委、区工商联、区工商局和区司法局等单位，就其管理的“两新”组织党组织情况进行了面对面的调研，掌握了基本情况，为开展党建工作奠定了基础。三是由于社会工委成立较晚，对情况的掌握比较少，对开展工作十分不便。为此先后下发6次通知、近20张调查表，对社区党建、“两新”组织党建及参加学习实践活动的有关情况展开了调查和统计，为抓好全区社会领域党建、提高工作效率和质量提供了一手资料。

（五）积极协调划转了18家“两新”组织党组织的隶属关系

为全面加强社会领域党建工作，按照《党章》和《中国共产党和国家机关基层组织工作条例》等有关规定，区委社会工委主要领导亲自出面，经反复调研，在广泛征求有关部门意见的基础上，经区委常委会第103次会议研究决定，将区国资委代管的龙建集团等14家非公企业党组织、隶属于区委政法委管理的3家律师事务所党组织和隶属于北京市工商行政管理局房山分局机关党委管理的私营个体经济协会党组织，调整至区委社会工委，由区委社会工委管理，这一做法，也得到了市委社会工委领导的肯定。

（六）认真抓了2009年度党统工作和区委社会工委（区社会办）党管信息库建设与维护

12月4日，在区委组织部召开2009年度党统工作会议后，区委社会工委领导于12月7日召开了区委社会工委负责管理的12家“两新”组织负责人及党统管理员参加的会议，讲清了意义、部署了任务、提出了要求、明确了负责人和上报时限。在各单位的积极配合下，经过近一个月的艰苦细致的工作，共填写党统报表220余张，建立和维护了12家“两新”组织的信息库，圆满完成了2009年党统和党管信息库建设与维护任务。

（七）抓社会工作队伍建设

一是按照《北京市关于2009年选聘高校毕业生到社区工作的实施方案》等文件要求，落实社区工作者队伍建设“1+1”计划，面向历届高校毕业生和三年届满村官公开招录了239名社区工作者（其中区委社会工委（区社会办）同区人事局负责招录了高校毕业生社区工作者97名），提高了社区工作者年轻化、知识化水平。二是建立健全了社会工作者管理培养、评价、使用、激励机制。与组织部等单位联合举办4期培训班，鼓励和引导各类社区工作者参加国家社会工作者职业水平考试，出台了社区工作者职称补贴政策，提高了社区工作者专业化、职业化水平。三是规范了志愿服务内容、服务方式，培养志愿服务队伍，增强了服务技能，提高了服务质量，促进了社区志愿服务队伍向专业化方向发展。

（八）组织开展社区基本情况调研

一是组织开展了社区基本情况调查，对全区116个社区的基本情况进行了汇总分析，及时掌握社区基本情况、社区经费投入、社区志愿服务、社区服务站建设、社区公共服务等情况，撰写了房山区社区规范化建设调查报告。二是为做好2010年社区办公和服务用房项目申报，先后到燕山地区、拱辰街道、西潞街道、城关街道、长阳镇、周口店镇、新镇街道的30多个社区进行考察，实地察看了社区基本情况，对2010年社区办公和服务用房建设选址工作进行了安排部署。起草完成了《房山区社区规范化建设调研报告》。

（九）推进社区规范化建设

一是拟订方案、制订计划。拟订并转发了《关于推进社区规范化建设试点工作的实施方案》，完成了2009—2011年社区规范化建设整体规划方案和年度实施计划。二是调查研究、确定试点。按照北京市的统一安排部署，开展了社区基本情况调查，确定了1个街道、14个社区作为2009年的规范化建设试点。三是加强指导、明确职责。按照方案要求，加强对社区规范化建设的指导，明确党组织、居委会、服务站各个岗位与街道相关部门的对应关系和各自职责，规范了各项制度和工作流程。四是总结验收。通过听取汇报、实地检查、社区自查、综合评分等方式，对2009年试点社区规范化建设情况进行了总体验收。

（十）组织开展文明平安社区创建活动

一是组织市、区级文明社区评比活动。按照《房山区文明社区建设管理办法》，通过乡镇（街道）推荐，评选出区级文明社区23个，首都文明社区34个。二是拟订并下发了《关于进一步加强社区甲型H1N1流感防控工作的通知》、《关于进一步加强社区安全稳定及环境整治工作的通知》等文件，建立了零报告制度，及时掌握社区的基本情况。三是拟订并下发《关于做好社区层面预防煤气中毒工作的通知》，组织指导社区工作者参加了全区预防煤气中毒“温暖一号”行动及集中宣传日活动。

（十一）培训第一批社区工作者

为加强社区工作者队伍的管理，建设一支政治素质好、业务能力强、服务水平高的专业化、职业化的社区工作者队伍，区委社会工委（区社会办）举办了“第一期社区工作者培训班”，对招录的97名社区工作者进行了为期5天的岗前培训。通过培训，社区工作者学习了北京市“1+4+X”系列文件精神和社区工作实用技巧，了解了当前社会工作的新形势，掌握了社区规范化建设的标准，大大提高了社区工作者的整体素质和工作能力，收到了良好效果。

（王晓杰）

【第一批招聘社区工作者97名】 5月18日—7月17日，完成对应届毕业生和届满大学生村官招聘社区工作者工作，共录取社区工作者97人，其中应届毕业生54人，三年期满大学生村官43人。

（白玉明）

【印发了《关于贯彻落实〈北京市加强社会建设实施纲要〉的意见》】 5月25日，房山区六届区委常委会第83次会议讨论通过，以区委、区政府名义印发了《关于贯彻落实〈北京市加强社会建设实施纲要〉的意见》

（王晓杰）

【转发了市委组织部、市委社会工委等10个部门研究制定的《关于推进社区规范化建设试点工作的实施方案》（京房办发〔2009〕17号）】 5月25日，房山区六届区委常委会第83次会议研究决定，以区委办、区政府办名义转发了市委组织部、市委社会工委等10个部门研究制定的《关于推进社区规范化建设试点工作的实施方案》。

（王晓杰）

【召开房山区社会建设大会】 8月6日，区委社会工委、区社会办正式成立，并举行了揭牌仪式。市委常委梁伟，市委副秘书长王翔，市委社会工委书记、市社会办主任宋贵伦，市委社会工委委员、市社会办副主任赵小卫和房山区委书记刘伟，区人大常委会主任郭先英，区委副书记、区长祁红，区政协主席范文彦出席会议，并揭牌。

（王晓杰）

【对招聘的第一批社区工作者进行岗前培训】 8月24—28日，在区委党校对新招录的第一批社区工作者进行为期5天的培训。8月24日在区委党校召开第一期社区工作者岗前培训班开班动员会上，市委社会工委委员、市社会办副主任赵小卫，区委常委赵佳琛，区政府副区长马丽英，区委社会工委（区社会办）及相关部门的领导参加会议。会后开始授课，先后就“当前社会工作形势”、“社会工作简介”、“社区规范化建设”、“社区党建工作”、“‘1+4+X’系列文件精神”等内容请六位领导和专家进行授课。8月27日上午组织97名新社区工作者到石景山区鲁谷社区参观学习，下午组织97名新社区工作者到燕山地区迎风街道杰辉苑社区和星城街道参观学习。8月28日在区委党校举行了第一期社区工作者岗前培训班结业式。

（白玉明）

【举行社会领域深入学习实践科学发展观活动培训班】 11月30日，区委社会工委在区委党校举行房山区社会领域深入学习实践科学发展观活动培训班。各乡镇（街道）党（工）委副书记、组织部长、主管社区工作的副职、社区办主任（民政科科长）；全区社区党组织书记、社区居委会主任参加了培训。

（白玉明）

【调整部分“两新”组织党组织隶属关系】 11月30日，区委办公室下发《关于调整部分“两新”组织党组织隶属关系的通知》。经区委常委会第103次会议研究决定，将区国资委代管的龙建集团等14家非公企业党组织、隶属于区委政法委管理的3家律师事务所党组织和隶属于北京市工商行政管理局房山分局机关党委管理的私营个体经济协会党组织，调整至区委社会工委，由区委社会工委管理。

（白玉明）

【全区新增4个社区】 12月3日，按相关文件要求，经区民政局批准，全区新增4个社区（城关街道永安家园社区、长阳镇大宁山庄社区、琉璃河镇金果林社区、窦店镇田家园社区），全区社区总数达到120个，城市化进程进一步加快。

（刘殿普）

【开展文明社区评选活动】 12月18日，区社会办与区精神文明建设委员会办公室按照《房山区文明社区管理办法》的要求和《房山区精神文明建设委员会办公室关于做好2009年度精神文明建设总结评比表彰工作的通知》，评选出13个乡镇（街道）的27个社区为“房山区文明社区”，有力推进了社区建设的全面发展。

（刘殿普）

通州区

【概况】 4月24日，通州区委社会工委、区社会办正式成立。区委社会工委主要职责：1. 贯彻执行党的路线、方针、政策和市委、区委关于加强社会建设的决议、决定，研究提出工作意见并组织实施。2. 研究提出本区社会建设和管理的总体规划、实施办法，为区委宏观决策服务。3. 按照区委和区社会建设工作领导小组安排，统筹协调和督促检查本区社会建设重点任务的落实。4. 拟订并组织实施本区社会管理体制改革和社会领域社会动员机制体制建设的规划和措施。5. 参与研究和协调本区街道管理体制改革相关工作。6. 负责本区社会领域党建工作，拟订并组织实施社会领域党建工作的规划和措施，协调指导全区社区、社会组织和新经济组织党建工作。7. 协调指导本区社会工作人才队伍建设工作，拟订并组织实施社会工作人才队伍建设的规划和措施，建立健全以培养、评价、使用、激励为主要内容的制度和机制。8. 综合协调本区志愿者工作，拟订并组织实施志愿者工作的规划和措施。9. 负责对各街道、乡镇及相关部门的社会建设工作进行指导和督促检查。10. 承办区委和区社会建设工作领导小组交办的其他事宜。

区社会办主要职责：1. 贯彻执行国家和北京市关于加强社会建设的法律、法规、规章和政策，提出加强本区社会建设的意见建议。2. 拟订并组织实施本区社会建设的总体规划、改革方案和实施办法，组织协调相关部门加强社区、社会组织、社会工作人才队伍、志愿者等方面的制度建设。3. 组织拟订本区社会公共服务体制机制建设的规划和措施，协调推进社会公共服务体系建设。4. 统筹推进本区社区建设，拟订并组织实施社区建设的规划和措施，综合协调解决社区建设中的重点难点问题，指导监督社区建设各项方针政策的贯彻落实。5. 宏观指导本区社会组织建设与发展，拟订并组织实施社会组织建设的规划和措施，协调推进社会组织改革和发展工作。6. 对各街道、乡镇及相关部门的社会建设工作落实情况进行指导和督促检查。7. 承办区政府和区社会建设工作领导小组交办的其他事项。

根据上述职责，区委社会工委和区社会办设5个内设机构，共有人员14人，其中公务员10人，工勤编制2人，本科以上学历12人，大专学历2人。

年内，制订了10个有关社会建设的工作文件，确定规范化试点社区21个，为21个试点社区配备了复印机和传真机42台，完成了15个社区、5 394平方米建筑用房、总投资额3 349万元的基础设施项目的立项批复及施工前的各项准备工作，制定了“369”社区工作项目分工和社区规范化建设“五统一”标准。成立了梨园、新华2个社会工作党委，推进了16个非公有制企业党建“五个好”示范点创建。

（王章兴）

【成立区社会建设工作领导小组】 4月17日，区机构编制委员会批准成立通州区社会建设工作领导小组。

（王章兴）

【召开区社会建设暨区委社会工委、区社会办成立大会】 4月24日，召开通州区社会建设工作暨区委社会工委区社会办成立大会。区委副书记张文山宣读北京市机构编委员会办公室“关于成立中共北京市通州区委社会工作委员会、北京市通州区社会建设工作办公室的函”、“关于成立通州区社会建设工作领导小组的通知”。市委常委梁伟、区委书记王云峰为中共北京市通州区委社会工作委员会揭牌；市委社会工委书记、市社会办主任宋贵伦，区长邓乃平为北京市通州区社会建设工作办公室揭牌。副区长赵玉影作了题为《创新社会管理体制机制　加快推进通州社会建设》的报告，区委书记王云峰、市委常委梁伟分别作了重要讲话。区社会建设领导小组成员单位及各乡镇（街道办事处）的主要领导等200多人参加了会议。

（王章兴）

【召开社会领域党建工作对接会】 4月29日，区委社会工委与区委组织部就非公企业、社会组织和社区党建工作进行了工作对接。区委组织部副部长王杰群、组织科科长陆德启对近年来组织部开展非公企业、社会组织和社区党建的基本情况、工作进展、存在问题进行了介绍。双方还对今后如何加强社会领域党建工作进行了交流和探讨。区委社会工委书记、区社会办主任宁秋君及班子成员和相关科室的工作人员参加了会议。

（王章兴）

【召开区社会工作人才队伍建设座谈会】 5月8日，副区长赵玉影主持召开由区委社会工委、区人事局、区民政局、区司法局、区教委、区卫生局、区劳动和社会保障局等7家单位主管领导参加的区社会工作人才队伍建设座谈会。

（王章兴）

【召开区推进社区规范化建设试点工作座谈会】 5月14日，区委社会工委、区社会办召开了各街道办事处及永顺镇、梨园镇的主管领导和街政科长（社区办主任）参加的区推进社区规范化建设试点工作座谈会。会议向与会人员征求了《通州区关于推进社区规范化建设试点工作的实施方案》的意见和建议。会议由区委社会工委书记、区社会办主任宁秋君主持，区社会办副主任张长利及相关科室负责人参加会议。

（王章兴）

【召开深入学习实践科学发展观专题民主生活会】 5月25日，区委社会工委、区社会办召开深入学习实践科学发展观专题民主生活会。会上，班子成员分别就学习实践科学发展观中存在的问题及下一步的整改措施进行发言，会议由区委社会工委书记、区社会办主任宁秋君主持，区深入学习实践科学发展观指导组成员列席会议。

（王章兴）

【召开商务楼宇党工共建工作座谈会】 6月19日，召开商务楼宇党工共建工作座谈会，会议由区委社会工委书记、区社会办主任宁秋君主持。区总工会副主席张慧敏，区委社会工委副书记曾祥正，区委组织部组织科科长陆德启，北苑、中仓、玉桥、台湖、马驹桥、梨园等单位的党群副书记、组织部部长、工会主席参加了座谈。

（王章兴）

【召开区社会组织改革与发展座谈会】 6月30日，组织召开通州区社会组织改革与发展座谈会。区委社会工委书记、区社会办主任宁秋君主持会议，副区长赵玉影出席会议并讲话。区总工会、团区委等10家区级人民团体和有关社会团体主要负责人参加了座谈会。

（王章兴）

【召开通州区推进社区规范化建设试点工作会】 7月10日，召开通州区推进社区规范化建设试点工作会，区委社会工委书记、区社会办主任宁秋君主持会议，中仓、玉桥、新华、北苑、永顺、梨园等单位的主管领导和街政科（社区办）负责人参加了会议。

（王章兴）

【区长办公会研究通过《社区规范化建设实施方案》】 7月15日，区政府第49次区长办公会研究通过了《通州区关于推进社区规范化建设试点工作的实施方案》。

（王章兴）

【召开社会领域党建、社会组织专题会议】 7月28日，区委副书记张文山主持召开专题会议，讨论区委社会工委（区社会办）关于社会领域党建、社会组织改革与发展等有关文件，区委社会工委书记、区社会办主任宁秋君，副书记曾祥正，副主任张长利参加会议。

（王章兴）

【首届新选聘大学生社区工作者培训班开班】 8月31日，为期5天的全区首届新选聘大学生社区工作者培训班开班，区委社会工委书记、区社会办主任宁秋君，副书记曾祥正参加开班典礼。

（王章兴）

【首届新选聘大学生社区工作者培训班结束】 9月4日，全区首届新选聘大学生社区工作者培训班结束，区委社会工委书记、区社会办主任宁秋君，副书记曾祥正参加结业式，并为66名考核合格的大学生社区工作者颁发了结业证书。

（王章兴）

【召开区社会建设工作领导小组办公室主任会议】 9月9日，召开区社会建设工作领导小组办公室第一次主任会议，研究讨论了《通州区社会建设工作领导小组办公室工作规则》、《关于进一步深化楼门文化建设的工作意见》。

（王章兴）

【召开全区深化楼门文化建设推进会】 9月18日，召开全区深化楼门文化建设推进会，区委常委、宣传部长张秀余到会并讲话，副区长赵玉影等领导现场观摩了四个街道的楼门文化建设。

（王章兴）

【新华、梨园成立社会工作党委】 9月25日，通州区新华街道、梨园镇分别召开社会工作党委成立大会。

（王章兴）

【区新一届社区书记、主任培训班开班】 11月16日，区新一届社区党组织书记、居委会主任培训班在区成教中心报告厅开班。副区长赵玉影，区委社会工委书记、区社会办主任宁秋君，区成教中心党委书记高孝锋等领导出席了开班典礼。99个社区、115位社区党组织书记、居委会主任参加了培训。

（王章兴）

【通州区首家商务楼宇党支部成立】 11月24日，通州区首家商务楼宇党组织中仓街道工委经贸中心党支部成立。

（王章兴）

【召开规范化试点社区用房建设工作专题会议】 12月3日，副区长赵玉影主持召开通州区2009年规范化试点社区用房建设工作专题会议。区委社会工委、区发改委、市规划委通州分局、市国土资源局通州分局、区财政局、四个街道办事处、永顺镇等单位的主要领导参加了会议。

（王章兴）

【举办区2009年楼门文化建设论坛】　12月17日，区委宣传部、区委社会工委、区社会办、区民政局联合举办了以“深化楼门文化·建设和谐社区”为主题的通州区2009年楼门文化建设论坛。论坛由副区长赵玉影主持，区委书记王云峰讲话。民政部管理干部学院常务副院长、培训中心常务副主任邹文开，市委社会工委委员、市社会办副主任赵小卫，区委常委、组织部部长郭旭升，区委常委、宣传部部长张秀余，市委党校、市行政学院教授吴刚，区社会建设工作领导小组办公室成员，各街道办事处、永顺、梨园、潞城、马驹桥等乡镇领导参加了论坛。

（王章兴）

顺义区

【概况】　根据中共北京市委、北京市人民政府批准的《北京市顺义区人民政府机构改革方案》和《北京市顺义区人民政府关于机构设置的意见》（京顺发〔2009〕33号），设立北京市顺义区社会建设工作办公室（简称区社会办），与中共北京市顺义区委社会工作委员会（简称区委社会工委）一个机构两块牌子。区委社会工委是负责本区社会建设工作的区委派出机构，区社会办是负责本区社会建设工作的区政府工作部门。

区委社会工委主要职责：1. 贯彻执行党的路线、方针、政策和区委关于加强本区社会建设的决议、决定，研究提出工作意见并组织实施。2. 研究提出本区社会建设的总体规划、重大方案和政策措施，为区委社会建设决策服务。3. 负责对各单位的社会建设工作以及社会建设重点任务的落实情况进行宏观指导、统筹协调和督促检查。4. 拟订并组织实施本区社会管理体制改革和社会领域社会动员体制机制建设的规划和政策措施。5. 负责综合研究和统筹协调本区街道管理体制改革相关工作。6. 参与研究拟订加强本区社会领域党建工作的规划和政策措施，负责社区、社会组织和新经济组织党建的具体工作。7. 负责本区社会工作人才队伍建设的统筹协调和指导监督，研究拟订有关总体规划和重大方案，建立健全有关政策措施和制度保障。8. 综合协调本区志愿者工作，拟订并组织实施志愿者工作的规划和政策措施。9. 协助有关部门做好街道领导班子和干部队伍建设工作；协助有关部门抓好街道思想政治建设、精神文明建设、新闻宣传工作和纪检监察工作。10. 完成区委交办的其他事项。

区社会办主要职责：1. 贯彻执行国家和北京市关于社会建设的法律、法规、规章和政策，提出加强本区社会建设的意见建议。2. 负责本区社会建设各项任务的分解落实；研究拟订本区社会建设的考核指标体系，并组织实施。3. 组织拟订本区社会公共服务体制机制建设的规划和政策措施，协调推进、监督指导社会公共服务体系建设。4. 负责本区社区建设的宏观指导和综合协调；提出加强社区建设工作的意见，协调解决社区建设工作中的重大问题。5. 负责拟订本区社会组织培育发展的工作规划和政策措施，对各类社会组织加强宏观管理和指导协调；协调推进社会组织改革和发展工作；负责本区“枢纽型”社会组织的建设工作。6. 协调有关部门指导街道做好城市建设和管理工作；协调、指导街道办事处工作，协调街道办事处与区直各单位的关系；负责对街道办事处工作落实情况进行督促、检查、考核。7. 完成区政府交办的其他事项。

根据上述职责，区委社会工委和区社会办设4个内设机构，机关行政编制15名。其中书记（主任）1名，副书记、副主任4名；科级领导职数4名。机关工勤事业编制3名。

2009年，顺义区委、区政府提出了“社会管理精细化”的社会建设目标，加快推进城乡一体化发展。在此形势下，顺义区委社会工委、区社会办一面抓自身建设，一面抓作用发挥，社会建设各项工作取得新的进展。

在自身建设上，首先按照区委统一安排，于4—10月参与开展了第二批深入学习实践科学发展观活动，机关全体党员完成了各阶段活动任务，思想和理论素质得到提升；其次是在区委、区政府的关心支持下，于10月将办公场所迁至顺建大厦，以此为契机，加强了机关制度建设和文化建设，各项工作进一步规范；此外，对社会建设工作进行了积极探索，主要领导多次深入街道社区开展调研，下半年分别组织机关人员和街道干部到西城区、上海市考察学习，明确了职能定位，理清了工作思路，同时依据区委、区政府“三定方案”规定理顺了与相关部门的关系。

在作用发挥上，坚持以科学发展观为统领，以改善民生为重点，以社区规范化建设为载体，积极发挥“统筹、协调、督导、服务”职能，努力推进社会管理精细化，不断提升全区社会建设水平。主要做了以下工作：

（一）筹备召开了全区社会建设大会

6月10日，全区社会建设大会召开，印发了《中共北京市顺义区委、北京市顺义区人民政府关于加强社会建设的意见》，成立了顺义区社会建设工作领导小组并明确了成员单位职责分工，部署了2009年全区社会建设的目标任务和工作重点，社会建设的领导体制和工作机制更加健全。

（二）指导完成了社区两委班子换届选举

2009年3月，社区“两委”班子换届选举开始启动。至7月，全区66个社区党组织、68个社区居委会的换届选举全部完成。社区“两委”班子的年龄、文化结构得到优化，“两委”班子成员兼职率为79%，其中书记主任兼职率达到100%。换届选举后，对社区“两委”班子成员举办了为期一周、形式多样的培训活动，在社区干部中开展了以“比思想、比认识、比作风、比能力、比贡献”为主要内容、以“我是一名优秀的社区工作者”为主题的征文演讲比赛，并组建“先进人物事迹报告团”，到6个街道进行了巡回演讲。此外，统一印制了社区党组织、社区居委会《规范化工作手册》，推进了社区工作的规范化、制度化。

（三）组织开展了社区规范化建设试点工作

年初，根据市委社会工委、市社会办文件精神，对社区规范化建设试点工作进行了发动和部署。在街道申报的基础上，确定4个街道的13个社区作为第一批试点进行规范化建设。按照“软件不软、硬件过硬”的建设方针，提出了试点社区办公服务用房面积达到450—640平方米的更高标准。通过改造、扩建、购买等多种形式，13个试点社区的基础设施得到优化，建设面积5 850平方米，共需建设资金3 478万元，其中由市级拨付专项资金988万元，区财政解决2 490万元。与此同时，规范了社区工作职能和运行机制，完善了重大事项民主决策制度和党员会议、居民会议等相关制度，社区自治能力和服务功能进一步增强。

（四）规范加强了对高校毕业生的选聘与管理

8月，按照市委社会工委和市人力社保局提出的“每个社区一名大学生”的配置要求，经社会统一招考，全区首次选聘71名高校毕业生到社区工作。与此相适应，依据市委社会工委有关文件精神，研究制定了《顺义区高校毕业生到社区工作管理暂行办法》和《顺义区高校毕业生到社区工作考核暂行办法》，明确了选聘的高校毕业生在社区工作的具体职责、待遇标准、相关要求和考核措施，确保了高校毕业生安心社区工作，推进了社区工作者的规范化、专业化、职业化进程。

（五）督导落实了非公经济组织的学习实践活动

按照中央和市委部署，全区于2009年10月启动了第二批学习实践科学发展观活动，192个非公有制经济组织党组织的2 459名党员参与到活动中。根据区委统一安排，协同有关单位加强了对非公有制经济组织党组织活动开展情况的全程督导，狠抓各环节，严把质量关，确保学习实践活动取得实效，实现了促发展、保增长的活动目标。中央非公有制经济组织学习实践科学发展观活动巡回指导组莅临调研时给予了肯定。

（六）探索推进了社会组织管理体制创新

截至2009年12月，全区注册登记的社会组织有222家，其中民办非企业单位133家，社会团体89家。民办非企业单位以民办教育为主，达到83家，另有文化体育类21家，养老机构6家，科研类6家，社会服务类15家，卫生医疗机构2家；社会团体中行业协会22家，专业性社团42家，学术性社团10家，联合性社团15家。根据市委、市政府《关于加快推进社会组织改革与发展的意见》等“1+4”系列文件精神，起草完成了顺义区《关于加强社会组织管理体系建设，促进社会组织健康发展的实施办法》，对社会组织的体制建设、培育发展、科学服务、监督管理等提出具体意见。初步确定9家单位为第一批枢纽型社会组织认定单位，相关9家单位正式提出认定申请，筹备工作有序推进。

（七）拓展深化了“两新”组织党组织建设

按照区委三届十次全会的工作部署和要求，在天竺镇召开了“两新”组织党建工作促进会，大力推进社会组织党组织建设，扩大了“两新”组织党组织和党的工作覆盖面。全区6个街道全部成立了社会工作党委，9个新建社区及时成立了党组织，具备建立党组织条件的26家社会组织已建党组织11个，占42%；具备建立党组织条件的210家非公有制经济组织已建立党组织203个，占96.7%；具备建立党组织条件的楼宇10座、单位17家中，已建立党组织的有楼宇4座、单位9家，分别占40%和52%。

（八）统筹提升了社会公共服务水平

校舍安全工程率先启动，教师绩效工资改革和岗位设置稳步实施，“名师、名校、名校长”工程深入推进，教育教学质量稳步提高，高考升学率达91%，本科录取率同比提高2.4个百分点，考取清华、北大64人。区妇幼保健院与北京儿童医院启动全面合作，投入1 955万元开展农民、儿童免费体检和妇女“两癌”筛查，社区卫生服务机构销售零差率药品累计让利于民2 100万元。大力实施文化惠民工程，文化资源共享等7项文化推广工程实现全覆盖。第六届全民体育健身节等体育健身活动深入开展，顺义运动健儿全运会夺得2金1银。深入推进老旧小区改造和城市家具更新工程，维修改造42类11万件城市家具，完成42个小区、4.8万户信报箱补建更新工作。完成南彩公交首末站建设和29组公交港湾改造，新开公交线路7条、延长公交线路8条，公共交通得到发展。不断深化城乡环境整治，完成216项台账任务、18项折子工程以及168项账外任务，对全区91条街路和便民市场、停车场进行综合整治，群众满意度进一步提高。大幅提升就业补助标准，率先将高校毕业生和在职职工培训纳入政策扶持范围，就业困难群体认定标准下调至“3545”人员，全年投入1.46亿元扶持劳动力就业，新安排城乡劳动力就业23 084人，城镇登记失业率控制在1.25%，回区大中专毕业生就业率达到97.6%。城镇无业人员、一老一小大病医疗保险深入推进，养老金月人均领取水平达到1 680元，将劳动年龄内大龄城镇无业居民和超过劳动年龄的城乡女性居民纳入城乡居民养老保险。新型农村合作医疗保障水平进一步提升，全年支付报销资金1.45亿元，同比增长53%。农村低保标准提高到每人每年2 530元，超转人员生活补助提高到每人每月900元，城乡低保对象住院医疗最高救助额度提高到3万元，大病救助标准提高到5万元，社救、优抚对象建房补助标准分别提高到4.5万元和5.4万元。老年人免费乘公交等惠民措施全面落实，扶残助老、关爱互助的社会氛围日益浓厚。扎实开展国庆平安行动，中华人民共和国成立60周年和第七届花卉博览会保障任务圆满完成。严格落实防控措施，取得了甲型H1N1流感防控的阶段性成果。加强安全风险评估和隐患治理，应急处理能力进一步增强。食品药品安全专项整治扎实有序，安全生产分类分级管理不断深化。“平安顺义”建设深入推进，成功创建“全国平安区县”。狠抓矛盾隐患排查和历史积案化解，信访形势持续稳定。

全区社会建设尽管取得了一定的成绩，但与新形势、新任务的发展要求和广大人民群众的更高期望相比，还有不少差距。主要存在以下问题。

一是街道目前仍承担较多的行政事务，“统筹辖区发展，监督专业管理，组织公共服务，指导社区建设”的职能没有得到充分发挥，与政府职能部门的关系还需进一步理顺。

二是街道不同于乡镇和城区街道体制，自身没有收入来源，用于应对突发事件和解决社区、居民实际问题的经费明显不足。

三是街道辖区内有部分新建和自建楼区仍由开发公司或产权单位管理，未实质纳入街道社区属地管理范畴，存在“条块”管理脱节现象，给居民盖章、办证等日常生活带来不便。

四是街道社区的信息化建设总体水平较低，一些老旧社区的基础设施亟待改造，“一刻钟便民服务圈”还需不断完善。

五是在整合社区各类资源、加强社会组织管理、开展“两新”组织党建等方面，仍有一些薄弱环节需要改进，特别是体制机制创新要大力推进。

（郑建阳）

【深入学习实践科学发展观活动扎实开展】 3月11日，区委开展深入学习实践科学发展观活动动员大会后，区委社会工委制定了《深入学习实践科学发展观活动实施方案》，紧紧围绕“加强社会建设，完善公共服务，促进社会和谐”这一主题，精心组织，统筹安排，扎实开展学习实践活动。通过深化学习、分析检查，系统思考，对开展深入学习实践科学发展观活动的重要意义有了深刻的认识，对科学发展观的科学内涵和精神实质有了较为全面的把握，增强了贯彻落实科学发展观的自觉性和坚定性，并在解决突出问题、创新体制机制、促进社会建设工作上取得了明显成效。在此基础上，区委社会工委结合社区、“两新”组织党员实际情况，制定了《顺义区社区、“两新”组织深入学习实践科学发展观活动实施方案》，成立了社区、“两新”组织深入学习实践科学发展观活动指导小组，于2009年10月17日正式启动了社区、“两新”组织学习实践活动。通过认真完成各阶段任务，提高了党员干部贯彻落实科学发展观的执行力，实现了党员干部受教育、科学发展上水平、居民群众得实惠的目标。在此期间，中央非公有制经济组织学习实践科学发展观活动巡回指导一组组长甘国屏和民政部部长李学举分别到顺义调研非公有制经济组织和社会组织的学习实践活动情况，对顺义区“两新”组织开展学习实践科学发展观活动给予了高度评价。

（李恩雄）

【第七届社区党组织和居委会换届选举工作圆满完成】 3月12日，顺义区召开大会，对社区党组织、社区居委会换届选举工作进行统一安排部署。全区21个社区首次采取户代表选举方式，分三个阶段顺利完成选举工作。选举体现七个特点：一是社区两委班子职数普遍调整为7—13人，社区工作力量进一步壮大；二是从社会选聘的55名有学历、年纪轻的人员进入两委班子，社区干部来源途径拓宽；三是社区两委班子成员平均年龄40岁，比上届降低了3岁，推进了社区干部的年轻化。四是两委干部中大专及以上学历占总数的71%，比上届提高了25个百分点，两委班子的文化结构得到改善。五是两委干部交叉兼职率提高，总体交叉兼职率为79%，其中书记、主任一肩挑为100%，比上届分别提高了8个和10个百分点。六是党员居民参与热情高，到会人员占应到人数的90%以上，同时有1/3的社区到会率达到了双百。七是选举期间社会稳定，没有因选举引发重大上访事件。

（李　刚）

【召开顺义区社会建设大会】　6月10日，顺义区召开社会建设大会。市委常委梁伟，市委副秘书长王翔，市委社会工委书记、市社会办主任宋贵伦，以及顺义区领导张延昆、马庚良、陶宝金、胡尚云、雷显武、陈光浩参加。会上，顺义区副区长陈光浩传达了北京市社会建设大会会议精神；区委常委、组织部部长雷显武作《加快推进以改善民生为重点的社会建设为构建和谐顺义而奋斗》的报告，部署了顺义区社会建设工作；顺义区劳动和社会保障局、卫生局、综治办、胜利街道分别作了典型发言。顺义区区委书记张延昆从全面把握社会建设内涵，明确“什么是社会建设”和“为什么要抓社会建设”两个角度，就如何开展社会建设工作进行了强调。梁伟作重要讲话，充分肯定了顺义区在社会建设工作中取得的成绩，并就进一步加强社会建设工作提出四点要求：一是充分认识社会建设的重要性和紧迫性，站在全局和战略高度自觉做好此项工作，为顺义区的全面协调可持续发展创造良好的社会环境；二是加大体制机制创新力度，建设好社会公共服务体系、社会工作运行体系、社会领域党建体系，推动社会建设工作深入开展；三是坚持以人为本，进一步完善和扩大公共服务，使人民群众生活得更方便、更舒心、更幸福；四是加强统筹规划、综合协调、指导监督，各部门密切合作、形成整体合力，不断把社会建设推向深入。

（李　刚）

【组织举办社区主任走国企活动】　8月4日，顺义区委社会工委组织6个街道政工副书记及22名社区居委会主任参观了“首都农业集团三元食品有限公司乳品加工厂”。通过参观企业生产加工车间，社区干部对企业的发展与经营理念、发展方向、敬业精神有了更进一步的了解，同时加强了社区与企业之间的互动。

（李　刚）

【副区长陈光浩深入“两新”组织进行调研】　8月5日，副区长陈光浩在顺义区天竺镇召开“两新”组织代表座谈会，并深入到北京宏远天竺仓储有限公司、北京索爱普天移动通信有限公司、北京金路易速冻食品有限公司、北京宅急送快运有限公司等4家企业，就“两新”组织的发展情况及党组织的建设情况进行实地调研。

（李恩雄）

【召开社区规范化建设试点工作推进会】　8月12日，顺义区召开社区规范化建设试点工作推进会。区委常委、组织部部长雷显武出席会议并讲话，要求街道办事处和试点社区要勇于创新，积累试点建设的经验，对照试点建设的要求，找出差距和不足，以开拓创新精神解决好新形势下出现的各类问题。

（李　刚）

【召开商务楼宇党建工作推进会】　9月9日，区委常委、组织部部长雷显武在天竺镇召开了推进商务楼宇党建工作座谈会。雷显武对推进商务楼宇党建工作提出了具体要求：一要找准在商务楼宇建立党组织的模式，不断研究新情况，采取依托产权单位、楼宇物业管理部门、属地街道社区和派驻指导员等形式，建立党组织；二要坚持以党建促服务、促管理、促发展，以“服务党员、服务群众、服务发展”为着力点，以建立党组织工作站为载体，以实现党建工作和经济发展互动共进为目标，不断增强党的影响力；三要紧密结合企业生产经营开展工作，在企业发展中树立党组织形象，确立党组织的地位。

（李恩雄）

【举行“我是一名优秀的社区工作者”演讲比赛】　年内，为向广大社会群众全面展示社区工作者的良好形象，顺义区委社会工委组织发动全区各街道和各镇700名社区干部举行“我是一名优秀的社区工作者”演讲比赛。

经过初赛和复赛，共有17位选手进入决赛。他们结合自身的学习、工作和生活，宣传了社区工作者默默无闻、无私奉献的感人事迹。

（李　刚）

【社区先进人物事迹报告团进行巡回演讲】　11月23—26日，结合学习实践科学发展观活动的开展，顺义区委社会工委从社区两委干部演讲活动的获奖优秀社区干部和由各街道推荐的社区优秀党员志愿者中，选拔9人组成社区先进人物事迹报告团，分别在胜利、光明、石园、旺泉、双丰、空港6个街道进行了巡回演讲。这次活动，用身边的人讲身边的事，在基层引起热烈反响，对社区党员干部起到了教育和鼓舞作用。

（李　刚）

【区委书记张延昆深入街道调研社区建设】　11月12日和12月16日，区委书记张延昆在副区长车克欣等的陪同下，先后深入光明、双丰等街道进行调研。张延昆听取了街道关于社区建设的情况汇报，查看了社区服务站、图书室、台球厅、乒乓球室等居民活动场所，询问了街道社区在联系服务群众、外来人口管理等方面存在的问题，并强调要围绕社会管理精细化，积极探索完善城市管理和公共服务机制，加强社区便民配套设施和文体娱乐设施建设，不断推动社区社会组织和“两新”组织党组织建设，通过部门联动，着力构建平安社区、和谐社区。

（李　刚）

【深入推进和谐社区建设达标单位创建活动】　年内，为推动和谐社区建设，根据《顺义区社区建设和城市管理体制改革领导小组关于全面推进和谐社区建设工作的指导意见》精神，全区21个社区开展了“自治、安全、便捷、优美、和谐”的“五型”社区达标创建活动。通过考评，前进花园、裕祥花园等17个社区的考评成绩达到了90分，被评为“2009年度顺义区和谐社区建设达标单位”。截至年底，全区共有63个社区被评为“顺义区和谐社区建设达标单位”。

（李　刚）

【第一批区级“枢纽型”社会组织认定工作加快筹备】　年内，为贯彻落实市委、市政府《关于加快推进社会组织改革与发展的意见》（京办发〔2008〕18号）和区委、区政府《关于加强社会建设的意见》（京顺发〔2009〕22号）精神，探索建立具有顺义特点的社会组织管理模式，区社会办在充分征求有关方面意见的基础上，初步提出了拟认定的第一批“枢纽型”社会组织名单（共9家），具体是：团区委、区科协、区文联、区民办教育联合会、区职业培训学校联合会、区福利慈善协会、区体育总会、区商业联合会、区农村专业合作组织服务中心。并根据“1+4”系列文件精神，结合全区社会组织的发展实际，提出了“创新管理体制，突出培育发展，强化监督管理，促进科学服务”的建设管理思路。起草了《关于加强社会组织管理体系建设，促进社会组织健康发展实施办法》，对社会组织的体制建设、培育发展、科学服务、监督管理等提出了具体实施办法。

（李恩雄）

【选聘高校毕业生到社区工作圆满完成】　年内，按照市委社会工委和北京市人力资源保障局提出的“每个社区一名大学生”的要求，通过笔试、面试、体检等规范程序，全区选聘高校毕业生71人到社区工作，其中应届毕业生21人，期满大学生村官50人。

（王　伟）

【街道干部赴上海闵行区学习考察社区建设】　12月22—27日，由顺义区委社会工委书记带队，组织各街道工委书记和区民政局、财政局分管副职及社区党组织负责人一行18人，赴上海闵行区学习社区建设经验。学习考察后对闵行区社区建设的情况与特点进行了认真总结和分析，并结合顺义社区发展实际，以考察报告形式提出了推进社区规范化建设、创新社区运行机制、加快老旧社区公共设施改造、构建多元社区组织体系等意见建议。

（李　刚）

昌平区

【概况】　6月17日，中共昌平区委社会工作委员会（简称“区委社会工委”）、昌平区社会建设工作办公室（简称“区社会办”）正式挂牌成立，区委社会工委与区社会办一个机构两块牌子。区委社会工委是负责本区社会建设工作的区委派出机构。区社会办是负责本区社会建设工作的区政府工作部门。新机构的挂牌标志着昌平区社会建设工作步入了一个崭新的阶段。

区委社会工委工作职责如下。第一，贯彻执行党的路线、方针、政策和市委、区委关于加强社会建设和管理的各项决议、决定，研究提出工作意见并组织实施。第二，研究提出本区社会建设和管理的总体规划、重大方案和宏观政策，为区委社会建设宏观决策服务。第三，宏观指导、统筹协调和督促检查本区社会建设重点任务的落实。第四，拟订并组织实施本区社会管理体制改革和社会领域社会动员体制机制建设的规划和政策措施。第五，在区委组织部的指导下，负责协调指导“两新”组织、镇（街道）和城市化地区社区党建工作，分析“两新”组织和社区的发展动态和趋势，研究拟订加强“两新”组织、镇（街道）和城市化地区社区党建工作的政策措施，并组织实施。第六，负责社会工作者队伍建设的统筹协调和监督指导工作，研究拟订有关总体规划和重大方案，建立健全以培养、评价、使用、激励为主要内容的政策措施和制度保障。第七，综合协调本区志愿者工作，拟订并组织实施志愿者工作的规划和政策措施。第八，完成区委和区社会建设工作领导小组交办的其他工作。

区社会办工作职责如下。第一，贯彻执行国家关于社会建设方面的法律、法规、规章和政策，加强本区社会建设和管理工作的总体研究；研究拟订本区社区建设、社会组织建设、社会工作者队伍建设等方面的总体规划、重大方案、宏观政策并组织实施。第二，组织拟订本区社会公共服务体制机制建设的规划和政策措施，协调推进社会公共服务体系建设。第三，负责组织协调有关部门，加强对社区建设、社会组织、社会志愿者、社会工作者等方面的管理制度建设。第四，负责统筹推进社区建设，综合协调社区建设中的重点难点问题，指导监督社区建设各项方针政策的贯彻落实。第五，负责指导社会组织建设和管理服务工作，组织协调有关部门研究拟订社会组织建设和管理服务工作的政策措施并组织实施。第六，负责宏观规划、统筹协调本区社会建设与管理工作，对各部门、各镇（街道）的社会建设工作落实情况进行指导和督促检查。第七，完成区政府和区社会建设工作领导小组交办的其他工作。

区委社会工委、区社会办内设3个职能科室：办公室、党建工作科（社会组织发展管理科）、社区建设管理科（社会工作队伍建设科）。机关行政编制12名。其中区委社会工委（区社会办）书记（主任）1名，区委社会工委副书记1名，区社会办副主任2名；科级领导职数3名，工勤编制2名。

2009年，昌平区委社会工委、区社会办深入学习实践科学发展观，根据《昌平区第一批开展深入学习实践科学发展观活动实施方案》的要求，区委社会工委召开了学习实践活动动员部署会，成立领导小组及办公室，明确活动主题，制订活动方案，做好前期准备工作。学习实践活动中，区委社会工委按照步骤、把握节奏，严格活动标准，注重实际效果。在集中学习阶段，组织全体党员深入学习，做到融会贯通、领悟精神实质；在分析检查环节，做到了“三找准、三提高”，即找准查摆问题的方向，提高查摆问题的时效性，找准发现问题的方法，提高查摆问题的广泛性，找准出现问题的原因，提高整改措施的针对性；在整改落实环节，按照“以人为本、关注民生、构建和谐、服务社会”的工作宗旨，坚持边组建、边学习、边调研、边工作的思路，创新机制、开拓局面，在解决群众关心的突出问题、创新社会建设体制机制等方面取得了明显的成效。

2009年，区委社会工委党建工作以深入学习实践科学发展观活动为契机，推进社会领域党建工作全面开展。印发了《昌平区关于进一步加强社会建设的实施意见》、《关于进一步加强和改进社会领域党建工作的实施意见》、《关于加快推进社会组织改革与发展的实施意见》。社会领域党建工作网络初步形成，一是建立了社会领域党建工作例会制度，各街道（镇）社会建设工作主管领导、各有关部门负责人参加。通过定期例会及时掌握各街道（镇）及有关部门的工作动态，在加强指导、交流沟通、推广经验方面发挥了作用。二是建立了“两新”组织党组织定期交流制度，及时掌握新经济组织的变化情况和所遇到的困难，积极做好指导、协调、督促、检查工作，促进了“两新”组织党建工作的顺利开展。初步形成覆盖全区的社会领域党建工作网络。社会领域党建试点工作成效明显，一是在城北街道、城南街道完成了社会工作党委组建工作，初步形成了比较健全的社会领域党建工作管理体制和工作机制。二是在回龙观青年创业园建立了全区第一家商务楼宇党支部，把政府公共服务引进了楼宇，进一步扩大了党建工作和公共服务覆盖面。三是在九华山庄、乐普医疗、阳坊胜利涮羊肉集团等一批基础较好的非公有制经济组织党组织开展了“五个好”示范点创建工作，在引领、示范、带动全区非公企业党建工作方面达到了预期效果。

在社会组织建设与管理方面，按照市委社会工委工作会议和市社会建设大会要求，认真学习系列文件精神，围绕如何加强社会组织建设与管理开展工作，通过调研走访、发放调查问卷、召开座谈会等形式，做到了情况清、底数明，目前，昌平区进行登记备案的社会团体组织有90个单位，民办非企业社会组织257个。起草了《昌平区社会建设领导小组关于认定第一批区级“枢纽型”社会组织的意见》、《昌平区社会建设领导小组关于构建昌平区“枢纽型”社会组织工作体系的暂行办法》、《昌平区“枢纽型”社会组织联席会议工作规则》等有关政策措施。

昌平区现有社区党组织169个，其中党总支5个、党支部164个，党员9 374名。区委社会工委以打造红色党建家园、快乐健康家园、关爱温馨家园、融洽和谐家园、共驻共建家园（简称“五个家园”）为载体，积极构建了社区党的建设工作新格局。一是构建红色党建家园。以社区党组织为核心，通过“三推一选”、“党员责任区”等形式，强化党组织的领导核心作用，使社区党员感受到了“家”的温暖。二是构建快乐健康家园。以全民健康为目标，通过组建秧歌队、举办科普讲座等形式，发挥文体娱乐活动联结亲情、凝聚人心的功能，倡导和谐、健康、快乐的生活方式，增强社区居民的归属感和认同感。三是构建关爱温馨家园。以服务居民为宗旨，通过“共产党员献爱心”、对独居老人进行日间照料的形式，调动党员参与和谐社区建设的积极性和主动性，在党员和社区居民之间架起了一座“连心桥”。四是构建融洽和谐家园。以维护稳定为基础，通过设立居民意见箱、开通咨询热线等形式畅通社情民意表达渠道，完善居民矛盾调处机制，最大限度地化解矛盾纠纷。五是构建共驻共建家园。以社区资源为依托，通过“支部互动、党员互助”、“军民共建”等形式，构建社区与企业、学校、部队、社会单位合作的模式，进一步有效整合了社会资源，为社区党建注入了新的活力。

目前，昌平区“两新”组织共有332个党组织，6 128名党员，其中新经济组织有213个党组织，2个党委，7个党总支，204个党支部，4 278名党员；新社会组织有119个党组织，3个党委，1个党总支，115个党支部，1 850 名党员。以在党组织中创建“五个好”（领导班子好、党员队伍好、工作机制好、发挥作用好、各方反映好）示范点和在广大党员中开展“五在前”（政治业务学在前、生产经营干在前、技术创新走在前、遵纪守法严在前、好事实事办在前）活动为载体，进一步加强了党的建设。

2009 年，昌平区社区工作按照十七大提出的“管理有序、服务完善、文明祥和”的社区建设总要求，加大工作力度，促进全区和谐社区建设。

按照市委组织部、市委社会工委等 10 家单位下发的《关于推进社区规范化建设试点工作的实施方案》文件的要求，紧密围绕打造昌平“商务花园城市”和建设一流的现代化城市发展新区的奋斗目标，以落实“一分、三定、两目标”为重点，按照“试点先行、示范引路、分步实施、全面推进”的基本思路，昌平区在社区规范化建设试点工作方面作了一些有益的尝试。按照“理顺组织关系、梳理工作项目，贴近居民需求，提升服务水平”的工作思路，将城北街道列为昌平区试点街道。将北七家镇的王府花园等 5 个社区、城南街道办事处的秋实家园等 4 个社区、东小口地区办事处的龙华苑北里等 4 个社区、回龙观地区办事处的龙泽苑东区等 10 个社区、城北街道办事处的东关北里等 14 个社区，共计 36 个社区列为北京市社区规范化建设试点社区。目前，36 个试点社区的服务和办公用房方案已得到市发改委的批复。

区委社会工委、区社会办积极落实“大学生社工计划”，制定了《昌平区 2009 年选聘高校毕业生到社区工作相关问题的规定》，通过市、区统一的笔试、面试，选拔了 116 名大学生到社区工作，其中 2009 年应届毕业生 94 名，2006 年合同期满的大学生村官 22 名，党员（含预备党员）58 名，硕士研究生 28 名，本科 76 名，大专 12 名。社工计划的实施，增强了社区工作者的整体知识层次、优化了年龄结构，在一定程度上提升了社区的管理水平和服务水平，有效促进了和谐社区的建设。

按照《昌平区社区工作者管理办法（试行）》中有关工资待遇的规定，对社区工作者的工资待遇自 2008 年 1 月 1 日起进行调整。区委社会工委、区社会办对全区涉及工资调整的 1 656 名社区工作者的基本情况进行了调查摸底，并对他们的工资进行了重新核定，工资补发已于 10 月到位，补发工资总额为 835 万元。工资调整后，社区工作者人均总收入可由 12 000 元提高到 20 000 元以上。提高了社区工作者的待遇，调动了社区工作者的积极性，缓解了多年来影响社区发展的“难点”问题。

为适应新形势对社区工作提出的新要求，新一届社区“两委”换届结束后，区委社会工委、区社会办会同区委组织部、区民政局、区委党校于 7 月 28—31 日，举办了为期四天的社区党支部书记、居委会主任培训班。针对当前社区工作者对社区工作职能认识的误区及公共管理服务理论和技能欠缺的实际情况，科学设置了培训内容，增强了培训的实效性。10 月 26—30 日，区委社会工委、区社会办会同区人力社保局举办了昌平区 2009 年到社区工作高校毕业生岗前培训班。培训班上强调了高校毕业生到基层工作的重要意义，详细介绍了昌平区情、功能定位和未来总体发展思路，让大学生社区工作者进一步认清形势，全面了解昌平，把握发展方向，珍惜就业机会，以饱满的热情投入到基层建设中去。

6 月 26 日，区委社会工委、区社会办与区委组织部、区综治办、区人事局等部门共同举办了在职党员和机关公务员进社区（村）活动启动仪式，围绕迎接中华人民共和国成立 60 周年庆祝活动，开展“服务社会展风采，迎接国庆作贡献”活动，通过每周不低于 2 小时的义工服务，努力构建社会志愿者参与志愿服务、参与和谐社区（村）建设的长效机制。据统计，有近 5 000 名在职党员和公务员到社区进行了志愿服务报到。国庆期间，所有报到人员积极走进社区和农村，参加国庆维稳活动，为国庆期间的各项大型活动圆满举办提供了有力保障，作出了积极贡献。

2009年，昌平区委社会工委、区社会办深入学习实践科学发展观，按照“以人为本、关注民生、构建和谐、服务社会”的工作宗旨，紧紧围绕全区确定的各项重点任务来开展社会建设工作，在边组建、边学习、边调研、边工作中逐步明晰思路、强化理念、创新机制、开拓局面，全区社会建设取得了一定成效。

（徐湘涛）

【召开社区党组织、居委会换届选举工作会】 3月5日，昌平区社区党组织、社区居委会换届选举工作部署会召开，大会由区委常委、组织部部长尚延华主持，区委副书记王书合，区委常委、副区长陈秋生出席会议并作重要讲话。区委社会工委书记黄先锋与会。

（徐湘涛）

【召开第二批学习实践活动部署会】 3月16日，根据《昌平区第一批开展深入学习实践科学发展观活动实施方案》的要求，区委社会工委召开了学习实践活动动员部署会，成立领导小组及办公室，明确活动主题，制订活动方案，做好前期准备工作。

（徐湘涛）

【召开社区党组织换届选举座谈会】 3月26日，市委社会工委委员、市社会办副主任陈建领在昌平区组织召开社区党组织换届选举工作座谈会，全市6个郊区县的社会工委领导参加会议并汇报工作。陈建领指出，目前全市换届选举工作总体良好，大部分单位能够做到“准备充分、领导有力、组织得力、效果显著”，各区县根据实际情况开展好换届选举工作。要求着力抓好五个方面的工作。一是要健全机构。要尽快建立健全区县社会工委机构，配齐人员，保证各项工作正常、快速运转。二是要按期完成。抓紧抓好换届选举后期工作，确保4月中旬前完成。三是要统筹兼顾。要落实科学发展观的要求，将社区党组织和社区居委会换届选举工作结合起来，将事与人结合起来，将换届选举与社区管理体制改革结合起来。四是要确保稳定。做好工作、化解矛盾、确保稳定，要做好新任干部的培训工作和离任、落选干部的思想工作，确保干部交替平稳，确保社会发展稳定。五是畅通渠道。各区县社会工委与市工委之间要畅通联络渠道。

（徐湘涛）

【两“工委”职能移交】 3月31日，区委非公经济组织工委与区委社会工委进行了职能移交。自即日起，原区委非公经济组织工委的全部职能划入区委社会工委。同时，直属非公经济组织工委的46家新经济组织党组织关系接转到社会工委。

（徐湘涛）

【内蒙古托克托县到昌平区考察社会建设工作】 5月15日下午，内蒙古托克托县领导一行19人到昌平区考察社会建设工作，听取了区委社会工委书记黄先锋关于昌平区社会建设的情况以及东小口地区办事处主任王军关于东小口地区社会管理的经验与做法的介绍，参观了东小口地区天通苑中一社区和天通苑西二社区。

（徐湘涛）

【举行“金融安全知识进社区”活动】 5月15日，昌平区委社会工委与中国农业银行昌平支行、北京市公安局昌平分局共同举行“预防诈骗宣传活动、金融安全知识进社区”启动仪式。举办方向社区居民赠送了预防金融诈骗知识宣传彩页，公安民警向大家宣传了防止诈骗的方法，农业银行的工作人员向社区居民讲解了金融理财知识。

（徐湘涛）

【开展科普知识进社区活动】 5月18日，为贯彻落实《全民科学素质行动计划纲要》，大力推进城镇劳动者科学素质行动，促进社区居民科学素质不断提高，昌平区委社会工委、科协、民政局与文明办以“科学、文明、和谐”为主题共同开展科普知识进社区活动。活动通过居民网上答题、现场竞赛等方式，向广大居民宣传科普知识，倡导文明的生活方式，建设文明和谐社区，营造高尚的城市文化氛围。

（徐湘涛）

【接管国资委5家企业党组织】 6月4日，经区委组织部部务会研究，区委社会工委接管原属区国资委管理的5家新经济组织党组织，分别是北京秦昌玻璃有限责任公司党委、北京明实创业商贸有限责任公司党支部、北京中铁昌泰科技有限公司党支部、北京衡器厂有限公司党支部、北京市昌平商业大厦党支部。

（徐湘涛）

【成立首家商务楼宇党组织】 6月11日，北京青年创业示范园党支部正式成立（简称示范园党支部），同时成立了工会和共青团组织。这是昌平区成立的首家商务楼宇党组织，隶属于回龙观镇党委。示范园党支部以帮扶支持企业发展、服务党员和员工为切入点，在组织设置方式、活动载体创新和服务形式多样化等方面为构建商务楼宇党建工作长效机制进行了有益探索。

（徐湘涛）

【召开昌平区社会建设大会暨新机构揭牌仪式】 6月17日，昌平区召开社会建设大会，并为新成立的中共昌平区委社会工作委员会、昌平区社会建设工作办公室举行揭牌仪式。市委常委梁伟与区委书记关成华共同为新机构揭牌。市委副秘书长王翔，市委社会工委书记、市社会办主任宋贵伦，以及区人大主任李福忠，区政协主席王振华，区委常委、组织部部长尚延华参加会议。区委常委、副区长陈秋生作全区社会建设工作报告。会上宣读了市编办《关于成立中共北京市昌平区委社会工作委员会、北京市昌平区社会建设工作办公室的批复》，以及区委、区政府《关于中共北京市昌平区委社会工作委员会、北京市昌平区社会建设工作办公室领导班子成员的任命决定》，下发了昌平区《关于进一步加强社会建设的实施意见》等7个文件。就进一步推进全区社会建设，区委书记关成华提出三点意见：一是要统一思想，提高认识，切实重视社会建设工作；二是要突出重点，把握关键，深入推进社会建设工作；三是要加强领导，形成合力，努力开创社会建设新局面。市委常委梁伟就做好社会建设工作提出了四点希望：一是要坚定做好社会建设工作的信心；二是要努力实现合作共赢；三是要创新政府提供公共服务方式；四是要加强队伍建设。

（徐湘涛）

【启动献爱心捐款仪式】 6月25日，区委社会工委举行了“共产党员献爱心”捐款启动仪式。机关全体干部、部分新经济组织的党员代表以及2009年转正的共产党员参与捐款，共捐款2.7万元。

（徐湘涛）

【启动“平安昌平”志愿服务活动】 6月26日，昌平区举办在职党员机关公务员“平安昌平”志愿服务活动启动仪式。来自全区的党员、公务员代表，社区（村）党员代表，民警代表等总计150余人参加了启动仪式。此项活动将组织全区各部门、各单位在职党员和机关公务员广泛参加社区（村）维护稳定和社会面防控志愿服务，以实际行动展示共产党员的先进性，把“建设‘平安昌平’，促进首都稳定”的要求落实于维护稳定的日常工作中。活动将形成长效机制并长期开展。区委组织部常务副部长靳增立，区委组织部副部长、区人事局局长赵海英，区委社会工委书记黄先锋，区综治办主任贺德纯，区委社会工委委员张兆刚出席仪式。

（徐湘涛）

【举办社区党支部书记和居委会主任培训班】 7 月 28 日，由区委组织部、区委社会工委、区民政局和区委党校联合举办的为期 4 天的昌平区社区党支部和居委会主任培训班举行，昌平区相关领导和来自 11 个镇（街道）的社区干部共 300 余人参加了此次培训。相关领导和专家就“基层干部如何应对媒体”、“社区建设与社区工作者能力建设”、“依法推进居民自治”和“做好社区档案工作”等社区工作中的实际问题进行了讲解，并就一些社区干部关心的问题展开了讨论。培训班即将结束时，区委组织部部长尚延华到会并作了总结讲话，要求广大的基层干部准确把握当前社区工作的主要任务、加强学习，更新观念，力求创新，为打造“商务花园城市”、建设一流的现代化城市发展新区作出新的贡献。此次培训为各社区党支部书记和居委会主任提供了一个极好的学习和相互交流的机会，对做好新时期社区工作将产生积极的影响。

（徐湘涛）

【社区代表参加“社区主任走国企”活动】 7 月 30 日，昌平区 32 名社区代表参加了市委社会工委、市国资委举办的“社区主任走国企”活动，参观走访了北京市燃气集团，深入了解燃气集团 50 多年的发展历程和燃气与百姓生活的密切关系。“社区主任走国企”活动是第四届北京影响力活动的重要内容之一，社区代表首先参观了天然气储配厂、CNG 加油站、运营调度中心和“96777”热线受理中心，亲身体验到集团先进的管理系统和员工认真负责、爱岗敬业的精神，并与集团员工一起参加座谈。社区代表们不仅了解了燃气集团的总体情况，还就社区居民关心的问题与集团负责人进行了交流。活动结束后，社区代表和集团负责人均表示此次“社区主任走国企”活动给国企和社区之间搭建了一个增进了解、深入交流的平台，不仅使企业直接了解到群众的需求，还可以加深群众对企业的了解和信任，帮助企业建立战胜一切困难的信心，对社区工作和企业建设产生了积极的促进作用。

（徐湘涛）

【开展社会建设征文活动】 8 月 11 日，区委社会工委在全区各镇（街）和“两新”组织中开展“新中国 60 周年与北京社会建设创新”为主题的征文活动，共收到征文 57 篇。

（徐湘涛）

【举办“两新”组织党组织负责人培训班】 8 月 19 日，区委组织部、区委社会工委、区委党校联合举办了为期 4 天的昌平区“两新”组织党组织负责人培训班。这是昌平区第一次针对“两新”组织党组织负责人集中举办的培训班。全区“两新”组织党组织负责人以及各镇（街道）、教委、司法局、科技园区的党（工）委副书记共 200 余人参加了培训。区委常委、组织部部长尚延华，区委常委、副区长陈秋生分别出席培训班开班和结业仪式并讲话。培训班以科学发展观为指导，以贯彻落实市、区社会建设和社会领域党建工作的文件精神，提高“两新”组织党建工作科学水平为主题，提高了“两新”组织党组织负责人的思想政治水平和实际工作能力，进一步推进了“两新”组织党建工作，为昌平区第二批学习实践活动做好前期准备工作。

（徐湘涛）

【赴石景山区交流社会领域党建工作】 8 月 21 日，区委社会工委一行 9 人到石景山区就社会领域党建工作进行交流学习，听取了石景山区社会工委关于在街道建立社会工作组织及在商务楼宇建立社会工作站的情况介绍。

（徐湘涛）

【召开社区工作部署会】 8 月 27 日，昌平区委社会工委、区社会办会同区委组织部、区人事局、区劳动和社会保障局、区财政局、区民政局召开了由各街道（镇）相关领导和主要负责人参加的关于社区工作者工资待遇、选聘高校毕业生及村官到社区工作、社区规范化试点以及“平安昌平”维稳工作的综合会议。会上传达了《〈昌平区社区工作者管理办法（试行）〉中有关工资待遇的补充规定》及《昌平区2009年选聘高校毕业生到社区工作相关问题的规定》，要求各街道（镇）要高度重视，做好机关工作，尤其要妥善安排好社区工作者工资的复核以及新分配大学生及村官的食宿问题。区委社会工委书记黄先锋重点强调了国庆60周年社区的维护稳定工作，要求结合“平安昌平”活动，注重工作细节，及时化解矛盾，保证不出问题。对新到岗的大学生及村官要带好、管好、培养好、使用好。

（徐湘涛）

【召开大学生社区工作者岗前动员会】 8月31日，昌平区委社会工委、区社会办召开了由各街道（镇）负责社区工作的领导及全体新选聘的大学生社区工作者参加的岗前动员会。发放了由区人事局及区社会办联合颁发的《昌平区2009年选聘高校毕业生到社区工作相关问题的规定》，要求各街道（镇）根据文件要求，妥善安排好新分配大学生及村官的工作及食宿问题。会议还就与应届大学生签订就业服务协议的相关问题做了详尽的说明。区社会办领导对新分配的大学生及村官提出了五点具体要求，希望这批大学生及村官进入社区之后，服从分配，遵守机关各项制度，发挥特长，为社区建设出力，对待工作要认真，对待其他同志要谦虚，同时也要注意自身的安全。

（徐湘涛）

【召开第二批学习实践活动研讨会】 9月9日，区委社会工委在第二批深入学习实践科学发展观活动试点单位北京阳坊胜利涮羊肉集团召开研讨交流会，21名“两新”组织党组织代表参加了会议。会议介绍了试点单位的学习体会和经验，为开展第二批学习实践活动做了前期准备工作。

（徐湘涛）

【召开第二批学习实践活动部署会】 10月22日，区委社会工委召开了直属“两新”组织党组织学习实践活动部署会。区委常委、副区长陈秋生出席会议并讲话，区委第五巡回检查组成员出席会议，工委直属52家“两新”组织党组织负责人参加会议。会议下发了《昌平区第二批开展深入学习实践科学发展观活动实施方案》、《区委社会工委第二批开展深入学习实践科学发展观活动实施方案》、《区委社会工委第二批学习实践活动进度安排表》和相关学习材料，要求“两新”组织在完成好“组织学习讨论、开展调研走访、召开专题民主生活会或组织生活会、制定整改落实方案、解决突出问题”五项重点工作的基础上，突出做好四个方面工作：一是落实全会精神，强化党建抓覆盖；二是把握活动主题，创新载体抓凝聚；三是发挥组织优势，共建互促抓带动；四是突出实践特色，多办好事抓服务。

（徐湘涛）

【举办社区工作者岗前培训】 10月26—30日，区委社会工委、区人力社保局举办为期5天的昌平区2009年到农村和社区工作高校毕业生岗前培训班。区委副书记、区长金树东，区委常委、组织部部长尚延华，区委常委、副区长陈秋生，出席了昌平区2009年到农村和社区工作高校毕业生培训暨表彰大会。

（徐湘涛）

【“3+2”模式组织大学生专职社区工作者岗前培训】 10月30日，昌平区2009年到农村和社区工作高校毕业生岗前培训圆满结束，取得了良好的效果。

（徐湘涛）

【赴深圳、厦门考察社会领域党建工作】 11月27日—12月2日，区委社会工委组织各镇（街道）党（工）委副书记或组织委员共17人赴深圳、厦门等地考察社会领域党建工作。此次考察的主要内容有：一是考察深圳市南山区的社会工作机构的职责定位和工作开展情况；二是考察南山区在和谐社区建设中形成的“南山模式”；三是考察深圳、厦门两地非公有制企业党建工作的先进做法。考察期间，听取了南山区和谐办、区民营工委、区民政局及企业党组织负责人关于和谐社区建设和企业党建的经验介绍，实地参观了南山区西丽街道松坪山社区和深圳同洲电子有限公司。通过考察，开拓了眼界，拓宽了思路，为进一步加强昌平社会领域党建工作积累了经验。

（徐湘涛）

【举办学习十七届四中全会精神培训班】 12月7日，区委社会工委举办了第一期“两新”组织党员学习贯彻党的十七届四中全会精神培训班。昌平阳光商厦、众友家园等4个党支部64名党员、入党积极分子参加了培训。

（徐湘涛）

大兴区

【概况】 中共北京市大兴区委社会工作委员会（简称“区委社会工委”）、北京市大兴区社会建设工作办公室（简称“区社会办”）于2009年4月17日正式成立。区委社会工委为区委派出机构，区社会办为区政府的工作部门，实行合署办公，统筹全区社会建设工作。

社会工委、社会建设办公室的社会组织工作处职能主要包括：负责研究拟订社会组织建设、管理、服务的总体规划，拟订宏观政策并组织实施；负责相关社会组织的日常管理工作；负责指导区县社会组织建设工作；负责督促检查相关工作的贯彻落实。

其中区委社会工委的主要职责有以下几方面。第一，贯彻执行党的路线、方针和政策，保证市委、区委社会建设和管理各项决定的落实。第二，研究制定本区社会建设和管理的总体规划、重大改革方案和政策措施。第三，对全区社会建设和管理工作进行综合协调，督促检查，保证各项工作的落实。统筹推进社会建设和管理各项任务的分解落实和督促检查。第四，负责社区党建和“两新”组织党建工作，分析研究社区和“两新”组织的发展动态和趋势，研究制定加强社区党建和“两新”组织党建工作的相关规划和措施，并组织实施。第五，指导各街道工委落实市区党建工作，协调“两新”组织的有关管理部门，做好“两新”组织的党建工作。第六，负责社会工作者队伍建设的统筹策划和指导监督，研究制定本区社会工作者培养规划，落实市委社会工委和市社会办制定的以培养、评价、使用、激励为主要内容的政策措施和制度保障。第七，负责社会志愿者队伍建设的统筹协调和指导监督，研究制定有关规划和方案，落实市委社会工委制定的有关策划和方案，落实市委社会工委制定的有关政策措施和制度保障。第八，负责对各街道、相关部门社会建设工作进行指导、协调和督促检查。第九，完成市委社会工委、区委交办的其他工作。

区社会办主要职责：第一，贯彻中央和北京市关于加强社会建设和管理方面的方针和政策，加强本区社会建设和管理工作的总体研究，有针对性地提出意见和建议，保证区委、区政府社会建设和管理各项决定的落实。第二，研究提出本区社区建设、社会组织建设、社会工作者队伍建设等方面的相关意见，研究相关政策，制定改进工作的制度措施。第三，统筹推进本区社区建设，综合协调有关部门在社区建设中的重点难点问题，按照区委、区政府的要求，指导监督社区建设各项方针政策的贯彻落实。第四，负责本区社会组织建设、管理和服务工作的宏观指导，组织协调有关部门研究制定本区社会组织培育发展的总体规划和相关政策措施。第五，负责指导协调街道在社会建设与公共服务方面的有关工作，对街道办事处在社会建设与公共服务方面遇到的问题进行调查研究，提出意见和建议。第六，协调区政府各职能部门与街道工作的关系等相关事宜。第七，完成市社会办、区政府交办的其他工作。

区委社会工委、区社会办设四个职能科室：办公室、党建工作科、社区建设科、综合科。行政编制15名，其中区委社会工委（区社会办）书记（主任）1名，副书记（副主任）2名，副主任2名；科级及科员10名。

区委社会工委、区社会办成立之后，围绕市委领导交办的工作，根据区域实际情况，迅速开始展开全区社会建设工作。并按照区委、区政府的要求，着力搭建宏观管理平台，研究制定区内社会建设的总体规划，统筹推动社会建设各项任务的分解落实和督促检查。主要发挥五个方面的作用：一是要着力统筹全区社会建设和管理的工作；二是要着力强化基层基础工作；三是要着力加强社会领域党的工作体系建设；四是要着力加强对各类社会组织的服务与管理；五是要着力加强社会工作者队伍建设。

（卢　鑫）

【召开“两委”换届选举工作动员大会】 3月27日，大兴区召开社区党支部、社区居委会换届选举工作动员大会。大兴区区委常委郭宝东，副区长常红岩及区委组织部、大兴区委办公室、大兴区委社会工委、大兴区民政局等有关领导参加了会议。会议要求各有关镇、街道、部门高度重视，充分认识社区“两委”换届选举工作的重要性，正确把握社区“两委”换届选举工作的总体要求，严格依法依规依章进行；要加大宣传，引导社区党员群众以主人翁的姿态和高度的政治热情参与换届选举；要加强组织领导，推进换届选举工作有序顺利进行，确保高标准、高质量完成此次社区“两委”换届选举工作。社区党支部换届选举工作分三个阶段进行：准备阶段（3月中旬—3月下旬）；确定候选人阶段（3月下旬—4月上旬）；民主选举阶段（4月上旬—4月中旬）。社区民委会换届选举工作也分三个阶段进行：准备阶段（3月上旬—4月下旬）；全面实施阶段（5月上旬—6月中旬）；总结验收阶段（6月下旬—7月下旬）。

（卢　鑫）

【成立区委社会工委、区建设办】 4月17日，召开社会建设工作大会，对全区进一步加强社会建设进行动员部署，同时举行大兴区委社会工委、区社会建设办公室成立揭牌仪式。市委常委梁伟、市委副秘书长王翔、市委社会工委书记宋贵伦、市编办副主任左铭飞等市领导和区委书记林克庆，区长李长友，区委常委、组织部部长王新，区委常委郭宝东，区人大副主任周静溪，区政协副主席路志权、副区长常红岩等区领导出席会议。

（贾如刚）

【圆满完成社区“两委”换届选举工作】 社区党组织换届选举从3月中旬开始，4月20日结束。全区115个社区，94个社区党支部，69个社区党组织（占总数73%）参加了换届选举，共选举产生社区党组织成员296名。社区居委会换届选举6月6日结束，全区112个社区居委会（占总数97.4%）进行了换届选举，共选举产生社区居委会成员704名。在社区“两委”换届选举过程中，实现了“一优化、一突破、两确保、四提高”的工作目标。“一优化”，即优化了班子结构。“一突破”，即实现了居民户代表选举的零突破，有7个社区居委会实现了居民户代表选举。“两确保”，即确保了高参选率，确保了选举的一次成功率。“四提高”，即提高了“一肩挑”的比例，提高了“两委”成员交叉任职的比例，提高了社区“两委”成员中的连选连任比例，提高了专业化水平。

同时，为进一步巩固社区党组织和社区居委会换届选举成果，切实提高社区党支部书记和社区居委会主任的整体水平，推动和谐社区建设，及时对新一届社区党支部书记和社区居委会主任进行了培训。通过开展经验交流、分组讨论、外出参观等形式多样的培训，取得了较好效果。

（卢　鑫）

【落实市社会工委“迎接国庆、服务社会、构建和谐、促进发展”系列活动】　5月4日，“穿越时空——‘五四’文化名人事迹展览进社区”活动启动仪式在西城区举行。本次活动由市委社会工委、首都精神文明办主办，老舍纪念馆等8家名人故居纪念馆承办，是市社会建设工作领导小组办公室会同有关单位开展的“迎接国庆、服务社会、构建和谐、促进发展”系列活动的一个重要组成部分。市委社会工委书记、市社会办主任宋贵伦，首都精神文明办主任舒小峰，西城区政府副区长陈蓓等领导出席了活动仪式。老舍纪念馆、宋庆龄故居、郭沫若纪念馆等8家名人故居的负责同志、18个区县委社会工委、文明办有关同志和附近社区居民参加了活动。大兴区委社会工委、区社会办根据市委精神，组织策划了大兴区各街道办事处、地区办事处开展了“纪念五四运动——文化名人进社区”的宣传展览活动。

（刘　伟）

【落实第四届北京市“魅力社区”评选活动】　5月24日，北京第四届（2009年度）“魅力社区”评选活动在崇文区玉蜓公园启动。大兴区相关社区居委会非常重视此项工作，在社区内张贴第四届“魅力社区”评选活动宣传画，提高知晓率，让居民都参与到社区志愿服务中来，提倡志愿服务，以服务弱势群体志愿服务项目带动社区内其他的志愿服务，增进邻里和谐，创建和谐社区。同时公布项目方案，地址、网址、联系电话。让社区居民积极参与进来，积极参与社区志愿服务，为社区参与评选活动增添自己的一份力量。

（刘　伟）

【团市委组织部领导就非公经济组织团建工作到大兴区调研】　6月14日，团市委组织部副部长孙方遒带领两位干部到大兴区调研非公经济组织团建工作，大兴团区委有关领导陪同调研。团市委组织部负责同志先后到北京爱莲舞校和北京申安集团两家非公企业进行调研，参观了北京爱莲舞校教学楼、北京申安集团团委办公室和青年活动中心等团属活动阵地，并与北京申安集团董事长庄申安就非公团组织如何围绕企业发展更好地发挥作用进行交流座谈。

（田红萱）

【选聘高校应届毕业生和大学生村官到社区工作结束】　共选聘97人到社区工作。

（解国栋）

【召开2009年社区党务工作者培训会】　7月，召开社区党务工作者培训会。培训过程中，主要针对基层党务工作者，目的是使他们更快进入角色，更好开展工作，从而进行针对性强、收效明显的培训。

（解国栋）

【召开第一批“枢纽型”社会组织认定工作会】　7月15日，组织召开了大兴区第一批“枢纽型”社会组织认定工作会，探索建立健全“枢纽型”社会组织联席会议制度。大兴区委常委郭宝东参加了会议。

（解国栋）

【成立全市郊区县首家社会工作站】　7月22日，奥宇大厦、科技大厦商务楼宇社会工作站正式成立，市委社会工委委员、市社会办副主任陈建领，区委常委、组织部部长王新共同为试点工作站揭牌。区委副主席孟令华讲话。为落实以商务楼宇党建为突破口，加强社会领域党建工作，大兴区委社会工委在全区范围内，对商务楼宇进行了摸底调查。区委组织部、区委社会工委联合下发了《大兴区关于加强商务楼宇社会工作党组织建设的实施意见》。11月底顺利完成全区10家商务楼宇成立社会工作站建设，实现商务楼宇党的工作全覆盖。

（卢　鑫）

【开展“社区主任进国企”活动】 年内，结合北京市委社会工作委员会、市国资委、北京影响力组委会举办的“社区主任走国企”活动，大兴区委社会工委组织了30名社区主任代表在大兴区委社会工委书记张德广、区社会办副主任尚建刚的带领下到首钢参观。通过社区主任对国企的深度参观，搭建起企业和百姓的沟通桥梁，实现京城百姓对与影响百姓生活的北京大型国有企业品牌“零距离”接触，加强百姓与企业互动，提振企业生产信心，推动企业产业升级，提升企业应对金融风暴的能力，夯实民生之基，促进社会经济和谐发展。

（刘　伟）

【观音寺、天宫院街道办事处成立大会】 7月31日，观音寺、天宫院街道办事处正式成立。大兴区委书记林克庆，大兴区区长李长友，大兴区人大主任张书领，大兴区政协主席高树旺为观音寺街道办事处工委、人大常委会观音寺街道工委、观音寺街道办事处和天宫院街道办事处工委、人大常委会天宫院街道工委、天宫院街道办事处揭牌。大兴区委常委、组织部部长王新，大兴区委常委郭宝东，大兴区委常委、武装部部长朱家林，大兴区委常委、常务副区长张晓林，大兴区委常委、副区长李春亭及副区长常红岩参加了成立大会。大兴区委常委、常务副区长张晓林主持会议。截至10月底，两个街道办事处人员、场地、基本设施、派出机构等均已到位，已经正式开展工作。

（解国栋）

【推动大兴区社会防控甲型H1N1流感的督察工作】 年内，成立了区一级社会防控甲型H1N1流感防控督察组，组长由工委书记张德广书记担任。在防控督察工作中，组织了各督察成员单位对大兴区各系统（单位）的防控工作督察，听取了甲型H1N1流感的防控工作的落实情况的汇报，督察了基层防控工作所采取的措施和责任机制的制定与落实情况，及签订责任书的情况，总结了各系统（单位）落实工作中积累的经验和问题，提出了进一步的要求和意见。还实地到村、企业、学校、商业、餐饮等防控重点部位进行了实地督察，并将督察情况及防控落实过程中遇到的问题及建议及时整理成材料，上报到市应急防控督察组。

（刘　伟）

【全市远郊区县中率先成立街道社会工作党委】 8月6日，组织召开了清源街道社会工作党委成立大会。清源街道社会工作党委成立后，在大兴区委组织部、大兴区委社会工委的指导下，在街道工委的领导下，积极研究探索社会领域党建工作的新方法、新机制，主要通过“四抓”扎实推进辖区内社会领域党建工作。一是抓组织建设，二是抓制度建设，三是抓基础调查，四是抓联系沟通机制。截至11月底，全区街道办事处社会工作党委全部建立。

（卢　鑫）

【诠释社区规范化建设概述】 按照京社领办发〔2009〕6号文的精神，在社区工作职能、服务站建设、运行机制、志愿服务、工作者管理、基础设施配置、经费投入七个方面加以诠释，并结合大兴区实际情况制定出具有大兴区特色的社区规范化建设“一二二”工程实施方案，即明确一项分工、健全两个机制、加大两项工作力度，其中明确一项分工是指京社领办发〔2009〕6号文件中提及的“一分、三定、两目标”中的“一分”社区党组织、居委会、服务站三位一体的新治理模式，出台了《大兴区社区规范化工作项目明细表》理清了社区党组织30项、居委会60项、服务站90项工作项目明细，推动社区层面三驾马车的治理模式运行；两个“二”中第一个“二”是指健全社区联系会议机制、居民参与评议机制，第二个“二”指加大服务居民的力度和加大自身建设的力度。通过一年来的开展规范化建设工作使得全区在居民参与社区建设，完善社区各项服务等方面得到了有效提升，使人民群众的幸福指数大大增强。同时根据《北京市社区管理办法（试行）》，结合大兴区实际情况，制定出了大兴区的《社区管理办法》，有效地对社区的管理项目及工作进行了梳理，从而达到具有建设性的进步。

（刘　伟）

【完成社区办公、服务用房达标工作】 确定了第一批共19个社区规范化建设试点社区。试点社区涉及全区三个街道办事处，一个地区办事处。通过市发改委项目审核，共争取市、区两级财政资金7 556万元，用于解决社区办公服务用房选拔问题。

（刘　伟）

【社区建设与管理取得明显成果】 按照京社领办发〔2009〕6号文的精神，结合大兴区实际情况制定了社区工作职能、服务站建设、运行机制、志愿服务、工作者管理、基础设施配置、经费投入7个方面的规划与实施方案，并制定出具有大兴区特色的社区规范化建设“一二二”工程实施方案，推动社区层面的治理模式由原来的社区居委会到社区党组织、服务站、居委会“三位一体”的新治理模式。在解决社区办公、服务用房达标350平方米的工作中，采取购买、新建、改扩建、置换和共享等方式，会同区发改委、财政局、规划等部门以及各相关街道、地区办事处，完成了大兴区2009年第一批19个试点社区规范化建设与办公、服务用房达标工作，争取到了市、区两级财政资金支持。

（刘　伟）

【召开全区街道工作大会】 11月6日，大兴区召开街道办事处工作大会。大兴区委常委郭宝东，大兴区委社会工委、5个街道办事处的相关负责人参加了会议。会议要求，全区各街道、社区要团结带领干部、群众，从实际出发，整合发展优势，明确发展方向，找准发展路子。围绕“建宜居宜业和谐新大兴”的目标，从自身职能出发，重新定位，及早制定出近期和中长期社会经济发展规划。尤其是要坚持区域平衡发展，使群众真正从区划调整中得到实惠、看到前景、增强信心。新建街道，要站在更高的起点上，加强城市规划建设和管理，提高城市发展水平。配合好城市重点工程建设，积极做好社区管理服务工作。调整后的街道、社区，要积极面对新的发展机遇。一手抓调整，一手抓发展，确保经济发展等工作不受区划调整的影响，继续保持良好发展态势。要通过抓队伍建设、素质提升、品牌打造、资源整合等措施，着力加强社区建设。要抓基础，促进社区建设再上新台阶；要抓服务，促进社区服务达到新标准；要抓创新，促进社区发展实现新突破；要抓党建，促进社区实现和谐发展；要抓管理，充分发挥政府行政职能。要强化领导，落实责任，合力推进，为加强街道、社区建设提供坚强保障，要健全部门、街道社区建设综合考评体系和干部考核机制，确保各项职责、任务落实到位，抓出成效。

（赵雪良）

【中央非公经济组织学习实践科学发展观活动巡回组到大兴调研】 11月11日，由中央非公经济组织学习实践科学发展观活动巡回指导一组组长甘国屏带队，就非公企业党建工作到大兴调研。巡回组调研了北京天普太阳能工业有限公司、北京人民电器厂等非公企业党建工作，听取了大兴区非公经济组织学习科学发展观和部分非公企业党建工作开展情况的汇报，对大兴区此项工作给予充分肯定，认为大兴区开展的学习实践活动领导重视，工作到位，组织严密，措施有力，特色鲜明：一是明确了学习实践科学发展观的意义；二是把握住了学习实践活动的重点；三是联系实际，突出了实效。

（卢　鑫）

【做好非公企业党建“五个好”、社区“五个好”党支部创建工作】 年内，全面启动非公企业党建“五个好”示范点创建工作。将社区“五好”党支部的创建工作与推动社区建设结合起来，与服务社区居民群众结合起来，积极探索和创新社区党员发挥作用的有效载体，通过树立典型，实现以点带面，不断提高社区党建工作的整体水平。12 月 9 日、10 日，全区 5 个街道推选的 10 个社区，全部通过社区“五个好”党建示范点的检查验收。通过验收的社区两委班子团结有力，党员表率作用明显，服务居民务实到位，创新工作各有特色，社区党建工作取得了实在的效果，有力推动了和谐社区建设。各社区党支部在对辖区党员加强管理与学习的同时，注重党员带头作用的发挥，不断创新活动载体，促使党员的先进性进一步体现。以服务居民作为工作的出发点和落脚点，以居民是否满意作为工作的衡量标准，想居民之所想，急居民之所急，在维护社区环境、关心弱势群体、帮助失业人员、解决居民急事难事等方面做了大量工作，促使社区党支部的凝聚力和影响力不断增强。在民主测评中，居民代表对党支部为群众做实事的满意度都达到了 100% 。

（田红萱）

【召开大学生社区工作者座谈会】 12 月 11 日，大兴区社会建设办公室组织全区部分市统一选聘的大学生社区工作者进行座谈。大学生社区工作者自 2009 年 7 月 1 日上岗以来，通过在社区服务站一线服务和到机关挂职锻炼等形式，采取开展社区工作调研等方式，逐步提高了对社区工作的认识，发挥了大学生社区工作者热情度高、知识面宽、服务细致的优势，受到了居民的肯定和欢迎，为推动区域社区规范化建设作出了积极的贡献。座谈会上，大学生社区工作者针对前期的工作体会进行了交流，对目前工作中存在的共性问题进行了探讨，明确了今后工作中努力的方向。区委常委郭宝东出席座谈会。

（解国栋）

平谷区

【概况】 中共北京市平谷区委社会工作委员会（简称区委社会工委）和北京市平谷区社会建设工作办公室（简称区社会办），区委社会工委是负责本区社会建设工作的区委派出机构，列入区委机构序列；区社会办是负责本区社会建设工作的区政府工作部门，与区委社会工委合署办公。

区委社会工委主要职责：第一，贯彻落实国家和本市有关社会建设方面的方针政策和法律法规，执行区委有关社会建设的决议和决定；第二，提出本区社会建设和管理的总体规划、方案、措施，为区委社会建设宏观决策服务；第三，拟订本区社会领域社会动员体制机制建设相关政策和组织协调有关工作的职责；第四，负责本区社会领域党建工作，拟订并组织实施社会领域党建工作的规划和措施；第五，负责街道干部队伍建设、考核和管理工作；第六，指导街道的宣传教育，思想政治建设、精神文明建设、社会治安综合治理和维护社会稳定等工作，指导街道系统党风廉政和纪律检查工作，指导街道统战工作和工会、共青团、妇联、老干部等工作；第七，承办区委交办的其他事项。

区社会办主要有如下职责。第一，贯彻落实上级关于加强社会建设和管理方面的政策措施，加强全区社会建设的总体研究，制定全区社会建设的发展规划和相关措施，研究提出和健全完善全区社会建设的考核指标体系，统筹协调、具体指导、督促检查全区的社会建设和管理工作。第二，拟订本区社会公共服务体制机制建设相关政策和统筹协调有关工作的职责。第三，负责统筹推进全区社区建设，着力解决社区建设中的重点难点问题，提出加强社区建设的意见建议，指导监督社区建设各项方针政策的贯彻落实；指导并受理社区居委会的设立、撤销和调整，协调居委会办公用房、活动用房和有关社区服务用房。第四，负责社会工作者队伍和社会志愿者队伍的统筹管理和指导监督工作，建立健全政策措施和制度保障；研究制定社会工作队伍的发展目标；负责社区专职工作者的招录考核、工资待遇、教育培训、表彰奖励。第五，负责社会组织建设和管理服务工作的指导，拟订并组织实施社会组织建设管理服务工作的政策措施；负责相关社会组织的日常管理及本区“枢纽型”社会组织建设的确认和构建工作。第六，督促、检查、考核街道办事处工作落实情况；协调街道办事处与区直各单位的工作关系。第七，承办区政府交办的其他事项。

区委社会工委、区社会办设3个职能科室：办公室（综合科）、党建工作科、社区建设科。行政编制13名。其中书记（主任）1名，副书记、副主任3名；科级领导职数3正1副。

2009年是区委社会工委、区社会办成立的第一年，是新机构开局之年。年内，区委社会工委、区社会办按照“统筹兼顾、分类实施、突出重点、力求实效”的总体工作思路，紧密围绕全区的中心工作，克服困难，扎实工作，实现了社会建设工作的良好开局。

一是积极探索，社会领域体制机制建设取得新突破。先后起草制定了《平谷区加强社会建设的工作意见》、《平谷区关于社会领域党建工作的实施意见》、《平谷区关于社区组织建设和管理的实施意见》等社会建设文件。成立了以区委副书记刘军任组长、相关区委常委和区政府副区长为副组长、区直32个部门主要负责人组成的平谷区社会建设工作领导小组。建立了街道工委书记、办事处主任和非公企业党组织负责人的定期例会制度，制定出台了平谷区社会建设的考核评价机制。

二是突出重点，社会工作者队伍素质有了新提高。顺利完成第七届社区“两委”班子换届选举工作，社区“两委”班子进一步配优配强。全区27个社区共选出“两委”班子成员203名，平均年龄36.8岁，大专以上学历155人，占76.4%，其中有49人具有社会工作师初、中级资格证书。先后举办社区“两委”干部全员培训班、非公企业党组织负责人岗位培训班和社区党支部书记研讨班等多个班次，对社区工作者、非公企业党组织负责人进行培训，进一步提高了他们的自身素质和工作能力。选聘31名优秀大学毕业生到社区任职，优化社区专职工作者队伍结构。专门制定《平谷区社区大学生工作者管理办法》，加强对社区大学生工作者的管理。

三是整合资源，社区规范化建设取得新进展。全区六个社区规范化建设试点社区全部达标。全区投资1 830多万元，完成了对乐园东、乐园西、承平园、金谷园等五个老旧小区基础设施改造。全区27个社区办公用房所需资金，已经得到市发改委批复，市财政给予了近5 000万元的项目补贴资金。按照市、区财政1∶1的配备，全区社区办公用房紧张的困难在2010年将得到解决。

四是夯实基础，社会领域党的建设取得新成果。组织全区社会领域党组织开展学习实践科学发展观活动取得明显成效，社会领域党建工作进一步加强。在非公企业中新建党组织6个，覆盖企业14家，成立了平谷区首家外资企业党委。全年共培训入党积极分子334名，确定发展对象212名，发展新党员166名，社会领域党建工作覆盖面进一步扩大。在非公企业中开展了“五个好”党组织创建等主题实践活动。在社区党组织在社区开展了选派优秀党员担任楼（单元）长活动，全区27个社区共有1 068名党员担任楼长或单元长。

五是拓展领域，社会组织建设迈出新步伐。撰写了《平谷区社会组织发展与管理的问题与对策》的专题调研报告。认定了首批7家“枢纽型”社会组织。召开了“枢纽型”社会组织工作会议，制定出台了《构建平谷区“枢纽”型社会组织工作体系暂行办法》和《平谷区“枢纽型”社会组织联席会议工作规则》两个规范性文件。

（刘　斌）

【成立平谷区社会建设工作领导小组】　1月15日，为加强对社会建设工作的协调和指导，平谷区社会建设工作领导小组正式成立。区社会建设工作领导小组由36家委办局组成，区委副书记刘军任组长，区委常委、区委组织部部长刘占山，区委常委、区委办公室主任白长河，副区长李继合、副区长魏玉瑞任副组长。区社会建设工作领导小组主要职责是贯彻落实市委、市政府和区委、区政府关于加强社会建设和管理的方针、政策，总体规划、统筹协调本区社会建设和管理工作；加强调查研究，综合分析本区社会建设和管理方面的工作情况，研究审议本市社会建设和管理方面的重大事项和重要决策；负责本区社会建设和管理工作的宏观指导；承办区委、区政府交办的其他工作。社会建设工作领导小组下设办公室。办公室设在区委社会工委、区社会办，区委社会工委书记、区社会办主任兰中玉兼任办公室主任。

（刘　斌）

【筹备召开社会建设工作会议】　2月5日，平谷区社会建设工作领导小组召开第一次（扩大）会议，听取区委社会工委、区社会办关于工作开展情况和平谷区社会建设工作会暨平谷区委社会工委、区社会办揭牌仪式筹备方案的汇报。会议原则通过了平谷区社会建设工作会暨平谷区委社会工委（区社会办）揭牌仪式筹备方案，并建议将该方案提交区委常委会讨论确定。

（刘　斌）

【部署2009年社区“两委”换届选举工作】　4月1日，平谷区召开第七届社区“两委”换届选举工作会议。区委副书记刘军，区委常委、区委组织部部长刘占山，副区长魏玉瑞参加会议。区委常委、区委组织部部长刘占山主持会议。区委社会工委书记、区社会办主任兰中玉，区民政局局长李永生，区妇联主席金国英分别就社区党组织换届选举、社区居委会换届选举、社区妇代会选举工作进行部署。区委副书记刘军在会上讲话。

（刘　斌）

【召开平谷区社会建设大会】　4月2日，召开平谷区社会建设工作会议暨平谷区委社会工委（区社会办）揭牌仪式。市委副秘书长王翔、市委社会工委书记宋贵伦，区领导秦刚、王振林、韩凤武、刘军、白长河、李继合、魏玉瑞出席会议。会议由区长邱水平主持。区委书记秦刚，市委社会工委书记、市社会办主任宋贵伦为平谷区委社会工委、平谷区社会办揭牌。区委副书记刘军作了题为《振奋精神　扎实工作　努力开创平谷社会建设新局面》的报告，并宣读了《关于成立中共北京市平谷区委社会工作委员会、北京市平谷区社会建设工作办公室的批复》。区委书记秦刚、市委副秘书长王翔在会上分别讲话。

（刘　斌）

【部署社区规范化建设试点工作】　5月15日，区委社会工委、区社会办召集平谷区3个街道主要领导和6个试点社区负责人，召开平谷区社区规范化建设试点工作会，就平谷区的社区规范化建设工作进行部署。

（刘　斌）

【平谷区社区“两委”换届选举圆满结束】　5月31日，平谷区第七届社区“两委”换届选举圆满结束。共选举产生社区党支部书记

25名、支委50名，居委会主任27名、副主任35名、委员139名。25名社区党支部书记全部兼任社区居委会主任。

（刘　斌）

【进行社区工作专题研讨】　6月15日，区委副书记、区社会建设工作领导小组组长刘军主持召开平谷区社区工作专题研讨会，副区长李继合、魏玉瑞出席会议，区委社会工委、区社会办、组织部、民政局和各街道（地区）办事处等部门主要领导参加研讨。会上，区委社会工委、民政局分别汇报了社区党组织、居委会换届选举工作，各街道（地区）办事处分别汇报了所辖社区的“两委”换届工作的整体情况、存在问题和意见建议，与会人员就如何推进社区规范化建设等热点、难点问题进行了交流研讨。会议研究确定了下半年应重点推进的三项工作。一是积极稳步推进社区规范化建设试点工作。完善试点社区工作方案，着力解决社区办公用房和服务用房问题，加强社区服务站建设，抓好试点建设工作的组织实施和指导督察，及时总结和推广试点经验。二是完成选聘高校毕业生进社区工作。积极协调相关部门做好面试、考察、体检工作，做好人员岗位分配，落实岗位培训，加强对进入社区工作的高校毕业生的管理。三是抓好社区工作者的培训和管理。研究制定《平谷区社区工作者管理办法（试行）》，实行服务协议制度，加强对社区工作者的教育培训，建立监督考评机制，不断提高社区工作者职业化水平。

（刘　斌）

【社会领域党建工作座谈会】　6月29日，为纪念中国共产党成立88周年，平谷区委社会工委邀请部分社会领域优秀党员和党组织负责人举行座谈会，就全区社会领域党建工作进行座谈，并向全区社会领域的党员表示节日慰问。座谈会上，来自不同行业的党员和党组织负责人畅谈了他们立足本职岗位，充分发挥作用的先进事迹和体会。

（刘　斌）

【召开社会建设工作领导小组第二次工作会】　7月15日，区委副书记、区社会建设领导小组组长刘军主持召开平谷区社会建设工作领导小组第二次工作会议，研究讨论《平谷区加强社会建设工作的意见》、《平谷区社区管理实施意见》、《平谷区社会工作者管理办法》、《平谷区关于社会领域党建工作的实施意见》、《平谷区社会组织建设与管理的实施意见》以及《平谷区关于推进社区规范化建设试点工作的实施方案》等规范性文件。会议同意将以上六个文件提交区长办公会、区委常委会研究讨论。区委常委、区委组织部部长刘占山，区委常委、区委办公室主任白长河，副区长李继合、魏玉瑞以及区社会建设领导小组成员单位主要领导参加会议。

（刘　斌）

【出台社区大学生工作者管理办法】　6月29日，为加强对社区大学生工作者的管理，平谷区制定出台了《平谷区社区大学生工作者管理办法》。制定了分级负责、服务协议、工作考勤、请销假、工作月报、学习座谈、教育培训、档案管理、年度考核、食宿安全等10项管理制度。

（刘　斌）

【召开大学生进社区工作会】　7月17日，为进一步做好2009年招聘大学生进社区工作，平谷区委社会工委、平谷区社会办召开大学生进社区工作会议，会上，区人力社保局副局长侯成江和区社会办副主任李军就31名大学生的招聘、分配、使用、管理问题进行了说明，会上还将《平谷区社区大学生工作者管理办法》下发各街道贯彻执行。

（刘　斌）

【区长办公会研究社区建设相关文件】 8月6日，区政府召开第18次区长办公会，会议讨论并原则通过了平谷区社会办起草的《平谷区社区管理实施意见》、《平谷区社会工作者管理办法》以及《平谷区关于推进社区规范化建设试点工作的实施方案》，根据区长办公会议讨论意见，《平谷区社区管理实施意见》和《平谷区社区工作者管理办法》修改完善后以区政府文件下发执行。《平谷区关于推进社区规范化建设试点工作的实施方案》以区政府办公室名义转发。

（刘　斌）

【正式印发社区建设文件】 8月17日，《平谷区社区管理实施意见》、《平谷区社区工作者管理办法》以及《平谷区关于推进社区规范化建设试点工作的实施方案》正式印发全区。

（刘　斌）

【开展社区工作者培训】 8月24日，为提高平谷区社区工作者队伍的素质，区委社会工委、区社会办在区委党校，举办了社区“两委”全员培训班。培训班为期3天，邀请了市委社会工委领导和市民政干校的专家教授为全区234名社区工作者授课，并组织27个社区居委会主任到丰台区彩虹城社区学习社区规范化建设先进经验。通过培训，使广大社区工作者开拓了眼界，丰富了知识，自身素质和工作能力有了进一步提高。

（刘　斌）

【开展社会组织基本情况摸底调查】 年内，区委社会工委、区社会办采取发放调查问卷及表格、实地走访座谈等形式，对全区社会组织基本情况进行了摸底调查，了解全区社会组织的发展现状，并完成了《平谷区社会组织发展与管理的问题研究与对策》的调研报告，为平谷区社会组织建设提供了有力参考。

（刘　斌）

【区委常委会研究社会建设文件】 9月2日，区委常委会第19次会议讨论并原则通过了区委社会工委、区社会办起草的《平谷区加强社会建设工作的意见》、《平谷区关于社会领域党建工作的实施意见》、《平谷区社会组织建设与管理的实施意见》。根据区委常委会讨论意见，对三个文件进行修改完善后，以区委文件形式下发执行。

（刘　斌）

【开展迎国庆文艺演出活动】 年内，为庆祝中华人民共和国成立60周年，讴歌60年来取得的伟大成就和历史性变化，特别是改革开放30年的伟大成功，组织滨河街道13个业余文艺团队开展了以“为伟大祖国骄傲”为主题的文艺演出活动，活动期间共在辖区内进行巡回演出41场。

（刘　斌）

【开展“争做志愿者，喜迎国庆节”主题志愿活动】 年内，区委社会工委、区社会办与街道携手，在全区27个社区开展了“争做志愿者，喜迎国庆节”主题志愿活动。参加活动的社区志愿者人数达2 500余人，成立了文体、安保、医疗、保护环境、扶老助残、便民利民等40余支志愿服务队。

（刘　斌）

【成立首家外资企业党委】 9月21日，经平谷区委组织部批准，平谷区首家外资企业党委——龙基电力集团党委正式成立。党委下设1个总支、2个支部，党员人数23名。

（刘　斌）

【社区办公和服务用房项目正式批复】 10月13日，平谷区打捆包装的27个社区办公和服务用房项目获市发改委批准。该项目共批复项目资金4 974万元，市、区财政按照1：1的比例匹配项目资金，通过购买的方式解决27个社区办公和服务用房问题。

（刘　斌）

【部署社会领域学习实践科学发展观活动】 10月27日，区委社会工委举行平谷区社会领域学习实践科学发展观活动动员大会。会议对平谷区非公企业和社区党组织开展学习实践活动进行了部署，先期试点单位作了经验介绍。全区规模以上非公企业党组织负责人和各街道（地区）工委主管领导、各社区党组织负责人参加会议。

（刘　斌）

【开展社区党员任楼（单元）长活动】 年内，平谷区社区党组织在社区中开展了社区党员任楼（单元）长活动，全区27个社区共有1 067名党员担任了楼长或单元长，党员任楼（单元）长活动的开展，有效地延伸了社区党组织的工作手臂，为社区党员履行政策宣传员、信息联络员、困难排解员、环境监督员、纠纷调解员的职能搭建了平台。

（刘　斌）

【举办非公企业党组织负责人培训班】 10月29日，为进一步提高非公企业党组织负责人的理论水平和业务素质，建设一支高素质的党组织负责人队伍，平谷区委社会工委举办了平谷区非公企业党组织负责人培训班。培训班采取理论教学与实地考察相结合的方式，对全区80多家规模以上非公企业党组织负责人进行了有针对性的培训。

（刘　斌）

【召开社区规范化建设自查总结工作会】 11月4日，区委社会工委、区社会办召开推进社区规范化建设自查总结工作会，就一年来全区社区规范化建设工作的开展情况进行了自查和总结，并就社区规范化建设过程中存在的问题提出了整改意见和建议。3个街道（地区）办事处主管领导和6个试点社区代表参加了会议。

（刘　斌）

【召开学习实践科学发展观阶段讲评会议】 11月19日，区委社会工委召开平谷区非公企业学习实践活动阶段讲评会议。会议对社会领域党组织学习实践科学发展观活动第一阶段进行了总结，并就下一阶段的工作安排进行了部署。区委副书记、区社会建设领导小组组长刘军出席会议并讲话，全区非公企业党组织负责人参加会议。

（刘　斌）

【召开社会建设工作领导小组第3次会议】 11月30日，区委副书记、平谷区社会建设领导小组组长刘军主持召开了平谷区社会建设领导小组第三次会议。区委常委、区委组织部部长刘占山，区委常委、区委办公室主任白长河，副区长李继合、魏玉瑞参加会议。会议听取了区委社会工委、区社会办起草的《关于明确平谷区社会建设领导小组成员单位的通知》、《平谷区非公有制企业党建工作暨“五个好”党组织考评办法》、《平谷区社区党建工作考评办法》、《平谷区社区年度考评办法》、《平谷区社区工作者年度考评办法》、《关于社区工作人员工资待遇的补充意见》、《关于认定第一批区级“枢纽型”社会组织的通知》、《关于构建平谷区“枢纽型”社会组织工作体系的暂行办法》以及《关于“枢纽型”社会组织联席会议工作规则》等文件的汇报。会议讨论并原则通过了这9个文件。根据社会建设领导小组会议讨论的意见，《关于明确平谷区社会建设领导小组成员单位的通知》、《平谷区非公有制企业党建工作暨“五个好”党组织考评办法》等8个文件修改完善后以区社会建设领导小组文件名义发文执行。《关于社区工作人员工资待遇的补充意见》提交区长办公会研究讨论。

（刘　斌）

【正式启用平谷区社区人才信息库】 12月2日，平谷区社区工作者人才信息库正式启用。信息库旨在全面了解全区社区人才队伍现状，及时掌握社区人才动态信息，创新社区人才管理手段，提高社区人才工作的管理和服务水平。信息库对包括社区工作者、社区在册党员、社区协管员、社区志愿者等在内的9类社区人才信息进行了录入。区委社会工委、区社会办将逐步推进区社会办、街道（地区）、社区三级联动、信息共享，实现社区人才信息的规范化、动态化管理，并在此基础上，进一步拓展社区人才库的功能，着手建立平谷区社区综合信息库。

（刘　斌）

【出台社区工作人员工资待遇的补充意见】 12月14日，区政府第29次区长办公会研究讨论并原则通过了平谷区社会办起草的《关于社区工作人员工资待遇的补充意见》。根据区长办公会的讨论意见，《关于社区工作人员工资待遇的补充意见》在修改完善后，以区政府办公室名义转发。

（刘　斌）

【市委巡回检查组检查社会领域学习实践科学发展观活动】 12月22日，市委学习实践科学发展观活动巡回检查组到平谷区，检查全区社会领域党组织学习实践科学发展观活动的开展情况。检查组首先听取了区委社会工委关于社会领域开展学习实践活动的总体情况汇报，然后实地检查了滨河街道建西社区和凯超机动车检测场两个社会领域党组织学习实践活动开展情况。检查组对平谷区社会领域党组织开展学习实践科学发展观活动的开展情况给予了高度评价，并就今后此项活动的开展提出了有针对性的建议和意见。

（刘　斌）

【召开“枢纽型”社会组织第一次工作会议】

12月25日，平谷区召开“枢纽型”社会组织第一次工作会议。首批认定的7家“枢纽型”社会组织，即区总工会、团区委、妇联、科协、残联、文联和红十字会的有关负责人参加了会议。会议学习传达了《平谷区关于构建“枢纽型”社会组织工作体系的管理办法》和《“枢纽型”社会组织联席会议工作规则》等文件精神，并对“枢纽型”社会组织下一步工作提出了要求，一是认真领会文件精神，进一步明确“枢纽型”社会组织的概念、性质、定位以及工作任务。二是积极做好对本领域社会组织基本情况的调查摸底工作。三是认真做好对本领域社会组织的管理和服务工作。四是加强信息沟通，互相支持配合，共同推进社会组织的建设和管理工作。

（刘　斌）

怀柔区

【概况】 根据《中共北京市委办公厅北京市人民政府办公厅关于印发〈北京市怀柔区人民政府机构改革方案〉的通知》（京办字〔2009〕35号）和《北京市怀柔区人民政府关于机构设置的通知》（怀政发〔2009〕24号），设立北京市怀柔区社会建设办公室（简称区社会办），与中共北京市怀柔区社会工作委员会（简称区委社会工委）一个机构，两块牌子。区委社会工委是负责本区社会建设工作的区委派出机构。区社会办是负责本区社会建设工作的区政府工作部门。

区委社会工委主要职责：1. 贯彻执行党的路线、方针和政策，保证区委社会建设的各项决议、决定的落实，研究提出社会建设工作意见并组织实施。2. 研究提出本区社会建设和管理的总体规划和重大方案，为区委社会建设宏观决策服务。3. 按照区委、区政府要求和区社会建设工作领导小组安排，宏观指导、统筹协调和督促检查本区社会建设重点任务落实。4. 拟订并组织实施本区社会管理体制改革和社会领域社会动员体制机制建设的规划和政策措施。5. 负责综合研究和统筹协调本区街道管理体制改革相关工作。6. 负责本区社会领域党建工作，拟订并组织实施社会领域的党建工作的规划和政策措施，协调指导个镇乡街道、各有关单位开展社区党建、社会组织党建和新经济组织党建工作。7. 协调本区社会工作人才队伍建设工作，拟订并组织实施社会工作人才队伍建设的规划和政策措施，建立健全以培训、评价、使用、激励为主要内容制度和机制。8. 综合协调本区志愿者工作，拟订并组织实施志愿者工作的规划和政策措施。9. 负责对镇乡街道和相关部门社会建设与管理工作进行指导和督促检查；负责本系统干部管理、队伍建设、思想政治工作和精神文明建设。10. 完成区委交办的其他事项。

区社会办主要职责：1. 贯彻执行国家有关社会建设的法律、法规、规章和政策，提出加强本区社会建设的意见和建议。2. 拟订并组织实施本区社会建设的总体规划和改革方案，组织相关部门起草社区－社会组织、社会工作人才队伍、志愿者方面的总体规划、改革方案和制度措施，并组织实施。3. 组织拟订社会公共服务体制机制建设的规划和制度措施，协调推进社会公共服务体系建设。4. 统筹推进本区社区建设，拟订并组织实施社会组织建设的规划和制度措施，协调推进社会组织改革和发展工作。5. 宏观指导本区社会组织建设与发展，拟订并组织实施社会组织建设规划和制度措施，协调推进社会组织改革和发展工作。6. 对各镇乡街道、各部门的社会建设工作落实情况进行指导和督促检查。7. 综合协调有关部门做好社会建设和管理工作。8. 完成区政府交办的其他事项。

根据上述职责，区委社会工委和区社会办设4个内设机构，机关行政编制12名，其中区委社会工委（区社会办）书记（主任）1名，区委社会工委副书记1名，区社会办副主任2名；科级领导职数4名。机关工勤事业编制2名。

年内，怀柔区委社会工作委员会、怀柔区社会建设工作办公室坚持“以人为本、关注民生、推动发展、促进和谐、内强素质、外树形象、服务社会、造福于民”的工作宗旨，边学习，边研究，边探讨，边实践，全面启动社会建设工作：一是抓基础，完成了搭班子、上人员、组架构、定职责、建制度等社会工作机构初建的各项基础保障性工作，使各项工作尽快启动，有序开展。二是抓研究，除按区委整体部署完成了为期一个月的街道社区党建工作调研外，还结合部门工作领域和工作的有效推进，先后在机关科室确立了社会领域党建、社区规范化建设、社会工作人才队伍建设、社会组织建设、统筹城乡社会管理与服务等课题，在街道、镇乡及新经济组织、社会组织中开展调查研究工作，组织机关、街道、试点乡镇主要领导赴江西万载县、青云谱社区学习社会工作人才队伍建设经验，组织区社会建设工作领导小组成员单位主管领导举办社会建设专题培训班，聘请国家行政学院丁元竹、北京社科院冯小英、中国人民大学于显洋、首都师范大学张静波四位专家教授召开“加强社会建设、构建和谐怀柔”研讨会，特邀区级老干部参事组成员座谈研讨社会建设工作，从而进一步明晰社会建设工作思路和方向。三是抓创新，在全市率先构建起统筹城乡一体化发展的区、镇（街道）、村（居）三级社会管理服务平台和“一站五组一室”农村社区化管理模式，初步形成了覆盖全面、综合配套、便捷高效的社会管理服务体系，健全了党委领导、政府负责、社会协同、公众参与的社会管理新格局。四是抓动员，成立怀柔区社会建设工作领导小组及办公室，印发《怀柔区社会建设工作领导小组成员单位工作职责》、《怀柔区社会建设工作领导小组办公室工作规则》，召开全区社会建设工作大会，制定《怀柔区加强社会建设实施意见》、《中共怀柔区委关于进一步加强和改进社会领域党建工作的意见》、《怀柔区进一步加强和改进志愿者工作的意见》等系列文件。五是抓党建，按照“五个好”，选择3家基础条件较好、领导重视程度高的新经济组织和社会组织做试点，通过对党员活动室、党建规章制度、主题实践活动等内容规范，有效提升了社会领域党建水平；按照统筹城乡一体化的要求，积极与叶青大厦、慈名公司开展城乡共建工作，探索在经济、党建、产业发展、就业服务等方面建立合作共赢机制。六是抓社区，积极争取社区办公和服务用房项目资金，年内对13个社区办公和服务用房项目进行包装并上报，共争取市、区两级财政资金5 149万元；按照“一分、三定、两目标”的总体要求，对社区服务站建设、社区工作职能、社区运行机制、社区志愿服务、社区工作者管理、社区基础设施配置、社区经费投入等7个方面26项内容进行了规范，年内完成了8个社区规范化建设试点工作任务，形成“三位一体、会站共建”的社区复合治理机制。七是抓枢纽，召开怀柔区社会建设工作领导小组第一次会议，认定区总工会、团区委、区妇联、区科协、区残联、区文联、区红十字会7家人民团体为怀柔区第一批“枢纽型”社会组织，构建了“枢纽型”社会组织工作体系，印发了《关于构建怀柔区“枢纽型”社会组织工作体系的管理办法》和《怀柔区“枢纽型”社会组织联席会议工作规则》；召开“枢纽型”社会组织第一次联席会，研究探讨政府向社会组织购买公共服务项目相关事宜，提高社会组织服务社会的能力。八是抓队伍，年内对任期届满的29个社区党组织和31个社区居委会进行了换届，24个社区配备了党建工作专职副书记。按照市里统一安排，分两批面向社会、应届毕业生和2006届村官招录了31名大学生社区工作者，举办了为期一周的岗前培训，进一步改善了社区工作人员的年龄结构和文化层次。建立健全了大学生社工教育培训、管理使用、关心关爱、量才选用四个长效服务机制，制定了《大学生社区工作者使用和管理办法》，对大学生社区工作者日常工作、请销假、目标管理、信息上报等内容进行了明确。健全了志愿者长效管理机制，社区志愿者注册人数达到了社区常住人口的10.49%。九是抓载体，建立起由镇乡、街道、相关单位组成的、覆盖全区各领域的社会建设信息员队伍。组织开展社会建设信息员新闻写作知识培训班，聘请“两台一报一网”记者对信息、通讯、新闻特写等内容进行了讲解，并在全市郊区县率先创办了《社会建设》报，按月及时刊发社会建设工作动态及信息，宣传社会建设工作典型人物事迹。加强与北京电视台、《北京日报》、《京郊日报》、怀柔电视台、《怀柔报》等相关媒体的联系与沟通，及时上报、总结全区社会建设工作进度及典型经验，全面增强了社会建设工作影响力。年内共在《北京日报》、《京郊日报》、北京电视台等市级主流宣传媒体上刊发社会建设工作信息15篇，其中具有较大社会影响力的社会建设工作信息2篇；在《北京社会建设信息》刊发信息24条；区级各类宣传媒体刊发工作性信息60多条；出刊《社会建设》报9期、《简报》35期并在北京市社会建设信息会上作典型发言。十是抓学习，结合创建学习型机关，坚持每周学习研讨制度，开展记读书笔记、写心得体会等活动，全力打造一支过硬的社会工作队伍。

（孟吉民）

【召开社会建设研讨会】 5月26日，怀柔区委社会工委召开了“加强社会建设、构建和谐怀柔”研讨会。市委社会工委委员、市社会建设办副主任张坚，区委常委、区委政法委书记李树江，副区长何春禄出席会议。会议由区委社会工委社会、区社会建设办主任鲁颖彤主持。特邀国家行政学院丁元竹、北京社科院冯小英、中国人民大学于显洋、首都师范大学张静波四位专家教授和部分区直、镇乡、街道党政一把手参加会议。

（孟吉民）

【召开社会建设大会】 6月26日，怀柔区委、区政府召开了怀柔区社会建设大会。市委常委梁伟、市委副秘书长王翔，市委社会工委书记、市社会建设办主任、市社会办主任宋贵伦及区领导王海平、池维生、吴德增、武占刚、萧有茂、李树江、何春禄出席会议。区直各单位、镇乡街道党政正职、部分新经济组织负责人、31个社区党组织书记和居委会主任参加会议。会议由区长池维生主持。会上下发了《中共北京市怀柔区委办公室、北京市怀柔区人民政府办公室关于成立怀柔区社会建设工作领导小组的通知》、《怀柔区加强社会建设实施意见》、《中共北京市怀柔区委关于进一步加强和改进社会领域党建工作的意见》、《怀柔区进一步加强和改进志愿者工作意见》和《怀柔区社会建设2009年工作要点》。区发改委、怀柔镇、泉河街道、龙湖新村社区、北京御食园食品有限公司分别作典型发言。

（孟吉民）

【怀柔区创办《社会建设》报】 6月26日，怀柔区委社会工作委员会、区社会建设工作办公室在全市郊区县中首家创办了《社会建设》报。市委常委梁伟、怀柔区委书记王海平，区长池维生，区人大主任吴德增，区政协主席武占刚分别为《社会建设》报题词。梁伟题词：加强社会建设、推动科学发展；区委书记王海平题词：社会建设；区长池维生题词：以人为本、服务社会、开拓创新、共谋发展；区人大主任吴德增题词：社会建设、全民参与、以人为本、共享和谐；区政协主席武占刚题词：社会建设、民生所系、和谐怀柔、造福万家。

（孟吉民）

【深入开展学习实践科学发展观活动】 7月10日，区委社工委、区社会办为深入学习实践科学发展观活动，组织工委系统部分党组织负责人到革命圣地接受革命传统教育。

（孟吉民）

【召开社区规范化建设推进会】 7月16日，区委社会工委组织区发改委、区民政局、龙山街道、泉河街道主管领导，召开怀柔区社区规范化建设推进会。

（孟吉民）

【慈铭公司与洞台村建立共建关系】 7月21日，北京慈铭健康体检管理集团有限公司与渤海镇洞台村签订了社会领域党建工作城乡共建协议。北京市社会工作委员会委员、市社会建设工作办公室副主任陈建领，区委常委、政法委书记李树江参加签约仪式。

（孟吉民）

【到朝阳区学习社区规范化建设经验】 8月20日，区委社会工委、区社会办组织街道书记、主任、副主任及试点社区居委会主任到朝阳区团结湖街道中路北社区和八里庄街道华贸中心社区学习社区规范化建设试点经验。

（孟吉民）

【举办大学生社区工作者培训班】 8月24—28日，区委社会工委、区社会办聘请北京大学王思斌教授、国家行政学院丁元竹教授和街道办事处主任刘国利等具有理论、实践经验的老师，对新选聘的31名大学生社区工作者进行了岗前培训。

（孟吉民）

【召开第一次领导小组工作会议】 10月14日，怀柔区召开社会建设工作领导小组第一次会议，审议通过了《怀柔区社会建设工作领导小组成员单位工作职责》和《怀柔区社会建设工作领导小组办公室组成人员通知》。

（孟吉民）

【认定7家人民团体为“枢纽型”社会组织】 10月14日，怀柔区召开社会建设工作领导小组会议，认定区总工会、团区委、区妇联、区科协、区残联、区文联和区红十字会为怀柔区首批“枢纽型”社会组织。区领导王海平、池维生、萧有茂、姜伯奎、王仕龙、李树江、何春禄及区长助理曹立仓、杨万悦、张金利出席认定会。印发了《关于构建怀柔区“枢纽型”社会组织工作体系的管理办法》和《怀柔区“枢纽型”社会组织联席会议工作规则》。

（孟吉民）

【召开“枢纽型”社会组织第一次联席会】 11月10日，区委社会工委、区社会办组织召开区级“枢纽型”社会组织联席会，研究部署下一阶段工作。

（孟吉民）

【区委社会工委召开社会工作者研讨会】 11月20日，区委社会工委召开社会工作者研讨会，全体机关干部及社会工作者共39人参加。2名机关干部和9名社会工作者代表分别围绕提高社会服务水平、延伸社会工作领域、抓好居民或群众服务、提高社区自治水平、提升区政府执行力及提高个人理论素养和工作水平等内容进行重点发言。

（孟吉民）

【召开社区规范化座谈会】 11月28日，区委社会工委、区社会办组织8个社区规范化建设试点社区负责人，召开社区规范化建设座谈会。

（孟吉民）

【叶青大厦与六渡河村确立共建关系】 12月14日，北京叶青大厦商务楼宇社会工作党组织与渤海镇六渡河村党支部签订了城乡共建意向书。区委书记王海平、北京叶氏企业集团董事长叶青共同为城乡共建基地揭牌。

（孟吉民）

【特邀区老干部座谈研讨社会建设工作】 12月25日，特邀区级老干部参事成员围绕城市社区管理与服务座谈研讨社会建设工作。副区长周东金出席会议并讲话。

（孟吉民）

密云县

【概况】 12月31日，密云县委社会工作委员会、县社会建设工作办公室正式挂牌成立。

县委社会工委的主要职责有：第一，贯彻执行党的路线、方针、政策和市、县关于加强社会建设的决议、决定；第二，研究提出本县社会建设的总体规划、方案，为县委社会建设宏观决策服务；第三，按照县委、县政府要求和县社会建设工作领导小组安排，统筹推进各项任务的分解落实和督促检查；第四，拟订并组织实施本县社会管理体制改革和社会动员体制机制建设的规划和政策措施；第五，负责综合研究和统筹协调本县街道管理体制改革相关工作；第六，负责本县社会领域党建工作，拟订并组织实施社会领域党建工作的规划和政策措施，协调指导各镇街（地区）和各有关单位开展社区党建、新社会组织党建和新经济组织党建工作；第七，协调指导本县社会工作人才队伍建设工作，拟订并组织实施社会工作人才队伍建设的规划和政策措施，建立健全以培养、评价、使用、激励为主要内容的制度和机制；第八，综合协调本县志愿者工作，拟订并组织实施志愿者工作的规划和政策措施；第九，完成县委交办的其他事项。

县社会办的主要职责有：第一，贯彻执行国家、市有关社会建设的法律、法规、规章和政策，提出加强本县社会建设的意见建议；第二，拟订并组织实施本县社会建设的总体规划和改革方案，组织协调相关部门起草社区、社会组织、社会工作人才队伍、志愿者等方面的管理机制和制度；第三，组织拟订本县社会公共服务体制机制建设的规划，协调推进社会公共服务体系建设；第四，统筹推进本县社区建设，拟订并组织实施社区建设的规划，综合协调解决社区建设中的重点难点问题；第五，宏观指导本县社会组织建设与发展，拟订并组织实施社会组织建设规划，协调推进社会组织管理改革和发展工作；第六，综合协调街道与政府各职能部门的工作关系，负责街道（地区）工作目标管理责任制考核工作；第七，落实市、县关于城市管理体制改革的相关工作，协调街道城市管理和城市建设工作；第八，对各镇街（地区）、各部门的社会建设工作落实情况进行指导和督促检查；第九，完成县政府交办的其他事项。

县委社会工委、县社会办行政编制10名。其中书记（主任）1名，副书记、副主任2名；科级领导职数3名；工勤编制3名。

在市委、市政府和县委的坚强领导下，密云县深入贯彻落实科学发展观，大力实施密云生态涵养发展区工作方略，努力克服国际金融危机带来的不利影响，坚定信心，迎难而上，团结奋斗，圆满完成了年初确定的各项任务，开创了经济实力增强、社会和谐稳定、百姓持续增收的新局面。

（一）社会事业全面发展，民生状况进一步改善

涉及民生的重点工作得到加强。县政府为群众拟办的26件重要实事全部完成，一批群众关注的热点、难点问题得到解决。就业形势保持稳定，农村富余劳动力转移就业3 500人，开发置换社区就业岗位4 150个，超额完成全年任务。3 708名城镇登记失业人员实现就业，城镇登记失业率为2.5%，低于市定指标1.3个百分点。各类社会保险覆盖面不断扩大，城乡居民养老保险参保人数突破15万，参保率达到95%。水库一级保护区群众生产生活困难补助、大中型水库移民后期扶持、山区搬迁、公交票价优惠等各项惠民政策得到落实。切实解决好农民工工资兑现、城乡危旧房改造、社会救助等方面问题，实现了“五无”目标。

各项社会事业迈出新步伐。各类教育协调发展，教育软、硬件建设得到加强。农村基础教育现代化实验区建设稳步推进，教育质量显著提高，高考创历史最好成绩。在全市率先完成教师绩效工资改革。密云县被国家教育部评为全国义务教育均衡发展工作先进地区。完善科技创新体系和新型农村科技服务体系，大力实施民生科技工程，顺利通过国家科技部考核，荣获全国科技进步县称号。加强县、乡镇（街道）、村（社区）三级卫生服务网络建设，公共卫生服务水平进一步提高。新农合参合率达到95.87%。文化事业繁荣发展，被国家文化部授予全国文化先进单位称号。公共文化服务设施不断完善，实现行政村数字影厅全覆盖，96个山区自然村有线电视联网工程全部竣工。农村信息化试点工作取得阶段性成果。科技馆、图书馆、乡镇卫生院等一批社会事业领域重点工程建设扎实推进。计划生育基层基础工作进一步夯实，全国计划生育优质服务先进县目标顺利实现。党的民族宗教政策深入落实，民族乡、民族村经济加快发展。妇女儿童、未成年人、老年人、残疾人的合法权益得到有效保障。

社会保持安全稳定。落实“安全生产年”各项工作措施，深入开展安全专项整治，生产、交通、食品药品、人员密集场所、防火防汛等各领域安全工作得到加强。强化应急管理，县应急指挥中心二期工程建成投入使用，应急体系不断完善。巩固“四级平台、五项机制”综治维稳格局，严厉打击各类违法犯罪，确保了社会治安平稳。落实“四访联动”、“三调对接”工作机制，积极推进信访代理制，解决了一批影响发展稳定的突出矛盾和历史遗留问题，圆满完成了国庆60周年安全保卫工作。

（二）社区规范化建设试点圆满完成，取得明显成效

截至2009年年底，密云县共有社区居委会69个，其中街道、地区所属36个（有3个只有建制），农村地区33个，城市社区居委会成员总数为228人、社区服务站人员总数为60人。

2009年内，为贯彻落实北京市社会建设系列文件精神和《北京市推进社区规范化建设试点工作的实施方案》要求，密云县分别在鼓楼街道（花园社区、沿湖社区、宾阳北里社区、行宫社区、长安社区）和果园街道（西里社区、新里北社区、密西花园社区）的8个社区启动了社区规范化建设试点工作。按照“一分、三定、两目标”的总体思路和要求，依据“七个规范”的标准，以规范社区服务站建设、健全社区运行体制机制和规范社区工作者管理为重点，扎实推进社区规范化建设各项工作任务，努力构建现代新型社区治理模式，并取得了初步成效。

划分职责，理顺相互关系。按照“职责明确、分工合理、优势互补、协调联动”的原则，以规范社区服务站建设为重点，对社区目前承担的各项工作进行全面梳理，合理划分社区党组织、社区居委会、社区服务站的职责任务，实现社区居委会、社区服务站并设、职能分开。“三个社区组织”职能分开后，社区的日常工作，由原来的“一勺烩”的状态，变成了现在的“三驾马车”各负其职，整体联动。进一步强化了社区党组织领导核心作用，切实提高了党组织在基层的执政能力；强化了社区居委会民主自治功能，切实提高了服务广大居民、管理社区事务的能力；强化了社区服务站公共服务平台作用，实现了政府公共服务进社区的有效承接。

结合实际，确立治理模式。针对社区服务站运行初期的实际情况，实行社区居委会、社区服务站交叉任职，有效避免出现“两张皮”现象，努力克服居委会“行政化”、“边缘化”倾向。充分强调在社区党组织的统一领导下，社区居委会、社区服务站各司其职，相互配合，协调一致，有利于提高社区服务站的适应能力和对工作的执行能力，有利于推动社区全面和谐发展。

探索机制，规范社区服务站建设。一是将规范社区服务站建设作为社区和街道管理体制改革的一项系统工程来抓。在社区层面，对社区任务进行“自下而上”的全面梳理，原则上属于政府公共服务和行政性事项全部进服务站；在街道层面，对各职能科室业务工作进行“自上而下”的细化分类，将需要下沉到社区的工作任务与服务站职能有机对接。目前，鼓楼街道社区服务站将社会救助、劳动保障、计划生育、流动人口与出租房屋及便民咨询等5个工作岗位全部集中办公；果园街道社区服务站制定了12类35项职责，具体承担105项规范性工作，初步实现了政府公共服务向社区的延伸。同时，街道注重理顺服务站与科（室）关系，明确各自职责，确保在工作流程上衔接“无缝隙”、服务事项上责任“无盲区”。二是加强制度建设，规范社区服务站内部管理。建立社区党组织“两会一评”制度。通过召开支委会（支委扩大会）研究“三重一大”问题；通过组织社区（三方）联席会协调解决实际问题；通过每半年组织对社区居委会、社区服务站的工作评议，来切实发挥社区党组织领导核心作用。打造科学完善的服务流程。建立了“即办、代办、转办”事项分类受理制。“即办事项”，要求柜台人员即刻办理；“代办、转办事项”，按事项内容及责任分工进行站内分解，严格依据承诺时效办理。通过规范受理、分解、办理、反馈、存档、回访等工作流程，实现了不同事项在站内有序交转办理，使居民各类需求事项在服务站内诉求有入口、办理有记载、结果有记录、效果有反馈、问题有监督，提高了服务效益。制定系列规章制度。建立和规范了首问责任制度，工作人员文明用语、工作人员服务规范，服务站岗位职责以及日常考核管理、奖励、培训等规章制度，确保了服务站有序运行。规范公示监督制度。将服务站工作流程、办公时间、办公准则、街道主管科室电话等公布上墙，做到了服务站的工作始终置于群众的监督之下，同时也体现了为居民服务的理念。建立服务站协调会制度。坚持每月召开一次协调会，由站长主持，居委会、社区警务工作站及“六个委员会”负责人参加，通报本社区一个月来办理居民事务的数量、类型等情况，共同分析居民诉求变化，及时更新服务观念、转变服务方式，更好地适应和解决社区居民的需求和困难。三是多部门联动，落实社区用房。按照实施方案有关要求，在县发改委、民政局等部门以及街道办的密切配合下，密云县大力开展“社区办公和服务用房规范化试点建设项目申请市政府固定资产投资支持”工作。在市、县、街道共同努力下，采取购买、扩建、自建等方式，解决社区办公和服务用房，8 个试点社区办公和服务用房均在 350 平方米左右，社区服务站“一门式”服务用房面积均超过了 50 平方米。同时社区服务站还配备了桌椅、电脑、打印机等自动化办公用品，规范统一了服务站标志，设立了咨询台、功能引导牌和宣传资料架，便于群众及时寻求社区服务，方便居民和社会的监督，增强社区的凝聚力、亲和力。四是配齐人员，坚持职业化、专业化。紧紧抓住北京市 2009 年公开招录优秀高校应届毕业生和大学生“村官”进社区工作的契机，通过精心安排，严密组织，严格甄选，共招录了 30 名应届高校毕业生和 48 名大学生“村官”加入社区工作者队伍，专门从事服务站工作。被录用人员全部为大专以上学历，其中 30 岁以下、本科以上学历的有 47 人，占60%，硕士研究生人数达到10 人，占13%。针对新招录人员的特点以及社区服务的需要，组织有关职能部门进行了岗前培训，为他们明确了任务，提出了要求。并由居委会干部对这些人员采取“一对一”的形式进行了业务指导，使居委会承担的政府公共服务事项能够顺利过渡到服务站。同时，研究建立了考评机制、奖惩机制、服务机制等，进一步促进社区队伍管理规范化、制度化，不断增强这支队伍的战斗力。

发动社会力量，参与社会服务。充分借鉴奥运会和国庆安保工作经验，在各社区设立治安、宣传、文体活动、扶困助残、民意调解、环境卫生等岗位，鼓励和发动社区党员、身体健康的离退休人员、有一技之长的居民及国家工作人员参与社区服务。目前，全县已建立社区志愿者队伍 182 支，发展社区志愿者 2 万余人。这支队伍全部活跃在基层各个服务岗位上，已成为社区管理服务不可或缺的重要力量。

（三）积极培育社会组织，深化提升社区管理服务功能

加强“两新”组织管理，充分发挥社会组织在提供公共服务、反映利益诉求、扩大公众参与、增强社会活力、促进社会发展等方面的积极作用，是社区规范化建设工作研究探索的内容之一。密云县在抓好社区规范化建设试点工作的基础上，紧密结合密云实际，积极培育新的社会组织承接政府管理和服务职能，创新社区复合治理模式。

成立社区商管协会，搭建“两新”组织管理服务平台。一是建立工作体制。街道层面成立商管协会总会和党总支，由街道办主任担任名誉会长、街道党工委书记担任党总支书记，充分发挥组织、协调、服务、监督作用。21 个社区全部成立社区商管协会和党支部，由社区居委会主任兼任名誉会长、社区党组织书记担任党支部书记。到 12 月，街道辖区内实现了“两新”组织管理全覆盖和党建工作全覆盖格局。二是完善工作机制。街道商管协会总会和社区商管协会分别制定章程和职责，明确协会职能和会员权利义务。各社区协会党组织研究制定了工作、活动和学习制度，为党员开展组织生活提供制度保障。同时通过建立协调会商、风险评估、矛盾调处、联防联控、服务保障、考评激励等六项工作机制，进一步强化社会管理功能。社区商户有了自己的组织系统和行为规则，有了反映诉求和心声的新的渠道。三是加强管理和服务。社区商管协会坚持管理与服务并重，管理寓于服务，服务渗透管理，为流动党员找回了家，不断提高协会影响力和凝聚力，增强会员对协会的归属感和认同感。

协会建立了会员信息台账，与街道流管办共享信息，实行科学动态管理。协会与工商、公安、城管等部门定期对门前三包、安全生产、市场秩序等情况进行联合整治。协会定期举办各种类型培训班，提高商户社区意识、职责意识和守法意识。同时，社区商管协会发挥社会组织自主创新的能力，将那些信誉好、经营项目有社会需求的会员，推荐加盟到96156服务平台，参与社区服务，拓展发展空间，实现经济效益和社会效益共赢的局面。

建立智能化社区服务呼叫中心，搭建居民信息服务平台。3月，果园街道成立了社会组织联合会，以项目补贴的形式购买公共服务，委托联合会与秦皇岛光彩社区服务有限公司合作，投资120余万元，建立了北京市首家以助老、扶残、便民为宗旨的“智能化社区服务呼叫中心”。以“电子保姆”家庭联网自动呼叫系统为依托，利用高科技信息技术手段管理社区居民信息，来服务社区居民，形成科技助力促进街道、社区、居民三级联动，打造社区全方位服务的一种新模式。目前，“电子保姆”可为社区居民提供紧急救助、日常救助、咨询服务三大类免费服务和特需救助等八大类有偿服务，共计200多项，打造了社区“15分钟服务圈”。通过“电子保姆”一站式呼叫信息服务，缩短了社区服务路径，提高了社区服务效率，基本满足了社区群众多元化、个性化的服务需求，形成了政府搭台、市场运作、社会参与，政府赢民心、企业赢效益、居民赢服务的社区服务新格局。

（夏　青）

【召开换届选举工作会议】　3月25日，密云县委、县政府召开社区党组织、社区居委会换届选举工作会议，对全县社区党组织和社区居委会换届选举工作进行动员和部署。其中社区党组织换届选举工作从3月开始到4月中旬结束，分准备工作阶段、组织实施阶段和总结培训阶段共三个阶段进行。社区居委会选举工作从3月开始到6月底结束，分选举准备、全面实施、工作交接、总结验收、归档、建章建制四个阶段进行。会议要求，在选举工作中要加强党的领导，充分发挥党的领导核心作用；坚持依法办事，严格按程序开展选举各项工作。要以选举为契机，加强社区组织、社区制度、社区工作者队伍建设，全面推进全县和谐社区建设。

（夏　青）

【成立县社会建设工作机构筹备组】　12月16日，县委（74次常委会）任命胡文顺为县委社会工委书记。12月22日，县政府任命胡文顺为社会建设工作办公室主任。密云县社会建设工作机构正式开始筹建。

（夏　青）

【县社会工作机构挂牌成立】　12月31日，密云县委社会工作委员会、县社会建设工作办公室成立大会暨揭牌仪式举行。市委常委梁伟主席并讲话，市委副秘书长王翔，市委社会工委书记、市社会办主任宋贵伦，市委社会工委委员、市社会办副主任赵晓卫，县委书记汪先永、县长刘福志等领导出席成立大会。县委、县政府有关委、办、局、人民团体负责人，各镇、街、地区党政负责人以及社区干部参加了成立大会。

（夏　青）

延庆县

【概况】　根据中共北京市委、北京市人民政府批准的《延庆县人民政府机构改革方案》和《延庆县人民政府关于县政府机构设置的通知》（延政发〔2009〕48号），设立延庆县社会建设工作办公室（简称县社会办），与中共延庆县委社会工作委员会（简称县委社会工委）合署办公。县委社会工委是负责本县社会建设工作的县委派出机构。县社会办是负责本县社会建设工作的县政府工作部门。

县委社会工委主要职责：1. 贯彻执行党的路线、方针和政策和县委关于社会建设的各项决议、决定，研究提出社会建设工作意见并组织实施。2. 研究提出本县社会建设和管理的总体规划、重大方案和宏观政策。具体负责研究提出我县和谐村镇、和谐社区建设的规划、方案和宏观政策。3. 负责本县社会领域党建工作，拟订并组织实施社会领域党建工作的规划和政策措施，协调指导各乡镇、街道、各有关单位开展社区党建、社会组织党建和新经济组织党建工作。4. 拟订并组织实施本县社会管理体制改革和社会领域社会动员体制机制建设的规划和政策措施。5. 负责本县社会志愿者队伍和社会工作者队伍建设工作，拟订并组织实施社会工作人才队伍建设的规划和政策措施，建立健全以培训、评价、使用、激励为主要内容的制度和机制。6. 协助县委组织部做好街道办事处领导班子和干部队伍建设、考核及管理工作。7. 负责本单位党的组织建设，党员教育、管理、服务和发展党员工作。8. 协调县农委抓好农村地区社会建设和管理的有关工作。9. 负责街道办事处的宣传教育，指导街道办事处开展思想政治工作和精神文明建设；协助有关部门做好街道办事处社会治安综合治理和维护社会稳定等工作；协助县纪委抓好街道办事处系统党风廉政和纪律检查工作；指导街道办事处统战工作和工会、共青团、妇联、老干部等工作。10. 完成县委交办的其他事项。

县社会办主要职责：1. 贯彻执行国家有关社会建设的法律、法规、规章和政策，拟订并组织实施本县社会建设的总体规划和改革方案，组织协调相关部门起草社区、社会组织、社会工作人才队伍、志愿者等方面的总体规划、改革方案和制度措施，并组织实施。2. 宏观指导本县社会组织建设与发展，组织协调有关部门研究拟定社会组织建设管理服务工作的政策措施。组织落实我县和谐村镇、和谐社区建设的具体工作。3. 负责统筹推进本县社区建设，综合协调社区建设中的重点难点问题，指导监督社区建设各项方针政策的贯彻落实。4. 组织拟订本县社会公共服务体制机制建设的规划和制度措施，协调推进社会公共服务体系建设。5. 负责街道办事处在城市管理、县域社会发展中相关协调工作和有关问题的调查研究，向县政府提出意见和建议；督促、检查、考核街道办事处工作落实情况。6. 对各镇乡街道、各部门的社会建设工作落实情况进行指导和督促检查。7. 完成县政府交办的其他事项。

根据上述职责，县委社会工委和县社会办设 3 个内设机构，机关行政编制 10 名，工勤编 2 人。

全县共有 29 个社区居委会，其中城区有 22 个；共有 7 个社区党总支，46 个社区党支部。2009 年，延庆县积极推进社区规范化建设工作。对延庆县 3 个街道和 1 个乡镇共 5 个社区投资 800 多万元，对 6 个老旧小区实施改造工程，全面加强社区基础设施建设。

对社区党支部、居委会、服务站职能进行了梳理，进一步明确社区党支部、社区居委会、社区服务站职能，使党、居、站三级组织真正成为服务好、功能强、效率高、群众满意的“三位一体”的服务团队。采取社区居委会、社区服务站交叉任职、分工负责的工作模式。社区 96% 以上是书记、主任一肩挑，社区服务站站长由社区居委会主任兼任，这样社区党组织负责社区党建工作和对社区各类组织实行领导；社区居委会负责履行社区自治组织功能；社区服务站承担社区公共服务和社会管理职能。

为规范社区建设，加强社区干部管理，先后建立和完善了《社区党组织议事规则》、《民主生活会制度》、《社区干部考核评价体系》、《社区公益事业补助资金管理使用办法》、《首问负责制》、《限时办结制》 等 30

余项涉及社区建设和发展的工作制度，通过健全、实施各项制度，社区工作行为不断规范。

充分利用社区培训阵地，组织社区党员、社区工作者参加党员干部现代远程教育等培训活动，定期组织社区工作者和社区党员开展政策理论、法律法规等知识的教育培训。并通过组织外出学习、实地调研等形式，使社区党员和工作者的自身素质和服务本领得到进一步提高。

坚持以群众利益为先，不断加强和完善社会保障体系建设。为特困户、低保家庭、残疾人、企业退休人员、“一老一小”参保等人员，落实低保金、爱心物资、报销医药费、申请社会保险补贴等资金；通过开展问需服务、组织活动、落实老干部的生活和政治待遇，落实老干部“四就近”工作；以社保所和居委会为平台，多渠道、多层次、多形式地开发就业岗位，挖掘社区就业岗位、空岗、社区公益岗位5 000余个，为失业人员提供政策咨询、职业指导5 787人次；加强职业培训，提升就业能力、拓宽就业渠道，促进1 300余人就业；积极鼓励失业人员自谋职业、自主创业、灵活就业600余人，就业率达73.4%。通过多种形式的服务，使社区居民的归属感不断加强。

不断完善安居稳定体系，增强居民安全感。以“爱国卫生月”和“城市清洁日”为载体，以社区党员、志愿者为骨干，对社区内的卫生死角、小广告等进行清理，积极发动居民认养、认建、认护绿地，对社区绿地、污水井和地下管线等重点部位进行全面的药物消杀，有效地降低了四害密度，保障了社区的环境质量，巩固了全国卫生县城成果。以创建“平安社区”为载体，建立和完善了以社区民警为核心，以社区治安巡防队为依托，以志愿者巡逻队为基础的社区治安防范体系，完善了社区应急网络、积极组织社区应急演练；以“小事不出社区，大事不出办事处”为目标，坚持“稳定第一，预防为主”的原则，整合社会治安力量，共同维护社会稳定。以“两节”、“两会”、“6·4”和平安国庆为重点，以社区党员为骨干，组建了600余人的社区志愿服务队；对辖区的生产经营单位和地下空间进行了安全检查；对18种功法、教派进行了摸查，对辖区法轮功人员进行谈话和回访，做到辖区邪教滋事“0”指标，同时社区矫正工作也进一步加强；通过社区民主活动日，靠前摸排、靠前服务，建立《社区矛盾排查日志》和“民情台账”，有效地维护了社区的安全稳定，使居民对社区治安状况的满意率进一步提升，位居全市前列。

努力做好以送知识、送服务、送健康、送温馨“四送”和“六上门”服务工作。精心组织了以“健康体检我参与，幸福愉快我一生”、“真心送服务爱心洒社区百日行”为主题的生殖健康服务月活动，参检人数达2.4万余人次；建立“流动人口驿站”，开展“新计生、新决定、新征程知识竞赛”、“城乡女孩手拉手”、“计生情怀送大礼，爱洒社区”等一系列活动，有效地服务社区育龄妇女，提升了计生服务工作的水平，构建了和谐的人口文化。

整合社区教育资源，在县城南、北共建成2个社区教育培训中心，同时以300多人的业余教师队伍为骨干，以社区“三校一室”为教育平台，结合社区居民的实际需求，加强社区教育培训体系建设。举办“迎国庆、讲文明、树新风社区大讲堂”，开展宣传党的方针政策、文明礼仪、传统文化、生态文明、职业技能、法制宣传、健康保健、书法绘画、手工制作等讲座和培训30多场。

以“创建和谐社区，共建美好家园”为主题，依托社区艺术团、民间协会和150余支文体队伍，积极开展丰富多彩的文化活动。开展“百集DV话和谐”评比活动，湖南社区和燕水家园社区上报的DV被北京电视台生活频道所采用；组织7个社区200余人参加县2009年元宵节花会展演，东外社区腰鼓、川北东社区砂罐秧歌获三等奖；参加县“五月鲜花”会演，荣获优秀组织奖；组织22个社区140人参加了北京市千台万人乒乓球展示活动；组织社区红色歌曲大家唱活动22场；组织社区生态文明知识竞赛23场；成功举办了第二届“和谐杯”职工乒乓球赛。3个社区被评为北京市“四进”先进单位。通过开展运动会、公德人物的评选等一系列活动，极大地丰富了居民的业余文化生活。

不断完善人才支撑体系，全力夯实社区工作基础。组建3个街道，将21名处级干部充实到街道；围绕社区“两委”换届选举工作，按照三推一选的方法，顺利完成了社区党支部和社区居委会换届选举工作，实现社区书记、主任一肩挑，并在社区党委设专职副书记一名，加强基层党组织建设；公开招聘了28名社区专职工作者，为社区建设补充了新鲜血液；组织实施“社区志愿服务行动计划”，成立各类志愿者服务队24个，广泛开展社区平安建设、环境整治与维护、扶老助残、便民利民等志愿服务，并规范各自职责，党员参与率达到了70%以上；以社区党建为依托，根据社区发展的实际，进一步优化基层组织设置，以楼宇为单位成立支部和设置党小组，采取单独建、联合建、挂靠建等模式建立非公经济党组织，扩大党组织工作的覆盖面，使经商流动党员有了归属感；开展一系列的培训活动，使社区干部的整体素质得到了提高。目前，社会组织已成立4个党支部，他们分别是北京市延庆县医学会、北京市延庆县出租汽车行业协会、延庆县文学艺术界联合会、北京市延庆县地方税务学会。

（武　兴）

【有效防控甲型H1N1流感】 4月，启动《延庆县卫生局应对甲型H1N1流感疫情应急预案》，各单位把甲型H1N1流感防控作为2009年工作重点，成立疫情应急领导小组、分工明确、责任到人。严格执行24小时值班制、流感样病例监测和网络日报制。在做好群防群控的同时，加强专业检测。到2009年12月底，延庆县共有哨点监测医疗机构18家，监测门诊病例229 212人，其中流感样病例7 997人，流感样病例百分比为3.49%；监测禽流感高危人群361 352人次，无发热病例；监测流动人口5 481人次，无发热病例。健康管理入境人员2 454人、归国人员209人，隔离观察密切接触者644人。对各大中小院校，一线医疗、公职人员、各类集体单位及易感人群进行流感疫苗接种。到2009年12月30日，全县共累计接种甲型H1N1流感疫苗37 822人。

（武　兴）

【多种形式迎接新中国成立60周年】 国庆前夕，全县各部门、各单位全力以赴做好各项准备工作，以饱满的热情迎接新中国成立60周年，用实际行动为祖国献礼。延庆县市政市容所对延庆县城区内妫水街、玉皇阁大街、高塔路等主要路段的2 000余米护栏和150余棵标志牌的杆体进行整体重新粉刷。修补油路面700平方米，更换交通标志牌22套，更换东外大街及妫水南北街灯帘30组，维修原有灯帘22组。在县城主要地段摆放鲜花，摆花数量高达60万盆营造优美的城市环境。10月8日，团县委将组织志愿者在全县各社区继续实施“爱心中转站”志愿服务项目；在八达岭和龙庆峡景区、妫川广场、车站等地设立城市志愿服务站点，开展信息咨询和语言翻译、现场秩序维护、舞台剧务和礼仪服务等志愿服务。国庆前后，各机关单位通过开展“庆祝新中国成立60周年知识答题”和“缅怀革命先烈，弘扬爱国精神”爱国题材电影巡回播放活动，红色歌曲大家唱和国庆60周年游园等活动，为中华人民共和国成立60周年送上美好的祝福。

（武　兴）

【北京市市政市容委领导调研】　12月3日，北京市市政市容委主任陈永，委员刘国瑞、李楠来到延庆县，就城乡建设和市政管理工作进行调研。陈永一行首先来到小张家口垃圾卫生填埋场、小张家口粪便消纳站，实地了解延庆县垃圾填埋、粪便消纳情况，察看了小张家口填埋场填埋气治理工程及场区除臭工程。随后，陈永一行来到位于县城北部的城东集中供热热源厂，详细了解锅炉运行、燃煤用量、居民缴费和运营成本情况。陈永首先肯定了延庆近年来城乡环境整治、垃圾处理及集中供暖工作取得的成绩，并对延庆黄标车取缔、垃圾分类、夜景照明、城市供暖等工作提出建议。他指出，要做好城市保洁和垃圾分类工作，做到应收尽收，分类处理；提高公厕管理水平，减少旱厕；规范铺设市政管线，加强科学管理。陈永表示，市市政市容委将全力以赴，支持延庆循环经济示范区建设，也希望延庆经济社会和谐发展，生态环境优美宜人。县委书记侯君舒，县委副书记、县长孙文锴陪同调研。

（武　兴）

【农村合作医疗】　年内，全县有17.9万农民参加新型农村合作医疗，参合率较2008年提高了1.8个百分点，参合率在96%。年内，为参合农民一次报销28 786人次5 047.3万元；分别比去年同期增长63.4%和48.01%。各定点医院为191 886位农民减免104.34万元，人均减免5.44元。各定点医院下乡巡诊1184次，派出医务人员4 207人次，服务群众34 105人次，为20 064人进行了免费的健康体检，建立完整健康档案2 824份。

（武　兴）

【深化社区卫生改革】　年内，全县社区卫生服务机构销售零差率药品300种550品规，占全部药品的66%，零差率药品收入2 367.7万元，占药品总收入的73.23%，让利群众615.59万元，受到老百姓的普遍认可及欢迎。加强社区卫生服务人员“三基三严”培训，共组织培训27次，909人次参加培训。组建家庭医生责任制团队17支，为居民提供健康教育、疾病诊治、健康体检、慢性病访视等内容服务，上门服务2 229次，覆盖近16万人。年内，对15家社区卫生服务中心医务人员，开展“家保”的入选和培训，组织各种培训70余次，2 502人考取了证书，成为家庭保健员。

（武　兴）

【全县残疾人温馨家园覆盖率已达73%】　9月15日，旧县镇、永宁镇、香营乡和大庄科乡4个乡镇新建的残疾人温馨家园通过市残联验收，正式投入使用。至此，包括此前建成的珍珠泉、大榆树、康庄等7个乡镇的温馨家园在内，全县已有11个乡镇建有温馨家园，覆盖率达73%。目前，11个温馨家园里共有372名在劳动年龄段的智力和精神稳定期的残疾人入园进行康复劳动。温馨家园还可以为残疾人提供康复治疗、免费发放小型辅助器具，并通过爱心超市为特困残疾人提供免费生活用品。

（武　兴）

【全县2009年放映电影1.53万场次】　年内，全县共放映电影1.5万余场，其中室外放映2 000场，平均每乡镇120场；农村数字影厅放映1.3万余场，大大丰富了群众的业余文化生活。

（武　兴）

【开展全民健身活动】　年内，延庆县积极组织大型活动，广泛开展全民健身。组织北京市民自行车骑行活动、北京市首届端午节龙舟赛、北京市“和谐杯”乒乓球赛、北京市全民健身体育节；全县足球、篮球联赛，第四届农民运动会、全民健身技能展示大会、延庆县第二届武术大会、延庆县第三届“体育彩票杯”羽毛球公开赛等20余项县级大型活动，参与人数近10 000人次。为促进基层全民健身活动的开展，为全县乡镇、社区培训社会体育指导员60人；发放健身手册5 000册；健身腰鼓60个；光盘10套；为学校、社区配备乒乓球台30个。发放22台广场机给各晨晚练点。倡导居民进一步提高健身意识，掌握科学的健身方法；充分发挥晨晚练点的作用，促进全民健身活动的纵深发展。

（武　兴）

【加快老旧小区改造】　年内，完成优抚社救对象危旧房维修翻建670户翻新改建危旧房2010间。配建限价商品房7 600平方米，解决109户中低收入困难家庭的住房问题。将人均月收入679元以下的低收入家庭纳入廉租保障范围，162户356人享受廉租住房租金补贴，全年发放廉租补贴资金34.5万元。

（武　兴）

【开展五五普法活动】　年内，继续加强公益法律服务体系建设，深入开展“五五”普法宣传教育活动，社会法治氛围更加浓厚。积极推进便民服务体系建设，畅通非紧急救助服务、网上投诉等倾听群众意见渠道，不断完善督察督办制度，政府行政效能和服务水平进一步提升。

（武　兴）

【多渠道促进就业】　年内，认真落实各项就业政策，争取各类就业补贴1亿元，3 368名城镇失业人员实现就业，城镇登记失业率控制在2%以内；帮助1 586名城镇就业困难人员实现就业，其中公益性托底安置132人，零就业家庭动态脱零。大力开发公益性生态就业岗位，1.2万名农村困难劳动力实现生态就业。

（武　兴）

不断完善体制机制　努力推动实践创新

北京市各区县
社会建设工作巡礼

BEI JING SHI GE QU XIAN
SHE HUI JIAN SHE GONG ZUO XUN LI

东城区

DONG CHENG QU

不断完善体制机制
努力推动实践创新

★ 2009年2月4日，东城区社会建设大会召开

★ 东城区社会建设工作领导小组研究部署工作

★ 东城区召开社会工作与社区规范化建设工作专题研讨会

★ 东城区召开街道办事处主任社会建设专题会

★ 北京青年政治学院社工专业学生与社区主任共同探讨社区工作

东城区
DONG CHENG QU

不断完善体制机制 努力推动实践创新

★ 东城区召开社会领域党建工作负责人联席会议

★ 东城区举办社区党组织换届选举工作培训班

★ 东城区组织新一届社区党组织成员培训

★ 朝阳门街道史家社区召开社区党员大会

★ 深圳市委考察团到东城区学习调研

西城区 XI CHENG QU

不断完善体制机制 努力推动实践创新

★ 2009年12月21日，西城区和谐社区建设工作推进会召开

★ 西城区社会工作者联合会成立

★ 华远企业号举行社会工作站揭牌仪式

★ 西城区召开社会组织联合会成立暨第一次会员代表大会

★ 西城区社区工作者招录考试现场

西城区
XI CHENG QU

不断完善体制机制 努力推动实践创新

★ 西城区召开商务楼宇党建工作推进大会

★ 西城区举行深入推进社会建设工作研讨会

★ 西长安街街道举行社区党组织换届选举工作动员部署会

★ 全市第一家驻校社工服务基地在三里河第三小学揭牌

★ 西城区七个街道全部成立社会工作党委

★ 驻校社工提供专业辅导

崇文区
CHONG WEN QU

不断完善体制机制
努力推动实践创新

★ 崇文区部署社区换届选举工作

★ 崇文区召开社区规范化建设现场会

★ 崇文区命名区级魅力社区

★ 社区民警参加社区换届选举

★ 崇文区积极推进商务楼宇党建工作

崇文区
CHONG WEN QU

不断完善体制机制 努力推动实践创新

★ 崇文区召开社会领域党建试点工作推进会

★ 崇文区东花市街道花市枣苑社区服务爱心小屋启用

★ 崇文区选聘高校毕业生到社区工作面试考场

★ 崇文区七个街道全部成立社会工作党委

★ 崇外街道组织非公企业党支部开展志愿活动

★ 中组部研究室到崇文区调研社区党组织“公推直选”工作

宣武区
XUAN WU QU

不断完善体制机制 努力推动实践创新

★ 2009年3月11日，宣武区社会建设大会召开

★ 宣武区部署社区规范化建设工作

★ 宣武区召开社区党组织换届选举工作培训会

★ 宣武区广外红莲中里社区服务站内部环境

★ 宣武区天桥富力摩根中心建立社会工作站

宣武区

XUAN WU QU

不断完善体制机制 努力推动实践创新

★ 牛街街道春风社区服务站接待柜台

★ 社区服务站工作人员接待居民

★ 天桥街道先农坛社区居务开放日

★ 宣武区举行社区便民服务卡实施启动仪式

★ 宣武区调研组到深圳南山区、盐田区调研社区建设工作

朝阳区

CHAO YANG QU

不断完善体制机制
努力推动实践创新

★ 2009年2月13日，朝阳区社会建设大会召开

★ 左家庄街道党员为居民提供专业特长服务

★ 朝阳区在全市率先实现312栋商务楼宇党建工作全覆盖

★ 朝阳区召开社区居委会换届选举总结会暨城乡社区手拉手启动仪式

★ 喜迎国庆60周年，开展丰富多彩的文化活动

朝阳区

CHAO YANG QU

不断完善体制机制
努力推动实践创新

★ 朝阳区参加亚洲安全社区年会

★ 朝阳区举办残疾人休闲技能培训班

★ 朝阳区新建、改造、整合党建阵地305个、44029平方米

★ 朝阳区积极推进社区规范化建设工作

★ 新粉饰的居民楼焕然一新

海淀区 HAI DIAN QU

不断完善体制机制 努力推动实践创新

★ 2009年3月19日，海淀区社会建设大会召开

★ 海淀区社会组织联合会成立

★ 中关村软件协会启动“红色中关村就业希望工程”

★ 海淀区社区文体活动丰富多彩

★ 海淀区组织文艺演出进社区

海淀区

HAI DIAN QU

不断完善体制机制
努力推动实践创新

★ 中关村街道华清园社区服务站

★ 中关村核心区举办创新发展论坛

★ 海淀区举行老年运动会

★ 海淀社会组织联合会研究部署工作

★ 海淀区组织国庆60周年群众游行队伍演练

★ 海淀区首届社区健身操比赛

丰台区

FENG TAI QU

不断完善体制机制 努力推动实践创新

★ 2009年2月17日，丰台区社会建设大会召开

★ 丰台区开展社区工作者素质工程培训

★ 丰台区积极推进社区公共服务设施建设

★ 丰台区组织大学生社区工作者入职培训

★ 东高地街道三角地第二社区举行地震志愿者知识竞赛

★ 方庄地区举办“乐活方庄　乐享生活”第二届社区文化体育节

丰台区
FENG TAI QU

不断完善体制机制
努力推动实践创新

★ 丰台区组织社区党组织书记开展科学发展之旅活动

★ 改造后的社区服务大厅

★ 社区两委一站联合例会

★ 驻区部队为社区居民开通便民直通车

★ 太平桥街道精图社区开展计划生育宣传活动

石景山区

SHI JING SHAN QU

不断完善体制机制
努力推动实践创新

★ 石景山区九个街道全部成立社会工作党委

★ 法制工作进社区，提高社区居民法律意识

★ 石景山区召开志愿者誓师大会

★ 石景山区成立志愿者百人形象团队

★ 石景山区面向社会公开招录社区工作者报名现场

石景山区
SHI JING SHAN QU

不断完善体制机制 努力推动实践创新

★ 石景山区对新招录的社区工作者进行培训

★ 金色亲情服务队现场服务

★ 石景山区组织义务献血宣传活动

★ 社区居委会换届选举，居民代表现场投票

★ 社区居民积极参加社区环境卫生整治工作

★ 古城街道“公推直选”社区党组织负责人

门头沟区
MEN TOU GOU QU

不断完善体制机制 努力推动实践创新

★ 门头沟区召开社区换届选举工作动员会

★ 门头沟区国庆安保治安志愿者上岗

★ 大峪街道成立民防志愿救援队

★ 传统活动“小车会”丰富居民生活

★ 红十字志愿者到社区为居民免费体检

★ 社区干部为社区居民宣讲垃圾分类知识

房山区
FANG SHAN QU

不断完善体制机制 努力推动实践创新

★ 2009年8月6日，房山区召开区委社会工委、区社会办成立暨社会建设大会

★ 房山区举办社会领域深入学习实践科学发展观活动培训班

★ 社区举办迎接国庆红歌会

★ 大学生社区工作者到社区参观学习

★ 军民共建联欢会

★ 西潞街道开展社区大讲堂活动

通州区

TONG ZHOU QU

不断完善体制机制 努力推动实践创新

★ 2009年4月24日，通州区社会建设工作暨区委社会工委、区社会办成立大会召开

★ 通州区举办楼门文化建设论坛

★ 社区居民代表议事

★ 社区一站式服务

★ 通州区第四届金秋社区节开幕

★ 通州区开展“平安国庆消防志愿者行动”

顺义区

SHUN YI QU

不断完善体制机制
努力推动实践创新

★ 2009年6月10日，顺义区社会建设大会召开

★ 社区广场群众文化活动丰富多彩

★ 社区党员参加党支部选举

★ 花博会外围引导志愿者维持秩序

★ 顺义区组织演讲比赛，展示社区工作者风采

★ 社区芬芳爱心志愿服务队成立

昌平区

CHANG PING QU

不断完善体制机制 努力推动实践创新

★ 2009年6月17日，昌平区举行社会建设大会暨区委社会工委、区社会办成立揭牌仪式

★ 昌平区组织在职党员和机关公务员开展志愿服务

★ 昌平区开展社区规范化建设，公示社区服务项目

★ 昌平区组织大学生社工入职培训

★ 昌平区组织预防诈骗进社区宣传活动

★ 昌平区委社会工委“共产党员献爱心”捐款仪式

大兴区
DA XING QU

不断完善体制机制 努力推动实践创新

★ 2009年4月17日，大兴区举行社会建设工作大会暨区委社会工委、区社会办成立揭牌仪式

★ 大兴区举行社区规范化建设工作推进会

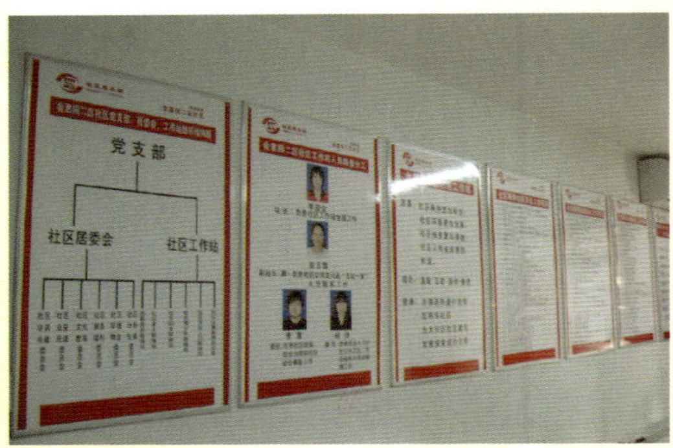

★ 社区居务公开

★ 大兴区组织社区居委会主任到首钢参观学习

★ 社区居民在新购置的社区活动用房里开展各项文体娱乐活动

★ 社区居民代表投票选举居委会成员

平谷区

PING GU QU

不断完善体制机制
努力推动实践创新

★ 2009年4月2日，平谷区举行社会建设工作会议暨区委社会工委、区社会办成立揭牌仪式

★ 社区建设逐步规范化

★ 社区居民参加社区居委会换届选举

★ 滨河街道60岁以上老人喜领福利养老金

★ 社区举行拔河比赛，400余名居民参与其中，其乐融融

★ 林荫家园社区饺子宴，居民和和美美过小年

怀柔区 HUAI ROU QU

不断完善体制机制 努力推动实践创新

★ 2009年6月26日，怀柔区召开社会建设工作大会

社会建设

SHE HUI JIAN SHE

怀柔区委社会工作委员会 主办
怀柔区社会建设工作办公室

2009年6月26日
己丑年闰五月初四 星期五
第 1 期

市区领导为《社会建设》创刊题词

市区领导题词祝贺《社会建设》创刊

加强社会建设
推动科学发展

社会建设

以人为本 服务社会
开拓创新 共谋发展

社会建设 民生所系
和谐怀柔 造福万家

社会建设全民参与
以人为本共享和谐

发刊词

★ 2009年6月26日，怀柔区《社会建设》报创刊

★ 怀柔区召开社会建设工作研讨会

★ 怀柔区积极推进社会领域党建城乡共建工作

★ 怀柔区开展书法爱好者笔会交流活动

密云县

MI YUN XIAN

不断完善体制机制 努力推动实践创新

★ 2009年12月31日，密云县委社会工委、县社会办成立

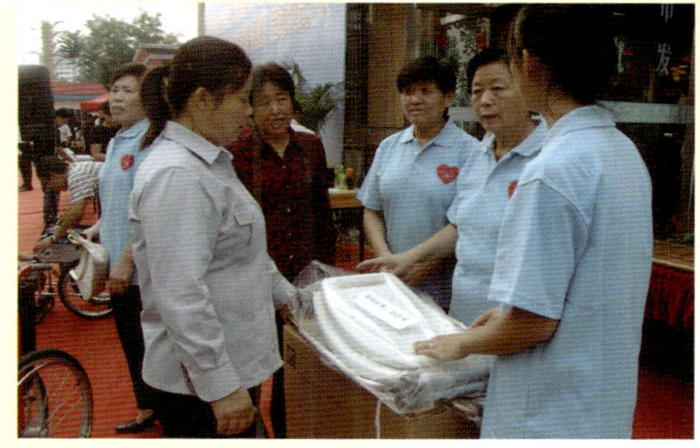

★ 密云县开展社区服务周活动

★ 社区组织开展法制宣传活动

★ 组织居民参观科普展览

★ 社区工作者为居民发放养老服务券

★ 社区党员开展家中党日活动

延庆县
YAN QING XIAN

不断完善体制机制
努力推动实践创新

★ 延庆县委社会工委学习实践科学发展观动员会召开

★ 社区学习实践科学发展观活动组织生活会

★ 社区庆三八文艺演出

★ 社区居民书画展

★ 社区居民参加象棋比赛

★ 志愿扫雪队为居民服务

★ 社区居民迎新春、赠春联、送祝福

·大事记·

2009年大事记

1月

4日 市委社会工委书记、市社会办主任宋贵伦与市民政局局长吴世民研究工作。

同日 北京市社会建设工作领导小组办公室第一次主任会议召开。会议讨论了《北京市社会建设工作领导小组办公室工作规则》，研究了《关于构建“枢纽型”社会组织工作体系的暂行办法》、《关于认定第一批“枢纽型”社会组织的通知》和《关于加强和改进社会组织设立工作的通知》。市委在工委领导宋贵伦、王力军、刘轩和领导小组办公室成员单位有关领导出席会议。

5日 市委社会工委书记、市社会办主任宋贵伦参加市委“三进两促”活动专题座谈会。

同日 市委社会工委委员、市社会办副主任赵小卫到海淀区中关村街道就制定社会建设若干政策征求意见。

5—15日 市委社会工委委员、市社会办副主任吴群刚带队赴台湾考察社会建设工作。

6日 市委社会工委书记、市社会办主任宋贵伦参加市委深入学习实践科学发展观活动领导小组第四次会议。

同日 市社会办召开2009年第1次主任办公会议（扩大）。会议由市委社会工委书记、市社会办主任宋贵伦主持。会议听取了各处室关于2008年12月份工作完成情况及2009年1月份工作计划的汇报，就有关工作进行了研究部署。会议还听取了出访希腊、以色列和俄罗斯、匈牙利两个考察团的出访情况汇报。

同日 市委社会工委委员、市社会办副主任赵小卫与朝阳区社会工委、社会办及有关街道人员座谈，就制定社会建设若干政策征求意见。

7日 市委社会工委召开2009年第1次工委会议。会议由市委社会工委书记、市社会办主任宋贵伦主持，会议传达学习了市委学习实践科学发展观活动领导小组第四次会议精神，研究部署了市委社会工委、市社会办学习实践科学发展观活动下一阶段工作。会议传达学习了全市政法工作会议和第六届首都民族团结进步表彰大会精神，听取了党建工作处关于《社区党建工作手册项目计划》及经费方案的汇报并原则通过，听取了研究室关于《社会建设研究课题项目管理办法（试行）》的汇报并原则通过。

同日 市委社会工委书记、市社会办主任宋贵伦列席市委常委会，会议研究了大学生志愿者工作。

同日 市委社会工委委员、市社会办副主任赵小卫与宣武区副区长杜灵欣座谈，就制定社会建设若干政策征求意见。

8日 2009年第一次区县社会工委、社会办工作例会召开。会议听取了各区县关于2008年社会建设工作总结及2009年工作思路的汇报，征求了对市委社会工委、市社会办制定深入开展科学发展观活动整改方案的意见和建议。市委社会工委领导宋贵伦、张坚、赵小卫、陈建领、王丽竹、刘轩出席会议。

同日 市建委、市民政局、市规划委、市社会办共同召开贯彻落实《北京市住宅区业主大会和业主委员会指导规则（试行）》动员会议。市委社会工委书记、市社会办主任宋贵伦，市建委主任隋振江，市委社会工委委员、市社会办副巡视员王丽竹，市民政局副巡视员冯昌领，市规划委委员曹跃进出席会议。会议由市建委副主任苗乐如主持。

同日 市委社会工委副书记、市社会办副主任王力军参加全市清理规范评比达标表彰工作大会。

同日 市委社会工委委员、市社会办副主任陈建领到市投资促进局进行非公企业党建工作调研并参加联谊活动。

同日 在市委常委梁伟带领下，市委社工委领导宋贵伦等班子成员到宣武区调研，与区委、区政府主要领导座谈交流。

9日 市委第十指导检查组召开“深入学习实践科学发展观、积极推进首都社会建设”专题座谈会。市委常委梁伟出席会议并讲话。会上，市委社会工委书记、市社会办主任宋贵伦介绍情况，市委社会工委、市社会办领导王力军、陈建领、刘轩和8个人民团体负责人参加会议。

10日 市委社会工委书记、市社会办主任宋贵伦，市委社会工委副书记、市社会办副主任王力军参加市“两会”党员人大代表、政协委员会议。

11日 市委社会工委书记、市社会办主任宋贵伦巡视朝阳区社区专职干部考场。

同日 市委社会工委书记、市社会办主任宋贵伦与市宣传理论单位老领导座谈。

11—15日 市委社会工委副书记、市社会办副主任王力军参加市政协十一届二次会议。

12—17日 市委社会工委书记、市社会办主任宋贵伦参加市十三届人大二次会议。

13日 市委社会工委委员、市社会办副主任赵小卫与市地方志办公室副主任张恒彬、北京年鉴社副社长崔震等进行座谈。双方就如何在《北京年鉴》上设立相应的栏目，全面反映市委社会工委全年工作进行初步交流。

同日 市委社会工委委员、市社会办副主任赵小卫与房山区社会工委筹建办就组建社会建设工作机构事宜座谈。

同日 市委社会工委委员、市社会办副主任陈建领参加丰台区马家堡街道时代风帆大厦党支部成立仪式，并与街道社区党务工作者和大厦内部分企业负责人座谈。

14日 社会组织党建工作学习交流会召开。市委社会工委委员、市社会办副主任陈建领出席会议并讲话。市总工会、妇联、工商联、人才服务中心、人才档案公共管理服务中心及部分行业协会党组织负责人参加会议。

15日 市委社会工委书记、市社会办主任宋贵伦参加市人大代表与全国人大代表座谈会。

同日 市委社会工委委员、市社会办副主任赵小卫参加“传递爱的信息、感受社会温暖”活动。

同日 商务楼宇党建工作经验交流会召开。市委社会工委委员、市社会办副主任陈建领出席会议并讲话，城八区社会工委主管书记及规模以上商务楼宇党组织负责人参加会议。

16日 市委社会工委委员、市社会办副主任赵小卫到顺义区调研社会建设工作，就制定社会建设若干政策措施与顺义区委常委、组织部部长雷显武等进行座谈。

同日 市委社会工委委员、市社会办副巡视员刘轩出席北京市畜牧协会年终总结表彰活动。

同日 市委社会工委委员、市社会办副巡视员刘轩出席北京出租汽车暨汽车租赁协会年终总结会并讲话。

同日 市人才工作领导小组办公室来市委社会工委检查调研社会工作人才队伍建设工作。市人才工作领导小组办公室副主任、市委组织部副巡视员、人才工作处处长张幼林出席会议并讲话。市委社会工委副书记、市社会办副主任王力军主持会议。市委社会工委委员、市社会办副主任吴群刚进行了专题汇报。市委社会工委委员、市社会办副巡视员王丽竹出席会议。

同日 市委社会工委、市社会办领导宋贵伦、王力军、刘轩参加市青联委员新春联谊会。

同日 市委社会工委书记、市社会办主任宋贵伦参加北京市邓小平理论与“三个代表”重要思想研究中心课题组会议。

17日 市委社会工委委员、市社会办副主任陈建领出席市人才服务中心流动党员党支部书记新春联谊会并讲话。

18日 市委社会工委委员、市社会办副主任陈建领参加市委统战部、市工商联非公企业增补理事及新春联谊会。

同日 市委社会工委委员、市社会办副巡视员刘轩出席北京车友会理事会议并被聘为协会顾问。

19日 市委社会工委2009年第2次工委会议召开。会议由市委社会工委书记、市社会办主任宋贵伦主持。会议传达学习了市“两会”精神，研究讨论了贯彻落实措施。会议传达了全市清理规范评比达标表彰工作会议、全市组织部部长会议、市政协“志愿服务常态化问题”座谈会和全市外事暨港澳工作会议精神。

同日 市委社会工委书记、市社会办主任宋贵伦参加市直机关工委2009年党的工作会议。

同日 市委社会工委委员、市社会办副主任吴群刚参加市政协关于志愿服务常态化问题座谈会并作专题汇报。

同日 市委社会工委、市社会办举办2009年新春联欢会。

20日 市委社会工委书记、市社会办主任宋贵伦参加国庆60周年筹委会北京筹备会第一次会议。

同日 市妇联召开首都妇女组织“参与社会建设、当好‘枢纽型’社会组织”专题座谈会。市委常委梁伟出席会议并讲话。市委社会工委、市社会办领导宋贵伦在会上介绍了情况。委办领导王力军、刘轩参加会议。

同日 市委社会工委书记、市社会办主任宋贵伦参加西城区原任领导新春联谊活动。

同日 市委社会工委书记、市社会办主任宋贵伦慰问市老领导刘导生、徐惟诚。

同日 由新京报社主办、市委社会工委、市社会办担任政策指导的“北京2008年度十大感动社区人物”评选活动揭晓。市委社会工委委员、市社会办副主任吴群刚出席颁奖典礼并为获奖人员颁奖。

同日 市委社会工委委员、市社会办副巡视员刘轩与宣武区社会工委就加强市、区联动，推进区县社会组织工作开展进行工作交流。

21日 市委社会工委委员、市社会办副巡视员刘轩出席北京沐浴协会年终总结活动。

同日 市委社会工委书记、市社会办主任宋贵伦参加区县委书记会议。

同日 市委社会工委书记、市社会办主任宋贵伦出席市社科联常委会。

21—22日 市委社会工委书记、市社会办主任宋贵伦参加市纪委十届五次全会暨全市党风廉政建设工作会议。

22日 市委社会工委委员、市社会办副主任吴群刚主持召开志愿者工作研讨会。团市委副书记、北京志愿者协会副会长方力出席会议。会议就《关于进一步加强和改进志愿者工作的意见》、志愿者工作大会和提升改造北京志愿者协会等重点问题与团市委、北京志愿者协会进行了研讨。

23日 市委社会工委书记、市社会办主任宋贵伦参加市委党的建设工作领导小组第二次会议。

同日 市委社会工委书记、市社会办主任宋贵伦慰问市老领导王大明、陶西平。

同日 市委社会工委委员、市社会办副主任赵小卫参加市委常委、教育工委书记赵凤桐主持召开的大学生就业工作专题会议。

2月

3日 市委社会工委书记、市社会办主任宋贵伦参加市政府常务会。

同日 市委社会工委委员、市社会办副主任张坚参加市调查研究工作协调联席会议2009年第一次会议。

同日 市委社会工委委员、市社会办副主任赵小卫参加市委常委、教育工委书记赵凤桐召开的大学生就业专题会。

同日 市委社会工委委员、市社会办副主任赵小卫与市财政局副局长王文杰就《关于政府购买社区社工岗位的实施办法》进行座谈。

同日 市委社会工委委员、市社会办副主任陈建领到朝阳区律师党委就律师行业党建工作进行专题调研。

同日 市委社会工委委员、市社会办副巡视员王丽竹参加市委常委会2009年议题计划任务布置会。

4日 市委社会工委2009年第3次工委会议暨学习实践科学发展观活动领导小组联席会议召开。会议由市委社会工委书记、市社会办主任宋贵伦主持。会议总结了前一阶段深入学习实践科学发展观活动的工作，研究部署了下一阶段任务，研究了社会建设政策性文件起草工作和《关于进一步加强信息报送及考核工作规则》，通报了市对外友协邀请刘轩同志兼任市民间组织国际交流会副会长事宜。

同日 市委社会工委委员、市社会办副巡视员王丽竹参加市政协志愿服务工作情况通报会并汇报市委社会工委志愿服务工作进行情况。

5日 副市长丁向阳听取宋贵伦关于市委社会工委、市社会办近期重点工作的汇报。

同日 市政府副秘书长侯玉兰主持召开会议研究社区规范化建设试点工作。市委社会工委委员、市社会办副主任吴群刚，市委社会工委委员、市社会办副巡视员王丽竹，市民政局副局长聂志达参加会议。

同日 市社会办2009年第2次主任办公会议（扩大）召开。会议由市委社会工委书记、市社会办主任宋贵伦主持。会议听取了各处室关于1月份工作完成情况及2月份工作计划的汇报，就有关工作进行了研究部署。会议还听取了台湾考察团考察成果的汇报。

同日 市委社会工委、市社会办领导与海淀区委、区政府有关领导进行工作座谈。市委社会工委书记、市社会办主任宋贵伦，市委社会工委委员、市社会办副巡视员刘轩参加座谈并分别就全市社会建设近期工作安排、有关政策性文件的拟订以及市级“枢纽型”社会组织工作体系的构建等情况作了通报。海淀区领导介绍了拟召开的区社会建设大会筹备情况以及区社会组织管理体系建设情况等。

同日 市委社会工委委员、市社会办副主任赵小卫出席北京市第九届思想政治工作优秀单位、优秀思想政治工作者表彰会。

6日 市委常委梁伟出席朝阳区社会建设大会并讲话，市委社会工委书记、市社会办主任宋贵伦参加。

同日 市委社会工委书记、市社会办主任宋贵伦参加市委理论中心组学习。

同日 市委社会工委委员、市社会办副主任赵小卫与市人事局副局长左小玲就《关于政府购买社区社工岗位的实施办法》进行座谈。

7日 与团市委就《关于进一步加强和改进志愿者工作的意见（征求意见稿）》的修改工作进行座谈。市委社会工委委员、市社会办副巡视员王丽竹，团市委副书记王粤、姜泽廷出席会议。

9日 市委常委梁伟听取宋贵伦关于社会工委、社会办近期重点工作的汇报。

同日 市委社会工委书记、市社会办主任宋贵伦就调整社区工作者工资待遇事宜接受北京电视台采访。

同日 市委社会工委委员、市社会办副主任陈建领参加市统战部部长会议。

10日 市委社会工委委员、市社会办副主任张坚与顺义区社工委筹建办公室有关人员进行座谈。

同日 《关于推进社区规范化建设试点工作的实施方案》区县意见征求会召开。市委社会工委委员、市社会办副主任吴群刚出席会议并讲话。会议由市委社会工委委员、市社会办副巡视员王丽竹主持。

同日 与团市委就北京市志愿者工作大会和组建北京志愿者联合会等相关工作进行座谈。市委社会工委委员、市社会办副主任吴群刚，团市委副书记王粤出席会议。

同日 市委社会工委委员、市社会办副巡视员王丽竹参加市政府常务会。

11日 市委社会工委委员、市社会办副主任赵小卫与市委组织部副部长吕和顺，副巡视员王少峰及组织二处就《关于政府购买社区社工岗位的实施办法》进行座谈。

12日 市委社会工委委员、市社会办副主任张坚、赵小卫出席区县社会工委、社会办片会，听取各区县在贯彻落实全市社会建设大会精神和“1+4”系列文件过程中存在的困难问题、意见建议，以及需要市委社会工委、市社会办协调解决的主要事项。

同日 市委社会工委委员、市社会办副主任吴群刚与市政协社会和法制委员会就市政协关于促进志愿服务事业发展的调研报告等内容进行座谈。

同日 市委社会工委委员、市社会办副主任赵小卫参加黄卫副市长听取高校毕业生就业工作汇报会议。

同日 市委社会工委委员、市社会办副主任陈建领参加市人民对外友协第六届理事会第二次会议。

同日 市委社会工委委员、市社会办副巡视员王丽竹参加北京市农村工作会议。

同日 区县社会组织工作座谈会召开。市委社会工委委员、市社会办副巡视员刘轩出席会议并讲话。会议通报了全市2009年社会组织工作要点，总结交流了各区县社会组织工作开展情况，并研究部署了区县社会组织统计等工作。

13日 市委常委梁伟出席朝阳区社会建设大会，市委社会工委书记、市社会办主任宋贵伦，市委社会工委委员、市社会办副主任赵小卫出席朝阳区社会建设大会。

同日 市委社会工委、市社会办领导班子与市委指导检查组第3组座谈学习实践科学发展观活动。市委社会工委书记、市社会办主任宋贵伦主持会议并讲话，市委社会工委委员、市社会办副主任赵小卫向市委指导检查组汇报了学习实践科学发展观活动整改落实阶段工作情况及下一步工作安排。市委社会工委、市社会办领导班子成员参加了会议。

同日 市委社会工委书记、市社会办主任宋贵伦参加市维护稳定暨信访工作会议。

同日 市委社会工委委员、市社会办副主任赵小卫参加市委学习实践科学发展观活动制度建设成果汇报会。

同日 市委社会工委委员、市社会办副主任陈建领到市委党校，与党史党建教研部领导就建立北京市社会领域党建研究会及研究院事宜进行沟通协调。

同日 市委社会工委委员、市社会办副巡视员王丽竹参加北京市第一次消防工作联席会议。

14日 市委社会工委委员、市社会办副主任赵小卫参加市委常委、教育工委书记赵凤桐同志召开的高校毕业生工作会议。

同日 市委社会工委委员、市社会办副巡视员王丽竹参加市政府系统办公室主任会。

16日 市委社会工委委员、市社会办副主任赵小卫与市委教育工委常务副书记张建明就《关于政府购买社区社工岗位的实施办法》进行座谈。

同日 市委社会工委、市社会办组织召开工作座谈会，与市残联就社区工作者担任示范残疾人温馨家园负责人等问题进行研究。会议由市委社会工委委员、市社会办副巡视员王丽竹主持。

17日 召开北京市社区党组织、社区居委会换届选举工作会议，研究部署了2009年全市社区党组织和社区居委会换届选举工作。市委副书记王安顺出席会议并作重要讲话，副市长丁向阳提出了具体要求，市委常委梁伟主持会议。市委社会工委书记、市社会办主任宋贵伦在会上就全市社区党组织换届选举方案作了说明，市社区党组织、社区居委会换届选举工作领导小组成员，各区县主管社区“两委”换届选举工作的党政领导，区县委组织部长、社会工委书记及区县民政局长参加了会议。

同 日 市委常委梁伟出席丰台区社会建设大会并讲话。市委副秘书长王翔，市委社会工委书记、市社会办主任宋贵伦参加了大会。

同 日 市委社会工委委员、市社会办副主任张坚、赵小卫出席区县社会工委、社会办片会。会议听取各区县在贯彻落实全市社会建设大会精神和“1 +4”系列文件过程中存在的困难问题、意见建议，以及需要市委社会工委、市社会办协调解决的主要事项。

18 日 市委社会工委书记、市社会办主任宋贵伦向市委常委会汇报《关于进一步加强和改进志愿者工作的意见》文件内容及起草情况。市委社会工委委员、市社会办副主任吴群刚参加会议。

同 日 市委社会工委书记、市社会办主任宋贵伦参加市委组织部关于领导班子和领导干部评价机制系列文件讨论会。

同 日 市委社会工委委员、市社会办副主任张坚与宣武区社工委同志进行座谈。

同 日 市委社会工委委员、市社会办副主任陈建领到市典当行业协会调研并与该协会负责人就典当行业协会成立党组织事宜进行座谈交流，征求他们对开展社会组织党建工作的意见。

同 日 市委社会工委委员、市社会办副巡视员刘轩与市民政局、市社团办领导及相关处室负责人进行工作交流。双方讨论了社会组织工作的三个政策性文件制定情况，并重点就加强和改进社会组织设立工作的相关问题交换了意见。社会组织工作处人员一同参加会议。

19 日 市委书记刘淇主持召开专题会，听取关于大学生毕业就业工作汇报。

同 日 市委社会工委 2009 年第 4 次工委会议召开。会议由市委社会工委书记、市社会办主任宋贵伦主持，会议传达了市委常委会议精神，研究了市社会工委社会建设系列文件涉及财政经费投入的有关工作和我委 2008 年度处级及以下干部考核奖励工作，传达了全市统战部部长会议和市友协第六届理事会第二次会议精神。

同 日 与团市委就北京市志愿者工作大会筹备等相关工作进行座谈。市委社会工委委员、市社会办副主任吴群刚，团市委副书记、北京志愿者协会副会长方力出席会议。

同 日 市委社会工委委员、市社会办副主任赵小卫与市民政局副局长谢延智、副巡视员冯昌龄等就《关于政府购买社区社工岗位的实施办法》进行座谈。

同 日 市委社会工委委员、市社会办副巡视员刘轩带领有关处室处长到市财政局就社会建设文件涉及财政投入事宜进行工作交流。

20 日 市委社会工委书记、市社会办主任宋贵伦参加市委、市政府学习实践科学发展观活动群众满意度测评会。

同 日 市委社会工委委员、市社会办副主任张坚与市统计局副局长王红等进行座谈。

同 日 市委社会工委委员、市社会办副主任陈建领为朝阳区八里庄街道新当选的社区党委委员培训班，作社区党组织如何发挥作用的辅导讲座。

同 日 市委社会工委委员、市社会办副巡视员刘轩出席北京市红十字会常务理事会。

21 日 市委社会工委、市社会办领导班子成员宋贵伦、张坚、吴群刚、赵小卫、陈建领、刘轩参加北京市开展领导干部作风建设年活动动员大会。

22 日 市委社会工委书记、市社会办主任宋贵伦参加北京农民工教育促进会成立大会并讲话。

同 日 市委社会工委委员、市社会办副主任吴群刚出席“2008 北京十大志愿者评选活动”并担任评委。

同 日 市政府秘书长黎晓宏与成都市代表团座谈。市委社会工委委员、市社会办副主任赵小卫参加座谈。

23 日 市委社会工委、市社会办领导学习实践科学发展观活动总结测评大会召开。

市委常委梁伟出席会议并讲话。市委社会工委书记、市社会办主任宋贵伦主持会议，市委社会工委委员、市社会办副主任赵小卫作了关于学习实践活动情况的总结报告。会后，组织机关党员干部对学习实践科学发展观活动情况进行满意度测评。

同日 市委社会工委、市社会办局、处级领导干部述职测评会议召开。市委社会工委书记、市社会办主任宋贵伦主持会议，市委社会工委、市社会办领导班子成员和各处处长分别述职，并在机关全体干部中进行了民主测评。市委组织部市直处有关同志参加会议。

同日 市委社会工委委员、市社会办副主任张坚参加市政府办理人大代表建议和政协提案工作会。

24日 市委社会工委书记、市社会办主任宋贵伦负责完成的《加强和改进北京市社会领域党建工作研究》被评选为北京市党的建设研究会2008年度调研课题优秀成果二等奖。

同日 市委社会工委2009年第5次工委会议召开。会议由市委社会工委书记、市社会办主任宋贵伦主持。会议研究部署了全市志愿者工作大会有关组织筹备工作，研究讨论了处级及以下干部年度考核工作。

同日 市委社会工委委员、市社会办副主任陈建领出席市党建研究会五届七次常务理事会和五届四次理事会会议。

同日 市委常委梁伟，市委社会工委书记、市社会办主任宋贵伦参加“爱在西城”2008年慈善颁奖活动。

同日 市委社会工委委员、市社会办副主任赵小卫参加机构改革工作会议。

25日 市委社会工委书记、市社会办主任宋贵伦参加北京市工会第十二次代表大会。

同日 副市长丁向阳听取市委社会工委、市社会办关于近期重点工作和“1+4”政策性配套文件起草情况汇报。宋贵伦、张坚、吴群刚、赵小卫、陈建领、刘轩等参加。

同日 市委社会工委委员、市社会办副主任张坚与崇文区委常委丁茂战及崇文社会工委同志等进行座谈。

同日 召开迎接市直机关工委检查创建市直机关文明单位工作部署会。市委社会工委委员、市社会办主任赵小卫主持会议并讲话，机关党委委员和各处党支部代表参加会议。

同日 市委社会工委委员、市社会办副巡视员刘轩出席北京房地产业协会五届四次理事会并讲话。

26日 与团市委就北京市志愿者工作大会筹备等相关工作进行座谈。市委社会工委书记、市社会办主任宋贵伦，市委社会工委委员、市社会办副主任吴群刚，团市委副书记、北京志愿者协会副会长方力出席会议。

同日 市委社会工委委员、市社会办副主任赵小卫参加外办成立60周年庆祝大会。

27日 市委社会工委书记、市社会办主任宋贵伦参加海淀区理论中心组学习38次（扩大）会议，并为区理论中心组成员、区社会建设领导小组成员单位主要领导、各街乡党政主要领导，区委社会工委、区社会办全体干部作社会建设专题辅导。

同日 市委社会工委委员、市社会办副巡视员刘轩出席北京市海淀社会组织联合会成立大会并代表市委社会工委、市社会办讲话。

3月

1日 北京市第三届“和谐杯”乒乓球比赛动员大会暨启动仪式在北京大学乒乓球馆隆重举行。市人大常委会主任杜德印宣布比赛开始并为比赛开球。市委常委梁伟对比赛进行了动员。市委社会工委书记、市社会办主任宋贵伦主持会议，市体育局局长孙康林全面部署了乒乓球赛的赛事安排和实施步骤。市委社会工委委员、市社会办副主任吴群刚，市委社会工委委员、市社会办副巡视员王丽竹出席启动仪式。

2日 市委社会工委书记、市社会办主任宋贵伦参加北京市深入学习实践科学发展观活动第一批单位工作总结暨第二批单位工作动员大会。

同日 市社会办2009年第3次主任办公会议召开。会议由市委社会工委书记、市社会办主任宋贵伦主持。会议听取了各处室关于2月份工作完成情况及3月份工作计划的汇报，并就有关工作进行了研究部署。

同日 市委社会工委委员、市社会办副主任陈建领在北京分会场参加“全国组织系统深化拓展‘讲党性、重品行、作表率’活动视频会议”。

同日 市委社会工委委员、市社会办副主任陈建领参加市委组织部机关深入学习实践科学发展观活动测评会。

3日 市委社会工委书记、市社会办主任宋贵伦参加市政府常务会。

同日 市委社会工委书记、市社会办主任宋贵伦参加全国人大第十一届二次会议。

同日 市委社会工委委员、市社会办副主任张坚到石景山区调研，与石景山区委副书记岳德顺、副区长王春杰及石景山区委社会工委同志进行座谈。

同日 市委社会工委委员、市社会办副主任陈建领到海淀区紫竹院街道车道沟南里社区调研观摩社区党组织换届选举工作。

4日 全市志愿者工作大会召开。市委书记刘淇出席会议并作重要讲话。市委副书记、市长郭金龙主持会议。会上，市委常委梁伟作了《转化奥运成果、健全长效机制、大力加强和改进首都志愿者工作》的报告。副市长在会上丁向阳宣读了2008北京十大志愿者评选结果。市委常委、组织部部长吕锡文，市委常委、教育工委书记赵凤桐，市人大常委会副主任柳纪纲，市政协副主席赵文芝，市委副秘书长王翔，市委社会工委书记、市社会办主任宋贵伦，团市委书记刘剑出席会议。市委、市政府相关部委办局，各区县委、政府，各高等院校、各区县委社会工委、团委等有关部门负责同志参加。

同日 市委社会工委书记、市社会办主任宋贵伦，市委社会工委委员、市社会办副主任赵小卫与房山区委副书记苗立峰等座谈，研究房山区社会工委、社会办成立事宜。

同日 市委社会工委委员、市社会办副主任张坚到北京市中关村高新技术企业协会调研。

5日 市委社会工委书记、市社会办主任宋贵伦出席第十一届全国人民代表大会第二次全体会议。

同日 市委社会工委委员、市社会办副主任吴群刚陪同副市长丁向阳到平谷区调研社区建设工作。他们考察了夏各庄镇老年社区建设选址情况和滨河街道滨河社区的建设情况，听取了平谷区关于社会建设工作的汇报，并对加强社会建设提出了明确要求。市民政局局长吴世民，市民政局副局长孟钧、谢延智，市发改委副主任王海平，市国土局副局长曾赞荣，市规划委委员曹跃进参加了调研。平谷区委书记秦刚，区长邱水平，区委常委白长河，副区长李继合、魏玉瑞陪同调研。

同日 市委社会工委书记、市社会办主任宋贵伦，市委社会工委委员、市社会办副主任赵小卫与市委宣传部副部长常卫及宣传处、理论处负责人座谈。

同日 市委社会工委委员、市社会办副主任陈建领到海淀区八里庄街道定慧东里社区调研观摩社区党组织换届选举工作。

同日 市委组织部机关党委副书记许伟来市委社会工委调研公开选拔工作。市委社会工委委员、市社会办副主任陈建领出席。

6日 召开“欢庆劳动妇女节巾帼建功座谈会”。市委社会工委委员、市社会办副主任赵小卫出席座误会并讲话。与会妇女同志围绕会议主题展开了讨论，并对机关工会工作提出了建议。

同日 市委社会工委委员、市社会办副巡视员刘轩参加北京市民间组织国际交流协会理事会并增选为该协会副会长。

8日 组织社区工作者代表参加首都各界妇女迎国庆、庆三八文艺演出。市委社会工委委员、市社会办副主任赵小卫出席文艺演出活动。

9日 市委副秘书长王翔，市委社会工委委员、市社会办副主任赵小卫出席部分区县委社会工委书记座谈会。

10日 副市长丁向阳到朝阳区调研社区规范化建设工作。先后在建外街道南郎家园社区、团结湖街道一二条社区、香河园街道柳芳北里社区进行实地考察，听取了朝阳区关于社区规范化建设试点工作情况的汇报，并对下一步工作提出明确要求。市委社会工委书记、市社会办主任宋贵伦，市委社会工委委员、市社会办副巡视员王丽竹，市民政局副局长谢延智，市发改委副主任杨开忠，市经济社会研究所所长王景山参加了调研，朝阳区区长程连元、副区长赵全保陪同调研。

同日 市委社会工委委员、市社会办副巡视员刘轩与市财政局领导商谈财政支持资金的有关政策问题。

同日 市直机关工委检查市委社会工委、市社会办创建市直系统文明机关的情况。市委社会工委书记、市社会办主任宋贵伦，市委社会工委委员、市社会办副主任赵小卫，市委社会工委委员、市社会办副主任陈建领出席。

11日 市委常委梁伟出席宣武区社会建设大会，市委社会工委委员、市社会办副主任张坚陪同参加会议。

同日 市委社会工委委员、市社会办副主任赵小卫参加市委宣传部加强基层宣传思想文化队伍建设座谈会。

同日 市委社会工委委员、市社会办副巡视员刘轩到东城区社会组织指导服务中心进行工作调研。结合北京市社会组织服务平台建设，详细了解了中心的功能定位、结构布局及日常工作开展情况。

12日 市委社会工委书记、市社会办主任宋贵伦，市委社会工委委员、市社会办副主任赵小卫与大兴区委书记林克庆等，座谈大兴区成立社会工委、社会办等事宜。

同日 市委社会工委委员、市社会办副主任张坚到中国青年政治学院北京社会工作人才发展研究院调研。

同日 市委社会工委委员、市社会办副主任赵小卫参加市直机关“三进两促”活动领导小组工作会议。

同日 市委社会工委委员、市社会办副巡视员王丽竹参加北京市档案工作会议。

13日 市委社会工委委员、市社会办副主任张坚到首都师范大学首都新农村社会文化建设研究中心调研。

同日 北京市部分新经济组织党组织负责人联谊座谈会召开。市委社会工委委员、市社会办副主任陈建领出席座谈会并讲话，11家非公企业党组织负责人参加了座谈会。

同日 在北京市经济技术开发区召开了社会领域党建工作联谊座谈会。市委社会工委委员、市社会办副主任陈建领出席座谈会并讲话，市委经济技术开发区工委、市人才服务中心、市投资促进局、市注册会计师协会、中关村科技园区海淀园和石景山园、朝阳区律师协会等单位有关负责人参加了会议。

同日 市委社会工委委员、市社会办副巡视员刘轩到北京民办教育协会调研。

14日 市委社会工委书记、市社会办主任宋贵伦参加中央人民广播电台中国之声“两会”专题直播节目采访。

同日 市委社会工委委员、市社会办副巡视员王丽竹出席丰台区首届社区运动会开幕式。

16日 市委社会工委2009年第6次工委会议暨中心组学习扩大会召开。会议由市委社会工委书记、市社会办主任宋贵伦主持。会议传达了第十一届全国人民代表大会第二次会议精神，研究部署了下半个月重点工作任务和开展“三进两促”活动有关工作，研究了市委办公厅信息处关于推荐2008年度信息工作先进个人的有关情况，通报了市委学习实践科学发展观活动领导小组办公室关于借调市委社会工委干部帮助工作的有关情况，传达了全国组织系统深化拓展“讲党性、重品行、作表率”活动视频会议精神。

同日 市委社会工委委员、市社会办副主任赵小卫到崇文区调研，与崇文区委常委丁茂战座谈。

17日 市委副秘书长王翔在世界社工日到宣武区慰问基层社会工作者，听取了宣武区有关社区工作者招聘配置、社区服务站规范化建设、志愿者工作等情况的汇报。市委社会工委书记、市社会办主任宋贵伦，市委社会工委委员、市社会办副主任张坚，市委社会工委委员、市社会办副巡视员王丽竹，中国社会工作协会副秘书长南燕参加。

同日 市委社会工委书记、市社会办主任宋贵伦参加市政府常务会。

同日 市委社会工委委员、市社会办副巡视员刘轩参加市委对台工作领导小组（扩大）会议。

18日 市委社会工委委员、市社会办副主任张坚到中国人民大学北京社会建设研究院与中国人民大学副校长冯惠玲座谈。

同日 市委社会工委委员、市社会办副主任陈建领出席北京市投资促进局党委、北京市外资企业工会联合会举办的“外企党员之家”和“外企员工之家”揭牌仪式并讲话。

同日 市委社会工委委员、市社会办副巡视员王丽竹参加北京市2009年人口和计划生育工作大会。

19日 市委常委梁伟出席海淀区社会建设大会，并到学院路街道石油大院社区现场观摩、调研社区党组织换届选举工作。市委社会工委书记、市社会办主任宋贵伦，市委社会工委委员、市社会办副主任陈建领参加。

同日 市委社会工委委员、市社会办副主任张坚参加市政府议案办理协调会。

同日 市委社会工委委员、市社会办副主任赵小卫参加2009年北京市民政工作会议。

19—26日 市委社会工委委员、市社会办副巡视员王丽竹参加中组部组织的第1期副厅局级领导干部专题培训班。

20日 市委社会工委委员、市社会办副主任张坚到清华大学北京城市发展与社会建设研究院与清华大学副校长谢维和座谈。

同日 市委社会工委委员、市社会办副主任张坚参加2009年市市政管理工作会议。

21日 市委社会工委委员、市社会办副主任陈建领到东城区东直门街道十字坡社区现场观摩调研社区党组织换届差额直选工作。

23日 市委社会工委书记、市社会办主任宋贵伦参加北京城市服务管理广播“市民对话一把手”节目。

同日 市委社会工委书记、市社会办主任宋贵伦参加国庆群众游行指挥部第一次会议。

24日 市委社会工委书记、市社会办主任宋贵伦参加市法制宣传教育领导小组全体成员会议。

同日 市委社会工委书记、市社会办主任宋贵伦参加国务院第二次廉政工作电视电话会议。

同日 中共北京市委、北京市人民政府印发《关于进一步加强和改进志愿者工作的意见》。

同日 市委社会工委委员、市社会办副主任赵小卫到房山区调研，与房山区委副书记苗立峰座谈。

同日 市委社会工委委员、市社会办副主任陈建领到崇文区调研该区社区党组织“公推直选”工作。

25日 市委社会工委书记、市社会办主任宋贵伦参加市政府专题会议。

同日 市委社会工委委员、市社会办副主任张坚参加全市医药卫生体制改革工作会议。

26日 市十三届人大常委会第十次会议任命市政府机构改革后政府部门人员，任命宋贵伦为北京市社会建设工作办公室主任。

同日 市委社会工委委员、市社会办副主任张坚与市社会科学院北京社会管理研究中心领导、专家座谈。

同日 市委社会工委、市社会办10名机关干部参加市直机关工委组织的春季植树和“市直机关林”揭牌仪式。市委社会工委委员、市社会办副主任赵小卫出席揭牌仪式。

同日 市委社会工委委员、市社会办副主任赵小卫参加北京市制止公款出国（境）旅游专项工作会议。

同日 在昌平区组织召开了远郊区县社区党组织换届选举工作片会。市委社会工委委员、市社会办副主任陈建领出席会议并讲话，昌平、门头沟、顺义、通州、怀柔、延庆等区县委组织部、社会工委及相关部门主管领导参加了会议。

27日 市重点行业协会应对金融危机座谈会召开。市委社会工委书记、市社会办主任宋贵伦出席会议并讲话。市委社会工委委员、市社会办副主任陈建领主持会议。参会行业协会负责人交流了在应对金融危机中开展的工作，并提出了有关工作建议。

同日 市委社会工委委员、市社会办副主任陈建领参加第八届市律师协会代表大会。

30日 市委社会工委书记、市社会办主任宋贵伦参加市政府办公厅成立60周年座谈会。

同日 市委社会工委委员、市社会办副主任吴群刚与市人口计生委座谈研究社区计划生育工作。

同日 市委社会工委委员、市社会办副巡视员王丽竹参加研究市委书记刘淇第二季度围绕保民生调研工作协调会。

31日 市委社会工委书记、市社会办主任宋贵伦参加市政府常务会议。

同日 市委社会工委2009年第6次工委会议暨中心组学习扩大会召开。会议由市委社会工委书记、市社会办主任宋贵伦主持，会议研究部署全市社会建设工作会议有关工作，研究北京市社会建设信息中心组建和市委社会工委、市社会办“三定”方案等有关工作。

同日 市委社会工委委员、市社会办副主任吴群刚参加国庆群众游行指挥部执行指挥第一次工作例会。

同日 市委社会工委委员、市社会办副主任陈建领参加市党建研究会组织的2009年课题立项工作会。

4月

1日 市委社会工委委员、市社会办副主任张坚参加市委研究室组织召开的有关委办局负责人座谈会。

2日 平谷区社会建设大会召开。市委副秘书长王翔，市委社会工委书记、市社会办主任宋贵伦出席会议。

同日 市委社会工委书记、市社会办主任宋贵伦，市委社会工委委员、市社会办副主任赵小卫与河北省委考察团座谈。

同日 与市城管执法局、首都文明办举行社会志愿者服务工作座谈会。市委社会工委委员、市社会办副主任吴群刚，市委社会工委委员、市社会办副巡视员王丽竹，市城管执法局副局长王连峰，首都文明办副巡视员孙平出席会议。

同日 市委组织部和市委社会工委联合调研北京大成律师事务所党建工作。市委社会工委委员、市社会办副主任陈建领参加调研活动。

同日 市委组织部和市委社会工委联合召开北京市“两新”组织党的建设座谈会。市委社会工委委员、市社会办副主任陈建领出席座谈会并讲话。

3日 北京市社会建设工作会议召开。市委常委梁伟出席会议并讲话。副市长丁向阳主持会议。市委副秘书长王翔、市政府副秘书长侯玉兰出席会议。市委社会工委书记、市社会办主任宋贵伦在会上作工作报告。市社会建设工作领导小组成员单位主管领导，各区县委、政府主管领导、社会工委书记、市级群众团体主管领导、部分新经济组织负责人、社会建设研究基地负责人及市委社会工委、市社会办全体领导干部参加会议。

同日 市委社会工委书记、市社会办主任宋贵伦参加市委、市政府理论中心组学习会（扩大）。

同日 市委副书记王安顺听取关于《选聘高校毕业生到社区工作的实施意见》制定情况的汇报。市委社会工委委员、市社会办副主任赵小卫参加会议。

7日 市委社会工委委员、市社会办副主任吴群刚参加群众游行指挥部执行指挥第二次工作例会。

同日 市委社会工委、市社会办机关党委组织机关党员干部参观北京市反腐倡廉警示教育基地。市委社会工委委员、市社会办副主任赵小卫，市委社会工委委员、市社会办副主任陈建领，市委社会工委委员、市社会办副巡视员王丽竹参加参观活动。

同日 市委常委、秘书长、市直机关工委书记李士祥听取11个单位“三进两促”活动暨作风建设工作情况汇报。市委社会工委委员、市社会办副主任赵小卫参加会议并作汇报工作。

8日 市社会办2009年第4次主任办公会议召开。会议由市委社会工委书记、市社会办主任宋贵伦主持。会议听取了各处室关于3月份工作完成情况及4月份工作计划的汇报，就有关工作进行了研究部署。

同日 市委社会工委委员、市社会办副主任陈建领参加市基督教专项治理工作会议。

同日 市委社会工委委员、市社会办副巡视员刘轩参加2009年市政府残工委全体会议。

同日 北京市社会组织设立的“一站式”服务大厅正式挂牌。市委社会工委委员、市社会办副巡视员刘轩出席挂牌仪式并与市民政局领导和有关处室负责人座谈。

9日 市委社会工委书记、市社会办主任宋贵伦接受中央电视台“和平发展”摄制组的采访。

同日 与名人故居管理负责人就开展“五四”文化名人事迹展览进社区活动进行座谈。市委社会工委书记、市社会办主任宋贵伦，市委社会工委委员、市社会办副主任吴群刚，首都文明办主任舒小峰及宋庆龄故居、李大钊故居、鲁迅博物馆等名人故居管理负责人参加座谈。

同日 市委社会工委委员、市社会办副主任张坚与东城区社工委同志进行座谈。

同日 市委社会工委委员、市社会办副主任赵小卫调研朝阳区、崇文区大学生社工情况。

同日 市委社会工委委员、市社会办副巡视员王丽竹参加北京市共同致富行动计划工作会。

同日 市委社会工委委员、市社会办副巡视员王丽竹参加新农村建设领导小组工作会。

10日 市委社会工委书记、市社会办主任宋贵伦出席2009年“春雨”应急救助基金启动仪式。

同日 全市社会领域党建工作会议召开。市委社会工委书记、市社会办主任宋贵伦，市委社会工委委员、市社会办副主任陈建领出席会议并讲话，各区县委社会工委主管党建工作的副书记、党建科长以及市经济技术开发区组织部和密云县委组织部的有关同志参加会议。

同日 市委社会工委委员、市社会办副主任张坚参加依法行政工作领导小组第5次会议。

同日 市委社会工委委员、市社会办副主任吴群刚参加群众游行指挥部第3次工作例会。

同日 与市委教育工委就推进大学生社区志愿服务基地工作进行座谈。市委社会工委委员、市社会办副主任吴群刚、市委教育工委副书记王民忠出席。

同日 市委组织部组织召开会议研究讨论大学生社工计划。市委组织部常务副部长史绍洁，市委社会工委委员、市社会办副主任赵小卫，市委教育工委、市人事局有关领导参加座谈。

同日 市委社会工委委员、市社会办副主任赵小卫参加市直机关工委召开的“进农村、进社区、进企业，促发展、促和谐”学习报告会。

同日 市委社会工委委员、市社会办副主任陈建领出席非公经济代表人士应对金融危机座谈会。

同日 市委社会工委委员、市社会办副巡视员刘轩参加市民交协“发挥民间组织对外交往作用”课题研究座谈会。

同日 市委社会工委委员、市社会办副巡视员刘轩参加市妇联“枢纽型”社会组织工作座谈会。

11日 市委社会工委委员、市社会办副巡视员王丽竹参加“周末社区大讲堂”活动。

12日 市委社会工委、市社会办与市委宣传部、市社科联共同举办的“2009·北京周末社区大讲堂”活动启动。市政协副主席、市社科联主席满运来，市社科联党组书记史秋秋，市委社会工委委员、市社会办副巡视员王丽竹出席启动仪式。

13日 市委书记刘淇到朝阳区调研。市委社会工委书记、市社会办主任宋贵伦陪同。

同日 副市长丁向阳召开专题会议研究大学生到社区工作和社区规范化建设试点工作。市委社会工委书记、市社会办主任宋贵伦，市委社会工委委员、市社会办副主任吴群刚，市委社会工委委员、市社会办副主任赵小卫，市委社会工委委员、市社会办副巡视员王丽竹参加会议。

同日 海淀区社会领域党建培训基地揭牌。市委社会工委委员、市社会办副主任陈建领出席揭牌仪式，并为海淀区第一期社会建设专题培训班学员作专题报告。

14日 市委社会工委委员、市社会办副主任吴群刚参加国庆60周年群众游行指挥部工作例会。

15日 市委社会工委与市委统战部就建立统战工作与社会建设工作联系沟通机制等事宜进行座谈交流。市委社会工委书记、市社会办主任宋贵伦，市委统战部常务副部长闵克，副部长楚国清，副巡视员、办公室主任谭林，市委社会工委、市社会办班子成员吴群刚、赵小卫、陈建领、刘轩及有关处室负责同志参加座谈。

同日 市委社会工委委员、市社会办副主任张坚与北京工业大学人文社会科学学院领导座谈共建基地事宜。

同日 与市委教育工委联合召开关于推进大学生社区志愿服务基地建设专题研讨会。部分区县社会工委及高校有关人员参加了研讨会。

同日 市委社会工委委员、市社会办副主任陈建领到北京燕化正邦设备检测检修有限公司调研。

16日 市委社会工委书记、市社会办主任宋贵伦为房山区理论中心组（扩大）作关于贯彻落实全市社会建设大会和社会建设“1+4”文件精神的辅导报告。

同日 市委社会工委委员、市社会办副主任张坚到丰台区委社会工委调研。丰台区副区长吕仕杰和区委社会工委有关同志参加。

同日 市委社会工委委员、市社会办副主任赵小卫与市委研究室副主任江涛到朝阳区调研大学生社工有关情况。

同日 市委社会工委委员、市社会办副主任吴群刚参加国庆60周年群众游行指挥部工作例会。

17日 市委常委梁伟出席大兴区社会建设工作大会。市委副秘书长王翔，市委社会工委书记、市社会办主任宋贵伦陪同。

同日 市委社会工委委员、市社会办副主任吴群刚到石景山调研社区和社会工作队伍建设工作。

同日 市委社会工委委员、市社会办副主任吴群刚参加国庆60周年群众游行指挥部工作例会。

同日 市委社会工委委员、市社会办副主任陈建领到密云县东方神韵有限公司调研非公企业党建工作。

同日 市级“枢纽型”社会组织业务部门负责人工作座谈会召开。市委社会工委委员、市社会办副巡视员刘轩出席会议并讲话，10家“枢纽型”社会组织业务部门负责人及工作人员参加。

同 日 市委社会工委委员、市社会办副巡视员王丽竹参加 2009 年第二次消防工作联席会议。

18 日 市委社会工委委员、市社会办副巡视员王丽竹参加北京市全民健身展示暨群众体育先进集体、先进个人表彰大会。

20 日 市委副书记、市党的建设领导小组组长王安顺到崇文、东城调研社会领域党建工作。市委常委梁伟，市委副秘书长王翔、张建明，市委社会工委书记、市社会办主任宋贵伦，市委组织部副部长吕和顺，市委社会工委委员、市社会办副主任陈建领等陪同调研。

同 日 市委社会工委委员、市社会办副主任吴群刚参加国庆 60 周年群众游行指挥部工作例会。

21 日 市委社会工委书记、市社会办主任宋贵伦参加第 34 次市政府常务会议。

同 日 市委社会工委与北京工业大学座谈研究社会建设工作，双方就区域经济和社会发展、找准学科建设结合点、适应北京社会发展新需求、培养专业型社会工作人才等问题进行座谈交流。市委社会工委书记、市社会办主任宋贵伦，党委书记王守法，北京工业大学党委副书记张毅刚、张革，市委社会工委、市社会办班子成员张坚、吴群刚、陈建领、王丽竹、刘轩及有关处室负责同志参加座谈。

同 日 市委社会工委委员、市社会办副主任吴群刚参加国庆 60 周的群众游行指挥部第四次工作例会。

22 日 副市长丁向阳召开专题会议研究大学生到社区工作和社区规范化建设试点工作。市政府副秘书长侯玉兰，市委社会工委书记、市社会办主任宋贵伦，市人力资源和社会保障局局长张欣庆，市民政局党委副书记郭旭升，市委社会工委委员、市社会办副主任吴群刚，市委社会工委委员、市社会办副巡视员王丽竹及市委组织部、市发展改革委、市教委有关同志参加会议调研。

同 日 市委社会工委委员、市社会办副主任张坚到西城区社会工委调研。西城区副区长陈蓓及区委社会工委有关同志参加调研。

同 日 市委社会工委委员、市社会办副主任陈建领参加征求市直有关单位对《2009 年区县局级和市属国有企业领导班子后备干部队伍调整补充的意见》座谈会。

同 日 市委社会工委委员、市社会办副巡视员刘轩参加第三届红十字工作国际研讨会。

23 日 市委社会工委 2009 年第 8 次工委会议召开。会议由市委社会工委书记、市社会办主任宋贵伦主持。会议传达学习了刘淇、郭金龙、王安顺、吉林、梁伟、丁向阳等市领导对《2009 年加强北京市社会建设工作报告》的重要批示精神，研究了协助市委组织部办好街道工委书记、办事处主任轮训班有关工作，通报了全市基督教专项工作会议和北京市非公经济代表人士应对金融危机座谈会情况。

同 日 市委社会工委委员、市社会办副主任吴群刚参加国庆 60 周年群众游行指挥部工作例会。

同 日 市委社会工委委员、市社会办副主任陈建领到密云县溪翁庄镇北京东方神韵工贸有限公司调研非公企业党建工作。

同 日 市委社会工委委员、市社会办副巡视员刘轩参加北京市对外友好协会国际形势报告会。

24 日 市委常委梁伟出席通州区社会建设工作大会暨区委社会工委、区社会办成立仪式。市委社会工委书记、市社会办主任宋贵伦陪同。

同 日 市委社会工委与中国青年政治学院研究北京社会人才建设研究院有关工作。市委社会工委书记、市社会办主任宋贵伦，市委社会工委委员、市社会办副主任张坚，市委社会工委委员、市社会办副主任吴群刚，中国青年政治学院党委副书记、常务副院长王新清，中国青年政治学院党委副书记、副院长酒曙光等参加座谈。

同 日 市委社会工委书记、市社会办主任宋贵伦到中国青年政治学院作北京市社会建设专题学术报告。

同日 市委社会工委委员、市社会办副主任陈建领出席市第七期新社会阶层代表人士高级理论研修班座谈会。

同日 市委社会工委委员、市社会办副主任陈建领到门头沟区调研。

同日 市委社会工委委员、市社会办副巡视员王丽竹参加市委、市政府理论学习中心组学习会（扩大）。

同日 市委社会工委委员、市社会办副巡视员王丽竹参加全国“小金库”治理工作电视电话会议。

同日 市委社会工委委员、市社会办副巡视员刘轩到昌平区东小口地区调研。结合“三进两促”活动，详细了解社区社会组织的发展情况，并提出指导意见。社会组织工作处人员一同参加调研。

25日 市委社会工委委员、市社会办副主任张坚，市委社会工委委员、市社会办副主任陈建领，市委社会工委委员、市社会办副巡视员王丽竹参加“北京市领导干部大讲堂”活动。

27日 市委社会工委书记、市社会办主任宋贵伦参加市委十届六次全会。

同日 市委社会工委与市民交协座谈。

28日 市社会办2009年第5次主任办公会议召开。会议由市委社会工委书记、市社会办主任宋贵伦主持。会议传达了市委书记刘淇等市领导重要批示精神，听取了各处室关于4月份工作完成情况及5月份工作计划的汇报，并就有关工作进行了研究部署。

同日 市委社会工委委员、市社会办副主任陈建领到丰台区和宣武区广外街道调研社会领域党建工作。

同日 市委社会工委委员、市社会办副巡视员刘轩出席北京民营科技实业家协会第六届会员大会并讲话。

29日 社会建设研究基地座谈会召开。

5月

1日 市委社会工委书记、市社会办主任宋贵伦到地坛书市出席向劳动模范赠送书券活动。活动由市委社会工委、首都文明办和团市委共同举办。

4—15日 市委组织部、市委社会工委、市社会办共同举办全市街道工委书记、办事处主任社会建设专题培训班。来自全市18区县125名街道工委书记和119名办事处主任分别接受了为期一周的培训。市委常委梁伟、市委副秘书长王翔分别在两期轮训班上讲话。市委社会工委领导班子全体成员，市委党校常务副校长王江渝、副校长殷庆言，市委组织部干教处处长张彤军，各区县社会工委书记、社会办主任等出席培训班结业式。市委社会工委书记、市社会办主任宋贵伦为培训班学员作了题为《深入学习实践科学发展观，努力开创社会建设新局面》的专题报告，北京大学、清华大学、中国人民大学、中共中央党校、中国青年政治学院等高等院校的郑杭生、孙立平、丁元竹、王思斌、于显洋、青连斌、陈涛、孙莹等著名专家学者，围绕民生问题、社区建设、社会工作、志愿者队伍建设等社会建设重点难点问题，进行了全面系统的讲解。

4日 “穿越时空——五四文化名人事迹展览进社区”活动启动仪式在西城区金融街社区教育学校举行。市委社会工委书记、市社会办主任宋贵伦，首都精神文明建设委员会办公室主任舒小峰、副主任马润海，市委社会工委委员、市社会办副巡视员王丽竹，西城区委常委、宣传部部长傅华，副区长陈蓓参加。

同日 市委社会工委书记、市社会办主任宋贵伦参加市委深入学习实践科学发展观活动领导小组第六次会议。

同日 市委社会工委委员、市社会办副主任吴群刚参加海淀区志愿者联合会成立大会。

4—8 日 市委社会工委委员、市社会办副巡视员王丽竹参加社会治安综合治理专题研讨班。

5 日 市委社会工委、市社会办领导与市总工会领导就工会参与社会管理有关问题进行座谈。市委社会工委书记、市社会办主任宋贵伦，市委社会工委委员、市社会办副主任赵小卫、陈建领，市委社会工委委员、市社会办副巡视员刘轩与市总工会副主席韩子荣、王北平、曾繁新、王玉英参加座谈。

同 日 机关团支部举办五四青年节参观学习活动。到北京龙徽葡萄酒博物馆参观企业的发展历程和葡萄酒酿酒生产过程图片实物展览。市委社会工委书记、市社会办主任宋贵伦，市委社会工委委员、市社会办副主任赵小卫出席活动。

同 日 市委社会工委委员、市社会办副主任吴群刚参加国庆60周年游行指挥部执行指挥第六次工作例会。

同 日 市委社会工委委员、市社会办副巡视员刘轩到杭州驻京办事处协调解决北京杭州企业商会成立事宜。

同 日 市委社会工委委员、市社会办副巡视员刘轩参加市政法委610办公室“开展无邪教创建”座谈会。

6 日 市政府副秘书长侯玉兰主持召开研究加强和促进社区志愿服务工作会议。市民政局局长吴世民，市委社会工委委员、市社会办副主任吴群刚，团市委副书记邓亚萍出席会议。

同 日 市委社会工委、市社会办领导出席北京市区县局级领导干部大讲堂活动。市委社会工委委员、市社会办副主任张坚、陈建领，市委社会工委委员、市社会办副巡视员王丽竹参加。

同 日 市委社会工委委员、市社会办副主任张坚到昌平区社工委座谈研究工作。

7 日 市委社会工委2009年第9次工委会议召开。会议由市委社会工委书记、市社会办主任宋贵伦主持。会议研究了全市区县委社会工委书记例会（扩大）、全市街道工委书记轮训班分组讨论、全市街道办事处主任轮训班有关工作，通报了市委社会工委、市社会办2009年1—4月份经费收支情况。

同 日 市委社会工委委员、市社会办副主任张坚与首都师范大学领导座谈共建基地事宜。

同 日 市委社会工委委员、市社会办副主任吴群刚与团市委座谈研究加快市志愿者联合会的筹建和志愿者注册管理办法修改工作。

8 日 市委社会工委书记、市社会办主任宋贵伦主持召开区县社会工委、社会办例会。会议研究部署了2009年推进社区规范化建设试点工作。市委社会工委、市社会办领导吴群刚、赵小卫、陈建领、刘轩出席会议。各区县委社会工委书记、社会办主管领导和相关科室负责同志参加会议。

同 日 市委社会工委委员、市社会办副巡视员刘轩参加市民交协“发挥民间组织对外交往作用”课题论证会。

9 日 市委社会工委委员、市社会办副主任张坚参加清华大学城市发展与社会建设研究院主办的中法“城市发展的比较研究”国际学术研讨会并致辞。

10 日 市委社会工委委员、市社会办副巡视员王丽竹出席2009年北京市节约用水大会。

12 日 市委副书记王安顺主持召开大学生就业工作专题会。会议研究了选聘高校毕业生到社区工作等事项。市委常委、组织部部长吕锡文，市委常委梁伟，市委常委、市委教育工委书记赵凤桐，副市长丁向阳出席会议。市委副秘书长张建明，市委组织部常务副部长史绍洁，市委社会工委书记、市社会办主任宋贵伦，市人力资源和劳动保障局局长张欣庆，市财政局局长杨晓超等参加会议。

同 日 市委社会工委委员、市社会办副主任赵小卫参加市纪委关于反腐倡廉法规制度建设工作规划座谈会。

同 日 市委社会工委委员、市社会办副主任陈建领参加高等教育出版社组织的《社区党建工作手册》编写启动会。

同日 社区心理健康教育网络建设问题政协提案座谈会召开。市委社会工委委员、市社会办副巡视员王丽竹，通州区政协副主席杜宏谋参加座谈会。

13日 市委社会工委书记、市社会办主任宋贵伦参加国庆60周年群众游行指挥部第二次会议。

同日 市委社会工委委员、市社会办副主任张坚与海淀区委常委刘鸿和区社会工委同志座谈研究社会管理体制改革工作。

同日 市委社会工委委员、市社会办副主任张坚与中国青年政治学院领导就推进共建基地工作座谈。

同日 市委社会工委委员、市社会办副主任陈建领到市总工会调研座谈党工共建事宜。

同日 市委社会工委委员、市社会办副巡视员刘轩到丰台区长安新城社区、彩虹城社区调研社区社会组织工作。

14日 市委社会工委书记、市社会办主任宋贵伦出席北京高校领导干部专题研讨班并作社会建设专题报告。

同日 市委社会工委委员、市社会办副主任张坚与北京师范大学副校长葛剑平就推进共建基地工作座谈。

同日 市委社会工委委员、市社会办副巡视员王丽竹参加关于“实施积极就业政策，促进社会和谐稳定”议案办理工作协调会。

15日 召开区县社会工委书记例会。市委社会工委书记、市社会办主任宋贵伦通报选聘高校毕业生到社区工作有关情况。市委社会工委、市社会办领导赵小卫、陈建领、王丽竹、刘轩出席会议。

16日 市委社会工委书记、市社会办主任宋贵伦为国家行政学院省部级领导干部“政府管理创新和自身建设”专题研讨班作题为《努力创新社会管理体制，加快推进北京社会建设》专题报告。

同日 市委社会工委委员、市社会办副主任陈建领为宣武区广外街道2009年社区党组织负责人培训班作题为《新形势下如何发挥社区党组织领导核心作用》的辅导讲座。

17日 市委社会工委委员、市社会办副巡视员刘轩出席北京科技周开幕式。

19日 市委副秘书长张建明主持召开建立大学生“村官”、大学生社工长效机制专题座谈会。市委组织部常务副部长史绍洁，市委社会工委书记、市社会办主任宋贵伦，市委社会工委委员、市社会办副主任赵小卫，市委组织部副巡视员李良等出席会议。

同日 市委社会工委书记、市社会办主任宋贵伦出席《中国社会工作发展报告蓝皮书》发行仪式暨灾后重建中的中国社会工作论坛并讲话。市委社会工委委员、市社会办副巡视员王丽竹参加论坛。

19—20日 社会工作队伍建设处党支部到宣武区开展“三进两促”活动。市委社会工委委员、市社会办副巡视员王丽竹带队，就社区规范化建设及社会工作队伍建设情况到宣武区校场社区、琉璃厂西街等10个社区开展调研。

20日 副市长丁向阳主持召开会议，专题研究加强和促进社区志愿服务工作。市政府副秘书长侯玉兰，市委社会工委书记、市社会办主任宋贵伦，市民政局局长吴世民，市人事局副局长张祖德，市财政局副局长杨慕彦，市民政局副局长谢延智，市委社会工委委员，市社会办副巡视员王丽竹出席会议。

同日 市委社会工委委员、市社会办副主任张坚与北京工业大学领导就推进共建基地工作座谈。

同日 市委社会工委委员、市社会办副主任张坚到中国人民大学就推进共建基地工作进行调研。

同日 市人力资源和社会保障局副局长张祖德主持召开高校毕业生到社区工作部署会。各区县人事局、社会办主管领导参加会议。

21日 市委社会工委书记、市社会办主任宋贵伦参加全市维护稳定工作会议。

同 日 市委社会工委委员、市社会办副主任张坚出席2009年北京地区高校毕业生就业工作推进大会。

同 日 市委社会工委委员、市社会办副主任赵小卫参加市直机关工委学习贯彻全国机关党的建设工作会议精神培训班。

同 日 社会工作队伍建设处党支部到顺义区开展"三进两促"活动。市委社会工作委员、市社会办副巡视员王丽竹带队，就社区规范化建设及社会工作队伍建设情况到顺义区建南第二社区、义宾北社区等6个社区开展调研。

22日 市委社会工委书记、市社会办主任宋贵伦出席北京市社科联五届四次全委扩大会并讲话。会议同意宋贵伦不再兼任市社科联常务副主席，按惯例，由市社科联党组书记史秋秋兼任。

同 日 市财政局调研社区财政政策落实情况。他们先后到朝阳区建外街道南郎社区、东城区东华门街道南池子社区调研，并与朝阳区、东城区社会办、街道、社区代表等进行了座谈。市委社会工委委员、市社会办副主任赵小卫参加调研。

同 日 社会工作队伍建设处党支部到怀柔区开展"三进两促"活动。市委社会工作委员、市社会办副巡视员王丽竹带队，就社区规范化建设及社会工作队伍建设情况到怀柔区龙湖新村社区、富乐社区开展调研。

24日 北京第四届（2009年度）"魅力社区"评选活动启动。市委社会工委书记、市社会办主任宋贵伦，市政府办公厅副主任吴大仓，市委社会工委委员、市社会办副巡视员王丽竹，崇文区委常委、副区长刘云斋，区委常委丁茂战，北京人民广播电台台长汪良出席启动仪式。

25日 市委社会工委2009年第10次工委会议召开。会议由市委社会工委书记、市社会办主任宋贵伦主持。会议研究了全市社会建设局级领导专题研讨班、选聘大学生到社区工作、社会建设专项资金设立和实施"大学生"社工计划、社区规范化建设试点等有关工作。通报了"三定"方案制定和机构改革有关情况。

26日 市委社会工委书记、市社会办主任宋贵伦参加第39次市政府常务会。

同 日 市委社会工委书记、市社会办主任宋贵伦参加国庆60周年群众游行组织体系及分指挥部组建工作研讨会。

同 日 市委社会工委委员、市社会办副主任张坚参加怀柔区社会建设专家座谈会。

同 日 市委社会工委委员、市社会办副巡视员王丽竹出席"实施积极就业政策，促进社会和谐稳定"议案办理座谈会。

同 日 市委社会工委委员、市社会办副巡视员刘轩出席东城区歌华大厦"党建工作站、社会工作站、工会服务站"揭牌仪式并讲话。

27日 市委社会工委委员、市社会办副主任赵小卫出席大兴西瓜节开幕式。

28日 市委社会工委书记、市社会办主任宋贵伦参加市领导检查全市维稳工作情况座谈会。

30日 市委社会工委书记、市社会办主任宋贵伦到八宝山参加同心出版社社长郭洪新同志遗体告别仪式。

31日 第6次市社会办主任办公会议（扩大）召开。市委社会工委书记、市社会办主任宋贵伦同志主持会议。会议听取了各处室5月份工作情况汇报，研究部署了6月份的工作。

同 日 市委社会工委书记、市社会办主任宋贵伦参加市委、市政府理论学习中心组学习会（扩大）。

6月

1—5日 举办全市社会建设工作专题研讨班。研讨班由市委组织部、市委社会工委、市委党校共同举办。来自全市各区县和市属有关部门的领导干部共63人参加了为期一周的学习。副市长丁向阳出席开班式并作动员讲话。市委常委梁伟出席结业式并讲话。市委社会工委书记、市社会办主任宋贵伦为学员作了题为《深入学习实践科学发展观，努力开创社会建设新局面》的专题报告。北京大学、清华大学、中共中央党校、中国青年政治学院等高等院校的戴焰军、丁元竹、王名、孙立平、孙莹、王思斌、刘玲玲等著名专家学者，围绕公共服务、社区管理、社会组织管理、社会工作运行、社会领域党建等社会建设工作的相关问题，先后进行了全面系统的讲解。市委社会工委、市社会办领导班子全体成员参加了分组讨论，听取了学员的意见和建议。

1日 市委社会工委召开各区县委社会工委书记会议，部署“六四”敏感期维稳工作。市委社会工委委员、市社会办副主任陈建领出席会议并讲话。

2日 市委社会工委书记、市社会办主任宋贵伦与市妇联主席赵津芳研究发挥市妇联“枢纽型”社会组织工作作用问题。

同日 市委社会工委书记、市社会办主任宋贵伦主持专题会，与市委社会工委副书记、市社会办副主任王力军，市委社会工委委员、市社会办副巡视员刘轩及社会组织处全体工作人员研究构建“枢纽型”社会组织工作体系问题。

同日 市委社会工委委员、市社会办副主任张坚与市科委委员张庆水及软科学处同志就加强市社会建设研究基地建设进行交流。

同日 市委社会工委、市社会办领导到崇文区调研社区规范化建设试点工作。市委社会工委委员、市社会办副主任吴群刚先后到崇文区永外街道管村社区、安乐林社区，体育馆路街道国家体育总局社区，详细了解社区办公和服务用房建设、社区工作者以及志愿者队伍建设等情况，听取崇文区关于推进社区规范化建设试点工作进展情况汇报。崇文区委常委丁茂战，区委社会工委、区社会办有关领导陪同调研。

同日 市委社会工委委员、市社会办副巡视员王丽竹参加北京市体育节组委会成立大会暨新闻发布会。

3日 市委社会工委副书记、市社会办副主任王力军出席市委宣传部召开的“双百”评选活动组委会会议。

同日 市委社会工委书记、市社会办主任宋贵伦主持召开会议，专题研究社区建设工作。会议听取了社区建设处的工作汇报，并与全处同志进行座谈。市委社会工委委员、市社会办副主任吴群刚，市委社会工委委员、市社会办副巡视员王丽竹参加会议。

4日 市委社会工委委员、市社会办副主任赵小卫出席市社会办与市人保局召开的选聘高校毕业生到社区工作公共科目笔试巡视员会议。

同日 中组部政策法规局到崇文区调研，与有关人员就北京市社区党组织换届选举“公推直选”经验举行座谈会。市委社会工委委员、市社会办副主任陈建领参加座谈会。

同日 市委社会工委书记、市社会办主任宋贵伦出席市科协“社会组织与社会建设专题报告会”并作主题报告。

5日 市委社会工委副书记、市社会办副主任王力军出席市妇联主办的“姐妹驿站”研讨会并讲话。

6日 市委社会工委书记、市社会办主任宋贵伦出席顺义区燕京啤酒节开幕式。

同日 市委社会工委书记、市社会办主任宋贵伦陪同市委常委梁伟到选聘高校毕业生到社区工作公共科目笔试现场巡视。市委社会工委副书记、市社会办副主任王力军，市委社会工委委员、市社会办副主任赵小卫一同参加。

8日 市委社会工委委员、市社会办副巡视员刘轩出席市红十字会第九届会员代表大会。

同日 召开社区甲型H1N1流感防控形势分析会。来自市、区、街道、社区四级的25个信息直报点围绕甲型H1N1流感对社会秩序产生的影响、社区居民对防控政策的态度、社区防控工作存在的突出问题等内容进行了深入讨论，分析判断了当前北京市社区防控的整体形势。市委社会工委委员、市社会办副主任吴群刚出席会议并讲话。

同日 市委社会工委书记、市社会办主任宋贵伦主持召开第11次工委会议。会议通报了近期维稳工作情况、选聘大学生到社区工作有关情况、全市社会建设工作专题研讨班有关情况、“三定”方案和机构改革有关工作情况、批复成立北京动漫游戏产业联盟有关工作情况、向市委组织部推荐干部有关情况以及其他方面工作的开展情况。会议还研究了工会“送温暖”工作暂行办法和市委社会工委、市社会办干部因私出国（境）管理暂行办法。

9日 市委社会工委书记、市社会办主任宋贵伦出席海淀区推进城乡一体化发展高层论坛。

同日 市委社会工委委员、市社会办副主任赵小卫出席首都社会治安综合治理表彰暨国庆平安行动动员部署大会。

同日 市委社会工委委员、市社会办副巡视员王丽竹出席国庆游行指挥部第十次工作例会。

10日 市委常委梁伟出席顺义区社会建设大会。市委副秘书长王翔，市委社会工委书记、市社会办主任宋贵伦出席会议。

同日 市委社会工委委员、市社会办副巡视员王丽竹出席首都“迎国庆、讲文明、树新风”活动协调小组第一次全体会议扩大会。

同日 市委社会工委委员、市社会办副主任张坚，市委社会工委委员、市社会办副巡视员刘轩与市发改委经济与社会发展研究所负责人研讨北京市社会阶层调查课题。

11日 市委社会工委委员、市社会办副主任吴群刚参加市海外学人工作联席会第一次会议。

同日 市委社会工委委员、市社会办副主任赵小卫出席怀柔区第三届栗花节暨九渡河第二届吉祥灯会。

同日 召开会议部署关于选聘高校毕业生到社区工作、“双百”评选活动及推荐“百姓大讲堂”宣讲人和选题工作有关事宜。市委社会工委委员、市社会办副主任赵小卫主持会议。各区县社会工委、社会办主管领导出席会议。

同日 市委社会工委委员、市社会办副主任吴群刚参加市体育局居住区配套体育设施初步调研成果座谈会并讲话。

同日 市委社会工委委员、市社会办副巡视员刘轩到大兴区委社会工委、区社会办调研。

12日 市委书记刘淇主持国庆60周年北京市筹委会第三次会议并作重要讲话。市委社会工委书记、市社会办主任宋贵伦，市委社会工委委员、市社会办副巡视员王丽竹参加会议。

同日 市委社会工委书记、市社会办主任宋贵伦，市委社会工委委员、市社会办副主任吴群刚与市国资委委员、北京电视台有关负责人研究“社区居委会主任走国企”活动。

同日 市委社会工委委员、市社会办副主任赵小卫率综合处到大兴区开展“三进两促”活动。

同日 市委社会工委、市社会办领导到东城区调研社区规范化建设试点工作。市委社会工委委员、市社会办副主任吴群刚听取了东城区关于推进社区规范化建设试点工作进展情况汇报，详细了解社区规范化建设、社工事务所建设、社区志愿者队伍建设、社区工作者配备等情况，并到和平里街道兴化社区实地考察了解“1510便利生活服务圈”。东城区委社会工委、区社会办有关领导陪同调研。

13日 市委常委梁伟出席市残联“社会组织与残疾人事业发展论坛”并致辞。市委社会工委书记、市社会办主任宋贵伦参加论坛并作主题报告，市委社会工委委员、市社会办副巡视员刘轩一同参加。

同日 市委社会工委副书记、市社会办副主任王力军到北京工业大学参加“喜迎国庆，展示风采，市科协系统科技工作者羽毛球大赛”开幕式。

14日 民政部副部长李立国等领导巡视2009年全国社会工作者职业水平考试。民政部人事司司长孙建春，人力资源和社会保障部专技司司长孙建立，市委副秘书长王翔，市委社会工委书记、市社会办主任宋贵伦，市民政局局长吴世民，市人力资源和社会保障局副局长张祖德，市委社会工委委员、市社会办副主任吴群刚等一同参加巡视。

15日 庆祝新中国成立60周年首都群众游行动员部署大会召开。市委书记刘淇到会并讲话，市长郭金龙主持会议。市委社会工委书记、市社会办主任宋贵伦，市委社会工委副书记、市社会办副主任王力军，市委社会工委委员、市社会办副巡视员王丽竹一同参加。

同日 国庆60周年庆祝活动北京市筹委会召开动员大会。市委社会工委书记、市社会办主任宋贵伦，市委社会工委副书记、市社会办副主任王力军参加。市委社会工委、市社会办承担国庆群众游行第四分指挥部任务，宋贵伦担任分指指挥，王力军担任分指常务副指挥、执行指挥。

16日 市委副书记王安顺主持召开会议，专题研究选聘高校毕业生到农村任职和到社区工作长效机制。市委常委吕锡文、梁伟、赵凤桐，副市长丁向阳，市委副秘书长张建民，市委社会工委书记、市社会办主任宋贵伦，市委社会工委委员、市社会办副主任赵小卫出席会议。

同日 市委社会工委书记、市社会办主任宋贵伦参加第41次市政府常务会议。

同日 市委社会工委副书记、市社会办副主任、第四分指常务副指挥、执行指挥王力军参加国庆群众游行指挥部与各分指任务对接工作会议。

同日 市委社会工委、市社会办领导到丰台区调研社区规范化建设试点工作。市委社会工委委员、市社会办副主任吴群刚听取了丰台区关于推进社区规范化建设试点工作进展情况汇报，详细了解社区规范化建设、社区办公和服务用房建设、社区服务站规范化建设、志愿者队伍建设、社区工作者配备等情况。随后，到右安门街道玉林西里社区、西罗园街道鑫福里社区实地考察了解社区办公和服务用房建设以及社区服务站规范化建设情况。市发改委社会处有关同志参加调研，丰台区委社会工委、区社会办有关领导陪同调研。

同日 市委社会工委、市社会办领导宋贵伦、赵小卫、刘轩与市法学会党组书记周信、专职副会长杜石平就“枢纽型”社会组织工作进行座谈。

17日 市委常委梁伟出席昌平区社会建设大会及社会工作机构成立挂牌仪式。市委副秘书长王翔，市委社会工委书记、市社会办主任宋贵伦出席会议。

同日 市委社会工委书记、市社会办主任宋贵伦到大兴区为大兴区委理论中心组作社会建设专题报告。

同日 市委社会工委书记、市社会办主任宋贵伦主持召开第12次工委会议。会议研究讨论了推荐局级副职后备干部和优秀年轻干部工作，通报了国庆群众游行指挥部第四分指工作开展情况，并研究了组织抽调干部到第四分指的工作，会议决定第一批抽调王金福、赵济贵、苏泳、温和、张家森、孙先礼、王森林、唐志华、王彤9名同志到第四分指工作。

同日 市委社会工委委员、市社会办副主任张坚主持召开第二次基地工作全体会议，进一步落实2009年各基地项目研究提纲。

18日 市委社会工委、市社会办领导宋贵伦、张坚、赵小卫与国家马克思主义工程国际共运课题组专家交流座谈。

同日 市委社会工委书记、市社会办主任宋贵伦出席与市编办座谈会。市委社会工委委员、市社会办副主任赵小卫一同参加。

同日 市委社会工委委员、市社会办副巡视员刘轩出席北京市民间组织国际交流协会网站开通仪式。

18—19日 首都国庆60周年群众游行

策划动训工作专题会暨骨干培训班举行。市委社会工委书记、市社会办主任、第四分指指挥宋贵伦，市委社会工委副书记、市社会办副主任、第四分指常务副指挥、执行指挥王力军及有关工作人员参加。

19日 市委社会工委书记、市社会办主任宋贵伦参加市委、市政府理论中心组学习会（扩大）。

同日 召开国庆群众游行第四分指第一次工作部署会，第四分指与各总队进行工作对接。市委社会工委书记、市社会办主任、第四分指指挥宋贵伦，市委社会工委副书记、市社会办副主任、第四分指常务副指挥、执行指挥王力军，各总队常务副总队长参加会议。

同日 市委社会工委书记、市社会办主任宋贵伦参加市发改委主办的全市体制改革经验交流会，并代表市委社会工委、市社会办在大会上就首都社会管理体制改革作典型发言。

同日 市委社会工委委员、市社会办副主任赵小卫带队陪同香港社会服务联合会来京考察团到朝阳区考察社区服务工作。

20日 市委社会工委书记、市社会办主任宋贵伦出席北京市第七届全民健身体育节开幕式。市委社会工委委员、市社会办副巡视员王丽竹一同参加。

21日 市委社会工委书记、市社会办主任宋贵伦出席朝阳区第七届社区居委会选举工作总结会。市委社会工委委员、市社会办副主任陈建领一同出席。

22日 市委社会工委委员、市社会办副主任吴群刚参加宣武区社区规范化建设工作部署会并讲话。

同日 市委社会工委副书记、市社会办副主任、第四分指常务副指挥、执行指挥王力军参加总指工作例会。

同日 市委社会工委、市社会办机关党员、积极分子等共48人向市直机关工委上缴捐款8 500元。

23日 市委社会工委委员、市社会办副主任赵小卫率综合处到通州区开展“三进两促”活动。

同日 国庆游行指挥部策划动训部执行副指挥于庆丰、王丽竹到第四分指，研究部署服装道具有关工作。

同日 市委社会工委副书记、市社会办副主任、第四分指常务副指挥、执行指挥王力军主持召开各总队服装道具专题会，研究部署服装道具有关工作。

23—24日 中组部部务委员兼组织局局长傅思和率队来京调研新社会组织党建工作。市委副秘书长张建明，市委组织部副部长吕和顺，市委社会工委书记、市社会办主任宋贵伦，市委社会工委委员、市社会办副主任陈建领等陪同调研。

24日 国庆群众游行指挥部召开分指对接工作会。市委社会工委书记、市社会办主任、第四分指指挥宋贵伦，市委社会工委副书记、市社会办副主任、第四分指常务副指挥、执行指挥王力军及有关工作人员参加。

同日 第四分指召开各总队第一次联络员会。市委社会工委副书记、市社会办副主任、第四分指常务副指挥、执行指挥王力军主持召开会议。

同日 市委社会工委书记、市社会办主任宋贵伦主持召开第13次工委会议。会议通报了中组部领导调研北京市社会组织党建工作有关情况，通报了重点工作进展情况并研究部署了下一阶段工作任务，通报了国庆群众游行指挥部第四分指工作开展情况，通报了北京市甲流感防控工作情况并研究了抽调人员到市防控办联合办公事项，通报了社会建设专项资金设立进展情况，通报了“三定”方案制订工作的有关情况，研究了推选局级副职后备干部事宜。

25日 市长郭金龙出席北京市全面推进生活垃圾处理工作大会并讲话。市委社会工委书记、市社会办主任宋贵伦，市委社会工委委员、市社会办副主任吴群刚出席会议。

同日 市长郭金龙出席全市迎国庆防控甲型H1N1流感工作部署会并讲话。市委社会工委书记、市社会办主任宋贵伦出席会议。

同日 市委社会工委书记、市社会办主任宋贵伦主持国庆60周年群众游行第四分指工作例会，市委社会工委副书记、市社会办副主任王力军及各大队负责人参加。

同日 市委社会工委副书记、市社会办副主任王力军参加市政协常委赴延庆、朝阳考察活动。

同日 召开会议专题研究《社区志愿服务促进办法》制定工作。市委社会工委委员、市社会办副主任吴群刚，市民政局副局长谢延智出席会议。

同日 市委社会工委委员、市社会办副主任陈建领出席西城区楼宇党建工作推进会并讲话。

26日 市委常委梁伟出席怀柔区社会建设大会。市委副秘书长王翔，市委社会工委书记、市社会办主任宋贵伦出席会议。

同日 市委常委梁伟出席朝阳区社会领域建党88周年大会并讲话。市委社会工委书记、市社会办主任宋贵伦，市委社会工委委员、市社会办副主任陈建领出席会议。

同日 市委社会工委书记、市社会办主任宋贵伦出席中央马克思主义理论研究与建设工程《马克思主义中国化的历史进程及基本经验》选题组审稿会议。

同日 市委社会工委副书记、市社会办副主任王力军参加市政协第九次常委会。

同日 市政府副秘书长、市政府办公厅常务副主任崔鹏主持召开全市甲型H1N1流感社会防控督察工作会议。社会防控督察组组长、市委社会工委委员、市社会办副主任吴群刚，市委社会工委委员、市社会办副巡视员刘轩参加会议。

同日 市突发公共卫生事件应急指挥部社会防控督察组召开第一次全体会议。会议传达了北京市迎国庆防控甲型H1N1流感工作部署大会的精神，研究审议《社会防控督察组组建方案》和《甲型H1N1流感社会防控工作督察方案》，并研究部署了社会防控督察组近期工作。市政府副秘书长、市政府办公厅常务副主任崔鹏、社会防控督察组组长、市委社会工委委员、市社会办副主任吴群刚，社会防控督察组副组长、市教委副主任郑萼，社会防控督察组副组长、市卫生局副局长于鲁明，社会防控督察组副组长、市民政局副局长谢延智出席会议。

同日 市委社会工委委员、市社会办副主任陈建领参加全市工商联系统纪念建党88周年座谈会并讲话。

同日 市委社会工委委员、市社会办副主任赵小卫参加市人才工作领导小组办公室工作例会并汇报2009年重点工作进展情况。

27日 市委社会工委书记、市社会办主任宋贵伦出席老年人心理危机救助公益项目启动暨爱心传递热线800开通仪式。

28日 社会防控督察组召开了第一次工作例会。会议传达了市突发公共卫生事件应急指挥部工作会议精神，审议通过了《社会防控督察组组建方案》和《甲型H1N1流感社会防控工作督察方案》，研究讨论了属地督察工作组和专业防控督察工作组的督察计划、内部职责分工以及工作制度等，并对下周重点工作进行了安排布置。社会防控督察组组长、市委社会工委委员、市社会办副主任吴群刚，社会防控督察组副组长、市教委副主任郑萼，社会防控督察组副组长、市卫生局副局长于鲁明，社会防控督察组副组长、市民政局副局长谢延智出席会议。

29日 市委社会工委书记、市社会办主任宋贵伦主持召开第14次工委会议。研究讨论了全市社会领域纪念建党88周年座谈会有关工作，通报了国庆群众游行指挥部第四分指有关工作情况以及防控甲型H1N1流感有关工作情况。

同日 市委社会工委书记、市社会办主任宋贵伦，市委社会工委委员、市社会办副主任赵小卫与市人保局副局长张祖德座谈研究选聘大学生进社区招考有关工作。

同日 市委社会工委副书记、市社会办副主任王力军出席市总工会十二届二次委员（扩大）会议。

同 日 市委社会工委委员、市社会办副主任张坚参加昌平区非公企业党建座谈会。

同 日 市委社会工委委员、市社会办副主任陈建领参加中关村科技园区石景山园举办的纪念建党88周年座谈会并讲话。

30日 市委常委梁伟主持召开国庆群众游行指挥部第一次调度会。市委社会工委书记、市社会办主任、第四分指指挥宋贵伦，市委社会工委副书记、市社会办副主任、第四分指常务副指挥、执行指挥王力军参加会议。

同 日 市委社会工委书记、市社会办主任宋贵伦出席国庆游行指挥部工作对接会。

同 日 第四分指召开各总队第二次联络员会。市委社会工委副书记、市社会办副主任、第四分指常务副指挥、执行指挥王力军主持召开会议。

同 日 市委社会工委委员、市社会办副主任张坚陪同市政协主席阳安江走访慰问优秀共产党员和先进基层党组织代表。

同 日 市委社会工委书记、市社会办主任宋贵伦参加首都国庆60周年群众游行指挥部临时党委成立暨“我与祖国共奋进”主题党日活动。

同 日 市委社会工委书记、市社会办主任宋贵伦，市委社会工委委员、市社会办副主任赵小卫参加北京市机关党的建设工作会议。

7 月

1日 召开全市社会领域纪念建党88周年座谈会。市委常委梁伟、市委副秘书长王翔出席大会并讲话。市委社会工委书记、市社会办主任宋贵伦主持会议，市委社会工委、市社会办领导班子成员王力军、张坚、陈建领、王丽竹、刘轩参加会议。

同 日 国庆群众游行第四分指召开第一次指挥办公会。会议传达了指挥部调度会议和领导指示精神，通报了前一阶段分指挥部和各总队工作进展情况，研究部署了下一阶段工作。市委社会工委书记、市社会办主任、第四分指指挥宋贵伦，市委社会工委副书记、市社会办副主任、第四分指常务副指挥、执行指挥王力军，各总队常务副总队长参加会议。

同 日 成立国庆群众游行第四分指临时党委。市委社会工委书记、市社会办主任、第四分指指挥宋贵伦任书记，各副指挥任副书记，各总队常务副总队长任委员。

同 日 国庆群众游行“体育发展”方阵游行训练工作动员大会召开。市委社会工委书记、市社会办主任、第四分指指挥宋贵伦，市体育局局长孙康林，市委社会工委副书记、市社会办副主任、第四分指常务副指挥、执行指挥王力军出席大会。

2日 市委社会工委书记、市社会办主任宋贵伦应邀为北京市第二期宣传文化系统“四个一批”人才研修班作社会建设专题报告。

同 日 市委社会工委委员、市社会办副巡视员刘轩到市科协调研“枢纽型”社会组织工作。

同 日 国庆群众游行第四分指召开各方阵总队人员政审暨安保工作会议。会议部署了各总队人员政审和安保工作。国庆群众游行保卫指挥部副指挥李志明，市委社会工委副书记、市社会办副主任、第四分指常务副指挥、执行指挥王力军出席会议并讲话。

3日 市委社会工委书记、市社会办主任宋贵伦参加游行指挥人员维护稳定工作会议。市委社会工委副书记、市社会办副主任王力军参加会议。

同 日 国庆群众游行“神舟飞天”方阵（北航）汇报演练暨北航2008级学生军训团结业典礼举行。北京航空航天大学党委书记杜玉波，市委社会工委副书记、市社会办副主任、第四分指常务副指挥、执行指挥王力军出席结业典礼。

4日 市委社会工委书记、市社会办主任宋贵伦参加全市安全生产电视电话会议。

同 日 市突发公共卫生事件应急指挥部社会防控督察组召开第二次全体会议。会议传达了卫生部党组书记张茅在全国甲型H1N1流感防控工作视频会上的讲话精神，听取了社会防控督察组上周工作情况和本周工作计划，分析了当前面临的防控形势和督察工作特点，研究部署了社会防控督察组下周督察工作。市政府副秘书长、市政府办公厅常务副主任崔鹏，社会防控督察组组长、市委社会工委委员、市社会办副主任吴群刚，社会防控督察组副组长、市卫生局副局长于鲁明，社会防控督察组副组长、市民政局副局长谢延智，社会防控督察组副组长、市教委委员叶茂林出席会议。

5日 市委社会工委书记、市社会办主任宋贵伦，市委社会工委委员、市社会办副主任吴群刚，出席并参加第四届北京影响力第二场大型主题晚会“大城无小事”录制采访活动。

6—8日 举办北京市新经济组织和新社会组织党组织负责人示范培训班。培训班由市委组织部、市委社会工委、市委党校联合举办。市委副秘书长王翔，市委组织部副部长吕和顺，市委社会工委书记、市社会办主任宋贵伦，市委社会工委委员、市社会办副主任陈建领，市委党校副校长殷庆言等领导出席了培训班开班式、结业式。宋贵伦为培训班学员作了专题辅导讲座。来自全市新经济组织、新社会组织的部分先进基层党组织负责人和优秀党务工作者共63人参加了培训。

6日 市委社会工委书记、市社会办主任宋贵伦参加北京市维护稳定工作领导小组扩大会议。

同日 市委社会工委书记、市社会办主任宋贵伦主持召开主任办公会。

同日 与市发改委社会处座谈研究推进社区规范化建设试点工作。市委社会工委书记、市社会办主任宋贵伦，市委社会工委委员、市社会办副主任吴群刚，市委社会工委委员、市社会办副巡视员刘轩参加座谈会。

7日 市委学习实践科学发展观整改落实“回头看”第二指导检查组到市委社会工委、市社会办检查指导。市委社会工委书记、市社会办主任宋贵伦汇报整改落实“回头看”自查情况。市委社会工委、市社会办领导班子成员王力军、张坚、赵小卫、陈建领、刘轩参加自查情况工作汇报。

同日 国庆群众游行“科技发展”方阵训练动员大会暨骨干培训会召开。市委社会工委书记、市社会办主任、第四分指指挥宋贵伦出席规会议并讲话，清华大学党委书记胡和平、副书记史宗恺出席会议。

同日 国庆群众游行第四分指召开各总队第三次联络员会议。市委社会工委副书记、市社会办副主任、第四分指常务副指挥、执行指挥王力军主持会议。会议传达了游行指挥部关于训练、服装、道具、集结疏散、安保和防治甲型流感等方面的工作要求，交流了各方阵总队工作进展情况，研究部署了近期工作。

8日 市委学习实践科学发展观整改落实“回头看”第二指导检查组到崇文区龙潭湖街道、东城区鸿安大厦检查指导。市委社会工委委员、市社会办副主任赵小卫同志陪同检查。

同日 市委社会工委委员、市社会办副巡视员刘轩到市社科联调研“枢纽型”社会组织工作。

9日 石景山区举行街道社会工作党委暨商务楼宇社会工作站揭牌仪式。市委副秘书长王翔出席会议并讲话，市委社会工委书记、市社会办主任宋贵伦，市委社会工委委员、市社会办副主任陈建领出席会议。

同日 市委社会工委书记、市社会办主任宋贵伦与市社科规划办探讨市社会建设研究基地建设事宜。市委社会工委委员、市社会办副主任张坚、赵小卫与市社科规划办主任陈之昌等领导参加。

同日 市委社会工委、市社会办领导到房山区检查“平安北京”建设。市委社会工委委员、市社会办副主任赵小卫听取了房山区综治委领导及成员单位的工作汇报，抽查了重点人、地、物、事、组织等台账，并深入重点街道、乡镇、重点要害部位进行了实地抽查。

同 日 国庆群众游行“和谐家园”方阵国庆誓师动员大会召开。市委社会工委书记、市社会办主任、第四分指指挥宋贵伦出席大会并讲话。通州区委书记王云峰、副书记张文山出席大会。

同 日 市委社会工委副书记、市社会办副主任、第四分指常务副指挥、执行指挥王力军参加国庆群众游行指挥部彩车工作会议。

同 日 与市外办和北京语言文化大学就国庆群众游行“同一个世界”方阵代表人物问题座谈，研究确定人员名单及政审工作。市委社会工委副书记、市社会办副主任、第四分指常务副指挥、执行指挥王力军参加座谈。

10 日 市委社会工委书记、市社会办主任宋贵伦参加市人大常委会原副主任张燕丽同志遗体告别仪式。

同 日 市委社会工委书记、市社会办主任宋贵伦与房山区委领导研究房山区社会建设大会事宜。市委社会工委委员、市社会办副主任赵小卫，房山区委社会工委、区社会办负责同志参加会议。

同 日 市委社会工委、市社会办领导到朝阳区调研社区规范化建设试点工作。市委社会工委委员、市社会办副主任吴群刚先后到朝阳区呼家楼街道呼北社区，团结湖街道水碓子社区、中路北社区和朝外街道体东社区进行调研，详细了解了社区办公和服务用房建设、社区服务站建设、社区工作者配备和大学生招聘等情况，听取了朝阳区关于推进社区规范化建设试点工作进展情况的汇报。市发改委社会处，朝阳区委社会工委、区社会办有关同志参加了调研。

同 日 市委社会工委委员、市社会办副主任陈建领出席东城区东直门街道东方银座片区“党建工作站、社会工作站、工会服务站”建立揭牌仪式并讲话。

11 日 市委社会工委书记、市社会办主任宋贵伦陪同市委书记刘淇等市领导到朝阳区、宣武区调研民族团结工作。

同 日 国庆群众游行集结疏散工作专题会召开。市委社会工委书记、市社会办主任、第四分指指挥宋贵伦，市委社会工委副书记、市社会办副主任、第四分指常务副指挥、执行指挥王力军参加会议。

12 日 市委社会工委书记、市社会办主任宋贵伦参与正局级后备干部面试主考工作。市委社会工委副书记、市社会办副主任王力军，市委社会工委委员、市社会办副主任吴群刚参加考试。

13 日 市委社会工委书记、市社会办主任宋贵伦参加第44次政府常务会。

同 日 国庆群众游行第四分指召开“人口卫生”方阵服装道具专题座谈会。市委社会工委书记、市社会办主任、第四分指指挥宋贵伦，市卫生局局长方来英，市人口计生委主任邓行舟，市委社会工委副书记、市社会办副主任、第四分指常务副指挥、执行指挥王力军，市委社会工委委员、市社会办副巡视员王丽竹参加会议。

同 日 国庆群众游行第四分指全体工作人员参加指挥部保密工作专题培训。

14 日 国庆群众游行第四分指召开服装招标会，确定参与竞标的企业厂商，汇总各方阵总队参与服装、道具谈判的专家名单，准备相关会议材料。

同 日 国庆群众游行第四分指召开“我的中国心”方阵代表性群体华侨代表选拔推荐工作座谈会。市侨办主任李印泽，市委社会工委副书记、市社会办副主任、第四分指常务副指挥、执行指挥王力军出席会议。会议就“我的中国心”代表性群体的人员选拔、组织训练、队形设计、服务保障等工作进行研究，听取了市侨办和北京大学的意见和建议。

15 日 市委社会工委委员、市社会办副主任张坚与各研究基地领导就如何进一步推进基地建设进行座谈。

同 日 市委社会工委委员、市社会办副主任赵小卫到东城区社会工委调研政府购买公共服务工作。

16日 国庆群众游行第四分指召开各总队第四次联络员会议。市委社会工委副书记、市社会办副主任、第四分指常务副指挥、执行指挥王力军主持会议。会议通报了近期四分指组织训练、后勤保障、安全保密、卫生防疫、彩车工作、宣传信息及分指合练等方面工作进展情况，按照指挥部的要求和指示，部署了相关工作。同时，各方阵总队结合近期工作积极反映训练中遇到的问题和困难，并针对部分问题提出了建议。

17日 市委社会工委书记、市社会办主任宋贵伦参加市委、市政府理论学习中心组学习（扩大）会。

同日 市委社会工委委员、市社会办副主任赵小卫到朝阳区社会工委调研政府购买公共服务工作。

同日 市委社会工委委员、市社会办副主任吴群刚参加海淀区推进社区规范化建设试点暨魅力社区创建工作动员会并讲话。

同日 市委社会工委委员、市社会办副主任吴群刚到海淀区调研社区规范化建设试点工作与社会工作队伍建设情况。

同日 市委社会工委委员、市社会办副巡视员刘轩出席市民交协会长黄承祥召集的“民间组织对外交往”调研课题中期汇报会。

同日 市突发公共卫生事件应急指挥部社会防控督察组召开督察形势分析会，研究部署下一步防控督察工作。社会防控督察组组长、市委社会工委委员、市社会办副主任吴群刚主持会议。会议传达了指挥部会商会精神，听取了属地、行业和专业督察小组的阶段工作情况汇报，分析了当前督察形势，明确下一步督察工作的重点和要求。社会防控督察组副组长、市民政局副局长谢延智，社会防控督察组副组长、市教委委员叶茂林出席会议。

18日 市委社会工委委员、市社会办副巡视员刘轩陪同市委常委梁伟出席市妇联妇女儿童发展基金会揭牌仪式。

同日 国庆群众游行第四分指召开分指合练工作专题会。市委社会工委副书记、市社会办副主任、第四分指常务副指挥、执行指挥王力军主持会议。会议研究讨论分指合练方案，部署分指合练有关工作。

19日 市委社会工委书记、市社会办主任宋贵伦出席中央“马克思主义理论研究与建设工程”《国际共运》教材编审会。

20日 市委社会工委书记、市社会办主任宋贵伦会同市有关部门负责人向中宣部领导汇报“中央马克思主义理论和建设工程”重要课题《马克思主义中国化历史进程及基本经验》结题情况。

同日 国庆群众游行“我的中国心”方阵北京大学总队召开训练动员大会。市委社会工委书记、市社会办主任、第四分指指挥宋贵伦，北京大学党委书记闵维方、校长周其凤，市委社会工委副书记、市社会办副主任、第四分指常务副指挥、执行指挥王力军出席会议。

21—22日 市委社会工委书记、市社会办主任宋贵伦参加全市上半年经济形势分析会。

21日 市委社会工委委员、市社会办副主任陈建领参加慈铭集团与怀柔区渤海镇洞台村签订结队共建协议仪式并讲话。

同日 市委社会工委、市社会办领导到北京市志愿者联合会进行调研。市委社会工委委员、市社会办副主任吴群刚听取了市志愿者联合会（筹）有关负责人对联合会筹建工作的具体安排和进展情况的汇报，并就相关工作进行了研究讨论。团市委副书记邓亚萍参加调研座谈会。

同日 国庆群众游行第四分指召开各总队第五次联络员会。市委社会工委副书记、市社会办副主任、第四分指常务副指挥、执行指挥王力军主持会议召开。会议通报了四分指及各方阵总队工作进展情况，研究部署了下一阶段工作，重点对两次分指合练集结疏散、交通运输、安全保卫、后勤保障等工作进行了安排。

22日 市委社会工委书记、市社会办主任宋贵伦参加全市领导干部会。

同日 国庆群众游行指挥部召开分指合练工作部署会。市委社会工委书记、市社会办主任、第四分指指挥宋贵伦，市委社会工委副书记、市社会办副主任、第四分指常务副指挥、执行指挥王力军，市委社会工委委员、市社会办副巡视员王丽竹及各副指挥参加会议。

同日 市委社会工委委员、市社会办副主任赵小卫到海淀区调研政府购买公共服务工作。

同日 市委社会工委、市社会办领导出席大兴区商务楼宇党建工作推进会。市委社会工委委员、市社会办副主任陈建领为奥宇大厦、科技大厦社会工作站成立揭牌并讲话。

同日 与市城管综合行政执法局就城管志愿服务工作进行座谈。市委社会工委委员、市社会办副主任吴群刚，市城管综合行政执法局局长车克欣、副局长王连峰以及相关处室负责人参加了座谈会。双方就假日文明行动活动方案及下一步城管志愿者工作思路进行了探讨。

23 日 市委社会工委书记、市社会办主任宋贵伦参加市政府专题会。

同日 市委社会工委委员、市社会办副主任张坚与中国人民大学副校长冯惠玲等座谈进一步加强社会建设研究基地工作。

同日 第四届北京影响力"与您同心"——社区主任走国企活动启动。活动由市委社会工委、市国资委、北京电视台等单位共同举办，将组织全市近400名社区居委会主任到北京市电力公司、排水集团、京粮集团、燃气集团等与百姓生活密切相关的12家国有企业进行参观。市委社会工委书记、市社会办主任宋贵伦，市国资委党委书记、主任周毓秋，北京电视台台长刘爱勤参加启动仪式并致辞，市委社会工委委员、市社会办副主任吴群刚，市国资委副主任李先忠，副巡视员周荫良出席启动仪式。

同日 市委社会工委、市社会办领导到顺义区调研社区规范化建设试点工作。市委社会工委委员、市社会办副主任吴群刚先后到顺义区旺泉街道西辛北社区、宏城花园社区进行调研，实地察看了利用锅炉房改造社区办公用房的工程进展情况，详细了解了社区服务站建设、社区工作者配备和大学生招聘等情况，听取了顺义区关于推进社区规范化建设试点工作的汇报。顺义区副区长陈光浩参加了调研。

同日 市委社会工委书记、市社会办主任宋贵伦参加全市党建工作领导小组会并汇报工作。市委社会工委委员、市社会办副主任陈建领参加汇报会。

同日 市委社会工委副书记、市社会办副主任、第四分指常务副指挥、执行指挥王力军参加国庆群众游行指挥部执行指挥第二次专题会。

24 日 召开全市社会建设半年工作会。市委社会工委书记、市社会办主任宋贵伦出席会议并讲话。市委社会工委、市社会办班子成员张坚、吴群刚、赵小卫、陈建领、刘轩以及各区县社会工委、各"枢纽型"社会组织负责人参加会议。

同日 市委社会工委书记、市社会办主任宋贵伦接受《中国妇女报》记者采访社会组织建设工作。

同日 市政府副秘书长鲁勇主持召开甲型 H1N1 流感防控工作会。社会防控督察组组长、市委社会工委委员、市社会办副主任吴群刚参加会议。

26 日 国庆群众游行指挥部召开集结、行进、疏散工作专题会暨骨干培训班。市委社会工委书记、市社会办主任、第四分指指挥宋贵伦，市委社会工委副书记、市社会办副主任、第四分指常务副指挥、执行指挥王力军，各总队常务副总队长及有关部门负责人参加会议。

同日 市委社会工委书记、市社会办主任宋贵伦参加京粮集团成立 10 周年庆典活动。

27 日 市委社会工委书记、市社会办主任宋贵伦参加首都中华人民共和国成立60周年庆祝活动北京市筹备委员会第四次全体会议。

28日 市委社会工委、市社会办领导出席大兴区清源街道参与式社区治理与社区服务研讨会。市委社会工委委员、市社会办副主任吴群刚出席并致辞。大兴区区委常委郭宝东、大兴区副区长常红岩出席研讨会。

同日 市委社会工委委员、市社会办副主任陈建领出席丰台区方庄地区社会工作党委暨群三商务楼宇联合党支部成立大会并讲话。

同日 市委社会工委委员、市社会办副主任陈建领出席和义街道北方世贸国际鞋城党支部成立大会并讲话。

29日 市委社会工委委员、市社会办副主任陈建领到朝阳区呼家楼街道、八里庄街道调研商务楼宇党建工作情况。

30日 市委社会工委书记、市社会办主任宋贵伦接受北京电视台庆祝新中国成立60周年新闻专题采访，就实施“大学生社工计划”回答提问。

同日 市委社会工委书记、市社会办主任宋贵伦主持召开第15次工委会议，会议研究讨论了北京社会建设网站建设工作等事项。

30日 与市住房和城乡建设委员会座谈，研究业主大会、业主委员会管理问题。市委社会工委委员、市社会办副主任吴群刚，市住房和城乡建设委员会副主任张农科出席座谈会。

同日 市委社会工委委员、市社会办副主任陈建领出席宣武区椿树地区商务楼组党总支成立暨社会工作站、工会服务站揭牌仪式并讲话。

31日 国庆群众游行指挥部召开甲型H1N1流感防控工作会。副市长丁向阳出席会议并讲话。市委社会工委书记、市社会办主任、第四分指指挥宋贵伦，市委社会工委副书记、市社会办副主任、第四分指常务副指挥、执行指挥王力军，各总队总队长、常务副总队长及有关部门负责人参加会议。

同日 国庆群众游行第四分指召开第二次指挥办公会。会议通报了近期训练工作情况，研究部署了8月7日分指合练有关工作，听取了各总队近期工作进展情况汇报。市委社会工委、市社会办班子全体成员参加会议。

同日 国庆群众游行指挥部召开分指合练现场对接专题会。市委社会工委副书记、市社会办副主任、第四分指常务副指挥、执行指挥王力军参加会议。

同日 市委社会工委委员、市社会办副主任陈建领出席市人才服务中心党委举办的流动党员支部书记培训班开班式并讲话。

8月

1日 市政府副秘书长、市政府办公厅常务副主任崔鹏主持召开社会防控督察组专题工作会议。会议简要总结了社会防控督察组前一阶段在防控工作中发挥的积极作用和取得的工作成绩以及存在的不足，深入分析了当前社会防控督察工作面临的形势。社会防控督察组组长、市委社会工委委员、市社会办副主任吴群刚，社会防控督察组副组长、市卫生局副局长于鲁明，市民政局副局长谢延智，市教委委员叶茂林参加会议。

同日 国庆群众游行“科技发展”方阵举行誓师大会。市委社会工委书记、市社会办主任、国庆游行第四分指指挥宋贵伦，清华大学党委书记胡和平出席大会。

同日 市委社会工委副书记、市社会办副主任、第四分指常务副指挥、执行指挥王力军赴怀柔军训基地视察并检阅北京大学“我的中国心”方阵训练情况。

2日 国庆群众游行“教育发展”方阵举行训练动员大会。市委社会工委书记、市社会办主任、第四分指指挥宋贵伦，北京师范大学党委书记刘川生和北京师范大学党委副书记田辉出席大会。

同日 国庆群众游行第四分指挥部召开甲流防控紧急工作会议。市委社会工委书记、市社会办主任、第四分指指挥宋贵伦，市委社会工委副书记、市社会办副主任、第四分指常务副指挥、执行指挥王力军，各总队公共卫生负责人参加会议。

同 日 国庆群众游行指挥部召开分指合练验收桌面演练工作会。市委社会工委副书记、市社会办副主任、第四分指常务副指挥、执行指挥王力军参加会议。

3 日 市委副秘书长王翔听取社会组织工作汇报。市委社会工委委员、市社会办副巡视员刘轩出席作专题汇报。王翔同志对前一阶段社会组织相关工作给予了充分肯定，同时指出，社会组织工作的难点和重点是在构建新的管理体制和运行机制过程中，要进一步理顺工作关系、进一步转变工作方式，坚定不移地按照市委、市政府文件精神加以推进。

同 日 召开市委社会工委、市社会办第8次主任办公会议。市委社会工委书记、市社会办主任宋贵伦主持会议，会上总结7月份工作，布置8月份工作。

同 日 市委社会工委委员、市社会办副主任吴群刚参加市人才工作领导小组办公室工作例会。

4 日 国庆群众游行“教育发展”方阵举行誓师大会。市委社会工委书记、市社会办主任、第四分指指挥宋贵伦，北京邮电大学党委书记王亚杰、校长方滨星和党委副书记牟文杰出席大会。

同 日 市委社会工委书记、市社会办主任宋贵伦到良乡机场参观国庆60周年群众游行第二分指挥部演练活动。市委社会工委副书记、市社会办副主任王力军参加。

同 日 市委社会工委委员、市社会办副主任赵小卫与部分社会组织座谈讨论政府购买公共服务有关问题。

同 日 市委社会工委委员、市社会办副主任陈建领到市委统战部就社会领域统战工作与统战部常务副部长闵克等同志座谈。

5 日 国庆群众游行指挥部第四分指挥部召开良乡机场合练工作专题部署会。会议对8月7日演练工作进行部署，市委社会工委书记、市社会办主任、第四分指指挥宋贵伦，市委社会工委副书记、市社会办副主任、第四分指常务副指挥、执行指挥王力军，各总队常务副总队长、相关部门负责人参加会议。

同 日 市委社会工委、市社会办领导到市社科联调研。市委社会工委委员、市社会办副主任张坚与市社科规划办书记史秋秋、秘书长丁力等领导就加强社会建设领域研究合作事宜进行交流。

同 日 市委社会工委委员、市社会办副主任赵小卫与北京市社会建设工作领导小组部分成员单位座谈讨论政府购买公共服务有关问题。

同 日 市委社会工委、市社会办领导到海淀区调研。市委社会工委委员、市社会办副主任赵小卫与海淀区副区长臧桂武座谈，讨论政府购买公共服务有关问题。

6 日 房山区召开社会建设大会。市委常委梁伟出席大会。市委副秘书长王翔，市委社会工委书记、市社会办主任宋贵伦，市委社会工委委员、市社会办副主任赵小卫参加大会。

同 日 国庆群众游行“同一个世界”方阵举行誓师大会。市委社会工委书记、市社会办主任、第四分指指挥宋贵伦，北京语言大学党委副书记、党务副总队长赵旻和中国矿业大学（北京）副书记朱书全出席大会。

同 日 市委社会工委、市社会办领导到平谷区调研社区规范化建设试点工作。市委社会工委委员、市社会办副主任吴群刚先后到平谷区滨河街道滨河社区、林荫家园社区、渔阳地区迎宾花园社区进行调研，详细了解了社区办公和服务用房建设、社区服务站建设、社区各主体职责划分、社区工作者配备情况，听取了平谷区关于推进社区规范化建设试点工作的汇报，并就推进下一步工作进行了有针对性的指导。

同 日 市委社会工委、市社会办领导到宣武区调研社会组织工作。市委社会工委委员、市社会办副巡视员刘轩先后同广内街道、广外街道负责人进行工作座谈，了解街道在培育社会组织发展中的具体做法，并现场走访了阳光志愿者协会等社区社会组织。

7日 国庆群众游行指挥部第四分指挥部到良乡机场进行合练。市委常委、国庆群众游行指挥部指挥梁伟，市委社会工委书记、市社会办主任、第四分指指挥宋贵伦，市体育局局长孙康林，石景山区委书记荣华，团市委书记、国庆群众游行指挥部成员王少峰，市委社会工委副书记、市社会办副主任、第四分指常务副指挥、执行指挥王力军，市委社会工委委员、市社会办副巡视员、国庆群众游行指挥部策划动训部执行副指挥王丽竹，各总队常务副总队长参加。

同日 市委常委梁伟出席国庆群众游行活动指挥部工作例会。市委社会工委、市社会办班子成员宋贵伦、王力军、王丽竹等参加例会。

同日 市委社会工委书记、市社会办主任宋贵伦出席首届民间公益服务组织论坛暨莎利文基金启动仪式。市委社会工委委员、市社会办副巡视员刘轩参加启动仪式。

同日 市委社会工委委员、市社会办副主任陈建领参加市国庆安保工作会议。

同日 市委社会工委委员、市社会办副主任吴群刚参加城市文明加油站志愿服务协调会。

8日 市委社会工委委员、市社会办副主任赵小卫到海淀区中关村街道调研政府购买公共服务工作。

9日 市领导吕锡文、梁伟、赵凤桐、丁向阳视察国庆群众游行活动第一、二、三分指合练。市委社会工委、市社会办班子成员宋贵伦、王力军、王丽竹等参加视察。

同日 国庆群众游行指挥部第四分指部召开分指合练总结专题会。会议总结了良乡机场合练工作，研究部署了沙河机场合练有关工作。市委社会工委书记、市社会办主任、第四分指指挥宋贵伦，市委社会工委副书记、市社会办副主任、第四分指常务副指挥、执行指挥王力军，各总队常务副总队长、相关部门负责人参加会议。

9日—10日 市委社会工委委员、市社会办副主任陈建领参加宣武区广内街道商务楼组党总支举办的“沿着先烈的足迹”主题党日活动。

同日 市委社会工委委员、市社会办副主任赵小卫到崇文区社会工委调研政府购买公共服务工作。

11日 国庆群众游行指挥部第四分指、第五分指到沙河机场进行合练。市委常委、国庆群众游行指挥部指挥梁伟，市委常委、市委教育工委书记、国庆群众游行指挥部副指挥赵凤桐，副市长、国庆群众游行指挥部副指挥丁向阳，市委社会工委书记、市社会办主任、第四分指指挥宋贵伦，团市委书记、国庆群众游行指挥部成员王少峰，市委社会工委副书记、市社会办副主任、第四分指常务副指挥、执行指挥王力军，市委社会工委委员、市社会办副巡视员、国庆群众游行指挥部策划动训部执行副指挥王丽竹，各总队常务副总队长等领导参加合练。

同日 社区工作者工资待遇的调整方案专题研究会议召开。市委社会工委书记、市社会办主任宋贵伦主持会议，市委社会工委委员、市社会办副主任吴群刚及社区建设处工作人员参加会议。

12日 市委常委梁伟出席国庆群众游行活动指挥部工作例会。市委社会工委、市社会办班子成员宋贵伦、王力军、王丽竹等参加例会。

同日 召开国庆游行指挥部第四分指工作会议。市委社会工委书记、市社会办主任、第四分指指挥宋贵伦主持会议，总结8月11日演练工作，布置8月15日演练工作。市委社会工委副书记、市社会办副主任、第四分指执行指挥王力军参加会议。

同日 市委社会工委、市社会办领导参加海淀区社区工作者初任培训暨誓师大会。市委社会工委委员、市社会办副主任吴群刚出席会议并讲话。海淀区委常委、区市委社会工委、市社会办公室主任刘鸿，海淀区副区长臧桂武，中国青年政治学院副院长王新清出席大会。

同 日 国家行政学院有关人员到市委社会工委调研社区管理体制改革相关问题。市委社会工委委员、市社会办副主任赵小卫，国家行政学院社会和文化教研部主任龚维斌参加调研活动。

同 日 市委社会工委委员、市社会办副主任陈建领出席东城区建国门街道商务楼宇“党建工作站、社会工作站、工会服务站”揭牌仪式并讲话。

同 日 市委社会工委委员、市社会办副巡视员刘轩出席北京动漫游戏产业联盟成立大会并讲话。

13 日 市委社会工委书记、市社会办主任宋贵伦参加北京市维护稳定暨信访工作电视电话会议。

同 日 国庆群众游行第四分指挥部召开沙河机场总指验收工作部署会。会议通报了 8 月 11 日分指合练总指验收第四分指行进情况，部署 8 月 15 日总指验收及整改复训工作。市委社会工委副书记、市社会办副主任、第四分指常务副指挥、执行指挥王力军，国庆游行指挥部策划动训部组织训练处处长张中原，各总队相关负责人参加会议。

同 日 市委社会工委委员、市社会办副主任张坚到崇文区就社区公共服务现状进行调研。

同 日 首都慈善公益联合会举办“专家委员会成立暨公益项目发布会”。副市长丁向阳、民政部副部长姜力出席发布会，并向专家委员会成员颁发聘书。市委社会工委委员、市社会办副巡视员刘轩参加发布会并被聘为首届专家委员会成员。

14 日 市领导刘淇、王安顺、吕锡文、李士祥、梁伟、赵凤桐、丁向阳出席国庆游行指挥部第一、二、三分指方阵合练。市委社会工委、市社会办班子成员宋贵伦、王力军、王丽竹等参加合练。

同 日 市委常委梁伟出席西城区企业联合会成立大会。市委社会工委书记、市社会办主任宋贵伦一同出席并讲话。

同 日 市委社会工委委员、市社会办副主任张坚到朝阳区就社区公共服务现状进行调研。

同 日 市委社会工委、市社会办领导参加丁向阳副市长主持召开的关于社区养老问题座谈会。市委社会工委委员、市社会办副主任吴群刚，市民政局副局长谢延智出席会议。

14 日 市委社会工委委员、市社会办副主任陈建领出席市投资促进局外企党组织负责人培训班开班式并讲话。

同 日 市委社会工委委员、市社会办副主任陈建领参加市国庆安保工作会议。

15 日 国庆群众游行指挥部第四分指、第五分指到沙河机场进行合练。市委常委、国庆群众游行指挥部指挥梁伟，市委常委、市委教育工委书记、国庆群众游行指挥部副指挥赵凤桐，清华大学党委书记胡和平，市委社会工委书记、市社会办主任、第四分指指挥宋贵伦，团市委书记、国庆群众游行指挥部成员王少峰，市委社会工委副书记、市社会办副主任、第四分指常务副指挥、执行指挥王力军，市委社会工委委员、市社会办副巡视员、国庆群众游行指挥部策划动训部执行副指挥王丽竹，各总队常务副总队长等领导参加。

17 日 市委常委梁伟出席国庆游行指挥部会议。市委社会工委、市社会办班子成员宋贵伦、王力军、王丽竹等参加会议。

同 日 国庆群众游行第四分指挥部研究部署深化游行队伍动作和手持道具设计工作。市委社会工委书记、市社会办主任、第四分指指挥宋贵伦，市委社会工委副书记、市社会办副主任、第四分指常务副指挥、执行指挥王力军，各总队相关负责人参加会议。

同 日 市委社会工委书记、市社会办主任宋贵伦出席北京大学党委原副书记、北京市社科联副主席赵存生教授逝世一周年追思会。

18 日 市委社会工委委员、市社会办副主任陈建领出席崇文区永外街道社会领域党支部成立暨社会领域党建推进会并讲话。

19日 市委社会工委、市社会办领导到房山区检查“平安北京”建设工作。市委社会工委委员、市社会办副主任赵小卫带队对房山区“国庆平安行动”战前整治阶段工作情况进行了检查，听取了房山区综治委领导及成员单位的工作汇报，抽查了重点人、地、物、事、组织等台账，并深入重点街道、乡镇进行了实地检查。

同日 昌平区举办“两新”组织党组织负责人培训班。市委社会工委委员、市社会办副主任陈建领出席并作《切实加强社会领域党建工作，有力促进“两新”组织科学发展》的辅导报告。

同日 国庆群众游行指挥部召开第三、四分指挥部服装道具优化会议。会议就分指挥部所辖方阵的服装道具听取专家和总指挥部领导的意见建议，并提出了明确的优化意见和建议。市委社会工委副书记、市社会办副主任、第四分指常务副指挥、执行指挥王力军，市委社会工委委员、市社会办副巡视员、国庆群众游行指挥部策划动训部执行副指挥王丽竹出席会议。

20日 市委书记刘淇调研国庆安保和社会面防控工作。市委社会工委书记、市社会办主任宋贵伦参加。

同日 市委社会工委书记、市社会办主任宋贵伦出席市委社会工委军转干部接收安置工作面试。市委社会工委、市社会办班子成员王力军、张坚、吴群刚、赵小卫、陈建领、王丽竹、刘轩参加。

同日 市委社会工委书记、市社会办主任宋贵伦与市社科联就“枢纽型”社会组织有关工作进行座谈。市社科联党组书记史秋秋、副书记张兆民及市委社会工委、市社会办班子成员陈建领、刘轩一同参加座谈。

同日 市委社会工委书记、市社会办主任宋贵伦与前线杂志社领导班子成员座谈。市委社会工委、市社会办班子成员王力军、张坚、吴群刚、赵小卫、陈建领、王丽竹、刘轩一同参加座谈。

同日 国庆群众游行第四分指挥部召开第三次甲流防控工作会议。市委社会工委副书记、市社会办副主任、第四分指常务副指挥、执行指挥王力军，各总队相关负责人参加会议。

同日 国庆群众游行第四分指召开各方阵动作、道具优化设计工作会。会议通报了总指确定的各方阵优化设计方案情况，并通报了第四分指各方阵音乐小样调整情况，部署了群众游行参与人员交流谈心活动。市委社会工委副书记、市社会办副主任、第四分指常务副指挥、执行指挥王力军出席会议。

21日 市委党的建设工作领导小组办公室主任、市委副秘书长张建明率队到市委社会工委调研社会领域党建工作。市委社会工委委员、市社会办副主任陈建领出席座谈会并讲话。

同日 市委社会工委委员、市社会办副主任陈建领参加市国庆安保工作会议。

同日 市委社会工委、市社会办领导与市编办领导座谈。市编办副主任左铭飞，市委社会工委、市社会办班子成员宋贵伦、赵小卫、陈建领、刘轩出席会议，就第一批市级“枢纽型”社会组织党组织专职副书记及人员编制问题进行沟通座谈。

同日 市委社会工委、市社会办领导到昌平区调研社区规范化建设试点工作。市委社会工委委员、市社会办副主任吴群刚、市委社会工委委员、市社会办副巡视员王丽竹先后到昌平区城北街道宁馨苑社区、城南街道秋实家园社区进行调研，详细了解了社区办公和服务用房建设、社区服务站建设、社区各主体职责划分、社区工作者配备、社区社会组织建设以及社区志愿服务活动开展等情况，听取了昌平区关于推进社区规范化建设试点工作的汇报。调研组根据昌平区工作实际开展情况，围绕社区规范化建设的重点难点问题进行了有针对性的指导，并要求昌平区继续发挥区域优势，加大工作力度，实现重点问题突破，全面推进社区规范化建设试点工作并积累经验。

22 日 市委社会工委书记、市社会办主任宋贵伦出席全球首届知识资本高峰论坛。

23 日 市委社会工委书记、市社会办主任宋贵伦出席慈铭奥亚医院暨慈铭大厦奠基仪式并讲话。

同日 国庆群众游行指挥部召开合练桌面演练工作会议。市委社会工委书记、市社会办主任、第四分指指挥宋贵伦，市委社会工委副书记、市社会办副主任、第四分指常务副指挥、执行指挥王力军，各总队常务副总队长参加会议。

24 日 市委社会工委书记、市社会办主任宋贵伦参加区县委书记会。

同日 市委社会工委书记、市社会办主任宋贵伦主持召开工委班子会。

同日 市突发公共卫生事件应急指挥部社会防控督察组召开工作部署会。社会防控督察组组长、市委社会工委委员、市社会办副主任吴群刚主持会议。会议传达了市突发公共卫生事件应急指挥部两次甲型 H1N1 流感防控工作会议精神，听取了属地、行业和专业督察工作组前一阶段工作情况和下一阶段工作计划的汇报，安排部署了下一步督察工作。

同日 市委社会工委委员、市社会办副主任陈建领为平谷区社区专职工作者培训班学员作专题辅导报告。

25 日 召开全市社会工委书记、“枢纽型”社会组织负责人工作会议。会议由市委社会工委书记、市社会办主任宋贵伦主持。会议学习传达中央和市委有关会议精神，部署迎国庆有关工作。

同日 市人大常委会内务司法办公室召开城乡社区居民自治调研工作会议。市人大常委会副主任柳纪纲，市委社会工委委员、市社会办副主任吴群刚，市民政局副局长谢延智出席会议。

同日 国庆群众游行指挥部召开服装道具工作会。会议听取各分指挥部服装道具的配备情况和工作进度，并对分指服装道具提出改进措施。市委社会工委副书记、市社会办副主任、第四分指常务副指挥、执行指挥王力军，市委社会工委委员、市社会办副巡视员、国庆群众游行指挥部策划动训部执行副指挥王丽竹出席会议。

同日 市委社会工委委员、市社会办副主任陈建领赴物资学院参加市残联慰问通州区“和谐家园”方阵活动。市残联副理事长吕争鸣出席方阵活动。

同日 市委社会工委委员、市社会办副主任张坚赴北京师范大学参加市社科联慰问“教育发展”方阵活动。市社科联党组书记史秋秋出席方阵活动。

同日 市委社会工委委员、市社会办副主任陈建领到北京市物资学院慰问国庆群众游行方阵人员。

26 日 市领导梁伟、赵凤桐出席国庆群众游行活动指挥部会议。市委社会工委、市社会办班子成员宋贵伦、王力军、王丽竹参加会议。

同日 市委社会工委书记、市社会办主任宋贵伦列席市委常委会，汇报实施“大学生社工计划”。

同日 国庆群众游行指挥部召开“8 · 29”演练动员部署会。市委社会工委书记、市社会办主任、第四分指指挥宋贵伦，市委社会工委副书记、市社会办副主任、第四分指常务副指挥、执行指挥王力军，各总队常务副总队长、相关部门负责人参加会议。

同日 国庆群众游行第四分指挥部召开第三次指挥办公会。会议研究部署了第四分指“8 · 29”演练有关工作。市委社会工委书记、市社会办主任、第四分指指挥宋贵伦，市委社会工委副书记、市社会办副主任、第四分指常务副指挥、执行指挥王力军，各总队常务副总队长等领导参加会议。

同日 市委社会工委委员、市社会办副巡视员、国庆游行指挥部策划动训部执行副指挥王丽竹赴密云机场参加市社科院慰问市体育局“体育发展”方阵活动。

同日 市委社会工委委员、市社会办副巡视员刘轩赴大兴训练场参加市红十字会慰问市卫生局“人口卫生”方阵活动。市红十字会党组书记、常务副会长韩陆，副会长刘娜参加方阵活动。

同日 市委社会工委委员、市社会办副巡视员刘轩到大兴区就社会组织工作进行调研。

27日 市委社会工委书记、市社会办主任宋贵伦参加市政府第47次政府常务会议。

同日 市委社会工委委员、市社会办副主任张坚赴中国人民大学、北京外国语大学参加前线杂志社慰问“北京奥运”方阵活动。前线杂志社总编辑韩凯出席方阵活动。

同日 市委社会工委委员、市社会办副主任赵小卫赴北京语言大学参加市对外友协慰问“同一个世界”方阵活动。市对外友协党组书记、常务副会长李昭出席方阵活动。

同日 市委社会工委副书记、市社会办副主任、第四分指常务副指挥、执行指挥王力军参加市侨联慰问北京大学“我的中国心”方阵活动。市侨联副主席兼秘书长马坚和北京大学党委副书记张彦出席方阵活动。

同日 市委社会工委委员、市社会办副巡视员刘轩赴北方工业大学参加抗日战争纪念馆慰问石景山区“众志成城”方阵活动。抗日战争纪念馆副馆长李宗远出席方阵活动。

同日 市委社会工委委员、市社会办副主任赵小卫赴中国地质大学参加首都文明办慰问“神舟飞天”方阵活动。首都文明办主任舒晓峰出席方阵活动。

28日 市委社会工委书记、市社会办主任宋贵伦参加市委、市政府理论学习中心组学习（扩大）会。

同日 市委社会工委委员、市社会办副主任张坚到宣武区就社区公共服务现状进行调研。

同日 市委社会工委委员、市社会办副主任吴群刚参加市法学会慰问首都师范大学、市文化局“文化繁荣”方阵活动。市法学会常务副会长周信出席方阵活动。

同日 市委社会工委委员、市社会办副主任陈建领参加市科协慰问清华大学“科技发展”方阵活动。市科协党组书记田小平和清华大学常务副校长陈吉宁出席方阵活动。

同日 市委社会工委委员、市社会办副主任陈建领参加市国庆安保工作会议。

同日 市委社会工委、市社会办领导参加宣武区椿树街道“心桥社区工作者俱乐部”成立大会。市委社会工委委员、市社会办副巡视员刘轩出席并讲话。宣武区政府副区长范宝同志参加成立大会。

29日 国庆群众游行指挥部第四分指参加天安门合练。市委常委、国庆群众游行指挥部指挥梁伟，市委常委、市委组织部部长、国庆群众游行指挥部副指挥吕锡文，市委常委、市委教育工委书记、国庆群众游行指挥部副指挥赵凤桐，副市长、国庆群众游行指挥部副指挥丁向阳，市委社会工委书记、市社会办主任、第四分指指挥宋贵伦，市委社会工委副书记、市社会办副主任、第四分指常务副指挥、执行指挥王力军，市委社会工委委员、市社会办副巡视员、国庆群众游行指挥部策划动训部执行副指挥王丽竹，各总队常务副总队长等领导参加。

同日 市委社会工委委员、市社会办副主任吴群刚出席“北京节拍——为奥运奉献者而歌”社会志愿者和社区工作者专场活动并致辞。

31日 市委组织部第四考察组考察市委社会工委、市社会办局级正职、副职后备干部人选。市委社会工委班子成员宋贵伦、王力军、张坚、吴群刚、赵小卫、陈建领、王丽竹、刘轩参加。

9月

1日 市委社会工委书记、市社会办主任宋贵伦主持召开2009年第9次主任办公会议。会议听取了各处室关于8月份工作完成情况及9月份工作计划的汇报，研究部署了近期重点工作。

同日 市委社会工委书记、市社会办主任宋贵伦与新到岗的三位军转干部集体座谈。

市委社会工委委员、市社会办副主任赵小卫参加座谈。

同日 市委社会工委书记、市社会办主任、第四分指指挥宋贵伦，市委社会工委副书记、市社会办副主任、第四分指常务副指挥、执行指挥王力军答谢参与慰问国庆群众游行活动的11个单位主要负责人。8月份以来，市级“枢纽型”社会组织和市有关部门深入国庆群众游行第四分指挥部所属11个方阵进行慰问，产生了良好的反响。

同日 市委社会工委委员、市社会办副主任张坚与北京大学首都发展研究院专家，就“十二五”期间北京社会管理体制改革与社会政策创新进行专题座谈。

2日 市委社会工委书记、市社会办主任宋贵伦出席中组部领导调研基层党建工作座谈会并发言。

同日 市委社会工委委员、市社会办副主任吴群刚参加市人才工作领导小组办公室召开的国家中长期人才发展规划纲要征求意见座谈会。

同日 市委社会工委委员、市社会办副主任陈建领与联想集团就非公经济组织和新社会组织党组织党务直通车建设方案进行座谈。

3日 副市长丁向阳召开专题会，研究社会建设相关工作。市委社会工委书记、市社会办主任宋贵伦，市委社会工委委员、市社会办副主任吴群刚参加会议。

同日 市委社会工委书记、市社会办主任宋贵伦参加北京市迎接中华人民共和国成立60周年动员大会。

同日 国庆群众游行指挥部召开“9·5”合练动员部署会。市委常委梁伟出席并讲话，市委社会工委书记、市社会办主任、第四分指指挥宋贵伦，市委社会工委副书记、市社会办副主任、第四分指常务副指挥、执行指挥王力军，各方阵常务副总队长及有关处室负责人参加会议。随后，宋贵伦主持召开第四分指工作部署会，王力军参加。

同日 国庆群众游行指挥部召开“9·5”合练现场模拟会。市委社会工委副书记、市社会办副主任、第四分指常务副指挥、执行指挥王力军，各方阵常务副总队长及有关处室负责人参加会议。

同日 国庆群众游行第四分指召开各方阵行进指挥专题会议。市委社会工委副书记、市社会办副主任、第四分指常务副指挥、执行指挥王力军出席，各方阵行进指挥参加会议。

同日 市委社会工委委员、市社会办副主任吴群刚与市人力社保局专题研究进一步规范社区工作者工资待遇相关政策问题。

同日 市委社会工委委员、市社会办副主任陈建领参加北京市基督教专项工作会议。

4日 市委社会工委书记、市社会办主任宋贵伦出席第四届“北京影响力”企业评委会。

同日 市委社会工委委员、市社会办副主任张坚与市社科院研究基地专家，就社会组织管理创新、对外交往以及在民生中的作用等议题进行座谈。

同日 市委社会工委委员、市社会办副主任吴群刚参加石景山区国庆60周年志愿服务誓师大会暨石景山区志愿者联合会成立仪式。

5日 市委社会工委书记、市社会办主任、第四分指指挥宋贵伦，市委社会工委副书记、市社会办副主任、第四分指常务副指挥、执行指挥王力军，市委社会工委委员、市社会办副巡视员、国庆群众游行指挥部策划动训部执行副指挥王丽竹参加国庆群众游行天安门广场演练时间调整工作落实会。

同日 市委社会工委委员、市社会办副主任张坚参加首都环境卫生事业发展与宜居城市建设论坛。

6日 国庆群众游行指挥部第四分指参加天安门合练。市委社会工委书记、市社会办主任、第四分指指挥宋贵伦，市委社会工委副书记、市社会办副主任、第四分指常务副指挥、执行指挥王力军，市委社会工委委员、市社会办副巡视员、国庆群众游行指挥部策划动训部执行副指挥王丽竹，各总队常务副总队长等领导参加。

8日 国庆群众游行指挥部第四分指召开工作总结会，总结“9·6”合练工作。市委社会工委书记、市社会办主任、第四分指指挥宋贵伦，市委社会工委副书记、市社会办副主任、第四分指常务副指挥、执行指挥王力军，各方阵常务副总队长及有关处室负责人参加会议。

同日 市委社会工委委员、市社会办副主任吴群刚为第63期区县局级干部进修一班作《社区治理的新实践：社区规范化建设》专题报告。

9日 市委社会工委委员、市社会办副主任吴群刚参加国庆志愿者工作第二次联席会议。

同日 市委社会工委委员、市社会办副主任陈建领到大兴区调研社会领域基层党组织参加第二批学习实践科学发展观活动试点工作情况，并与非公经济组织和社区党组织负责人座谈。

同日 市委社会工委委员、市社会办副巡视员刘轩参加城八区社会组织工作座谈会。

9—10日 市委社会工委书记、市社会办主任宋贵伦去湖南长沙参加“毛泽东与新中国”学术研讨会开幕式暨中国中共文献研究会毛泽东思想生平研究分会成立大会，并当选为常务理事。

10日 市委社会工委副书记、市社会办副主任王力军参加国庆联欢会和为北京市观礼人员安排的有关工作会议。

同日 市委社会工委委员、市社会办副主任张坚到中国青年政治学院研究基地，调研年度项目“北京社会工作人才发展研究”进展情况，并与7个社会建设研究基地联系人座谈。

同日 社会防控督察组组长、市委社会工委委员、市社会办副主任吴群刚参加全国进一步做好甲型H1N1流感防控工作电视电话会议北京市政府分会场会议。

同日 市委社会工委委员、市社会办副巡视员刘轩出席北京烹饪协会成立25周年纪念活动。

同日 市委社会工委委员、市社会办副巡视员刘轩参加郊区县社会组织工作座谈会。

11日 市领导检查国庆群众游行彩车制作情况。市委社会工委书记、市社会办主任宋贵伦陪同。

同日 市委社会工委书记、市社会办主任宋贵伦参加北京市国家安全工作领导小组扩大会议。

同日 市委社会工委委员、市社会办副主任张坚到通州区调研社区基本公共服务和社会组织发展情况。

同日 市委社会工委委员、市社会办副巡视员刘轩出席“枢纽型”社会组织工作座谈会并讲话。

14日 市委书记刘淇到朝阳区、东城区调研社会领域党建工作。市委副书记王安顺，市委常委、组织部部长吕锡文，市委常委、市委秘书长李士祥，市委常委梁伟参加调研。市委副秘书长王翔、张建明，市政府副秘书长侯玉兰，市委社会工委书记、市社会办主任宋贵伦，市委社会工委委员、市社会办副主任陈建领，市委、市政府有关部门负责同志，朝阳区和东城区主要领导等陪同调研。

同日 市委社会工委委员、市社会办副主任赵小卫带队对房山区“国庆平安行动”社会力量组织动员情况进行集中督察。

15日 国庆群众游行指挥部召开整改工作会。市委常委梁伟，市委社会工委书记、市社会办主任、第四分指指挥宋贵伦，市委社会工委副书记、市社会办副主任、第四分指常务副指挥、执行指挥王力军，各方阵常务副总队长及有关处室负责人参加会议。

同日 国庆群众游行第四分指巡查整改复训工作领导小组赴密云机场巡查“体育发展”、“人口卫生”方阵整改复训情况。“体育发展”方阵总队长孙康林、常务副总队长胡蓉，“人口卫生”方阵常务副总队长白宏出席。

同日 市委社会工委副书记、市社会办副主任王力军参加市政协常委会第十次会议。

同 日 市委社会工委委员、市社会办副巡视员刘轩到西城区月坛街道调研街道社会组织工作。

同 日 市委社会工委书记、市社会办主任宋贵伦主持召开2009年第19次工委会议。会议学习传达了市委书记刘淇调研社会领域党建工作指示精神，研究了组织国庆观礼有关工作，通报了参加全市下半年公开招录工作的职位设置情况、社会建设专项资金设立情况，同时还通报了批复成立北京市桶装饮用水销售行业协会和北京杭州企业商会有关事宜。

16 日 国庆群众游行指挥部召开“9·18”合练工作部署会。市委常委梁伟，市委社会工委书记、市社会办主任、第四分指指挥宋贵伦，市委社会工委副书记、市社会办副主任、第四分指常务副指挥、执行指挥王力军，各方阵常务副总队长及有关处室负责人参加会议。

同 日 国庆群众游行第四分指召开“9·18”合练工作部署会议。市委社会工委书记、市社会办主任、第四分指指挥宋贵伦，市委社会工委副书记、市社会办副主任、第四分指常务副指挥、执行指挥王力军，各方阵常务副总队长及各方阵行进指挥长参加会议。

同 日 国庆群众游行第四分指巡查整改复训工作领导小组赴北京师范大学巡查“教育发展”方阵整改复训情况。

同 日 国庆群众游行第四分指巡查整改复训工作领导小组赴北京大学巡查“我的中国心”方阵整改复训情况。北京大学党委常务副书记吴志攀、党委副书记张彦、常务副总队长马化祥出席。

同 日 国庆群众游行第四分指巡查整改复训工作领导小组赴北方工业大学巡查石景山区“众志成城”方阵整改复训情况。市委社会工委副书记、市社会办副主任、第四分指常务副指挥、执行指挥王力军，石景山区委常委、纪委书记刚杰，北方工业大学党委副书记项进出席。

同 日 国庆群众游行第四分指巡查整改复训工作领导小组赴中国地质大学（北京）巡查“神舟飞天”方阵整改复训情况。中国地质大学（北京）校长助理、武装部部长赵延平出席。

同 日 “十二五”规划社会建设与管理专题座谈会召开。会议由市委社会工委委员、市社会办副主任张坚主持，国务院研究室社会发展司司长朱幼棣，中国社会科学院荣誉学部委员、北京工业大学人文社会学院院长陆学艺研究员，中国人民大学人文社会学院院长、人口学研究中心主任翟振武教授，原中国劳动关系学院院长冯同庆教授，北京工业大学人文社会学院教授钱伟量、唐军和张荆等应邀出席座谈。

同 日 市委社会工委委员、市社会办副主任陈建领出席全市第三批学习实践科学发展观活动领导小组办公室主任会议并发言。

同 日 市委社会工委委员、市社会办副主任陈建领出席社会领域党建工作主管书记、科长工作会议并讲话。

同 日 市委社会工委委员、市社会办副巡视员刘轩参加海淀区志愿者联合会第一次会员代表大会暨海淀区国庆60周年志愿者工作动员大会启动仪式，并为联合会揭牌。

17 日 市委社会工委书记、市社会办主任宋贵伦出席《马克思主义中国化研究：历史进程和基本经验》出版发行座谈会。

同 日 国庆群众游行第四分指巡查整改复训工作领导小组赴首都师范大学巡查“文化繁荣”方阵整改复训情况。市委社会工委副书记、市社会办副主任、第四分指常务副指挥、执行指挥王力军，首都师范大学党委副书记陈宁出席。

同 日 国庆群众游行第四分指巡查整改复训工作领导小组赴清华大学巡查“科技发展”方阵整改复训情况。市委社会工委副书记、市社会办副主任、第四分指常务副指挥、执行指挥王力军，清华大学党委副书记史宗恺出席。

同日 国庆群众游行第四分指巡查整改复训工作领导小组赴北京物资学院巡查“和谐家园”方阵整改复训情况。方阵常务副总队长张小艳，物资学院党委副书记沈小静出席。

同日 国庆群众游行第四分指巡查整改复训工作领导小组赴中国人民大学巡查“北京奥运”方阵整改复训情况。市委社会工委副书记、市社会办副主任、第四分指常务副指挥、执行指挥王力军，常务副总队长郑品石出席。

同日 国庆群众游行第四分指巡查整改复训工作领导小组赴北京语言大学巡查“同一个世界”方阵整改复训情况。市委社会工委副书记、市社会办副主任、第四分指常务副指挥、执行指挥王力军，北京语言大学党委副书记赵旻出席。

同日 市委社会工委委员、市社会办副主任张坚到丰台区调研社区基本公共服务情况。

同日 市委社会工委委员、市社会办副主任吴群刚出席加强社区卫生服务人力资源建设重点提案督办座谈会。

同日 市委社会工委委员、市社会办副主任赵小卫带队对房山区“国庆平安行动”重点人管控情况进行集中督察。

同日 市委社会工委委员、市社会办副主任赵小卫到房山区委社会工委、区社会办就区县“三定”情况进行调研。

18日 国庆群众游行指挥部第四分指参加天安门合练。市委社会工委书记、市社会办主任、第四分指指挥宋贵伦，市委社会工委副书记、市社会办副主任、第四分指常务副指挥、执行指挥王力军，市委社会工委委员、市社会办副巡视员、国庆群众游行指挥部策划动训部执行副指挥王丽竹，各总队常务副总队长等领导参加。

同日 市委社会工委委员、市社会办副巡视员刘轩到怀柔区调研社会组织工作。

19日 市委社会工委委员、市社会办副主任赵小卫带队对房山区“国庆平安行动”中小旅店、刀具等危险品的管控情况进行集中督察。

20日 市委社会工委书记、市社会办主任、第四分指指挥宋贵伦参加国庆群众游行指挥部和第四分指“9·18”演练总结会、下一阶段整改复训工作部署会。市委社会工委副书记、市社会办副主任、第四分指常务副指挥、执行指挥王力军，各方阵常务副总队长，各方阵行进指挥参加会议。

同日 市委社会工委委员、市社会办副主任吴群刚，市委社会工委委员、市社会办副巡视员王丽竹出席北京第四届（2009年度）魅力社区评选颁奖典礼。

21日 民政部副部长姜力来京调研社会组织参加第三批学习实践科学发展观活动情况。市委社会工委委员、市社会办副主任陈建领出席座谈会并发言。

21—22日 市委社会工委书记、市社会办主任宋贵伦参加市委常委扩大会议。

21—24日 国庆群众游行第四分指为参训人员接种甲流疫苗。

22日 国庆群众游行第四分指召开“北京奥运”、“和谐家园”、“我的中国心”、“同一个世界”方阵代表性群体、服装道具优化工作专题会。市委社会工委书记、市社会办主任、第四分指指挥宋贵伦，市委社会工委副书记、市社会办副主任、第四分指常务副指挥、执行指挥王力军，方阵有关领导参加会议。

同日 市委社会工委副书记、市社会办副主任、第四分指常务副指挥、执行指挥王力军主持召开“同一个世界”代表性群体优化设计协调会议，并研究方阵道具优化方案。

同日 市委社会工委委员、市社会办副巡视员刘轩到通州区调研，指导区县社会组织工作。

23日 市委社会工委书记、市社会办主任宋贵伦参加副市长丁向阳主持召开的2010年分管部门预算编制汇报会。

同日 国庆群众游行第四分指巡查整改复训工作领导小组参加北京大学“我的中国

心”方阵誓师动员大会。

同 日 卫生部副部长尹力到北京市调研考察国庆前后甲型H1N1流感防控工作准备和进展情况。社会防控督察组组长、市委社会工委委员、市社会办副主任吴群刚陪同。

同 日 市委社会工委委员、市社会办副主任赵小卫参加市英模座谈会。

同 日 市委社会工委委员、市社会办副主任赵小卫主持召开区县社会工作机构“三定”情况通报会。

同 日 市委社会工委委员、市社会办副主仨陈建领与市委组织部座谈交流社会领域党建工作情况。

同 日 市委社会工委委员、市社会办副巡视员刘轩到市健康保障协会调研社会组织工作。

24 日 市委社会工委书记、市社会办主任宋贵伦主持召开全体工作人员大会。会议传达学习了十七届四中全会和市委常委会扩大会议精神。

同 日 市委社会工委委员、市社会办副主任赵小卫与市编办座谈区县“三定”工作。

同 日 市委社会工委委员、市社会办副巡视员刘轩到海淀区北下关街道调研，听取区、街关于社会组织工作的汇报，并提出指导意见。

25 日 市委社会工委书记、市社会办主任宋贵伦参加2009年第四季度全市公共安全形势分析会暨城市运行和应急管理系统“保国庆”动员部署会。

同 日 社会防控督察组组长、市委社会工委委员、市社会办副主任吴群刚参加全市防控甲型H1N1流感工作会议。

26 日 市委社会工委书记、市社会办主任宋贵伦出席第七届中国花卉博览会开幕式。

同 日 国庆群众游行第四分指巡查整改复训工作领导小组赴北京物资学院巡查“和谐家园”方阵整改复训情况。市委社会工委副书记、市社会办副主任、第四分指常务副指挥、执行指挥王力军出席。

同 日 国庆群众游行第四分指巡查整改复训工作领导小组赴中国人民大学巡查“北京奥运”方阵整改复训情况。市委社会工委书记、市社会办主任、第四分指指挥宋贵伦，市委社会工委副书记、市社会办副主任、第四分指常务副指挥、执行指挥王力军，中国人民大学党委副书记马俊杰出席。

同 日 市委社会工委委员、市社会办副主任赵小卫到房山区进行平安行动督察。

同 日 市委社会工委委员、市社会办副主任陈建领出席北京注册会计师协会庆祝新中国成立60周年文艺演出。

27 日 市委社会工委书记、市社会办主任宋贵伦参加北京市全体干部学习贯彻十七届四中全会精神大会。

同 日 国庆群众游行第四分指巡查整改复训工作领导小组赴清华大学巡查“科技发展”方阵整改复训情况。教育部副部长李卫红，教育部思政司司长杨振斌，清华大学党委常务副书记陈旭出席。

同 日 国庆群众游行第四分指巡查整改复训工作领导小组赴北京大学巡查“我的中国心”方阵整改复训情况。教育部副部长李卫红，教育部思政司司长杨振斌，北京大学党委副书记张彦出席。

同 日 国庆群众游行第四分指巡查整改复训工作领导小组赴密云机场巡查“体育发展”方阵整改复训情况。市委社会工委副书记、市社会办副主任、第四分指常务副指挥、执行指挥王力军出席。

同 日 国庆群众游行第四分指巡查整改复训工作领导小组赴北方工业大学巡查“众志成城”方阵整改复训情况。

同 日 国庆群众游行第四分指巡查整改复训工作领导小组赴中国地质大学（北京）巡查“神舟飞天”方阵整改复训情况。

同 日 市委社会工委委员、市社会办副主任赵小卫带队对房山区“国庆平安行动”中焰火燃放场所周边环境进行集中督察。

同 日 市委社会工委委员、市社会办副主任陈建领参加中央统战部在天津召开的非公有制经济组织深入学习实践科学发展观活动动员培训会。

28日 市委社会工委书记、市社会办主任宋贵伦参加国庆60周年活动筹委会会议。

同日 国庆群众游行指挥部召开动员誓师大会，市委常委梁伟随后召开第四分指工作部署会。会议研究部署了国庆群众游行有关工作。市委社会工委书记、市社会办主任、第四分指指挥宋贵伦，市委社会工委副书记、市社会办副主任、第四分指常务副指挥、执行指挥王力军，各总队常务副总队长及各有关处室负责人参加会议。

同日 国庆群众游行第四分指巡查整改复训工作领导小组赴首都师范大学巡查“文化繁荣”方阵整改复训情况。

同日 国庆群众游行第四分指巡查整改复训工作领导小组赴密云机场巡查“人口卫生”方阵整改复训情况。

29日 国庆群众游行第四分指巡查整改复训工作领导小组赴北京语言大学巡查“同一个世界”方阵整改复训情况。

同日 国庆群众游行第四分指巡查整改复训领导工作小组赴北京师范大学巡查“教育发展”方阵整改复训情况。

同日 市委社会工委委员、市社会办副巡视员、市民交协副会长刘轩带队到顺义区参观第七届中国花卉博览会。

同日 市委社会工委委员、市社会办副主任陈建领13次参加市国庆安保工作会议。

10月

1日 国庆群众游行第四分指挥部参加国庆60周年群众游行活动。由市委社会工委书记、市社会办主任宋贵伦任指挥，副书记、副主任王力军任常务副指挥、执行指挥的国庆群众游行第四分指挥部11个方阵2.6万多名队员参加国庆60周年群众游行活动，圆满完成任务。

同日 市委社会工委、市社会办组织北京市城市社区系统30名代表到天安门广场参加国庆观礼。市委社会工委书记、市社会办主任宋贵伦，市委社会工委副书记、市社会办副主任王力军，市委社会工委委员、市社会办副主任吴群刚、赵小卫、陈建领，市委社会工委委员、市社会办副巡视员王丽竹参加。

1—8日 市委社会工委委员、市社会办副主任陈建领参加市国庆安保工作会议。

2日 市委社会工委书记、市社会办主任宋贵伦，市委社会工委副书记、市社会办副主任王力军，市委社会工委委员、市社会办副巡视员王丽竹出席国庆群众游行指挥部联欢会。

5日 市委社会工委委员、市社会办副主任赵小卫带队对房山区“国庆平安行动”进行督察。

9日 市长郭金龙主持召开市政府常务会。市委社会工委书记、市社会办主任宋贵伦参加。

10日 副市长丁向阳召开专题会，研究居家养老助残相关政策。市委社会工委委员、市社会办副主任吴群刚参加会议。

10—12日 市委社会工委书记、市社会办主任宋贵伦赴山西参加全国人大代表北京团调研考察活动。

11—27日 市委社会工委委员、市社会办副主任陈建领到以色列参加培训学习。

13日 市委社会工委书记、市社会办主任宋贵伦参加全市学习实践活动第二批总结暨第三批动员电视电话会。

同日 市委社会工委书记、市社会办主任宋贵伦出席北京市社科联社会组织建设与发展研修班并作社会建设专题报告。

同日 副市长丁向阳研究社会组织工作。市委社会工委委员、市社会办副巡视员刘轩汇报社会组织工作有关情况。

同日 市委社会工委委员、市社会办副主任吴群刚参加首都国庆60周年志愿者工作第三次联席会议暨总结会。

13—16日 市委社会工委委员、市社会办副巡视员刘轩参加市红十字会考察团，到四川省什邡市现场考察震后重建项目进展情况。

14日 市委社会工委书记、市社会办主任宋贵伦出席市委学习实践活动社区、“两新”组织指导组第一次工作会议并讲话。

同日 市委社会工委书记、市社会办主任宋贵伦主持召开2009年第10次主任办公会议（扩大）。会议听取了各处室2009年9月份工作完成情况及2009年份工作计划的汇报。通报了国庆群众游行指挥部第四分指挥部、市突发公共卫生事件应急指挥部社会防控督察组、国庆平安督察工作、国庆群众游行指挥部策划动训部的总体工作情况。会议还向全体干部介绍了新到岗的四位军转干部。

同日 市委社会工委委员、市社会办副主任赵小卫参加首都综治办召开的“国庆平安行动”总结座谈会。

15日 市委社会工委书记、市社会办主任宋贵伦，市委社会工委副书记、市社会办副主任王力军，市委社会工委委员、市社会办副巡视员王丽竹参加国庆群众游行总指挥部总结表彰大会。

同日 与市社科院就共同研究举办社区公共服务高层论坛相关工作进行座谈。市委社会工委委员、市社会办副巡视员王丽竹，市社科院副院长戚本超出席会议。

16日 市委社会工委书记、市社会办主任宋贵伦参加市委、市政府理论学习中心组学习（扩大）会。

同日 市委社会工委书记、市社会办主任宋贵伦出席国庆群众游行第四分指工作总结暨答谢会并讲话。市委社会工委副书记、市社会办副主任王力军主持会议，市委社会工委委员、市社会办副主任吴群刚、赵小卫，市委社会工委委员、市社会办副巡视员刘轩出席会议。

同日 市委社会工委委员、市社会办副主任赵小卫出席秋季地坛书市开幕式。

17日 市委社会工委书记、市社会办主任宋贵伦出席北京师范大学国庆活动总结表彰大会并讲话。市委社会工委副书记、市社会办主任副王力军参加。

18日 市委社会工委书记、市社会办主任宋贵伦参加第五届亚洲安全社区会议开幕式。

19日 市委社会工委书记、市社会办主任宋贵伦参加北京市推进廉政风险防范管理工作经验交流会。

同日 副市长丁向阳召开专题会，研究进一步规范社区工作者工资待遇的相关政策。市委社会工委书记、市社会办主任宋贵伦，市委社会工委委员、市社会办副主任吴群刚，市委社会工委委员、市社会办副主任赵小卫参加会议。

20日 市委常委梁伟研究政府购买社会公共服务文件制订工作。市委社会工委书记、市社会办主任宋贵伦，市委社会工委委员、市社会办副主任赵小卫汇报有关情况。

21日 中央非公有制经济组织学习实践活动巡回指导一组来京调研非公有制经济组织学习实践科学发展观活动情况。中央非公有制经济组织学习实践活动巡回指导一组组长、国家工商总局原副局长、个体工商业协会会长甘国屏，市委社会工委书记、市社会办主任宋贵伦，市委社会工委委员、市社会办副巡视员刘轩参加调研。

22日 大庆市社会建设考察团来北京市调研社会建设工作。市委社会工委书记、市社会办主任宋贵伦，市委社会工委委员、市社会办副主任赵小卫，市委社会工委委员、市社会办副巡视员王丽竹、刘轩，市社会办副巡视员张青之，大庆市委常委、社会工委书记于洪涛等参加座谈。

同日 市委社会工委书记、市社会办主任宋贵伦出席首都师范大学国庆活动总结表彰会并讲话。

同日 市委社会工委委员、市社会办副主任张坚到西城区就社区公共服务现状进行调研。

同日 市委社会工委委员、市社会办副巡视员刘轩参加市红十字会向北京市民发放《安全救护手册》仪式。

23日 与北京社科院、北京社区研究基地共同主办“社区公共服务高层论坛”。来自中央编译局、清华大学、北京大学、中国人民大学、中国社科院等20多所科研院校的专家学者，来自南京、宁波、杭州等省市的社区建设主管部门领导和实际工作者，部分企业、社会组织、媒体代表，以及北京市相关政府部门、区县社会建设部门、街道和社区代表，共计130余人参加了论坛。市委社会工委书记、市社会办主任宋贵伦，北京社科院院长刘牧雨，市委社会工委委员、市社会办副主任张坚，市委社会工委委员、市社会办副主任吴群刚，北京市哲学社会科学规划办公室主任王祥武，市委研究室副主任王强，市委社会工委委员、市社会办副巡视员王丽竹出席论坛，市委社会工委书记、市社会办主任宋贵伦作主题报告。

同日 中央非公有制经济组织学习实践活动指导组来京调研非公有制经济组织学习实践科学发展观活动情况。中央非公有制经济组织学习实践活动指导组组长、中央统战部副部长、全国工商联党组书记、第一副主席全哲洙，指导组副组长、全国工商联党组副书记、副主席褚平，市委副秘书长王翔，市委社会工委书记、市社会办主任宋贵伦，市委社会工委委员、市社会办副主任赵小卫，市委社会工委委员、市社会办副巡视员刘轩参加调研和座谈。

同日 市委社会工委委员、市社会办副主任赵小卫出席中纪委在学院路街道社区服务中心召开的廉政文化进社区参观座谈活动。

25日 市长郭金龙主持召开市政府常务会。市委社会工委书记、市社会办主任宋贵伦参加。

26日 市委社会工委、市社会办领导与市社团办领导座谈。市委社会工委副书记、市社会办副主任王力军，市委社会工委委员、市社会办副主任赵小卫，市委社会工委委员、市社会办副巡视员刘轩参加座谈。

同日 市委社会工委书记、市社会办主任宋贵伦主持召开2009年第20次工委会议（扩大）。会议研究布置了近期重点工作。市委社会工委、市社会办处长以上干部参加。

26—31日 市委书记刘淇率北京市党政代表团赴长三角地区学习考察。市委社会工委书记、市社会办主任宋贵伦参加考察。

27日 市委社会工委、市社会办领导到西城区调研工作。市委社会工委委员、市社会办副主任吴群刚，市委社会工委委员、市社会办副巡视员王丽竹听取了西城区关于社工人才队伍建设、志愿者工作以及推进社区规范化建设试点工作的情况汇报，并先后到西城区社工联合会、西城区社会组织孵化中心、德胜街道公共服务大厅进行调研。

27—28日 全国政协教科文卫体委员会“我国社会事业协调发展的重要政策问题”专题调研组来北京市调研。市委社会工委委员、市社会办副主任张坚参加座谈。市委社会工委委员、市社会办副巡视员王丽竹陪同实地调研。

27—29日 市委社会工委委员、市社会办副巡视员刘轩参加中国红十字会第九次代表大会。

28日 市委社会工委副书记、市社会办副主任王力军参加市政协“新形势下社会和谐与稳定研讨会”招待会。

同日 2010年政府工作报告调研组来市委社会工委、市社会办调研。市委社会工委委员、市社会办副主任张坚，市政府研究室副主任李富生参加座谈。

同日 市委社会工委委员、市社会办副主任张坚主持研究基地中期研究成果通报会。

同日 召开社区服务站标志设计座谈会。市委社会工委委员、市社会办副巡视员王丽竹出席会议。

同日 市委社会工委委员、市社会办副主任陈建领出席市典当行业协会党支部成立会议并讲话。

29日 市委社会工委委员、市社会办副主任张坚带领研究室有关人员到东城区就2010年工作思路进行调研。

同日 市委社会工委、市社会办领导到通州区调研工作。市委社会工委委员、市社会办副主任吴群刚，市委社会工委委员、市社会办副巡视员王丽竹听取了通州区关于社区规范化建设试点工作、社工人才队伍建设和志愿者工作的情况汇报，并先后到通州区玉桥街道南里南社区、玉桥北里社区进行调研。通州区副区长赵玉影参加调研。

30 日 市委社会工委副书记、市社会办副主任王力军到西城区 NPI 社会组织发展中心（社会组织孵化器）调研，并指导区县社会组织工作。西城区副区长陈蓓陪同调研。

同 日 市委社会工委委员、市社会办副主任吴群刚主持召开社会防控督察组专题工作会议。会议深入分析北京航空航天大学 2009 级学生军训团甲型 H1N1 聚集性疫情情况，研究提出相关处置建议。

同 日 市委社会工委委员、市社会办副主任赵小卫出席房山区“国庆平安行动”总结表彰会。

31 日 市委社会工委委员、市社会办副主任陈建领出席西城区社会领域党员运动会。

11 月

2 日 市委社会工委书记、市社会办主任宋贵伦参加“学习贯彻十七届四中全会精神暨北京市 60 年党的建设主要成就与经验”研讨会并发言。市委社会工委委员、市社会办副主任陈建领陪同参加。

同 日 市委社会工委委员、市社会办副主任吴群刚出席宣武区委社会工委、中国青年政治学院社会工作学院“双基地”揭牌仪式。

3 日 中央新社会组织学习实践活动指导小组来京调研北京市新社会组织学习实践活动。市委书记刘淇，市委副书记、市长郭金龙会见指导小组组长、民政部党组书记、部长李学举一行，副市长丁向阳，市委副秘书长王翔，市委社会工委书记、市社会办主任宋贵伦，市委社会工委委员、市社会办副主任陈建领参加，并陪同调研。

同 日 市委社会工委书记、市社会办主任宋贵伦参加市政府专题会议。

4 日 市委社会工委书记、市社会办主任宋贵伦主持召开 2009 年第 21 次工委会议。会议研究了社会建设专项资金和干部人事有关工作，通报了市委常委会关于讨论通过北京市局级后备干部人选的有关事宜。

同 日 市委社会工委书记、市社会办主任宋贵伦为市社科院干部作社会建设专题报告。

同 日 市委社会工委委员、市社会办副巡视员王丽竹参加 2009—2010 年全市供热工作动员大会。

同 日 市委社会工委委员、市社会办副主任员张坚主持召开北京市社会建设“十二五”规划专家座谈会。

5 日 副市长丁向阳听取市社会办关于当前社会建设重点工作情况的汇报。市委社会工委、市社会办领导班子全体成员参加会议。

6 日 市委社会工委书记、市社会办主任宋贵伦参加北京市赴长三角地区学习考察团总结会。

同 日 市委社会工委书记、市社会办主任宋贵伦参加市委、市政府理论学习中心组学习（扩大）会。

同 日 市委社会工委委员、市社会办副主任张坚到昌平区委社会工委调研。

同 日 市委社会工委委员、市社会办副主任陈建领出席北京市注册会计师协会党委召开的学习实践活动动员大会并讲话。

同 日 市委社会工委委员、市社会办副主任陈建领参加石景山科技园区学习实践活动动员大会并讲话。

同 日 市委社会工委委员、市社会办副巡视员刘轩参加市委党校“北京市 2009 年‘科学发展与领导力提升’”局级专题培训班。

8—17 日 市委常委梁伟到南非、以色列等国调研社会建设工作。市委社会工委委员、市社会办副主任张坚等陪同。

9日 中央学习实践活动指导组副组长高俊良到丰台区调研第三批学习实践科学发展观活动情况。市委社会工委书记、市社会办主任宋贵伦，市委社会工委委员、市社会办副主任陈建领陪同调研。

10日 市委社会工委书记、市社会办主任宋贵伦主持召开2009年第22次工委会议。会议研究了关于支付社区服务站标志系统设计费有关工作，通报了干部人事有关工作。

同日 市委社会工委书记、市社会办主任宋贵伦主持召开2009年第11次主任办公会议（扩大）。会议听取了各处室10月份工作完成情况及11月份工作计划的汇报，研究部署了有关工作。

同日 市委社会工委书记、市社会办主任宋贵伦参加市政府常务会议。

同日 市委学习实践活动社区和“两新”组织指导组召开第二次工作会议。市委社会工委书记、市社会办主任宋贵伦，市委社会工委委员、市社会办副主任陈建领出席会议并讲话。

11日 中央非公有制经济组织学习实践活动巡回指导一组到大兴区调研。指导组组长、国家工商总局原副局长、个体工商业协会会长甘国屏，市委副秘书长王翔、市委社会工委委员、市社会办副主任陈建领参加调研。

同日 市委社会工委书记、市社会办主任宋贵伦主持召开区县社会工委书记工作例会。市委社会工委、市社会办领导班子全体成员，各区县社会工委书记等参加会议。

同日 市委社会工委书记、市社会办主任宋贵伦，市委社会工委委员、市社会办副主任赵小卫与北京电视台商议《聚星坊》栏目合作事宜。

12日 中央非公有制经济组织学习实践活动巡回指导一组到海淀区调研。指导组组长、国家工商总局原副局长、个体工商业协会会长甘国屏，市委副秘书长王翔，市委社会工委书记、市社会办主任宋贵伦，市委社会工委委员、市社会办副主任陈建领参加调研。

同日 市委社会工委委员、市社会办副巡视员王丽竹参加市政协检查办理《关于进一步弘扬奥运精神，促进志愿服务事业发展》建议案及提案座谈会。

13日 市人大代表视察北京市商务楼宇社会工作站及社区规范化建设情况。市委社会工委书记、市社会办主任宋贵伦参加视察活动。市委社会工委委员、市社会办副主任吴群刚、陈建领陪同视察并列席座谈会。

同日 市委社会工委书记、市社会办主任宋贵伦出席清华大学庆祝国庆60周年群众游行活动总结表彰会并讲话。市委社会工委副书记、市社会办副主任王力军出席表彰会。

同日 市委社会工委委员、市社会办副主任赵小卫到怀柔区调研社会建设工作。

同日 市委社会工委委员、市社会办副巡视员王丽竹参加2009年第五次消防工作联席会。

16日 市委社会工委书记、市社会办主任宋贵伦与市委研究室领导座谈。

同日 市委组织部举办新疆维吾尔自治区党委组织部来京考察团座谈交流会。市委社会工委委员、市社会办副主任陈建领出席会议并就基层维护稳定工作、基层党建工作等问题进行研讨交流。

17日 市委社会工委书记、市社会办主任宋贵伦参加市委书记刘淇主持召开的“绿色北京”专题座谈会。

同日 市委社会工委委员、市社会办副主任陈建领到长沙参加全国非公有制经济组织学习实践科学发展观活动工作会议。

18日 市委社会工委书记、市社会办主任宋贵伦参加市委书记刘淇主持召开的“人文北京”专题座谈会。

同日 市委社会工委书记、市社会办主任宋贵伦为通州区委、区政府理论学习中心组（扩大）作加强社会建设辅导报告。

同日 市委社会工委委员、市社会办副主任吴群刚参加北京市海外学人工作联席会第二次会议。

同 日 市委社会工委委员、市社会办副主任赵小卫出席市纪委《关于实行党政领导干部问责的暂行规定》辅导报告会。

同 日 市委社会工委委员、市社会办副巡视员刘轩与中关村管委会有关领导和工作处室进行座谈，研究中关村自主创新示范区社会组织改革试点工作。

同 日 市委社会工委委员、市社会办副巡视员刘轩参加杭州市企业联合会成立一周年庆祝仪式。

19 日 市委社会工委委员、市社会办副主任赵小卫出席机关党委专题会议并讲话。会议学习市委书记刘淇在北京市推进廉政风险防范管理工作经验交流会上的讲话精神，进一步研究部署廉政风险防范管理工作。

同 日 市委社会工委委员、市社会办副巡视员刘轩参加市民交协《北京市民间组织国际交流现状、问题和对策研究》课题调研专家论证会。

同 日 市委社会工委委员、市社会办副主任陈建领参加中宣部思想政治工作研究所举办的全国思想政治工作座谈会。

20 日 市政府副秘书长侯玉兰到崇文区调研社区规范化建设试点工作。市委社会工委书记、市社会办主任宋贵伦，市委社会工委委员、市社会办副主任吴群刚，市委社会工委委员、市社会办副巡视员王丽竹陪同调研。

同 日 市委社会工委委员、市社会办副主任赵小卫出席北京市妇联举办的“家庭教育论坛”。

22 日 市委社会工委书记、市社会办主任宋贵伦出席文化创意基地丰台园揭牌仪式。

23 日 市委社会工委书记、市社会办主任宋贵伦参加市委贯彻十七届四中全会文件征求意见会。

同 日 与市委统战部进行座谈交流。市委常委梁伟，市委常委、统战部长牛有成出席会议并讲话。市委社会工委书记、市社会办主任宋贵伦，市委统战部常务副部长闵克，市委统战部副部长李卫东，市委社会工委委员、市社会办副主任赵小卫、陈建领出席座谈会。

同 日 市委社会工委委员、市社会办副主任赵小卫出席丰台区2009年大学生社区工作者入职培训并讲话。

24 日 市委社会工委委员、市社会办副主任赵小卫到丰台区调研社会建设工作。

同 日 市委社会工委委员、市社会办副主任陈建领出席市委第三批学习实践科学发展观活动领导小组工作会议并汇报社区和“两新”组织学习实践活动情况。

同 日 市委社会工委委员、市社会办副巡视员王丽竹参加北京市应急志愿者工作会。

同 日 市委社会工委书记、市社会办主任宋贵伦，市委社会工委委员、市社会办副主任赵小卫与新华社北京分社领导座谈。

25 日 市委常委梁伟到崇文区、丰台区调研社会建设工作。市委副秘书长王翔，市委社会工委书记、市社会办主任宋贵伦，市委社会工委委员、市社会办副主任吴群刚、赵小卫、陈建领，崇文区区委书记夏强，丰台区区委书记李超钢等陪同调研。

同 日 市委社会工委委员、市社会办副主任吴群刚参加2009年度第一期全市人才工作者培训系列讲座。

26 日 市委社会工委书记、市社会办主任宋贵伦出席西城区深入推进社会建设研讨会。市委社会工委委员、市社会办副主任陈建领陪同参加。

27 日 市委常委梁伟到宣武区调研社区规范化建设及社会领域党建工作情况。市委社会工委委员、市社会办副主任张坚、吴群刚，市委社会工委委员、市社会办副巡视员王丽竹，宣武区区委书记王宁陪同调研。

同 日 市委社会工委书记、市社会办主任宋贵伦参加市政府专题会议。

同 日 市委社会工委书记、市社会办主任宋贵伦为市总工会系统作加强社会建设专题报告。

同 日 市委社会工委委员、市社会办副主任陈建领出席中央新社会组织学习实践活动指导组召开的新社会组织学习实践活动电视电话工作会议。

同日 市委社会工委委员、市社会办副巡视员王丽竹参加市政府专题会。

同日 市委社会工委委员、市社会办副巡视员刘轩参加市红十字会紧急救援中心（999）社会监督委员会成立新闻发布会，被聘为特邀监事。

28日 市委社会工委书记、市社会办主任宋贵伦出席全国行政学院系统社会建设与社会体制改革研讨会并作专题演讲。

11月30日—12月9日 市委社会工委书记、市社会办主任宋贵伦率团到新加坡、英国调研社会建设工作。出访期间，由市委社会工委委员、市社会办副主任张坚主持工作。

12月

3日 市委常委梁伟到石景山区调研社区规范化建设和商务楼宇党建工作。市委社会工委委员、市社会办副主任张坚、吴群刚、陈建领陪同。

4日 市委社会工委委员、市社会办副主任陈建领与北京支部生活杂志社领导就社会领域党建工作及有关合作事宜进行座谈交流。

同日 市委社会工委委员、市社会办副巡视员王丽竹参加北京奥运会、残奥会志愿者工作成果转化研究报告发布仪式。

同日 市委社会工委委员、市社会办副巡视员王丽竹参加西城区月坛地区首届“和谐杯”单位文艺会演。

5日 市委社会工委委员、市社会办副巡视员王丽竹参加市民政局社区志愿服务推进会。

7—11日 举办全市社区建设示范培训班。来自全市的140名社区党组织书记、居委会主任参加集中培训。市委副秘书长王翔，市委社会工委书记、市社会办主任宋贵伦，市委社会工委委员、市社会办副主任陈建领等出席相关活动并讲话。

8日 市委社会工委委员、市社会办副主任张坚到市残联，就北京市社会建设改革专题向北京市和内蒙古自治区部分残联新任秘书长介绍情况。

同日 市社区规范化建设试点工作调研组到怀柔区调研相关工作。调研组先后到怀柔区泉河街道于家园二区、富乐北里社区查看社区规范化建设情况。市委社会工委委员、市社会办副主任张坚、吴群刚、陈建领，市委社会工委委员、副巡视员王丽竹参加调研，怀柔区社会工委及各街道相关领导陪同调研。

8—12日 市委社会工委委员、市社会办副巡视员刘轩带团赴土耳其参加第六届世界家庭峰会，并到希腊访问，与有关非政府组织进行工作交流，初步建立了联系。

9日 市委社会工委委员、市社会办副巡视员王丽竹参加2009年度第二期全市人才工作者培训系列讲座。

10日 市委社会工委书记、市社会办主任宋贵伦参加市委、市政府工作务虚会。

同日 中组部部务委员傅思和来京调研。市委社会工委委员、市社会办副主任陈建领陪同调研。

11日 市委社会工委书记、市社会办主任宋贵伦参加纪念北京市思想政治工作研究会成立20周年座谈会。

同日 市委社会工委书记、市社会办主任宋贵伦参加北京市人大工作会议。

同日 市委社会工委书记、市社会办主任宋贵伦参加全市领导干部会。

同日 市委社会工委委员、市社会办副主任赵小卫出席在市人力社保局农民工工作联席会。

同日 市委社会工委委员、市社会办副巡视员王丽竹到门头沟区周末大讲堂讲课。

14—20日 举办全市社会组织建设专题培训班。来自10个市级“枢纽型”社会组织、18个区县社会工委、社会办及中关村科技园区管委会、市经济技术开发区管委会负责社会组织工作的有关领导和工作人员共64

人参加培训。市委社会工委书记、市社会办主任宋贵伦，市委社会工委委员、市社会办副巡视员刘轩出席相关活动并讲话。

同 日 市委社会工委、市社会办领导班子民主生活会召开。市委常委梁伟出席会议并讲话。市委社会工委书记、市社会办主任宋贵伦，市委社会工委、市社会办领导班子全体成员参加会议。

同 日 市长郭金龙到西城区调研第三批学习实践科学发展观活动情况。市委社会工委委员、市社会办副主任陈建领陪同调研。

15 日 市委常委梁伟到海淀区调研社会建设工作。市委社会工委书记、市社会办主任宋贵伦，市委社会工委委员、市社会办副主任陈建领陪同调研。

同 日 市委社会工委书记、市社会办主任宋贵伦参加市政府常务会议。

同 日 市委社会工委委员、市社会办副主任赵小卫与团市委副书记姜泽廷研究大学生社工问题。

16 日 市党风廉政建设责任制领导小组到市委社会工委检查2009 年北京市党风廉政建设责任制落实情况。领导小组成员、市委常委、宣传部长、副市长蔡赴朝听取了市委社会工委书记、市社会办主任宋贵伦的工作汇报并讲话。市党风廉政建设责任制领导小组办公室副主任、市委宣传部副部长严力强主持汇报会。市委社会工委、市社会办领导班子全体成员参加。会后，检查组还与各处室同志座谈，了解开展廉政风险防范管理工作情况，并到宣武区乐凯大厦社会工作站和广外街道红莲中里社区实地考察。

同 日 召开大学生社工迎新年座谈会。市委社会工委书记、市社会办主任宋贵伦主持并讲话。市委社会工委委员、市社会办副主任赵小卫，市委社会工委委员、市社会办副巡视员王丽竹，全市各区县社会工委主管领导，10 名大学生社工代表参加座谈会。

17 日 召开机关全体干部会，推荐市社会办副主任人选。

同 日 市委社会工委委员、市社会办副主任赵小卫出席通州区“楼门文化建设”论坛。

同 日 市委社会工委委员、市社会办副巡视员王丽竹参加亦庄开发区历史遗留问题专题会。

18 日 市委书记刘淇到东城区调研。市委社会工委书记、市社会办主任宋贵伦陪同调研。

同 日 市委社会工委书记、市社会办主任宋贵伦参加全国政法工作电视电话会议。

同 日 市委社会工委委员、市社会办副主任赵小卫主持召开专题会议，听取进一步规范社区工作者工资待遇的工作汇报，并研究推进工作的相关问题。

同 日 市委社会工委委员、市社会办副主任陈建领出席北京市工商联水产业商会党委、工会、社会建设综合服务站揭牌成立大会并讲话。

同 日 市委社会工委委员、市社会办副巡视员王丽竹出席东城区社会工作人才培养暨“双基地”建设研讨会并讲话。

21 日 市委社会工委书记、市社会办主任宋贵伦参加市政府常务会议。

同 日 市委社会工委书记、市社会办主任宋贵伦主持召开2009 年第23 次工委会议。会议研究同意批复北京休闲文化创意产业协会进行筹备，讨论通过了《领导调研考察活动安排细则》。会议还研究了干部人事等工作。

同 日 市委社会工委书记、市社会办主任宋贵伦等领导班子成员与密云县委社会工委、县社会办新领导班子成员座谈。

同 日 市委社会工委委员、市社会办副巡视员王丽竹参加西城区和谐社区建设推进会并讲话。

22 日 召开机关全体干部会，欢迎周开让、王智玲同志。市委社会工委书记、市社会办主任宋贵伦主持，市委社会工委委员、市社会办副主任张坚、赵小卫、陈建领，市委社会工委委员、市社会办副巡视员刘轩、王智玲参加。市委、市政府日前决定，周开让任市委社会工委委员、市社会办副主任，王智玲任市委社会工委委员、市社会办副巡视员。

23 日 市委组织部到市委社会工委考察市社会办副主任推荐人选。市委社会工委书记、市社会办主任宋贵伦，市委社会工委委员、市社会办副主任张坚、赵小卫、陈建领，市委社会工委委员、市社会办副巡视员王丽竹等共22位同志参加谈话。

同 日 市委社会工委书记、市社会办主任宋贵伦陪同梁伟同志到市妇联调研。

同 日 市委社会工委书记、市社会办主任宋贵伦参加市社科联座谈会。

同 日 市委社会工委委员、市社会办副巡视员王丽竹参加第七届全民健身节总结会。

24—25 日 市委社会工委、市社会办领导到区县进行调研慰问。市委社会工委委员、市社会办副主任张坚、陈建领，市委社会工委委员、市社会办副巡视员王丽竹、刘轩，分别到东城、海淀、大兴、房山区调研，并就第三批学习实践活动、社区规范化建设和大学生社工工作、生活情况等进行座谈交流。

24—26 日 市委社会工委书记、市社会办主任宋贵伦参加市委十届七次全会。

24 日 市委社会工委委员、市社会办副主任赵小卫出席“大众读书会”第六届会员代表大会。

同 日 市委社会工委委员、市社会办副巡视员王丽竹出席宣武区社区便民服务卡实施启动仪式。

25 日 市委社会工委委员、市社会办副主任陈建领出席朝阳区律师协会党委迎新年“歌唱祖国”文艺会演颁奖演出活动。

同 日 市委社会工委委员、市社会办副巡视员王丽竹参加市妇联“姐妹驿站”开通仪式。

26 日 北京师范大学社会建设研究院成立仪式暨“三个北京”与社会建设专题学术研讨会召开。全国政协副主席陈宗兴、民政部副部长窦玉沛、市委常委梁伟出席会议并讲话，市社会工委书记、市社会办主任宋贵伦和北京师范大学党委书记刘川生共同为研究院揭牌，市委社会工委委员、市社会办副主任张坚，北京师范大学常务副校长董奇参加会议。

同 日 市社会工委书记、市社会办主任宋贵伦代表市社科联等主办单位主持召开纪念龚育之同志诞辰80周年学术研讨会暨龚育之著作出版座谈会。

28 日 市委社会工委书记、市社会办主任宋贵伦参加市政府常务会议。

同 日 市委社会工委书记、市社会办主任宋贵伦，市委社会工委委员、市社会办副主任赵小卫与北京青年宫负责人研究支持社会组织开展婚介工作。

同 日 市委社会工委委员、市社会办副主任赵小卫参加市老干部工作会议。

同 日 市委社会工委委员、市社会办副主任陈建领出席海淀区大学生社工座谈会并讲话。

同 日 市委社会工委委员、市社会办副巡视员刘轩参加市总工会“北京职工婚姻家庭建设协会”成立大会。

29 日 副市长丁向阳主持召开社会建设重点工作专题会议，听取了关于社会组织建设、社区工作者待遇、志愿者工作的情况汇报。市委社会工委书记、市社会办主任宋贵伦，市委社会工委委员、市社会办副主任赵小卫，市委社会工委委员、市社会办副巡视员王丽竹、刘轩参加会议。

同 日 市委社会工委委员、市社会办副主任陈建领出席丰台区卢沟桥街道国润商务大厦社会工作党委周年庆典暨表彰会并讲话。

同 日 市委社会工委委员、市社会办副巡视员刘轩参加北京妇联专家学者座谈会。

30 日 市委社会工委书记、市社会办主任宋贵伦参加中央文献研究室图书资料室金以枫同志遗体告别仪式。

同 日 市委社会工委书记、市社会办主任宋贵伦参加非公经济组织学习实践活动有关工作电视电话会议。市委社会工委委员、市社会办副主任陈建领参加。

31 日 市委常委梁伟出席密云县委社会工委、社会办挂牌仪式。市委副秘书长王翔，市委社会工委书记、市社会办主任宋贵伦，市委社会工委委员、市社会办副主任赵小卫参加活动。

同 日 市委社会工委书记、市社会办主任宋贵伦等领导班子成员参加团市委主办的国庆 60 周年群众游行活动答谢会和迎新年活动。

同 日 市委社会工委委员、市社会办副主任陈建领参加市政法工作会议。

同 日 市委社会工委委员、市社会办副巡视员王丽竹参加人口普查工作部署会。

·理论文章与调研考察报告·

外出考察报告

北京市代表团出访以色列、南非的情况报告

为进一步加强与北京国际友好城市间的合作与交流，学习借鉴以色列、南非在社区建设、工会组织建设方面的经验，应以色列特拉维夫—雅法市市政府和南非开普敦市市政府邀请，市委常委梁伟率北京市代表团一行6人，于2009年11月8日—17日对以色列、南非两国进行了友好访问。访问期间，代表团一行分别拜会了以色列特拉维夫—雅法市市政委员内森·沃勒奇和南非开普敦市市长丹·普拉陀，并与特拉维夫—雅法市福利卫生与人员服务部社区资源局、邻里关系部和以色列总工会（Histadrut）进行了工作座谈。这次访问交流了情况、增进了友谊、增长了见识，达到了预期目的。

一、基本情况

访问以色列期间，代表团一行在特拉维夫市政厅拜会了特拉维夫—雅法市市政委员内森·沃勒奇。内森·沃勒奇先生对北京代表团的来访表示热烈的欢迎，并就特拉维夫—雅法市的历史和现状进行了介绍，对北京作为一个拥有1700多万人口的大城市的建设和发展成果表示钦佩。他比较鲜明地表达了早日实现和平的愿望，希望代表团回国后能让更多的北京市民了解以色列和平安宁的现状、对各国人民的友好情谊以及发展合作的渴望，并希望中、以两国及北京与特拉维夫两市的民间交往更加扩大、更加密切。梁伟同志对两市近年来的友好合作和发展表示欣慰和赞赏，对以色列在经济和社会建设方面取得的成果表示钦佩，表达了对中东早日实现和平的祝愿，并邀请更多的特拉维夫官员访问北京，以增强两市之间的交流与合作，进一步巩固友城关系。随后，代表团一行与特拉维夫—雅法市福利卫生与人员服务部社区资源局、邻里关系部和以色列总工会（Histadrut）进行了工作座谈。福利卫生与人员服务部社区资源局负责人就其部门结构以及如何与社区、志愿者、企业开展合作作了着重介绍。邻里关系部的负责人就如何促进社区发展以及培养社区的凝聚力作了详细介绍。这两个部门在具体工作中对社区居民需求的重视、鼓励居民参与政府决策以及针对居民需求实行项目化运作的方式给代表团留下了深刻的印象。以色列总工会（Histadrut）国际部负责人对总工会的发展历史、组织结构以及其理念变迁作了总体介绍，并就工会与政府、企业之间达成的协议内容，以及为工会会员提供的服务作了详细说明。

代表团在特拉维夫—雅法市外办工作人员的陪同下还参观了基布兹Shfayim。代表团首先听取了国际农业开发合作中心培训部主任关于以色列农业对外交流与国际合作的介绍，并参观了培训展示区的滴灌、施肥技术展示。随后，参观了基布兹Shfayim的各种产业形态。我们了解到基布兹也称“集体农庄”，是按照“平等和公平”原则建立的一种独特的农村社会组织形式，对以色列的经济、社会发展起了很大作用。随着时代的发展和社会的变迁，基布兹的生产结构和经营方式也发生了变化，由完全从事农业生产转为农业、工业、商业多元化经营，分配方式也由单纯的集体所有、平均分配转向允许私

有制的存在。

访问南非期间，代表团一行在开普敦市政厅拜会了开普敦市市长丹·普拉陀。普拉陀市长表达了对北京市这一重要合作伙伴的重视，对北京经济社会建设取得的成就表示赞赏。梁伟同志对开普敦的城市规划和管理给予了很高的评价，对北京建设“人文北京、科技北京、绿色北京”的理念作了介绍，并祝愿开普敦的城市建设通过举办世界杯取得更大的发展。双方还就解决市民住房问题、如何促进社区建设和社会组织发展进行了交流。普拉陀市长表示2010年将组织开普敦官员去北京考察学习，并邀请北京市政府官员2010年去开普敦观看世界杯比赛。

在以色列、南非访问期间，通过参观考察以及与当地居民、华侨的交流，我们还有三点深刻的感受。

一是以色列的政府官员和民众对实现中东和平的愿望非常强烈。市政委员内森·沃勒奇表达了以色列人民能像北京市民一样生活在和平环境里的愿望。希望早日实现和平，能将目前占财政支出65%的国防开支用于经济社会建设，让人民的生活水平得到更快的提高。特拉维夫市外办主任在拉宾广场详细介绍了拉宾遇刺经过时所表现出来的激动情绪与以色列人民对该事件的反省与愧疚的心情，让我们感受到以色列人民对这位和平使者的敬仰以及对和平的向往。通过参观设计精巧、寓意深刻的大屠杀纪念馆，尤其是馆内人名堂为所有遇难的600多万犹太人建档纪念，传达了以色列人民不忘历史、追求和平的信念。

二是南非黑人掌握政权后，种族问题依然存在，民族融合还需经历较长的过程。在考察中我们了解到，南非白人正大规模地离开南非，移居到其他国家，其中拥有技能并受过良好教育的年轻公民占较大比例。虽然推翻种族隔离制度之后，南非政府已履行了其承诺的种族和谐发展，但是白人仍是暴力犯罪的主要攻击对象，“肯定行动”（affirmative action，反歧视行动）对种族的强调，让许多白人觉得自己的发展机会受到了限制。这些问题的存在使得南非的民族融合进程相对缓慢，仍须经历一个较长的过程。高素质的南非人力资本的快速流失，也会对南非的稳定局面带来不利影响。

三是成功举办新中国成立60周年庆典大大增强了海外华侨的民族自豪感。此次考察团所到之处，无论是政府官员还是当地居民对新中国成立60周年庆典都倍加赞赏。海外华侨更是觉得国庆阅兵和游行活动向全世界展示了祖国的强大，让世界更了解了发展前进中的中国，让处在异国他乡的华人觉得扬眉吐气，进一步增强了他们的民族自尊心和自豪感。

二、主要交流内容

此次考察团主要与特拉维夫、开普敦市政府交流了关于社区建设和以工会为主的社会组织建设的相关情况，主要交流内容如下。

（一）对两市的社区管理体制有了初步的了解

特拉维夫市在对社区工作的管理体制上与北京市的做法有很多相似之处。社区的建设与管理涉及部门较多。以参加座谈的福利卫生与人员服务部和邻里关系部为例，福利卫生与人员服务部属于专业部门，关注残疾人、贫困人口等特殊群体的具体问题。而邻里关系部类似于北京市的社会办，着眼于社区整体的全面工作，负责统筹协调全市各个专业部门、各个方面的资源为社区服务。在经费预算方面，各个专业部门都有市财政统一拨付的经费，并具体落实到社区的层面，类似于北京市管理体制中的“条条”，而邻里关系部作为社区管理方面的统筹协调部门，类似于北京市管理体制中的“块块”角色，拥有统筹使用各个专业部门下到各社区的资金、资源以及人员的权力。当危机发生时，它可以调动区域内的各个政府部门工作人员来共同解决。

但是，与北京市管理体制不同的是，特

拉维夫没有区一级的政府。市政府各部门根据各自的工作需要将全市划分为不同的工作区域。这些工作区域的划分只是为了工作方便，不是行政区划意义上的划分，不构成一级政府。各个部门对工作区域的划分互不统一，比如福利卫生与人员服务部把全市划分为三个工作区域，而邻里关系部则划分为七个区域。各部门在各自划分的工作区域设置分支机构，派驻项目协调员，成为政府部门与社区之间沟通的桥梁。在社区这一层面，特拉维夫和开普敦都设有社区居委会，是完全自治的社区居民组织，委员会的成员都是志愿者，政府不需要支付社区委员会人员的工资。社区委员会和政府之间是一种平等协商的关系，政府对居民委员会的意见十分重视。在南非，如果对市政府的工作有所不满，社区委员会就会通过适当的方式，例如给市长写信或是邀请市长去参加他们的会议来共同协商解决存在的问题。

（二）以居民生活中的实际需求为导向是两市社区服务提供的指导思想

特拉维夫和开普敦十分重视社区居民的实际需求，具体表现在以下两个方面。

一是形成制度性的探访制度，经常下社区倾听民众需求。特拉维夫福利卫生与人员服务部通过设在各工作区域分支机构的项目协调员来对社区开展工作。这些项目协调员深入基层，和社区的关系非常密切。他们一方面通过社区内的社会工作者来了解社区不同人群的需求；另一方面和社区里各种人群打交道，了解不同的家庭、儿童、老人、年轻人、单亲家庭的具体需求。对于能解决的问题物色合适的社会工作者和志愿者帮助解决，解决不了的向上反映到市政府。开普敦市政府把根据社区的不同需求，为社区提供个性化的服务和支持作为其应尽职责。市政府官员通过下社区与社区委员会、社区居民交谈来掌握社区个性化需求的第一手信息，并针对需求给予尽可能积极的答复，从而将居民的需求和市政府的工作联系起来。市政府还有一个专门委员会，每个月开会一次专门听取社区委员会提出来的意见，解决他们提出来的问题。在过去两个月当中，每周一到周五晚上开普敦市市长都去不同的社区走访，与社区委员会座谈，并在座谈前在当地报纸刊登信息，告知市民座谈的具体社区和时间，社区居民以及与社区有攸关利益的组织都可以参加。一般座谈会持续两个小时，市长用20分钟左右的时间介绍市政府关于社区工作的要点，其余时间留给大家提问题，通过这种方式让社区居民得到与市政府接触的方便途径，使得市长办公室、市政府和社区之间保持良好的关系。

二是鼓励社区居民参与政府决策过程。在这两个城市，社区居民参与政府决策的过程是很充分的。特拉维夫的邻里关系部通过两种机制鼓励公众参与决策，一种是通过区域分支机构（区域指导委员会）；另一种是通过社区委员会。这两种机构越团结，组织得越有效，在改善居民生活的决策过程中所发挥的作用就会越大。公众参与决策范围主要包括以下几个方面：参与到当地的规划和建设的论证过程；参与全市整体规划的制定过程；与市政府代表就一些问题开展讨论；对区域指导委员会的工作提出建议；为提升社区居民幸福指数提出解决方案；对当地的一些教育机构的设立、发展、改变提出建议；参与公共基础设施的改造建设，决定如何利用市政预算改善小区环境，等等。社区委员会有权向市政府提出需要解决的事项以及这些事项的先后顺序，并尽量去争取对社区有益的财政支持。市政府根据需求提出各种计划和项目来满足社区和民众的要求。

（三）采用项目化的志愿服务方式提供社区服务、满足社区需求

在了解社区居民的具体需求后，特拉维夫和开普敦市政府将这些需求按一定标准规划成项目。以具体的项目为龙头，带动人力、物力、财力、信息的整合，使各种资源得到优化配置。通过项目化的方式满足社区服务需求，有利于促使社区服务工作更加规范、有序，保证社区服务围绕需求、落到实处、

取得实效，从而提高社区居民的生活品质。此外，他们对各项目的执行主要以志愿服务的方式来开展。社区服务项目的大量具体工作由社区志愿人员来完成。各部门划拨下来的项目经费主要用于项目执行的开支，而不需用于支付人员工资。这两个城市已经成功开展了很多成熟的社区服务项目，最为社区居民所需的服务都会体现为各种项目，如：对孩子的教育培训、为老服务、就业服务，等等。其中，特拉维夫开展的社区应对危机项目体现了处于严峻国际环境压力和战争威胁下的以色列对提高居民自救能力的特殊需求。该项目在培训专业应急队伍、建立地区应急总部和信息中心，以及培育居民之间互助能力等方面的一系列措施给考察团留下了深刻的印象。

（四）以社工引领义工是开展项目化志愿服务的主要途径

在组织志愿者提供项目化社区服务上，两市十分重视发挥专业社工的引领指导作用。以特拉维夫福利卫生与人员服务部为例，其派驻在各个工作区域的项目协调员都是接受过专业训练的社会工作者，他们在促进社区发展和志愿服务方面掌握着专业的知识和技能。项目协调员的主要角色是要评估分管工作区域下各社区的各种需求，并根据需求招募所需的志愿者开展社区服务。在招募、使用、维护志愿者过程中，项目协调员一直发挥着引领指导的作用。

一是在招募志愿者过程中，实现需求和志愿者之间的良好对接。项目协调员会首先评估社区的需求，根据不同的需求来招募合适的志愿者并与志愿者之间建立起密切的联系。在对志愿者有一个基本的了解之后根据志愿者的背景，以及志愿者的各种实际情况（比如志愿者的年龄、工作地点、可以用来做志愿工作的时间、掌握的技能以及具体想服务什么样的对象）选择适合他们开展的项目交给他们去完成。

二是对志愿者开展持续的培训。在每个项目的开展过程中，项目协调员会帮助志愿者明确自己的责任和义务，发放志愿者工作手册，介绍常见问题的处理和各种工作方法。此外还定期召开教育培训研讨会，通过培训交流给志愿者的工作带来新的视角，注入新的活力。

三是对志愿者队伍进行有效的维护。时刻保持与志愿者的密切联系，了解他们的工作状况并且对他们的工作进行指导。对志愿者具体开展工作过程中遇到的问题提出建议并提供支持，对志愿者开展的工作进行监督。此外给予志愿者必要的激励，定期组织专门的委员会评选作出突出贡献的志愿者并进行表彰，请市长亲自颁奖。

四是注重培养社区志愿领袖人物。在社区各种公共活动或志愿活动中，注重发现在社区建设某些方面具有一定潜力及领导能力的人员，并对他们开展培训和指导，使他们迅速成长起来，成为社区志愿服务的领导人物，带领社区在改善环境上起积极的作用。特拉维夫市目前有三个议员还有一些市长的高级顾问就是从社区志愿者活动的领导人物成长起来的，他们成为所在社区的骄傲。发掘这样的人才进入政府、议会对于培养社区凝聚力和荣誉感也起到了积极作用。

（五）注重发挥社会力量参与社区建设

在考察中我们发现，特拉维夫、开普敦市政府都把握着“小政府、大社会”的理念，不仅积极发挥志愿者在社区建设中的重要作用，同时也注重与社会组织、企业等社会力量的合作。特拉维夫市政府就将社会组织开展的工作作为政府工作的有益补充，将他们视为合作伙伴，并对处于成立初始阶段的社会组织提供帮助和建议。同时，与私营企业合作，鼓励、指导企业肩负起社会责任，参与志愿活动。在增强企业的社会形象的同时，也进一步打开了市场，促进了企业的发展。开普敦市政府也有专门的部门管理社会组织，给予社会组织资源和资金上的支持，积极发挥他们在社会建设中的作用。同时，还善于动员民间力量进行自我完善，鼓励一些非常富有的社区（称为 CID——city improvement district 城市进步区），自愿拿出一部分钱来，改善社区的周边环境，使得市政府能有更多的财力和精力投入到不够发达的地区，成为市政府工作的有益补充。

（六）工会在维护职工利益方面发挥了积极作用

以色列全国总工会（Histadrut）是以色列最大的工人组织，其宗旨是关注工人权利、工人生活条件和社会地位的提高以及工人未来的发展，收入完全来源于会费。它为所有工会会员提供服务，不论何种种族、性别、文化背景，并强调对弱势群体工人提供特殊帮助。会员享受的服务包括：工会代表雇员与企业之间达成的一揽子协议、劳资关系方面的法律咨询服务、工会提供的各种福利待遇、教育培训以及福利基金，等等。此外，工会还通过参与立法领域来保护工人的权益。2009年总工会通过努力，在政府、企业、雇员之间达成了首个一揽子的协议，在增加工人收入和福利、维护工人权利以及提高工人地位方面取得了新的进展。

开普敦市工会在保护工人利益方面也发挥了重要作用，它是工人的代言人，保护工人免受雇主的过多剥削以及不合理的待遇。政府部门方面主要由人力资源部来保护工会的利益。政府与工会之间有定期的座谈机制，任何涉及工人利益的决策都会征求工会组织的意见，相互开诚布公，充分交流信息，共同作出决定。

三、体会与建议

通过这次考察，我们发现在社会建设这个问题上，以色列、南非这两个国家与北京市有很多类似的理念和做法。包括拥有类似的社会建设组织结构、重视社区服务水平的提升、积极培育和支持社会组织与志愿服务的发展，以及注重发挥工会在维护职工利益方面的作用。这说明当前北京市社会建设的方向和路径是正确的，是符合国际社会普遍的做法和一般规律的。但是在一些具体问题的操作上，这两个国家的一些经验很值得借鉴。

（一）以居民需求为导向的社区服务项目化管理应成为加强社区服务功能的重要途径

特拉维夫市、开普敦市在提供社区服务上实行以居民需求为导向的社区服务项目化管理的做法值得我们借鉴。具体说来，要做好以下三个方面的工作。

一是要增强社区居民参与水平。加强“公民的有序参与”一直是市政府强调的做法。但是当前社区居民和驻社区单位的社区参与尚处在初级阶段，总体上发育不成熟，社区参与的层次较低，社区参与的意识较弱，社区参与的制度建设还不完善。因此，我们要加强社区居民的参与意识，顺畅民众表达利益诉求的通道，对民众的需求信息给予积极的回应，不断完善社区参与的制度建设。尤其是要充分发挥社区居民会议的作用，涉及社区居民利益的重大事项、社区建设发展规划、经费筹集、财务收支、公益事业专项补助资金的使用、重大活动方案等都需经过社区居民会议讨论决定。

二是加强社区居民需求反映渠道的建设。一方面以当前开展的社区规范化建设为契机，切实减轻社区居委会的行政负担，使社区居委会回归到群众性自治组织的本来面目，提升其了解社情、倾听民意、反映诉求、维护合法权益、组织开展社区自助和互助服务的能力与水平。另一方面要加强人大代表、政协委员与社区居民的对接，引导他们加强对社区的关注，充分发挥好其代表民意、反映民众诉求的作用。

三是利用好社会建设专项资金，推动社区服务项目化运作。提高社区服务的项目化水平，将零散的社区居民需求加以系统化、规范化，有助于提高社区服务的质量和促进其长效化发展。运用好已经启动的社会建设专项资金，从解决人民群众最关心、最直接、最现实的问题入手，设计一系列社区急需的服务项目。同时，做好项目体系构建工作，建立起完善的立项、考评、监督机制，积极探索构建政府购买社区服务项目的长效机制。

（二）进一步完善社区志愿服务组织体系建设

经过奥运会和国庆60周年的演练，北京市的志愿服务水平达到了一个新的高度。但是，当前北京市的社区志愿服务还比较零散，不成体系，对志愿者的使用存在重使用、轻支持，重付出、轻保障的现象，这严重制约了志愿服务能力的提高。我们要积极采用“社工带义工”的工作模式，充分发挥双方的优势，构建起专业社工和志愿者联动互促的良好局面，构建起完善的社区志愿服务组织体系。

一是健全人员招募和选拔机制。提高招募方式的科学性，在专业社工的指导下将志愿者安排在适当的岗位，做到既满足志愿服务岗位需求，又满足志愿者自身发展目标。

二是加强对志愿者的科学培训和有效管理。不断通过适时、适当的培训增强志愿者团队的战斗力，使志愿者组织内部的人力资源水平紧跟社会发展的步伐，从而增强志愿者组织的活力和创新力。

三是注重对志愿者队伍的维护和服务。进一步完善《北京市志愿服务促进条例》和《关于进一步加强和改进志愿者工作的意见》的配套制度和措施。尤其要注意完善志愿服务的社会保险制度、医疗和法律救助、鼓励机制、管理和绩效评估等机制，构建起较为完善的志愿服务制度体系。

（三）加快推动社会组织、企业等社会力量在参与社会建设和提供公共服务中发挥更加积极的作用

特拉维夫市和开普敦市十分重视发挥社会组织、企业等社会力量的作用，把它们当成政府工作的有益补充。在居民需求日益多元化的今天，我们要充分利用、整合社会资源，加快培育公共服务提供主体，建立以政府为主导、各种社会主体共同参与的公共服务供给格局。当前，尤其是要加快对社会组织的培育和发展，认真落实培育扶持社会组织的相关政策和措施，总结推广西城区社会组织孵化器的经验，重点培育慈善公益类、生活服务类、社区管理类等基层社会组织，显著增强社会组织参与社会服务的功能，显著提升社会组织承接政府转移职能的能力。要充分发挥“枢纽型”社会组织的骨干和龙头作用，研究落实政府向行业协会、“枢纽型”社会组织购买管理服务试点，不断完善社会组织承接政府职能的管理制度，重点扶持一批具有示范导向作用的公益性社会组织，实现对政府公共职能有效承接。

（四）工会要时刻将维护职工合法权益作为出发点和立足点

要充分发挥联系职工群众的桥梁纽带作用，把维护广大职工的根本利益作为工会一切工作的出发点和落脚点，落实好职工群众的经济、政治、文化和社会权益。

一是要深入贯彻落实《劳动合同法》、《北京市集体合同条例》等法律法规，以推进平等协商集体合同制度为重点，大力推行工资集体协商，督促企业建立完善工资共决机制、职工工资正常增长机制和支付保障机制。

二是要进一步完善和规范针对困难职工的工会帮扶体系，建立送温暖工作长效机制。尤其在当前国际金融危机环境下，帮助困难职工妥善应对，渡过难关，推动实现“无社会救助盲点”、“无拖欠工资”的目标。

三是要不断适应形势发展，加强工会自身能力建设。以色列总工会在历史上曾经由于国家医疗保险法案的出台面临濒临破产的威胁，工会会员由1500万人急剧下降为50万人。但是它通过改变工作方法和工作态度，转危机为契机，取得了新的发展。北京市工会也要不断适应变化了的形势，解放思想，积极探索和实践具有鲜明时代特色、切合自身实际的工作思路、组织体制、运行机制、活动方式和工作方法，创造性地开展工作。

（考察团成员：梁伟、韩子荣、张坚、胡东、肖曼丽、李筱婧）

赴英国、新加坡社会建设考察报告

按照市领导的要求，为了进一步加强对新加坡等发达国家社会建设经验的调查研究，2009年11月30日—12月9日，市委社会工委书记、市社会办主任宋贵伦率团一行6人赴英国、新加坡进行了社会建设考察。代表团克服了英国日照时间短、城市间路程远等因素，充分利用有限的考察学习时间，科学安排了考察行程，先后参观了解了英国的伦敦、剑桥、约克、爱丁堡、曼彻斯特、牛津等城市以及新加坡的社区建设和社会组织建设情况，并与英国海外志愿者协会、剑桥国际管理学院、新加坡青年企业家协会和社区基层领袖、志愿者等就志愿者服务、政府推进社会建设的相关措施、社区建设与基层自治等问题进行了深入交流，获得了翔实资料，取得了很大收获。现将考察情况和主要体会汇报如下。

一、英国、新加坡社会建设既各具特色，又大同小异

英国、新加坡分别作为发达国家和后发达国家的代表，在社区和社会组织发展等社会建设方面成就显著。总体上来看，两个国家在具体模式上各具特色，但基本原则大同小异。

（一）英国、新加坡都非常重视社区建设，但因国情不同，英国社区建设的民间性和市场性特点更为突出，新加坡的政府主导性更加明显

英国有着悠久的地方自治传统。地方政府无论是郡、市两级管理体系，还是郡、市、区三级管理体系，均以自治为基础。这种自治理念同样在社区治理中得到充分体现。英国社区实行完全自治，每个社区都有一个通过自筹款项建成的社区中心，同时为社区委员会办公、社区居民商讨社区事务以及社区举办各种娱乐活动提供场地。社区每年召开一次全社区大会，选举一届社区委员会来管理社区公共事务。在英国，社区不仅要管理社区本身的事务，同样也是中央政府和地方政府在社区内实现福利政策和社会服务的载体。社区内各种组织与政府的福利政策对接，政府按照完全市场运作的规范来购买社区组织提供给居民的服务，构成了去政府机构化的多元社区服务体系，以更好地满足社区居民的需求。

新加坡作为一个多元种族、多元文化的小国，完全自治并不利于国家的和谐统一，政府要尽量避免或减少社会冲突和文化冲突以实现国家治理，而社区是政府治理和政权在基层组织的延伸。因此，政府通过宏观引导、资金支持和统筹规划紧密结合的方式，在社区建设中发挥主导作用。人民协会是新加坡基层社区组织的主管部门，以促进种族和谐与提高社区凝聚力为宗旨，培育社区领袖，推动政府与民众之间的沟通。政府有关部门负责制定社区发展计划和评估标准，社区发展理事会、民众联络所、居民委员会等机构在政府指导下自主活动，并及时向政府反馈民众意见。政府各部门根据社区居民需求，调整规划和管理方式，按照是否达到社会服务的标准，评估各自治组织的业绩，下拨活动经费，同时通过扶持社会组织、培养社区成员的参与意识，促进公民社会的发展，由此形成了在政府主导下，社会组织和民间力量有效参与的社区建设模式。

（二）英国、新加坡均注重结合市场调节与政府调控的优势，引导社会组织充分发挥作用

英国和新加坡社会组织的规模都非常庞大，并且渗透到社会生活的各个方面，大量以民间慈善为宗旨、以公益服务为主业、以志愿参与为特征的社会组织的存在及其作用

的发挥，形成了政府公共部门与社会组织共同推进公共福利的繁荣景象。

英国的社会组织，全部根据公开自愿的民主原则进行运作，自我筹集资金、自我制定服务宗旨、自我设计服务内容、自我寻找服务对象，或者以投标形式向政府承包服务项目。社会组织的服务领域非常广泛，社会分二非常细，并且注重合作理念，积极发展与政府及其他社会组织等多方面的良好协作关系。英国政府与社会组织签署的《政府与志愿及民间组织合作框架协议》进一步加强了政府与社会组织之间的合作，地方政府将提升社会组织的协作能力作为中心工作之一，对本地社会组织资源进行整合，使社会组织提供的服务实现效益最大化；同时，地方政府制定政策时，邀请社会组织参与，并充分考虑社会组织的意见和建议，使政策制定过程更透明、制定的政策更适合社会需要。

新加坡的社区管理和社区服务主要是依靠社会组织完成的，在半官方的人民协会统领之下，民众联络所管委会、公民咨询委会会、居委会、社区发展理事会、市镇理事会等一系列职责分明、上下贯通的社会组织网络，承担了社区基层自治、社区服务、社区福利、市政物业管理等职能，一方面得到政府资金和政策支持；另一方面积极通过市场化运作方式，推动组织健康可持续发展。

（三）英国、新加坡都非常重视志愿精神的培养，志愿服务体系发展比较成熟，志愿者队伍成为社会建设，尤其是社区服务的中坚力量

在英国，志愿服务不仅是简单的助人为乐行为，还被视为解决社会问题的科学方式和积累社会经历的有效途径。志愿服务与政府服务相配合，共同促进社会的良性循环。英国政府非常重视和大力扶持志愿者服务，许多志愿者组织都得到政府的资助。英国的志愿者组织和志愿者参与实践是通过伞状组织进行管理的，最具影响力的是英格兰志愿组织理事会（NCVO），其成立是自下而上层层联合组建起来的，实行会员制，自身规模很小，但是有庞大的会员体系，许多会员本身就是伞状组织，从而形成葡萄串一样的结构。NCVO处于伞状组织的最高管理位置，主旨是代表不同类型的志愿组织进行倡导，推进整个社会公共利益的实现。NCVO通过自身能力建设使会员产生认同，并激励和吸引更多会员加入；会员保持各自的独立性，与NCVO的关系是多元的、松散的，但是基于NCVO的服务、信息和政策影响力等方面的优势，也愿意接受伞状组织的规则和要求。英国类似NCVO的伞状组织还有很多，在提高志愿组织的运作效率上发挥着重要作用。例如，在英国西北部近期发生的洪水灾害中，伞状组织在动员组织志愿者方面起到了核心作用，不同类型的志愿组织迅速行动，配合政府相关部门为灾区群众提供多方位服务。

新加坡十分注重培养“义工”精神，社区基层各法定组织和社会组织的主席、委员和工作人员除极少数是受薪职工外，大多数都是志愿为社会和居民服务的义工。在社区基层领袖的带领下，社区居民多方筹集资金、广泛参与社区活动和社区服务，既弘扬了“人人关爱社会”的精神，又增强了社区凝聚力。新加坡志愿服务机制的建立在一定程度上也得益于健全的民主政治制度，新加坡社区多是基于选区进行规划的，政府官员、议员、社区领袖等通过志愿活动、服务居民、了解群众需求、解决实际问题，有利于建立良好的群众基础。在新加坡，报纸、媒体每天都有一定篇幅和版面对义工进行宣传报道，政府和社会弘扬志愿精神、关注志愿服务已形成常态。

二、虽然处于不同的发展阶段，但北京与英国、新加坡社会建设思路有许多相通之处

通过考察学习，我们认识到英国、新加坡等发达国家的经验不可照搬，特别是目前我国市场经济体制和民主机制尚不成熟，公民素质有待进一步提高，短期内达到英国、

新加坡等发达国家的水平并不现实，不能急于求成。但是从发展方向上来看，在经济全球化的时代背景下，北京市社会建设的工作思路与发达国家的做法有许多相通之处，有日渐趋同之势。

（一）社会管理体制发展方向趋同

英国各级政府与社区及非营利社会组织、企业都建立起密切合作、相互补充的伙伴关系，政府引导支持、社区和非营利社会组织主办、企业通过市场提供多样化服务，具有多元化特征。新加坡社会建设虽然政府主导性较强，同样注重发挥社区、社会组织、志愿者的作用，动员社会广泛参与。可见，各国都将社区和社会组织作为社会工作运行的重要工作平台。这也充分证明党的十七大提出的构建“党委领导、政府负责、社会协同、公众参与”的社会管理格局要求，是符合时代潮流的。

（二）社区自治和社区服务职能相对分开

从英国、新加坡的社区建设实践情况来看，社区自治组织工作侧重于通过组织活动、动员社区居民参与来增强社区认同感和凝聚力。英国社区委员会作为自治组织，也为社会组织开展社区服务提供必要的协调和帮助。而大量的社区服务是社会组织通过投标承接政府购买的公共服务项目，或志愿组织根据本社区居民实际需求组织开展的。新加坡区分得更加明显，社区委员会、社区服务站则分属人民协会和社会事业发展部两个机构管理。这与北京市提出的将社区居委会、社区服务站职能分开，加强社区规范化建设的目标是不谋而合的。

（三）社会组织应按类别管理，分类规范

新加坡共有84个选区，每个选区都有各种不同类型的社会组织承担社区管理和社区服务的职能，包括承担公共服务职能的社区发展理事会及下设的专业委员会、提供福利服务的民间服务组织、组织基层民主自治的居民委员会、提供居民活动场所的民众联络所及民众联络所管委会、负责根据社区居民要求向政府提出建议、维护居民权益的公民咨询委员会，以及负责公共社区物业管理的市镇理事会，等等。这些社会组织根据业务职能，分别归属于人民协会、国家福利理事会、国家义工慈善中心等国家层级的社会组织联系和管理，而这些国家层级的社会组织最终又接受负责社区建设的政府机构——社会发展、青年及体育部的政策指导和资金扶持。新加坡社会组织的管理模式，以及上文提到的英国伞状志愿组织管理模式，与目前北京市构建“枢纽型”社会组织工作体系、分类管理、分级负责的管理模式有一致性。

（四）社工队伍建设和义工队伍建设要实现互联互动

无论在英国还是在新加坡，社工队伍和义工队伍都是社会建设和社区发展不可缺少的骨干力量。英国社工队伍专业化、职业化程度高，学历教育、资质评估、职业标准、伦理准则以及岗位设置等相关制度健全，社工除直接提供专业服务外，还负责在受益人和服务供给者之间建立联系，如安排受益人进入政府福利机构，或与志愿组织取得联系等。在新加坡，社工大多承担组织义工提供专业服务、开展义工培训等任务；义工在社区服务过程中，如遇到家庭、婚姻、心理等社会问题，也会介绍其接受专业社工人员的服务和帮助。这种“社工＋义工”互联互动的工作机制也是北京健全社会工作体系的工作重点和努力方向。

三、借鉴英国、新加坡经验，破解北京社会建设难题

通过考察学习，我们进一步印证了北京市社会建设大会明确的社会建设体制机制，以及“1＋4＋X”政策体系的方向和路径选择是正确的，但是在推进社会建设的过程中仍存在一些需要破解的问题，英国、新加坡的经验和具体做法值得我们认真总结、吸收和借鉴。

（一）英国培育发展“社会企业”的做法值得借鉴，有助于破解社会组织自我发展难题

英国政府把“社会企业”定义为“拥有基本的社会目标而不是以最大化股东和所有者的利益为动机的企业，所获得的利润都再投入到企业或社会之中”。目前英国有5.5万家社会企业，从业人员达到47.5万人，还提供了30万个志愿工作岗位，涉及社会、环保、经济等各个领域。社会企业结合了商业运作模式、社会目标和以顾客为本的工作方式，不受外部股东利润最大化的压力束缚，从而提供更为专业化和切实有效的公共服务。根据英国和新加坡的实践经验，社会企业能够在环境保护、职业培训、社区建设等众多领域创造出值得在全社会推广的公共产品和服务模式，而且致力于开发主流商业企业不能或不愿介入的市场领域，鼓励弱势群体养成良好的工作习惯，对于推动政府转变工作职能、减轻政府财政负担、建设和谐社会和促进经济可持续发展具有重要作用。

我国也强调社会组织的非营利性，但事实上，大部分或主要靠政府经费支持，或者挂企业和社会组织两块牌子自我支持。如何探讨一条政府支持而不养、自我发展而以不营利为目的的社会组织可持续发展之路，英国“社会企业”的理念值得借鉴。北京市正处于社会建设体制改革中，可以将社会企业作为工作试点与合作对象，为培育、规范和引导社会组织积极有序的发展提供解决方案。要加强政府有关部门之间及其与各利益相关方的协同合作，密切交流信息并且秉持解决社会问题、创造社会价值的共同使命。要加强对本土社会企业领域的研究，掌握中国社会企业类型组织的工作领域和地域分布、组织规模与能力、社会影响和发展趋势。要结合实际情况，借鉴国外相关法规，建立鼓励、规范和引导社会企业发展的法律法规体系。要宣传推广社会企业的概念和成功案例，增强社会企业的社会认识度和信任度。同时注意培养社会企业意识，进一步明晰企业的社会责任。

（二）发挥社会组织的作用，推进志愿者工作的项目化运作和国际化进程

在与英国海外志愿者服务社（VSO）座谈中，我们了解到VSO是一个通过志愿者的行动来消除全球贫困和弱势的国际志愿者组织，已在非洲、亚洲、加勒比海、太平洋地区以及东欧的35个国家和地区开展了志愿服务项目。VSO的志愿服务项目得到英国海外发展部、国家基金会等政府部门、机构的政策和资金支持。目前，VSO已与北京志愿者联合会、西安市残联等部门建立了工作联系，希望与中国开展更加深入的交流与合作。

中国在成功举办奥运会和举行国庆60周年活动后，已在世界上树立起大国形象，在国际事务中，可以通过志愿服务，不断有所作为。目前，在海外志愿服务发展方面与英国等发达国家还存在一定的差距，多以政府行为的方式提供国际无偿援助、参与国际事务，具有一定的局限性。下一步，要以志愿者“枢纽型”组织的建立为契机，从支持社会组织的角度，促进北京志愿者协会开展国际间的交流与合作。一方面借鉴成功经验，开展地方和全国性的志愿者服务的宣传倡导，支持国内机构建立和完善志愿服务项目，提高志愿者管理理念和能力；另一方面培养选拔优秀志愿者参与国际志愿服务项目，宣传中国文化，使世界上各个国家、各个领域出现中国的声音，发挥中国的作用。

（三）准确把握职责和定位，积极发挥政府支持、社会参与和市场引导作用

新加坡政府在社区基础设施配备上承担主体作用。社区基础设施配备是城市规划和建设中的重要部分，属于公共供给，政府负责90%的社区基础设施建设费用。新加坡政府制定了详细的城市规划设施配备标准，在该标准指导下，社区服务网点在城市建设之初就完善配备，包括民众联络所、居委会办公场所以及各类社区医院、残疾人工作坊、安老院，等等。但政府也不是大包大揽，政府在无偿提供社区基础设施后，不再负担维护和运营费用，而是鼓励社区组织通过市场

化运作或向社会筹集资金的方式，实现自身的健康、可持续发展。为了进一步引导社区建设，政府制订了经费配搭计划：硬件建设如停车场改造等，社区每自筹资金1新元，政府会配搭5新元；活动经费社区每自筹1新元，政府会配搭2新元等。

在北京社会建设工作中，政府部门要准确把握职能定位，既不能大包大揽，也不能完全市场化。社区硬件设施的规范化建设，政府要加大投资力度，确保社区办公和服务用房能够满足使用需求。在这方面，市、区（县）政府力度明显加大。但是，下一步如何探索一条自我管理、自我发展之路，需借鉴新加坡经验。

（四）加大扶持力度，推动社会组织的能力建设和可持续发展

从英国社会组织的发展历程来看，早期的社会组织带有较强的自发性质，但是随着社会组织在应对社会问题和社会挑战中作用的日益提升，政府在规划指导、法律环境、项目组织和资金支持等方面加大了力度，不断引导社会组织走出原始自发状态，逐步形成较为完善的自我发展能力，提升其在社会建设中的影响力。同时通过完善管理体制，健全社会组织注册登记和监督管理的法律制度框架，为社会组织健康发展创造了良好的法律和制度环境。

目前，我国社会组织发展尚处于初级阶段，社会组织的能力建设还有待进一步加强，相关监督管理制度机制也不健全。下一步要加强“枢纽型”组织在社会组织管理和服务方面的作用，依靠制度创新，进一步完善社会组织发展的政策法规和管理机制。要加强政府与社会组织协作机制的建设，加大政府购买社会组织公共服务的工作力度，鼓励和引导社会组织提高项目执行能力、创新发展能力、突发事件应对能力、筹资和制订发展计划的能力，以及专业化组织运作能力等；要组织做好宣传、发动和引导作用，提升社会各界对社会组织的认识，加强社会组织与社会各界的协作，扩大社会影响，为社会组织的健康发展营造良好的社会环境。

（五）注重培养志愿精神，建立健全志愿者队伍建设体系

英国和新加坡在招募志愿者时，都将“志愿精神”作为首要条件，对于提供日常性志愿服务的，不设置准入门槛，凡有意愿为社会、社区提供服务的都可参加，并得到鼓励和认可；对于提供专业性志愿服务的，如医疗护理、咨询培训、心理辅导等，除具有“志愿精神”外，还需要具备相应的专业资质，根据实际情况还可能进行较为严格的审核和面试。

北京成功举办奥运会、残奥会之后，在赛会志愿者动员、组织、管理、服务等方面积累了宝贵的经验财富，但是经常性志愿服务还有待进一步加强，尚未建立起健全的志愿服务长效机制，同时还存在志愿服务与需求不能有效对接的问题。因此，要充分发挥党委政府以及志愿者“枢纽型”组织的作用，整合各类志愿服务资源，推动志愿服务与政府服务和市场服务的有机衔接；要通过多种方式，强化公民的社会责任，加强志愿服务活动的影响力和吸引力，实现自愿参与与社会倡导的良性互动；要充分挖掘社会志愿服务资源，逐步建立起一支规模宏大、门类齐全、组织严密、高效有序的志愿者队伍，不断满足经常性志愿服务、重大活动志愿服务和应急性志愿服务的需求。

（考察团成员：宋贵伦、张德广、鲁颖彤、王东强、李占影、王莹）

赴新加坡和我国香港、澳门地区社会建设考察团考察报告

2009 年 4 月下旬，赵小卫同志率团对新加坡和我国香港、澳门地区的社会建设工作进行了考察。先后与我国澳门社会工作局、义务工作者协会，我国香港义务工作发展局、社会工作者注册局、社会福利署、社会服务联会、民政事务总署湾仔民政事务处等七个机构进行了座谈；实地考察了新加坡阿裕尼集民众联络所，我国澳门街坊会联合总会下属的社区青年服务队和乐骏中心、澳门圣公会北区青年服务队、澳门工会联合总会北区综合服务中心，香港循道卫理湾仔长者服务中心、香港社区会堂等 7 个组织。现将考察情况报告如下。

一、基本情况

重点对以下问题进行了考察：

（一）关于政府提供公共服务方式

新加坡和我国香港、澳门地区在政府提供公共服务的方式上，基本上采取项目运作方式进行。政府每年根据公共服务的规划和市民需求，确定公共服务项目并向社会发布。专业社会工作机构提出承办社会服务项目的申请，再由政府部门依法审核各机构的资质，选择和确定具体机构，并依据服务目标和项目等情况，为各机构提供必要的服务设施和财政资助。各机构可以根据服务项目和财政资助情况，自主招募工作人员，开展各种活动，提供相应服务，并接受政府相关部门的指导、考核和监督。

香港社会福利署是承担为社会提供公共服务的政府部门。其主要职责是开展家庭及儿童福利服务、社会保障服务、安老服务、康复及医务服务、违法者服务、社区发展服务和青少年服务。这些服务内容由受政府资助的 173 家社会组织、社会机构承担。社会福利署按照承担的任务和工作量，每年采取“整笔拨款模式”向这些组织和机构提供资金支持。

随着博彩业的发展，青少年沉迷赌博、吸食毒品成为澳门的重大社会问题。为了解决这个问题，澳门社会工作局把青少年外展服务作为一个项目，交给澳门街坊会联合总会下设的社区青年服务队。该队采取“专业社工 + 义工 + 活动协调员”的模式，通过个案辅导、小组辅导、举办活动、社区工作等形式，在本地区身处不利环境下的 8—20 岁青少年中，开展预防宣传和治疗辅导工作，帮助其纠正不良生活习惯，寻找人生目标，促进社会和谐稳定。政府部门每年考核这个组织的个案数量，对其开展的工作进行评估。

（二）关于社团管理方式

新加坡和我国香港、澳门地区对社会团体和民间机构的管理，在制度上都很成熟。新加坡对民间组织制定了严格的法律规定，保证了民间组织在规定的法律框架内运作。同时，对那些不太可能引起法律、治安与保安问题的社团实行快捷注册制度，社团可以在提交相关资料和缴纳注册费用后即刻注册，使民间组织的发展有较自由的空间。凡在政府注册的社团都必须在该社团登记的宗旨范围内开展活动，不能从事章程规定以外的任何活动，如有违反，政府必予追究；不能以社团的名义进行任何政治活动，否则政府必然出面干涉；未经登记的社团被视为非法组织，一经发现则严格处理。

在香港特区，只要不违背法律，政府一般不对民间组织的活动进行干预。民间组织根据不同的法律规定成立，可注册为：担保有限公司、社团、合作社、职工会、注册受托人法团、法定团体、业主立案法团、互助会等。在社团管理上采取“以社管社”的方式。目前香港有两类民间社会工作机构，一类是社会工作管理机构。例如社会服务联会、

社会工作者注册局等，这些机构一般不提供面向社会大众的直接服务，主要是为社团或社会工作者提供服务，并承担一定的管理协调职能。另一类是专业社会工作机构，他们是开展直接社会服务的主体。据统计，目前这类社团多达3800多家。这些组织的经费80%来源于政府资助。

（三）关于社工队伍建设

“社工”在新加坡和我国香港、澳门地区社会建设中的地位作用十分突出，管理体制也比较完备。香港成立了社会工作者注册局、社会工作者协会、社会工作者总工会等社会机构，制定了《社会工作者注册条例》、《注册社会工作者工作守则》、《评核准则及认可学历》等政策法规，建立了社工的登记、管理、培训、维权、监督、发展等一系列制度。对社工采取强制注册管理，只有“持有认可的社工学历，或在1982年3月31日前在社会工作职位工作或之后担任社会工作职位10年以上”的人士，才具有社工的注册资格，未注册及登记者不得从事社工的工作或自称“社工”。社会工作者注册局作为一个社会组织，负责“社工”的登记注册，受理对“社工”的投诉，处理“社工”违规违纪问题。同时，对“社工”的配置也作了明确规定。比如，从2000年起，香港政府在学校实行“一校一社工”制度，覆盖香港的大中小学，并在中学配备专门的社会工作者。目前，香港具有“社工”资格的人数为1.3万多人，实际从事这项工作的有9000多人。

澳门通过举办各类专业培训，推荐参加研讨会、讲座，组织到外地交流考察等方式，提高社工的整体服务水平和专业素质。澳门规定，社会组织承担的公共服务项目，必须设“社工”岗位。这个岗位由政府出资，社会组织负责招录。截至2008年年底，澳门有社工530人，其中受聘于8个公共部门的161人，占30.4%；在民间社会服务机构任职的369人，占69.6%。

（四）关于义工队伍建设

“义工”是新加坡和我国香港、澳门地区开展社会建设工作的重要力量，很多工作由“义工”在“社工”带领下完成。在新加坡，包括“基层领袖”和“义工”在内的社区工作骨干是社区工作的主要力量，他们不拿报酬，热心为社区工作，下班后只要有余暇时间，就到社区当义工。目前，新加坡共有义工1.5万人。澳门目前有各种义工组织50多个。1986年成立了澳门义工协会，主要职责是宣传义工精神，策划并推广大型义工活动，评选表彰优秀义工，培训义工和组织交流活动。

香港义工的宗旨是“助人自助，乐人乐己”。成立了义务工作发展局，主要提供有关义务工作及义工管理的专业服务，致力于鼓励、促进及支持市民参与义务工作。1998年，成立了“推广义工服务督导委员会”，由社会福利署署长担任主席。截至2008年3月底，义工运动的机构达1777个，登记的义工人数67.9万。建立了义工表彰奖励制度，设立个人及机构的金、银、铜奖，分别表彰每年服务达50、100或200小时的个人义工和累积服务时数达300、600或1000小时的机构，并设立长期服务奖，表彰连续5年、10年、15年或20年且每年服务时间在50小时以上的义工。

（五）关于社会建设经费投入

经费来源多元化，是新加坡和我国香港、澳门地区社会建设的重要特征。一方面，政府承担了社会建设投入的主要部分。新加坡政府为民众俱乐部等社团组织提供80%的建筑费用（如硬件设施建设），其他20%由社区自行筹募。香港政府2002年投入3亿港元，建立了“社区投资共享基金”，用于提供就业和培训机会，推动社区参与，帮助弱势群体和社会企业的发展。2005年，政府投入2亿港元，设立了“携手扶弱基金”，用于推动政府、商界和社会福利界三方合作，建立伙伴关系，共同扶助弱势社会群体，支持非政府机构推行社会福利项目。“携手扶弱基金”推行以来，已有79个计划成功获得基金拨款2900万元，参与的商业机构超过200家，捐赠总额达3300万元，为38万弱势社群提供了多元化服务。澳门义务工作者协会是个社会组织，澳门社会工作局按月拨给这个组织房租、水电费等工作经费。

另一方面，大力倡导社会捐助。香港成立了许多基金会，如香港公益金、赛马会等基金组织，这些组织每年都拿出大量资金资助民间机构提供社会服务。在香港社会服务联会2008年经常性收入4298万元中，香港公益金、赛马会共赞助了430万，占10%。在联会349个机构会员中，有137个接受政府资助，128个为香港公益金会员机构，57个接受香港赛马会慈善信托基金的周年捐款。义务工作发展局的经费也主要来自特区政府、香港公益金和香港赛马会慈善信托基金。

二、主要启示

新加坡和我国香港、澳门地区的以上做法对我们有如下启示。

（一）要加大政府购买公共服务力度

新加坡和我国香港、澳门地区都将社会组织作为政府的合作伙伴，主要依靠他们提供公共服务，满足公众服务需求。借鉴这些国家和地区的做法，我们面临的突出问题，就是社会组织发育缓慢，无论是数量和质量上都难以适应首都社会生活的新变化和广大群众改善生活质量的新需求。破解这个难题，必须从政府购买公共服务入手。通过购买服务，进一步推动政府职能的转变，由政府包揽服务性、技术性、社会性事务转向制定服务标准、发布服务需求和加强服务监管，鼓励和引导社会组织承接公共服务；以服务目标和项目情况为依据，为社会组织提供必要的经费支持，逐步实现从“养人”到“养事”的转变；发挥市场作用，引入竞争机制，降低服务成本，提高管理效率。通过购买服务，为社会组织发展创造更大的空间，提供更好条件，使他们在发挥作用的同时，不断发展壮大，成为提供公共服务的主力军。应该看到，政府购买服务是一项十分复杂的改革，涉及政府职能转变、事业单位改革、财政体制改革等诸多领域，还不可避免地遇到部门利益这个难题。因此，要深入调查研究，按照先易后难、先立后破的原则，先从社区养老、社区商业、社区公共卫生、社区文体活动等居民要求最迫切的事情做起，先从我们能做的事情做起，先从基层做起，建立起政府购买服务的基本框架，逐步推广发展。

（二）要科学界定“社工”的功能作用

新加坡和我国香港、澳门地区的社工数量充足，专业化和职业化程度较高，已成为受社会认可和尊重的职业。各个服务项目的实施，都依靠社工带领义工，为服务对象提供专业服务。在这些国家和地区，社工就如同大学里的教授，工厂里的工程师，是专业技术力量的重要标志，没有社工就不能承接公共服务项目。公益性社团设置社工岗位，是政府的硬性规定。如在香港社会福利署的5040名员工中，有1970人是社会工作职系员工，这些人必须是注册社工。在我们考察的十几家机构和团体中，都设有社工岗位。这一点，对我们加强社会工作者队伍建设工作很有借鉴意义。只有把社会工作者定位在专业技术人员上，才能推动社会工作专业化的进程，才能逐步实现这个岗位的职业化，才能加快推进社会工作人才队伍的发展。我们应当从社会建设内在规律和发展趋势的高度认识这个问题，把社会工作者是专业技术人员这个理念渗透到社会工作者考试、岗位设置、注册管理、教育培训等工作中，并为实现这个目标积极创造条件，不断规范对社工的管理，提高社工的社会地位。条件成熟时，可提出每个社会组织都应有一定数量社工的要求，争取每个服务项目的开展都由社工负责组织，也可以探索在政府相关部门设置一定数量的具有注册社工身份的岗位，逐步将社工引入房屋拆迁、处理医患纠纷、青少年帮教等工作中，政府退到后面进行组织协调。同时，运用社会力量加强对社会工作者的管理服务。当前可以结合北京市社区规范化建设试点工作，在部分社区招聘专业社工，组织开展居民群众急需的服务项目，逐步探索积累经验。

（三）要进一步明晰企业社会责任

新加坡和我国香港、澳门地区都十分强调企业的社会责任。在香港，企业社会责任被界定为："商界以合乎社会道德的手法经营，在取得经济发展的同时，也对改善员工及其家人，以至当地社区和社会的生活质量作出长期承担。"企业社会责任包括"良好雇佣守则（如平等机会、员工福利、工作时间、员工培训及发展、集会自由及人权保障）、供应链管理、提高公民意识"等。强调"社区投资是企业社会责任的一部分，是商业机构向外界展示其为良好企业公民的最佳方法之一"。香港一些大型企业如赛马会、汇丰银行、中华电力公司、地铁公司等，相继开发一些与民间组织合作的社区投资计划。如，香港赛马会是一家非牟利的俱乐部组织，专营香港的赛马、六合彩及海外体育赛事博彩，所得收入在支付派彩、奖金、经营费用及税项，以及扣除为改善赛马及投注设施而作出的投资后，余下的款项均拨捐给慈善机构及用于小区建设，主要用于体育、文娱、教育、社会服务、医疗方面用途。近10年来，赛马会每年平均拨捐约10亿港元，资助数以百计的慈善及小区计划，目前已成为全球最大的社会企业之一。很多企业代表还参与民间组织的董事局及委员会、咨询委员会、专业及贸易协会，成为民间组织的一员。北京作为首都和一个国际化大都市，各类企业很多，还有大量的机关、学校、科研单位，社会建设的资源十分丰富。由于受体制因素和传统观念的制约，这个优势还没有得到充分发挥，需要做大量工作。要加强对企业社会责任的研究，使企业社会责任具体化，并在法律法规上予以明确；要从完善政策入手，鼓励和引导企业在物力、财力方面支持和参与社会建设工作，推动形成社会建设多元化投入机制；要按照"利益共享，合作共赢"的原则，引导驻社区单位开放内部服务设施，共享信息资源，广泛参与社区建设，促进社区和谐稳定；要总结推广企业参与抗震救灾以及社会公益事业的先进典型，加大宣传力度，营造社会建设人人有责、共建共享的良好氛围。通过努力，使企业在社会建设中发挥更大作用。

（四）要促进志愿服务的可持续发展

在这次考察中，新加坡和我国香港、澳门地区的义工给我们留下了深刻印象。在各项活动中，处处活跃着义工的身影，"做义工奉献社会"已经成为包括演艺界明星和广大市民提升自身地位、净化心灵和奉献社会的首选，义务工作已成为社会生活的重要组成部分。在考察中我们发现这样一个现象，就是这些义工中当教师、医生、律师、经理的人很多，属于社会的中间层。他们工作稳定、收入和社会地位较高。在与他们的接触中，我们感到，这些人以义工的方式回报社会是有基础的，做志愿服务是具备了条件的。对我们的启示是，志愿服务工作不仅要做好青年学生、离退休人员、下岗职工的工作，也要做好社会中间阶层的工作，组织动员更多的企业家、专家学者、领导干部，以及社会名流、各类明星到志愿者队伍中来。这样做，有利于这支队伍发展壮大，有利于志愿服务的可持续发展，有利于形成"人人为我、我为人人"的良好社会氛围，把志愿服务工作常态化的要求落在实处。应该看到，当前这方面的先进事迹很多，应当加强这方面的总结、宣传工作，营造一个人人参与志愿活动的良好社会氛围。

（五）要加强对公益性组织的监管

新加坡和我国香港、澳门地区十分重视对非营利组织的监管。香港制定了《服务质素标准及准则》和《津贴及服务协议》，建立了公共服务监察制度。服务单位要定期向相关政府部门提交自我评估报告、差异报告和统计资料。政府部门根据服务标准和协议，对服务单位进行年度考核、审计、评估，确定下一年度为其提供的资金数额，对于考核不合格的社会工作机构则予以淘汰。在考察中他们告诉我们，对社会组织监管是个世界性难题，目前仍有一些难题，需要进一步完善。比如公益性组织非法牟利问题。从北京的情况看，随着政府购买公共服务的推进，越来越多的社会组织将要承担公共服务项目，加强对这些组织的监管，是我们面临的重大课题。要加强对这个问题的研究，广泛了解国内外的成功做法，完善各项监管政策；要把这个问题同制定购买公共服务政策统一起来，在解决购买主体、购买项目、购买方式的同时，搭起监管的制度框架；要加大人才培养力度，在社会工作者队伍中建立起监管专业力量；要研究运用“第三方”监管评估的方式，在公益性社会组织监管上购买服务。

（考察团成员：赵小卫、伍发明、李明洪、杨柏生、辜潇潇）

赴澳大利亚、新西兰考察学习报告

2009年2月18日—27日，市委社会工委委员、市社会办副巡视员王丽竹同志率顺义区委社会工委书记、区社会办主任巩维国、西城区委社会工委副书记高建军，市委社会工委社区建设处副处长邢桂丽，综合处（宣传处）副处长唐志华一行5人，赴澳大利亚、新西兰进行了考察学习。考察团重点对两国社会管理、社会工作人才队伍建设和社区服务等情况进行了考察。现将考察情况汇报如下：

一、关于对两国考察的基本情况

（一）两国概况

澳大利亚位于南太平洋和印度洋之间，面积769.2万平方公里，人口2200多万，先后有来自全球120个国家、140个民族的移民来这里谋生和发展，是典型的移民国家，多民族形成的多元文化成为澳大利亚社会的一个显著特征。澳大利亚是世界上城市化率最高的国家之一，城市人口占全国人口的75%。澳大利亚以农牧业、采矿业和制造业为主，盛产羊、牛、小麦和蔗糖等农产品，人均资源占有率世界第一，自然环境世界第一。

新西兰位于太平洋西南部，面积约27万平方公里，人口410多万，其中欧洲移民后裔占78.8%，毛利人占14.5%，亚裔占6.7%。新西兰是以农牧业为主的国家，农牧业的各种产品收入约占整个国民收入的3/4。

澳大利亚、新西兰属于经济发达国家。从总体上看，两个国家的社会建设、社会工作人才队伍建设和社区建设方面都在很大程度上受到英国的影响。其中，新西兰又受澳大利亚的影响较大。因此，这两个国家的社会建设、社会工作人才队伍建设和社区建设方面存在很多相同点。同时，由于其经济社会状况不尽相同，又各具特色。

（二）考察澳大利亚情况

2月19日—23日，考察团在澳大利亚进行了为期4天的考察。2月19日考察团考察了该国第一大城市悉尼。悉尼是新南威尔士州的首府，是澳大利亚最早开发、最大及最现代化的城市。悉尼总面积4200多平方公里，人口420万，约占全国人口的1/4。悉尼是澳大利亚的经济和金融中心，有“南半球纽约”之称，闻名的旅游城市。这里气候宜人，终年阳光灿烂，绿草如茵，树木葱茏。考察团在该市考察了澳大利亚联邦社会民权委员会，该委员会主任格雷姆英那思先生亲自接待了考察团一行，并向考察团详细介绍了澳大利亚社会建设、社区服务、社会工作者队伍建设等方面的情况。

（三）考察新西兰情况

2月25日—26日，考察团在新西兰奥克兰进行了为期2天的考察。奥克兰是新西兰第一大城市，人口130万。是新西兰工业和商业中心，全国最大的港口和最大的机场都在这个城市。2月25日，考察团考察了新西兰社区服务委员会、塔克帕恩社区服务综合大楼和公民咨询局，新西兰社区服务委员会主席安治尔贝尔、奥克兰议员瑞查德诺思里分别向考察团详细介绍了新西兰社会建设、社会工作人才队伍建设和社区服务等方面的情况。考察团还实地考察了塔克帕恩社区服务综合中心。该中心内设图书馆、游泳池和活动中心等，所提供的服务全部免费服务。考察团还实地考察了塔克帕恩社区公民咨询局。该局1970年成立，属于民间慈善组织，有35位工作人员，全部都由社会工作者组成，其在全国设有130个办公室为国民提供各种社区服务项目。该局负责人是一位90多岁的英国老太太，是一位“太平绅士”，也是志愿者。

二、主要收获

（一）完善的社会保障和公共服务体系

澳大利亚、新西兰都是高税收、高福利的国家，社会贫富差距很小，两国在社会保障和公共服务方面形成了一个庞大的政府支持系统，基本上形成了覆盖全国社会福利和公共服务网，包括广大边远地区。社会福利种类多而齐全，公民从出生到死亡都可以享受名目繁多的福利津贴，如家庭津贴、失业救济金、生育津贴、免疫津贴、家长补助、子女补助、托儿津贴、住房补助、残疾儿童津贴、护理人补助、土著青年助学金、偏远地区儿童补助、健康护理卡、老年津贴、鳏寡津贴、残疾人津贴、老年优惠卡、老年健康卡、电话补助、退伍军人津贴、孤儿养育津贴、领津贴者的教育补助等。1997年，澳大利亚专门成立综合服务中心，是政府出资设立的非营利性机构，它负责原先由联邦政府几个部所承办的一系列社会工作。服务中心在全澳各地社区有1000多个服务网点，提供的服务项目多达70多项。

（二）两国社区服务体系完善

澳大利亚、新西兰都有相对完善的社区服务设施条件，集社会福利、成人教育、职业培训、老年保健、儿童看护、娱乐休闲、信息交流等功能于一身，面向社区居民开展各种服务。澳大利亚的社区功能主要是为社区居民提供各种服务，澳大利亚是世界上社区建设搞得最好的国家之一，其社区服务细致入微，社区服务组织也很多。澳大利亚有着非常完善和先进的社区服务机构，有各种为民服务的设施，如图书馆、运动场、儿童保健所、养老院、托儿中心、家庭护理站等。澳大利亚的社区都有一套完备的社区服务体系，为居民提供全方位的服务，而它的基本组成是社区服务中心。社区服务中心服务项目很多，一般在社会保障和社会福利性服务之间形成不同的系列，各自发挥不同的功能，形成了一个涵盖衣食住行各个方面的社区服务网络。澳大利亚社区特别重视对老年人的服务，全国约有3000所养老院，这些养老院都有专人负责上门服务，每天去需要帮助的老人家里帮忙。老人临时需要帮助，只要拨打电话，就会有专门的社区工作者或志愿者上门提供帮助。

（三）健全的行业管理组织和专业化、职业化的社会工作人才队伍

澳、新两国社会工作行业管理组织健全，并在管理和服务社会工作者方面发挥了重要作用。澳大利亚社会工作者协会成立于1946年，专门制定了社会工作者伦理守则，规范社会工作者的专业行为，为解决伦理困境问题提供依据和指导。协会的职责还包括提供作为“认证社会工作者”的持续专业教育及资格认证。评估澳大利亚社会工作本科教育的课程等12个方面。新西兰社会工作者协会成立于1964年。2003年，新西兰成立了社会工作者注册局，专门负责全国社会工作者注册管理工作，通过对社会工作者的专业素质和职业能力提出要求，有效地提高了社会工作服务的专业水平，保护了服务对象的合法权益，也提高了社会工作者的专业权威和社会公信力。两国社会工作职业化、专业化程度较高。两个国家社会工作者队伍是社会

福利制度运作过程中的一支重要专业力量。澳大利亚的社会工作者大多受聘于公共部门，分布在联邦、州和地方各个层次的社会服务、健康和矫正服务部门。新西兰的社会工作者有一半在政府所属的公共机构工作，社会发展部所属的儿童青少年和家庭服务部机构、司法矫正服务机构、毛利人服务机构等成为社会工作者的重要工作领域。社会工作立法在两国受到政府的高度重视。2003 年 4 月，新西兰社会发展部起草的《社会工作者注册法》通过。为了更好地保护服务对象的合法利益，两个国家的政府已经开始在社会工作的其些领域实行职业准入。如前面提到的澳大利亚综合服务中心，在中心任职的社会工作者必须接受过社会工作的专业教育，并且是澳大利亚社会工作者协会的会员。新西兰社会发展部下属的儿童和家庭全国办公室规定，从事儿童、青少年和家庭服务的人员必须具有注册社会工作者的头衔。

由于社会工作者广泛参与国家的政治和社会生活，直接服务于民众，所以社会工作者在这两个国家都具有较高的职业权威和社会地位，普遍受到人们的尊敬。澳大利亚国会参议院、众议院，新西兰众议院中都有很多议员出身于社会工作者。在新西兰奥克兰地区接待考察团的当地议员瑞查得·诺斯雷就是新西兰赌博问题协会的主席。新西兰政府自 2004 年起，将每年 9 月的第四个星期三定为社会工作者日，这一天全国各地都会举行各种各样的庆祝活动。两个国家的社会工作者的薪酬待遇都处于中等水平。在澳大利亚，社会工作本科毕业生大都受雇于政府部门，其年薪的起薪一般为 4.2 万澳元，与护士专业的本科毕业生相当；初级社工年薪为 5.5 万—5.8 万澳元，与护士相当，高于初级讲师；中级社工年薪约为 6.5 万澳元，相当于副教授；高级社工最高年薪为 15 万澳元，远高于大学教授。

（四）两国“义工”是社会工作和社区服务的主要力量

澳、新两国都有一支庞大的义工队伍，而且常年活跃在社区和社会生活的众多领域。志愿者组织非常多，涉及的服务也十分广泛，从社区服务到抢险救灾等。社区服务又包括植树，清洁，组织体育比赛，筹款建养老院等公共机构，教授英语，照顾病人等，原则是各施所长，为需要服务的人免费服务。每人都可以申请成立志愿者服务公司，经费部分靠政府拨款，部分靠居民捐赠。这些公司都不以营利为目的，但工作人员享受其他机构和公司雇员同样的工资和福利待遇。澳大利亚全国 18 岁以上人口的 31% 是志愿者，每个志愿者每周为社会义务工作不少于 8 小时，每年为社会义务工作 220 万小时，创造的价值达 420 亿澳元。在澳大利亚，志愿者活动不是个人行为，而是有组织的活动，是政府劳动就业部门的一项业务。想做志愿者的，必须申请，经过审查，不合格者不能参加志愿者服务活动。在两国社区中的工作人员主要是兼职的、义务的，在两国的社区里开展所有的活动都是自愿性质的，包括社区的公共环境美化等也都是义务参加。甚至在婴幼儿保健中心、老年康复中心或政府部门，部分职工也由志愿者来担任。据介绍，每个家庭每周在不同的方面会得到 20 个志愿者的帮助，志愿者来自各种人群，有在校学生、有上班族，也有退休老人，年龄大多在 20— 40 岁之间，志愿者中也不乏十几岁和八九十岁的老人。所有的志愿者都享有一定的权利，比如：得到岗前指导和培训，适当的健康、安全保护和保险措施等。同时，也要承担相应的义务，到志愿者组织签约登记，按要求参加组织内部或企业举行的业务培训，行为举止必须合乎职业道德标准等。志愿者是一个不拿报酬的群体。由于他们解决了很多家庭和政府难以解决的问题，因此得到了政府和社会各界的大力支持。每年首都地区政府、联邦政府以及社会上部分企业，都大力资助志愿者组织，以帮助其正常运转。在政府和企业的资助下，首都志愿者组织在全国各地设有经理部和培训部，并实行经理负责制。志愿者组织定期召集各部门经理开会，讨论志愿者征募、培训、服务分工等不同阶段的工作重点和具体实施方案。志愿者组织会设计很多项目来服务社会。社区内各种名目繁多的组织，凝聚了不同兴趣爱好和心理需求的人，形成了组织、参与和资助各种社区活动项目的群众基础。两国注重培养一种为社会自愿贡献的“义工”精神，使义工活动成为社区服务的主要力量，既能减轻政府的压力，又节约了社区管理的成本。

（五）两国形成了行政、自治、社会三位一体的社区治理体制模式

政府引导支持、社区和非营利组织主办、企业通过市场提供多样化服务，是两国在社区发展成熟的组织模式和重要经验。在社区治理中行政组织与自治组织角色定位清晰、各司其职，尤其是自治组织在实际治理中充当主体角色。社区组织体制已经相对定型，处在稳定发展的成熟期。两国政府通常不对社区进行直接的行政管理，主要是通过制定法规、规划、政策以及提供资金，对社区的治理活动进行指导、协调和监督，并通过政府、自治组织、非营利组织、社区企业之间形成多元伙伴关系来实施社区发展项目。社区及非营利组织是政府社区建设项目与计划的主要承担者，成为推动社区建设的关键力量。社区及非营利组织贴近群众，机制灵活，社会参与广泛，政府通过购买社区服务和投资增强非营利组织服务能力等形式，支持其提供更广泛和多样的社区服务，以避免仅仅依靠政府机构专职提供社区服务带来的成本增大、效率不高和服务机制难以适应社会需要的弊端。同时政府运用经济税收和劳动政策、服务合同、法律法规等手段，不断加强和改进对非营利组织的管理监督。政府的资金支持，一部分采取常规性拨款，由非营利组织按政府的法规和与政府签订的合同，向社区居民提供服务，此外政府还提供各种专项资助，安排一些特定的项目，交给有关组织实施竞标。社区公共服务设施的建设也主要由政府和企业投入，交由社区管理实施。非营利组织在社区治理尤其是社区公共服务供给方面发挥了无可替代的主力军作用。

三、启示与建议

我国与澳大利亚、新西兰的国情不同，它们的社会建设、社区建设发展道路不一定都适合北京市，但它们社会建设、社会工作人才队伍建设和社区建设的历史长，实践经验丰富，理论成果多，认真研究和借鉴两国社会建设、社会工作人才队伍建设和社区建设的做法和经验，对北京市推进社会建设和社区建设非常有益。

（一）健全完善公共服务体系，是加强以民生为重点的社会建设的关键

两国的经验表明，在经济发展的同时，还要为市民和社会提供优质高效的公共服务，才能让人们生活得更舒心、更幸福，社会更和谐。当前，我国正处在加快发展的重要战略期，各类社会矛盾日益凸显，虽然人民生活总体上已经达到了小康水平，但是与发达国家相比，在医疗、社保、教育、环境等方面还存在较大差距。作为社会主义国家，只有坚持把民生问题放在更加重要、突出的位置，着力保障和改善民生，才能体现社会主义制度的优越性。市委社会工委、市社会办的成立，这是北京市委、市政府贯彻落实党的十七大精神的重要举措，是加快首都社会建设的重要步骤。作为社会建设机构，我们尤其要坚持“以人为本、关注民生、构建和谐、服务社会”的工作宗旨，认真学习借鉴发达国家在公共服务体系和社区服务体系建设方面的成功经验，采取切实措施，有重点、分步骤地持续推进公共服务体系建设，进一步加快社会事业发展，为群众提供优质、高效、均等、多元和广覆盖的公共服务，不断满足广大人民日益增长的公共服务需求。

（二）转变政府职能，是创新社会管理体制机制的重点

两国社会管理的成功之处，就在于政府的职能比较精悍，而且各级政府之间分工明确，政府主要负责制定政策、宏观管理。社会不需要政府做的，政府绝不插手。该企业

办的事，由企业去办，该社会办的事由社会去办，因而从根本上保证了政府能够集中人力、物力、财力研究制定政策，实施宏观调控，做好服务工作。我们的国情虽然不同，但是社会发展有着共同的规律，学习两国的成功经验，就要明确在解决民生问题上，政府既要承担主要责任，积极作为，也要强调社会责任、企业责任、公民责任，把政府与公民、企业与社会的力量充分调动和有效整合起来。因此，北京市在推进社会建设的过程中，要加快推进政府的职能转变，进一步明确政府职能转变的目标是“经济调节、市场监管、社会管理和公共服务”。同时，要适应经济社会发展需要，及时调整政府部门机构设置。2000 年，新西兰政府为了加强社会管理和公共服务工作，将社会福利部和劳动部合并成立了社会发展部。该部是新西兰最大、最重要、最有钱和最具权威的政府部门，内设工作与收入局、儿童青年与家庭委员会、政府发展部、非政府机构联络办。北京市应借鉴其经验，切实加强社会建设综合部门建设，并充分发挥其在社会建设中的统筹规划、综合协调、组织指导、督促检查作用。

（三）加强社区建设，是加强社会建设和管理的基础

两国在社会建设发展的过程中，社区建设起到了至关重要的作用，在社区建设中，政府承担着重要的角色。两国的社区建设模式中，政府、社区、非营利组织和社区居民构成社区管理的主体，他们分工合作，职责明确。其中，政府的主要职责是制定社区发展的政策和运作法规，提供财政支持，监督和考核非营利组织的运作等。地方政府首脑的主要职责是确保各职能部门和社区的合作。政府和社区的关系是掌舵和划船的关系。政府负责掌舵，即对社区建设和社区发展实行宏观调控，具体事务则交给社区组织或民间团体。通过这种合作的关系，政府发挥了在社区建设中的主导作用。目前北京市正在推进的以建设社区服务站为核心的社区规范化建设，就是通过搭建社区服务平台，理清社区各类组织的职能，建立规范的社区管理模式。通过建立社区服务站，进一步推进政府职能转变，改进工作方式，贴近社区居民生活，提供更多更好的公共服务。进一步加强社区民主自治建设，减轻社区居委会的行政负担，扩大基层群众自治，完善基层民主制度，更好地维护居民的合法权益和社区的共同利益，进一步改善社区服务，培育和壮大社区公益性服务组织，推动社会工作者队伍发展，加快社区服务社会化、专业化的进程。

（四）加强社会工作人才队伍建设，是推进社会建设的保障

两个国家的经验表明，社会工作是国家经济社会发展到一定阶段的产物，既是解决社会问题、促进社会和谐的一种行之有效的专业方法，也是完善社会管理和服务、促进社会发展和文明进步的一项重要制度。当前，北京市已进入建设繁荣文明和谐宜居社会主义首善之区和建设“人文北京、科技北京、绿色北京”的关键时期。因此，我们必须将社会工作及其人才队伍建设深深植根于和谐社会首善之区、“人文北京、科技北京、绿色北京”建设的伟大实践中，按照加快推进以改善民生为重点的社会建设的要求，建立健全以培养、评价、使用、激励为主要内容的政策措施和制度保障，造就一支规模宏大、结构合理、素质优良的社会工作人才队伍。加快组建北京市社会工作者联合会，积极推进社会工作人才队伍管理体制机制创新。认真贯彻落实市委、市政府召开的北京市志愿者工作大会精神，加快构建具有时代特征、体现中国特色、彰显首都特点的志愿者工作体系框架，加快推进志愿者队伍建设步伐。

（五）加强社会工作的国际交流与合作，是学习借鉴国际社会工作先进理念的途径

社会工作是一个具有国际通则的专业和职业。因此，北京市的社会工作及其人才队伍建设既要有中国特色、首都特点，又要遵循国际通则，与国际接轨。澳大利亚、新西兰两国的社会工作者协会都与国际社会工作组织不仅有着密切的联系，而且有着广泛的

交流与合作。将要成立的北京社会工作者联合会应该借鉴其经验，在政府部门的指导下，积极加强与国际社会工作组织的联系、交流与合作，并充分发挥在推进北京市社会工作与国际接轨方面的重要作用。

（考察团成员：王丽竹、巩维国、高建军、邢桂丽、唐志华）

北京市高级社会工作人才境外专题培训班总结报告

作为市委组织部、市委社会工委共同举办的北京市高级社会工作人才境外专题研讨班的一员，于2010年1月20日至2月9日，赴美国明尼苏达大学进行了为期21天的培训学习。培训期间，按照两个主办单位在预培训会上提出的“带着问题去，带着成果归”的要求，课堂教学认真听，实地考察仔细看，讨论交流勤思考，美国经验深入研究，结合市情思借鉴，取得了实实在在的收获。

一、学习培训考察基本情况

（一）培训学习的主要内容

本次培训班在美国主要学习了明尼苏达大学和明尼苏达州基本情况、美国政治体制及财政预算制度、美国联邦政府和地方政府的相互关系和行政机制、美国政治体制及财政预算制度对于政府职能管理的影响、美国社区儿童福利及家庭问题社会服务、美国社会工作专业教育概述、美国的城市社区发展、住房政策与城市规划、美国非政府组织（NGO）现状与社会影响、美国社区老龄人口及社会医疗服务、美国社会工作法律法规体系、美国的少数民族政策和种族歧视问题、美国对家庭暴力受害者的支持和社会服务、明尼苏达州政府社会工作委员会如何管理各类社会工作、汉尼品县如何处理人力资源和劳工关系等内容。在总结时，全班学员一致认为，本次培训班培训国家、学校和主题选得好，学员组成单位安排得好，班委作用发挥得好，培训课程设置针对性好，学习内容适用性好，培训效果上成效好，学员学习收获好，各方对学员反映好。

（二）考察的主要情况

培训班在美国培训期间，主要考察了明尼苏达政府、明尼苏达双城地区非政府组织即 Arc Greater Twin Cities、St. Stephen 社会服务中心、汉尼品县社区服务及公共健康社会工作部、Ramsey 郡县老年人护理中心、明尼苏达州政府社会工作委员会、汉尼品县政府人力资源和社会公共卫生部、明尼啊波利斯市政府、美国联邦政府驻明尼苏达机构及地区法院、汉尼品郡县政府中心等政府部门、非政府组织和社区。

（三）学习培训的主要收获

通过对美国社会工作、社会工作者专业教育、美国非政府组织（NGO）等方面理论、实践、经验比较系统的学习、实地考察和比较研究，使北京市高级社会工作人才境外专题研讨班取得了全体学员公认的培训学习收获。主要收获有：一是比较全面地了解了美国社会工作的由来和发展。社会工作在美国的发展已逾百年，是一项比较成熟的职业，为美国社会的稳定发展作出了显著贡献。美国社会工作发展的过程就是美国社会出现和解决其不同发展时期不同社会问题的过程。二是比较全面地了解了美国社会工作主要模式和管理情况。美国社会工作从业人员专业化、职业化的过程和美国社会福利制度的建立是相辅相成的。经过半个多世纪的发展，美国社会管理已经由早期社会组织自我管理转由政府、社会组织和企业共同治理的模式。三是比较全面地了解了美国非营利组织产生的背景、发展、作用和管理情况。美国非政府组织从 18 世纪开始出现，19 世纪后逐步走向繁荣。目前，美国非政府组织有 140 多万个。四是比较全面地了解了美国社会工作者队伍现状和存在的问题。美国社会工作者队伍十分庞大，全美共有 56 万专业社工，平均每 500 人就有一位社工。其中有 30 万人在儿童、家庭和学校工作，13 万人在从事精神健康和药物滥用治疗方面的工作，13 万人在从事医疗和卫生方面的工作，有 3% 的人在联邦、州和县市地方各级政府工作，3% 的人在高校从事教学和在研究机构从事研究工作。五是比较全面地了解了美国社工教育情况。在美国要成为社会工作者必须受过本科以上专业教育。美国社工教育从 19 世纪末开始发展，全美有 442 所大学设有社会工作专业本科教育，168 所大学设有了社会工作专业研究生教育。80 所大学设有社会工作博士点。六是比较全面地了解了美国社会工作者学位执照制度。美国社工的运行模式实行学位执照分类制度，该制度开始于 20 世纪 60 年代。目前，美国 50 个州都推行了社会工作执照或职业资格制度，这项制度的建立，起到了提高专业社会工作要求和增强社会工作专业权威的作用。七是比较全面地了解了美国社会工作者工作条件与收入情况。全职社工一般每周工作 40 小时，与大部分劳动者相同。美国初级社工年薪一般为万 4 万—5 万元美元，中级社工年薪为 6 万美元左右，高级管理人员年薪一般为 8 万美元左右。略低于平均水平，与中小学教师大致相当。八是比较全面地了解了美国社会工作者的职业发展情况。美国社工目前就业领域主要集中在学校、儿童、家庭、医疗、公共卫生、精神健康、社区及政府、高校及研究机构等社会工作领域。九是比较全面地了解了美国社会工作者的管理情况。在美国对社会工作者的管理是政府和专业社会组织共同负责。美国社会工作者协会（NASW）成立于 1955 年，是目前美国最大的社会工作者行业管理机构。美国政府有专门的部门负责社会福利服务的有关法律条文的制定，引导专业社工从事社会工作。

二、美国社会工作的特点

一是社会工作起步早基础好，社会自治成熟。二是社会组织高度发达，作用突出。三是社会工作教育历史悠久，体系健全。四是社会管理以社会需求和解决社会问题为导向，社会服务社会化。五是社会工作服务专业化程度较高，普遍受到社会认可。六是政府和社会组织共同推动社工从业人员的专业化和职业化。七是职业资格或执照考试是保证从业人员专业化水平和专业地位的重要手段。八是社会工作行业组织在社工发展中发挥积极作用。九是社会工作者具有较高的职业权威和社会地位。十是社会工作实践十分强调价值理论和职业道德。十一是各项社会政策的连续性、严密性和操作性强，而且与相关社会政策相互衔接。

三、启示和借鉴

总结比较美国社会工作的做法和经验，结合培训考察中对美国社会工作的认识、感受、分析和比较，美国在社会工作中形成了许多行之有效的做法，积累了许多成功经验，个人认为，美国社会工作在以下几个方面给了我们一些启示和借鉴。

（一）社会工作职业化是以专业化为基础的

美国社会工作的专业化先于职业化，首先，在高等教育中确立并稳固了社会工作的专业地位和学术地位，才使这一职业日益为社会所认同和接受。美国的社会工作者都必须经过由美国社会工作教育委员会批准的高校社会工作专门教育。在美国，社会工作成为一个为人们所接受和尊重的职业，是和社会工作独特的价值理念、理论基础和工作方法密切相关的。同时，它也是社会工作专业教育走向成熟后的成果。美国社会工作者的专业化是适应政府制定福利政策和机构提供更好福利服务的需要，伴随着美国社会工作者的职业化不断发展和完善的。

（二）社会工作职业化是一个渐进的过程

美国社会工作的职业化经历了一个较长的发展过程，并非一蹴而就。美国的经验表明，社会工作是国家经济社会发展到一定阶段的产物，既是解决社会问题、促进社会稳定的一种行之有效的专业方法，也是完善社会管理和服务、促进社会发展和文明进步的一项重要制度。美国社会工作在一个多世纪的发展过程中，从实际需要出发，陆续建立了一些专业机构，来规范、管理和引导社会工作者及其各个专业的发展。在美国社会工作者专业化、职业化过程中，美国社会工作者协会、社会工作教育协会和社会工作者联合会发挥了巨大作用。由此可见，职业化的进程是一个渐进的过程，在前进中得以不断完善和成熟。

（三）社会工作职业化是一项系统工程

在美国，社会工作有着非常广泛的工作领域。为使全美56万社会工作者在各个领域的不同社会服务机构中协同作战提供高质量的服务，他们构建了一个庞大的工作系统，并分工合作，甚至在有的委员会中还专门设置了与其他专业协会进行沟通和协调的分支机构。如：美国社会工作教育委员会起着规范社会工作教育体系，审核和评估大学的社会工作专业运作状况的作用；美国社会工作者协会则负责制定社会工作者伦理守则和各领域的社会工作标准，起着行业自律和专业支持的作用；而美国社会工作理事联盟是在各州社会工作理事会的基础上产生的一个全国性组织，它是一个规范全国社会工作的联合体，负责执照、考试和管制的总机构。从社会工作的发展历程看，美国社会工作走向专业化、职业化，离不开各部门的通力合作，使之成为一个系统工程，各子系统既独立，又相互作用和密切合作。

（四）社会工作者的职业应该是一种有吸引力的职业

在美国，社会工作者收入相对较低，同是硕士毕业，计算机等热门专业毕业生的年薪一般在5万—6万美元，而社会工作专业毕业生的年薪（初级）仅为3万多美元。但很多美国人都是自愿选择这个职业的，而且选择该职业的人都非常倾心于此，都很执著，认为从事该职业很光荣、很自豪，并极具爱心、责任心、使命感和奉献精神。究其原因，选择这个职业追求的是社会价值，通过帮助服务对象实现社工自身的价值，尽社会责任，同时，具有较高的专业地位，在美国从事社会工作的最低要求是具有社会工作专业的本科学位，必须参加美国社会工作理事会组织的职业资格（或执照）考试。在美国，社会工作可以触及社会生活的各个领域，只要有需要帮助的人存在，就会有社会工作者。

（五）非营利组织能有效地动员社会力量和社会资源，帮助政府解决社会管理中的一些薄弱环节

在美国，非营利组织在充分竞争的前提下已形成合理的行业分工，组织形态相当发达。从类型看，有研究型组织，有行动型组织，有支持型组织，有网络型组织，有公益投资理财型组织。围绕公益事业的方方面面，从资金捐赠来源到善款支出，从扶持非营利组织成长到信息咨询服务，从个别行动到区域或全国性网络，每一种非营利事业需要的组织形态，都在充分竞争中逐渐发育成熟。与此同时，美国非营利组织创造了大量的就业岗位，提供了美国全部就业近10%的岗位，其就业容量与政府部门就业容量相当。非营利部门是美国资本主义制度的有机组成部分，是这个社会的稳定器。正是通过这种制度安排，加上媒体、工会、宗教等社会力量，美国社会才可能有效地运行。非营利组织的兴起，代表着人类社会重大的组织制度创新，在政府部门和营利性组织之外发挥着协调、辅助和补充功能。当前，我国政府职能转变的重点之一，是在依法行政的前提下，大力培育和扶持社会组织承担各种社会管理和公共服务的职能。

四、对北京市推进社会工作者队伍建设的几点思考和建议

美国社会工作给我们提供了社会工作者队伍制度完善、管理到位，社会组织发育完善，社会化运作程度高，政策法律比较健全，政府有效行政管理到位，社会工作开展规范、有序的做法和经验。北京市刚刚起步的社会工作和社会工作人才队伍建设工作如何借鉴“他山之石”，这是自己在赴美国培训前后反复思考的问题，根据自己在报告中所总结的学习收获和启示，结合当前北京市提出的建设世界城市的战略目标，对大力发展社会组织、推进社会工作者队伍建设工作提出如下思考和建议。

（一）加强环境建设，为推进社会工作和社会工作者队伍建设提供良好社会氛围

在美国，社会工作者和志愿者都是人人皆知的职业，不仅知名度和认同度非常高，而且还是一项非常受人尊重和无上光荣的职业。更重要的是，在美国，社会工作有百年历史，想成为一名社会工作者并非易事，必须在具有社工教育资质的高校接受过社会工作学专业的教育，毕业后再参加严格的资格考试，合格者才有机会从事这个职业。尽管这样，这个职业还是一个非常有吸引力的，很多人都是自愿选择这个职业，所以美国社会工作者队伍有着非常良好的发展环境和社会氛围。比较我们，在这方面差距还相当大。我们应该针对公众对社会工作的范畴、内涵和意义比较陌生，社会工作的专业化和职业化水平比较薄弱，目前的社会氛围还远不能适应社会工作者队伍建设的需要的现状，应该通过加强宣传，让社会和百姓了解社会工作的重要性，了解社会工作者的重要性。特别要了解中央决定建设宏大的社会工作人才队伍，是转变政府职能、创新社会管理体制和服务方式的重要举措。在社会管理和服务中，社会工作者有着独特的优势，是解决社会问题、提供社会服务的重要手段，要不断提高全社会对社会工作人才队伍的知晓度和认同度。切实增强社会各界对社会工作人才的认同感，尤其要强化社会工作的社会认同。按照加快推进以改善民生为重点的社会建设和北京市实现“人文北京、科技北京、绿色北京”以及建设世界城市战略目标的要求，大力推进社会工作发展及其人才队伍建设。

（二）加强培养力度，为推进社会工作专业化发展提供保障

美国社工教育体系规范，培养目标根据社会工作需要及时调整和完善，特别注重对学生实际工作能力、道德水准和专业能力的培养。在这方面我们与美国比还有较大的差距，应该积极学习借鉴美国的做法。一要按照专业化的要求，大力发展社会工作专业教育。特别要针对实现“‘人文北京、科技北京、绿色北京’和建设世界城市”的战略目标的需要，积极发展以实务为导向的社会工作专业教育体系建设，进一步增强社会工作人才培养的计划性、系统性和有效性。二要研究制定专业培训规划。根据目前绝大多数实际从业人员不具备社会工作专业知识的现状，尽快组织实施大规模的社会工作从业人员培训计划，切实提高他们的专业和职业能力。三要建立符合国情和市情的职业培训体系。不仅要有计划、分层次对从业或将要上岗和刚上岗的大学生社工进行职业道德、专业技能和工作技巧等方面知识的系统培训，而且要研究制定社会工作者定期培训计划，明确定期培训时间、优化培训课程设置、提出培训目标的具体要求，确保社工的专业技能根据社会工作和社会需求及时更新调整。这也是美国的成功经验。四要建立高层次人员的社会工作专题培训长效机制。在总结本次高级社会工作人才境外专题培训班经验的基础上，将其转化为全市高级社会工作人才专业培训的长效机制，加大对全市高层次人员专业培训力度。五要强化社会工作专业实习，大力加强社工实习基地建设。在各层次社会工作教育中明确规定不少于一定课时数的实习，确保学生得到充分的实务训练。

（三）加强行业管理，为推进社会工作职业化发展提供规范

美国已经建立了广泛的证照制度和管理机制，这是社会工作高度职业化的标志。美国经验表明，要实现社会职业化，必须建立健全相关的职业制度。一要建立社会工作职业资格制度。从事社会工作职业活动的人员，必须通过全国统一的社会工作职业资格考试，取得职业资格证书，并经过专门机构注册登记。二要科学设置社会工作岗位。建立健全初、中、高级相衔接，专业技术资格与岗位挂钩、岗位与工资待遇挂钩的社会工作专业技术职务制度，鼓励和引导专业岗位使用具备职业资格的人员。同时，要加快建立社会工作者行业管理和专业社会工作组织的步伐，并充分发挥其在社会工作行业管理和专业管理方面的作用，建立和完善社会工作职业准入制度，加强行业规范建设。

（四）加强社会组织建设，为推进政府职能转变和社会服务社会化、社会工作者就业搭建载体

美国的成功经验表明，社会工作实施的主体是各类社会工作专业机构。美国社会工作者中有94%的人员是在各类社会组织中就业。借鉴美国和我国港、澳、台社工发展经验，政府应该多措并举，大力培育、扶持和发展社会工作专业组织，为社会工作的发展提供空间，特别是制定完善扶持政策，大力发展公益性社会组织和民办社会服务机构，在全市形成服务老年人、残疾人、孤儿、灾民、流浪乞讨人员，以及社区、社团、婚姻、家庭、教育等各类专业社会组织竞争发展的良好态势，拓展社会工作人才施展才能的空间和舞台，为社会工作者就业提供岗位。同时，还要加快研究制定政府鼓励各类社会组织吸纳社会工作者就业的政策，拓宽社会工作人才职业发展空间。

（五）加强制度建设，为推进社会工作者队伍建设提供政策保障

在推进社会工作人才队伍建设中，既要大胆吸收借鉴发达国家和地区社会工作职业化、专业化的优秀成果，更要充分体现中华民族的优秀文化，认真总结北京市丰富的社会工作实践经验，尽快建立起具有时代特征、中国特色、首都特点的社会工作人才队伍培养、评价、使用、激励体系。一要进一步加强社会工作政策研究。深入分析国内外城市社会工作发展的做法、经验，认真探索世界城市背景下北京市社会工作的规律和模式，不断完善北京市社会工作政策制度。二要加强社会工作领域标准化建设。针对不同领域、不同人群、不同机构社会工作特点，围绕社会工作服务和管理以及政府购买社会工作服务的评估、考核、监督等重要环节加快社会工作标准制定步伐，逐步建立科学合理、协调配套的社会工作标准体系，为进一步推进社会工作规范化、专业化建设提供制度保障。三要尽快研究制定社会工作岗位设置标准，明确不同机构社工岗位的工作职责、专业操守、理论知识和具体技术要求，提出明确的任职人员资格条件等，尽快在各类社会服务和社会管理机构设置社会工作岗位，配备相应的社会工作专门人才。四要研究制定社会工作者薪酬标准指导政策，根据执业社会工作者的从业领域、工作岗位和职业等级，提出科学、合理的薪酬标准的指导意见。五要完善奖励政策，以“体现专业人才价值”为指导思想，研究制定一套多层次、全方位的社会工作激励机制，切实改善社会工作人才的工资收入、福利待遇和工作条件。六要进一步健全社区、社会、社工“三社互动”和社工、义工“两工联动”的社会工作运行机制。根据美国的经验，推进社会工作，既要发挥专业社会工作者的作用，又要发动公众广泛参与，发挥义工的协助、参与作用。在美国只要有社工的地方就有义工，而且社工和义工的服务多是在各类社会组织和专业社会工作机构。七要努力构建北京市社会工作及其人才队伍建设的理论体系和实践模式，尤其是在价值观构建方面，应认真分析、深入思考如何使社会工作价值观和社会主义核心价值理念相融合，和我国的传统文化相协

调，和党务工作、思想政治工作、行政工作相配套。

（六）加强信息化建设，为社会工作和社会管理构建信息化、网络化和集成化的应用平台

随着信息技术的飞速发展，信息化正朝着网络化、集成化、智能化的方向迅猛发展，给整个人类社会生产、生活方式转变都展现了巨大的空间。国际国内信息化发展趋势，为社会工作和社会管理带来了前所未有的机遇和挑战。要跟上信息化发展的步伐，就必须广泛采用计算机技术、信息技术、网络技术，加快全市社会系统信息化建设步伐，大力提高社会建设工作的科技含量，建立现代化社会服务、社会动员、社会管理体系。紧紧围绕今后5年首都经济社会发展整体目标、建设世界城市和建设“人文北京、科技北京、绿色北京”的总体要求，特别是根据北京市未来社会建设工作发展需要，总结分析首都社会系统信息化建设现状、问题，研究编制《北京市社会系统信息化建设“十二五”规划》，提出全市社会系统信息化建设未来5年发展的总体框架、发展目标、指导方针、基本任务和对策建议。

（作者为市委社会工委委员、市社会办副巡视员王丽竹）

赴美国、加拿大非营利组织考察报告

2009年3月20日至29日，中共北京市委社会工委、市社会办社会组织考察团一行5人，由市委社会工委委员、市社会办副巡视员刘轩同志带队，应邀对美国、加拿大非营利组织发展情况进行了为期10天的考察。考察团访问了美、加两国的有关政府机构和非营利组织，先后考察了加拿大温哥华、多伦多和美国洛杉矶、夏威夷等地的非营利组织发展情况，就非营利组织的登记注册制度、监督管理体制、内部治理结构等情况进行了广泛的了解和交流。通过考察，我们了解了美、加两国非营利组织的一些基本情况，接触和学习到了先进的理念和管理经验。

一、美、加非营利组织发展的基本情况

非营利组织（Non－Profit Organization，简称NPO）又称非牟利组织，是指政府部门和企业之外，以非营利为目的、从事公益事业的一切志愿团体、社会组织或民间协会，具有组织性、民间性、非营利分配性、自治性和志愿性等五大特征。在20世纪80年代，以美国、加拿大为代表的西方社会非营利组织开始呈蓬勃增长之势，目前已覆盖了社会服务、医疗健康、公共安全、教育和研究、环境与动物保护、文化艺术、体育竞赛、扶贫和弱势群体保护、宗教事务等非常广泛的社会领域。这一独立于政府和企业之外的社会“第三部门”，已成为政府处理社会问题的伙伴、公平分配资源的手段、公民民主参与的形式，并创造了大量就业机会，在整个社会发展中发挥了相当大的推动作用和不可替代的积极作用。

美国的非营利组织的历史已经有300年了，比美国政府还早，实际上我们应该称它们为“政府前组织”，也就是政府产生前的组织。非营利组织在美国社会享有巨大的影响力，大量的社会服务由非营利组织提供。至今美国的非营利机构数量庞大，经济实力雄厚，社会影响广泛，从业人员众多。据统计，美国约有160万个非营利组织，其收入占国内总收入的6%，从业人员占全国雇员的9%。

加拿大是一个具有多元文化特点的社会。

多元化的社会使得加拿大的非营利组织在社会的公信程度比较高，政府和社会都非常重视非营利组织的作用。加拿大的非营利组织约有 16.1 万多个，吸收了约 1900 万名志愿者提供社会服务，每年为国家创收超过 1100 亿美元。

二、美、加非营利组织的管理制度

（一）法律依据

由于在法律制度上同属英美法系并且都采用联邦制政治体制，美、加两国在非营利组织管理制度上具有很多相同之处。一方面，两国在非营利组织管理方面都没有专门、系统的法典，非营利组织管理制度主要是基于宪法、公司法和税法。对非营利组织的登记和管理所依据的法律主要是公司法和联邦税法，经有关部门注册的非营利组织可以取得法人资格，并有权向联邦税务部门申请免税资格，免税资格要求联邦税法有详细规定。另一方面，由于采用联邦制体制，宪法在联邦与州（在加拿大为“省”）之间进行了权力划分。各州（省）政府具有管理教育、医疗、地方基础建设等方面的权力，而税收权力属于联邦政府。因此，成立非营利组织可以根据各州（省）法律注册登记，但是申请免税资格需由联邦税务机关审查批准。

（二）登记注册

美、加两国关于非营利组织登记注册的规定大致相同，与企业登记大体一样。注册程序分为两步：首先，在州（省）有关部门注册为具有法人资格的非营利组织；其次，向联邦税务机关申请为具有免税资格的非营利组织。

在美国，注册非营利组织是在公司法和税法等有关法律规定下进行的。注册由州务卿办公室批准，然后由州司法部进行注册登记，颁发法人证书。州务卿办公室对非营利组织的章程进行审定，要求章程载明：（1）所有经营服务收入全部用于宗旨相关的事业；（2）机构终止时将全部剩余财产转交同类组织；（3）机构董事长、秘书长的产生方式，举行会议的时间、地点及方式。美国的非营利组织可以采取非营利公司、非公司社团以及信托组织三种形式。任何一种形式的非营利组织，只要宗旨合法，章程符合上述规定，一般都可以注册。大部分非营利组织是地方性的，联邦层次上的并不多。

在加拿大，主要由消费者商业事务部（各省也不尽相同）负责进行非营利组织的成立和注销登记，规定非营利组织提交年度报告。注册时必须确认组织章程和细则达到了企业组织法中有关成员、董事和其他方面的最低规定。注册为法人的非营利组织可以向联邦税务局申请免税资格，联邦税务局根据《所得税法案》进行审查。加拿大的非营利组织分为经营性慈善机构和慈善基金会两类。其中，经营性慈善机构又分公司社团、公司和信托组织三种形式；慈善基金会有信托组织和公司两种形式。非公司社团不需要具有法人身份，因此不需要注册，但必须有章程和细则。

（三）政府扶持

政府对非营利组织的扶持主要体现在税收优惠和购买服务两个方面，此外也有少量资助。税收优惠是非营利组织享有的基本特权，但并不是所有非营利组织都享有这项优惠。在美国，联邦法典中《国内税收法典》第 501 条款规定 25 类可以减免联邦所得税的机构，非营利组织完成注册登记后，可以向联邦税务机关申请免税登记，税务机关根据该条款审查通过后申请者即可享受相应的免税资格。享受免税资格的非营利组织有两种情况：第一种是公益性组织，包括宗教、慈善、文化、科技、环保、保护儿童和动物等机构，组织自身可以享受一定的税收减免，向这类组织捐赠可免所得税；第二种是互益性组织，包括工会、农会、商会、娱乐俱乐部、联谊性社团、殡仪公司、信用合作社、退伍军人协会、农民食品合作社、房产协会等机构，只减免一部分税种，向这类组织捐赠不能免税。加拿大的情况大致相同，由

《所得税法案》规定了“注册的慈善机构”可以申请享受免税资格，由联邦税务局负责审查。

政府扶持的另一种主要形式是向非营利组织购买服务。在美国和加拿大，非营利组织与政府之间保持一种相对独立的合作关系，二者根植于很深的伙伴战略关系。两国的社会公益事业和公共服务项目主要采取政府公开招标的形式交由企业或非营利组织承担。非营利组织由于其专业性、志愿性和公开性，它们在从事公益事业和提供公共服务方面具有成本、效率和公信力上的优势。政府依赖于非营利部门去执行公共服务项目，特别是卫生、教育和福利服务。每年政府会公布一系列项目，非营利组织选择合适的项目参与投标。项目确定后，政府要与非营利组织签订项目合作协议，并对其进行监控。项目结束后，非营利组织要进行总结，政府验收评估。这样就充分发挥了专业团体的特长，而政府不需要庞大的机构和人员来具体实施项目。同时，也体现出公正性。

（四）监督管理

对非营利组织的监督管理主要是对非营利性的审查及对其财务活动的监督，目的是防止以欺诈行为骗取免税资格或公众捐赠。主要体现在五个方面。

一是税务机关的监督。对非营利组织的监督管理首先是税务机关的职责，申请具有免税资格的非营利组织，需要接受税务机关的严格审查，免税审批部门每年还会对非营利组织的财务状况进行抽查，如经查实有营利行为，其免税资格就会被取消。免税非营利组织需要每年向联邦税务机关报送该组织的年度报告，内容主要是财务状况和经营活动。

二是检察长和项目招标部门的监督。各州（省）检察长负责对非营利组织进行监督，并对其违法行为提起诉讼；各级政府提供公共服务项目招标的部门也会对承担项目的非营利组织进行监督，防止非营利组织通过政府资助项目牟取私利。

三是捐赠者的监督。捐赠者出于掌握资金赠与权利也有权对非营利组织进行监督，他们可以要求查看捐赠资金使用情况以及受赠组织的财务情况，从而监督受赠组织是否按照捐赠要求使用捐款。

四是行业内部及相关机构的监督。非营利组织行业内部也自发地联合，组成各种全国性机构，例如“美国基金会理事会”（Foundation Council of America）和“国家基金募集协会”（The National Society of Fund - Raising Executives），交流情况，公开信息，增加组织的透明度，提高组织的服务能力。也有一些机构，如美国“全国慈善信息局”（National Charities Information Bureau），专门对非营利组织特别是具有免税资格的组织进行评估，并免费向社会公众公布评估结果，帮助公众比较非营利组织的诚信度和工作绩效。

五是司法监督。两国均建立了以董事会为核心的非营利组织责任体系。美国法律规定董事会要对非营利组织的管理工作最终负责，如果非营利公司的慈善资产被不当使用或慈善信托相关规定没有遵守，州司法部长有权免除公司董事和官员的职务并对其进行追加罚款。加拿大有关非营利组织的法律在这方面也有类似的规定。加拿大还有一项有关董事会及其董事行为的保险，即非营利组织在注册时需对其董事会及董事的行为购买一定数额的保险，一旦因其行为产生民事赔偿责任，即由这份保险赔付。联邦税务机关和州检察长有权对非营利组织提起诉讼，由法院予以裁决。

以上措施，有效地预防了欺诈与腐败行为的发生。

三、美、加非营利组织自身的运行管理

在这次考察中，我们对非营利组织的运行情况进行了认真深入的了解。美、加非营利组织自身的运行管理是规范的、严谨的，是一种符合市场经济规律的高效率的管理模

式。非营利组织的专业活动得到全社会的尊重和认同。

（一）组织结构

美、加非营利组织在组织结构方面是采取董事会和执行管理层的模式，按照公司化方式来运作，一般为民主选举产生，实行民主管理。董事会的成员是义务工作，负责制定战略目标和策略，监督整个组织的运行活动，而执行管理层负责组织的运行管理和操作具体项目。执行总裁由董事会任免。非营利组织的雇员（指带薪的工作人员）通常领取有限的报酬。非营利组织机构的大量具体工作是由义工（志愿者）承担的。

（二）经费来源

美、加非营利组织的资金来源，包括会员会费、募捐、地方政府和联邦政府的拨款、出售商品和服务收入等。一般美、加非营利组织的经费来源中，自筹资金占所有经费的70%。会员会费是非营利组织的主要来源之一，会员缴纳会费是入会的最基本条件之一；政府鼓励企业、社会各界对非营利组织捐款，支持公益事业的发展；政府拨款是政府以非营利组织申请项目委托形式的拨款，非营利组织通过出售自己的服务，在得到评估后获得政府的适当资助。另外，政府还有一种对募捐附加的资助款，非营利组织在社会募捐到多少资金，政府就拨给同样数量的资助款，以鼓励和支持社会募捐活动；非营利组织经政府批准可以开办一些社会服务性、公益性经营实体、设施，如社区生活服务中心、小商店等。也可以办出版物、期刊广告业务、售书、对外讲课、基础评估等。其获得的有偿收益只能用于组织发展和服务，不能用于分红。

（三）财务管理

在财务管理方面是采取组织运行费与项目运行费分账管理的模式，体现了“非营利”的目的。非营利机构不能把收入分派给成员个人或由成员个人享用，当然，机构可以向雇员支付合理的薪水，雇员或成员个人为机构运作而支出的费用也可以由机构报销。在运行的过程中注重开发资源和节约开支。

（四）会员服务

一方面，美、加的非营利组织代表会员的利益，影响国会立法和政府政策的制定。他们利用靠近政府、贴近会员的特殊地位，及时密切关注立法和政策信息，大多在国会中设有联络员，根据会员的需要，游说国会和政府，反映会员的要求，使得新出台的法规、政策的制定有利于会员的发展。另一方面，非营利组织提供会员需要的多种服务。从非营利组织成立后的运行方式来看，企业入会自愿，退会自由，协会从自身的生存、发展角度考虑，必须为会员单位提供优质高效的服务，展示自身的实力和影响力。很多非营利组织把信息咨询服务、教育培训工作以及组织会员间的交流活动当做为会员服务的重要内容，并提供各种会员需要的其他服务，如税务服务、责任保险、医疗保险计划等。如我们考察访问的加拿大多华会（The Cross - Cultural Community Service Association，简称 TCCSA）于 1973 年成立，并在 1976 年注册成为非牟利机构。它的任务是协助新移民早日适应加拿大文化，并鼓励国民投入参与社区建设。其宗旨是透过提供多类型社会服务促进各社区繁荣进步。多华会下设三个部门：安居部、社区及青少年服务部、教育及语言培训部。提供个人辅导、专题资讯讲座、就业辅导等服务；设有中文学校、义工招聘及培训、互助小组等；开办移民英文班、英语会话班、入籍班等；还与多伦多警队联手成立警政华人顾问委员会，合力促进社区安全。多华会为会员提供的服务多样化而且基本是免费的。又如全美制造业协会是一个具有 100 多年历史、影响力十分广泛的协会，现有会员单位 1.4 万个以上，波音、杜邦、IBM 等大型企业均为其会员单位，它把教育培训作为为会员单位服务的一项重要内容，推广非强制性的从业标准，与社区、大学联合起来培训劳工，还制订了电视广播宣传计划，让公众了解制造业。

（五）经营管理

非营利组织负责人都充分认识到应该用

企业家的理念来经营和管理自己的组织，他们认为每一个组织都面临着巨大挑战和同行的竞争，如果自己不努力，就会被社会所淘汰。美、加的非营利组织有着一整套严格、规范的项目管理规则，在做项目之前都会进行充分论证，认真负责地对待任何一个项目。他们在管理模式上借鉴企业管理的竞争意识，积极向社会各个方面争取项目、争取资金。目前，许多非营利组织一项非常重要的工作就是社会推广工作，争取政府、企业在资金上的支持，同时得到社会的认可。例如，我们访问的美国洛杉矶一家社区信托基金会（The Community Foundation Land Trust，简称CFLT）的一项重要任务就是为低收入家庭建设公屋（Public Housing），它提供资金给其他非营利组织，然后通过与这些组织合作申报政府公共项目资金，经过详细、认真的项目策划，来投资公屋建设和教育、医疗等公益性事业。

四、美、加非营利组织对我国社会管理和社会组织建设的启示

这次对美国、加拿大非营利组织发展情况的考察，使我们在观念和理念上有了一个更新、更高的认识，对美、加非营利组织所发挥的积极作用印象深刻。这有助于我们结合中国的实际，来很好地学习和借鉴。我们认为，有以下五个方面的启示。

（一）进一步转变观念、提高认识，充分发挥非营利组织在社会建设和管理中的积极作用

非营利组织的蓬勃发展，对于提升国家的软实力，促进国家的经济、政治、文化、科技和社会发展，增强综合国力，具有非同寻常的作用。在考察中，我们深刻地认识到，美国、加拿大政府对非营利组织采取的是重视的态度和鼓励发展的态度，整个社会舆论对它们采取的是认同和参与的态度，从而极大地促进了非营利组织的快速健康发展。事实也证明，美、加两国的非营利组织，在社会各个领域都承担了大量的工作，发挥着不可替代的重要作用。

我国的非营利组织主要包括社会团体、民办非企业单位、基金会以及部分市场中介组织和事业单位等。目前虽有为数不少的非营利组织，社会需求和发展的空间也很大，但是这些组织普遍存在着行政色彩浓、机制不健全、成员素质不高、服务能力弱、诚信度低、外部监管不力等问题，难以真正发挥社会管理和服务主体的作用。为此，一是各级政府要切实转变观念，提高认识，为社会组织发展发挥作用；积极创造宽松环境，鼓励和支持非营利组织更好、更快地发展，而不是采取惧怕、回避和推脱的态度。二是要调整非营利组织准入门槛，采取“放开一大片，限制一小部分”的政策，充分激发发展活力，对大部分社会组织，特别是公益性的、服务社会的，降低门槛，积极鼓励，逐步放开，而对于有一定政治企图，违背国家法律法规、不利于社会稳定的政治类组织应予以限制乃至禁止。三是要让渡部分空间，采取委托、购买服务等方式，充分发挥各类社会组织的社会功能，为经济社会发展服务。四是要在应对国际竞争和对外交往中，充分发挥民间组织特有的、不可替代的作用。

（二）切实转变政府职能，创新社会管理和公共服务提供方式，加大对非营利社会组织的扶持力度

基于在社会生活和科学技术发展中的重要作用，甚至是关键性的作用，美国、加拿大政府对非营利组织都给予了税收优惠和购买服务等方面的扶持，并提供一定的资助。

现阶段，中国的社会组织大部分发育不完善，没有足够的能力承担以往政府承担的社会职能，因此，政府应采取积极而有效的措施支持非营利社会组织的发展。一是健全完善税收优惠的法律体系，将税收政策作为引导扶持社会组织发展的重要调控手段；加大宣传力度，积极鼓励企业和社会各界从事社会公益和慈善事业。二是政府通过培训等形式将专业化的一些职能转移给有能力承担

的社会组织。三是采取积极引导、分类指导的原则，鼓励社会力量在教育、科技、文化、卫生、体育、社会福利等领域兴办民办非企业单位。四是建立以政府采购为中心的政府支持体系，扶持社会组织发展。五是健全社会组织专职工作人员养老、失业、医疗等社会保障制度，提高从业人员的待遇和社会地位，吸引更多高素质人才进入。六是对各类公益性或非营利性项目提供必要的财政资金支持。

（三）创新社会组织管理体制、改进管理方式，健全完善社会组织监管体系

在美国和加拿大，联邦政府、州（省）政府和地方政府有明确的事权划分，都按照各自职责开展工作，无职责上的交叉重叠和部门机构的上下对应。美、加非营利组织覆盖了大部分的社会部门，提供各种各样的社会服务，并且还可以提供政府所不能提供的服务。美、加非营利组织的健康快速发展，得益于政府和民众的重视支持，得益于其自律和诚信，也得益于有效的监管体系。美、加对非营利组织的管理有这样几个特点：一是美、加的非营利组织管理制度采取过程管理而非事前管理，即基本的准入门槛较低，较少事前审查，不限制相同相类似的组织注册，便于形成充分竞争的格局。二是对司法渠道的重视。考察中我们了解到，美、加两国在非营利组织管理中很少使用行政手段。由于法治十分健全，整个社会和经济生活都置于法律监督之下。三是坚持政府监管的有限性。两国都有庞大的第三部门，而负责监管的行政机关数量很少。但是并没有妨碍监管的有效性，还避免了政出多门和相互推诿。

目前，北京市正加快推进政社分开、管办分离，构建“枢纽型”社会组织工作体系，在探索新的社会组织管理体制方面迈出了积极的一步。下一步，应加快转变政府对社会组织的管理方式，完善管理体制，实现社会管理和服务的社会化。一是加快事业单位分类改革，将具有政府职能和实际履行行政职能的事业单位回归政府机构；将名为事业单位，实际上是企业的推向市场；将真正社会公益性质的事业单位改组为非营利组织。二是在政府购买服务方面迈出更大步伐，推进政府购买服务的规范化、制度化，使之具体、规范和可操作。三是加强有关立法，完善有关法律体系，对不同类型的社会组织进行分类指导和管理，做到依法监管和依法开展服务活动。四是加强社会组织能力建设和诚信建设，取信于政府，取信于社会。五是实行信息公开和评估制度。公益性社会组织特别是接受政府采购和享受税收优惠的社会组织，应当向社会公开信息，包括年度工作报告、政府支持资金的使用情况、公益项目实施情况等。同时，借鉴国际经验，探索建立社会组织综合评估体系，定期跟踪评估，建立相应的退出机制，促进社会组织形成自我管理、自我约束和自主发展的运行机制。

（四）大力发展社区社会组织，促进社会管理和服务重心下移

非营利组织的主要活动领域是在社会基层，为广大民众特别是弱势群体服务。美、加政府在社区的公共服务主要是通过项目申请制，依托相关的协会等非营利组织，通过政府购买服务的方式来完成。在美国、加拿大，社区有两个概念：一是地域意义上的社区；二是功能意义上的社区，如具有相似的兴趣、问题、需求和取向的人。例如，华裔在多伦多市就形成一个跨区域的华人社区。因此，一些社区工作就是专为多伦多市的华裔开展的。还有的是针对具有特殊需要的人群开展的社区工作，如精神病患者、残疾人、老年人等。这些都属于功能社区，也是今后社区服务的方式之一。

在市场经济条件下，社区非营利性服务组织是社区建设的一支重要力量。随着北京市社区建设的推进，民间组织的作用将越来越大。为此，一是要大力培育和发展社区非营利组织，扩大居民参与，增强社区居民自助互助能力，发挥自我管理、自我服务、规范行为的作用。二是鼓励和支持非营利组织从事社区公益性事业，提供有针对性、多样

化的优质服务，以满足社会各种不同的需求。三是推动社区管理体制创新，健全完善社区治理模式。发挥各类社区社会组织的主力军作用，使之成为社区公共服务的承接者和社区自治的强大力量，使之成为构建社区管理新体制和治理模式的重要组成部分。

（五）大力发展志愿服务组织，推进志愿服务的常态化、机制化

在美国、加拿大，志愿者普遍地活跃在社会的各个方面，他们做公园的导游，图书馆、博物馆的咨询员，在医院、学校、社区，甚至是警察局、消防局都能见到志愿者。但是这些志愿者不是单个地去做，他们常常是组织起来，或者自发地成立社区性社团，或者参加到各种相关的非营利组织中，这可以为他们提供大量的志愿服务岗位。非营利组织是由共同志趣的人们自愿结合在一起的，所以在为这个目标工作的时候，是自觉自愿的，可以使个人的奉献精神得以充分发挥。志愿服务精神渗透在美国、加拿大的经济、文化、社会生活的各个方面，取得很好的社会效益。

在中国很多时候依靠政府来动员志愿者，政府对于志愿服务在政策上应该说是大力支持的，中国不缺少希望做志愿者的大量的个体，也不缺少志愿服务的历史传统，但是志愿服务之所以仍然很难产生持久力和常态化、机制化，主要是志愿服务还没有被有效地组织起来。志愿服务不应仅仅被看做是个人的道德行为，而更应该看做是一种组织的力量。为此，要采取有效措施大力发展志愿服务组织，一是大力弘扬志愿服务精神，培育广大民众的志愿服务和参与意识，不断壮大志愿者队伍。二是积极培育和大力发展各类热心社会公益事业的志愿者民间组织，发挥其载体和平台作用，使志愿服务工作有载体、成体系，使之方便、便捷，从而做到“志愿服务人人可为、时时可为、处处可为”，使志愿服务渗透社会的各个方面，真正成为人们生活的一部分。三是建立相应的激励机制。实行志愿服务积分和时间储蓄制度，把志愿服务情况与志愿者及其家人获取公共服务挂起钩来，积极鼓励学生参加志愿服务活动，并将其纳入学生社会实践活动的考核内容。

（考察团成员：刘轩、袁海鹏、王燕、王森林、张焱）

北京市有关部门理论研究与调研

关于推进“枢纽型”社会组织管理体系改革的研究与思考

市委社会工委、市社会办研究室（政策法规处）

一、我国社会组织发展基本情况调研

我国社会组织的发展是与整个国家的政治、经济管理体制的变革和社会现代化水平的提高密切相关的。在历史上，我们是“大一统”的社会管理模式，形成了“强政府、弱社会”，“大政府、小社会”的格局。各种社会组织的发育十分有限。在新中国成立之后，由于长期实行计划经济体制，社会组织发育不足的特点也长期存在。直到党的十一届三中全会以后，随着计划经济逐步向市场经济的过渡，各种社会组织，如行业协会、

民间非企业组织、公益性组织、各类专业性社会团体等才如雨后春笋般地迅速成长起来。总体上看，新中国成立以后中国社会组织的发展大致经历了四个阶段。第一个阶段是从1949年到1966年的初始发展阶段。这一阶段中国出于政治吸纳的需要建立了青联、妇联、工商联、科协等大型的人民团体和大量学术性、文艺类社会团体。第二阶段是从1966年到1978年的停滞期。这一阶段由于“文化大革命”的影响，已成立的社团几乎停止了活动，也没有成立新的社团。第三阶段是从1978年到1995年的恢复发展时期。这一阶段为了适应改革开放的需求，社会团体大量涌现，特别是行业协会、基金会发展非常迅速。第四阶段从1995年至今。与前几个阶段相比，这一阶段中国社会组织有了一些实质性的变化，社会组织在社会经济乃至政治发展中亦扮演了新的角色。其中有两个关键性的节点：一是1995年的世界妇女大会；二是2008年的汶川地震抗震救灾，都是社会组织发挥了极其重要的作用，吸引了全社会的广泛关注，掀起了社会组织发展的热潮。

当前，随着中国经济社会的全面发展和中国融入经济全球化程度的日益提升，我国社会组织获得了较快发展。截至2009年年初，全国依法登记的社会组织总量已接近41.5万个，其中社会团体23万个，民办非企业单位18.3万个，基金会1614个。这与20世纪70年代只有近百个全国性社团和6 000个地方性社团相比，几乎是一个爆炸性的数字增长。同时，城乡基层大量不具备法人条件的服务型、群众性社会组织也快速发展。据不完全统计，经民政部门备案的农村专业经济协会有4万多个，城市社区社会组织有20万多个。社会上还有数量巨大的志愿者、社会工作者和义工，仅注册志愿者已达到2 511万人，2008年全国志愿者队伍的规模已近亿人。社会组织活动范围已拓展到工商服务业、农业及农村发展、科学研究、教育、卫生、文化、体育、生态环境、社会服务、法律等十几个领域，涵盖了国民经济、学科建设、职业等各个门类和各个专业。在一些重点领域社会组织已经开始发挥积极作用。但是，由于发展时间短，加上思想认识、管理体制、自身建设上还存在不少障碍，目前我国的社会组织总体上看仍处于发展的初级阶段。主要体现在以下几方面。

发育程度不够充分，发达国家每万人拥有社会组织的数量一般超过50个，如德国120个，美国52个；发展中国家一般超过10个，如阿根廷25个，新加坡14.5个，巴西13个，印度10.2个。而我国目前万人拥有的社会组织数量仅为2.7个，不仅低于发达国家，而且低于大部分发展中国家，总体数量偏少。

社会动员能力较弱。独立性差，官办色彩浓厚，很难做大做强。经费紧张、人才缺乏、能力不足，是我国社会组织普遍遇到的首要问题。以慈善类社会组织为例，2005年美国慈善捐赠总额达2 600亿美元，占GDP的2.1%，人均捐款833美元；有1亿多人作为志愿者参加公益活动。我国GDP总量为美国的17%，同期慈善团体接受社会捐赠资金为28.9亿元人民币，仅占GDP的0.015%，人均捐款仅2元人民币。由于我国非政府组织从社会上募集资金的能力严重不足，所以在经费来源中，严重依赖政府和国外项目的资金资助，社会组织可持续发展的实力和能力偏弱。“500万、20人”，这一直是中国普通社会组织难以突破的发展瓶颈。

社会贡献不足。目前，根据《中国发展简报》和清华大学NPO研究所等机构的有关资料估算，目前中国稍微有点知名度的民间自发公益类NPO仅有300家左右，主要集中在环保、热线、扶贫和残障儿童教养领域。而在世界各国社会组织主要活动的医疗、教育、文化、社会福利等领域，社会组织发挥作用空间仍然不足。根据美国霍布金斯大学萨拉蒙等教授对36国比较研究表明，社会组织吸纳全职就业人口平均占经济活动人口的4.4%，经济活动规模相当于36国GDP的

5.4%。我国 2006 年社会组织从业人员仅占城镇就业人口的 1.5%，支出规模仅占 2006 年 GDP 的 0.3%。我国社会组织总体经济活动规模、吸纳就业能力和国民经济贡献度不大。

内部管理不完善，公信度不足。清华大学 NGO 研究所的调查显示：我国只有 14.7% 的非政府组织每年年终有年度财务报告，通过注册会计师作出外部审计。由于缺乏监管，不少非政府组织的违法活动得不到及时纠正，在少数非政府组织中出现了滥用减免特权，打着公益旗号中饱私囊；非法集资，触犯国家法律；争名夺利，内耗严重；财务混乱，贪污腐败；进行迷信活动，诈取钱财；甚至有的进行反政府、反人类、反科学的活动。凡此种种，导致非政府组织难以在公众中建立起应有的公信力。

二、现行社会组织双重管理体系的不足

除了社会组织自身建设的失误之外，造成我国社会组织发育较慢的一个重要原因就是现行社会组织的双重管理体制，即从 1989 年开始实行的对民间组织管理上确定的登记管理机关和业务主管单位分别负责的管理体制。这一体制中规定的社会组织业务主管单位，主要是指与其行业、学科或者业务范围直接相关的国务院和县级以上地方各级人民政府的有关行政部门（包括党务部门），以及由国务院或者县级以上地方各级人民政府授权的组织。任何社会组织想要成立，必须先取得业务主管单位的许可。创立这一体制的本意是为了加强对社会组织发展的规范引导和政治把关，但在实际操作中，却容易导致社会组织发育不足而又疏于管理的弊病。

一是登记成立难。现有的业务主管单位——行政机关和人民团体——出于对监管职责的慎重考虑，对于担任民间组织的业务主管一般十分慎重。这就大大抬高了民间组织登记的门槛。大量“草根型”社会组织因为无法找到业务主管部门只能游离于管理体制之外，或是选择以民办非企业单位的形式到工商部门注册，或是选择不登记注册的半公开式存在，这些都会为未来的监管留下很多隐患。

二是业务监管难。现有的管理体制使得对业务主管单位的职能很难确定和问责，而负责社团年审的民政部门因为人员、装备、手段都严重不足，也无法对分布如此广泛、业务领域如此众多的社会组织进行扎实监管。以浙江省为例，现有登记社会组织 2.3 万个，仅省级直接管理的就有 1 018 个，但省级社会组织管理机构只有 11 名工作人员。“重登记、轻管理”的现象普遍存在。薄弱的监管力量使得现有的监管也大都集中在问题发生后的处罚处理，很难防患于未然。

三是作用发挥难。由于现有的社会组织很多是由业务主管部门直接或间接发起的，或者是业务主管部门的内设机构，难以摆脱行政干预，官僚化和行政化的色彩浓厚，被社会上戏称为“二政府”，很难发挥社会组织应有的反映各方利益诉求、协调社会关系的作用。

四是发展培育难。各业务主管部门和民政部门的各级社会组织管理机构，在实践中更重视对已登记注册社会组织政治方向上的把握，而对其业务指导、内部管理则很难投入大量精力，对如何发展和培育社会组织的长期规划更是很难顾及。社团管理存在重行政干预、轻法制手段和政策引导的倾向，这与社团管理科学化、现代化目标是不相适应的。

三、“枢纽型”社会组织的改革思路

要推动社会组织的发展和建设，关键就是要处理好政府和社会的关系，处理好业务监管与培育发展的关系。从长远看，社会组织管理体系改革的方向就是要还社会组织作为除市场和政府之外的“第三部门”的本色。但在当前日益复杂的经济全球化的大背

景下，由于我国社会组织自身的发育不完善，各种配套的法规不健全，完全对各类社会组织采取不加审查、自由发展的登记备案式管理方式显然并不可行。从“政社分开、管办分离”的原则出发，既然政府机关不适合直接担任社会组织的业务主管，就必须有其他的机构或组织来接手管理职能。在社会发育程度较高的国家和地区，遵循优胜劣汰的市场经济法则，可以由社会组织中自行产生龙头性的社会组织，但这并不适合我国的现实国情。一方面，这样的自然发育需要较长时间，需要科学的社会组织自身治理结构和良好的配套制度和环境支持，这些我们都还不是很具备；另一方面，社会转型期的社会管理任务又十分紧迫，等不得、拖不起。这两点就决定了我们不能完全依靠社会组织的自然发育，而必须通过政府扶持、行业督导、社会组织自身发展三者相结合的方式，加快这一进程。这就是要选择和培育“枢纽型”社会组织的由来。

所谓的“枢纽型”社会组织，就是在同类别、同领域社会组织的发展中，在政治上发挥桥梁纽带作用、在业务上处于龙头地位的市级联合性社会组织。它在政治上主要是负责所联系和管理的社会组织中的党建工作，业务上主要负责对各类社会组织成立以及年检前的初审工作、日常的业务指导和管理工作，服务方面则主要体现在为社会组织的发展搭建服务平台、推动工作交流等工作。

初步设想，“枢纽型”社会组织的资格由政府认定，我们希望首先选择体制内的特殊法人团体——人民团体——来承担这一管理职责。将来可以根据情况需要组建、改造、提升若干大型社会组织进入这一行列。

首先，各人民团体具备这一实力。作为体制内联系和代表部分群体利益的特殊法人团体，各个人民团体具有组织完备、政治可靠的突出特点，领导力、组织力、活动力都很强，在社会上和社会组织中都具有良好的公信力，具备指导和协调本领域、本行业的社会组织加快发展的实力。事实上，现有的很多人民团体本身就联系了部分社会组织，在这些社会组织和党与政府之间发挥了很好的桥梁和纽带作用，已经在事实上履行了“枢纽型”社会组织的部分职能。稍加改造和提升就可以承担这一重任。

其次，各人民团体也有这一愿望。在新的历史时期，人民团体自身的职能也在悄然发生变化。过去，这些团体更多强调政治引领作用的发挥，以联系和表达各自领域中精英为主。而改革开放之后，如何更好地联系各自领域的普通群众，更好地发挥群团工作的作用来吸引和凝聚群众就成为他们自身的迫切愿望。“枢纽型”社会组织管理体系的提出，给这些人民团体在新的历史时期创新工作思路、开拓工作领域提供了新的武器，所以能得到这些人民团体的积极响应。

当前，一些经济社会发展较快的地区已经对提升社会组织管理水平、加强政府扶持力度提出了更高的要求。不少地方已经有了创建类似“枢纽型”社会组织的实践。上海市静安区 2007 年在全市率先成立了社会组织联合会，使每万人拥有的社会组织数高出全市平均水平近一倍；深圳市成立社会组织总会，以整合各行业协会的力量；温州市颁布《温州市行业协会管理办法》，授权工商联可以作为各行业协会的业务主管单位等。

四、“枢纽型”社会组织管理体系探索的重要意义

建设“枢纽型”社会组织管理体系，是在保持当前我国社会组织双重管理体制基本框架的基础上，通过充分发挥人民团体等“枢纽型”社会组织的龙头引领作用，通过加快培育和有效监管并重的双重努力，迅速提升我国社会组织管理水平和活动能力，持续推动我国社会组织的健康发展的重要举措。

传统的政府管理理念认为，政府是公共事务管理、公益事业、社会福利的唯一提供者。而现代的治理理念则认为，公共治理的主体是多元的，一个良性的治理结构，需要

包括政府、社会组织在内的不同治理主体的分工合作。在世界范围内，国家与社会组织的关系大体有多元主义、国家法团主义、社会法团主义等几种形式。多元主义一般为西方发达国家所采用，社会活动的主体多元化，社会组织和政府更多的是一种平等合作关系，彼此交融又彼此制约。国家法团主义是由国家建立，并由国家科层体制控制的结构模式，国家在其中处于绝对的主导地位。而社会法团主义的主要特征是部门结构，即由各类社会组织在国家的允许下，代表各部门、社会群体的基层利益。在这个模式中，国家仍然处于主导地位，但国家与社会的关系由领导走向合作。

从我国的历史传统和现实国情来看，中国的社会组织和国家的关系既不同于传统集权体制下完全附属的关系，也不同于西方社会中普遍存在的并存分立关系，而是在国家的主导下合作共赢的共生共荣关系。这就决定了当前和今后相当长的一段时间内，我国社会组织与国家的关系也将逐步实现从国家法团主义向社会法团主义过渡，而排除西方多元主义的走向。这也符合社会组织发展的一般规律，在同样“强政府、弱社会”背景下的东亚各国，在社会现代化的初期，这些国家的主要社会组织基本上都是由政府组建的。而到了20世纪90年代，随着经济社会的发展，这些国家开始出现了从国家法团主义向社会法团主义的过渡。“枢纽型”社会组织管理体系的创立，正是适应了这一发展趋势。

首先，中国的历史传统和现实国情都决定了，中国不可能实行多元主义的社会组织管理模式。中国传统儒家文化重集体秩序轻个性自由、重政府权威轻个人权益，行政权力主导社会有深厚的社会心理基础，这些都与法团主义的价值理念有着天然的契合性。而作为世界上最大的发展中国家，不仅在发展生产力上需要发挥政府的主导作用以获取“后发优势”，制度改革和创新在一定时期内也主要依靠国家推动。加之我国当前社会发育程度不高、社会组织的自控自律能力较弱、相关的法治尚不健全、国内外敌对势力活动猖獗等现实情况，完全放任自流的社会组织发展模式是不可取的。

其次，社会组织与国家的共生共荣、互相促进的发展路径是当前推进社会组织发展的最佳途径。“强政府、弱社会”的局面在很长时间内很难改变，社会组织发展的“路径依赖”效应还将长期存在。双方都有需求，政府需要借助民间非营利组织来加强社会管理，而民间非营利组织则希望借助政府权威和资源来发展自身。“枢纽型”社会组织管理体系的设计，不仅可以使各类社会组织在配合国家行使社会管理职能中获得发展良机，还可以通过国家和社会的制度化统合，将社会转型时期的冲突和曲折减少到最低限度。

所以，在社会主义初级阶段，国际国内的复杂情况使得社会组织的双重管理体制在相当长的一段时间内还有存在的合理性，“枢纽型”社会组织管理体系的改革正是在不改变这一根本体制设计的前提下，逐步推进“政社分开、管办分离”的重要举措。它可以尽量减少改革的阻力和不确定因素，有利于推进社会组织的健康发展。

五、进一步扶持“枢纽型”社会组织健康发展的几点思考

“枢纽型”社会组织的理念提出之后，已经引起了广泛的社会关注。社会舆论普遍认为，这一思想的提出是对现行社会组织管理体制的重要改革，具有很强的示范效应，但也有些社会组织和个人对这一改革的前景缺乏信心。这就需要我们在明确发展方向的基础上，进一步学习和借鉴国际上和国内发达地区支持社会组织发育经验，制定出切实可行的推动措施，为此，我们提出以下几点支持“枢纽型”社会组织建设的政策性建议。

（一）应该以创新和规范政府购买公共服务作为主要的支持方式

作为政府部门管理、服务社会组织的重

要抓手，“枢纽型”社会组织最主要的职能就是承接原先由政府各部门承担的业务指导、政治引导和管理服务的职能。按照“费随事转”的基本原则，政府应通过政府购买服务的方式，为这些职能的转接支付相应的费用。这也符合国际社会组织发展的一般规律，瑞典非营利组织近2/3的经费来自政府，美国各类社会组织31%的活动经费来自政府基金或合同，政府大约一半的卫生、教育、福利服务通过非营利组织来执行。

2002年我国颁布的《中华人民共和国政府采购法》中，规范了各级国家机关、事业单位和团体组织将财政性资金用于获得货物、工程和服务等的行为，目前在政府采购的实施中，货物采购和工程采购均得到较多应用，但是服务的采购局限在政府内部的后勤服务等领域，真正对于公共服务的采购尚未形成机制。有待对财政管理体系的相应改进，尽快出台专门的政府购买公共服务政策，对政府购买公共服务的范围、模式、资金到位方式、评估机制等问题给予明确的立法规定，从而将政府购买公共服务纳入制度规范。

具体来看，政府向“枢纽型”社会组织所购买的公共服务应该包括两大领域。

一是可以购买“枢纽型”社会组织对其所联系协调的社会组织进行常规性的业务指导和管理服务的职能。这既包括对管理和服务的专业岗位的购买，也包括对所管理和联系的社会组织进行业务指导和人员培训功能的购买。目前，深圳市社会组织总会已经开始准备承接政府委托的福彩公益金资助购买社会组织服务的项目审查、社会组织的信息网络平台建设、社会组织孵化基地建设及后勤管理等相关的职能。上海浦东新区2007年就开始尝试以政府购买服务的方式，委托部分枢纽型社会组织开展社会组织年检初审。

二是可以购买“枢纽型”社会组织对所管理的社会组织所承接的公共服务项目的监管服务。当前，各地从发展和规范社会组织建设的角度出发，纷纷探索设立社会组织发展专项基金和孵化基地，采用“项目制”的方式支持社会组织的发展和培育。可以考虑“枢纽型”社会组织对其所联系的社会组织承接的政府公共服务项目进行资格审查和绩效评估，并根据合同规定收取相关的管理费用。如上海市静安区就明确将社会组织联合会作为政府向社会组织购买公共服务项目的中间人，将其职责正式写入政府购买社会组织公共服务项目合同示范文本。它有责任对承接项目的社会组织资质进行评估，并联合相关部门对项目实施情况进行全程跟踪、监督和绩效评估。

（二）应该重视对“枢纽型”社会组织资格的动态管理评估

“枢纽型”社会组织的资格不是一劳永逸的。从长远看，“枢纽型”社会组织的资格认定关键要看其行业引领作用的发挥程度。这就要求社会建设的有关领导部门，在认定“枢纽型”社会组织时，既要考虑其政治素质，也要考虑其管理能力和社会影响；对于已经认定的“枢纽型”社会组织，要定期对其履行职能的情况进行动态监测。要结合信息公开制度，逐步构建“枢纽型”社会组织工作考评制度。从资质认定、评估标准、评定程序、日常监管等多个环节入手，通过评估甄别“枢纽型”社会组织的发展情况，作为政府支持的重要参考依据。对那些作用发挥得好的“枢纽型”社会组织，给予政策和资金上的倾斜；而对于长期不能履行相应职责的应该予以提示和适当的调整，形成“能者上、平者让、庸者下”的动态激励机制。这对于“枢纽型”社会组织管理体系的发挥作用是十分关键的。

社会组织管理体系改革的总体方向是推进“小政府、大社会”目标的实现，“枢纽型”社会组织是顺应这一改革方向的重要举措。这就意味着作为“枢纽型”社会组织，不能以科层制中的社会组织上级领导机关自居，不能以垄断资源为手段进行管理。而是应该主动增强为所联系的社会组织服务的意愿和能力，通过提升素质、整合资源，组织和带领到中小社会组织通过加大自身建设的力度，更多更好地承接政府转移的公共服务职能，为社会和谐活力作出更大的贡献。唯有如此才能赢得公众和其他社会组织的认可。现有是人民团体往往带有强烈的行政色彩。但在“枢纽型”社会组织的建设过程中，不能再走提高行政级别、增加职数、扩充机构的行政化建设老路。而是应该引导它们逐渐淡化行政色彩，加强现代治理结构建设。通过加强社会组织的网络动员和有机整合机制建设，更多地采取社会化、市场化的手段来加强管理，来减少其组织成本和项目执行成本。其工作人员应该由“参照公务员”的身份特征逐步向专业社会工作者转化。逐步建立和完善内部的民主决策、审计监督等规章制度，加强对外的信息公开度，以加强组织的公信力建设。

（三）应该实事求是、分类管理、逐步推进

当前，我国的社会组织大体可以分为社会团体、基金会和民办非企业单位三大类，各自的实际情况和管理方式都有很大的区别。即使是在各类之中，也在规模、管理水平、活动能力等方面存在着巨大的差异。如社会团体之中，以人民团体为代表的特殊法人团体与一般的社区社会组织、行业协会与慈善团体也相去甚远。这就要求我们在进行“枢纽型”社会组织管理体系构建时，不能简单地搞“一刀切”，而是应该在深入调研的基础上，针对不同社会组织的实际情况，制定有针对性的发展培育措施，真正把枢纽职能落到实处。此外，社会组织管理体制的改革由于涉及方方面面的利益，不能奢望“毕其功于一役”，而要从实际出发，先选择基础较好的部分进行先期试点，取得经验后再逐步推开。

北京市近年来购买公共服务的调研报告

市委社会工委、市社会办综合处（宣传处）

政府购买公共服务是指政府在履行公共服务职能过程中，将原来由政府直接提供的服务性、技术性、事务性工作，通过合同外包、特许经营、项目补贴、发放凭单等方式，交由符合资质的社会组织、事业单位、企业和社区机构承担，并根据其提供的数量和质量，按照一定的标准进行评估并支付费用的做法。这是一种“政府承担、定项委托、合同管理、评估兑现”的新型政府提供公共服务的方式。为了更好地推动政府购买公共服务，我们对这方面工作进行了调查。

一、基本情况

近年来，随着改革开放和现代化建设深入发展，全市政府购买公共服务工作力度不断加大，在转变政府职能、扩大公共服务供给、改进公共服务方式方面取得了很大成绩。据不完全统计主要表现在以下几个方面。

——公共服务基础设施建设。长期以来，政府公益性投资项目实行“投资、建设、管理、使用四位一体的自建制”模式，缺乏有效的投资风险约束机制和手段，致使大多数项目都不同程度地存在着超规模、超标准、超预算和低水平、低质量、低效益问题。从2002年开始，北京市在政府投资项目（政府投资占60%以上的非经营性项目）上进行代建制试点。代建制是指通过招标等方式，选择专业化项目管理单位（代建人），负责建设组织实施，严格控制投资、质量、安全和工期，建成后移交使用单位的制度。近年来，北京市累计批复代建项目70项，涉及总投资约71亿元，其中市政府投资61亿元。

——基本医疗卫生服务。自2008年开始，北京市实施“农村基本医疗卫生村级项目”政府购买政策，对本市乡村医生按《北京市村级基本医疗卫生服务免费项目表》提供标准化的公共卫生、基本医疗服务项目，实行政府购买，市区两级财政按每人每月800元拨付补助费，其中，承担村级公共卫生工作补助400元；承担常见疾病防治，为群众提供零差价药品补助400元。为提高社区卫生水平，市卫生局返聘从全市二、三级医院退休的专家下社区出诊，2006—2008年专项经费合计2 875万元。海淀区进行了政府付费购买医疗公共服务试点，实行“管办分离”的医疗体制改革。成立了“公共服务委员会”，原区卫生局所属的22家医疗卫生机构与其脱钩，归“公共服务委员会”管辖，其作为政府购买公共服务的代表，采取合同外包、招投标、民办公助等形式，向医疗机构购买服务。

——社会福利和社会救助。2006年市财政拿出40亿元加大对公共交通的投入，引导更多市民乘坐公共交通，缓解群众反映强烈的交通拥堵问题。2008年市财政投入13.4亿元，让55.9万多名60岁以上城乡无社会保障老年人享受每月200元的福利金；投入2亿元，保障老年人享受文化娱乐、卫生服务、居家养老等优待，为特殊老年人提供居家养老服务20余万人次。2009年将安排运营补贴资金1 800万元，按照每月收住1名老年人给予100元、150元、200元三个标准，对社会办养老机构给予补贴。将投入1亿元，按照每张床位8 000元至1.6万元标准给予社会办养老机构一次性基本建设补助。鼓励有一定资质的社会组织为老年人提供居家养老服务，政府以发放服务券的方式购买服务，为低保、低收入老人等提供50元至250元的养老服务补贴。

——劳动就业。2006—2009年以来，为解决就业困难人员的再就业问题，根据北京市城市基础管理和社区居民的需要，开发了社区保洁、保绿、保安、公共设施维护、劳动保障协管、城管协管、交通协管、社区矫正协管和残疾人协管等社区公益性就业岗位，累计安置失业人员中的就业困难人员32 924人，占认定就业特困人员的98.4%。在农村购买护林、护水、护路、资源看护等公益性岗位，安排10万农民就业。

——公共文化体育事业方面。2007年，21台流动舞台演出车往来于18个区县，把演出送到群众家门口；全市街道、乡镇配备了数字电影流动放映设备，每套设备每月放映电影15场次；在10个远郊区县，农村“文艺演出星火工程”把9 000场演出送到田间地头，农村广播电视实现村村通、户户通。石景山游乐园、石景山雕塑公园和崇文区玉蜓公园等10个面向大众的低票价露天剧场已经建成，6 000多个全民健身工程配建完成。市财政局统计显示，“十五”期间，北京市文化事业经费投入由2001年的7.33亿元增长到2005年的15.88亿元，增加了8.55亿元，年均增长16.72%。

——义务教育。2006年，北京市教育委员会、北京市财政局下发了《关于进一步完善义务教育阶段“两免一补”政策的通知》，共计36万处于义务教育阶段的远郊区学生先于市区享受到免学费、免杂费、对困难学生发放生活补助的“两免一补”政策。市区两级财政提供“两免一补”专项经费0.8亿元。2007年秋季，又进一步完善了“两免一补”政策范围。在城八区公办义务教育学校就读的有本市户籍的学生免收杂费，其中本市农村户籍学生免交教科书费，所需资金由市级财政全额负担。2008年秋季起，此项减免政策所需经费由市、区县两级财政各负担50%。

——公共安全方面。近年来，全市各级司法行政部门通过购买服务的方式聘用了专职调解员近348名，各区县每年给予补贴450万元。自2003年起，全市两级机构法律援助经费已全部纳入财政预算，2007年法律援助经费合计604.42万元，2008年合计699.76

万元。为更好地开展公益法律服务，2006年至2008年全市共建立社区（村）法律服务室3979个，市财政累计投入资金700余万元用于基层法律服务机构的基本办公设备建设；2007年至2008年区县财政每年提供300余万元专项资金，用于聘用法律服务中心、法律服务室工作人员的基本费用。

——环境卫生。2000年北京市进行了环卫行业的市场化改革，原北京市环卫局所属事业单位全部进行了企业化改制，其经费由市财政按实际成本核算，以经济合同的方式拨付。

此外，各区县也不断推动政府购买公共服务发展。2007年9月，朝阳区1 700多个社区社会组织结成联盟，率先在全市成立首个“社区联合会”。朝阳区各街道包括绿化美化、清洁保洁、文体活动、互助救济、居家养老、就业培训等六类社区公共服务项目，逐步实现政府购买。海淀区建立了3000万的政府购买公共服务专项资金。东城、西城、石景山等区也分别对政府购买公共服务提供了资金保障。

二、存在问题

据调查，政府购买公共服务工作存在五个方面的问题亟待解决。

一是政府购买公共服务的界定不清楚。理论上，公共服务包括基本公共服务和非基本公共服务两个层面的内容。非基本公共服务还可以进一步划分为两类，准公共服务和经营性公共服务。然而，在具体操作层面上，什么属于基本公共服务，什么是准公共服务，哪些服务可以纳入政府购买的序列之中，项目选择的原则、标准、条件是什么，都存在着这样或那样不同的理解，导致把政府部门应当承担的职责作为要求政府购买的“公共服务”，或是固守政府包揽一切的思路，把应该推向市场的项目变换方式仍由政府承担。这种对于公共服务及其采购范围认识上的模糊与偏差，成为制约政府购买公共服务发展的重要影响因素。

二是政府购买公共服务的资金尚未纳入财政预算体系。除了个别区县设立专项资金，大多数区县以及市里都没有设立这样的资金。目前政府购买公共服务的资金，大都来自于各部门的资金，从而造成这项工作难以全面推开，难以规范、难以形成工作机制。

三是缺乏规范严密的操作管理制度。目前的政府购买服务具体实施过程中，缺乏规范严密的操作管理制度。比如，在创造公平、有效、竞争的发展环境方面，在资金、税收、价格、土地、项目招投标等方面没有给予私营部门公平机会；没有确立公平、合理、透明、科学的程序，吸引各相关方包括消费者、运营者和来自民间的社会组织参与公共服务项目的决策和投标；没有建立严格的评估监督机制，包括对民间组织服务质量的评估和监督，同时也包括对政府的监督，使得政府有可能利用强大的行政力量规避自身的法律责任和接受监督。

四是社会组织自身建设和能力有待加强。政府购买公共服务，必然涉及大量的社会服务机构承接项目，为提高公共服务的质量和水平，应进行公开招标从而选择有资质的，具有专业优势、高效率的管理模式和良好社会声誉的企业和民间组织来承接。但从目前承接服务项目的社会组织来看，明显存在一些不足。主要体现在：规模小，缺乏专业人才、经营管理人员，缺乏市场运作机制，难以承接较为复杂、涉及面广的社会公共服务项目，社会组织的自身规范化建设和能力建设需要进一步加强，只有迅速成长为一支新生力量，获得政府以及社会的信任，才能开展与政府的持续性合作，有更广阔的生存空间。

五是政府购买服务的竞争机制尚未形成。由于事业单位改革需要经过较长的过程，在政府购买服务的服务供应方中包含了大量事业单位，通过定向购买方式把购买服务试点项目仍交由原先的事业单位承担，财政拨款本质意义上还是“养人”，这些单位虽具有独立法人资格，但其决策、人员选拔激励等，通过各种纽带和规则，仍然集中在政府内部，从而或多或少体现着行政关系。政府购买公共服务仍只是一种形式上的购买或非竞争性的购买。此模式还需要进一步向契约服务发展，即政府理清自身的职能，明确可作为购买内容的公共服务，同时在程序上向主体独立的运作方式发展。

三、对策建议

通过调查我们感到，政府购买公共服务是扩大公共服务供给、改善民生的重要手段，是转变政府职能、建设服务型政府的重要途径，也是应对国际金融危机，推动经济又好又快发展的重要措施。要从战略和全局的高度，充分认识政府购买公共服务的重要性和紧迫性，不断加大工作力度，切实把这件大事抓紧抓好。

第一，要进一步加强政府购买公共服务的统筹协调。按照管办分离的模式和要求，政府购买公共服务必须在市政府的统一领导和协调下，由各部门通力合作、共同推动。要按照建设“人文北京、科技北京、绿色北京”的总要求，围绕逐步实现基本公共服务均等化的目标，建立城乡统一的公共服务体制，加大政府对公共服务的投入和支持力度，逐步完善公共服务体系。推进政府购买公共服务要同深化行政管理体制改革、事业单位改革和推进社区规范化建设、构建“枢纽型”社会组织管理模式、加强社会领域党建、推进志愿服务工作紧密结合起来，有计划、有步骤推进各项工作。

第二，要进一步明确政府购买公共服务的范围。政府出资购买社会公共服务的领域主要是基本养老、社会福利、社会救济、社会慈善、抚恤优待、技能培训、公益性就业岗位、教育、医疗卫生等。与政府直接提供这类服务的形式相比，通过一定的政府采购程序，由政府出资购买这类服务，可降低政府成本，提高工作效率。

第三，要完善公共服务体系的准入限制。清理规范公共服务市场准入的地方性法规和政策规定，建立社会组织等级评估制度，完善社会组织承接公共服务项目的资质评审体系。在事业单位分类改革的基础上，进一步推进政事分开、管办分开，规范政府提供公共服务的领域、标准和方式，把事业单位建设成依法独立行使职能、高效运作的公共服务供给主体。

第四，要健全政府购买公共服务管理体制。坚持以社会需求为导向，建立健全政府购买公共服务的组织架构、程序、监督机制等，即要明确由谁来负责购买、谁来审核、谁来监督、谁来评估等责任主体，形成市、区县和街道（乡镇）三级政府责任清晰的工作框架，不断提高公共服务质量和效率。

第五，要加快社会组织的培育和发展。认真落实培育扶持社会组织的相关政策和措施，显著增强社会组织参与社会服务的功能，显著提升社会组织承接政府转移职能的能力。充分发挥“枢纽型”社会组织的骨干和龙头作用，先行先试，不断完善社会组织承接政府职能的管理制度，重点扶持一批具有示范导向作用的公益性社会组织，实现对政府公共职能有效承接。

第六，要创新财政资金投入方式。充分发挥政府投入的引导作用，加大对重点领域、重点项目的资金支持力度。专项支持资金由市财政列支，纳入预算管理，列入社会建设专项资金管理，确保专款专用。随着首都经济的发展，不断增加专项资金的额度。

2009年北京市社区党组织换届选举工作调研报告

市委社会工委、市社会办党建工作处

按照市委的要求和部署，2009年全市社区党组织换届选举工作从2月份全面启动，截至5月底，全市社区党组织换届选举工作圆满结束，整个换届选举工作进展顺利，取得了明显成效。

一、基本情况和主要特点

截至2009年5月底，全市共有2591个社区，分布在138个街道、95个乡镇和市经济技术开发区，其中农村社区489个。全市社区共有党员360 730名，共建立社区党组织2 469个，其中党委1 124个、党总支342个、党支部1 003个。目前全市有122个社区因不同原因尚未建立党组织。2009年，全市共有2 371个社区党组织参加换届选举，占全市社区党组织总数的96.0%，共有2 280个社区实行了“三推一选”，占参加换届社区党组织总数的96.2%；实行党组织负责人直选社区共有396个，占参加选举社区党组织总数的16.7%，与上届相比增加了10.9%。其中实行党组织负责人差额直选的社区176个，占参加选举社区党组织总数的7.4%；全市有283个社区实行党代表大会选举，占参加换届社区党组织总数的11.9%。截至目前，全市共选出社区党组织班子成员11 319名，其中社区党组织书记2469名、副书记1576名。汇总各区县反馈的社区党组织换届选举结果看，与上届相比，主要有以下五个方面的特点。

（一）社区党组织班子成员学历层次明显提升

从各区县反馈的结果看，在全市11319名社区党组织班子成员中，大专及以上学历成员达到6 135名，其中研究生61名、本科生2 053名、大专4 021名，大专及以上学历人员占委员总数的54.2%，与换届前比，上升了26.2%。其中崇文区的比例为60.5%，比上届提高31.1%；朝阳区67.3%，比上届提高13.0%；怀柔区86.2%，比上届提高16.1%。

全市选举产生的2 469名社区党组织书记中，具有大专及以上学历的有1742人，占当选人数的70.6%，与换届前相比上升了17.5%。其中崇文区的比例为80.9%，比上届提高17.2%；朝阳区为81.8%，比上届提高12.9%；石景山区为81.9%，比上届提高15.2%。

（二）社区党组织班子成员年龄结构更趋合理

从全市社区党组织换届选举工作统计结果看，30岁以下的314名，占当选人数的2.8%；31岁至45岁的3 020名，占当选人数的26.7%；46岁至55岁的4 103名，占当选人数的36.3%；55岁以上的3 882名，占当选人数的34.3%。全市社区党组织班子成员平均年龄47.5岁，与换届前相比下降2.5岁。其中，崇文区班子成员平均年龄为47.4岁，比上届下降了5.6岁；丰台区班子成员平均年龄为47.4岁，比上届下降了4.2岁；大兴区班子成员平均年龄41.2岁，比上届下降了5岁。

在全市2 469名社区党组织书记中，30岁以下的17名，占社区党组织书记总数的0.7%；31岁至45岁的801名，占当选人数的32.4%；46岁至55岁的1168名，占当选人数的47.3%；55岁以上的483名，占当选人数的19.6%。社区党组织书记平均年龄为46.3岁，比换届前下降2.2岁。其中，崇文区社区党组织书记平均年龄为45.4岁，比上届下降6.3岁；海淀区社区党组织书记平均年龄为49.5岁，比上届下降3.8岁；顺义区社区党组织书记平均年龄为43岁，比上届下降2岁。

（三）社区党组织班子成员来源渠道不断拓宽

这次社区党组织换届选举，紧紧围绕整合社区资源，加强社区建设这个中心任务，扩大候选人提名范围，将驻区单位党员代表纳入推荐提名范围，充实了社区党组织班子队伍。全市共选举出516名驻区单位、“两新”组织党员代表和社区民警为新一届社区党组织班子成员。其中，崇文区有65名党员民警、45名社会单位（含21名新经济和社会组织）党员、7名流动党员共117人被选入新一届党组织班子，占新当选人员的22.7%；朝阳区在1778名社区党组织班子成员中，有329名两新组织党员代表及社区民警成为新一届社区党组织班子成员，占全部委员的18.5%。

（四）社区党务工作者队伍建设力量不断加强

这次社区党组织换届选举产生的11 319名社区党组织班子成员中，连任人员5 848名，新当选委员5 500名，有48.3%的新人首次被选入新一届社区党组织。其中，东城区新当选委员526名，占该区所有委员总数的80.1%；崇文区新当选委员353名，占该区所有委员总数的68.4%。在全市新当选的社区党组织委员中，有专职社区党务工作者3 780名，配备社区党建专职副书记790名，平均每个社区有党建专职工作者1.5名；在新产生的2 469名社区党组织书记中，连任1 743名，有726名同志首次当选为社区党组织书记。其中，崇文区社区党组织书记调整一半多，海淀区新当选书记达到202名。今年社区党组织换届选举与上届相比，调整幅度较大，在保留主要骨干力量的基础上，补充了大量的新鲜“血液”，为社区党组织班子队伍注入了新活力，优化了基层干部队伍结构，为加强社区建设和管理夯实了基础。

（五）基层党内民主有了新的实践

普遍实行了“三推一选”。即在社区党组织成员候选人推荐上采取了党员自荐、上级党组织推荐、社区群众推荐相结合的方式产生。据统计，全市有2 280个社区实行了“三推一选”。进一步扩大了社区党组织负责人直选，全市有396个社区进行了党组织负责人直选。其中，崇文区84个社区全部直选，大兴61个社区、西城52个社区、东城40个社区、石景山31个社区、延庆29个社区、海淀23个社区、朝阳20个社区、宣武16个社区、门头沟15个社区参加了直选。积极探索了党组织书记差额直选，全市共有176个社区实行了差额直选。东城区十字坡社区党组织差额直选还加上了竞选演讲程序，受到了广大党员的认同。北京市社区党组织换届选举工作积极探索“三推一选”、“公推直选”、“差额直选”，平稳有序地促进了党内基层民主，受到了新华社的关注，以及中央和市委领导的重视，并在新华社“国内动态清样”（第376期）上作了重要批示。

二、主要做法

（一）各级领导高度重视，健全工作机构，加强了社区党组织换届选举工作的组织领导

为确保2009年社区党组织换届选举工作顺利进行，市委、市政府成立了由王安顺同志为组长，吕锡文同志、梁伟同志为副组长，市委组织部、社会工委等部门参加的北京市社区党组织换届选举工作领导小组，以及由宋贵伦同志任主任的全市社区党组织换届选举工作办公室。市委、市政府还于2月17日召开专题会议进行动员和部署，市委副书记王安顺、市委常委梁伟、副市长丁向阳到会并作重要讲话。选举期间，市委领导非常关注全市社区党组织换届选举进展情况，市委副书记王安顺、市委常委梁伟先后于4月21日、3月20日到崇文区前门街道、海淀区学院路街道调研和现场观摩社区党组织换届选举工作，召开专题座谈会，对做好社区党组织换届选举工作提出具体要求，进行现场指导。市委组织部、市委社会工委下发了《关于做好2009年全市社区党组织换届选举工作

的意见》。市委社会工委多次召开班子成员会、区县选举工作座谈交流会、远郊区县社区党组织换届选举工作片会及深入街道、社区现场观摩调研等形式，了解社区党组织换届选举工作进展情况，研究和解决社区党组织换届选举工作中发现的问题。各区县对社区党组织换届选举工作也高度重视，召开了常委会和工作启动会，进行了专题研究和具体部署，制定了工作意见和实施方案。成立了以区委主要领导任组长的区县领导小组及区委组织部、社会工委为主要成员的办公室，加强了对社区党组织换届选举工作的组织领导和统筹协调。崇文区委书记夏强、朝阳区委书记陈刚、石景山区委书记荣华等亲临街道、社区调研，听取情况汇报，指导社区党组织换届选举工作。各街道党工委和相关乡镇党委也相应成立了领导小组和办公室，制定了具体实施方案。丰台区在各街道组建115个指导组的基础上，成立了4个巡视指导组分片指导各社区换届选举；石景山区成立了一般干部包点、科级干部包片、处级领导包块、主要领导包难点的组织网络，实现了对社区党组织换届选举工作指导的多重覆盖；通州区成立了党（工）委领导和机关科级干部包社区工作组，抽调180余名处级领导干部和科级干部负责指导、协调各社区选举工作。正是各级领导的高度重视、强有力的组织指导，确保了社区党组织换届选举工作的顺利完成。

（二）深入调查研究，排查化解矛盾，创造了社区党组织换届选举工作的有利环境

开展调查摸底，化解各种矛盾，是做好换届选举工作的前提和基础。特别是今年换届选举初期适逢“两会”召开，就业压力比以往更为突出，社区专职工作者的待遇逐步改善，许多已经到年龄的老委员迫切希望继续留任，社区党组织书记及委员岗位竞争空前激烈，街道、社区维护安全稳定的形势更加严峻、任务更为艰巨。按照市委要求，选举准备阶段，各区县委组织部、社会工委会同街道党工委、有关乡镇党委深入社区调查摸底，全面了解社区党组织设置、班子成员结构、党员队伍现状，掌握重点、难点社区底数，并针对社区党员群众反映的倾向性问题，提前研究制定工作预案，采取有力措施，及时化解矛盾，努力解决党员群众提出的实际问题，主动做好离任社区党组织班子成员思想工作，最大限度地降低或消除不稳定因素，确保社区党组织换届选举期间平顺稳定。比如，东城区建立了信访工作定期报告、信访隐患排查、信访首问负责制等三项制度、完善群体访排查预防和信访两项机制以及建立信访联络员队伍、召开街道组织部长周碰头会等措施，明确职责任务，确保换届期间社会稳定；石景山区要求街道、社区在调研中做到“四个清楚”，即社区基本情况清楚、社区群众基本意向清楚、候选人的公众满意度清楚、居民关注的热点难点问题清楚；昌平区、通州区建立了社区党组织换届选举工作日报和周报制度，统一制作了不同阶段报表，及时准确地掌握选举工作动态。通过全市各级党组织的共同努力，到目前为止，全市没有出现因换届选举而发生的集体上访问题，换届工作总体平稳有序。

（三）注重舆论宣传，广泛思想发动，营造了社区党组织换届选举工作的良好氛围

社区党组织换届选举工作能否顺利进行，在一定程度上取决于广大社区党员的理解、支持和参与。为此，各级党组织始终把舆论宣传和思想发动贯穿于选举工作全过程，努力营造社区党组织换届选举工作人人皆知、党员群众广泛参与的浓厚氛围。市委社会工委以《北京支部生活》为载体，通过社会领域党建栏目，重点宣传全市社区党组织换届选举工作的政策及要求。为营造氛围、交流经验、推进工作，编印了25期《北京市社区党组织换届选举工作情况简报》，下发到各街道，有力地推动了此项工作的开展。许多区县利用电视台、广播、党建网站、报刊杂志等新闻媒体，宣传社区党组织换届选举工作的政策和要求。各街道（乡镇）、社区通过召开会议、悬挂宣传标语、制作黑板报和宣

传橱窗、分发宣传手册、致社区党员的一封信等多种形式，宣传社区党组织换届工作重要意义和相关政策，通报换届选举工作具体安排和有关候选人选情况，做好社区居民和驻区单位党员群众的思想发动，提高社区广大党员群众的知晓率和参与率。比如，西城区采取召开党员座谈会、离任干部谈心会、党员群众通气会、社区候选人见面会，通过发挥楼门组长、党小组长等骨干的入户宣传，将换届宣传动员做深做细；海淀区据不完全统计，共出横幅标语10000余条，设置宣传板报2500余块，发放《致全区居民的一封公开信》等宣传材料30余万份；丰台区为不能参加选举的“五种人”制作书面回执，由党员本人或直系家属签字，告知选举事项，确保了党员知晓率和参与率。朝阳区、丰台区、宣武区分别编写社区党组织换届选举专刊17期、15期、12期，较好地宣传和指导了该区社区党组织换届选举工作。由于各级积极宣传和层层发动，社区广大党员参与选举的热情高涨，参与候选人民主推荐提名的党员达到了94.2%，参加党员大会或党员代表大会投票的党员达到了93%。

（四）开展试点先行，加强业务培训，规范了社区党组织换届选举工作的组织程序

社区换届选举工作是一项政策性、法规性、程序性很强的工作。为提高社区党组织换届选举工作人员组织水平，增强依法办事能力，确保选举过程规定动作完整、自选动作到位、依据法规不走样、落实程序不变通、具体细节不马虎。各区县委组织部、社会工委普遍举办了换届选举工作培训班，制定了培训工作手册，印发了换届选举工作流程、党员大会主持词、选举办法、选票样式等材料，重点对街道（乡镇）主管书记、组织部长等相关人员进行培训，统一和规范社区党组织换届选举工作步骤、程序。各街道（乡镇）也结合实际，采取集中办班、模拟选举、以案说法等形式，针对选举不同阶段、不同工作任务要求，对参与换届选举工作的所有工作人员进行培训和指导，使大家掌握政策、明确任务、把握重点、熟悉程序，做社区党组织换届选举工作的“明白人”。比如，朝阳区在总监票人发放选票环节上规定五步法，即要严格按照打开选票封袋、清点选票、报告清点结果、分发选票、余下选票说明剪角作废等五个步骤实施，规范了选举程序；房山区提出了“两个一、三个不”原则，即：法定程序一步也不能少、法规政策禁止的一概不能做、不准拉选票、不准搞小动作、不准违反组织纪律和原则，严肃了选举纪律，保证了换届选举质量。据统计，换届选举期间，各区县、街道（乡镇）共对25348名参与换届选举的街道（乡镇）、社区党组织负责人及工作人员进行了培训，为换届选举工作顺利进行奠定了基础。各区县、街道（乡镇）在培训工作人员的同时，普遍采取试点先行，以点带面方法，选定班子威信高、干群关系好、民主氛围浓的成熟社区进行试点，组织现场观摩，规范选举流程，现场解决存在问题，使试点社区成为辖区换届选举工作的样板工程，为全面推进社区党组织换届选举工作积累经验。比如，海淀区选取万寿路街道复兴路83号、永定路、今日家园、翠微中里等四个社区为全区换届选举工作试点，分别进行了党员大会、党员代表大会和直选试点，较好地发挥了典型引路和具体指导作用，有力地推动了社区党组织换届选举工作的开展。

（五）严格用人标准，充分发扬民主，确保了社区党组织换届选举工作成效

社区换届选举工作是全市社区党员群众政治生活中的一件大事。换届选举成功与否，严格把握用人标准、充分发扬民主是关键因素。各区县以这次社区党组织换届选举工作为契机，通过通盘考虑班子人选，优化结构，提高社区工作者队伍的整体素质。通过扩大社区党内民主来带动社区居民自治、推动基层民主建设。各区县、街道（乡镇）在具体实践中重点做了以下工作：一是把好用人标准关。严格按照市委文件要求，通盘考虑社区“两委”班子人选，许多区县在学历、年龄、身体条件等方面明确了具体指标，并针

对社区基本状况，通过街道间相互调整、选派大学生社区工作者等形式，确保社区党组织负责人候选人选的质量。比如，宣武区在这次换届中，为优化队伍结构，调整社区党组织委员达到了2/3，社区党组织书记一半以上。二是改进候选人提名方式。今年共有2 280个社区实行了“三推一选”的选举方式。在社区党组织委员候选人推荐上普遍采取了党员自荐、上级党组织推荐、社区群众推荐相结合的方式。比如，崇文区在全区7个街道、84个社区全部采取了“公推直选”方式。全区共有112名党员自荐，召开了2 169次居民小组会议，初步提名人选1 097人次，最终确定候选人预备人选620名，党内外共同提名人选的吻合度达97%。通过对620名候选人预备人选进行党员大会直选，最终选举产生516名，差额比例达到20.2%。三是扩大了社区党组织班子直接选举范围。在上届121个社区实行党组织负责人直选试点的基础上，今年实行党组织负责人直选社区达到了396个，比上届增加了275个社区，其中实行党组织负责人差额直选的社区为176个。东城区东直门街道在上届社区党委委员差额直选的基础上，此次换届以十字坡社区为试点，通过竞职演讲、现场答问和投票选举，开展了社区党组织书记、副书记差额直选，取得了较好效果。

三、几点启示

（一）拓宽候选人选任渠道，努力构建社会领域党建工作新格局

根据《关于做好全市2009年社区党组织换届选举工作的意见》要求，扩大候选人提名范围，将驻区单位党员代表纳入推荐提名范围。城八区在这方面都进行了有益的探索，取得了一定成效，全市共有516名社区党员民警、“两新”组织党员代表和优秀流动党员选入新一届社区党组织班子成员，实现了班子构成社会化、多元化，具有广泛的代表性。社区党组织班子成员选任渠道的拓宽，具有深远意义。不仅拓宽了基层民主渠道，优化了队伍结构，而且整合了资源，扩大了党的工作覆盖面，使社区党建由单一的社区居民党建向区域型、社会化、辐射状的党建方向发展，形成了社会领域党建工作新格局，有利于进一步增强党的领导核心地位和群众基础，实现党在社会建设中领导方式的转变和创新。

（二）实行“公推直选”，努力推动基层党内民主化进程

这次社区党组织换届选举普遍由过去的组织推荐为主变为党员个人自荐、群众举荐和组织推荐相结合的方式，由“两推”变为“三推”；由原来的群众选委员、委员选书记的“两票两选”到直接选出正副书记及委员的“一票直选”；由过去单纯的工作报告增加了竞职演讲、答辩承诺等程序，为本届社区党组织换届选举工作增加了许多新亮点。特别是崇文区在全区所有社区进行了“公推直选”，东城区东直门街道十字坡社区实行了正副书记差额直选。从实际情况看，既有积极反映，也有一些不同看法。有的认为“公推直选”扩大了党内民主，符合广大党员群众的意愿，对于健全党内民主生活、完善党务公开制度、增强党员主体意识等具有积极作用。也有的认为“公推直选”作为新生事物，需要不断探索和完善有关制度和配套措施，以实现“公推直选”工作稳步推进。

（三）创新基层党建工作体系，努力加强社区党组织全面建设

部分区县以本届社区党组织换届为契机，健全和完善社区党建工作体制机制。宣武区在白纸坊街道右内西街社区、朝阳区在三里屯街道幸福一村社区分别进行党代表常任制试点工作，积极探索社区党代表任期制和闭会期间发挥代表作用的途径和方式。朝阳区还针对城乡接合部实际，建立了社区党委统一领导下的村级党组织与社区党组织同时并存的党组织运行模式，统筹协调城乡一体化建设。宣武区椿树街道全部6个社区、东城区25个社区选举产生了社区纪律检查委员会，为进一步完善社区民主监督机制，加强

社区党风廉政建设创造了条件。这些有益探索和实践，虽然面还比较窄，影响还不够大，效果还不够明显，但只要解放思想，勇于创新，不断总结完善，社区党组织建设才能逐步规范，与体制内党建工作的差距才能逐步缩小。

（四）加强社区党组织班子建设，努力发挥社区建设的核心领导作用

这次社区党组织换届选举，虽然吸纳了驻区社会单位党员代表、社区民警和优秀流动党员，也有部分新招聘的社区专职工作者选入新一届社区党组织班子，社区专职党务工作者已达到每个社区 1.5 名，在社区党组织班子成员的学历、年龄等方面有了一定的改善，社区党组织班子队伍建设注入了新活力，但社区党务工作者需求量与人才匮乏的矛盾，社区专职工作者相对较多与其中党员人数相对较少的矛盾比较突出。这次换届选举，有些城区矛盾还比较突出，选拔难度较大，导致有些社区党组织书记年龄偏大。有的社区党组织书记文化程度虽高，但缺乏必备的党务知识。现在各区县都招聘了社区工作者，市里在近三年内将招聘 5 000 名大学生进社区，社区工作者队伍正在逐渐壮大。要把社区工作者队伍建设与社区党组织班子队伍建设有机结合起来，加大社区党组织成员的培养力度，充分发挥社区党组织的核心领导作用。

（五）选举中发生的一些问题，凸显出加强社区党组织建设任重而道远

总体上看，这次全市社区党组织换届选举工作进展顺利，达到了预期目标。但在换届选举过程中也反映出一些不容忽视的问题，也出现了个别上访现象。比如，个别社区党组织党务不公开、经费使用管理不透明，党员群众意见较大；个别城乡接合部家族派系复杂，候选人提名把关不严；个别社区党组织负责人素质较低，组织程序还不够规范；少数社区“两委”班子关系紧张，矛盾较为突出。这些问题虽然不是新情况、新问题，但程度不同地影响了选举工作的正常开展。这也反映出加强和改进社区党组织建设不是短期内所能马上解决的，还需要付出艰辛努力，做深入细致的工作，采取有力措施努力加以解决。

首都社会工作人才队伍建设研究报告

市委社会工委、市社会办社会工作队伍建设处

第一部分　导　论

一、研究背景

2006 年 10 月，党的十六届六中全会通过的《中共中央关于构建社会主义和谐社会若干重大问题的决定》提出了“建设宏大社会工作人才队伍”的任务。2007 年 10 月 15 日，十七大报告提出，要“加快推进以改善民生为重点的社会建设；更好保障人民权益和社会公平正义”。社会工作人才队伍是首都和谐社会建设的重要力量。建设一支规模宏大、结构合理、素质优良的社会工作人才队伍，对于协调社会关系、预防和解决社会问题、提高社会管理服务水平、维护社会和谐稳定，具有重要的现实意义和深远的历史意义。

二、概念界定

（一）社会工作

社会工作是一种体现社会主义核心价值理念，坚持助人自助的宗旨，遵循专业伦理规范，在社会服务与管理等领域，综合运用专业知识、技能和方法，帮助有需要的个人、

家庭、群体、组织和社区，整合社会资源，协调社会关系，预防和解决社会问题，恢复和发展社会功能，促进社会和谐的职业活动。

（二）社会工作者

社会工作者是指经过社会工作专业教育或培训，取得社会工作职业资格，并在特定机构登记注册的社会工作人员。

（三）社会工作人才

社会工作人才界定为“具有良好的思想道德素质和一定的社会工作专业知识或技能，创造性地进行社会服务与管理、社会工作教育和研究等工作，为构建社会主义和谐社会作出积极贡献的人”。

三、社会工作人才的分布领域和工作内容

（一）分布领域

社会工作人才主要在社会福利、社会救助、社区建设、残疾康复、教育辅导、司法矫正、就业服务、医疗卫生、青少年事务、流动人口服务、计划生育服务等公益性领域发挥作用。

（二）工作内容

1. 提供社会服务。如在公益类事业单位的业务部门、公益类民间组织的业务部门以及村委会、居委会中直接从事社会服务。

2. 进行社会管理。主要包括两类，一是在各级党政组织、相关政府部门、各类群团组织中进行宏观社会管理；二是在具体从事社会服务的社会公益类事业单位和民间组织中进行的微观管理。

第二部分　基本现状与问题分析

一、基本现状

（一）服务领域不断扩大，社会工作人才就业渠道和职业发展空间得到拓展

近年来，首都社会建设步伐不断加快，社会保障体系逐步完善，公益事业和福利事业迅速发展，社会工作的领域、数量、规模和服务对象不断扩大，各种从事社会工作的服务机构不断壮大。据不完全统计，目前首都提供各类社会服务和管理的组织机构总量已达到50000多个，为社会工作人才施展才华创造了广阔空间和良好环境。

（二）社会工作队伍不断壮大，为专业社会工作人才队伍建设奠定了良好基础

1. 岗位结构。首都地区社会工作人才以在一线直接从事社会工作服务的人员为主体，约占77%，在党政机关、人民团体、事业单位、社区、公益类社会组织中担负领导职责或管理任务的社会管理人员占23%左右。

2. 性别结构。首都地区社会工作人员中女性略占多数，数量优势明显，女性约18万人，占59.4%，男性约12.5万人，占40.6%。

3. 年龄结构。首都地区社会工作人员中，35岁以下人员约10.7万人，占35%；36岁至49岁约15.2万人，占50%；50岁以上约4.6万人，占15%。

4. 学历结构。首都地区社会工作人员中，高中及以下学历的约12.8万人，占42%；大专学历的约9.8万人，占32%；大学本科以上学历的约7.9万人，占26%。

（三）管理体制取得重大突破

市委、市政府高度重视社会工作人才队伍建设，积极创新社会管理体制，在全国率先成立市、区两级社会工作部门，作为协调和推进社会工作的行政管理主体，赋予其对社会工作人才队伍建设的统筹规划和指导监督职能。市社会办专设社会工作人才队伍建设处，负责全市社会工作队伍建设的统筹规划、综合协调和指导监督；全市18个区县均组建了社会工作领导机构，初步形成了党委统一领导、组织部门牵头抓总、社会工作部门具体负责、相关部门各负其责、社会力量积极参与的工作格局。

（四）制度建设迈出坚实步伐

2007年12月，市委市政府颁发了《关于加强社会工作人才队伍建设的意见》，为社会工作人才队伍建设提供了有力的政策保障。2008年

出台了《北京市社区工作者管理办法（试行)》，鼓励社区工作者向专业社会工作者转变。

（五）专业教育发展迅速

目前，首都地区有包括北京大学、中国人民大学等在内的16所高校设立了社会工作专业或社会工作系，形成了大专、本科、研究生三个办学层次，每年培养社会工作毕业生超过500人，数量在全国位居前列。

（六）试点工作取得成效

2007年，按照民政部的统一部署，我市确定了东城、西城、崇文等6个区县和市第一福利院、市第五福利院等8个民政服务类事业单位作为北京市社工人才队伍建设试点单位，各单位围绕建立社工实习基地、开发社工岗位、加强基础设施建设等重点内容开展了试点工作，形成了社会工作人才队伍建设的示范带动效应。

（七）职业化、专业化建设稳步推进

2008年3月，市人事局、市社会办、市民政局联合下发了《关于贯彻执行〈社会工作者职业水平评价暂行规定〉和〈助理社会工作师、社会工作师职业水平考试实施办法〉的通知》。北京市于2008年6月28日至29日顺利举行了全市首次社会工作者职业水平考试，诞生了全市首批助理社会工作师、社会工作师2 954人。专业化的社会工作在社区服务、学校、医院等领域和机构不断引入并成功实践，在部分领域初步形成一支具有专业理念和方法，正按照职业化、专业化方向发展的社会工作人才队伍。

二、存在的主要问题

（一）专业人才总量不足

就北京而言，虽然社会工作相关从业人员有30余万人，但由于社会工作发展时间短，真正具有社会工作专业背景的人才还很少，而且，由于我国2006年7月才正式建立社会工作者职业水平评价制度，2008年6月刚刚组织了第一次职业资格考试，专业社工人才所占比例很小。

（二）队伍结构不合理

一是学历层次整体不高。二是高素质人才相对集中在行政机关，工作一线特别是城乡基层缺乏高素质的专业社工人才。三是兼职社会工作人员多，专职社会工作人员少。四是城乡分布差异较大。

（三）行政色彩浓厚

由于社会工作与党的工作、群众工作、思想政治工作等还没有完全分开，社会工作人才所依托的社会组织数量过少，社会工作人才基本分布在体制内的“条”、“块”当中，大多数是以行政干部或准行政干部的身份出现，与服务对象之间是管理与被管理的关系，而不是一种专门助人的职业，行政色彩浓厚，社会化程度不高。

（四）专业化水平不高

现有社会工作从业人员中具有社会工作专业背景的人员比例偏低。多数社会工作人员没有接受过系统的专业教育，经验型居多，工作理念、技能、手段和方法比较落后，特别是能综合运用专业方法的“复合型”社工、在一线解决复杂问题的“临床”社工严重不足，难以提供个性化、多样化的专业服务，很大程度上限制了社会工作效能作用的发挥。

（五）发展不够平衡

在我国，社会工作人才是比较新的概念，对其认识和理解水平差别很大。认识水平高的单位，社会工作推进就快，人才基础相对较好。但也有许多单位对什么是社会工作还不太了解，工作推进相对落后。

三、制约首都社会工作人才队伍发展的主要原因

（一）对社会工作认识不到位

现阶段人们对社会工作的基本理念、基础知识、主要方法还不太熟悉，对社会工作认识不到位、把握不准确、重视程度不够。许多人对专业社会工作不了解，将其与一般意义上的社会工作混为一谈，认为社会工作是谁

都能做的工作，是低档次的工作，没有什么专业技术含量。

（二）缺乏成熟的社会工作理论支撑

在我国，虽然专业社会工作教育已经恢复发展了20多年，但由于历史原因，社会工作理论研究起步较晚。到目前为止，还主要是学习、消化西方社会工作理论，对适合我国国情的专业理论和工作技巧缺乏深入分析，对我国长期存在的半行政、半专业社会工作经验和技巧没有认真总结，中国特色的社会工作理论体系尚未形成。

（三）社会工作人才的发展空间不够

目前社会服务类事业单位的改革还不到位，民间社会服务组织还不够发达，扶持发展社会组织的政策还不完善，行政管理仍然是我国社会工作的主要手段，致使社会工作人才缺乏社会组织依托，缺乏事业发展的平台。目前北京市各类民间组织尚不到3万家，而且以互益性的经济类民间组织为主，公益性的民间组织较少。

（四）缺乏明确的社会工作岗位

到目前为止，社会工作的岗位规范和职业标准尚未建立，党政机关、事业单位等还没有设立专门的社工岗位，其社会工作大多由兼职人员承担，设立专门社工岗位的民间组织也很少。这种现象一方面使社工专业人才因没有对口的就业岗位而流向其他领域和岗位；另一方面也使大量实际从事社会工作的人员得不到正式的职业门类承认，降低了其职业威望和岗位吸引力。

（五）管理体制仍需完善

社会工作人才队伍管理涉及党群、民政、司法、工、青、妇等多个部门，社会工作人才的行政分割特点比较明显，需要加强统筹协调。党委统一领导、组织部门牵头抓总、社会建设部门具体负责、有关部门各司其职、社会力量积极协同、公众力量广泛参与的社会工作人才队伍建设管理体制尚未完全落实到位；组织健全、分级负责的管理体系尚未建立；市级行业协会管理能力较弱，基层和各系统行业协会组织还没有建立起来，制约了社会工作人才队伍的发展。

（六）政策法规体系不健全

中央提出加强社会工作人才队伍建设，建立健全以培养、评价、使用、激励为主要内容的政策措施和制度保障，确定职业规范和从业标准。目前，首都地区既没有建立系统的社会工作岗位开发与设置制度，同时在教育培训、资格考试、注册管理、从业规范和激励保障等关键环节也缺少相应的制度设计，社会工作政策、法律体系，以及服务评估、项目设计等配套制度亟待建立和完善。

第三部分　发展思路

一、发展目标

（一）总体目标

力争到2020年，培养、评价、使用、激励等内容相配套的社会工作人才政策措施比较完善，体现时代特征、首都特点的社会工作人才制度体系基本建立，统一领导、制度完善、运行顺畅的工作格局基本形成，社会工作人才队伍覆盖广泛、结构合理、数量充足，职业化、专业化水平处于全国前列，成为首都和谐社会建设的重要力量。

（二）具体目标

1. 在人才总量方面。专业社会工作人才逐步达到国际通行的配备比例，即社会工作人才占总人口的4‰左右，约8万人。

2. 在人才结构方面。基本形成与首都经济社会发展相协调，各级各类社会工作人才以初级社会工作人才为主体、中级为骨干、高级比例适当的梯次结构。

3. 在人才素质方面。首都社会工作人才受过社会工作专业教育比例占80%以上，社会工作者职业水平证书持证率90%以上，队伍整体素质处于全国前列，基本实现了专业化。

4. 在体制机制方面。党委领导、政府主导、行业自律的管理体制比较健全，政府主导、社会运作、公众参与的工作体系基本建立，形成富有效率、运行顺畅、充满活力的体制环境。

5. 在制度保障方面。社会工作人才培养、评价、使用、激励机制更加完善，社会工作岗位设置标准及配套措施更加完备，体现时代特征、首都特点的社会工作人才制度体系基本形成，基本实现了职业化。

6. 在社会环境方面。基本确立社会工作人才的职业地位，社会工作成为一个广为人知、受人尊敬的专业性、技术性职业，形成有利于社会工作人才脱颖而出并发挥作用的良好社会环境。

二、推进步骤

（一）“十一五”期间（目前至2010年）

一是加强调研，摸清首都社会工作人才队伍现状和问题，研究社会工作人才发展趋势和成长规律，制定首都社会工作人才建设规律；二是积极推进试点，探索不同发展模式，实现重点突破，力争推出一批好做法、好经验，为全面推进社会工作及其人才队伍建设提供经验和借鉴；三是理顺管理体制，初步形成党委统一领导，组织部门牵头抓总，社会建设部门具体负责、各部门密切配合、社会力量广泛参与的工作格局；四是建立制度，初步建立培养、评价、使用、激励政策相配套的符合首都实际的社会工作制度体系；五是加强教育培训，组织好职业资格考试，完善注册登记制度，建立一批初具规模的专业社工队伍。

（二）“十二五”期间（2011年至2015年）

一是进一步完善社会工作人才队伍制度体系建设；二是扩大社会工作岗位设置范围和规模；三是进一步完善管理体制和运行机制，着力培养公益类社会组织，大力推动政府购买社工服务，推进社会化发展进程；四是进一步壮大专业社工队伍规模；五是推动社会工作人才队伍立法工作。

（三）“十三五”期间（2016年至2020年）

一是建立起科学规范、适应和谐社会建设需要的制度框架体系；二是进一步完善社会工作管理体制，建立运行顺畅的工作机制；三是健全比较完备的社会工作政策法规体系；四是基本形成一支覆盖全面、规模适度、结构合理、素质优良、充分体现时代特征和首都风貌的社会工作人才队伍。

第四部分　主要对策

一、健全教育培训制度，大力培养社会工作人才

（一）大力开展在职人员专业培训

一是开展全员轮训。制定在岗人员专业提升实施规划，利用5—8年时间，以更新知识、强化技能、提高素质为重点，对在职人员轮训一遍。二是加强继续教育。要求取得职业水平证书的社会工作者每年参加继续教育时间累计不少于72学时。三是鼓励和支持在岗人员积极参加社会工作学历教育和职业水平考试，完成从经验型向专业型的过渡，逐步实现持证上岗。

（二）支持发展专业教育

一是健全社会工作专业高等教育培养体系，科学设置课程，推进学科和专业建设。二是加强社会工作专业教师队伍建设，鼓励和支持学校聘请优秀社会工作实务人员和从海外引进专业人才任教，加强“双师型”教师培养。三是健全学生实习和督导制度，加强社会工作专业实践教学，建立教学实践基地。

（三）重视培养复合型、高层次社会工作人才

一是鼓励各类专业技术人员从事社会工作，接受社会工作专业教育培训，培养高层次复合型社会工作人才。二是加强党政干部的社会工作知识培训。三是开展与境内外高校、社会工作机构合作，选送优秀社会工作人才赴境内外进行中短期专业培训、考察、研修和实践交流，邀请境内外专家学者前来讲学和交流。

二、完善社会工作人才评价制度，健全社会工作职业体系

（一）建立社会工作者职业水平认证制度

出台北京市社会工作者职业水平评价办法，明确社会工作者职业水平考试为主要评价方式，同时针对大量的在社会工作一线或管理岗位时间较长、经验丰富、年龄较大，通过考试有困难的在岗人员，研究制定专业培训与资格评审相结合的办法，解决这部分人员的职业资格问题。

（二）建立社会工作者登记管理制度

制定首都地区社会工作者登记注册管理办法，规范登记注册条件、程序和方式，对助理社会工作师、社会工作师实行登记管理，对其他社会工作人员实行注册管理。借鉴国际通行做法，对取得职业水平证书的社会工作者进行注册登记，加强规范化管理和服务。

（三）健全专业技术职级体系

将社会工作师纳入全市专业技术职务制度统一管理，参照其他专业技术人员的技术职位体系，制定社会工作人才专业技术职位设置管理办法，建立专业技术职级体系。实行社会工作师专业技术职务聘任制度，用人单位可将取得社会工作专业技术资格的人员，聘用到相应的专业技术职务岗位，实行专业技术资格与岗位挂钩、岗位与待遇挂钩。

（四）加强社会工作人才的规范管理

一是建立社会工作者职业资格准入制度。二是健全职业规范。制定社工从业规范，研究出台社工行为准则、工作指南等从业标准，规范社会工作者的职业行为和工作操守。三是完善考核评价机制。

三、加快岗位开发设置，拓展社会工作人才发展空间

（一）积极开展社会工作岗位设置试点

研究社会工作岗位的设置标准、范围、职责任务和任职条件，制定并出台社会工作岗位设置指导意见。坚持试点先行，积极稳妥的原则，坚持成熟一个、设置一个，在社会福利、社区建设等条件相对成熟的部门、领域开展试点，以便积累经验、逐步推广，为全面推进社会工作岗位设置创造条件。

（二）多途径设置社会工作岗位

一是明确一批。在负责社会工作的主要业务部门明确社会工作岗位，配备专业社会工作人才。二是转化一批。结合事业单位分类改革，逐渐将主要从事社会服务、公共服务的事业单位转为社会服务机构，促进岗位转化。三是开发一批。在以社会工作为辅的公益类事业单位中开发部分社会工作岗位。四是创设一批。在政府的支持下培育一定数量的专业社会工作机构，通过购买服务方式承担政府委托的、特殊的社会服务。

（三）建立灵活多样的用人机制

探索建立专职制、聘用制、派遣制、项目制、委托制等多种用人机制相结合的柔性用人机制，实行合同制管理。在各个社会领域推行聘用制和岗位管理制度，逐步引入竞争机制，规范和完善按需设岗、竞聘上岗、以岗定酬、合同管理等管理环节，形成优秀社会工作人才能够脱颖而出的用人环境。

四、完善激励保障制度，提高社会工作职业地位

（一）完善薪酬保障制度

党政机关、人民团体、事业单位中社会工作人员薪酬按机关事业单位有关工资政策执行；社区社会工作人员薪酬执行《北京市社区工作者管理办法（试行）》规定标准；公益类社会组织执行协议薪酬制，政府相关部门根据全市事业单位专业技术人员平均工资水平，制定和公布全市社会工作岗位薪酬指导价，作为公益类社会组织支付社会工作人员薪酬的参考标准。

（二）强化社会工作人才的服务保障

落实国家和北京市有关社会保险制度，

对于在各类社会工作机构中从业的、法定劳动年龄范围内的社会工作人才，要严格按照相关社会保险政策规定，按时足额缴纳应由组织、单位以及个人承担的社会保险费用，切实解决社会工作人才的后顾之忧。

（三）建立表彰奖励机制

建立社会工作人才表彰制度。将社会工作人才表彰奖励纳入全市人才奖励体系，与其他各种类型的人才同等对待。以政府奖励为导向、用人单位和社会力量奖励为主体，对长期在一线工作，业绩突出、能力卓著的社会工作人才，加大表彰力度，给予破格晋升、嘉奖、培训、体检、保险等待遇，让社会了解、尊重、支持社工人才，稳定社工人才队伍。

五、培育社会服务组织，健全社会参与机制

（一）完善公益类社会组织发展政策

一是优先发展直接提供社会工作服务的社会组织，拓展社会工作人才发展空间。二是大力培育社会工作者协会组织等直接为社会工作者和社会公益性民间组织提供管理服务的民间组织。三是适当放宽准入条件，简化登记程序，给予公益类社会组织开展服务以税收优惠。

（二）建立政府购买社工服务机制

按照先易后难、由点及面、稳步推进的原则，开展政府购买社会工作服务试点，通过招标或委托的形式向有资质的民间组织购买社工服务。鼓励和引导社会力量出资，成立专业社工服务机构，承接政府购买的社会工作服务，为有需要的居民、社区、组织等提供个性化的社工服务。

六、健全管理体制，形成整体合力

（一）健全行政管理体制

一是发挥社会建设部门统筹协调的作用。在市社会建设工作领导小组领导下，市委社会工委、市社会办具体负责社会工作人才队伍建设的统筹协调和指导监督。二是理顺各系统、各部门工作关系，明确部门工作职责，逐步形成“党委统一领导、组织部门牵头抓总、社会建设部门具体负责、有关部门各负其责、社会力量积极参与”的管理格局。

（二）建立纵向组织体系

明确市、区（县）、街道（乡镇）职责。市级政府部门主要负责社会工作人才建设的宏观指导、政策制定和监督管理；区县是社会工作人才建设的责任主体，要加强社会工作部门建设，明确工作职责，充实管理力量；有条件的街道（乡镇）可以成立相应的机构，配备专门人员，暂时不具备条件的可以先扩充现有相关机构的功能和职责，形成权责一致、分工合理、决策科学、监督有力，覆盖市、区县、街乡镇三级的社会工作行政管理体系。

（三）完善行业管理体制

建立健全社会工作者联合会等行业管理“枢纽型”组织，负责社会工作者登记注册、教育培训、权益维护、派出社工、制定社会工作者伦理守则和各领域的社会工作标准，发挥行业自律和专业支持的作用。同时，鼓励在不同社会工作领域成立分会。

关于推进社区规范化建设试点工作的思考与探索

市委社会工委、市社会办社区建设处

在党的十七大提出加快推进以改善民生为重点的社会建设的大背景下，社区作为全

社会的一个"全息缩影"和基本单元，是社会管理的重心、改善民生的依托和维护稳定的根基，如何以依托社区这个平台，打牢北京社会建设的基础，是一个重要而紧迫的课题。

一、当前推进社区规范化建设工作的重要性和紧迫性

（一）社区规范化建设工作是"1+4"系列文件的深化、细化，是贯彻落实社会建设大会精神，构建新型社区管理体系的重要措施

北京市加强社会建设"1+4"系列文件出台后，如何深入贯彻落实《北京市加强社会建设实施纲要》和《北京市社区管理办法（试行）》、《北京市社区工作者管理办法（试行）》等文件精神，进一步完善社区治理模式，夯实社会建设基础，成为推进北京市社区建设面临的首要问题。在梁伟、丁向阳同志的亲自带领和指导下，经过认真研究讨论，我们明确了全面深化、细化"1+4"系列文件关于完善社区组织体系、建立新型社区管理模式、加强社区工作者队伍建设等一系列理念和要求，在社区层面开展综合改革，推进社区规范化建设试点的指导思想，并按照这个思路研究起草了《关于推进社区规范化建设试点工作的实施方案》（以下简称《实施方案》），使之成为相关文件的自然延续和全面深化，同时也成为一项推进文件理念和要求向实际转化的具体措施。

（二）社区规范化建设工作是构建新型社区治理结构基本思路的操作化、具体化，是现阶段推进北京市社区建设工作的主要抓手

《北京市社区管理办法（试行）》明确提出了构建具有时代特征、中国特色、首都特点的新型社区治理结构的思路和目标，也就是：坚持加强党的领导、健全居民自治、完善公共服务和严格依法办事的有机统一，着眼提高社区运行效率，理顺和规范社区组织体系各主体之间的关系，建立健全多元治理机制，推动形成以社区党组织为核心、以社区自治组织为基础、以社区服务站为依托、以社区社会组织为补充、驻社区单位密切配合、社区居民广泛参与的现代社区治理结构。目前，北京市的社区建设工作已经取得了突出的成绩，形成了明显特色，但距离社区管理新模式的目标和要求还有很大差距，实际工作中仍存在着社区居委会行政性负担没有明显减轻，社区社会组织的发展条件没有明显改善，居民参与社区管理的程度没有明显提升，行政管理主导、自治管理偏弱的社区管理格局没有根本改变，社区管理体制的深层次矛盾没有得到有效解决等主要问题。《实施方案》所提出的26条社区规范化建设的具体内容，就是按照建设新型社区管理模式思路和要求，在深入调研的基础上，针对目前北京市社区建设中存在的突出问题而研究提出的实际措施，是现阶段规范提升全市社区建设工作水平的主要着力点和突破口。

（三）社区规范化建设工作是基层完善社区管理模式经验的系统化、规范化，是指导基层开展社区建设的有效手段

《北京市社区管理办法（试行）》、《北京市社区工作者管理办法（试行）》等文件下发后，一些区县迅速落实文件精神，根据新形势、新任务的要求，采取了许多有效措施推进社区规范化建设，各区县纷纷召开本区县社会建设会议，明确提出了社区建设的发展思路和主要任务，朝阳、丰台等区县率先启动了试点工作，并取得了明显的效果，初步形成了一些好的经验。我们对这些实践和经验进行了认真分析和总结，归纳出了一些带有一定规律性、普遍性，值得推广的做法，经过提炼使之成为政策措施，充实到了《实施方案》之中，大大增强了文件的指导性和可操作性。目前，各区县社会工委、社会办成立时间不久，还处在树立形象、打开局面、夯实基础的工作阶段，许多区县都已经制定下发了本区县加强社会建设系列文件，但这些文件的贯彻落实任务更加繁重，亟须依靠

一些指导性强、切实可行的具体政策来推动工作落到实处，同时建立起对街道、社区工作的指导协调机制，社区规范化建设就是这样一项实实在在的工作措施，对于各区县迅速打开工作局面、建立新的工作体系和工作关系具有重要的意义。

二、社区规范化建设试点工作的基本目标

《实施方案》明确提出要按照规范社区管理、完善社区服务、加强社区自治的基本目标和试点先行、点面结合、循序渐进、逐步延伸的基本原则，2009 年在全市选择朝阳、海淀 2 个城区、20 个街道、600 个社区（含朝阳、海淀和 20 个街道的有关社区）进行社区规范化建设试点工作。

具体来说，试点工作的基本目标就是要实现“一分、三定、两目标”。所谓“一分”，就是要合理划分社区党组织、社区居委会和社区服务站的职责任务，核心是逐步实现社区居委会与社区服务站职能分开。社区居委会作为基层民主自治组织，主要是依据居委会组织法行使职能；社区服务站主要是在街道办事处、社区党组织领导下和政府部门指导下提供公共服务。在这方面，《实施方案》明确提出要按照“职责明确、分工合理、优势互补、协调联动”的原则，对社区目前承担的各项工作进行全面梳理，合理划分社区党组织、社区居委会和社区服务站的职责任务，进一步细化各自的具体工作或服务项目。“三定”，即“定事、定人、定钱”，就是要明确社区党组织、社区居委会和社区服务站的工作任务、人员和经费，确保工作到位、人员到位、经费到位。在这方面，《实施方案》根据社区党组织、社区居委会和社区服务站的职责定位，以附件的形式提出了社区党组织共 7 个方面 29 项主要职责、社区居委会的共 6 个方面 33 项主要职责和社区服务站的共 12 个方面 35 项主要职责，供基层在试点工作中参考执行，以实现“定事”；规范了社区工作者管理，明确了社区党组织、社区居委会和社区服务站的人员配备标准，以实现“定人”；从硬件设施建设经费、公益金使用、社区办公经费等方面规范了社区经费投入，以实现“定钱”。通过这些努力，要实现“两目标”，就是努力建设一支专业化、职业化的社区工作者队伍，努力建设一批具有中国特色的社会主义新型社区。

三、社区规范化建设试点工作的主要任务

《实施方案》主要围绕社区服务站规范化建设、社区工作职能、社区运行机制、社区志愿服务、社区工作者管理、社区基础设施配置、社区经费投入等 7 个方面提出了 26 项试点内容，重点在于进一步理顺社区各类主体的关系，探索建立社区管理新模式，进一步提升社区管理和服务水平。

（一）规范社区服务站建设

主要是规范社区服务站的设置、工作关系和制度建设，这是社区规范化建设的核心内容之一。明确提出，政府在社区层面设立的综合性服务平台，统一命名为“社区服务站”。除法律、法规明确规定需在社区独立设置的工作平台外，将社区其他各类工作站、活动站、服务站等逐步纳入社区服务站，统筹承担相关工作任务，实行综合管理、一站多能服务。对社区服务站的名称、标志系统进行统一规范，有利于强化社区居民对社区服务站的认知。

（二）规范社区工作职能

重点是要解决“一分”，即社区居委会与社区服务站职能分开的问题。按照“职责明确、分工合理、优势互补、协调联动”的原则，对社区目前承担的各项工作进行全面梳理，合理划分社区党组织、社区居委会和社区服务站的职责任务，进一步细化各自的具体工作或服务项目。

（三）规范社区运行机制

长期以来，北京市社区党组织、社区居

委会、社区服务站等之间的相互关系没有理顺，使社区“无人办事、无钱办事、办不好事”等问题仍时有发生，影响了社区的和谐与稳定。通过规范和理顺社区各类不同主体之间的关系，充分发挥各个主体在推进社区建设中的积极作用，探索建立在社区党组织领导下，居委会和服务站紧密对接、协调联动的工作机制，有利于实现社区“工作无漏洞、对接无缝隙、责任无盲区”，促进社区各项工作高效运转。

（四）规范社区志愿服务

社区志愿服务是志愿服务体系的重要组成部分，也是社区服务的主要内容。今年3月，北京市召开了全市志愿者工作大会，下发了《关于进一步加强和改进志愿者工作的意见》，标志着我市志愿服务工作进入了一个新的发展阶段。社区是志愿服务的主阵地。当前北京市开展社区志愿服务工作的总体要求是，按照“社会化参与、项目化运作、规范化管理、整体化推进、事业化发展”的工作要求，倡导“社区志愿服务人人可为、时时可为、处处可为”的理念，以奥运会志愿者工作成果遗产转化为契机，以居民需求为导向，以弘扬志愿精神、提高居民素质为目标，以关爱帮困、便民利民为重点，进一步做好社区志愿服务工作，努力把有爱心的社会单位和社区居民动员组织起来，奉献爱心、展示善举，服务居民、造福社区，共建共享和谐，为建设繁荣、文明、和谐、宜居的首善之区作出新贡献。《实施方案》明确了社区志愿服务的原则、重点对象、主要形式，对整合社区志愿服务资源，完善社区志愿者招募管理制度提出了具体要求。

（五）规范社区工作者管理

规范社区工作者的招录和管理是加强社区规范化建设的一项基础性工作。《实施方案》重在规范社区工作者的配备标准，落实管理制度，提高社区工作者队伍的职业化、专业化水平，特别明确提出“社区服务站工作人员实行公开招录，招录对象年龄一般在40岁以下，学历大专以上”，目的是推进社区服务站工作人员的年轻化、专业化、职业化建设，更好地满足社区居民多元化、个性化的服务需求。今年是全市第七届社区党组织、社区居委会换届选举，这是一个很好的契机。要充分利用好这个机会，进一步充实试点社区的工作力量，优化人员结构，提高队伍素质。

（六）规范社区基础设施配置

近年来，市委、市政府高度重视社区服务设施建设，不断完善政策，加大经费投入，社区服务能力明显提高。但与城市的快速发展，与广大居民日益增长的公共服务需求相比，还有较大差距。主要表现在：一是社区工作和服务用房严重不足。目前只有120个社区服务站具有独立的办公用房，平均面积49.8平方米，其余均与社区居委会合署办公，难以适应新形势下社区服务站工作的需要。二是标准不高。北京市“十一五”时期城市社区发展规划提出的社区办公和服务用房标准是350平方米，上海、深圳、宁波、杭州等城市，“十一五”期间社区公共服务设施标准将分别达到640、900、800和600平方米。社区服务设施不足已成为北京市当前推进社区服务站规范化建设的突出问题，制约了社区事业的发展，影响了社区服务水平的提升。《实施方案》提出，重点要解决社区办公和服务用房建设薄弱的问题，主要是采取新建、改扩建、购买以及落实配建指标、资源整合利用等多种方式，使试点社区的办公和服务用房达到350平方米左右。其中，社区服务站工作和服务用房相对独立使用，“一门式”服务用房面积不低于50平方米。

（七）规范社区经费投入

社区经费投入大致包括基本设施建设经费、社区公益事业专项补助资金、社区办公经费和其他经费（人员经费等）等四个部分。《实施方案》提出，要将社区服务设施配套纳入城市基础设施建设规划，加大对试点社区举办公益事业的支持力度，适当提高试点社区公益事业专项补助资金拨付标准。

对于社区建设中还有一些经费无法制定量化的标准，《实施方案》也做出了明确规定：即社区工作者的工资、福利待遇，社区信息网络建设及管理、运营、维护等经费全部纳入区县政府年度财政预算管理，并足额拨付。社区协助完成上级行政部门有关工作事项所需经费，按照“费随事转”原则，由相关部门转移拨付。

四、推进社区规范化建设工作要着重把握的几个关系

当前，社区规范化建设工作的思路越来越清晰，目标越来越明确。要认真贯彻落实全市社会建设大会和“1+4+X”文件精神，结合深入学习实践科学发展观活动，加强统筹规划，精心组织实施，扎实稳妥推进，正确把握三个关系，确保社区规范化建设试点工作取得实效。

（一）要把握好试点先行与全面推进的关系

试点社区是全市社区整体的一个组成部分，将在全市推进社区规范化建设中发挥引领、示范、带动和辐射作用，开展试点工作就是要为全面推进北京市社区规范化建设、提升社区管理和服务水平，进一步探索和积累经验。要通过试点社区的探索实践，发现问题不足，掌握特点规律，进一步明确方向目标，全面推进社区规范化建设工作。在试点社区中，有的社区办公和服务用房面积已达到350平方米以上，试点工作的重点就要按照新的社区管理体制的要求，明确社区各方主体职责，创新社区运行机制，提高队伍素质；有的社区办公和服务用房严重不足，甚至难以满足社区党组织、社区居委会、社区服务站的正常运转，可以借助试点工作的契机，争取各方支持，加大资金投入，促进社区办公和服务用房达标建设。因此，在试点工作中，既要抓工作基础好的社区，又要抓基础薄弱的社区；既要做“锦上添花”的事情，也要解决好“雪中送炭”的问题；既要对照任务，严格要求，又要区别情况，因地制宜，加强指导，突出特色，为不同类型社区的规范化建设树立典型和样板。

（二）要把握好远期目标和近期任务的关系

市委、市政府初步计划将通过试点工作，用3年左右的时间，基本实现全市社区的规范化建设，初步形成符合“一分、三定、两目标”要求的新型社区体系框架，努力使全市每一个社区都能成为服务功能完善、居住环境舒适、治安秩序良好、文化生活丰富、管理手段科学、人际关系和谐、公众参与广泛的社会主义新型社区。全市今年将重点推进600个社区的规范化建设，有计划、有步骤地推进。近期要重点加强社区办公和服务用房建设，并确保年内完成建设任务。对于目前暂时不具备改善条件的社区，要列入今后中长期建设规划，统筹考虑，稳步实施。

（三）要把握好继承发扬与改革创新的关系

北京市的社区规范化建设是一次创新，但这种创新不是对以前工作的全盘否定和推倒重来，而是在原有工作基础上的规范提升，是继承发扬上的改革创新。社区规范化建设的实质就是社区建设的综合改革，涉及社区建设的方方面面。近年来，特别是去年区县社会工作机构成立以来，各区县在创新社区管理体制、理顺社区各方关系、充实社区力量等方面进行了积极探索和实践，并取得了良好成效。在推进试点工作中，对于经得起实践检验的好做法、好机制，要继续坚持，总结推广；对于不适应、不符合新形势下推进社区建设要求的观念、做法，要与时俱进，敢于突破。要结合实际，在加强队伍建设、完善服务设施、健全运行机制、整合社区资源、加大经费投入等方面积极探索，大胆创新，着力规范提高，努力解决好社区建设中的难点、热点问题，为社区建设的全面推进和深入发展夯实基础。

关于北京市社区社会组织调查统计情况的报告

市委社会工委、市社会办社会组织工作处

一、总量及分类情况

截至2009年8月底，全市共有社区社会组织11 683家。其中，按照组织形式划分，社团类组织为10 832家，占总数的92.7%；民办实体机构（如社区民办幼儿园、社区老饭桌、小饭桌等）851家，占7.3%。

按成立方式划分，正式登记的为449家，占3.8%；在街道备案的5533家，占47.4%；在社区备案的5340家，占45.7%；未登记或未备案的为361家，占3.1%（参见图1）。

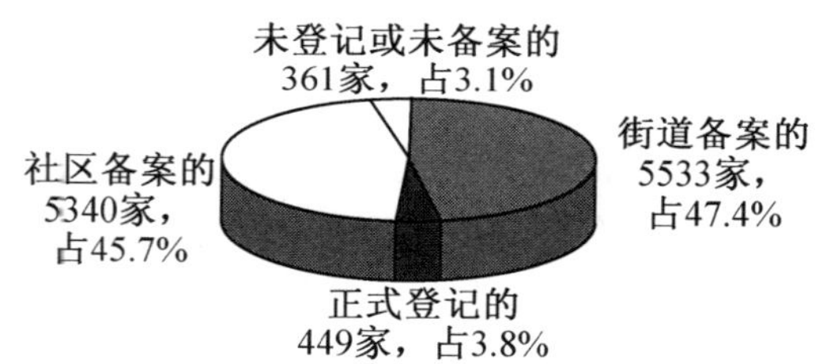

图1　社区社会组织按成立方式分类图

按照活动领域划分，慈善公益类组织959家，占8.2%；文体活动类组织6 313家，占54.0%；生活服务类组织1194家，占10.2%；社区事务类组织2678家，占22.9%；志愿服务类组织539家，占4.6%（参见图2）。

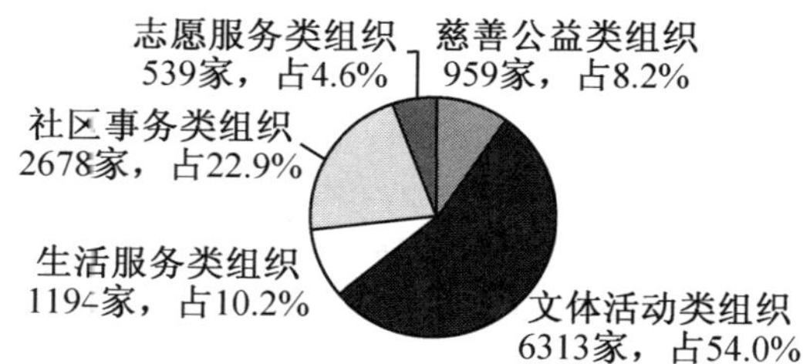

图2　社区社会组织按活动领域分类图

二、人员构成情况

全市社区社会组织专职工作人员（包括实体性机构的工作人员和社团类组织的牵头人，其中社团类组织的牵头人多为退休人员）共22 638人，其中党员7 683人，占33.9%；社团类组织的会员总数为423 085人，其中党员121 772人，占28.7%；社区社会组织所联系的志愿者人数为196 248人，其中党员77 943人，占39.7%。另外，全市有6 134家社区社会组织的负责人（牵头人）为党员，占社区社会组织总数的52.5%。

三、开展活动及运作情况

2009年以来，社团类组织累计开展各类活动441 335次，平均每个社团开展活动40.7次；民办实体机构累计服务居民95万多人次，平均每个机构服务1 124.8人次。

从活动场所来源情况看，由街道或社区无偿提供活动场所的社区社会组织5 261个，占45.0%；主要利用公园、小区空地等公共场所开展活动的4 462个，占38.2%；有偿租赁场所的219个，占1.9%；使用自有房产的350个，占3.0%；通过其他方式解决活动场所的1 391个，占11.9%（参见图3）。

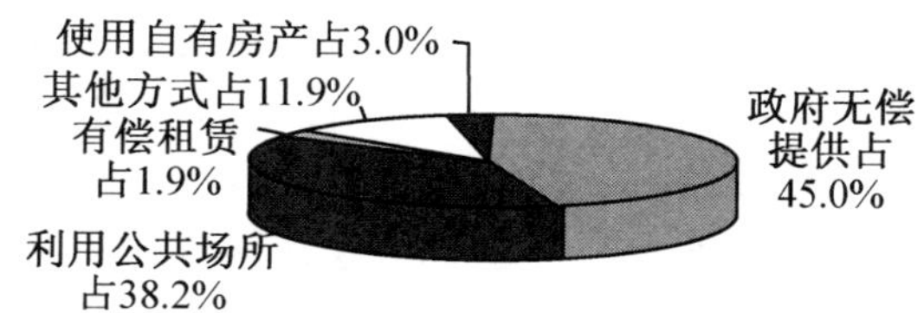

图3　社区社会组织活动场所来源构成图

从资金来源情况看，上年度社区社会组织总收入约为3874.7万元，平均每个组织约3316.5元。在资金来源构成中，政府资助1350.8万元，占总收入的34.9%；服务性收费（主要是实体性机构的服务收费）1591.7万元，占41.0%；会费收入49.1万元，占1.3%；社会捐赠526.7万元，占13.6%；其他形式自筹356.4万元，占9.2%（参见图4）。

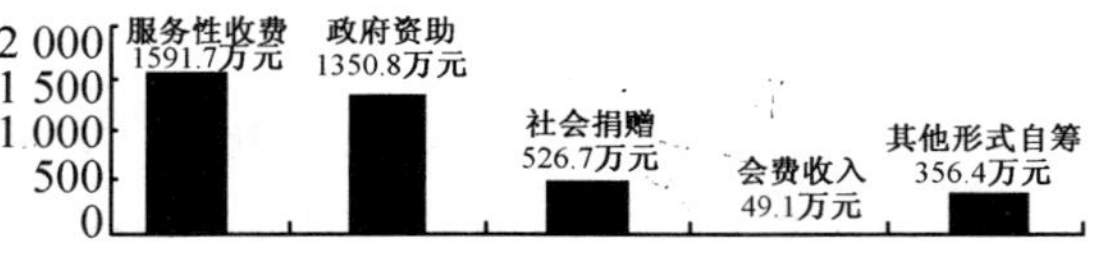

图4 社区社会组织资金来源构成图

四、反映的主要问题及有关工作建议

（一）社区社会组织的整体发展氛围和环境需进一步优化

一些区县反映，近年来，尽管社区社会组织的整体发展环境有所改善，发挥的作用也逐渐凸显，但由于此类组织“先天弱小”，社会各界对其认可和重视程度不够，有关政府部门也将其放在一个“可有可无”的位置，任其“自生自灭”。因此，建议各级党政部门要逐渐采取措施，通过促进社区社会组织作用的进一步发挥来提高其社会地位，尤其要从加强社区居民自治、创新社区治理模式的角度，充分认识社区社会组织的地位和重要性，引导广大居民通过社区社会组织来参与居民自治和社区管理。

（二）社区社会组织管理体制和运行机制不规范

从调查统计的情况看，各区县、街道在社区社会组织的备案管理上做法各异。在全市近1.2万家此类组织中，在街道备案的有5533家，占47.3%；在社区备案的5340家，占45.7%。就街道层面而言，承担这项工作的责任科室（机构）也不统一，有的是社区办或民政科，有的是社区服务中心或街道公共服务协会。此外，备案的形式、内容、程序等也不尽相同，繁简不一。对这些情况，各区县强烈反映，市里应尽快明确有关政策和做法，主要的倾向性意见有三种：一是认为应统一由社区居委会备案，街道进行统筹协调；二是认为应由街道办事处负责备案，社区居委会进行初审；三是认为应由区县民政部门进行备案，街道、社区逐级审核。对这些建议，我们将按照全市社会组织改革和发展的文件精神和总体要求，进一步加以研究。

（三）社区社会组织发展缺乏规划引导，“无序化”特征明显，有关资源不能有效共享

很多区县反映，长期以来，社区社会组织的发展呈零散、自发、无序状态，缺乏有针对性的规划和引导，信息也不对称，一些居民生活急需、能够提供有效服务的组织发展严重不足。在全市调查中，生活服务类组织仅占总数的10%左右，远不能满足广大居民的实际生活需要。另外，一些区县反映，在一个社区中往往存在着多个活动方式和内容相同的组织（以文体活动类组织为主，此类组织占全市总数的50%以上），这些组织彼此间不通信息、“各自为战”，难以开展有影响力或规模较大的活动。对此，有关区县提出，应明确要求街道办事处、乡镇政府和社区居委会要加大统筹协调力度，搭建平台、通报信息、制定规划、正确引导，使有效的资源最大限度地发挥作用。

（四）缺乏有效、持久的扶持措施，经费来源渠道单一，发展后劲不足

开展此次调查统计的16个区县（延庆、密云除外）均不同程度地反映，绝大多数社团类社区社会组织基本没有固定的经费来源，主要靠政府资助开展活动，而这种资助随意性较大，缺乏有效的制度保障和约束。鉴于此种情况，建议以“购买公共服务”和“政府事权下移”为重点，从体制机制上明确有关问题。

北京市区县理论研究与调研

治理视阈下完善城市社区自治的对策分析

袁海鹏

一、社区自治调研的历史背景与现实意义

（一）历史背景

改革开放以来，随着中国经济转轨、企业转制和社会转型的持续发展，国家、社会二元结构也逐步向政府、市场、社会三足鼎立演变，与市场经济相适应的单位制、传统街居制等城市管理体制也面临变革，城市社区服务和社区建设也开始经历成长、发展和壮大的历程。

20世纪80年代后期，从承接企事业单位转移社会服务的需要出发，民政部借鉴国外经验提出了“社区服务”的概念。1991年，民政部又在社区服务的基础上，提出了社区建设的概念。1998年，民政部在全国选定26个国家级社区建设实验区，围绕社区自治组织的架构开展社区建设的实验和探索。2000年，中办、国办23号文转发了《民政部关于在全国推进城市社区建设的意见》，宣告我国城市社区建设开始进入全面推进阶段。2002年民政部在吉林省四平市召开了全国城市社区建设现场会，命名河北省保定市等27个市为“全国社区建设示范市”，北京市西城区等148个区为“全国社区建设示范区”。2006年10月，中共十六届六中全会通过的《中共中央关于构建社会主义和谐社会若干重大问题的决定》明确提出要“全面开展城市社区建设……健全新型社区管理和服务体制，把社区建设成为管理有序、服务完善、文明祥和的社会生活共同体”。经过十多年的建设与发展，社区已经从形式上基本取代计划经济时期的单位成为城市社会的基本构成单元，成为党和政府在城市工作的新的基础。全国各地在结合本地实际的基础上对社区自治建设进行了探索和创新，涌现出了许多各具特色的社区自治模式，如“上海模式”、“沈阳模式”、“汉江模式”、“青岛模式”等。

城市管理体制改革由中央政府推动，依赖政府强有力的支持和引导，使得我国的城市社区具有浓厚的行政色彩，总体上讲基本属于“行政社区”，社区自治组织的功能未能发挥，离真正的社区自治还有相当大的距离。鉴于此，本调研以当前国际政治学界比较前沿的“治理”为视角，对社区自治进行深入的探讨。

（二）当前机遇

在新时期、新形势下，实现“行政社区”向“公民社区”转变，既顺应历史发展的必然趋势，也符合我国当前的国情。

第一，和平与发展是当今世界的主题，国内经济发展、政治稳定、社会和谐，为城市的社区自治建设提供了良好的外部环境。第二，30年改革开放增强了我国的经济实力，提高了人民物质文化生活水平，为社区建设提供了强有力的物质保障。第三，政治体制改革的深入，增强了人民的民主法治观念，开启了民智，唤醒了国民意识。第四，建设和谐社会的目标被作为党执政的重要任务放到了突出位置，北京市2008年发布了《北京市加强社会建设实施纲要》，社区作为

城市社会的基本构成单元，是和谐社会建设的切入点和突破口。第五，基层社会的变化，公民意识的崛起，使得NGO组织、社会民间组织等“第三部门”成为社区自治的重要力量。第六，教育事业的迅速发展，将大大提高我国公民的整体素质，从根本上提高公民参与社区自治的能力。第七，科学技术的迅猛发展，克服了时间和空间的限制，为公民参与社区自治提供了便捷、高效的治理手段。

（三）现实意义

社区作为城市社会的基本构成单元，是党和政府在城市工作的平台和基础。伴随我国城市管理体制改革向纵深发展，其自治研究具有实践意义和理论意义。

从实践层面看，第一，城市社区自治有利于推动民主政治进一步发展。社区公共事务都是与社区居民利益息息相关的事务，社区居民通过民主选举、民主决策、民主管理、民主监督等具体民主实践，增强对社区的责任感与参与意识。自治组织负责人、官员通过直选知道权力的来源是人民，增强对人民的责任感与使命感。第二，城市社区自治有利于实现社会公平和正义。市场经济的发展导致利益群体分化，利益矛盾凸显，城市各种社会问题急增，并涌向社区。社区自治通过不断完善民主程序，制定反映民意的规则体系，使社区成为实现社会公平和正义的渠道和平台。第三，城市社区自治有利于促进政府职能转变。社区建设的最终目标是要形成社区居民的自主自治网络，政府起到间接影响的作用，这就要求革新传统政社不分的弊病，转变政府职能，使政府公共权力的重心下移。第四，城市社区自治有利于节约管理成本。政府主导的“行政社区”模式虽然能够凭借强大的行政资源提供良好的社区服务，但是成本较高，难以长期运转。城市社区自治则可发挥居民的热情和积极性，借助政府的指导和支持，采用市场配置资源的方式，整合社区内外资源，实现“自我管理、自我服务、自我教育、自我监督”，节约成本，提高效率。

从理论层面看，一方面，城市社区自治的理念本质上符合科学发展观的要求，推动城市社区自治从根本上讲就是推动城市社区的科学发展。坚持发展为第一要义，解决自治前进程中的问题，不断强化居民当家做主的意识，为居民自治建设一个民主管理决策的长效机制；坚持以人为本的根本原则，不断强化社区居民自我管理意识，为居民建设一个充满活力的社区居民自治组织；坚持用持续发展服务居民的目标，不断增强自我服务能力，为居民建设一个安居乐业的环境；坚持用统筹兼顾的方法构建社区，不断提高自我教育水平，为居民建设一个文明祥和的和谐家园。另一方面，城市社区自治有利于深化对治理理论的理解和应用，促使其本土化。作为社会发展领域中一种新的概念和指标，治理为我国当前社区建设提供了另一种理论框架和研究视角。特别是在政府提出的以人为本的科学发展观无疑给我国的治理实践提供了新的机会和要求。

二、社区自治调研的方法及创新点

调研采用了文献研究、案例研究、问卷调查和规范分析等研究方法。通过查阅社区居民自治实践的留存文件资料，包括政府下发给社区并可公开的文件、社区制定的规则、会议记录、统计报表、活动资料等，获得重要的第一手实证材料；调研选取东四街道作为典型案例，通过现状的详细描述和实证分析，总结新时期我国社区居民自治建设的基本特点、主要经验和方法；调研设计了《东四街道城市社区自治调查问卷》，采用随机抽样的方式，共发放问卷150份，收回150份（其中男67人，女83人；40岁以上94人，40岁以下56人；党员74人，党派和群众76人；居委会干部30名，居民代表35人，普通居民85人）；调研在对东四街道社区进行实证研究的基础上，运用规范分析方法，关注“应该是什么、应该怎么样”，从应然角度分析了城市社区自治的有效机制。

调研有两大创新尝试。一是以治理为视角，将治理理论与社区自治相结合，通过具体案例研究，建构城市社区自治的有效机制，重点对社区党组织、社区政府组织、社区自治组织、社区社会组织、社区居民等社区自治相关主体进行分析，界定了每个治理主体的功能，并努力建构有效的社区治理机制。二是探索社区党建作为社区自治的有效路径。基层党组织的领导核心作用是我国的一大特色，调研也努力构建社区党组织领导下的多元参与的社区治理模式。

三、北京东四街道社区自治调研的发现

东四街道近些年在社区建设工作中，高度重视社区民主自治，社区民主自治建设经历了自治建设准备和街道推动与指导两个阶段，并最终确立了社区主导与街道支持的发展方向。目前，东四街道在社区自治实践过程中还仍然面临一些问题：

（一）社区自治制度落实不到位，制度效率不高

一是居民会议被虚化。要么次数不够，要么参与人数达不到法定标准，要么通过的决定不符合“双过半”的规定，导致部分居民对社区事务的知情权、参与权、决策权、监督权得不到有效保障，居民会议形同虚设。二是社区成员代表大会被弱化。在有些社区，甚至演变成“打招呼”会议，就某项工作、某项决策向代表们通通气，打个招呼，导致社区难以真正实现民主决策、民主监督、民主评议，使居民参与社区事务管理、行使民主权利的最后一道保障防线变得脆弱乏力。三是社区居委会被异化。居民会议的虚化和社区成员代表大会的弱化直接导致作为执行机构的社区居委会行政化负担加重，将决策、执行两大权揽于一身，出现了越权、错位，甚至是“犯规”等性质异化、功能扩大化的不正常现象，使居民失去了评判社区工作的平台，失去了对社区工作人员实施有效监督的载体。

（二）社区自治组织角色不明确，自治功能不强

一方面，按照《宪法》和《居民委员会组织法》的规定，居委会是基层群众实施自我教育、自我管理、自我服务的群众性自治组织。近些年来，随着社区自治建设的深入发展，社区自治组织的行政事务有所减少，但居委会的投票选举、经费来源、人事安排以及工作任务的确定等，都受政府及街道办事处的影响，没有真正成为一个自治性组织。另一方面，社区居民对社区自治组织性质的认识有待转变。在东四街道社区的调查中，有36%的居民认为居委会是“最基层的政府组织”，8%的居民“说不清楚”。这从居民认同感的角度表明社区自治组织的自治功能有待完善（参见下图）。

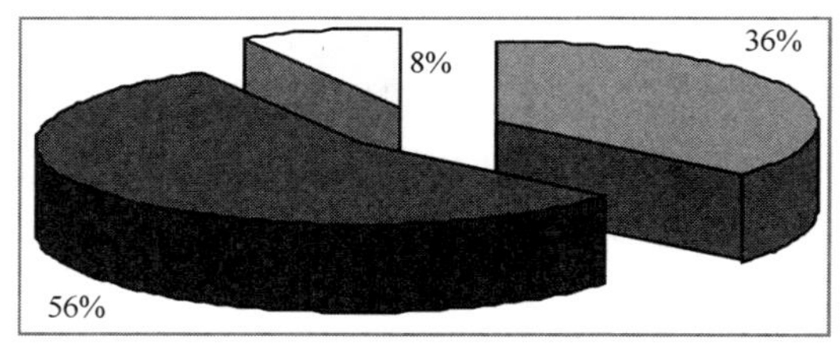

图　居民对社区自治组织角色的理解

（三）社区行政化的色彩仍存在，居民参与率低

美国社会学家安东尼·奥罗姆认为社区参与程度是衡量社区自治的重要参考变量。东四街道社区的调查发现，有近1/3的被调查者缺乏对社区邻里的信任；有22%的人对

居委会表示不关心或无所谓，43% 的人表示不愿意担任居委会干部，36% 的人表示不愿意做居民代表。居民缺乏参与意识，未形成对社区的普遍认同感，更未参与到社区的决策和管理之中，极大地影响了社区的健康发展。

（四）社区工作人员结构不均衡，素质有待提高

社区自治组织的自治能力建设是实现社区自治目标的最根本保障，其内部工作人员的素质和结构搭配决定着社区自治组织本身的自治能力。实现社区自治首先要建设一支素质能力高、整体结构平衡的社区工作者队伍。在东四街道社区第六届社区居委会选举工作中，选举产生主任 10 人、副主任 20 人，委员 49 人，共计 79 人，女性占 87%、男性占 13%，至 2009 年平均年龄 49.8 岁，大专占 29%，本科学历占 8%；第六届社区居民代表共 476 名，男性占 33%、女性占 67%；第六届社区常务会成员共 114 人，平均年龄 60.2 岁，男性占 39%、女性占 61%，大专以上学历 36 人。东四街道社区自治组织中成员代表年龄偏大，男女比例结构失衡，学历层次整体仍偏低，有待提高。

（五）社区内各类社会组织欠发达，自治功能受限

社区内各类社会组织是社区自治的重要群众基础，也是衡量社区建设水平的重要标志。这些非政府组织来自社区成员，其责任在于发动民间力量，利用社会资源自己解决自己的问题，对于服务社区居民或特殊群体、促进社区自治、维护社区乃至全社会的稳定，有极其重要的作用。社区改革以来，各类社会组织虽然有所发展，但由于政府重视不够，投入不足，制度规范不强，导致社区内的社会组织发展滞后，功能不健全，在社区中的影响力不大。调查显示，有 18% 的被调查者表示不清楚社区里的社会组织；有 30.58% 的被调查者表示愿意向志愿者等社会组织请求帮助解决社区问题，但仅限于“照顾老人、儿童和病弱者”。东四街道社区的居民常务会自成立以来为社区居民解决了“煤改电”、社区养犬管理、垃圾分类处理等许多问题，但却没有经费，有时甚至要自己贴钱。社区自治组织缺乏充足、稳定的资金来源，导致其无法有效地行使自治权力，为居民服务的能力大受限制。

四、科学发展观指导下的社区自治运行机制探索

社区自治建设的本质是促进人的全面发展，在城市社区自治建设构成中，应该按照全面、协调、可持续的基本要求，采用统筹兼顾的方法完善社区自治运行的各种机制，建立起社区自治有效衔接、合理运转的体系。

（一）完善自治组织网络运行机制，提高社区自治制度效率

治理理论强调坚持法治，完善管理规范，提高制度效率。结合东四街道社区的实际，应该理顺和规范社区各自治主体，逐步形成以社区党组织为核心、以社区自治组织为基础、以社区服务站为依托、以社区社会组织为补充、驻社区单位密切配合、社区居民广泛参与的现代社区治理结构。

1. 强化网络结点，发挥社区党组织的领导核心作用。社区党组织在社区居民会议、社区居委会和社区代表会议中发挥领导核心作用。要通过抓好社区党组织换届选举工作，优化社区党组织结构班子，创新社区党组织设置模式，夯实社区党组织基础；要通过创新社区党建工作机制、社区党组织的活动方式和工作方法，构筑社区党组织领导下的民主自治机制，带动自治网络通畅有序运行；要通过深化和推进社会领域党建服务群众品牌项目建设，充分发挥党员联系群众优势，不断推进社区的自治建设。

2. 规范网络运行，保证社区自治组织有条不紊地运转。社区居委会、社区服务站、社区居民会议和社区代表会议是社区自治的重要载体，其作用发挥好坏直接关系到能否将社区自治落到实处。社区居委会是基层群

众性自治组织，社区服务站是政府在社区层面设立的公共服务平台，社区居民会议是社区居民依法行使民主管理权利的组织形式，社区代表会议是社区民主议事协商与多元治理的组织形式。为保证自治组织充分发挥功能，就必须构建起通畅有效的运行机制。一是做好社区居委会选举工作，合理划分社区居委会、社区服务站职能，建立分工协作、有效衔接、协调监督、考核激励等机制，配齐配强社区工作者，为更好地实现社区居民自我管理、自我服务、自我教育、自我监督打下了坚实的基础。二是建立科学规范的会议制度，并严格会议程序。社区居民会议每年至少召开两次，社区居民会议常务会每年至少召开四次，社区居委会委员会议每月至少召开一次，社区代表会议每年至少召开四次。同时，进一步规范议题征集、议事协商、事前听证、列席旁听、教育培训、表彰奖励等会议制度。应严格按照清点人数、报告工作、讨论议题、表决议题、会议小结、决定公示、会议记录文件归档等程序召开会议。三是进一步深化社区楼、门、院居民自治组织工作力度。根据住宅分布状况，成立楼委会、院委会、楼门自治小组，协助做好本区域范围内的居民自治工作。

（二）完善居委会工作准入机制与财务机制，增强社区自治组织功能

1. 完善居委会工作准入机制，确保自治职能有效发挥。

要使居委会真正、有效发挥其社区自治组织的功能，就必须保持其独立性，而不是成为政府行政管理的末梢。居委会工作准入机制从制度设计上保障了社区居民委员会的自治空间，是实现城市社区自治的前提，需进一步完善以下四个方面的制度性要求。一是明确准入项目。除社区居民委员会已经明确的工作职责和涉及居民群众生命财产安全、公共安全的紧急事件外，区属各职能部门和其他有关单位，凡拟将其组织机构、工作任务、评比考核等事项进入社区的，均实行准入审批。二是规定审批机构。经区社会建设领导小组批准，建立区职能部门工作社区准入审批小组，专门负责申请准入的审批。三是规范审批程序。有关事项要进入社区的由相关部门提出书面申请，由区社会建设领导小组办公室对申报事项进行可行性、合理性调研，报区职能部门工作社区准入审批小组审批。对审批同意准入社区的工作事项，各街道和社区方可接受工作任务。四是开展自查梳理。各部门和各街道社区对部门部署由社区完成的工作事项以双向自查方式，进一步理清部门职责，界定社区工作任务，为准入制的有效实施创造条件。

2. 完善社区财务机制，提供社区自治建设经济保障。社区财务是社区自治建设的强大经济保障，社区居委会应该具备相对独立支配的财力，才能根据当地居民的需求有针对性地投入一定的资金，开展社区服务。第一，区街两级财政应保证社区建设的硬件投入，涵盖社区办公用房、办公设备配置、信息化建设等，重点加大社区办公服务用房建设，争取达到350平方米。第二，要规范社区专职工作者的待遇和福利，将其全部纳入财政预算。针对东四街道设立的社区常务代表，应给予工作活动补贴，保障其参与社区治理的成本费用支出。第三，尝试由社区居委会开设独立银行账户，并配备专兼职的财务人员。将区财政对社区的投资直接拨款到专户，避免街道对社区资金的过度控制。第四，针对社区服务的公益性特点，逐步建立起区街主导、驻区单位企业团体参与的多元投入机制，包括募集机制，充实社区发展资金，并重点规范和完善社区公益事业专项补助资金的使用管理。第五，制定并实行社区财务公开制度。社区居委会要定期公布财务收支情况，接受专业审计公司的外部审计和街道的内部审计，并接受社区居民会和社区居民监督。

（三）完善社区多元参与机制和志愿者服务机制，提高社区居民参与程度

1. 完善社区多元参与机制，搭建多元主体治理平台。治理理论强调多元化参与，其核心是使多元的治理主体充分、全面地介入社区

发展的全过程。东城区在《关于建立健全社区民主自治工作运行机制的意见》（东社发〔2009〕2号）中也提出“构建‘一委三会一站、多元参与共建’的现代社区治理模式，实现政府管理与群众自治的有效衔接和良性互动”。具体从以下方面着手：第一，要培养社区参与意识，强化居民与社区之间的利益关系。切身利益的驱动是居民参与社区事务的直接动机，调整好居民与社区之间的利益关系是解决社区居民参与程度低的关键。通过开发社区公共资源，如深厚的胡同四合院文化资源、密集的金融经济总部资源、齐全的党政军机关驻区资源，推动社区居民公共利益的形成。加大社区公共服务的覆盖面，如社区公共服务的网络化建设和设施的标准化建设、社区卫生新模式的深化、体育生活化社区的打造、社会救助保障的数字化建设等，满足社区居民日益增长的多样化的公共服务需求，从而调动社区居民参与的积极性。第二，加强社区居民参与制度建设，确保居民参与渠道畅通。一是要创新发展多元参与主体。打破现有社区居民会议只覆盖到有户籍居民的局限，将驻区单位企业代表、专家学者等纳入。二是要完善民意表达机制。健全“听民意、访民情、解民难”长效机制，利用联席会议等形式，畅通民意诉求渠道，倾听群众呼声；坚持每季度召开一次工作座谈会，及时了解群众诉求，解决突出矛盾。完善社区居委会委员的分片包户制度和民情日记工作法，建立居民接待日、网上论坛等制度。第三，要规范参与程序和内容。根据社区的实际情况制定详细的、操作性强的参与程序，针对民生和社区发展问题，召开社区议事协商会、社区事务听证会，开展民事调解等，解决诸如四合院内私搭乱建影响邻里和睦、胡同乱停车影响正常交通、商户经营扰民、宠物饲养影响他人等问题，研究决策社区服务设施配置、体育文化活动开展、社区困难群体救助等。第四，要推行居务公开，广开参与渠道。一方面，社区事务应该在阳光下运行，向居民公开，方便居民民主监督；另一方面，广开参与渠道，充分发挥社区内人大代表和政协委员作用，表达意志并参与监督评价。

2. 健全志愿者长效管理机制，扩充社区居民参与途径。治理理论认为，志愿者参与程度是衡量社区自治水平的重要标志。在社区自治建设过程中，仅仅依靠政府的投入是不够的，特别是在一些具体的服务领域，社会志愿服务是政府财力投入和购买服务行为所无法取代的。动员社区居民参与社区志愿者组织，提供专业化的社区服务，是提高社区居民参与程度的重要途径。一是要加强社区志愿参与、管理、激励机制建设，逐步形成社区志愿服务长效机制。积极动员社区内居民加入志愿服务队伍，适时、适宜、适度地服务社区；积极引进高校和社会志愿组织加入志愿服务体系；依托社区内的企业机关和团体，培养专业和应急志愿者队伍，提升专业化志愿服务水平；建立与个人信用相挂钩的社区志愿者工作机制，强化志愿者监督与激励；探索社区志愿服务长效机制，力求实现公众志愿服务参与率达到20%以上。二是要拓展社区志愿服务领域，丰富社区志愿服务活动。如针对东四街道内社区老龄化进程快，外来人口密集，体育文化氛围浓厚，基础设施好，环保绿化要求高等特点，重点加强在居家社区养老、外来青少年助学助困、社区群众体育文化、环境保护和生态维护等领域开展志愿服务活动。

（四）完善社会工作人才管理机制，打造社区自治人才梯队

党的十六届六中全会《关于构建社会主义和谐社会的决定》指出，“建设宏大的社会人才队伍，造就一支结构合理、素质优良的社会工作人才队伍，是构建社会主义和谐社会的迫切需要”。社会工作人才是社区自治的重要依靠力量，通过强化对社区工作者的培训，提升他们的整体素质，为社区自治提供强大的人力保障。一是组织社区工作者主体培训班。通过集中授课、实务训练、交流讨论等多种教学方式，夯实社区工作者的政策理论基础，提高社会工作技巧，提升社区服务和管理水平。二是举办开放式社区讨论

会三持人能力建设培训班，使社区工作者进一步掌握项目化工作方法，为更好地组织指导社区居民参与社区事务的讨论和决策掌握更科学的方法。三是选聘应届大学生社区工作者。通过选聘应届大学生充实到社区工作者的队伍中，优化社区工作者队伍结构，将先进的治理理念带到社区，为社区自治打下良好的基础。四是实施社会工作人才“双基地”建设。通过与北京青年政治学院等高校联合启动社区工作人才培养“双基地”建设和“双向培养”模式，即街道和社区作为高校学生的实习基地，提供实训设施、岗位、项目和指导老师，高校作为东城区社区工作者的培训基地，定期对社区工作者进行专业培训，二者做到平台互通，资源共享。

（五）完善社区公共服务运行机制，扩大社区社会组织功能

1. 拓展社区公共服务提供渠道，积极鼓励社会参与。采取“政府主导、社会参与”的模式，探索政府购买服务的方式，鼓励和引导社会力量参与。严格坚持政社分开的原则，改变社区自治组织直接提供卫生保洁、环境绿化、老年饭桌、学生托管等社区公共服务的做法，将社区公共服务以委托、项目承包、项目管理等多种方式，通过购买或竞标的形式交由社会组织、企业或个人来提供。

2. 创新社区公共服务提供方式，扩大服务覆盖范围。建立健全专业化服务、互助性服务和志愿者服务相结合的社区公共服务提供机制。一是通过与高校共建，引进社会工作专业的学生，通过项目补贴方式，开展社区公共服务。二是通过加强对在职社区工作者的社会工作专业化培训，提高技能和素养。三是对注册的志愿者组织开放社区的公益设施和场所，通过志愿服务带动广大社区居民的参与积极性。

3. 加强社区公共服务项目建设，全面提高自治质量。社区服务项目同社区居民的现实需求联系最为密切，也是社区自治效果最明显的体现。要结合社区特点和居民实际需求，以规范社区服务站建设为重点，按照项目化运作、精细化管理、人性化服务的原则，着力打造“1+5品牌项目工程”。即每个街道打造一个多元参与的品牌项目，每个社区设计、培育、实施5个品牌项目：社区共建共享项目、社区居民自治管理项目、社区服务项目、社区志愿者服务项目和社区社会组织项目。比如，和平里街道实施的1510便利生活服务圈项目、建国门街道启动的“我的社区服务中心我做主”民意征集暨开放空间讨论活动、北新桥街道成立的二条社区直销菜点，都是以购买服务的方式，让老百姓享受到更加专业、方便、实惠的服务。

4. 鼓励引导社区社会组织参与，发掘社区自治资源。社会组织是社区自治的重要参与主体。通过对全区社区社会组织基本情况及发展状况展开调查，全面掌握社区社会组织的基本情况，进一步界定其在社区自治中的角色与地位，充分发挥自身优势，有力支持社区自治，比如，以社工师事务所为平台，将社会工作服务做细、做专，进一步探索具有特色的社区自治模式。

（六）完善社区工作监督评价机制，发挥治理主体能动作用

治理理论不但强调治理过程，更注重治理效果，尤其是治理主体的责任与回应。社区自治是一个过程，同样也要求达到一定的治理效果。一是要加强社区自治组织、居民对政府的监督与评估。在社区实行党务公开、居务公开、财务公开，保障居民群众的知情权、参与权、选择权、监督权，以群众的满意度作为评价各级政府工作实绩的主要标准。二是要完善对社区自治组织的监督评价。充分发挥社区内人大代表和政协委员的作用，对社区事务提出意见建议，进行有效监督。充分发挥社区居民会议、社区代表会议的民主决策、民主监督、议事协商、听证等作用，对社区居委会工作开展监督评价。社区专职工作者每年都要述职，组织居民对其开展业务实绩考评打分，对优秀者给予物质和精神奖励，对不称职者可以采取劝诫、警告、辞退等办法。三是要引进社工督导机制。改变以往以行政督导为主的工作格局，采取社会

督导、教育督导、专业督导的方式。在街道层面引进中高级社工督导人才，对社区工作者日常工作进行专业指导、过程监督，评价考核等。在社区层面设置社工岗位，解决“职业的不专业，专业的不职业”的问题。通过采取全程监控、适时督导的方式，为社区自治过程和自治效果提供双保险。

（此文作者为东城区委社会工委书记、区社会办主任）

西城区社区党建工作调研报告

陈　艳

为总结西城区社区党建工作，分析梳理新形势下社区党建存在的突出问题，研究进一步加强和改进西城区社区党建工作的对策措施，我们结合深入学习实践科学发展观活动，从4月份开始，就西城区社区党建问题进行专题调研，查阅大量档案和文献资料，召开有关专家学者、街道工委书记、主管副书记、街道办事处主任、组织部长、部分社区党组织负责人、居委会主任、社区服务站站长、居民党员群众等参加的座谈会共10余次，参加座谈会人员80多人。个别访谈街道工委书记、办事处主任等5人，发放调查问卷500份，收回492份，回收率98.4%。在对调查成果进行认真分析研究的基础上，形成了调研报告。

一、西城区社区党建工作历史回顾

（一）起步阶段（1990—1997年上半年）

从20世纪90年代初开始，围绕街居经济和服务、推进社区建设，西城区积极开展了社区党建工作的探索与实践。1997年4月，区委制订了《关于加强居民区党支部工作的意见》，对加强居民区党支部建设提出了明确要求。

这一时期城市基层党的建设虽然不是完整意义上的社区党建，但已经具有社区党建工作的雏形。与传统的街道党建工作相比，它具有三个明显的特点：一是街道党组织成为社区工作中的责任主体，在社区建设、管理、服务工作中的基础性地位得到进一步加强。这也使得城市基层党建工作有了新内容，跳出了纯党务工作圈子，把党的建设与解决社区建设中的实际问题紧密结合在一起。二是城市基层党建的依靠对象得到充实，社区单位、社区在职党员、流动党员逐步成为推动城市基层党的建设的重要资源和力量。

（二）发展阶段（1997年下半年至2001年8月）

在借鉴上海市等地经验并根据北京市委及市委组织部的要求，2000年1月，区委召开加强街道、社区党的建设动员大会，3月印发《关于贯彻〈中共北京市委关于加强街道、社区党的建设工作的意见〉的实施意见》，11月区委组织部下发《关于印发〈居民区党建工作基本制度〉的通知》。以此为标志，西城区社区党建工作步入了开拓创新和健康发展的新时期，社区党建工作也具备了多个要素特征。

1. 组织结构的网络化。2000年2月23日，原厂桥街道率先成立了街道社区党建工作协调委员会。4月上旬，全区10个街道都建立了街道社区党建工作协调委员会，共有209个驻区单位参加。其中，中央单位44个，市属单位52个，区属单位113个。各街道社区党建工作协调委员会一般每季度召开一次协调会，逐步成为整合社区资源的重要议事机构。

2. 工作方式的社会化。2000年1月28日，区委分别发出《积极行动　共同参与　努力开创街道社区党建工作新局面——致全区基层党组织和共产党员的公开信》、《热情支持　积极参与　共建美好家园——致驻区各单位党组织和共产党员的公开信》，积极倡导全区基层党组织和共产党员及驻区各单位党组织和共产党员积极参与社区党建工作。社区党建工作以"协调、服务"为运行机制，从社区党组织与社区单位的共同需要和利益出发，组织和引导社区单位参与社区建设，实现"优势互补、资源共享"。在党员教育管理上，各街道、社区党组织通过"党员奉献服务队"、"党员责任区"、"党员先锋岗"等活动组织社区单位和在职党员开展各种社区建设和服务活动，进一步丰富城市基层党建工作的内容和形式。

3. 工作范畴的扩大化。2000 年年底至 2001 年 8 月陆续制定下发了《中共北京市西城区委关于加强非公有制经济组织党的建设工作的意见》，《关于调整区属国有、集体改制企业党组织隶属关系有关问题的通知》、《关于区属企事业单位退休干部、职工党员组织关系转移到居住地的通知》、《关于转发〈关于市属国有企业、区属企事业单位退休人员中的党员的组织关系转移到居住地的通知〉的通知》等文件，把分布在城市社区的各类新经济组织、社会团体、社会中介组织和民办非企业单位的党建纳入社区党建工作范畴。

（三）完善阶段（2001 年 8 月至 2002 年 10 月）

2001 年 8 月，区委制定下发了《关于进一步加强社区党的建设的意见》，这标志着西城区社区党建工作进入了一个完善和成熟的阶段。该《意见》对社区党建工作提出了具体要求，同时明确社区党组织办公经费和党员活动经费按以下标准列入区财政年度预算：党员人数不足 50 人的，每个社区党支部每年 5000 元；党员人数在 50 人以上的社区党组织每个党员每年 100 元。按照该《意见》，全区各街道在社区党建方面取得了突破性进展，在社区党组织如何发挥领导核心作用、社区党组织设置、社区党建专职工作者队伍管理等方面进行了大量探索。2002 年 9 月 13 日，区委组织部印发了《关于对社区党建工作进行重点检查和单项工作评选的通知》，要求对全区社区党建工作进行现场重点检查；同时，制定了重点社区党组织检查评估表，为社区党建工作考评标准进行了方向性的探索。虽然这一阶段时间不长，但对西城区社区党建工作的整体发展奠定了良好的基础。

（四）深化阶段（2002 年 10 月底至 2008 年 6 月）

2002 年 10 月，区委组织部制定下发了《关于适应城市管理和社区建设新形势进一步深化社区党建工作的意见》，对深化社区党建工作的指导思想、工作目标，当前和今后一个时期的主要任务，加强对社区党建工作的领导，建立和完善社区党建工作考评体系等提出了明确要求，这标志着西城区社区党建工作进入深化阶段。2004 年 9 月，区委下发了《关于印发〈中共北京市西城区委 2004—2008 年党的建设规划〉的通知》，总的来说，这一阶段重点解决了四个问题：

1. 明确了社区党建工作的目标。一是建设一个政治坚定、团结有力，能够带领广大党员和居民群众投身社区建设，在社区各种组织和各项工作中充分发挥领导核心作用的社区党组织领导班子；二是建设一支热爱社区、服务社区、无私奉献，以社区干部和社区党员为骨干的社区工作者和志愿者队伍；三是形成社区党组织与社区自治组织职责明确、关系协调的工作运行机制，扎实推进社区建设和基层民主政治建设；四是形成一个辖区内社区党组织和各社会单位党组织资源共享、优势互补、共驻共建、共同参与的区域性党建工作新格局。

2. 建立了社区党建工作制度体系。区委组织部、区民政局 2007 年 3 月研究制定了《社区党组织职责任务》、《社区工作联席会制度》等 19 项社区工作制度，为深化社区党建、推进社区党建工作规范化提供了制度保障。

3. 加强了社区党建工作力量。2004 年 4 月，区委组织部制定了《关于在社区中开展无职务党员设岗定责工作的实施方案》，对在社区中开展无职务党员设岗定责工作作出了具体部署。2005 年 11 月，区委制定下发了《关于进一步加强和改进基层党组织建设的意见》，提出要加强街道社区党建工作力量，每个街道根据社区数量选聘 3—5 名社区党务专职工作者。结合社区党组织换届，通过招聘、下派、留用、培训等途径，选好配强社区党组织书记，同时要求强化发挥社区党员的作用。

4. 增强了社区党组织和党员服务群众的意识和能力。各街道社区党组织积极探索联系群众、了解群众利益需求、为群众服务的方式和渠道，通过开展“十必访”、“十必谈”、“十必知”、“五色爱心卡”、“五帮忙”服务等活动，实行党员包户、包楼门院责任制和与困难群众“结对互助”、“一帮一”、“一助一”及走访慰问和志愿服务，通过形式多样的活动在社区开展党员实实在在为群众办实事、办好事，增强了社区党组织的吸引力、影响力和凝聚力。

（五）整体推进阶段（2008 年 7 月起）

2008 年 6 月，西城区成立了区委社会工委，将原来区委组织部承担的社区党建和“两新”组织党建工作的具体管理职能划入区委社会工委。北京市社会建设大会召开及社会建设“1 +4”系列文件下发后，区委研究制定了《西城区关于进一步加强和改进社会领域党建工作的实施意见》，提出了今后全区包括社区党建在内的社会领域党建“133355”的总体框架。区委、区政府关于社会建设“1 +4”系列文件也对社区党员活动经费、社区党组织委员补贴、社区党建专职工作者待遇等提出了明确规定，对社区党组织委员分工进行了探索，提出了增设联系居委会、社区服务站的委员和民生委员等。同时，还研究制定了《关于推进社区规范化建设的实施方案》，进一步提出规范社区党组织、社区居委会、社区服务站等的意见，这标志着西城区社区党建工作进入了整体推进、全面提高的阶段。

二、西城区社区党建工作面临的形势和任务

当前，全区社会建设正面临着难得的发展机遇，社区党组织处在社会建设的第一线，形势充满挑战，任务非常艰巨。

（一）西城区的区位特征要求我们必须加强社区党建工作

西城区是首都功能核心区，区内有近 60 个中央国家部委和部队机关，各类中央单位 2203 个，区内还有 600 多家全国性金融机构和大企业，另外，城区内有着丰富的文化教育和社会资源。如何发挥社区党组织的作用，整合辖区内各种资源，以做好服务为切入点，以构建和谐社会首善之区为目标，调动各方积极性，推动西城区社会经济发展，是加强和推动社区党建工作必须要思考和回答的问题。

（二）市、区社会建设系列文件出台后社区党建工作面临着难得的机遇

北京市社会建设“1 +4”系列文件，对社区党组织如何发挥领导核心作用、推进和谐社区建设提出了明确要求，对社区党组织职责、社区党建任务等作出了明确规定，并提出社区服务站接受街道办事处的领导，同时也接受社区党组织的领导、接受居委会的监督，这与原来西城区实行的社区工作站接受社区居委会的领导有着较大的不同，更加强调了社区党组织在社区建设中的核心作用。西城区社会建设“1 +4”系列文件，也对社区党建工作提出了具体要求，强调了社区党建工作网络体系在全区社会领域党建整体格局中的重要地位和作用，明确了社区党建工作在推进社区自治、加强社区服务、整合社区资源、推动区域党建、促进社会和谐中的任务，明确了社区党建工作经费、社区党员活动经费、社区党建专职工作者配备和待遇。可以说，市、区社会建设大会的召开及系列文件的出台，给社区党建工作提出了新任务。

（三）社区党建工作也正面临金融危机继续蔓延、发展压力不断加大的新形势

当前，国际金融危机对我国经济的冲击仍未见底，虽然扩内需、保增长各项措施的效果逐步显现，经济下滑的势头有所缓解，但经济下行趋势还没有得到根本扭转。随着金融危机的加深，其影响向社会领域蔓延，导致民生问题更加突出、各种矛盾更加凸显。全区受金融危机影响逐步加深，全区第一季度三级收入为248.2亿元，增幅与2008年同比降低4.2个百分点。财政收入为27.1亿元，同比下降16.6%，新设外资企业同比下降74.4%，吸收合同外资同比下降53.2%。在这种情况下，社区党组织如何发挥党的政治优势和组织优势，积极应对金融危机，如何组织、动员、引导社区党员群众和社区各种组织“保增长、保民生、保稳定、促发展”，是社区党建工作当前必须要思考的问题。

（四）社区党组织换届也给社区党建工作提出了新的要求

2009年2月，全区148个社区党组织完成换届选举。换届后，社区党组织成员的年龄结构和学历结构得到了进一步改善，社区党建工作经费、社区党建工作者待遇也有了明显提高，增设了民生委员、联络委员等。广大群众对社区党组织有了更高的要求和期待，如何提高社区党组织及其成员履职水平，如何建立完善党组织工作制度，提高社区党组织工作规范化、制度化、科学化水平，充分发挥社区党组织在推动发展、服务群众、凝聚人心、促进和谐上的作用，推进社区建设，是社区党建工作的新课题。

三、全区社区党建工作取得的成效、存在的主要问题及原因分析

（一）取得的主要成效

通过多年的发展，西城区社区党建工作进入了整体推进阶段。在问卷调查中，认为全区社区党建工作成效明显和有一定成效的占98.6%。其成效在报告第一部分已有论述，这里简单概括为五个方面。

1. 社区党建工作的领导体系和工作机制基本形成。全区各社区都成立了社区基层党组织，构建了以社区党组织为领导核心，社区居委会自治、社区服务站为居民提供公共服务的社区组织体系，党建工作重心向社区共建和社区管理服务转移，逐步形成了“以街道党工委为核心，社区党组织为基础，社区党员为主体，社区群众共同参与”的社区党建工作机制。打破了社区与社区单位党组织条块分割的状况，党建工作对象向社区单位党组织和在职党员延伸，党建工作触角向“两新”组织和社区各阶层拓展，流动党员教育管理也融入到社区党建工作中，社区党建取得了实质性的进展和突破。

2. 社区党建工作的软硬件条件得到改善。一是社区工作者整体素质得到了提高。各街道采取了向社会公开招聘、下派等办法选拔社区工作者，社区工作者队伍的年龄、文化结构得到明显改善。二是加大了对社区党建的硬件设施投入，在人、财、物方面作出了政策规定，为开展社区党建工作创造了条件。

3. 社区党组织的凝聚力和战斗力明显加强。以服务居民群众为出发点和落脚点，建立各种形式的党员服务组织，全方位、多岗位开展文明创建和为群众生活服务活动，极大地调动和激发了社区党员的积极性，充分发挥了党员在社区中的先锋模范作用，增强了社区党组织的凝聚力和战斗力。

4. 整合社区资源的功能逐步得到发挥。在区委的统一部署下，各街道的社区共建工作生动活泼，富有成效，社区共建做到了有人办事，有钱办事，有制度办事。目前，全区社区党组织正在开展与区直机关工委所属党组织、企事业单位党组织及驻区部队等结对共建，形成上下联动，运作有效的共建网络。

（二）存在的主要问题及分析

随着经济社会的不断发展，社区党建工

作也面临着一些新情况和新问题。在调研中，大家反映比较集中的问题是以下几个方面。

1. 对社区党建工作思想认识层面存在的问题。

一是社区单位党组织和在职党员参与社区党建工作的思想淡薄。整体而言，大多数驻区单位党组织对开展社区党建共建是重视的，也给予了一定的配合，从调研来看，有65.2%的被调查对象认为，驻区单位党组织参与社区建设的积极性是好和较好的，但也有29.9%的被调查对象认为，驻区单位党组织参与社区建设的积极性一般，参与社区党建工作的自觉性和主动性不够。驻区单位认为社区党建工作应当由街道社区党组织承担，对他们来说是“分外事”，且本单位党建工作任务也不少。此外，社区内的绝大部分在职党员“社区党员意识”不强，没有意识到自身作为社区居民参与社区党建的义务和责任。

二是部分街道社区干部和党员对社区党组织发挥领导核心作用的认知参差不齐。在调研中，有不少人认为社区党组织只负责社区党员的教育管理，对社区居委会和社区服务站的工作主要是协助配合，不具有领导作用。也有部分社区党组织对发挥领导核心作用信心不足，认为社区党组织没有资源，发挥领导核心作用没有资源保障和制度支撑，缺乏政治责任意识，工作存在畏难情绪。

三是区、街有关部门对社区党建工作认识存在不平衡。从全区实际情况看，区、街道有关部门及领导绝大多数对社区党建是大力支持的，但也有少部分部门和领导也讲要重视社区党建，却无实际行动，有的不但不帮助和支持，反而给社区党建工作加压派任务。

2. 社区党建工作在人力、财力、物力投入不足与社区党建工作的整体推进和全面提高的要求不相适应的问题。

应该看到，当前社区党建工作的任务和职责越来越重，作用越来越凸显，相对于社区党建工作的高要求，街道、社区党建工作在人力、财力、物力投入方面仍然存在着承载能力不足的现象。在调查问卷中，21.7%的被调查对象认为财力、物力投入与社区党建工作的高要求不匹配，在座谈会和个别访谈时，则有70%以上的人认为不匹配。通过调研，大部分人认为社区党建工作存在以下问题：

一是在工作部署和推进上，没有形成自上而下统筹协调的工作机制和工作合力。在实际工作中，党委抓社区党建，政府抓社区建设和民主自治。虽然两方面都在强调紧密结合、相互配合，但实际效果并不理想，这就难免会在基层贯彻中出现矛盾、扯皮和不协调，影响社区党组织领导核心作用的有效发挥和社区党建工作的开展。

二是街道党工委组织部门和社区专职党建工作力量不足。目前，各街道工委组织部门人员编制一般在4—7人，并存在平均年龄偏大的情况，同时部分人能力素质也与担负的职责任务不相适应。在社区层面，目前每个社区仅有1—2名社区专职党建工作者。从西城区社区党建工作的总体情况看，大部分社区自管党员数都在100—300人，较多的有500多名党员，社区党建工作的人员配备与其承担的职责任务明显不适应。

三是社区党建财力和物力与其承担的职责功能不平衡。虽然近年来财政加大了对社区的投入，但是同时社区也承载了越来越多的政府职能，社区党组织对上级部门下达的任务不能拒绝，只有服从，导致了社区党建在财力、物力上更加捉襟见肘。此外，社区党建也很难得到社区单位和社区成员在财力、物力上的支持。

四是社区党建活动场地及设施的不足。由于社区自管党员数量的不断增加，社区党组织开展党员活动没有相应的场地，大都是临时借用。社区党员服务站建立后，也没有足够的场地开展活动。另外，社区党员电教设备老化，设施落后，也影响了社区党组织开展活动的吸引力。

3. 社区党建工作者能力素质与社区党建

工作的新要求不相适应的问题。

随着形势的发展和西城区社区党建工作的推进，社区党建工作的难度也越来越大，对社区党建工作者的素质要求也越来越高。但在调研中，80%以上的被调查对象认为社区党建工作者素质及水平与社区党建的新要求是不相适应的。主要表现在以下几方面。

一是社区党组织成员学历结构、年龄结构有待进一步改善。2009年3月，全区社区党组织换届结束，共选出社区党组织成员942人，平均年龄为54.2岁，大专以上学历的442人；共选出书记148人，平均年龄48.5岁，大专以上学历的116人。与往届相比，社区党组织成员学历结构、年龄结构得到了改善，但与其职责任务相比，其学历结构有点偏低，年龄结构有点偏高。

二是社区党组织成员的履职能力有待进一步提高。面对新形势下社区党组织的职能作用和群众利益的表达方式、实现方式的变化，以及居民群众需求的日益个性化、多样化，群众利益诉求方式的多元化，社区党组织成员在了解和收集社情民意、反映群众诉求等方面，服务群众、服务党员、服务社区单位的意识还不是太强，能力水平也有待进一步提高。

三是对社区党建工作者关心激励的措施欠缺。对社区党建工作者在政治上、思想上和生活上、物质上关心激励措施不足。社区党建工作任务较重，下任务、提要求多，而对社区党建工作者的教育、培养、管理、监督不够，以致出现了一些工作被动、创新不够、纪律松懈、方法简单、态度不好等问题。

4. 社区党组织发挥领导核心作用方面的问题。

一是社区党组织地位和领导手段的问题。尽管党章及中央有关文件明确规定社区党组织是社区各种组织和各项工作的领导核心，但在实际操作中，社区党组织在社区党建中与其他主体之间的利益联结度不高，一定程度上决定了社区党组织要整合社区，在领导手段上无法借助利益机制和行政机制，而某些驻社区单位对共建、共享积极性不高，对此社区党组织也是毫无办法，因此领导手段成了社区党建的一个难题。

二是社区党组织与社区居委会、社区服务站的关系仍然存在不顺畅的问题。社区党组织如何领导居委会、支持和保证居委会依法自治，社区党组织如何加强对社区服务站的领导，保证社区服务站在街道办事处的领导下、在社区居委会的监督下，完善社区公共服务，社区党组织、社区居委会、社区服务站三者之间的工作机制如何建立并理顺等，必须要进一步明确。

三是从社区党组织构成来看，社区党组织履行领导核心作用的能力不足。目前，我们结合社区党组织换届、调整和完善委员分工，增设了民生委员、联络委员等，虽然取得一定进展，但充分发挥社区党组织领导核心作用，研究讨论社区建设与管理的重大问题和事项，社区党组织委员分工仍应该认真研究。

四是社区党建工作没有具体的考评体系和考评标准。在调研中，大部分人反映，由于党建工作不是硬指标，社区党建工作不是太具体，干什么工作、干到什么程度，没有具体标准，社区党建工作的好与坏如何评价，没有可操作性的依据，影响了社区党建工作的质量。

5. 社区党员教育管理与服务的问题。

在调研中，绝大多数被调查对象认为，社区党员教育管理与服务工作存在着许多问题，主要表现为：一是随着退休党员大量转入社区以及社区“两新”组织大量涌现，社区党员数量不断增加，一些社区程度不同地存在场地难满足、活动难组织、党员难管理、作用难发挥等问题；二是社区党员的责权不对等，强调党员发挥作用多、义务多，但其学习权利、身体健康素质得不到充分重视；三是社区党员中人户分离党员、老弱病残等不能正常参加组织活动的党员占社区党员总数的40%以上，比例太高，致使社区党组织开展活动参与率不高，影响到党组织的战斗力和吸引力；四是发展党员工作开展不够，有的社区多年不发展新党员。

四、进一步推动社区党建工作的对策研究

（一）加大沟通协调和宣传力度，完善社会区党建格局

1. 切实加强对社区党建工作的宏观指导。区委要定期研究部署社区党建的重大工作，建立完善区委常委社区党建工作联系点制度。区委有关部门要结合各自的职责，经常深入社区调查研究，对出现的新情况、新问题要及时提出指导性意见。切实发挥区委社会工委的统筹协调功能和街道党工委的作用，不断加强对社区党建工作的指导。成立西城区社会领域党建协调委员会，研究协商西城区开展地区性、社会性、群众性、公益性活动；协调整合辖区各项资源，实现社区单位优势互补，资源共享，推进共驻共建、和谐发展。

2. 提高街道社区党建协调委员会活动质量。应逐步扩大街道党建协调委员会成员，逐步做到所有的单位党组织都进入社区党建协调分会。在坚持党建协调委员会工作例会的基础上，逐步实行协调委员会成员单位联系员制度，定期沟通协调。创新活动形式，丰富活动内容，注重落实活动制度，最大限度地调动辖区单位党组织参与社区党建工作的积极性。

3. 研究社区党建工作考评指标体系建设。组织街道社区党建工作者、驻区单位党组织、“两新”组织党组织、在职党员及流动党员代表，以及有关专家学者等，就新形势下社区党建工作的重要性，社区党建的内涵，社区党建与社区建设的关系，做好社区党建工作，推进社区党建工作规范化、制度化、科学化等进行研讨，形成社区党建工作考评指标体系，提出量化标准，对全区社区党建工作进行加强督促检查，严格考核。

4. 加大社区党建工作宣传力度。总结西城区社区党建工作取得的成效，表彰和宣传优秀社区党建工作者、社区党员及支持社区党建工作的驻区单位党组织、在职党员代表、流动党员代表、“两新”组织党组织及党员代表在推进区域党建大格局工作中的成功经验和先进事例，提高广大居民群众、驻区单位党组织及广大党员对社区党建的认识和参与社区党建的积极性和主动性。

（二）发挥社区党建工作的政治功能，即领导统筹作用

社区党组织是社区各类组织的领导核心。社区党组织政治功能决定了社区党建创新工作的重点是推进和领导社区体制改革，通过建立新型的社区管理体制，实现党的自身建设与社区自治体制的融合衔接，维护好、发展好社区居民的共同利益。

1. 明确社区党组织成员构成及分工，使社区党组织的领导核心作用得到切实归位。

社区党组织成员要包括社区内各种组织中关心、支持、热爱社区事业的党员优秀代表，调整完善委员分工，研究其职责，明确其任务，为切实发挥其作用提供制度保障。提倡社区党组织书记与社区居委会主任交叉任职，提倡社区党组织与社区居委会、社区服务站适当交叉任职。

2. 适应新的社区管理体制，探索建立发挥社区党组织领导核心作用的工作机制。

发挥社区党组织的领导核心作用，处理并规范社区党组织、社区居委会、社区服务站的关系，研究制定规范三者工作机制的指导性意见，制定社区居委会和社区服务站定期向社区党组织报告工作的意见，研究社区党组织组织社区成员代表定期对社区居委会和社区服务站的工作进行评议和考核的办法，理顺三者之间的关系，形成推进社区建设的共同合力。

一是建立党组织领导下的社区重大事项决策机制。第一，要规定决策内容，哪些问题、哪些事项应该有党组织来决策。第二，明确社区党组织是决策的领导者和组织者，社区居委会和社区服务站是决策过程和执行决策的主体力量。第三，规范决策程序，对有关社区建设和社区管理的重大问题和重要

事项，如何决策、按照什么程序来决策，制定明确的操作办法。

二是社区党组织要积极推进和领导社区自治组织建设。调研中，大部分人都认为，社区党组织要在完善社区成员代表大会制度方面发挥领导作用，社区成员代表大会主要负责人应该由社区党组织负责人担任；社区党组织要支持和保证社区居委会依照《居委会组织法》行使职权，社区党组织成员要利用在社区居委会兼职的身份，积极参加和认真履行社区居委会委员议事的职责，特别是社区党组织书记要利用兼任居委会主任的身份，主持开好居委会会议，通过贯彻党组织的决策意图，引导居委会成员围绕议题充分发表意见，提高议事质量；社区党组织要善于发挥统筹协调作用，建立社区居委会与业主委员会、物业公司之间的协调关系，通过党建协调会、社区事务联席会等形式，组织协调居民委员会、业主委员会和物业管理公司等组织的相互关系，明确各自的定位，支持和保证社区居委会和业主委员会、物业公司充分行使职权，共同促进社区建设。

三是社区党组织要积极推进和领导社区社会组织建设。社区党组织要协调好社区居委会与社区社会组织的关系，根据社区民间组织的性质、规模、功能、业务领域的不同，加强分类指导与管理，并进行优化整合，逐步建立起分类科学、规模适度、布局合理和运作规范的社区民间组织结构。同时，加强社区民间组织骨干力量和社区民间组织先进典型的培育，引导社区民间组织可持续发展。

四是领导和支持社区服务站正常开展工作。调研中，大多数被调查对象反映，社区服务站在目前条件下，可以在街道办事处的领导和政府职能部门的业务指导下工作，同时接受社区党组织的领导和社区居委会的监督，在条件成熟时，可以将社区服务站移交由社区党组织和社区居委会直接领导，更好地促进社区自治。社区党组织在推进和领导社区服务体系建设的过程中，要引导社区各类服务组织建立社区居民服务需求调查机制，了解广大居民群众的需求，为广大居民群众提供满意便利服务。

（三）把为民服务作为社区党建工作的根本出发点和落脚点

1. 建立社情民意反馈和群众利益表达机制。社区党组织要充分发挥自己的组织优势和密切联系群众的优势，建立社区事务听证会制度，社区成员代表建议提案制度，党务、居务工作公开制度，社区事务通报制度，通过设立党员社情民意反馈岗、发放问卷调查和征求意见卡、走访座谈等多种形式，广泛听取和收集社区各方面群众的意见，把群众普遍关注的热点、难点问题列入议题，研究提出解决的措施办法。

2. 采取运行有效的方式开展服务。一要建立完善区、街、社区三级党员服务机构，做好服务党组织和党员工作，以此带动和促进党组织和党员为社区建设和社区居民、社区单位服务。进一步深化无职务党员设岗定责活动，研究制定发挥社区在职党员作用的意见。二要整合社区各种资源，通过党建协调委员会分会、社区建设委员会、社区志愿者、结对子等形式，开展社区服务。三要做到按需服务，根据社区情况、驻区单位和居民群众各种需求细化服务项目。四要应把社区居民满意度作为检验社区党建工作成效的根本标准，社区党建工作应围绕为民办实事来展开。

（四）切实加强社区党组织自身建设

社区党组织要在社区发挥领导核心作用，成为社区的坚强战斗堡垒，关键是要加强自身建设。当前，西城区社区党组织刚刚换届结束，尤其要抓好社区党组织的组织建设、制度建设和队伍建设。

1. 切实加强社区党组织的组织建设。重点解决四个问题：一是社区党组织下设党支部及党小组存在党员人数太多的问题，合理调整党支部和党小组；二是尽量推广社区党建工作者的兼职化，社区党组织成员与社区居委会、社区服务站成员要适当交叉任职，特别要提倡社区党组织书记与居委会主任“一肩挑”；三是对党员属地化管理应具体制定操作办法；四是加大社区发展党员工作力度。

2. 切实加强社区党组织的制度建设。重点抓好三个方面：一是梳理完善已有的制度。对社区工作19项制度，按照新形势、新任务及新的文件精神，进行修订完善。二是健全社区党建制度，对需要制度化的社区党建领域要制定相应的制度，如新形势下社区党组织实行集体领导制度、加强对社区党建工作者的教育监督、管理社区各类党员、发挥在职党员作用等都应尽快制定制度。三是为已制定、将制定的社区党建制度设计支撑体系。目前，有的制度虽已成文，但无约束，无法落实，这主要是因为制度未获得执行主体和监察主体。因此，社区党建在设计制度时，要注意研究现实可行性。

3. 切实加强社区党组织队伍建设。一是必须选好社区党组织书记。通过面向社会公开选拔、上级选派、培养等多种途径，加大社区党组织书记队伍建设。同时从生活上、从政治上关心他们，改善他们的办公条件和待遇。二是必须坚决纠正社区党建工作中存在的机关化作风，通过加强宗旨意识教育和建立健全群众监督评议机制加以克服。三是加强对社区党建专职工作者特别是书记、副书记的培训，加强党组织书记后备人才库建设。建立社区党组织负责人定期培训制度，每年对社区党组织书记集中进行3—5天的培训。

4. 切实加强社区党员的教育和管理。探索建立西城区社区党员分类管理办法。针对社区党员的结构特点，采取分类教育管理的办法，按不同年龄、身体状况和专业特长进行分类教育，分开管理。充分发挥区、街、社区三级党员服务机构，做好社区党员、“两新”组织党员及辖区单位党员的教育管理和服务工作。

（此文作者为西城区委社会工委书记、区社会办主任）

崇文区社会工作人才队伍建设研究报告

赵小平　徐　然　李　军

社会工作是一个以维护社会公平正义，促进社会和谐进步为核心价值的专业化、职业化的工作，它对于解决社会问题，化解社会矛盾，调整社会关系，促进社会发展，发挥着不可替代的作用。当前，社会工作已经成为社会建设的重要组成部分，建设一支强有力的社会工作人才队伍是推动崇文区社会建设科学发展的重要人才保证。党的十六届六中全会通过的《中共中央关于构建社会主义和谐社会若干重大问题的决定》明确提出“建设宏大的社会工作人才队伍”。党的十七大报告提出建设小康社会新要求的重要内容之一，就是要“加快推进以改善民生为重点的社会建设；更好地保障人民权益和社会公平正义”。这些都表明中央对社会工作人才的高度重视，以及对社会工作人才在构建社会主义和谐社会中重要作用的期待。认真贯彻落实中央精神，努力造就一支规模宏大、结构合理、素质优良的社会工作人才队伍，是构建“和谐崇文”的内在要求；是转变政府职能、创新社会管理体制和政府公共服务模式的重要保障；是加强人才工作，全面开发人力资源的迫切需要。

本报告是崇文区委社会工委、区社会办在开展全区社会工作人才队伍建设调查的基础上，将了解到的全区社会工作人才队伍建设现状、存在的问题与需求，加以汇总、分析、研究，为科学规划当前和今后一段时期全区社会工作人才队伍建设的战略目标、重点任务和政策措施，促进社会工作人才队伍建设的职业化、专业化、合理化发展提供参考。

一、社会工作及其队伍的基本内涵

（一）普通社会工作、行政社会工作与专业社会工作的比较

1. 普通社会工作。在我国，社会工作是一个较为普通的概念，《现代汉语词典》对它的解释是“本职工作之外没有报酬的为群众服务的工作”。这一定义与“社会活动”相类似，即“本职工作以外的集体活动，如党团活动、工会活动等”，与目前说的义工工作或志愿服务基本相同。其承担者大多是离退休人员、在职人员，他们往往不具有专业技能。普通社会工作的明显特点是兼职、自愿和无偿。所谓兼职就是非职业的，所谓自愿就是非强迫的，所谓无偿就是非报酬的。普通社会工作不属于现代意义上的社会工作。

2. 行政社会工作。目前全区所开展的社会工作，主要是行政社会工作。行政社会工作是指，为了维护社会稳定，更好地为民服务，按部门职能开展的助人解困和社会救助活动（如民政部门的社会救助、社会福利）等社会管理及服务。其承担者大多是党政机关、人民团体中的公职人员。由于行政社会工作通常是使用行政工作方法为主开展社会工作，手段单一、方法传统，与工作对象之间通常是管理与被管理的关系，因而也不是一种完全意义上的专门助人的职业。

3. 专业社会工作。专业社会工作是由专业社会工作者帮助个人、社区、群体和组织预防与解决社会问题、协调社会关系，所开展的社会管理与服务、整合社会资源、提出政策建议的职业活动。专业社会工作者通常具有独特的专业伦理、系统的专业技术（包括专业理论知识和方法。社会工作的专业理论包括社会系统理论、社会行为理论、社会福利理论、社会保障理论、精神分析理论、增强权能理论、任务中心模式理论、社会政策分析理论等。社会工作方法包括个案工作、小组工作、社区工作、社会工作行政以及社会政策分析），他们通过开展社会工作，以达到明确的专业功能（如发掘个人潜能、润滑家庭关系、增进社区团结、促进社会和谐等）。专业社会工作作为真正意义上的社会工作，理念新颖、方法科学、服务专业，是经济社会发展到一定阶段的产物，是解决社会问题、化解社会矛盾的一项制度创新。使社会工作向专业化方向发展，真正发挥这支专业队伍的作用，将其塑造成社会建设和社会管理领域的“社会工程师”，使其成为传递党和政府爱民、亲民、为民之情的“爱心使者”，是崇文区社会工作人才队伍建设的重要任务。

（二）关于社会工作人才队伍的有关概念

1. 社会工作（从业）人员，是指职业从事社会工作的人。凡是从事社会工作并从中获得劳动报酬的人都可称之为社会工作人员，对社会工作人员通常没有学历资历、职业资格和能力水平上的区分和要求。

2. 社会工作师（者），是指经过社会工作专业教育或培训，取得社会工作职业资格，在特定机构登记注册的社会工作人员。其工作性质通常是以利他主义为指导，以专业知识为基础，运用科学方法进行的助人服务活动。

3. 社会工作人才，是指具有良好的思想道德素质和一定的社会工作专业知识或技能，创造性地进行社会服务与管理、社会工作教育和研究等工作，能够为构建社会主义和谐社会作出积极贡献的专门人才。

二、加强社会工作人才队伍建设的重要性和紧迫性

社会工作作为一种制度安排，是现代社会应对纷繁复杂的社会问题而形成的职业活动，是人类文明进步的重要成果和标志，是现代社会制度体系不可或缺的组成部分，具有独特的社会功能。加强社会工作人才队伍建设对推进全区社会建设、构建和谐社会首善之区具有重大而深远的意义。

（一）是维护公平正义，构建和谐社会首善之区的迫切需要

构建和谐社会首善之区要求政府必须更好地满足人民群众日益增长的物质文化生活需求，更加关注个人、家庭、社区和社会的发展，更加注重保障和改善民生，维护社会公平正义，营造和谐的社会氛围，激发全社会的创造活力。这就需要大量社会工作者发挥作用，通过他们的专业工作促进公共资源得到更加公平合理的分配，使相关政策法规更能体现弱势群体的利益，切实把政府以人为本的理念转化为实际行动，把各项社会福利、社会救助、慈善事业和其他社会保障政策落到实处，提高人民群众的满意度和幸福感。

（二）是化解社会矛盾，保持社会安定有序的内在要求

当前，我国已进入改革发展的关键时期，经济体制深刻变革，社会结构深刻变动，利益格局深刻调整，思想观念深刻变化，各种利益矛盾、冲突和摩擦增多，就业困难、贫富悬殊、青少年犯罪、群体性事件以及诚信缺失、道德失范、心理失衡等社会问题逐步凸显，严重威胁社会稳定。广大社会工作者工作在社会一线，最贴近基层，贴近群众，能够深刻体察社会心态和各种矛盾，通过及时提供法律援助、心理疏导、人文关怀等专业服务，有助于把各种社会问题化解在基层，解决在萌芽阶段，成为解决社会问题、舒缓社会矛盾、增进社会团结、维护社会稳定的重要力量。

（三）是转变政府职能，完善社会管理体制的有效途径

随着政府社会管理和公共服务的任务越来越重，迫切需要进一步转变管理方式，走政府主导与社会参与相结合的道路。在社会管理和公共服务部门、社会组织和社区等领域引入专业社会工作者，有利于凝聚社会力量，整合社会资源，创新服务方式，降低管理成本，提高管理效率；有利于强化政府的公共服务职能，加快形成政府与社会互联互动的社会管理网络；有利于发挥社会工作者系统化、多样化、个性化解决群体问题和个体问题的专业能力，提供政府不便和市场不愿或不能提供的公共服务；有利于推进社区建设，强化社区的引导、组织、服务功能。

（四）是创新群众工作，提高党的执政能力的重大举措

改革开放日益深入和经济社会不断发展要求我们不断探索党的群众工作的新途径和新方法，不断提高群众工作水平。加强社会工作人才队伍建设，在群众工作中引入社会工作的专业理念和方法，吸纳专业社会工作人才进入基层干部队伍，充分发挥其专业从事困难救助、矛盾调处、权益维护、心理疏导、行为矫治等方面的独特优势，有利于更新群众工作观念，创新群众工作机制，改进群众工作方法，更好地宣传、教育、发动、组织、指导群众参与社会建设和社会管理，为群众提供更加丰富和优质的服务，以此赢得群众的信任和支持，巩固党的执政地位。

（五）是推进人才强区，服务经济社会发展全局的重要保障

社会工作人才是专业技术人才的重要组成部分，加强社会工作人才队伍建设是实施全区人才发展战略的重要内容。不仅如此，由于社会工作是构建和谐社会、提高社会文明程度不可或缺的基础性工作，涉及社会、经济、政治、文化、心理等广泛领域，包括社会保障、社会福利、社会救助、社区建设等方方面面，加强社会工作人才队伍建设，将会对全区整个人才队伍建设起到重要的示范和带动作用，有利于促进全区人才战略的贯彻落实，壮大全区人才队伍，为全区经济社会平稳较快发展提供坚强的人才保证和广泛的智力支持。

三、全区社会工作人才队伍建设基本情况

改革开放以来，尤其是近些年来，崇文区社会建设步伐不断加快，社会工作者的就业渠道和职业发展空间得到拓展，各类从事社会工作的机构和人员规模逐步壮大，专业社会工作人才的开发水平不断提升，为社会

工作发展及其人才队伍建设奠定了基础。

（一）从业人员力量粗具规模

截至2008年4月底，全区与社会工作相关的从业人员总计2671人①，广泛分布于社会建设、社会慈善、福利救助、优抚安置、就业服务、教育辅导、医疗卫生、职工权益维护、青少年服务、残障服务等社会管理和社会服务领域，基本涵盖社会生产、群众生活的各个方面（参见表1）。北京奥运会、残奥会期间，全区数万名志愿者，以真诚的微笑和优质的服务为赛事举办和城市运行作出了独特的贡献，奥运会结束后，规模庞大的志愿者队伍将作为奥运会的重要遗产长期保留。

表1 崇文区社会工作相关从业人员数量分布

所属组织或机构	人员数量（人）
社会建设系统	12
民政系统	113
老龄系统	3
劳动和社会保障系统	95
计生系统	16
流管办系统	182
信访系统	17
司法系统	20
教育系统	50
卫生系统	1165
工会系统	60
共青团系统	12
妇联系统	12
残联系统	121
红十字会系统	8
社区建设系统	785
合计	2671

（二）试点工作成效明显

崇文区与东城、西城等6个区县和市第一社会福利院、市第五社会福利院、市儿童福利院等8个单位被民政部列为社会工作人才队伍建设试点地区和单位。以此为依托，崇文区在全市充分发挥了社会工作人才队伍建设的示范带动效应。专业化的社会工作在妇女儿童权益保障、司法矫正、心理康复、困难帮扶、学校、医院等领域和机构逐步引入并成功实践，在部分领域初步形成了一支具有社会工作理念和方法、按照职业化和专业化方向发展的社会工作人才队伍。

（三）服务机构不断壮大

目前全区在区民政部门登记注册的社会组织共有167家，其中社会团体80家、民办非企业单位87家；社区居委会84个。全区大部分街道扶持培育了各类社会服务组织，其中东花市街道创立的社区公共服务协会获得民政部颁发的“全国社区建设自主创新奖”。慈善协会等一批政府主导型社会工作机构蓬勃发展，一些自主型社会服务组织也不断涌现。同时，政府购买服务改革趋势下成立的契约型社会工作服务组织开始兴起。这些机构和组织为社会工作人才提供了广阔的就业渠道和施展才能的空间。

（四）制度建设开始起步

立足于社会工作职业化、专业化发展，认真研究社工岗位培训、资格评定、待遇保障和从业规范管理等职业化制度设计。结合社区管理体制改革，出台了《崇文区关于加强社区工作者管理的实施意见（试行）》，规范了社区工作者的管理、考核和待遇，并于2000年、2003年、2006年和2008年先后四次组织社区工作者职业资格考试，积极推动社区工作者向社会工作者转型。组织参加了北京地区第一次社会工作师、助理社会工作师职业水平考试，全区取得社会工作者职业水平证书的有52人。

（五）管理体制取得突破

加快政府职能转变，增强社会工作人才队伍建设的整体合力。成立了独立的社会工作部

① 受“社会工作人才”统计标准和统计范围尚不够明确的影响，本报告统计的人员总量只能算是“与社会工作相关的从业人员”，实际从事社会工作的人员数量应该少于统计数字。但是，这一数字至少反映出了崇文区社会工作发展的良好基础和人才队伍建设的巨大人才资源优势，是开展研究和加强队伍建设的重要依据。

门，作为协调和推进社会工作的行政管理主体，赋予其对社会工作人才队伍建设的统筹规划和指导监督职能。与此同时，将社会工作人才队伍建设工作纳入区人才工作领导小组的统一领导，新增社会工作部门为成员单位，进一步加大了对社会工作人才队伍建设的协调推进力度，初步形成了党委统一领导、组织部门牵头抓总、社会工作部门具体负责、其他职能部门和社会团体密切配合的工作格局。

四、全区社会工作人才队伍建设现存主要问题分析

社会工作人才队伍建设取得的成绩，为未来全区社会工作发展及其人才队伍建设奠定了比较坚实的基础。与此同时，也应当看到，近年来崇文区社会工作人才队伍建设虽然取得了一定成绩，但与发达国家和地区相比，总体上仍处于起步阶段，基础比较薄弱，加强社会工作人才队伍建设还存在着诸多的问题和挑战。

（一）人才总量不足

按照境外发达地区的标准，专业社工占总人口的比例一般在2‰—4‰。① 就全区而言，虽然目前社会工作人员达到了2671人，占常住总人口（截至2008年年底全区常住人口为29.7万）的8.99‰，但受社会工作发展时间短、职业化水平低的影响，真正具有社会工作专业背景或能以专业社会工作者身份出现的人才极少。由于我国直到2006年7月才正式建立社会工作者职业水平评价制度，2008年6月刚刚组织了第一次职业水平考试，目前全区取得社会工作者职业水平证书的人员占总人口的比例尚不到0.18‰。社会工作人才总量不足与社会工作任务日益繁重存在着明显的矛盾。

（二）结构不尽合理

全区现有社会工作人员的学历层次整体不高，高中及以下学历人员占到总人数的将近一半（参见表2），本科及以上学历人员仅占25.31%。同时，人员分布不均，社会工作人员主要聚集在医疗卫生、社区事务、流动人口管理、社会福利等传统领域，在教育辅导、权益维护等新兴领域则分布较少。大部分社会工作人员特别是一线工作人员年龄偏大，46岁及以上人员占到了52.27%（参见表3）。救济型的社会工作人员多，预防和发展型的社会工作人员少。从社会工作发展需求看，全区社会工作人才队伍的学历、年龄、层次、功能等结构都有待进一步优化。

表2　崇文区社会工作相关从业人员学历结构

项目	高中及以下学历	大专学历	本科及以上学历
人数（人）	1 204	791	676
比例（%）	45.08	29.61	25.31

表3　崇文区社会工作相关从业人员年龄结构

项目	46岁及以上	36—45岁	35岁及以下
人数（人）	1 396	654	621
比例（%）	52.27	24.49	23.25

（三）专业化程度低

多数社会工作人员没有接受过系统的社会工作专业教育（参见表4）②，虽然有长期工作实践，但经验型居多，缺乏社会工作的专业理念、知识和技能，工作手段和方法相对落后。特别是能综合运用各类专业方法的“复合型”社工、在一线解决复杂问题的“临床型”社工严重不足，难以有效针对当前复杂多样的社会问题，提供个性化、多样化、系统化的专业服务，很大程度上限制了

① 2005年，美国专业社工总量已达到65万人，约占总人口的2‰；日本专业社工占总人口的比例高达5‰；加拿大专业社工占总人口的比例为2.2‰。2007年，香港700万人口中，仅注册社工就有13 018人，占总人口的1.86‰。

② 由于调查对象对“社会工作”这一概念的理解不同，本报告统计的社会工作相关从业人员专业结构存在一定误差，实际接受过社会工作专业教育的人员数量应该远少于统计数字，因此，没有接受过社会工作专业教育的人员比例要比统计数字高得多。

社会工作效能作用的发挥。与此同时，社会工作教育和培训机制不健全，培训体系层次不高、功能不足，不能很好地适应社会工作人才实用性、应用性强的需求特点。

表4 崇文区社会工作相关从业人员专业结构

项目	社会工作专业	社会工作相关专业	其他专业
人数（人）	807	141	1 723
比例（%）	30.21	5.28	64.51

（四）行政色彩浓厚

由于当前的社会工作多属于行政社会工作，与党的工作、群众工作、思想政治工作等还没有科学分离，社会工作人员基本分布在体制内的“条、块”当中，多数是以行政干部或准行政干部的身份出现，与服务对象之间经常是管理与被管理关系，而不是一种专门助人的职业，行政化色彩较浓。从运行机制上看，虽然随着社会管理体制改革的推进，政府包办社会事务的状况有所减少，但从总体上来看，目前社会服务类事业单位的改革还不到位，扶持发展社会组织的政策还不完善，民办社会服务组织还不够发达，能够吸纳专业社会工作者的岗位比较有限，致使社会工作人才缺乏事业发展的平台。

（五）制度规范欠缺

其一，评价机制尚未形成。由于以实绩论人才的氛围和评价机制尚未形成，社会工作处于无法评估、无从评估的“两难”境地。其二，没有形成职业化的岗位体系。社会工作岗位开发与设置还没有制定，专业社会工作岗位性质、定位不明确。社会工作人员的从业规范、职业资格证书、职业水平认证、注册管理、实务督导、教育培训、服务评估、项目设计、职业级别、薪酬标准等一系列配套制度不健全，社会工作人才缺少足够的职业发展空间，难以吸引和留住社会工作的专业人才，更难以有效地提高社会工作的服务水平。

（六）社会认知度低

由于现阶段社会工作的需求没有得到有效的开发，加上社会工作者自身作用发挥不够明显以及相关的社会宣传不够，人们对社会工作的基本理念、基础知识、主要方法还不太熟悉，对社会工作认识不到位、把握不准确、重视程度不够。目前，全区社会工作人才的职业声望、社会地位以及收入水平都处在一个较低的层次。这种情况一方面使为数不多的社会工作专业人才因职业前景渺茫而纷纷流向其他领域和岗位；另一方面也使实际从事社会工作的人员得不到正式的职业门类承认，降低了其职业威望和岗位吸引力。

五、推进全区社会工作人才队伍建设的目标任务

（一）发展趋势

今后5年到10年，是加快推进全区社会建设的关键时期，政府的社会管理与公共服务职能将会更加凸现，政府调控机制和社会协调机制互联、政府行政功能和社会自治功能互补、政府管理力量和社会调节力量互动的社会运行网络将逐步完善，社会工作发展正面临一个难得的“黄金机遇期”。总体来看，崇文区社会工作将呈现以下几个特点。

1. 普及化。随着全区经济社会的发展，社会工作的潜在需求迅速显性化。社会服务需求日趋多元化、多层次，社会工作将逐步从传统的救助、福利领域向权益保障、社区、家庭和个人生活服务等领域延伸，社会工作理论研究和实践探索越来越深入，广大群众对社会工作的认识水平和重视程度也将越来越高，这些将为社会工作加速发展提供更加扎实的基础保障、充足的内在动力和良好的外部环境。

2. 职业化。新的社会服务需求推动社会工作从其他工作中分化出来，日益成长为一种新兴的专门职业，包括建立自身的入职条件、面对专门的服务对象、采用专门的方法和技术、形成共同的服务标准等。随着国家

及北京市相关政策的出台，全区的社会工作将在职业界定、职业资格、职称体系、职业认证、职业伦理和监管等职业化的基本要素方面持续提升，并落实各项职业保障措施，从而为社会工作人才施展才华、发挥作用创造足够的职业发展空间。

3. 专业化。受过正规专业训练的社会工作者不断进入社会工作职业领域，使从事社会工作的职业群体走向专业化。首先是对实际从事社区工作、社会服务工作的人员，提出准专业化的发展要求，确定岗位资格，实行在岗培训，促使其走向专业化；其次，逐渐由专业人士替代非专业人士充实专业社会工作岗位，从重点部门入手对原来的行政性社会工作进行专业转化，逐步实现社会工作专业化。

4. 社会化。各类非营利性组织作为从事社会工作的主体，将逐渐成为提供社会工作岗位的重要载体和人才使用的主要舞台。政府职能加快转变，推动社会工作人才使用方式、培养机构、效能评估和服务保障等的社会化水平不断提升。社会工作人才开发将由政府主导向政府宏观指导、市场发挥基础性作用转变，逐步形成政府调控、行业指导、用人单位自主、个人自由选择有机衔接的社会工作人才队伍开发机制。

5. 规范化。随着全区社会工作发展及其人才队伍建设日益深化，社会工作将逐步改变在起始阶段的制度缺失状态，从无序走向规范，按照职业化、专业化的要求，借鉴国内外先进的理念和方法，立足崇文实际，继承和发扬其他领域人才队伍建设的成功经验，逐步建立起以培养、评价、使用、激励为主要内容的政策框架和制度体系，为社会工作人才队伍开发的规范性和稳定性提供可靠保障。

（二）总体目标

以科学发展观为统领，立足现实、着眼长远，整体规划、分步实施，大力推进全区社会工作的职业化和专业化进程，完善社会工作管理体制，建立科学合理的社会工作人才队伍培养、评价、使用和激励机制，健全社会工作政策措施和制度保障，营造有利于社会工作人才队伍建设的社会氛围，用5年到10年时间，逐步建立起合理的初、中、高级专业社会工作人才梯次，推动社会工作人才全面覆盖社会工作各个领域，使崇文区成为适宜社会工作人才成长、创业、工作、生活的地区，成为社会工作人才集聚度、人才素质和人才效益较高的地区（参见表5）。

表5 崇文区社会工作人才队伍建设主要目标（2009—2020年）

指　标	规划目标	属性
社会工作人才总量（人）	1 200	预期性①
社会工作人才占全区人口总量比例（‰）	4	预期性
全区参加经常性志愿服务人数总量（万人）	7.5	预期性
公众志愿服务参与率（%）	20	预期性
注册社会志愿者总量（万人）	3	预期性
社会工作人才队伍初、中、高级结构比例	100∶15∶2	预期性
登记注册专业社会工作者人数（人）	600	预期性
社会工作人员拥有大专学历人员比重（%）	90以上	预期性
专业社会工作者接受继续教育率（%）	90以上	约束性②

注：①预期性指标是在现有基础上经过规划期的努力，预计可达到的目标。

②约束性指标是指应当达到的目标

1. 数量目标。社会工作人才队伍规模得到壮大，专业社会工作者数量大幅度增加，社会工作人才总量提高到1 200人，约占全区总人口的4‰，达到国际通行的配比标准（参见表6）。全区参加经常性志愿服务的人数超过 7.5 万，公众志愿服务参与率达到 20% 以上，注册社会志愿者总数不少于 3 万人。

表 6　2020 年崇文区社会工作人才需求总量（单位：人）

配置密度	按 30 万人口计算	按 32.5 万人口计算	按 35 万人口计算
占总人口（2‰）	600	650	700
占总人口（3‰）	900	975	1 050
占总人口（4‰）	1 200	1 300	1 400

2. 结构目标。社会工作人才队伍的领域结构、层次结构、专业结构、年龄结构等逐步优化，全区社会工作人才队伍的初级、中级、高级人才的比例保持在 100∶15∶2 左右，[①] 形成以初级人才为主体、中级人才为骨干、高级人才为引领的适宜结构（参见表 7）。社会工作人才实现对社会工作各领域的全覆盖。

表 7　2020 年崇文区社会工作人才需求结构（单位：人）

人才级别	应占人才总量比例（%）	人数
初级人才	85.5	1030
中级人才	12.8	150
高级人才	1.7	20

3. 素质目标。社会工作人才队伍的整体素质和实践能力显著增强，以社会工作师、助理社会工作师名义登记注册的专业社会工作者不少于 600 人，比例超过社会工作人才总量的 50% 。社会工作人员中拥有大专以上学历的比重超过 90% 。专业社会工作者继续教育参加率达到 90% 以上，社会工作人员在职在岗培训率实现 100% 。

4. 环境目标。社会工作人才培养体系完善，社会工作人才管理体制、工作机制健全，社会组织对社会工作人才的集聚功能凸显，社会工作行业管理“枢纽型”组织作用发挥充分，社会工作人才管理和服务的政策、法律、制度框架体系完备，社会工作人才的专业权威基本树立，职业的社会认可度显著提高。

（三）主要任务

当前及今后一个时期，全区社会工作人才队伍建设的主要任务是：

第一，近期（目前至2010 年）任务。认真开展调研，摸清全区社会工作人才队伍现状和问题，研究社会工作人才发展趋势和成长规律；理顺管理体制，充分发挥“党委统一领导、组织部门牵头抓总、社会工作部门具体负责、其他职能部门和社会团体密切配合”的机制效能，形成工作合力；加紧建章立制，初步建立包括培养、评价、使用、激励等内容的配套制度体系；加强教育培训，组织区域内社会工作者参加职业水平考试，完善注册登记制度，做好社会工作者的注册管理服务。

第二，中期（2011—2015 年）任务。进一步完善社会工作人才队伍建设制度体系；在试点的基础上，大力开发社会工作岗位，不断扩大社会工作岗位设置的领域、范围和规模；着力完善管理体制和运行机制，扶持和培育各类社会服务组织，加快推动政府职能转变，探索社会工作者和社会志愿者联动互促机制，为社会工作人才发挥作用、施展才能提供舞台和空间；加大力度抓好社会工作人才的专业培养，推进现有社会工作人员的全员培训；积极开展社会工作综合研究，与高校和研究机构合作，建立一批示范性培训基地，使理论工作者参与社会工作实践。

第三，长期（2016—2020 年）任务。建立专业培训和知识普及有机结合的社会工作人才培养体系；健全以社会工作岗位开发设

① 市人事局研究认为，首都社会工作初级、中级、高级人才结构以100∶15∶2 左右为宜，市民政局研究认为结构比例应为100∶20∶5。中国社科院研究认为，整个社会工作人才队伍初级、中级、高级的比例大致应是100∶10∶1。

置为重点、社会工作人才资源合理流动和有效配置为目标的社会工作人才使用体系；完善以社会工作职业水平评价、专业技术职务评定、注册管理等制度为主要内容的社会工作人才评价体系；形成以薪酬待遇、社会保险、奖励表彰为主要内容的社会工作人才激励保障体系；推动全区社会工作人才队伍的能力素质、配置结构、效能指标、政策体系、成长环境和工作机制等不断优化提高。

六、加强全区社会工作人才队伍建设的对策及建议

（一）加大培训力度，提升人才素质

第一，利用专业教育资源。充分借助首都高等院校的力量，发挥其在社会工作人才培养中的重要作用，建立健全社会工作人才的高等教育培养体系。积极鼓励社会工作人员参加社会工作专业学历教育，提高自身专业素质。与有关高校合作共建，加强社会工作专业实践教学，在有关社会管理和公共服务领域认定一批社会工作实习基地，定期引进社会工作专业在校学生到崇文区开展专业实习，在提高学生实务操作能力的同时提高全区社会工作整体水平。做好高校毕业生就业服务工作，大力引进一批社会工作专业毕业生到区社会工作一线就业，充实社会工作人才队伍力量。

第二，全面开展在岗培训。有计划、分层次地对现有社会工作人员进行大规模的专业培训，使其尽快掌握社会工作知识和技能，提升专业化水平，提高服务能力。制定岗位轮训制度，利用 3 年到 5 年的时间，对在职人员普遍轮训一遍。开展专项继续教育活动，专业社会工作者每年参加各种形式的继续教育时间累计不少于 72 学时。鼓励尚未取得职业资格的实际在岗人员参加社会工作职业水平考试，加快向专业社会工作者的转化。注重并加强对党政机关从事社会管理与服务的公务人员开展有针对性的岗位培训。加强社会工作培训基地建设，依托部分高校和社会工作服务机构，建立一批示范性培训基地。

第三，加强骨干人才培养。通过“走出去”与“请进来”相结合的方式，开展与高校、社会工作机构合作，培养社会工作领域骨干人才。有计划地选送一部分优秀中青年社会工作人才赴社会工作先进地区进行中短期专业培训学习，定期组织一批标志性的社会工作领军人才赴社会工作先进国家或地区培训、考察、研修和实践交流，组织邀请境内外有一定影响的专家学者和具有丰富实践经验的专业人士前来讲学，形成定期交流机制。鼓励不同类型的专业技术人员从事社会工作，接受社会工作专业教育培训，培养既掌握相关领域专业知识，又了解社会工作专业技能方法的高层次复合型社会工作人才。

（二）建立评价体系，规范职业发展

第一，抓好职业水平评价。社会工作者职业水平评价分为助理社会工作师、社会工作师和高级社会工作师三个级别。按照国家、市有关部门统一部署，组织好全区社会工作人员参与助理社会工作师、社会工作师职业水平考试。建立健全社会工作人才经常性评价机制，按照德才兼备的要求，以社会工作人才的能力、业绩为主要评价因素，结合品德修养、行为操守和职业素质，采取定性与定量相结合的方式，定期对社会工作人才履行岗位职责、学习进修情况、职业发展状况等进行综合考核评估，强化对社会工作人才的动态管理。

第二，规范职业资格准入。借鉴国际社会工作证照、注册等做法，对专业社会工作者实行注册管理制度。取得职业水平证书的社会工作人才必须在社会工作部门或其委托的机构进行注册登记后，方可以社会工作师、助理社会工作师的身份从事社会工作职业活动。按照全市统一部署，规范社会工作者注册登记的条件、程序和方式。探索推行社会工作职业准入制度，鼓励社会工作专业岗位优先聘用具有社会工作职业水平证书并登记为社会工作者的专门人才，逐步实行持证上岗。

第三，建立健全管理制度。推行社会工作师专业技术职务聘任制度，明确相应职务的等级、适用范围、结构比例、岗位职责、任职条件、任职期限及聘任办法等，将社会工作人才纳入专业技术人才管理范畴。研究社会工作岗位职责规范，明确考核评估标准、机构和纪律措施。按照德才兼备的原则，以社会工作者能力、操守、业绩为主要考核评估内容，结合思想品德、职业素质、专业水平，由社会工作者所属机构和所服务单位、对象密切配合，进行综合考核评估。

（三）科学设置岗位，拓宽用人渠道

第一，合理设置岗位标准。开展社会工作岗位调查，遵循“科学合理、精简效能，分类指导、按需定岗”的原则，深入研究涉及社会工作的党政机关、人民团体、事业单位、社区和公益类社会组织等不同类型社会工作机构的岗位设置标准。综合衡量不同社会工作岗位的任务要求、设置范围、服务对象、所在机构性质、工作难易程度等因素，研究设计相应的岗位等级、岗位数量，以及与社会工作岗位数量结构要求相适应的社会工作人才配置比例和任职条件，建立健全各类社会工作岗位开发与设置的配套措施，推动形成科学规范、符合崇文实际的社会工作岗位配备标准体系。

第二，逐步拓展岗位领域。根据社会工作岗位设置标准体系，按照整体规划、分步推进的思路，有计划、有步骤地在社会福利、社会救助、慈善事业、残障康复、优抚安置、减灾救灾、老龄事业、婚姻家庭、教育辅导、医疗卫生、司法矫正、就业服务、计划生育、居民自治、社区党建、“两新”组织党建、职工权益维护、青少年事务、妇女儿童权益维护等领域推进专业社会工作，多渠道吸纳社会工作人才。坚持“成熟一批、设置一批”，在搞好全面规划和制度设计的同时，选择与人民群众切身利益最相关的领域先行开展试点，在总结试点经验的基础上，逐步扩展专业社会工作服务领域。

第三，分类推进岗位设置。在社会工作服务领域覆盖范围内的党政机关、人民团体内部明确部分社会工作岗位，逐步配备具有社会工作专业背景或资质的人员。推进社会公益类事业单位社会工作岗位的设置，引导养老、助残、就业服务机构等以社会工作服务为主的事业单位将社会工作岗位作为其专业技术主体岗位，推动学校、医院等以社会工作服务为辅的事业单位将社会工作岗位纳入本单位专业技术岗位统筹考虑。鼓励和引导公益类社会组织根据自身性质、服务领域和实际需要，自主设置社会工作岗位，广泛吸纳社会工作专业人才。在社区党组织、社区居委会、社区服务站中认定一批社会工作岗位，配备专业社会工作者。

（四）培育社会组织，搭建承载平台

第一，推行政府购买服务。积极培育和鼓励社会力量广泛参与，最大限度地发挥社会组织的作用，把政府不便提供、市场不愿或不能提供的社会服务委托给有资质的社会组织，以实现政府和社会优势互补。加快政府职能转变，不断扩大政府间接提供社会服务的领域和范围，逐步建立和完善政府向符合条件的社会组织购买服务的机制。对政府在社会福利、残障康复、老龄事业、权益维护等方面的服务项目，鼓励相关部门尝试社会化、市场化运作，采用“项目管理”方式向社会公益性组织购买，促进公益资源的共享和合理配置。

第二，扶持各类社会组织。结合事业单位分类改革，将一批可以承接政府购买服务的社会公益类事业单位改造转化为公益性社会组织；按照承担社会服务工作的要求，选择一批现有的自主型社会服务组织进行规范整合、改造提升，使之成为吸纳社会工作人才、提供社会服务的重要载体；鼓励支持符合条件的组织、企业和个人，兴办社会工作师事务所、社会工作咨询中心等一批公益性社会工作服务组织。积极推动将培育扶持公益类社会组织纳入公共财政支持范围，对一些基础好、发挥作用好、致力于公益事业的社会组织予以扶持和奖励。

第三，发挥专业服务优势。以增强社会组织的服务效能为着力点，创新治理模式，拓展服务领域，促进社会服务组织“特色发展”与社会工作人才“专业优势”有机衔接。探索实施社会工作服务合同制、项目制等契约化运作模式，提高社会服务效率。鼓励社会组织吸纳专业社会工作者，将配备专业社会工作者作为政府购买服务的基本条件。积极推行个案、小组、社区等社会工作服务方式，支持和引导各类社会服务组织根据服务对象需要，提供个性化社会服务，形成特色和品牌。

（五）创新使用机制，激发创造活力

第一，探索灵活用人方式。以公平公正、竞争择优为导向，以“社会化招聘、契约化管理、专业化培训、职业化运作”为方向，探索建立专职制、聘用制、派遣制、委托制等多种用人机制相结合的柔性用人机制，吸引和聚集社会工作人才，向一线服务岗位集中、覆盖。在各个社会工作领域推行岗位管理制度，逐步引入竞争机制，规范和完善按需设岗、竞聘上岗、以岗定酬、合同管理等管理环节，做到人员能进能出、职务能上能下、待遇能高能低，形成优秀人才能够脱颖而出的用人环境。

第二，健全工作督导机制。按照试点先行、稳步推进的思路，建立专业化、社会化的社会工作督导制度，提高人才使用效率。在社会服务机构内探索设立社工督导岗位，引入专业督导方法，逐步开展社会工作专业督导。组建专业的社会工作评估机构，提高第三方评估的专业化、精细化水平，运用专业的手段开展对社会工作人才使用的过程监督，各类社会工作服务项目、机构和个人的绩效评估。培育社会工作人才的个人和团队品牌，增强其影响力、辐射力，进一步凝聚人才、服务社会。

第三，促进人才有序流动。适当打破区域、部门、行业、身份、所有制的限制，制定相对统一的社会工作人事管理规定以及薪酬待遇、职业资质认定等标准，疏通社会工作人才的流动贯通渠道。开展社会工作职业供求分析预测，定期向社会公布社会工作人才需求信息。探索建立社会工作人才就业指导制度，依托社会工作人才数据库，引导社会工作人才求职就业和各类单位合理用人。定期举办社会工作人才专场招聘会，搭建双向选择平台，通过跨街道、社区交流社区负责人，定向人才推荐，上挂锻炼等形式，促进社会工作者有序流动。

（六）加强激励引导，维护合法权益

第一，健全薪酬保障体系。以体现专业人才价值为导向，建立健全多层次、全方位的社会工作人才薪酬保障体系。认真执行国家、北京市有关社会工作者薪酬文件精神，以及国家有关社会保障的法规和各项制度要求。在公务员岗位及参照公务员管理岗位从事社会工作的社会工作人才，获得相应职级的公务员薪酬；在企事业单位岗位从事社会工作的人才，执行专业技术人员工资福利待遇标准；在公益类社会组织和其他机构相应岗位工作的社会工作人员，按照以岗定薪、以绩定奖、按劳取酬的原则，保证其薪酬待遇不低于同等条件其他领域专业技术人员的薪酬水平。

第二，建立表彰奖励制度。按照优惠措施向一线岗位倾斜、向重点领域倾斜的要求，建立健全与社会主义市场经济体制相适应、符合社会工作人才特点、体现工作业绩、鼓励创新工作的激励机制。以政府奖励为导向，以用人单位和社会力量奖励为主体，采取灵活多样的表彰奖励措施，对业绩突出、能力卓著的社会工作人才给予表彰奖励。坚持精神奖励和物质奖励相结合，组织好全区社会工作者参与“首都社会工作者杰出贡献奖”、“首都十佳社会工作者”等评选表彰活动，进一步树立典型，提升社会工作者的职业声望和地位，增强其工作热情和归属感。

第三，强化服务保障措施。将社会工作人才纳入市场经济条件下社会整体的人事、福利、社会保障体系，不断健全人力资源管理和相关制度规范。认真贯彻落实国家及北京市相关社会保险、养老保障政策规定，按时足额缴纳各类社会保险费用。完善社会工作人才的档案管理制度，依托人才中心和职介中心，为社会工作人才就业提供服务。做好社会工作人才在不同所有制单位、不同性质单位、不同行业和跨地区流动中社会保险关系的接续工作。重视并切实加强社会工作高层次人才引进后的后续管理和跟踪服务，建立健全人才服务长效机制。

（七）健全管理体制，推进力量整合

第一，完善工作领导体制。进一步建立健全党委政府统筹协调、组织部门牵头抓总、社会工作部门具体负责、其他职能部门和社会团体密切配合、社会力量积极协同、社会公众广泛参与的社会工作人才队伍建设领导体制和工作机制，实现对社会工作人才队伍建设的力量整合、资源共享。将社会工作人才队伍建设工作纳入区人才工作领导小组的重要议事日程，纳入全区人才队伍建设的总体部署，科学谋划，协调推进。探索建立社会工作人才队伍建设协调会议制度，加强对社会工作人才队伍建设日常事务的指导协调和综合管理。

第二，健全行政管理体制。正确处理发展社会工作与加强党的基层组织建设、政府与社会、社会工作部门与街道及其他部门的关系。充分发挥区委社会工委（区社会办）作为社会工作行政主管部门的职能作用，完善内设机构职能，提升其行业指导能力和管理服务水平。加大社会工作涉及领域相关部门的支持配合力度，推动民政、卫生、司法、教育和工会、共青团、妇联等部门建立必要的部门内部协调推进机制，切实加强对本领域社会工作人才队伍建设的指导协调。

第三，建立行业管理体制。参照国际通行做法和“政社分开”的要求，适时建立区社会工作者协会，作为直接为社会工作制度配套的行业管理服务专门机构，主要承担专业培训、业务指导、行业规范和自律、维护社会工作者权益以及完成社会工作行政主管部门委托的事项等职责，并接受社会工作部门的指导、协调、监督和服务。鼓励社会工作者分领域成立社会工作专业委员会或专门协会，如青少年委员会、妇女维权委员会等，充分发挥其管理、服务、监督功能，承接政府委托或转移的部分职能，不断提高社会工作的行业自律能力和服务水平。

（八）强化志愿服务，形成长效机制

第一，建立长效动员机制。加强工作指导，积极推进奥运会志愿者工作成果转化，建立健全志愿服务长效机制。建立和完善统筹规划、协调推进的志愿服务工作体制。保留转化以志愿者管理人才为核心、专业志愿者为骨干、通用志愿者为主体的志愿者队伍。将涉及招募、培训、使用和激励等环节的奥运会志愿者工作运行机制进行有效转化，把志愿服务的要求渗透到社会管理之中，体现在文明公约、学生守则、职业规范之中，使志愿服务逐步成为人们的自觉行动和生活方式。

第二，健全志愿服务体系。以奥运会志愿者工作成果转化为契机，建立健全面向全社会、开放的志愿服务系统。建立区级志愿者联合会，使之成为全区性的志愿者登记、管理、协调机构，成为联合各部门、各系统、各领域志愿者及其组织的“枢纽型”组织。完善基层志愿服务组织体系，各社区建立志愿者服务站，各区级机关、区级人民团体、区属各企事业单位建立志愿者组织，形成相互补充、覆盖全区的志愿服务网络。加大志愿服务项目开发力度，围绕倡导文明风尚、举办大型活动、城市治安防范以及应急救援、法律援助、扶危助困等领域深入开展多种形式的志愿服务活动。

第三，实施联动发展工程。积极发挥社会工作者在组建团队、规范服务、拓展项目、培训策划等方面的专业优势，探索建立社会工作者、志愿者联动互促机制。按照职业队伍与志愿队伍联动发展的要求，由社会工作者固定联系一定数量的志愿者，共同开展工作。将志愿者培训纳入社会工作教育培训规划，对志愿者全面开展社会工作专业知识与技能培训。对有从事社会工作职业意愿且符合相关条件的优秀志愿者，在其通过社会工作者职业水平考试并经过登记后，优先录用为职业社会工作者。

（九）完善政策配套，健全制度体系

第一，严格执行相关法律法规。认真贯彻落实北京市社会工作者条例，明确政府、社会工作机构和社会工作者在社会工作中的权利义务关系，确立社会工作者的职业地位和专业形象，保护社会工作者及其服务对象的正当权益。严格执行《北京市志愿服务促进条例》、《北京市社会工作者职业水平评价办法》等法律法规，进一步理顺全区志愿服务管理体制，完善志愿服务运行组织体系；加强对社会工作法规性制度执行情况的督促检查，规范社会工作者的职业行为和工作操守，推动实现社会工作人才队伍建设工作的制度化、规范化和法制化。

第二，多方提供配套政策支持。加快社会管理体制改革，制定政府购买社会工作服务的相关政策，实现公共服务供给主体的多样化。根据社会工作不同服务领域、服务对象的特点和规律，探索制定不同领域的社会工作服务和管理标准，逐步建立科学合理、协调配套的标准体系，增强社会服务的效果。大力培育公益性社会组织，切实发挥社会组织在社会工作及其人才队伍建设中的作用。研究制定加强志愿者队伍建设的政策文件，为推动奥运志愿服务成果转化、促进全区志愿服务事业长远发展提供政策支持。

第三，加大公共财政投入力度。确立财政资金对社会工作发展的主渠道地位和导向作用，加大公共财政向社会服务领域的投入力度。合理界定政府提供社会工作服务的范围，确保财政支持社会工作的科学和有效。建立以政府购买社会工作服务为主要形式的财政支持机制，将政府购买公益性社会组织服务纳入政府采购序列统一管理。健全政府资助社会工作的制度，对社会工作者教育培训、社会工作交流与合作、信息化建设以及社会工作实习基地、理论研究与宣传等给予适当经费补贴。加强对社会工作资金使用的内部审核和外部监督，提高社会工作资金的使用效率。

（十）落实保障措施，优化发展环境

第一，营造良好社会氛围。切实加大宣传力度，充分利用报刊、互联网、户外广告等渠道大力宣传社会工作的专业理念、方法和作用，普及社会工作相关知识，提高全社会对社会工作的知晓度、认同度和关注度。充分利用社区现有宣传渠道，以群众喜闻乐见的形式大力宣传社会工作人才的先进典型和事迹，展示社会工作者丰富的职业内涵和独特的职业风采，为进一步推进社会工作者队伍建设营造良好的社会氛围，逐步形成“政府高度重视社会工作、群众逐渐关注社会工作、社会不断塑造社会工作”的局面。

第二，加强政策理论研究。总结党的思想政治工作、群众工作和我国传统社会工作的实践经验，结合我国的文化传统、社会制度，认真总结我国社会工作历史和现实经验，研究建立体现时代特征、崇文特色的社会工作理论体系。充分利用首都智力资源和人才优势，与首都高校合作，围绕社会工作者队伍建设中的重点、难点、热点问题，深入开展社会工作人才发展研究，积极探索社会工作发展的规律、途径、模式，创新社会工作理论与实践，为社会工作人才队伍建设提供理论研究和智力支持。支持区委党校开设社会工作相关课程，纳入公务员培训重点项目。

第三，提供信息技术支持。探索建立统一的、多层次的、分类型的社会工作人才资源数据库，为科学管理、合理使用、有效服务社会工作人才提供载体和帮助。借助北京市社会工作人才信息网，构建社会工作者评价信息管理平台，实现社会工作者评价管理的在线采集、在线发布，并做到对全区社会工作人才总量和结构情况的实时掌握。依托北京市社会工作人才信息网的在线学习系统，组织全区社会工作者每年参与一定学时的继续教育。建立和完善志愿者注册管理系统和志愿服务信息平台，实现互联互通、资源共享。

（此文作者赵小平为崇文区委社会工委书记、区社会办主任，徐然为崇文区委社会工委副书记，李军为崇文区社会办副主任）

宣武区商务楼宇组织建设调查报告

王 燕

楼宇经济是近年来我国城市经济发展中涌现出来的一种集约型、高密度的经济形态。作为新兴的经济形态，商务楼宇不仅成为区域经济持续发展的重要力量，也成为党的工作的重要领域。如何在商务楼宇中加强基层组织建设，尤其是加强党组织建设，扩大党的工作覆盖面，巩固党的执政基础，已经成为新时期加强商务楼宇组织建设面临的一个新课题。本文将结合宣武区商务楼宇组织建设的现状，提出进一步加强全区商务楼宇组织建设的思考和建议。

一、宣武区商务楼宇组织建设的基本情况

目前，宣武区共有商务楼宇49栋，入驻企业1 540家，超过八成的企业为私营企业，2008年从业人员总数接近3万人。通过调查，我们获得了1 448家商务楼宇入驻企业的详细资料。目前，宣武区商务楼宇组织建设基本情况如下：

（一）商务楼宇党组织建设情况

目前，宣武区商务楼宇入驻企业中有121家企业建立了党组织，占全部企业的8.36%。这121家企业中，82.64%的企业的党组织关系隶属于上级单位，9.10%的单位组织关系隶属于街道非公党组织，8.26%的单位组织关系隶属于社区党委或街道“两新”党委。这些企业共有党员2 223人，其中流动党员103人。

从企业性质分析，被调查的1 448家企业中，国有企业为94家，私营企业为1 239家。国有企业中建立党组织的为56家，占国企总数的59.58%。而私营企业中建立党组织的仅45家，占3.63%。

（二）商务楼宇群团组织建设情况

1. 工会组织建设情况。

共有123家企业建立了工会，占全部企业的8.49%，共有工会会员5938人。34.15%的工会组织关系隶属于宣武区工会组织，29.27%的工会组织关系隶属于市工会组织，26.83%的隶属于工会组织，7.32%的隶属于市其他区工会组织，2.45%的属于其他省市工会组织。

比较国有和私营企业工会组织建设情况，国有企业中建立工会的为55家，占国有企业总数的58.51%。而私营企业中建立工会的有46家，占企业总数的3.71%。

2. 共青团组织建设情况。

共有57家企业建立了共青团组织，占全部企业的3.94%。这些企业共有1 135名共青团员。从企业性质分析，国有企业中建立共青团组织的为21家，占国有企业总数的22.34%。而私营企业中建立共青团组织的为16家，占总数的1.29%。

二、宣武区商务楼宇组织建设的基本特点

（一）商务楼宇组织建设任务艰巨

调查发现，建立党组织的企业仅有121家，占企业总数的8.36%；建立工会组织的123家，占企业总数的8.49%。工会会员为5 938人，仅占全部3万名商务楼宇从业人员

的19.79%。建立团组织的57家，占全部企业的3.94%（参见表1）。由此可见，宣武区商务楼宇组织建设尚处于起步阶段，商务楼宇组织建设的任务依然艰巨。

表1　商务楼宇组织建设情况表

组织	企业数（家）	占全部企业的百分比（%）	覆盖人群（人）
党组织	121	8.36	2 223
工会组织	123	8.49	5 938
共青团组织	57	3.94	1 135

比较国有和私营企业组织建设状况，国有企业组织建设情况明显好于私营企业。国有企业党群组织管理规范，配有专（兼）职工作者。而楼宇内绝大部分私营企业组织建设相对薄弱（参见表2）。在受调查的1 239家私营企业中，建立党组织的仅45家，46家有工会组织，16家建立共青团组织，比例都不超过总数的4%。

表2　国有企业与私营企业组织建设情况表

企业	党组织	工会组织	共青团组织
国有企业（家）	56（59.58%）	55（58.51%）	21（22.34%）
私营企业（家）	45（3.63%）	46（3.71%）	16（1.29%）

注：括号内为占该类型企业总数的百分比。

（二）商务楼宇企业对企业组织建设有较强的意愿

调查发现，相当一部分未建立党群组织的企业有意向建立党群组织。其中，有意向建立党组织的企业为514家，有意向建立工会组织的企业为488家，有意向建立共青团组织的企业为429家，远远高于已经建立党群组织的数目。这表明，楼宇企业对组织建设的需求空间很大。

在有意愿建立党群组织的企业里，私营企业所占比例较大（参见图1），他们普遍表示希望有关部门加强对私营企业党的工作的领导，具体指导组织建设工作。还有许多企业希望能够建立党群组织，但认为私营企业开展党的工作应具有鲜明的特点，受诸多条件限制，希望探索建立适合私营企业的党群工作新模式。总的来看，人员、资金、场地等客观条件是制约企业建立党群组织的重要因素。

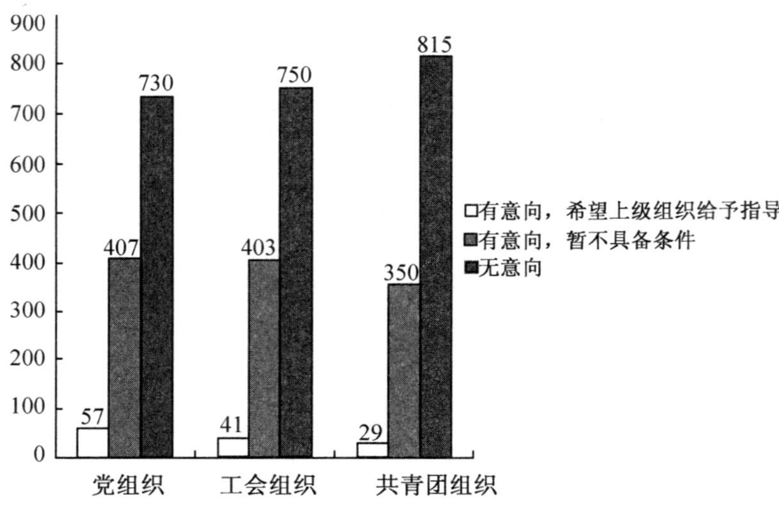

图1 私营企业建立组织意向情况图（家）

（三）商务楼宇企业对组织建设有较强的目的性

通过与一些企业负责人的访谈，我们了解到商务楼宇企业对组织建设具有较强的目的性，希望党群组织能够在服务企业发展、服务员工成长上发挥独特的组织优势。

编号为03088的企业表示：组织建设是建立在企业发展的基础之上的，要成为企业再发展的动力。希望企业的党团组织在凝聚企业人心、培育企业文化方面发挥积极作用。编号05084的企业表示：各级党团工会组织能够提高企业人员凝聚力，促进人员和谐，对企业的经营管理有帮助，我们会在条件成熟的时候分别建立健全相应的组织。两者代表了大部分企业的看法，希望党群组织为企业发展添砖加瓦。

另外，企业也希望通过党群组织，满足员工政治上要求进步、生活上相互交流的目的，体现“以人为本”的理念。编号为08014的企业认为，党群组织是展现员工才华，增进相互了解的重要平台。单位的工会经常为员工送温暖，成为温馨的“职工之家”。编号为08785的企业表示，希望多举办适应新的时代特征的组织活动，服务员工发展成才的需求。由此可见，以满足员工的需求为出发点和落脚点是保持楼宇企业党群组织活力的关键所在。

（四）商务楼宇组织成员的流动性较大

宣武区楼宇企业最大的特点就是企业规模小。调查显示，在商务楼宇入驻企业中，78.73%为小型企业，21.22%为中型企业，二者合计占总数的99.95%。小规模企业往往流动性比较大。调查的1 448家企业中，278家为2009年1月1日之后入驻的企业，新入驻企业占总数的19.20%。企业的强动态性直接导致了楼宇企业组织成员的高流动性。另外调查发现，42.68%的楼宇企业从事批发和零售业，29.14%的企业从事各类服务业。这些企业都属于劳动密集型企业，员工可替代性强，流动非常频繁。这也是商务楼宇党群组织流动性大的重要原因。

在楼宇企业人员流动性大的情况下，不少党员因为“人无定所”而不愿将党组织关系转到商务楼宇支部来。还有部分在“两新”组织工作的党员不愿意亮明身份，故使部分党员尚未纳入党组织的有效管理。

三、加强宣武区商务楼宇党群组织建设的思考

（一）统一思想，形成共识

加强全区商务楼宇组织建设是适应楼宇经济发展的现实需求，是推动楼宇经济良性发展的重要保证。在新形势下，加强商务楼宇组织建设对于巩固党在社会建设领域的执政基础和推动区域经济发展都具有重要的现实意义。对此，要高度重视统一思想的工作，使各级领导重点在三个方面形成思想认识共识。

一是要充分认识加强商务楼宇党群组织建设对巩固和加强党的基层组织的重要性。党的十七届四中全会通过的《中共中央关于加强和改进新形势下党的建设若干重大问题的决定》提出："扩大基层党组织覆盖面"、"抓紧在非公有制经济组织建立党组织，加大在中介机构、协会、学会以及各类新社会组织中建立组织的力度"。商务楼宇是非公有制经济组织和新社会组织的聚集地，加强商务楼宇党群组织建设，可以有效地将非公经济组织和新社会组织纳入党的工作范围，充分发挥党群组织贯彻党的方针政策，团结和凝聚群众，促进楼宇经济健康发展的职能，不断扩大基层党群组织覆盖面，扩大党的影响力和凝聚力。

二是要充分认识加强商务楼宇组织建设对推动商务楼宇经济健康发展的重要性。加强商务楼宇党群组织建设，可以更好地在商务楼宇中贯彻党的方针政策、引导和监督楼宇企业遵守国家法律法规、保证楼宇企业合法经营；可以进一步团结凝聚职工群众、维护各方合法利益，打造有吸引力的企业文化；可以搭建企业获取信息、寻求帮助、沟通协调的服务平台，推动楼宇经济健康发展。

三是要充分认识新形势下加强商务楼宇组织建设的艰巨性。与商务楼宇经济迅速发展相比，商务楼宇组织建设整体上还相对薄弱。商务楼宇组织建设中普遍存在重视程度不够、各方保障不足、工作体系不健全等问题。同时，作为党在社会领域工作的新课题，有别于传统党群组织建设。因此，需要坚定工作信心，克服畏难情绪，形成发展共识，在借鉴传统党群工作经验的同时，以改革创新的精神加强商务楼宇组织建设，不断探索商务楼宇组织建设工作的规律和特点。

（二）着眼长远，形成机制

商务楼宇党群组织建设是一项系统工程，要以扩大组织覆盖面、增强组织活力为重点，形成商务楼宇党群组织良性运行机制。

一是构建先行组建、逐步规范、分类指导的阵地建设工作机制。针对楼宇企业的复杂性和流动性，以灵活多样的方式组建组织，最终实现党的组织和党的工作全覆盖。对符合建立党组织的企业尽快建立党组织。以楼宇为单位建立联合党支部，发挥孵化器作用，将楼宇内零散的党员纳入其中教育管理。灵活组建商务楼宇社会工作站，采取"一楼一站"和"多楼一站"等方式建站。同时加强工会、共青团和妇女组织建设，成熟一个组建一个，相互促进，相互带动。在建立组织的基础上，逐步规范组织管理，分类指导组织工作，建设一批过得硬的党群工作阵地。

二是构建运转有效、落实到位的工作保障机制。加大对楼宇党群组织建设的投入，树立党群工作也需要成本和投入的意识。由区或街道按照财政收入的一定比例划拨资金，作为楼宇党群工作的专项经费。逐步解决楼宇社会工作站办公用房问题，通过政府购买公共服务的方式，为社会工作站选聘能力强、素质高的专职工作人员，提高楼宇党群组织工作能力和服务水平。

三是构建区、街、楼宇社会工作站三级服务机制。社会工作站专职工作人员通过主动收集楼宇企业、党员和员工的服务需求，建立需求信息库，据此有针对性地开展服务。街道社会工作党委加强对商务楼宇党群组织的扶持和指导，定期汇总、分析楼宇单位需求状况，协调有关科、站、队、所及时解决相关问题，实现楼宇服务与街道综合服务的

有效对接。在全区建立宣武区楼宇经济工作领导小组的同时，要充分发挥其作用，加强对商务楼宇的行政和经济服务管理，制定鼓励企业投资落户和适合企业发展的产业扶持政策，打造良好的区域发展环境，推动商务楼宇经济发展。

（三）加强整合，形成合力

商务楼宇党群组织建设涉及组织、人事、工会、共青团、妇联等众多部门，工作中要加强统筹协调，形成合力。

一是整合职能，突出工作重点。商务楼宇党群组织既有传统党群组织的共性，又有其特殊性。商务楼宇各党群组织要加强职能整合，紧紧围绕企业发展和区域经济增长这一中心工作，在企业生产经营活动、企业文化建设等方面既要发挥作用、体现优势、共同成长，又要突出自身工作特点，在各自的工作领域有所突破，取得成效。要加强党群工作部门与政府职能部门的联系，资源共享、优势互补，有的放矢地开展工作。

二是整合组织，实现资源共享。党群组织要加强合作，按照“党建带工建、带团建、带妇建，工建、团建、妇建促党建”的思路，探索党群工作一体化建设模式，使党组织与工会、共青团、妇联等在组织建设上联建，实现组织建设发展一体化；在活动开展上联搞，实现活动设计、实施、目标一体化；在工作机制上联推，实现工作部署、检查、考评一体化。通过党群工作一体化建设，更好地整合党群工作资源，争取工作成效的最大化。

三是整合载体，打造工作精品。适应楼宇企业基本特征和独特个性，围绕企业战略目标、资源优化配置、人才开发培养、管理创新高效等重点，从目标、资源、人才、管理四个方面找准党群工作与企业工作的结合点，以“企业需要、党员欢迎、职工拥护、业主支持”为出发点，精心设计活动载体，不断创新活动形式，达到员工“受教育”、企业“得发展”、活动“受欢迎”的目的。

（四）找准重点，形成突破

商务楼宇组织建设千头万绪，要找准工作切入点，重点突破，迅速打开工作局面。商务楼宇党群组织最大的特点就是服务，服务企业发展、服务员工成长。因此，要从服务对象的需求出发，寻找工作重点。要充分发挥联系广泛，并与政府联系密切的优势，按照“需求出发、服务入手、利益引领、组织带动、活动凝聚”的工作思路，抓住重点，寻求突破。

一是大力推行政务服务进楼宇。充分利用党群组织与政府的天然联系，大力推行政务服务进楼宇，通过政务网站、联合办公、政策咨询等形式加强对商务楼宇的服务，满足商务楼宇企业公共服务、信息共享的需要，营造宽松、有序的发展环境。

二是打造精品楼宇社会工作站。充分发挥社会工作站党员服务站、工会服务站、党群活动室的职能，打造满足楼宇内各类组织和员工发展需求的综合性服务平台，逐步实现商务楼宇党群组织和社会服务的全覆盖。

三是加强楼宇党群工作者的培养和使用。高素质的人员队伍是加强楼宇党群组织建设的重要保障。要加快楼宇专职工作者队伍的建设，完成社会工作站组建的楼宇，都应配备专职工作者。同时，加强对他们的培训，不断完善楼宇党群专职工作者的职责、管理制度、考核办法和激励方式，建设一支高素质的楼宇工作者队伍。

（此文作者为宣武区委社会工委书记、区社会办主任）

关于深化朝阳区街道管理体制改革的思考和建议

汪 洋

街道是城市管理的基础和依托，街道工作是城市工作的重要组成部分。深化街道管理体制改革，是转变政府职能、加强社会建设的重要保证。北京市从1998年召开第一次城市管理工作会议以来，一直把街道层面的综合改革作为城市管理体制改革的重点。2004年《行政许可法》的出台，使街道的职能配置、组织结构、工作方式的调整面临新的挑战和机遇，北京市第五次城市管理会议对街道办事处进行了重新定位。伴随着城市管理体制改革的不断深化，特别是经历了抗击非典的战役、北京奥运会的服务保障，街道在城市管理中的基础地位已牢固确立并逐步加强。目前朝阳区共辖22个街道、1个街道筹备处。长期以来，作为区政府的派出机关，朝阳区各街道在区委、区政府的领导下，认真贯彻党的路线、方针、政策，在加强城市管理、搞好社区建设、维护社会稳定、创新社会管理等方面做了大量的工作。随着全区社会经济的快速发展，街道办事处职责不清、条块关系不顺等问题日益凸显。认真总结分析街道工作面临的主要问题，进一步梳理当前和今后一个时期街道体制改革的思路，为领导决策提供参考，是当前亟待解决的重要课题。

一、当前街道工作面临的主要问题

随着北京奥运会的成功举办和农村城市化、城市现代化、区域国际化进程的进一步加快，以及大量的单位人转变为社会人、社区人，朝阳区正处于社会转型期、社会结构分化期、社会矛盾凸显期和社会治理模式的转换期，经济成分、组织形式、就业方式、利益关系和分配方式日益多样化。街道工作面临着一些问题，影响和制约着街道作为区政府派出机关职能的履行和属地管理作用的发挥，主要包括以下四个方面。

（一）职能边界模糊，自身性质与作用发挥不相称

根据1954年全国人大通过的《城市街道办事处组织条例》，街道办事处在设立之初主要有3项职能：第一，办理区政府有关居民工作的交办事项；第二，指导居民委员会的工作；第三，反映居民的意见和要求。1999年北京市政府第23号令规定，街道承担城市管理、社会管理、社区服务、居民工作等5个方面18项职能。目前，随着全国、全市和全区社会经济发展外部环境的变化，管理事务不断增加，2000年以来陆续增加了与“法轮功”等邪教组织斗争、公共卫生、人大工作、网格管理、社会领域党建、社会组织建设、社会工作人才、安全生产、防火安全、税源建设等职能，根据八里庄街道的不完全统计，街道目前承担246项职能，其中专业管理36项、协助管理52项、综合管理158项，出现了街道职能越位、错位、缺位的现象。越位主要表现在街道承担了一些不应由街道承担的，而应该由区政府及区职能部门承担的职能，随着政府职能转变和依法行政的加强，这些职能应该移交给区政府和区职能部门；错位主要表现在街道包揽了一些应该由居民自治组织和社会组织来承担的事务；缺位主要表现在街道没有履行本应该承担的社会管理和公共服务的事务。

街道办事处作为区政府的派出机关，原本在城市管理中发挥“拾遗补阙”的作用。但随着形势的发展，特别是在经历2003年非典、2008年奥运会以及2009年国庆60周年筹备等重大事件后，城市社会公共事务剧增，街道在整合城市社会过程中发生了新的变化：

需要街道依法行政的范围越来越宽，协调的社会事务越来越复杂，承担的社会责任越来越大，提供的服务内容越来越多。街道几乎包含了城市管理工作的所有内容。政府职能大量地自上而下地下沉到街道办事处，致使其行政事务越来越多，由此导致街道办事处都出现了名不符实的状况，即街道办事处法律名义上不是一级政府，却在实际上承担着一级政府的职能，逐渐形成了“准政府”的角色地位。

（二）管理对象激增，人员编制与承担任务不匹配

随着大量的单位人转变为社会人，各类新经济、新社会组织不断涌现，流动人口数量不断增加，街道的管理对象数量激增，而人员编制相对不足。2001 年，全区共有 22 个街道（含管庄），总面积 125.77 平方公里，总人口 157.8 万人，其中户籍人口 138.9 万人，外来人口 18.9 万人；社会单位 1.3 万个，总编制 1 358 人（其中，行政编制 1 292 个、工勤编制 66 个，不含 412 个城管编制），平均每个街道 61.7 个编制。

经过 8 年的变迁，到 2009 年，全区共有 23 个街道（增加大屯、东湖筹备处，减少管庄），总面积 99.38 平方公里，与 2001 年相比减少了 26.39 平方公里；总人口 200.6 万人，与 2001 年相比增加了 42.8 万人，增长了 27.1%，其中户籍人口 144.8 万人，增加了 5.9 万人；外来人口 55.8 万人，增加了 36.9 万人；社会单位 6.8 万个，增加了 5.5 万个，增长了 4.2 倍。此外，新增个体户 3.4 万个。而 2009 年街道共有编制人员 1502 个（其中行政编制 1 360 个、司法编制 69 个、工勤编制 73 个，不含 525 个城管编制），平均每个街道 65 个编制，只比 2001 年增加了 3.3 个，增长 5%，远远低于人口、社会单位增加的幅度。个别街道管理人口数量增加幅度特别大，如望京街道办事处，2001 年有 7 万人，其中户籍人口 3.8 万人、流动人口 3.2 万人；2009 年总人数 23.7 万人，其中户籍人口 17.5 万人，流动人口 6.2 万人，总人数增加了 16.7 万人，增长了 2.4 倍，但是其街道现有编制仅为 80 人（不含 29 个城管编），比 2001 年仅增加了 6 人。

同时，户籍人口人户分离现象严重。目前，街道系统人户分离的人数为 27.5 万人，约占全部户籍人口的 1/5，特别是户在人不在的情况管理难度相当大。比如，六里屯地区拆迁面积较大，不少拆迁区域的居民已经搬出，分散到整个北京市，街道已经不能掌握其生活及思想状况，一旦居民因为拆迁纠纷出现上访事件后，街道要履行属地管理的职责，投入大量的人力、物力、财力稳控户在人不在的居民，但工作收效却甚微。管理人口特别是流动人口数量的剧增，社会单位数量快速膨胀，大大增加了街道工作的强度和难度，街道在人员调配使用上往往捉襟见肘，疲惫周旋。

事实上，与全市其他区县相比，朝阳区街道人员编制偏少。例如，宣武区广内街道辖区面积 2.43 平方公里，辖区户籍人口 85 742 人，暂住人口 12 286 人，社会单位 1 607 个，而街道人员共有编制 90 人（不含城管编制）。而朝阳区与其管辖面积、管理人口相当的街道（诸如潘家园、呼家楼等街道）编制约为 60 人，编制明显不足。

在这种人员编制极其紧张的状况下，各街道只好大量聘用编制外人员。2009 年，23 个街道共有编制外人员 32 类、4 274 人，平均每个街道 186 人，约为街道机关干部的 2.1 倍，不同程度地存在日常管理难、职能重合、待遇标准不统一、人员结构不合理、保障机制不健全等问题，同时也增加了街道的财政负担。

（三）条块关系错位，责任与权利不对等

目前，全市城市管理体制实行的是“两级政府，三级管理”，但实际上除公安等少数工作实行三级管理外，大部分都实行市、区两级管理。由于管理幅度过大，管理任务重，很多工作延伸到街道，由街道的相应科室承担，专业部门对街道的工作进行监督考核。这样的运作方式给管理工作带来了诸多矛盾和问题。主要包括以下三个方面：第一，责任主体不明确。一项专业管理，如违章建设、

节约用水、施工工地等，在实际运作中出现了两个责任主体，一旦出现问题，难以追究责任，造成工作中推诿扯皮、推过揽功、争权推责的现象。第二，责权不统一。街道作为派出机关，不是一级行政主体，没有执法权，但又要承担专业管理责任，职能部门拥有各种权力，但由于管理幅度过大，管理力度不足，“看得见的管不了，管得了的看不见”，责任与权力严重错位，工作开展起来难度大。比如：在对地下人防工事的防火检查中，对于查出的问题，街道只能告知政府专业部门，却无权处罚，于是出现屡查不改的现象，但如果一旦出现火灾等安全问题，街道却难辞其咎。在拆除违法建设方面，规划局是批建部门，但拆违的责任却落在街道，街道城管分队却只有部分规划管理权，批管脱节，致使工作中遇到很多难题。在收缴残疾人保障金方面，作为群众组织的区残联将任务分解到街道，由街道组织收缴，同时街道不能将收缴的经费用于地区残疾人建设事业。还有诸如餐馆排放油烟等环保问题，初审权、审批权不在街道，但有了问题却要街道落实处理。第三，管理任务难落实。随着经济社会的发展，城市专业管理的科技含量越来越高。实施专业管理需要相应的技术、设备、人才作保障，而这些资源大都集中在专业部门。街道迫于名目繁多的“一票否决”，不得已实施专业管理，但缺乏基本条件，“想管管不了、不管又不行”，只能凭借人工手段，解决一些表面现象，工作很难做到深入、扎实。比如特种设备安全普查、物价计量，等等。这也是造成城市管理和公共服务水平不高的一个重要原因。

上述种种问题最终造成了街道“属地管理”的职能难履行。从本质上说，属地管理应该对于市、区、乡政府而言，街道办事处不是政府，而是派出机关，不应该承担属地管理职能。长期以来，全区各街道从讲政治、顾大局的高度出发，坚决履行属地管理职能。但是，由于属地管理被不断强化，专业部门把街道作为自己的“腿”，有事就派给街道；“上面千条线、下面一根针”，街道成为专业管理的“筐”，什么都往里装，经常性的工作突击做，突击性的工作经常做；指令性工作多，自觉性工作少；种了别人的地，荒了自己的田，“块”难统到位，属地管理难以落实。

（四）财政体制滞后，事权与财权不统一

近年来，区级财政收入年均增长20.9%，2006年突破100亿元，2008年区级财政收入达到168.3亿元，全区财政已由吃饭财政进入发展财政和民生财政阶段。与之相适应，2006年以来，街道财政管理体制坚持“理顺街道基本事权、保证街道基本需求、规范转移支付、实行综合财政管理、加强预算管理”五项原则，体制财力逐年增加。2006年为4.67亿元，2008年为5.89亿元，2009年为6.73亿元，特别是公共服务经费增长较快。但在属地管理不断强化的前提下，现行财政体制仍然存在一些问题，主要表现在以下五个方面：第一，财政资金未能做到事权与财权的统一，以块为主的属地管理与以条为主的资金拨付方式不相适应。比如社区教育主要由街道承担，但常住人口人均1元的教育经费却拨付给了区教委。街道往往要花费相当精力向区政府各职能部门争取本应属于街道的资金。第二，现行财政体制透明度不够，大量的资金拨付后置，街道一级财政难于量入为出，街道财政预算形同虚设。比如环境建设资金拨付滞后现象严重，相关施工单位对此表示不满，长期拖欠施工款也会影响社会稳定。第三，由于城市建设开发加快，街道迁入人口数量逐年增加，而财政拨款的人口基数一定三年，而且统计口径不统一，造成拨款数量不足。第四，公共服务经费使用规范不细，没有具体规定社区建设、综合治理、文教卫生、计划生育、科普宣传等具体费用标准，形成了街道科教文卫体综治等多部门分摊公共服务经费的情况，造成了公共服务经费使用不规范现象，特别是社区建设经费受到严重挤压。第五，与税收挂钩的奖励资金由于街道所处的地理位置、社会单位数量、居民居住结构等客观因素造成贫富差异越来越大；同时，税收返还政策的不稳定性，影响街道加强税源建设的积极性。

二、下一阶段全区街道管理体制改革的方向

北京市第五次城市管理工作会议，进一步明确了街道的主要职责，即“根据区政府的授权，统筹辖区发展，监督专业管理，组织公共服务，指导社区建设”。这一定位，明确了街道管理体制改革的方向，要求街道的主体地位、工作重心和工作方式必须进行适当的调整。主要包括三个方面。

（一）街道主体地位要实现“两个转向”

第一，要从行政主体地位转向社会管理主体、公共服务主体。

第二，要从责任主体地位转向监督主体、组织主体。

（二）街道工作重心要推进“三个转变”

第一，要从政府管理向社会管理转变。按照政府职能转变的要求，街道在改革中的“归位”应落在社会管理和公共服务上，核心仍然是居民工作。

第二，要从事务性工作向综合性工作转变。随着各职能部门向街道和社区的下沉，街道逐步“归位”到综合管理，统筹辖区的城市管理工作，配合、协调政府职能工作。

第三，从侧重抓经济工作向为经济服务转变，为企业提供良好的经济发展软环境。

（三）街道工作方式要运用“四种方式”

第一，街道对辖区的块统要通过“统筹”来实现。街道与辖区内党政机关、企事业单位、个体商户以及居民群众没有直接的领导和隶属关系。因此街道的“属地管理”只能靠统筹，通过动员、协调、协商等方式实现其职能。

第二，街道对辖区的条专要通过“监督”来实现。街道层面的“条块”关系不同于市、区层面，市、区政府系一级政府，对人、财、物有支配权。而在街道层面，政府职能部门和其派出机构拥有专业领域的行政管理权，如行政许可权、行政执法权、行政处罚权等，而街道办事处对政府职能部门工作只是配合、协助，至多是法律、法规范围内的初审权，通过街道对职能部门和职能站所的监督、评议等，落实政府职能部门工作进街道、进社区。

第三，街道对辖区的公共服务要通过“组织”来实现。公共服务作为政府职能的重要组成部分，并不是要求政府直接生产公共产品。因此街道组织公共服务的职能，要求街道要围绕为群众服务这个核心，了解群众的服务要求，调查辖区服务资源，采取多种形式，整合地区资源和社会资源，通过共建、共享的形式为辖区提供公共服务产品。

第四，街道对辖区的社区自治通过“指导”来实现。推进社区自治，实现社区“自我管理、自我服务、自我教育、自我监督”，是街道办事处的重要职责。应确定街道和社区居委会指导和被指导、服务与监督的关系，街道对社区自治工作应通过指导、服务来实现。

三、今后的工作设想和建议

下一步我们将从四个方面进一步完善街道管理体制机制。

（一）理清管理职能，明确责任主体

一是坚持街道办事处作为政府派出机构的职能。进一步明确街道办事处的职责任务，即根据区政府的授权，统筹辖区发展，监督专业管理，组织公共服务，指导社区建设。街道办事处不是一级政府，不具有行政执法主体的资格。但是街道又是城市管理的一个重要层面，是政府社会管理和公共服务的基础环节，要切实增强街道综合管理和对公共服务的组织工作。

二是理清街道办事处行政管理事项。按照综合管理、专业管理、协助管理等类别对目前街道办事处承担的行政管理事项逐一进行清理。为分清各自责任、落实“费随事转”、加快条块结合创造条件。建立区专业部门委托街道开展行政管理事项的许可制度，

属于区专业部门的行政职责，必须委托街道负责的，由区委、区政府主要负责人批准；必须由街道协助配合的，须制订实施方案，报经街道分管领导同意后明确主次责任，实行部门主导、街道协调的方式。

三是明确街道层面行政管理事项的责任主体。按照“责随权变、权责一致”的原则，明确街道层面的行政管理事项，凡属综合管理的，由街道承担第一责任，专业职能部门承担与其权利相一致的责任；凡属专业管理的，由专业职能部门承担第一责任，街道承担与其职责定位相一致的责任；凡属协助管理的，街道和专业职能部门根据各自在具体工作中所拥有的职权承担其相应的责任。

（二）转变运行机制，规范行政行为

一是转变监督统筹方式。主要包括四个方面：第一，健全区委、区政府对街道办事处的统一考评制度，由区委组织部、区委社会工委、区社会办会同区委、区政府有关部门负责实施，各专业职能部门不再考评各街道办事处。第二，建立街道层面的民主管理和监督委员会，组织人大代表、政协委员、社区工作者、特约监督员、居民和社会单位代表对政府专业管理部门及其派出机构定期进行考核评议，考核评议结果，要作为对有关人员考核、任免、调动、奖惩的重要依据。第三，街道工委参与对专业管理部门派出机构党员干部的管理，专业管理部门派出机构负责人的考核、任免、调动、奖惩要听取街道工委的意见，建立其主管部门与街道工委会签制度。第四，进一步完善街道地区管理委员会的工作机制，加强街道办事处综合管理和服务职能。

二是转变财政管理方法。主要包括四个方面：第一，理顺条块资金，转变拨付方式。根据街道和政府职能部门管理职责的重新划分，本着事权与财权相统一的原则，调整财政资金在条块之间的分配关系，将政府各职能部门给街道拨付资金的方式，转变为由财政部门征求职能管理部门意见后，将财政资金直接拨付到街道的方式，实现费随事转，权随责变，责随权走。第二，改革预算编制，实行部门预算。按照个人部分按标准、公用部分按定额、专项部分按财力的原则，在街道深入推行部门预算，按照街道的正常运转需要核定基本需求，及时调整拨付的人口基数和标准，并对专项资金实行项目管理，及时拨付。第三，加强财政管理，规范转移支付。建立规范的转移支付和稳定的税收返还政策，缩小街道的发展差距，促进街道间统筹协调发展。根据各街道辖区面积、绿地面积、保洁面积、人口、重点大街等因素分配一般转移支付资金。根据区委、区政府工作重点，按照各街道承担的环境整治、基础设施建设、绿化等任务量安排专项转移支付资金。第四，进一步细化公共服务经费科目预算。结合实际对公共服务涉及的项目费用进行规范和细化，明确支出标准，特别是对社区建设的标准进行统一界定，统一下发经费的使用管理办法，提高社区建设经费使用的规范性、可操作性和纪律性。同时，要将社区服务站的建设经费纳入公共服务经费中。

三是健全街道与区职能部门的协调机制。主要包括四个方面：第一，建立街道与区职能部门的联席会议制度。由区政府主管领导负责召集，每季度召开一次，通过联系会，沟通情况，增进理解，协助街道解决共性和突出问题。第二，坚持“发现问题在街道、解决问题在部门”的原则，街道作为城市管理的最基层，发现辖区内存在应由区职能部门解决的问题，要及时向区职能部门反映，由区职能部门快速反应予以解决。第三，区职能部门在作出涉及街道的行政行为过程中，要采取公示、备案等形式，切实保障街道的知情权、参与权和决策权，减少城市管理后置的行为。第四，规范会议报批制度。凡涉及街道党政主要领导的会议，必须经区委、区政府主要领导同意，涉及街道党政副职的会议，须经区委、区政府分管领导同意。

四是打造信息综合平台。街道作为行政管理体系的末端，应当也有条件成为公共治理的信息平台。要把政府的统计力量和社区居委会自我管理的功能有机协调起来，借鉴望京建立“一网三库”的做法，运用现代信息手段，对人口、单位、城市管理事件、部件以及社会公共服务等本地区相关的信息进行全面收集、分析，并向各社会管理主体和公众披露，从而促进社会管理由被动向主动、由粗放向精细、由分散向统一转变，提高社会管理的效率，提高群众的参与率和满意率。

（三）理顺政社关系，促进居民参与

完善社区居民自治制度，增强社区自治功能，是推进街道管理体制改革、构建公共治理模式的基石。因此，必须坚持社会民主自治方向，进一步加强社区建设。

一是必须解决行政负担过重的问题。主要包括三个方面：第一，要进一步规范政府与社区的关系。一方面，要按照“条专块统”的要求，对政府部门的工作进行清理。凡是属于行政专业性工作原则上不再交给社区；需要社区协助的工作，明确责任，实行“费随事转”的方式委托社区办理。另一方面，从健全制度入手，建立社区工作准入机制。统一组织对社区的检查、考核、评比、验收等工作，防止各部门对社区随意摊派任务。第二，要进一步规范社区服务站建设，理顺与社区党委、社区居委会的关系，实行与街道“一站式”服务大厅的对接。整合社区各类协管员的力量。第三，建立社区对政府工作的监督制度，由社区居民代表大会定期评议政府部门和街道办事处的工作。

二是必须坚持居民的主体地位，以发展社区民主为中心，健全民主选举、民主决策、民主管理、民主监督的各项制度。小关街道建立社区居民常务代表会制度的做法，解决了居民代表大会闭会期间民主决策、民主监督缺位问题，应当加以总结推广。要借鉴团结湖街道建立社区事务协调委员会、望京街道建立和谐社会促进室、劲松街道建立民愿接待室等好的做法，紧紧围绕维护居民合法权益和社区共同利益为中心开展工作，建立健全居民利益诉求机制、评议机制、决策机制、参与机制，使社区工作真正同居民的切身利益密切联系起来，形成“社区以人为本，民以社区为家”的局面，增强居民对社区的认同度，调动居民参与的积极性。要充分发挥司堃范等这样的社区核心人物的模范带头作用和社会影响力，带动更多的社会志愿者加入到社区为民服务的行列中来，增强社区服务的能力，扩大公众的参与。

（四）培育社会组织，组织公共服务

社会组织是承接街道转移职能、组织公共服务的重要主体，也是公民参与社会管理的重要载体和渠道。大力发展社会组织，对于打破传统的以政府为主的行政管理模式，形成新的公共治理模式具有重要意义。

一是发育社会组织要突出重点。从朝阳区街道的实际看，要重点发育能够协助政府承担事务性工作、为社会提供公益性服务和满足居民文化需求的各类组织。当前要把工作重心放在基层，不断完善“3531”社会协同机制，大力发展与满足群众日常生活密切相关的社区群众性组织，重点培育自律型（如养犬协会）、社会互助性（如爱心超市）、健康促进型（如文体协会）、志愿服务型等社区群众性组织，形成一大批有特色、有活力、群众参与率高的服务群众品牌项目。

二是发育社会组织要制度创新。要进一步调整社会组织的管理方式，以工青妇等群团组织和社区社会组织联合会为重点，认定一批“枢纽型”社会组织，加快政社分开、管办分离的进程。要运用项目管理、委托经营、政府采购等方式，将政府承担的社会管理和公共服务职能，特别是一些专业性、技术性、事务性工作交由社会组织承担，拓宽社会组织参与社会事务的渠道，为社会组织发展提供广阔空间。设立扶持社会组织发展的专项资金，为社会组织的发展提供资金支持。积极为社会组织提供办公场所、基础设施等资助。探索对提供公共服务的社会组织的税收减免政策。同时，完善监管体系，加强对社会组织的监督管理，保证其依法运作，健全内部管理制度，不断健康发展。

（此文作者为朝阳区委社会工委书记）

贯彻落实科学发展观，进一步创新海淀区社会建设管理体制机制研究报告

周来升

前　言

科学发展观是我国经济社会发展的重要指导方针，是发展中国特色社会主义必须坚持和贯彻的重大战略思想。科学发展观的社会意义主要包含两方面的含义，首先，强调了社会的发展，要着力解决发展过程中“经济腿长，社会腿短”的问题。其次，强调了以人为本，要求把发展惠及全体人民、提高人的生活质量作为核心与本质，把社会与人的发展作为一个重要的终极目标。科学发展观的社会意义，为海淀区指明了创新社会建设管理体制机制的基本理念和发展方向。

科学发展观能够帮助我们正确理解中国在目前的这种“黄金发展期”和“风险凸显期”并存的特殊时期如何发展的问题，指导如何避免并解决发展过程中出现的贫富差距过大、社会不稳定、结构紧张和行为失范等问题；如何努力缩小贫富差别和城乡差距，努力协调经济与社会的关系，协调不同利益群体的关系，维护与实现社会的公平和正义。

本课题聚焦于海淀区社会建设管理体制机制的探索和创新，按照科学发展观的要求，综合运用社会科学理论体系，以公共管理的规划、组织、领导、人力资源管理、绩效管理机制、公共决策机制等六个要素为基本理论框架，系统梳理海淀区社会建设体系中的社区建设规划、政策体系、政府管理体制、社区建设体制、社会组织发展机制、人力资源配置和管理、绩效评估机制、基层党的建设机制现状，探讨了目前存在的不足，并依据社会发展的基本规律，立足于海淀区区情，为创新海淀区社会建设管理机制提供了现实和可操作的建议，并期望通过系统的科学研究过程，探索出符合时代要求，符合海淀区实际的民主有效的社会建设管理体制机制，推动海淀区实现平稳、健康、协调和有序、稳步的发展，实现构建海淀区和谐社会与人的全面发展的社会目标。

第一部分　海淀区社区居民需求及社会发展趋势

一、海淀区社区居民需求状况抽样调查

（一）调查目的和方法

为了从全区的层面深入、科学地了解社区居民需求、掌握社区情况，我们开展了海淀区社区居民需求抽样调查，从海淀区随机抽取两个街道，并在所抽中的街道抽取商品住宅区、老旧小区和单位型社区各一个，共六个社区。在抽中的六个社区随机调查社区居民55位，共发放调查问卷330份，回收有效问卷307份，有效回收率为93%。

（二）居民需求调查基本结果

1. 样本基本情况。

此次调查，在社区类型方面有所控制，兼顾了不同类型社区的情况，提高了调查结果的代表性。从统计结果来看，样本代表性较高，性别、婚姻情况、学历、工作情况等分布都较为均衡。

性别方面，男性在样本中占43%，女性占57%（参见图1）。

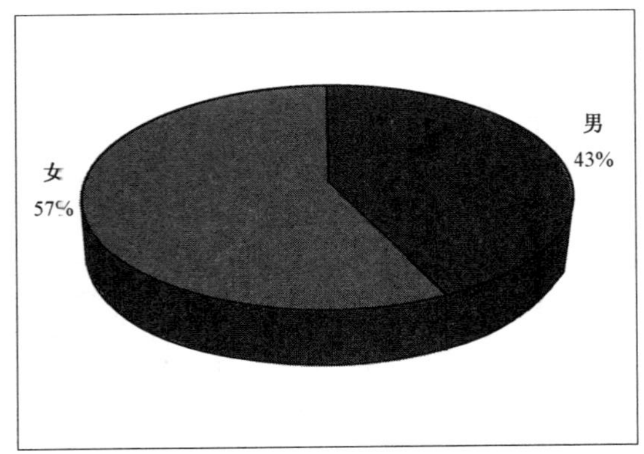

图1 性别比

婚姻状况方面，被调查者已婚的占90%，未婚的占4%，丧偶和离异的比例均为3%（参见图2）。

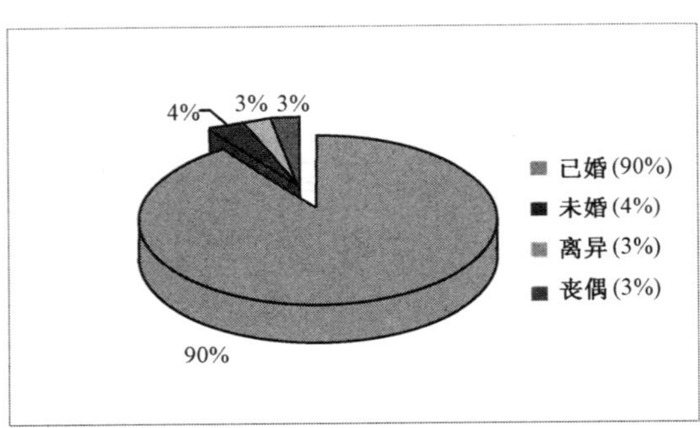

图2 婚姻状况

学历方面，有23%的居民是大学及以上学历，20%的居民是大专学历，12%是中专技校学历，24%是高中学历，15%是初中学历，5%是小学学万，另外有1%的人是文盲（参见图3）。

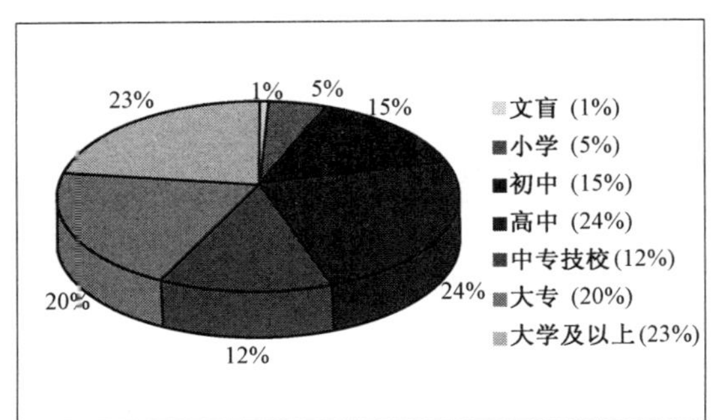

图3 居民文化程度

工作情况方面，其中有37%的居民有稳定的工作，13%的人有临时工作，6%的人失业或者下岗，37%的人已经离退休，2%的人从没有过工作，3%的人正在当兵（参见图4）。

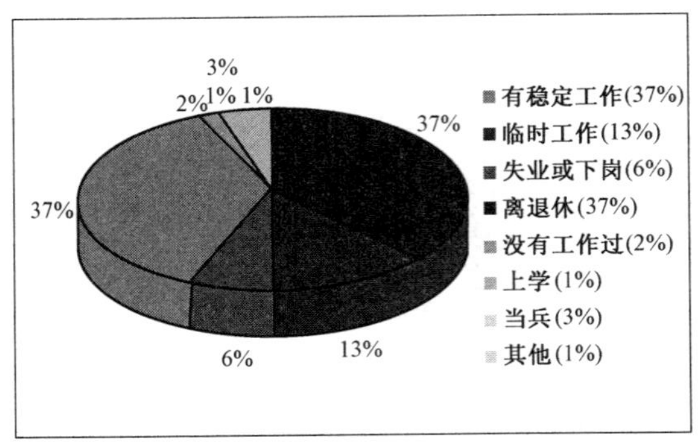

图4 居民工作情况

2. 居民对社区状况的总体满意度。

此次调查，我们把社区需求划分为社区卫生、社区治安、社区公共设施、社区道路交通、社区邻里关系、社区生活方便程度、社区医疗服务等七个方面。调查发现，居民对社区道路交通、社区治安和社区卫生满意度较高，分别达到58.3%，49%和47%（参见图5）。

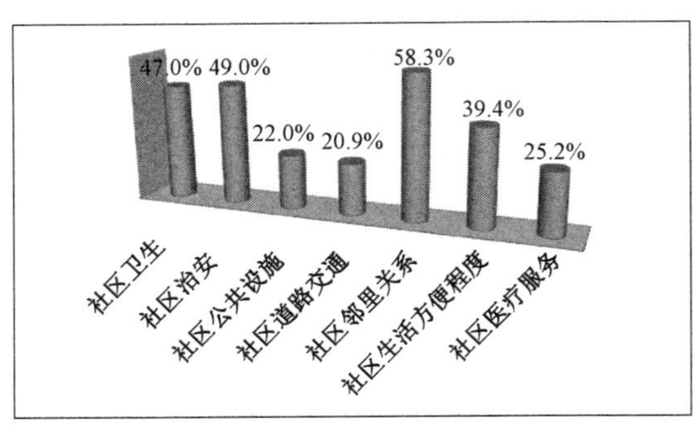

图5 居民最满意状况

调查显示，社区居民对社区医疗服务和社区公共设施最不满意，分别达到39.6%和33.3%（参见图6）。

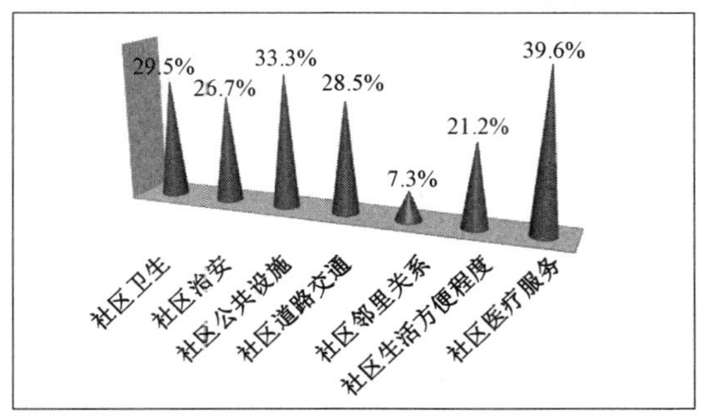

图6 居民最不满意状况

3. 社区状况分类调查结果。

（1）社区卫生状况。居民对社区卫生状况的总体满意度较高，不满意和很不满意的仅占14%（参见图7）。

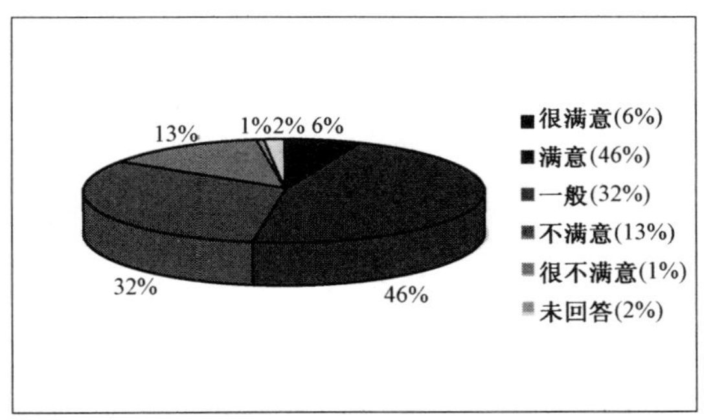

图7 社区卫生状况满意度

调查发现，在加强社区卫生工作方面，居民对整治乱搭乱盖的意愿最高，达到58.7%，对加强社区绿化、楼道卫生、垃圾清理、噪声等工作，也有较高的意愿（参见图8）。

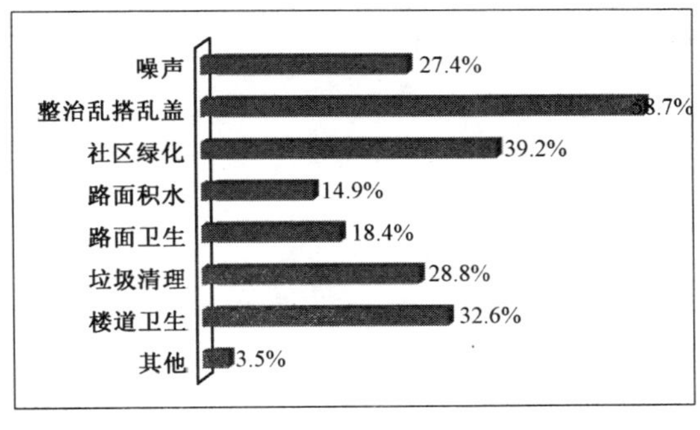

图8 加强社区卫生工作

（2）社区治安状况。居民对社区治安状况的总体满意度很高，不满意和很不满意的仅占7.3%（参见图9）。

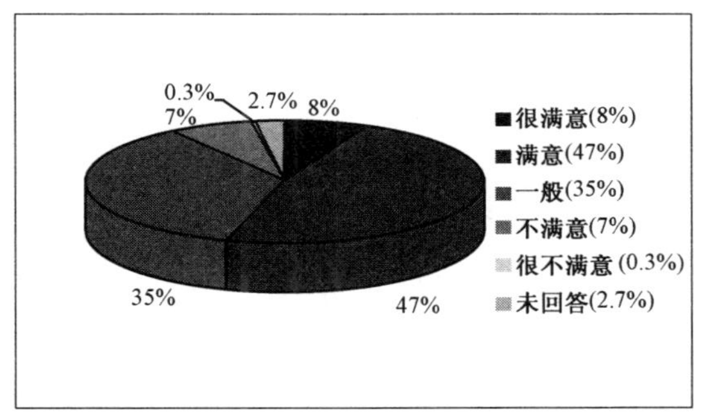

图9 社区治安状况满意度

调查发现，在加强社区治安工作方面，居民对预防盗窃的意愿最高，达到68.3%，50.5%的居民希望进一步加强治安巡逻工作；同时，对预防入室抢劫，也有较高的意愿（参见图10）。

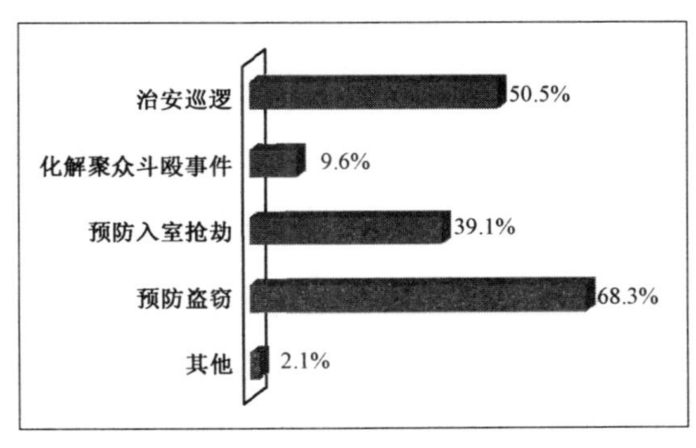

图10 改善社区治安状况

（3）社区公共设施。53%的居民对社区公共设施的满意程度为一般，15%的居民不满意。可见，社区公共设施整体状况不佳（参见图11）。

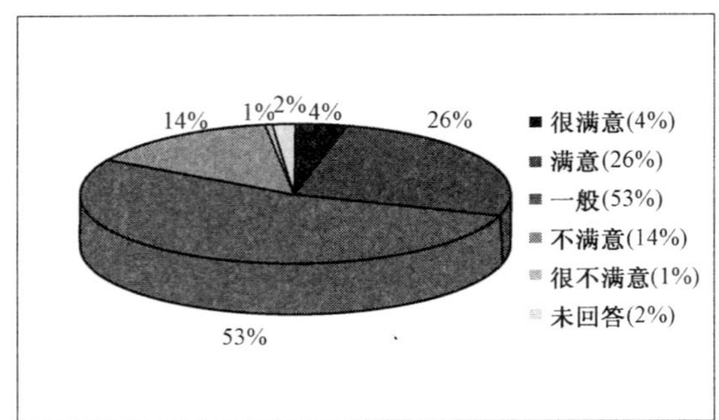

图11　社区公共设施满意度

在进一步加强社区公共设施方面，大多数居民希望增加文化活动场所（68%）、和公共活动场地（60.2%）。同时，对增加健身器材、改善公共场所照明情况，也有一定的意愿（参见图12）。

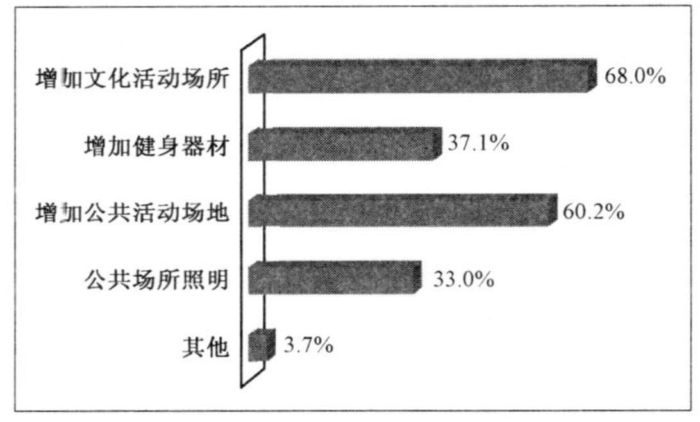

图12　加强公共设施建设

（4）社区道路交通状况。调查显示，社区道路交通状况整体上可以。49%的居民对社区道路交通情况感觉一般，35%的居民感到满意或很满意（参见图13）。

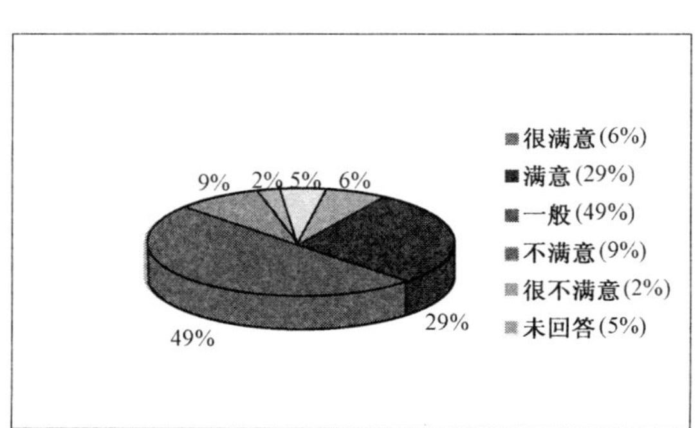

图13　社区道路交通状况满意度

在改善社区道路交通状况方面，近一半（45.6%）的居民希望治理社区内乱停车现象，其他如治理占道经营、交通拥堵、增加公交路线、建立健全自行车专用道等，也在30%上下（参见图14）。

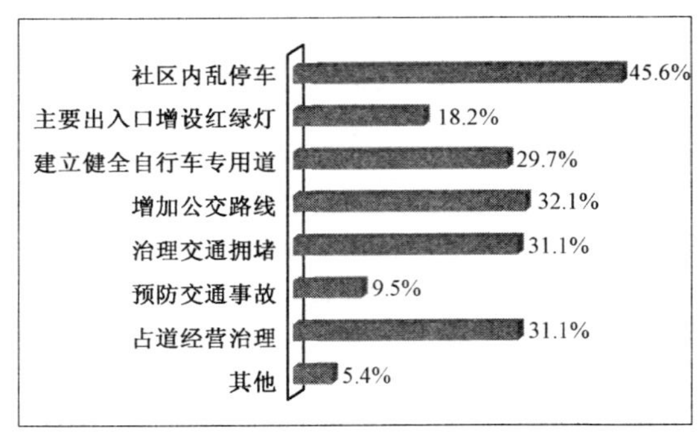

图14　改善社区道路交通状况

（5）社区邻里关系。社区邻里关系较为融洽，居民满意度较高，近70%的居民对邻里关系满意或很满意（参见图15）。

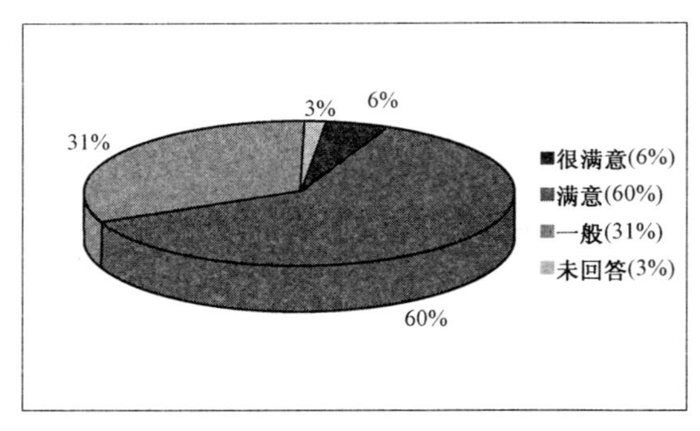

图15　社区邻里关系满意度

在进一步融洽社区邻里关系方面，多数居民希望进一步加强和促进邻里之间的认识、交流往来（参见图16）。

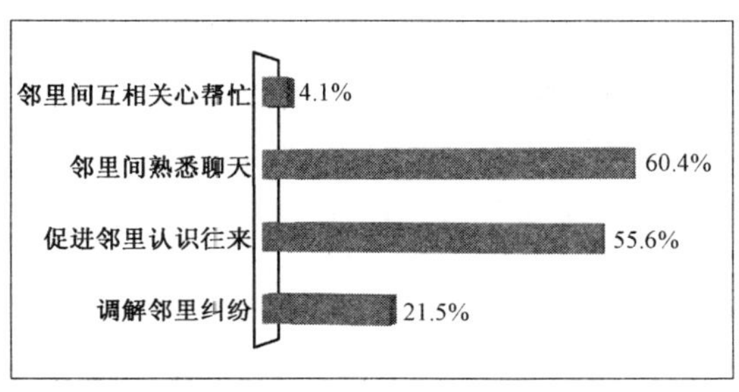

图 16　融洽社区邻里关系

（6）社区生活方便程度。调查显示，53% 的居民对社区生活方便程度感到满意，仅有 5% 的居民不满意（参见图 17）。

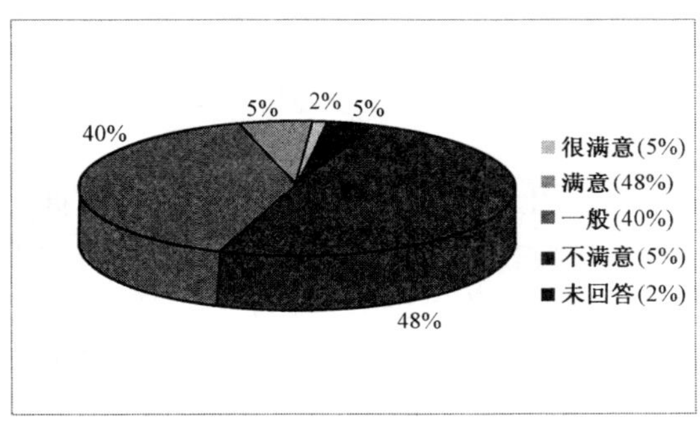

图 17　社区生活方便程度满意度

70% 的居民感觉银行网点布局不太合理，希望能够合理布局银行网点。38.6% 的居民希望采取措施，方便居民买菜。也有近 32% 的居民对进一步完善家政服务工作提出了希望（参见图 18）。

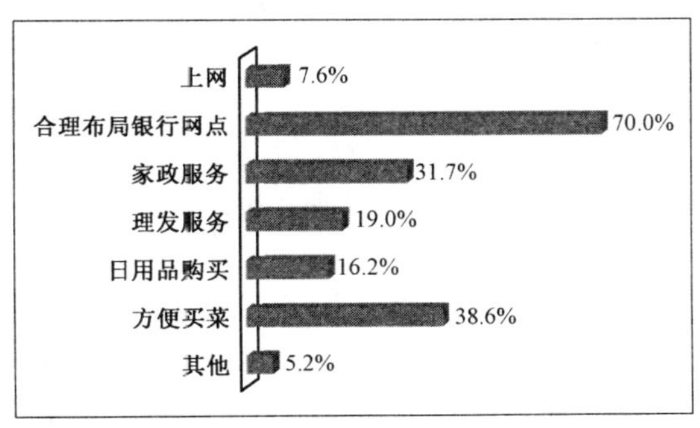

图 18　提升社区生活方便程度

（7）社区医疗服务状况。过半的居民认为社区医疗服务状况一般，30% 的居民对社区医疗服务状况感到满意（参见图 19）。

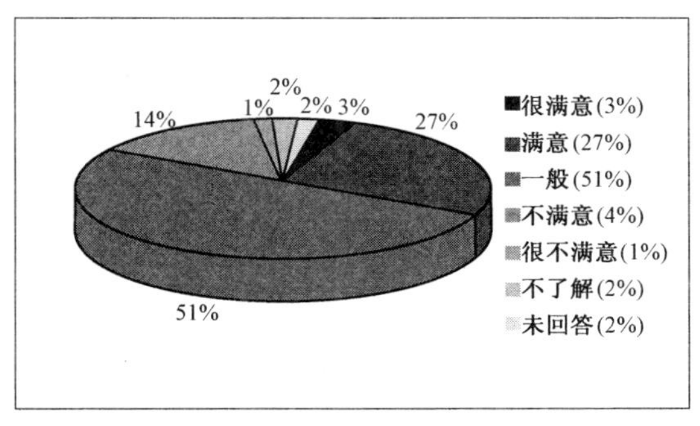

图 19　社区医疗服务状况满意度

在改善社区医疗服务方面，近 60% 的居民希望加强社区卫生站、社区医院建设，改善医疗条件，提升医疗服务水平（参见图 20）。

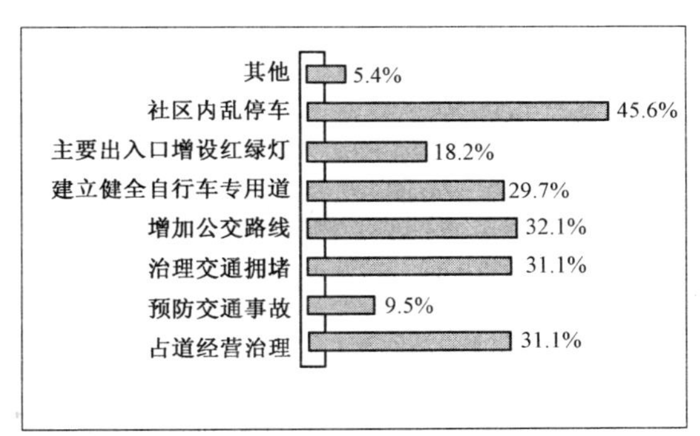

图 20　改善社区道路交通情况

4. 不同人群社区服务需求情况。

（1）社区困难群体（低保、经济困难、残疾人等）服务状况。居民对社区困难群体服务状况满意度很高，超过 64% 的居民觉得社区对困难群体的服务令人满意。另外，也有 8% 的居民不太了解（参见图 21）。

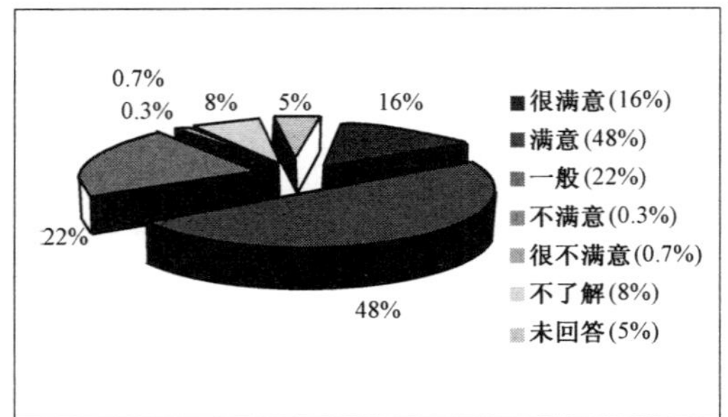

图21　社区困难群体服务满意度

在加强社区困难群体服务方面，54%的居民认为应当优先提供给有困难的家庭，近34%的居民认为应当加强低保金发放工作，提供更多对残疾人的服务（参见图22）。

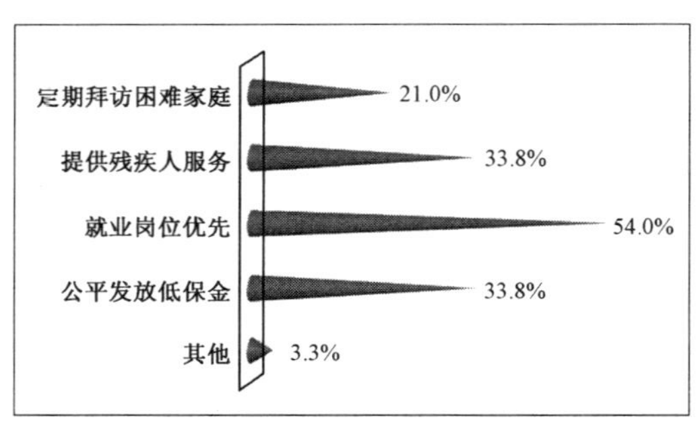

图22　加强社区困难群体服务

（2）社区儿童青少年服务状况。5%的居民感到对社区内的儿童青少年服务状况很满意，45%的居民被访者感到满意，34%的居民感觉一般，3%的居民觉得不满意，13%的居民不了解状况。总体来看，社区居民对社区内儿童青少年服务状况满意程度较高，但也存在着居民了解不多的问题（参见图23）。

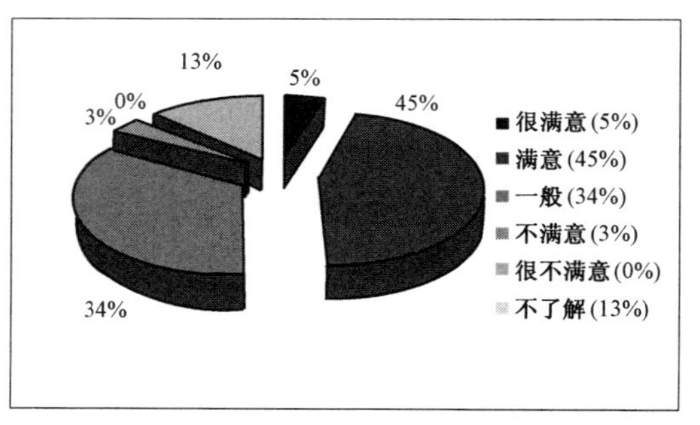

图23　社区儿童青少年服务状况满意度

在加强儿童青少年服务方面，近半的居民希望社区为放学后或寒暑假家里没人的中小学生提供托管服务，开展适合青少年参加的活动，提供机会、让儿童青少年参与社区志愿服务（参见图24）。

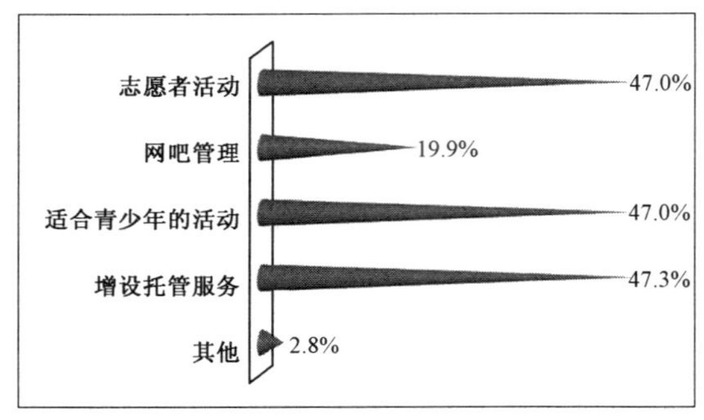

图24　加强社区儿童青少年服务

（3）社区老年人服务状况。调查数据显示，居民对社区内老年人服务状况的满意度很高，65.7%的居民对当前社区老年人服务状况满意或者很满意，仅有2%的居民不满意，0.3%的居民很不满意。同时，有9%的居民不太了解社区老年人服务状况（参见图25）。

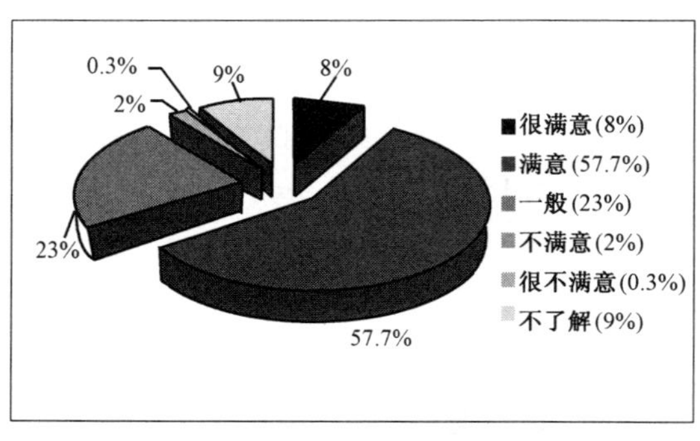

图25　社区老年人服务状况满意度

在加强老年人服务方面，居民对多开展适合老年人参加的文体活动、志愿活动等有较高期望。同时，也有不少居民希望加强居家养老服务，加强对独居、空巢老人的照顾，建立老年人紧急救助呼叫系统等（参见图26）。

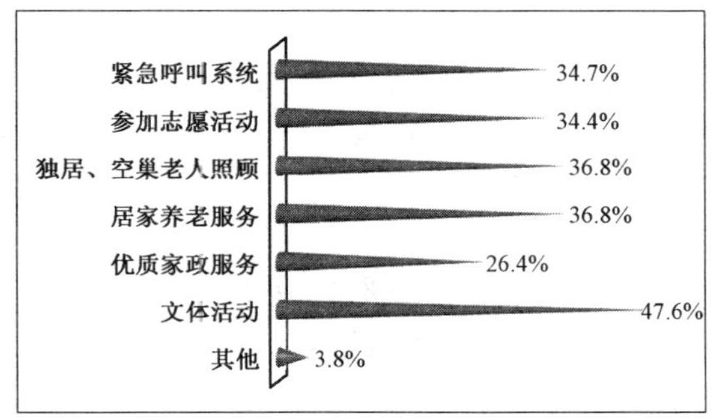

图26 加强社区老年人服务

（4）社区就业服务状况。关于社区就业服务状况，居民满意度不高（38%），不了解的占16%，说明社区就业服务工作有待加强（参见图27）。

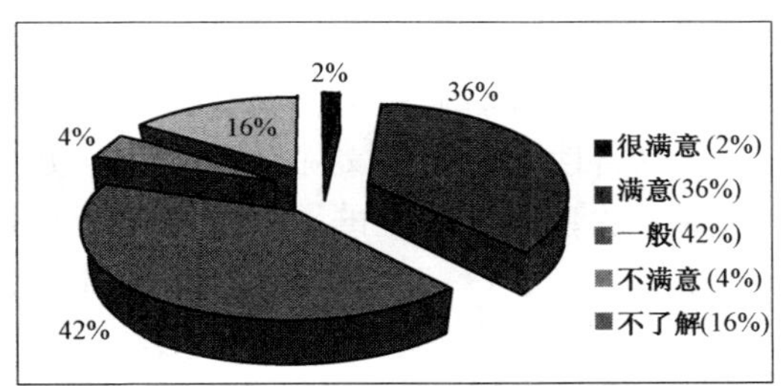

图27 社区就业服务状况满意度

居民在就业方面的需求较为集中，主要集中在及时发布就业信息、提供就业培训机会、社区提供就业岗位等方面。社区需要加强这方面的工作，以满足人们的就业需求（参见图28）。

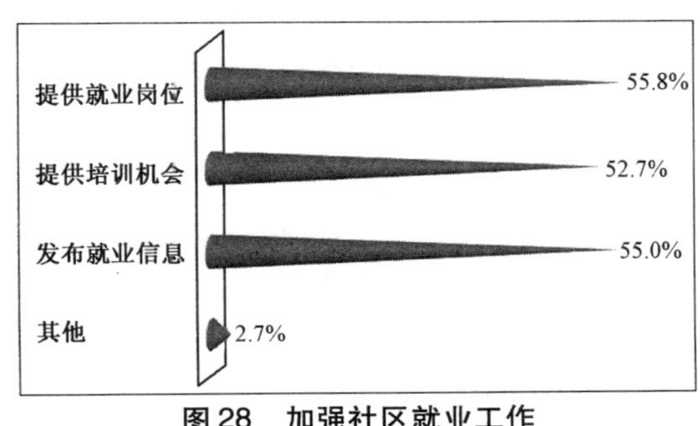

图28 加强社区就业工作

5. 社区参与情况。

（1）居民参与社区活动。统计数据显示，居民参与社区文体活动和志愿活动最多，均过半数。社区主题讲座和社区居民代表大会的参与程度也较高，分别达到36.9%和34.8%（参见图29）。

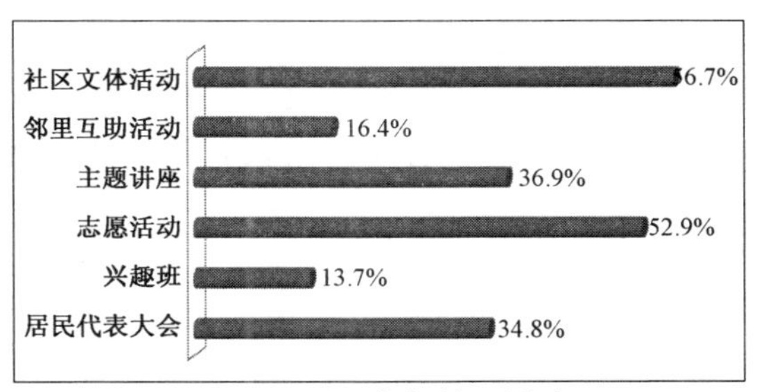

图29 居民参与社区活动

居民积极参与社区活动的原因，主要是认识更多的朋友（67.2%）、学习知识技能（49.8%）、发挥特长（29%）（参见图30）。

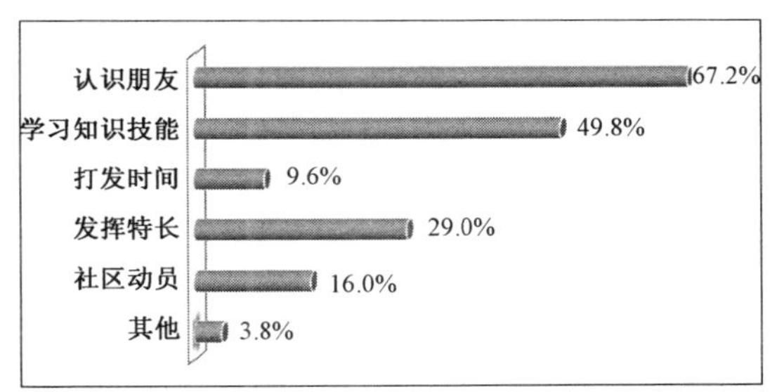

图30 居民参与社区活动的原因

未参加过社区活动的居民，多数因为时间问题，时间不合适或没有时间的占多数，也有近15%是因为不知道社区举办了相关活动（参见图31）。

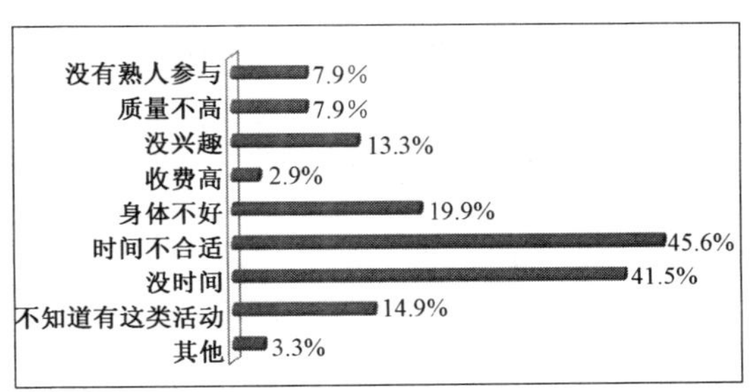

图31 居民未参与社区活动的原因

另外，在参与志愿活动方面，居民的积

极性较高，且活动形式较为集中。37.5%的居民或其家人最近三年内在社区活动和服务中担任过志愿者，主要服务形式是奥运志愿者、社区治安巡逻、保护社区环境卫生等。

（2）积极反映意见建议。近50%的居民或其的家人最近三年内就社区的有关问题向有关部门或个人反映过意见和建议，主要对象反映是居委会，居民小组长和政府相关部门（参见图32）。

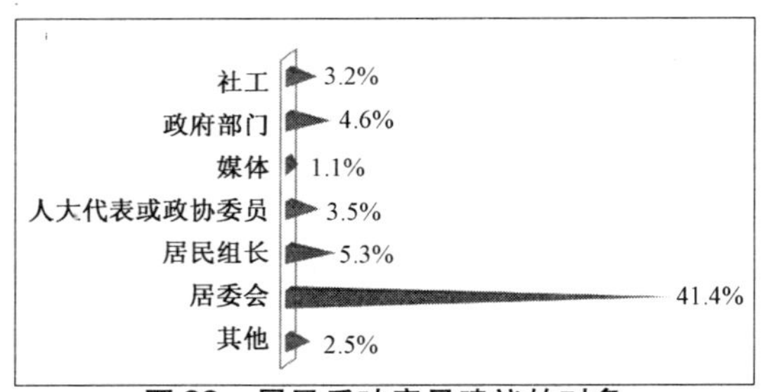

图32 居民反映意见建议的对象

部分居民最近三年内没有找过相关部门或个人反映意见、建议的原因，主要是觉得没用、太麻烦、自己没有时间，也有近10%的居民不知道找谁反映（参见图33）。

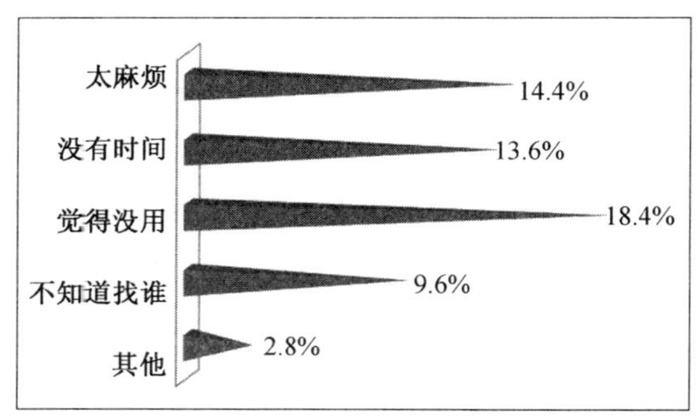

图33 没有反映过意见建议的原因

二、海淀区社会发展的SWOT分析

（参见图34）。

第二部分 海淀区社会管理体制机制现状

一、海淀区政府社会建设规划、政策和政府管理机制现状

（一）科学发展，系统规划，制定社会建设系列文件

海淀区区委、区政府认真贯彻落实党的十七大和北京市社会建设大会精神，迅速作出了战略部署，采取了一系列重要举措。2009年3月19日，海淀区区委和区政府召开社会建设大会，出台了加强海淀区社会建设“1+6”系列文件。①其中《三年规划》是海淀区委、区政府加强全区社会建设的一个综合性、思路性、纲领性文件，四个《意见》，两个《办法》是具体性的，主要是关于加强社会领域党的建设、社会组织建设、社区建设、社会队伍建设的政策性、规范性、制度性文件。“1+6”系列文件内容非常丰富，有许多创新点和改革措施，明确指出了今后3年海淀区加强社会建设工作的基本思路。其基本作用是一方面着眼于体制机制建设，促进海淀区社会建设工作制度化、规范化；另一方面是致力于改革创新，解决海淀区社会建设领域的突出问题。

（二）起步早，推进快，构建起政府社会建设的管理系统

海淀区从2004年起就开始全区社会管理和公共服务领域的创新工作，围绕“政事分开、管办分离”启动了公共服务体制改革试点，在全国率先成立公共服务委员会，取得了社会公共服务事业发展的重大突破。2005年，区委九届四次全会作出了构建和谐海淀

---

① 海淀区社会建设“1+6”系列文件：《海淀区社会建设三年规划》、《中共海淀区委关于进一步加强和改进社会领域党建工作的意见》、《海淀区关于加强社会组织建设的若干意见》、《海淀区社区管理办法（试行）》、《海淀区社区工作者管理办法（试行）》、《中共海淀区委、海淀区人民政府关于进一步加强文明社区创建工作的意见》、《中共海淀区委、海淀区人民政府关于进一步加强和改进志愿者工作的意见》。

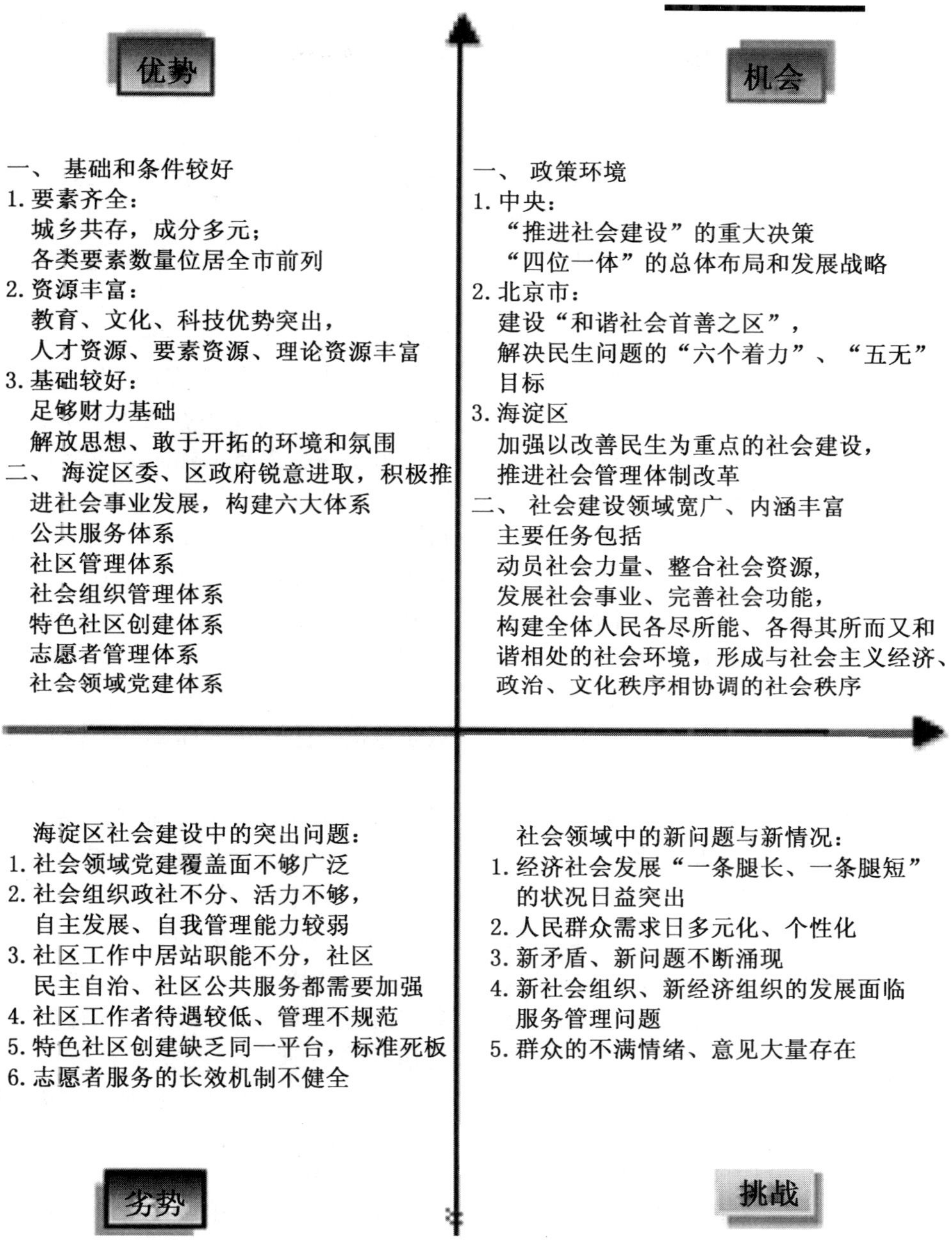

图 34　海淀区社会发展的 SWOT 分析

的决定，实施“和谐海淀十大工程”，系统推进和谐社会建设。从 2007 年起，就社会建设、社会组织建设、新经济组织党建等课题开展系统调研，为梳理谋划社会建设工作总体思路措施做了准备。筹建和管理工作机构。2007 年下半年，成立了筹备社会建设工作领导小组。2008 年 4 月 9 日，区委社会工委、区社会建设办正式挂牌成立。为加强对全区社会建设工作的统一组织领导，同时成立了海淀区社会建设工作领导小组，构建起了由领导小组牵头，社工委、社会办综合协调，相关委办局和派出机构具体实施的政府社会管理系统。

（三）成立海淀区社会工委、区社会办，统筹全区社会建设和管理工作

区委社会工委和区社会办分别承担9项和8项主要职能，两个机构职能互有交叉，总起来可以归结为四大方面：一是贯彻落实中央和北京市关于加强社会建设和管理的方针、政策，总体规划、统筹协调、宏观指导和研究推进本区社会建设和管理工作；二是统揽负责社会建设相关的组织、人才、动员机制和工作机制建设，具体负责社区建设、社会组织建设、管理和服务、社区和“两新”组织党建、社会工作者队伍建设以及与街道办事处和城市管理体制改革相关的协调工作；三是协调推进事关民生的有关工作，加强围绕社区的公共服务体系建设，提升社区服务功能，让社区居民得到更多实惠；四是完成区委、区政府以及区社会建设领导小组交办的其他工作。新机构组建后，大胆探索，不断创新，加强对社会建设的宏观管理、统筹协调、指导监督，在健全体制、搭建平台、完善制度、制定规划方面作了大量基础性工作。

（四）通过《海淀区社会建设三年规划》，明确相关职能部门和街道办事处的职责

为了有效统筹社会建设工作，区委社会工委、区社会办成立后，立即着手制定规划、完善制度。经过认真调研论证、充分征求意见后，《海淀区社会建设三年规划》于2009年3月在海淀区社会建设大会上正式颁布。该规划是海淀区社会建设发展中长期规划，确定了未来一个时期海淀区社会建设发展的指导方针、目标、任务及其保障措施，尤其是明确了区各职能部门在构建社会公共服务体系中的主要任务，及其在保障和改善民生中所承担的政府责任，同时也要求街道办事处加强辖区社会管理，维护社会稳定。

二、海淀区社区治理、社区服务与社区参与现状

（一）社区治理与社区服务状况

从2007年开始，海淀区全面推进社区服务站标准化建设，以社区公共服务、公益服务、便民服务为主要内容，以统一形象标志、统一资源调配、统一管理体制、统一服务内容、统一服务规范为基本标准，实现了社区服务站面向社区居民的“一站式”或“一窗式”办公。同时，规范社区服务站职能，明确了社区党组织、社区居委会和社区服务站三者的职责和关系，有效依托社区民间组织、社区志愿者、社会单位等资源，进一步强化了社区党组织的领导核心作用。创建了社区党支部、社区居委会、业主委员会和物业公司四方机制，提高了社区服务能力。

设立社区服务专项发展资金，实施“社区服务十大重点项目”，建成社区服务站318个，完成了46个社区卫生服务中心、133个卫生服务站的标准化建设，在全市率先建立“社区药品零差率销售”补助长效机制。建立社区服务项目管理机制，完善社区服务站相关制度，引入企业运作比较成熟的项目管理机制。

同时，积极推动社区服务的专业化、信息化、网络化，建立了社区服务代理制，实现了电子政务向社区延伸，城市社区服务向农村社区延伸。

（二）社区参与状况

海淀区成立了区、街、社区三级社区事务民意协调机构及社区事务法律专家指导组，聘请民意沟通员，设立了社区“民意室”、“民意箱”等，搭建了政府与群众的互动交流平台，畅通了社区民意表达、沟通、协商、反馈和监督的渠道。

通过各类社会组织的宣传、交流、文体、教育等各项活动，有效地动员了社区内各类人群，参与到社区硬件设施改造、软件环境建设、社区氛围营造等方面的事物中，大大提升了社区参与的水平。

三、海淀区社会组织与民间参与现状

（一）社会组织队伍状况

社会组织总量大，已经初步形成了门类

齐全、层次不同、覆盖广泛的组织体系。截止到2008年6月底，海淀区共有社会组织557个，占全市社会组织总数的13%，其中社会团体140个、民办非企业单位417个。另据有关资料显示，已经具备登记备案条件而由于各种原因未登记备案的社会组织、社区民间组织至少有1600余家。

社会组织社会影响逐渐增大，积极作用凸显。近年来，海淀区的社会组织在区委、区政府的支持与培育下，发展很快，涌现了一批发展水平很高且社会影响很大的社会组织，如中关村国际软件协会、闪联产业联盟、新东方学校等。民间组织在服务高新技术企业、促进企业发展，服务新农村建设和社区建设，提供便民、利民服务，围绕党和政府与社会组织、各界群众之间的联系沟通、反映诉求、化解矛盾、促进和谐等方面都发挥了显著作用。

（二）社会组织管理体制机制

海淀区先后出台相关文件，加强民间组织建设工作，积极创新社会组织管理模式。紧紧抓住社会团体中的行业协会、商会这个主体，对现有的行业协会进行规范治理和脱钩，实行依法办会、民主办会。积极引导各类社会组织加强自身建设，充分发挥其在社会建设工作中提供服务、反映诉求、维护权益、规范行为、化解矛盾的积极作用。

成立海淀社会组织联合会，对全区社会组织进行协调、管理。同时，把性质相同、业务相近的社会组织联合起来，促进形成一批服务市场化、运行规范化、人才专业化的社会组织。注重分门别类地整合社区民间组织，目前，已有七个街道1616个社区民间组织完成了登记（备案）工作。

四、海淀区社会管理人才队伍现状

（一）社区专职工作者队伍整体状况

截止到2008年年底，海淀区29个街道、乡镇共有社区居委会579个社区，专职工作者有3 366人。海淀区持有资格证书的社区专职工作者达到了1 077人，占社区居委会工作人员的32.0%，他们作为最基层的社会管理者，在承担社区管理、开展社区服务、推进社区民主等方面发挥了至关重要的作用。

（二）社区专职工作者人才结构

社区专职工作者的平均年龄为45.6岁，年龄最大者为68岁，其中40岁以下社区专职工作者有890人，仅占总数的26.4%。拥有大专及其以上学历的社区工作者超过1/3，大学及其以上文化程度376人，占总数的11.2%，具有大专文化程度的有1 171人，占总数的34.8%。其中，党员1 485人，占总数的44.1%。从目前的岗位分工看，“一人兼数职”的情况普遍存在，多数社区专职工作者担任社区委员工作。

五、海淀区社会领域党建工作现状

（一）社区党建

在社区党组织建设中，海淀区鼓励社区党组织充分发挥主要职责，保持社区党组织在社区各种组织和各项工作中的领导核心作用，推动社区党组织将党的重大路线、方针、政策带入社区，协助社区完成各项任务。同时，加强社区环节流动党员的教育管理工作，把党的工作向楼门、胡同、群众组织延伸，扩大社区党建工作覆盖面。

（二）“两新”组织党建

在“两新”组织党建方面，海淀区解放思想、勇于创新，初步形成了具有海淀特色的“两新”组织党建新模式。在海淀区非公企业集中的海淀园内，共有“两新”组织1.5万余家，已建党组织320个，其中二级党委10个，党总支35个，党支部275个，党员约1.2万人。商务楼宇党建工作取得一定进展。目前，海淀区新经济组织的党组织覆盖率已达到83%，涌现出启明星辰公司党支部、四方继保公司党委等一批党建先进典型。

第三部分 海淀区社会管理体制机制面对的挑战

一、社会建设规划、政策和政府社会建设管理机制存在的问题

（一）各职能部门之间协调不足

在海淀区政府层面社会建设管理机制亟待研究和提高的问题有两个方面：一是在委办局层面，社工委、社会办作为新成立的社会建设综合性部门如何与区教委、民政、劳动和社会保障以及卫生等业务职能部门进行分工、协调、合作，克服部门职责界限不清、职能交叉、虚实分离状态，发挥区政府社会建设的整合效能。二是区政府社会建设综合部门、业务职能部门如何与派出机构街道办事处分工、协调、合作，克服责任归属不清、条块分割的状态，有效实施基层社会管理。

（二）为民服务的作风不够务实

城区政府社会建设中公共服务基本上是“窗口服务”，而基层社会管理则主要是在处理利益纠纷和冲突，其基本特点是与民众直接打交道，其工作是否务实、扎实，都直接影响着政府在民众中的形象，以及民众对政府的信任。目前，相关职能部门和派出机构公务人员的工作作风，还需要进一步提升。

二、社区治理、社区服务与社区参与存在的问题

（一）社区治理机制不够顺畅

社区治理需要依靠社区中各个主体互动对利益相关事件进行沟通与协调。但目前，行政色彩较浓的“街居制”仍然是社区治理的主要模式，在实际工作过程中，过多地倚重自上而下的行政管理，忽视自下而上的自治治理，缺乏双向互动，形成了单向治理的模式，不仅导致社区居委会的自治地位不够明晰，也造成社区治理机制不够顺畅。

（二）社区服务供需矛盾突出

随着社会的发展，社区居民的利益需求日益多元化，不同类型的社区之间、社区内部不同个体之间的需求存在较大差异，但社区服务的提供主体并未随之出现多元化发展的趋势，社区服务提供主体单一，服务水平不高，社区居委会和社区服务站并未有效发挥服务功能，社会组织发育不完善，活动主要为文体活动，难以满足社区实际需求，社区服务供需矛盾日益突出。

（三）社区参与程度不高

社区参与的群体不平衡，老人、享受低保和生活困难的群众社区参与率较高，而中青年在职职工社区参与率普遍较低；社区志愿组织和志愿者实际活动较少；社区的服务和文化体育设施不足，限制了居民的社区参与；单位参与社区的意愿不强，缺少单位与社区的良性互动机制。

三、社会组织与民间参与存在的问题

（一）管理体制成为制约社会组织发展的瓶颈

一方面，现行的社会组织管理体制、机制与社会组织发展的需要不相适应，概要地说是“双重管理”，重心偏重于约束和管制，促进和引导的功能体现不充分；多头管理，职能交叉，也有衔接上的空白，使一部分社会组织难以纳入依法登记、依法管理的轨道。另一方面，由于现行的体制约束，结构性缺陷明显，布局不够科学合理，与实际需求差距较大；相当一部分社会组织行政色彩严重，政社不分，参与社会建设和管理的能力不足；重登记轻管理的现象还比较突出。

（二）社会组织自身建设与管理有待进一步加强与规范

以规章为核心的法人治理结构尚需进一步建立与完善，行政化管理色彩仍比较浓厚，部分社会组织机构不健全，内部管理制度还不够完善，民主管理不够落实，财务管理不

够透明，社会公信力不足，缺乏活力和独立性。市场化运作的机制还未建立起来，服务空间相对狭小，服务功能不够完备，自身发展和协调服务能力有待进一步提高与加强。另外，整体素质与动员发动能力还有待于进一步提高。

四、社会管理人才队伍建设存在的问题

（一）工作任务和工资待遇不匹配

随着社会的进步和发展，由社区承担的工作任务不断增加。以当前社区专职工作者承担的工作量来看，其收入水平与北京市社会平均工资水平（3 008 元）相比相对较低，难以吸引优秀人才和全日制大学本、专科毕业生，也难以留住人才，造成社区专职工作者队伍的不稳定。

（二）专业素养有待提升，管理能力尚显不足

社区专职工作者的学历、学识依然偏低，影响了思维创新、随机应变、文字和口头表达以及社会交往和沟通能力的发展；专业知识和技能缺乏。大部分人开展管理和服务工作时主要靠经验积累，工作效率低，成效不显著。

（三）社会认同度不高，工作意愿需要加强

社区专职工作者缺少时间与社区居民充分交流沟通，未能及时关注社区居民的特殊需求；社区专职工作者在推进社区民主自治方面存在着工作能力、工作方式等方面的不足，无法得到社区居民的普遍认同；部分居民并不了解、不认同社区专职工作者在社会管理和社会建设中所发挥的重要作用。

社区专职工作者社会地位尚不明确，职业前途模糊，工作不安心，对社区工作不投入，责任心不强；目前缺乏相关刚性激励措施（晋升、流动、加薪）和退出机制，影响了工作积极性、主动性。

五、社会领域党建工作存在的问题

（一）社会领域党建工作还存在不少“空白点”

一些社区党组织的领导核心作用发挥不够明显。社区党的建设工作向社区实质性的延伸还不够充分。社区党组织和社区党员在社区建设中的领导核心和模范带头作用还不够充分，整体作用还不是很明显。

“两新”组织内建立党组织仍有较大提升的空间，应加强这方面的工作。“两新”组织党组织开展活动大多数利用工余时间，时间短、次数少，有的甚至不活动。此外，社会领域党组织党员流动性强，对流动党员的教育管理工作有待加强。

（二）社会领域党组织活动形式单一

有的党组织活动形式单一，内容枯燥，开展活动时仍采取“念一遍文件，读一段报纸”的老套做法，还有些党组织直接将党建活动开成讨论业务生产的工作会；此外，“两新”组织党组织不能紧密围绕推动所在组织的发展开展党建工作，有的党组织仍采用行政命令的手段抓党建工作。

（三）缺乏有效的保障机制，党务工作者队伍有待加强

由于缺乏制度保障，许多社会领域党组织工作推进困难，实际上处于维持状态。相当一部分社会领域党组织处于开展活动无经费、无场所、无时间的困境，党建工作很难推进。社会领域党务工作人才匮乏、党组织负责人选配难，党务工作者队伍整体素质不高。

第四部分　创新海淀区社会管理体制机制的建议

一、创新海淀区社会建设管理机制

（一）不断提高认识，转变治理方式

要深刻认识和把握社会建设的意义，创

新管理体制、整合管理资源、提高管理水平，积极推进政府改革和政府职能转变，吸收世界先进国家社会治理的经验，转变社会治理方式，扩大公共参与渠道，创新公共服务和社会管理机制与方式。通过政务公开、听证、咨询过程，推动社会大众关心、参与政策的制定和执行；通过民主对话、沟通和协商过程，建立起社会大众对地方政府的信任；通过培育社会组织，协助政府提供高品质的服务；通过能力建设，让社区居民能够管理自己的事务，达成自治（参见图 35）。

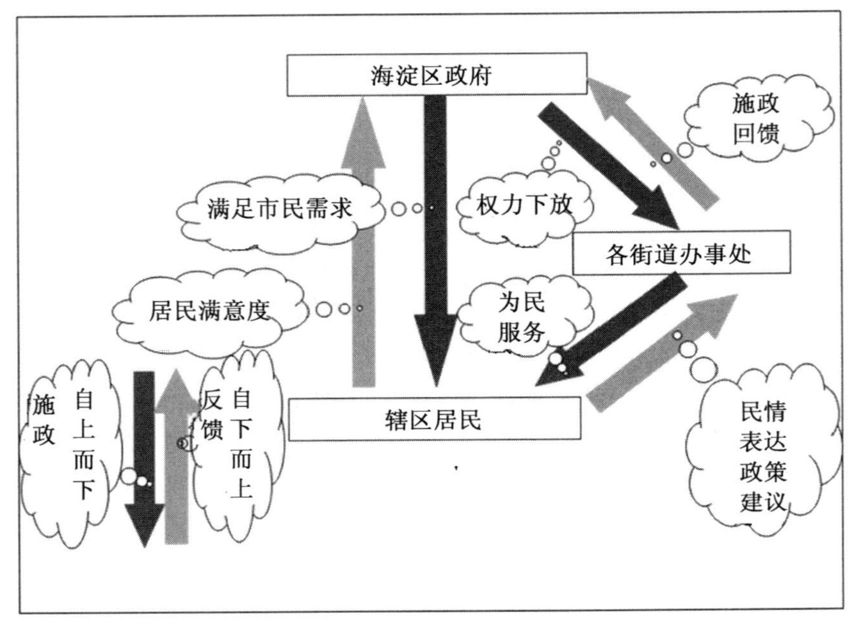

图 35　区政府、街道办事处、居民三方互动循环图

（二）推进《海淀区社会建设三年规划》的贯彻落实

一是妥善处理好规划实施的相关衔接工作。确保在总体要求上指向一致，在空间配置上相互协调，在时序安排上科学合理。二是重点加强规划实施的成效评估工作。围绕社会建设三年规划提出的指导方针和目标、主要任务和保障措施，区政府应授权社工委、社会办根据需要开展规划评估，并制定指标体系，突出对政府履行社会管理和公共服务两大职责的评价，全面检查规划落实情况及实施效果，保证规划目标实现。三是积极开展规划实施的监督协商工作。进一步加强社会建设三年规划实施的民主监督，建立健全重大事项报告制度，定期将规划目标和主要任务的进展情况向区人大报告，向区政协通报。进一步扩大政务公开，及时披露相关政策和信息，积极发挥新闻媒体和群众社团的桥梁和监督作用，形成全社会关心社会建设规划、参与实施和共同监督的良好氛围。

（三）转变政府职能，改革行政机制

一是各部门内部业务的重新梳理和调整，如对主管业务进行重组和整合，制定工作规范，建立业务绩效评估标准，培育机关文化，建构弹性化、效率化和现代化的政府职能部门。二是公共服务品质管理，建立合理化行政流程，建立电子政务，提供单一窗口服务，为社会大众提供优质服务。三是政策创新，本着简政、便民的原则，积极制定奖励政策，鼓励社会组织、社会大众参与公共服务，制定政府购买服务的条例，实施合理管制，建立现代化、高效率的制度环境。

（四）加强培训学习，培养务实作风

一是要加强忧患意识、责任意识，把社会和谐作为第一责任，把提高人民群众幸福指数作为第一追求，做到对待工作有激情，谋划工作有思路，推动工作有魄力，落实工作有韧劲。二是经常深入基层，了解民众需求，把握政策是否公平有效落实，切实解决民众社会生活中的实际困难，及时化解社会矛盾和冲突。三是增强自身发展的意识，终身学习，把先进理念、经验和做法与实际工作相结合，按照科学发展观的要求，改进和创新工作的方式方法。四是立足岗位，努力探索实践，发现问题、解决问题，不断改进管理方式，提高管理水平。

（五）建立健全社区建设管理工作评价体系

区社工委、社会办要结合海淀实际、借鉴外地成功经验，建立健全科学的、操作性强的社区建设管理工作指导标准和评价体系，形成社区建设管理工作目标明确、基层组织任务清晰、具体工作要求规范、政府部门监管有力的良好局面，推动社区建设管理工作的发展。

二、加强社区治理，推进社区服务和居民参与意识

（一）转换社区治理的理念和方式

一是要规范社区管理模式，一方面要科学定位街道及社区居委会的功能，强化街道社会管理和公共服务职能，减弱居委会的行政化色彩；另一方面要明确社区居委会、社区服务站的职能，强化社区居委会的民主自治功能，明确社区服务站是政府公共服务的社区平台，形成社区党组织领导下“居民代表会议—居委会—服务站”三方互动的社区组织体系。二是要促进社会管理信息化建设，推进“电子政务”系统建设，完善网络办公系统。三是积极开拓社区服务领域、提升社区服务水平，寓管理于服务；通过满足居民的各类需求，化解内部矛盾、减少冲突，使用积极的方式应对各类问题。

（二）推行社区分类治理

根据不同类型社区的特点确定治理和服务的重点，确立资源投入的方向与力度，将资源投放到治理最核心、居民最关心、社区最关键的工作任务上，保证资源的使用效率；同时积极动员社区内部资源，通过自助、互助等方式增加社区互动，提高社区参与水平；根据各自需求进行各有侧重点以及不同形式的支持，提升管理效率，改善社区治理水平。要改善社区治理，必须在满足居民需求方面作出新的努力；提供多元、优质的社区服务，提升居民生活品质，提高社区参与度，在服务的过程中实现管理的目标。

（三）提升居民社区的参与意识

一是通过政府网站等公共传媒广泛宣传，满足公众的知情权；二是针对社会管理中的重大问题、决策举行听证，广泛听取社会公众的意见，维护居民利益；三是通过民意调查了解公众意见、期待和评价；四是通过社区公民教育活动，提高社区居民的参与意识，提升其参与热情与积极性，同时构建参与机制，通过社区活动、社区会议、公共事务决策等多种方式提供参与渠道，提高社区治理水平，实现多元参与；五是鼓励公众对政府社会管理的状况进行监督，使公众充分行使监督权。

（四）社区治理、社区服务、社区参与模型（参见图36）

三、创新社会民间组织培育方式

（一）优化社会组织结构布局

强化对社会组织的服务，进一步搭建组织平台，优化发展环境，做强做大“枢纽型”社会组织，建设海淀区社会组织联合会，发挥其积极作用。优先发展社会公益类组织，着力在社会公益组织、现代服务业领域、教育文化领域及社区服务领域扶持一批社会组织，努力打造一批作用突出、影响力强的品牌社会组织，增强其对整个社会组织工作的辐射带动作用（参见图37）。

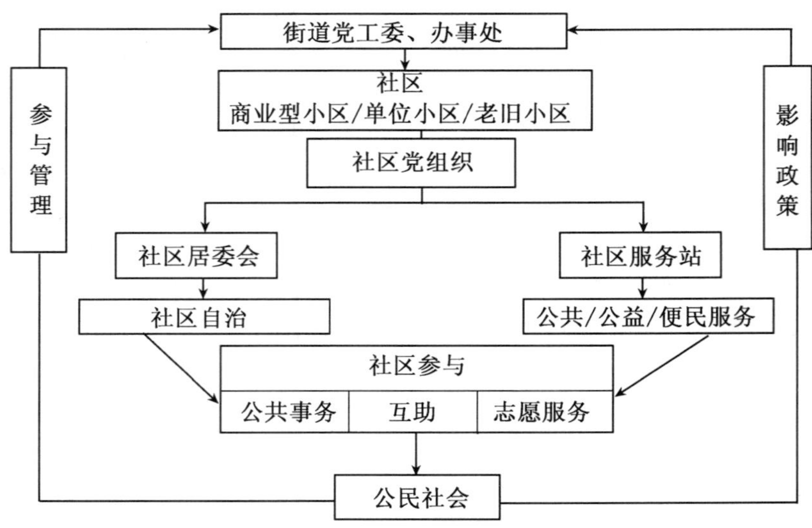

图36 社区治理、社区服务和社区参与模型图

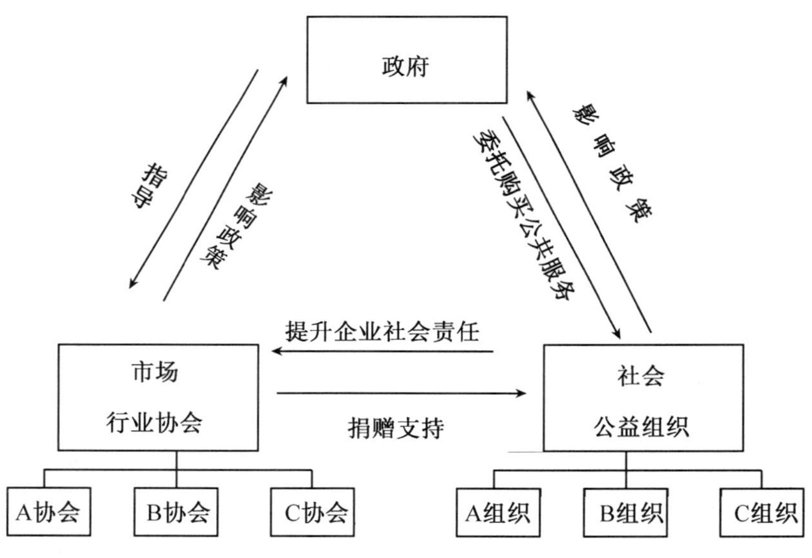

图37 “枢纽型”社会组织工作三方互动模型图

（二）创新社会组织管理体制

积极落实“政社分开”的理念，对现有的行业协会等社会组织进行规范治理，行业协会实行依法办会、民主办会，努力实现行业协会等社会组织从职能、机构、工作人员、财务等方面与主管行政部门逐步分开。

健全分类管理、分级负责的管理模式，明确民政部门、枢纽型社会组织及相关行政部门的监督管理职能。加强区社工委、社会办与其他社会组织管理机构的协调配合，形成管理与服务统一、约束与激励并重的良好局面。

建立社会组织管理信息化平台，加强社会组织信息的采集、整合、沟通和共享，加快推进档案管理规范化建设，建立区域内社会组织信息资源共享机制。

政府购买服务，重点扶持社会公益类民间组织。政府从直接服务提供者转变为服务管理者，主要任务是服务成本核算、服务资格审核、服务标准制定、服务资源分配以及服务绩效评估。政府购买公共服务的形式主要有契约外包、① 公设民营、② 奖励补助③等。

(三) 加强政府对社会组织的支持保障

明确全区社会组织建设、管理和支持活动的专项经费，并建立健全财政对社会组织的资助和奖励机制，资金列入区财政预算。突出资金支持的重点，加大奖励力度。加强对社会组织专职工作人员的培训和指导，探索多元化的培训模式，提升工作能力和素质。

(四) 加强社会组织自身建设

社会组织要建立和完善以章程为核心的内部管理制度，健全决策、执行、监督机制，提高自治水平。重视人才队伍建设，具备条件的组织要配备相应专职工作人员。建立灵活的选人用人机制，健全岗位管理制度，完善激励机制，优化人员年龄、知识结构，提高工作人员的职业化和专业化水平。此外，社会组织要根据组织类型和实际情况，逐步建立健全完整独立的财务管理、财务核算制度。

四、加强社会管理人才队伍建设

(一) 加强培训力度，提高素质能力

一是对社区专职工作人员进行一般培训，帮助他们了解、认识、掌握社会工作的基本理论、主要途径和一般性技术；二是与高校合作，对社区专职工作者分专题进行培训，如社会问题分析和社会需求评估方法、社会服务（活动）项目设计技巧等；三是对取得职业资格的社区专职工作者开展继续教育；四是定期开展经验交流和研讨会，提升素质能力。

(二) 科学规划岗位职责和职级

在日常工作中，每个社区可以根据社区工作者人员总量，按照1∶2的比例配置管理和服务工作任务，④ 遇到特殊时期、危机事件和重大活动时，可以采取团队作业方式，推行以任务导向的分工合作机制。建立岗位职级，推动社区专职工作者规划职业生涯，保障社区专职工作者有合理的升迁渠道。

(三) 建立科学薪酬体系，探索职业保护和激励措施

根据学历、专业因素设计工资标准，在政策范围内尽可能提高福利待遇，适当提高职业水平证书补贴水平。社区专职工作者的工资应根据海淀区实际情况保持一定程度的持续增长。

建立以政府奖励为主导，社会各方奖励为辅，精神奖励和物质奖励相结合的、灵活多样的社区专职工作者表彰和激励措施，提高社区专职工作者的职业地位和社会认同。

五、加强社会领域党建工作

(一) 创新社会领域党建工作体制机制

根据海淀区社会建设相关文件精神，积

① 契约外包，即政府部门与社会公益类民间组织签订合法协议，将部分特定服务及其管理交给社会组织办理。政府按照契约向社会组织提供经费和资源，实现服务的购买。这种方式可以给公共服务消费者更多的选择，同时鼓励创新并提高的政府资源的成本效能。

② 公设民营，即政府部门将国有固定的服务设施委托社会公益类民间组织经营管理和提供公共服务，实现经营权的委托。政府部门需对委托的服务内容和设施作出说明，并提出公共服务的标准，社会组织将承担的责任及其所具备的条件（如组织规范性、人员的专业化水平、以往服务的品质和信誉等），进行公开招标和评审，将经营权委托给最适当的社会组织。

③ 奖励补助，补助主要是指社会公益类民间组织帮助照顾了政府应该照顾的服务对象（如三无人员、流浪儿童、孤儿等），政府应将核定的生活费用和服务费用标准，按人头给予补助；奖励是指是对于积极投入开展公共服务、福利服务，且服务品质优良，获得社会普遍赞誉的社会公益类民间组织进行一次性现金和物质奖励，一般可每年进行评优工作，然后按制定标准进行奖励。

④ 即有1/3的社区专职工作者处理社区居委会组织内部的管理工作，开展社区民主自治，强化社区自治管理能力，有2/3的社区专职工作者根据政府要求和本社区居民的普遍性需求提供公共服务，以及根据本社区居民的特殊性需求提供公益服务和便民服务。

极构建“四个层面、四位一体”的管理体系，在区级层面，成立海淀区社会领域党建工作协调委员会；在街道、乡镇层面，成立党的社会工作委员会；在社区层面，成立社区党委；在新社会组织和新经济组织层面，通过“独立建”、“联合建”、“依托建”、“属地建”等多种方式建立党组织。探索分级分类的党组织管理模式，根据海淀区不同社会组织党组织的类型、规模等实行社区、街道、区分层管理的模式，以属地管理为主，探索其他管理模式。

（二）努力实现社会领域党建全覆盖

完善社区党组织建设，支部建在楼道，深入党的基层组织触角，扩大党组织覆盖面，加大党建工作向社区建设的延伸，以党建促建设，以党建促服务，把为居民服务、化解社会矛盾等目标纳入到党建的具体工作中，激励党员的带头和模范作用，切实提升社区党组织的领导作用。

进一步扩大“两新”组织党建覆盖面，努力实现党组织和党的工作全覆盖。通过在“两新”组织建立党组织和在商务楼宇设立社会工作服务站、建立党组织等形式，不断扩大新经济组织党建工作覆盖面。建立商务楼宇社会工作服务站，整合商务楼宇内各企业和社会组织健康成长所需要的各类公共服务，集中党团力量，为相关企业和社会组织服务，以服务促发展、以服务促和谐、以服务聚人心构建商务楼宇党建工作体系。

同时，要加强流动党员动态管理，逐步实现党组织和党的工作无空白。

（三）拓展活动方式，增强党组织党员活动动力

拓展活动方式，增强党组织党员活动动力。要创新党组织活动方式，开发灵活多样的、与组织形式相适应的党组活动方式。避免传统“读报纸、念党章”式的行政组织体制内的活动方式，搭建党员活动平台，开展党员实践活动；通过典型带动促进社会领域内全体党员参与，加强对优秀党员的宣传、表彰，可以建立并落实党员帮带制度，以先进党员带动普通党员，增强党员参与党建的活力。

（四）加大宣传力度，切实营造良好的环境

要注意挖掘和培育一批不同类型、各具特色的社会领域党建工作先进典型，通过报纸、杂志、平面媒体等多种形式，宣传支持党建工作的先进事迹和党建工作与业务发展相互促进的典型事例。强化对社会领域党组织建设的服务工作，减轻大家的后顾之忧，可以采取召开现场办公会、座谈会等形式，了解社区、社区组织、社会组织、新经济组织的需求，掌握其党组织建设中存在的困难和问题，落实责任单位和责任人，实行限时办结等。

此外，还要注重完善社会领域党建保障机制，为社会领域组织提供必要的活动经费、场地、设施等。加强社会领域党建工作人才伍建设，推进党建工作者队伍整体素质的提高。

（此文作者为海淀区人大常委会主任）

关于丰台区城乡接合部地区社会管理的思考

王珮琦

城乡接合部，位于城市建成区与非建成区的接壤地带，兼有城市与乡村两方面的特征。丰台区属典型的城乡接合部地区，城乡接合部面积266平方公里，占全区总面积的87%。

近年来，丰台区从治理城乡接合部地区环境脏乱差入手，着力改善城乡接合部地区

的环境，提高社会管理的水平。特别是奥运会期间，丰台区下大力气对城乡接合部地区进行了全面的整治，城乡接合部地区的整体面貌有了较大的改观，社会管理水平有了较大的提高。但取得的成绩与人民群众的期待仍有一定差距，城乡接合部地区的社会管理工作仍是丰台区的薄弱环节。

2008年12月30日，中共北京市委出台《关于率先形成城乡经济社会发展一体化新格局的意见》。《意见》指出：城乡接合部是发展活力最强、人口资源环境矛盾最突出、城乡一体化要求最迫切的地区。市委、市政府提出，北京市要率先形成城乡经济社会发展一体化新格局，明确指出城乡接合部地区要成为实现城乡一体化的示范区。

加强城乡接合部地区的社会管理，是推进丰台区城乡经济社会发展一体化的必然要求，也是落实科学发展观客观的重要举措，为此，丰台区委社会工委办进行了深入调研，并达成了一定的共识。

一、丰台区城乡接合部地区社会管理存在的问题

目前，在丰台区城乡接合部地区的社会管理中，主要存在着“城乡交叉、农居混杂、交接无序、权责不清”等问题，由此带来了丰台区城乡接合部地区环境秩序脏乱差、安全隐患突出、违法建设屡禁不止和流动人口无序增长等一系列问题。据统计，全区有74%的环境秩序问题、64%的刑事案件发生在城乡接合部地区。

（一）城乡交叉

丰台区现有271个社区，其中约1/3的社区与村交界，68个行政村中，80%以上的行政村与社区交叉，一村与多个社区交界或一个社区与多个村交界的情况普遍存在。例如，河东三乡51个行政村全部位于五环以内，与城市地域交叉，普遍存在“一乡多街”、“一村多居”现象，最多的南苑乡与9个街道地域交叉。城乡交叉的大量出现，一定程度上导致了交叉地区管理主体的缺失，在城乡接合部共有辖界内，经常会出现重复管理或空白管理的情况，行政区划和管理界限的划分，已演变成为城市管理的鸿沟。

（二）农居混杂

农居混杂现象在丰台区多个小区普遍存在。据不完全统计，截至2009年8月初，丰台区现有已建成的农居混住小区50个，正在建设的农居混住的小区8个。在这些小区中，既有居民，又有农民。有些楼中的住户，既有居民也有农民，甚至一家人中既有居民又有农民的。农居混杂现象的大量存在，给城乡二元管理体制及以行政区划为划分的社会管理体制制造了难题。

（三）交接无序

过去，针对新建商品住宅小区，如何纳入城市社区管理，没有统一规范化的交接程序，都是由街道自己与开发商、物业管理部门进行沟通联系。在协调解决社区公共配套设施及服务设施方面，相关部门出台的文件里虽然有要求，但是因为文件里没有明确部门责任，实际交接过程中也形同虚设。特别是针对农村绿化隔离带地区开发的居住区，由于政策不完整，没有规范的工作程序，导致长期无法纳入城市社区管理。

（四）权责不清

由于城乡边界不清问题，在城乡接合部普遍存在着街和乡两种不同的管理体制，出现诸如“一地两府”、“一家两制”、“一地多主”的管理局面。而行政、工商、税务、城管之间存在着交叉管理、多头管理或职责不清等问题。有时是收费、罚款等有经济利益的事情争着管，而对治安、环境、流动人口需要承担责任和义务的事情经常会出现相互推诿、扯皮或久拖不决的现象。也由于城乡边界不清问题，导致交叉地域存在不同管理主体、管理体制和管理标准，造成管理上的混乱，城市管理和环境建设往往靠突击式、运动式，相互之间缺少统筹长效机制，城乡接合部地区环境秩序脏乱、整治难度大，经常反复，成为城市管理的突出问题和痼疾。

二、城乡接合部地区社会管理问题存在的原因及危害

通过调研感到，造成丰台区城乡接合部地区社会管理跟不上的原因是多方面的。一是城乡接合部地区面积大，情况复杂。这必然导致城乡接合部地区社会管理的难度。二是整体经济实力跟不上。推进城乡一体化进程，需要全区上下统一思想，提高认识，但是更离不开财力的支持。近年来，地区生产总值（GTP）虽然连年有了较大的提高，但是与其他区县相比，还是有着不小的差距。这也影响和制约了城乡一体化进程。三是城乡接合部地区流动人口聚集，增加了管理的难度。城乡接合部地区基本是流动人口聚居区。根据调查，这一地区流动人口与常住人口的比例一般为5∶1，在南苑、卢沟桥乡沿三环地区，很多村达10∶1，有的村甚至比例更高，流动人口大量积聚，加大了管理对象的复杂性，给接合部地区的社会管理带来很大的难度。四是城乡接合部地区配套设施和便民设施不齐全，成为社会管理难度较大的诱导因素。由于历史的原因，丰台区城乡接合部地区基础设施建设欠账较多。近年来，随着交通枢纽、大型居住小区和大型市场的兴建，人流物流大量聚集但基础设施没有同步规划建设，城乡接合部地区道路少、标准低，群众出行难，排污、环卫等设施陈旧、匮乏，地区配套设施和便民设施不齐全引发地区老百姓对政府的不满情绪，举报上访不断，进一步加大了社会管理的难度。五是全区城市管理与建设发展不平衡，存在着“重建设、轻管理”的突出问题。当前全市各区县都面临着保增长的巨大压力，造成对社会管理工作投入不多，研究不够。

城乡接合部地区社会管理问题的大量存在，所带来的危害主要表现在以下几个方面。

（一）影响了丰台区城乡一体化进程

加快推进城乡一体化发展，破解城乡二元体制难题，营造城乡一体化的发展格局，对丰台区实现首都城市功能拓展区定位，建设现代化新城区具有重要而深远的意义。城乡接合部地区大量社会管理问题的存在，必然会影响和制约丰台区城乡一体化进程。

（二）制约了丰台区经济发展软环境的建设

城乡接合部地区大量社会管理问题的存在，必然牵扯全区各级部门大量的人力、物力，影响全区各级部门集中精力抢抓经济的决心。城乡接合部地区大量社会管理问题的存在，也使得全区的整体形象大大受损，对丰台区加快招商引资，实现产业升级都带来了不小的负面效应，不利于丰台区经济发展软环境的建设。

（三）不利于丰台区和谐社会建设

城乡接合部地区人员的高度集中，接合部地区资源环境的过度消耗和破坏，必然导致生活在该地区人口生活水平的下降，与其他地区形成明显的反差。加上城乡接合部地区城市人口与农村人口在养老保险、医疗保障制度、就业优惠政策、临时救助、劳动力培训投入等政策的覆盖面和保障水平上，存在明显的户籍差别，也必然会加剧该地区的不稳定因素，不利于丰台区整体推进和谐社会建设。

三、加强丰台区城乡接合部地区社会管理的思考

加强对城乡接合部的社会管理，是丰台区城市化进程中不能回避的问题，也是学习实践科学发展观活动中，群众反映较为强烈的问题；同时，也是加快城市化进程、建设宜居城市的重要内容。因此，必须下大决心，切实推进城乡接合部地区管理体制创新。按照“明确职能、理顺关系，加强管理、提高水平，突出重点、分步到位”的原则，理顺街乡管理职责，逐步实现公共服务的一体化、基础设施的城市化、管理边界的科学化、调整交接的规范化，提高城市管理水平，逐步实现城市管理精细化，营造宜居宜业的区域环境。

（一）加快城乡一体化的步伐，尽快将城乡接合部社会管理纳入城乡一体化管理

加强城乡接合部社会管理，逐步把城乡接合部纳入城乡一体化管理，不分城乡，实施一元化管理，将更多的农村纳入城市管理，加大公共财政对城乡接合部的资金投入，发展和完善公共基础设施。要继续大力推进撤村建居工作。鼓励和引导各村积极实施旧村改造、新村开发建设，加快农村集体经济产权制度改革，提高村域集体经济实力，为撤村建居工作创造条件。对撤村建居的试点村，给予必要的政策倾斜、资金支持等优惠政策，让带头推进撤村建居工作的村得到实惠，示范和引导其他村抓好撤村建居工作。按照“统筹兼顾，同步配套；公开透明，依法推进；优化管理，促进发展；积极稳妥，确保稳定”的原则，总结精图村和成寿寺村撤村建居经验，在有条件的地区扩大撤村建居试点范围。对农村集体经济产权制度改革已完成、原集体经济组织成员滞留的资产已彻底处置完毕的村；没有基本农田、所属农村集体土地很少的村；集体经济实力比较雄厚、能够保证劳动力应补缴的社会保险缴纳和按年缴纳社会保障费用的村；旧村改造、新村开发建设进程较快、绝大部分农民已搬迁上楼的村，做到成熟一个，撤建一个。要创新机制，城乡接合部社会管理问题不仅是一般性的管理问题，而是一个系统的工程，涉及环境治安、绿化、社会工作、流动人口等社会管理事务，同时也涉及行政区划与利益权属的问题，需要进行体制的创新，需要整体规划的统筹。一是要创新体制，强化城乡整体运作和高效管理意识。借鉴城乡“单元网格化管理”的先进理念和做法，建议区有关部门牵头，共同建立街乡科学管理的监管和考评体系，实现对城乡接合部地区敏捷、高效的管理。二是要创新理念，规范和细化城乡网格化管理模式。充分发挥城乡综合管理、规范运作的整体效能，转变“重建设、轻管理”的模式，定期组织对城乡接合部存在的不和谐景观及不协调的因素进行检查，分清责任进行通报。三是要积极探索，建立城乡综合监管的长效机制。建立政府、社会组织参与的城乡管理工作机构，变控制性管理为合作式管理，真正实现城乡共同管理。

（二）针对丰台区城乡接合部地区社会管理中存在的突出问题，重点加以解决

一是启动河东“三乡”挂牌工作。成立河东“三乡”挂牌工作领导机构，启动在河东“三乡”加挂地区办事处牌子工作。通过调整和明确街乡行政区划，赋予乡管理城市居民的职能，实现区域内一体化管理体制。挂牌后的河东“三乡”地区办事处，在就地接收“农转居”人员和新建小区居民的同时，负责承担辖区城乡市容、市貌的巡查、农贸市场管理、市政设施养护等城市管理职能；协同相关职能部门对违反城市管理法律法规行为开展联合执法；加大财政对“撤村建居”后劳动就业和社会保障的投入，参照《北京市整建制农转居人员参加社会保险试点办法》，为符合参统条件的人员办理社保参统事项，纳入城镇社会保障体系；为居民提供卫生、文化、教育、科技、体育等公共服务；做好辖区社会治安综合治理、安全生产活动等工作。通过设立地区办事处，有效填补丰台区城市管理上的空白，实现管理“无缝隙”。

二是调整区划方案，明晰管理边界。对街与街之间、街与乡之间的行政管理区域和界限进行逐个梳理与调整，切实解决街、乡之间界线模糊不清，管理职责不明，乡与镇、乡与街、村与街界线交叉重叠、地域行政主体多元化的问题，实现管理范围清晰，管理地域明确，一个地域一个行政主体的目标。采取“试点先行、分步实施”的原则，分清轻重缓急，对明显不合理的行政管理区域和界限，在年内启动调整工作。力争通过合理的行政区划，保证区域行政管理的统一性，实现城乡社会管理“全覆盖”。

三是按照“权随责走”原则，规范交接程序。要妥善解决农村地区开发建设的居住区存在的“建而未转”、“转而未管”等遗留问题，按照“凡整建制撤村建居的，直接交

给街道管理；没有整建制撤村建居的，留给乡镇管理；成片新建小区（商品房为主）交给街道管理；回迁房和新建商品房为一体的，能分清的分清，分不清的留给乡镇”的原则，明晰“建而未转”、“转而未管”小区的管理属性，尽快使其纳入城市社区管理范畴。加快落实街乡（镇）管理居民事务的职能，按照相关规定，设置相应的机构，配备专职工作人员，拨付相应的办公经费和社区公益金。要研究制定对今后新建居住区纳入城市管理和城市建设的长效机制，各相关职能部门及街道办事处要认真履行职责，从项目规划、建设、验收、出售等环节进行全程监督，切实建立起一整套设置科学、流程顺畅的规范化交接程序。

（此文作者为丰台区委社会工委书记、区社会办主任）

首钢搬迁调整后石景山区社会建设资源整合利用的研究和思考

沈代平

引　言

当前，石景山区正经历首钢涉钢产业搬迁这一深刻、全面、复杂的社会变革，这不仅仅是企业空间形式的单纯变化，而是一个涉及社会、经济、环境、文化等诸多资源分化重组的复杂进程。首钢搬迁后，石景山区不仅要着手解决首钢地区重新规划、服务设施匮乏等环境资源建设问题，也要综合考虑工业厂房利用、地方特色保护等文化资源问题，同时还需面对失业人员增加、公共服务欠缺、社会矛盾加剧等诸多社会问题。

在这一改革攻坚时期，如何尽快适应全区社会结构变迁的新形势，理性研判首钢搬迁后石景山区社会建设资源整合目标，准确掌握首钢地区社会建设资源的整体分布概况，科学把握首钢搬迁后社会管理工作的内在规律，形成适合全区经济社会发展、更为有效的社会管理体制，已成为丰台区社会建设和社会管理工作亟待破解的重要课题。

一、社会建设资源的概念界定

社会建设是中国特色社会主义事业总体布局的重要组成部分。在党的十七大上，胡锦涛总书记特别强调要加快推进以改善民生为重点的社会建设和社会管理工作，他指出：“社会建设与人民幸福安康息息相关。必须在经济发展的基础上，更加注重社会建设和社会管理，着力保障和改善民生，推进社会体制改革，扩大公共服务，完善社会管理，促进社会公平正义，努力使全体人民学有所教、劳有所得、病有所医、老有所养、住有所居，推动建设和谐社会。”这为社会建设和社会管理工作提出了具体要求和努力方向。

根据这一重要阐述，学术界将社会建设定义为：政府、社会组织和个人以改善人民福祉为目标，以共同利益和共同价值为基础，来建立和完善社会事务处理、社会公共服务供给体制和机制的过程。从社会建设的内涵来看，社会建设体系应该包含责任、资源和服务三大要素。其中，资源是完善各项社会体制、提供多元化公共服务的基础和先决条件。社会建设资源是指嵌入在社会结构、社会制度与社会关系中的资源，是一个地区经济发展和个体生活提升的一种特殊前提。拥有了一定的社会建设资源意味着一个地区对社会结构性机会的获得，拓展了该地区在特定社会结构与社会基础上的行为空间，增加了行为选择的余地，更意味着地区与组织、个体与企业等的持续和谐发展。

按照用途的不同对资源可以有不同的分类，在首钢搬迁后，石景山区将主要面临人、事、地、物、组织等五个方面的调整重组，我们将其归结为人力资源、物质资源和组织资源等三种社会建设资源（参见图1）。

（一）人力资源

人力资源是生产力构成要素中唯一的能动性因素，与自然资源的稀缺性、有限性相比，人力资源的开发具有可持续性。因此，其重要性已远远超过自然资源和资本要素，成为实现经济社会长期持续发展的第一资源。搬迁后大量的首钢富余人员转入石景山区，一方面将导致政府直接服务的社区人口急剧膨胀，意味着要消耗更多的物质资源以及行政服务资源等，加重了社区的管理、服务、培训、求助等方面的压力。另一方面，对人力资源进行有效整合、合理配置，即通过系统的教育培训，深入挖掘并激发首钢地区人员的自身潜能，可以化不利为有利，将庞大的人口负担转化为丰富的人力资源，从而达到最大限度地充分利用人力资源，实现社会建设资源效益最大化，同时也必将进一步推动全区社会建设管理工作的高效、协调发展。

（二）物质资源

物质资源为社会建设提供资金保障和物质支持。首钢搬迁涉及的物质资源主要包括土地和公共服务设施两大类。首钢搬迁将为石景山区提供面积约为9平方公里宝贵的土地资源，同时在首钢居民区内分布着大量医疗卫生、文化体育、教育、社区管理、物业管理、社会福利、交通、市政公用、商业服务等方面的公共服务设施，这些设施有的已交由区政府直接管理和使用，如中小学教育方面的设施、社区居委会的办公及活动用房等。有的经过改制以社会经济实体的形式实行相对独立的管理，如北京大学首钢医院、首钢篮管中心，其他大多数仍由首钢以不同方式进行管理。

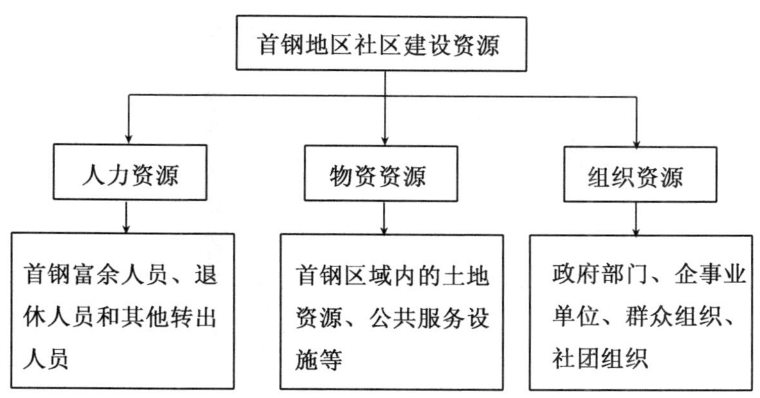

图1 首钢地区社会建设资源示意图

（三）组织资源

组织资源主要指作为社会建设管理主体的政府部门，以及参与社会建设的企事业单位、群众组织及社会团体，同时也包括这些组织提供的相关公共服务。

二、搬迁后首钢地区社会建设领域面临的突出问题

首钢地区具有占地面积广、社会互动规模大的突出特点，长期以来在相对集中的空

间旦形成了一整套的社会服务体系，浓郁的单位氛围使得这一地区具有明显的封闭性，缺乏必要的社会流动。这种具有首钢特色的企业社区内在结构较为单一，其正式制度和非正式制度高度契合，这也决定了首钢地区社会建设转换工作具有极端复杂性。其突出矛盾集中体现在以下几方面。

（一）社会建设资源有效供给严重不足

社会建设资源不足在物质资源、组织资源和人力资源方面都有所表现。对于首钢地区居民来讲，感受比较直接的是居民区内公共服务设施陈旧匮乏，例如：首钢所属社区内居民活动的场所与设施较为缺乏，特别是针对老年人、儿童及残疾人的活动场所与服务项目尤为缺少。其原因在于，首钢作为大型国有企业所提供的公共服务与政府部门提供的公共服务是不同质的，从数量上比较也是相对有限的。总体来看，尤其是首钢结构调整以来，首钢是以市场为导向来配置资源，以追求利润最大化为生产服务的宗旨，其生产者和提供者是同一的，这就决定了社会建设公共服务领域资源配置的市场失灵，这种公共服务并不能完全以辖区居民的需求为导向，因此很难兼顾服务的社会效益。再加之首钢将财力主要用于生产发展，难以安排足够资金为地区人群提供公共服务，社会建设资金在企业预算开支中所占的比重较小，并且事实上呈逐年下降的趋势。因而导致首钢地区公共服务供给总量严重不足，这在地区环境的治理、医疗卫生服务、文体活动服务、社区居民的管理与服务等方面表现得尤为突出。例如：用于首钢居住区社区办公和服务用房严重不足，在首钢过去管辖的36个社区中，达到社区规范化建设所要求350平方米用房标准的有13个社区，仅占涉及社区总数的36%；未达标的23个社区（具体包括：古城街道8个，金顶街街道10个，苹果园街道4个，八宝山街道1个），占涉及社区总数的64%（参见图2）。

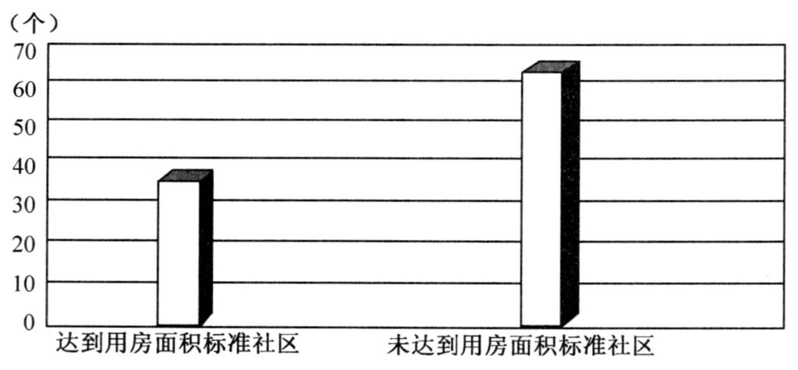

图2　首钢辖区社区用房面积示意图

此外，在调研中我们了解到，在社会管理和公共服务主体更替后，首钢地区居民对政府普遍有着较高的期望值，希望政府部门能够尽快解决历史遗留问题，完善居民区内的各种公共服务设施，提供更加丰富多样的公共服务。不难发现，物质资源的有限与首钢地区居民日益复杂的生活需求、利益诉求和价值取向之间的矛盾更为凸显。

（二）社会建设资源分布严重失衡

由于布局不合理、维护改造不及时等诸多原因，首钢地区社会建设资源分布极不均衡。

1. 地区分布不均衡。

从分布上看，首钢员工及家属主要集中居住于石景山区古城、金顶街、苹果园、老山、八角和八宝山街道等区域，其中不少居民区是建成于20世纪七八十年代的老旧社区，限于计划经济时期社会管理体制和居住区配套服务设施标准，配套建设的公共服务设施总量严重不足。如：古城地区共有8个社区为首钢居民区，社区用房均未达到北京市规范化建设所要求的350平方米用房标准。由于配套建设的公共服务设施总量不足，有的还改变了使用性质，加上有的设施维护不及时、不到位，无法正常使用，远不能满足目前首钢居民的生产生活需要。与此相对的是，有的首钢居民区公共服务设施比较完善，像老山地区共有4个社区为首钢居民区，社区用房均已达到300平方米以上，其中3个达到350平方米标准。另外，老山地区还配备社区医疗服务中心、社区游泳池、菜站等较为齐全的服务设施，较好地满足了当地社区居民的工作生活的基本需要。

2. 社会资源的结构性失衡。

这里所说的结构协调，是指社会建设涉及的人力资源、物质资源和组织资源三者间具有较高的有序性、较合理的比例关系和排列方式、较严密的组织构成。

由于历史原因，当前首钢地区社会建设资源的构成整体上呈现出一种无序、比例失衡的状态，三种资源间还存在相互冲突、相互抵消的情况。总体看，首钢地区潜在的人力资源充足（目前由于没有组织起来处于无序状态），物质资源总量不足且分布不均，组织资源严重缺乏，除政府和企业担当相应社会管理责任外，基本上没有相应的社会组织。

除此之外，结构性失衡还表现在资源的周期性闲置，如首钢直接管理的教育机构、体育场馆、社区文体中心等服务设施。由于石景山区与首钢相关部门沟通不畅、没有实现资源整合，导致许多资源与社区的割裂，首钢区域内许多后勤和公益设施只为本单位人员服务，导致一些公共服务设施的闲置，造成资源的浪费。

（三）石景山区与首钢资源共享机制亟待建立

资源共享是社会建设资源整合基本前提，这就要求社会资源要变成可供社区掌握、支配和动员的资源。当前，首钢地区社会建设中组织资源的不协调突出表现为：石景山区与首钢对接联系渠道仅限于区政府和首钢总公司高层，街道和社区与企业之间的联结渠道尚未建立，该地区社会建设资源无法得到充分共享。

由于首钢和街道之间不是垂直的领导关系，而是相互协调的平行关系，同时彼此之间缺乏有效的机制和通道，街道和社区对首钢居民区内社会建设资源难以统筹、协调，公共服务资源无法实现共享。如：由于历史原因，八千平社区长期以来一直租用首钢房屋，而随着首钢搬迁，房屋归属问题成为双方争议焦点。由于八千平社区和首钢未能达成一致共识，现正寻求通过法律渠道予以解决。今后在社区建设硬件设施方面，如何寻求首钢的理解和全面配合，对于全区社会建设资源的整合优化意义重大。

（四）首钢地区社会组织缺乏，公众参与不充分

在社会建设管理工作中，社会组织主要是从事非强制、非等级和非营利趋向的社会公益性活动，是由为社会奉献的道德力量所驱动的。长期以来，首钢几乎控制了该地区所有的社会资源，这个地区实际上是围绕这些资源运转的。在这种以企业纵向组织为中介、高度集权制度安排约束下，社会组织的活动空间必然受到极大压缩，来自民间的现代化推动力量自然严重不足。

目前，首钢没有在石景山区注册任何社会组织，只是依托首钢工会组织了篮球、足球、书法、绘画、舞蹈等18个文化体育协会，以及由首钢员工建立的一些自管组织（包括合唱团、舞蹈队、秧歌队、书画协会、编制协会等），其不足在于缺乏社会协同，特别是首钢地区居民参与不充分，居民参与社区建设的主体意识不强烈，社会资源不能被充分动员和广泛利用，并没有形成真正意义上“民主自治、安居乐业、公平优先、关注弱者、奉献爱心”的公民社会组织。

通过社会组织来实现社会协同，提高公

共资源配置效率，是完善公共服务体系的一个重要途径，因此，首钢地区社会组织的缺位使得首钢地区社会管理和社会建设任重而道远。

三、对策建议

社会建设资源是社会工作得以顺利开展的重要基础，在推进社会建设深入发展的过程中，应坚持以共享共建为纽带，加强与首钢公司密切配合，合理整合利用首钢地区资源和相关服务设施，把原由企业控制的资源转换为本地区居民共享的公共资源，把闲置资源转换为效益资源，把零散资源转换为整体资源，形成合作互补、双赢互利的社会建设管理工作的新格局。

（一）树立整体资源观，强化区域内社会建设资源的整合

首钢搬迁后，应以加强社会建设工作为契机，促成包括首钢地区在内的石景山整个区域内社会建设资源的优化重组。整体资源观作为一种超越时空限制、突破区域束缚的资源整合模式，可以使人力、物质、组织等社会建设资源在石景山区整体范围内实现高效利用。然而，由于长期以来石景山区与首钢之间缺乏有效协调互动，整体资源的构想在全区并没有得到具体贯彻，在首钢区域内因缺乏必要的协调机制而导致大量社会建设资源亟待整合。例如：由于历史原因，苹果园西井社区首钢居民楼与教委等其他单位居民楼交错分布，公共设施建设缺乏整体性规划，没有进行统一协调安排，而是由各自单位根据职工居民楼分布分别建设，这样就造成该社区公共设施重复建设现象严重，社会建设中蕴藏的大量静态资源无法转化为现实中的动态资源，社区单位内部场地、资金等资源要素也没有真正转化为整个社区建设优势。

资源整合是个循序渐进的客观进程，不能一蹴而就。在资源整合过渡期内，既要考虑到政府对社会建设管理自上而下的规划推动力，又要考虑首钢地区居民自下而上的需求拉动力，而社会建设管理应当寻求两者结合的平衡点和支撑点。相关政府部门和首钢等企业单位的共同参与、密切合作对于实现石景山区域社会建设资源的最优配置是不可或缺的。为此，区委、区政府应充分利用其号召力和统筹协调优势，做好石景山区社会建设资源的宏观规划和合理配置，并动员首钢等企业在广泛协商、共享社会建设成果的基础上共同参与本地区社会建设管理。这样，一方面，有助于加强合作各方之间的沟通与交流，在制定实施与首钢地区社会建设管理相关政策和规划过程中，更好地协调各方利益关系，取得更加广泛的社会共识；另一方面，有助于促进合作各方相互取长补短，整合各自的优势和资源，例如区政府的组织资源、首钢企业的物质资源等，整体推进首钢地区社会建设资源整合进程。作为本区域内社会资源实际控制主体的首钢集团，应该从自我发展、自我使用的封闭系统走向区内资源充分共享的更为开放体系，按照权利义务对等、互利互惠、共享成果和开放互动的原则进行重新整合，打破行业单位壁垒，最大限度地开放共享社会资源，向区政府部门开放更多的场地服务设施等相关资源。而区委社会工委在社会建设资源整合中应充分发挥桥梁纽带作用，进一步明确在资源开发和整合中引领和协调的职责，密切与首钢企业间的配合，加强与区内各委办局的协作，同时应对首钢地区社会建设资源开展更为广泛的调研，积累区域内的相关资料并逐步建立起社会建设资源库，以便在开发、整合和利用社会资源时真正做到有的放矢。

（二）加大投入，构建完善的地区公共服务体系

资金是保证首钢地区社会建设顺利进行的重要前提。一方面，应加大对首钢地区社会建设的支持力度，制定向首钢地区公共服务领域倾斜的政策。可以考虑建立首钢地区社会建设专项资金，全面落实区域内社区组织办公场地、首钢居民区服务配套设施的建

设。相关区委办局也应制定公共服务领域的投入向首钢地区倾斜的政策，并积极争取上级有关部门的项目和配套资金的支持，以便进一步完善首钢地区的公共服务设施。

另一方面，从区财力并不十分充裕的现实情况出发，有必要构建社会建设资金的多元筹措机制。通过政府投入、企业投资、社会赞助和社区自筹等多种渠道，构建政府、市场、社会和社区四位一体的社会建设筹资体系，不断拓宽社会建设资金渠道和来源，为人力资源、物质资源、组织资源等进行整合提供充足的资金保障，确保首钢地区社会建设工作得以顺利进行。

（三）注重“社区精神”培养，实现多中心治理

“多中心治理”是当今西方公共管理学中最为重要的理论之一。该理论认为，现代公共事务的治理是一个“国家、社会、市场”上下互动的管理过程，而非仅仅运用政府的政治权威对社会公共事务实行单一向度的管理。该理论特别强调非政府组织的作用，主张动员公众的全民参与，通过合作、协商、伙伴关系、确立共同目标等方式实施对社会事务的共同治理。

一直以来，首钢员工紧紧维系在企业周围，形成了对首钢的强烈归属感和认同感。随着首钢搬迁，单位作用逐渐弱化，社区日益成为这些员工及其家属生活的基本阵地和平台。因此，加强社会建设一项核心工作就是要注重社区精神的培育，就是要以利益和兴趣为纽带，在首钢地区培育更多的社会组织，将更多的社会人吸纳到相关的社会组织体系，在新的理念和平台上，增强新形势下社区的凝集力和向心力，培育首钢地区居民的社区意识、社区归属感。通过社区文化、社区教育、社区服务的不断完善，给首钢区域居民创造一个共同活动空间，让居民在这个公共空间里可以就共同关心的事务、共同的生活经验进行交流，进而使彼此之间关系更加亲切、更加融洽。

（四）整合组织资源，建立有效的社会资源整合运行机制

目前，作为基层政权组织的街道办事处是区社会建设资源的实际组织者，而现实中区街道办事处又承担了相当多的行政管理职能，且工作经费不足，人员队伍素质结构不合理，因而很难独立地动员和支配首钢地区社会建设资源。因此，要实现首钢地区社会建设资源的有效整合利用，就必须健全区社会建设资源整合的组织运行机构，大力培养和发展社区中介组织和志愿者组织。结合首钢搬迁的实际，可考虑把那些原来首钢或政府部门承担中介职能的机构转变为社区中介组织，制定鼓励扶持政策、法规，给予必要的资金、场地、税收等优惠政策，充分发挥中介组织在社会资源的整合利用上的优势。志愿者组织在社区服务、解决社区问题等方面也发挥着重要作用，应当不断扩大志愿者队伍、优化队伍结构，提高整体素质、积极开展服务，使之成为石景山区建设的一支生力军。

（此文作者为石景山区委社会工委书记、区社会办主任）

关于对门头沟区社区服务体系建设的调查与思考

贾文勤

为了加强和改进门头沟区社区服务工作，摸清全区社区服务体系建设的进程与现状，分析存在的困难和问题，提出进一步健全社区服务体系的对策及思路，2009 年 6 月，通

过访谈、征集资料、走访调查等形式，对全区城乡社区服务体系建设情况进行了广泛调查，现将情况报告如下。

一、全区社区服务体系建设的进程与现状

社区服务体系是指以各类社区服务设施为基础，以社区居民、驻区单位为服务对象，以满足社区居民公共服务和多样性生活服务需求为主要内容，政府引导支持，多方共同参与的服务网络及运行机制。它是政府行使社会管理职能和提供公共服务的基础平台，是建设和谐社区、和谐村镇的重要保障。通过调查，得出这样的评价：十几年来，全区社区服务的内涵和外延都有了新的扩展，社区服务体系建设出现了可喜的局面。主要体现在以下五个方面。

（一）社区服务基础设施覆盖面不断扩大

全区现有99个社区，涉及4个街道6个镇。截至2008年年底，通过市区财政投资和彩票公益金的资助，公共服务设施全部覆盖到社区。全区建有1所1万平方米的区级社区服务中心、5所1 000平方米以上的街道级社区服务中心、90所市民学校、38个社区警务站、65个法律服务室、37个社区卫生服务站、11个社区卫生服务中心、105个社区文化场所、76处全民健身工程、70个残疾人康复站、18个“爱心家园”、13个残疾人“温馨家园”、3个“博爱超市”、183个社区服务网点，100%社区建有星光老年之家和标准化社区服务站，社区办公用房和服务用房按照新的标准进行着改善，为社区服务体系的建设与发展搭建了平台，为构建生活服务圈、健身娱乐圈奠定了基础。

（二）社区服务队伍不断发展壮大

进一步完善了社区专职工作者的管理、培训和考核制度，社区专职工作者队伍不断充实和优化，528名社区专职工作者全部经过选举产生。117名各级社区服务中心专兼职人员成为社区服务的一线人员。社区协管队伍不断扩大，现有社区劳动、低保、流动人口、治安巡防、矫正、残疾专管等协管员357人。成立了社区志愿者协会，制定了章程，实行了注册登记制度。全区社区服务志愿者队伍429支，社区志愿者1.3万余名，其中可为社区提供服务的各类专业技术人员5 326名，各类专职和义务社区治安巡逻队近千支、6 000余人。现已形成了一支由专兼职社区服务工作者、专职社区工作者、协管人员、社区志愿者等组成的社区服务队伍，且逐步发展壮大。

（三）社区服务领域和服务对象不断拓展

服务对象已从老年人、残疾人、优抚对象等困难群体逐步扩展到全体社区居民；服务内容已从单纯的福利服务拓展到公共服务、公益服务、便民利民服务三大领域。

1. 公共服务覆盖到社区。社区卫生服务领域，构建了社区老年人、妇女、儿童以及慢性病人群为重点的社区卫生服务网络，基本形成了布局合理、设施配套、覆盖城乡的社区卫生服务体系。社区治安服务领域，配备了治安巡逻员和流动人口管理员，建立了群防群治网络和化解矛盾的长效机制，实现了社区矫正工作的社会化，社区居民安全指数不断增加。社区就业服务领域，配备了劳动协管员，全面开展了创建“充分就业社区”活动，消除“零就业”家庭。社区文教服务领域，配备了文化活动和全民健身指导员，区教委为各街道调配了社区教育专干，构建了“一校挂两牌，一长管两校，一校任两职”的社区教育体系，提升了社区居民的文明素质。社区环境综合管理服务领域，不断优化社区人居环境，社区居民环保意识、节能意识明显增强。社会保障和生活救助服务领域，配备配强了低保管理人员，开展了社区减灾和慈善救助活动，开展了社区减灾和慈善救助活动，“爱心家园”和“博爱超市”保障了低收入群众的生活。“温馨家园”面向残疾人，开展了康复训练、技能培训、

就业、法律和心理咨询等七项服务。

2. 便民利民服务逐步展开。通过96156服务需求接入手段，为社区居民提供了家庭保洁、保姆、小时工、维修等上门服务，逐步得到了居民认可。

3. 社区志愿服务蓬勃开展。全区广大志愿者以“奉献、团结、友爱、互助”为宗旨，在治安巡逻、卫生监督、环境治理、为老服务、扶贫助残、拥军优属、医疗卫生、教育培训、法律咨询、邻里调解、婚育新风等方面为社区做了一系列的好事实事，开展了多层次广覆盖的志愿服务。区教委组织青年志愿者连续多年开展了“小手拉大手”，我教长辈学英语活动。各分会为特需老人组织了亲情陪伴、精神慰藉等活动，在社会各界产生了良好影响。另外，老年协会、残疾人联合会、群众性文体教育等社区民间组织也在协调社区关系、组织社区力量、整合社区资源、推动社区互助、开展丰富多彩的社区文化活动等方面发挥了重要作用。

（四）建立了新型社区服务机制

镇、街全部开展了“一站式”服务，将社会保障、民政事业、计划生育、流动人口管理等与居民生活密切相关的社会事务和公共服务全部纳入大厅办理，积极推行全程办事代理制，提高了工作效率。社区层面全部实施了“代理代办”服务，使居民不出社区就能享受到政务、事务和生活等方面的服务。“爱心家园”、“博爱超市”、“温馨家园”积极为社区困难群体、残疾人排忧解难。建立了96156社区公共服务信息平台，开发了社区管理信息系统和社区服务信息系统，形成了贯通市、区、街、居四级的社区服务信息网络系统，使社区服务在信息化的推动下实现了方式和手段的转变。

（五）区街社区服务中心承载了96156社区服务信息化系统

社区服务中心是社区服务的重要载体和组织系统，近年来，区、街社区服务中心建设了社区公共服务平台，维护了社区服务信息系统，开发了社区管理信息系统，采集并录入了社区建设信息，发展了96156服务商，保证了市、区、街、居四级网络系统的运行。开展了图书借阅、周末大课堂活动，进行了社区教育培训和志愿者网上注册登记。

区社区服务中心建立了公共服务项目管理机制，搭建了社区精神文明建设平台、社区福利服务平台、社会救助服务平台，形成了服务对象多元化、服务项目多样化，集福利性、公益性、公共性为一体的社会化服务体系，较好地发挥了社区服务的龙头带动作用。

二、全区社区服务体系建设面临的困难与问题

经过10多年的探索和实践，全区的社区服务体系已经初步建立，社区服务也在服务居民、稳定社会、促进地区经济社会发展中发挥了作用。但从总体上来说，还处于初级发展阶段，还面临着一些制约社区服务体系建设的困难与问题，具体情况如下。

（一）目前缺乏对社区服务体系建设的领导与统筹协调

社区服务体系是一个覆盖社区全体成员、服务主体多元、服务功能完善的服务网络和运行机制，涉及多个部门，需要有一个协调指导的统筹机构。2008年以前，区民政局负责指导全区社区建设工作，覆盖到社区的公共服务也可一并统筹协调。但现在民政局已不再负责社区建设工作，对于统筹全区社区服务工作的职能也不够明确。从全区层面看，缺乏对社区服务的统筹规划、系统研究和动态掌握；从社区服务载体运行看，区、街社区服务中心、社区服务站之间出现了组织衔接上的不畅，致使社区服务设施体系、组织体系、项目体系难以形成合力，造成社区服务体系建设难以健全与发展。

（二）社区服务中心的组织管理职能难以发挥

社区服务中心是社区服务体系中的关键环节，是组织公共服务、开展公益服务，提

供便利服务的基础性平台，对辖区社区服务工作具有组织、指导和管理的职能。但由于缺乏必要的财政保障，使街道社区服务中心出现了有编制无经费，有设施无作用，有功能无项目，有职能却无法发挥的“孤岛”现象。导致现状的原因既有体制上的问题，也有认识上的问题。

社区服务的本质属性是公益性，而门头沟区却将社区服务中心定位为自收自支的事业单位，使得区、街社区服务中心无论是在人员、经费上都缺乏相应保障。区社区服务中心要靠经营收入支撑人员工资、运营经费，街道级社区服务中心依靠街道调剂经费和出租房屋来缴纳日常水、电、暖等运行费用，社区服务中心把更多的精力放在了经营创收上，无资金，无精力、无人才研究社区服务的发展与创新问题，社区服务中心的基础平台作用受到制约，也无法组织辖区开展服务、实施行业指导，使得全区社区服务体系建设比较缓慢。目前，正在建设的社区服务站的人员、经费都得到了应有的保障，可是从事社区服务工作的组织管理机构即指导服务站的社区服务中心却还未建立公共财政保障机制，挫伤了中心工作人员的积极性，会进一步阻碍社区服务中心组织指导职能的发挥和全区社区服务工作的健康可持续发展。

（三）社会服务组织参与社区服务的积极性不高

社区服务体系建设主要由政府主导、企业与社会组织的共同参与，而门头沟区存在着社会组织和居民参与严重缺位的问题。政府主导作用在于政策的扶持和平台的搭建。2006年4月国务院颁发了《关于加强和改进社区服务工作的意见》后，有关区县不断转变政府职能，探索政府购买社会组织服务的渠道；搭建服务平台，为社会组织发展创新机制。但从门头沟区目前情况看，对社区服务工作的迫切性研究还不够，潜意识中认为社区服务是可有可无的工作，对于培育扶持社会服务组织参与社区服务的政策重视程度不高，对于搭建社会组织参与服务平台的意识不强，因此社区民间组织、驻社区单位、企业、社会组织、居民个人参与社区服务的热情还不高，政府、社会、市场三者之间还不能互联、互补、互动，影响了社区服务体系的完善与发展。

（四）96156社区公共服务平台的枢纽作用还不被社会认同

北京市社区公共服务平台是由市、区、街、居社区服务中心（站）四级社区服务组织作支撑，以社区服务信息网络系统连接，各级各类社区服务组织和服务商参与，为政府、企业、居民提供服务的社会化工作体系和电子社区的网络系统。北京市广大的社区服务专职工作者为此平台建设付出了很多的人力、精力、财力，形成了北京市的服务品牌。但是，这个服务平台在门头沟区社区居民中的知晓率并不高，96156特服号码的拨打率很低，年服务单只有50个。造成这种局面的主要原因是96156信息系统对服务商缺少吸引力，致使服务力量严重不足；另外，由于缺乏运营资金，向社区居民宣传的力度也不够，使得居民还不十分了解这条热线的服务功能。造成有平台无服务商加入，有需求无居民使用的局面。但这个平台是市、区、街、居四级联网管理，区街居必须有工作人员监控和维护，并进行数据采集，虽然门头沟区街道社区服务中心现处于维持状态，网络依然正常运行，但实际效果并不被社会认同。

（五）社区服务专职工作者队伍整体素质不高

目前，各级社区服务中心的社区服务工作者整体素质、相关待遇与社区服务的发展要求极不协调。随着社会经济的发展，社区居民需求的是多层次、多元性、多形式、高质量的社区服务。但目前在各级社区服务中心工作的一线工作人员，大多没有经过社区工作的专门培训，专业人员严重不足。而且街道中心没有正式工作人员，不能根据社区居民的需求设置服务项目和服务方式。同时，工作人员的工资待遇只能维持最低工资水平，由此也无法吸引高素质的人才投身社区服务事业，难以构建全方位多层次的社区服务体系。

三、加强全区社区服务体系建设的对策与思路

面对全区社区服务体系的建设情况，建议以科学发展观为统领，发挥行政机制、互助机制、志愿机制、市场机制的作用，整合社区资源，健全服务网络，拓宽服务领域，增强服务功能，加强和改进社区服务工作，不断满足社区居民日益增长的物质、文化、生活需求。坚持以人为本，服务居民；政府主导，多元参与；加大投入，完善机制；整体推进，分类指导的基本原则，努力构建"以政府为主导，以社区服务网络为基础，以社区服务组织为核心，以社区信息化为载体、以政策保障措施为依托"的具有门头沟区特色的社区服务体系。为此，就进一步加强社区服务体系建设提出以下对策和思路。

（一）强化政府主导作用，健全社区服务组织管理体系

各级领导要从贯彻落实科学发展观、建设和谐社区，构建社会主义和谐社会的高度，切实落实国务院《关于加强和改进社区服务工作的意见》，将加强社区服务体系建设列入政府的重要议事日程，纳入发展规划，在人、财、物等方面提供保障。要进一步明确各级政府和有关部门在社区服务体系发展中的工作职责，建立健全政府统一领导、民政部门牵头、有关部门分工负责、多方共同参与的社区服务管理体制，改革创新社区服务设施运行机制，形成推动社区服务体系发展的合力。统筹机构办公室设在民政部门，负责日常事务，定期交流工作进展情况，分析解决社区服务工作中出现的新问题。加强社区服务的统筹规划和政策指导，建立相关部门之间的社区公共服务协商机制，形成通报和例会制度，定期通报社区就业、社会保险、社会救助、社会治安、医疗卫生、文化、教育、体育等社区公共服务阶段性成果和问题，通过例会审议、统筹安排，协商解决。深入推进社区就业服务，社会保障服务，社区公共卫生、教育、文化体育服务，社区治安服务、美化环境服务，构筑方便、就近、舒适的强身健体圈、文娱活动圈和生活服务圈。

（二）发挥社区服务中心骨干作用，强化社区服务组织体系

社区服务中心是社区服务的重要力量，是社区服务体系中的重要组成部分。要充分发挥社区服务中心在社区服务体系中的关键性作用，亟待做以下三个方面的工作。

1. 明确社区服务中心功能。一是服务功能。按照"费随事转"的原则，承接政府公共服务的项目，进行项目式运作管理，开发便民利民服务项目。二是教育培训功能。面向社区居民开展教育培训，以喜闻乐见的方式吸引群众参与社区教育，承接义工（志愿者）、社工、社区民间组织的服务管理与组织培训工作，不断提高社区工作队伍和人员的素质。三是行业管理功能。制定各类社区服务的服务标准和管理制度，加强对各类服务组织和机构的监督和管理。四是纽带功能。发挥其对公共服务项目运作及监管的职能作用，成为政府部门、街道、社区及各服务商之间的桥梁和纽带；发挥其专业化、职业化的优势，指导社区服务规范化运作；发挥信息化优势，为各级政府和组织提供决策支持和拓展服务。重点建设社区公共服务平台和社区服务支撑体系，利用96156社区热线呼叫系统，发布面向全区的社区公共服务项目，提供各项信息服务；充分发挥自身特有的协调能力，广泛调动各种社会力量参与社区服务；承担培育发展社区公益组织和社会公共服务组织的工作，整合各种社区资源，最大限度地实现社区资源共享。

2. 明确区街居社区服务中心（站）的关系。区社区服务中心是社区服务体系运行中的龙头，具有示范和带动作用，对街道级中心具有行业指导作用。可以规范和指导各中心开展好社区服务，总结推广社区服务工作

经验，指导各社区服务中心因地制宜，创新发展。街道社区服务中心是社区服务体系运行中的骨干。重点发展面向全街道的公共服务项目，指导帮助社区服务站、居委会开展社区公共服务活动，细化社区服务内容；管理调配辖区服务资源。社区服务站是社区服务体系运行中的基础和依托，在街道社区服务中心的指导下开展工作，将与居民切身利益密切相关的各类公共服务落实到群众身边。

3. 建立基本财政保障机制。社区服务中心是政府公共服务职能的执行者。因此，公共财政投入只能加强，不能削弱。建议将区、街社区服务中心性质调整为财政补贴的事业单位，全额保证运营经费和人员工资，将项目经费列入财政预算，解决制约社区服务中心发展的根本问题，进一步加强和改进社区服务中心工作，保障其发挥上述服务功能，开创新的工作局面，带动全区社区服务工作的健康可持续发展。

（三）创新社区服务运行机制，建立社区服务项目体系

以居民需求为导向，建立社区服务项目库，形成公共财政支持社区服务工作的项目管理体系；同时坚持以政府为主导，区分不同的服务项目和类型，实行不同的运行模式。

1. 建立公共服务项目体系。按照“权随责走”，“费随事转”的原则承担公共服务事项。街道把就业保障、社区救助、老年福利、医疗卫生和计划生育、文化教育体育、环境卫生、社区安全等社会公共服务内容归入公共服务项目统一管理。

2. 建立公益服务项目体系。实现社区公益活动管理项目化、社区志愿服务项目化。依靠社会力量，组织开展公益性服务，积极开展服务项目。对适于市场化运作的服务项目，放手鼓励社会组织、企业承接。对中介组织无法承担，而居民有迫切需求的公益性服务项目，由社区服务中心组织社会工作者、社区志愿者直接运作。

3. 建立便利服务项目体系。依托96156社区服务信心平台，发挥社区服务行业机构和社区服务商的主体作用，开发咨询服务、家政服务、综合修理、为老服务、租赁服务、便利交费、配送服务、旅行服务、废品回收等服务项目，实现便利服务项目的连锁化、规模化。

（四）培育发展社会服务组织，建立社区服务支撑体系

充分发挥行政机制、互助机制、志愿机制、市场机制的各自优势，逐步建立起社区服务支撑体系。

1. 通过政府购买服务的方式，发挥行政机制作用，扶持和培育社会组织开展社区服务。将居家养老等由政府承担的一些公共服务职能交给有条件的社会组织去承担，通过各种资源的投入，使社会组织由无到有、由弱到强，逐步承担起社会服务职能。在政府和社会组织之间建立起取长补短的平衡关系，既推动政府职能的转变，改进了公共服务的方式，还可以激发服务商参与社区服务的积极性，使社区服务的支撑体系得以完善，达到动员和整合社会资源、节约承办、服务居民的最大社会效益。建议建立社区服务发展基金，用于激励社会力量参与社区服务，用于培育和发展社区服务组织承担公共和公益性服务项目，拓展服务领域，搭建新型服务平台。

2. 通过发挥市场机制的作用，发动企事业单位开展社会化服务。一是政府鼓励和扶持社会企事业单位及个人兴办社区服务社会化项目。重点发展家政服务、社区配送、家电修理、社区回收、物业管理、社区绿化、保洁等贴近居民需求的生活服务。运作方式上一开始可以是非营利性的，当发展到一定程度后，可逐步孵化出部分营利性的服务机构以解决资金问题。二是落实发展社区服务的各项扶持政策。对具有社会事务和社会福利性质的便民利民服务，要实行部分或全部税收减免政策，纳入社区服务支撑体系。鼓励驻社区单位和个人社会组织采取多种形式，兴办以便民利民为目的、保本微利的社区服务项目。可以采取发给社区服务证书和社区服务标志牌的办法，以此为据到工商行政管

理部门登记注册，到税务部门备案。

3. 通过社区居委会发挥互助机制的作用，组织社区成员开展邻里互助服务。组织社区有精力、有能力的居民，为孤寡老人、空巢老人、体弱多病的老人以及残疾人等特殊群体提供各种日常服务和应急服务。动员社区居民和驻社区单位广泛开展社会捐赠、互帮互助服务。按照互惠互利、资源共享的原则，积极引导社区内或周边单位内部的科教、卫生、文体和生活服务设施向居民开放，利用社区内的学校、培训机构、幼儿园、文物古迹开展社区教育活动。

4. 通过社区志愿者协会发挥志愿机制的作用，组织社区志愿者开展志愿服务。应整合性质相近的志愿者组织为社区志愿者联合会，研究探索志愿服务项目体系，不断创新服务形式，提高服务水平。要全面推行志愿者注册制度，积极动员共产党员、共青团员、国家公务员、专业技术人员、学生以及身体健康的离退休人员等加入志愿服务队伍。要探索建立志愿服务激励机制，使志愿者本人需要帮助时，可以优先得到志愿者组织和其他志愿者的服务。要把社区志愿服务重点放在福利性公益性服务方面，深入贯彻落实北京市社区志愿服务的意见和促进办法，进一步发展壮大志愿者队伍，不断拓展志愿服务新领域，不断提升门头沟区志愿服务水平，使之成为全区社区服务的一支依靠力量。

（五）探索惠及特需人员的信息化服务载体，努力打造96156社区服务品牌

1. 在提高96156信息化服务效能上下工夫。一是要整合现有资源，完善社区服务信息系统，提高96156社区服务热线的服务能力，形成社区服务的品牌；二是要把社区居委会管理信息系统与街道科室、“一站式”办公大厅、职能站所、有关部门对接，实现电子政务网与社区信息网的对接，形成社区服务的一体化；三是要打破区域封闭，借用社区信息化手段，以各级社区服务中心（站）为依托，大力推进社区公共服务连锁，建立全市统一的社区公共服务项目与社区自我服务资源相结合的服务体系，推进社区服务的规模化、标准化、规范化发展。

2. 在惠及特需人群上下工夫，找载体。建议政府同意制作1 000张96156社区服务亲情卡，每张亲情卡价值200元，通过政府购买服务的形式为高龄老人和特殊群体购买上门服务，达到培育服务组织、满足特殊人员的服务需求和宣传96156等一举多得的示范效应，逐步打造被社会认同的96156社区服务品牌，使公共服务资源真正惠及人民群众。

（六）造就一支结构合理、素质优良的社区服务专职工作者队伍

切实解决在社区服务中心工作的专职工作者的工资、生活补贴、保险等福利待遇问题，并使待遇水平随经济发展而适当提高，同时为他们开展好社区服务提供必要的工作条件。对优秀的社区服务工作者予以多种形式的表彰奖励。建立健全以培养、评价、使用、激励为主要内容的政策措施和制度保障，制定工作规范，通过各种形式的培训，不断提高社区服务水平，全面推进社区服务体系建设。

（此文作者为门头沟区副区长）

加强组织领导，理顺管理体制，努力建设一批功能完善、管理科学的社会主义新型社区

王占勇

社区是社会的基本单元，和谐社区是社会和谐的基石。按照市委社会工委（市社会办）

和区委、区政府要求，为进一步推进社区规范化建设步伐，近期区委社会工委（区社会办）深入区直相关单位和乡镇（街道）部分社区，通过听取汇报、召开座谈会、实地查看、统计报表、汇总分析等方式，对社区建设情况开展了专题调研。现将调研情况报告如下。

一、社区规范化建设现状

（一）社区建设粗具规模，为规范化建设奠定了坚实的基础

近年来，房山区不断加快城市基础设施建设、完善城市功能、优化发展环境、塑造区域形象，全区城市化进程不断加快，社区建设已粗具规模，为全面推进全区社区规范化建设，构建和谐社区奠定了坚实的基础。目前，全区已批准成立116个社区，居民140 686户，总人口390 849人，其中户籍人口262 680人，流动人口66 919人，楼房3 313栋；截止到2009年年底，全区社区住宅建筑面积已达到1 665.73万平方米。

（二）不断规范运行机制，社区管理模式趋于科学化

紧紧围绕“整合资源、拓展功能、培养队伍、建立机制”的思路，全面落实《关于加强社区党建工作的意见》，深入推进社区党的建设，社区党建工作取得了长足进步。全区已成立社区党组织99个，共有党总支29个、党支部116个、党小组675个、党员11 891人、流动党员1 484人，95个社区党组织实现了平稳换届。按照社区居委会换届选举工作要求，全区113个社区居委会平稳换届，占社区总数的97.4%。通过换届，社区党组织书记兼社区居委会主任的达到72人，社区领导班子结构得到进一步优化。全区已成立社区服务站，并且专职工作人员到位的社区有12个，挂牌成立，专职工作人员尚未到位的有74个，还有29个未成立服务站，社区服务站建设成为今后社区工作的首要任务。

（三）加大设施设备投入力度，办公条件逐步改善

各级党委、政府不断加大基础设施投入，社区办公和服务用房逐步改善。全区社区办公服务用房总面积26 300.42平方米，其中：社区党组织用房面积1 216.7平方米，社区居委会用房面积9 426.21平方米，社区服务站用房面积2 358.02平方米，社区服务用房面积13 299.49平方米。但从产权归属划分，归属社区的仅有6 115.49平方米，不足总面积的24%。116个社区共有汽车4辆，办公桌887张，一体机60台，计算机302台，打印机165台，投影仪19台，照相机135台，其他设备55台，办公条件还有待进一步提高。

（四）社区工作者素质进一步优化，增强了社区工作的活力

通过社区党组织和社区居委会换届选举，社区专职工作者队伍素质有了新的优化。从性别划分看：男性占31%，女性占69%，男性比例逐年提高。从年龄划分看：30岁以下的占23%，31—40岁的占27%，41—50岁的占27%，51—60岁的占18%，61岁以上的占5%；40岁以下的达到50%，比换届前增加20.52%，60岁以上比换届前降低4.12%。从学历划分看：高中及以下的只有32%，大专学历的占42%，本科以上占26%。研究生到社区工作已不再是可望而不可即的事，大专学历以上的占68%，比换届前增加了30.38%。190人取得北京市专职社区工作者执业资格证书，占总人数的27%。社区工作者队伍开始走上专业化、职业化之路。

（五）经费投入和工资待遇逐步提高，队伍相对稳定

多年来，各级政府非常关心社区建设，不断加大社区经费投入力度，提高社区工作者待遇，为社区举办各项公益活动提供了资金保障，调动了社区工作者的积极性。其中：社区公益事业补助资金达到8万元/年/社区，2 000户以上的15万元/年/社区。受经济条件影响，低于8万元/年/社区的还有10个，主要集中在燕山东风街道。社区工作者年人

均收入总额7 200—21 432元，社区正职月收入700—3 000元，社区副职月收入670—1 985元，一般工作人员收入500—1 680元，离退休人员差额补贴500—1 260元，地区之间社区工作者待遇仍存在很大差距。

（六）社区志愿服务特色初显，成为社区服务的有生力量

社区志愿者是直接面对社区居民，服务社区、服务群众的一支主要队伍。为了切实加强志愿服务工作，各社区积极引导和鼓励各层次、多行业的朋友加入志愿者队伍，开展了一系列志愿服务活动。目前，全区现有志愿服务队伍393支。其中：治安巡逻队105支，计生宣传队12支，为老服务队62支，便民服务队42支，文化活动队41支，社区志愿者服务队12支，助残服务队26支，社区矫正队5支，环境卫生维护队43支，妇女儿童志愿服务队19支，防汛抢险队5支，法律咨询队6支，消防队15支。社区志愿者人数10 338人，其中注册登记社会志愿者4 642人。社区志愿者已经成为帮助解决群众实际困难的有生力量。

二、体制机制不畅，设施设备不全，工作队伍不专，阻碍了社区规范化建设进程

在各级党委、政府的支持下，社区图书室、文化活动室、娱乐室等服务设施逐步改善，社区在协助党委、政府落实城镇低保、农村困难群体救助、计划生育政策、服务下岗职工再就业、环境卫生保洁、开展法制宣传、调解民事纠纷等社会管理中发挥了一定的作用。但是，由于房山区社区规范化建设起步较晚，制约因素较多，还存在着许多矛盾和问题，突出表现以下几方面。

（一）关系不顺，职能不清，运行机制缺乏活力

受城市管理体制的影响，社区工作一直沿袭了由上级行政部门一手抓城市基层政权建设、一手抓社区建设管理的模式，两者难以兼顾，常常顾此失彼，致使社区规范化建设一直进展缓慢。多年来，社区与部门、街道的关系一直没有理顺，社区党组织、社区居委会、社区服务站的关系也未得到理顺，三者之间的职责任务更没有得到明确。社区党组织突出的领导作用没有得到有效发挥，社区党员管理的长效机制仍不健全，社区党建有待进一步加强。物业管理作为社区最基本的服务方式，体制参差不齐，管理多样，如何适应现代居民多层次、多样化、个性化的需求，发挥好物业的作用，还有待探讨。居委会作为社区居民的自治组织，对物业管理的监督责无旁贷，应该逐步加强。社区服务站才刚刚起步，社区服务站专职工作人员还没有完全到位。另外，一些驻社区单位对参与社区建设积极性不高，一些机关单位与社区开展结对共建活动缺乏制度保障，难以做到经常化。从全区看，对于资源共享问题，社区的积极性很高，但驻社区单位由于管理、经费等问题，开放内部服务设施的积极性不是很高。

（二）设施不足，经费短缺，社区建设尚不规范

从调查中发现，全区仅有10个社区办公和服务用房面积达到350平方米以上，40个社区办公和服务用房面积在100平方米以下，有的甚至只有20平方米，而房屋产权归属社区的仅有23.3%，办公空间不充分，没有活动场所。不少老社区房屋陈旧，绿化率低，路面、墙面破损，管道不畅，社区活动无法开展。每1.1名社区工作者拥有1个办公桌，每3名社区工作者拥有1台计算机，人均拥有办公设备不足3 500元，配套设施严重不足。很多部门把社区当做本部门的一个下属单位，把原本应该承担的工作任务下派到社区，又没有相应的经费下拨，而政府每年下拨给社区的经费仅够维持社区水电费、电话费、日常办公用品的开支，取暖费等问题得不到有效解决。社区公益事业经费投入标准参差不齐，不能完全满足人民日益增长的物质文化需要。随着物价水平不断提升，工资待遇还有待提高。

（三）村居混住，机制不畅，社区管理有待提高

目前，在社区居住的有居民、村民、外迁户，还有各行政、企事业单位职工。由于村居混住，外来人口杂居，许多社区居民游离于社区管理之外，使社区管理存在“两张皮”的现象。从调查发现，许多社区甚至不清楚自己辖区内居民、党员、流动人口、流动党员底数。外来人员买房、社区居民卖房都不经过居委会，对其管理缺乏有效手段，由此带来辖区内计划生育、社会治安、文明创建等工作很难有效开展。随着社区管理体制改革不断深入，新经济组织和新社会组织在社区建设中的作用越来越明显，但是由于体制机制不健全，管理缺位，还存在着各行其是、我行我素的自由状态。

（四）忙于政务，功能不足，社区服务相对滞后

由于社区规范化建设起步较晚，社区党组织、社区居委会、社区服务站功能定位不准，工作内容不明。特别是社区居委会不清楚自己应该干什么，仍以行政指挥为主导，对引导社区居民增强自我管理、自我服务、自我教育认识不够，服务意识不强。有关部门往往把社区当做“筐”，什么事情都往里装，全区已成立服务站并且专职工作人员到位的社区只有12个，还有29个社区根本没有成立社区服务站，社区居委会基本上承担了服务站的职能，负担着繁重的行政管理事务，根本没有精力做好为社区服务工作。加上部分社区物业管理不规范，一定程度上也牵制了社区居委会干部的精力。另外，一些社区居民对社区工作认识模糊，对社区活动缺乏了解，对社区工作的参与意识不强，积极性、主动性不够。社区卫生服务功能不全，平均2.4个社区拥有1个社区卫生服务站，全区仅有23所社区成人学校，而且重点分布在乡镇，远远不能满足社区居民就医、就学需求。与此同时，社区服务机构和组织结构单一，设施、资金和人力有限，制约了社会资源进入社区服务领域，延缓了社区服务社会化的进程。

三、理顺管理体制，强化服务功能，加快推进社区规范化建设进程

随着城市管理体制改革不断深化，社会管理逐步向“小政府、大社会”转变，“单位人”逐步向“社会人”转变，使社区成为各种社会组织的落脚点，各种利益关系的交会点，社区在社会生活中扮演的角色越来越重要，作用越来越明显。为此应该加大社区规范化建设，努力建设一批服务功能完善、居住环境舒适、治安秩序良好、文化生活丰富、管理手段科学、人际关系和谐、公众参与广泛的社会主义新型社区。

（一）加强组织领导，理顺管理体制，有序推进社区规范化建设

要以《北京市社区管理办法（试行）》、《北京市社区工作者管理办法（试行）》、《北京市关于推进社区规范化建设试点工作的实施方案》等文件精神为契机，把社区规范化建设纳入重要议事日程。在此基础上，结合房山区实际，以区委、区政府名义制订出台《进一步推进社区规范化建设的意见》，切实做到四明确：一是明确建设目标。制订房山区社区规范化建设的指导思想、建设目标、发展思路和建设措施等内容的发展规划。二是明确领导体制。即党委政府统一领导、社会工委（社会办）具体负责、相关部门全力配合、乡镇（街道）组织落实、社会组织具体实施、动员社会广泛参与的社区建设工作领导体制和工作机制。三是明确社区功能。按照“职责明确、分工合理、优势互补、协调联动”的原则，对社区党组织、社区居委会、社区服务站的职责任务进行全面梳理，明确各自的职责任务，理顺社区党组织、社区居委会、社区服务站的关系。四是明确相关部门职责。社区不是政府职能部门的“腿”，也不是政府职能部门的办事机构。政府各有关部门要增强为社区建设服务的意识，

以社区为平台，发挥各自优势，将部门职责范围内的工作做到社区，服务承诺到社区，并真正做到工作人员进社区，对于确实要社区承担的事，要按照“政事分开、政社分开”的原则，“权随责走，费随事转”。

（二）健全服务体系，强化服务功能，有力推进社区规范化建设

继续争取市、区两级财政对社区办公和服务用房建设投入力度，完善社区公共服务设施，建设具有医疗保健、体育健身、教育培训、为老服务等功能的其他公共服务设施和室内外文化活动场所，力争2010年全区所有社区办公和服务用房全部达到350平方米以上。努力打造商业、生活、文体娱乐等方面的“一刻钟社区服务圈”，使社区居民多层次、多样化、个性化需求基本得到满足。按照“学有所教、劳有所得、病有所医、老有所养、住有所居”的要求，搭建社区服务平台，加快推进政府购买公共服务，鼓励民间资本和社会力量向公共服务项目投资，按照“全社会、大范围”服务的要求，积极引导社区组织牢固树立群众观点，以满足居民需求、提高居民生活质量为根本目标，增强服务协调意识。培养壮大社区志愿者服务队伍，动员更多的人员参加志愿者队伍，广泛开展志愿者服务活动，努力实现基本公共服务均等化。加快建立健全覆盖城乡、功能齐备、分布合理、运转高效的公共服务体系。

（三）加强民主建设，提升自治水平，科学推进社区规范化建设

结合社区规范化建设，出台《房山区社区管理实施细则》、《房山区社区工作者管理实施细则》等规范性文件，进一步整合社区组织资源，理顺社区党组织与社区居委会的关系，建立在社区党组织领导下，社区居委会和社区服务站紧密对接、协调联动的工作机制，完善社区党组织牵头、社区居委会和社区服务站参加的联席会或例会制度。改革社区财务管理模式，明确社区党组织书记为社区经济管理第一责任人，从而进一步强化党的领导核心地位。逐步推行社区党组织书记与社区居委会主任“一肩挑”，把群众公认度高、居住在本社区的党组织书记依法推选为社区居委会主任，把思想政治素质好、有一定党务工作经验的社区居委会主任中的党员选配到社区党组织书记岗位。构建科学的社区党建工作体系，有条件的社区可以探索建立“社区流动党员服务中心”，进一步加强流动党员管理工作，让流动党员在社区安“家”。对于那些规模较小，物业管理不规范、不到位的小区，可以充分调动居民参与社区建设和管理的积极性，尝试业主自治管理社区的模式解决，政府可以视情况给予一定的资金补助。依照《中华人民共和国城市居民委员会组织法》，通过居民选举或推荐等办法产生居民小组长、门栋长及小区负责人，让他们在社区管理和服务中发挥作用。充分发挥居民会议的作用，凡涉及社区居民利益的重大事项、社区建设发展规划、经费筹集、财务收支、公益事业专项补助资金的使用、重大活动方案等都需经过社区居民会议讨论决定。完善社区各项规章制度，实现社区管理规范化、制度化、科学化。为便于社区对外迁户的管理，建议买房户在房管部门办理房屋产权证前，要在房屋所在社区办理登记手续，以便于社区在辖区内开展计生、综治、文明创建等工作。

（四）完善长效机制，拓宽建设途径，持续推进社区规范化建设

加强社区队伍的建设力度，努力提高社区工作者队伍素质。根据经济发展和物价上涨水平，不断提高社区工作者的工资待遇。打通社区和机关工作人员的使用瓶颈，逐步将社区优秀工作者选配到乡镇（街道）、区级部门领导岗位上，机关工作人员可以在保证各项待遇不变的情况下，到社区进行挂职锻炼，充实社区的力量。对工作业绩突出的社区领导、优秀社区工作者年底要进行表彰奖励，增强他们为居民服务的责任感，提高他们的工作积极性，确保社区工作者队伍的稳定。继续有计划地吸纳大专以上优秀毕业生到社区工作，不断提高社区工作者整体素

质。建立和完善社区激励机制和考核体系。继续开展和谐社区创建活动，每年在社区中实行以社区治安、社区服务等指标为主要内容的百分制考核。建立公共财政投入社区建设的长效机制，加大对社区基础设施建设的投入力度，建立社区办公经费的增长机制。鼓励驻社区单位将单位服务、活动设施向所在社区居民、开放，与社区形成“共驻共建、资源共享”的机制，鼓励驻社区单位、社会资本捐助或参与社区建设。新建社区要严格推行“房地产开发商按照建筑面积比例无偿帮助所在社区建设社区办公和服务用房”的办法，筹集社区建设资金。探索和尝试社区在家政、物业、信息等居民大量需求的服务业方面创办经济实体，增强社区的造血功能，实现社区建设的可持续发展。

（此文作者为房山区委社会工委书记、区社会办主任）

通州区社会工作人才队伍建设的思考

宁秋君

这些年，通州区社会工作人才队伍的素质和水平得到显著提高。社会工作并不是一个新的职业。在社会福利、社会救助、社会慈善、社区服务、残障康复、优抚安置、医疗卫生、青少年服务、司法矫治等领域，专门从事困难救助、矛盾调处、权益维护、心理疏导、行为矫治等社会服务性工作的人员就是社会工作从业人员的一部分。在这些领域，全区已经有了一支队伍。但随着社会的发展，我们在扩大社会工作人员队伍的过程中，把专业化作为重要目标。一方面，鼓励他们参加社会工作者执业资格考试，为此，根据全市的统一部署，在北京市民政局教育办公室指导下，区人事局和区民政局组织全区社会工作者进行执业资格考试。由于前期培训工作做得比较好，考试的效果还是不错的。另一方面，我们加大对社会工作从业人员培训的力度。按照专业培训、分级负责的原则，建立健全社会工作者教育培训机制。三是以区政府文件形式制定和下发了《关于加强街道干部和社区工作者培训的意见》，对培训人员、内容、形式、资金等进行了规范。教育培训工作的深入开展，有效提高了全区社会工作者的综合素质和业务水平。

社会工作人才队伍的管理取得实效。一是建立健全档案管理制度。二是实行服务协议制度。三是实行考核评议制度。四是实行弹性工时制度。

社会工作人才队伍的作用发挥更加明显。社会工作者素质的不断提高和管理制度的逐步完善，大大提高了社会工作者的工作水平和效果。特别是不少社会工作者开始运用社会工作的专业知识和方法开展工作，对服务对象进行情绪疏导，提供情感支持，提高服务对象的生活质量，减少社会问题的发生，促进和谐社会的构建。区民政局在开展社会福利、社会救助、优抚安置、慈善事业、减灾救灾、家庭生活服务等方面的工作理念和工作水平得以提高。区教育局、司法局、团区委等单位积极组织有关人员开展社会工作，帮助问题青少年扶正人生“航向”。扶老助老活动得以加强，对孤寡老人的精神关怀使老人倍感温暖。社会工作人才队伍中的党员充分发挥骨干作用，在学习社会工作专业知识，带动社会工作者开展专业化社会工作服务方面起到了很好的带头作用。

一、社会工作人才队伍建设中存在的问题

目前，全区社会工作人才队伍建设处在起始阶段，队伍建设的基础还比较薄弱，存在一些深层次的问题。

（一）人们对社会工作的认知度不高

社会工作并不是一个新的职业，但对于不少人来说是一个新的名词，人们对究竟什么是社会工作，社会工作的范围、工作方法是什么还都比较模糊。不少人对社会工作的专业化和职业化认识不充分，没有认识到社会工作是一个运用科学方法开展工作的职业。这些认识上的不充分制约着社会工作人才队伍建设。

（二）社会工作从业人员的专业素质不强

社会工作从业人员在实际工作中积累了不少社会工作经验，在特定情况下发挥了重要作用。但由于绝大多数社会工作从业人员未接受过专业培训，工作手段和方法还不够先进，难以适应现代社会对社会工作的要求，特别是还不能提供个性化、多样化、系统化的服务，无法有效应对和解决新的、复杂的社会问题。

（三）社会工作的职业化不明显

突出的表现是缺乏社会工作岗位设置。目前的情况是，社会工作已经在一些部门开展起来了，有不少人在从事社会工作，但却没有规范的岗位设置，也没有给予社会工作者适当的薪酬待遇和职业发展空间。比如民政、劳动保障、教育、卫生、司法、公安、城管以及工、青、妇、残联等，实际上都是在从事社会工作管理和服务，但都没有作为社会工作专业岗位的设置，而且从事政府相关岗位工作的人也基本上都不具备社会工作专业背景。同时，相关的服务机构，如福利院、救助站、监狱和劳教所等，也没有要求使用专业社会工作人才。社会工作岗位设置得不到解决，极大地制约了社会工作人才队伍的发展。

二、加强社会工作人才队伍建设的措施

针对全区社会工作人才队伍建设中存在的问题，下一步，要着力在四个方面加强人才队伍建设。

（一）加强宣传，提高人们对社会工作和社会工作人才的认知度

在要开展社会工作的重要性上加强宣传，使人们认识到开展社会工作对于构建和谐社会的重要意义。要在概念上加强宣传，使人们充分认识到社会工作，是一种以助人为宗旨，协调社会关系、预防和解决社会问题、促进社会公正的职业活动。要在社会工作的范围上加强宣传，使人们充分认识到社会工作不仅仅存在于社区工作中，而是覆盖社会福利、社会救助、社会慈善、社区服务、残障康复、优抚安置、医疗卫生、青少年服务、司法矫治等多个领域的工作。要在社会工作的专业化和职业化特征方面加强宣传，使人们认识到现代社会工作是综合运用专业知识、技能和方法，为有需要的个人、家庭、群体、组织提供专业社会服务，预防和解决社会问题、恢复和发展社会功能、促进社会公正和谐的职业活动。要在社会工作人才的特征上加强宣传，使人们认识到社会工作人才是具有良好的思想道德素质和一定的社会工作专业知识或技能，能创造性地进行社会服务与管理、社会工作教育和研究等工作，为构建社会主义和谐社会作出积极贡献的人员。

（二）以能力建设为主线，提高社会工作人才队伍的专业化水平

一是要加强对现有“实际社会工作者”的培训、提高。目前全区社会工作者队伍的显著特点是拥有一大批没有社会工作专业背景却在社会工作岗位上工作的“实际社会工作者”。他们中的一些人虽然不具备社会工作专业知识，但却有丰富的本土工作经验。我们不能简单地采取替代的方法来分流这些实

际社会工作者。目前，最切实可行的途径是“转换”，也就是培训考试。培训完成后进行考试，通过考试的由人事部门颁发合格证书；没有通过的再行培训、考试。目的就是不断提高他们的专业水平。二是要高度重视专业人才的引进。要制定政策措施，引导各类人才参与社会服务工作。要通过多种渠道吸纳专业人才从事社会工作，特别是要落实相关政策，大力引导高校毕业生面向基层就业，充实社会工作人才队伍，改善社会工作人才结构。三是要加强职业水平评价工作。建立社会工作人才考核评估制度，制定不同类型、不同层次的社会工作岗位职责规范，明确考核评估标准。按照德才兼备的原则，以社会工作者能力、操守、业绩为主要考核评估内容，结合思想品德、职业素质、专业水平，由社会工作者所属机构和所服务单位配合，进行综合考核评估。

（三）加强岗位设置与开发，提高社会工作的职业化程度

作为一个职业，社会工作必须要有一定的岗位设置，这是社会工作人才队伍建设的基础性工作。要尽快明确社会工作岗位设置办法和岗位职责，在条件相对成熟的社区、公益性社会组织等开展社会工作岗位设置试点工作，规范社会工作者的职业行为。要对有关社会服务和社会管理部门、事业单位、社会团体等的工作岗位进行认真甄别，究竟是社会工作专业岗位，还是行政事业工作岗位，要加以明确。要在不增加编制和岗位的情况下，对社会工作岗位进行重新认定，按照专业技术岗位进行设置和管理。还有一些机构，如学校、医院等，其社会工作的岗位设置几乎仍是空白，因而有必要根据实际需要，增设相应的社会工作岗位，缓解社会矛盾，调整社会关系，维护社会稳定。同时，加大社会工作岗位的开发。要结合政府购买公共服务，对那些社会特别需要，又没有相应岗位的社会工作，可以采取政府雇员的形式，依托相关部门聘请一些专业人士从事社会工作。要积极鼓励民间成立社会工作组织，提供社会工作岗位。

（四）整合工作资源，提高社会工作人才队伍建设的组织化程度

加强社会工作人才队伍建设，必须充分利用好现有工作资源，切实提高社会工作人才队伍建设的整体合力。要落实“党管人才”原则，坚持党委统一领导。要把社会工作人才纳入党委的重要议事日程，纳入经济社会发展的总体部署，纳入人才队伍建设的重要方面，统一领导，科学谋划，积极推进。组织部门要牵头抓总，整合工作力量。积极探索社会工作人才队伍建设的特点和规律，借鉴发达国家的有益做法，建立组织部门综合协调，有关职能部门具体负责，其他部门和团体密切配合，社会力量广泛参与的工作格局，实现对社会工作人才队伍的统一领导、统一规划、统一部署，形成工作合力。目前，我们要在摸清底数、掌握现状的同时，制定社会工作人才队伍发展规划和发展目标，建立包括资格认证、从业规范、登记管理、考核评估在内的一系列职业制度，出台岗位开发与设置、人才使用与待遇等一系列相关政策措施。要按照行业或工作领域成立相应的“社工协会”，比如儿童服务、青少年服务、老年人服务、残疾人服务、家庭服务、矫治服务等各个领域的社工协会，并逐步建立以社工协会为平台、以各类专业社会工作机构为载体、以社会工作人才为抓手的运行机制。

（此文作者为通州区委社会工委书记、区社会办主任）

以科学发展观为指导，不断推进社会公共服务创新发展

巩维国

深入学习实践科学发展观活动开展以来，按照区委统一安排，积极投身学习实践活动中。一是加强学习交流，领会精神实质。按照总体要求和主要任务，通过听专题报告、开展讨论交流等形式，深入学习相关书目和文件，认真撰写心得体会，对科学发展观的科学内涵、精神实质和根本要求有了深刻领会。二是理论联系实际，深入调查研究。围绕工委确定的“加强社会建设，完善公共服务，促进社会和谐”这一主题，深入基层、深入群众开展调查研究，撰写调研报告。三是广泛征求意见，深刻分析问题。通过多种方式和途径，从多个层面征求社会各界对社会工委、社会办贯彻落实科学发展观方面的意见建议。对贯彻落实科学发展观情况进行了全面分析，认真查找工作中存在的不适应、不符合科学发展观的现实问题，对如何发挥社会工委、社会办职能，确保区委提出的“保增长、保民生、保稳定”的中心任务的实现有了进一步的认识。在学习实践科学发展观活动中，就顺义区社会公共服务情况进行了学习调研，对社会公共服务的现状和问题进行了认真的调查分析，认识到以科学发展观为指导，不断推进社会公共服务体制创新，对于维护社会稳定，促进社会和谐具有十分重要的意义，也是社会工委、社会办的职责所在。

一、社会公共服务的基本内涵

社会公共服务是指在社会发展领域中，以满足公众基本需求为主要目的、以公益性为主要特征、以公共资源为主要支撑、以公共管理为主要手段的公共服务。根据社会公共服务具有的公益性和可经营程度的不同，社会公共服务又可分为基本社会公共服务和非基本社会公共服务两大类。主要包括教育、医疗卫生、文化、体育、公共安全、社会福利、社会救助、就业服务和社会保障等内容。

二、全区社会公共服务的现状

长期以来，顺义区高度重视强化社会公共服务职能，在控制人口增长、减少贫困、普及教育、卫生保健、环境保护等方面取得了显著成就。总体看，全区社会公共服务体系基本形成。各级各类学校教育体系基本完备；以突发公共卫生事件应急机制和疾病预防控制、医疗救治、执法监督、公共卫生信息系统等为主要内容的公共卫生体系初步建立；以文化馆、图书馆为核心的公共文化服务体系基本建成；养老助残服务体系、社会救助体系等基本建立；治安整体防控体系、交通科学管理体系等基本形成。

基本社会公共服务初步普及。九年义务教育全面普及，高中阶段入学率达到90%以上；城乡社区卫生服务覆盖率达到100%；广播电视实现“村村通”；100%的街道、镇和社区配建了全民健身工程；全面建立了覆盖城乡居民的最低生活保障制度。

城乡居民就业不断推进。建立了城乡统一的公共就业服务网络，广泛开展了惠及城乡劳动者的公共就业服务，城镇登记失业率控制在1.5%以内，农村劳动力二、三产业就业率达到86.6%。

社会救助力度不断加大。新农保基础养老金、无保障老年居民福利性养老金及时足额发放，“一老一小”大病医疗保险成效明

显，新型农村合作医疗筹资标准和报销水平进一步提高。

社区管理和服务水平不断提升。老旧小区物业管理试点工作迈出新步伐，社区公益性基础设施不断改善，69个社区居委会活动和办公用房已有20%达到了标准，和谐社区建设扎实推进，首批23个社区获得了和谐社区称号。

三、全区社会公共服务存在的主要问题及原因

全区的社会公共服务虽然达到了一定的水平，尤其是新农村建设开展以来，社会公共服务均衡化有了很大的改善；但从总体上看，其服务功能还不能适应市场经济发展和社会全面进步的要求，还存在着一些亟待解决的突出问题，主要表现在以下几方面。

第一，供需结构矛盾突出。社会公共服务体系尚不完善，社会公共服务供给渠道单一，优质资源供给不足，供需矛盾仍然突出。

第二，资源共享程度不够。由于条块分割，不同领域、不同区域、不同系统之间公共服务资源缺乏长期有效的共享机制，造成功能结构不合理、地区分布不均衡、资源配置和利用率有待提高。

第三，空间分布过度集聚。优质社会公共服务资源主要集中在中心城区，其他区域配置相对不足，缺乏能够有效承载人口和产业转移的社会公共服务配套设施。

第四，农村地区相对薄弱。农村地区社会公共服务基础薄弱，产品总量不足，产品分配不均衡，导致广大农村和弱势群体得到的公共服务欠缺，不能满足他们对公共服务的基本需求。

上述问题的存在，除了经济发展水平和政策标准层面上的主客观原因外，主要是观念转变不到位，运用科学发展观思想来思考社会公共服务的创新发展还不够的问题。主要是存在以下问题。

一是在政策标准层面上，全区还没有针对实现社会公共服务的目标来建立一套社会公共服务的供给标准和与这些标准相对应的客观因素评估办法，一些标准比较模糊，标准制订工作还比较滞后，还不能适应形势变化和经济社会发展的需要。

二是在功能、内容、布局、运营模式上，没有完全把社会基本公共服务体系建设的重点放在满足居民的基本需求上，也没有将社会公共服务工作的着力点和落脚点放在社区和村镇上。

三是在政府投入上，还没有建立起政府投入的稳定增长机制，来保证对社会公共服务的投入。

四、对推进全区社会公共服务创新发展的几点思考

虽然这些问题相对于其他一些地区而言，是属于“率先”、“走在前列”发展中的问题，但从科学发展观来思考，如不引起高度重视，也必将影响全区的安全稳定与和谐社会目标的实现。因此，我们有必要从全局的高度来认识这些问题，并以科学发展观为指导，加大构建社会公共服务体系的力度，不断推进社会公共服务的创新与发展。

（一）以科学发展观为指导，确立社会公共服务新理念

学习科学发展观，要注重树立科学发展理念，准确把握科学发展观的科学内涵、精神实质和根本要求，并自觉运用科学发展观武装头脑、指导实践、推动工作。

一是科学发展观要求我们区域发展要从过去偏重经济增长，转到经济社会全面发展上来；从片面强调投入、以投入决定事业发展，转到以人为本、注重需求的社会公共服务发展模式上来。

二是党的十七大和构建社会主义和谐社会要求我们把社会公共服务的工作重点放在提高水平和扩大覆盖面上，让全体居民共享发展和改革的成果；放在提高农村社会公共服务水平上，积极推进城乡统筹发展；放在保障社会弱势群体的基本权益上，妥善处理

不同利益群体关系；放在加强社会公共服务的薄弱领域上，认真解决人民群众最关心、最直接、最现实的利益问题。

三是顺义区城市发展功能定位要求我们通过进一步加快建设功能完备、水平一流、运行高效和充满创新活力的社会公共服务体系，强化服务职能，服务中央、市属企业，服务本区居民，辐射和带动社会建设的发展；通过对外开放、与国际先进水平接轨，建设与城市化进程相适应的社会公共服务体系；通过不断完善覆盖社区、以人为本、可及便利、公平和谐的基本社会公共服务体系，推动滨水、宜居城市的建设。

四是全区人民生活水平正由“小康型”向“富裕型”转变。人民群众对教育、医疗卫生、文化体育等社会公共服务的需求日趋增长、日益多样化。这种趋势要求我们必须创新提供模式，加快开放社会公共服务领域，广泛动员社会资源，努力扩大有效供给，提高社会公共服务的质量和效率。

（二）以科学发展观为指导，加强社会公共服务基础设施建设

科学发展观是协调的发展观，就是要统筹城乡发展、统筹区域发展，就是要从人民群众的根本利益出发谋发展、促发展，不断满足人民群众日益增长的物质文化需求。

一要从全区社会公共服务的实际出发，加强社区公共服务的基础建设。要按照维护和实现社会公平的要求，强化政府公共服务职责，引导和组织社会力量，积极推进面向基层、覆盖城乡、功能完善、布局合理的公共服务体系建设。按照新农村建设、和谐社区建设和城乡统筹的要求，加大对农村和城市社区公共服务和基础设施建设的投入，缩小城乡差距，努力实现基本公共服务均等化。

城市社区居民公益性服务设施建设，要发挥政府主导、市场调节、社会协同作用，采取统筹规划、资源整合、分类指导、分步实施的办法，区别不同设施的建设任务和功能定位，通过政府、企业、社会组织、驻区单位等各方面力量逐步得到解决。对社区居民公益性服务设施建设面积达不到规定标准的老旧社区（一般是指由政府承担物业管理的社区），要通过购买、扩建、改造现有废旧锅炉房等方式予以解决。对新建社区（一般指已建或在建并由物业公司承担物业管理的社区）的居民公益性服务设施，要严格按照同步规划、同步设计、同步施工、同步验收、同步交付使用的原则，由区住建委负责监督落实。

社区居民公益性服务设施建设规模，要根据经济社会发展水平，结合社区居民实际居住的人口数量合理确定，以保证社区组织工作和居民活动的正常开展。根据社区实际情况，社区居民公益性服务设施的使用面积原则上不低于2 000平方米，包括为社区居民提供服务的教育、医疗卫生、社会保障、劳动就业、文化体育、商业服务、社区管理等综合性设施。力争用3到5年时间，逐步使社区居民公益性服务设施布局合理、规模适当、功能配套，充分满足社区居民需求。

二要构建公共服务网络。在街道（镇）层面，要进一步提高社会公共服务能力。围绕居民需求将“一站式”服务大厅打造成为地区政务事项办理中心、居民事务受理中心、公益性法律服务中心、民愿诉求中心。在社区层面建立社区服务站，不断优化社区服务站功能，使之成为代理代办政务服务、组织开展公益服务、便民服务以及了解反映社情民意的工作平台。以96156信息平台为支撑，加强社区公共服务体系建设，把政务服务、公益服务和便民服务有机结合起来，实现公共服务进社区，为广大群众特别是老年人、残疾人、贫困户、优抚对象、下岗失业人员等提供全时段、全方位的便民服务支持。

（三）以科学发展观为指导，大力发展社会事业

科学发展观，核心是以人为本。深入贯彻落实科学发展观，必须时刻把人民群众的根本利益放在第一位，下大力气解决好人民群众最关心、最直接、最现实的利益问题，使发展成果更好地惠及人民群众。

一要优化教育结构，实现学有优教。要按照城乡一体化的要求，充分整合全区教育资源，优化教育布局，实现基础教育均衡化、高端化发展。依照产业结构有针对性地发展职业教育，积极培养适应全区经济社会发展需要的各类实用人才。加大农民培训力度，拓宽农民就业渠道。深化家庭、学校、社会三位一体的施教理念，深入推进学习型社会建设。

二要提高公共卫生保障水平，实现病有良医。要加强公共卫生建设，提高全民卫生意识，使不健康人群进一步缩小比例。不断完善“以区级医疗机构为龙头，以镇、街道医疗机构为骨干，以社区卫生服务站和村卫生室为基础”的医疗服务网络。加强全区卫生人才队伍建设，努力实现医德、医风和医术达到本市郊区的较高水平。

三要完善就业服务，实现劳有多得。要统筹规划城乡劳动力资源，加大对就业困难群体和农村转移劳动力的帮扶力度，以乡镇和村级就业服务机构建设为重点，健全公共就业服务体系。建立完善全区统一的就业管理、就业服务、就业培训制度，促进劳动者尽快实现向高端产业、高效企业、高薪岗位就业。积极开发高端就业岗位，促进大中专毕业生高质量就业。

四要完善养老制度，实现老有颐养。要积极推进机关、企事业单位养老保险制度改革，加快建立农村基本养老保障制度，努力扩大养老保险参保面。建立城乡居民养老保险制度和城乡无社会保障老年居民养老保障制度，实施城镇无医疗保障老年人和灵活就业人员门诊报销政策。完善养老服务补贴政策，支持社会力量兴办城乡养老设施，大力发展集中养老，积极发展居家养老，努力营造尊老、敬老、爱老的社会氛围。

五要加大社会保障力度，实现困有所助。要统筹城乡低保标准，提高企业退休人员基本养老保险、城乡最低生活保障、失业保险、工伤保险待遇标准，提高农村五保供养和各类优抚补助水平，提高职工丧葬补助和取暖补贴。实行农村低保对象分类救助，健全医疗救助政策，使各项社会救助政策惠及城乡计划生育家庭和低收入家庭；大力发展慈善事业，积极动员社会力量参与扶贫济困工作；加强爱心家园建设，拓展服务功能，充分发挥其捐赠、救助、公益服务等职能；扎实做好“一老一小”和城镇劳动年龄内无业居民大病医疗保险，提高新型农村合作医疗筹资和报销比例，新型农村合作医疗以家庭为单位入资达100％。

六要完善住房保障机制，实现住有宜居。要按照“高端有市场、中端有支持、低端有保障”的原则，建立适应多层次需求的房地产市场和住房保障体系，继续加强经济适用房建设，解决经济适用房申请家庭的住房问题，加强限价商品房建设，不断扩充商品房房源，满足农村劳动力转移和村庄拆迁人员的住房需求。

七要加强公共交通建设，实现出行便捷。要在不断完善全区交通组织体系，完善公共交通基础设施建设的基础上，认真贯彻公交优先原则，继续实行公交低票价政策，加强规划，提高百姓公交出行率；按照“经济调节、市场监管、社会管理、公共服务”的要求，不断优化调整公交线路，科学设置运行班次，为百姓安全出行、方便出行、满意出行提供方便。

八要加强公共文化设施建设，实现实用高效。要统筹城乡公共文化设施建设，继续提高基层文化设施的覆盖率和利用率，建立和培养一支高素质的基层文化队伍，积极开展健康向上、丰富多彩和具有特色的群众文化活动，加强文化市场培育和管理，促进文化市场健康有序发展。以“人文北京、文明行动”为载体，广泛开展精神文明创建活动。完善基层公共文化服务体系，推进文化信息资源共享工程，完成所有村（居）文化中心、数字电影放映厅建设任务，在全区镇、街道设立图书服务站点。加强公益性体育设施建设，按照资源共享的原则，加快建设一些具有一定规模的供城乡居民健身、娱乐、休闲的文体设施，积极开展全民健身活动，增强城乡居民身体素质。

（四）以科学发展观为指导，创新社会公共服务方式

科学发展观告诉我们，坚持科学发展就要转变发展观念、创新发展模式、提高发展质量，坚持用发展和改革的办法解决前进中的问题。因此，要解决社会公共服务中存在的问题，就要贯彻落实科学发展观要求，坚持把创新社会公共服务方式放在全区经济社会发展的大局中，把握大局要求，明确目标任务，坚持科学发展，充分发挥社会公共服务在促进经济社会协调发展、构建和谐社会中的作用，不断提高社会公共服务能力。要加快政府职能转变，推进政府购买公共服务步伐，积极探索由社会组织或机构承接的事项，政府通过项目购买、项目补贴、项目奖励等多种形式实行购买服务，逐步实现公共服务社会化、专业化、市场化。研究制定财政补贴、特许经营、贷款贴息等政策，支持鼓励各类社会组织和机构承接公共服务项目，逐步扩大公共服务的供给，降低服务成本，提高服务质量。在加大公共服务财政投入的同时，政府要尽可能地从社会公共服务的直接提供角色中解脱出来，集中精力履行决策、规划、组织和监管职能，动员社会力量提供社会公共服务。鼓励民间资本和社会力量向公共服务项目投资，进一步规范购买公共服务操作程序，明确购买服务的范围和项目、购买方式及监督评价方式，不断提高管理水平。

（此文作者为顺义区委社会工委书记、区社会办主任）

浅析昌平区社会领域党建工作

黄先锋

党的十七大从发展中国特色社会主义伟大事业的全局出发，对以改革创新精神全面推进党的建设新的伟大工程作出了全面部署，为加强和改进社会领域党建工作指明了方向。市、区社会建设大会的召开，使昌平区社会领域党建工作站在了新的历史起点上，如何加强社会领域党建工作，进一步巩固党执政的阶级基础和群众基础，扩大党的影响力和增强党组织的战斗力，是我们党在不断提升自身执政能力过程中必须正视并努力解决的崭新课题。

一、昌平区社会领域党建工作的现状

在数量及分布方面。目前，在全区177个社区中，有4个党总支、137个党支部，分布于11个镇（街道）。有“两新”组织48939家，党员7464名。其中，新经济组织党组织共有48680家，私营企业896家，外商投资企业484家，个体工商户47300家。新社会组织共有259家，社会团体67个，民办非企业单位187个，中介组织5个，共有党员858名（2007年年底统计数据），分布在各镇（街道）及区各有关部门。

在管理体系方面。社区党组织由镇、街道领导，在区委组织部、社会工委指导下开展工作。新社会组织由业务主管部门负责领导。在全区新经济组织中，除秦昌玻璃公司党委、药材公司党总支等1个党委、4个总支、69个支部由社会工委直接管理外，其他新经济组织党组织分别由镇、街道或园区等部门进行管理。

二、社会领域党建工作存在的问题

总体上讲，社会领域党建工作存在活力不足、党员教育管理上有难度、党务工作者素质有待进一步提高、党建工作体系尚未理顺和保障机制不健全等问题。

（一）社区党建存在的问题

社区党建工作的领域拓展问题。随着社区公共领域的扩大和人的全面发展需求，“单位人”逐渐向着“社会人”、“社区人”的转变，单位和家庭的有限交往空间已不能满足人的全面发展的需求，人们必然要向社区和社会拓展。如近年来社区中出现的各种社团、协会以及群众自发组织的活动群体，就是公共领域的扩大和人的全面发展的一个显著体现。

从社会发展趋势看，人们在实现生活小康的同时将不断追求人的社会价值的提高，越来越多的群众会参加各种社会团体、组织和社会公共活动，作为展现自我，完善自我、实现自我的重要舞台。以东小口地区为例，社区和居民自发组成的演出队伍比比皆是，水平不断提高，影响面不断扩大。如何将党的社区工作拓展到这一领域，如何正确引导社区公共发展，如何防止人的自由发展中出现无序化的倾向，是当前社区党建工作所面临的挑战。

社区党建工作的作用发挥问题。社区居民自我教育、自我管理和自我服务的“三自”原则，是人的“全面发展”原则在基层民主政治上的重要体现。目前，城市中受教育程度高，民主意识、法律观念较强的社区居民，要求实现基层民主，居民自治程度日益提高，要求加快政治文明的呼声日益强烈。比如社区居民委员会直选已成为趋势。这对社区党组织在如何领导基层民主建设、切实发挥领导核心作用、推进社区管理等方面提出了更多的要求。

社区党建工作的职能定位问题。随着社区建设的发展，社区工作范围扩大，内容增多，任务加重。社区的党务工作者不再是传统意义上的“党务工作者”，而是行政、党务“一肩挑”的主要管理者，配合协助社区居委会做好各项工作，已成为社区党建工作多样化发展的必然趋势。既要做好一些长期性的“中心工作”，又要应付日常性“繁忙事务”，还要配合相关职能部门开展一系列的临时性工作，成了“上面千根线，下面一根针”。社区党组织负责人淹没于社区居委会的日常事务中，党建工作被不自觉的“边缘化”。社区党建工作仅限于维持日常的党组织生活和完成上级党委分配的工作。

社区党建工作的社会认同问题。社区党员认同社区党组织的思想淡薄，普遍存在“下岗党员不相信社区，单位党员瞧不起社区，离退休党员顾不上社区，纯居民党员帮不上社区”的现象。如离退休党员关系进入社区，但其心理不能接受由“单位人”变为“社会人”或“社区人”的现实，认为转入社区党组织会失去单位的一些待遇，心怀顾虑，不愿融入。在职党员自觉参与、支持社区党建活动的观念淡薄。社区单位党组织参与支持社区党建工作的认识不足，共建意识不强，配合支持不够，全社会重视社区党建工作的氛围尚未真正形成。

社区党建工作的体制机制问题。随着政治体制改革的加快和经济体制的转轨，城市基层治理结构将由政府领导的单一形式向政府主导、社会组织、居民群众广泛参与的治理结构转变。政府行政组织社区居委会不再是唯一的管理机构，社区中业主委员会，各方面的社团、协会，以及各种咨询服务中心等各种社会组织将承担越来越多的管理职能，发挥出越来越重要的作用。而且随着民主政治建设步伐加快，这些群众自治组织、社会团体、协会的民主政治权利将逐渐强化。社区党组织如何根据新的社会管理体制和民主政治建设的要求，不断扩大党的群众基础，巩固党的执政地位，也对社区党建工作提出许多新的要求。

（二）“两新”组织党组织存在的问题

从全区情况看，虽然在规模以上符合组

建条件的企业和影响较大的社会组织中建立了党组织，加大了“两新”组织党建工作覆盖面，但是，深层次的覆盖工作还未到位。

一是“两新”组织发展迅猛，带来一定压力。“两新”组织不断增加，为镇、街道党建工作带来资源的同时，也带来了新的挑战。“两新”组织党建工作的覆盖面与其发展速度存在一定的距离。

二是大量隐性党员存在，给“两新”组织党建工作造成了障碍。经调查一些企业中虽然有党员，但党组织关系没有转移到现单位，成为流动党员或隐形党员，因为“没有党员”，组建工作也无从谈起，从而使这些单位党建工作成为空白。

三是企业对党组织的认识存在误区，给党组织建设带来困难。一些企业主认为，建立党组织，无异于为自己多找了一个“婆婆”，纯粹属于自找麻烦；一些企业主认为，党组织的组建会增加企业成本，影响正常的经营活动；一些企业主则对党组织建设表现出不支持、不反对，也不想了解的态度。

四是企业规模小而流动性强，建立支部选派书记难度大。一些只有几十名员工乃至几名员工的餐饮、贸易等服务性质的小企业，它们或分布于街巷中，或藏身于楼宇中，无行业管理协会、无行政隶属关系、无主管部门，有的今年注册明年搬迁乃至注销，不仅员工流动性强，自身生命力也不强，在这样的企业中开展党组织建设工作更加困难。

五是“两新”党组织作用发挥的期望值与实际情况有差距，党组织和党员作用发挥面临挑战。员工对“两新”党组织存在“积极带头作用”、“推动企业发展”、“维护各方的合法权益”等期盼。而实际情况是，由于种种原因，一部分党组织的作用还不能有效发挥。由于生产方式、分配方式、管理方式转变，党员在岗位上的先进性发挥空间越来越小，导致职工对党员形象认同的逐步淡化。同时，当前私营企业中的党员普遍比较年轻，喜欢接受新知识、新思想，但对党的宗旨观念和先进性认识概念比较模糊，需要进一步加强教育。同时，党员作为“打工族”出现在新经济组织中，身份职业经常变动，党员所在的企业也是起起落落、兴兴亡亡，因而接转组织关系怕“麻烦”，参加不参加组织活动“无所谓”，“流出地管不了，流入地管不着”的党员占有一定的比例。一些党组织的活动只是学学文件、读读报，再加上党务工作者大都是兼职，生产经营繁忙，组织活动往往不能正常开展。党组织在企业中的“引导、凝聚、带头”等作用没有充分发挥和体现。

六是党组织可利用行政资源明显不足，保障措施不能得到有效落实。私营企业作为纯粹的经济实体，趋利性使它不可能无条件地为党的活力无偿提供支持，党组织可利用的行政资源明显不足。其一，活动时间不能得到保证。在企业主对党建工作不十分重视的企业，企业党组织开展活动的时间往往不容易安排，不少支部书记反映，一次组织生活，往往因为企业需要而不能如期开展，即使如期开展，参加活动党员也不能全部到齐，有些时候甚至不能过半，往往影响活动质量和其他党员积极性。其二，活动经费不能保证。调查中显示，许多党组织开展活动的经费很少被列入企业预算；在联合支部，活动经费来源仅靠上级拨付的活动，难以保证正常活动的开展。一些觉悟高的支部书记往往采取“自掏腰包”或者组织党员“凑份子”；少数党组织则干脆不主动开展或少开展活动。其三，支部书记待遇难落实。社区党支部书记的工资已经得到落实和提高，但是，“两新”党组织支部书记的薪金还依赖行政职务的工资。

七是资源缺乏有效的整合同“两新 ”组织党建工作的实际需要不相适应。无论是“两新 ”组织党建工作，还是社区党建工作，客观上要求党的组织体制是开放的、网络状的 ，而非封闭的、条线状的，要求党的活动方式应当条块结合、以块为主。但在现实中，党建的组织结构基本是单向垂直 ，活动方式仍然偏重于以条为主、条块分割 ，强调上下隶属关系，工作领域主要局限于所属党支部，工作对象主要是在职党员和离退休党员，走的是“两新”组织、街道社区内部的小循环。这就无法为“两新”组织和社区的党建工作中的多元主体提供相互联系的工作渠道，影响区域内党组织和党员力量的有效聚合以及与社会资源的有效配置，因而难以形成完善的党建运行机制。

三、今后工作的思路

在总结经验的基础上，进一步加强社会领域党建工作，必须准确定位党组织的职责，找准工作坐标；必须完善内部基层党组织的设置，建立坚实的战斗堡垒；必须选好配强领导班子和党务工作者，带动党建工作；必须创新载体，提高党员教育管理的实效；必须重视发展骨干为新党员，保持党的先进性和凝聚力；必须进一步完善党内民主选举制度，增强党员民主参与党内事务的积极性；必须充分发挥基层党组织战斗堡垒作用和党员的先锋模范作用，提升党组织活动的认同度；必须加强和完善地方党委对非公有制经济党组织的领导体制，为“两新”组织党建工作提供更多的政治资源和行政资源。

（一）统一思想，强化网络，形成合力

要把强化社区建设和管理作为城市各项基础工作的总“抓手”，既抓长远性发展研究，又抓实质性进展突破。驻街单位要从“客人”身份转变到社区的“主人”位置上来，树立“驻在社区、服务社区、同享资源、共驻共建”的意识，自觉地把本单位的发展与管理纳入社区建设之中。要强化大社区观念，积极主动地密切与所有驻街单位和居民的联系，以真诚的服务赢得各类社区成员的理解和支持，激发驻街单位和居民参与社区建设的工作热情，聚集各方面同创共建新型现代文明社区的工作合力。镇（街道）党（工）委要在抓紧抓好社区党建工作的同时，从政治的高度认识到“两新”组织党建的重要性，抓好“两新”组织党建工作，切实做到“组建一个、巩固一个、规范一个”。要建立“两新”组织党组织指导网络和联动促进机制，实现大社区党建理念。由镇、街道社会建设党组织牵头，建立党建工作联席会制度，加强对“两新”组织党组织有效领导。

（二）抓住重点，强化组建，有效覆盖

一是推进“两新”组织党建工作，在对现有“两新”组织党组织进行规范管理的同时，实现有效覆盖的目标，不断完善镇、街道联系“两新”组织制度。加强对“两新”组织的摸底调查，形成动态的月报制度，遇到问题通过联席会进行协调，消灭“空白点”，做到“全覆盖”。二是要大力开展“楼宇党建”工作。要把楼宇党建作为增强党组织覆盖面的重要部分，做到“支部建在楼上，党建落在实处”。三是要拓展“两新”党组织组建思路。采取“独立建、联合建、派驻建、孵化建”等举措，加强党组织在“两新”组织的有效覆盖，对党员数量少、条件不具备的“两新”组织，培育、建立行业联合党支部，有效解决小型企业党组织组建、覆盖难题。

（三）注重培育，强化队伍，有效保障

要因地制宜，把握“三个环节”，多渠道培育一支高素质的专职党务干部队伍。一是选人机制。要充分重视组建过程中的支部书记人选问题，选派干部、专职干部必须挑选有党务工作经验，又懂经营业务管理，同时业主也能接受的党员担任，兼职干部必须要从中层以上管理层物色，可以依托一定的行政岗位和资源，有利于开展工作。二是培训机制。在抓好党务工作者配备的同时，要按照缺什么、补什么的原则，定期不定期地举办各种类型的新经济组织党务工作者培训班。街道“两新”组织综合党委作为党建主管和指导组织，必须切实履行责任，把非公有制经济组织党务工作者的教育培训列入年度工作计划中，落实经费，定期培训，并作为一项制度坚持下去。三是配套激励机制。要为新经济组织党务工作者在企业中争取一定的名分，确保党务工作者在企业中应有的政治地位和相关待遇，重视落实新经济组织党务工作者的工资报酬和社会福利等待遇问题。同时，要积极深入企业，做好与企业业主的协商、沟通和交流工作，争取业主对企业开展党建工作的支持，尽力为他们营造工作氛围，搭建工作平台，创造良好的工作环境。对个别对党建工作不理解、不支持，使党务工作者难以开展工作的企业业主，街道或社区要派专人上门与业主谈话，讲明道理，严肃批评指正，并限期整改。要树立典型，抓好以点带面工作。注重发挥典型的示范作用，整体推进非公企业党建工作。

（四）找准定位，加强管理，切实服务

在目前的新经济组织中，党组织在其中并不具有决策的地位。因此，党组织在新经济组织中的正确定位就显得很重要。根据调查分析，我们认为新经济组织中党组织的作用应当有效发挥“引导、凝聚、带头”作用。引导，主要是思想引导，把党的方针政策及时传递到业主并融入到企业的生产经营中，引导企业守法经营，保证企业的发展不偏离方向。凝聚，就是通过党组织把员工的思想统一在企业的发展上，培育企业文化，塑造企业精神，创造竞争、效率、和谐的氛围，做好人的思想工作，这是党组织工作的出发点和归宿。带头，是对共产党员的普遍要求。共产党员要发挥带头人作用，关键时刻站得出，困难时刻上得去，争先创优，安全生产，遵章守纪，是共产党员先进性的内在要求。为此需要在以下三方面下工夫。

一是要在创新工作机制，确保党的意愿在企业得到有效实施上下工夫。加强对党组织的管理和指导，通过年度计划、例会报告、到企业检查指导等方式，让企业党组织认清形势和任务，使其认识发挥党组织作用的必要性和方式方法。要克服怕添麻烦的顾虑，加强对党组织的管理和考核，对部分不能履行义务的下级党组织，应采取相应组织措施。注意培育和挖掘新经济组织党组织的积极性和主观能动性，通过一些行之有效的机制、制度激励措施，引导这些党组织做到组织上自我监督，法律制度上纠偏，从大方向上促进企业健康发展。引导企业党组织依托各种组织开展工作，努力争取党建阵地，使党的思想政治工作能有更广泛的群众性。

二是要创新工作理念，在实现党员教育管理工作与企业工作同步推进上下工夫。坚持党组织的活动与企业的发展结合，党员的先进性作用和生产经营结合的“两个结合”原则，引导新经济组织党组织根据各自特点，不断改进党组织的工作方式和方法，使党的工作得到企业老板的认同和广大员工的欢迎。如开展“三有三无”主题活动，即“关键岗位有党员，困难面前有党员，技术攻关有党员”；“党员身边无事故，党员身边无次品，党员身边无违章”。把党组织工作寓于社团活动之中，开展参与度广且形式多样的各种活动，培育企业文化和精神，增强员工的凝聚力和竞争意识，搭建好法人代表与员工、党组织与员工的沟通桥，这是党组织工作的切入点和目标。以企业的中心工作为轴，开展技术创新和劳动竞赛活动，教育引导职工敬业爱岗，做好本职工作，支持企业搞好生产经营，提高经济效益，促进企业健康发展。

三是要在壮大队伍，扩大影响，切实发挥党员骨干作用上下工夫。采取“组织找、企业招、群团推”的办法，不断壮大新经济组织党员队伍，要注重党员发展，通过入党积极分子培养，壮大队伍力量，把一些中坚力量吸纳到队伍中来。要加强对“老板党员”的引导，让其处理好双重身份的关系，通过培养使之成为“书记老板”。业主不是党员的，要像重视发展非公有制经济一样，重视发展符合党员条件的新经济组织业主入党，使之成为“党员老板”。要充分考虑发挥党员个人特长，使党员的联系更紧密，工作积极性更高。要加强流动党员管理，让手持流动党员证的党员成为企业中党建的有效力量。要鼓励党员参与社会组织负责人选举，发挥党员在社会不同层面的影响力。

（五）完善制度，规范引导，有效保障

通过制度来保证、巩固和发展新经济组织中的党组织。一是要进一步完善沟通联系制度。建立“两新”组织党建访问制度，加强与“两新”组织业主和党组织的沟通，提升党建意愿和动力。要把当前的一些好的工作方法以制度的形式固定下来，持之以恒，推动工作，实现长效。二是要进一步完善管理考核制度。细化“五个好”示范点考核细则，对党员进行岗位目标管理，进一步细化党员的岗位职责，量化考核指标，硬化考核手段，奖优罚劣，奖勤罚懒，使党员既有动力又有压力。要坚持开展党员责任区活动，选好课题，把党建工作与企业经营紧密结合起来。要坚持推行党员亮身份活动，促使党员在岗位上体现先进性。要把生产经营中的难点，职工群众关注的热点和企业发展中的焦点问题作为党建工作的重点，对党组织进行客观评价，实现党员教育管理工作与企业工作同步推进，互相促进。

（此文作者为昌平区委社会工委书记、区社会办主任）

关于业主与物业公司矛盾问题的调研及工作建议

张德广

为深入贯彻落实科学发展观，全力建设宜居、宜业、和谐新大兴的目标，根据区政府主要领导指示，区社会建设工作领导小组办公室对当前全区日益突显的业主与物业公司矛盾做了基础性调研工作。通过座谈会、到社区调研、个别走访等多种途径了解全区目前业主与物业公司彼此间的焦点问题和症结矛盾，对社区潜在矛盾有了较全面深入的了解，现就此进行研判并提出相关工作建议。

一、全区物业公司的现状

目前，大兴区居住小区137个，工业区物业管理项目8个，机关办公、商业项目13个（此项数据由区建委小区办提供）。现在全区范围内从事物业管理经营的物业企业140家，其中暂无管理项目的16家，注册于本区的133家，二级资质的9家，三级资质的124家。外区注册在全区承接项目的23家，一级3家（此项数据由区建委小区办提供）。现由区建委4家房管所负责管理的老旧居住小区有25个（含于137）。

二、收费的基本情况

目前，全区物业公司收缴物业费情况比较复杂，差距较大，例如首邑、青岛家园等新建商品住宅小区收缴率可以达到90%左右，而老旧小区例如长兴公寓，不但不缴纳物业费，还需要物业公司帮其缴纳电梯等相关费用，此类老旧小区收缴率只能维持在10%—30%左右，物业公司入不敷出。

三、业主与物业间主要矛盾

当前业主与物业公司的主要矛盾从深层意义上讲就是公共利益集团与广大人民群众之间的矛盾，集中体现在业主日益提高的物业服务需求与物业公司目前提供的物业服务管理水平不足这个焦点上面，直接导致业主因不满物业公司服务等原因拖欠物业费，从而引发物业因难以收缴物业费而降低服务质量引发的恶性循环。北京市大规模的住宅建设使房屋所有权结构发生了重大变化，房改售房、回迁房、农转居的自住房、居民承租房等住宅产权多样化，形成了政府直管、单位自管、社区管理、业主自管等多种管理体制、形式并存。原有的房屋管理体制已不能适应住房体制改革的需求，通过对业主与物业公司反映的情况研究分析，明确了业主欠缴物业费的几点认识。

（一）物业服务质量问题

有些物业公司管理混乱、服务不到位。由于政策、法规等原因，物业公司注册的准入标准较低，目前，在大兴区建委小区办注册的从事物业管理经营的物业企业 140 家，暂无管理项目的 16 家，注册在本区的 133 家，二级资质 9 家，三级资质 124 家。外区注册在大兴区承接项目的 23 家，一级 3 家（此项数据由区建委小区办提供），三级以下（含三级）资质的比例占 89%。从以上数据可以看出由于大部分物业公司的资质不高，导致服务质量不过硬，有些事关业主利益需求问题、服务态度、水平和效果缺乏规范化、职业化、专业化水准，引发业主不满，这是导致业主拖欠物业费的主要原因之一。有些小区的物业公司以不能足额收取物业费，资金难以为继为借口，在小区内自行建设简易房屋用来出租，将绿化带改为停车场，侵害业主利益，使业主与物业矛盾逐步激化升级，形成恶性循环（参见下图）。

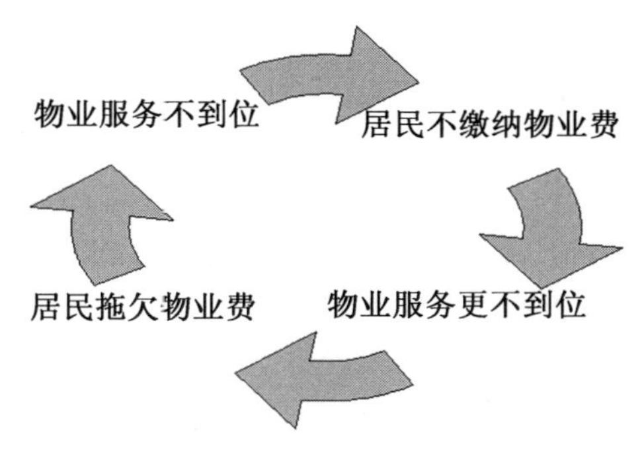

图　业主与物业矛盾逐步激化图

（二）居民（业主）自身修养问题

一是业主自身素质不高，大兴区处于新城建设发展区，城乡接合部人员结构较为复杂，人口倒挂现象严重，许多外来人口购买商品房后，对物业服务理念不认同，范围不清楚，经常提出不合理要求，物业公司不能满足就以此为借口恶意拖欠物业费。二是业主反映个别物业公司不能保证服务质量。区内个别物业公司存在服务严重不到位的情况，业主反映强烈，矛盾积累升级，导致拖欠物业费。三是业主与物业公司签订物业服务合同时，不认真阅读物业服务事项，将本不该由物业公司承担的服务认为是应由物业公司承担的。四是业主委员会不能正确履职，部分业主在公共用地私搭乱建，破坏小区环境，致使其他业主以物业公司管理不到位为由拒交或拖欠物业费。

（三）物业服务企业的行业监管问题

建委小区办作为行业主管部门，主要职责是负责物业公司的注册和升级资质审核，如物业公司不准备进行资质升级，小区办表示按当前机制将无法再对物业公司进行规范和管控。对于物业公司的服务质量问题，小区办表示也只有参照《物业管理条例》进行审核，而该条例内容又过于宽泛，缺乏操作的执行性标准，无法量化。考核物业公司的服务质量，辖区街道办事处和居委会按其职责又无权指导物业公司的服务。业主对物业公司的投诉，在法制上没有相关部门能有理有力地给予解决，于是业主的维权行为直接促进了业委会的成立。为此，业委会在其成立的定位上，明确了其监督物业公司的服务，而在具体操作案例上，又衍生出诸多利益上的冲突和社区稳定的问题，居民业主以业主委员会未通过，拒绝缴纳物业费，又是原因之一。

（四）物业管理混乱问题

目前，全区同一小区内存在不同物业公司进行管理的情况。例如，金惠园三区，同一个小区内有 4 家物业公司和一栋自管公房。自管公房是西城区卫生局福利分房，该公房由西城区卫生局出资雇用保洁人员进行简单卫生管理；回迁房的业主拖欠物业费，没有物业公司愿意管理此类房屋；商品房的业主要求物业提供标准化服务，但是由于一个小区内存在多家物业公司进行管理，服务标准难以统一，有的物业公司负责垃圾清运，而有的物业公司就把垃圾堆放在小区内，达不到商品房业主的要求，从而导致拖欠物业费。

（五）开发商遗留问题

此类问题主要是由于房屋在建设、销售和后期物业管理等环节相互脱节造成的。有些商品住宅小区在销售时虚假宣传，业主入住后发现与购买合同不符，没有按照小区原规划进行建设，感觉被欺骗；有些是开发商将房屋销售完毕后自行成立物业公司接管社区服务，开发公司随即注销，物业公司服务缺乏专业水准，引发业主不满；还有就是因为施工质量问题，导致业主房产出现渗、漏水，墙体开裂等损毁现象，从而将矛盾转嫁给物业公司，导致拖欠物业费。

（六）拆迁转居问题

目前，大兴区有一部分外区搬迁人员和本区内撤村转居以及拆迁上楼人员。（例如双高花园和彩虹新城等小区）外区搬迁人员称当初拆迁时开发公司口头答应为其缴纳日后物业费，管理该小区的物业公司无法与以前拆迁公司取得联系，此类人员也无法出具有效证明，但就以此为借口拒交物业费。大兴区撤村转居以及拆迁上楼人员也存在此类问题，而且由村民转为居民后的人员素质不高，对物业服务理念不认同，范围不清楚，经常提出不合理要求，物业公司不能满足就以此为借口拖欠物业费。

（七）自建公房问题

由于大兴区部分单位以前有集资建设的公房，在建成后没有相应的物业管理，目前这部分公房由大兴区建委下属的房管所进行管理，约100万平方米的自管公房。建设自建公房的初衷是为了满足自己单位职工的住房需求，提高单位福利待遇。在自建公房时由于职工当时缴纳了一定数额的筹建费用，单位也没有提及相关的物业管理费用问题。随着社会发展，负责自建公房的主体单位已经转制，例如大兴区种植中心（原为农业局）有多处自建公房，转制后该单位没有资金维持自建公房的物业管理费用，职工也不肯缴纳相关物业费，导致自建公房的物业难以为继。另由于房产买卖或者出租，新住户强调房产性质，享受原房主待遇，不缴纳物业费。还有一部分单位自己出资聘请了物业公司或自行成立物业公司进行管理，但是不能达到业主要求的服务水平，导致业主长期拖欠物业费。

（八）发展带来的问题

老旧社区缺乏基础设施改造的维修基金。这部分房屋属于区内福利分房，现在这部分房屋由于修建时间较早，小区内管线等基础设施老旧，经常出现故障，业主怨声载道，不按时缴纳或拖欠物业费。区建委反映在20世纪90年代以前修建的住宅小区在当时卖房、分房时还没有出台维修基金的政策，一些老旧小区即使出了维修基金，到目前为止这部分基金也已经连本带息都花完了，无法进行大规模的基础设施改造工程。这些小区在设计伊始没有充分考虑到今后发展所产生的业主需求，随着发展步伐的扩大，绿地、车位及相关配套设施不到位等问题逐渐突显，再加之开发主体责任的体制性缺失，业主对服务要求的提升，往往导致在这些小区居住的业主，以房屋质量和设施不配套，服务不到位为由不愿意缴纳物业费。

四、工作建议

鉴于大兴区目前业主和物业存在的主要问题，在充分调研的基础上，考虑区建委、物业公司和业主委员会以及属地单位的意见，结合大兴的实际情况提出以下工作建议。

（一）理顺工作机制

根据北京居住小区发展状况和外省市区的管理经验，建议成立由主管区长牵头，社会办、规划、建设、公安等部门参加的物业管理协调机构，加强物业行政管理。政府主管部门依法实施宏观管理，成立物业理事会，由建委小区办、街道（地区）办事处、居委会和业主代表组成。街道（地区）办事处和社区居委会对业主大会和业主委员会指导监督，行业协会依据行业规章对物业企业实行自律管理。

（二）建立准入退出机制

政府应高度重视小区物业管理在构建和谐社区中的作用，规范开发商及房地产企业，积极解决开发建设遗留问题，新建住宅小区在验收工作中建立属地准入机制。据统计，因开发商遗留的种种问题引发的矛盾、冲突，在物业纠纷中所占比重为80%以上。将新建住宅小区所属的街道（地区）办事处列入工程联合验收的组成部门，其验收内容应明确包括：新建住宅小区是否已向街道（地区）办事处提交符合规划设计标准的社区办公、服务及活动用房，所选聘的物业管理公司是否符合行业准入标准这两项重要工作。同时要在验收审核通过之前，由建委小区办统一收取入住物业公司服务承诺保证金，在考核连续三年合格的基础上进行一次性返还。没有通过考核的物业公司限定时间令其整改，整改完成并通过考核的方可以入驻社区进行管理，整改后依旧不能通过或拒绝整改的物业管理企业，取消其在大兴区承接任何物业管理工程的资格。

（三）更新物业理念

成立街道办事处管理的物业公司，引入“大物业”的概念。整合辖区内资源，完善公共服务事业，建立公共性质的物业管理公司。通过政府购买服务的方式，树立一个标杆性质的物业公司，保证业主要求的服务质量，保障人民安居乐业，逐步取代规模小、服务差的物业公司。同时，在完善服务的基础上合理征收业主的物业费，服务优先、收费在后，彻底解决业主欠费与物业收费之间的恶性循环，切实保障业主享受到达标的服务，让业主再不能以物业服务不到位为理由拖欠物业费。

（四）加强业务监管

由区建委小区办牵头，负责对区内现有的物业公司开展培训，提高服务质量。明确街道（地区）办事处对物业公司的属地监管职责，强化办事处对物业公司的属地服务进行监督和指导职责，对物业公司在属地的准入有建议权和否决权。建委小区办与街道（地区）办事处对物业公司实行季度考评和风险预警机制，要以物业理事会为主要载体，加强物业与业主的沟通联系，加大感情投入，改善业主与物业的关系，建立良好的互动平台，有问题及时沟通，确保不产生积怨、矛盾。

（五）规范服务标准

根据目前相关政策、法规，由区建委、社会办、法制办、各街道（地区）办事处结合本区业主实际需求共同负责出台具体可行的物业公司考核标准，每半年组织相关业内专家、业主代表、行业和属地管理部门成立考核组，对区内有项目的物业公司进行考核，对不合格的物业公司，限期进行整改，并进行行业通报，对拒绝执行或整改后仍不合格的坚决给予取缔，形成良好的运行机制，避免引发新的业主与物业矛盾。

（六）干预恶意拖欠行为

针对主要问题中提出的内容，需要全区内各相关部门统筹协调，逐步推进，以达到最终效果。对于业主拖欠物业费的问题，首先要区分人员类别，全区拖欠物业费人员经调研分析主要分为以下三类。

1. 经济收入微薄人群，其中包括低保、下岗再就业人员等。建议区民政局、区劳动保障局研究可否在其低保、劳保金中适当扣除一部分作为物业费，再由政府出资补足差额部分。

2. 经济收入稳定人群，其中包括在机关、企事业单位工作的人员等，不按时缴纳或者拖欠物业费。建议由区法制办研究出台相关政策，社区居委会、物业公司对住户进行清查登记，对各单位进行清查，限令其改正，不予改正的给予通报批评等方式解决。

3. 恶意拖欠物业费的人群。有固定的经济收入，由于个人素质问题，恶意拖欠物业费，并进行串联，在所住小区内产生极其恶劣影响的。建议先由试点社区抓起，由社区居委会协调物业公司对其进行劝说，并在社区内进行广泛的宣传教育，对仍坚持拖欠物业费的在小区内进行通报。同时，建议采取司法手段，解决物业公司起诉业主拖欠物业费的案件，通过典型案例的媒体宣传，正确引导业主遵守法律协议之规定，让其缴纳物业费。解决恶意拖欠物业费的问题一定要在社会上产生积极的影响，让群众了解到政府解决此类问题的决心，全面提升大兴区人民群众的素质。

（七）加快老旧社区改造

针对政策遗留问题，建议区政府建立社会发展专项基金，解决政策性、体制性的历史遗留问题，重点对自管公房出台相应管理政策，对老旧小区进行科学界定，解决老旧小区的维修资金瓶颈问题，有计划地对老旧小区的基础设施进行升级改造，在改造好的基础上再由物业公司接手进行规范管理。

（八）加大宣传力度

因全区住宅小区物业费拖欠、拒缴现象较为普遍，建议大力宣传普及物业管理知识并更新业主的物业消费观念。强化业主不交费，则无法享受优质服务的理念。

综上所述，解决全区业主与物业矛盾是一项复杂而且长期的工作。全区各相关部门要联动互促，加强协作，合力解决，同时配套相应的资金并加强对物业公司的行业监管力度，不断改善业主与物业关系，形成良性互动，排除潜在矛盾，为解决业主恶意拖欠物业费和物业公司管理服务不到位之间的矛盾而共同努力，共同推进城乡一体化发展和宜居、宜业、和谐新大兴的建设。

（此文作者为大兴区委社会工委书记、区社会办主任）

关于对人民团体系统内社会组织建设情况的调查报告

张海霞

党的十七大从发展社会主义民主政治、以改善民生为重点加快推进社会建设的高度，提出要“支持工会、共青团、妇联等人民团体依照法律和各自章程开展工作，参与社会管理和公共服务，维护群众合法权益”，要“发挥社会组织在扩大群众参与、反映群众诉求方面的积极作用，增强社会自治功能”。市委贯彻落实中央精神，出台了《北京社会建设实施纲要》、《关于加快推进社会组织改革与发展的意见》等“1+4+X”系列文件，明确提出了构建“枢纽型”社会组织工作体系的思路。为落实市区社会组织建设文件精神，创新全区社会组织建设与管理模式，增强社会组织自身活力，10月16日—11月9日，区委社会工委、区政府社会建设办公室开展了对区妇联、区工会、团区委和区农民专业合作社指导服务中心等8家单位系统内社会组织建设情况的调查工作。在上级领导和各部门的大力支持下，调查按期圆满完成。此次调查采取发放调查问卷、召开座谈会等方式，认真听取各人民团体意见、建议等，认真分析平谷区人民团体系统内社会组织在发展管理方面存在的主要问题，提出了促进人民团体规范发展的对策和建议。

一、基本情况分析

经调查，全区在民政局登记注册的社会组织共有243个，在街道、社区登记备案的社区社会组织50个，全区8家单位系统内社会组织（包括基层分会）共有410个，占全区有登记备案的社会组织的58%。因此，重点加强了人民团体系统内组织的调研，以期为全区社会组织发展提供可借鉴的工作思路。8家单位系统内社会组织具体情况分析如下。

（一）负责人情况

共有408人，两个组织未设负责人

1. 性别分布：男性213人，占总数52%；女性197人，占总数48%。男性比例略高于女性比例。

2. 年龄分布：35 岁以下 97 人，占总数 24%；36—45 岁 157 人，占总数 38%；46 岁以上 154 人，占总数 38%。36 岁以上占 76%，年龄结构趋于老化。

3. 学历情况：大专及以下 120 人，占总数 29%；本科及以上 288 人，占总数 71%。学历层次较高。

4. 编制情况：行政编 193 人，占总数 47%；事业编 96 人，占总数 24%；企业编 41 人，占总数 10%；其他无编制为 78 人，占总数 19%。正式在编人员较多。

5. 政治面貌：党员 340 人，占总数 86%；团员及无党派人士 14 人，占总数 3%；群众 54 人，占总数 13%。党员、团员居多，政治素质较高。

6. 专兼职情况：专职 195 人，占总数 48%；兼职 213 人，占总数 52%。兼职人员较多。

（二）会员情况

拥有会员 290 137 人，其中党员 1.42 万人，占总数 5%。党员所占比例较小。

（三）经费情况

2009 年度经费总数为 2590 万元，其中政府资助 390.34 万元，占总数 15.07%；服务性收费 15.2 万元，占总数 0.59%；会费收入 1 214.568 万元，占总数 46.89%；社会捐赠 0.5 万元，占总数 0.02%；其他形式自筹 969.39 万元，占总数 37.43%。会费和自筹资金占绝大部分，政府资助比重相对较低。

（四）开展活动及服务人员情况

2009 年共开展活动 4 351 次，活动形式包括：召开会议（座谈会、笔会、研讨会等）、宣传咨询、集中培训、开展比赛（演讲、征文等）、开展文体活动、送服务（科技、文艺作品等）下乡活动、组织参观、走访慰问、义务劳动、发放辅助器具、采风等多种形式。开展各种活动服务人员总数达到 57 503 人，平均每次活动服务人员数为 13.2 人。

（五）志愿者情况

2009 年参加志愿服务的志愿者共有 14 712人，各类志愿活动相对比较活跃。

二、取得的成绩及存在的主要问题

通过调查，在区委、区政府的正确领导下，各级社会组织能够积极开展工作，充分发挥联系面广的优势，广泛反映各方群众利益诉求，积极争取合法利益，及时化解相关社会矛盾，群众民生得到保障，为全区的政治稳定、经济发达、文化繁荣作出了非常大的贡献，特别是在社会建设方面的作用更是不容忽视。各级社会组织，作为党和政府联系群众的桥梁和纽带，广泛联系有关方面社会力量和广大群众并代表其利益，组织动员各界群众参与全区社会建设，是区委、区政府最可信赖、最可依靠、最为得力的助手。但是，各级社会组织的建设存在一些问题应该引起各方关注。

（一）各级党委、政府和社会各界的重视程度与支持力度不够

在政府职能转变和市场经济体制确立的形势下，人民团体的作用得到了充分的认可，但各团体的发展急需政府提供更多的资源和更有利的政策支持，以获得更加广阔的发展空间和良好环境，但实际情况不容乐观。一是人民团体作为公益性非营利组织，缺少优惠性政策、资金支持，客观上制约了团体的可持续发展。全区社会组织工作人员和活动经费在很大程度上依赖于挂靠单位。个人会费、接收捐赠及有偿服务收入很少，而团体会费还需要各团体单位领导积极支持和配合，否则也很有限。同时，政府政策支持和资金投入还不够，吸引社会资源投入的激励机制尚未建立，这样就造成了社团工作经费无固定来源，严重时便无法正常开展各项活动，影响积极性的发挥。二是社会各界对社会组织的认识还不深入，政府对于如何引导和发挥社会组织作用还没有形成统一、有效的做法，使社会组织在发展中遇到一定阻碍。三是各系统内社会组织单体规模不大，一般呈现“小、散、乱”的特点，规章、制度、人员管理等方面都需要规范。

（二）促进人民团体发挥作用的各项工作机制亟待健全

人民团体主要作用是成为党和政府联系群众的桥梁纽带，代表和反映所属群体的呼声和利益诉求，从而影响政策制定，促进科学决策、民主决策。但人民团体在发挥作用中还存在着工作机制不健全的问题。一是缺乏健全的内部治理机制。调查结果显示，许多社会组织没有真正成立理事会和设立章程，内部管理结构比较单一，在领导决策、项目运作、经费筹集使用等方面没有形成可持续发展的内部治理机制，影响其规范健康地发展壮大。例如，团区委下属有青年联合会和志愿者协会，但是没有实行会员登记备案管理，只在有志愿活动时，临时通知各单位抽调组成志愿队伍。2008 年奥运志愿活动搞得非常声势浩大，但没有建立一套行之有效的内部管理机制。这种管理模式，对保护志愿者应得的社会尊重，充分调动志愿者积极性，更有效地发挥志愿服务能动作用非常不利。二是缺乏有效的利益表达机制。人民团体具有群团性、专业性等优势，尤其以专业视角、群团身份对社会事务发表观点，能够较好地促进社会群体间的沟通、协调，起到一定的缓和、疏通作用，也为政府决策提供了更多参考．所以要让公众听到来自社会团体的声音。人民团体已经建立起了一定作用的宣传、沟通平台，但还没有一套行之有效的工作机制，从选题、专家组织、观点收集、对外公布等各个环节进行规范，实现人民团体对社会事务的“有声”参与。平谷区在实现有效的利益表达机制方面非常欠缺，很少看到各团体能够积极主动地表达群众诉求。因此，为实现人民群众更广泛地参与到社会建设中来，必须建立全区人民团体有效的利益表达机制。三是缺乏团体内部沟通、合作机制。建立全区团体内部的沟通协作机制，有助于促进先进经验做法的共享，使同类型团体能够更好地研究解决自身发展中面临的共性问题。同时，顺畅的沟通渠道也有助于人民团体更好地收集群众意见呼声，密切联系。从另一个角度来看，建立沟通、合作机制也是如何整合团体内部合力的问题，只有人民团体内部沟通顺畅、有序合作，使资源效益得到充分发挥，才能更好地参与社会事务管理，更好地为区委、区政府决策提供咨询服务。从调查结果分析，系统内的社会组织一般能够建立起来，但如何实现上下之间、各组织之间更有效的沟通、合作，创造条件和机会更有效地开展活动，确保活动效果，增强组织系统的凝聚力还有待于进一步加强。

（三）各团体工作积极性和主动性有待于进一步加强

表现在：一是社会组织的工作覆盖面不够。例如，妇联在区直符合建立妇联组织的单位还没有建立妇联组织。科协的系统内组织只覆盖到了电力、规划、技术监督、水利、畜牧、果品等六个领域，在基层乡镇、农村这种更需要技术推广普及的地方目前还没有建立相应的组织。同时，各人民团体在企业这个层面建立组织的力度不够。对于不在系统内管理，属于同类别、同性质、同领域新成立的社会组织更是无从顾及。二是缺乏针对性强的指导意见。面对社会建设不断变化的形势，有的人民团体在开展工作中缺乏明确的思路。不能很好地与本单位和全区的工作紧密结合，不能广泛调动社会力量、利用社会资源开展工作，影响了自身的发展。

（四）系统内社团负责人有待于进一步提高综合素质

全区系统内社团工作人员应该讲基本素质比较高。本科及以上工作人员占总数的 71%，党团员占 90% 多，正式编制占总数的 71%。但专业工作知识、工作责任心和工作方法等方面的综合素质距社会工作的要求还有一定差距。一是各团体兼职负责人较多，专业不专，工作难免应付。调查结果显示，负责人大部分身兼多职，占总数的 52%。每个人的工作担子都很重，专业知识一般比较欠缺。经常被抽调完成一些突击性、临时性任务，没有足够的时间和精力来思考团体工作，投入精力相对较少。面对多头绪的工作，基层组织负责人普遍感到力不从心，对上级布置的很多工作也只有应付之力。造成工作不深入、服务不到位，某些工作处于被动状态。二是工作人员的责任心有待于进一步提高。通过此次调查发现，有的组织负责人报送数据不积极，报送数据不准确，缺项或落项，经过调查人员核实才发现并改正。三是开展工作的方式、方法有待于进一步改进。面对新形势、新任务，平谷区社团组织也应该积极开拓工作思路，进一步转变工作方式方法，但实际工作中显得办法不多。

（五）志愿者队伍建设需要加强

当前平谷区志愿服务工作主要存在以下问题：一是管理体制不健全，存在多头管理、各自为政现象。志愿者队伍中，团委负责青年志愿者，妇联负责巾帼志愿者，综治委负责治安志愿者等等，开展活动也主要围绕本部门的工作需要进行。二是志愿服务领域单一。社会志愿服务活动主要集中在文明宣传、便民服务、安保巡逻、环境保护，且大多是配合政府的任务要求或配合社会性大型活动开展的，而教育培训、心理咨询、就业指导、扶贫开发、慈善劝募等社会公益性和日常性的志愿服务活动开展较少。三是志愿服务水平总体质量不高。缺少专业化的社会志愿者队伍，且已有的专业志愿者队伍主要集中在教育、卫生、司法部门；很多志愿者都没经过专业化的培训就上岗，专业化水平较低。

三、对策与建议

（一）优化社会环境氛围，加大各级党委、政府和社会各界对团体组织发展的重视程度与支持力度

一是与时俱进地创新发展观念。人民团体及其社会组织发展，需要全社会的共同参与和大力支持。要培育发展人民团体系统内社会组织，要履行好各团体职能。首先，要转变观念。只有树立发展各类社会组织就是更好地发展群众事业，服务人民团体内社会组织就是更好地服务人民的理念，才能推动人民团体内社会组织管理体制、工作方式的创新。其次，要广泛宣传社会组织，建立激励机制，动员各界群众参与各领域社会组织活动。要帮助各类型社会组织开辟社会捐赠渠道，引导企业、基金会和爱心人士等社会各界的捐助，让更多的社会资源投入到社会组织建设中来，营造促进社会组织健康有序发展的良好环境。二是建立重大行业决策征询社团组织意见的制度。区政府及相关部门在制定出台涉及公共管理和公共服务等领域的政府规章、公共政策、行政管理措施和行业发展规划之前，应当通过一定的方式征求和听取相关人民团体包括各社团组织的意见和建议。三是建立政府向社团组织转移职能制度。将政府不该管、管不好、管不了的一些职能，转移给人民团体组织。完善沟通机制、参与机制，建立一套透明、公正的社会竞争、参与机制，鼓励社会组织更积极、有效地承接政府转移职能。四是建立政府购买公共服务制度。制定出台具体实施办法，明确规定政府部门授权或委托社团组织承担管理服务事项的，由政府各部门提出年度购买服务的事项及要求，纳入部门年度财政预算，由同级财政支付。部分特殊事项在一定时期可以实行专项购买服务。五是建立健全公共财政对各团体的资助和奖励机制。本着有利于人民团体发展的原则，落实相关的税收优惠政策，对各团体的经费进行税收政策调节；研究制定对团体社会组织主要困难进行分类扶持的资助办法，将资助和奖励资金纳入部门年度财政预算，加大财政扶持力度。

（二）以现有人民团体为基础，构建“枢纽型”社会组织管理体系

打造“枢纽型”社会组织，构建“枢纽型”社会组织管理体系，就是要在社会管理体制改革中，充分发挥人民团体等社会组织的重要作用，以此作为同性质、同类别、同领域社会组织的业务主管单位，逐步形成一个以分类管理为主的工作体系。目的是改变当前社会组织管理分散、服务不到位、发展不充分等现象，弥补政府和市场在社会管理和公

共服务环节上的缺口。所以当务之急是要认定一批区级人民团体为“枢纽型”社会组织。

针对区级人民团体管理的社会组织较少且社会组织行业分布分散的问题，考虑采取“先搭庙、后请神”的工作思路，根据北京市的文件精神，制定出台全区《关于构建“枢纽型”社会组织工作体系的暂行办法》，首先确认区工会、团区委、区妇联、区科协、区残联、区文联、区红十字会、区农民专业合作社指导服务中心为全区第一批“枢纽型”社会组织，由区政府授权其承担社会组织业务主管单位职责。一方面，对现有社会组织中能归入上述人民团体管理的，积极推进其与现政府主管部门脱钩，改由相应的人民团体担任业务主管单位；另一方面，对新成立的社会组织，凡是适合上述人民团体担任业务主管单位的，原则上都要归入相应的人民团体进行日常管理。通过这两方面的措施，一步步充实和壮大人民团体管理的社会组织，使人民团体真正成为“枢纽型”社会组织。同时，在条件成熟时，再采取成立社会团体联合会、教育者联合会等形式，提升或改建新的“枢纽型”社会组织。通过“枢纽型”组织建设，改变“小、散、乱”的格局，实现全面综合治理和整体水平的提升，解决社会组织覆盖面不足问题。

（三）建立良好的工作机制，督促、激励各团体更好地开展各项工作

区里通过出台加强“枢纽型”社会组织的管理办法，建立监督、激励机制，推动“枢纽型”组织开展工作，进一步提升“枢纽型”社会组织的管理水平，从而推动平谷区社会组织建设。通过建立联席会议制度，重要事项通报制度，信息沟通和工作联系制度，检查、评比、表彰等一系列制度加强“枢纽型”社会组织建设。督促各组织建立健全完善的内部治理机制和利益表达机制，加强团体内部沟通、合作机制，加强对下面的工作指导。督促各组织积极发挥主观能动性，加强调查研究，善于发现问题、解决问题，善于从具体工作中总结有效的经验和做法并加以推广。对于共性问题出台针对性指导意见，为基层团体开展工作明确方向和重点，指导基层团体转变工作思路和方式，实现团体的创新发展。最终促进各团体自身建设方面，引导团体组织不断完善内部管理制度，促进自律和诚信建设，加强自身能力建设，着力提高专业化服务水平。

（四）大力加强社会工作者负责人培训工作，提高社会工作者综合素质

面对新形势、新任务，社会组织工作者务必要进一步增强工作的责任感和使命感，拓宽社会知识领域，加强社会专业知识的学习。同时，各级社会组织也应该注意加大社会工作者培训力度，采取引进来走出去的方式，积极学习别人的先进经验，结合本岗位工作实际，学以致用，增加实践机会，达到理论和实践的有机统一，最终提高社会工作者的综合素质。

（五）加强全区志愿者工作队伍建设，推动人民团体为基础“枢纽型”社会组织的工作

成立全区社会志愿者联合会，对社会志愿服务工作进行统一管理和协调。其主要职责可定位于：接受政府部门委托，负责全区社会志愿者的招募、资格的审核和认定；社会志愿者的个人档案和志愿服务活动记录的管理；开发志愿服务项目，对社会志愿者提供的服务和社会需求进行双向调剂和匹配；对志愿服务活动予以指导、支持和协调；组织开展各种志愿服务活动；对社会志愿者进行培训和宣传；建立社会志愿者的考核、评价、激励机制。由于目前各部门管理的志愿者队伍中，团区委的青年志愿者数量最多，也最具有活力，且团区委有着长期管理志愿者的经验，管理制度也相对规范、完善，因此可以和团区委合作，将其现有的志愿者协会提升为社会志愿者联合会，并认定为“枢纽型”社会组织，以青年志愿者为核心，逐步整合全区现有各种类型的社会志愿者队伍，改变目前政出多门、管理混乱的状况，建立起政府对社会志愿者的统筹协调机制。

（此文作者为平谷区社会办副主任）

怀柔区社会组织改革与发展报告

鲁颖彤

为贯彻党的十七大以来中央关于社会建设指示精神，落实北京市社会建设“1+4+X”文件，进一步加强全区社会组织建设，促进全区社会组织健康、有序、全面发展，怀柔区社会工委、区社会办会同街道社区、镇乡及有关部门，深入基层，通过调查、座谈、研讨等方式对我区社会组织建设情况进行全面的摸底。在此基础上，形成本研究报告。

一、社会组织及其社会功用

社会组织，“是指在不同层级上建立起来的以调适国家与社会关系为目的的非政府公共组织”。[①] 按其组成方式，可分为社会团体、民办非企业单位和基金会等三大类。

社会组织的产生有其深刻的社会背景。一方面，随着全球工业和科技的急速发展，社会在不断进步的同时，出现诸多公共问题；社会中多元化的利益群体，也对公共服务提出了不同层面、不同种类的要求。面对这些情况，传统的政府无论是功能设置，还是在人员、财政上，都有力不从心之感，被称为“政府失灵”。另一方面，市场具有先天的趋利性，单纯由市场来调配社会资源，开展公共事务管理，无法兼顾到绝大多数服务对象，影响公平正义的实现，这也就是“市场失灵”。在这种困境下，各类社会组织作为独立于政府和市场之外的力量，广泛参与到“政府无力管，市场不愿管”的公共事务真空领域，提供了丰富多样的公共服务，促进了社会资源公平分配，协调了政府和公民之间的关系。

就我国而言，在社会发展的过程中，人们日益增长的社会需求与政府相对落后的服务供应能力之间的矛盾逐渐显现。针对这一情况，党中央明确提出了加强社会组织建设，发挥社会组织功用的方针，尤其是在十七大报告中结合有中国特色社会主义理论，系统阐述了社会组织相关问题。北京市为落实党十七大精神，实践科学发展观，加快推进社会建设和社会管理体制改革，在全国率先成立市委社会工委、市社会办，出台了《北京市加强社会建设实施纲要》，首次明确提出了“党委领导、政府负责、社会协同、公众参与”的社会管理格局，其中“社会协同”强调的是在社会管理中要发挥社会组织的作用。同时，北京市专门制定了《关于加快推进社会组织改革与发展的意见》，明确了要做好三项工作：一是构建“枢纽型”社会组织工作体系；二是加快推进政社分开、管办分离步伐；三是建立健全“枢纽型”社会组织联席会议制度，定期研究社会组织发展、管理和服务工作。

实践证明，随着社会意识形态和社会阶层的深刻变化，社会组织在服务社会、构建和谐、促进发展中越来越成为党和政府与社会各界群众广泛联系的桥梁和纽带，是建设具有中国特色社会主义事业的重要组成部分。

二、怀柔区社会组织建设实践

十七大以来，怀柔区认真贯彻中央及北京市相关文件精神，以构建和谐社会为中心，大力推进社会组织发展，并取得了一定的成绩。

（一）社会组织初成规模

① 蒙一丁、都业明：《社会组织构建：调适国家与社会关系的重要资源》，载于《行政与法》，2008年第12期，第10页。

目前，在区民政局正式登记的社会组织共有342家，其中社团225家，专职工作人员1308人，具有大学本科以上学历的656人；民办非企117家，专职工作人员1810人，具有大学本科以上学历的1029人；基金会0家。

除此之外，还有大量社会团体未正式注册，只在相关机构备案。以社区中的社会组织为例，据走访调查，31个社区中共有各类社会组织215家，其中正式登记的为19家，在街道备案的89家，在社区备案101家，未登记、备案6家（参见图1）。这些社会组织按组织形式分：社团类组织193家，民办非企22家；按工作内容和活动领域分：慈善类组织31家，文体活动类组织69家，生活活动类组织12家，社区事务类组织70家，其他类别组织33家（参见图2）。社区社会组织中共有专职人员444人，其中党员245人；社团类组织共有会员7 961人，其中党员2 558人。

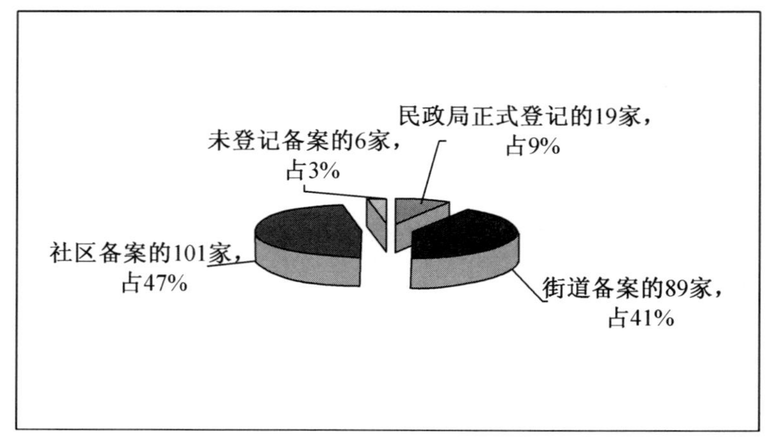

图1 怀柔区社区社会组织登记情况示意图

可见，全区社会组织已经具有了初步规模，并已覆盖到社会建设大多数领域，仅就正式登记的社会组织而言，每万人拥有社会组织约10家，高于全国和北京市平均水平①。

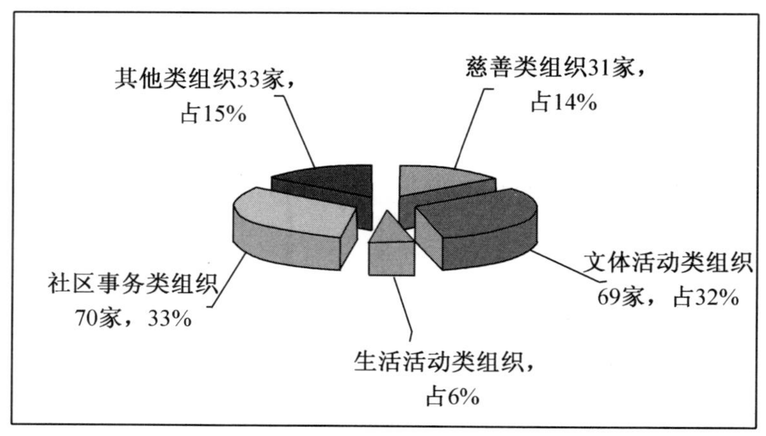

图2 怀柔区社区社会组织类别示意图

① 根据《2009年民政事业发展统计报告（社会组织部分）》，截至2009年10月，全国共有正式注册社会团体413 660家，平均约3.1家/万人；北京市共有正式注册社会团体6559家，平均约4家/万人。

（二）管理机制逐步规范

在社会组织发展的过程中，怀柔区相关部门制定政策，加强监督，协调力量，对社会组织进行引导和规范，促进社会组织建立健全自身制度，提高工作效率。同时，针对社会组织管理人员和组织成员专业水平不足的问题，进行必要的指导培训，提升社会组织公共事务处理能力。

怀柔区社会工委成立以后，进一步探索整合现有资源，借助社会组织力量实现社会组织自我管理、自我服务的新模式，并于2009年10月14日，召开怀柔区社会建设工作领导小组第一次会议暨第一批“枢纽型”社会组织认定工作会。会上将区总工会、团区委、区妇联、区科协、区残联、区文联和区红十字会认定为第一批怀柔区“枢纽型”社会组织，通过授权其承担业务主管单位职责，发挥其龙头作用，联合性质相同、业务相近的社会组织，进一步形成合力，促进共同发展。

（三）社会功能日益加强

随着机构体制建设的不断壮大，全区社会组织承担了越来越多的公共管理和服务职能，在经济、政治、文化、社会各个领域作出了有目共睹的贡献。

一是发展经济合作社团，提升农村经济竞争力。怀柔区地处京郊，农村地域广阔，农业产业发展的好坏，事关农民增收和农村稳定。自2004年起，全区大力发展农村经济合作组织，向社会招标建立禽蛋产销协会、板栗产业协会等多个区级农民专业经济合作组织，各镇乡也根据地域特点成立了大量的产业协会。截至目前，全区已有各类农村经济合作组织330多家。这些协会有效整合了原先处于市场经济弱势地位、分散在广阔农村一家一户的农民，通过开展农业技术、市场信息、农产品产供销等服务，提高农民组织化程度，增进了农民抵御市场风险的能力，推动了农村的经济发展。

二是完善社区事务组织，推动基层社会自治。随着社会的发展，基层民众民主意识不断提高，社区业委会、治安协会、养犬自律会等一大批社会组织应运而生。怀柔区抓住时机，适时加以引导，借助这些组织，推动群众进行自我管理、自我服务、自我教育、自我监督。如龙山街道龙湖新村社区业主委员会成立之初，该街道协助社区发动退休老干部参与委员会，并组织了专题培训。由于退休老干部有着丰富的工作经验和坚实的群众基础，很快有效组织起社区成员，制定了业主公约，建立了维修公积金账户，改善了小区环境，添加了安全设施，小区成员的矛盾纠纷也得到了及时调解，为全区的居民自治提供了样板。

三是整合兴趣协会力量，丰富群众文体生活。文体协会向来是群众参与最积极，涉及人员最广泛的社会组织，但往往人员较少，实力不强，单独组织活动较为困难。怀柔区以社区、村为单位，对此类团体进行资源整合，使这些社会组织逐步规范，发挥优势，形成品牌。如龙山街道西园社区整合原有的十几支队伍，成立西园社区文化苑，开展长期性、日常化的活动，满足了社区居民多层次的精神文化需求。泉河街道聘请专业文艺人员对社团进行指导，极大地提高了群众创作表演水准，社区居民自编自导的节目多次获得全国、全市会演大奖。当社会团体壮大到一定程度后，还能变被动为主动，积极组织各项活动。如泉河街道各社会团体，协助街道成功举办了7届夏日激情文化广场活动和4届邻里节，唱响了先进文化主旋律，促进了居民整体素质的提高。

四是依托公益类组织，提升公共管理服务水平。怀柔区政府部门在提供基本公共服务的同时，有意识地借助社会组织的力量，实现服务的多样化。如两个街道均已建立了博爱超市、爱心家园等慈善机构，为弱势群体提供了物质救助和定期服务；部分社区依托社区服务站发展中介组织，为群众提供家政、修理、配送等特色服务。除此之外，社会组织广泛动员力量，承担社会管理职能。如奥运会期间和新中国成立60周年大庆期间，区治安巡防协会共发动安保志愿者2万名，对社区、村交通要道、重要设施进行义务轮班看护，构筑了一条坚实的安保防线。又如，针对我区群众演员管理困难，从业人员良莠不齐，生活待遇得不到切实保障这一问题，成立了群众演员协会，推动群众演员和经纪人的自律管理，并配合相关部门做好从业规范、职业推介、教育培训和权益维护等方面的管理和服务工作，有效减少了这一群体中可能出现的不稳定因素。

三、全区社会组织建设中存在的不足

怀柔区社会组织不断发展，已成为构建和谐社会的重要力量。但随着社会建设的不断深入，全区社会组织建设中也显现出一些不足。

（一）对社会组织认识不到位

一是部分党政单位领导受传统社会管理理念的限制，对社会组织的作用认识不足，未能把社会组织建设提到工作日程上；二是社会组织成员本身存在认识误区，认为做的是社会边缘工作，没有硬性标准和明确要求，自身能力如何关系不大，缺乏加强能力建设的自觉性和主动性；三是城乡居民对社会组织认知度不高，参与度较低，归属感不强。

（二）社会组织自身发展相对滞后

当前，全区社会组织还处于发展的初级阶段，和人民群众日益增长的物质文化需要仍存在一定的差距。从物质基础来看，大多数社会组织规模小，成员少，专职工作力量不够。不少社团的工作人员身兼行政工作，很少有时间管理社团事务，加上缺乏有效资金支持，社团工作难以开展。从内部管理来看，很多社会组织缺乏章程及相关制度，法人治理结构不健全，仍存在“少数人办会”的工作模式，民主管理力度不够，对社会、市场需求反应不灵敏，从而影响了自身的吸引力和公信度，无法发挥整合社会资源的功能。

（三）管理制度尚需完善

当前我国政府职能的转变仍然在探索阶段，“有限政府”尚未真正建立。在这样的宏观背景下，全区社会组织管理中也确实存在着一定的政社不分、制度不全的情况。在登记监管上，对社会组织的管理相应制度较为宏观和原则化，实际操作中存在一定困难。社会组织本身缺乏接受监管的意向，不会主动进行年检，不少组织已经丧失了功能，但未及时注销，从而导致数量只增不减，质量难以保证。在培育扶持方面，扶持社会组织发展的相应政策不够系统全面，政府购买社会组织服务的机制尚未完全成形，相应经费划拨不足，社会组织的发展空间有限。

四、加强全区社会组织建设的思路

当前，怀柔区已经进入了经济社会快速发展期，要使社会组织尽快具备承接政府转移职能的能力和素质，在经济社会发展中发挥其应有作用，就必须深入贯彻落实科学发展观，努力探索加强社会组织建设的新途径。

（一）转变思想观念，提高认识水平

领导干部要转变观念，提高对社会组织在社会建设中重要地位的认识，充分发挥社会组织作为党和政府与社会各界群众之间桥梁纽带的作用。各级政府、各个部门要关心和重视社会组织的培育与扶持，为社会组织提供积极热情的服务，要通过培育城乡居民的参与意识，让更多城乡居民参与到社会组织中来，提高城乡居民的组织化程度。

（二）加强党的领导，扩大覆盖范围

要认真学习贯彻党的十七届四中全会精神，在基层社会组织中建立党组织、开展党的工作，逐步实现党组织和党的工作全覆盖，进一步提高党在社会领域的影响力和凝聚力，巩固和扩大党的社会基础和群众基础。一是“转”，鼓励支持组织关系未落实、组织生活无法参与的“口袋党员”将关系转到所参加的社会组织中。将社会组织的自我管理与党组织活动相结合，充分发挥党员的积极性和创造性，促进社会组织健康发展。二是“合”，对于人员较少，单独无法成立党支部的社会组织，可以将业务或类别相近的几个组织中的党员整合到一起，建立联合支部。尤其在农村地区，通过党组织的整合，能够更有效地协调各个社会组织的力量，形成工作的合力，推动农村地区的社会管理和公共服务。三是“选”，对于运行良好，作用突出，但是尚未有党员的社会组织，要善于将负责人、带头人和骨干成员发展为党员，通过发挥党员先进性作用，选上一个，带动一批，逐步建立基层党组织。

（三）依托枢纽组织，形成整体合力

要认识到“枢纽型”社会组织是社会组织建设的重要依靠力量，将原有分散在各行政部门的社会组织管理功能，按照工作性质和业务类别，逐步转移给“枢纽型”社会组织。一是充分调动第一批“枢纽型”社会组织的积极性，建立联席会议制度和重要信息通报制度，形成社会管理的合力；以第一批“枢纽型”社会组织为试点，将性质相同、业务相近的社会组织联合起来，促进共同发展，取得示范性成果。二是在现有人民团体业务覆盖不到的领域，通过改造、提升、新建等形式，构建一批新的“枢纽型”社会组织。如将怀柔区志愿者协会改造、提升为北京市怀柔区志愿者联合会，初步形成区、镇乡（街道）、行政村（社区）三级志愿服务工作网络。三是由镇乡街道积极培育和扶持一家镇乡级“枢纽型”社会组织，如社会事务管理协会，对本区域内未正式注册登记的“草根型”社会组织进行管理、指导和服务。

（四）完善管理体制，健全运行方式

建立健全分类管理、分级负责的管理模式。对分散在行政部门管理和新设立的社会组织，按照工作性质和业务类别，逐步纳入新的工作体系和管理体制，由“枢纽型”社会组织作为业务主管单位进行日常管理；对在区民政部门登记注册的但尚未纳入“枢纽型”组织管理范围的社会组织，由民政部门进行日常管理；对在街道、镇乡、社区备案或未备案的各类“草根型”社会组织由街道、镇乡负责管理。

（五）制定政策措施，加大扶持力度

当前，社会组织仍然处于发展的初期，政府部门应当加大培育力度，为社会组织提供适合的土壤和环境，并增强其抵御风险的能力。在条件允许的情况下，制定房屋租赁、场地使用、非营利收入税收减免等方面的优惠政策，鼓励企业、个人和社会力量支持、参与和创建社会组织；健全公共财政政策，对社会组织予以资金扶持；加快政府职能转移步伐，对可由社会组织承接的社会管理和公共服务事项，建立以项目为导向的政府购买服务机制，并将政府部门已授权和委托社会组织承担管理服务事项的工作经费，纳入财政预算。

（六）建立评估机制，加大监管力度

研究建立社会组织评估机制，根据社会组织的不同类型，对其开展活动的情况以及对社会建设的贡献程度进行评估。对其中诚信守法、自律严格、作用突出的社会组织进行表彰和宣传；对出现违法乱纪行为或业务职能不再开展的社会组织予以退出。

总之，怀柔区将高度重视社会组织在社会建设中的作用，结合本区实际，完善体制机制，给予社会组织全方位的支持，促使各类社会组织健康有序地发展，成为构建“和谐怀柔”的重要力量。

（此文作者为怀柔区委社会工委书记、区社会办主任）

密云县鼓楼街道建立社区商管协会的实践与探索

周广明

密云县鼓楼街道成立于2005年8月，辖区总面积13.06平方公里，设有21个社区，总人口13.5万（其中流动人口1.75万）。随着社会主义市场经济体制的建立和完善，"两新"组织日益壮大，新经济组织不仅成为一个地区的经济增长点，也成为社会管理的重点和难点。据调查，目前鼓楼街道辖区新经济组织已达6 862家（其中80%以上为个体工商户）、有民办非企业单位224个，涉及加工、销售、餐饮、娱乐、中介、租赁、维修、公益事业等多个行业，从业人员约2.5万人（外来人口占58.5%）。由于这些新经济组织和民办非企业单位类型繁多、规模不一、分布较广、人员复杂、情况特殊，形成了条上（职能部门）"统不起来、管不到位"，块上（属地）"管不了、管不好"，条块不衔接的管理空白地带和难点地带。针对这一新情况、新问题，鼓楼街道主动适应经济社会的发展，2008年8月借"平安奥运"之机，积极探索新经济组织和民办非企业单位管理的有效途径，在车站路南社区开展先行试点，率先成立了全县第一家商户管理协会（简称商管协会），开辟了新经济组织和民办非企业单位管理的新路子。2009年5月，街道党工委、办事处在车站路南社区召开了现场会，全面推广"车站路南经验"。经过近一年的实践，取得初步成效。商管协会的成立，弥补了"两新"组织的管理空当，起到了"穿针引线打补丁"的作用，夯实了基层建设根基，促进了社会和谐稳定。

一、商管协会的构成

商管协会在组织结构上，按照"先挂钩、再脱钩"的原则，分为街道、社区两个层面。在街道层面上，成立街道商户管理协会总会（简称商管协会总会），属于具备法人资格的社会组织，是新经济组织和民办非企业单位管理的议事协调机构，在地区管理委员会指导下开展工作。商管协会总会设会长一名，由街道办事处主任兼任，设常务副会长一名，由街道办事处主管副主任兼任，设副会长若干名，由街道副主任及相关工商、公安、城管、卫生监督等部门派出机构负责人担任，理事由各社区商管协会会长担任。商管协会总会下设办公室，办公室设在安管科，安管科长任秘书长。总会长、副总会长、秘书长均由理事推举产生。在社区层级上，成立社区商管协会，由新经济组织、民办非企业单位人员和社区居委会、驻区职能部门工作人员组成，是社区和谐创安自治协会重要组成部分。社区商管协会在街道商管协会总会和社区和谐创安自治协会指导下开展工作。社区商管协会由会长、副会长、理事、管理员构成，每个商管协会设会长一名，通常由社区居委会主任兼任，副会长若干名，由工商、公安、城管、卫生监督等管片干部和有一定影响、热爱公益事业的商户负责人担任，理事按规模较大的经济实体每家一名、较小的商户5—8家推选一名的标准产生，管理员由各类协管员担任。各社区根据辖区实际，确定理事人数；本辖区内所有商户均为商会会员；理事由会员推举产生；会长、副会长由理事推举产生。

同时，坚持党组织建设与社会管理工作同步推进的原则，成立街道商管协会党总支和社区商管协会党支部，充分发挥"两个"基层党组织推动发展、服务群众、凝聚人心、维护稳定的作用。

二、商管协会职能

街道商管协会总会职能：贯彻县、街道工作部署，定期分析辖区“两新”组织动态，及时向党工委、街道和地区管委会报告工作，提出工作建议；指导社区商管协会对商户开展党的路线、方针、政策和国家法律法规的宣传工作；协调解决社区商管协会反映的重点、难点问题，化解矛盾纠纷；指导社区商管协会参与社区服务和管理；指导社区商管协会会员参加社区志愿者服务，参加社会公益活动；加强商户流动人口的管理，维护商户的合法权益；定期检查、考核、推选和表彰先进商管协会和会员，兑现奖惩措施等。

社区商管协会职能：贯彻街道、社区工作部署，定期分析辖区商户会员动态，提出工作建议；协助有关部门对商户门前三包、占道经营、流动摊点、环境卫生、广告牌匾、室内卫生、安全情况、无照经营、不当竞争及服务质量等进行联合整治；对会员进行党的路线、方针、政策和国家法律法规及公共安全知识、计划生育的宣传教育工作，强化会员社会责任意识；督促商户落实安全生产制度，建立重大情况报告制度；组织协调会员参加社区治安巡逻和邻里守望及志愿者服务；建立会员信息台账，定期进行风险评估；帮助会员协调各种社会关系，解决实际困难，调解各种矛盾纠纷；帮助商户拓展经营发展、准入预警、信息咨询、反映诉求，维护商户的合法权益；定期推选和评选先进会员，对会员实行分级管理，奖优罚劣。

三、商管协会的运作模式

一是协调会商机制。制定商管协会章程，对性质宗旨、工作任务、机构组成、人员职责及会员应享有的权利等，进行具体规范和明确。坚持商管协会总会每月召开一次商管协会会长（理事）会议、商管协会至少每月召开一次理事（会员）会议制度，定期通报情况，分析形势，协商工作，研究解决重、难点问题。商管协会党总支和社区商管协会党支部建立了党建工作联席会议制度，健全工作网络，定期开展活动，加强对流动党员管理。

二是风险评估机制。每个商管协会都建立信息台账，收集所属商户（会员）的详细信息，主要包括经营的性质、范围、效益和人员情况及社会关系等，与社区流动人口信息网站对接，根据动态变化及时调整更新，保证信息的完整性、准确性。商管协会总会建立信息总台账，与各商管协会联网，每月进行一次更新，并与街道综治中心对接，实行资源共享、动态管理。坚持每月对商户重点人、重要事件及重点地区进行一次风险评估，按照红、橙、蓝、绿四个等级实施风险控制，强化人、地、物、事管理。

三是矛盾调处机制。建立商户管理形势分析例会和矛盾纠纷定期排查制度，研究解决重、难点问题，运用教育、协商、疏导等多种办法，统筹化解矛盾纠纷。遇有商户（会员）内部之间、商户与其他单位、人员之间发生矛盾纠纷，由社区商管协会和街道商管协会总会统一会商协调解决，力争做到小的矛盾不出社区，大的矛盾不出街道。

四是联防联控机制。积极开展治安巡逻和邻里守望，配合公安、城管、工商等部门维护社会秩序，协助各类协管员抓好辖区治安和社会稳定工作，遇有重要情况及时向商管协会和社区报告，推动平安社区、平安街道建设。

五是服务保障机制。从解决商户最关心、最直接、最现实的利益问题入手，定期向商户了解困难和需求，帮助商户协调各种关系，解决商户子女入学等实际困难；为商户印制和发放服务手册，主动上门向商户宣传法律法规、计划生育和安全知识；组织商户会员开展维权行动、参加各种公益活动等，为广大商户排忧解难，维护其合法权益，积极推进“文明社区”、“和谐社区”建设。

六是考评激励机制。积极开展"优秀商管协会"和"诚信商户"、"优秀党员商户"评比活动，由街道商管协会总会统一制定评比标准和细则，坚持每年评比一次。由社区商管协会进行推选，街道商管协会总会评选、公示，并颁发奖牌。对荣获"优秀商管协会"、"诚信商户"、"优秀党员商户"的社区商管协会和商户，由总会给予挂牌和一定的物质奖励；对挂牌后发生问题、群众反映比较强烈的社区商管协会和商户，总会可随时摘牌。

四、取得的成效

一是填补了对"两新"组织管理的空白。商管协会的成立，实现了"两新"组织由过去的游离于管理之外到现在的纳入组织管理之中、由过去的被动不服从管理到现在的主动参与配合、由过去的个别部门"单独"管到现在的"条块结合"齐抓共管，起到了"穿针引线打补丁"的作用，弥补了对"两新"组织的管理空当。目前，鼓楼街道6 862家商户全部是商管协会的会员，做到了全人员、全方位、全覆盖管理，较好地实现了条块结合、无缝衔接。

二是实现了党组织的全覆盖。鼓楼街道21个商管协会均建立了党支部，将209名流动党员有效地组织起来，把党员找回"家"，紧紧地团结在党组织周围。商管协会党支部充分发挥党组织的战斗堡垒作用和党员的先锋模范作用，通过建立党员"连线"群众等形式，发动党员积极收集和反映商户心声，积极协调各种关系，及时化解各种矛盾，维护各方合法权益。

三是推动了社区平安建设。社区商管协会发动会员及其家庭成员积极参与社区志愿服务。特别在首都国庆60周年安保工作中，鼓楼街道有3 021名商管协会会员及亲属参与了"国庆平安行动"，占街道治安志愿者总数的30%，成为了维护社会稳定的骨干力量。在此期间，共化解各种纠纷62件，商户之间的矛盾纠纷也呈下降趋势，一些涉法涉诉问题得到了有效控制，未出现商户集体进京上访和到重点地区上访的事件。

四是促进了社会和谐。商管协会认真履行管理、协调、服务职能，坚持主动联系商户、主动了解商户、主动服务商户。自成立以来，为商户协调子女入学28件，提供法律援助145起，解决劳资纠纷13起，组织法律、公共安全、计划生育知识宣传等讲座192场，举行消防、民防救援、反恐等演习5次。商管协会的成立有效地维护了商户的根本利益，建立了良好的市场秩序，创造了良好的投资环境，促进社区和谐稳定，推动了地区经济发展，凸显了平安建设效果。同时，商管协会组织会员积极参与社区共筑共建和市县组织的"迎奥运、讲文明、树新风"、"我与祖国共奋进"及其他社会公益性活动。鼓楼街道商户为所在社区困难户募捐12万余元，通过红十字会、社区向社会募捐52.67万元；为社区道路修缮、安保系统安装等基础设施建设投资53万余元。协会会员还积极参加社区组织的各种文体活动，有156名会员成为街道、社区文体骨干。

（此文作者为密云县委社会工委副书记）

关于延庆生态文明建设考核评价指标体系的研究与思考

侯君舒

党的十七大报告中提出的"建设生态文明，基本形成节约能源资源和保护生态环境的产业结构、增长方式、消费模式，建立资源节约和环境友好型社会”，为我们建设生态文明指明了方向。中共北京市委、市政府在奥运会后提出了建设“人文北京、科技北京、绿色北京”，明确了首都生态文明建设的战略任务。近年来，延庆县深入学习实践科学发展观，全面实施生态文明战略，以创建国家生态县为抓手，在保护生态环境、发展生态经济、建设生态城市、弘扬生态文化等方面进行了积极有效的探索。2008 年 5 月被国家环保总局授予国家生态县，2009 年 6 月又被确定为全国生态文明建设试点县，延庆生态文明建设又站在了一个新的起点上。在新的形势下，如何按照建设生态文明的要求，建立反映生态文明内涵特征、基本规律和延庆生态文明建设实际进程的指标体系，对于进一步丰富延庆生态文明建设内容，提升延庆生态文明建设水平，促进经济社会全面协调可持续发展具有重要意义。

一、延庆生态文明建设的实践

近年来，延庆县立足首都生态涵养发展区的功能定位，认真贯彻落实科学发展观，全面实施生态文明战略，大力倡导生态文明理念，积极探索延庆特点的可持续发展模式，努力建设经济与生态有机共生、人与自然和谐相融、人与人和睦相处的生态文明社会。一是突出产业发展特色。农业方面坚持都市型生态农业发展方向，以优势特色产业、绿色有机农业、休闲观光农业和生态循环农业为主要特点的生态农业发展模式初步显现；工业方面坚持环保优先方针，发展低消耗、低污染、高利用率、高循环率的产业，以新能源和可再生能源为主导的生态友好型工业增长迅速；旅游业方面，以打造国际旅游休闲名区为切入点，加强景区基础设施建设，大力发展乡村旅游，加快发展会展、度假等高端旅游业态，生态休闲旅游的框架基本形成。二是统筹城乡建设。不断加大水、电、路、气等城乡基础设施建设力度，全面推进新农村建设，实施了惠及广大农村群众的生态安居工程，基本实现了村村通油路、通公交和通广播电视，群众生产生活条件得到了极大改善，农村环境面貌根本改观。三是加强生态保护。全力打造首都西北生态屏障，实施了京津风沙源治理等一大批国家级生态环境治理工程，大力推进以四大生态走廊为主的生态建设工程，加大湿地恢复保护力度，实施控制农村面源污染示范工程，采取多项措施有效治理大气污染，扎实推进资源节约和节能减排工作。全县林木绿化率达到 72%，湿地面积占国土面积的 5%，空气质量二级和好于二级天数多年位于全市前列，新能源和可再生能源比例达到 12%。四是实行生态惠民。建立了统筹城乡的就业服务网络，实现了万名失业人员和农村劳动力转岗正规就业，1.2 万名农村“4050”就业困难劳动力实现生态就业。积极落实社会保障政策，优先发展教育事业，完成了一批重点教育、医疗卫生基础设施建设，人民群众生活质量进一步提高。新建延庆文化中心等文体设施，广泛开展群众性生态文明创建活动，城乡群众文体生活日益丰富，生态文明意识得到广泛的增强。五是建立长效机制。把国家生态县指标纳入领导干部考核评价体系当中，明确工作责任，突出工作重点，圆满地完成了各项创建任务，初步形成了较为完善的创建机制。

2006—2008 年，延庆地区生产总值年均增长 10.2%，财政收入年均增长 28.8%。三次产业的比重由 2006 年的 15∶25∶60 调整到 2008 年的 13∶24∶63。同时，荣获了全国绿化模范县、国家园林县城、国家卫生县城等荣誉称号，并成为 ISO14000 环境管理体系运行国家示范区、全国控制农村面源污染示范区、北京市可再生能源示范区和北京市循环经济示范县。

延庆国家生态县创建成功，标志着延庆在生态文明建设的万里长征中迈出了扎实的一步，也为延庆进一步提升生态文明建设水平奠定了坚实的基础。但我们也清醒地看到，延庆在生态文明建设过程中，还存在有许多问题。我们的经济还不发达，产业特色还不突出，生态经济体系还没有真正建立；环境保护还需要进一步加强，水资源保护、垃圾处理、节能减排和新能源利用等项工作还需要进一步加大力度，生态环境建设还需要做出更大的努力；生态优势还没有充分发挥，以生态促就业、保增收的措施还不多，生态惠民的成效还不够显著等。同时，我们也感到，生态文明建设内容十分丰富，但是现行的指标体系已经不能适应延庆当前生态文明建设的需要：延庆生态优势和发展特点未能充分反映；一些调整产业结构、促进生态就业、完善社会保障的指标未纳入其中；一些指标比较宏观，可操作性不强，落实比较困难；不能全面反映延庆生态文明建设的成果和要求。

二、各地建立生态文明建设考核评价指标体系的探索

生态文明具有丰富的内涵。从广义上来讲，它是指工业文明之后的人类文明新形态，体现了人类社会发展中取得的物质、精神、政治成果的总和。它既包括正确的生态意识、生态心理、生态道德和体现人与自然平等、和谐、共生的价值取向，又包括清洁生产、循环经济、环保产业等一切具有生态文明意义的生产实践活动，还包括规范生态活动和行为的法律制度和规范。从狭义上来看，生态文明是与物质文明、精神文明、政治文明和社会文明并列的人类文明的重要组成部分，着重强调的是人类在处理与自然关系时所达到的文明程度，体现出一种人与自然关系更为崭新的视角，是追求人与自然和谐统一、积极探索可持续发展的成果。

20世纪90年代以来，国内外学者和有关组织加强了对生态文明的研究，提出了多种可持续发展的指标体系与框架。经济合作组织和联合国环境规划署提出了“压力—状态—响应”框架模型，力求建立压力指标与状态指标的因果关系，以便作出有效响应。即人类活动对环境施加压力，使环境状态发生变化，社会对环境变化作出响应以恢复环境质量或防止环境退化。后来联合国可持续发展委员会又进一步提出了可持续发展指标体系。河南大学的王发曾提出了城市生态系统的“经济—社会—生态”评价指标体系，设有经济发展水平、社会生活水平、生态环境质量三大类36项指标。复旦大学中外现代化进程研究中心何爱国提出，生态文明建设指标体系应由生态响应、生态政治、生态经济、生态社会、生态文化五个一级指标和46个二级指标构成等。这些理论研究成果，为各地区的实践提供了理论指导和技术支持。

从20世纪90年代开始，当时的国家环保总局相继开展了生态示范区、生态省、生态县等一系列生态创建工作，各地对生态文明建设进行了积极探索。90年代以来，厦门市总结多年的经验，形成了“生态立市、文明兴市、保护优先、科学发展”的理念，围绕发展生态经济、建设资源节约型社会，改善生态环境、维护生态安全，加强生态教育、培育生态文化，实行生态善治、建设生态城市几个方面进行了实践，取得了显著的成效。2008年7月，厦门颁布了生态文明（城镇）指标体系，共包括30项指标。2008年，贵阳市提出建设“生态文明城市”，围绕着做好生态文明城市规划、完善生态文明城市功能、做大做强生态产业、加强生态环境建设、实施“六有”民生行动计划、弘扬生态文化和创新机制建立责任体系等方面进行了全面建设，为此建立了包括生态经济、生态环境等6个方面33项生态文明城市指标体系。

这些理论研究成果和各地的成功实践，为延庆进一步推进生态文明建设，构建符合延庆特点的生态文明建设指标体系提供了较好的理论指导和实践借鉴。

三、延庆生态文明建设的总体思路、目标和任务

（一）总体思路和目标

以邓小平理论和“三个代表”重要思想为指导，深入贯彻落实科学发展观，加快实施生态文明战略。以全面加强生态建设为基础，以发展生态经济为主线，以建设生态城市为支撑，以弘扬生态文化为灵魂，以生态惠民为目的，以完善生态文明建设制度机制为保障，进一步解放思想，开拓创新，努力构建生态环境安全体系、生态经济发展体系、生态城市建设体系、生态道德文化体系、生态惠民政策体系、生态文明建设制度保障体系，全面提升延庆生态文明建设的水平。

今后5年，经济保持平稳较快增长，生态产业长足发展，循环经济比重明显提高，生态经济体系基本形成；生态建设稳步推进，生态涵养功能大幅提升，环境质量显著改善；城镇功能进一步完善，农村基础设施不断加强，城乡环境更加宜居，生态城镇格局基本形成；城乡社会发展差距明显缩小，公共服务水平基本均衡，生态建设的成果更多地惠及群众，人民生活水平和生活质量大幅度提高。生态文化彰显特色，生态文明观念显著增强，生态文明道德渐成风尚，绿色消费模式初步建立；生态文明建设制度机制更加完善，生态管理更加科学，政府服务效能明显提高，城乡居民对区域生态环境建设的满意度大幅度提升。

（二）主要任务

1. 扩大生态优势。要在巩固国家生态县创建成果的基础上，按照建设“首都生态涵养重地”的要求，全面加强生态环境建设。一是实施一批基础性环境建设工程，扩大生态优势。继续开展风沙源治理等工程，大力推进彩色树种造林、生态育林、生态走廊养护等重点林业工程，加快推进农田林网建设和村庄绿化，进一步提高全县林木绿化率。继续全方位治理水环境，完成县城再生水厂改造工程，加快推进小流域综合治理，加强河道生态整治，改善河湖环境质量。继续下大力气治理大气污染，进一步提高延庆空气质量，保持全市领先的地位。二是制定城乡风貌和大地景观规划，完成妫河生态走廊等四大生态景观走廊建设，打造龙庆峡不夜谷等旅游休闲精品，使整个延庆形成山水浑然一体、自然景观与人文景观相映成趣的大尺度、高品位首都郊野森林公园。三是加快推进可再生能源示范区建设。进一步优化能源结构，积极推广清洁能源，加快推进地热采暖、大型沼气利用等一批重点项目建设，确保今后5年新能源和可再生能源所占比重达到20%。

2. 构建生态经济体系。调整优化产业结构，转变经济发展方式，切实把生态优势转化为经济发展优势。一是大力发展都市型生态农业，鼓励支持优势特色农业产业、绿色有机农业、休闲观光农业和生态循环农业向园区化发展，建立优势突出、特色鲜明的产业带，形成良好的都市型生态农业发展格局。二是积极发展生态友好型工业，推进风能、太阳能光伏光热发电等重点项目向园区集中，加快新能源环保产业向产业基地集聚，形成集科技、研发、教育、制造等为一体的新能源产业集聚区。三是全面提升生态旅游产业水平，着力打造国际旅游休闲名区。开展绿色景区创建活动，夯实旅游发展生态基础；整合开发乡村旅游资源，丰富生态休闲旅游内容；发展国际会议、商务、会所等高端产品，满足不同层次个性化需求。开发农业和工业的休闲观光功能，把风力发电、太阳能发电、德青源生态养殖等具有现代技术装备的企业纳入旅游线路，推进旅游产业的生态转型和全面升级。四是加快推进循环经济发展，制定循环经济发展规划，推出一批循环经济示范项目，有效提高资源利用效率。

3. 建设最宜居城市和最美丽乡村。一是落实《延庆新城规划》，严格控制城市规模、建筑高度和建筑风格，保护平缓开阔的城市天际轮廓线，形成错落有致、疏密结合的城

市布局和山水相间、特色鲜明的生态园林城市风貌。二是加大城市道路、水、电、气、热以及宽带网络等基础设施建设力度，加快城中村和城乡接合部的拆迁改造，切实改善群众的居住和生活条件，打造具有浓郁北方特色的休闲宜居城市。加快小城镇建设步伐，完善基础设施建设，精心打造若干风格各异、特色鲜明、功能完善、分工合理的生态城镇。三是充分利用延庆独特的自然条件，精心规划设计，全面推进新农村建设“五项基础设施”工程，加快实施“三起来”工程，广泛开展“绿色生态乡镇”和“生态文明新村”创建活动，倾力打造富有乡土气息的绿色生态家园，使农村环境面貌根本改观，农民的生产生活条件得到根本改善。四是理顺城乡管理体制，明确管理责任，建立健全交通管理、绿化美化、污水治理、清洁能源利用等城乡建设管理指标体系，进一步提高城乡的管理水平，形成环境优美、井然有序的城乡面貌。

4. 打造特色鲜明的地域生态文化。深入挖掘延庆独特的历史文化资源、丰富多彩的民俗文化资源和朴素的生态文化传统资源，进一步促进经济社会发展。一是实施延庆历史文化地标工程，在城乡建设中精心保留和再现延庆几千年发展变化的历史线索，彰显延庆文化底蕴，使人们所到之处都能够鲜活地感受到延庆历史的源远流长和延庆文化的博大精深。二是整合地方民俗文化资源，精心策划一系列特色民俗文化活动，集中创作一批反映延庆地方特色、群众喜闻乐见的演出剧目，做大做强延庆民俗文化品牌。三是挖掘朴素的传统生态文化资源，建设一批传统生态文化展示区域，努力推进生态文化产业集聚发展。四是大力开展群众性生态文明创建活动，提倡绿色健康的生产生活方式，引导公众树立生态价值观、生态道德观、生态伦理观。

5. 统筹城乡社会建设。一是稳定和扩大就业。通过搭建公共就业平台，强化就业政策扶持，支持农民自主创业和转移就业，大力开发公益性生态就业岗位，落实好水源保护地劳动力就业困难支持政策，确保就业困难人员增收。二是切实做好社会保障工作。认真落实好城镇无医疗保障老人和灵活就业人员门诊医疗费用报销制度，稳步提升社会养老保障水平；落实新型农民合作医疗政策，健全完善低收入群体救助政策，进一步提高人民生活质量。三是加大教育、卫生、医疗等基础设施建设力度，加强对专业技术人才培养，进一步完善社会公共服务体系。四是创新社会管理体制和机制，通过购买、补贴、奖励等多种形式有效改善公共服务，不断扩大公共服务覆盖范围。五是妥善处理社会矛盾，落实安全生产责任制，探索建立安全运行的长效管理机制，切实提高城乡公共安全水平和应急保障能力，努力维护社会和谐稳定。

6. 完善生态文明建设的体制机制。制定《延庆县生态文明建设实施纲要》，明确生态文明建设的奋斗目标、重点任务、建设途径和保障措施。建立健全生态文明建设科学决策机制，积极推行规划和项目环境影响评价制度。加强环境风险防范机制建设，有效应对生态环境安全事故，维护生态环境安全。完善公共财政投入机制，公益性生态文明建设经费列入财政预算。积极创新融资机制，通过政府筹划、市场运作、多方筹集等形式，搭建融资平台，引导和鼓励社会融资，形成多元化投入生态文明建设格局。

四、构建延庆生态文明建设考核评价指标体系

建立指标体系应以科学发展观为指导，体现生态文明建设最新理论成果，按照中央和市委建设生态文明的总体要求，紧密结合延庆实际，充分反映延庆经济社会与环境资源协调发展的总体方向和工作重点，量化工作任务，明确工作责任，促进延庆生态文明建设任务的大力推进和有效落实

（一）指标体系构建的原则

系统性原则。生态文明建设是系统工程，涉及方方面面，指标体系的构建要突出全面、系统、科学的特征，紧密结合延庆经济社会发展各项工作，全面反映延庆大力推进生态文明建设的实际需要。

引导性原则。生态文明建设既要反映一般规律，又要强调延庆特色。要围绕延庆生态文明建设的总体目标，突出现阶段需要重点解决的问题。

持续改进原则。要充分发挥ISO14000环境管理体系运行的作用，强化年度目标考核，加强监督检查，不断地发现问题，持续改进工作，使生态文明建设稳步扎实推进。

简便易行原则。生态文明建设指标要做到精简可靠，任务可分解、可考核、可评价，便于监测和监督检查，能够真实反映延庆生态文明建设的客观效果。

（二）指标体系构成

延庆生态文明建设指标体系可初步确定为6个方面内容共63项具体指标。主要内容是：一是反映生态建设、环境保护、生态质量情况的生态环境安全指标；二是反映经济增长、产业结构调整、经济发展方式转变、可持续发展能力提高等发展生态经济的内容；三是反映城乡公共交通、城市公用设施建设、农村基础设施建设、城乡环境管理等建设宜居城市和美丽乡村的内容；四是反映生态就业、城乡居民增收、社会保障、社会公共安全等生态惠民、改善民生的内容；五是反映生态文明宣教、生态文化产业发展、健康的文化消费等生态特色地域文化的内容。六是反映生态文明建设制度体系、保障机制和行政效能等保障措施的考核指标。

（三）指标体系的实施保障

1. 统一思想，坚定信心。加强学习培训，让各级领导和党员干部深入领会延庆建设生态文明县的重要意义，把思想统一到县委、县政府的决策上来。牢固树立生态文明的思想理念，使生态文明真正入脑入心，成为一种科学的精神信念、一种坚定的工作立场、一种自觉的行为方式，进一步增强生态文明建设的信心和决心，不断提高完成指标任务的自觉性和主动性，提高任务指标执行的力度。

2. 加强领导，落实责任。生态文明建设是一项综合性的系统工程，任务涉及全县经济社会发展的方方面面，必须形成党政统一领导、各部门协调联动，全社会共同参与的推进机制。要按照生态文明建设任务和指标的要求，层层分解目标任务，确立部门、单位、人员责任，形成一级抓一级，层层抓落实的工作格局。建立党政领导班子和领导干部目标责任制和责任追究制，建立考核评价指标定期分析制度，加大生态文明建设指标考核任务在干部政绩考核体系中的权重，将考核结果作为衡量干部政绩的重要依据。

3. 加强监督检查，确保目标全面完成。要向公众公布生态文明建设的各项规划、重大项目及其年度进展目标，各部门要向社会承诺完成所承担年度目标任务，便于社会监督实施。建立群众监督举报制度，强化民主法治的监督约束机制。加强与新闻媒体的联系沟通，公开生态文明县建设的相关信息，广泛接受公众监督。加大人大、政协监督力度，推行社会监督员、生态监察员制度，形成全方位的社会监督机制。

（此文作者为中共延庆县委书记）

·附　　录·

中共北京市委社会工作委员会
北京市社会建设工作办公室
领　导　介　绍

宋贵伦

职　　位： 中共北京市委社会工作委员会书记、北京市社会建设工作办公室主任。

领导简介： 1960 年 2 月出生，男，汉族，河北省新河人，中共党员，全国人大代表，市纪检委委员，北京师范大学本科毕业，北京市委党校在职研究生毕业，研究员。

工作经历： 曾任中共中央文献研究室秘书处秘书、理论研究组助理研究员，中共中央宣传部办公厅副处级秘书，中共北京西城区委宣传部副部长（挂职锻炼）、常务副部长（正处级）、部长，市委宣传部助理巡视员，市委宣传部副部长，市社会科学界联合会党组书记、常务副主席。

分管工作： 负责全面工作，分管办公室（人事处）。

王力军

职　　位： 中共北京市委社会工作委员会副书记、北京市社会建设工作办公室副主任。

领导简介： 1968 年 7 月出生，男，汉族，河北省新城人，中共党员，北京师范大学经济学博士。

工作经历： 曾任北京师范大学团委副书记、校长办公室副主任、后勤管理处处长，中关村科技园区管理委员会服务体系建设处处长，北京市科协党组成员、副主席，北京市知识产权局党组成员、副局长。

分管工作： 分管社会组织工作处、机关党委、工会，协助宋贵伦同志分管人事处。

（注：2009 年 11 月调西城区工作）

张　坚

职　　位： 中共北京市委社会工作委员会委员、北京市社会建设工作办公室副主任。

领导简介： 1957 年 2 月出生，男，汉族，江苏省淮阴人，中共党员，中国人民大学农业经济专业本科毕业，副研究员。

工作经历： 曾任北京市政府研究室社会处副处长、处长，北京经济技术投资开发总公司副经理，北京市政府研究室助理巡视员，北京奥组委总体策划部副部长、部长。

分管工作： 分管研究室（政策法规处）。

吴群刚

职　　位： 中共北京市委社会工作委员会委员、北京市社会建设工作办公室副主任。

领导简介： 1974 年 4 月出生，男，汉族，浙江省义乌人，中共党员，清华大学管理学博士，高级政工师。

工作经历： 曾任共青团清华大学研究生委员会副书记，云南省玉溪市计划经济委员会副主任（挂职锻炼、正处级，挂职期间在香港政策研究所任访问研究员），北京市通州区区长助理，区安监局党组书记、局长，市人口计生委党组成员、副主任，北京奥组委奥运村部副部长。

分管工作： 分管社区建设处、社会工作队伍建设处。

（注：2009 年 11 月调怀柔区工作）

赵小卫

职　　位： 中共北京市委社会工作委员会委员、北京市社会建设工作办公室副主任。

领导简介： 1952 年 2 月出生，男，汉族，北京市人，中共党员，中央党校在职研究生毕业。

工作经历： 曾任中共北京市委研究室政治处副处长、处长，市委研究室副巡视员。

分管工作： 分管综合处（宣传处）。

周开让

职　　位：中共北京市委社会工作委员会委员、北京市社会建设工作办公室副主任。

领导简介：1965年9月出生，男，汉族，山西省临猗人，中共党员，北京大学社会学系硕士研究生毕业。

工作经历：曾任北京大学校团委副书记，宣武区委宣传部副部长、《宣武报》总编辑，宣武区精神文明建设办公室主任，宣武区政府办主任，宣武区委常委、政法委书记，宣武区委常委、区纪委书记、区委政法委书记（兼）。

分管工作：分管社区建设处、社会工作队伍建设处。

（注：2009年12月调入市委社会工委、市社会办工作）

陈建领

职　　位：中共北京市委社会工作委员会委员、北京市社会建设工作办公室副主任。

领导简介：1964年2月出生，男，汉族，河南省夏邑人，中共党员，中央党校硕士研究生毕业，研究员。

工作经历：曾任北京市海淀区人事局副局长，中共北京市委组织部研究室副主任、主任，中共北京市委组织部副局级组织员兼区县干部处处长和北京市人力资源研究中心主任。

分管工作：分管党建工作处。

王丽竹

职　　位：中共北京市委社会工作委员会委员、北京市社会建设工作办公室副巡视员。

领导简介：1956年12月出生，女，汉族，河北省南宫人，中共党员，东南大学本科毕业。

工作经历：曾任北京市政府文教办秘书处副处长，北京市政府办公厅卫生体育处副处长、区政处（军事处）副处长、综合处（军事处）处长，北京市政府办公厅副巡视员。

分管工作：协助宋贵伦同志分管办公室、协助吴群刚同志分管社区建设处和社会工作队伍建设处。

刘　轩

职　　位： 中共北京市委社会工作委员会委员、北京市社会建设工作办公室副巡视员。

领导简介： 1963 年 2 月出生，男，汉族，河南省许昌人，中共党员，首都经济贸易大学在职研究生毕业，副研究员。

工作经历： 曾任北京市经济体制改革委员会农村经济体制处副处长、处长，北京市经济体制改革办公室产业和市场体制处处长，北京市朝阳区大屯地区办事处副主任（挂职锻炼），北京市发展改革委产业发展处处长，北京市经济与社会发展研究所副所长（正处级），北京市发展改革委经济体制综合改革处处长兼市行业协会和市场中介发展办公室主任。

分管工作： 协助王力军同志分管社会组织工作处。

王智玲

职　　位： 中共北京市委社会工作委员会委员、北京市社会建设工作办公室副巡视员。

领导简介： 1957 年 3 月出生，女，汉族，河北省易县人，中共党员，中央党校在职研究生毕业，高级政工师。

工作经历： 曾任朝阳区团结湖街道办事处副主任，朝阳区小关街道办事处主任，朝阳区亚运村街道办事处主任、工委书记，朝阳区街道办主任、街工委书记，朝阳区区长助理。

分管工作： 协助周开让同志分管社区建设处和社会工作队伍建设处。（注：2009 年 12 月调入市委社会工委、市社会办工作）

张青之

职　　位： 北京市社会建设工作办公室副巡视员。

领导简介： 1963 年 11 月出生，男，汉族，江苏省赣榆人，中共党员，中国人民解放军国防大学研究生院硕士毕业。

工作经历： 曾任 54691 部队副政委，总后勤部政治部宣传部副团职干事、正团职干事、副师职干事，总后勤部干部轮训大队副大队长。

分管工作： 协助陈建领同志负责社区和“两新”组织开展学习实践科学发展观活动有关工作。

北京市区县社会工作机构及负责人

单位名称： 中共东城区委社会工作委员会　东城区社会建设工作办公室
书记主任： 袁海鹏
单位地址： 北京市东城区后永康胡同17号
联系电话： 010－84038151
办公传真： 010－84030312
邮政编码： 100007

单位名称： 中共西城区委社会工作委员会　西城区社会建设工作办公室
书记主任： 陈艳
单位地址： 北京市西城区冠英园5号
联系电话： 010－66534011
办公传真： 010－66534012
邮政编码： 100035

单位名称： 中共崇文区委社会工作委员会　崇文区社会建设工作办公室
书记主任： 赵小平
单位地址： 北京市崇文区幸福大街32号
联系电话： 010－87556806
办公传真： 010－87586806
邮政编码： 100061

单位名称： 中共宣武区委社会工作委员会　宣武区社会建设工作办公室
书记主任： 王燕
单位地址： 北京市宣武区广安门南街68号
联系电话： 010－83976244
办公传真： 010－83976244
邮政编码： 100054

单位名称： 中共朝阳区委社会工作委员会　朝阳区社会建设工作办公室
书　记： 王智玲
主　任： 汪　洋
单位地址： 北京市朝阳区日坛北街33号
联系电话： 010－65099333
办公传真： 010－65099334
邮政编码： 100020

单位名称： 中共海淀区委社会工作委员会　海淀区社会建设工作办公室
书　记： 赤　飞
主　任： 潘开云
单位地址： 海淀区长春桥路17号322房间
联系电话： 010－82510637
办公传真： 010－82510638
邮政编码： 100089

单位名称： 中共丰台区委社会工作委员会　丰台区社会建设工作办公室
书记主任： 王珮琦
单位地址： 北京市丰台区文体路2号
联系电话： 010－83656681
办公传真： 010－63852710
邮政编码： 100071

单位名称： 中共石景山区委社会工作委员会　石景山区社会建设工作办公室
书记主任： 沈代平
单位地址： 石景山区石景山路18号
联系电话： 010－88699851

办公传真：010－88699851
邮政编码：100043

单位名称：中共门头沟区委社会工作委员会　门头沟区社会建设工作办公室
书记主任：韩兴无
单位地址：北京市门头沟区新桥大街36号
联系电话：010－69844023
办公传真：010－69844023
邮政编码：102300

单位名称：中共房山区委社会工作委员会　房山区社会建设工作办公室
书记主任：王占勇
单位地址：房山区良乡西潞大街10号（民政局9层）
联系电话：010－69370379
办公传真：010－69370378
邮政编码：102488

单位名称：中共通州区委社会工作委员会　通州区社会建设工作办公室
书记主任：宁秋君
单位地址：北京市通州区新华北路161号
联系电话：010－80880096
办公传真：010－80882726
邮政编码：101100

单位名称：中共顺义区委社会工作委员会　顺义区社会建设工作办公室
书记主任：巩维国
单位地址：北京市顺义区府前东街2号七层
联系电话：010－89442437
办公传真：010－89442437
邮政编码：101300

单位名称：中共昌平区委社会工作委员会　昌平区社会建设工作办公室
书记主任：黄先锋
单位地址：北京市昌平区民政局办公楼10层
联系电话：010－69717367
办公传真：010－69717193
邮政编码：102200

单位名称：中共大兴区委社会工作委员会　大兴区社会建设工作办公室
书记主任：张德广
单位地址：大兴区黄村镇兴政大街15号
联系电话：010－61298595
010－61298597
办公传真：010－61258597
邮政编码：102600

单位名称：中共平谷区委社会工作委员会　平谷区社会建设工作办公室
书记主任：兰中玉
单位地址：北京市平谷区府前街9号
联系电话：010－69983239
办公传真：010－69983239
邮政编码：101200

单位名称：中共怀柔区委社会工作委员会　怀柔区社会建设工作办公室
书记主任：鲁颖彤
单位地址：北京市怀柔区南大街26号
联系电话：010－69696319
办公传真：010－69685027
邮政编码：101400

单位名称：中共密云县委社会工作委员会　密云县社会建设工作办公室
书记主任：胡文顺
单位地址：密云县鼓楼西大街3号

联系电话：010－69087335
办公传真：010－69087336
邮政编码：101500

单位名称：中共延庆县委社会工作委员会　延庆县社会建设工作办公室
书记主任：韩贵海
单位地址：延庆县妫水北街70号
联系电话：010－69177830 13501128101
办公传真：010－69176928
邮政编码：102100

北京市社会建设专家顾问团成员

以姓氏笔画为序：

丁元竹　国家行政学院公共管理教研部教授
王　名　清华大学公共管理学院副院长、NGO研究所所长
王思斌　北京大学社会学系教授、中国社会工作教育协会会长
文　魁　首都经济贸易大学校长、教授
冯同庆　中国劳动关系学院教授
李欣欣　中央政策研究室社会局局长、研究员
李　萌　国务院研究室社会发展司司长
李培林　中国社会科学院社会学所所长、研究员
李　强　清华大学人文社会科学院院长、教授
刘新成　首都师范大学校长、教授
刘牧雨　北京市社会科学院党组书记、院长
吴忠民　中共中央党校社会学教研室主任、教授
陆学艺　中国社会科学院社会学研究所研究员、北京工业大学人文社会科学学院院长
陆士祯　中国青年政治学院青年发展研究院院长、教授
郑功成　中国人民大学教授、全国人大常委会委员
郑杭生　中国人民大学社会学理论与方法研究中心主任、教授
俞可平　中共中央编译局副局长、北京大学中国政府创新研究中心主任
赵孟营　北京师范大学哲学与社会学学院副院长、教授
高永中　中共中央组织部党建研究所所长、全国党建研究会秘书长
景天魁　中国社会科学院学部委员、社会学研究所研究员
董克用　中国人民大学公共管理学院院长
翟振武　中国人民大学社会与人口学院院长、教授

北京市社会建设调研报告和理论文章目录

报告或文章题目	作者及单位、职务
北京市社会建设相关政策创新研究	梁伟（市委常委）
从“城乡覆盖”到“城乡统筹”开创北京社会保障新局面	丁向阳（副市长）
关于北京社会建设理论思考和实践探索	宋贵伦（市委社会工委书记、市社会办主任）
关于国际行业组织在北京市入驻发展情况的调查报告	王力军（市委社会工委副书记、市社会办副主任）
发挥首都智力人才优势　加快社会建设理论创新	张坚（市委社会工委委员、市社会办副主任）
关于加强社会工作队伍建设的政策思考	吴群刚（市委社会工委委员、市社会办副主任）
以建设世界城市为目标推进社会建设	赵小卫（市委社会工委委员、市社会办副主任）
香港与深圳业主自治比较研究及对社会建设的启示	周开让（市委社会工委委员、市社会办副主任）
构建北京市社会领域党建体系问题的研究	陈建领（市委社会工委委员、市社会办副主任）
创新社会工作人才队伍行业管理体制研究	王丽竹（市委社会工委委员、市社会办副巡视员）
北京市社会组织现状与发展研究	刘轩（市委社会工委委员、市社会办副巡视员）
关于北京市社会工作事务所建设情况的调研报告	王智玲（市委社会工委委员、市社会办副巡视员）
推进“枢纽型”社会组织管理体系改革的研究与思考	市委社会工委、市社会办研究室（政策法规处）
北京市社区基本公共服务体系建设初探	市委社会工委、市社会办研究室（政策法规处）
北京市近年来购买公共服务的调研报告	市委社会工委、市社会办综合处（宣传处）
关于北京市社区服务平台设置体制的综合分析与建议	市委社会工委、市社会办社区建设处
首都社会工作人才队伍建设研究报告	市委社会工委、市社会办社会工作队伍建设处
首都社会工作人才评价机制研究报告	市委社会工委、市社会办社会工作队伍建设处
关于北京市社区社会组织调查统计情况报告	市委社会工委、市社会办社会组织工作处
发挥北京市社会组织人才培养作用研究	市委社会工委、市社会办社会组织工作处
全市商务楼宇党建工作站建设进展情况报告	市委社会工委、市社会办党建工作处
新形势下北京市社区党建工作研究报告	市委社会工委、市社会办党建工作处
社区发展中弱势群体的救助与关怀	王钰
人文北京社区建设典型案例分析	王钰等

续表

报告或文章题目	作者及单位、职务
儿童与青少年的社区发展	吴　迪
社区居家养老模式探索	于显洋
社区服务模式创新发展	于显洋
城市新居民的社区融入	于显洋等
人文北京背景下的社会组织建设	于显洋等
北京市民间组织国际交往研究	北京市社会科学院课题组
培育基层社会组织 提升民生建设	北京市社会科学院课题组
北京市社会组织发展现状与政策建议	高　勇
社会建设与志愿者参与	廖　菲
大学生社区工作者调查报告	江娅等
北京商务楼宇社会工作服务站调查	熊贵彬
社区服务站对社会工作人才的使用	姜振华
北京市社会工作网络体系建设研究报告	孙莹等
北京市社会工作发展模式研究	陈树强
从直接服务向组织服务的功能性变革	冯晓英
信息技术与新型社区管理	杨　荣
科技进步与北京交通发展	朱　涛
北京轨道交通建设与城市发展的协调研究	段进宇
北京商品房住宅小区管理模式研究	清华课题组
科技进步与北京卫生事业建设	刘金伟
科技北京背景下的社会心态研究	鞠春彦
创建“绿色社区”　构筑和谐家园	张静波
营造生态城市　建设“绿色北京”	张静波
境外经验对北京社区工作者发展的启示	江汛清等
美国社区社会工作者的使用状况分析	吴世友
英国社会工作状况分析	李江英
香港社区工作中社会工作者使用状况分析	孙立亚
台湾社会工作者的使用状况分析	周　军
治理视阈下完善城市社区自治的对策分析	袁海鹏（东城区委社会工委书记、区社会办主任）
制约东城区社区党建创新的因素分析及对策思考	肖　俊（东城区委社会工委副书记、区社会办副主任）
深化社会工作人才培养“双基地”建设探索与实践	王衍臻（东城区社会办副主任）
关于东城区社区社会组织发展状况的调研报告	李金梅（东城区社会办副主任）
商务楼宇党建工作研究	刘跃平（西城党的建设研究会）
关于西城区社会组织发展问题的调查与思考	陈　蓓（西城区副区长）
西城区社区公共资源配置调查与研究	陈　蓓（西城区副区长）

续表

报告或文章题目	作者及单位、职务
关于加强新体制下社区服务站建设的研究报告	西城区委社会工委课题组、专家组
西城区社区公共资源配置问题研究结题报告	西城区委社会工委课题组、专家组
西城区社区党建调研报告	陈　艳（西城区委社会工委书记、区社会办主任）
关于西城区街道加强商务楼宇党建工作的几点思考	高建军（西城区委社会工委副书记）
关于加强新体制下社区服务站建设的研究	马红萍（西城区社会办副主任）
西城区社会组织的培育和发展	邱旭生（西城区社会办副主任）
对商务楼宇党支部组建以及活动方式的思考	康　莉（西城区展览路街道工委书记）
对建立街道社区社会领域党建工作管理考核机制的思考	赵小平（崇文区委社会工委、区社会办主任） 徐　然（崇文区委社会工委副书记） 李　军（崇文区社会办副主任）
崇文区社会工作人才队伍建设研究报告	赵小平（崇文区委社会工委、区社会办主任） 徐　然（崇文区委社会工委副书记） 李　军（崇文区社会办副主任）
宣武区楼宇经济发展状况调查报告	许立国（课题主持人，宣武区社会办副主任） 孙学慧（执笔人，宣武区委社会工委、区社会办） 宗　君（执笔人，宣武区委社会工委、区社会办）
宣武区商务楼宇组织建设调查报告	王　燕（课题主持人，宣武区委社会工委书记、区社会办主任） 宗　君（执笔人，宣武区委社会工委、区社会办）
转化奥运成果　弘扬志愿精神	乔世民（执笔人，宣武区志愿者联合会）
关于宣武区社区办公和服务用房建设的调研报告	商德江（课题主持人，宣武区社会办副主任） 贾冬梅（执笔人，宣武区委社会工委、区社会办）
关于深化朝阳区街道管理体制改革的若干思考	朝阳区委社会工委、区社会办
朝阳区委社会工委调研报告	朝阳区委社会工委、区社会办
贯彻落实科学发展观，进一步创新海淀区社会建设管理体制机制研究	周来升（海淀区人大常委会主任）
“海淀区社会建设总体规划研究”调研报告	海淀区委会社工委、区社会办
海淀区社会组织党建工作现状分析与对策	海淀区委社会工委、区社会办
海淀区社区管理模式的探索与思考	海淀区委社会工委、区社会办
海淀区社区专职工作者人才队伍建设现状及思考	海淀区委会社工委、区社会办
关于进一步加强海淀区社会组织建设的研究	海淀区委社会工委、区社会办

续表

报告或文章题目	作者及单位、职务
关于丰区城乡接合部地区社会管理的思考	王珮琦（丰台区委社会工委书记、区社会办主任）
丰台区社会领域党建工作调研报告	房书勇（丰台区委社会工委副书记）
构建社区规范化建设管理体系，夯实社会建设基础	陈　娟（丰台区社会办副主任）
关于影响当前和谐社区建设问题的几点思考	康卫国（丰台区社会办副主任）
首钢搬迁调整后石景山区社会建设资源事例利用的研究和思考	沈代平（石景山区委社会工委书记、区社会办主任）
首钢搬迁调整后石景山区社会建设资源事例利用的研究和思考	郭金银（石景山区社会办副主任）
关于加强公民道德建设研究报告	陈志强（门头沟区委常委、宣传部长）
关于对门头沟区社区服务体系建设的调查与思考	贾文勤（门头沟区副区长）
关于开展居家养老服务情况的调查报告	门头沟区民政局
关于志愿服务长效机制建设的探索与思考	徐家湛（门头沟区团区委书记） 汤　熠（门头沟区团区委科长）
关于建立城乡统一的社会救助体系调查报告	白连富（门头沟区民政局书记、局长）
门头沟区卫生基础设施现状调研报告	赵国章（门头沟区卫生局党组副书记、局长）
在房山区委社会工委、区社会办成立暨社会建设大会上的讲话提纲	刘　伟（房山区委书记）
把握机遇　科学规划　扎实工作推进房山区社会建设全面、协调、可持续发展	苗立峰（房山区委副书记）
加强组织领导，理顺管理体制，努力建设一批功能完善、管理科学的社会主义新型社区	王占勇（房山区委社会工委书记、区社会办主任）
通州区社会工作人才队伍建设的思考	曾祥正（通州区委社会工委副书记） 苗　清（通州区社会工作队伍建设科）
以科学发展观为指导不断推进社会公共服务创新发展	巩维国（顺义区委社会工委书记、区社会办主任）
深入落实科学发展观　全面推进社会领域党建工作	陈　凤（顺义区委社会工委副书记）
关于加强物业管理工作的思考	周庆禄（顺义区人大常委会副主任）
顺义区和谐社区建设情况、问题及对策	贾春林（顺义区人大常委会副主任）
浅析昌平区社会领域党建工作	黄先锋（昌平区委社会工委书记、区社会办主任）
区委社会工委在社会建设中的作用	张兆刚（昌平区社会办副主任）
赴深圳市南山区、盐田区考察社区建设工作情况的报告	大兴区委社会工委

续表

报告或文章题目	作者及单位、职务
合理引导、重点培育，充分发挥社会组织服务居民功能	大兴区委社会工委
平谷区社会组织发展与管理的问题与对策研究	岳淑媛（平谷区社会办综合科科长）
关于对人民团体系统内社会组织建设情况的调查报告	张海霞（平谷区社会办副主任） 岳淑媛（平谷区社会办）
平谷区社区工作者队伍建设及工资待遇情况调查	李　军（平谷区社会办副主任）
平谷区社区建设情况的调查报告	胡天伟（平谷区社会办社区建设科科员）
平谷区社区工作系统领军人才培养情况调研报告	胡天伟（平谷区社会办社区建设科科员）
平谷区关于社区大学生工作者的调研报告	赵爱东（平谷区社会办社区建设科科长）
完善社区党建工作体制机制，提高基层党组织领导科学发展能力	鲁颖彤（中共怀柔区委社会工委书记、区社会办主任）
怀柔区社会组织改革与发展报告	鲁颖彤（中共怀柔区委社会工委书记、区社会办主任）
创新服务模式，发挥工会“枢纽型”组织作用	付宝兰（怀柔区总工会主席）
怀柔区农村残疾人康复服务工作的思考	林祥泰（怀柔区残联副理事长）
促进城乡统筹，为妇女就业创业创造良好发展环境的对策思考	张茹莘（怀柔区妇联副主任）
以科学发展观为指导推进社区建设	吴振义（密云县县长助理、县城市管理和社区建设办公室主任）
关于延庆生态文明建设考核评价指标体系的研究与思考	侯君舒（延庆县委书记）
立足县情，发展创新，以科学发展观引领农民专业合作社发展	徐凤翔（延庆县副县长）
关于建设文化延庆的调查研究	赵志萍（延庆县副县长）
关于延庆县城乡一体化就业的思考	韩贵海（延庆县劳动和社会保障局局长）
关于延庆县农村文化人才队伍建设的几点思考	张素枝（延庆县文化委员会主任）
对开展“十二五”规划前期重大课题研究的探讨	郭永华（延庆县发展和改革委员会主任）
对金融危机影响引发延庆县信访问题的几点思考	张立新（延庆县委、县政府信访办主任）

北京市各区县出台的社会建设工作相关文件目录

区县名称	文件名称	文号
东城区	中共东城区委、东城区人民政府关于贯彻《北京市加强社会建设实施纲要》的意见	东社发〔2009〕2号
东城区	中共东城区委关于进一步加强社会领域党建工作的意见	东社发〔2009〕1号
东城区	关于建立健全社区民主自治工作运行机制的意见	东社发〔2009〕2号
东城区	关于完善社区居委会、社区服务站工作运行机制的意见	东社发〔2009〕3号
东城区	关于做好2009年全区社区党组织换届选举工作的意见	东社委发〔2009〕1号
东城区	关于东城区“迎国庆、保稳定、促和谐——庆‘七一’暨党旗飘扬在社区党建宣传服务日”活动方案	东社委发〔2009〕2号
东城区	关于举办东城区2009年社区工作者培训班的通知	东社委发〔2009〕3号
东城区	认真落实社会建设系列文件，加快推进东城区社会建设事业又快又好发展——在东城区社会建设大会上的讲话	东社办发〔2009〕1号
东城区	东城区社会建设2009年工作要点	东社办发〔2009〕2号
东城区	关于在商务楼宇内建立“党建工作站、社会工作站、工会服务站”的工作意见	东社办发〔2009〕3号
东城区	东城区关于开展社区规范化建设试点工作实施方案	东社办发〔2009〕4号
东城区	关于2009年度选聘高校毕业生到社区工作的实施方案	东人字〔2009〕18号
东城区	关于进一步规范社区公益事业专项补助资金使用管理的通知	东财预〔2009〕372号
东城区	东城区关于进一步加强残疾人温馨家园队伍建设与管理的实施意见	东残发〔2009〕5号
西城区	关于印发《关于推进社区规范化建设的意见》的通知	西社领办发〔2009〕1号
西城区	关于建立楼宇社会工作党组织（社会工作站）试点工作的意见	西社委发〔2009〕1号

续表

区县名称	文件名称	文号
西城区	关于成立街道社会工作委员会的意见	西社委发〔2009〕2号
西城区	关于印发《西城区社区工作者管理制度汇编（试行）》的通知	西社委发〔2009〕3号
西城区	关于在全区非公有制企业党组织中开展五好示范点创建工作的实施意见	西社委发〔2009〕4号
西城区	西城区社区资源共享奖励办法（试行）	西社委发〔2009〕5号
西城区	关于表彰西城区社区资源共享先进单位及个人的决定	西社委发〔2009〕6号
西城区	西城区关于征集2010年社会建设项目的通知	西社办发〔2009〕1号
崇文区	关于印发《崇文区社会建设工作领导小组关于在街道社区中推行社会领域党建工作管理考核的意见（试行）》的通知	京崇社会小组发〔2009〕3号
崇文区	关于印发《崇文区志愿者工作联席会议制度（试行）》的通知	京崇社会小组发〔2009〕4号
崇文区	崇文区社区换届选举工作实施意见	京崇社委发〔2009〕1号
崇文区	关于做好全区社区党组织换届选举工作的意见	京崇社委发〔2009〕2号
崇文区	开展深入学习实践科学发展观活动实施方案	京崇社委发〔2009〕3号
崇文区	关于深入学习实践科学发展观，开展弘扬北京奥运精神、加强领导干部作风建设年活动的实施方案	京崇社委发〔2009〕4号
崇文区	关于全区社区党组织换届选举工作中若干问题的补充意见	京崇社委发〔2009〕5号
丰台区	关于做好2009年社区党组织换届选举工作的意见	丰社委发〔2009〕1号
丰台区	关于印发《推进街道社会工作党组织建设的工作方案》的通知	丰社委发〔2009〕20号
丰台区	关于印发《丰台区2009年社区党建工作要点》的通知	丰社委发〔2009〕22号
石景山区	印发《关于进一步加强社区工作者队伍建设的意见》的通知	京石办发〔2009〕29号
石景山区	关于成立石景山区志愿者联合会的通知	石社字〔2009〕1号
石景山区	关于构建“枢纽型”社会组织工作体系的暂行办法	石社字〔2009〕2号
石景山区	关于认定第一批“枢纽型”社会组织的通知	石社字〔2009〕3号
石景山区	关于表彰2008年度先进社区居委会及先进社区工作者的决定	石社字〔2009〕5号
石景山区	关于印发《石景山区2009年社会建设工作要点》的通知	石社字〔2009〕8号
石景山区	关于做好2009年石景山区社区党组织换届选举工作的意见	石社字〔2009〕9号
石景山区	关于开展社会领域党建试点工作的实施意见	石社字〔2009〕15号
石景山区	关于选聘大学生社区工作者工作岗位安排有关事项的通知	石社字〔2009〕38号

续表

区县名称	文件名称	文号
石景山区	关于在"12·5国际志愿者日"前后开展"倡导志愿服务，构建和谐社会"主题活动的通知	石社字〔2009〕62号
门头沟区	关于深化社区创建和谐社区实施方案	门社办发〔2009〕3号
门头沟区	关于廉政风险防范管理工作考核办法	门社委发〔2009〕5号
门头沟区	关于在第七届居民委员会选举工作中开展共产党员"争当五员"活动的意见	门社委发〔2009〕7号
门头沟区	关于2009年社区工作者教育培训考核办法的通知	门社委发〔2009〕17号
门头沟区	关于做好2009年街道民主监督评议工作的通知	门社委发〔2009〕18号
门头沟区	关于加强和改进社会领域党建工作的实施意见	门社委发〔2009〕19号
门头沟区	关于促进非公企业发展的工作办法（试行）	门社委发〔2009〕20号
房山区	关于贯彻落实《北京市加强社会建设实施纲要》的意见	京房发〔2009〕20号
房山区	中共北京市房山区委办公室、北京市房山区人民政府办公室转发市委组织部、市委社会工委等10个部门研究制定的《关于推进社区规范化建设试点工作的实施方案》	京房办发〔2009〕17号
房山区	关于印发《中共北京市房山区委社会工作委员会北京市房山区社会建设工作办公室主要职责内设机构和人员编制规定》的通知	京房办发〔2009〕30号
房山区	北京市房山区人民政府办公室转发区民政局《关于第七届居民委员会换届选举工作意见的通知》	房政办发〔2009〕9号
房山区	关于印发房山区2010年在直接关系群众生活方面拟办重要实事征集工作方案的通知	房政办发〔2009〕58号
房山区	关于印发《关于社区和"两新"组织开展深入学习实践科学发展观活动指导工作方案》的通知	京房学组发〔2009〕51号
房山区	关于转发中共北京市委深入学习实践科学发展观活动领导小组《关于在学习实践活动中进一步加强社区党组织建设的通知》的通知	京房学组发〔2009〕64号
房山区	关于转发中共北京市委深入学习实践科学发展观活动领导小组《关于在学习实践活动中进一步加强非公有制经济组织和新社会组织党组织建设的通知》的通知	京房学组发〔2009〕65号
通州区	通州区关于推进社区规范化建设试点工作的实施方案	通社领办发〔2009〕4号
通州区	通州区社会建设领导小组办公室工作规则	通社领办发〔2009〕6号
通州区	通州区社会建设2009年工作要点	通社委发〔2009〕8号
通州区	关于参加"全国公务员学法用法征文"活动的通知	通社委发〔2009〕16号
通州区	关于组织社区、社会组织、新经济组织推荐"北京市百姓宣讲团"宣讲人和宣讲选题的通知	通社委发〔2009〕17号

续表

区县名称	文件名称	文号
通州区	关于组织社区、社会组织、新经济组织积极参与“双百”评选活动的通知	通社委发〔2009〕18号
通州区	关于加强对大学生社区工作者教育、管理与服务的意见	通社委发〔2009〕21号
通州区	关于在全区非公有制企业党组织中深入开展“促增长、促稳定、保安全”活动的通知	通社委发〔2009〕22号
通州区	关于进一步深化楼门文化建设的工作意见	通社委发〔2009〕24号
通州区	通州区进一步促进和规范社区社会组织发展的工作意见	通社委发〔2009〕28号
通州区	通州区街道、乡镇社会领域党建工作考核办法（试行）	通社委发〔2009〕29号
通州区	关于举办“通州区2009年楼门文化建设论坛”的请示	通社委发〔2009〕33号
通州区	关于转发中共北京市委社会工作委员会《关于社会领域党员结合开展学习实践活动深入学习贯彻党的十七届四中全会精神的通知》的通知	通社委发〔2009〕35号
通州区	关于审议《通州区关于推进社区规范化建设试点工作的实施方案》的请示	通社办发〔2009〕2号
昌平区	关于进一步加强社会建设的实施意见	京昌发〔2009〕16号
昌平区	关于进一步加强和改进社会领域党建工作的实施意见	京昌发〔2009〕17号
昌平区	印发《昌平区关于进一步加强和改进志愿者工作的意见》的通知	京昌发〔2009〕18号
昌平区	关于印发《昌平区社区管理办法（试行）》的通知	京昌办发〔2009〕14号
昌平区	关于印发《昌平区社区工作者管理办法（试行）》的通知	京昌办发〔2009〕15号
昌平区	关于成立昌平区社会建设工作领导小组的通知	京昌办发〔2009〕12号
昌平区	印发《关于加快推进社会组织改革与发展的实施意见》的通知	京昌办发〔2009〕13号
昌平区	关于《昌平区社区工作者管理办法（试行）》中有关工资待遇的补充规定	昌社委发〔2009〕3号
昌平区	昌平区2009年选聘高校毕业生到社区工作相关问题的规定	昌社办发〔2009〕1号
大兴区	关于认定第一批区级“枢纽型”社会组织的通知	京兴社领〔2009〕2号
大兴区	关于开展社会领域党建试点工作的意见	京兴社委发〔2009〕1号
大兴区	关于加强商务楼宇社会工作党组织建设的实施意见	京兴社委发〔2009〕2号
大兴区	关于推进社区规范化建设工作的实施方案（试行）	京兴社委发〔2009〕3号
大兴区	关于进一步加强和改进社会领域党建工作的意见	京兴社委发〔2009〕23号

续表

区县名称	文件名称	文号
平谷区	关于社会组织建设与管理的实施意见	京平发〔2009〕12号
平谷区	关于加强和改进社会领域党建工作的实施意见	京平发〔2009〕13号
平谷区	关于加强社会建设工作的意见	京平发〔2009〕14号
平谷区	关于加强社区管理的实施意见	京平政发〔2009〕32号
平谷区	关于平谷区社区工作者管理办法（试行）	京平政发〔2009〕33号
平谷区	关于印发《平谷区非公有制企业党建工作暨“五个好”党组织考评办法》的通知	京平社领发〔2009〕3号
平谷区	关于印发《平谷区社区党建工作考评办法》的通知	京平社领发〔2009〕4号
平谷区	关于印发《平谷区社区工作考评办法》的通知	京平社领发〔2009〕5号
平谷区	关于印发《平谷区社区工作者考评办法（试行）》的通知	京平社领发〔2009〕6号
平谷区	关于转发区社会办关于《平谷区社区规范化建设试点工作实施方案》的通知	京平政办发〔2009〕36号
平谷区	关于转发区社会办《关于社区工作人员工资待遇补充意见》的通知	京平政办发〔2009〕50号
怀柔区	怀柔区关于进一步加强和改进志愿者工作的意见	京怀办发〔2009〕26号
怀柔区	关于成立怀柔区社会建设工作领导小组的通知	京怀办发〔2009〕25号
怀柔区	怀柔区社会建设工作领导小组成员单位工作职责	怀社领发〔2009〕1号
怀柔区	怀柔区社会建设工作领导小组办公室组成人员通知	怀社领发〔2009〕2号
怀柔区	关于构建怀柔区“枢纽型”社会组织工作体系的管理办法	怀社领发〔2009〕3号
怀柔区	怀柔区级“枢纽型”社会组织联席会议工作规则	怀社领发〔2009〕4号
怀柔区	怀柔区加强社会建设实施意见	京怀发〔2009〕16号
怀柔区	中共怀柔区委关于进一步加强和改进社会领域党建工作的意见	京怀发〔2009〕17号
密云县	关于完善农村社会管理体制机制维护农村社会和谐稳定的若干意见	密发〔2009〕11号

北京市、区县社会建设工作统计图表

北京市部分社会组织情况简介

一、社会团体

（一）北京市工业经济联合会

北京市工业经济联合会成立于2001年12月，是北京地区工业领域行业协会和企业的联合组织。以北京工业行业协会、控股（集团）公司、工业开发区和不同所有制工业企业、工业经济研究团体、科研单位、大专院校，与工业经济相关的信息、金融、投资机构，以及工业经济界知名人士在自愿的基础上组成的非营利性社会团体法人。联合会是北京市社会团体管理机关核准登记的社会团体法人，业务主管单位是市工促局。北京工业经济联合会接受市工促局、市社会团体管理机关的业务指导和监督管理。北京工经联是中国工业经济联合会的团体会员，接受中国工业经济联合会的业务指导。

（二）北京市商业联合会

北京市商业联合会业务主管单位为北京市商务委员会。“商联会”现有会员单位230余家，包括本市商业社团组织，集团总部、品牌零售商、购物中心、专业市场、渠道供应商、综合服务业、郊区骨干商业等。现设有秘书处、会员管理部、信息交流部、行业发展部和教育培训专业委员会、零售商专业委员会、供货商专业委员会、会展专业委员会、专家咨询委员会、服务质量专业委员会8个专业委员会，其联合作用在本市商业行业中具有较大影响。开展的主要工作有：（1）组织企业学习贯彻国家的法律、法规及有关商业工作的政策。（2）配合政府主管部门开展调查研究，向政府提出建议。（3）维护会员单位和商业行业的合法权益，协调内外关系，向政府及有关部门反映会员和行业的意见和要求。（4）建立健全自律机制，促进公平竞争，提高行业整体素质。（5）按照市场规则，规范、协调、发展专业性和地区性商业行业协会的组织。（6）联系国内外同行业组织和机构，开展经济、技术交流与合作。（7）扩大对外开放。（8）发布行业信息，进行双向传递。（9）开展培训和咨询服务。（10）组织品牌推介、商业名牌评比、承办政府和企业委托的各项工作。

（三）北京市建筑业联合会

北京市建筑业联合会成立于1985年10月，业务主管单位为北京市住房和城乡建设委员会。会员企业包括国有大中型企业，集体、民营、区县乡镇、中央及外省市在京的各类建筑企业，会员企业的结构包括建筑施工、设计、装饰装修、市政、建材、开发等各种专业企业。目前有会员企业315个，承担着全市建设工程80%的工作量。协会为加强行业自律建设，订立了企业诚信评价体系，2004年评选建筑业“守信企业”554家；协会建有培训学校，举办各类培训班数百期，培训各类人员3.3万余人次；组织各项国家奖项的评审推荐工作。协会与22个省市协会建立了经常性的联系；与台湾地区建筑业同业同人建立了友好往来，组织首都建筑业同行赴台湾学习。接待了法国建筑联合会、德国曼海姆建筑协会、韩国大韩建设协会等来京参观考察，并与韩国大韩建设协会首尔特别市会缔结为友好协会。

（四）北京民营科技实业家协会

北京民营科技实业家协会成立于1987年9月，是中国民营企业界最早成立的协会之一，是由北京地区的民营科技实业家以自愿原则组织的非营利性社会团体。北京民协成立20年来，以“桥梁、纽带、服务、自律”为宗旨，吸引了众多致力于民营事业发展的企业和企业家，群策群力，实现资源共享，逐步形成了一套比较完整的服务体系。经过20年的发展，北京民协在社会各界和北京民营企业当中享有了较高威望和良好声誉。协会积极开拓多角度、多层次、多渠道的信息服务和宣传平台，通过协会内刊《动态》、《北京民营企业情况反映》以及协会网站（www. bjmx - online. com）等为会员企业及社会各界提供及时有效的信息服务，多角度地报道协会工作和民营科技业界的最新动态，提升协会及会员企业的社会影响力，加大社会各界对民营科技企业的关注度，向公共政策制定者提供深入、全面的素材。

（五）北京中关村高新技术企业协会

北京中关村高新技术企业协会成立于1991年5月，是由中关村科技园区海淀园主办，海淀园高新技术企业自愿组成，业务主管部门是北京市科学技术委员会。高企协主要是面向中关村地区的高新技术企业提供专业服务，并促进企业之间以及政府部门的交流沟通，代表企业利益的社团组织。截止到2005年7月底，注册会员总数已超过4 600余家，会员业务领域涵盖了电子信息技术、生物工程、新医药、新材料、节能环保、光机电一体化等主要高新技术领域，园区内骨干企业基本上都是高企协的会员。高企协以“为中关村科技园区建设服务，为高新技术企业发展服务”为宗旨，积极搭建“沟通、培训、服务”三大平台，推进行业组织建设，努力将协会办成“高新技术企业之家，企业与政府沟通桥梁和纽带”。通过开展大量各种活动，高企办的作用和影响不断扩大，已成为中关村地区较为重要的企业组织。

（六）北京市体育总会

北京市体育总会是北京市群众体育社会团体，受市体育局委托，代表市体育局行使对全市性体育类社会团体的领导和管理职能。负责全市社会体育社团全局性问题的调查研究，制定全市社会体育社会团体的发展规划，拟定有关规章、制度和办法，并组织实施；负责全市性体育社会团体的申请成立、注销登记的初审和变更登记、年度检查的审查工作；负责对全市性体育社会团体党的建设和政治思想工作，对社团的财务、人事、外事等事项按章程进行管理、指导和监督；对社团主要领导人选的变动、涉外活动、重要规章制度的制定等重要事项按程序报市体育局审定；做好联系体总委员工作，组织社团工作骨干的学习、培训和工作交流；联系和指导区县体总业务工作等。

（七）北京志愿者协会

北京志愿者协会成立于1993年12月，负责规划、指导、组织、协调北京志愿服务工作。协会接受共青团北京市委员会的业务管理。协会拥有北京志愿者协会网站、北京志愿者学校、《志愿者》刊物、北京志愿服务基金，并设有外语培训、医疗救护培训等基地。拥有600个志愿项目。协会工作范围：（1）引导社会各界积极参与志愿服务工作；（2）培养公众的公民意识、奉献精神和服务能力；（3）为城乡发展、社区建设、扶贫开发、抢险救灾以及大型社会活动等公益事业提供志愿服务；（4）为具有特殊困难及需要帮助的社会成员提供志愿服务；（5）规划、组织志愿服务活动，协调、指导北京市各级志愿者组织和志愿者开展工作；（6）开展与国内外志愿者组织和团体的交流与合作。协会成立以来，开展北京迎奥运志愿服务活动，推出了“到公益机构去”、“首都大学毕业生基层志愿服务团”、北京奥组委前期志愿者工作、“青春微笑行动”、“迎奥运北京市民讲外语”、“2008奥运志愿服务宣讲团”、“阳光心语行动”、“青春红丝带”预防艾滋病宣传、“文明交通伴我行”、中国青年志愿者赴埃塞俄比亚服务以及服务大型赛会等品牌项目，取得了良好的社会成效。协会先后荣获中国杰出志愿服务集体、北京市先进民间组织、全国先进民间组织等荣誉称号。

（八）北京市慈善协会

北京市慈善协会是由从事和支持慈善公益事业的单位，以及关心热爱慈善公益事业的个人，自愿参加组成的公益性社会团体法人，主管业务单位是市民政局。协会业务范围是：募集善款；赈灾救助；扶贫济困；慈善救助；公益援助；普及慈善理念；开展慈善理论研究，加强对外交流与合作等。协会自成立以来，开展多项救助项目：使北京市3 780多名贫困生重返校园；为10个远郊区县的545名残疾人安装了假肢；救治孤残儿童、孤寡老人、白血病患者；为230名特困家庭的唇腭裂患儿实施了矫治手术；为内蒙古受灾群众送去衣被10万余件，资助了内蒙古赤峰市翁牛特旗勿苏小学44名贫困生上学；为患先天性心脏病儿童实施脱残手术并改善他们的生活环境；1998年抗洪斗争中为北京市对口支援省、区募捐善款56.7万元，衣物5万件。在2003年为不幸感染非典的235名医护人员发放救助金23.5万元；为首批投入到抗击非典斗争中的1 991位一线医护人员发放救助金99.55万元；向战斗在一线的殡葬职工发放救助金10万元。

（九）北京市党的建设研究会

北京市党的建设研究会成立于1984年11月，是由中共北京市委组织部发起成立，经北京市民政局核准注册登记的非营利性社会团体，主要从事党的建设方面理论和现实问题的研究。张大中为第一届至第三届会长，于均波为第四届、第五届会长，本届理事会为第五届理事会。业务范围包括：贯彻落实中共中央及北京市委有关党的建设精神，组织开展各种学习宣传活动；充分利用首都党建研究资源，组织广大会员围绕党的建设的热点、难点问题开展调查研究和理论研究；举办理论研讨会、座谈会，进行学术交流和实地考察，组织成果评奖和经验交流等活动；积极为党委及其他部门提供党建咨询服务，向有关领导机关反映会员、党员及广大干部群众对加强党的建设的意见和建议。北京市党建研究会现有团体会员87家，个人会员170多人。秘书处设在北京市党建研究所，现有工作人员10人。研究会主办会刊有《执政党建设研究》（季刊）、《党建动态》、《北京市党的建设研究会通讯》和《北京市党建研究会简报》等。不定期向市委、市委组织部和有关部门寄送刊物，反映情况，供领导决策参考。

（十）北京市汽车行业协会

北京市汽车行业协会成立于1996年7月，是由北京地区的汽车整车制造企业、改装车专用车生产企业、发动机和零部件企业、汽车服务贸易企业、相关行业企业及科研院所、大专院校等48家单位联合发起成立的行业性社会团体，业务主管单位是北京市经济和信息化委员会。协会现有会员单位240余家，包括整车制造企业9家，改装车、专用车企业42家，零部件生产企业160余家（其中韩资企业13家），科研院所、大专院校及服务贸易企业30余家，会员覆盖率达80%以上。会员企业的销售收入占全行业的95%以上。会员企业现有总资产达350多亿元，职工6万余人。

（十一）北京铸锻行业协会

北京铸锻行业协会是经北京市发展改革委员会所属的主管部门批准，在北京市民政局社会团体管理办公室登记注册，由北京地区铸造、锻造企业自愿参加组成的社团法人机构。协会的宗旨是最大限度地发挥政府与企业之间的桥梁与纽带作用。切实履行协助政府并服务于企业的组织职能，加强行业自律促进行业发展，把协会建成本地区铸、锻件企业生产经营和企业家联谊的交流平台，及与国内外同行交流合作的联络部。协会的任务是在政府方针政策的指导下，参与本行业规划的制定与调整，推动行业进步，以适应首都发展的功能定位。协会的业务范围是加强行业内协调，开展专业培训、技术咨询、推介新技术。协会现有团体会员单位160多家，主要以铸钢、铸铁、有色、精铸、热模锻等工艺为主，为航空航天、铁路、汽车、电力、机床、工程机械等现代装备制造业配套。

（十二）北京市沐浴行业协会

北京市沐浴行业协会是经北京市民政局注册登记、非营利的社会团体法人。主管部门为北京市社会建设工作办公室，业务指导部门为北京市商务委员会。协会成立于2007年9月26日，成立以来，充分发挥政府与企业之间桥梁纽带作用，通过直接服务和间接服务的形式，积极主动地为企业牵线搭桥、排忧解难，为会员提供各种信息、培训、媒体宣传、金融、人才推介等服务，为行业搭建了交流的平台，为企业、为政府、为行业解决实际问题。目前，名誉会长为原北京市委常委、市纪委书记李永安，会长单位为权金城国际控股集团，副会长单位有艺海、钰龙泉、塞纳河、玉明珠、金色阳光、东方威尼斯、热·公馆、金海国际等，理事单位有八号公馆、摩力圣汇、东方夏威夷、大中海、南国大自然、颐派欧华等30余家。2007年北京市沐浴行业协会被评为全国沐浴行业优秀协会。

（十三）北京市健康保障协会

北京市健康保障协会成立于2008年4月8日，是在北京市民政局登记注册，由医疗卫生、健康管理、健康保险和健康媒体等机构的专家、学者及单位会员自愿组成的全市性、行业性、非营利性群众团体，是独立的法人社团。协会的宗旨是：团结本市关心社会健康保障体系建设的机构和个人，遵守我国宪法、法律、法规和国家政策，遵守社会道德风尚，促进公共卫生、医疗保险、医疗保障和医疗服务为一体的高水平国际化健康保障体系，有效提高市民健康水平和经济建设服务。

（十四）北京再生资源和旧货行业协会

北京再生资源和旧货行业协会成立于2008年12月4日，是由北京市供销合作总社、北京市惠丰华工贸有限责任公司、华星集团环保产业发展有限公司等30多个再生资源回收利用、汽车解体和旧货企业及个人自愿联合发起成立，是经北京市民政局核准登记的非营利性社会团体法人。协会的宗旨：遵守中华人民共和国宪法、法律、法规和政策，遵守社会道德风尚。不损害国家利益、社会公共利益及其他组织和公民的合法权益。为会员服务，为行业服务，为政府服务。维护会员合法权益，维护公平竞争的市场经济秩序，维护国家、民族利益，维护全行业的整体利益。充分发挥在政府与协会会员之间的桥梁和纽带作用，促进北京再生资源回收利用、产废、汽车解体和旧货行业的快速健康发展。

（十五）北京金属材料流通行业协会

北京金属材料流通行业协会由北京市从事金属材料流通及与金属材料流通行业相关的企业自愿联合发起成立，是经北京市社会团体登记管理机关核准登记的非营利性社会团体法人。协会业务主管单位是北京市社会建设工作办公室。协会的宗旨是：团结、联合金属材料流通行业的同人和朋友，为繁荣和规范北京市金属材料流通行业市场，建立和维护良好的经济秩序，协调会员之间的经济活动，促进会员间互相学习、互利互惠、团结互助、共同发展，维护会员的合法权益，起到会员和政府之间的桥梁和纽带作用，促进北京金属材料流通行业的健康发展。

（十六）北京自行车流通行业协会

北京自行车流通行业协会成立于2009年6月5日。协会的业务范围是：反映行业诉求，提出行业发展的意见和建议；参与相关法规及管理办法的制定；完善行业自律性管理，维护公平竞争；咨询服务，为政府部门提供信息；参与制定相关产品的地方标准，组织贯彻实施并监督；开展资源综合利用和环境保护工作；组织技能培训；开展行业间交流与合作，举办本行业展览会；承担政府部门委托的相关事宜。

（十七）北京酒类流通行业协会

北京酒类流通行业协会于2009年6月26日正式成立。协会的业务范围是：开展对外交流、承办政府委托事项、开展会员联谊活动、进行酒类行业调研、组织展览展评、进行酒类流通行业协调、促进酒类流通行业自律、组织专业人员培训等。酒类流通行业协会集服务、协调、维权、交流等职能于一身，致力于建立健全行业自律机制，创造企业公平竞争的环境，促进北京市酒类流通行业的健康发展。

（十八）北京嵌入式系统技术行业协会

北京嵌入式系统技术行业协会成立于2009年10月24日，目前已有120个会员单位，它的覆盖面已涉及通信、化工、交通、金融、汽车电子、网络、智能家电、医疗设备、仪器、军品、船舶、航天等领域的单位，覆盖率较全面。协会的业务范围：当好政府与企业的参谋，参与政府部门组织的各种会议，做好政府委托的各项工作：行业统计、监测分析、企业资质审查和认定；制定和修订行业规定、产品标准；组织参与行业专业技术职称考核和评审；提供市场调研、开展行业信息交流、信息发布、咨询评估、政策研究、知识产权维护、权益维护、行业评比、职业培训；搞好招商引资、组织软件外包出口；办好展览、展示和国际交往等服务。

（十九）北京动漫游戏产业联盟

北京动漫游戏产业联盟成立于2009年8月12日，是由北京行政区域内以漫画、动画、游戏为表现形式，包含动漫图书、动漫报刊、动画影视、网络游戏、单机游戏、手机动漫、手机游戏、音像制品、舞台剧、动漫教育和基于现代信息传播技术手段的动漫新品种等动漫直接产品的开发、生产、出版、播出、演出和销售，以及与动漫形象授权衍生产品的生产和经营的企事业单位自愿联合发起成立的行业性组织，业务主管单位为北京市社会建设工作办公室，业务指导单位为北京市文化局。协会的主要任务是：承担切实履行服务企业的具体事务；积极帮助企业开拓国际市场；加强行业维权，联合有关部门打击盗版维护企业利益；承担协调市场主体利益，提高市场配置效率，加强行业自律规范企业行为；深入了解企业发展实际情况和困难，向政府反映企业诉求，在政府与企业间发挥桥梁和纽带作用；促进北京市动漫游戏产业健康有序的发展。

（二十）北京环境科学学会

北京环境科学学会成立于1979年6月5日，是北京市科学技术协会的会员社团，挂靠北京市环境保护局。学会现有团体会员45个，个人会员2 238人。其主要任务是：开展国内外环境保护学术交流；组织技术咨询、科技成果的鉴定与推广；开展厂会协作、科技培训；普及环境保护科学知识；组织专家为市政府环保工作建言献策；反映科技工作者的呼声和要求，维护科技工作者的合法权益等。被市科协评为1990—1991年度、1994—1995年度、1996—1997年度、1998—1999年度、2000—2001年度先进学会。被市科委、市科协、市人事局评为2004年度北京市科学技术普及工作先进集体。

（二十一）首都社会治安综合治理研究会

首都社会治安综合治理研究会成立于2006年11月。研究会的成立，标志着首都综治理论应用研究工作进入了一个新的发展阶段，并将在构建和谐社会首善之区和“平安奥运”建设中发挥科学依据和智力支持的作用。研究会能够充分利用理论研究的优势，将重点对准党委政府和人民群众关注的问题，进一步加强社会治安综合治理的理论研究，为党委政府决策提供重要依据。在全国具有重要的示范作用。

（二十二）北京市教育学会

北京市教育学会成立于1980年3月，是市委教育工委和市教委领导下的群众性学术团体，是经北京市社会团体行政主管机关核准注册登记的社会团体法人。现有会员约7万人，分支机构76个，其中区（县）教育学会19个，学科、专业研究会57个，基本覆盖本市各区（县）和中小学、幼儿园及特殊教育的各个学科及专业。学会的主要业务范围：开展教育理论研究、学术交流、信息交流、咨询服务、科普宣传、专业培训、编辑专业刊物。学会现有一报一刊。一报：《中小学数学教学》（公开发行）创刊于1983年5月，已出版1105期；一刊《北京教育教学研究》（内部刊物）创刊于1980年6月，已出版176期。

（二十三）北京环境与发展研究会

北京环境与发展研究会成立于1995年6

月，是一家北京市环境保护局下属民间研究机构。机构设有理事会，下设办公室、研究部和教育部。研究会的宗旨是坚持马列主义、毛泽东思想、邓小平理论和“三个代表”的重要思想为指南，发展中国的环境保护事业，为实现中国社会和经济的可持续发展作出贡献。研究会主要致力于环境与发展领域的研究、咨询和公众教育工作。针对中国的具体情况，强调在发展的基础上保护生态环境和自然资源。主要研究领域包括：环境与资源经济学的理论及其在中国的应用、环境与经济的协调发展、环境和资源管理政策。主要任务为组织和开展环境与发展方面的学术研究和科学考察；编辑有关环境与发展的学术书籍和刊物；向有关部门提供咨询服务并提出政策建议；开展学术交流，与海内外学者共同探讨中国的可持续发展问题。

（二十四）北京城市规划学会

北京城市规划学会成立于1994年5月，由北京地区城市规划设计及管理工作者以及相关从业人员自愿组成，是中国城市规划学会的团体会员，业务主管单位是北京市规划委员会。学会目前有团体会员89家，个人会员612人。理事184人，常务理事50人，顾问13人，理事长由原市规划委主任赵知敬担任。学会下设城市设计与古都风貌保护规划学术委员会等10个专业委员会。自1994年以来，学会组织学术报告活动200余场，承办了1—14届“首都城市规划建筑设计方案汇报展”，组织完成了“九十年代北京市十大建筑”评选工作，承担了长安街和天安门广场规划设计问题研究。学会多次向市有关部门提出“关于加强首都设计工作”、“关于推动实施绿化隔离地区绿化”、“关于维护首都风貌”、“改造首都城市交通”等方面的政策建议。组织编辑了《北京城市规划信息》、《北京城市规划图志》、《走进星河湾》、《2007年北京中小套型评选优秀方案集》等刊物。学会先后4次获得“北京市先进学会”，2次获得“首都文明单位”以及“全国省级学会之星”等称号。

（二十五）北京土地学会

北京土地学会成立于2002年7月31日，业务主管单位为北京市国土局。业务范围包括：（1）开展北京市及各级区县土地学术的交流，活跃学术思想、提高技术水平，为本市经济社会的可持续发展服务。（2）普及土地科学技术，介绍先进技术和经验，不断提高专业水平。（3）接受国家、地区有关部门的委托，开展课题研究、科技项目论证、科技经验交流、科技成果鉴定等技术咨询服务活动。（4）开展有关土地的调查研究，向各级政府反映北京市土地管理中存在的亟待解决的重大问题，提供相应的解决措施和建议，供领导决策参考。（5）不定期编印关于土地动态、经验交流方面的信息或文集，努力办好学会刊物。

（二十六）首都科学决策研究会

首都科学决策研究会是由北京国际城市发展研究院、中国时代经济出版社、中视金桥国际传播集团等有关单位及首都专家学者自愿联合发起成立，业务主管单位是北京市社会科学院。业务范围及开展的主要活动主要有：组织科学决策理论与实践研究及成果推广，举办学术交流、培训、论坛、展览展示，会议服务；编辑出版《领导决策信息》及其相关信息材料、研究报告和出版物，为各级领导部门和领导者科学决策提供咨询和信息服务；政府网络信息服务于电子政务服务。

（二十七）北京城市管理学会

北京城市管理学会成立于2006年6月。学会服务范围是城市管理领域，主要包括城市公共事业、市政设施、城市交通、环境保护、环境卫生、园林景观、公共秩序等。学会每年将选择一批有较大影响和实用价值的调研报告提交市领导和相关部门。

（二十八）北京室内装饰协会

北京室内装饰协会成立于1987年12月，是由本市建筑装饰、建筑幕墙、家庭装潢、装饰材料和装饰设计行业企事业单位自愿组成的跨部门、跨所有制的行业性社会团体。协会在北京市社会团体管理机关登记，业务上受北京市工业促进局指导。协会现有各种所有制的会员单位1200多家。

（二十九）北京市软件行业协会

北京市软件行业协会成立于1986年10月，是由北京地区从事软件研究、开发、生产、销售、服务、教育和管理工作的单位机构和自然人自愿联合组织的社会团体法人，业务上受北京市工业促进局指导。协会目前有8家分支机构，分别是软件进出口工作委员会、金融软件及信息产品分会、过程改进分会、益智与娱乐软件分会、中关村软件园分会、归国软件人员联络会、软件测试分会和医药软件分会。注册企业会员500余家；个人荣誉会员10人，个人会员100余人。

（三十）北京物流协会

北京物流协会成立于2003年7月，业务主管单位为北京市商务委员会。现有会员单位200多家，包括商业连锁物流企业、汽车物流企业、物流基地、铁路物流企业、仓储物流企业、快递企业、IT企业、制造企业以及相关的科研院所。协会成立以来，积极发挥桥梁纽带作用，搭建沟通、交流、学习、合作、展示平台，为物流企业提供专业化服务，为北京市政府提供物流发展及政策法规的建议，推进北京物流现代化建设与发展。

（三十一）北京服务贸易协会

北京服务贸易协会成立于2007年9月12日，是由驻北京的30余家专业协会与企业共同发起的旨在促进北京服务贸易发展的行业性社会团体，业务主管单位是北京市商务委员会。协会的会员主要分布在本市商业服务、通信、建筑及教育、环保、金融、卫生、旅游、娱乐文化体育、运输等各个服务领域。成立以来，协会深入研究服务贸易的发展规律、现状和问题，为政府制定政策和企业制定发展战略提供依据；宣传国家及北京市鼓励服务贸易发展的各项优惠政策并协助企业充分利用；组织人才、技术、管理、法规等培训；协助政府主管部门，规范服务贸易行为，进行行业自律，防止无序竞争；对外宣传北京企业的实力，搭建国际交流与合作平台，开拓国际市场。

（三十二）北京国际会议展览业协会

北京国际会议展览业协会成立于1998年4月，原名为北京国际展览业协会，2001年更名。业务主管单位为北京市商务委员会，现有会员单位180余家。主要任务是：（1）协助政府推动北京会展业的发展：参与北京会展业发展规划的制定；进行会展业发展现状的调查研究、提出问题和政策建议；协助政府部门制定和宣传与会展业相关的法律法规；协助进行全市会展经济调查统计。（2）为行业和企业提供多方面服务：反映行业呼声，代表行业向政府反映发展中的重大问题和意见建议。（3）研究和制定行业标准，规范会展市场秩序，推动行业自律。（4）举办会展培训教育，培养会展人才，提高服务水平；举办交流、考察、研讨、推介、展示等活动，为会员单位和行业提供中介咨询服务。（5）开展国内外行业间的交流与合作，拓展会展市场；协调中央在京机构和北京市政府部门、协调企业之间的关系。

（三十三）北京信用担保业协会

北京信用担保业协会由担保机构、协作银行、部分中小企业自愿联合发起成立，于2002年11月正式成立。市发展改革委为业务主管单位。协会会员单位达到60多家。协会的业务范围：为担保机构、协作银行及中小企业搭建服务平台，真正解决中小企业融资难问题。

（三十四）北京房地产业协会

北京房地产业协会成立于1986年3月，是由在北京从事房地产开发经营、物业管理、市场交易、中介服务、修建装饰等企事业单位组成的全市性行业组织。现有606个会员单位，业务主管单位是北京市住房和城乡建设委员会。协会的业务范围是：（1）研究探讨房地产业改革和发展的理论、方针、政策，向政府提出建议；（2）协助政府主管部门制定和实施行业发展规划，协调执行中出现的问题；（3）承办政府主管部门交办和授权的房地产行业资审等具体工作及其他委托办理的事项；（4）编辑出版行业报刊、文献和有关资料，举办展览、展示、开展咨询服务；（5）组织行业业务和技术培训，提高行业整体素质；（6）发展与国内外和我国港澳台地区房地产行业及有关民间组织的联系和友好往来，开展合作与交流；（7）对区县房地产行业协会进行业务指导，制定行规行约，开展行检行评。

（三十五）北京物业管理协会

北京物业管理协会成立于2003年10月，由北京从事物业管理的单位自愿联合发起成立。北京市住房和城乡建设委员会为业务主管单位。目前会员单位350多家。协会的业务范围：（1）宣传贯彻落实物业管理法律、法规、方针政策，协助拟定北京物业管理行业规范，自律准则和管理标准。（2）开展调查研究，了解掌握物业管理和物业管理企业的基本情况，及时向政府反映行业的要求，并积极提出建议。（3）为会员单位的管理和发展提供服务，收集传播国内外行业的信息，编辑出版行业协会刊物、书籍、资料，开展咨询服务。（4）组织行业业务技术培训，提高行业整体素质。（5）推动行业内外横向联合，加强与国内外和港澳地区行业组织及民间团体的联系与友好往来，开展经济技术、学术等方面的合作与交流。（6）承办政府主管部门授权的物业管理企业资质审核和委托的其他工作。（7）指导物业管理企业建立现代企业制度。

（三十六）北京中关村电子产品贸易商会

北京中关村电子产品贸易商会2003年8月1日成立，会员包括了中关村全部的电子卖场和经营规模较大的经销服务商，具有较强的行业影响力和号召力。几年来，商会通过制定行业公约，开展行业自律、规范企业行为，促进了中关村电子卖场的升级改造；开展行业研究工作，组织编制行业发展规划和行业发展报告，指导行业规范发展。

（三十七）北京中关村自主品牌创新发展协会

北京中关村自主品牌创新发展协会成立于2006年5月，协会成员包括华旗、新浪、中星微等众多中关村科技园区知名企业。协会以“自主创新、民族品牌、产业报国”为宗旨，通过整合政府、媒体、广告、咨询等各方面资源，为中关村自主品牌的企业提供品牌设计、品牌规划、品牌建设、品牌推广、品牌竞争等各方面的服务，展示了北京中关村自主品牌企业集群的竞争优势。“V815”活动已成为该协会的品牌活动，引起社会各界广泛关注。会员企业近60家。

（三十八）北京标准化协会

北京标准化协会成立于1982年，是由全市从事标准化工作的单位和个人自愿发起组建，经北京市民政局批准成立的非营利性法人社会团体，业务主管单位是北京市质量监督管理局。协会现有团体会员100余家，下设18个专业标准化分会。协会成立以来，在团结和组织全市标准化科技工作者，宣传、普及标准化知识，开展标准化学术研讨，提供标准化技术咨询服务，促进标准化的合作与交流，推动全市标准化事业发展方面发挥了积极作用，已发展成为具有一定规模和多方位从事标准化学术研究、咨询服务的综合性社会团体。

（三十九）北京知识产权保护协会

北京知识产权保护协会成立于2006年9月，是在市知识产权局的领导下，为开展全市知识产权保护工作而成立的社会团体法人。协会现有团体会员单位200余家，包括：知识产权管理部门、司法部门、执法部门，各类行业组织，各类企业，高校，科研院所，各类服务机构（律师事务所，专利、商标、版权中介服务机构，其他服务机构）。协会充分发挥知识产权公共服务平台的作用，主要包括：积极宣传、贯彻、解读国家有关知识产权的法律法规和政策，组织知识产权业务培训、经验交流、学术研讨等活动，开展知识产权信息服务、法律服务、技术推广以及其他有关的咨询服务，辅助行政和司法部门协调知识产权争议问题，组织知识产权法律专家、技术专家和行业协会参与涉外知识产权问题的研讨、调解并提供支持，组织与国内外知识产权相关组织的交流学习和互惠合作等。

（四十）北京质量协会

北京质量协会成立于1981年9月，是在

市工促局的领导下，经北京市社会团体行政主管机关核准注册的北京地区群众性科技社团组织，其前身为北京质量管理协会。北京质量协会自成立以来，组织了全市130多万职工参加了全面质量管理基本知识和ISO9000族标准的培训学习；推动企业开展贯标认证工作；组织全市性的QC小组发表会；参与了全国质量奖、北京市质量奖和名牌产品的推荐、评审与跟踪工作，并多次组织企业到美国、日本、欧洲等发达国家及我国港、澳、台等地区进行交流考察。

（四十一）北京电子商会

北京电子商会成立于1993年2月，是由北京地区工商企业经营电子产品的单位及团体自愿组成的、跨地区、跨部门、跨所有制的行业性社团组织，业务主管单位是北京市工业经济联合会，商会由北京市民政局核准、登记注册，具有社团法人的地位，业务上受北京市经济和信息化委员会的指导。北京电子商会目前已有会员300多家。商会编辑出版的内部刊物《北京电子信息》，面向全国电子行业，并提供电子信息咨询服务。

（四十二）北京市青年技能人才协会

北京市青年技能人才协会是由团市委发起成立的北京市优秀青年技术工人的群众组织。团市委为业务主管单位。业务范围是：组织、支持青年技术工人学习掌握现代科学技术和管理知识；组织开展会员学术、技术、科研交流活动；推广或帮助会员转让研究成果，协助会员申请研究成果的专利，依法保护会员的合法权益；开展职业技能竞赛活动、创新创效评选活动，发现、选拔、培养并向有关部门推荐青年技能人才；开展技能培训活动和技术普及活动；建立中介服务渠道，满足企业和青年技工的招聘求职需求。

（四十三）北京市青少年法律和心理咨询服务中心

北京市青少年法律与心理咨询服务中心是由北京市未成年人保护委员会和共青团北京市委员会于1993年共同创办的，是全市第一家具有法人资格、以青少年为主要服务对象，同时面向各界提供法律、心理、教育服务的社会团体。2004年，中心被团中央、教育部等八部委联合名为“为了明天——全国青少年自我保护教育基地”。中心工作范围：“星光青春保护行动”的普及推广、青少年违法犯罪和毒品预防教育、青少年法律宣传教育、青少年犯罪预防与被害预防研究、青少年法律与心理教育图书音像发行、未成年人求助热线等问题等工作；提供心理健康咨询、心理支持热线、心理测评、团体咨询、心理学相关培训等服务；针对青少年法律与心理问题进行有效社会干预；儿童学习能力提高训练、儿童感觉统合训练。1998年被团中央、国家教委、司法部等授予“全国未成年人保护工作先进集体”荣誉称号。2000年被团中央授予“优秀青少年维权岗”荣誉称号。2000年获得联合国亚太经合组织“人力资源开发奖”。2001年被中央综治委、人事部评为“2000—2001年度全国社会治安综合治理先进单位”。2004年被中央综治委评为“全国预防青少年违法犯罪工作先进集体”。2005年被北京市教育委员会等单位评为“北京市校外教育先进集体”。

（四十四）北京发明协会

北京发明协会是北京市科学技术委员会领导下的北京地区发明者以及从事和支持发明工作的有关人员及团体组成的群众性社团组织，是中国发明协会的团体会员。协会的宗旨是：调动群众中蕴藏的发明创造积极性，挖掘和支持发明创造人才及其发明创造活动，保护发明者的合法权益，树立人民群众的创新意识，促进科学技术进步，促进发明成果商品化，为科教兴国，为发展首都经济服务。主要工作任务包括：积极引导、鼓励和扶持广大会员及各界群众积极参加发明创造活动；宣传、贯彻国家有关发明创造的法令和条例；维护发明者的正当权益，支持各类发明申请知识产权保护；开展发明咨询服务，沟通发明信息，促进发明成果的推广应用；推荐、奖励重大发明，宣传、表彰在发明创造活动中取得突出成绩的发明者以及为支持发明创造作出重要贡献的单位和个人，与有关国际组织和外省市发明协会建立友好联系，并进行交流。

（四十五）北京执业药师协会

北京执业药师协会成立于2002年8月，主管单位是北京市药品监督管理局。协会下设常务理事会、理事会、工作委员会、专业委员会及秘书处。协会的主要任务是宣传贯彻国家有关药品监督管理的方针、政策，积极推行执业药师资格制度；开展药学学术交流，促进学科发展；开展民间国际药学技术交流活动，发展同国外的执业药师协会和执业药师的友好交往；接受委托，承担项目，促进药学技术与经济的结合；维护执业药师的合法权益，反映执业药师的意见和要求；表彰、奖励优秀执业药师，举荐人才；兴办符合协会宗旨的社会公益性事业。近两年开展的活动主要包括：积极配合北京市药监局对执业药师进行与工作行为相关的法律法规培训；进社区、下工地、进兵营、入乡村，以各种形式传播安全用药知识，不断提高公众的安全用药意识；为迎接2008年北京奥运会的召开，积极组织学习《反兴奋剂条例》，先后邀请国家兴奋剂检测中心的专家作“运动员兴奋剂使用问题”、“蛋白同化制剂和肽类激素的管理”的学术报告，为奥运做好准备。此外，协会每年承担着7 000余名执业药师的继续教育工作，已初步形成了具有北京地区特色的执业药师继续教育模式。

（四十六）北京中关村企业信用促进会

北京中关村企业信用促进会的建立是中关村科技园区信用体系建设的组成部分，它为在市场经济体制下开展信用管理与信用服务工作搭建了平台。中关村管委会作为园区信用体系建设的推动者和总协调人，可以通过信用促进会这一平台将政府的政策、企业的信用与使用信用产品的各相关机构业务结合在一起，充分发挥信用促进会在信用推广、信用服务和信用监督方面的作用，以保证园区信用体系建设工作在市场原则指导下健康、有序的进行。

（四十七）北京循环经济促进会

北京循环经济促进会成立于2004年2月，是北京市科协下属的我国第一个循环经济研究和促进的社会团体。2004年2月14日，北京循环经济促进会召开第一次会员代表大会，宣布促进会正式成立，北京市市长王岐山致贺信，中央和北京市领导、包括多名院士在内的多位学者出席了成立大会。目前，促进会有会长和副会长共4名，有院士等著名专家顾问10名，常务理事15名。北京循环经济促进会的会员包括中国国土经济学研究会、中国商品学会、中关村国际环保产业促进中心和北京市可持续发展科技促进中心等单位，也包括清华大学、北京航空航天大学和北方工业大学等高校和广西、内蒙古等地的单位和个人会员。

（四十八）北京市文化经济促进会

北京市文化经济促进会成立于1998年3月，业务主管单位是市文化局。文化经济促进会旨在团结有影响的文化界、企业界和海外的朋友，通过实事实办，筹划和推进文化、经济项目，努力为会员和会员单位服务，调动积极因素，为促进北京的文化、经济、社会的发展，发挥积极作用。主要工作是研究北京市文化发展战略、文化产业结构调整方向，调查研究文化经济发展动态，交流推广国内外文化经济建设中改革和经营管理的先进经验，为有关部门提供理论依据和政策性、决策性咨询；结合本市文化经济发展现状，组织联络新闻媒体和相关机构开展宣传活动；组织和促进文化艺术界和新闻、出版、企业界，运用各种艺术形式，创造高质量的文化精神产品；开展文化经济等领域信息及事务的咨询和中介服务；定期召开工作经验交流和联谊活动，创办专业刊物，进行书刊、资料和商情信息的交流；组织文化、经济界人士和机构与海内外友好人士以及有关机构进行相互访问，开展文化、经济方面的交流、合作；组织和参与国内外政府及企业举办的各种类型的文化经济协作洽谈会、展示会、博览会、庆典仪式、信息发布会、评选活动。

二、民办非企业单位

（一）北京城市学院

北京城市学院的前身是海淀走读大学，

成立于 1984 年，当时是一所民办公助性质的专科学校。2003 年 4 月，教育部决定（教发函〔2003〕122 号文），撤销海淀走读大学的建制，在海淀走读大学的基础上成立北京城市学院。北京城市学院是本科层次的民办普通高等学校，以本科教育为主，同时举办专科层次的高等职业教育。学校占地面积是 284 452 平方米，学校现有专兼职工 2 723 人，在校生 2 万余人。

（二）北京吉利大学

北京吉利大学是经市政府批准，国家教育部备案，具有颁发国家承认学历文凭资格的民办普通高等职业学校。学历层次是普通高职专科，自考助学本、专科，培训。举办者是北京吉利国际教育有限公司。学校位于北京昌平科技园区内，学校占地面积 1 098 920平方米，学校现有专兼职教工 1 678 人，在校学生 1.5 万余人。

（三）北京汇佳职业学院

北京汇佳职业学院是北京市人民政府批准、教育部备案的具有颁发国家承认学历资格的民办普通高高等职业院校，学历层次是普通高职专科。举办者是北京汇佳科教发展有限公司。学院下设教育系、娱乐经济系、英语系、经济管理系、计算机系、动画系、国际部等专业系部。学院位于北京中关村科技园区昌平园汇佳科教园，占地 24.5 万平方米，学校现有专兼职教职工 260 人，在校生 3 900 余人。

（四）新东方教育科技集团

新东方教育科技集团成立于 1993 年 11 月，是一所综合性外语培训学校。举办者是北京新东方教育科技集团有限公司。目前，新东方教育科技集团已经在全国 31 个城市共设立了 32 所学校、115 个学习中心、15 家书店。截至 2006 年年底，共培训学员近 400 万人次。

（五）北京科技职业学院

北京科技职业学院（简称北科院），是经北京市人民政府批准，国家教育部备案，具有独立颁发国家承认学历文凭资格的民办普通高等职业院校，学历层次是高职专科；自考助学本、专科；培训。举办者是北京北科昊月科技有限责任公司。学校拥有沙河和八达岭两大校区，占地面积 118 802 平方米，学校共有 12 个高职专业，同时举办高等教育自学考试助学考试教育。全校在校学生总人数为 3.8 万余人，专兼职教职工人数为 2661 人。

（六）北京巨人学校

北京巨人学校成立于 1994 年 7 月，是一所主要从事 1 岁至 18 岁学生的课程外辅导培训和素质培训的民办培训机构，举办者是北京巨人环球教育科技有限公司。学校占地面积约 1 000 平方米。主要课程包括数学、语文、英语、艺术、体育、家教、中高考、国际国内冬夏令营等。目前，公司在北京、上海、南昌、武汉、西安、石家庄及郑州设有 100 多所分校，拥有教师员工 4 000 名，在校学员 10 万人。

（七）戴尔国际英语

戴尔国际英语是成立于 1999 年的民办培训机构，学校以外语培训教育为主。举办人是王中伟。学校总部位于海淀区中关村南大街 2 号数码大厦 5 层，并在海淀、西城、丰台、石景山等区设立了教学分部。

（八）北京国际城市发展研究院

北京国际城市发展研究院成立于 2001 年，是从事城市发展研究的跨学科非营利组织，业务主管单位为北京市社会科学界联合会。该研究院的发展战略是，以城市价值链理论为指导，以发现城市价值为目标，围绕城市发展全过程，开展城市决策与预测研究，建立全球化学习网络，实施城市战略设计和行动计划，并以此为基础，构建对 21 世纪中国城市发展产生积极影响和推动作用的决策咨询体系。目前，该院会聚着国内外一流的经济学家、研究学者以及政府官员，研究实力雄厚。该院所建立的“中国领导决策信息系统”、“中国政务景气监测系统”、“中国城市竞争力评价系统”和“中国城市生活质量分析系统”，发起成立的“中国城市论坛”和“MCA 国际城市管理实验室”在国内外享有较高的知名度。

（九）北京新闻文化研究咨询中心

北京新闻文化研究咨询中心成立于 2003 年，业务主管单位为北京市社会科学界联合会。研究方向和业务范围：（1）从事新闻文化理论的基础研究和应用研究，开展相关的开发、咨询与中介服务；（2）举办人才教育委托培训和新闻文化信息的编辑活动；（3）开展与新闻文化有关的学术交流和业务考察活动。该中心聘请、联系了一批资深媒体工作者、文化工作者和从事新闻文化交叉研究并事业有成的中青年人士，有较强的协调组织能力，科研攻关能力和实际操作能力。已连续两年完成的《北京西北郊地下水涵养与保护对策研究报告》和《北京地下水现状及对策研究报告》，受到专家和业务主管部门的好评，对有关部门的科学决策起到了促进作用。

（十）北京市首都发展研究所

北京市首都发展研究所成立于2004年，为综合性社会科学研究和决策咨询机构。业务主管单位为北京市社会科学界联合会。现有研究人员21人，高级职称6名，博士学位9人，博士后1名。建所以来，在政府机构的领导下，研究首都经济、政治、文化、社会协调发展的中长期战略规划；研究在改革、发展、实践中所遇到的重大理论问题和实际问题，为政府和社会的科学决策提供理论支持。注重发挥本所优长学科的作用，突出首都特色，以理论和实践的双重创新，认真实践“三个代表”重要思想。近年来，该所在首都经济发展战略研究、京津冀区域城市产业研究、人口和城市规划研究以及北京市经济形势分析与预测四大研究领域，分别被列入市级重大科研项目，受到有关部门和人大、政协的高度重视，具有一定的社会影响。

三、基金会

（一）北京市残疾人福利基金会

北京市残疾人福利基金会成立于2009年8月14日，是一家在北京市民政局正式登记注册的基金会，其业务主管单位是北京市残疾人联合会。基金会的业务范围是：资助残疾人康复、教育、维权、就业、文化、保障以及有利于残疾人事业的研究、交流、奖励、宣传等公益活动。

（二）北京志愿服务基金会

北京志愿服务基金会成立于2009年12月5日，致力于大力募集志愿服务基金，进一步建立健全志愿者工作管理体系、志愿者工作运行体系、志愿者队伍建设体系、志愿服务项目体系和志愿者工作保障体系，大力推动志愿服务发展，在志愿服务项目开展和资助、优秀志愿者代表及为北京志愿服务事业作出杰出贡献的团体和个人表彰和奖励、对因从事志愿服务活动遇到特殊困难的志愿者救助等方面加大工作力度，促进北京市志愿服务事业的进一步发展。

（三）首都见义勇为基金会

首都见义勇为基金会成立于2004年11月，是根据《北京市见义勇为人员奖励和保护条例》和《〈北京市见义勇为人员奖励和保护条例〉实施办法》，旨在有效维护首都见义勇为人员的权益，发扬中华民族的传统美德，倡导见义勇为精神而成立的基金会组织，主管业务单位是市民政局。理事会由会长、副会长和理事组成。理事会的主要职责是制定和修改章程；审议基金会的工作报告和财务报告，领导本团体各机构开展工作等。基金会下设有办公室等部门，具体负责对外联络、资金募集、资金管理、法律服务等日常工作。基金会的基金来源于公民、法人和期货组织的捐赠；海外华侨，香港、澳门特别行政区居民，台湾同胞以及外国友好团体和个人捐赠；政府资助等。基金会依据《条例》和《实施办法》开展工作，激励广大市民勇于见义勇为，维护社会正义，促进首都的社会安定和社会主义精神文明建设。

（四）北京市教育基金会

北京市教育基金会成立于1985年，隶属于北京市教育委员会。宗旨为：广募资金，联络各方，服务教育，奖教奖学。业务范围：募集、管理和使用教育基金，根据捐赠者的意愿和工作需要设立各种专项基金；表彰奖励在尊师重教方面作出突出贡献的先进集体和个人；举办各种奖教奖学活动，宣传优秀教师的先进事迹，组织优秀教师休养；开展与港澳台同胞、海外侨胞、国内外友好团体和人士友好往来与合作，促进基金会事业的发展；推动全市各区县教育基金会组织网络建设，协调和联络各区县教育基金会开展活动。

（五）北京青少年发展基金会

北京青少年发展基金会成立于1994年，是为青少年群体提供帮助、服务青少年健康成长的青少年慈善机构和社会公益组织。工作范围包括：（1）通过募集资金改善办学条件，资助家庭经济困难的学生顺利完成学业；（2）为家庭经济困难青少年提供医疗救助和生活等方面的扶助；（3）积极开展环保教育活动、广泛动员社会力量参与环保事业；（4）通过开展各类公益活动，促进青少年的交流和综合素质的提高，为青少年健康成长提供服务。北京青少年发展基金会在全国30个省、市、自治区建设希望小学249所，为希望小学配赠三辰影库321套，结对资助家庭经济困难中小学生60 227人次，资助家庭经济困难大学生3 494名，向北京市15 474名家庭经济困难青少年发放“爱心基金”，为8 971名外来务工人员子女提供教育资助，在北京郊区、河北省丰宁县、内蒙古自治区捐植“绿色屏障世纪林”2万多亩。

（六）北京环境保护基金会

北京环境保护基金会成立于1996年8月，是为了动员全社会关心、支持、参与环境保护工作，推动首都环境保护事业发展，经市社团办、中国人民银行北京市分行审核批准成立的基金会法人。该基金会自成立以来，得到了多方大力支持和国内外热心环境保护事业的组织和人士的无私捐赠，先后与有关组织合作，开展了形式多样、内容丰富的绿色环保行动；完成了多项旨在保护首都环境的科研、工作项目；支持资助了治理环境污染的示范工程；与国内外民间组织开展了广泛的合作与交流活动。

（七）北京绿化基金会

北京绿化基金会是由首都绿化委员会和关心支持首都绿化事业的单位和个人共同发起成立，业务主管单位是北京市园林绿化管理局。北京绿化基金会的宗旨是，面向社会，争取热心绿化事业的国内外团体和个人捐助资金，保护和发展首都林木绿地资源，为改善生态环境，提高环境质量，防灾减灾，推动首都绿化事业的发展，促进人与自然的和谐。业务范围主要包括，接受绿化捐赠，接受政府资助，组织募捐和筹集资金活动；组织实施绿化基金的投入和相关活动；组织实施绿化基金保值、增值的经营和投资活动；开展社会宣传，交流合作，技术开发，表彰奖励等公益活动；承办政府和自然人、法人或其他组织委托相关绿化事业项目。10年来，北京绿化基金会创建各种纪念林和绿化治沙项目25项，取得了绿化治沙12万余亩的光辉业绩和丰硕成果。

（八）北京新阳光慈善基金会

北京新阳光慈善基金会成立于2009年4月，是在北京市民政局注册成立的专业公益组织，其前身为北京大学阳光志愿者协会。基金会在成立后本着“用自己的爱去爱别人”的宗旨，将服务范围锁定在：疾病防治、资助赈灾及灾后重建；孤儿孤老孤残救助；教育及公益培训；公益项目。现阶段，基金会的工作以抗击白血病及地震灾区孤老孤残救助为主。

（九）北京国珍爱心基金会

北京国珍爱心基金会成立于2009年8月，由新时代健康产业集团出资成立，业务主管单位是北京市民政局。该基金会以“开展社会救助，倡导全民健康，助力公益事业”为宗旨，在资助弱势群体，促进全民健康等业务范围内，开展公益活动。

（十）华夏人慈善基金会

2009年12月，由华夏基金员工发起的“华夏人慈善基金会”正式成立，基金会以“促进人的发展与环境和谐”为宗旨，是未来华夏基金开展公益事业、践行社会责任的平台。基金会向宁夏回族自治区同心县“生态移民项目”捐赠40万元，用于移民新村特色种植、养殖技术、节水灌溉等劳动技能培训；基金会还参与了北京市顺义区社会福利慈善协会主办的助学项目，帮助城乡低保家庭和其他特殊困难家庭的学生就学。

北京市部分区县社区党组织情况统计表

东城区社区党组织情况统计表

街道名称	社区数	党组织建制		
		党委	总支	支部
建国门	10	10	0	0
东华门	12	12	0	0
景 山	8	8	0	0
朝阳门	9	9	0	0
东 四	8	8	0	0
交道口	7	7	0	0
安定门	9	9	0	0
北新桥	16	16	0	0
东直门	10	10	0	0
和平里	26	21	4	1
合 计	115	110	4	1

西城区社区党组织情况统计表

街道名称	社区数	党组织建制		
		党委	总支	支部
西长安街	13	12	1	0
新街口	21	19	2	0
展览路	21	21	0	0
月坛	26	22	3	1
什刹海	25	23	2	0
德胜	23	17	3	3
金融街	19	11	4	4
合 计	148	125	15	8

崇文区社区党组织情况统计表

街道名称	社区数	党组织建制		
		党委	总支	支部
前门	9	2（含6个拆迁社区合署办公的1个临时党委）	0	2
崇外	12	10	2	0

续表

街道名称	社区数	党组织建制		
		党委	总支	支部
东花市	8	7	1	0
龙潭	15	11	4	0
体育馆路	10	10	0	0
天坛	16	14	2	0
永外	20	20	0	0
合 计	90	74	9	2

宣武区社区党组织情况统计表

街道名称	社区数	党组织建制		
		党委	总支	支部
大栅栏	9	9	0	0
天 桥	8	8	0	0
椿 树	8	8	0	0
陶然亭	8	8	0	0
广 内	18	17	1	0
牛 街	10	10	0	0
白纸坊	18	17	0	1
广 外	29	23	6	0
合 计	108	100	7	1

丰台区社区党组织情况统计表

街道名称	社区数	党组织建制		
		党委	总支	支部
丰台	23	23	0	0
卢沟桥	30	28	2	0
太平桥	13	11	2	0
新村	25	25	0	0
东铁匠营	23	23	0	0
西罗园	16	15	1	0
方庄	15	14	0	1
右安门	16	16	0	0
南苑	9	9	0	0
大红门	27	27	0	0
东高地	10	8	2	0

续表

街道名称	社区数	党组织建制		
		党委	总支	支部
马家堡	15	15	0	0
和义	8	8	0	0
宛平城	6	3	2	1
长辛店	23	23	0	0
云岗	9	7	1	1
合计	268	255	10	3

门头沟区社区党组织情况统计表

街（镇）名称	社区数	党组织建制		
		党委	总支	支部
大峪街道	34	1	0	33
城子街道	17	0	0	17
东房街道	15	0	0	15
大台街道	9	0	0	9
永定镇	7	0	0	6
龙泉镇	9	0	0	9
王平镇	4	0	0	4
军庄镇	2	0	0	2
雁翅镇	1	0	0	1
斋堂镇	1	0	0	1
合　计	99	1	0	97

房山区社区党组织情况统计表

乡镇街道名称	社区数	党组织建制		
		党委	总支	支部
城关街道	21	0	0	18
拱辰街道	22	0	1	23
西潞街道	12	0	0	9
新镇街道	2	0	0	2
周口店镇	5	0	0	5
琉璃河镇	5	0	0	2
窦 店 镇	4	0	0	3
石 楼 镇	1	0	0	0
长 沟 镇	1	0	0	1

续表

乡镇街道名称	社区数	党组织建制		
		党委	总支	支部
阎村镇	3	0	0	0
河北镇	2	0	0	1
韩村河镇	1	0	0	1
青龙湖镇	2	0	0	0
长阳镇	6	0	0	4
良乡镇	0	0	0	0
大石窝镇	0	0	0	0
张坊镇	0	0	0	0
十渡镇	0	0	0	0
大安山乡	1	0	0	0
佛子庄乡	0	0	0	0
南窖乡	0	0	0	0
史家营乡	0	0	0	0
霞云岭乡	0	0	0	0
蒲洼乡	0	0	0	0
燕山地区	32	0	24	56
合计	120	0	25	125

通州区社区党组织情况统计表

街道名称	社区数	党组织建制		
		党委	总支	支部
新华街道	7	0	7	0
北苑街道	17	0	17	0
玉桥街道	13	0	12	1
中仓街道	16	0	16	0
永顺镇	21	1	1	7
梨园镇	19	1	0	7
潞城镇	3	1	0	2
漷县镇	3	1	0	0
马驹桥镇	3	1	0	0
合计	102	5	53	17

大兴区社区党组织情况统计表

街道名称	社区数	党组织建制		
		党委	总支	支部
观音寺	12	1	0	12
林校路	15	3	0	25
清源	24	2	0	29
天宫院	7	0	0	7
兴丰	12	2	0	12
合计	70	8	0	85

平谷区社区党组织情况统计表

街道名称	社区数	党组织建制		
		党委	总支	支部
滨河街道	13	0	0	13
兴谷街道	9	0	0	8
渔阳地区	5	0	0	5
合计	27	0	0	26

怀柔区社区党组织情况统计表

街道名称	社区数	党组织建制		
		党委	总支	支部
龙山	12	0	11	41
泉河	12	0	11	57
北房镇	1	0	0	1
杨宋镇	1	0	0	1
桥梓镇	1	0	0	1
雁栖镇	1	0	0	1
怀北镇	1	0	0	1
汤河口镇	1	0	0	1
庙城镇	1	0	0	1
合 计	31	0	22	105

延庆区社区党组织情况统计表

街道名称	社区数	党组织建制		
		党委	总支	支部
鼓楼	21	0	15	6
果园	9	0	5	4
合计	30	0	20	10

北京市社会建设工作系统获奖情况

序号	单位或个人	所属单位	表彰奖励名称
1	市委社会工委		首都国庆60周年群众游行优秀组织单位
2	市委社会工委		首都国庆60周年志愿者工作优秀组织单位
4	市委社会工委		首都“迎国庆　讲文明　树新风”活动优秀组织奖
3	市委社会工委		北京市消防工作2009年度先进单位
4	市社会办		首都绿化美化先进单位
5	市委社会工委、市社会办社区建设处		首都“迎国庆　讲文明　树新风”活动先进单位
6	市委社会工委、市社会办党建工作处		首都国庆60周年安保工作先进集体
7	王丽竹	市委社会工委、市社会办	首都“迎国庆　讲文明　树新风”活动先进个人
8	赵济贵	市委社会工委、市社会办	首都绿化美化先进个人
9	李占影	市委社会工委、市社会办	首都绿化美化先进个人
10	邢桂丽	市委社会工委、市社会办	北京市“三八”红旗奖章
11	王莹	市委社会工委、市社会办	北京市“群众心目中的好党员”
12	东城区		全国和谐社区建设示范城区
13	东城区委社会工委、区社会办		首都国庆60周年群众游行最佳组织奖
14	东城区委社会工委、区社会办		首都国庆60周年群众游行支持贡献单位
15	西城区		全国和谐社区建设示范城区
16	宣武区		全国和谐社区建设示范城区
17	宣武区委社会工委、区社会办		首都国庆60周年联欢晚会工作先进集体
18	孙学慧	宣武区委社会工委、区社会办	首都“迎国庆　讲文明　树新风”活动先进个人
19	朝阳区		全国和谐社区建设示范城区
20	朝阳区委社会工委、区社会办		首都国庆60周年安保工作先进集体
21	海淀区		全国和谐社区建设示范城区
22	石景山区		全国和谐社区建设示范城区
23	石景山区委社会工委、区社会办		首都国庆60周年志愿者工作优秀组织单位
24	平谷区委社会工委、区社会办		首都“迎国庆　讲文明　树新风”活动先进单位

全国社会建设工作重要事件（摘录）

【广东省成立社会组织评估中心】 2月18日，广东省社会组织评估中心挂牌成立。该评估中心是民办非企业单位法人，负责全省社会组织的评估申请受理、组织专家小组实施评估等工作，其评估原则为“政府指导、社会参与、分类评定、动态管理、客观公正”。评估中心通过政府购买服务方式开展评估工作，对评估对象不收取任何费用，评估费用由财政给予保障。评估结果分为5A、4A、3A、2A、1A五个等级（5A级为最高等级），有效期为三年，实行动态管理。评估等级向社会公告，并与社会组织接受政府职能转移、享受有关优惠政策挂钩。政府各部门授权、委托、购买服务将向3A级以上的社会组织倾斜；3A级以上公益性社会组织有权享受公益性捐赠、税前扣除的政策。对评估等级较低的社会组织，将促其整改、提升，或与同类高等级社会组织合并。凡成立两年的全省性社会组织均可申请参加等级评估。行业协会、基金会等承担行业管理和利用公共资源为社会提供服务的社会组织，必须参加评估。评估结果4A以上等级的社会组织报民政部备案。2009年，将评估80个全省性社会组织和一批市、县（区）属社会组织，2010年将扩大评估范围，由行业协会（商会）、基金会的评估逐步扩展到其他类别的社会组织。成立广东省社会组织评估中心，开展社会组织评估工作，是广东社会组织改革与发展的重大举措，有利于全面提升社会组织的能力建设，增强社会组织的公信力，发挥社会组织的积极作用。

【民政部开展社工人才队伍建设试点检查评估】 3月1日—9日，民政部在全国范围内开展社会工作人才队伍建设试点检查评估工作，这是自2007年民政部在全国范围内确定75个地区、90家单位开展第一批试点工作后，对各试点地区和单位进行的一次全面检查评估。这次检查评估的目的，一是为了全面了解各试点地区和单位落实各项试点要求、推进试点工作的具体做法和工作成效，督促各试点地区和单位加大试点力度，丰富试点内容，深化试点工作，提升试点成效。二是积极发掘各试点地区和单位好的做法和成功经验，为启动民政系统社会工作人才队伍建设示范创建活动和部署开展第二批社会工作人才队伍建设试点工作做好准备。三是深入分析试点工作中存在的困难和问题，寻找解决的思路和方法，以保障试点工作的健康发展。为了全面了解试点地区和单位的情况，民政部派出9个检查组，通过座谈会、深度访谈、查阅文件和量化评分的办法对试点地区和单位的机构设置、政策出台、组织考试、平台建设、岗位开发及待遇落实、宣传培训以及专业服务等7个方面进行检查。此次检查评估覆盖开展试点工作的28个省、自治区、直辖市和5个计划单列市，具体检查评估对象由各省（区、市）民政厅（局）自主确定，但数量上不低于各省（区、市）试点地区和单位总量的60%，类型上要求兼顾试点地区和单位的地域、性质和工作特色。

【广州市出台志愿服务条例】 《广州市志愿服务条例》通过广东省人大审议并于2009年3月5日起实行。该条例要求市、区（县级市）人民政府将志愿服务事业纳入国民经济和社会发展规划，制定鼓励政策并提供必要的资金扶持；规定志愿服务组织安排志愿者从事抢险救灾等可能危及人身安全志愿服务等，志愿服务组织应当为志愿者购买相应的人身意外伤害保险；鼓励国家机关在招考公务员、国有企事业单位招聘人员、高等院校录取新生时，在同等条件下优先录用、聘用和录取有志愿服务经历者。

【中共广东省社会组织工作委员会成立】 3月26日，广东省委组织部批准成立中共广东省社会组织工作委员会，这是全国首家省级社会组织党工委。该委员会负责领导全省行业协会及无业务主管单位的社会组织的党建工作，指导、协调归属各级地方民政部门管理的社会组织和归属省直单位业务对口管理的社会组织的党建工作。广东省社会组织党工委下一步将创新社会组织管理体制、创新党组织的设置形式、创新党组织负责人选拔培养方式、创新发展党员模式、创新党员教育管理方法、创新党组织活动内容和载体等，通过发挥社会组织党工委的作用，更好地把全省社会组织团结起来、凝聚起来。据悉，2009年广东将在全省各地级以上市建立社会组织党工委；2010年半数以上县（市、区）建立社会组织党工委；2011年社会组织党工委将覆盖到全省每个县（市、区），全面实现登记管理与党建工作一起抓。

【上海市首次举办社会组织招聘会】 3月28日，上海市首次举办了社会组织专场招聘会，170家民办非企业单位、社团及基金会等社会组织面向大学生提供约1 800个岗位，吸引了3万大学生踊跃应聘。此次社会组织专场招聘会提供的岗位类别多达250个，涉及教师、行政管理、金融服务、心理咨询、网络管理、财务管理、项目管理、旅游服务、社区服务、健康管理师、设计策划、法律顾问、营销等领域，薪水最高可达5 000元。为积极促进社会就业，上海的社会组织除组织集中招聘会外，还通过开发社工岗位、建立创业就业实习基地、提供见习岗位等多种形式，直接吸纳大学生就业。上海社区公益性社会组织现在已吸纳了4.4万人就业。

【深圳市向社会组织转移职能】 年内，深圳市先后出台《深圳市财政扶持社会组织发展的暂行办法》和《深圳市推进向社会组织购买服务工作的实施方案（试行）》，完善公共财政对社会组织的支持政策，并具体部署政府向社会组织购买服务工作。根据《暂行办法》规定，重点向工商经济、社会福利、公益慈善和社区服务四类重点领域社会组织提供财政资金支持。扶持方式主要有三种：一是购买服务，对于政府部门承担的有关社会管理和公共服务职能，凡可委托社会组织承担的事项，按照“政府承担、合同管理、评估考核”的运作模式，向社会组织购买。二是政府资助，对重点领域新设立和已有的公益性社会组织予以一次性的开办经费补贴，对社会组织的创新性的公共服务予以一次性奖励。经费补贴标准为2万—5万元，社会组织创新性公共服务奖励标准，参照机关事业单位提供服务的费用水平核定。三是专项扶持，设立社会组织发展专项资金（具体方案另行制定）；管好、用好现有的行业协会商会发展专项经费，资助行业协会从事社会管理和公共服务工作。以上三类支持方式中，政府购买服务由各职能部门分别负责项目的编制、招标、委托和评估；政府资助由有关社会组织管理机关统一提出资助计划并负责实施；专项扶持由有关管理机关负责项目的筛选、核定。财政部门负责各项资金的核拨和监管。按照《实施方案》的部署和要求，深圳市对各部门可向社会组织购买服务的领域进行了细化，涵盖了行规行业制定、行业准入资格审核、行业统计分析、公益服务、社会福利、公共政策研究等较为广泛的社会管理和公共服务领域。在此基础上，市编制、民政、财政、法制等部门联合制定、发布了《市直工作部门可向社会组织购买服务的工作事项》，并采取试点先行，逐步推广的方式有序推进。首批确定的试点单位包括市贸工局、民政局、财政局、人事局、文化局、环保局、知识产权局等7个单位。目前，这7家单位已研究梳理出65项拟向社会组织购买服务的工作事项，并在今后1—2年的试点期内逐步实施。

【首期“儿童社会工作研修班”在京举行】 由全国妇联儿童工作部主办的首期“妇联系统儿童社会工作研修班”4月13日在北京开班。来自全国30个省、区、市的近100名各级妇联儿童工作干部将接受为期12天的培训。11位国内知名专家围绕儿童工作相关的国际公约及法律法规、家庭教育指导、儿童社会工作的理论与实践等方面开设讲座。各、省、区市妇联参训学员将就儿童社会工作进行交流研讨。此外，为鼓励帮助各级妇联儿童工作者参加全国社会工作者职业水平考试，研修班还将组织参训学员进行3天的社会工作者职业水平考试辅导。从2009年起，该研修班将分批举行，这一举措开创了培养妇联系统社会工作专业人才的先河。

【深圳社工标志及卡通形象出炉】 4月15日，深圳社工标志及卡通形象正式出炉，标志中心包含的“绿翅膀”诠释社工爱心献鹏城，卡通形象“鹏朋”成为社工形象代言人。作为一个新兴的行业，社工职业需要大众的认知，采用统一的标志以及卡通形象代言人能更加直观地展示社会工作的形象和面貌，强化了社会公众对社会工作的认识。标志从酝酿到设计成型历时一年，最终通过网络投票确定了“绿翅膀”方案。

【广东省东莞市出台社会工作制度“1＋7”文件】 5月22日，中共东莞市委印发《东莞市委东莞市人民政府关于加快社会工作发展的意见》及7个相关配套文件，正式出台社会工作系列制度文件。《意见》明确了“民生导向、政府推动、民间运作、公众参与、社会监督”的运作模式，社工建设的经费由市、镇两级财政负担，从2009年下半年起将率先在5大领域7个镇、街开展试点。

【《上海市志愿服务条例》出台】 6月1日，《上海市志愿服务条例》正式实施。《条例》通过地方性法规的形式，明确了政府、有关部门和社会各方在支持和促进志愿服务中的职责，对志愿服务组织者和志愿者的权利义务、开展志愿服务的要求等重要问题进行了规定，有利于世博志愿服务的规范化运作，为上海市的志愿服务活动提供了地方立法的支持、引导和规范。

【中国志愿服务基金会在京成立】 中国志愿服务基金会于7月19日在京正式成立。该基金会是经民政部批准成立的全国性公募基金会，业务主管单位是中共中央宣传部，设在中央文明办。基金会的宗旨是：大力普及志愿理念、弘扬志愿精神，支持和推动志愿服务活动，为人们关爱他人、奉献社会搭建平台，引导人们多做好事、增长好心、争当好人，不断提高公民文明素质和社会文明程度，大力推进社会主义核心价值体系建设。基金会的业务范围是：根据经济社会发展和精神文明建设的需要，资助志愿服务活动的开展；组织志愿服务的理论研究和宣传；奖励为志愿服务作出突出贡献的团体和个人；开展与港澳台同胞、海外侨胞、国外友好团体和人士，以及国际组织、基金组织的友好往来，增进相互了解，加强相互合作；募集、管理和使用好本会基金。中国志愿服务基金会成立后，将紧紧抓住基金募集和开展活动这两个环节，扎实有效地做好工作。近期，中国志愿服务基金会将资助开展“百万空巢老人关爱行动”和“万名双语教师志愿援疆行动”。

【教育部印发关于深入推进学生志愿服务活动的意见】 教育部于7月印发《关于深入推进学生志愿服务活动的意见》（以下简称《意见》），要求切实加强对学生志愿服务活动的领导，建立健全学生志愿服务活动长效机制，深入推进学生志愿服务活动。《意见》提出，要制定学生志愿服务工作考评措施，定期对学校开展学生志愿服务工作进行检查考核，并纳入大学生思想政治教育和未成年人思想道德建设工作评估体系。要在坚持自愿原则的基础上，鼓励学生积极参加志愿服务组织，倡导学生注册成为志愿者，并将高校学生参加志愿服务活动有关记录纳入到毕业生信息库中。《意见》强调，要深入开展各种形式的志愿服务活动，搭建学生志愿服务平台。在大型社会活动中开展公共秩序和赛会保障等志愿服务活动，动员学生志愿者到公共场所、道路交通和赛会场馆等重点部位，参加接待、咨询、联络、秩序维护等方面的工作。在应急救援的志愿服务活动中，以高校学生为主，组织志愿者普及防灾避险、疏散安置、急救技能等应急处置知识，重大自然灾害和突发事件的抢险救援、卫生防疫、群众安置、设施抢修和心理安抚等工作。

【十部门开展“迎世博讲文明树新风”志愿服务活动】 7月23日，中宣部、中央文明办、教育部、民政部、上海世博会组委会、全国总工会、共青团中央、全国妇联、中国红十字会总会、全国老龄办等10部门联合下发《关于广泛开展“迎世博讲文明树新风”志愿服务活动的通知》，要求以庆祝新中国成立60周年为契机，广泛开展“迎世博讲文明树新风”志愿服务活动。《通知》指出，开展“迎世博讲文明树新风”志愿服务活动，要从解决群众最关心的突出问题入手，围绕倡导文明礼仪、整治公共秩序、提高服务质量、改善城乡环境等四个方面的重点任务，广泛开展宣传世博知识志愿服务、倡导文明风尚志愿服务、窗口行业志愿服务、维护公共环境秩序志愿服务、世博园区志愿服务、平安世博志愿服务等方面工作，普及志愿理念、弘扬志愿精神，着力在振奋群众精神、促进社会和谐稳定上下工夫，努力在提高公民文明素质和社会文明程度方面取得实效，为应对国际金融危机的挑战、实现经济平稳较快发展提供强大的精神动力，为庆祝新中国成立60周年营造热烈喜庆、文明和谐的社会环境，为举办一届“成功、精彩、难忘”的世博会营造良好的社会人文环境。

【我国新辟社会工作专业硕士学位（MSW）】 7月21日，国务院学位委员会办公室下发了《关于开展社会工作硕士专业学位教育试点工作的通知》（学位办〔2009〕44号），社会工作专业硕士学位（MSW，Master of Social Work）2010年将首次招收全日制硕士研究生。社会工作硕士专业学位是国务院学位委员会最新设置的一种学位类型，培养掌握社会工作的理论和方法，具备较强的社会服务策划、执行、督导、评估和研究能力，胜任针对不同人群及领域的社会服务与社会管理的应用型高级专业人才。中国人民大学、华中师范大学、长春工业大学、郑州大学等高校明年招收全日制社会工作硕士专业学位研究生。全国首批开展社会工作硕士专业学位教育试点工作的研究生培养单位一共有33所，其中部委属院校18所，地方高校15所。

【第二届中国特色社会工作论坛在井冈山举行】 8月5日至6日，第二届中国特色社会工作论坛在井冈山举行。此次论坛由《社会工作》杂志主办，主题是“社工机构的培育与发展”。来自上海、深圳、天津等16个省（区、市）的政府部门领导、高校学者、社工机构以及一线社工代表100多人参加了论坛。与会者围绕“机构的建立与发展”、“社会工作机构发展的经验与模式总结”、“社会工作机构创设中的问题与对策”、“社工机构培育与发展的政策、制度供给”、“社工机构发展路径依赖对社工教育的启迪”、“社工机构的专业化、规范化建设”、“社会工作机构的实务与方法”6个专题进行了深入的交流与讨论。中国特色社会工作论坛将每两年举办一次，关注我国社会工作职业化进程中的热点议题，致力于为政府、高校、实务机构以及一线社工打造交流平台，总结和提炼当前取得的社会工作实务经验与模式，探讨中国社会工作发展的本土化路径。

【卫生部推行医务社会工作　构建优良服务体系】 针对我国医疗纠纷增多，医患矛盾突出的现状，中共中央、国务院在新医改方案中明确提出了开展医务社会工作，增进医患沟通的要求。医务社会工作者遵循助人自助的价值理念，运用社会工作专业知识和方法，为患者的需要提供各种帮助。医务社会工作者与医护技术人员一起为疾病的预防、治疗和康复而努力，共同实现以病人为中心的服务目标，实现对人的关爱与尊重。医务社工和医疗志愿服务已有100多年的历史，在发达国家已成为现代健康照顾体系中不可或缺的重要组成部分，对促进患者社会康复、构建良好的医疗人际关系发挥了重要作用。根据卫生部人事司2007年调查结果显示，国内卫生系统医务社会工作尚处于“萌芽和初始状态”，在人员构成、工作理念、运营制度等方面还存在着较大的不足，缺乏完整的医务社会工作体系，使医务社工制度在国内难以推广普及，社会影响较小。作为社会工作服务实践的先行者，北京大学人民医院在医改方案出台前夕，就组建了医务社会工作部，将社会工作引入到医院体系中，拓展医院对社会的服务领域，让专业医务社会工作进入到医院体系中，让医院职工、医学院学生及社会各界人士自愿参与到志愿服务活动中，在医患之间搭建了沟通的桥梁，力求从点滴之处为患者提供更加优质服务的同时，正面宣扬了医院的社会形象和医务人员的优良品质，让医患关系更加和谐。从2009年4月2日至今，北京大学人民医院医务社会工作部先后吸引了544人次参与到医疗志愿服务的队伍中，以志愿者服务作为医务社会工作开展的切入点，建立了符合中国国情和医院实际情况的医务社会工作模式，包括志愿服务培训体系、志愿服务评价体系以及志愿服务管理体系，为我国医务社会工作提供了可操作化的模式。

【全国社会工作人才队伍建设研究班举办】 10月28日至11月3日，2009年第二期全国地方党政领导干部社会工作人才队伍建设专题研究班在江西南昌市举办。在开班仪式上，江西万载县以及上海浦东、厦门湖里、宁波海曙、内蒙古包头等地介绍了发展社会工作、加强社会工作人才队伍建设的经验。参加本期研究班的36位学员以地市级党政领导干部为主，大部分是分管社会管理和公共服务工作的地方党政领导干部。此次研究班主要通过主题讲座、经验交流、实地考察、研究探讨等形式，深刻理解社会工作及其人才队伍建设的重大意义及基本内涵，准确把握我国社会工作人才队伍建设的宏观形势、推进状况及发展趋势，共同谋划我国社会工作人才队伍建设发展大计。

【全国城市社会工作人才队伍建设试点经验交流会召开】 “全国城市社会工作人才队伍建设试点经验交流会”于12月1日在福建省厦门市湖里区举行。会议总结了城市社会工作人才队伍建设试点成绩，交流了工作经验，分析了面临的形势，明确了当前和今后一个时期我国城市社会工作人才队伍建设思路与对策。民政部党组副书记、副部长李立国出席会议并讲话。他在讲话中强调，工业化、市场化、城市化是当今世界各国经济社会发展的主要趋势，也是今后一个时期我国现代化建设的一项重要和艰巨的任务，在我国城市化加速发展、社会急剧转型过程中，城市社会工作必须快速跟进。会议指出，2007年第一批全国社会工作人才队伍建设试点以来，全国61个试点城区立足当地实际，在城市社会工作人才队伍建设方面进行了许多有益探索和实践，试点城区对社会的认识不断提高，建设模式初步形成，服务范围不断拓宽，工作基础不断夯实，试点效果日益显现。两年多来，城市社会工作已经从原来零散、自发、单一的发展状态逐步转变为有系统、有组织、多元化的发展格局，无论在服务群体、工作领域还是在试点区域、服务层次方面都得到了很快的扩展和提高。当前和今后一个时期，要认真按照中央关于社会工作人才队伍建设的战略部署，立足于城市化发展实际，进一步扩大试点范围，加强制度建设，提升服务能力，强化实践效果，进一步探索中国特色的城市社会工作制度体系和实践模式，加快建设一支数量宏大、结构合理、素质优良的城市社会工作人才队伍，为促进城市化发展提供有力的人才支撑。

全国社会建设调研报告和理论文章目录（选编）

报告或文章题目	作者	作者单位、职务	成稿时间
我国适度普惠型社会福利制度的建构	王思斌		
2009年中国互联网舆情分析报告	祝华新 单学刚 胡江春		
金融危机下社会政策的全球性复归	潘　屹		
境外社会工作立法模式研究及其对我国的启示	竺　效 杨　飞		
浦东新区社会工作制度建设的特点与启示	柳　拯		
深圳社区高龄独居老人的社工服务	骆　冰 李夏飞	深圳市民政局社会工作处	2009年1月
社会工作人才队伍建设：广州的经验	陈　国	广州市人民政府副市长	2009年1月
本土社会工作发展：在探索与实践中前行	柳　拯 贾维周 曾宪才	民政部社会工作司	2009年4月
深圳：政府购买社工服务的方式及问题	易松国	深圳大学社会学系教授、系主任	2009年8月
上海：政府购买社工服务之路	李太斌	上海青年管理干部学院社会工作系	2009年8月
广州市荔湾区：创建政府购买服务项目机制	李延甲 赵　红	广州市荔湾区民政局	2009年8月
当前中国城市社区矛盾冲突问题呈现的新特点	卜长莉	长春理工大学社会学系教授	2009年1月
单位社区的嬗变与公民社会发育	张敏杰	浙江工商大学公共管理学院教授	2009年1月
社区事务分类治理：体制环境与流程再造	陈伟东 张大维	华中师范大学湖北城市社区建设研究中心教授、华中师范大学湖北城市社区建设研究中心研究人员	2009年1月
发展社会组织与“三点成面”	邓伟志	上海大学社会学系教授、上海市社会学学会会长	2009年2月

续表

报告或文章题目	作者	作者单位、职务	成稿时间
我国社会组织党建工作调研报告		民政部民间组织管理局调研组	2009 年 12 月
培育　规范　扶持　服务——苏州市发展社区社会组织的实践和思考	陈燕颜 陈剑平 刘助民	苏州市民政局	2009 年 7 月
上海当前社会建设的战略分析与理论思考	李友梅	上海大学副校长、社会学系教授	2009 年 7 月
论中国非营利组织社会责任承担的四个命题	韩俊魁	北京师范大学社会学系教授	2009 年 12 月
上海市社会组织建设改革创新调研报告	国家民间组织管理局调研组 孙伟林 廖　鸿 刘忠祥 许　昀 沈东亮	孙伟林　国家民间组织管理局局长 廖　鸿　国家民间组织管理局巡视员 刘忠祥　国家民间组织管理局处长 许　昀　国家民间组织管理局主任科员 沈东亮　国家民间组织管理局副主任科员	《社团管理研究》2009 年第 6 期
“社会组织”概念的政策与理论考察及使用必要性探析	陈洪涛	清华大学公共管理学院博士后，法学博士，西北政法大学副教授	《社团管理研究》2009 年第 6 期
城乡基层社会组织治理机制的创新分析与法律选择	刘　芳	宁夏大学政法学院教授	《社团管理研究》2009 年第 8 期
谈谈社会组织管理体制改革需要处理好的几个关系	徐宇珊	清华大学公共管理学院博士，深圳市社会科学院助理研究员	《社团管理研究》2009 年第 10 期
福建省新时期深化社会志愿服务活动的若干思考	福建社会科学院课题组	福建社会科学院课题组组长：黎昕，副组长：许维勤，成员：林莉　陈宇海　鄢木秀	《福建论坛》2009 年第 7 期